NCS 직업기초능력평가

2026

고시넷
공기업

고졸채용 NCS
통합기본서

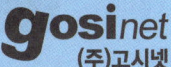

스마트폰에서 검색 - **고시넷** www.gosinet.co.kr

최고 강사진의 동영상 강의

수강생 만족도 1위
류준상 선생님
- 서울대학교 졸업
- 응용수리, 자료해석 대표강사
- 정답이 보이는 문제풀이 스킬 최다 보유
- 수포자도 만족하는 친절하고 상세한 설명

공부의 神
한태성 선생님
- 서울대학교 졸업
- NCS 모듈형 대표강사
- 시험에 나올 문제만 콕콕 짚어주는 강의
- 중국 칭화대학교 의사소통 대회 우승
- 前 공신닷컴 멘토

경영·경제 전문가의 고퀄리티 강의
김경진 선생님
- 서울대학교 경영학 석사
- 미국 텍사스 주립대 경제학 석사
- CFA(국제공인재무분석사)
- 前 대기업(S사, K사) 면접관

PREFACE

정오표 및 학습 질의 안내

정오표 확인 방법

고시넷은 오류 없는 책을 만들기 위해 최선을 다합니다. 그러나 편집 과정에서 미처 잡지 못한 실수가 뒤늦게 나오는 경우가 있습니다. 고시넷은 이런 잘못을 바로잡기 위해 정오표를 실시간으로 제공합니다. 감사하는 마음으로 끝까지 책임을 다하겠습니다.

고시넷 홈페이지 접속 ▶ 고시넷 출판-커뮤니티 ▶ 정오표

www.gosinet.co.kr

모바일폰에서 QR코드로 실시간 정오표를 확인할 수 있습니다.

학습 질의 안내

학습과 교재선택 관련 문의를 받습니다. 적절한 교재선택에 관한 조언이나 고시넷 교재 학습 중 의문사항은 아래 주소로 메일을 주시면 성실히 답변드리겠습니다.

이메일주소 QNA@GOSINET.CO.KR

Contents

NCS 직업기초능력평가 정복
- 구성과 활용
- NCS '블라인드채용' 알아보기
- '모듈형', '피셋형', '피듈형', '응용모듈형'이 뭐야!?
- 주요 출제사 유형은?
- PSAT 알아보기
- NCS 10개 영역 소개
- 대행사 수주현황

권두부록 대표기출유형
- **대표기출유형** ——————————— 22
  의사소통_22 | 수리_30 | 문제해결_38 | 자원관리_44 | 조직이해_50 | 정보_56 | 기술_60 | 자기개발_66 | 대인관계_70 | 직업윤리_74

파트 1 의사소통능력
- **의사소통능력 개요** ——————————— 82
- 01 문서이해능력 ——————————— 88
- 02 문서작성능력 ——————————— 96
- 03 경청능력 ——————————— 130
- 04 의사표현능력 ——————————— 136
- 05 기초외국어능력 ——————————— 142
- •• 기출예상문제 ——————————— 146

파트 2 수리능력
- **수리능력 개요** ——————————— 176
- 01 기초연산능력 ——————————— 180
- 02 기초통계능력 ——————————— 200
- 03 도표분석능력 ——————————— 208
- 04 도표작성능력 ——————————— 216
- •• 기출예상문제 ——————————— 220

파트 3 문제해결능력
- **문제해결능력 개요** ——————————— 242
- 01 사고력 ——————————— 248
- 02 논리오류 ——————————— 264
- 03 문제처리능력 ——————————— 268
- •• 기출예상문제 ——————————— 280

파트 4 자원관리능력
- **자원관리능력 개요** ——————————— 302
- 01 시간관리능력 ——————————— 306
- 02 예산관리능력 ——————————— 312
- 03 물적자원관리능력 ——————————— 320
- 04 인적자원관리능력 ——————————— 328
- •• 기출예상문제 ——————————— 348

파트 5 조직이해능력
- **조직이해능력 개요** ——————————— 374
- 01 경영이해능력 ——————————— 384
- 02 체제이해능력 ——————————— 402
- 03 업무이해능력 ——————————— 422
- 04 국제감각 ——————————— 436
- •• 기출예상문제 ——————————— 442

파트 6 정보능력

정보능력 개요 — 468
01 컴퓨터활용능력 — 474
02 정보처리능력 — 490
● 기출예상문제 — 502

파트 7 기술능력

기술능력 개요 — 520
01 기술이해능력 — 530
02 기술선택능력 — 538
03 기술적용능력 — 548
● 기출예상문제 — 554

파트 8 자기개발능력

자기개발능력 개요 — 576
01 자아인식능력 — 582
02 자기관리능력 — 588
03 경력개발능력 — 594
● 기출예상문제 — 600

파트 9 대인관계능력

대인관계능력 개요 — 610
01 팀워크능력 — 616
02 리더십능력 — 624
03 갈등관리능력 — 634
04 협상능력 — 640
05 고객서비스능력 — 646
● 기출예상문제 — 652

파트 10 직업윤리

직업윤리 개요 — 668
01 근로윤리 — 678
02 공동체윤리 — 684
● 기출예상문제 — 698

부록 NCS 실전모의고사

실전모의고사 — 716

책 속의 책 정답과 해설

권두부록 대표기출유형 — 2
파트 1 의사소통능력 — 17
파트 2 수리능력 — 23
파트 3 문제해결능력 — 31
파트 4 자원관리능력 — 38
파트 5 조직이해능력 — 45
파트 6 정보능력 — 50
파트 7 기술능력 — 57
파트 8 자기개발능력 — 63
파트 9 대인관계능력 — 66
파트 10 직업윤리 — 71
부록 실전모의고사 — 76

EXAMINATION GUIDE

구성과 활용

1

'모듈형', '피셋형', '피듈형', '응용모듈형'이 뭐야!?

NCS 정통인 '모듈형'을 비롯한 '피셋형', '피듈형', '응용모듈형' 그리고 그 외 유형의 특징을 설명하고 그에 따른 효율적인 학습방향을 제시하였습니다.

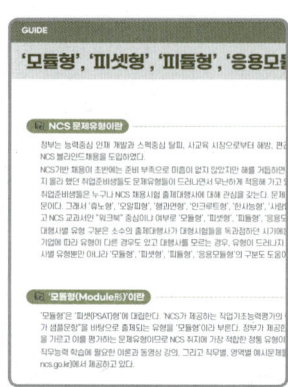
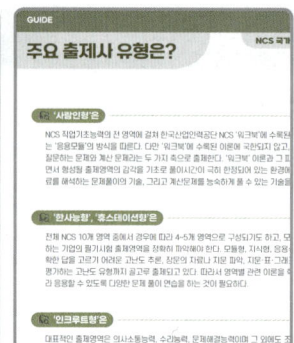

2

출제대행사별 수주 채용기업

최근 각 채용기업의 출제대행사들을 안내하여 대행사별 전략을 세울 수 있도록 하였습니다.

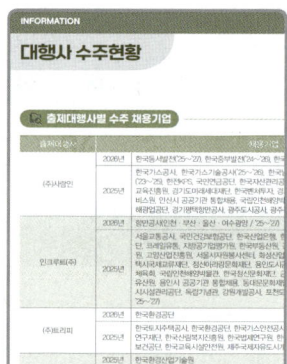

3

문제 유형별 출제비중 분석

NCS 직업기초능력 10개 영역에서 각 영역별로 출제되는 유형을 그래프로 제시하여 빈출되는 유형을 효율적으로 파악할 수 있도록 하였습니다.

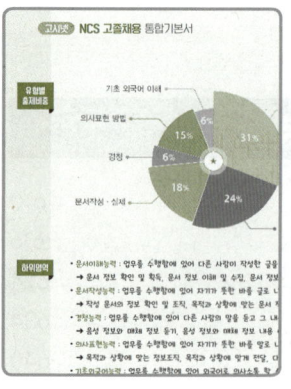
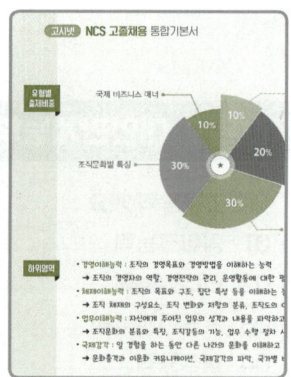

4

NCS 대표기출유형 수록

NCS 10개 영역의 대표기출유형을 영역별로 모아 수록하여 출제 경향성을 문제풀이 경험을 통해 자연스레 익힐 수 있도록 구성하였습니다.

5

영역별 기출예상문제 수록

최신 기출유형을 바탕으로 10개 영역의 기출예상문제를 수록하여 필기시험에 대비할 수 있도록 하였습니다.

6

실전모의고사 1회분

60문항으로 구성된 실전모의고사 1회분으로 효율적인 대비가 가능하도록 하였습니다.

NCS '블라인드채용' 알아보기

NCS(국가직무능력표준 ; National Competency Standards)란?

국가가 체계화한 산업현장에서의 직무를 수행하기 위해 요구되는 지식·기술·태도 등 능력 있는 인재 개발로 핵심인프라를 구축하고 나아가 국가경쟁력 향상을 위해서 필요하다.

직무능력(직업기초능력+직무수행능력)이란?

⊕ 직업기초능력 : 직업인으로서 기본적으로 갖추어야 할 공통 능력
⊕ 직무수행능력 : 해당 직무를 수행하는 데 필요한 역량(지식, 기술, 태도)

NCS기반 블라인드채용이란?

⊕ 의의 : 채용과정에서 차별적인 평가요소(지연, 혈연, 학연, 외모)를 제거하고, 지원자의 실력(직무능력)을 중심으로 평가하는 인재채용
⊕ 특징 : 직무능력중심 평가(차별요소 제외), 직무수행에 필요한 직무능력이 평가기준
⊕ 평가요소
  • 직무에 필요한 직무능력을 토대로 차별적 요소를 제외한 평가요소 도출·정의
  • NCS에 제시된 직무별 능력단위 세부내용, 능력단위 요소의 K·S·A를 기반으로 평가요소 도출
  • 기업의 인재상·채용직무에 대한 내부자료(직무기술서, 직무명세서로 응시자에게 사전 안내)

NCS기반 블라인드채용 과정은?

⊕ 모집공고 : 채용직무의 직무내용 및 직무능력 구체화 후 사전 공개
⊕ 서류전형 : 편견·차별적 인적사항 요구 금지, 지원서는 직무관련 교육·훈련, 자격 경험(경력) 중심 항목 구성
⊕ 필기전형 : 직무수행에 반드시 필요한 지식·기술·능력·인성 등, 필기평가 과목 공개(공정성 확보)
⊕ 면접전형 : 면접에 지원자 인적사항 제공 금지, 체계화된 면접으로 공정하게 평가 실시

GUIDE

'모듈형', '피셋형', '피듈형', '응용모듈형'이 뭐야!?

NCS 문제유형이란

정부는 능력중심 인재 개발과 스펙중심 탈피, 사교육 시장으로부터 해방, 편견과 차별에서 벗어난 인재 채용을 목적으로 NCS 블라인드채용을 도입하였다.

NCS기반 채용이 초반에는 준비 부족으로 미흡이 없지 않았지만 해를 거듭하면서 안정을 찾아가고, 필기시험을 어찌 대비할지 몰라 했던 취업준비생들도 문제유형들이 드러나면서 무난하게 적응해 가고 있다.

취업준비생들은 누구나 NCS 채용시험 출제대행사에 대해 관심을 갖는다. 문제 유형과 내용이 출제대행사에 따라 다르기 때문이다. 그래서 '휴노형', '오알피형', '행과연형', '인크루트형', '한사능형', '사람인형' 등 대행사 이름을 붙인 유형명이 등장하고 NCS 교과서인 "워크북" 중심이냐 여부로 '모듈형', '피셋형', '피듈형', '응용모듈형'이란 유형명이 나타나기도 했다.

대행사별 유형 구분은 소수의 출제대행사가 대형시험들을 독과점하던 시기에는 큰 도움이 되었으나 대행사가 같아도 채용기업에 따라 유형이 다른 경우도 있고 대행사를 모르는 경우, 유형이 드러나지 않은 대행사들도 다수 등장하게 되면서 대행사별 유형분만 아니라 '모듈형', '피셋형', '피듈형', '응용모듈형'의 구분도 도움이 되고 있다.

'모듈형(Module形)'이란

'모듈형'은 '피셋(PSAT)형'에 대립한다. 'NCS가 제공하는 직업기초능력평가의 학습모듈' 교과서인 "워크북"과 "NCS 필기평가 샘플문항"을 바탕으로 출제되는 유형을 '모듈형'이라 부른다. 정부가 제공한 학습자료와 샘플문항을 통해 직업기초능력을 기르고 이를 평가하는 문제유형이므로 NCS 취지에 가장 적합한 정통 유형이다.

직무능력 학습에 필요한 이론과 동영상 강의, 그리고 직무별, 영역별 예시문제들은 NCS 국가직무능력표준 홈페이지(www.ncs.go.kr)에서 제공하고 있다.

'피셋형(PSAT形)'이란

NCS '피셋형'이란 5급 공무원(행정고시, 외무고시, 민간경력자 특채)과 7급 공무원(2021년 도입) 시험과목인 'PSAT(Public Service Aptitude Test)'에서 따온 말이다. PSAT는 정부 내 관리자로서 필요한 기본적 지식, 소양, 자질 등 공직자로서의 적격성을 종합적으로 평가한다.

PSAT는 1) 언어논리, 2) 자료해석, 3) 상황판단의 3가지 평가영역으로 구성되어 있는데 NCS의 의사소통능력, 수리능력, 문제해결능력 평가의 문제유형과 일부 유사하다. 그래서 NCS 문제집이 없었던 초기에는 PSAT 문제집으로 공부하는 이들이 많았다. PSAT 출제영역·내용과 난이도 차이를 감안하여 기출문제를 다루면 도움이 되지만 NCS는 문항당 주어지는 풀이시간이 1분 내외로 짧고, 채용기관이나 직급에 따라 난이도가 상이하며, 채용기관의 사규나 보도자료, 사업을 위주로 한 문제들이 나오기 때문에 이를 무시하면 고생을 많이 하게 된다. 뒤에 싣는 PSAT 안내를 참고해 주기 바란다.

'피듈형(Pdule形)', '응용모듈형'이란?

'피듈형'은 NCS의 학습모듈을 잘못 이해한 데서 나온 말이다. 일부에서 NCS '워크북'의 이론을 묻는 문제 유형만 '모듈형'이라 하고 이론문제가 아니면 '피셋형'이라고 부르는 분위기가 있다. 「이론형」과 「비(非)이론형」이 섞여 나오면 '피듈형'이라 부르고 있으니 부적절한 조어이다. 실례를 들면, '한국수자원공사'는 시험에서 기초인지능력모듈과 응용업무능력모듈을 구분하고 산인공 학습모듈 샘플문항과 동일 혹은 유사한 문제를 출제해왔고, '국민건강보험공단'은 채용공고문의 필기시험(직업기초능력평가)을 "응용모듈 출제"라고 명시하여 공고하였는데도 수험커뮤니티에 "피셋형"으로 나왔다고 하는 응시자들이 적지 않다.

GUIDE

'모듈형', '피셋형', '피듈형', '응용모듈형'이 뭐야!?

NCS 직업기초능력 학습모듈은 기본이론 및 제반모듈로 구성되고 이를 실제에 응용하는 응용모듈로 발전시켜 직무상황과 연계되는 학습을 요구하는 것이다. NCS 필기평가 샘플문항도 직무별, 기업별 응용업무능력을 평가하는 문제이므로 이론이 아닌 문제유형도 '모듈형'이라고 하는 것이 옳다.

이론문제가 아니면 모두 'PSAT형'이라고 한다면 어휘, 맞춤법, 한자, 어법 등의 유형, 기초연산, 수열, 거리·속도·시간, 약·배수, 함수, 방정식, 도형넓이 구하기 등 응용수리 유형, 명제, 논증, 논리오류, 참·거짓 유형, 엑셀, 컴퓨터 언어, 컴퓨터 범죄 등 PSAT 시험에는 나오지도 않는 유형이 PSAT형이 되는 것이니 혼란스럽다.

모순이 있는 유형 구분에서 탈피하고 NCS 필기유형을 정확하게 파악하는 것이 시험 준비에 있어서 절대적으로 필요하다.

어떻게 준비할 것인가!!

행간을 채워라

위에서 말한 바처럼 '모듈형'과 '피셋형', '피듈형', '응용모듈형'으로 NCS 유형을 나누면 출제(학습)범위에서 놓치는 부분이 다수 나온다. 'PSAT형'은 '의사소통능력, 수리능력, 문제해결능력' 중심의 시험에서 의사소통능력은 어휘, 한자, 맞춤법 등과 NCS이론을 제외한 독해문제가 유사하고, 수리능력의 응용수리 문제를 제외한 자료해석이 유사하고, 문제해결은 'PSAT' 상황판단영역 중 문제해결 유형이 비슷하다.

대개 의사소통능력, 수리능력, 문제해결능력이 주요영역인 시험에서는 모듈이론이 나오는 경우는 없다. 자원관리, 조직이해, 정보, 기술, 자기개발, 대인관계, 직업윤리 영역을 내는 시험에서는 모듈이론, 사례 등과 응용모듈 문제가 나올 수밖에 없다. PSAT에는 없는 유형이고 NCS에만 있는 특유한 영역이다.

'모듈형'도 한국산업인력공단 학습모듈 워크북과 필기평가 예시유형에서만 나오지 않는다. 워크북 이론에 바탕을 두면서도 경영학, 행정학, 교육학, 심리학 등의 전공 관련 이론들이 나오고 있는 추세이다(교과서 밖 출제). 또 4차 산업혁명의 이해 및 핵심기술, 컴퓨터 프로그래밍(코딩) 등도 자주 나온다. 그분 아니라, 어휘 관계, 한글 맞춤법, 외래어 표기법, 유의어, 다의어, 동음이의어 등 어휘, 방정식, 집합, 수열, 함수, 거·속·시, 도형넓이 구하기 등 응용수리, 명제, 논증, 참·거짓, 추론, 논리오류 찾기 등은 워크북에서 다루지 않은 유형들이 나온다.

교과서 밖에서 나오는 문제에 대비하라

최근 공기업 채용대행 용역을 가장 많이 수주하는 업체가 '사람인HR'과 '인크루트'로 나타나고 있다. 이 업체들을 비롯해서 다수 대행사들이 한국산업인력공단의 NCS모듈형 학습자료(교과서)에 없는 이론과 자료를 항상 출제하고 있다. 즉, 명실상부한 응용모듈형의 문제를 출제하고 있는 것이다.

고시넷에서 출간되는 모듈형 교재에는 NCS직업기초능력평가 시험 도입 이래 실제 시험에 출제된 교과서 밖 이론과 자료, 문제를 함께 정리하여 수록하고 있다. 단순히 한국산업인력공단의 워크북을 요약한 다른 교재들에서는 볼 수 없는 이론과 문제유형을 통해 교과서 밖 학습사항과 방향을 제시하고 있다.

NCS워크북, 지침서, 교수자용 개정 전, 후 모두 학습하라

최근 한국산업인력공단 NCS 학습자료(워크북, 지침서, 교수자용, 학습자용 등)가 개정되었다. 허나 개정 후 시행된 필기시험에는 개정 전 모듈이론과 학습자료, 예제문제가 여전히 출제되고 있다. 이에 대비하여 개정 전·후를 비교하여 정리하여야 빠뜨리지 않는 완벽한 NCS 학습이 된다.

고시넷 모듈형 통합기본서는 개정 전·후 자료를 모두 싣고 있으며 개정 전 자료는 '구 워크북'으로 표기를 하여 참고하면서 학습할 수 있도록 하였고, 고시넷 모듈형 통합문제집에는 'NCS 학습모듈' 10개 영역 학습내용에서 출제하는 문제유형만을 연습할 수 있도록 구성하였다.

주요 출제사 유형은?

'사람인형'은

NCS 직업기초능력의 전 영역에 걸쳐 한국산업인력공단 NCS '워크북'에 수록된 이론과 제시된 자료를 바탕으로 이를 해석하는 '응용모듈'의 방식을 따른다. 다만 '워크북'에 수록된 이론에 국한되지 않고, 이에 파생되는 개념과 이론들을 적극적으로 질문하는 문제와 계산 문제라는 두 가지 축으로 출제한다. '워크북' 이론과 그 파생이라는 기준으로 출제된 다수의 문제를 풀면서 형성될 출제영역의 감각을 기초로 풀이시간이 극히 한정되어 있는 환경에서 '워크북' 밖의 이론을 제시하는 다양한 자료를 해석하는 문제풀이의 기술, 그리고 계산문제를 능숙하게 풀 수 있는 기술을 숙지하는 것이 필요하다.

'한사능형', '휴스테이션형'은

전체 NCS 10개 영역 중에서 경우에 따라 4~5개 영역으로 구성되기도 하고, 모든 영역이 다 출제되기도 하므로 지원하고자 하는 기업의 필기시험 출제영역을 정확히 파악해야 한다. 모듈형, 지식형, 응용수리, 어휘, 문법, 명제 등 간단한 유형부터 명확한 답을 고르기 어려운 고난도 추론, 장문의 자료나 지문 파악, 지문·표·그래프 등의 문제 상황에 대한 적절한 대처능력을 평가하는 고난도 유형까지 골고루 출제되고 있다. 따라서 영역별 관련 이론을 학습하는 것과 더불어, 이를 문제의 요구에 따라 응용할 수 있도록 다양한 문제 풀이 연습을 하는 것이 필요하다.

'인크루트형'은

대표적인 출제영역은 의사소통능력, 수리능력, 문제해결능력이며 그 외에도 조직이해, 자원관리, 대인관계, 정보, 직업윤리까지 NCS의 모든 영역이 출제된다. 단순한 기본 개념을 묻는 문제와 더불어 개념에 대한 응용문제까지 다양한 난이도와 영역으로 출제되고 있다. 평균적인 난이도는 높지 않고 전반적인 내용 이해를 묻는 문제가 대부분이나 생소해 보이는 문제들도 늘 출제되기 때문에 최대한 많이, 다양한 유형의 문제풀이를 통해 실전감각을 평소 익혀 두는 것이 유리하다.

'휴노형'은

의사소통능력, 수리능력, 문제해결능력은 필수 영역으로 출제되고 그 외 채용 기관에 따라 자원관리, 정보, 기술, 직업윤리가 추가 구성되기도 한다. 비교적 쉽게 해결할 수 있는 모듈형 또는 단순 문제부터 긴 자료를 읽고 해결하는 피셋형 문제까지 다양하게 출제된다. 의사소통능력에서는 주로 내용 일치, 중심 내용 파악, 정보 이해 등의 독해 문제가 출제되며 이외에도 유의어, 반의어, 어휘 관계, 맞춤법을 묻는 어휘·어법 문제가 출제된다. 수리능력에서는 자료해석이 가장 높은 비중으로 출제되며 방정식, 통계(평균, 경우의 수, 확률), 거리·속력·시간 등의 기초연산 문제도 출제된다. 특히 문제해결능력은 의사소통, 수리, 자원관리, 조직이해 등과 섞인 복합 문제도 나온다. 문제 유형이 대체로 비슷하기 때문에 반복학습을 통해 시간 단축 및 고득점이 가능하다.

'매일경제형'은

출제영역이 대부분 의사소통능력, 수리능력, 문제해결능력, 자원관리능력 4개 영역에서 출제되지만 이외에도 조직이해능력이나 정보능력, 기술능력 등에서도 출제되기도 한다. 단순한 기본 개념을 묻는 문제보다는 산업현장에서 발생하는 상황을 제시하여 직무와 관련된 업무를 어떻게 해결하는지를 묻는 실무 적용능력과 업무 해결능력을 평가하는 응용 업무능력 문제가 출제되고 있다. 6~7개 영역에서 나오는 문제들이 난도가 높은 편이지만 여러 유형을 익혀 둔다면 보다 쉽게 필요한 득점이 가능하다.

PSAT 알아보기

PSAT를 NCS 직업기초능력평가 준비에 활용하기 위해 필요한 정확한 이해를 돕기 위한 안내이다. PSAT의 평가영역은 언어논리, 자료해석, 상황판단의 3개 영역으로 구성되어 있습니다. NCS와 유사한 부분을 정확히 알고 공부하는 것이 효율적이다.
- 정부 발간 "공직적격성테스트(PSAT) 예제집"을 인용하여 재정리하였다.

PSAT(Public Service Aptitude Test)란

정부 내 관리자로서 필요한 기본적 지식, 소양, 자질 등 공직자로서의 적격성을 종합적으로 평가하는 제도이다.

[1] 언어논리 영역

언어논리 영역에서는 일반적인 학습능력의 하나인 언어능력을 측정한다. 언어논리능력은 모든 직무 영역에 공통적으로 요구되는 능력으로 대인관계, 보고서 작성 등의 직무수행에 필수적인 능력이다. 언어논리 영역은 대부분의 적성검사와 학업 수행능력을 평가하는 시험에서 사용되고 있는 영역으로 의사소통능력(타 영역 사업에 대한 이해와 자기의 사업에 대한 설명력)과 자신이 알고 있는 지식을 종합·통합할 수 있는 능력을 요구한다. 특히 PSAT의 언어논리 영역에서는 어휘력이나 문법적 지식과 같은 문장 수준의 처리능력보다는 텍스트의 처리와 관련된 능력을 측정하고자 한다.

[출제 영역]
- 인문과학 : 고전문학, 인류학, 현대문학 등
- 사회과학 : 경제, 국제, 통일, 사회, 정치 등
- 자연과학 : 공학, 과학, 환경 등
- 문화 : 예술, 스포츠 등
- 기타 : 교육, 국사, 서양사 등

[문제유형]
- 이해 : 추론이나 요약, 또는 새로운 글의 생성 등이 요구되지 않고, 단순히 주어진 지문에 대한 이해만으로 해결할 수 있는 문제이다. 세부유형은 글의 이해, 관련 단락, 비관련 단락 등이 있다.
- 추론 : 주어진 지문을 충분히 이해하고, 이를 바탕으로 논리적 추론을 해야만 해결할 수 있는 문제이다. 세부유형은 반론, 비판, 전제 추론, 추론되는 내용 등이 있다.
- 주제 찾기 : 주어진 지문을 충분히 이해하고 지문이 어떤 주장이나 논지를 전하고자 하는지를 파악할 수 있어야만 해결할 수 있는 문제이다. 세부유형은 제목 찾기, 주제 찾기 등이 있다.
- 문장 구성 : 주어진 지문에 대한 단순한 이해를 넘어서, 언어를 산출하는 능력, 즉 텍스트를 구성하는 능력을 묻는 문제이다. 세부유형은 다음 주제, 문단 구조 파악, 문단 배열, 앞 문단 누락, 중간 단락 누락, 후속 등이 있다.

[2] 자료해석 영역

자료해석 영역은 숫자로 된 자료를 정리할 수 있는 기초 통계 능력, 수 처리 능력, 응용 계산 능력, 수학적 추리력 등을 측정하는 영역이며 측정하는 능력들은 특히 수치 자료의 정리 및 분석 등의 업무수행에 필수적인 능력이다. 자료해석력은 논리, 수학적 능력과 관련되는 영역으로서 언어 능력과 더불어 일반적성의 주요 영역으로 대부분의 학업적성검사와 직무적성검사에 포함되고 있다. 특히 PSAT의 자료해석 영역은 통계 등 수치정보에서 추출하는 자료 및 정보분석 능력, 그리고 수많이 제시되는 자료 중 필요한 자료를 추출하는 능력 등을 측정한다.

[출제 영역]
- ■ 일반 행정 ■ 법률/사건 ■ 재무/경제 ■ 국제통상 ■ 정치/외교 ■ 보건/사회복지 ■ 노동/문화 ■ 기술/과학 ■ 환경/농림수산 ■ 기타

[문제유형]
- ■ 자료 읽기 : 계산과 추론 등이 요구되지 않은 단순한 자료 읽기 문제이다. 문제에 대한 이해를 토대로 계산이 필요 없이 자료로부터 정답을 도출한다.
- ■ 단순 계산 : 문제의 요구에 따라 주어진 자료를 단순한 계산을 통해 정답을 도출하는 문제이다. 문제에서 요구하는 계산을 통해 정답을 도출한다.
- ■ 응용 계산 : 문제의 요구에 따라 주어진 자료를 응용 계산함으로써 정답을 도출하는 문제이다. 문제에 대한 이해를 토대로 필요한 계산공식과 과정을 도출하여 정답을 계산한다.
- ■ 자료 이해 : 문제의 요구에 따라 주어진 자료를 단순 또는 응용계산하고, 그 결과를 해석함으로써 정답을 도출하는 문제이다. 문제에서 요구하는 계산이나 필요한 계산 공식과 과정을 스스로 도출하여 계산결과를 해석해야만 정답이 도출된다.
- ■ 자료 추리 : 문제의 요구에 따라 주어진 자료를 단순 또는 응용계산하고, 그 결과를 토대로 새로운 사실이나 미래의 상황을 추론함으로써 정답을 도출하는 문제이다. 문제에서 요구하는 계산 공식과 과정을 스스로 도출하여 도출된 결과를 토대로 관련 사실이나 미래에 대한 추론을 통해 정답을 도출한다.

[3] 상황판단 영역

상황판단력은 제시된 자료에서 원리를 추리하고 자료와 정보를 올바르게 확장, 해석하는 능력과 논리적 추론을 하는 능력으로 기획, 분석, 평가 등의 업무수행에 필수적인 능력이다. 이 영역은 연역추리력, 문제해결, 판단 및 의사결정 능력을 측정한다. 문제해결의 경우 먼저 가능한 모든 방안을 머릿속에서 나열하고 각각의 방안에 대하여 문제해결에 도움이 되는지를 평가하고 최종적으로 문제해결책을 찾아내는 과정으로 구성되어 있다. 연역추리력과 판단 및 의사결정 과정도 여러 단계의 인지조작을 거쳐야만 문제를 해결할 수 있다. 모든 업무가 문제해결이나 판단·의사결정 등으로 구성되어 있으므로 이는 실제 과제를 수행하는 데 기본적인 능력이 있는지를 측정하는 영역이다. 자료해석력이 주로 귀납적 추리력을 측정하는 데 반해 이 영역은 연역추리와 종합추리 능력을 측정한다.

[출제 영역]
- ■ 문제 출제를 위한 특정 영역이 존재하지는 않으나, 가능한 현실적인 상황을 가지고 문항을 구성한다.

[문제유형]
- ■ 연역추리 : 주어진 사실(전제)들에서 논리적으로 정당한 결론을 도출해 낼 수 있는 능력을 측정하는 문제이다. 세부유형으로 결론유도, 논리구조, 논리적 인과, 논리적 타당성, 논증, 해석 등이 있다.
- ■ 문제해결 : 문제에 대한 적절한 표상을 형성하고, 목표달성에 도달하게 하는 적절한 조작자를 찾아내는 능력을 측정하는 문제이다. 세부유형으로 기획력, 여러 가능성 중 합리적 가능성을 묻는 문제, 문제에 대한 올바른 표상을 묻는 문제, 가능한 많은 문제해결 방식의 생성을 묻는 문제 등이 있다.
- ■ 판단 및 의사결정 : 주어진 정보와, 이 정보에서 유도된 정보들을 정확하게 판단하고, 그 판단에 근거하여 가장 합리적인 의사결정을 하는 능력을 측정하는 문제이다. 세부유형으로 판단과정에서 논리적 구조의 이해, 게임 이론, 판단오류, 합리적 선택과정 등이 있다.

NCS 10개 영역 소개

주요 5개 영역

인지적 능력

의사소통능력	상대방과 의견을 교환할 때 의미를 정확하게 전달하는 능력
수리능력	복잡한 연산 및 도표 분석으로 정보를 이해하고 처리하는 능력
문제해결능력	논리적·창의적인 사고로 문제를 바르게 인식하고 해결하는 능력
자원관리능력	주어진 자원을 효율적으로 활용하고 관리하는 능력
조직이해능력	조직의 체제와 경영, 국제감각을 이해하는 능력

주요 영역 출제 키워드

NCS 주요 영역

- 의사소통능력 25%
- 수리능력 25%
- 문제해결능력 25%
- 자원관리능력 15%
- 조직이해능력 10%

조직이해능력
조직의 유형, 조직변화의 유형, 조직이론, 델파이 기법, 경영의 구성요소, 페이욜, 경영자의 역할, 조직목표의 기능과 특징, 조직구조의 형태, 조직문화의 구성요소, 업무수행 시트의 파악, 간트차트, 업무의 방해 요인, 국제동향 파악

의사소통능력
비언어적 의사소통 요소의 역할, 프레젠테이션 방법, 사자성어, 속담, 의사소통 스타일, 회의방법, 토론방법, 보고서 작성, 4차 산업혁명, '괜찮다'의 의미, 미세먼지, 회의 자료, 주의사항, 과업지시서, 완곡어, 유의어, 반의어, 문서 작성 요령

자원관리능력
책정 비용과 실제 비용의 관계, 공정보상의 원칙, 인사의 원칙, 간접비용과 직접비용, 실시간 재고관리, 효과적인 자원관리 방법, 물적자원관리 수단, 인적자원 관리의 형태, 시간 매트릭스, 투입비용 계산, 창고 레이아웃, 인력 배치

수리능력
평균, 비율, 거리·속력·시간, 소금물, 수열, 원탁에 앉는 경우의 수, 합격자 중 남녀의 비율, 보수월액 보험료 계산, 연간 임대수익률, 예금 상품의 원리금, 건물의 건설 자재비용, 잔업일수, 시험의 수험현황, 국가별 선박등록 현황, 기업 매출현황표, 연도별 선박 입항 현황

문제해결능력
창의적·논리적·비판적 사고 개발, 브레인스토밍, 체크리스트, SCAMPER, 문제해결절차, 3C 분석, SWOT 분석, 퍼실리테이션, 가중치를 반영한 만족도 조사, 보고서 추가 항목, 규칙에 따른 결과 추론, 논리 추론, Framework, 과제 선정, 실행 및 평가 이해

NCS 국가직무능력표준 | WWW.GOSINET.CO.KR

하위 5개 영역

인지적 능력

정보능력	컴퓨터를 활용하여 필요한 정보를 수집·분석·활용하는 능력
기술능력	직장 생활에 필요한 기술을 이해하고 선택하며 적용하는 능력

인성적 능력

자기개발능력	자신의 능력과 적성을 이해하여 목표를 수립하고 관리를 통해 성취해 나가는 능력
대인관계능력	좋은 인간관계를 유지하고 갈등을 원만하게 해결하는 능력
직업윤리	직업을 가진 사람이라면 반드시 지켜야 할 윤리 규범

하위 영역 출제 키워드

정보능력
파일 확장자, 인텔리전스, 네티켓, 업무의 디지털화, IF 함수, RANK 함수, 랜섬웨어, 스머핑, 빅데이터, 정보 검색 시 유의사항, 개인정보 보호 방법, 사이버 언어폭력, Windows 유틸리티 프로그램, 매크로 기능

기술능력
특허권, 저작권 유효기간, 기술이전, 바코드, 큐알코드, 벤치마킹, 네트워크 혁명, 제4차 산업혁명, 산업안전, 업무적 위험요인, 산업재산권 분류, 매뉴얼 작성 요령, 기술경영자의 역할, 기술시스템 발전 단계

직업윤리
근로기준법, 직장 내 괴롭힘, 직업윤리 덕목, 직장 내 성희롱, 도덕적 해이, 갑질 행위, 공동체 윤리, 기업윤리 실천, 근면의 요소, 정직의 예, 윤리경영과 관련된 사내 교육 자료, 직업윤리의 중요성

대인관계능력
협상 5단계, 리더십의 종류, 사례에서 나타나는 리더십, 변혁적 리더십, 갈등관리의 유형, 갈등 상황에 따른 갈등해결 방법, 윈-윈 갈등관리법, 불만 고객 대응법, 고객설문조사 방법, 팀워크 저해 요소

자기개발능력
매슬로우 욕구 5단계, 자기 브랜드 유형, 성인학습자, 자기개발 방해요인, 자아인식 방법, 조하리의 창, 홀랜드 직업선호도 검사, 경력개발 방법, 경력 닻 유형, 직무 스트레스, 경력 단계의 특징, 진로적응력

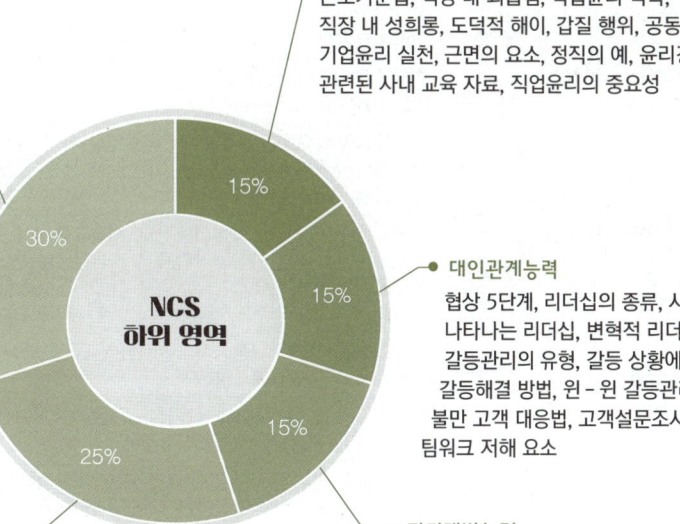

NCS 하위 영역
- 정보능력 30%
- 기술능력 25%
- 자기개발능력 15%
- 대인관계능력 15%
- 직업윤리 15%

INFORMATION

대행사 수주현황

출제대행사별 수주 채용기업

출제대행사		채용기업
(주)사람인	2026년	한국동서발전('25~'27), 한국중부발전('24~'26), 한국가스기술공사('25~'26)
	2025년	한국가스공사, 한국가스기술공사('25~'26), 한국남동발전, 한국중부발전('24~'26), 한국동서발전('23~'25), 한전KPS, 국민연금공단, 한국자산관리공사, 주택도시보증공사, 예금보험공사, 서울시평생교육진흥원, 경기도미래세대재단, 한국벤처투자, 경기신용보증재단, 충남신용보증재단, 대전시사회서비스원, 안산시 공공기관 통합채용, 국립인천해양박물관, 한국산업단지공단, 한국예탁결제원, 한국광해광업공단, 경기평택항만공사, 광주도시공사, 광주광역시 공공기관 통합채용
인크루트(주)	2026년	항만공사(인천·부산·울산·여수광양／'25~'27)
	2025년	서울교통공사, 국민건강보험공단, 한국산업은행, 한국무역보험공사, 기술보증기금, 인천신용보증재단, 코레일유통, 지방공기업평가원, 한국부동산원, 경기문화재단, 화성시문화관광재단, 김포산업진흥원, 고양산업진흥원, 서울시자원봉사센터, 화성산업진흥원, 인천광역시체육회, 김포산업지원센터, 평택시국제교류재단, 정선아리랑문화재단, 용인도시공사, 충남평생교육인재육성진흥원, 경기도장애인체육회, 국립인천해양박물관, 한국정신문화재단, 금천구시설관리공단, 인천신용보증재단, 국립자연유산원, 용인시 공공기관 통합채용, 동대문문화재단, 대구디지털혁신진흥원, 세종테크노파크, 양산시시설관리공단, 독립기념관, 강원개발공사, 포천도시공사, 항만공사(인천·부산·울산·여수광양／'25~'27)
(주)트리피	2026년	한국환경공단
	2025년	한국토지주택공사, 한국환경공단, 한국가스안전공사, 서울주택도시공사, 중소벤처기업진흥공단, 한국연구재단, 한국산림복지진흥원, 한국법제연구원, 한국인터넷진흥원, 한국전기안전공사, 한국산업안전보건공단, 한국교육시설안전원, 제주국제자유도시개발센터, 한국과학기술원
(주)엑스퍼트컨설팅	2025년	한국환경산업기술원
	2024년	국민체육진흥공단, 코레일로지스, 수원시 공공기관 통합채용, 한국승강기안전공단, 한국환경산업기술원
(주)매일경제신문사	2026년	한국서부발전('25~'26)
	2025년	한국수력원자력, 근로복지공단, 한국도로교통공단, 국가철도공단, 코레일테크, 한국서부발전('25~'26)
(주)휴스테이션	2025년	서울교통공사 9호선운영부문, 건강보험심사평가원, 서울시설공단, 장애인기업종합지원센터, 스포츠윤리센터, 강원도사회서비스원, 아동권리보장원, 창업진흥원, 가덕도신공항건설공단, 중소기업기술정보진흥원, 한국석유공사
	2024년	서울교통공사, 건강보험심사평가원, 서울교통공사 9호선운영부문, 서울시설공단, 한국주택금융공사, 한국교통안전공단, 한국에너지공단, 코레일유통, 한국과학기술기획평가원, 농업정책보험금융원, 한국석유공사, 국방신속획득기술연구원, 서울신용보증재단, 한국생산기술연구원, 한국체육산업개발, 강원도사회서비스원, 양주도시공사, 한국보훈복지의료공단 대전보훈병원
(주)한국사회능력개발원	2025년	한국철도공사, 대구교통공사, 공무원연금공단, 화성산업진흥원, 국립공원공단, 한국체육산업개발, 한국보건사회연구원, 에스알(SR)
	2024년	한국철도공사, 에스알(SR), 국가철도공단, 한전KDN, 대구도시개발공사, 화성산업진흥원, 공무원연금공단, 국립공원공단, 부산광역시 공무직
인트로맨(주)	2025년	한국에너지공단, 경기환경에너지진흥원, 대한적십자사, 한국물기술인증원, 중앙사회서비스원, 국방기술진흥연구소, 평택산업진흥원, 대한장애인체육회, 한국장애인개발원, 한국수자원조사기술원, 농림수산식품교육문화정보원, 경기문화재단, 코레일네트웍스, 연구개발특구진흥재단, 한국중소벤처기업유통원, 소상공인시장진흥공단
	2024년	한국수자원조사기술원, 한국교육학술정보원, 대한적십자사(필기전형), 한국문화재단, 중소기업유통센터, 대전시사회서비스원, 코레일네트웍스, 인천도시공사, 경기문화재단, 농림수산식품교육문화정보원, 대한장애인체육회, 남양주도시공사, 한국양성평등교육진흥원, 원주시시설관리공단, 파주문화재단, 국가유산진흥원, 한국교육학술정보원

출제대행사별 수주 채용기업

출제대행사		채용기업
(주)스카우트	2025년	한국전력기술('24~'25), 서울신용보증재단, 한국투자공사, 서민금융진흥원, 한국해양진흥공사, 대구도시개발공사, 남부공항서비스, 경북문화관광공사, 한국장학재단, 한국원자력환경공단, 한국도로공사서비스
	2024년	한국전력기술('24~'25), 시흥도시공사, 서민금융진흥원, 한국산림복지진흥원, 국립인천해양박물관, 대구농수산물유통관리공사, 한국원자력환경공단, 우체국시설관리단, 한국장학재단, 가덕도신공항건설공단, 인천교통공사, 인천시설공단, 인천공항시설관리
(주)휴노	2026년	강원랜드('25~'26)
	2025년	한국전력공사, 한국공항공사('24~'25), 한국수자원공사('24~'25), 한국농어촌공사, 강원랜드('25~'26)
(사)한국행동과학연구소	2024년	인천국제공항공사
	2023년	농협중앙회, 농협은행
(주)태드솔루션(TAD Solutions Co., Ltd.)	2026년	한국산업기술기획평가원
	2025년	서울물재생시설공단, 고양시 공공기관 통합채용, 화성시문화관광재단, 중앙사회서비스원, 한국사회보장정보원, 국립낙동강생물자원관, 한국산업기술기획평가원, 오송첨단의료산업진흥재단, 하남도시공사, 충남테크노파크, 무역안보관리원, 한국수목원정원관리원, 한국발명진흥회, 화성시복지재단
(주)나인스텝컨설팅	2025년	소프트웨어정책연구소, 인천교통공사, 국외소재문화유산단, 한국해양조사협회, 광주도시관리공사, 국립호남권생물자원관, 과학기술사업화진흥원
	2024년	한국해양조사협회, 한국에너지기술평가원, 광주도시관리공사, 한국임업진흥원
(주)비에스씨	2025년	국가과학기술인력개발원
	2024년	인천서구복지재단
(유)잡코리아	2025년	인천인재평생교육진흥원, 국립대구과학관, 강원관광재단, 강원역사문화연구원
	2024년	국립대구과학관, 인천신용보증재단, 가축위생방역지원본부, 파주도시관광공사
(주)잡플러스	2025년	한국재정정보원, 서울경제진흥원, 제주도 공공기관 통합채용, 한국언론진흥재단, 한국해양교통안전공단, 한국식품산업클러스터진흥원, 한국보육진흥원, 우체국물류지원단, 서울의료원
	2024년	제주특별자치도 공공기관 통합채용, 남부공항서비스, 서울의료원, 서울시50플러스재단, 인천교통공사(업무직)
(주)커리어넷	2026년	국방과학연구소, 서울시농수산식품공사('25~'26), 한국해외인프라도시개발지원공사('25~'26)
	2025년	한국교통안전공단('25~'26), 신용회복위원회, 인천관광공사, 인천시설공단, 서울문화재단, 청주도시공사, 서울시농수산식품공사('25~'26), 한국해외인프라도시개발지원공사('25~'26)
(주)한국취업역량센터	2026년	천안도시공사
	2025년	안동시시설관리공단, 전북장애인종합지원센터, 경남여성가족재단
(사)한국능률협회	2024년	보령시시설관리공단, 한국수목원정원관리원
	2023년	한국소비자원, 한국법무보호복지공단, 한국산림복지진흥원, 지방공기업평가원, 국립항공박물관
(주)한국인재개발진흥원	2025년	세종도시교통공사, 경상북도 공공기관 통합채용, 진주시시설관리공단, 진주문화관광재단, 구미먹거리통합지원센터, 인천광역시연수구시설안전관리공단, 인천광역시중구시설관리공단, 평창유산재단, 충남여성가족청소년사회서비스원, 천안도시공사, 경남개발공사, 김포도시관리공사, 화성시환경재단, 속초시설관리공단
	2024년	경상북도 공공기관 통합채용, 세종도시교통공사, 경남개발공사, 울산시설공단, 화성시복지재단, 오산시시설관리공단, 여수시도시관리공단, 인천광역시연수구시설안전관리공단, 화성도시공사 운수직, 화성시복지재단, 경상북도 문경시 공무직, 충남경제진흥원, 세종특별자치시시설관리공단, 평창관광문화재단, 오산도시공사, 천안도시공사, 김포도시관리공사

INFORMATION

대행사 수주현황

출제대행사별 수주 채용기업

출제대행사		채용기업
(주)엔잡얼라이언스	2025년	화성시인재육성재단
	2024년	화성시인재육성재단
(주)굿파트너스코리아	2025년	창녕군시설관리공단
	2024년	한국물기술인증원
(주)더좋은생각	2026년	시흥도시공사
	2025년	국립항공박물관, 구리도시공사, 선박해양플랜트연구소, 창원문화재단, 춘천도시공사, 국립해양과학관, 인천환경공단, 완주군시설관리공단, 익산시도시관리공단
(주)인사바른	2026년	건설근로자공제회('25~'26)
	2025년	한국마사회, 한국어촌어항공단, 예술의전당, 경기도사회적경제원, 한국과학기술기획평가원, 사립학교교직원연금공단, 한국보건산업진흥원, 세종학당재단, 한국에너지기술평가원, 축산물품질평가원, 한국산업기술진흥원, 한국해외인프라도시개발지원공사, 건설근로자공제회('25~'26), 국립생태원, 한국농수산식품유통공사, 한국장애인고용공단
(주)잡앤피플연구소	2026년	대구문화예술진흥원
	2025년	한국석유관리원, 한국유교문화진흥원, 아산시시설관리공단, 서울시120다산콜재단, 인천시부평구시설관리공단, 충주시시설관리공단, 대구문화예술진흥원, 경상북도호국보훈재단, 세종시문화관광재단, 천안시청소년재단, 대전문화재단, 천안도시공사, 울산시설공단, 인천광역시 미추홀구시설관리공단, 국토안전관리원, 한국건강증진개발원
(주)잡에이전트	2025년	통일연구원
	2024년	강릉과학산업진흥원
(주)휴먼메트릭스	2025년	서울시여성가족재단, 한국고용정보원, 시청자미디어재단, 한국학중앙연구원
	2024년	한국고용정보원, 서울시여성가족재단
갓피플(주)	2024년	해양환경공단
	2023년	전라북도 공공기관 통합채용, 경상남도 김해시 공공기관 통합채용
(주)한국직무능력평가연구소	2025년	시흥도시공사, 이천문화재단
	2024년	국립광주과학관, 여주세종문화관광재단, 천안시청소년재단, 안양도시공사, 인천중구문화재단, 이천문화재단, 양평문화재단
(주)에이치알제이솔루션	2025년	부여군시설관리공단
	2023년	(재)대구문화예술진흥원
(주)제이비에이	2025년	한국생산기술연구원, 한국예술인복지재단, 한국과학기술원 시설지원직, 서울관광재단, 한국잡월드
	2024년	한국과학기술원 시설지원직
(주)비엠더코리아인	2026년	케이워터기술('25~'26)
	2025년	여수시도시관리공단, 케이워터기술('25~'26)
(주)에이치알딥마인드	2025년	한국고용노동교육원, 전북개발공사, 한국사회적기업진흥원, 한국과학창의재단, 춘천도시공사, 한국항로표지기술원, 국립농업박물관, 한국원자력안전재단, 한국해양수산연수원, 서울시50플러스재단, 한국양성평등교육진흥원, 축산환경관리원, 대구농수산물유통관리공사, 한국법무보호복지공단, 대한체육회
	2024년	한국원자력안전재단, 한국장애인개발원, 인천환경공단, 진주시 시설관리공단, 한국기상산업기술원, 이천시시설관리공단, 대구경북첨단의료산업진흥재단, 화성산업진흥원, 군포도시공사, 국립항공박물관, 전북개발공사, 청주시시설관리공단, 군포시청소년재단, 대구시행복진흥사회서비스원, 동대문구시설관리공단, 한국법무보호복지공단, 국립세계문자박물관, 대한건설기계안전관리원

출제대행사별 수주 채용기업

출제대행사		채용기업
(주)엔에이치알	2025년	한국조폐공사, 서울시복지재단, 전북특별자치도 공공기관 통합채용, 대한무역투자진흥공사, 제주문화예술재단
	2024년	학교법인한국폴리텍, 대한무역투자진흥공사, 제주특별자치도 사회서비스원, 제주에너지공사
피앤제이에이치알(주)	2025년	경상남도 사천시 공공기관 통합채용, 경상남도 김해시 공공기관 통합채용
	2024년	김해시 공공기관 통합채용, 부산시설공단, 사천시 공공기관 통합채용, 한국해양수산연구원, (재)김해연구원
(주)한국에이치알진단평가센터	2025년	한국탄소산업진흥원, 당진시 공공기관 통합채용, 여주도시공사, 과천도시공사, 케이에이씨공항서비스, 해양수산과학기술진흥원
	2024년	케이에이씨공항서비스, 경상남도투자경제진흥원, 여주도시공사, 당진도시공사, 한국지질자원연구원
(주)마이다스인	2025년	한국보건복지인재원, 한국교육학술정보원
	2024년	한국항공우주연구원
(주)이디스앤	2025년	한국문화예술위원회, 한국로봇산업진흥원, 국가과학기술연구회, 한국보건복지인재원, 한국보건의료정보원, 한국디자인진흥원, 한국데이터산업진흥원, 농림식품기술기획평가원
	2024년	한국농업기술진흥원, 한국로봇산업진흥원, 농림식품기술기획평가원, 한국식품산업클러스터진흥원
(주)위링크글로벌	2025년	한국섬진흥원, 해양환경공단
	2024년	경상북도개발공사
(주)에이치알퍼스트	2025년	광주시서구시설관리공단, 김포문화재단, 동대문구시설관리공단, 광주시문화재단, 울주군시설관리공단, 춘천도시공사, 광명도시공사, 이천시시설관리공단
	2024년	국가과학기술연구회, 광명도시공사, 광주광역시북구시설관리공단, 창원레포츠파크, 경남여성가족재단
(주)잡플러스에이치알	2025년	한국국방연구원, 한국법제연구원, 충남서산시시설관리공단, 군위문화관광재단, 가축위생방역지원본부, 전주시시설관리공단, 양주도시공사, 가평군시설관리공단
	2024년	여수시도시관리공단, 전주시시설관리공단
(주)제니엘이노베이션	2026년	정보통신산업진흥원
	2025년	정보통신산업진흥원
비에스상사	2025년	김해시 공공기관 통합채용
	2024년	부산시설공단
크로노그래프(주)	2026년	국제식물검역인증원
(주)엔풀커리어	2025년	경상북도 공공기관 통합채용, 세종시시설관리공단, 김포도시관리공사

취업준비생의 관심이 높은 채용기업을 중심으로 나라장터와 시험 후기를 취합하여 정리한 자료입니다. 개찰 결과가 공개되지 않는 경우 등 정보의 접근과 검증의 한계로 일부 부정확한 내용이 있을 수 있습니다. 이 외의 출제대행사가 많다는 점도 참고하시기 바랍니다.

실시간으로 업데이트되는
공기업 필기시험 출제대행사 확인하기

고시넷 NCS 고졸채용 통합기본서

권두부록

대표기출유형

대표기출유형 키워드

| 의사소통능력 | ▶직무와 관련된 문서 작성을 파악하는 유형 | ▶직무와 관련된 내용을 파악하는 유형 | ▶보도 자료의 내용을 이해하고 요점을 파악하는 유형 | ▶효율적인 업무를 위해 필요한 올바른 경청의 자세 | ▶업무 상황에 따라 적절한 의사표현을 할 수 있는지를 묻는 유형 | ▶비문학 지문을 통해 글의 구조를 정확하게 이해하는지를 묻는 유형 | ▶국어 필수 문법 이해와 적용을 묻는 유형 | 수리능력 | ▶기초연산_기초계산 및 방정식과 부등식 | ▶통계와 관련된 기초연산 | ▶경우의 수, 확률 | ▶일반적인 도표 종류를 묻는 유형 | ▶제시된 자료를 분석하여 추론하는 유형 | ▶제시된 표나 그림의 수치를 계산하여 그래프로 전환하는 유형 | 문제해결능력 | ▶언어추리_전제, 진위를 묻는 유형 | ▶제시된 규정, 조건을 바탕으로 상황을 해결하는 유형 | ▶제시된 자료를 바탕으로 문제를 해결하는 유형 | ▶다양한 형태의 문제에 적절하게 대처할 수 있는지를 묻는 유형 | 자원관리능력 | ▶제시된 자료를 분석하여 소요될 자원의 양을 계산하는 유형 | ▶제시된 자료에 따라 업무의 순서를 결정짓는 유형 | ▶다양한 자원을 분석하여 생산적인 선택을 고르는 유형 | ▶효율적인 인적자원관리를 묻는 유형 | 조직이해능력 | ▶조직 구조를 파악하는 유형 | ▶조직 및 경영체제를 파악하는 유형 | ▶기업과 경영환경 분석을 묻는 유형 | ▶업무 절차를 효과적으로 수행하는지를 묻는 유형 | 정보능력 | ▶컴퓨터 활용 능력을 묻는 유형 | ▶업무 수행에 필요한 정보를 분석하거나 처리를 묻는 유형 | ▶제시된 규칙의 분석 및 적용을 묻는 유형 | 기술능력 | ▶기술과 기술능력의 특징을 묻는 유형 | ▶기술적용능력을 묻는 유형 | ▶제시된 매뉴얼을 파악하여 적절한 대응 방안을 찾는 유형 | 자기개발능력 | ▶자기개발의 특징을 묻는 유형 | ▶자기개발 과정에 적절한 행동을 묻는 유형 | ▶경력개발 과정에 적절한 행동을 묻는 유형 | 대인관계능력 | ▶직장 내 대인관계의 양식을 묻는 유형 | ▶리더십의 특성과 유형을 묻는 유형 | ▶갈등 발생과 해결과정을 묻는 유형 | ▶효과적인 의사결정에 필요한 적절한 협상을 묻는 유형 | 직업윤리 | ▶직업의 의미를 묻는 유형 | ▶직업인으로서 근로윤리를 묻는 유형 | ▶직업인으로서 지켜야 할 공동체 윤리를 묻는 유형

의사소통 | 문서이해 | 문서작성 | 경청 | 의사표현 | 기초외국어

대표기출 유형 1

직무와 관련된 문서 작성을 파악하는 유형

01. 다음은 공문서 작성에 대한 설명이다. 이를 참고하여 밑줄 친 ㉠과 ㉡ 중 "끝"의 위치가 올바른 것을 고를 때, 그 결과가 나머지와 다른 하나는? (단, V는 1타 띄어쓰기를 의미한다)

〈문서의 본문 구성〉

가. 제목
그 문서의 내용을 쉽게 알 수 있도록 간단하고 명확하게 기재한다.

나. 첨부물의 표시
문서에 서식·유가증권, 참고 서류, 그 밖의 문서나 물품을 첨부할 때에는 본문이 끝난 줄 다음에 "붙임"의 표시를 하고 첨부물의 명칭과 수량을 쓰되, 첨부물이 두 가지 이상인 때에는 항목을 구분하여 표시한다.

다. 문서의 "끝" 표시
1) 본문 내용의 마지막 글자에서 한 글자(2타) 띄우고 "끝" 표시를 한다.
2) 첨부물이 있으면 붙임 표시문 다음에 한 글자(2타) 띄우고 "끝" 표시를 한다.
3) 본문 또는 붙임 표시문이 오른쪽 한계선에서 끝났을 경우에는 그다음 줄의 왼쪽 기본선에서 한 글자(2타) 띄우고 "끝" 표시를 한다.
4) 본문이 표로 끝나는 경우 표 아래 왼쪽 한계선에서 한 글자(2타) 띄우고 "끝" 표시를 한다.

①
　　　　　　제목 : 지역 내 도로변 주차금지 관련 협조 요청
1. 귀사의 무궁한 발전을 기원합니다.
2. ···주시기 바랍니다.㉠VV끝.
㉡VV끝.

②
　　　　　　제목 : 지역 내 도로변 주차금지 관련 협조 요청
1. 귀사의 무궁한 발전을 기원합니다.
2. ···주시기 바랍니다.
붙임VV1. ▲▲▲관련법 1부.㉠VV끝.
　　　VV2. ▲▲▲계획서 1부.㉡VV끝.

③
　　　　　　제목 : 지역 내 도로변 주차금지 관련 협조 요청
1. 귀사의 무궁한 발전을 기원합니다.
2. ···주시기 바랍니다.

응시번호	성명	생년월일	주소
10	최○○	1999. 9. 13.	경기도 평택시 ○○로 3
21	박○○	1987. 4. 28.	서울시 강남구 ○○로 14

㉠VV끝.
붙임VV1. ▲▲▲관련법 1부.㉡VV끝.

④
　　　　　　제목 : 지역 내 도로변 주차금지 관련 협조 요청
1.귀사의 무궁한 발전을 기원합니다.
2. ···주시기 바랍니다.㉠VV끝.

응시번호	성명	생년월일	주소
10	최○○	1999. 9. 13.	경기도 평택시 ○○로 3
21	박○○	1987. 4. 28.	서울시 강남구 ○○로 14

㉡VV끝.

대표기출 유형 2

직무와 관련된 내용을 파악하는 유형

02. 다음 글에서 설명하고 있는 업무협약 상세 정보를 제공하는 담당부서는?

> A 기관과 지방공기업평가원이 지방공기업평가원 회의실에서 업무협약을 체결했다. 지방공기업의 서비스 품질 향상을 도모하기 위한 이번 협약식에는 A 기관 부회장, 지방공기업평가원 이사장 등 12명이 참석했다.
>
> 이번 협약을 통해서 양 기관은 지방공기업의 서비스품질 인증 획득을 위한 지원, 산학협동 교수제를 통한 인적교류, 지방공기업에 대한 서비스벤치마킹 현장실습 지원 등에 대해 협력하기로 했다.
>
> 이번 협약을 통해 A 기관은 지방공기업에 대한 한국서비스품질 우수기업인증 보급을 장려하고, 필요한 교육 및 프로그램을 다양하게 개발하여 보급할 계획이다.
>
> 이번 협약 및 한국서비스품질 우수기업인증과 관련된 자세한 안내는 A 기관 인증사무국을 통해 받을 수 있다.

① 지방공기업평가원 서비스품질부
② 지방공기업평가원 대외협력처
③ A 기관 인증사무국
④ A 기관 총무처

대표기출 유형 3

보도 자료의 내용을 이해하고 요점을 파악하는 유형

03. 다음 보도자료를 읽고 이번 개정안에 대한 설명으로 옳지 않은 것은?

적극행정 공무원, 자체 감사에서도 책임 안 묻는다

앞으로 국민을 위해 적극적으로 업무를 추진한 공무원에 대해서는 징계의결 단계뿐만 아니라 자체감사에서도 책임을 묻지 않는다. 각 부처 및 지방자치단체의 '적극행정위원회*'는 각계 다양한 민간 전문가가 참여하여 폭넓게 심의할 수 있도록 규모가 확대된다. 이 같은 내용을 담은 일부 개정령안이 지난 18일 국무회의에 통과됐다. 개정안의 내용은 다음과 같다.

첫째, 적극행정위원회 심의·의결의 면책 범위가 확대된다. 지금까지는 위원회가 제시한 의견대로 공무원이 업무를 처리한 경우 징계의결 단계에서의 면제만 가능했으나, 앞으로는 징계의결 전 자체감사에서도 고의 또는 중과실이 아니면 책임을 묻지 않도록 했다. 적극행정 공무원이 감사원의 감사를 받는 경우 위원회가 감사원에 해당 공무원을 면책해 주도록 건의하는 '면책건의제'도 도입한다.

둘째, 적극행정위원회 심의의 전문성과 공정성이 강화된다. 위원회 규모를 종전 15명 이내에서 최대 45명까지 확대하고 각 부처 및 지방자치단체에서는 다양한 현안에 대비한 민간 전문가 인력을 상시 확보할 수 있게 됐다. 이해관계가 대립하는 사안 등은 이해관계자가 회의에 직접 참여할 수 있도록 하여 보다 심층적이고 면밀하게 논의한다.

셋째, 적극행정을 추진하여 성과를 낸 공무원에게는 그에 상응하는 보상을 확실히 부여하여 적극행정 추진 유인을 더욱 강화했다. 별도의 성과급 지급단위를 구성하여 최고등급을 부여할 수 있게 함으로써 인사상 우대조치가 활성화될 수 있도록 했다. 또한 행정안전부장관은 적극행정으로 모범적인 성과를 창출한 공로가 있는 지방자치단체나 공무원을 선정하여 포상한다.

이번 개정으로 위원회의 심의기능과 면책범위가 확대되는 만큼 위원회를 활용한 적극행정이 더욱 활발해질 것으로 기대된다. 이와 함께 앞으로 적극행정 면책을 법적으로 보장하기 위해 「국가공무원법」, 「지방공무원법」 개정을 추진하는 등 적극행정 활성화의 제도적 기반 강화 노력을 지속해 나갈 예정이다.

* 공무원이 선례부재, 불명확한 법령 등으로 적극적으로 업무를 수행하기 어려운 경우 업무처리 방향 등에 대한 의견을 제시해주는 사전의사결정 지원기구(각 기관별 설치)

① 적극행정위원회의 규모 및 심의·의결의 면책 범위가 확대된다.
② 적극행정위원회는 각 기관마다 설치되어 있으며 각계 다양한 민간 전문가가 참여한다.
③ 공정성을 위해 이해관계가 명확히 대립하는 사안은 이해관계자가 회의에 직접 참여할 수도 있다.
④ 적극행정으로 모범적인 성과를 낸 공무원은 인사상 우대조치를 받을 수 있게 된다.
⑤ 적극행정과정에서 중과실을 저질렀을 경우 자체감사에서 책임을 면제받을 수 있다.

대표기출 유형 4

효율적인 업무를 위해 필요한 올바른 경청의 자세

04. 다음 (가) ~ (라)의 설명과 〈보기〉의 ㉠ ~ ㉢을 바르게 연결한 것은?

(가) 그냥 듣거나 메모만 하지 말고, 말로 상대가 사용한 단어, 문장을 따라 하는 것이다. 이것은 단순하지만 효과가 크다. 시청률이 높은 쇼 프로그램이나 리얼 버라이어티의 사회자를 주의 깊게 관찰해 보면 그들은 출연자가 말한 단어를 똑같이 따라 하거나 사용한 문장을 다시 확인하는 리액션을 보여 준다.

(나) 상대의 단어, 문장을 이해하고 당신이 듣고 있다는 몸짓까지 하려면 상당한 집중력을 발휘해야 한다. 그런데 강연에 참석한 당신의 컨디션이 엉망이라면 경청을 할 수 있을까? 어려울 것이다. 경청을 하려면 육체적으로도 정신적으로도 미리 준비되어 있어야 한다.

(다) 의외로 많은 사람들이 대화 중간에 상대의 말을 자르고 들어온다. 우리가 상대의 말을 막거나 고쳐서 얻을 이득이 하나도 없는데 말이다. 메모를 해 두었다가 상대의 말이 다 끝난 후 내가 하고 싶은 말을 하는 것이 경청에 도움이 되는 행동이다. 메모를 해야 하기 때문에 상대의 말을 더 주의 깊게 듣게 되고, 상대가 자신의 이야기에 집중하는 모습을 보고 좋은 인상을 얻을 수 있다.

(라) 상대는 질문하는 것 그 자체로 당신이 자신의 말을 경청하고 있다고 여기게 된다. 필요하다고 생각하는 것 이상으로 질문하는 것이 좋다. 상대의 말 중에 잘 이해가 되지 않는 부분을 재차 설명해 달라고 요구하는 것도 바람직하다.

보기

㉠ 상대의 단어와 문장을 반복하기
㉡ 질문을 많이 하기
㉢ 상대의 말을 막거나 가로채지 않기
㉣ 주의를 집중하기 위해 준비하고 노력하기

	(가)	(나)	(다)	(라)
①	㉠	㉣	㉢	㉡
②	㉠	㉣	㉢	㉡
③	㉣	㉡	㉠	㉢
④	㉣	㉢	㉡	㉠

대표기출 유형 5

업무 상황에 따라 적절한 의사표현을 할 수 있는지를 묻는 유형

05. ◇◇ 공사 환경부 김 대리는 꿀벌 개체 감소에 관한 발표자로 참여하게 되었다. 이때 발표자가 주의해야 할 사항으로 적절하지 않은 것은?

〈202X년 ◇◇ 공사 환경부 생태학 정기발표회〉

202X. 12. 04. (토) 10 : 30 ~ 16 : 00 □□홀 510호

프로그램 안내	
10 : 30 ~ 11 : 00	참가자 확인 및 안내자료 배포
11 : 00 ~ 11 : 45	개회사 및 축사
11 : 45 ~ 12 : 00	환영사
점심시간	
13 : 30 ~ 13 : 45	일촉즉발의 위기 : 꿀벌
13 : 45 ~ 14 : 30	생물 다양성 보전의 미래적 가치
14 : 30 ~ 15 : 00	둘레길은 과연 자연을 보존할 수 있을까
15 : 00 ~ 15 : 30	생태계와의 공존을 위한 지속가능발전의 필요성
15 : 30 ~ 16 : 00	폐회 및 기념촬영

① 점심시간 이후는 식곤증 때문에 듣는 이의 주의가 흐트러지기 쉬우므로 발표 시 리듬감을 주어 집중을 돕는다.
② 꿀벌 개체 감소의 위험성을 알리기 위한 자리이므로 가급적 유머의 사용은 피한다.
③ 꿀벌의 중요성을 간과한 결과가 생태계에 초래할 위험을 강조하며 이야기를 전개한다.
④ 찬성과 반대의 의견이 명확한 사람들이 논리적으로 상대를 설득할 수 있도록 충분한 시간을 제공한다.

대표기출 유형 6

비문학 지문을 통해 글의 구조를 정확하게 이해하는지를 묻는 유형

06. 다음 글의 서술방식에 대한 설명으로 옳지 않은 것은?

> 지구화가 진전됨에 따라 자본은 국민국가의 규제력을 넘어 전 세계로 이동하게 되었다. 자본은 자신의 이윤을 극대화할 수 있는 좋은 환경을 찾아 국경을 넘어 이동할 수 있지만, 노동은 여전히 국경의 장벽에 막혀 있다. 실업과 실업에 대한 공포는 노동의 현재와 미래를 가장 잘 보여준다. 노동의 미래에 대한 우울한 전망은 제러미 리프킨(Jeremy Rifkin), 울리히 백(Ulrich Beck), 앤서니 기든스(Anthony Giddens)의 저작물에서 공통적으로 지적하는 문제이기도 하다.
>
> 리프킨은 「노동의 종말」을 통해 기술의 발전이 대량 실업사태를 초래한다고 경고한 바 있다. 첨단기술과 정보화 사회, 경영혁신이 인간의 삶을 풍족하게 만드는 것이 아니라 일자리를 사라지게 만들며, 새로운 일자리가 생겨나도 대부분은 임금이 낮은 임시직 일자리에 불과하다고 주장했다. 그에 따르면, 이를 극복할 대안은 비영리적인 제3부문이다. 이 제3부문은 공동체 유지와 재건에 필요한 서비스를 제공하고 봉사정신, 연대를 통해 새로운 사회를 향한 대전환을 가능하게 한다는 것이다.
>
> 백 역시 완전고용이 붕괴하면서 희망을 잃어버린 노동사회를 대체할 새로운 사회 모델을 모색하고 있었고 기술 진보로 필요 노동시간이 단축된 상황에서 능동적으로 자신을 투신할 수 있는 '시민노동 모델'을 대안으로 제시했다. 시민노동 모델은 공적인 부문에서 효과적인 노동을 제공하는 시민들에게 '시민수당'을 주고 이를 사회적으로 인정하는 것이다. 이러한 새로운 시민노동은 생태 등 공공의 목표를 위해 일하고 대가를 받는 취업노동의 대체물이다.
>
> 기든스는 지식경제사회에서 노동의 미래를 전망하며 이에 대한 적극적 대응이 필요하다고 주장했다. 기든스에 따르면, 지식경제란 생각, 정보, 지식이 혁신과 경제성장을 뒷받침하는 경제로, 대다수의 노동력이 물질적 재화의 생산과 유통이 아닌 디자인, 개발, 기술, 마케팅, 판매와 서비스에 종사하는 경제를 의미한다. 이러한 지식경제에서 기든스의 대안은 '새로운 사회민주주의'로, 시장 실패와 사회주의의 경직성을 극복하기 위해 사회적 약자가 노동 시장에서 계속 활동할 수 있도록 교육과 훈련, 기술 투자 등에 더 중점을 두는 '노동을 통한 복지'를 실천해야 한다고 말했다.

① 노동의 미래에 대한 부정적 전망을 하는 사회경제학자들을 소개한다.
② 리프킨의 주장을 인용하여 비영리적인 제3부문의 필요성을 소개한다.
③ 기든스의 주장을 인용해 지식경제 대신 사회민주주의로 넘어가야 함을 역설한다.
④ 백의 저작물을 인용해 시민노동 모델을 취업노동의 대체물이라고 언급한다.
⑤ 리프킨, 백, 기든스의 저작물을 통해 현대사회 노동의 대안을 제시한다.

대표기출 유형 7

국어 필수 문법 이해와 적용을 묻는 유형

07. ○○ 공사 총무부에서 발표한 자료이다. 밑줄 친 ㉠~㉤ 중 맞춤법이 옳은 것은?

> 물가상승은 국가의 거시경제 운영뿐만 아니라 개인의 소득과 소비생활에도 영향을 준다. 급격한 물가상승은 화폐의 구매력을 ㉠<u>떨어트리고</u> 불확실성을 높여 경제활동을 ㉡<u>위촉시킨</u>다. 여러 국가들의 경험에서 볼 때 안정적인 물가상승은 국가의 지속적인 발전과 개인의 경제활동 유지에 반드시 필요하다. 소비자물가지수는 소비자가 일정한 생활수준을 유지하는 데 필요한 소득 내지 소비 금액의 변동을 나타낸다. 이러한 이유로 소비자의 구매력과 생계비 등의 측정에 사용되고, 매년 근로자들의 임금인상 기초자료로도 활용된다.
>
> 한국의 물가는 1998년 외환위기 시기에 7.5% 급상승하였고 국제 원유가격 급등이 있었던 2008년에도 4.7%로 비교적 크게 상승하였다. 이후 2015년 0.7%, 2016년 1.0%, 2017년 1.9%, 2018년 1.5%, 2019년 0.4%, 2020년 0.5%, 2021년 2.5% 상승해 과거에 비해 물가가 ㉢<u>안전적으로</u> 유지되고 있다가 2022년 5.1%로 크게 상승하였다. 소비품목별로 ㉣<u>나뉘어</u> 살펴보면, 2022년 기준 12개 대분류 품목 중 12개 모두 전년에 비해 상승하였고, 이 중 3% 이상의 상승을 보인 것은 식료품 및 비주류 음료, 의류 및 신발, 주택, 수도, 전기 및 연료, 가정용품 및 가사 서비스, 교통, 음식 및 숙박, 기타 상품 및 서비스로 7개 품목이다.
>
> OECD 자료에 따르면, 2022년 한국의 ㉤<u>물가상승율</u>(5.1%)은 영국(7.9%), 미국(8.0%) 등에 비해 낮고 프랑스(5.2%)와 비슷한 수준이다. 한국의 물가수준(한국=100, 2021년)을 기준으로 다른 나라들의 상대적 물가수준을 살펴보면, 한국에 비해 프랑스가 12%, 미국이 23%, 영국이 26%, 호주가 35% 높다. 한국의 물가수준이 다른 선진국들에 비해 낮은 편임을 알 수 있다.

① ㉠
② ㉡
③ ㉢
④ ㉣
⑤ ㉤

수리

기초연산 | 기초통계 | 도표분석 | 도표작성

대표기출 유형 1

기초연산_기초계산 및 방정식과 부등식

01. 다음 주어진 단위를 바르게 환산한 것은?

$$150 m/s = (\quad) km/h$$

① 450 ② 510
③ 525 ④ 540

02. 다음 중 단위 환산이 올바르지 않은 것은?

① 1리 = 0.001할
② 1L = 1,000cm^3
③ 1t = 1,000,000g
④ 1km = 100,000cm
⑤ 1km^2 = 1,000,000m^2

03. 상온에서 세균은 1시간마다 2배로 증가한다. 현재 세균 수가 3,000마리일 때, 4시간 후 세균 수는 모두 몇 마리인가?

① 24,000마리 ② 36,000마리
③ 48,000마리 ④ 60,000마리

04. S 씨의 전년도 월 급여는 300만 원이었으며 올해 월급여는 전년도 대비 10% 인상되었다. 이번 달부터 매월 월급의 20%에 해당하는 금액을 저축하기로 했다면 처음으로 저축통장 잔고가 1,000만 원 이상이 되는 것은 몇 번째 저축을 끝낸 이후인가? (단, 현재 저축통장 잔고는 0원이다)

① 14번째 ② 15번째
③ 16번째 ④ 17번째

05. ○○유통 본사에서 대리점별 업무 프레젠테이션이 있는 날, A 점장은 대리점에서 10시에 출발하여 분속 50m로 본사를 향해 걸어서 출발했다. A 점장이 출발한 지 30분 뒤, A 점장이 업무 프레젠테이션에 필요한 USB를 두고 간 것을 발견한 B 대리가 곧장 분속 300m로 자전거를 타고 A 점장을 뒤쫓아 갔다. 대리점과 본사 사이의 거리가 2km일 때, 다음 중 옳은 설명은?

① A 점장이 출발한 지 36분 만에 만난다.
② B 대리가 뒤쫓은 지 4분 만에 만난다.
③ 대리점에서 1,600m 이동한 곳에서 만난다.
④ 본사 300m 앞에서 만난다.

대표기출 유형 2

통계와 관련된 기초연산

06. 다음은 자산관리팀과 인재개발팀 직원들의 업무평가 점수이다. 자료에 대한 설명으로 옳지 않은 것은?

> 자산관리팀 : 30, 40, 50, 60, 70, 80, 90
> 인재개발팀 : 57, 58, 59, 60, 61, 62, 63

① 인재개발팀의 분산은 자산관리팀보다 크다.
② 각 팀의 평균 점수는 60점으로 동일하다.
③ 인재개발팀의 점수 범위는 6이다.
④ 각 팀별의 중앙값은 같다.

07. 다음은 ○○기업에서 퇴직자 12명의 근속연수를 조사한 것이다. 퇴직예정자인 인사팀 소속 A 씨를 포함한 13명의 퇴직자들의 평균 근속연수가 10년이 되기 위해서는 A 씨가 최소 몇 년을 근무한 후 퇴직해야 하는가?

〈팀별 퇴직자 근속연수〉

팀명	퇴직자 근속연수			
인사팀	3년	5년	7년	10년
영업팀	15년	18년	6년	7년
재무팀	12년	8년	10년	16년
총 인원	12명			

① 12년 ② 13년
③ 14년 ④ 15년

대표기출 유형 3
경우의 수, 확률

08. A ~ F 6명이 수행평가 발표를 위한 발표 조와 순서를 정하고 있다. 발표 조는 1조와 2조가 각각 3명씩이며, 1조 3명의 발표가 차례대로 모두 끝난 다음 2조 3명이 차례대로 발표를 해야 한다. A와 B는 같은 조에 배정되어야 하며, 두 사람의 발표순서도 서로 붙어 있어야 한다면 가능한 경우의 수는 모두 몇 가지인가?

① 120가지
② 168가지
③ 180가지
④ 192가지

09. ○○공사 전체 직원의 60%가 여성이고 남성 직원 중에서는 65%가, 여성 직원 중에서는 40%는 30대 이상이다. 30대 이상 남성 직원의 10% 그리고 30대 이상 여성 직원의 30%가 육아휴직을 사용하였다. ○○공사의 30대 이상 직원 중 한 명을 선택했을 때, 이 직원이 육아휴직을 사용한 여성일 확률은?

① $\dfrac{3}{10}$
② $\dfrac{9}{40}$
③ $\dfrac{18}{125}$
④ $\dfrac{39}{265}$

대표기출 유형 4
일반적인 도표 종류를 묻는 유형

10. 다음 중 도표의 종류와 각각의 사용례로 적절하지 않은 것은?

① 제품별 매출액 구성비를 나타낼 때에는 원 그래프가 적절하다.
② 영업소별 매출액을 비교하고자 할 때에는 막대 그래프가 적절하다.
③ 연도별 인원수의 추이 변화를 드러내고자 할 때에는 꺾은선 그래프가 적절하다.
④ 광고비용과 이익률의 관계를 나타내고자 할 때에는 점 그래프가 적절하다.
⑤ 상품별 매출액 추이를 나타내고자 할 때에는 거미줄 그래프가 적절하다.

11. 다음은 ○○시 대중교통 사용 목적의 연도별 추이를 효과적으로 나타낼 수 있는 그래프는 어느 것인가?

〈○○시의 대중교통 사용 목적에 따른 비율〉

(단위 : %)

구분	20X1년	20X2년	20X3년	20X4년	20X5년
출퇴근	32.0	33.9	30.8	26.4	19.5
등하교	17.4	12.5	11.3	11.6	9.6
업무	16.1	14.8	14.0	18.4	20.2
쇼핑	15.3	14.4	14.8	14.6	22.5
여가	14.4	20.0	25.9	25.8	26.5
학원	3.5	3.2	2.9	2.9	1.3
기타	1.3	1.2	0.3	0.3	0.4

※ 주어진 비율은 전체 대중교통 이용 건수를 기준으로 한다.

① 산점도　　　　② 원 그래프　　　　③ 영역 그래프
④ 꺾은선 그래프　　⑤ 누적 막대 그래프

대표기출 유형 5

제시된 자료를 분석하여 추론하는 유형

12. ○○시 공무직 근로자는 5년마다 근무지를 이동한다. 근무지 이동 시에는 현재 근무하고 있는 구가 아닌 다른 구로 이동해야 하며, 매년 1월 1일 기존 공무직 근로자들의 근무지 이동이 끝난 후, 부족한 자리는 3월 신규 채용을 통해 충원한다. 다음 자료에 대한 설명으로 옳은 것은 모두 몇 개인가? (단, 소수점 아래 둘째 자리에서 반올림한다)

〈표 1〉 20X2년, 20X3년 7월 기준 구별 공무직 근로자 수

(단위 : 명)

구분	A 구	B 구	C 구	D 구
20X2년	350	440	320	290
20X3년	360	440	340	310

※ 전입, 전출, 신규 채용을 제외한 퇴직, 휴직 등의 근무 상황은 존재하지 않음.

〈표 2〉 20X3년 1월 1일 근무지 이동 현황

(단위 : 명)

전출 \ 전입	A 구	B 구	C 구	D 구
A 구	-	20	15	10
B 구	15	-	13	22
C 구	8	11	-	13
D 구	4	10	11	-

※ A 구 전출, B 구 전입 20명은 20X2년 A 구에서 근무하던 20명이 20X3년 1월 1일 B 구로 근무지를 이동했음을 의미함.

(가) D 구는 20X3년 3월 신규 채용 인원이 0명이다.
(나) 타 구에서의 전입 인원이 가장 많은 지역은 D 구이다.
(다) 전출 인원 대비 전입 인원이 가장 많은 지역은 D 구이다.
(라) 20X2년 근로자 수 대비 전출 인원 비중이 가장 높은 지역은 A 구이다.

① 1개 ② 2개
③ 3개 ④ 4개

대표기출 유형 6

제시된 <표>나 <그림>의 수치를 계산하여 그래프로 전환하는 유형

13. 다음 중 학교급별 학생의 시간사용에 대한 자료를 보고 그래프의 A ~ D에 들어갈 값으로 옳지 않은 것은?

<학생의 시간사용>

(단위 : 시간 : 분)

	초등학생			중학생			고등학생			대학생 이상		
	20X1	20X6	차이	20X1	20X6	차이	20X1	20X6	차이	20X1	20X6	차이
필수시간	12:05	12:29	0:24	11:19	11:45	0:26	10:35	11:08	0:33	11:19	11:34	0:15
수면	9:05	9:25	0:20	8:24	8:45	0:21	7:40	8:07	0:27	8:08	8:22	0:14
식사 및 간식	1:51	1:50	−0:01	1:42	1:42	0:00	1:40	1:40	0:00	1:48	1:45	−0:03
기타 개인유지*	1:10	1:13	0:03	1:13	1:18	0:05	1:15	1:20	0:05	1:22	1:27	0:05
의무시간	7:00	6:21	−0:39	8:16	7:30	−0:46	9:32	8:34	−0:58	7:54	7:40	−0:14
일(구직 포함)	0:01	0:00	−0:01	0:01	0:00	−0:01	0:13	0:08	−0:05	1:12	1:31	0:19
학습	5:20	4:46	−0:34	6:41	5:57	−0:44	7:34	6:44	−0:50	3:54	3:29	−0:25
가사노동**	0:18	0:18	0:00	0:17	0:19	0:02	0:17	0:17	0:00	0:40	0:49	0:09
이동	1:21	1:17	−0:04	1:17	1:14	−0:03	1:28	1:26	−0:02	2:08	1:51	−0:17
여가시간	4:55	5:10	0:15	4:24	4:45	0:21	3:53	4:19	0:26	4:47	4:46	−0:01
교제 및 참여	0:59	0:47	−0:12	1:12	0:58	−0:14	1:11	0:57	−0:14	1:21	1:09	−0:12
문화 및 관광	0:03	0:05	0:02	0:22	0:04	0:02	0:05	0:03	−0:02	0:07	0:08	0:01
미디어 이용	1:47	1:53	0:06	1:36	1:53	0:17	1:17	1:37	0:20	1:52	1:53	0:01
스포츠·레포츠	0:21	0:21	0:00	0:13	0:13	0:00	0:16	0:18	0:02	0:23	0:23	0:00
기타***	1:45	2:04	0:19	1:20	1:37	0:17	1:06	1:24	0:18	1:03	1:11	0:08

* 개인 건강관리, 개인위생 및 외모관리
** 가정관리, 가족 및 가구원 돌보기
** 게임 및 놀이, 개인 취미활동, 자원봉사 등

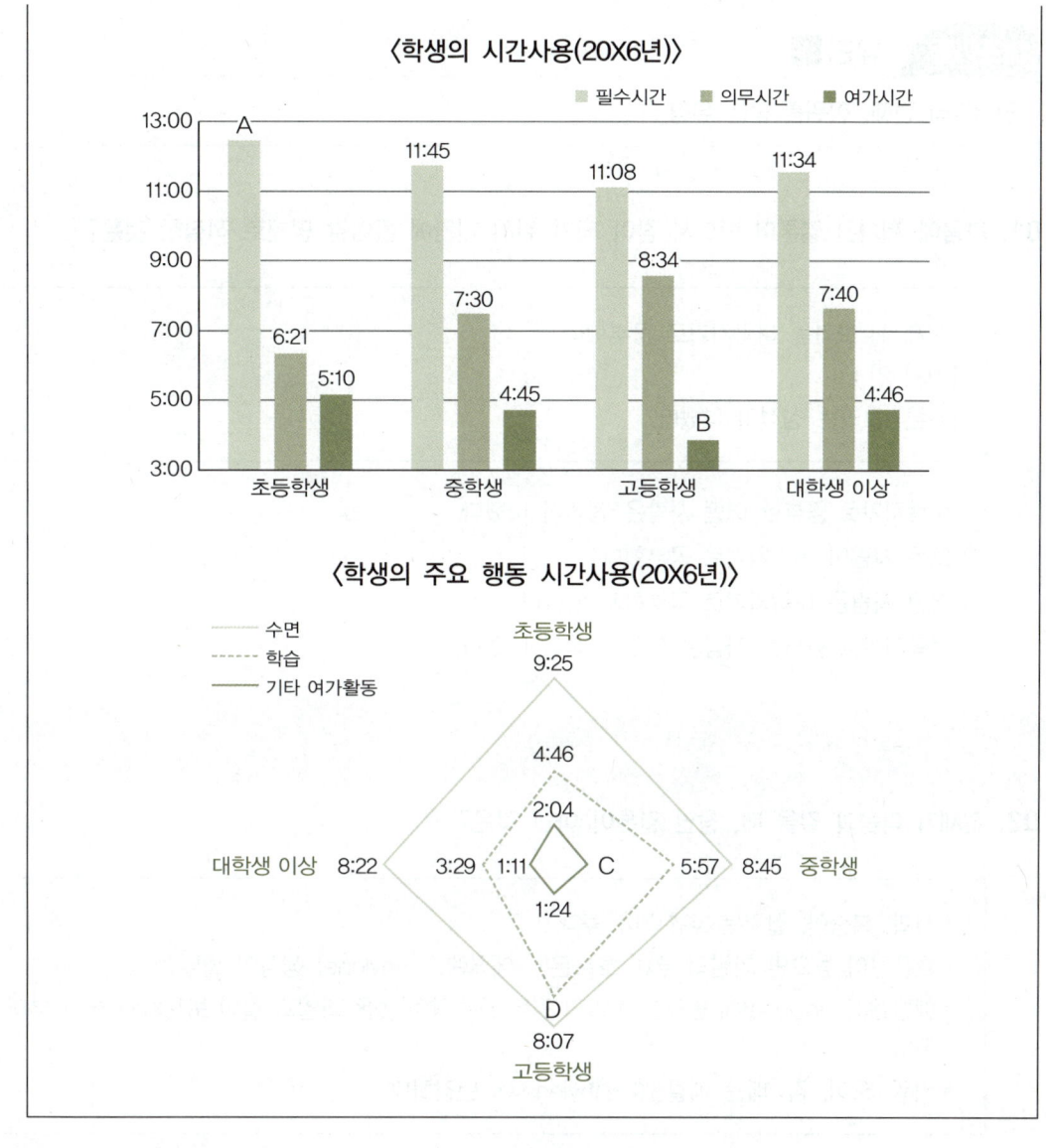

① A - 12 : 29　　② B - 4 : 44
③ C - 1 : 37　　④ D - 6 : 44

문제해결 | 사고력 | 논리오류 | 문제처리

대표기출 유형 1

언어추리_전제, 진위를 묻는 유형

01. 다음에 제시된 결론이 반드시 참이 되기 위해 빈칸에 들어갈 명제로 적절한 것은?

> [전제 1] 보라는 벼락치기로 공부했다.
> [전제 2] (   )
> [결론] 보라는 성적이 나빴다.

① 벼락치기로 공부한 어떤 사람은 성적이 나빴다.
② 모든 사람이 벼락치기로 공부했다.
③ 어떤 사람은 벼락치기로 공부하지 않았다.
④ 벼락치기로 공부한 사람은 모두 성적이 나빴다.

02. 전제가 다음과 같을 때, 참인 결론이 아닌 것은?

> - 사과, 복숭아, 살구는 호흡량이 높다.
> - 호흡량이 높으면 과일의 부패 호르몬인 에틸렌(E-thylene) 생성이 활발하다.
> - 에틸렌(E-thylene)에 민감한 과일의 경우 호흡량이 높은 과일과 같이 보관하면 쉽게 부패된다.
> - 키위, 오이, 감, 배는 에틸렌(E-thylene)에 민감하다.

① 복숭아와 오이를 같이 보관하면 오이가 쉽게 부패된다.
② 사과는 에틸렌(E-thylene) 생성이 활발하다.
③ 키위와 같이 보관된 복숭아는 쉽게 부패된다.
④ 살구는 호흡량이 높고 에틸렌(E-thylene) 생성이 활발하다.

03. 임 대리, 최 대리, 박 사원, 이 차장은 이들 중 1명이 합격한 승진 심사 결과에 대해 다음과 같이 진술하였다. 다음 중 1명만이 진실을 말하고 있을 때, 승진 심사에 합격한 사람은?

> - 임 대리 : 박 사원이 승진 심사에 합격했군.
> - 최 대리 : 나는 승진 시험에서 떨어졌어.
> - 박 사원 : 이 차장님이 승진 심사에 합격했어.
> - 이 차장 : 박 사원의 말은 모두 거짓이야.

① 임 대리 ② 최 대리 ③ 박 사원
④ 이 차장 ⑤ 알 수 없다.

04. A ~ F 6명의 사원이 다음 조건에 따라 영업팀, 지원팀, 총무팀에 각각 배정된다고 했을 때, 항상 참인 진술은?

> **조건**
> - 각 부서에는 1명 이상의 사원이 배정되며 최대 3명까지만 배정된다.
> - C는 영업팀에 배정되었으며 B와 E는 지원팀이 아니다.
> - 총무팀에 배정된 인원은 3명이며 A와 E는 같은 부서이다.

① B는 총무팀이다. ② 영업팀에 배정된 인원은 총 2명이다.
③ D는 A와 같은 팀이다. ④ E는 총무팀이다.
⑤ F는 지원팀이다.

대표기출 유형 2

제시된 규정, 조건을 바탕으로 상황을 해결하는 유형

05. K 씨는 가족(아내, 아들)과 국내여행을 계획하고 있다. 여행 후보지는 통영, 목포, 거제, 동해, 서산이고, 주어진 예산은 100만 원이다. 다음 〈조건〉을 만족하는 여행지로 가장 적절한 곳은?

구분	통영	목포	거제	동해	서산
K 씨의 선호순위	1	5	3	4	2
아내의 선호순위	2	1	4	5	3
아들의 선호순위	5	4	1	2	3
최소비용	100만 원	110만 원	99만 원	70만 원	80만 원

조건

- 최소비용은 예산을 초과할 수 없다.
- 선호순위의 합이 가장 작은 곳을 여행지로 선택한다.
- 선호순위의 합이 같을 경우 아들의 선호순위를 최우선으로 반영하여 여행지를 결정한다.

① 통영 ② 거제
③ 동해 ④ 서산

06. 다음 조건을 참고할 때 각 정책의 효과가 가장 크게 나타날 수 있도록 시행 순서를 나열한 것은?

> 우리 회사는 임직원의 니즈에 부응하고 최적의 업무 성과를 낼 수 있도록 지원하기 위해 복지정책으로 휴가비 지원, 음료 제공, 자기계발비 지원, 식대 제공을 개설하여 시행하고 있습니다. 이와 관련하여 회사의 복지정책 실행 후 그에 따른 결과에 대해 자체 연구를 진행한 바, 다음과 같은 결과가 예상됩니다.
>
> 1. 식대 제공 정책을 음료 제공 정책 뒤에 실시하면 식대 제공 정책의 효과가 절반으로 줄어든다.
> 2. 자기계발비 지원 정책을 식대 제공 정책 전에 실시하면 자기계발비 지원 정책의 효과는 0이 된다.
> 3. 식대 제공 정책과 음료 제공 정책을 바로 이어서 실시하면 두 정책의 효과가 절반으로 줄어든다.
> 4. 식대 제공 정책과 자기계발비 지원 정책은 다른 정책 하나를 사이에 두고 실시하면 식대 제공 정책과 자기계발비 지원 정책의 효과는 두 배가 된다.

① 음료 제공 정책 – 식대 제공 정책 – 휴가비 지원 정책 – 자기계발비 지원 정책
② 음료 제공 정책 – 식대 제공 정책 – 자기계발비 지원 정책 – 휴가비 지원 정책
③ 식대 제공 정책 – 휴가비 지원 정책 – 자기계발비 지원 정책 – 음료 제공 정책
④ 식대 제공 정책 – 휴가비 지원 정책 – 음료 제공 정책 – 자기계발비 지원 정책

대표기출 유형 ❸
제시된 자료 바탕으로 문제를 해결하는 유형

07. 다음 문의게시판에 올라온 내용을 보고 질문자의 상황에 적합한 코스로 적절한 것은?

Q : 전시관 단체 관람 신청을 하고 싶습니다. 일정은 1월 12일 금요일이고, 오전 9시 30분에 시작하여 오전 10시에는 버스에 다시 탑승해야 합니다. 인원은 인솔자를 포함하여 60명이며 1인당 2,000원의 예산이 책정되어 있습니다.

A : 네, 문의 주신 내용에 대해 답변 드립니다. 아래 표를 참고하시어 관람 가능한 코스를 선택하여 연락주시면 되겠습니다.

구분	A	B	C	D
운영시간	9 : 00 ~ 17 : 00 (입장마감 16 : 30)	9 : 00 ~ 18 : 00 (입장마감 17 : 30)	9 : 30 ~ 18 : 00 (입장마감 16 : 30)	9 : 50 ~ 17 : 30 (입장마감 17 : 00)
휴관일	매주 화요일, 공휴일	매주 월요일, 공휴일	매주 월요일, 공휴일	매주 월요일, 공휴일
수용인원	60명	65명	70명	70명
이용요금	1,000원/1인	1,000원/1인	2,500원/1인	무료
관람소요시간	약 45분	약 30분	약 25분	약 30분

① A
② B
③ C
④ D

> **대표기출** **유형 4**
> 다양한 형태의 문제에 적절하게 대처할 수 있는지를 묻는 유형

09. 다음은 ○○기관에서 발생한 문제를 조사한 내용이다. 이 문제를 제시된 5가지 문제유형으로 구분할 때 다음 중 관련이 없는 문제유형은?

문제사항	구분
상반기 매출이 부진하여 신상품 개발 투자가 부족함.	
외부 소음이 심해 업무에 방해가 됨.	
직원들이 업무 프로세스에 익숙하지 못함.	
업무가 바쁜 시간대에는 인력이 충분하지 않음.	
냉난방 시설이 가동 중 꺼지는 고장이 계속 발생함.	

〈5가지 문제유형〉
1. 재정문제   2. 규정문제   3. 인력문제   4. 업무환경문제   5. 시설 · 장비문제

① 재정문제　　　　　　　　　　② 규정문제
③ 인력문제　　　　　　　　　　④ 업무환경문제

10. 다음 글에서 설명하고 있는 사고의 능력을 개발하기 위해 필요한 태도가 아닌 것은?

- 어떤 논증, 추론, 증거, 가치를 표현한 사례를 타당한 것으로 수용할 것인가 아니면 불합리한 것으로 거절할 것인가에 대한 결정을 내릴 때 요구되는 사고능력이다.
- 어떤 주제나 주장 등에 대해서 적극적으로 분석하고 종합하여 평가하는 능동적인 사고이다.
- 시시콜콜한 문제가 아닌 문제의 핵심을 중요한 대상으로 한다.

① 고정성　　　　　　　　　　② 객관성
③ 지적 회의성　　　　　　　　④ 지적 정직성

자원관리

시간관리 | 예산관리 |
물적자원관리 | 인적자원관리

대표기출 유형 1

제시된 자료를 분석하여 소요될 자원의 양을 계산하는 유형

01. 예산관리기능은 계획기능, 조정기능, 통제관리기능으로 구분할 수 있다. 그중 계획기능에 대한 설명으로 옳은 것을 〈보기〉에서 모두 고르면?

보기

㉠ 기업 전체의 활동과 각 부문별 활동에 대한 장기 및 단기 계획을 수집한다.
㉡ 각 부문 활동 간의 부조화에 대한 사전 조정을 통해 기업 전체를 종합 관리한다.
㉢ 기업의 경영전략과 경영방침에 따라 예산을 각 부문에 할당하고 이를 감독·관리한다.
㉣ 예산과 실제 지출을 비교하여 각 부문의 성과를 평가하고 부작용 및 장단점을 개정하여 반영한다.
㉤ 장·단기적인 예산편성을 통해 합리적이고 일관성 있는 자원배분을 위한 종합예산을 편성한다.

① ㉠, ㉡　　　　　　　　　　　② ㉠, ㉤
③ ㉡, ㉢　　　　　　　　　　　④ ㉣, ㉤

02. 다음 자료를 통해 판단한 내용으로 옳지 않은 것은?

〈BIS 자기자본비율 산정 정보〉

- BIS 자기자본비율={은행의 자기자본/(은행이 보유한 대출금×그 유형에 따른 위험가중치)의 총합}×100
- 자기자본=자본금+순이익 잉여금
- 위험가중치는 중앙정부대출은 0%, 주택담보대출은 50%, 일반대출은 100%를 적용한다.
- BIS 자기자본비율이 높을수록 은행의 재무건전성이 높다.

〈각 은행의 정보〉

(단위 : 억 원)

구분	A 은행	B 은행	C 은행	D 은행
자기자본	30,000	18,000	60,000	20,000
자본금	20,000	15,000	30,000	17,000
중앙정부대출	15,000	10,400	11,000	13,000
주택담보대출	60,000	20,000	90,000	30,000
일반대출	50,000	20,000	70,000	40,000

① 재무건전성이 가장 낮은 은행의 일반대출금 규모가 타 은행과 비교하여 가장 작은 것은 아니다.
② 자본금이 많은 은행일수록 해당 은행의 주택담보대출금도 많다.
③ 순이익 잉여금이 가장 많은 은행과 자본금을 가장 많이 가지고 있는 은행이 같다.
④ BIS 자기자본비율이 가장 높은 은행은 C 은행이다.

대표기출 유형 2

제시된 자료에 따라 업무의 순서를 결정짓는 유형

03. 기존의 판매가 단순히 물건을 사고파는 개념이었다면, 최근에는 시간의 개념이 더해져 시간을 마케팅의 도구로 사용하여 물건을 사고파는 개념으로 확장되었다. 다음 중 시간을 활용한 판매 사례를 모두 고른 것은?

> 가. 미국의 신발 브랜드 T 슈즈는 '오늘 신발 한 켤레를 팔면 내일 신발 한 켤레를 기부한다'는 정책을 펼쳐 고객이 신발을 구매하면 저소득층 아이들에게 그것과 똑같은 신발을 기부한다. 이러한 정책 덕분에 비싼 신발 가격에도 소비자들로부터 지지를 받고 있다.
> 나. 인터넷 쇼핑몰 G사는 시간대별 고객의 거래량과 거래액을 분석하여 직장인들이 출근하는 시간대에 대중교통 안에서 모바일을 통해 제품 구매를 많이 한다는 점을 파악하였고, 이를 토대로 매일 오전 8 ~ 10시 동안 더 높은 할인율을 적용하는 이벤트를 진행하였다.
> 다. H 마트는 제품을 구매하는 고객을 대상으로 제품을 두 개 사면 10%, 세 개 사면 20%, 네 개 사면 30%를 할인하는 할인 정책을 펼치고 있다.
> 라. A 홈쇼핑에서는 시간대별로 주요 시청자를 설정하여, 출근 혹은 등교시간이 지난 오전에는 주부를 대상으로 주방기기, 화장품, 침구류 등을 판매하고, 늦은 저녁에는 주로 청년층을 위한 최신 전자제품이나 레포츠, 캠핑 용품과 같은 취미용품 등을 판매한다.
> 마. K 마트는 당일에 들어온 신선한 식재료를 당일 판매하는 방식을 채용하여 당일 재고가 발생하면 다음 날에는 판매할 수 없어 재고 처리에 큰 비용이 들었다. 따라서 이러한 비용을 줄이기 위해, 마감 시간대에 재고를 50% 이상 대폭 할인하여 판매하기 시작하였고 이후 재고 처리 비용을 크게 줄일 수 있었다.

① 가, 나
② 가, 다, 마
③ 나, 라, 마
④ 나, 다, 라, 마

대표기출 유형 ③
다양한 자원을 분석하여 생산적인 선택을 고르는 유형

04. S사 행정팀 소속 박 대리는 〈사내 문서보관 및 보존에 관한 규정〉 자료를 보고 있다. 이에 근거하여 박 대리가 판단한 각 문서의 보존기간으로 옳은 것은?

> 문서는 보존기간에 따라 6종으로 구분한다.
> 1. 보존기간의 제한이 없는 영구 보존 문서
>   가. 예규문서, 규정문서 중 공포 원본문서, 인사발령대장, 학위수여대장 등
>   나. 공사에 참고가 될 문서(중요연혁 증명서류 등)
>   다. 특수대장 원부
> 2. 10년 이상 50년 미만 보존할 문서
>   가. 영구 보존 문서에는 속하지 않으나 후일에 증거 또는 참고가 되는 문서
>   나. 중요 정책문서 중 준영구적으로 보존할 필요성이 있는 문서
> 3. 10년간 보존할 문서
>   가. 일반정책 및 제도에 관한 계획, 조사, 연구 및 보고서에 관한 문서
>   나. 각종 인가, 허가 및 면허 등에 관한 원본문서
> 4. 5년간 보존할 문서
>   가. 예산 및 결산 등의 관계문서
>   나. 각종 감사 관계문서
> 5. 3년간 보존할 문서
>   가. 각종 증명서의 발급 관계문서
>   나. 주요업무계획 관계문서
> 6. 1년간 보존할 문서
>   가. 1회로서 완결되는 성질에 속하여 후일에 참고할 필요가 없는 문서
>   나. 일일명령 든 단순업무 처리에 관한 지시문서
>   다. 부서 간 단순 요구자료, 업무연락, 조회 등을 위한 문서

① 외근, 출장 등 여비에 관한 규정에 대한 공포 원본문서 – 3년 보존
② 재직증명서 발급에 관련된 문서 – 5년 보존
③ A 프로젝트 하반기 운영비 관련 정산서류 – 영구 보존
④ 사옥 신축 허가에 대한 원본문서 – 10년 보존

대표기출 유형 4

효율적인 인적자원관리를 묻는 유형

05. 기업은 조직성과를 위해 인적자원을 파악하고 실제 업무에 적절히 배치하여 구성원들이 최고의 능력을 발휘할 수 있게 해야 한다. 이를 위한 인사관리의 원칙에 대한 〈보기〉의 내용과 명칭의 연결이 바르지 않은 것은?

---보기---

㉠ 직장에서 신분이 보장되고 계속해서 근무할 수 있다는 믿음을 갖게 하여 근로자가 안정된 회사 생활을 할 수 있도록 해야 한다.
㉡ 근로자의 인권을 존중하고 공헌도에 따라 노동의 대가를 공정하게 지급해야 한다.
㉢ 개인의 능력을 발휘할 수 있는 기회를 제공하고 그에 대한 보상을 해야 한다.
㉣ 구성원들이 서로 유대감을 가지고 협동하고 단결할 수 있도록 한다.

① ㉠ 종업원 안정의 원칙 ② ㉡ 공정 인사의 원칙
③ ㉢ 창의력 계발의 원칙 ④ ㉣ 단결의 원칙

06. 다음 글에 부합하는 사례를 〈보기〉에서 모두 고르면 몇 개인가?

> 회사의 최고 인재는 누구이고, 사업에 중대한 영향을 미치는 주요 보직들이 무엇인지 제대로 이해하는 것은 어렵지만 무척 중요한 일이다. 특히 한 조직에서 중심이 되는 보직의 가치를 파악하고 정량화하는 것은 인재를 가치에 연결하는 데 있어 가장 핵심적인 단계이다. 경영진은 이를 판단하기 위해 종종 조직의 위계나 관계, 혹은 직관을 이용한다. 그리고 사업에 결정적 영향을 미치는 요직들이 늘 최상위 직급에서 서너 계층 아래에 있다는 사실을 모른 채 '최상위팀'에 있다고 추정한다. 실상 결정적 보직과 결정적인 인재는 조직 전체에서 찾을 수 있는데도 불구하고 말이다.
>
> 인재와 가치의 단절을 막을 수 있는 좋은 방법이 있다. 회사가 정량적 평가와 지표들로 조직의 인재들과 가치 창출 기회를 단단히 엮는 것이다. 이를 통해 디자인, 제조, 인사, 구매, 기타 어떤 부문이든 회사 성과에 가장 결정적인 역할을 하는 보직을 구석구석에서 찾을 수 있다. 이때 경영진은 보직을 명확히 규정함으로써 적절한 역량을 가진 최고 실력자에게 가장 중요한 역할을 맡길 수 있다. 그리고 각 보직의 올바른 승계 계획도 세울 수 있다. 이런 방법을 활용할 줄 아는 리더는 가장 큰 가치를 창출하는 자리에 인재를 재배치하는 일이 자본을 재배치하는 일만큼이나 중요하다는 사실을 잘 알고 있는 리더이다. 조직의 경쟁우위를 가장 잘 예측할 수 있는 인재관리 관행은 전략적 우선순위가 높은 보직들에 능력 있는 인재를 얼마나 자주 재배치하는지에 달려 있다.
>
> 맥킨지 연구 결과에 따르면 회사 보직을 명확하게 규정하는 능력은 조직의 전체 실적 그리고 조직의 건강도와 밀접하게 관련돼 있다. 보직을 명확히 규정하려면 반드시 사람보다 역할을 먼저 생각해야 한다. 첫 번째 목표는 조직 내 어디에서 잠재적으로 가장 큰 가치가 발생할 수 있는지, 그리고 그 가치를 실현시키기 위해서는 어떤 능력이 필요한지를 측정하는 것이다. 실적이 가장 뛰어난 직원을 찾는 것과는 다르다. 리더들은 이런 접근법을 통해 단지 개인의 역량에 초점을 맞추기보다 인재와 가치를 연결하는 방법을 좀 더 전략적으로 고민하게 된다.

―〈보기〉―

㉠ A 기업은 100개 보직을 면밀히 검토한 후 잠재적 가치가 높은 보직에 회사 실적이 가장 우수한 사원을 배치시켰다.
㉡ B 기업의 최고경영자들은 상위 보직들에 부여되는 미션을 구체적으로 명시하여 담당해야 할 직무리스트와 그 역할을 평가하는 핵심성과지표(KPI)를 작성하여 주요 보직에 요구되는 역량을 더 객관적으로 파악할 수 있게 하였다.
㉢ C 스타트기업은 애자일 원칙을 기본으로 움직이는 수평적인 조직을 가지고 있다. 이에 따라 보직에 맞는 인재 재배치 과정이 자주 일어난다.
㉣ D 기업은 새해를 맞아 조직의 대대적 개편을 위해 조직의 위계질서에서 상위에 해당되는 보직에 중요한 인재들을 배치하였다.

① 1개　　② 2개　　③ 3개　　④ 4개

조직이해 | 경영이해 | 체제이해 | 업무이해 | 국제감각

대표기출 유형 ❶

조직 구조를 파악하는 유형

01. 다음 기계적 조직과 유기적 조직에 대한 표를 보고 이해한 내용으로 적절하지 않은 것은?

구분	기계적 조직	유기적 조직
주요 목표	효율성, 생산성	유연성, 적응성
운영 방식	기계적 방식에 의존	인간의 잠재력 활용
조직구조의 구성 방식	• 높은 과업 분화 • 높은 집권화 • 높은 공식화	• 낮은 과업의 분화 • 높은 분권화 • 낮은 공식화
특성	• 조직의 지위에 기초한 의사결정 • 하향적 의사소통 • 상급자에 대한 조정	• 개인 능력에 기초한 의사결정 • 쌍방적 의사소통 • 상호 조절 및 자발적 조정
상황 조건	• 대량 생산·연속 생산 기술 • 안정적이고 단순한 환경	• 다품종·소량 생산 기술 • 동태적이고 복잡한 환경

① 기계적 조직은 상급자의 책임이 큰 편이다.
② 유기적 조직이 기계적 조직보다 모든 부문에서 효과적인 조직이다.
③ 고객의 욕구나 기술의 변화가 심할 경우 유기적 조직이 적합하다.
④ 같은 물품을 많이 생산하여 원가를 절약하는 전략은 기계적 조직이 효과적이다.

02. 다음 자료에서 (가)에 들어갈 조직화의 원칙은?

조직화는 특정한 목표를 위해 두 사람 이상이 협동하여 일을 수행하는 집합체를 만들어 가는 과정으로, 일의 분할, 부문화, 책임과 권한의 부여, 조정의 4단계로 나누어지며 각 단계별로 원칙을 적용하여 구성한다.

〈조직화의 단계〉

| 일(업무)의 분할 | • 조직 목표 달성을 위해 전체적인 업무 활동을 논리적 · 체계적으로 분류하여 업무를 세분한다.
• 전문화의 원칙 : 구성원의 전문적 지식 및 기술에 따라 관련 업무끼리 묶어 전문적으로 업무를 수행하도록 한다. |

⇩

| 부문화 | • 일의 분화를 통해서 세분화된 업무를 수행하기 위하여 부서를 조직한다.
• (가) : 업무를 수행할 때 필요한 일을 중심으로 부서를 조직화하여야 한다. |

⇩

| 책임과 권한의 부여 | • 구성원들의 업무 수행에 필요한 책임과 권한을 부여한다. |

⇩

| 조정 | • 업무 수행 과정에서 발생하는 부서 간 갈등과 충돌을 원활하게 조정한다. |

---

① 조정의 원칙
② 기능화의 원칙
③ 권한위양의 원칙
④ 감독 한계의 원칙

대표기출 유형 2

조직 및 경영체제를 파악하는 유형

03. 다음 △△기업의 신년사를 통해 알 수 있는 △△기업이 추구하는 경영혁신의 유형은?

신 년 사

　최근 급격한 경영환경 변화에 따라 본사는 기업의 일부 기능만을 고치거나 개선하는 이른바 점진적인 변화가 아닌 "처음부터 다시 시작한다."라는 각오로 임하고자 합니다.
　즉, 비용, 품질, 서비스, 속도와 같은 기업활동의 핵심적인 부문의 성과에서 극적인 향상을 이루기 위해 기업의 업무 프로세스를 근본에서부터 다시 생각하고 재설계하는 것입니다. 따라서 프로세스의 관점에서 기업성과를 재평가하고 이것을 기반으로 기업을 재설계하려고 합니다.
　임직원 여러분들의 적극적인 참여와 협조를 부탁드립니다.

20XX년 1월 3일

△△기업 대표 최○○

---

① 벤치마킹(Bench Marking) 　② 제로베이스(Zero Base)
③ 리스트럭처링(Restructuring) ④ 다운사이징(Downsizing)

04. 다음 조직의 성과평가 체계를 참고할 때, 역량평가와 업적평가에 대한 설명으로 옳지 않은 것은?

> 조직의 경영성과는 다음의 '성과평가 체계'에 따라 평가하게 된다. 경영 전략의 추진 결과를 조직의 성과목표 달성 및 핵심가치 이행 수준에 따라 각각 업적평가와 역량평가로 구분하여 실시한다.
>
> 〈조직의 성과평가 체계〉
>
> 경영 전략
> ├─ 조직의 성과목표 / 구성원의 성과목표 → 업적평가
> └─ 핵심가치 / 구성원에게 요구하는 목표 → 역량평가

① 역량평가는 구성원들이 탁월한 업무성과를 이루기 위해 필요한 행동을 정의한다.
② 업적평가는 조직의 성과별 목표치에 의해 직무수행결과를 단기적 결과에 따라 판단한다.
③ 역량평가는 각 구성원들이 가진 미래의 직무수행능력을 예측하여 역량을 판단한다.
④ 업적평가는 직무수행능력에 초점을 두고 행동관찰을 기반으로 판단한다.

대표기출 유형 3

기업과 경영환경 분석을 묻는 유형

05. 다음은 조직문화와 관련된 기사 중 일부이다. 기사의 제목으로 적절한 것은?

> 고객만족도 조사에서 디즈니는 '매우 만족'한 고객에게만 관심을 갖는다. 그들에게 중요한 것은 '매우 만족'한 고객이 많아지는 것이다. 고객을 단순히 '만족'시키는 수준으로는 충성도와 입소문의 효과를 얻을 수 없다는 사실을 그들은 잘 알고 있다. 디즈니는 고객이 특별한 기억과 즐거운 경험으로 '매우 만족'을 선택하고 충성고객이 될 수 있도록 노력한다. 그리고 그 핵심은 고객의 '경험'을 최우선 가치로 여기는 것이며 만약 디즈니가 병원을 경영한다 해도 이 원칙은 변함없이 지켜질 것이다.
>
> 한편 대부분의 병원들이 서비스 개선을 위해 노력을 기울이고 있지만 임상 결과와 업무 프로세스 개선에 초점을 맞춘다. 그러나 실제 환자 만족도와 충성도에 가장 밀접한 상관관계를 갖는 요소는 '환자의 인식과 경험'에 관계된 요소들이다. 예를 들면 환자에게 보이는 관심, 의료진들의 팀워크, 치료 과정에 대한 상세하고 친절한 설명, 불편 사항에 대한 신속하고 적절한 대처 등이다. '환자들은 질병이 치료된 방식이 아니라 한 인간으로서 자신이 돌보아진 방식을 가지고 자신의 경험을 판단한다'는 통찰은 깊은 울림을 전해 준다.

① 세계에서 가장 위대한 기업들은 대부분 큰 목적을 가지고 있다.
② 승리에 대한 강한 열망을 가지고 잃을 것에 대한 두려움을 제거하라.
③ 당신이 현재 하고 있는 일을 즐겨라.
④ 사람에 대한 배려는 믿기 힘들 정도로 중요하다.

대표기출 유형 4

업무 절차를 효과적으로 수행하는지를 묻는 유형

06. 다음은 ○○기관의 신입사원 Off-JT 교안이다. 교안 하단의 (가)에 들어갈 내용으로 적절한 것을 〈보기〉에서 모두 고르면?

〈명함 전달 교안〉

학습주제	명함 전달 예절
학습목표	거래처와의 미팅에서 명함을 예절에 맞게 전달할 수 있다.
준비물	빔 프로젝터, PPT 자료, 동영상 자료
학습 내용	

1. 개요
   명함은 처음 대하는 상대방에게 자신의 소속과 성명을 알리는 자기소개서이다. 따라서 직장인은 항상 명함을 소지하고 올바르게 사용할 줄 알아야 한다. 받은 명함은 잘 보관하여 긍정적인 인간관계 유지에 활용한다.

2. 명함을 주고받는 요령
   • 먼저 정중히 인사를 하고 간단한 자기소개를 하면서 명함을 준다.
   • 긍정적인 첫 이미지를 줄 수 있도록 웃으면서 건넨다.
   • (가   )

보기

ㄱ. 상사와 같이 있을 때에는 명함을 상사보다 먼저 건네는 것이 예의다.
ㄴ. 명함은 명함 지갑에서 꺼내어 전달한다.
ㄷ. 만난 사람의 인상착의 등을 명함에 기록하되 상대방이 없을 때 한다.
ㄹ. 받은 명함은 이야기 도중에도 지속적으로 만지면서 관심을 갖고 있다는 표시를 한다.

① ㄱ, ㄴ   ② ㄴ, ㄷ
③ ㄴ, ㄹ   ④ ㄷ, ㄹ

정보 | 컴퓨터활용 | 정보처리

대표기출 유형 1

컴퓨터 활용 능력을 묻는 유형

01. 다음 내용 중 엑셀 인쇄에서 제공하는 기능으로 옳은 것은 모두 몇 개인가?

- 인쇄 영역 제한하기
- 페이지 머리글에 현재 날짜 표시하기
- 머리글과 바닥글을 다르게 지정하여 홀수 페이지는 페이지 번호, 짝수 페이지는 제목 인쇄하기
- 3페이지 분량의 데이터를 1페이지로 합쳐서 인쇄하기
- 워크시트에서 그래픽 요소만 제외하고 인쇄하기
- 파란색 점선으로 된 구분선으로 페이지를 나누고, 파란색 실선으로 된 구분선으로 인쇄영역과 인쇄되지 않는 영역 구분하기

① 3개 ② 4개
③ 5개 ④ 6개

02. 다음 중 컴퓨터 파일의 종류와 그 확장자에 대한 설명으로 옳지 않은 것을 모두 고르면?

ㄱ. BMP 확장자의 파일은 문자열만으로 구성된 데이터이다.
ㄴ. PNG, JPG 확장자의 파일은 정적인 이미지 데이터를 포함하고 있다.
ㄷ. 영상 데이터를 저장하는 멀티미디어 데이터 포맷의 파일 확장자는 MP3, WAV 등이 있다.
ㄹ. PDF는 대부분의 문서를 동일한 형태로 출력할 수 있어 대다수의 문서 전송의 표준이 된 전자 문서 포맷의 확장자이다.
ㅁ. 컴퓨터 파일 확장자 중 DB는 컴퓨터에 저장된 데이터베이스 파일로, 응용 프로그램을 통해 데이터베이스의 내용 검색, 연산 등의 기능을 사용할 수 있다.
ㅂ. HTML과 XML 파일 확장자로는 저장된 웹페이지의 내용을 읽을 수 있다.

① ㄱ, ㄷ ② ㄴ, ㅂ
③ ㄱ, ㄹ, ㅂ ④ ㄴ, ㄷ, ㅁ

> **대표기출** 유형 2
>
> 업무 수행에 필요한 정보를 분석하거나 처리를 묻는 유형

03. 다음 중 '정보'가 정보로서 더 높은 가치를 유지할 수 있도록 하는 방법을 〈보기〉의 ㄱ ~ ㄹ에서 모두 고르면?

> **보기**
>
> ㄱ. 가변적이고 손쉽게 얻을 수 있어야 한다.
> ㄴ. 적시성과 독점성을 가져야 한다.
> ㄷ. 정보 사용자의 요구와 목적에 부합하여야 한다.
> ㄹ. 공개되지 않거나 덜 공개된 정보여야 한다.

① ㄴ, ㄷ
② ㄷ, ㄹ
③ ㄱ, ㄴ, ㄷ
④ ㄴ, ㄷ, ㄹ

04. 다음 글을 읽고 데이터 표준화의 장점에 관하여 추론한 내용으로 적절하지 않은 것은?

> 데이터 표준화는 시스템별로 산재해 있는 데이터 정보 요소에 대한 명칭, 정의, 형식, 규칙에 대한 원칙을 수립하여 이를 전사적으로 적용하는 것을 의미한다.
> 한 예로 ○○회사는 회사 내 시스템 연계 시 데이터 불일치가 발생한다. 뿐만 아니라 팀 간 사용하는 표준 용어가 달라 데이터 의미를 파악하는 데 쓸데없는 시간을 소모하는 경우가 많다. 또한 표준화가 결여된 데이터로 인해 정보시스템의 변경과 비용, 유지보수의 어려움이 따른다. 이때 필요한 것이 데이터 표준화라고 할 수 있다.

① 데이터 정보 명칭의 통일로 인해 명확한 의사소통이 가능해진다.
② 정보시스템 간 데이터 변환, 정체 비용 감소를 기대할 수 있다.
③ 일괄된 데이터 형식·규칙의 적용으로 인해 데이터 품질 향상을 기대할 수 있다.
④ 데이터 표준 정책 없이 단위 시스템 위주로 표준 정책을 수립해 프로젝트를 진행할 수 있다.

대표기출 유형 ❸
제시된 규칙의 분석 및 적용을 묻는 유형

05. 다음에 제시된 규칙을 〈예시〉에 적용할 경우 출력될 것으로 가장 적절한 것은?

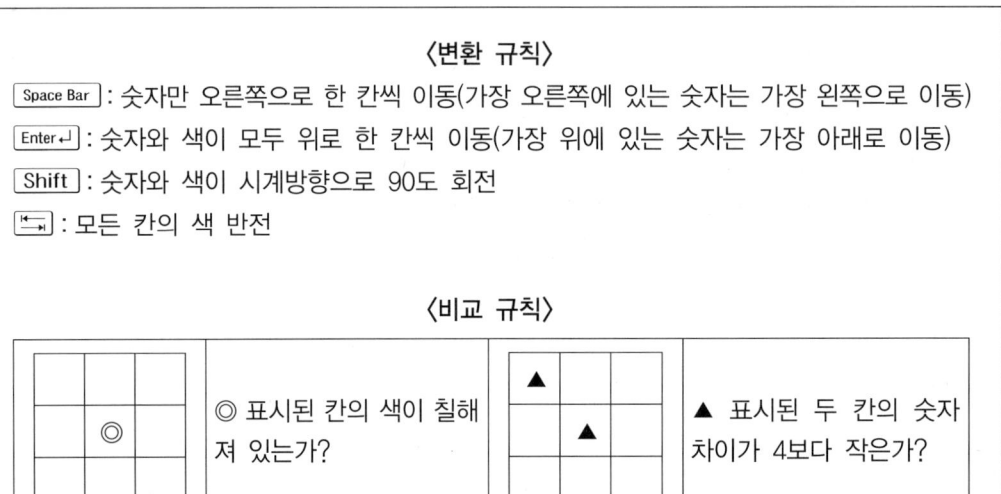

〈변환 규칙〉
[Space Bar] : 숫자만 오른쪽으로 한 칸씩 이동(가장 오른쪽에 있는 숫자는 가장 왼쪽으로 이동)
[Enter↵] : 숫자와 색이 모두 위로 한 칸씩 이동(가장 위에 있는 숫자는 가장 아래로 이동)
[Shift] : 숫자와 색이 시계방향으로 90도 회전
[⇥] : 모든 칸의 색 반전

〈비교 규칙〉
◎ 표시된 칸의 색이 칠해져 있는가?
▲ 표시된 두 칸의 숫자 차이가 4보다 작은가?

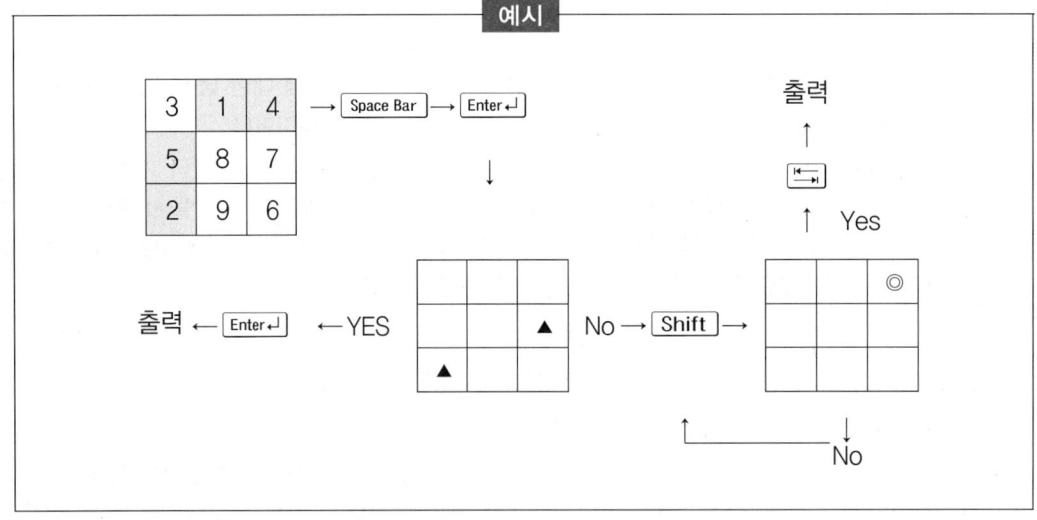

①
4	6	7
3	2	5
1	9	8

②
2	7	6
5	8	9
3	1	4

③
6	4	3
7	2	1
5	8	9

④
5	3	1
2	8	4
7	6	9

기술 | 기술이해 | 기술선택 | 기술적용

대표기출 유형 1

기술과 기술능력의 특징을 묻는 유형

01. 다음은 기술시스템의 발전 단계이다. ㉠, ㉡에 들어갈 내용으로 옳은 것은?

단계	내용
1단계 발명·개발·혁신의 단계	기술시스템의 탄생과 성장
2단계 기술 이전의 단계	성공적인 기술이 다른 지역으로 이동
3단계 기술 경쟁의 단계	기술시스템 사이의 경쟁
4단계 기술 (㉠) 단계	(㉡)

	㉠	㉡
①	공고화	최종 기술시스템의 관성화
②	적용	새로운 기술을 산업에 적용
③	모방	기술시스템 간에 모방
④	분쟁	기술시스템 특허 분쟁
⑤	변화	새로운 기술 탄생에 의해 기존 기술이 후퇴

02. 다음은 기술능력의 향상을 위한 교육 방법을 정리한 내용이다. 밑줄 친 내용 중 적절하지 않은 것은?

방식	내용
전문연수원을 통한 기술과정 연수	- ① 다년간에 걸친 연수 분야의 노하우를 가지고 체계적이고 현장과 밀착된 교육이 가능하다. - ② 일반적으로 연수비가 자체적으로 교육을 하는 것보다 비싸지만, 고용보험환급을 받을 수 있다.
E-learning을 활용한 기술교육	- 이메일, 토론방, 자료실 등을 통해 의사교환과 상호작용이 자유롭게 이루어질 수 있다. - ③ 업데이트를 통해 새로운 교육 내용을 신속하게 반영할 수 있어 교육에 소요되는 비용을 절감할 수 있다.
상급학교 진학을 통한 기술교육	- ④ 학문적이면서 최신 기술의 흐름을 반영하고 있는 기술교육이 가능하다. - 원하는 시간에 학습을 할 수 없고 일정 시간을 할애해야 하며, 학습자 스스로가 학습을 조절하거나 통제할 수 없다.
OJT를 활용한 기술교육	- 직장 상사나 선배가 지도·조언을 해 주는 형태로 훈련이 행하여지기 때문에 교육자와 피교육자 사이에 친밀감이 조성된다. - ⑤ 지도자의 높은 자질이 요구되며 교육훈련 내용의 체계화가 어렵다.

대표기출 유형 2
기술적용능력을 묻는 유형

03. 다음은 글로벌 기술수준 향상으로 인한 지능정보 사회에 대하여 정부의 중장기 종합대책을 소개하고 있는 글이다. 밑줄 친 ㉠~㉤에 해당하는 설명이 아닌 것은?

> 자동화의 확대는 삶의 편의성과 안전성을 높일 수는 있으나 노동의 본질을 변화시키고, 사회를 양극화시키고, 해킹 등의 위협 요인을 내포하고 있다. 지능정보기술로 인한 경제·사회 변화에 잘 대응하면 근로시간 단축, 고부가가치 업무 확대, 기계를 통한 사회문제 해결 등 상당한 이점이 발생하지만 그렇지 못할 경우 기계의 일자리 대체에 따른 소득 수준 하락, 양극화 심화, 프라이버시 침해 등 심각한 사회 문제가 우려된다.
>
> 이러한 우려를 해소하고 소외계층 없이 국민 모두가 혜택을 누리는 안전한 지능정보사회를 구현하기 위해 정부는 변화하는 사회상을 반영한 교육·고용·복지 정책을 추진한다. 사회 분야의 전략 과제는 ㉠<u>지능정보사회 미래교육 혁신</u>, ㉡<u>자동화와 고용 형태 다변화에 적극적 대응</u>, ㉢<u>지능정보사회에 대응한 사회안전망 강화</u>, ㉣<u>지능정보사회에 대비한 법제 정비 및 윤리 정립</u>, ㉤<u>사이버위협, AI 오작동 등 역기능 대응</u>이다.

① ㉠: 문제 해결 사고력 중심의 교육을 실현하기 위해 S/W 및 STEAM 교육을 강화하고 창의융합 선도학교를 확대한다.

② ㉡: 주요 직종별 표준계약서 및 표준약관을 마련해 보급하고 중장기적으로 다양한 고용 형태를 포괄하는 새로운 근로기준법제 마련을 검토한다.

③ ㉢: 사회보장제도 강화를 통한 국민생활 보장을 위해 실업급여 및 사회보험료 지원을 확대하고 기초생활보장 제도 및 기초연금을 점진적으로 확대한다.

④ ㉣: 인간 중심 윤리 정립을 위해 지능정보기술 윤리 헌장을 제정하고, 인간중심 기술문화 확산에 힘쓴다.

⑤ ㉤: 산업 지능화 촉진 법제를 정비해 인공지능 사고 시 책임을 명확히 하고, 인공지능 창작물의 권리를 보호한다.

[04 ~ 05] 처음 상태에서 스위치를 두 번 누르자 다음과 같이 바뀌었다. 다음 표를 참고하여 누른 스위치를 순서대로 나열한 것을 고르시오.

스위치	기능
1	모든 기계 시계 방향으로 한 칸 이동
2	모든 기계 시계 방향으로 두 칸 이동
3	모든 기계 시계 방향으로 세 칸 이동
4	곱하기 · 나누기 색 반전
5	더하기 · 빼기 색 반전
6	모든 기계 색 반전
7	더하기 · 나누기 위치 변경

04.

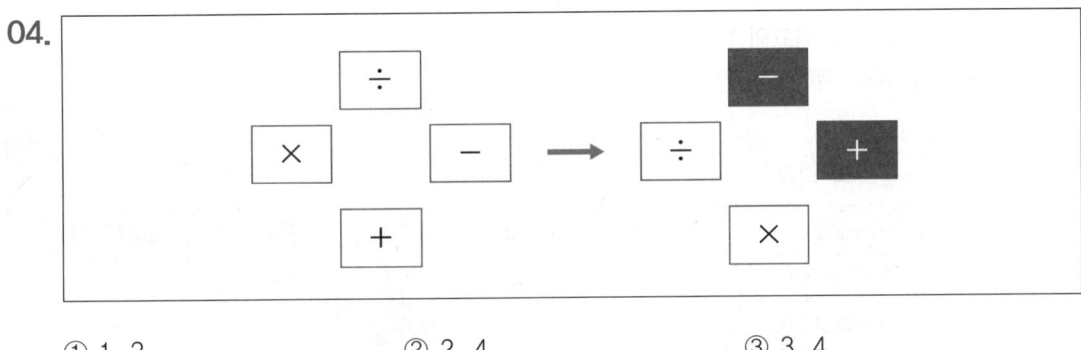

① 1, 2　　　　② 2, 4　　　　③ 3, 4
④ 3, 5　　　　⑤ 5, 6

05.

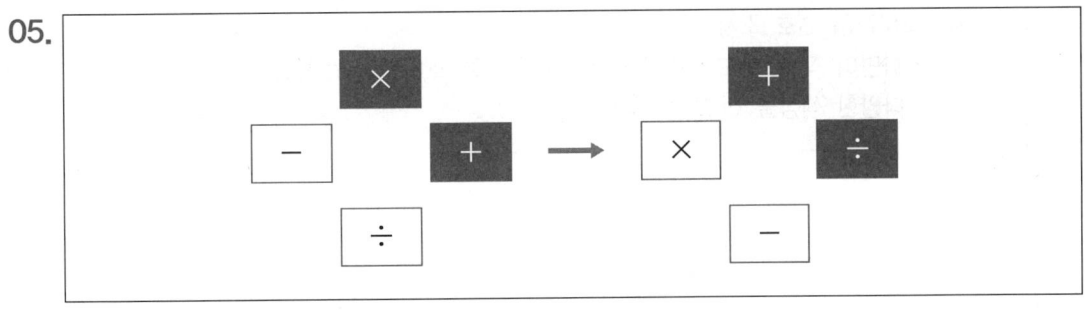

① 1, 2　　　　② 2, 5　　　　③ 3, 4
④ 4, 5　　　　⑤ 4, 7

대표기출 유형 3

제시된 매뉴얼을 파악하여 적절한 대응 방안을 찾는 유형

06. 최근 핸드폰을 출시한 (주)믿음의 벤치마킹 보고서의 일부이다. 다음 중 벤치마킹에 대해 적절하지 않은 설명을 한 직원은?

〈보고서〉

1. 목적
   최근 (주)믿음이 출시한 '믿음 1500'의 판매 부진을 극복하기 위한 대안을 찾기 위함.

2. 개요
   (1) 대상 : (주)최고의 '스마트 300'
   (2) 기간 : 20X8. 04. 01. ~ 07. 03.
   (3) 방법 : (주)최고의 본사를 방문하여 수행
   (4) 참여자 : 甲 외 팀원 15명

3. 주요 내용
   (1) 대상과의 비교

구분	믿음 1500	스마트 300	구분	믿음 1500	스마트 300
화면크기(in)	5.8	4.5	해상도	1,280×720	1,240×720
내장메모리(g)	16	16	무게(g)	138.5	145
카메라 화소(만)	800	800	색상	B/W, W, B	B/W
배터리용량(mA)	2,150	2,100	통신사	X, Y, Z	X, Y, Z
RAM(GB)	2	2	출고가	899,800원	966,900원
CPU(GHz)	1.6쿼터	1.4쿼터			

   (2) 소비자의 선호 조사
   • 화면이 작고, 핸드폰의 무게가 가벼울수록 소비자의 선호도가 높음.
   • 다양한 색상을 선호하는 경향

① A : 벤치마킹은 "경쟁자에게서 배운다."라는 말을 실행 가능하게 만들어 주는 경영 혁신 기법이야.
② B : 강물 등의 높낮이를 측정하기 위해 설치된 기준점인 벤치마크(Benchmark)가 어원이야.
③ C : 궁극적으로는 고객의 요구에 충족되는 최고 수준의 프로세스를 만들어 전략적 우위를 확보하는 것이지.
④ D : (주)최고의 '스마트 300' 제품 자체에만 초점을 맞추고, (주)최고의 인적 자원과 정보 시스템 등은 고려할 필요가 없어.
⑤ E : 벤치마킹을 하려면 최고 수준의 정보를 파악해 우리의 성취도가 어느 정도인지 분석해야 해.

자기개발 | 자아인식 | 자기관리 | 경력개발

대표기출 유형 1

자기개발의 특징을 묻는 유형

01. 평균적인 직무수행자와 우수성과자 사이의 성과 차이를 가져오는 내적 특성인 역량에 대한 다음 네 가지 분류 중 '사고역량'에 해당하는 능력을 〈보기〉에서 모두 고른 것은?

구분	내용
사고역량	전략적으로 사고하고 기획 및 판단, 구현하기 위해 요구되는 역량
업무역량	조직목표나 성과를 달성하기 위하여 필요한 업무실행 및 관리와 관련된 역량
관계역량	조직 내·외부의 다양한 사람들과 관계를 형성, 유지, 관리하는 데 요구되는 역량
미래역량	미래 변화에 대비하여 사고체계나 업무, 관계 등에서 새롭게 대비하고 준비해야 하는 역량

보기

ㄱ. 이해관계조정 ㄴ. 상황인식 및 판단력
ㄷ. 융복합적 사고 ㄹ. 업무추진력
ㅁ. 정보분류 및 활용 ㅂ. 기획력

① ㄱ, ㄴ, ㄷ ② ㄱ, ㄹ, ㅁ ③ ㄱ, ㅁ, ㅂ
④ ㄴ, ㅁ, ㅂ ⑤ ㄷ, ㅁ, ㅂ

대표기출 유형 2

자기개발 과정에 적절한 행동을 묻는 유형

02. 다음은 역량개발을 위한 자기개발계획서 작성 단계이다. 다음 중 자기개발계획서에 대한 설명으로 적절하지 않은 것은?

〈자기개발계획서 작성 단계〉

역량개발 필요성 인식	⇨	역량개발 목표수립	⇨	실천계획서 작성	⇨	역량개발 실행 및 피드백
직급별 역량체계 이해 및 역량개발 필요성 인식		스스로 원하는 역량 개발 목표를 수립		실질적인 학습 정보를 바탕으로 구체적인 실천계획서 작성		실천계획서를 바탕으로 역량개발활동 실행 및 진행상황 점검

① '역량개발 목표수립'은 역량개발 과정 중에서 '자기이해' 단계에 해당한다.
② '역량개발 목표수립'을 할 때는 본인의 강점에 대해서는 고려할 필요가 없다.
③ '실천계획서 작성'은 역량개발 과정 중에서 '자기이해' 단계에 해당한다.
④ 실천계획서를 작성할 때는 실천 정도를 확인할 수 있는 구체적인 지표를 작성해야 한다.
⑤ '역량개발 실행 및 피드백'은 역량개발 과정 중에서 '자기개발' 단계에 해당한다.

대표기출 유형 ③

경력개발 과정에 적절한 행동을 묻는 유형

03. 다음 '경력개발 모델'에 대한 내용을 읽고 〈보기〉의 (가) ~ (아)를 '경력개발과정 8단계'에 따라 바르게 나열한 것은?

경력개발(Career Development)이란 개인과 조직의 상호적인 경력탐색과 개선활동을 가능하게 하는 계획적이고 체계적인 노력이며, 구조화된 과정으로 이루어지는 인적자원개발 활동이다(Gilley & Eggland, 1989). 다음 그림은 경력개발 과정을 8단계로 제시한 '경력개발 및 관리 모델(Callanan & Godshalk(2000))'로 의사결정 과정과 그에 따른 활동을 구체적으로 안내해 주고 있다. 아래 모델은 환경적 요인에 따라 경력 방향에 대한 가장 적합한 경력을 지속적으로 탐색하고 개발하는 방법을 제시해 준다.

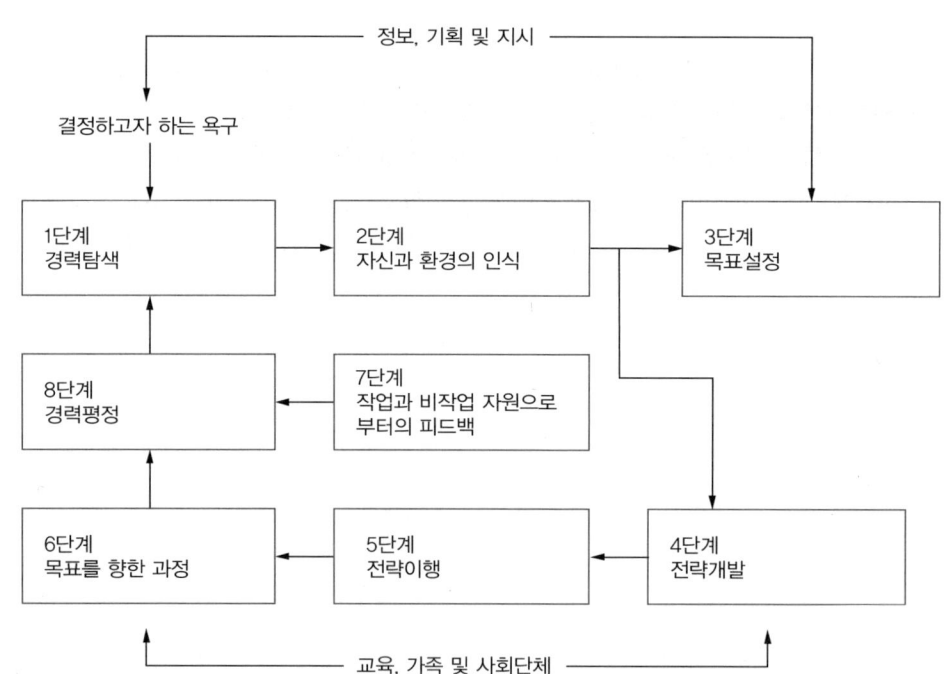

조직에서 성공적인 경력개발을 실현하기 위해서는 '경력개발 및 관리 모델'을 기반으로 개인 차원의 경력개발과 조직 차원의 경력관리가 상호조화를 이룰 수 있는 경력개발프로그램을 개발하여 정착시키는 것이 효과적이다. 경력개발프로그램은 조직의 경쟁력 향상을 도모하고 구성원의 일체감 제고를 통한 협동체제 구축을 유인할 수 있으며, 구성원 개인은 비전 인식과 상생욕구 충족, 신변에 대한 안정감을 가질 수 있게 한다. 이는 개인의 역량발휘동기를 자극하여 궁극적으로 조직성과에 기여함으로써 구성원과 조직이 상생하는 결과를 가져다 준다.

> **보기**
>
> (가) 자신의 경력을 평가하여 점검한다.
> (나) 자신이 경력개발을 통해 달성하고자 하는 목표를 설정한다.
> (다) 경력개발계획에 따라 경력개발을 이행할 준비를 하고 실행에 옮긴다.
> (라) 경력목표에 다가가기 위한 범위(extent) 내에서 경력개발을 적극적으로 추진한다.
> (마) 심도 있게 자기를 인식하고 환경에 존재하고 있는 기회와 제약에 대하여 이해한다.
> (바) 경력목표를 달성하기 위한 행동계획을 수립하고 효과적인 실천을 위한 전략방안을 마련한다.
> (사) 해당 직무와 관련된 모든 정보를 수집하는 것으로 자기 자신 그리고 환경에 관한 정보를 모으는 것을 포함한다.
> (아) 직무와 직접적으로 관련 있는 동료, 감독자 그리고 전문가로부터 유용한 정보를 획득하고 친구, 가족과 같이 직무와 직접적인 관련이 없지만 조언을 구할 수 있는 사람으로부터 의견을 수렴한다.

① (사) → (바) → (다) → (나) → (라) → (아) → (마) → (가)
② (사) → (바) → (마) → (다) → (아) → (라) → (나) → (가)
③ (사) → (마) → (바) → (나) → (라) → (다) → (아) → (가)
④ (사) → (마) → (나) → (바) → (다) → (라) → (아) → (가)
⑤ (사) → (바) → (나) → (다) → (마) → (아) → (라) → (가)

대인관계
팀워크 | 리더십 | 갈등관리 | 협상고객 | 서비스

대표기출 유형 1

직장 내 대인관계의 양식을 묻는 유형

[01 ~ 02] 다음 표를 보고 이어지는 질문에 답하시오.

〈협상의 단계〉

| 협상 시작 | → | 상호 이해 | → | 실질 이해 | → | 해결 대안 | → | 합의 문서 |

01. 위 표를 이해한 내용으로 적절하지 않은 것은?

① 상호 간에 요구사항이 다를 때 진행한다.
② 협상 단계는 총 5단계로 진행된다.
③ 상대방과 나의 상황을 파악하는 것은 실질 이해 단계에 해당한다.
④ 협상의 최종 마무리는 합의된 내용을 점검하는 것이다.

02. 다음 중 〈협상의 단계〉에서 '해결 대안'에 해당하는 것은?

① A사는 제품 생산 단가를 내리고자 하는 협상의 의지를 보이고 있다.
② B사는 경제 악화로 인해 제품의 가격을 낮출 수 없는 상황이다.
③ A사와 B사는 양측의 의견을 내놓으며 서로의 이해관계를 분석하였다.
④ A사와 B사는 한 달 동안 시간을 가진 다음 다시 협상을 하기로 했다.

대표기출 유형 2

리더십의 특성과 유형을 묻는 유형

03. 강사인 H는 중간 간부를 대상으로 하는 기업 내 리더십 특강에서 다음과 같은 사례를 제시하며 리더의 역할을 강조하였다. H가 강조한 내용으로 가장 적절한 것은?

> ○○기업 영업팀 A 팀장은 B 사원에게 지난해의 판매 수치를 정리해 달라고 요청했다. B 사원은 정확하게 업무를 처리했지만, 눈에 띌 정도로 열의 없이 업무를 처리했다. A 팀장은 B 사원과 함께 판매 수치를 자세하게 살핀 후, B 사원에게 판매 향상에 도움이 될 만한 마케팅 계획을 수립하는 업무를 맡겼다. B 사원은 비로소 막중한 책임감을 느끼고, 새로 맡은 프로젝트에 대해 책임감을 갖는 한편 자신의 판단에 따라 효과적인 마케팅 계획을 제안하였다.

① 직무능력 향상
② 창의적인 문제해결
③ 적절한 직무 교육
④ 권한과 업무 위임

대표기출 유형 3

갈등 발생과 해결과정을 묻는 유형

04. 다음 글을 참고할 때, 직장 상사와 관계 개선을 위한 대화를 하지 않는 이유에 해당하는 사례로 적절하지 않은 것은?

> 올해 초 영국의 한 연구소에서 직장인 정신 건강에 영향을 미치는 요인 중 직장 상사의 비율이 가장 높다는 설문조사 결과를 발표했다. 영국의 UKG 노동인구연구소(The Workforce Institute at UKG)는 10개국의 3,400명 직장인을 대상으로 업무 스트레스, 직장이 정신 건강에 미치는 영향, 일에 대한 감정 등에 대한 설문을 진행했고 그 결과, 69%의 직장인이 정신 건강에 가장 큰 영향을 미치는 사람으로 직장 상사를 뽑았다고 한다. 특히 직장 상사에게 받는 압박과 같은 부정적인 정신 환경인 '화목하지 못한 가정생활(61%)', '일상(54%)', '인간관계(42%)' 순으로 직장인에게 좋지 않은 영향을 끼친다는 결과를 공개했다.
>
> 심지어 직장 상사 항목에 응답한 사람 중 38%가 '거의' 또는 '절대' 직장 상사와 관계 개선을 위한 대화를 나누지 않는다고 답변했다. 그 이유는 '스스로 해결할 수 있어야 해서(20%)', '상사가 신경을 쓰지 않아서(16%)', '상사가 너무 바빠서(13%)' 순이었다.
>
> 직장 결정에 관한 질문에서는 응답자 80% 이상이 고액의 연봉보다 정신 건강을 지킬 수 있는 직장을 선호한다고 답했다. 매니저 이상 직급의 직장 상사 중 70%도 같은 답변을 했다. 자릭 카너드 영국 노동인구연구소 박사는 "불안정한 글로벌 상황으로 인해 생기는 불안감이 직장인들의 에너지를 더 소비하게 하고, 이는 업무 성과, 혁신, 사내 문화에 영향을 미친다."라며 "회사는 직원들이 필요로 하는 자원을 제공하며 안정감을 느낄 수 있도록 조치를 취해야 한다."라고 말했다.

① 모든 문제는 본인이 하는 것에 달려 있어. 문제가 생겼을 때 다른 사람에게 의지하지 않고 본인이 해결하기 위해 노력해야 해.
② 우리 부장님은 본인으로 인해 부서 내에서 어떤 일이 발생하고 있는지 잘 모르는 것 같아. 그래서 나도 관심을 두지 않기로 했어.
③ 우리 차장님과 대화하면 문제가 더 꼬이는 느낌이야. 도대체 내 말을 이해하지 못하신다니까.
④ 우연히 다음 주 상무님 일정을 보게 되었는데, 어떻게 그걸 다 소화하시는지 모르겠어. 정말 바쁘시더라. 잠깐 시간을 내달라는 얘기를 못하겠어.

> **대표기출** 유형 4
> 효과적인 의사결정에 필요한 적절한 협상을 묻는 유형

05. 다음 중 Big 5의 각 요인에 대한 설명으로 가장 적절한 것은?

> 최근 상대방과 효과적으로 의사소통을 하고 효율적으로 자기개발을 수행하기 위해 자신의 성격을 파악하려는 흐름이 보인다. MBTI에 대한 관심도가 매우 높아졌던 것이 그 예시이다. 그러나 MBTI 이외에도 사람의 성격 연구를 위한 접근법은 매우 다양하게 존재한다. 그중에서도 성격의 특성(Trait)에 바탕을 둔 접근법에 주목한 연구법들은 성격을 구성하고 있는 여러 특성들을 바탕으로 사람의 성격을 규정한다.
> 성격의 특성을 중점적으로 분석한 이론 중 하나인 Big 5 모형은 개인의 성격 구조와 특성에 대한 개인차를 설명해 주는, 포괄적이면서도 안정적인 구조로 인정받아 학계에서 활용하고 있다. Big 5 모형은 인간의 성격이 외향성, 친화성, 성실성, 신경성, 경험 개방성의 5가지 요인으로 구분된다고 설명하는 이론이다. 외향성은 개인이 타인과의 상호작용을 원하고 타인의 관심을 끌고자 하는 정도를 나타낸다. 친화성은 타인과 편안하고 조화로운 관계를 유지하는 정도를 나타낸다. 친화성이 높은 개인은 기본적으로 이타적인 특성을 가지고 있다. 성실성은 사회적 규칙, 규범 등을 지키고자 하는 특성을 가지며 신중하고 철저하게, 행동기준에 따라서 엄격하게 행동한다. 성실성은 성과에 가장 긍정적인 영향을 미치는 성격변수로 알려져 있다. 신경성은 적응의 개념으로, 주어진 환경에 대한 심리적인 부적응 정도를 의미한다. 신경성이 높은 경우 스트레스에 매우 취약하다. 경험 개방성은 외부 세계에 관심을 기울이는 성향으로. 모험심이 많고 새로운 기회를 발견하는 것에 집중하며 목표를 달성한다.

① 외향성이 높은 사람은 과업 중심적인 사고를 할 가능성이 높다.
② 친화성이 낮은 사람은 솔직하고 관대한 성향이 드러날 가능성이 높다.
③ 성실성이 성과에 미치는 영향력은 다른 변수들보다 상대적으로 작다.
④ 신경성은 스트레스에 대처하는 태도와 밀접한 관련이 있다.
⑤ 경험 개방성이 높으면 탐색 영역이 좁고 관습적인 성향일 가능성이 높다.

직업윤리 | 근로윤리 I 공동체윤리

대표기출 유형 1

직업의 의미를 묻는 유형

01. 다음은 ○○공사가 배포한 윤리경영 자율실천 매뉴얼의 일부이다. 이를 참고할 때 직무 수행 중 실천할 수 있는 직업인의 기본자세로 가장 적절한 것은?

> - 아무리 가까운 사이라도 각자 돈을 내는 습관을 들일 것.
> - 부패는 남의 일이라는 생각을 버릴 것.
> - 평소 자신의 한 달 치 소득의 3배가 넘는 부채를 안고 있지 않을 것.
> - 자신의 성품과 기질, 생활 습관이나 근무 방식, 담당 업무, 만나게 되는 사람 등 자신과 자신의 주변에 부패의 개연성이 얼마나 되는지를 솔직히 점검하고 시정하는 일에 주저 없이 나설 것.
> - 빚보증 서는 것을 철저히 경계할 것.
> - 도박을 철저히 멀리할 것.
> - 지나친 마당발이 되려 하지 말 것.
> - 청탁을 해 오는 상대방에 대해 무안하지 않게 거절하는 방법을 연습할 것.
> - 직무 관련자를 만날 때에는 공개된 장소에서 만나는 습관을 들일 것.

① 공평무사한 자세
② 봉사정신과 협동정신
③ 소명의식과 천직의식
④ 책임의식과 전문의식

02. 다음 사례 1과 사례 2의 두 사람이 갖추어야 할 직업윤리를 바르게 연결한 것은?

> 사례 1 : 식당을 운영하는 K씨는 최근 전기요금은 물론 각종 공과금까지 올라 부담이 크다. 그래서 한 푼이라도 아끼려는 마음에 음식물 쓰레기를 갈아서 몰래 하수도에 버렸다.
>
> 사례 2 : 건설사에 근무하는 P 대리는 상사로부터 매일 퇴근 전에 현장에 들러서 공사 진행 상황과 각종 건설 자재·공구 등의 정리·정돈 상태를 직접 꼼꼼하게 확인하라는 지시를 받았지만, 이전에 현장에 나가서 눈으로 상황을 대충 훑어보고 보고했을 때 아무 일도 없었기에 오늘도 대충 훑어보고 있다.

	[사례 1]	[사례 2]		[사례 1]	[사례 2]
①	성실성	정직성	②	성실성	준법성
③	준법성	봉사성	④	준법성	성실성
⑤	봉사성	준법성			

대표기출 유형 2

직업인으로서 근로윤리를 묻는 유형

03. 한국에서 자동차 급발진 의심 사고가 발생한 경우, 미국에 비하여 우리나라 소비자는 제조사의 책임을 묻기 어렵다. 다음 글을 통해 그 이유를 유추한 내용으로 적절하지 않은 것은?

> 제조물책임법(PL, Product Liability)이란 제조물의 결함으로 소비자가 피해를 입었을 경우 제조사가 직접 배상 책임을 지는 법률이다. 제조물책임법은 국내에도 존재하지만, 미국과는 결이 다르다. 한국에선 소비자가 제조물책임법을 근거로 제조업자에게 손해배상의 책임을 요구하려면 제품의 결함을 직접 입증해야만 한다. 소비자가 자동차 급발진을 증명하려면 자신의 손해가 차량의 결함 없이 통상적으로 발생하지 않는다는 사실, 해당 차량이 정상적으로 사용되던 중 손해가 발생했다는 사실, 더 나은 설계 방안이 있었음에도 제조사가 다른 방안을 선택해 이 같은 손해가 초래했다는 사실 등을 직접 입증해야 한다. 이를 위해 고도의 기술력과 전문적인 지식이 필요하고, 제조사가 관련 정보를 공개하지 않으려 한다는 점을 감안하면 소비자가 제품 결함을 입증하기란 사실상 불가능에 가깝다.
>
> 하지만 미국에선 제조물 책임법의 입증책임전환(Shifting the burden of proof)을 인정하고 있다는 점에서 한국과 차이가 있다. 입증책임전환이란 소송을 건 측이 피소송자의 잘못에 대한 근거를 입증해야 하는 소송법의 일반원칙에도 불구하고 특별한 사건일 경우 예외적으로 소송을 건 사람이 아닌 상대방이 이를 입증하는 것을 의미한다. 즉 소(訴)를 제기하는 자가 아닌 소를 당한 자가 위법행위나 고의과실이 없었음을 입증해야 한다는 뜻이다.
>
> 미국에서 제조물책임법의 법리는 제조업체의 '무과실 책임'을 기초로 한 '엄격책임'에 뿌리를 두고 발전했다. 엄격책임이란, 제조사가 과실 여부와 무관하게 소비자에게 손해배상을 해줄 책임을 뜻한다. 물품의 제조 과정에서 모든 주의의무를 다했음에도 피해가 생겼다면 책임을 져야 한다는 것이다. 제조사가 자신들의 손해배상 책임이 없다는 점을 인증받고 싶다면 제조물에 결함이 없다는 걸 기업이 직접 증명해야만 한다. 1963년 캘리포니아에서 발생한 그린맨(Greenman) 사건은 엄격책임과 관련한 판례를 만드는 데 결정적 계기가 됐다. 그린맨이라는 사람이 목공 선반을 사용하다 나사못의 결함으로 파편에 눈을 다쳤는데, 캘리포니아 대법원은 제조사가 제조 결함에 대해 엄격책임을 져야 한다고 판결했다. 현재 미국 50개 주 가운데 42개 주에서는 이와 같은 엄격책임을 인정하고 있다.

① 제조사가 피해자에게 차량의 설계 및 제조와 관련된 정보를 소비자에게 공개하려고 하지 않기 때문이다.
② 차량의 결함을 소비자가 입증하기 위해서는 고도의 기술력과 전문적인 지식 등이 요구되기 때문이다.
③ 신체적·정신적 결함, 운전경력 및 습관, 사고 회피를 위한 노력 등을 바탕으로 사고원인이 소비자가 아니라는 사실을 소비자가 입증하여야 하기 때문이다.
④ 사고가 제조업자의 실질적인 지배 영역에 속한 원인으로부터 초래됐다는 사실을 소비자가 입증하여야 하기 때문이다.
⑤ 차량의 결함 없이는 통상적으로 급발진이 발생할 수 없다는 사실을 소비자가 입증해야 하기 때문이다.

대표기출 유형 3

직업인으로서 지켜야 할 공동체 윤리를 묻은 유형

04. 다음 (가)~(마)에 들어갈 내용으로 적절하지 않은 것은?

〈직장 내 성희롱 성립 요건〉

피해자	행위자	행위 유형	행위로 인한 피해	업무 관련성
(가)	(나)	(다)	(라)	(마)

① (가)-기업체 등의 사용자 및 종사자, 근로자로부터 성희롱을 당한 여성
② (나)-기업체 등의 사용자 및 종사자, 근로자
③ (다)-상대방이 원하지 않는 성적 의미가 내포된 육체적·언어적·시각적 언어나 행동
④ (라)-상대방에게 성적 굴욕감이나 혐오감을 느끼게 하는 행위 또는 이에 대한 불응을 이유로 근로조건 및 고용에서 불이익을 주는 행위
⑤ (마)-직장 내의 지위를 이용하거나 사적인 만남이라도 업무수행을 빙자하여 성적 언동을 한 경우

05. 다음은 ○○공사 홍보팀 A 주임이 거래처와 통화하는 상황을 묘사한 것이다. 밑줄 친 ㉠ ~ ㉣ 중 직장에서의 전화 예절로 적절하지 않은 것은?

> ㉠ 잠시 자리를 비운 B 대리의 전화가 2 ~ 3번 울리자, 홍길동 주임은 전화를 당겨 받았다.
> - A 주임 : ㉡ 네, 여보세요.
> - 거래처 : 안녕하세요. 저는 △△기획에 근무하는 C 차장입니다. ○○○○공사 홍보팀 B 대리님이신가요?
> - A 주임 : 네, 안녕하세요. B 대리님이 부재중이라 전화를 대신 받았습니다.
> - 거래처 : 언제쯤 B 대리님과 통화가 가능할까요?
> - A 주임 : 금방 돌아오실 것 같은데, 급한 용무가 아니면 1시간 후에 다시 전화주시겠어요?
> - 거래처 : 조금 급한 일이라 그런데 혹시 메모를 남겨도 될까요?
> - A 주임 : (메모지와 펜으로 해당 메시지를 받아 적으며) 네, 전달하실 내용을 말씀해 주시길 바랍니다.
> (중략)
> - A 주임 : ㉢ 추가로 전하실 말씀은 없으신가요?
> - 거래처 : 네, 말씀드린 내용만 B 대리님께 꼭 전달해 주시길 부탁드립니다.
> - A 주임 : ㉣ 네, 알겠습니다. 좋은 하루 보내시길 바랍니다. 감사합니다.

① ㉠
② ㉡
③ ㉢
④ ㉣

고시넷 **NCS 고졸채용** 통합기본서

유형별 출제비중

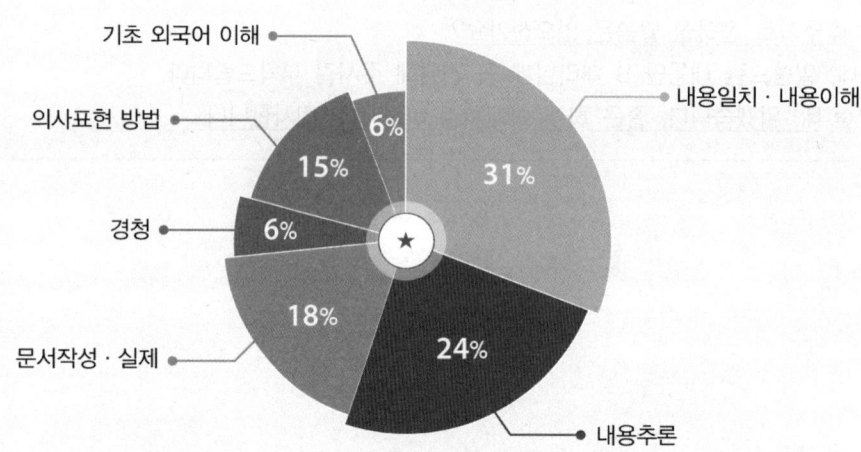

- 기초 외국어 이해 6%
- 의사표현 방법 15%
- 경청 6%
- 문서작성·실제 18%
- 내용추론 24%
- 내용일치·내용이해 31%

하위영역

- 문서이해능력 : 업무를 수행함에 있어 다른 사람이 작성한 글을 읽고 그 내용을 이해하는 능력
  → 문서 정보 확인 및 획득, 문서 정보 이해 및 수집, 문서 정보 평가
- 문서작성능력 : 업무를 수행함에 있어 자기가 뜻한 바를 글로 나타내는 능력
  → 작성 문서의 정보 확인 및 조직, 목적과 상황에 맞는 문서 작성, 작성한 문서 교정 및 평가
- 경청능력 : 업무를 수행함에 있어 다른 사람의 말을 듣고 그 내용을 이해하는 능력
  → 음성 정보와 매체 정보 듣기, 음성 정보와 매체 정보 내용 이해, 음성 정보와 매체 정보에 대한 반응과 평가
- 의사표현능력 : 업무를 수행함에 있어 자기가 뜻한 바를 말로 나타내는 능력
  → 목적과 상황에 맞는 정보조직, 목적과 상황에 맞게 전달, 대화에 대한 피드백과 평가
- 기초외국어능력 : 업무를 수행함에 있어 외국어로 의사소통 할 수 있는 능력
  → 외국어 듣기, 일상생활의 회화 활용

파트 1

의사소통능력

개요 의사소통능력
01 문서이해능력
02 문서작성능력
03 경청능력
04 의사표현능력
05 기초외국어능력

• 기출예상문제

개요 의사소통능력

의사소통능력은 일 경험 중 문서나 상대방이 하는 말의 의미를 파악하고, 자신의 의사를 정확하게 표현하고, 간단한 외국어 자료를 읽거나 외국인의 간단한 의사표시를 이해하는 능력이다.

인상적인 의사소통
의사소통과정에서 상대방에게 같은 내용을 전달한다고 해도 이야기를 새롭게 부각시켜 인상을 주는 것을 말함. 자신에게 익숙한 말을 고집하지 않고 상대방에게 인상적인 표현방법을 익혀 이를 많이 활용하여야 한다.

★ **의사소통이란?** 두 사람 또는 그 이상의 사람들 사이에서 일어나는 <u>의사의 전달과 상호 교류</u>이며, 어떤 개인 또는 집단이 개인 또는 집단에 대해서 정보, 감정, 사상, 의견 등을 전달하고 그것들을 받아들이는 과정을 의미한다.

[의사소통 과정]

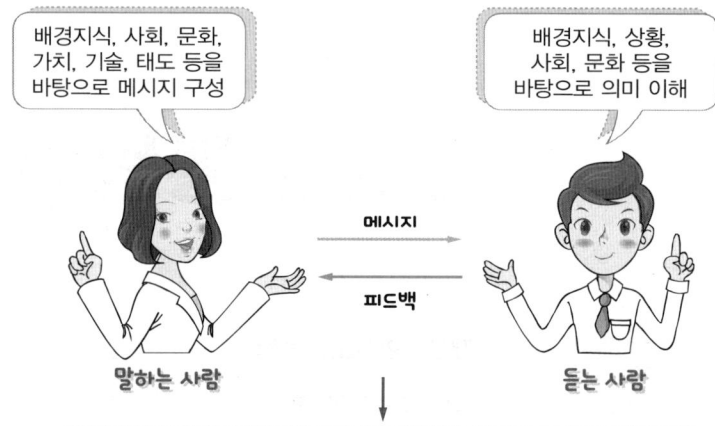

의사소통은 말하는 사람이 일방적으로 메세지를 듣는 사람에게 전달하는 것이 아니라 말하는 사람과 듣는 사람의 상호 교류를 통해 의미를 재구성하는 과정이다.

[의사소통에 대한 오해]

- ✓ 선천적인 능력
- ✓ 많이 할수록 좋아
- ✓ 정보를 전달하는 것
- ✓ 상대방에게 일방적으로 메시지를 전달하는 것
- ✓ 어떤 말을 하는 것

1 일 경험에서의 의사소통

의미	기능
• 공식적인 조직 안에서의 의사소통 • 조직의 생산성 증대, 구성원 사기 진작, 정보 및 지식 전달, 설득의 목적을 지님.	• 집단 내 기본적 존재 기반이자 성과를 결정하는 핵심 역할 • 상호 간의 지각 차이를 좁혀주는 수단

2 의사소통 상황에서의 오류 발생 과정

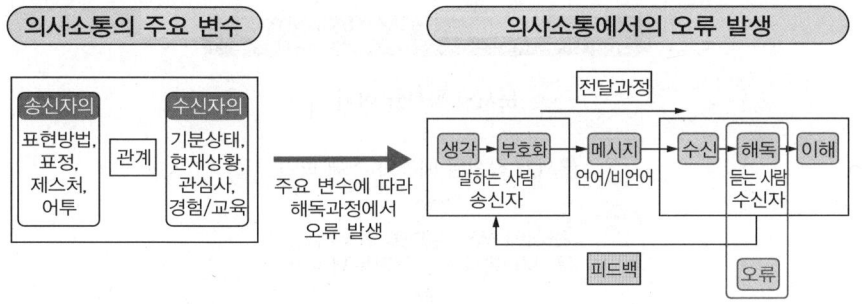

3 의사소통을 저해하는 요인

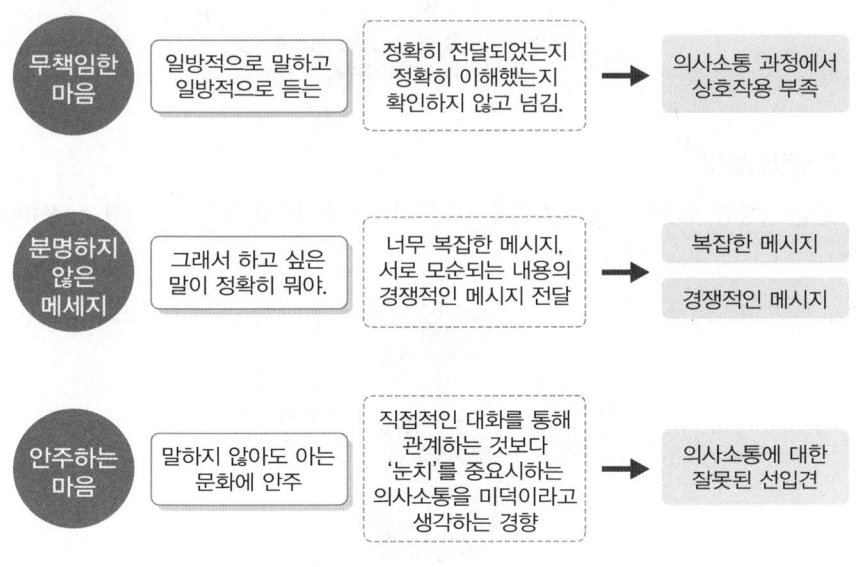

> **보충플러스**
>
> 의사소통을 위한 노력
> ★ 구 워크북
> • 언제나 주위의 언어 정보에 민감하게 반응하고, 자신이 활용할 수 있도록 노력한다.
> • 자신이 자주 사용하는 표현을 찾아내 다른 표현으로 바꾸어 본다.
> • 언제나 '다른 표현은 없을까?' 하고 생각하고, 새로운 표현을 검토해 본다.

이것만은 꼭!

의사소통 개발 방법

1. 사후검토와 피드백 주고받기
   : 의사소통의 왜곡에서 오는 부정확성을 줄이기 위해 말하는 사람은 사후검토와 피드백을 이용하여 메시지의 내용이 실제로 어떻게 해석되고 있는가를 조사할 수 있음.
2. 언어의 단순화 : 의사소통에서 나누는 내용을 구성할 때 사용되는 언어는 받아들이는 사람을 고려하여 보다 명확하고 이해 가능한 것을 선택해야 함.
3. 적극적인 경청 : 단순히 상대방의 이야기를 들어주는 것이 아니라 능동적으로 상대방의 의견을 들으면서 의미를 재구성하는 과정임.
4. 감정의 억제 : 감정적으로 좋지 못한 상태일 때는 오해가 발생할 수 있으므로 이성적인 평정심을 갖도록 해야 함.

4 의사소통의 종류

★ **문서적 측면이란?** 문서적 의사소통은 언어적 의사소통의 한계를 극복하기 위해 문자를 이용한 의사소통 수단으로 언어적 의사소통에 비해 권위감이 있고 정확하며 전달성이 높고 보존성이 큼. → 문서이해능력, 문서작성능력

1. 문서이해능력

업무와 관련된 다양한 문서를 읽고 문서의 핵심을 이해하며, 구체적인 정보를 획득하고 수집·종합하는 능력 → 읽기능력

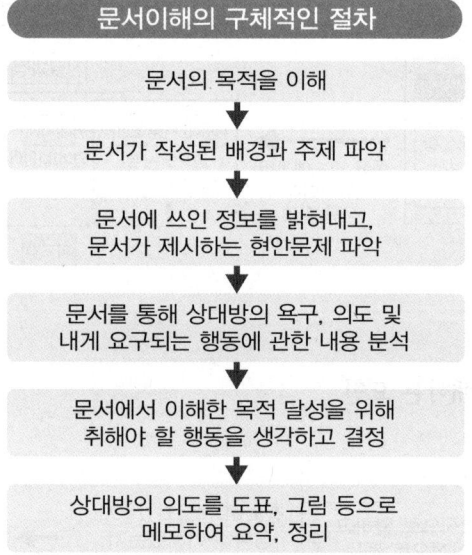

문서이해의 구체적인 절차

문서의 목적을 이해
↓
문서가 작성된 배경과 주제 파악
↓
문서에 쓰인 정보를 밝혀내고, 문서가 제시하는 현안문제 파악
↓
문서를 통해 상대방의 욕구, 의도 및 내게 요구되는 행동에 관한 내용 분석
↓
문서에서 이해한 목적 달성을 위해 취해야 할 행동을 생각하고 결정
↓
상대방의 의도를 도표, 그림 등으로 메모하여 요약, 정리

2. 문서작성능력

업무관련 상황과 목적에 적합한 문서를 시각적이고 효과적으로 작성하는 능력 → 쓰기능력

문서작성의 구성요소
- 객관적 논리적 체계적 내용
- 이해하기 쉬운 구조
- 명료하고 설득력 있는 구체적 문장
- 세련되고 인상적인 레이아웃
- 품위있고 짜임새 있는 골격

⭐ **언어적 측면이란?** 언어적 의사소통은 의사소통을 하는 사람들 간의 상황과 환경을 공유하는 말하기이므로 문서적 측면의 의사소통보다 신속하게 이루어질 수 있으며, 상대방의 반응이나 감정을 살필 수 있어 상황에 맞게 상대방을 설득할 수 있음. → **경청능력, 의사표현능력**

1. 경청능력
상대방의 말에 주의를 기울여 집중하고 몰입하여 듣는 능력 → **듣기능력**

2. 의사표현능력
자신이 가지고 있는 정보와 의견을 상황과 목적에 맞게 설득력을 가지고 표현하는 능력 → **말하기능력**

> **이것만은 꼭!**
>
> [효과적인 경청방법]
> - 공감을 준비하자
> - 상대를 인정하자
> - 말하기를 절제하자
> - 겸손하게 이해하자
> - 온몸으로 응답하자

[원활한 의사표현의 지침]

독서를 하라 / 칭찬을 아끼지 마라 / '뒷말'을 숨기지 마라 / 공감하고 긍정적으로 표현하라 / 완전한 문장을 말하라 / 과감하게 공개하라 / 이성과 감성의 조화를 꾀하라 / 겸손은 최고의 미덕 / 첫마디를 준비하라

⭐ **직업인으로서의 기초외국어능력이란?** 외국어로 된 문서를 이해하거나 외국인의 간단한 의사표현을 이해하고, 자신의 의사를 기초외국어로 표현할 수 있는 능력 → **기초외국어능력**

[기초외국어능력 향상 방법]

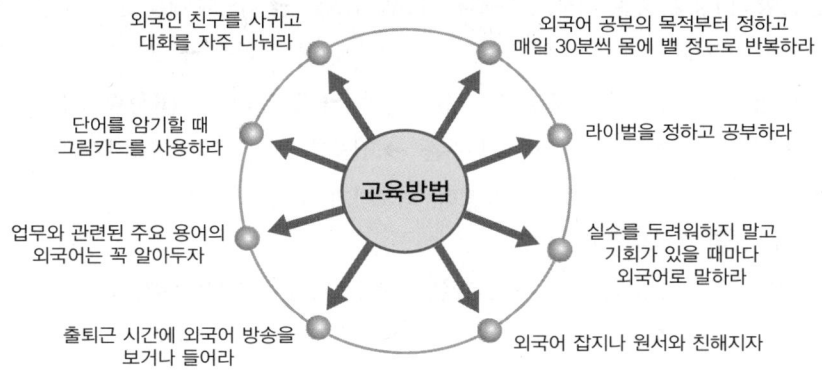

교육방법
- 외국인 친구를 사귀고 대화를 자주 나눠라
- 외국어 공부의 목적부터 정하고 매일 30분씩 몸에 밸 정도로 반복하라
- 단어를 암기할 때 그림카드를 사용하라
- 라이벌을 정하고 공부하라
- 업무와 관련된 주요 용어의 외국어는 꼭 알아두자
- 실수를 두려워하지 말고 기회가 있을 때마다 외국어로 말하라
- 출퇴근 시간에 외국어 방송을 보거나 들어라
- 외국어 잡지나 원서와 친해지자

5 의사소통 장애 해결방법

말하는 사람	듣는 사람
• 말하기에 앞서 생각을 명확히 할 것 • 쉽고 정확한 어휘를 사용 • 편견 없는 언어를 사용 • 말할 내용의 문서를 작성할 때 주된 생각은 앞쪽에 배치하는 것이 효과적	• 말의 의미 파악에 주안점을 둘 것 • 들은 내용을 메모하며 요약 • 처음에는 청자의 주위를 환기시키기 위한 말을 하므로, 처음 이야기에 집중하며 의미를 부여하지 말 것 • 사전정보보다 자신의 느낌에 충실하지 말 것

6 키슬러(Donald J. Kiesler)의 대인관계 방식 유형

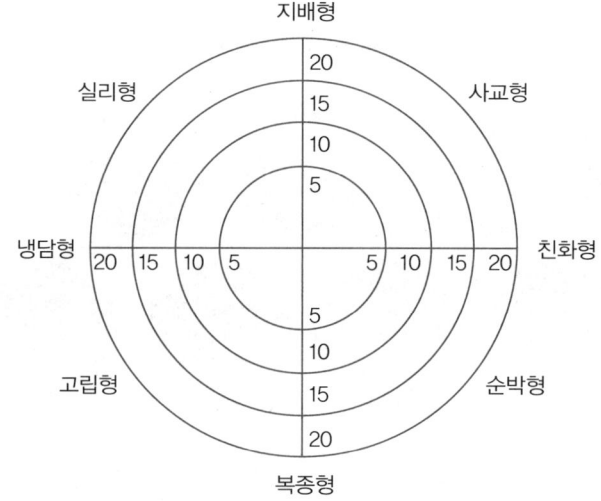

1. **지배형** : 자신감, 지도력, 논쟁적, 독단, 대인 갈등 ➔ 타인의 의견 경청, 수용
2. **실리형** : 이해관계에 예민, 성취지향적, 경쟁적, 자기중심적, 치밀함
    ➔ 타인에 대한 관심, 배려
3. **냉담형** : 이성적, 냉철, 의지력, 무뚝뚝, 타인에 무관심 ➔ 타인에 대한 관심, 긍정적 감정
4. **고립형** : 비사교적, 고립, 자신의 감정 억제, 타인에 대한 두려움 ➔ 대인관계 중요성 인식
5. **복종형** : 수동적, 의존적, 순종적, 자신감 부족 ➔ 적극적인 자기표현과 주장, 독립성
6. **순박형** : 단순, 솔직, 겸손, 부족한 주관 ➔ 신중함, 적극적인 자기표현과 주장
7. **친화형** : 따뜻, 인정, 배려, 자기희생적, 과도하게 나섬, 거절 못함
    ➔ 타인과의 정서적 거리 유지
8. **사교형** : 외향적, 강한 인정 욕구, 관심이 지나쳐 간섭함, 잦은 흥분, 충동적
    ➔ 자신의 내면에 관심, 성찰

커뮤니케이션의 유형

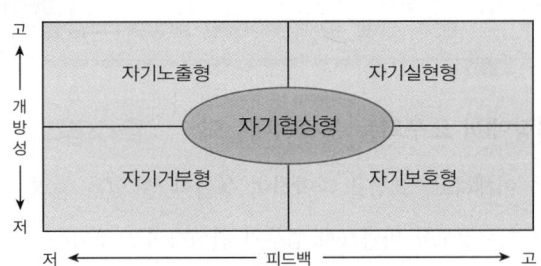

- 자기노출형 : 자신의 행태에 대한 반응을 지속적으로 물어봄으로써 자신에게 초점을 두게 함.
- 자기실현형 : 자신에 대한 적정한 정보를 제공하고 피드백을 물어봄과 동시에 건설적이고 방어적이지 않은 방식으로 피드백을 제공함. 가장 바람직한 형태
- 자기거부형 : 자기 자신을 고립시키고 타인과의 관계를 회피하기 위해 이용하는 유형
- 자기보호형 : 타인에 대한 평가적인 논평을 하고자 할 때 사용하는 것으로 타인과 함께 타인에 대한 자기의 의견, 태도와 감정만을 공유하려고 함.
- 자기협상형 : 타인들이 개방적인 정도까지만 자신을 개방하는 유형

개념확인문제

01 다음은 직장생활에서의 의사소통에 대한 설명이다. 이와 관련하여 맞으면 ○, 틀리면 ×를 표시하시오.

(1) 의사소통은 내가 상대방에게 메시지를 일방적으로 전달하는 과정이다. (　　)
(2) 의사소통은 정보 전달 이상은 아니다. (　　)
(3) 의사소통 상황에서 상대방이 어떻게 받아들일 것인가에 대한 고려가 바탕이 되어야 한다. (　　)

02 의사소통능력을 문서적인 것과 언어적인 것으로 구분하여 볼 때, 다음 ㉠ ~ ㉢을 올바르게 구분하시오.

㉠ 감정적인 정보전달
㉡ 상황과 목적에 적합한 문서작성
㉢ 상대방의 이야기를 듣고 의미 파악

(1) 언어적인 의사소통능력 - (　　　　)
(2) 문서적인 의사소통능력 - (　　　　)

답
01 (1) × (2) × (3) ○
02 (1) ㉠, ㉢ (2) ㉡

01 문서이해능력

> 문서이해능력은 다양한 종류의 문서에서 전달하고자 하는 핵심 내용을 요약, 정리하여 이해할 수 있으며, 문서에서 전달하는 정보의 출처를 파악하고 옳고 그름까지 판단하는 능력이다.

이것만은 꼭!

문서에 의한 의사소통
문서에 의한 의사소통은 정확성과 보존성이 높은 장점이 있지만 독자와의 직접적인 상호작용이 어렵다는 단점이 있다.

1 일 경험 현장에서 요구되는 문서이해능력

1. 문서의 내용을 이해하고, 요점을 파악하여 통합할 수 있는 능력
2. 문서에서 전달하는 정보를 바탕으로 업무와 관련하여 요구되는 행동이 무엇인지 추론할 수 있는 능력
3. 생산성과 효율성을 높이기 위해 자신이 이해한 업무 지시의 적절성을 판단하는 능력

2 문서이해 방법

1. 사실적 독해

개념	글을 구성하는 단어, 문장, 문단의 내용을 정확히 이해하거나 글에 나타난 개념이나 문자 그대로를 이해하는 것을 목적으로 하는 독해
유형	• 중심 내용 파악 • 내용의 일치 여부 확인 • 어휘 의미, 개념 이해 • 글의 구조 및 전개 방식에 대한 이해
해결 전략	• 문제 해결에 필요한 정보가 글에 명시되어 있으므로 핵심어를 찾아 표시해가며 정확하게 읽는 연습 필요 • 단락을 도식화하여 글의 구조를 파악하는 연습을 하고 각 문단에서 중심 내용과 뒷받침 내용을 구분하며 읽도록 함.

2. 추론적 독해

개념	글에서 생략된 내용을 추론하거나 숨겨진 필자의 의도, 목적 등을 추론하는 독해. 독자는 자신의 지식과 경험, 문맥, 글에 나타난 표지 등을 이용하여 생략된 내용을 추론하여 의미를 구성함.
유형	• 글에 나타난 필자의 의도 파악하기 • 생략된 정보 추론하기 • 빈칸 채우기 • 숨겨진 주제 파악하기
해결 전략	생략된 내용을 추론할 때에는 빈칸 앞과 뒤의 문장에 주목하고, 필자의 의도를 파악할 때에는 문맥에 유의하여 글 전체의 분위기와 논조를 파악

3. 비판적 독해

개념	글의 사실적인 이해와 추론적인 이해를 넘어서 글의 내용에 대해 판단하며 읽는 것으로 글에 나타난 주제, 글의 구성, 자료의 정확성과 적절성 등을 비판하며 읽는 독해
유형	• 글의 논리상 오류 찾기 • 글의 주제와 관련이 없는 소재 찾기 • 글의 목적에 맞는 구성 방법인지 판단하기 • 글에 나타난 필자의 생각이 바람직한지 판단하기
해결 전략	글의 논리상 오류가 무엇인지 파악하고 글의 주제와 관련되지 않은 내용이 글에 제시되지 않았는지 판단 · 평가함.

3 문서 이해의 실제

1. 논설문

(1) 정의 : 문제에 대한 자신의 주장이나 의견을 논리정연하게 펼쳐서 정당성을 증명하거나 자기가 원하는 방향으로 독자의 생각이나 태도를 변화시키기 위해 쓰는 글

(2) 요건 : 명제의 명료성과 공정성, 논거의 확실성, 추론의 논리성, 용어의 정확성

(3) 논설문의 유형

유형 구분	설득적 논설문	논증적 논설문
목적	상대편을 글쓴이의 의견에 공감하도록 유도	글쓴이의 사고, 의견을 정확한 근거로 증명
방법	지적인 면과 감정적인 부분에 호소	지적인 면과 논리적인 부분에 호소
언어 사용	지시적인 언어를 주로 사용하지만 때로는 함축적 언어도 사용	지시적인 언어만 사용
주제	정책 명제	가치 명제, 사실 명제
용례	신문의 사설, 칼럼	학술 논문

(4) 독해 요령

① 사용된 어휘가 지시적 의미임을 파악하며 주관적인 해석이 생기지 않도록 한다.
② 주장 부분과 증명 부분을 구분하여 필자가 주장하는 바를 바르게 파악해야 한다.
③ 필자의 견해에 오류가 없는지를 살피는 비판적인 자세가 필요하다.
④ 지시어, 접속어 사용에 유의하여 필자의 논리 전개의 흐름을 바르게 파악한다.
⑤ 필자의 주장, 반대 의견을 구분하여 이해하도록 한다.
⑥ 논리적 사고를 통해 읽음으로써 필자가 주장하는 내용을 이해하고 나아가 비판적 자세를 통해 자기의 의견을 세울 수 있어야 한다.

문서의 구분

1. 작성주체에 따라 : 공문서, 사문서
2. 유통대상여부에 따라
    1) 유통되지 않는 문서 : 내부 결재 문서
    2) 유통되는 문서 : 대내문서, 대외문서, 발신자와 수신자 명의가 같은 문서
3. 문서의 성질에 따라
    1) 법규문서 : 헌법, 법률, 대통령령, 총리령, 부령, 조례 및 규칙 등
    2) 지시문서 : 훈령, 지시, 예규, 일일명령
    3) 공고문서 : 고시, 공고
    4) 비치문서
    5) 민원문서
    6) 일반문서 : 회보, 보고서

2. 설명문

(1) 정의 : 어떤 사물이나 사실을 쉽게 일러주는 진술 방식으로 독자의 이해를 돕는다.

(2) 요건

① 논리성 : 내용이 정확하고 명료해야 한다.

② 객관성 : 주관적인 의견이나 주장이 배제된 보편적인 내용이어야 한다.

③ 평이성 : 문장이나 용어가 쉬워야 한다.

④ 정확성 : 함축적 의미의 언어를 배제하고 지시적 의미의 언어로 기술해야 한다.

(3) 독해 요령 : 추상적 진술과 구체적 진술을 구분해 가면서 주요 단락과 보조 단락을 나누고 배경 지식을 적극적으로 활용하며 단락의 통일성과 일관성을 확인한다. 또한 글의 설명 방법과 전개 순서를 파악하며 읽는다.

> **보충플러스**
>
> **설명서**
> 상품의 특성이나 사물의 성질과 가치, 작동 방법이나 과정을 소비자에게 설명하는 것을 목적으로 작성한 문서
>
> | 종류 | 내용 |
> | --- | --- |
> | 상품소개서 | 소비자가 상품의 특징을 쉽게 이해할 수 있도록 정보를 전달하는 문서로 상품을 구입하도록 유도하는 것이 궁극적 목적 |
> | 제품설명서 | 제품의 특징과 활용도에 대해 세부적으로 언급하는 문서 |

3. 기사문

(1) 정의 : 생활 주변에서 일어나는, 알릴만한 가치가 있는 사건이나 사실들을 발생 순서에 따라 객관적으로 쓰는 글로 신속하고 정확하게 전달하는 것을 목적으로 하며 육하원칙에 입각하여 작성한다.

(2) 특징 : 객관성, 신속성, 간결성, 보도성, 정확성

(3) 형식

① 표제 : 내용을 요약하여 몇 글자로 표현한 것이다.

② 전문 : 표제 다음에 나오는 한 문단 정도로 쓰인 부분으로 본문의 내용을 육하원칙에 의해 간략하게 요약한 것이다.

③ 본문 : 기사 내용을 구체적으로 서술한 부분이다.

④ 해설 : 보충 사항 등을 본문 뒤에 덧붙이는 것으로 생략 가능하다.

(4) 독해 요령 : 사실의 객관적 전달에 주관적 해설이 첨부되므로 사실과 의견을 구분하여 읽어야 하며 비판적이고 주체적인 태도로 정보를 선별하는 것이 필요하다. 평소에 신문 기사를 읽고 그 정보를 실생활에서 재조직하여 활용하는 자세가 필요하다.

4. 보고서

(1) 정의 : 조사·연구 등의 과정이나 검토 결과를 보고하기 위하여 쓰는 글이다.
(2) 특징 : 객관성, 체계성, 정확성, 논리성
(3) 작성 요령 : 독자를 정확히 파악, 본래 목적과 범위에서 벗어나지 않도록 하며 조사한 시간과 장소를 정확히 밝히고 조사자와 보고 연·월·일을 분명히 밝힌다.

종류	내용
영업보고서	재무제표와 달리 영업상황을 문장 형식으로 기재해 보고하는 문서
결산보고서	진행됐던 사안의 수입과 지출결과를 보고하는 문서
일일업무보고서	매일의 업무를 보고하는 문서
주간업무보고서	한 주간에 진행된 업무를 보고하는 문서
출장보고서	회사 업무로 출장을 다녀온 후 외부 업무나 그 결과를 보고하는 문서
회의 보고서	회의 결과를 정리해 보고하는 문서

5. 공문서

(1) 정의 : 행정 기관에서 대내적·대외적 공무를 집행하기 위해 작성하는 문서로, 엄격한 규격과 양식에 따라 정당한 권리를 가진 사람이 작성하며 최종 결재권자의 결재가 있어야 문서로서의 기능이 성립한다.
(2) 작성 요령 : 간단명료하게 작성하되 연·월·일을 꼭 밝혀야 하며 중복되는 내용이나 복잡한 부분이 없어야 한다. 가급적 어려운 용어나 한자어는 지양하고 내용이나 주제가 일관성과 통일성을 유지할 수 있도록 한다. 또한 용어나 서식 등을 통일하여 작성해야 한다.
(3) 기능
  ① 의사 전달의 기능 : 조직체의 의사를 내부나 외부로 전달해 준다.
  ② 의사 보존의 기능 : 업무 처리 결과의 증거 자료로서 문서가 필요할 때나 업무 처리의 결과를 일정 기간 보존할 필요가 있을 때 활용한다.
  ③ 자료 제공의 기능 : 문서 처리가 완료되어 보존된 문서는 필요할 때 언제든지 다시 활용되어 행정 활동을 촉진한다.

6. 기획서
아이디어를 내고 기획한 하나의 프로젝트를 문서 형태로 만들어 상대방에게 전달하고 시행하도록 설득하는 문서이다.

7. 기안서
회사의 업무에 대한 협조를 구하거나 의견을 전달할 때 작성하며, 흔히 사내 공문서로 불린다.

8. 보도자료
정부 기관이나 기업체, 각종 단체 등이 언론을 대상으로 자신의 정보가 기사로 보도되도록 하기 위해 보내는 자료이다.

TIP 법규문서
주로 법규사항을 규정하는 문서로, 헌법·대통령령·총리령·부령·조례 및 규칙 등에 관한 문서이다. 조문형식에 의하여 작성하고 누년 일련번호를 사용한다.

TIP 비치문서
행정기관이 일정한 사항을 기록하여 행정기관 내부에 비치하면서 업무에 활용하는 문서(비치대장, 비치카드)를 말한다.

TIP 민원문서
민원인이 행정기관에 허가, 인가, 그 밖의 처분 등 특정한 행위를 요구하는 문서와 그에 대한 처리 문서

9. **자기소개서** : 개인의 가정환경과 성장과정, 입사 동기와 근무 자세 등을 구체적으로 기술하여 자신을 소개하는 문서이다.

10. **비즈니스 레터(E-mail)** : 사업상 고객이나 단체를 대상으로 쓰는 편지로 업무나 개인 간의 연락 또는 직접 방문하기 어려운 고객 관리 등을 위해 사용되는 비공식적인 문서이나, 제안서나 보고서 등 공식 문서 전달 시에도 사용된다.

11. **비즈니스 메모** : 업무상 중요한 일이나 체크해야 할 일이 있을 때 필요한 내용을 메모 형식으로 작성하여 전달하는 글이다.

종류	내용
전화 메모	업무적인 내용부터 개인적인 전화의 전달사항 등을 간단히 작성하여 당사자에게 전달하는 메모
회의 메모	회의에 참석하지 못한 상사나 동료에게 회의 내용을 간략하게 적어 전달하거나, 회의 내용 자체를 기록하여 참고자료로 남기기 위해 작성한 메모로서 월말이나 연말에 업무 상황을 파악하거나 업무 추진에 대한 궁금증이 있을 때 핵심적인 자료 역할을 함.
업무 메모	개인이 추진하는 업무나 상대의 업무 추진 상황을 적은 메모

이것만은 꼭!
이메일 전달방법
이메일은 받는 사람, 참조, 숨은 참조 등의 형태로 상대방에게 전달할 수 있다.
- 받는 사람 : 직접적으로 이메일의 용건과 연관되어 있는 사람
- 참조 : 간접적으로 이메일의 용건과 연관되어 있는 사람
- 숨은 참조 : 불특정 다수에게 이메일을 보낼 때 사용

12. **다양한 분야의 글**

(1) 인문

① 정의 : 인간의 조건에 관해 탐구하는 학문으로 경험적인 접근보다는 분석적이고 비판적이며 사변적인 방법을 폭넓게 사용한다. 인문학의 분야로는 철학과 문학, 역사학, 고고학, 언어학, 종교학, 여성학, 미학, 예술, 음악, 신학 등이 있다.

② 출제분야

역사	시대에 따른 사회의 변화 양상을 밝히거나 특정한 분야의 변화양상을 중심으로 기술되는 경우가 있음. 또한 역사를 보는 관점이나 가치관, 역사 기술의 방법 등을 내용으로 하는 경우도 있음.
철학	인생관이나 세계관을 묻는 문제가 많음. 인간의 기본이 되는 건전한 도덕성과 올바른 가치관의 함양을 통한 인간됨을 목표로 함.
종교 및 기타	종교, 전통, 사상 등 다양한 종류의 지문이 출제됨. 생소한 내용의 지문이 출제되더라도 연구의 대상이 무엇인지 명확히 파악하면 쉽게 접근할 수 있음. 추상적 개념이나 어려운 용어의 객관적인 뜻에 얽매이지 말고 문맥을 통해 이해해야 함.

③ 출제 경향 : 인문 제재의 글은 가치관의 문제를 다룬 글이 많다. 따라서 추상적인 개념을 이해하는 능력이 필요하다. 어려운 용어가 많이 등장하므로 단어의 객관적인 뜻에 얽매이지 말고 문맥을 통해 이해하도록 한다. 지문을 읽을 때에는 연구의

대상이 무엇인지를 명확히 해야 한다. 자주 반복되는 어휘에 주목하고 단락별 핵심어를 찾아 연결하며 읽는 것이 효과적으로 읽는 방법이다. 이러한 방법은 전체적인 흐름을 이해하고 주제를 찾는 데 도움이 된다. 인문분야의 지문에서는 단어의 문맥적 의미를 묻는 문제가 자주 나옴에 유의하자.

(2) 사회
① 정의 : 일정한 경계가 설정된 영토에서 종교 · 가치관 · 규범 · 언어 · 문화 등을 상호 공유하고 특정한 제도와 조직을 형성하여 질서를 유지하는 인간집단에 관한 글이다.
② 출제 분야

정치	정치학의 지식을 이용함으로써 정치 체계를 이해해야함. 다양한 정치 이론과 사상, 정치 제도, 정당 집단 및 여론의 역할, 국제 정치의 움직임 등에 관심을 갖고 이에 대한 비판적인 인식을 길러야 함.
경제	재화와 용역을 생산, 분배, 소비하는 활동 및 그와 직접 관련되는 질서와 행위의 총체로서 우리 생활에 매우 큰 영향을 미치는 사회 활동. 경제 교육의 중요성이 대두되고 있는 시점에서 출제 빈도도 높으므로 이론적인 것만이 아닌 실생활과 결부된 경제 지식이 요구됨.
문화	문화 일반에 관한 설명과 더불어 영화, 연극, 음악, 미술 등 문화의 구체적인 분야에 대한 이해, 전통문화와 외래문화, 혹은 대중문화와의 관계에 대한 논의 등이 폭넓게 다루어지고 있음.
국제/여성	국제적인 사건이나 변동의 추세를 평소에 잘 파악해 두고 거시적인 안목으로 접근해야 함. 사회에서 여성의 지위나 역할 등에 대한 이해와 글쓴이의 견해 파악이 중요함.

③ 출제 경향 : 시사성이 강하고 논리적이면서 많은 사람들이 관심을 갖고 쉽게 이해할 수 있는 사회 현상들이 다루어진다. 지금까지 출제된 지문들은 대체로 시사적인 문제에 대해 필자의 견해를 내세우고 이를 입증해 가는 논리적인 성격을 지니고 있다. 따라서 필자의 견해를 이해하는 사고 능력, 필자의 의도를 추리하는 능력, 필자의 견해를 내 · 외적 준거에 따라 비판하는 능력 등이 주된 평가 요소이다. 또한 어휘력과 논리적 사고력을 측정하는 문제도 출제되며, 필자의 견해에 근거 또는 새로운 정보를 구성할 수 있는 능력과 견해에 대해 비판적으로 반론을 펼 수 있는 능력을 묻는 문제가 출제된다.

(3) 과학 · 기술
① 정의 : 과학이란 자연에서 보편적 진리나 법칙의 발견을 목적으로 하는 체계적 지식이며, 생물학이나 수학과 관련된 지문들이 주로 출제된다. 또한 과학사의 중요한 이론이나 가설 등에 대한 설명이 출제되며, 경우에 따라 현재 사회적 문제가 되고 있는 과학적 현상에 대한 지문도 출제될 수 있다.

② 출제 분야

천체·물리	우주 및 일반 물리 현상에 관한 설명이나 천문 연구의 역사 등의 내용. 우리나라 역사에 나타난 천문 연구에 대한 글들도 많이 제시되고 있음. 천체·물리 제재는 기초 이론에 대한 설명 위주의 글이 주로 제시되며, 낯선 개념을 접하게 되므로 지문의 내용을 파악하는 문제가 주로 출제됨.
생물·화학	생물은 구조와 기능을, 화학은 물질의 화학 현상과 그 법칙성을 실험 관찰에 의하여 밝혀내는 학문. 최근 유전자 연구가 활발히 진행됨에 따라 윤리 의식과 그에 관한 시사적 내용이 다루어질 가능성이 크며, 실생활과 관련하여 기초 과학의 이론도 충분히 검토해야 함.
컴퓨터	계산, 데이터 처리, 언어나 영상 정보 처리 등에 광범위하게 이용되고 있으므로 컴퓨터를 활용한 다른 분야와의 관계를 다룬 통합형 지문이 출제될 수 있음.
환경	일상생활에 직접 영향을 미치는 환경오염 문제를 비롯해 생태계 파괴나 지구 환경 문제 등을 내용으로 함. 환경 관련 지문은 주로 문제 현상에 대한 설명을 통해 경각심을 불러일으키고자 하는 의도나 환경 문제의 회복을 위한 여러 대책에 관한 설명이 위주가 되므로 제시된 글의 정보를 정확하게 파악하는 것이 중요함.
과학사	과학 분야 전반에 걸친 내용들을 다루는 지문으로 주로 가설이나 과학적 현상의 기원, 과학 이론 등 과학적 현상이나 이론에 대한 설명을 위주로 한 지문이 많음.

(4) 예술

① 정의 : 예술 제재는 일반적 예술론을 다루는 원론적 성격이 강한 글과 구체적인 예술 갈래나 작품 또는 인물에 대한 비평이나 해석을 다룬 각론적이고 실제적인 성격의 글이 번갈아 출제됨.

② 출제 분야

음악	현대 생활과 연관된 음악의 역할은 물론 동·서양의 음악, 한국 전통 음악에 대한 관심도 필요함.
미술·건축	건축, 조각, 회화 및 여러 시각적 요소들을 포함한 다양한 장르와 기법이 있음을 염두에 둘 필요가 있음. 미술은 시대정신의 표현이며, 인간의 개인적·집단적 행위를 반영하고 있음을 상기해야 함.
연극·영화	사회의 변화를 민감하게 반영하며, 대중과의 공감을 유도한다는 측면에 관심을 갖고 매체의 특징을 살펴보는 작업이 중요함.

스포츠·무용	스포츠나 무용 모두 원시시대에는 종교의식이나 무속 행사의 형태로 존재하다가 점차 전문적이고 세부적인 분야로 나뉘게 됨. 따라서 다양한 예술 분야의 원시적 형태와 그에 포함된 의식은 물론 보다 세련된 형태로 발전된 예술 분야들의 전문성 및 현대적 의미와 가치에 대해 고찰해 볼 필요가 있음.
미학	근래에는 미적 현상의 해명에 사회학적 방법을 적용시키거나 언어 분석 방법을 미학에 적용하는 등 다채로운 연구 분야가 개척되고 있으므로 고정된 시각이 아니라 현대의 다양한 관점에서 미를 해석하고 적용할 수 있어야 함.

개념확인문제

01 다음은 문서이해능력에 대한 설명이다. 빈칸에 각각 들어갈 적절한 용어는?

> 문서이해능력이란 직업현장에서 자신의 업무와 관련된 인쇄물이나 기호화된 정보 등 필요한 문서를 확인하여 문서를 읽고, (A)하고 (B)을/를 파악하는 능력이다. 주어진 문장이나 정보를 읽고 이해하여 자신에게 필요한 행동을 (C)할 수 있어야 하며 도표, 수, 기호 등도 이해하고 표현할 수 있어야 한다.

(A) _____
(B) _____
(C) _____

02 다음 설명에 맞는 문서의 종류를 쓰시오.

(1) 회사의 업무에 대한 협조를 구하거나 의견을 전달할 때 작성하며 흔히 사내 공문서로 불린다. ( )

(2) 특정한 일에 관한 현황이나 그 진행 상황 또는 연구·검토 결과 등을 보고하고자 할 때 작성하는 문서이다. ( )

(3) 적극적으로 아이디어를 내고 기획해 하나의 프로젝트를 문서형태로 만들어 상대방에게 기획의 내용을 전달하여 기획을 시행하도록 설득하는 문서이다. ( )

답
01 (A) 이해 (B) 요점 (C) 추론
02 (1) 기안서 (2) 보고서
　　(3) 기획서

02 문서작성능력

> 문서작성능력은 자신의 생각을 논리정연하고 구체적으로 표현하는 능력으로 주로 업무와 관련된 보고서나 제안서, 기획서 등을 작성하는 능력을 의미한다.

이것만은 꼭!

내용조직의 일반원리
글을 쓸 때에는 처음, 중간, 끝의 단계가 드러나도록 내용을 조직해야 하고, 하나의 주제에 대해 뒷받침 문장이 서로 어긋나지 않고 긴밀하게 연결되어 있어야 한다. 그리고 균형잡힌 유기적 구조로 내용을 조직해야 한다.

1 직장에서의 문서작성

직장에서의 문서작성은 업무와 관련하여 조직의 비전을 실현시키는 생존을 위한 필수 행위로, 개인의 의사표현이나 소통을 위한 과정을 넘어 조직의 사활이 걸린 중요한 업무이다.

2 문서작성 시 고려사항

1. 문서작성의 목표와 주제 등을 명확하게 작성해야 한다.
2. 대상, 목적, 시기가 포함되어야 하며 기획서나 제안서 등 경우에 따라 기대효과 등이 포함되어야 한다.

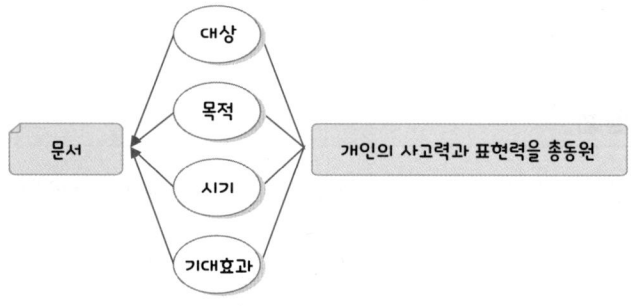

3. 문서작성의 구성요소 ★ 구 워크북

글의 일관성과 통일성, 정확한 근거에 따른 주제의 정확성

이것만은 꼭!

문서작성의 5가지 구성요소
- 품위 있고 짜임새 있는 골격
- 객관적이고 논리적이며 체계적인 내용
- 이해하기 쉬운 구조
- 명료하고 설득력 있는 구체적인 문장
- 세련되고 인상적이며 효과적인 배치

3 문서작성의 실제

1. 상황에 따른 문서작성법

(1) 요청이나 확인을 부탁하는 경우 : 공문서 활용 → 일정한 양식과 격식에 맞게 작성

(2) 정보제공을 위한 경우 : 설명서나 안내서, 홍보물이나 보도자료 등을 활용 → 시각적인 자료를 활용하여 신속, 정확한 정보전달 필요

(3) 명령이나 지시가 필요한 경우 : 업무 지시서 활용 → 상황에 적합하고 명확하게 작성, 즉각적인 업무 추진이 실행될 수 있도록 작성

(4) 제안이나 기획을 할 경우 : 제안서나 기획서 활용 → 작성자의 종합적인 판단과 예견된 지식 요구

2. 글의 종류에 따른 문서작성법

종류	작성법
공문서	• 목적을 먼저 파악한 후 정보를 수집 • 회사 외부로 전달되는 글이므로 '누가, 언제, 어디서, 무엇을, 어떻게(왜)'가 드러나도록 작성(육하원칙에 맞게 작성) • 날짜 작성 시에는 연도, 월, 일을 함께 기입하며 마침표를 찍거나 '년', '월', '일'을 써서 구분 • 한 장에 담는 것을 원칙으로 하며 마지막에는 '끝' 자로 마무리 • 내용이 복잡할 경우에는 '다음' 또는 '아래'와 같은 항목을 만들어 구분 • 대외문서이며 장기간 보관되는 문서이므로 정확하게 기술 • 상대방이 이해하기 쉽게 작성하며 작성이 완료된 후에는 검토과정 필요
설명서	• 명령문보다 평서형으로 작성 • 정확한 내용 전달을 위해 간결하게 작성 • 상품이나 제품에 대해 설명하는 글이므로 정확하게 기술 • 소비자들이 이해하기 어려운 전문 용어보다는 이해하기 쉬운 용어 사용 • 복잡한 내용은 도표를 이용하여 시각화 • 동일한 문장 반복을 피하고 다양한 표현 활용
기획서	• 무엇을 위한 기획서인지, 핵심 메시지가 정확히 도출되었는지 확인 • 상대가 채택할 수 있도록 설득력을 갖추어야 하므로, 상대가 요구하는 점이 무엇인지 고려하여 작성 • 글의 내용이 한눈에 파악되도록 체계적으로 목차를 구성 • 효과적인 전달을 위한 내용의 시각화 • 인용한 자료의 출처가 정확한지 확인 • 제출하기 전에 충분한 검토 필요

> **보충플러스**
>
> **공문서의 구성요소**
> • 두문 : 발신기관명과 분류기호 및 문서번호, 시행일 수신란
> • 본문 : 제목과 내용, 붙임
> • 결문 : 발신명의와 수신처란

기안문의 4가지 작성원칙
용이성, 경제성, 간결성, 정확성

기안서	• 작성 목적과 이유 기대효과 등을 정확히 숙지한 후 작성 • 육하원칙에 맞게 작성하며 간결하고 명확하게 작성 • 복잡한 내용일 때는 먼저 결론을 내린 후 이유를 설명 • 보는 이가 이해하기 쉬운 단어를 사용하며 전문용어의 사용은 피함. • 서식 및 용지의 규격을 통일하여 작성
보고서	• 핵심 내용 구체적 제시 • 핵심사항만을 산뜻하고 간결하게 쓰되 내용의 중복을 피함. • 제출하기 전 최종 점검 필요 • 복잡한 내용은 도표나 그림을 활용 • 정확한 참고자료 제시 • 내용에 대한 예상 질문을 사전에 파악하여 미리 대비
보도자료	• 방송매체나 인터넷 매체, 인쇄매체와 같은 언론매체를 통해 대중에게 전달되므로 이해하기 쉽고 대중에 호기심을 이끌 만한 내용으로 작성 • 연결어나 수식어가 많지 않은 간단명료한 문장으로 작성 • 특정 내용에 대한 구체적인 자료나 이미지를 첨부할 수 있음.
이메일	• 메일의 제목은 핵심을 담아 간결하게 작성 • 강조해야 하는 메일일 경우, 제목 머리에 [중요], [요청], [긴급] 등을 붙여 빠르게 확인할 수 있도록 함. • 본문을 작성할 때는 상대방이 중요한 내용을 파악할 수 있게끔 핵심 위주로 작성 • 메일을 발송하기 전 발신인, 수신인, 참조, 첨부파일이 제대로 설정되어 있는지, 맞춤법 오류는 없는지 반드시 확인 • 시작과 끝 부분에 감사 인사를 넣는 것이 바람직

참고

보고서 구성요소

내용		논리 패턴	구성항목
시작 (Fishing)	설득	왜 이 사업을 하는가? (왜 보고를 하는가?)	제목, 개요, 추진 배경
	WHY	왜 이런 과제가 주어졌을까?	
중간 (Reasoning)	설명	어떻게 이 사업을 할 것인가? (어떤 내용을 보고할 것인가?)	현황, 문제점과 원인, 해결방안
	HOW	어떻게 해결할 것인가?	
마무리 (Message)	결정	무엇을 결정해야 하는가? (무엇을 판단해야 하는가?)	기대효과, 조치 사항
	WHAT	무엇을 결정하고 판단할 것인가?	

3. 효과적인 문서 작성법 ★ 구 워크북

(1) 내용이해 : 전달하고자 하는 내용과 그 핵심을 완벽히 파악해야 한다.
(2) 목표설정 : 전달하고자 하는 목표를 정확히 설정해야 한다.
(3) 구성 : 효과적인 구성과 형식이 무엇인지 생각해야 한다.
(4) 자료수집 : 목표를 뒷받침해 줄 자료를 수집해야 한다.
(5) 핵심전달 : 단락별 핵심을 하위목차로 요약해야 한다.
(6) 대상파악 : 대상에 대한 이해와 분석을 철저히 해야 한다.
(7) 보충설명 : 질문을 예상하고 그에 대한 구체적인 답변을 준비해야 한다.

4. 내용 전개 방법

방식	내용
비교	둘 이상의 사물이나 현상 등을 견주어 공통점이나 유사점을 설명하는 방법 예 영화는 스크린이라는 공간 위에 시간적으로 흐르는 예술이며, 연극은 무대라는 공간 위에 시간적으로 흐르는 예술이다.
대조	둘 이상의 사물이나 현상 등을 견주어 상대되는 성질이나 차이점을 설명하는 방법 예 고려는 숭불정책을 지향한 데 비해 조선은 억불정책을 취하였다.
분류	작은 것(부분, 종개념)들을 일정한 기준에 따라 큰 것(전체, 유개념)으로 묶는 방법 예 서정시, 서사시, 극시는 시의 내용을 기준으로 나눈 것이다.
분석	하나의 대상이나 관념을 그 구성 요소나 부분들로 나누어 설명하는 방법 예 물고기는 머리, 몸통, 꼬리, 지느러미 등으로 되어 있다.
정의	시간의 흐름과 관련이 없는 정태적 전개 방식으로 어떤 대상의 본질이나 속성을 설명할 때 쓰이는 전개 방식. '종차+유개념'의 구조를 지니는 논리적 정의와 추상적이거나 매우 복잡한 개념을 정의할 때 쓰이는 확장적 정의가 있음.
유추	생소한 개념이나 복잡한 주제를 보다 친숙하고 단순한 것과 비교하여 설명하는 방법. 서로 다른 범주에 속하는 사물 간의 유사성을 드러내어 간접적으로 설명하는 방법이기 때문에 유추에 의해 진술된 내용은 사실성이 떨어질 가능성이 있음.
논증	논리적인 근거를 내세워 어느 하나의 결론이 참이라는 것을 증명하는 방법 ① 명제 : 사고 내용 및 판단을 단적으로 진술한 주제문. 완결된 평서형 문장 형식 • 사실 명제 : 진실성과 신빙성에 근거하여 존재의 진위를 판별할 수 있는 명제 예 '홍길동전'은 김만중이 지은 한문 소설이다.

> **보충플러스**
> **문단의 종류 알아보기**
> • 주지 : 글쓴이의 중심 생각과 주제가 나타나는 문단
> → 그러므로, 따라서
> • 예시 : 구체적인 사례를 통해 내용을 뒷받침하는 문단
> → 예컨대, 예를 들어, 가령
> • 부연 : 중심내용에 덧붙여 자세하게 설명하는 문단
> → 다시 말하면
> • 전제 : 결론을 도출하기 위해 근거를 제시하는 문단→ 왜냐하면 ~ 때문이다
> • 연결 : 앞의 내용을 이어받거나 화제를 전환하는 문단
> → 또한, 뿐만 아니라, 그러나, 그런데, 그리고
> • 강조 : 앞서 서술한 내용을 다시 언급하고 요약하는 문단
> → 즉, 요컨대

	• 정책 명제 : 타당성에 근거하여 어떤 대상에 대한 의견을 내세운 명제 　예 농촌 경제를 위하여 농축산물의 수입은 억제되어야 한다. • 가치 명제 : 공정성에 근거하여 주관적 가치 판단을 내린 명제 　예 인간의 본성은 선하다. ② 논거 : 명제를 뒷받침하는 논리적 근거, 즉 주장의 타당함을 밝히기 위해 선택된 자료 • 사실 논거 : 객관적 사실로써 증명될 수 있는 논거로 객관적 지식이나 역사적 사실, 통계적 정보 등이 해당됨. • 소견 논거 : 권위자의 말을 인용하거나 일반적인 여론을 근거로 삼는 논거
묘사	대상을 그림 그리듯이 글로써 생생하게 표현해 내는 진술 방식 ① 객관적(과학적, 설명적) 묘사 : 대상의 세부적 사실을 객관적으로 표현하는 진술 방식으로, 정확하고 사실적인 정보 전달이 목적 ② 주관적(인상적, 문학적) 묘사 : 글쓴이의 대상에 대한 주관적인 인상이나 느낌을 그려내는 것으로, 상징적인 언어를 사용하며 주로 문학 작품에 많이 쓰임.
서사	행동이나 상태가 진행되는 움직임을 시간의 경과에 따라 표현하는 진술 방식으로 '무엇이 발생하였는가?'에 관한 질문에 답하는 것
과정	어떤 특정한 목표나 결말을 가져오게 하는 일련의 행동, 변화, 기능, 단계, 작용 등에 초점을 두고 글을 전개하는 방법
인과	어떤 결과를 가져오게 한 원인 또는 그 원인에 의해 결과적으로 초래된 현상에 초점을 두고 글을 전개하는 방법

5. 문서작성의 원칙

(1) 문장은 짧고 간결하게 작성한다.

(2) 상대방이 이해하기 쉽게 작성한다.

(3) 불필요한 한자의 사용은 배제한다.

(4) 간결체로 작성한다.

(5) 긍정문으로 작성한다.

(6) 간단한 표제를 붙인다.

(7) 문서의 주요한 내용을 먼저 쓰도록 한다.

6. 문서작성 시 주의사항

(1) 문서는 그 작성시기가 중요하므로 정확하게 기입한다.

(2) 문서작성 후 반드시 다시 한번 내용을 검토해야 한다.

(3) 문서의 첨부자료는 반드시 필요한 자료 외에는 첨부하지 않도록 한다.

(4) 문서내용 중 금액, 수량, 일자 등의 기재에 정확성을 기하여야 한다.

(5) 문서는 육하원칙에 맞게 쓴다.
(6) 문서는 한 사안을 한 장의 용지에 작성해야 한다.
(7) 문장 표현은 작성자의 성의가 담기도록 경어나 단어사용에 신경을 써야 한다.

7. 문서표현의 시각화
(1) 차트 시각화 : 통계 수치 등을 도형이나 차트로 표현
(2) 다이어그램 시각화 : 도형, 선, 화살표 등 여러 상징을 사용하여 표현
(3) 이미지 시각화 : 관련 그림이나 사진 등으로 나타내는 것

> **문서의 시각화** ★ 구 워크북
> 1. 보기 쉬워야 한다.
> 2. 이해하기 쉬워야 한다.
> 3. 다채롭게 표현되어야 한다.
> 4. 숫자는 그래프로 표시한다.

4 단어의 활용

1. 어휘관계
(1) 유의관계 : 두 단어가 가지는 의미가 서로 비슷한 단어의 관계
   예 고갱이≒핵심, 기아≒기근, 돈독하다≒두텁다, 두둔≒비호 등
(2) 반대관계 : 내포하는 속성 중에서 하나의 요소가 대립되는 관계
   예 가결↔부결, 간헐↔지속, 경감↔가중, 곰살궂다↔무뚝뚝하다 등
(3) 포함관계 : 한 단어는 상위어이고 다른 단어는 그에 속하는 하위어의 관계
   예 나무-느티나무, 계절-여름, 한복-마고자, 행성-천왕성 등
(4) 동위관계 : 하나의 상위개념에 속하는 서로 대등한 하위 개념의 관계
   예 사자-호랑이, 기독교-불교, 바나나-코코넛, 첼로-바이올린 등
(5) 인과관계 : 두 단어가 서로 원인과 결과를 나타내는 관계
   예 가을-단풍 등
(6) 고유어와 한자어의 관계 : 같은 뜻을 나타내는 고유어와 한자어의 관계
   예 곰살궂다-다정하다 등
(7) 재료-결과물관계 : 두 단어 중 한 단어는 재료에 해당하고 다른 하나는 재료로 만든 결과물인 관계
   예 카카오-초콜릿, 무-단무지, 쌀-한과
(8) 도구-용도관계 : 두 단어 중 한 단어는 도구이고 다른 단어는 그 도구를 사용하는 용도에 해당하는 관계
   예 붓-그림, 펜-글씨, 온도계-측정
(9) 장치-동력원관계 : 두 단어 중 한 단어는 장치이고 다른 단어는 그 장치를 사용할 수 있는 힘이 되는 관계
   예 자동차-휘발유

> **이것만은 꼭!**
>
> **소리의 길이에 따라 의미가 분화되는 단어들**
> 1. 길[道] 위에 한 길:짜리 통나무가 굴러다닌다.
> 2. 김 씨가 가장 좋아하는 반찬은 김:이다.
> 3. 밤[夜]에 삶은 밤[栗]을 먹었다.
> 4. 배[梨]값이 배:[倍]로 올랐다.
> 5. 솔[松]잎을 모아 솔:을 만들어 방을 청소했다.
> 6. 눈[目]에 눈:[雪]이 들어갔다.
> 7. 손[孫]이 많으면 손[手]이 많이 간다.
> 8. 죄를 뉘우치기 위한 벌[罰]로 벌:[蜂]을 보살피게 하였다.
> 9. 겨울에 굴을 굴:[窟]속에 들어가서 구워 먹었다.
> 10. 한 집안의 부:(富)는 부(父)에 따라 결정된다.

(10) 제작-사용관계 : 한 단어는 제품이나 서비스 등을 제작하는 전문가이고 한 단어는 전문가가 만든 것을 나타내며 나머지 하나는 이용하는 사람을 나타내는 관계
   예 대장장이-가위-엿장수, 기술자-경운기-농부

(11) 존칭관계 : 존칭의 의미를 나타내는 말로 가리키는 대상의 범주는 같으나 성별에 따라 용어에 차이가 나는 단어의 관계
   예 영식-영애, 선친-현비, 가친-자친, 춘부장-자당

(12) 순서관계 : 위치나 시간의 흐름에 따라 이어지는 단어의 관계
   예 봄-여름-가을-겨울, 할아버지-아버지-아들, 뿌리-줄기-잎

2. 다의어 · 동음이의어

다의어는 두 가지 이상의 뜻을 가진 단어이며 동음이의어는 소리는 같지만 뜻이 서로 다른 두 개 이상의 단어를 말한다. 다의어는 하나의 낱말에 의미가 여러 개가 있으므로 중심의미와 주변의미로 나눌 수 있으며 사전에서 다의어는 한 표제어 아래 묶여있다. 반면 동음이의어는 소리는 같으나 다른 뜻을 지닌 낱말이므로 사전에도 각각 다른 표제어로 등재되어 있다.

긋다 (기출)	어떤 특정한 부분을 강조하거나 드러나게 하기 위하여 금이나 줄을 그리다. 예 바닥에 금을 긋다.
	성냥이나 끝이 뾰족한 물건을 평면에 댄 채로 어느 방향으로 약간 힘을 주어 움직이다. 예 짓궂은 친구 하나가 그의 뺨에 색연필을 그어 놓았다.
	물건값 따위를 바로 내지 않고 외상으로 처리하다. 예 외상값이 밀려서 이제 그을 곳도 없다.
	일의 경계나 한계 따위를 분명하게 짓다. 예 나는 무의식 속에서 그녀와 선을 긋고 있었다.
	시험 채점에서 빗금을 표시하여 답이 틀림을 나타내다. 예 틀린 답에는 줄을 그어 버려라.
나오다 (기출)	안에서 밖으로 오다. 예 어머니는 길에 나오셔서 나를 기다리셨다.
	처나 결과로 이루어지거나 생기다. 예 맑은 날보다 흐린 날에 사진이 잘 나온다.
	어떤 곳을 벗어나다, 소속된 단체나 직장 따위에서 물러나다. 예 개인 사업을 하기 위해 회사에서 나왔습니다.
	어떠한 물건이 발견되다. 예 하루 종일 찾던 지갑이 책상 서랍에서 나왔다.
	감정 표현이나 생리 작용 따위가 나타나다. 예 자꾸 울음이 나와서 혼났다.

나타나다 기출	보이지 아니하던 어떤 대상의 모습이 드러나다. 예 다시 내게 나타나면 가만두지 않겠다.	
	어떤 일의 결과나 징후가 겉으로 드러나다. 예 열심히 공부한 결과가 시험 성적에 나타나기 시작했다.	
	생각이나 느낌 따위가 글, 그림, 음악 따위로 드러나다. 예 그의 주장은 이 글에 잘 나타나 있다.	
	내면적인 심리 현상이 얼굴, 몸, 행동 따위로 드러나다. 예 그의 얼굴에는 굳은 의지가 나타나 있다.	
	어떤 새로운 현상이나 사물이 발생하거나 생겨나다. 예 약을 먹었더니 효과가 나타나는 듯하다.	
다루다 기출	일거리를 처리하다. 예 무역 업무를 다루다.	
	어떤 물건을 사고파는 일을 하다. 예 중고품을 다루다.	
	기계나 기구 따위를 사용하다. 예 악기를 다루다.	
	가죽 따위를 매만져서 부드럽게 하다. 예 가죽을 다루다.	
	어떤 물건이나 일거리 따위를 어떤 성격을 가진 대상 혹은 어떤 방법으로 취급하다. 예 그는 외과 수술을 전문으로 다룬다.	
	사람이나 짐승 따위를 부리거나 상대하다. 예 코치는 여자아이를 남자아이처럼 다루었다.	
	어떤 것을 소재나 대상으로 삼다. 예 모든 신문에서 남북 회담을 특집으로 다루고 있다.	
만들다 기출	노력이나 기술 따위를 들여 목적하는 사물을 이루다. 예 음식을 만들다.	
	책을 저술하거나 편찬하다. 예 학습지, 수험서를 만들다.	
	새로운 상태를 이루어 내다. 예 새 분위기를 만들다.	
	글이나 노래를 짓거나 문서 같은 것을 짜다. 예 노래를 만들다.	
	규칙이나 법, 제도 따위를 정하다. 예 회칙을 만들다.	
	기관이나 단체 따위를 결성하다. 예 동아리를 만들다.	

	돈이나 일 따위를 마련하다. 예 여행 경비를 만들다.	
	틈, 시간 따위를 짜내다. 예 짬을 만들다.	
	허물이나 상처 따위를 생기게 하다. 예 얼굴에 상처를 만들다.	
	말썽이나 일 따위를 일으키거나 꾸며 내다. 예 괜한 일을 만들어서 힘이 든다.	
	영화나 드라마 따위를 제작하다. 예 그녀는 인간적인 드라마를 만드는 감독이다.	
	무엇이 되게 하다. 예 이웃 나라를 속국으로 만들다.	
	그렇게 되게 하다. 예 혈압을 올라가게 만들다.	
맵다 기출	성미가 사납고 독하다. 예 어머니는 매운 시집살이를 하셨다.	
	고추나 겨자와 같이 맛이 알알하다. 예 찌개가 맵다.	
	날씨가 몹시 춥다. 예 겨울바람이 맵고 싸늘하게 불었다.	
번지다 기출	액체가 묻어서 차차 넓게 젖어 퍼지다. 예 종이에 잉크가 번지다.	
	병이나 불, 전쟁 따위가 차차 넓게 옮아가다. 예 전염병이 온 마을에 번지다.	
	말이나 소리 따위가 널리 옮아 퍼지다. 예 나쁜 소문이 마을 곳곳에 번지다.	
	빛, 기미, 냄새 따위가 바탕에서 차차 넓게 나타나거나 퍼지다. 예 엷은 웃음이 입가에 번지다.	
	풍습, 풍조, 불만, 의구심 따위가 어떤 사회 전반에 차차 퍼지다. 예 사회 전반에 보신주의 풍조가 유행처럼 번지고 있다.	
사람 기출	생각을 하고 언어를 사용하며 도구를 만들어 쓰고 사회를 이루어 사는 동물 ≒인간 예 사람은 만물의 영장이다.	
	어떤 지역이나 시기에 태어나거나 살고 있거나 살았던 자 예 동양 사람	
	일정한 자격이나 품격 등을 갖춘 이 ≒인간 / 인격에서 드러나는 됨됨이나 성질 예 사람을 기르다.	
	상대편에게 자기 자신을 엄연한 인격체로서 가리키는 말 예 돈 좀 있다고 사람 무시하지 마라.	
	친근한 상대편을 가리키거나 부를 때 사용하는 말 예 이 사람아, 이게 얼마 만인가?	
	자기 외의 남을 막연하게 이르는 말 예 사람들이 뭐라 해도 할 수 없다.	
	뛰어난 인재나 인물 예 이곳은 사람이 많이 난 고장이다.	
	어떤 일을 시키거나 심부름을 할 일꾼이나 인원 예 그 일은 사람이 많이 필요하다.	

풀다 〔기출〕	금지되거나 제한된 것을 할 수 있도록 터놓다. 예 구금을 풀다.
	모르거나 복잡한 문제 따위를 알아내거나 해결하다. 예 궁금증을 풀다.
	춥던 날씨가 누그러지다. 예 날씨가 풀렸다.
	사람을 동원하다. 예 사람을 풀어 수소문을 하다.
	묶이거나 감기거나 얽히거나 합쳐진 것 따위를 그렇지 아니한 상태로 되게 하다. 예 보따리를 풀다.

3. 유의어

소리는 서로 다르지만 그 뜻이 비슷한 말을 가리킨다. 이러한 단어들을 유의 관계에 있다고 한다.

돌파구 〔기출〕	부닥친 장애나 어려움 따위를 해결하는 실마리 예 그들은 서로 협력하여 사태 해결의 새 돌파구를 마련하였다.
타개하다 〔기출〕	매우 어렵거나 막힌 일을 잘 처리하여 해결의 길을 열다. 예 정부는 수출 부진을 타개하기 위해 새로운 경기 부양책을 내놓았다.
해결하다	제기된 문제를 해명하거나 얽힌 일을 잘 처리하다. 예 노조는 사장단과의 직접 협상으로 모든 것을 해결하겠다는 태도를 취하고 있다.
극복하다	악조건이나 고생 따위를 이겨 내다. 예 국민의 신뢰와 협조가 없이는 경제난의 극복이 어려울 것이다.
답파하다	험한 길이나 먼 길을 끝까지 걸어서 돌파하다. 예 그는 자신의 의지를 시험하기 위해 지리산 답파를 계획했다.
아우르다 〔기출〕	여럿을 모아 한 덩어리나 한 판이 되게 하다. 예 이번 문제는 시민들의 의견을 아울러서 해결하겠다는 것이 시장의 방침이다.
포괄하다	일정한 대상이나 현상 따위를 어떤 범위나 한계 안에 모두 끌어넣다. 예 구체적인 사례까지 모두 포괄하기 힘든 법조문의 특성을 파고들어 악용하는 사례가 있다.
망라하다	널리 받아들여 모두 포함하다. 예 그의 작품 역시 그의 사랑과 그의 정부들과 그의 아이들에 관한 이야기로 그의 생애를 망라한 하나의 자서전인 것이다.
일괄하다	개별적인 여러 가지 것을 한데 묶다. 예 그는 제시된 안건을 일괄하여 검토하고, 공통된 문제점을 찾아보았다.
불러일으키다 〔기출〕	어떤 마음, 행동, 상태를 일어나게 하다. 예 젊은이들에게 과학 기술에 대한 관심을 불러일으키다.
야기하다 〔기출〕	일이나 사건 따위를 끌어 일으키다. 예 오해를 야기하는 행동을 하다.

생각	사물을 헤아리고 판단하는 작용 예 좋은 글이란 글쓴이의 생각과 느낌이 효과적으로 표현·전달될 수 있는 글이다.
고찰 기출	어떤 것을 깊이 생각하고 연구함. 예 문화에 대한 고찰 없이 인간의 삶을 이해하는 것은 불가능하다.
거절	상대편의 요구, 제안, 선물, 부탁 따위를 받아들이지 않고 물리침. 예 친구의 부탁이라 거절도 못 했다.
고사 기출	제의나 권유 따위를 굳이 사양함. 예 수차례의 고사 끝에 결국에는 그 제의를 받아들이게 되었다.
사양	겸손하여 받지 아니하거나 응하지 아니함. 또는 남에게 양보함. 예 사양 말고 많이 드세요.
묵과	잘못을 알고도 모르는 체하고 그대로 넘김. 예 그들의 독재적인 행위를 이대로 묵과했다가는 앞으로 큰일이 날 것이다.
용인 기출	너그러운 마음으로 참고 용서함. 예 구시대의 악습을 용인할 수는 없다.

4. 혼동하기 쉬운 단어

가늠	사물을 어림잡아 헤아림. '가늠하다'와 연관 예 그 건물의 높이가 가늠이 안 된다.
가름	쪼개거나 나누어 따로따로 되게 하는 일 예 둘로 가름.
갈음	다른 것으로 바꾸어 대신함. 예 새 책으로 갈음하였다.
가없다	끝이 없다. 예 나의 가없는 의문들
가엾다	마음이 아플 만큼 안 되고 처연하다. ≒가엽다. 예 소년 가장이 된 그 애가 보기에 너무 가엾었다.
간간이	시간적인 사이를 두고서 가끔씩 ≒간간 예 간간이 들려오는 기적 소리
간간히	입맛 당기게 약간 짠 듯이 예 간간히 조리다.
각출	각각 내놓음. 예 재벌 기업마다 수재 의연금의 각출을 약속하였다.
갹출	같은 목적을 위하여 여러 사람이 돈을 나누어 냄. ≒거출 예 행사 비용 갹출

거치다	오가는 도중에 어디를 지나거나 들르다. 예 영월을 거쳐 왔다.	
걷히다	'걷다('거두다'의 준말)'의 피동사 예 외상값이 잘 걷힌다.	
걷잡다	한 방향으로 치우쳐 흘러가는 형세 따위를 붙들어 잡다. 예 걷잡을 수 없는 상태	
겉잡다	겉으로 보고 대강 짐작하여 헤아리다. 예 겉잡아서 이틀 걸릴 일	
결재	결정할 권한이 있는 상관이 부하가 제출한 안건을 검토하여 허가하거나 승인함. 예 결재가 나다.	
결제	증권 또는 대금을 주고받아 매매 당사자 사이의 거래 관계를 끝맺는 일 예 어음의 결제	
곤욕	심한 모욕. 또는 참기 힘든 일 예 곤욕을 치르다.	
곤혹	곤란한 일을 당하여 어찌할 바를 모름. 예 예기치 못한 질문에 곤혹을 느끼다.	
골다	잠잘 때 거친 숨결이 콧구멍을 울려 드르렁거리는 소리를 내다. 예 그 사람 코를 고는 소리가 요란해서 나는 한숨도 자지 못했다.	
곯다	속이 물크러져 상하다. 예 참외가 속으로 곯아서 만져 보면 물컹거린다.	
그슬다	불에 겉만 약간 타게 하다. 예 장작불에 털을 그슬다.	
그을다	햇볕이나 불, 연기 따위를 오래 쬐어 검게 되다. 예 햇볕에 얼굴이 검게 그을었다.	
깐보다	어떤 형편이나 기회에 대하여 마음속으로 가늠하다. 또는 속을 떠보다. 예 일을 깐보고 시작하다.	
깔보다	얕잡아 보다. 예 어리다고 그 아이를 무시하고 깔보다가는 큰코다친다.	
껍데기	달걀이나 조개 따위의 겉을 싸고 있는 단단한 물질 예 달걀 껍데기를 깨뜨리다.	
껍질	물체의 겉을 싸고 있는 단단하지 않은 물질 예 귤의 껍질을 까다.	
낟알	껍질을 벗기지 아니한 곡식의 알 예 낟알을 줍다.	
낱알	하나하나 따로따로인 알	

> 이것만은 꼭!
>
> **틀리기 쉬운 맞춤법**
> 1. 여름이라 더워서 머리를 싹뚝 잘랐다.
>   싹뚝 → 싹둑
> 2. 어릴 적 할머니의 반짓고리는 보물 상자였다.
>   반짓고리 → 반짇고리
> 3. 그녀는 조금만 추켜올리면 기고만장해진다.
>   추켜올리면 → 추어올리면
> 4. 이 일은 몇일이나 걸리겠니?
>   몇일이나 → 며칠이나
> 5. 대답도 넓죽 잘한다.
>   넓죽 → 넙죽

낫잡다	금액, 나이, 수량, 수효 따위를 계산할 때에 조금 넉넉하게 치다. 예 손님이 더 올지 모르니 음식을 낫잡아 준비해라.
낮잡다	실제로 지닌 값보다 낮게 치다. 예 물건 값을 낮잡아 부르다.
다리다	옷이나 천 따위의 주름이나 구김을 펴고 줄을 세우기 위하여 다리미나 인두로 문지르다. 예 다리미로 옷을 다리다.
달이다	액체 따위를 끓여서 진하게 만들다. 예 간장을 달이다.
다치다	부딪치거나 맞거나 하여 신체에 상처가 생기다. 예 부주의로 손을 다쳤다.
닫히다	열린 문짝, 뚜껑, 서랍 따위가 도로 제자리로 가 막히다. 예 문이 저절로 닫혔다.
닫치다	열린 문짝, 뚜껑, 서랍 따위를 꼭꼭 또는 세게 닫다. 예 문을 힘껏 닫쳤다.
단근질	불에 달군 쇠로 몸을 지지는 일 늑낙형 예 그는 모진 단근질까지 당하고도 말문을 끝까지 열지 않았다.
담금질	고온으로 열처리한 금속 재료를 물이나 기름 속에 담가 식히는 일 예 쇠를 단단하게 하려면 담금질을 해야 한다.
-데	내가 직접 경험한 사실을 나중에 보고하듯이 말할 때 쓰이는 말 예 그가 그런 말을 하데.
-대	남에게 들은 어떤 사실을 상대방에게 옮겨 전하는 말. '-다고 해.'의 준말 예 그 남자가 그녀를 떠났대.
돋구다	안경의 도수 따위를 더 높게 하다. 예 눈이 침침한 걸 보니 안경의 도수를 돋굴 때가 되었나 보다.
돋우다	위로 끌어 올려 도드라지거나 높아지게 하다. 예 호롱불의 심지를 돋우다.
띠다	빛깔이나 색채 따위를 가지다. 예 그녀의 반지가 붉은색을 띠었다.
띄다	'뜨이다(1. 눈에 보이다)'의 준말 예 원고에 오탈자가 눈에 띈다.
마파람	뱃사람들의 은어로, '남풍'을 이르는 말 예 마파람에 게 눈 감추듯
맞바람	사람이나 물체의 진행 방향과 반대 방향으로 부는 바람 예 맞바람 속을 뚫고 걸어가면서 생각하였다.
막역하다	허물이 없이 아주 친하다. 예 막역한 친구
막연하다	갈피를 잡을 수 없게 아득하다. 예 앞으로 살아갈 길이 막연하다.

매다	끈이나 줄 따위의 두 끝을 엇걸고 잡아당기어 풀어지지 아니하게 마디를 만들다. 예 신발 끈을 매다.
메다	어깨에 걸치거나 올려놓다. 예 어깨에 배낭을 메다.
면면이	저마다 따로따로. 또는 여러 면에 있어서 예 그는 모인 사람 모두에게 면면이 찾아다니며 인사를 하였다.
면면히	끊어지지 않고 죽 잇따라 예 우리 단일 민족은 면면히 이어 왔었습니다.
묵다	일정한 때를 지나서 오래된 상태가 되다. 예 묵은 때를 벗기다.
묶다	끈, 줄 따위를 매듭으로 만들다. 예 신발 끈을 묶다.
-ㄹ는지	뒤 절이 나타내는 일과 상관이 있는 어떤 일의 실현 가능성에 대한 의문을 나타내는 연결 어미 예 비가 올는지 바람이 몹시 강하다.
-ㄹ런지	'-ㄹ는지'의 잘못
바치다	신이나 웃어른에게 정중하게 드리다. 예 나라를 위해 목숨을 바쳤다.
받치다	물건의 밑이나 옆 따위에 다른 물체를 대다. 예 우산을 받치고 간다.
받히다	머리나 뿔 따위에 세차게 부딪다. '받다'의 피동사 예 쇠뿔에 받혔다.
밭치다	'밭다'를 강조하여 이르는 말 예 술을 체에 밭친다.
반드시	틀림없이 꼭 예 반드시 시간에 맞추어 오너라.
반듯이	작은 물체, 또는 생각이나 행동 따위가 비뚤어지거나 기울거나 굽지 아니하고 바르게 예 머리단장을 곱게 하여 옥비녀를 반듯이 찌르다.
반증	어떤 사실이나 주장이 옳지 아니함을 그에 반대되는 근거를 들어 증명함. 또는 그런 증거 예 우리에겐 그 사실을 뒤집을 만한 반증이 없다.
방증	사실을 직접 증명할 수 있는 증거가 되지는 않지만, 주변의 상황을 밝힘으로써 간접적으로 증명에 도움을 줌. 또는 그 증거 예 방증 자료
부수다	단단한 물체를 여러 조각이 나게 두드려 깨뜨리다. 예 돌을 잘게 부수다.
부시다	그릇 따위를 씻어 깨끗하게 하다. 예 솥을 부시다.
부치다	편지나 물건 따위를 일정한 수단이나 방법을 써서 상대에게로 보내다. 예 편지를 부치다.
붙이다	맞닿아 떨어지지 않게 하다. '붙다'의 사동사 예 우표를 붙인다. / 책상끼리 붙이자.
불고하다	돌아보지 아니하다. 예 체면을 불고하다.
불구하다	얽매여 거리끼지 아니하다. ≒물구하다 예 몸살에도 불구하고 출근하다.

불다	바람이 일어나서 어느 방향으로 움직이다. 예 동풍이 부는 날
붇다	물에 젖어서 부피가 커지다. 예 콩이 붇다.
비스듬하다	수평이나 수직이 되지 아니하고 한쪽으로 기운 듯하다. 예 책들이 비스듬하게 꽂혀 있다.
비스름하다	거의 비슷하다. 예 그는 아버지와 겉모양은 비스름했지만 성격은 아주 딴판이다.
살찌다	몸에 살이 필요 이상으로 많아지다(동사). 예 그는 너무 살쪘다.
살지다	살이 많고 튼실하다(형용사). 예 살진 송아지
새다	기체, 액체 따위가 틈이나 구멍으로 조금씩 빠져 나가거나 나오다. 예 지붕에서 비가 샌다.
세다	머리카락이나 수염 따위의 털이 희어지다. 예 머리가 허옇게 세다.
새우다	한숨도 자지 아니하고 밤을 지내다. ≒패다 예 밤을 새워 공부하다.
세우다	몸이나 몸의 일부를 곧게 펴게 하거나 일어서게 하다. 예 머리를 꼿꼿이 세우다.
쇠락	쇠약하여 말라서 떨어짐. 예 혁신하지 않는 기업은 쇠락의 길을 걷기 마련이다.
쇄락	기분이나 몸이 상쾌하고 깨끗함. 예 심신이 맑아지는 상태에 영문 모를 쇄락을 지니기도 하였다.
실재	실제로 존재함. 예 실재의 인물
실제	사실의 경우나 형편 예 실제 모습
썩이다	걱정이나 근심 따위로 마음이 몹시 괴로운 상태가 되게 만들다. 예 이제 부모 속 좀 작작 썩여라.
썩히다	유기물이 부패 세균에 의하여 분해됨으로써 원래의 성질을 잃어 나쁜 냄새가 나고 형체가 뭉개지는 상태가 되게 하다. 예 음식을 썩혀 거름을 만들다.
안치다	밥, 떡, 찌개 따위를 만들기 위하여 그 재료를 솥이나 냄비 따위에 넣고 불 위에 올리다. 예 밥을 안친다.
앉히다	사람이나 동물이 윗몸을 바로 한 상태에서 엉덩이에 몸무게를 실어 다른 물건이나 바닥에 몸을 올려놓게 하다. 예 윗자리에 앉힌다.

어름	두 사물의 끝이 맞닿은 자리 예 눈두덩과 광대뼈 어름에 시커먼 멍이 들었다.	
얼음	물이 얼어서 굳어진 물질 예 얼음 조각	
여위다	몸의 살이 빠져 파리하게 되다. 예 여윈 손	
여의다	부모나 사랑하는 사람이 죽어서 이별하다. 예 그는 일찍이 부모를 여의고 고아로 자랐다.	
옷거리	옷을 입은 모양새 예 그는 옷거리가 좋다.	
옷걸이	옷을 걸어 두도록 만든 물건 예 그는 집에 돌아오자마자 외투를 벗어 옷걸이에 걸었다.	
유래	사물이나 일이 생겨남. 또는 그 사물이나 일이 생겨난 바 예 한식의 유래	
유례	같거나 비슷한 예 예 세계에서 유례를 찾기 힘든 것이다.	
이따가	조금 지난 뒤에 예 이따가 오너라.	
있다가	동사 '있-'에 연결 어미 '-다가'가 결합된 말 예 집에 있다가 무료해서 나왔다.	
일절	아주, 전혀, 절대로의 뜻으로, 흔히 행위를 그치게 하거나 어떤 일을 하지 않을 때에 쓰는 말 예 출입을 일절 금하다.	
일체	모든 것 예 도난에 대한 일체의 책임을 지다.	
작다	길이, 넓이, 부피 따위가 비교 대상이나 보통보다 덜하다. 예 깨알처럼 작은 글씨	
적다	수효나 분량, 정도가 일정한 기준에 미치지 못하다. 예 수입이 적다.	
저리다	뼈마디나 몸의 일부가 오래 눌려서 피가 잘 통하지 못하여 감각이 둔하고 아리다. 예 다친 다리가 저린다.	
절이다	푸성귀나 생선 따위를 소금기나 식초, 설탕 따위에 담가 간이 배어들게 하다. '절다'의 사동사 예 김장 배추를 절인다.	
재고	어떤 일이나 문제 따위에 대하여 다시 생각함. 예 그 일의 결과는 너무나 뻔하므로 재고의 여지도 없다.	
제고	쳐들어 높임. 예 생산성의 제고	

02 문서작성능력 **111**

> **이것만은 꼭!**
>
> **틀리기 쉬운 맞춤법**
> 1. 나는 이 집에 <u>눈곱</u>만큼의 미련도 없다.(O)
> 2. 축낸 돈을 빨리 <u>메꿔</u> 넣으시오.(O)
> 3. 남의 일에 함부로 <u>알은체하지</u> 마라.(O)
> 4. 그는 <u>야멸차게</u> 따지는 법이 없었다.(O)
> 5. 이번 여행은 세 명만 <u>단출하게</u> 떠날 작정이야.(O)

좇다	목표, 이상, 행복 따위를 추구하다. 예 명예를 좇는 젊은이	
쫓다	어떤 대상을 잡거나 만나기 위하여 뒤를 급히 따르다. 예 쫓고 쫓기는 숨 막히는 추격전을 벌이다.	
주리다	제대로 먹지 못하여 배를 곯다. 예 그 먹는 품으로 보아 몹시 배를 주리고 있었다는 것을 알 수 있었다.	
줄이다	물체의 길이나 넓이, 부피 따위를 본디보다 작게 하다. '줄다'의 사동사 예 집을 줄여 이사를 하였다.	
지양	더 높은 단계로 오르기 위하여 어떠한 것을 하지 아니함.	
지향	어떤 목표로 뜻이 쏠리어 향함. 또는 그 방향이나 그쪽으로 쏠리는 의지 예 평화 통일 지향	
지피다	아궁이나 화덕 따위에 땔나무를 넣어 불을 붙이다. 예 군불을 지피다.	
짚이다	헤아려 본 결과 어떠할 것으로 짐작이 가다. 예 아무리 생각해 보아도 짚이는 바가 없다.	
편재	한 곳에 치우쳐 있음. 예 부의 편재	
편제	어떤 조직이나 기구를 편성하여 체제를 조직함. 또는 그 기구나 체제 예 조직의 편제	
푼푼이	한 푼씩 한 푼씩 예 푼푼이 번 돈	
푼푼히	모자람이 없이 넉넉하게 예 용돈을 푼푼히 주다.	
한참	시간이 상당히 지나는 동안 예 한참 뒤	
한창	어떤 일이 가장 활기 있고 왕성하게 일어나는 때. 또는 어떤 상태가 가장 무르익은 때 예 공사가 한창인 아파트	
(으)러(목적)	예 공부하러 간다.	
(으)려(의도)	예 서울 가려 한다.	
(으)로서 (자격)	예 사람으로서 그럴 수는 없다.	
(으)로써 (수단)	예 닭으로써 꿩을 대신했다.	

5. 한자성어

- 苛斂誅求(가렴주구) : 세금 같은 것을 가혹하게 받고 국민을 못살게 구는 일
- 刻骨難忘(각골난망) : 은덕을 입은 고마움이 마음깊이 새겨져 잊혀지지 아니함.
- 堅如金石(견여금석) : 굳기가 금이나 돌 같음.
- 見危致命(견위치명) : 나라의 위태로움을 보고 목숨을 버림.
- 叩盆之痛(고분지통) : 분을 두들긴 쓰라림이라는 말로, 아내가 죽은 슬픔을 말함.
- 姑息之計(고식지계) : 당장의 편안함만을 꾀하는 일시적인 방편
- 枯魚之肆(고어지사) : 목마른 고기의 어물전이라는 말로, 매우 곤궁한 처지를 비유함.
- 孤掌難鳴(고장난명) : 손뼉도 마주쳐야 된다. 혼자서 할 수 없고 협력해야 일이 이루어짐.
- 高枕安眠(고침안면) : 베개를 높이 하여 편안히 잔다. 근심 없이 편히 지냄.
- 曲學阿世(곡학아세) : 학문을 왜곡하여 세속에 아부함.
- 膠漆之交(교칠지교) : 아교와 칠의 사귐이니 퍽 사이가 친하고 두터움. [=膠漆之心(교칠지심)]
- 救死不瞻(구사불첨) : 곤란이 극심하여 다른 일을 돌볼 겨를이 없음.
- 九十春光(구십춘광) : 노인의 마음이 청년같이 젊음.
- 樂生於憂(낙생어우) : 즐거움은 근심하는 가운데에서 생긴다는 말
- 卵上加卵(난상가란) : 알 위에 알을 포갠다. 정성이 지극하면 감천함.
- 內省不疚(내성불구) : 마음속에 조금도 부끄러울 것이 없음. 즉 마음이 결백함.
- 內憂外患(내우외환) : 나라 안팎의 근심 걱정
- 老當益壯(노당익장) : 사람은 늙을수록 더욱 기운을 내어야 하고 뜻을 굳게 해야 함.
- 勞心焦思(노심초사) : 애를 써 속을 태움.
- 怒蠅拔劍(노승발검) : 파리 때문에 성질이 난다고 칼을 뽑아 듦. 작은 일을 갖고 수선스럽게 화내는 것을 비유함.
- 綠衣使者(녹의사자) : 푸른 옷을 입은 사자라는 말로, 앵무새의 다른 명칭
- 多岐亡羊(다기망양) : 여러 갈래의 길에서 양을 잃음. 학문의 길이 여러 갈래라 진리를 찾기 어려움.
- 丹脣皓齒(단순호치) : '붉은 입술과 하얀 이'란 뜻으로, 여자의 아름다운 얼굴을 이르는 말
- 堂狗風月(당구풍월) : 사당 개가 풍월을 읊음. 무식한 자도 유식한 자와 같이 있으면 다소 유식해진다는 뜻
- 螳螂拒轍(당랑거철) : 사마귀가 앞발을 들고 수레를 멈추려 했다는 데서 유래한 말로, 제 역량을 생각하지 않고 강한 상대나 되지 않을 일에 덤벼드는 무모한 행동거지를 비유한 말 [=螳螂之斧(당랑지부)]
- 螳螂在後(당랑재후) : 사마귀가 매미를 덮치려고 엿보는 데에만 정신이 팔려 자신이 참새에게 잡아먹힐 위험에 처해 있음을 몰랐다는 데서 유래한 말로, 눈앞의 이익에만 정신이 팔려 뒤에 닥친 위험을 알지 못함을 이르는 말
- 道不拾遺(도불습유) : 길에 물건이 떨어져 있어도 주워가지 않는다. 나라가 잘 다스려져 태평하고 풍부한 세상을 형용하는 말
- 倒行逆施(도행역시) : 거꾸로 행하고 거슬러 시행함. 곧 도리(道理)에 순종하지 않고 일을 행하며 상도(常道)를 벗어나서 일을 억지로 함.

- 讀書亡羊(독서망양) : 책을 읽다가 양을 잃어버림. 즉 다른 일에 정신이 팔림.
- 獨也靑靑(독야청청) : 홀로 푸르다는 말로, 홀로 높은 절개를 드러내고 있음을 의미함.
- 獨掌不鳴(독장불명) : 한 손바닥으로는 소리가 나지 않음. 혼자서는 일하기도 어렵고 둘이 협력하여야 함.
- 獨學孤陋(독학고루) : 혼자 공부한 사람은 견문이 좁아서 정도(正道)에 들어가기 어렵다는 말
- 麻中之蓬(마중지봉) : 삼 가운데 자라는 쑥. 좋은 환경의 감화를 받아 자연히 품행이 바르고 곧게 된다는 비유
- 莫逆之交(막역지교) : 뜻이 서로 맞아 지내는 사이가 썩 가까운 벗
- 面從腹背(면종복배) : 앞에서는 순종하는 체하고, 돌아서는 딴 마음을 먹음.
- 明哲保身(명철보신) : 사리에 따라 나옴과 물러남을 어긋나지 않게 함. 요령 있게 처세를 잘하는 것
- 反哺之孝(반포지효) : 자식이 자라서 부모를 봉양함.
- 百家爭鳴(백가쟁명) : 여러 사람이 서로 자기주장을 내세우는 일
- 白骨難忘(백골난망) : 백골이 되더라도 잊기 어려움을 뜻하는 말로, 입은 은혜가 커 결코 잊지 않겠다는 의미
- 百年之計(백년지계) : 백 년 동안의 계획. 즉 오랜 세월을 위한 계획
- 百里之才(백리지재) : 재능이 뛰어난 사람을 일컫는 말. 노숙이 방통을 유비에게 추천하면서 방통을 이에 비유함.
- 病入膏肓(병입고황) : 몸 깊은 곳에 병이 듦. 침이 미치지 못하므로 병을 고칠 수 없다는 뜻
- 不知所云(부지소운) : 제갈량의 전출사표에 나오며, 무슨 말을 했는지 알 수가 없다는 뜻
- 附和雷同(부화뇌동) : 주관이 없이 남들의 언행을 덩달아 좇음.
- 四顧無親(사고무친) : 사방을 둘러보아도 친한 사람이 없음. 곧 의지할 사람이 없음.
- 舍己從人(사기종인) : 자기의 이전 행위를 버리고 타인의 선행을 본떠 행함.
- 四面楚歌(사면초가) : 사방이 다 적에게 싸여 도움이 없이 고립된 상황
- 事不如意(사불여의) : 일이 뜻대로 되지 않음.
- 捨生取義(사생취의) : 목숨을 버리고 의리를 좇음.
- 射石成虎(사석성호) : 돌을 범인 줄 알고 쏘았더니 화살이 꽂혔다는 말로, 성심을 다하면 아니 될 일도 이룰 수 있다는 것
- 傷弓之鳥(상궁지조) : 화살에 상처를 입은 새란 뜻으로, 화살에 놀란 새는 구부러진 나무만 봐도 놀란다는 뜻
- 上山求魚(상산구어) : 산 위에서 물고기를 찾는다. 당치 않은 데 가서 되지도 않는 것을 원한다는 말
- 上壽如水(상수여수) : 건강하게 오래 살려면 흐르는 물처럼 도리에 따라서 살아야 한다는 뜻
- 霜風高節(상풍고절) : 어떠한 난관이나 어려움에 처해도 결코 굽히지 않는 높은 절개

- 上下撑石(상하탱석) : 윗돌 빼서 아랫돌 괴기. 일이 몹시 꼬이는데 임시변통으로 견디어 나감을 이르는 말
- 生不如死(생불여사) 삶이 죽음만 못 하다는 뜻으로, 아주 곤란한 처지에 있음을 말함.

6. 순우리말

- 가납사니 : 되잖은 소리로 자꾸 지껄이는 수다스러운 사람
- 가멸다 : 재산이 많고 살림이 넉넉하다.
- 가뭇없다 : (사라져서) 찾을 길이 없다.
- 가웃 : 되, 말, 자의 수를 셀 때 그 단위의 약 반에 해당하는 분량
- 가이없다 : 끝이 없다. 한이 없다.
- 가탈 : ① 일이 수월하게 되지 않도록 방해하는 일, ② 억지 트집을 잡아 까다롭게 구는 일
- 갈마들다 : 서로 번갈아 들다.
- 갈붙이다 : 남을 헐뜯어 이간 붙이다.
- 갈음하다 : 본디 것 대신에 다른 것으로 갈다.
- 갈피 : ① 일이나 물건의 부분과 부분이 구별되는 어름, ② 겹쳐졌거나 포개어진 물건의 한 장 한 장 사이
- 감바리 : 이익을 노리고 남보다 먼저 약삭빠르게 달라붙는 사람 유 감발저뀌
- 거레 : 까닭없이 어정거려 몹시 느리게 움직이는 것
- 거칫하다 : 여위고 기름기가 없어 모양이 거칠어 보이다.
- 결곡하다 : 얼굴의 생김새나 마음씨가 깨끗하게 야무져서 빈틈이 없다.
- 곁두리 : 농부나 일꾼들이 끼니 외에 참참이 먹는 음식 유 사이참, 샛밥
- 나래 : 논, 밭을 골라 반반하게 고르는 데 쓰는 농구(農具)
- 나우 : 좀 많게, 정도가 좀 낫게
- 난달 : 길이 여러 갈래로 통한 곳
- 날밤 : ① 부질없이 새우는 밤, ② 생밤[生栗]
- 날포 : 하루 남짓한 동안. '-포'는 '동안'을 나타내는 접미사
- 내박치다 : 힘차게 집어 내던지다.
- 너름새 : ① 말이나 일을 떠벌리어서 주선하는 솜씨, ② 판소리에서 광대의 연기 유 발림
- 노느다 : 물건을 여러 몫으로 나누다.
- 노가리 : 씨를 흩어 뿌리는 것
- 느껍다 : 어떤 느낌이 사무치게 일어나다.
- 느즈러지다 : 마음이 풀려 느릿해지다.
- 능갈치다 : 능청스럽게 잘 둘러대는 재주가 있다.
- 능을 두다 : 넉넉하게 여유를 두다.
- 다랍다 : ① 아니꼬울 만큼 잘고 인색하다. ② 때가 묻어 깨끗하지 못하다.
- 다락같다 : (물건 값이) 매우 비싸다.
- 대두리 : ① 큰 다툼, ② 일이 크게 벌어진 판

- 더끔더끔 : 그 위에 더하고 또 더하는 모양
- 더펄이 : 성미가 침착하지 못하고 덜렁대는 사람
- 도린곁 : 사람이 별로 가지 않는 외진 곳
- 두럭 : 노름이나 놀이로 여러 사람이 모인 떼, 여러 집들이 한데 모인 집단
- 두름 : 물고기 스무 마리를 열 마리씩 두 줄로 엮은 것을 단위로 이르는 말
- 먼지잼하다 : 비가 겨우 먼지나 날리지 않을 만큼 오다.
- 멍에 : 마소의 목에 얹어 수레나 쟁기를 끌게 하는 둥그렇게 구부러진 막대
- 메떨어지다 : (모양이나 몸짓이) 어울리지 아니하고 촌스럽다.
- 몰강스럽다 : 모지락스럽게 못할 짓을 예사로 할 만큼 억세거나 야비하다.
- 몽구리 : 바짝 깎은 머리
- 몽니 : 심술궂은 성질
- 몽따다 : 알고 있으면서 모른 체하다.
- 무꾸리 : 점치는 일, 무당이나 판수에게 길흉을 점치게 하는 일
- 발등걸이 : 남이 하려는 일을 먼저 앞질러서 하려는 행동
- 밭다 : 액체가 바짝 졸아서 말라붙다.
- 배내 : 일부 명사의 어근에 붙어 '배 안에 있을 때부터'의 뜻으로 쓰임.
- 부럼 : 정월 보름날에 까서 먹는 밤, 잣, 호두, 땅콩 따위를 이르는 말
- 비다듬다 : 곱게 매만져서 다듬다.
- 비대다 : 남의 이름을 빌어서 대다.
- 빈지 : 한 짝씩 떼었다 붙였다 하는 문 본 널빈지
- 빚물이 : 남이 진 빚을 대신으로 물어주는 일
- 사로자다 : 자는 둥 마는 둥하게 자다.
- 사로잠그다 : 자물쇠나 빗장 따위를 반쯤 걸다.
- 사북 : ① 쥘 부채 아랫머리. 또는 가위다리의 어긋 매겨지는 곳에 못과 같이 꽂아서 돌쩌귀처럼 쓰이는 물건. ② '가장 중요한 부분'의 비유
- 사붓 : 발을 가볍게 얼른 내디디는 모양
- 사위다 : 사그라져 재가 되다.
- 사위스럽다 : 어쩐지 불길하고 꺼림칙하다.
- 삯메기 : 농촌에서 끼니를 먹지 않고 품삯만 받고 하는 일
- 살피 : ① 두 땅의 경계선을 간단히 나타낸 표, ② 물건과 물건의 틈새나 그 사이를 구별지은 표
- 상길(上-) : 여럿 중에 제일 나은 품질
- 서리 : ① 떼를 지어서 주인 모르게 훔쳐다 먹는 장난, ② 무엇이 많이 모여 있는 무더기
- 설면하다 : ① 자주 못 만나서 좀 설다. ② (사귀는 사이가) 정답지 아니하다.
- 성금 : (말하거나 일을 한 것에 대한) 보람이나 효력
- 스스럽다 : (서로 사귀는 정분이) 그리 두텁지 않아 조심하는 마음이 있다.
- 슴베 : (칼, 팽이, 호미, 낫 따위의) 날의 한 끝이 자루 속에 들어간 부분

- 실터 : 집과 집 사이에 남은 길고 좁은 빈터
- 아람 : 밤 등이 저절로 충분히 익은 상태
- 아리잠직하다 : 키가 작고 얌전하며, 어린 티가 있다.
- 아스러지다 : 작고 단단한 물체가 센 힘에 짓눌리어 부서지다.
- 아우르다 : 여럿으로 한 덩어리나 한 판을 이루다.
- 알심 : ① 은근히 실속 있게 동정하는 마음이나 정성. ② 보기보다 야무진 힘
- 애면글면 : 힘에 겨운 일을 이루려고 온 힘을 다하는 모양
- 애살스럽다 : 군색하고 애바른 데가 있다.
- 앵돌아지다 : ① 틀려서 홱 돌아가다. ② 마음이 노여워서 토라지다.
- 얄개 : 되바라지고 얄망궂은 언동
- 어귀차다 : 뜻이 굳고 하는 일이 여무지다. 작은말 아귀차다.
- 어름 : 두 물건이 맞닿은 자리
- 영절하다 : 말로는 그럴듯하다.
- 오달지다 : 야무지고 실속이 있다.
- 자리끼 : 잘 때 마시려고 머리맡에 준비해두는 물
- 자반뒤집기(佐飯-) : 몹시 아파서 엎치락뒤치락거리다.
- 자투리 : 팔거나 쓰거나 하다가 남은 피륙의 조각
- 잔득하다 : 몸가짐이 제법 차분하고 참을성이 있다. 큰말 진득하다.
- 잡도리 : (잘못되지 않도록) 엄중하게 단속함.
- 재우치다 : 빨리 하여 몰아치거나 재촉하다.
- 잼처 : 다시, 거듭, 되짚어
- 적바림 : (뒤에 들추어 보려고 글로) 간단히 적어두는 일. 또는 적어놓은 간단한 기록
- 제겨디디다 : 발 끝이나 발꿈치만 땅에 닿게 디디다.
- 종요롭다 : 몹시 긴요하다.
- 주전거리다 : 걸음발타는 어린아이가 제멋대로 걷다.
- 중절대다 : 수다스럽게 중얼거리다.
- 지돌이 : 험한 산길에서 바위 따위에 등을 대고 가까스로 돌아가게 된 곳 반 안돌이
- 지정거리다 : 곧장 더 나아가지 아니하고 한 자리에서 지체하다.
- 짜장 : 참, 과연, 정말로
- 책상물림(册床-) : 세상 물정에 어두운 사람
- 추다 : 남을 일부러 칭찬하다.
- 추스르다 : ① 물건을 가볍게 들썩이며 흔들다. ② 물건을 위로 추켜올리다.
- 츱츱하다 : 다랍고 염치가 없다.
- 치받이 : 비탈진 곳의 올라가게 된 방향 반 내리받이
- 치살리다 : 지나치게 추어주다.
- 토막말 : 긴 내용을 간추려 한마디로 표현하는 말. 아주 짤막한 말
- 투미하다 : 어리석고 둔하다.

- 트레바리 : 까닭없이 남의 말에 반대하기를 좋아하는 성미, 또는 그런 성미를 가진 사람을 놀림조로 이르는 말
- 푸새 : 산과 들에 저절로 나서 자라는 풀
- 한둔 : 한데에서 밤을 지냄. 노숙
- 핫아비 : 아내가 있는 남자 [반] 홀아비
- 핫어미 : 남편이 있는 여자 [반] 홀어미
- 해거름 : 해가 질 무렵 [준] 해름
- 해사하다 : 얼굴이 희고 맑다.
- 해작이다 : 조금씩 들추거나 파서 헤치다.
- 헙헙하다 : ① 대범하고 활발하다. ② 가진 것을 함부로 써버리는 버릇이 있다. [반] 조리차하다.
- 홉뜨다 : 눈알을 굴려 눈시울을 치뜨다.

5 올바른 문서 작성

1. 한글 맞춤법

(1) 두음 법칙

> **두음법칙**
> 두음은 단어의 첫소리를 말하며 두음법칙은 단어 첫소리에 올 수 없는 자음에 대한 법칙으로 'ㄴ 두음법칙'과 'ㄹ 두음법칙'이 있다.

[10항]
한자음 '녀, 뇨, 뉴, 니'가 단어 첫머리에 올 적에는 두음 법칙에 따라 '여, 요, 유, 이'로 적는다. 다만, 다음과 같은 의존 명사에는 '냐, 녀' 음을 인정한다.
[붙임 1] 단어의 첫머리 이외의 경우에는 본음대로 적는다. [예] 남녀, 당뇨
[붙임 2] 접두사처럼 쓰이는 한자가 붙어서 된 말이나 합성어에서 뒷말의 첫소리가 'ㄴ' 소리로 나더라도 두음 법칙에 따라 적는다. [예] 신여성, 공염불

[11항]
한자음 '랴, 려, 례, 료, 류, 리'가 단어의 첫 머리에 올 적에는 두음 법칙에 따라 '야, 여, 예, 요, 유, 이'로 적는다. 다만, 다음과 같은 의존 명사는 본음대로 적는다.
[붙임 1] 단어의 첫머리 이외의 경우에는 본음대로 적는다. 다만, 모음이나 'ㄴ' 받침 뒤에 이어지는 '렬, 률'은 '열, 율'로 적는다. [예] 규율, 비율, 선율
[붙임 2] 외자로 된 이름을 성에 붙여 쓸 경우에도 본음대로 적을 수 있다. [예] 신립
[붙임 3] 준말에서 본음으로 소리 나는 것은 본음대로 적는다. [예] 국련(국제 연합)
[붙임 4] 접두사처럼 쓰이는 한자가 붙어서 된 말이나 합성어에서 뒷말의 첫소리가 'ㄴ' 또는 'ㄹ' 소리로 나더라도 두음 법칙에 따라 적는다. [예] 역이용, 연이율

[12항]
한자음 '라, 래, 로, 뢰, 루, 르'가 단어의 첫머리에 올 적에는 두음 법칙에 따라 '나, 내, 노, 뇌, 누, 느'로 적는다.
[붙임 1] 단어의 첫머리 이외의 경우에는 본음대로 적는다. [예] 쾌락, 극락
[붙임 2] 접두사처럼 쓰이는 한자가 붙어서 된 단어는 뒷말을 두음 법칙에 따라 적는다. [예] 상노인, 중노동, 비논리적

(2) 접미사가 붙어서 된 말

[19항]
어간에 '-이'나 '-음/-ㅁ'이 붙어서 명사로 된 것과 '-이'나 '-히'가 붙어서 부사로 된 것은 그 어간의 원형을 밝히어 적는다.
예) 길이, 깊이, 걸음, 묶음, 같이, 굳이, 밝히, 익히
다만, 어간에 '-이'나 '-음'이 붙어서 명사로 바뀐 것이라도 그 어간의 뜻과 멀어진 것은 원형을 밝히어 적지 아니한다. 예) 굽도리, 코끼리, 거름, 노름
[붙임] 어간에 '-이'나 '-음' 이외의 모음으로 시작된 접미사가 붙어서 다른 품사로 바뀐 것은 그 어간의 원형을 밝히어 적지 아니한다. 예) 귀머거리, 너머, 거뭇거뭇, 부터, 조차

[20항]
명사 뒤에 '-이'가 붙어서 된 말은 그 명사의 원형을 밝히어 적는다.
1. 부사로 된 것 : 곳곳이, 낱낱이, 몫몫이, 샅샅이
2. 명사로 된 것 : 곰배팔이, 바둑이, 삼발이
[붙임] '-이' 이외의 모음으로 시작된 접미사가 붙어서 된 말은 그 명사의 원형을 밝히어 적지 아니한다. 예) 꼬락서니, 끄트머리, 모가치, 바가지

[21항]
명사나 혹은 용언의 어간 뒤에 자음으로 시작된 접미사가 붙어서 된 말은 그 명사나 어간의 원형을 밝히어 적는다. 예) 값지다, 홑지다, 낚시, 늙정이
다만, 다음과 같은 말은 소리대로 적는다.
1. 겹받침의 끝소리가 드러나지 아니하는 것 : 할짝거리다, 널따랗다, 널찍하다
2. 어원이 분명하지 아니하거나 본뜻에서 멀어진 것 : 넙치, 올무, 납작하다

(3) 합성어 및 접두사가 붙은 말

[27항]
둘 이상의 단어가 어울리거나 접두사가 붙어서 이루어진 말은 각각 그 원형을 밝히어 적는다. 예) 국말이, 꺾꽂이, 꽃잎
[붙임 1] 어원은 분명하나 소리만 특이하게 변한 것은 변한 대로 적는다. 예) 할아버지
[붙임 2] 어원이 분명하지 아니한 것은 원형을 밝히어 적지 아니한다. 예) 골병, 며칠
[붙임 3] '이[齒, 虱]'가 합성어나 이에 준하는 말에서 '니' 또는 '리'로 소리 날 때에는 '니'로 적는다. 예) 사랑니, 덧니, 어금니, 앞니

[28항 : 'ㄹ' 탈락]
끝소리가 'ㄹ'인 말과 딴 말이 어울릴 적에 'ㄹ' 소리가 나지 아니하는 것은 아니 나는 대로 적는다. 예) 다달이, 따님, 바느질, 화살, 싸전, 우짖다

[29항]
끝소리가 'ㄹ'인 말과 딴 말이 어울릴 적에 'ㄹ' 소리가 'ㄷ' 소리로 나는 것은 'ㄷ'으로 적는다. 예) 반짇고리, 사흗날, 섣부르다, 잗다랗다

접사

어기 또는 어근에 첨가되어 새로운 의미나 문법기능을 나타내는 형태소로 어기·어근 앞에 덧붙이는 접두사, 그 뒤에 덧붙여지는 접미사, 그리고 중간에 끼이는 접요사(接腰辭)의 세 종류가 있다.

사잇소리

두 말이 어울려 한 덩어리가 될 때에, 그 사이에서 덧나는 소리. 예사소리가 된소리로 변하는 경우의 덧나는 소리나, 앞의 말이 홀소리로 끝나 있고 뒤의 말이 'ㅁ, ㄴ'으로 시작될 때 덧나는 'ㅁ, ㄴ'소리 따위이다.

[30항 : 사이시옷]
1. 순우리말로 된 합성어로서 앞말이 모음으로 끝난 경우
   (1) 뒷말의 첫소리가 된소리로 나는 것 : 못자리, 바닷가, 아랫집, 우렁잇속, 잇자국, 킷값
   (2) 뒷말의 첫소리 'ㄴ, ㅁ' 앞에서 'ㄴ' 소리가 덧나는 것 : 멧나물, 아랫니, 텃마당
   (3) 뒷말의 첫소리 모음 앞에서 'ㄴㄴ' 소리가 덧나는 것 : 두렛일, 뒷일, 베갯잇
2. 순우리말과 한자어로 된 합성어로서 앞말이 모음으로 끝난 경우
   (1) 뒷말의 첫소리가 된소리로 나는 것 : 귓병, 머릿방, 아랫방, 자릿세, 전셋집, 찻잔
   (2) 뒷말의 첫소리 'ㄴ, ㅁ' 앞에서 'ㄴ' 소리가 덧나는 것 : 곗날, 제삿날, 훗날, 툇마루
   (3) 뒷말의 첫소리 모음 앞에서 'ㄴㄴ' 소리가 덧나는 것 : 가욋일, 사삿일, 예삿일
3. 두 음절로 된 다음 한자어
   예 곳간(庫間), 셋방(貰房), 숫자(數字), 찻간(車間), 툇간(退間), 횟수(回數)

(4) 준말

[39항]
어미 '-지' 뒤에 '않-'이 어울려 '-잖-'이 될 적과 '-하지' 뒤에 '않-'이 어울려 '-찮-'이 될 적에는 준 대로 적는다. 예 그렇잖은, 만만찮다, 적잖은, 변변찮다
[40항]
어간의 끝음절 '하'의 'ㅏ'가 줄고 'ㅎ'이 다음 음절의 첫소리와 어울려 거센소리로 될 적에는 거센소리로 적는다. 예 다정타, 흔타, 정결타, 간편케
[붙임 1] 'ㅎ'이 어간의 끝소리로 굳어진 것은 받침으로 적는다. 예 않다, 그렇지
[붙임 2] 어간의 끝음절 '하'가 아주 줄 적에는 준 대로 적는다. 예 거북지, 생각건대
[붙임 3] 다음과 같은 부사는 소리대로 적는다. 예 결단코, 결코, 아무튼, 요컨대

(5) 띄어쓰기 – 단위를 나타내는 명사 및 열거하는 말 등

이것만은 꼭!

조사
주로 체언에 붙어 뒤에 오는 다른 단어에 대하여 가지는 문법적 관계를 표시하거나 그 말의 뜻을 도와주는 품사로, 격조사, 보조사, 접속조사 등이 있다. 조사는 그 앞말에 붙여 쓴다.

[43항]
단위를 나타내는 명사는 띄어 쓴다. 다만, 순서를 나타내는 경우나 숫자와 어울리어 쓰이는 경우에는 붙여 쓸 수 있다.
예 한 개, 차 한 대, 두시 삼십분 오초, 제일과, 육층
[44항]
수를 적을 때는 '만(萬)' 단위로 띄어 쓴다.
예 십이억 삼천사백오십육만 칠천팔백구십팔
[45항]
두 말을 이어 주거나 열거할 적에 쓰이는 다음의 말들은 띄어 쓴다.
예 국장 겸 과장, 열 내지 스물, 청군 대 백군
[46항]
단음절로 된 단어가 연이어 나타날 적에는 붙여 쓸 수 있다.
예 좀더 큰것, 이말 저말

(6) 띄어쓰기 – 고유 명사 및 전문 용어

[48항]
성과 이름, 성과 호 등은 붙여 쓰고, 이에 덧붙는 호칭어, 관직명 등은 띄어 쓴다. 다만, 성과 이름, 성과 호를 분명히 구분할 필요가 있을 경우에는 띄어 쓸 수 있다.
예 충무공 이순신 장군, 남궁억/남궁 억

(7) 부록

[문장부호]
1. 마침표
(1) 서술, 명령, 청유 등을 나타내는 문장의 끝에 쓴다.
예 젊은이는 나라의 기둥입니다.
[붙임 1] 직접 인용한 문장의 끝에는 쓰는 것을 원칙으로 하되, 쓰지 않는 것을 허용한다.(ㄱ을 원칙으로 하고, ㄴ을 허용함.)
예 ㄱ. 그는 "지금 바로 떠나자."라고 말하며 서둘러 짐을 챙겼다.
　　ㄴ. 그는 "지금 바로 떠나자"라고 말하며 서둘러 짐을 챙겼다.
[붙임 2] 용언의 명사형이나 명사로 끝나는 문장에는 쓰는 것을 원칙으로 하되, 쓰지 않는 것을 허용한다.(ㄱ을 원칙으로 하고, ㄴ을 허용함.)
예 ㄱ. 목적을 이루기 위하여 몸과 마음을 다하여 애를 씀.
　　ㄴ. 목적을 이루기 위하여 몸과 마음을 다하여 애를 씀
다만, 제목이나 표어에는 쓰지 않음을 원칙으로 한다.
예 압록강은 흐른다　예 꺼진 불도 다시 보자　예 건강한 몸 만들기
(2) 아라비아 숫자만으로 연월일을 표시할 때 쓴다.
　예 1919. 3. 1.
　예 10. 1.~10. 12.
[해설] 글자 대신 마침표로 연월일을 나타낼 수 있다. 즉, '1919년 3월 1일'에서 한글로 쓰인 '년, 월, 일'을 각각 마침표로 대신하여 '1919. 3. 1.'과 같이 쓸 수 있다. '일'을 나타내는 마침표를 생략하는 경우가 많은데, 이는 글자로 치면 '일'을 쓰지 않는 것과 같다. 즉, '1919. 3. 1'은 '1919년 3월 1'처럼 쓰다 만 것이 되므로 잘못된 표기이다. 또한 마지막에 마침표를 찍지 않으면 다른 숫자를 덧붙여 변조할 우려도 있다. 따라서 '일'을 나타내는 마침표는 생략해서는 안 된다.
연과 월 또는 월과 일만 보일 때에도 글자 대신 마침표를 쓸 수 있다.
　예 2008년 5월 → 2008. 5.
　예 7월 22일 → 7. 22.
2. 쉼표
(1) 같은 자격의 어구를 열거할 때 그 사이에 쓴다.
　예 근면, 검소, 협동은 우리 겨레의 미덕이다.
　예 충청도의 계룡산, 전라도의 내장산, 강원도의 설악산은 모두 국립공원이다.
다만, (가) 쉼표 없이도 열거되는 사항임이 쉽게 드러날 때는 쓰지 않을 수 있다.
　예 아버지 어머니께서 함께 오셨어요.

(나) 열거할 어구들을 생략할 때 사용하는 줄임표 앞에는 쉼표를 쓰지 않는다.
  예 광역시 : 광주, 대구, 대전……
(2) 짝을 지어 구별할 때 쓴다.
  예 닭과 지네, 개와 고양이는 상극이다.
(3) 이웃하는 수를 개략적으로 나타낼 때 쓴다.
  예 5, 6세기
  예 6, 7, 8개
(4) 열거의 순서를 나타내는 어구 다음에 쓴다.
  예 첫째, 몸이 튼튼해야 한다.
  예 마지막으로, 무엇보다 마음이 편해야 한다.
(5) 문장의 연결 관계를 분명히 하고자 할 때 절과 절 사이에 쓴다.
  예 콩 심은 데 콩 나고, 팥 심은 데 팥 난다.
(6) 같은 말이 되풀이되는 것을 피하기 위하여 일정한 부분을 줄여서 열거할 때 쓴다.
  예 여름에는 바다에서, 겨울에는 산에서 휴가를 즐겼다.
(7) 부르거나 대답하는 말 뒤에 쓴다.
  예 지은아, 이리 좀 와 봐.
  예 네, 지금 가겠습니다.
(8) 한 문장 안에서 앞말을 '곧', '다시 말해' 등과 같은 어구로 다시 설명할 때 앞말 다음에 쓴다.
  예 책의 서문, 곧 머리말에는 책을 지은 목적이 드러나 있다.

2. 표준발음법

(1) 음절의 끝소리 규칙 : 국어에서 음절의 끝소리로 발음될 수 있는 자음은 'ㄱ, ㄴ, ㄷ, ㄹ, ㅁ, ㅂ, ㅇ'의 일곱 소리뿐으로, 이 일곱 소리 밖의 자음이 음절 끝에 오면 그것은 이 일곱 자음 중의 하나로 바뀌게 되는 현상
- ㅍ → ㅂ / ㅅ, ㅆ, ㅈ, ㅊ, ㅌ, ㅎ → ㄷ / ㄲ, ㅋ → ㄱ
  예 잎 → [입] / 옷 → [옫], 바깥 → [바깓], 히읗 → [히읃] / 부엌 → [부억]

> **표준어 규정** 표준발음법 : 제4장 받침의 발음
>
> 제8항 받침소리로는 'ㄱ, ㄴ, ㄷ, ㄹ, ㅁ, ㅂ, ㅇ'의 7개 자음만 발음한다.
> 제9항 받침 'ㄲ, ㅋ', 'ㅅ, ㅆ, ㅈ, ㅊ, ㅌ', 'ㅍ'은 어말 또는 자음 앞에서 각각 대표음 [ㄱ, ㄷ, ㅂ]으로 발음한다.
> 제10항 겹받침 'ㄳ', 'ㄵ', 'ㄼ, ㄽ, ㄾ', 'ㅄ'은 어말 또는 자음 앞에서 각각 [ㄱ, ㄴ, ㄹ, ㅂ]으로 발음한다. 다만, '밟-'은 자음 앞에서 [밥]으로 발음하고, '넓-'은 '넓죽하다'와 '넓둥글다'의 경우에 [넙]으로 발음한다.
> 제11항 겹받침 'ㄺ, ㄻ, ㄿ'은 어말 또는 자음 앞에서 각각 [ㄱ, ㅁ, ㅂ]으로 발음한다. 다만, 용언의 어간 말음 'ㄺ'은 'ㄱ' 앞에서 [ㄹ]로 발음한다.

보충플러스 ⊕

음절
'집 앞으로 맑은 물이 흐른다'를 소리가 나는 대로 적으면 '지바프로말근무리흐른다'와 같이 된다. 이때의 '지, 바, 프, 로……'처럼 한 뭉치로 이루어진 소리의 덩어리를 음절이라 한다.

(2) 동화
① 자음동화 : 음절 끝 자음이 그 뒤에 오는 자음과 만날 때, 어느 한쪽이 다른 쪽 자음을 닮아서 그와 비슷한 성질을 가진 자음이나 같은 소리로 바뀌기도 하고, 두 소리가 다 바뀌기도 하는 현상
- 파열음 'ㅂ, ㄷ, ㄱ'이 비음 'ㅁ, ㄴ' 앞에서 각각 'ㅁ, ㄴ, ㅇ'이 된다.
  예 밥물 → [밤물]
- 비음 'ㅁ, ㅇ'과 유음 'ㄹ'이 만나면 'ㄹ'이 비음 'ㄴ'이 된다.
  예 종로 → [종노]
- 파열음 'ㅂ, ㄷ, ㄱ'과 유음 'ㄹ'이 만나면 'ㄹ'이 비음 'ㄴ'이 되고, 이렇게 변해서 된 'ㄴ'을 닮아서 파열음 'ㅂ, ㄷ, ㄱ'이 각각 비음 'ㅁ, ㄴ, ㅇ'이 된다.
  예 섭리 → [섭니] → [섬니], 국립 → [국닙] → [궁닙]
- 비음 'ㄴ'이 유음 'ㄹ' 앞에 오거나 뒤에 오면 'ㄴ'이 'ㄹ'로 변한다.
  예 신라 → [실라]
- 'ㅀ, ㄾ'과 같은 겹자음들도 뒤에 'ㄴ'이 오면 'ㄴ'이 'ㄹ'로 변한다.
  예 앓+는 → [알른]

> **표준어 규정** 표준발음법 : 제5장 음의 동화
>
> 제18항 받침 'ㄱ(ㄲ, ㅋ, ㄳ, ㄺ), ㄷ(ㅅ, ㅆ, ㅈ, ㅊ, ㅌ, ㅎ), ㅂ(ㅍ, ㄼ, ㄿ, ㅄ)'은 'ㄴ, ㅁ' 앞에서 [ㅇ, ㄴ, ㅁ]으로 발음한다.
> 제19항 받침 'ㅁ, ㅇ' 뒤에 연결되는 'ㄹ'은 [ㄴ]으로 발음한다.
> 제20항 'ㄴ'은 'ㄹ'의 앞이나 뒤에서 [ㄹ]로 발음한다.
> 제21항 위에서 지적한 이외의 자음 동화는 인정하지 않는다.

② 구개음화
- 끝소리가 'ㄷ, ㅌ'인 형태소가 모음 'ㅣ'나 반모음 'ㅣ'로 시작되는 형식 형태소와 만나면 'ㄷ, ㅌ'이 구개음인 'ㅈ, ㅊ'으로 변하는 현상으로 역행 동화에 해당한다.
  예 굳+이 → [구디] → [구지], 밭+이 → [바티] → [바치]
- 'ㄷ' 뒤에 형식 형태소 '히'가 오면, 먼저 'ㄷ'과 'ㅎ'이 결합하여 'ㅌ'이 된 다음 'ㅌ'이 구개음화하여 'ㅊ'이 된다.
  예 닫+히+어 → 닫혀 → [다텨] → [다쳐] → [다처]

> **표준어 규정** 표준발음법 : 제5장 음의 동화
>
> 제17항 받침 'ㄷ, ㅌ(ㄾ)'이 조사나 접미사의 모음 'ㅣ'와 결합되는 경우에는, [ㅈ, ㅊ]으로 바꾸어서 뒤 음절 첫소리로 옮겨 발음한다.
> [붙임] 'ㄷ' 뒤에 접미사 '히'가 결합되어 '티'를 이루는 것은 [치]로 발음한다.

보충플러스
형태소
뜻을 가진 가장 작은 말의 단위이다. 실질적인 의미를 갖는 형태소를 '실질형태소'라고 하며 문법적 관계나 형식적 의미를 더해주는 형태소를 '형식형태소'라고 한다.

(3) 음운의 축약과 탈락
  ① 음운의 축약 : 두 개의 음운이 합쳐져 하나의 음운으로 줄어드는 현상
    • 자음의 축약 : 'ㅂ, ㄷ, ㅈ, ㄱ'이 'ㅎ'과 만나면 'ㅍ, ㅌ, ㅊ, ㅋ'가 된다.
      예 좋고 → [조코]
    • 모음의 축약 : 두 개의 형태소가 서로 만날 때 앞뒤 형태소의 두 음절이 한 음절로 축약된다.
      예 오+아서 → 와서, 뜨+이다 → 띄다
  ② 음운의 탈락 : 두 음운이 만나 한 음운이 사라져 소리가 나지 않는 현상
    • 동음 탈락   예 가+아서 → 가서, 간난 → 가난, 목과 → 모과
    • 'ㄹ' 탈락   예 바늘+질 → 바느질, 딸+님 → 따님
    • '으' 탈락   예 뜨+어 → 떠, 쓰+어 → 써
    • 'ㅎ' 탈락   예 낳은[나은], 쌓이다[싸이다]

(4) 사잇소리 현상
  ① 두 개의 형태소 또는 단어가 합쳐져서 합성 명사를 이룰 때, 앞말의 끝소리가 울림소리이고 뒷말의 첫소리가 안울림 예사소리일 경우 뒤의 예사소리가 된소리로 바뀌는 현상
      예 초+불(촛불) → [초뿔] / 배+사공(뱃사공) → [배싸공] / 밤+길 → [밤낄]
  ② 앞말이 모음으로 끝나고 뒷말이 'ㅁ, ㄴ'으로 시작될 때 'ㄴ' 소리가 덧나는 현상
      예 이+몸(잇몸) → [인몸], 코+날(콧날) → [콘날]
  ③ 뒷말이 모음 'ㅣ, ㅑ, ㅕ, ㅛ, ㅠ' 등이 올 때 'ㄴ'이 첨가되거나 덧나는 현상
      예 꽃+잎 → [꼰닙]

(5) 된소리되기(경음화)
  ① 안울림소리 뒤에 안울림 예사소리가 오면 그 예사소리가 된소리로 발음되는 현상
      예 입+고 → [입꼬], 젖+소 → [젇소] → [젇쏘]
  ② 끝소리가 'ㄴ, ㅁ'인 용언 어간에 예사소리로 시작되는 활용 어미가 이어지면 그 소리가 된소리로 발음되는 현상
      예 넘+고 → [넘꼬], 넘+더라 → [넘떠라]

> **표준어 규정**   표준발음법 : 제5장 경음화
>
> **제23항** 받침 'ㄱ(ㄲ, ㅋ, ㄳ, ㄺ), ㄷ(ㅅ, ㅆ, ㅈ, ㅊ, ㅌ), ㅂ(ㅍ, ㄼ, ㄿ, ㅄ)' 뒤에 연결되는 'ㄱ, ㄷ, ㅂ, ㅅ, ㅈ'은 된소리로 발음한다.
> **제24항** 어간 받침 'ㄴ(ㄵ), ㅁ(ㄻ)' 뒤에 결합되는 어미의 첫소리 'ㄱ, ㄷ, ㅅ, ㅈ'은 된소리로 발음한다. 다만, 피동, 사동의 접미사 '-기-'는 된소리로 발음하지 않는다.
> **제25항** 어간 받침 'ㄼ, ㄾ' 뒤에 결합되는 어미의 첫소리 'ㄱ, ㄷ, ㅅ, ㅈ'은 된소리로 발음한다.
> **제26항** 한자어에서, 'ㄹ' 받침 뒤에 연결되는 'ㄷ, ㅅ, ㅈ'은 된소리로 발음한다. 다만, 같은 한자가 겹쳐진 단어의 경우에는 된소리로 발음하지 않는다.

제27항 관형사형 '-(으)ㄹ' 뒤에 연결되는 'ㄱ, ㄷ, ㅂ, ㅅ, ㅈ'은 된소리로 발음한다. 다만, 끊어서 말할 적에는 예사소리로 발음한다.

제28항 표기상으로는 사이시옷이 없더라도 관형격 기능을 지니는 사이시옷이 있어야 할(휴지가 성립되는) 합성어의 경우에는 뒤 단어의 첫소리 'ㄱ, ㄷ, ㅂ, ㅅ, ㅈ'을 된소리로 발음한다.

3. 국어의 로마자 표기법

(1) 표기 일람

[1항]
모음은 다음 각호와 같이 적는다.

1. 단모음

ㅏ	ㅓ	ㅗ	ㅜ	ㅡ	ㅣ	ㅐ	ㅔ	ㅚ	ㅟ
a	eo	o	u	eu	i	ae	e	oe	wi

2. 이중모음

ㅑ	ㅕ	ㅛ	ㅠ	ㅒ	ㅖ	ㅘ	ㅙ	ㅝ	ㅞ	ㅢ
ya	yeo	yo	yu	yae	ye	wa	wae	wo	we	ui

[붙임 1] 'ㅢ'는 'ㅣ'로 소리 나더라도 ui로 적는다. 예 광희문 Gwanghuimun

[2항]
자음은 다음 각호와 같이 적는다.

1. 파열음

ㄱ	ㄲ	ㅋ	ㄷ	ㄸ	ㅌ	ㅂ	ㅃ	ㅍ
g, k	kk	k	d, t	tt	t	b, p	pp	p

2. 파찰음·마찰음

ㅈ	ㅉ	ㅊ	ㅅ	ㅆ	ㅎ
j	jj	ch	s	ss	h

3. 비음·유음

ㄴ	ㅁ	ㅇ	ㄹ
n	m	ng	r, l

[붙임 1] 'ㄱ, ㄷ, ㅂ'은 모음 앞에서는 'g, d, b'로, 자음 앞이나 어말에서는 'k, t, p'로 적는다. 예 구미 Gumi, 합덕 Hapdeok, 한밭[한받] Hanbat

[붙임 2] 'ㄹ'은 모음 앞에서는 'r'로, 자음 앞이나 어말에서는 'l'로 적는다. 단, 'ㄹㄹ'은 'll'로 적는다. 예 칠곡 Chilgok, 대관령[대괄령] Daegwallyeong

---

TIP 로마자 표기의 기본 원칙

제1항 국어의 로마자 표기는 국어의 표준 발음법에 따라 적는 것을 원칙으로 한다.

제2항 로마자 이외의 부호는 되도록 사용하지 않는다.

(2) 표기상의 유의점

> **[1항]**
> 음운 변화가 일어날 때에는 변화의 결과에 따라 적는다. 다만, 체언에서 'ㄱ, ㄷ, ㅂ' 뒤에 'ㅎ'이 따를 때에는 'ㅎ'을 밝혀 적는다.
> 예 묵호(Mukho), 집현전(Jiphyeonjeon)
> [붙임] 된소리되기는 표기에 반영하지 않는다.
> 예 압구정 Apgujeong, 낙성대 Nakseongdae, 합정 Hapjeong
>
> **[4항]**
> 인명은 성과 이름의 순서로 띄어 쓴다. 이름은 붙여 쓰는 것을 원칙으로 하되 음절 사이에 붙임표(-)를 쓰는 것을 허용한다.
> 1. 이름에서 일어나는 음운 변화는 표기에 반영하지 않는다.
> 2. 성의 표기는 따로 정한다.
>
> **[5항]**
> '도, 시, 군, 구, 읍, 면, 리, 동'의 행정 구역 단위와 '가'는 각각 'do, si, gun, gu, eup, myeon, ri, dong, ga'로 적고, 그 앞에는 붙임표(-)를 넣는다. 붙임표(-) 앞뒤에서 일어나는 음운 변화는 표기에 반영하지 않는다.
> 예 충청북도 Chungcheongbuk-do, 종로 2가 Jongno 2(i)-ga
> [붙임] '시, 군, 읍'의 행정 구역 단위는 생략할 수 있다. 예 청주시 Cheongju

4. 외래어 표기법

(1) 표기의 기본 원칙

> 제1항 외래어는 국어의 현용 24자모만으로 적는다.
> 제2항 외래어의 1음운은 원칙적으로 1기호로 적는다.
> 제3항 받침에는 'ㄱ, ㄴ, ㄹ, ㅁ, ㅂ, ㅅ, ㅇ'만을 쓴다.
> 제4항 파열음 표기에는 된소리를 쓰지 않는 것을 원칙으로 한다.
> 제5항 이미 굳어진 외래어는 관용을 존중하되 그 범위와 용례는 따로 정한다.

(2) 외래어 표기 바로 알기

원어 표기	잘못된 표기	바른 표기
gossip	고십, 까십, 가십	가십
croquette	고로케, 크로케트	크로켓
gradation	그라데이션	그러데이션
Gips	집스	깁스
narration	나레이션, 나래숀, 네레이션	내레이션
nonsense	넌센스, 넌쎈스	난센스

원어 표기	잘못된 표기	바른 표기
nonfiction	넌픽션	논픽션
dynamic	다이나믹, 다이내미크	다이내믹
début	데뷰, 디부트	데뷔
desktop	데스크탑	데스크톱
doughnut	도너스, 도우넛	도넛
running	런닝	러닝
lemonade	레몬에이드	레모네이드
rainbow	레인보우	레인보
recreation	레크레이션	레크리에이션
report	레포트	리포트
rent-a-car	렌트카	렌터카
lobster	랍스터, 롭스터	로브스터
remote control	리모콘	리모컨
Ringer	닝겔, 링게르, 링겔	링거
mania	매니아	마니아
mail	매일, 맬	메일
melon	메론	멜론
message	메세지	메시지
mechanism	매커니즘, 메카니즘	메커니즘
membership	멤버쉽	멤버십
mineral	미네럴, 미너럴	미네랄
body lotion	바디로션, 보디로숀, 바디로숀	보디로션
badge	뱃지, 뺏지	배지
balance	발란스, 배런스	밸런스
bonnet	보네트, 보넷, 본네트, 본넷	보닛
bourgeois	부르조아, 부르지아	부르주아
buffet	부펫, 부페	뷔페
sofa	쇼파	소파
shrimp	쉬림프	슈림프
snack	스넥	스낵
step	스텦, 스텦프, 스텝프	스텝
stainless	스텐리스, 스텐레스	스테인리스

원어 표기	잘못된 표기	바른 표기
straw	스트로우	스트로
spuit	스포이드, 스푸이트	스포이트
sponge	스폰지	스펀지
sprinkler	스프링쿨러	스프링클러
stamina	스태미너	스태미나
staff	스탭	스태프
Singapore	싱가폴	싱가포르
Arab Emirates	아랍 에미레이트	아랍 에미리트
outlet	아울렛	아웃렛
eye shadow	아이섀도우	아이섀도
accessory	악세사리, 액세사리, 악세서리	액세서리
accelerator	악셀, 악셀레이트	액셀러레이터
Allergie	알레지, 알러지	알레르기
encore	앵코르, 앙콜, 앵콜	앙코르
ad lib	애드립, 에드립	애드리브
application	어플리케이션	애플리케이션
accent	액센트	악센트
air conditioner	에어콘	에어컨, 에어컨디셔너
endorphin	엔돌핀	엔도르핀
ambulance	엠뷸런스, 엠블란스, 엠블런스	앰뷸런스
offside	오프싸이드, 옵사이드	오프사이드
oxford	옥스포드	옥스퍼드
workshop	워크샾	워크숍
window	윈도우	윈도
jumper	잠퍼	점퍼, 잠바
junior	쥬니어	주니어
chart	챠트	차트
chocolate	초코렛	초콜릿
chimpanzee	킴팬지	침팬지
color	칼라, 콜로르	컬러
carol	캐롤, 카렐, 카롤	캐럴
coordinator	커디네이터	코디네이터
coffee shop	커피샵	커피숍
cunning	컨닝	커닝
contest	컨테스트	콘테스트

원어 표기	잘못된 표기	바른 표기
column	칼름, 콜럼	칼럼
container	콘테이너	컨테이너
control	콘트롤	컨트롤
collection	콜렉션, 콜렉티온, 컬렉티온	컬렉션
concours	콩쿨, 콩쿠르스	콩쿠르
coup d' Etat	쿠테타	쿠데타
crystal	크리스탈	크리스털
Christian	크리스찬, 크리스티언	크리스천
klaxon	크락션, 크랙슨, 클락션	클랙슨
panel	패날, 판넬	패널
fanfare	빵빠르, 팽파르	팡파르
presentation	프리젠테이션	프레젠테이션
flute	플롯, 플륫, 프루트	플루트
highlight	하일라이트	하이라이트
foundation	화운데이션	파운데이션
file	화일	파일

개념확인문제

01 다음 문서의 종류와 이와 관련된 작성법을 바르게 연결하시오.

(1) 기획서 ·
(2) 설명서 ·
(3) 공문서 ·
(4) 보고서 ·

· ㉠ 궁금한 점에 대해 질문 받을 것에 대비한다.
· ㉡ 내용이 복잡할 경우 '-다음-'. 또는 '-아래-'와 같은 항목을 만들어 구분한다.
· ㉢ 업무상 진행 과정에서 작성하므로, 핵심내용을 구체적으로 제시한다.
· ㉣ 마지막엔 반드시 '끝'자로 마무리 한다.
· ㉤ 상대에게 어필해 상대가 채택하게끔 설득력 있게 작성한다.
· ㉥ 명령문보다 평서형으로, 동일한 문장보다는 다양하게 표현한다.

02 문서를 시각화하는 방식 중 아래에서 설명하는 방식은 무엇인가?

> 개념이나 주제 등 중요한 정보를 도형, 선, 화살표 등 여러 상징을 사용하여 시각적으로 표현하는 시각화 방식이다.

( )

답
01 (1) ㉤ (2) ㉥ (3) ㉡, ㉣
 (4) ㉠, ㉢
02 다이어그램 시각화

03 경청능력

> 경청능력은 다른 사람의 말을 주의 깊게 듣고 공감하는 능력으로 직업인들이 개인이나 조직 간 원만하게 관계를 유지하고 업무 성과를 높이기 위한 필수적인 능력이다.

1 경청의 의미

1. 의미

(1) 적극적 경청
① 적극적 경청은 자신이 상대방의 이야기에 주의를 집중하고 있음을 행동을 통해 외적으로 표현하며 듣는 것을 의미한다.
② 상대방의 말 중 이해가 안 되는 부분을 질문하거나, 자신이 이해한 내용을 확인하기도 하고, 때로는 상대의 발언 내용과 감정에 대해 공감할 수도 있다.

(2) 소극적 경청
① 소극적 경청은 상대방의 이야기에 특별한 반응을 표현하지 않고 수동적으로 듣는 것을 의미한다.
② 상대방이 하는 말을 중간에 자르거나 다른 화제로 돌리지 않고 상대의 이야기를 수동적으로 따라가는 것을 의미한다.

2. 경청의 중요성

(1) 의사소통을 하기 위한 가장 기본적인 자세이다.
(2) 상대방을 한 개인으로 존중하게 된다.
(3) 상대방을 성실한 마음으로 대하게 된다. → 상대방과의 솔직한 의사 및 감정의 교류 가능
(4) 상대방의 입장에서 공감하며 이해하게 된다. → 자신의 생각이나 느낌을 강요하지 않고 상대방으로 하여금 자신이 이해받고 있다는 느낌을 갖도록 하는 것

3. 업무상 경청능력의 활용

(1) 상대방이 무엇을 원하고 요구하는지 알아낼 수 있다.
(2) 오해와 실수를 방지할 수 있다.
(3) 제공하는 물건이나 서비스 질을 향상시키는 방법에 대한 단서를 얻을 수 있다.
(4) 상대방과의 관계를 오랫동안 형성할 수 있다.

2 경청의 방법 ★ 구 워크북

방법	내용
준비한다	강의의 주제에 나오는 용어를 친숙하게 받아들이기 위해 관련 자료를 미리 읽어 둔다.

이것만은 꼭!

음성언어에 의한 의사소통의 특징

청자와 직접적인 상호작용이 가능하며 신속하게 메시지를 전달할 수 있다. 여러 청자를 거칠 경우 메시지가 왜곡될 가능성이 있으며 상황에 따라 다른 의미로 전달될 수 있다. 비언어적인 요소, 즉 억양, 음성에 따라 의미가 달라질 수 있다.

주의를 집중한다	말하는 사람의 모든 것에 집중하며 적극적으로 듣는다.
예측한다	대화하는 동안 다음에 말할 내용을 추측하려고 노력한다.
나와 관련짓는다	상대방이 전달하려는 메시지가 무엇인지 생각해 보고 자신의 삶, 경험과 관련지어 본다.
질문한다	질문에 대한 답이 바로 이루어지지 않더라도 질문하려고 하면 집중력이 높아진다.
요약한다	대화 도중 주기적으로 대화의 내용을 요약하면 상대방이 전달하려는 메시지를 이해하고 정보를 예측하는 데 도움이 된다.
반응한다	상대방이 말한 것에 대해 이야기하고, 그것에 대한 질문을 던져 명료하게 이해한 다음 피드백한다.

3 경청의 실제

1. 좋은 경청이란?

단순히 잘 듣는(Hearing) 것만이 아니라 말하는 사람의 생각을 듣는 사람이 잘 이해하는 것 → 화자와의 상호작용, 말한 내용의 요약 및 무엇을 말할지 미리 생각하는 것 필요

2. 경청의 올바른 자세

(1) 혼자서 대화를 독점하지 않으며 상대방의 말을 가로채지 않는다.
(2) 상대방의 이야기를 가로막지 않으며 의견이 다르더라도 일단 수용한다.
(3) 말하는 순서를 지키며 논쟁에서는 먼저 상대방의 주장을 들어준다.
(4) 시선(Eye-Contact)을 맞춘다.
(5) 귀로만 듣지 말고 오감을 동원해 적극적으로 경청한다.
(6) 상대를 정면으로 마주하는 자세는 그와 함께 의논할 준비가 되었음을 알리는 자세이다.
(7) 손이나 다리를 꼬지 않는 소위 개방적 자세를 취하는 것은 상대에게 마음을 열어 놓고 있다는 표시이다.
(8) 상대방을 향하여 상체를 기울여 다가앉은 자세는 자신이 열심히 듣고 있다는 사실을 강조하는 것이다.
(9) 우호적인 눈의 접촉을 통해 자신이 관심을 가지고 있다는 사실을 알리게 된다.

3. 경청의 방해 요인

(1) 짐작하기 : 상대방의 말을 듣고 받아들이기보다 자신의 생각에 들어맞는 단서들을 찾아 자신의 생각을 확인하는 것
(2) 대답할 말 준비하기 : 상대방의 말을 들은 뒤 자신이 다음에 할 말을 생각하는 데 집중해 상대방이 말하는 것을 잘 듣지 않는 것

적극적 경청을 위한 태도

① 비판적 · 충고적인 태도를 버린다.
② 상대방이 말하는 의미를 이해한다.
③ 단어 이외의 보여지는 표현에도 신경쓴다.
④ 상대방이 말하는 동안 경청하고 있다는 것을 표현한다.
⑤ 대화 시 흥분하지 않는다.

(3) 걸러내기 : 상대의 말을 듣기는 하지만 상대방의 메시지를 온전하게 받아들이는 것이 아니라 듣고 싶지 않은 것들은 회피하는 것
(4) 판단하기 : 상대방에 대한 부정적인 판단 때문에 또는 상대방을 비판하기 위해 상대방의 말을 제대로 듣지 않는 것
(5) 다른 생각하기 : 대화 도중에 상대방에게 관심을 기울이지 않고 다른 생각을 하는 것
(6) 조언하기 : 지나치게 다른 사람의 문제를 본인이 해결해 주고자 하는 것
(7) 언쟁하기 : 단지 반대하고 논쟁하기 위해서만 상대방의 말에 귀를 기울이는 것
(8) 자존심 세우기 : 자존심 때문에 자신의 부족한 점과 관련된 상대방의 말을 듣지 않는 것
(9) 슬쩍 넘어가기 : 문제를 회피하거나 농담으로 넘기려 하는 것
(10) 비위맞추기 : 상대방을 위로하거나 비위를 맞추기 위해 빨리 동의하는 것

4. 공감 반응

인간관계를 성숙하게 하기 위해 필요한 것이 바로 공감적 태도이다. 공감은 상대방을 존중하고 배려하는 마음으로 상대방의 생각이나 감정을 깊이 있게 이해하고 느끼는 것이다. 잘 듣고 있는 태도를 보여주는 것만으로도 상대방으로부터 신뢰를 얻을 수 있기 때문에 공감하며 듣기는 인간관계에서 매우 중요하다.

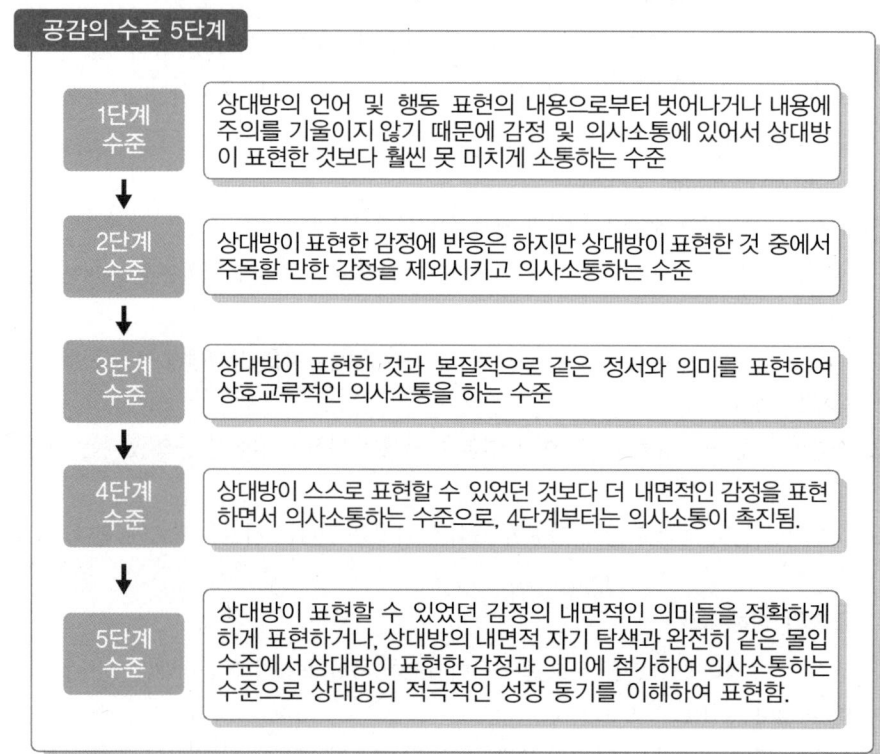

5. 공감적 듣기 전략

집중하기	• 상대방과 눈 맞추기 • 고개 끄덕이기 • '그래?', '맞아' 등의 반응 보이기
격려하기	• 상대방이 한 말 중 주요한 어휘나 표현 반복하기 • 내용의 이해를 위해 미진한 부분에 대해 질문하기 • '좀 더 이야기해 줄래?', '계속 말해도 돼.'와 같은 말로 계속 대화를 이어 나가기
반영하기	• 들은 내용을 자신이 이해한 말로 재진술하기 • 상대방의 견해를 뒷받침해 줄 만한 자신의 경험을 제시하고, 이에 대한 상대방의 의견 묻기

4 스티븐 코비의 경청 5단계

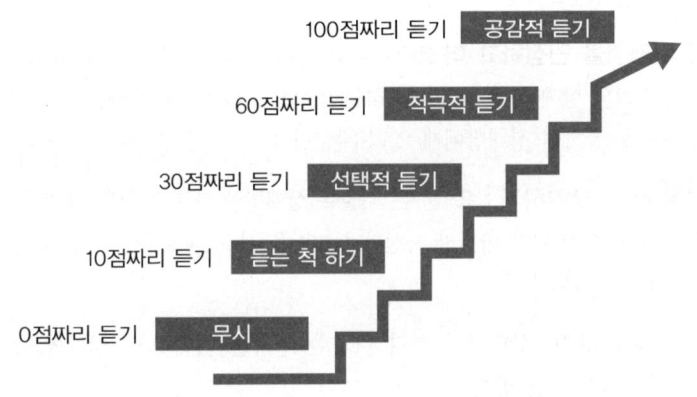

1. **무시** : 멀뚱히 상대방을 바라보고만 있을 뿐 귀를 닫은 상태

2. **듣는 척 하기** : 말하는 사람에게 적어도 관심을 가지는 상태이나, 마음은 딴 곳에 가 있음.

3. **선택적 듣기** : 자기가 듣고 싶은 말만 골라 듣는 상태

4. **적극적 듣기** : 집중하여 듣더라도 공감 없이 상대방이 무엇을 말하는지에만 관심을 기울이는 상태

5. **공감적 듣기** : 상대방의 말, 의도, 감정을 이해하기 위해 가슴과 마음으로 듣는 상태

이것만은 꼭!

경청 능력을 높이는 맞장구

★ 구 워크북

구분	표현
치켜 올리듯 가볍게 하는 맞장구	• 저런! 그렇습니까? • 아닙니다. • 잘됐습니다. • 그렇게 하십시오.
동의하는 맞장구	• 과연! 정말 그렇겠군요. • 알겠습니다.
정리하는 맞장구	• 말하자면 이런 것입니까? • 아~, ~와 ~라는 것이지요?
재촉하는 맞장구	그래서 어떻게 되었습니까?

TIP 잘못된 듣기 유형

절벽형	자기 주장만 늘어놓는 대단히 고집센 유형으로, 남의 말을 듣는 척만할 뿐 실제는 전혀 들으려고 하지 않음.
쇠귀형	듣기는 하지만 말귀를 잘 알아듣지 못하거나 일부러 무시하는 유형으로, 상대방의 말을 이해하는 노력이 부족
건성형	주의를 기울이지 않고 남의 말을 대충 흘려듣는 유형으로, 들으면서 속으로는 다른 생각을 하거나 한 귀로 듣고 다른 귀로 흘림.
매복형	상대방의 이야기를 주의 깊게 듣지만, 이해하려는 입장이 아닌 경계하며 방어 자세로 듣다가 허점이 보이면 곧바로 반격하는 유형
직역형	말 속에 담긴 뜻을 헤아리지 않고 겉으로 드러난 자구(字句)에 얽매이는 유형

5 경청 훈련

1. **주의 기울이기[바라보기, 듣기, 따라하기]** : 상대방의 얼굴과 몸의 움직임뿐만 아니라 호흡하는 자세까지도 주의를 기울여 관찰할 것

2. **상대방의 경험을 인정하고 더 많은 정보 요청하기** : 다른 사람의 메시지를 인정하는 것은 당신이 그와 함께 하며 그가 인도하는 방향으로 따라가고 있다는 것을 언어적·비언어적인 표현을 통하여 상대방에게 알려주는 반응

3. **정확성을 위해 요약하기** : 요약하는 기술은 상대방에 대한 자신의 이해의 정확성을 확인하는 데 도움이 될 뿐만 아니라 자신과 상대방을 서로 알게 하며 자신과 상대방의 메시지를 공유할 수 있도록 함.

4. **개방적인 질문하기** : 상대방의 보다 다양한 생각을 이해하고, 상대방으로부터 보다 많은 정보를 얻기 위한 방법

5. **'왜?'라는 질문 피하기** : '왜?'라는 질문은 보통 진술을 가장한 부정적·추궁적·강압적인 표현이므로 사용하지 않는 것이 좋음.

보충플러스

의사소통 촉진기술
1) 관심 기울이기 : 상대방을 하나의 존엄성을 가진 인격체로 존중하며, 그가 말하는 것에 깊은 관심을 가지고 있다는 사실을 나타내 주는 것
   → 좋은 자세, 시선의 접촉, 즉각적인 언어 반동
2) 의사 확인 : 상대방의 생각을 나 자신의 말이나 개념으로 바꾸어 진술하여 확인
3) 지각 확인 : 말이나 개념의 이해 단계를 넘어 상대방의 느낌과 경험을 확인
4) 경청하기 : 상대방의 말을 귀담아 들어주는 자세
5) 공감하기 : 감정이입적 이해
6) 긍정적 사고와 능동적 자세

개념확인문제

01 다음은 경청의 중요성에 대한 설명이다. (A), (B), (C)에 들어갈 적당한 말은?

> 경청을 함으로써, 상대방을 한 개인으로 (A)하게 된다.
> 경청을 함으로써, 상대방을 (B) 마음으로 대하게 된다.
> 경청을 함으로써, 상대방의 입장에 (C)하며 이해하게 된다.

(A) _____
(B) _____
(C) _____

02 경청을 하는 데 있어서 올바른 자세가 아닌 것을 고르시오.

① 상대를 정면으로 쳐다보면 상대방이 민망할 수도 있으니까 눈을 마주치지 않는다.
② 손이나 다리를 꼬지 않는 소위 개방적 자세를 취한다.
③ 상대방을 향하여 상체를 기울여 다가앉는다.
④ 우호적인 눈의 접촉을 통해 자신이 관심을 가지고 있다는 사실을 알린다.

03 다음 경청에 관한 설명 중 맞으면 ○, 틀리면 ×를 표시하시오.

(1) 경청능력은 연습하여 개발할 수 있다. ( )
(2) 대화법을 통한 경청훈련은 모든 인간관계에서 적용할 수 없다. ( )
(3) 개방적인 질문은 상대방의 다양한 생각을 이해하게 도와준다. ( )

답
01 (A) 존중 (B) 성실한 (C) 공감
02 ①
03 (1) ○ (2) × (3) ○

04 의사표현능력

> 의사표현능력은 말하는 이가 자신의 생각과 감정을 듣는 이에게 음성언어나 신체언어로 표현할 수 있는 능력이다.

1 의사표현의 중요성

말은 그 사람의 이미지를 결정하므로 적절한 의사표현을 통하여 상대에게 잘 전달하는 것이 중요하다.

2 의사표현의 종류

1. **공식적 말하기** : 사전에 준비된 내용을 대중을 상대로 하여 말하는 것
   예 연설, 토의, 토론 등

2. **의례적 말하기** : 정치적·문화적 행사에서와 같이 의례 절차에 따라 하는 말하기
   예 식사, 주례, 회의

3. **친교적 말하기** : 매우 친근한 사람들 사이에 가장 자연스런 상태에 떠오르는 대로 주고받는 말하기
   예 일상 대화

3 비언어적 의사표현의 특징

1. 언어적 의사표현을 대체, 보완, 강조하여 메시지 전달의 효과를 높일 수 있다.
2. 언어적 의사표현이 불가능한 사람들 간 자신의 의견을 표현하는 수단이다.
3. 언어적 의사표현으로 전달하기 곤란한 기쁨이나 분노와 같은 감정을 효과적으로 전달할 수 있다.
4. 외모, 표정, 동작 등을 통해 상대방에 대한 부가적인 정보를 얻을 수 있다.
5. 순간적으로 이루어져 그 의미를 이해하지 못했을 경우 반복 표현을 요구하기 어려울 수 있다.

4 의사표현에 영향을 미치는 비언어적 요소

1. **연단공포증** : 면접이나 발표 등 청중 앞에서 이야기해야 하는 상황일 때, 가슴이 두근거리고 입술이 타고 식은땀이 나고 얼굴이 달아오르는 생리적인 현상을 느끼는 것으로 90% 이상의 사람들이 호소하는 불안이다.

보충플러스

공식적 말하기
- 연설 : 말하는 이 혼자 여러 사람을 대상으로 자신의 사상이나 감정에 관하여 일방적으로 말하는 방식
- 토의 : 여러 사람이 모여서 공통의 문제에 대하여 가장 좋은 해답을 얻기 위해 협의하는 말하기
- 토론 : 어떤 논제에 관해 찬성자와 반대자가 각기 논리적인 근거를 발표하고 상대방의 논거가 부당함을 명백하게 하는 말하기

2. 말

(1) 장단 : 표기가 같은 말이라도 소리가 길고 짧음에 따라 전혀 다른 뜻이 되므로, 긴 소리와 짧은 소리를 구분하여 정확하게 발음할 필요가 있다.

(2) 발음 : 분명하지 못하면 듣는 이에게 정확하게 의사를 전달하기 어렵다. 발음을 정확하게 하기 위해 호흡을 충분히 하고, 목에 힘을 주지 않으며, 입술과 혀와 턱을 빨리 움직이는 연습을 해야 한다.

(3) 속도 : 빨리 말하면 청중이 내용에 대해 생각할 시간이 부족하고 놓친 메시지가 있다고 느끼며, 반대로 느리게 말하면 분위기가 처지게 되어 청중이 내용에 집중을 하지 못할 수도 있다.

(4) 쉼 : 대화 도중에 잠시 침묵하는 것을 말하며 의도적인 경우와 비의도적인 경우로 구분할 수 있다. 쉼의 경우는 여러 가지가 있는데 이야기의 전이(轉移) 시, 양해·동조·반문의 경우, 생략·암시·반성의 경우, 여운을 남길 때 등이 있다.

3. 몸짓

(1) 몸의 방향 : 말하는 이의 머리, 몸, 발 등이 듣는 이를 향하는가, 피하는가를 본다.

(2) 자세 : 우리가 미처 언어적으로 표현하지 못하는 감정을 표현하는 효과적인 의사표현의 요소이다.

(3) 몸짓 : 흔히 몸동작을 가리키며, 화자가 말을 하면서 자연스럽게 동반하는 움직임을 통해 말로 설명하기는 어려운 것들을 설명한다. 또 다른 유형으로는 상징적 동작이 있는데 이는 문화권에 따라 다를 수 있으므로 문화적 차이를 고려해야 한다.

4. 유머 : 의사표현을 더욱 풍요롭게 도와준다.

5. 비언어적 요소 제거 방법 ★ 구 워크북

비언어적 요소	제거 및 활용 방법
연단 공포증	• 완전무결하게 준비하라. • 청중 앞에서 말할 기회를 자주 가지라. • 정해진 시간보다 더 많이 준비하라. • 충분히 휴식하라.　　• 처음부터 웃겨라. • 심호흡을 하라.　　• 청자분석을 철저히 하라.
말	• 등이 의자 등에 닿지 않도록 몸을 앞으로 조금 당겨라. • 앉은 채로 키를 최대한 높일 수 있도록 상체를 위로 쭉 뻗어라. • 가장 큰 소리로 말하는 것처럼 가능한 한 성대와 목의 근육을 조여라. • 한꺼번에 긴장된 모든 근육을 풀어라. • 가능한 몸을 이완시키고 바로 앉아, 목과 목구멍의 근육이 완전히 이완되도록 하라. • 머리가 정상적인 자세보다 더 어깨에 가까워져야 한다.

	• 말하는 동안 하품을 할 때의 목의 근육과 목청을 유지할 수 있도록 4~5번 정도 하품을 하라. • 위 자세를 계속 유지하면서 짧은 문장을 크게 소리 내어 읽어 보아라.
음성	• 숨을 얕게 들이마시면 목소리가 떨리기 때문에 숨을 깊게 들이마셔라. • 음가를 정확히 내기 위해서는 입을 크게 벌려라. • 술과 담배를 절제하고, 충분한 휴식을 취하라.
몸짓	• 두 다리 사이를 너무 넓게 벌리지 않는다. • 몸의 체중을 한쪽 다리에 의존하지 않는다. • 지나치게 경직된 자세를 피하고 갑자기 자세를 고치지 않는다. • 뒷짐을 지거나, 팔짱을 끼지 않으며, 손을 주머니에 넣지 않는다. • 화자는 청자와 시선을 맞추며 여러 청자에게 골고루 시선을 분배한다. • 눈동자를 함부로 굴리지 않는다. • 시선을 불안하게 두지 않는다.
유머	• 자기의 실패담을 이야기한다. • 기발하고 참신한 자료를 찾는다. • 습관적인 사고방식을 배제한다. • 청자 가운데 한 사람을 소재로 삼아 이야기한다. • 쾌활한 태도로 간단한 이야기를 임기응변식으로 처리한다. • 이야기는 빨리 하고 빨리 끝낸다. • 서투른 유머를 해서는 안 된다. • 무리하게 웃기려고 하지 않는다. • 청자를 염두에 두고 이야기를 선택해야 한다.

5 의사표현의 실제

1. 효과적인 의사표현 방법

(1) 자신이 전달하고 싶은 의도, 생각, 감정이 무엇인지 분명하게 인식해야 한다.

(2) 전달하고자 하는 내용을 적절한 메시지로 바꿔야 한다.

(3) 메시지를 전달하는 매체와 경로를 신중하게 선택해야 한다.

(4) 듣는 이가 자신의 메시지를 어떻게 받아들였는지 피드백을 받는 것이 중요하다.

(5) 효과적인 의사표현을 위해 비언어적 방식을 활용하는 것이 좋다.

(6) 확실한 의사 표현을 위해서는 반복적 전달이 필요하다.

2. 상황과 대상에 따른 의사 표현법

(1) 상대방의 잘못을 지적할 때 : '칭찬의 말', '질책의 말', '격려의 말' 순서대로 질책을 가운데 두고 칭찬을 먼저 한 다음 끝에 격려의 말을 하는 샌드위치 화법을 사용한다. 충고는 가급적 최후의 수단으로 은유적으로 접근하는 것이 효과적일 수 있다.

(2) 상대방을 칭찬할 때 : 본인이 중요하게 여기는 것을 칭찬하며 아부로 여겨지지 않게 한다.
(3) 상대방에게 요구해야 할 때 : 먼저 상대의 사정을 파악하여 상대를 우선시하는 태도를 보인 후 응하기 쉽게 구체적으로 부탁한다.
(4) 상대방의 요구를 거절해야 할 때 : 먼저 사과를 한 후 응할 수 없는 이유를 설명하며 모호한 태도보다는 단호하게 거절한다.
(5) 명령해야 할 때 : 강압적인 말투보다는 부드러운 말투로 표현한다.
(6) 설득해야 할 때 : 일방적으로 상대방에게 강요를 해서는 안 되며, 먼저 양보하는 태도를 보여 이익을 서로 공유하겠다는 의지를 보인다.

> **이것만은 꼭**
>
> **거절의 3원칙**
> 1. Sympathy : 상황 공감
> 2. Sorry : 유감 표명
> 3. Suggestion : 대안 제시

효과적인 설득기법

- 얼굴 부딪히기 기법(Door-in-the-face Technique) : 처음에 상대방에게 대단히 큰 요구를 해서 일단 거절을 당한 뒤, 처음보다 작은 요구를 연달아 하여 상대방의 미안한 마음을 자극해 수락하도록 하는 설득 기법
- 문 안에 한 발 들여놓기 기법(Foot-in-the-door Technique) : 처음에는 아주 작은 요구를 해서 상대방이 일단 수락하게 하고 시간이 지나고 난 후 처음보다 큰 요구를 해 거부하지 못하게 만드는 설득 기법
- 스캠퍼 기법(Scamper Technique) : 다양한 방법과 시각으로 새롭고 독특한 아이디어, 대안을 많이 생성하기 위한 확산적 사고 기법
- 환심 사기(Ingratiation) 기법 : 자신에게 더 호감을 가지도록 만들기 위해 수행하는 전략으로, 자신의 반응이 상투적이거나 의도적인 것이 아니라 진정성 있는 의견이라고 믿을 수 있도록 표현하는 것이 중요

3. 원활한 의사표현의 지침 ★구 워크북

(1) 올바른 화법을 위해 독서를 하라.
(2) 좋은 청중이 되라.
(3) 칭찬을 아끼지 마라.
(4) 공감하고, 긍정적으로 보이게 하라.
(5) 겸손하라.
(6) '뒷말'을 숨기지 마라.
(7) '첫마디' 말을 준비하라.
(8) 이성과 감성의 조화를 꾀하라.

보충플러스

엘리베이터 스피치
할리우드 영화감독들 사이에서 비롯된 용어로, 엘리베이터를 타고서부터 내리기까지 약 30초 정도 되는 짧은 시간에 인상적인 설명을 하여 투자자의 마음을 사로잡을 수 있다는 의미이다. 즉 '짧은 시간' 내에 상대방의 호기심과 관심을 이끌어야 설득이 가능하다는 의미이다.

4. 성공적인 프레젠테이션을 위한 지침

(1) 내용을 완전히 숙지하고 연습한다.
(2) 공포감을 극복하며 자신감을 가진다.
(3) 제한된 시간을 효과적으로 활용하는 기술을 익혀야 한다.
(4) 일관된 흐름을 가지고 요점을 간결, 명확하게 전달해야 한다.
(5) 다양한 시청각 기자재를 활용하여 프레젠테이션 효과를 극대화해야 한다.
(6) 프레젠테이션 환경을 미리 조사해야 한다.
(7) 설득해야 할 대상에 대하여 철저히 연구해야 한다.

5. 설득력 있는 의사표현 지침 ★ 구 워크북

(1) 'YES'를 유도하여 미리 설득 분위기를 조성하라.
(2) 대비 효과로 분발심을 불러 일으켜라.
(3) 침묵을 지키는 사람의 참여도를 높여라.
(4) 여운을 남기는 말로 상대방의 감정을 누그러뜨려라.
(5) 하던 말을 갑자기 멈춤으로써 상대방의 주의를 끌어라.
(6) 호칭을 바꿔서 심리적 간격을 좁혀라.
(7) 끄집어 말하여 자존심을 건드려라.
(8) 정보전달 공식을 이용하여 설득하라.
(9) 상대방의 불평이 가져올 결과를 강조하라.
(10) 권위 있는 사람의 말이나 작품을 인용하라.
(11) 약점을 보여 주어 심리적 거리를 좁혀라.
(12) 이상과 현실의 구체적 차이를 확인시켜라.
(13) 자신의 잘못도 솔직하게 인정하라.
(14) 집단의 요구를 거절하려면 개개인의 의견을 물어라.
(15) 동조 심리를 이용하여 설득하라.
(16) 지금까지의 노고를 치하한 뒤 새로운 요구를 하라.
(17) 담당자가 대변사 역할을 하도록 하여 윗사람을 설득하게 하라.
(18) 겉치레 양보로 기선을 제압하라.
(19) 변명의 여지를 만들어 주고 설득하라.
(20) 혼자 말하는 척하면서 상대의 잘못을 지적하라.

개념확인문제

01 다음 중 의사표현에 대한 설명으로 잘못된 것은?

① 의사표현에는 음성으로 표현하는 것과 신체로 표현하는 것이 있다.
② 의사표현을 통해 말하는 이는 듣는 이의 생각이나 태도에 영향을 미칠 수 있다.
③ 의사표현은 현대사회에서 자신을 표현하는 중요한 수단이다.
④ 의사표현의 종류에는 공식적인 말하기와 의례적인 말하기가 있고, 친구들끼리의 친교적 대화는 포함되지 않는다.

02 다음과 같은 상황은 원활한 의사표현을 하는 데 있어 방해요인이 작용한 것이다. 어떠한 방해요인이 작용한 것인가?

> 지속적인 협력 관계인 상대방과 향후 회의 일정을 잡기 위해 회의 중이다. 그런데 대화하는 당사자가 아니라 그 옆의 벽을 향해 살짝 몸을 돌리고 어떤 손이나 팔의 움직임도 없이 뻣뻣하게 대화를 진행하고 있다.

(　　　　　　　　)

03 다음에서 설명하는 효과적인 설득기법은 무엇인가?

> 처음에는 아주 작은 요구를 해서 상대방이 일단 수락하게 하고 시간이 지나고 난 후 처음보다 큰 요구를 해 거부하지 못하게 만드는 설득 기법이다.

(　　　　　　　　)

답
01 ④
02 몸짓
03 문 안에 한 발 들여놓기 기법

05 기초외국어능력

기초외국어능력은 일 경험 중에 필요한 의사소통을 기초 외국어로 가능하게 하는 능력으로 외국어로 된 간단한 자료를 이해하거나 자신의 의사를 외국어로 표현할 수 있는 능력 등을 말한다.

전화 관련 영어 표현

- Who do you wish(=want) to speak to?
  누구를 바꿔 드릴까요?
- I'll put you through him.
  전화 연결하겠습니다.
- Mr. Kim, you are wanted on the phone.
  김 선생님, 전화 왔습니다.
- The line is busy.
  지금 통화 중입니다.
- I'm afraid her phone is busy. Would you like to hold?
  그녀는 통화 중인 것 같습니다. 기다리시겠습니까?
- He's not in at the moment.
  그는 지금 자리에 없습니다.
- Who was that?
  누구한테서 온 전화예요?
- There is no one here by that name.
  그런 사람 여기 없는데요.
- What number are you calling?
  몇 번에다 전화를 거셨습니까?
- You have(=get) the wrong number.
  전화를 잘못 거셨군요.
- Would you like to leave a message?
  전하실 말씀 있으세요?

1 개관

1. 필요성

외국어로 된 메일을 받고 이를 해결하는 상황, 외국인으로부터 걸려온 전화 응대, 외국어로 된 업무관련 자료를 읽는 경우, 외국인 고객을 상대하는 경우 등 다양한 상황에서 필요하다.

2. 중요성

컴퓨터에서부터 공장의 기계 사용, 외국산 제품의 사용법 등 외국어로 작성되어 있는 것이 많다. 이때 기초외국어를 모르면 불편한 경우가 많기 때문에 기초외국어능력은 직업인으로서 중요하다고 할 수 있다.

2 외국어로 의사 표현할 때에 필요한 능력

3 외국인과의 비언어적 의사소통

1. 표정으로 알아채기

(1) 웃는 표정 : 행복과 만족, 친절 표현
(2) 눈살을 찌푸리는 표정 : 불만족과 불쾌
(3) 눈을 마주 쳐다보는 것 : 흥미와 관심 표현

2. 음성으로 알아채기

(1) 어조
  ① 높은 어조 – 적대감이나 대립감
  ② 낮은 어조 – 만족이나 안심

(2) 목소리 크기
  ① 큰 목소리 – 내용 강조, 흥분, 불만족
  ② 작은 목소리 – 자신감 결여

(3) 말의 속도
  ① 빠른 속도 – 공포나 노여움
  ② 느린 속도 – 긴장 또는 저항

3. 외국인과의 의사소통에서 피해야 할 행동

(1) 상대를 볼 때 흘겨보거나, 아예 보지 않는 행동
(2) 팔이나 다리를 꼬는 행동
(3) 표정 없이 말하는 것
(4) 대화에 집중하지 않고 다리를 흔들거나 펜을 돌리는 행동
(5) 맞장구를 치지 않거나, 고개를 끄덕이지 않는 것
(6) 자료만 보는 행동
(7) 바르지 못한 자세로 앉는 행동
(8) 한숨, 하품을 하는 것
(9) 다른 일을 하면서 듣는 것
(10) 상대방에게 이름이나 호칭을 어떻게 할지 먼저 묻지 않고 마음대로 부르는 것

4. 각국의 보디랭귀지

Body Language	국가	의미
옆으로 고개 흔들기	네팔	Yes
	기타	No
머리 긁기	서양	비듬, 가려움
	동양	미안함, 답답함
입 가리기	서양	거짓말
	동양	창피
귀 움직이기	인도	후회
	브라질	칭찬

은행 관련 영어 표현

- I would like to open an account.
  계좌를 개설하고 싶습니다.
- I want a savings account.
  저축 예금을 하고 싶습니다.
- I'd like to make a deposit of 100 dollars.
  100달러를 예금하고 싶습니다.
- I'd like to withdraw 100 dollars.
  100달러를 인출하고 싶습니다.
- I'd like to change this 100 dollar bill into 10 ten-dollar bills.
  100달러 지폐를 10달러 지폐 10장으로 바꾸고 싶습니다.
- Can you break this bill?
  지폐를 잔돈으로 바꿔 주시겠어요?
- I'd like to cash travelers check.
  여행자 수표를 현찰로 바꾸고 싶습니다.
- Could you endorse this check, please?
  이 수표에 배서해 주시겠습니까?
- I'd like to apply for a loan.
  대출을 신청하려 합니다.
- I'd like to rent a safety-deposit box.
  금고를 대여하고 싶습니다.
- What's the exchange rate today?
  오늘 환율이 어떻게 됩니까?
- I want to know my balance.
  예금 잔고를 알고 싶습니다.

Body Language	국가	의미
"O"	영어권	좋다, Great
	프랑스	제로, 무(無)
	일본	돈
	지중해	동성연애(끝)
	브라질	외설적 표현
엄지세우기	공통	권력, 우월, 지배, 최고
	영국, 호주, 뉴질랜드	자동차 세우기
	그리스	저리 가, 꺼져
	유럽	비웃기
가운데 손가락	공통	외설
"V"	안쪽 보이게	윈스턴 처칠의 승리
	바깥쪽 보이게	경멸, 외설
고개 끄덕	불가리아, 그리스	No
	기타	Yes
손가락 교차	유럽	경멸
	브라질	행운
손바닥 아래 위로 흔들기	미국	Bye(헤어질 때 인사)
	유럽	No
	그리스	모욕

개념확인문제

01 다음은 기초외국어능력에 대한 설명이다. 이와 관련하여 괄호 안에 맞으면 ○, 틀리면 ×를 표시하시오.

(1) 기초외국어능력은 외국인과의 유창한 의사소통능력을 말한다. ( )
(2) 기초외국어능력은 외국인과의 업무가 잦은 사람만 필요하다. ( )
(3) 기초외국어능력은 외국어로 된 E-mail을 받고 이를 해결하는 상황, 외국인으로부터 걸려온 전화 응대 등 다양한 상황에서 필요하다. ( )

02 다음 중 기초외국어능력이 필요한 상황과 관련된 설명으로 잘못된 것은?

① 누구에게나 똑같은 상황에서 기초외국어능력이 필요하다.
② 외국어라고 해서 꼭 영어만 필요한 것은 아니고, 자신이 주로 상대하는 외국인들이 구사하는 언어가 필요한 것이다.
③ 자신에게 기초외국어능력이 언제 필요한지 잘 아는 것이 중요하다.
④ 자신의 업무에서 필요한 기초외국어를 적절하게 구사하는 것이 중요하다.

03 보디랭귀지는 각 국가마다 가지는 의미가 다르다. '엄지세우기'의 각 국가별 의미를 올바르게 연결하면?

(1) 뉴질랜드 · · ㉠ 권력, 우월
(2) 그리스 · · ㉡ 저리 가
(3) 공통 · · ㉢ 자동차 세우기
(4) 유럽 · · ㉣ 비웃기

답
01 (1) × (2) × (3) ○
02 ①
03 (1) ㉢ (2) ㉡ (3) ㉠ (4) ㉣

기출예상문제

▶ 정답과 해설 17쪽

01. 다음 중 문서이해절차의 순서로 적절한 것은?

> ㉠ 목적 이해
> ㉡ 문서의 정보 및 현안 문제 파악
> ㉢ 상대방의 의도를 도표나 그림으로 메모하여 요약 및 정리
> ㉣ 문서에서 이해한 목적 달성을 위한 행동 결정
> ㉤ 문서 작성의 배경과 주제 파악
> ㉥ 상대방의 의도 및 자신에게 요구되는 행동에 관한 내용 분석

① ㉠-㉡-㉥-㉤-㉢-㉣
② ㉠-㉢-㉡-㉤-㉥-㉣
③ ㉠-㉣-㉤-㉡-㉥-㉢
④ ㉠-㉤-㉡-㉥-㉣-㉢

02. 다음과 같은 현상으로 인해 나타날 수 있는 영향으로 적절한 것은?

> 한류라는 이름의 문화산업은 음악, 영화, 드라마, 음식 등 다양한 경로를 통해 세계 각국의 팬들에게 각인되었다. 근래에는 우리나라의 가수 "싸이"가 부른 '강남스타일', "방탄소년단"이 부른 'FIRE(불타오르네)' 등의 노래가 세계적으로 인기를 끌면서 한국에 대한 외국인의 관심이 크게 늘었다. 한류 현상은 이제 아시아를 넘어 아메리카, 유럽, 아프리카 등 세계 각국으로 확산되고 있다.

① 우리나라 인구가 급격히 늘어난다.
② 우리나라를 방문하는 외국인 관광객이 늘어난다.
③ 한류로 인해 우리나라 고유의 문화가 점차 사라진다.
④ 지역 간의 교류가 활발해지면서 다국적 기업에 대한 의존이 감소한다.

[03 ~ 04] 다음은 ○○기업의 기획실 직원들이 수집한 문구이다. 이어지는 질문에 답하시오.

(가) 품격 있는 모든 분들이 선택했습니다.
　　　이제 ○○○○이 당신 곁으로 달려갑니다.
　　　성공한 분들과 함께하는 승용차 ○○○○.
(나) 사람은 누구나 하루에 500여 개의 머리카락이 빠집니다.
　　　그런데 언제부턴가 빠지기만 하고 다시 나지 않는다!
　　　여러분의 인생까지도 되돌려 드리겠습니다.

03. 위와 같은 글에 대한 설명으로 적절하지 않은 것은?

① 중심 테마가 하나로 축약되어야 한다.
② 어떤 상품이나 사실을 널리 알려 수용자들의 인지적·행동적 변화를 도모하는 글이다.
③ 대중의 관심을 끌도록 참신하고 독창적인 문안을 작성해야 한다.
④ 구체적인 단어보다는 상상력을 배가시켜줄 수 있는 추상적인 말이 더 좋다.

04. 윗글에 대한 해석으로 적절한 것은?

① (가)는 소비자의 모방 심리를 자극하고 있다.
② (가)는 제품에 대한 객관적인 정보를 제공하며 소비자를 설득하고 있다.
③ (가)는 직접 설득을 구사하고 있고, (나)는 간접 설득적 표현이 두드러진다.
④ (나)는 마지막 문장에서 구체적인 제품의 우수성을 밝히고 있다.

05. 다음은 효과적인 회의 방법을 설명하는 글이다. 이를 참고할 때 〈보기〉의 직원 A ~ E 중 효과적인 회의를 위한 적절한 대화법을 사용하지 못한 사람은?

> 가족 간에서도 부모님과 자녀가 대화를 할 때 서로의 이야기를 듣지 않고 이야기를 한다면 진정한 대화라고 할 수가 없다. 회의에서도 마찬가지로 상대방의 이야기가 나와 맞지 않더라도 경청하고 다 경청한 뒤에 반론하는 것이 중요하다.
> 또한 직급을 따지지 않고 평등한 관계에서 마음 편히 이야기할 수 있는 기회가 주어져야 한다. 특히 회사 안에서 회의를 할 때 직장 내 계급이 낮다고 하여 발언권을 주지 않거나 의견을 무시하는 경향이 있을 수 있는데 이런 점은 좋지 않다. 아이디어를 내기 위해서는 주제에 대해서 오랫동안 미리 생각하고 회의에 참석하여 좋은 의견을 낼 수 있도록 노력해야 한다. 회의 진행자는 문제를 간단히 언급한 후 회의를 시작한다. 그리고 문제를 모두 이해했는지 확인하고 문제의 원인을 물어보도록 한다. 회의 중에는 자주 요약을 하고 문제에 대한 실현 가능한 해결책을 찾고 충분한 해결책이 제시되어 한 가지를 선택해야 할 경우가 있으면 최종 요약 후 투표를 통해 선정하는 것이 바람직하다. 발표자는 진행자의 허락을 받아 발언을 하도록 한다.
> 회의는 목적에 충실해야 한다. 방향이 이탈되지 않도록 진행하면서 간단명료하게 발언하며, 자주 또는 길게 말하는 사람을 중단시킬 필요도 있다. 모든 사람의 의견을 물을 필요는 없지만 진행자는 모든 사람이 회의에 잘 참여하는지 살펴보는 일을 게을리하지 말아야 한다. 회의에 참여해 발언할 때는 적절한 목소리 크기에 신경 쓰고 간단히 요약적으로, 자연스럽게 대화하듯이 하는 것이 좋다. 회의 시에 자신의 주장만 되풀이하고 말꼬리를 물거나, 상대방 의견을 비난하거나 무시하는 발언은 조심해야 한다. 또한 자신의 의견을 이야기할 때에는 긍정적인 시각을 견지한 상태에서 당당한 말투로 말하며, 창의성 있는 방안을 제시하려는 자세를 잃지 말아야 한다.

보기

A : 저는 과장님께서 말씀하신 의견과 좀 다릅니다만, 잠시 후 정리해서 말씀드리겠습니다.
B : 좋은 의견 같습니다. 현실적 어려움이 있긴 하지만, 극복할 수 있는 방안이 무엇이 있는지부터 찾아보는 게 좋겠어요.
C : 김 사원이 말한 방법은 이번에 적용할 수는 없겠지만 언젠가는 활용할 수 있는 아주 좋은 의견인 것 같군.
D : 이번 안건은 가장 중요한 사업계획과 관련된 문제이니 사원급에서는 잘 듣기만 하고 대리 이상부터 이야기를 해 봅시다.
E : 팀장님, 타사에서도 활용할 수 있는 방법 말고 저희가 가진 단점을 오히려 역이용하는 방법을 사용해 보면 어떨까요?

① A
② B
③ C
④ D
⑤ E

06. ○○기업에 신입사원으로 입사한 관리본부 소속 직원들은 신입사원 연수 프로그램에서 다음 글과 같은 '잘못된 인과 관계'에 대해 토론하였다. 사원들이 제시한 관련 사례 중 이와 거리가 먼 것은?

> 영어 관용어에 '낙타의 등뼈를 부러뜨린 마지막 지푸라기(The last straw that broke the camel's back)'라는 말이 있다. 이 말은 어떤 사람이 무거운 짐을 지고 있는 낙타의 등에 지푸라기 한 개를 얹자 낙타가 쓰러진 일에서 비롯되었다. 낙타의 주인은 "지푸라기 하나도 제대로 짊어질 수 없는 낙타"라며 비난했는데, 실제로 낙타가 쓰러진 원인은 지속적인 혹사 때문이다. 주인이 낙타에게 지푸라기 한 개를 얹은 것은 '직전의 원인'이요, 계속된 혹사는 '근본적인 원인'이다. 이처럼 우리는 우연히 마지막에 일어난 사건을 근본적인 원인으로 착각하는 경우가 있다. 이러한 착각은 문제를 해결하는 데 잘못된 방안을 제시하게 할 수 있다.

① 박 사원 : 게임이 청소년의 폭력을 부른다.
② 이 사원 : 아침 식사를 하면 시험 성적이 좋아진다.
③ 김 사원 : 기름진 음식을 먹으면 여드름이 많이 생긴다.
④ 장 사원 : 저출산 현상이 지속되면서 학령인구가 감소하였다.

07. 다음 글에 등장하는 맹 씨의 행동에 어울리는 속담은?

> 춘추 전국 시대에 서 씨 성을 가진 사람이 살았다. 학문을 좋아하는 서 씨는 제나라에 가서 왕을 만났다. 서 씨는 왕에게, "임금님, 나라를 다스릴 때에는 어질고 너그럽게 다스려야 합니다. 그래야 백성들도 평화롭게 살 수 있고, 이웃 나라와도 사이좋게 지낼 수 있습니다. 저는 학문을 많이 닦았으니 임금님께 그 방법을 알려 드리겠습니다." 제나라의 왕은 학문을 좋아하는 사람이므로 서 씨의 말을 듣고 아주 기뻐하면서 그를 제나라의 정승으로 삼았다.
> 서 씨의 친구 중에 맹 씨 성을 가진 사람이 서 씨를 찾아와 출세의 방법을 물어서 서 씨는 자기가 했던 그대로 이야기를 해주었다. 맹 씨는 진나라에 가서 진나라 왕에게 그 방법대로 이야기하였다. 그런데 진나라 왕은 전쟁을 좋아하는 사람이어서 그 말을 듣고는 매우 화를 내었다.
> "뭐라고? 여러 나라들이 서로 이기려고 싸우는 판에 나더러 어질고 너그럽게 나라를 다스리라고? 너는 우리 진나라를 망하게 하려고 하는구나!" 진나라 왕은 맹 씨를 곤장을 때려 내쫓아 버렸다.

① 드나드는 개가 꿩을 문다.
② 닭 쫓던 개 지붕 쳐다본다.
③ 눈 먼 말 방울소리 따라간다.
④ 토끼 둘 잡으려다 하나도 못 잡는다.

08. ○○공단 주간 회의 자료의 일부이다. 회의 자료를 잘 이해한 사람은?

금주실적 (9. 16. ~ 9. 22.)
1. 공단 본부청사 체육시설관리운영지침 개정 　• 목적 : 공단본부 청사 내 체육시설 개방 시간 조정 　• 변경 주요 내용 　　- (현재) 평일 18:00 ~ 21:00, 주말·공휴일 06:00 ~ 18:00 개방 　　- (변경) 평일 18:00 ~ 20:00, 주말·공휴일 09:00 ~ 18:00 개방 2. 금년도 가족친화기관 재인증을 위한 현장실사 실시 　• 일시 : 20X9. 9. 16.(월) 09:30 ~ 11:30 　• 장소 : 본부 7층 청렴홀 　• 방문자 : 여성가족부 소속 심사위원 등 총 4명 　• 점검 내용 : 육아휴직·육아기 근로 시간 단축 이용률 등 공단 내 친화제도 전반 3. 울산혁신도시 이전 공공기관 실무협의회 개최 　• 일시 : 20X9. 9. 18.(수) 15:00 ~ 16:00 　• 장소 : 공단 본부 7층 청렴홀 　• 참석자 : 울산혁신도시 내 5개 공공기관* 복지 담당자(총 9명) 　　* A 공단, B 공단, C 공사, D 공사, ○○공단 　• 주요내용 : 기관별 사내 도서관 소장도서 상호대차 시스템 구축 등
차주계획 (9. 23. ~ 9. 29.)
1. 20X9년 하반기 합동소방훈련 실시 　• 일시·장소 : 20X9. 9. 26.(목) 14:00 ~ 15:00 공단 본부 청사 　• 주요 내용 : 훈련상황(가스 폭발) 부여 후 전 임직원 대피 훈련 실시 및 소화기·완강기 사용방법 교육 실시 　　※ ○○소방서와 합동소방훈련으로 진행, 제412차 민방위의 날 화재대피훈련 병행 2. 4/4분기 물품·용역 등 발주계획 제출 요청 　• 기간 : 문서시행일 ~ 20X9. 9. 25.(수)까지 　• 대상 : 추정가격 2천만 원 이상 계약 발주계획

① A 과장 : 추석 당일 오전 7시에 체육시설 이용하려면 사전에 승인을 받으면 돼.
② B 주임 : 이번에 공단은 올해 처음으로 가족친화기관 인증을 받기 위해서 현장실사를 받았나봐.
③ C 차장 : 울산에 이전한 공공기관에는 저 5개 기관이 포함되는구나.
④ D 과장 : 9월 26일 오후에 진행되는 합동소방훈련은 희망자만 참석하는 거니까 나는 참여하지 않아도 되겠어.
⑤ E 주임 : 나는 9월 25일까지 1천만 원 상당의 PC 구입 계획을 제출해야겠다.

09. ○○공단 고용체류지원부 직원들이 다음의 안내문을 읽고 대화한 내용으로 옳지 않은 것은?

외국인 건강보험 제도변경 안내
"외국인 및 재외국민이 대한민국에서 6개월 이상 체류하게 되면
20X9년 7월 16일부터 건강보험에 당연가입됩니다"

- 6개월 이상 체류하는 경우 건강보험 당연가입
  ✓ 유학 또는 결혼이민의 경우는 입국하여 외국인 등록한 날 가입
- 자격은 등록된 체류지(거소지)에 따라 개인별로 관리(취득)되며, 건강보험료도 개인별로 부과
  ✓ 다만, 같은 체류지(거소지)에 배우자 및 만 19세 미만 자녀와 함께 거주하여 가족단위로 보험료 납부를 원하는 경우에는 가족관계를 확인할 수 있는 서류를 지참하여 방문 신청 필요
  ✓ 보험료는 소득·재산에 따라 산정하며, 산정된 보험료가 전년도 11월 전체가입자 평균보험료 미만인 경우 평균보험료를 부과
- 매월 25일까지 다음 달 보험료 납부
- 보험료 미납하면 불이익 발생
  ✓ 병·의원 이용 시 건강보험 혜택 제한
  ✓ 비자연장 등 각종 체류허가 제한(법무부 출입국·외국인관서)
- 건강보험 혜택은 대한민국 국민과 동일
  ✓ 입원, 외래진료, 중증질환, 건강검진 등

---

① A 차장 : 유학 목적으로 1년간 한국에서 체류할 예정인 외국인 유학생 Z는 건강보험에 당연가입되는 것이죠.

② B 대리 : 맞습니다. 유학생의 경우 외국인 등록한 날에 가입됩니다.

③ C 주임 : ○○사업장에서 근무하는 외국인근로자 K는 6개월 이상 체류하기 때문에 가입대상이 될 것 같습니다.

④ D 과장 : 네. 그렇지만 외국인에게 적용되는 건강보험 혜택이 우리 국민에게 적용되는 것보다 좋지 않기 때문에 문제가 됩니다.

⑤ E 대리 : 6개월 이상 체류하는 외국인이 보험료 미납 시 비자연장 등 각종 체류 허가가 제한되므로 외국인근로자를 고용하는 사업주에게 이 안내문을 공지하는 것이 좋겠습니다.

10. 다음은 우리말 '괜찮다'에 대한 의미를 구분하여 설명하는 글이다. 이를 참고할 때, 〈보기〉에 쓰인 사례 문장에 대한 설명으로 올바르지 않은 것은?

한국어의 '괜찮다'는 실생활에서 광범위하게 쓰이는 기초단어 중 하나이다. 이처럼 명료하게 하나의 뜻을 가지지 않는 다의성을 가진 단어들에 대해서 학습해야 하는 한국어 학습자들은 한국어를 제대로 익히기 위해서는 단어자체의 의미뿐만 아니라 맥락에서의 의미까지도 정확히 이해해야 한다. 상황에 따른 의미를 파악하지 못한 채 한정된 지식만으로 '괜찮다'를 사용하는 경우 제대로 된 의사소통을 하기 힘들기 때문이다.

구어에서 쓰이는 '괜찮다'의 의미를 대표적인 것으로 구분하여 그 사용빈도를 알아보면 다음과 같다.

의미 항목	영어 표현	사용 빈도
좋다	good	17.09%
충분하다	sufficient	2.61%
적절하다	suitable	0.47%
가능하다	can	11.39%
상관없다	not mind	19.61%
무사하다	safe	43.23%

보기

(가) '처음 출전한 마스터스 대회에서 <u>괜찮은</u> 성적을 냈다.'
(나) '아까 춤추는 모습에 반했습니다. <u>괜찮으시면</u> 저와 한 번 추시겠습니까?'
(다) '그래도 일이 <u>괜찮게</u> 해결돼서 참 다행이야.'
(라) '어머님, 간이 좀 안 맞아서 제가 다시 양념했어요. 이제 <u>괜찮은</u> 거 같아요.'
(마) '좁은 공간에서 둘이 자느라 힘들 줄 알았는데 생각보다 <u>괜찮더군</u>.'
(바) '남들이 하지 않는 분야를 선점하는 것도 <u>괜찮다</u>.'

① (가)의 '괜찮다'와 동일한 의미를 갖는 문장은 〈보기〉에서 찾을 수 있다.
② (나)는 '가능하다', (다)는 '무사하다'는 의미의 '괜찮다'가 쓰인 문장이다.
③ (라)는 '적절하다'는 의미의 '괜찮다'가 쓰인 문장이다.
④ (라)와 (마)는 동일한 의미의 '괜찮다'가 쓰인 문장이 아니다.
⑤ '언니가 학교를 가면 널 챙겨주지 못할 텐데 그래도 괜찮겠니?'는 (마)와 동일한 의미의 '괜찮다'가 쓰인 문장이다.

11. 신입사원 A는 사내 교육프로그램으로 〈짧고 쉬운 보고서 쓰기〉에 대한 교육을 받은 후 교육 자료집에 실린 다음의 내용을 토대로 〈효과적인 보고서 작성 체크리스트〉를 작성해 보기로 하였다. 체크리스트 항목으로 어울리지 않는 것은?

> 효과적인 보고서의 핵심은 "짧고 쉽게 쓰기"입니다.
> 짧은 보고서는 작성 방법과 내용에 따라 100장짜리 보고서보다 알차고 효과적입니다.
> 보고서 작성을 시작할 때는 결론을 가장 먼저 작성합니다. 이것은 단 한 줄만 읽고도 보고서 전체의 내용을 파악할 수 있도록 하기 위해서입니다. 보고서 내용은 핵심이 명확하게 표기되어야 하고 짧지만 구체적으로 표현되어야 합니다. 또한 어려운 전문용어보다는 가급적 쉬운 말을 사용해야 합니다. 그리고 했던 이야기를 반복하지 않습니다. 앞에서 핵심을 정확하게 드러냈다면 이야기를 반복해서 시간을 낭비할 필요가 없을 것입니다.
> 보고서를 마칠 때에는 결론을 다시 정리해 의사결정자가 고려할 사항을 다시 한번 언급합니다. 보고서의 가장 첫 줄과 마찬가지로 마지막 줄을 통해 최종의사결정자가 보고서가 왜 작성되었는지, 의사결정자로서 자신은 무엇을 고려해야 하는지 등을 즉시 파악할 수 있도록 해야 합니다.
> 짧은 보고서 작성을 위해서는 민토피라미드(Minto Pyramid)를 바탕으로 보고서를 작성할 것을 추천합니다. 민토피라미드는 맥킨지 컨설턴트인 바바라 민토(Barbara Minto)가 만든 시각적 사고법으로 가장 위쪽에는 핵심 메시지를, 아래쪽에는 상위메시지에 관한 부연설명을 배치합니다. 메시지를 위에서 아래로 전개할 때 왜(Why), 무엇을(What) 등의 질문을 하면서 그 답에 해당하는 것을 하위 메시지로 만듭니다. 민토피라미드를 활용해 보고서를 작성할 경우 보고서의 불필요한 부분을 줄여 명확하게 메시지를 전달할 수 있습니다.

① 보고서 페이지 수는 적당히 간결한가?
② 보고서에 전문용어 활용이 부족하지는 않은가?
③ 보고서의 처음과 끝에 핵심내용을 언급했는가?
④ 보고서 작성 시 같은 내용이나 말이 두 번 이상 반복되지 않았는가?

12. 다음 글의 빈칸에 들어갈 가장 적합한 사자성어는?

> 한때 바둑계에서 전 세계적으로 위명을 떨쳤던 이창호 기사는 포석보다 마무리, 즉 끝내기부터 통달했다. 그의 바둑은 화려하지 않고 싸움에 능하지 않았다. 그렇지만 세계적인 기사들을 번번이 무너뜨렸다. 끝내기에서 압도했기 때문이다. 진정한 고수는 마무리의 의미를 깨친 자일 것이다. 진정 고수가 되고자 한다면 '(   )이/가 되지 마라.', '유종의 미를 거두라.'라는 말을 깊이 새기면서 마무리의 진정한 의미를 가슴에 새겨야 할 것이다.

① 계란유골(鷄卵有骨) ② 오비이락(烏飛梨落)
③ 유유상종(類類相從) ④ 용두사미(龍頭蛇尾)

13. ○○기업 신입사원인 Q 사원은 수습기간을 거친 후 처음으로 보고서를 작성하여 상사에게 보고하려고 한다. 다음과 같은 보고서를 작성할 때, 옳지 않은 것은?

> 진행되었던 사안의 수입과 지출 결과를 보고하는 문서

① 보고서의 핵심사항을 맨 앞에 표시해서 작성한다.
② 보고서의 형식을 제대로 갖추어서 작성한다.
③ 전문용어를 많이 사용해서 보고서를 작성한다.
④ 주관적인 입장은 배제하고 객관적으로 작성한다.

14. 다음 ⓐ ~ ⓕ 중 설명서 작성 방법이 아닌 것을 모두 고르면?

> ⓐ 평서문보다 명령문을 활용해 작성한다.
> ⓑ 상품이나 제품에 대해 설명하는 글의 성격에 맞춰 정확하게 기술한다.
> ⓒ 중요한 내용을 전달하기 위해 같은 내용을 여러 번 반복하여 기술한다.
> ⓓ 문서의 격을 높이기 위하여 어려운 전문 용어를 가능한 많이 사용한다.
> ⓔ 복잡한 내용은 도표를 활용해 시각화하여 이해도를 높인다.
> ⓕ 동일한 문장 반복을 피하고 다양한 표현을 사용한다.

① ⓐ, ⓒ, ⓓ
② ⓐ, ⓔ, ⓕ
③ ⓑ, ⓒ, ⓔ
④ ⓑ, ⓔ, ⓕ

15. ○○발전 홍보실에 근무하는 A 사원은 다음과 같은 제목으로 보도 자료를 작성하려고 한다. 보도 자료에 들어갈 내용으로 적절하지 않은 것은?

> <u>○○발전, 미세먼지로부터 어린이 건강 지키기에 나서</u>
> 미세먼지에 취약한 어린이 대상 공기청정기, 미세먼지 마스크 지원 및 진공청소 실시 등 환경 개선 시행

① ○○발전은 2025년까지 2조 3천억 원을 투입하여 발전소의 대기오염물질 배출량 80%를 획기적으로 감축할 계획이다.
② ○○발전은 초등학교 학생을 대상으로 530개의 미세먼지 마스크를 배부하고, 발전소에서 운영 중인 진공청소차를 긴급 동원하여 학생과 주민이 주로 드나드는 출입구 주변과 인근 도로의 비산 먼지를 제거하여 쾌적한 환경을 조성하였다.
③ ○○발전 사회봉사단은 ●월 ●일(월) △△시 소재 △△초등학교에서 최근의 극심한 미세먼지 대응을 위한 사회공헌활동을 실시하였다.
④ ○○발전 □□□사장은 "미세먼지로 인하여 국민의 건강이 심각하게 위협받고 있는 상황에서 국민의 기업인 ○○발전은 내 가족과 이웃의 건강, 특히 어린이와 취약계층의 건강을 지키는 데 회사의 관심을 더욱 집중하겠다."라고 전했다.

16. 다음과 같은 상황에서 보고서를 작성할 때 사용할 설명 방법으로 적절한 것은?

> 박갑동 대리는 회사에서 새로 출시할 상품을 설명하는 보고서를 작성해야 한다. 박갑동 대리는 보고서를 작성하기 전에 설명해야 할 상품을 다시 사용해 보았다. 그 결과 새로운 상품은 이전의 비슷한 상품과 다른 점이 많다는 것을 알게 되었다. 박갑동 대리는 새 상품이 이전의 상품과 어떻게 다른지 설명하는 데 초점을 맞추기로 하고 자료를 찾아보기 시작하였다.

① 인용
② 예시
③ 과정
④ 대조

17. (가) ~ (라)에 대한 설명으로 적절하지 않은 것은?

> (가) 저는 얼마 전 신문에서 나눔 도서관에 관한 기사를 읽고 그곳을 찾아가 더 자세한 정보를 알아보았습니다. 나눔 도서관은 나눔의 정신을 실천할 수 있는 곳으로 우리가 이용해 볼 만한 충분한 가치가 있다고 생각하여 소개합니다.
>
> (나) 나눔 도서관은 책을 공유하는 나눔의 성격이 강화된 도서관입니다. 이 도서관은 책을 필요로 하는 사람에게 책을 무료로 나눠 주기도 하고, 시민들로부터 책을 기증받기도 합니다.
>
> (다) 보고서에 따르면 우리 국민의 절반 이상이 한 번 읽은 책은 더 이상 읽지 않고 집에 쌓아 둔다고 합니다. 여러분도 한 번 읽고 책꽂이에 꽂아 둔 책이 한두 권씩은 있을 거예요. 그리고 책을 사고 싶지만 책값이 부담되어 망설이며 고민하던 때도 있지 않았나요? 나눔 도서관이 그런 고민을 해결해 줄 것입니다.
>
> (라) 쓰지 않는 물품은 도서관 내의 '나눔터'에서 '나눔 동전'으로 교환할 수 있습니다. 그 동전으로 나눔터에 있는 다른 물품을 구입할 수 있습니다. 혹시 사용하지 않는 물건들이 있나요? 그렇다면 여러분도 나눔 동전으로 교환하여 자신에게 필요한 물건을 구입해 보세요.

① (가) : 도입부에서 글쓴이의 실제 경험을 제시하여 독자의 관심을 유도하고 있다.
② (나) : 나눔 도서관의 특징을 부각하여 도서관에 대한 설명을 하고 있다.
③ (다) : 전문가의 의견을 인용하여 나눔 도서관의 기능에 대한 신뢰성을 높이고 있다.
④ (라) : 독자에게 질문을 던짐으로써 실천을 촉구하고 있다.
⑤ (가) ~ (라) 모두 나눔 도서관의 긍정적 기능 및 효과를 언급하며 도서관을 홍보하고 있다.

18. 다음 글의 논지 전개 방식과 관련한 서술상의 특징으로 적절하지 않은 것은?

> 생명은 탄생과 죽음으로 하나의 단위를 형성한다. 우리의 관심은 '잘 사는 것'과 '잘 죽는 것'으로 표현할 수 있다. 죽음은 인간의 총체를 형성하는 결정적인 요소이다. 이러한 요소 때문에 탄생보다는 죽음에 대한 철학적이고 문화적인 이해가 훨씬 더 많이 발달할 수밖에 없었다. 게다가 죽음이란 한 존재의 사멸, 부정의 의미이므로 여러 가지 인격을 갖고 살아가고 있는 현대인의 어떤 정체성을 부정하거나 사멸시키는 하나의 행위로서 은유적으로 사용되기도 한다. 이것은 죽음이 철학적 사변의 대상이 될 뿐만 아니라 어느 시대나 그 시대를 살아가는 문화적 관습의 근거가 되기도 하며 더 나아가 예술의 핵심을 형성하고 있다는 말이 된다. 그러한 물음을 모아보면 다음과 같은 것들을 꼽을 수 있다. 모든 인간 하나하나는 자신이 죽는다는 사실을 확실하게 아는가? 죽는다는 사실은 나쁜 것인가?
> 많은 심리학자들은 죽음에 대한 이해는 인간이 타고나면서 저절로 알게 되는 것은 아니라고 한다. 그보다는 죽음이란 이 세상을 살아가면서 배워서 아는 것이라고 한다. 말하자면 어린이들은 죽음에 대한 개념이 없다가 점차 주변의 죽음을 이해하고 죽음에 대한 가르침을 통해서 죽음이란 무엇인가를 배운다는 것이다.
> 생명의 출발로부터 시작해서 죽음에 이르는 긴 시간의 과정이 바로 삶의 전체이다. 하지만 생명의 출발에 대한 이해도 여러 가지의 국면으로 나누어 이해할 수 있다. 하나는 나 자신의 물질적인 근거, 생물학적인 존재로서 나의 출발에 관한 것이다. 수정되어 태아 상태를 거쳐 하나의 성체가 되기까지의 나의 존재의 기원을 물질주의적으로 생물학적으로 묻는다.
> 또 하나는 철학적, 목적적으로 묻는 일이다. 즉 나는 이 세상에 왜 태어났는가 하는 것이다. 개개인에게 이 세상에서 살아야 하는 목적을 묻는다면 필연적으로 그것은 철학적, 윤리적, 가치론적 입장에서 답해야 한다. 인간 종의 기원에 대한 물음도 물질주의적 생물학적인 근거를 추적하는 일과 존재론적인, 목적론적인 원인을 추적하는 일로 나누어 생각해볼 수 있다. 그래서 인간의 기원을 외부로부터 들어온 유기물이 원시 지구의 환경 속에서 성장한 것이라고 생각할 수도 있겠지만, 두루미나 호박벌이 가져온 골칫거리라고 생각할 수도 있다. 어느 것이 더 믿을만하냐라고 묻더라도 어떤 종류의 믿음을 말하느냐에 따라 달라진다.
> 이처럼 인간이라는 한 존재의 기원과 소멸까지는 단순히 하나의 분과 학문으로서만 이해할 수 있는 성질의 것은 아니다. 여러 학문, 특히 과학 기술적 접근과 인문주의적 접근이 동시에 이루어짐으로써 그것에 대하여 보다 풍성한 이해를 유도할 수 있다.

① 핵심 단어에 대한 정의를 찾아가며 논점을 전개하고 있다.
② 드러난 상식으로부터 새로운 가치를 도출하려는 시도를 하려고 한다.
③ 특정 현상을 다양한 각도에서 조명해 보고자 한다.
④ 일반적인 통념에 대한 심도 있는 고찰 방법을 제시하고 있다.

19. 다음은 광고문구에 사용되는 다양한 표현 기법에 대한 설명이다. 〈보기〉에서 틀린 설명을 모두 고른 것은?

(1) 생략법 : 생략법은 문장의 일부분을 생략하여 의미의 일부를 감추는 것이다. 사람은 감추어진 의미에 궁금증을 가지고 그것을 찾아보고 생각해 보려는 마음이 있는데 생략법은 이러한 심리를 이용한 수사법이다.
(2) 점층법 : 점층법은 점점 더 비중을 더하는 문장성분이 나열되는 것이므로 단순 나열과 달리 자연스럽게 소비자를 끌어 들이는 효과가 있다.
(3) 열거법 : 열거법은 서로 비슷하거나 내용상 관련이 있는 말들을 열거하여 그 뜻을 집중적으로 강조하여 나타내는 표현법이다.
(4) 과장법 : 사물의 수량, 성질, 상태 또는 글의 내용을 실제보다 더 늘이거나 줄여서 표현하는 방법이다. 과장법을 사용함으로써 강한 인상과 함께 전하고자 하는 메시지를 명확하게 전달할 수 있다.
(5) (ⓐ) : 이것은 상대방이나 사물을 지칭하여 부름으로써 주체를 집중시키고 전달하고자 하는 내용에 호감을 갖도록 하며, 나아가 광고 내용에 대한 거부감을 줄이는 방법이다.
(6) 영탄법 : 영탄법은 기쁨, 슬픔, 놀라움 등의 감정을 직접적으로 드러내어 표현하는 방법이다.

보기

(가) (1) ~ (6)은 소리에 따른 수사법의 종류이다.
(나) 〈여자가 하우젠을 꿈꾸면…〉은 (1)의 예로 적합하다.
(다) 〈별을 흘릴수록, 나는 채워진다〉는 (2)의 예로 적합하다.
(라) 〈세상에서 가장 맛있는 밥〉은 (4)의 예로 적합하다.
(마) ⓐ에 들어갈 말은 '설의법'이다.

① (가), (다) ② (나), (라) ③ (나), (라), (마)
④ (다), (라) ⑤ (가), (다), (마)

20. ○○기업의 S 과장은 부서별 회의에서 4차 산업혁명의 동향과 이에 따른 정책적 변화의 선제적 대응을 주제로 하는 PT발표를 위해 다음과 같이 개요를 작성하였다. 〈보기〉의 자료가 들어갈 위치로 적절한 곳은?

```
Ⅰ. 서론 : 연구의 목적 및 선행연구 검토
   1. 연구의 필요성 및 목적 ·················································· ㉠
   2. 4차 산업혁명에 대한 기존 논의
   3. 역사는 산업혁명에 대해 무엇을 가르쳐 주는가? ············· ㉡

Ⅱ. 본론
   1. 4차 산업혁명의 기술 동인과 산업 파급 전망의 틀
      1-1. 4차 산업혁명의 기술 동인 ·································· ㉢
      1-2. 산업 파급 전망의 틀
   2. 4차 산업혁명의 산업 파급 전망(1) : 제조업
      2-1. 산업인터넷과 스마트공장
      2-2. 자율주행차
      2-3. 스마트 에너지
   3. 4차 산업혁명의 산업 파급 전망(2) : 서비스업 ················ ㉣
      3-1. 차량공유 서비스 – 우버 사례를 중심으로
      3-2. 디지털 헬스케어
      3-3. 핀테크
      3-4. 리걸테크

Ⅲ. 종합 및 정책적 시사점
   1. 사례연구 종합
   2. 정책적 시사점 ······························································ ㉤
```

보기

4차 산업혁명의 공통적 특성 4가지로부터 5가지 혁신과제를 도출
• 3대 핵심과제 : 진입규제완화, 데이터 인프라 확충, 창업생태계 선진화
• 부수 과제 : 공통 R&D 뉴딜 추진, SW 인재 양성 강화

① ㉠　　　　　　　② ㉡　　　　　　　③ ㉢
④ ㉣　　　　　　　⑤ ㉤

[21 ~ 22] 다음 〈문서 작성 요령〉을 읽고 이어지는 질문에 답하시오.

〈문서 작성 요령〉

1. 문서의 종류

   대내문서는 회사 내 부서 간, 본사와 사업장 간 및 사업장 상호 간에 수발되는 문서이며, 대외문서는 회사와 외부기관 간에 수발되는 문서이다.

2. 문서의 용어

   가. 외래어는 국립국어원 제정 외래어표기법에 의해 표기하며 한자 및 외래어는 필요시 병기 가능하다.

   나. 숫자는 부득이한 경우를 제외하고 아라비아 숫자로 표기한다.

   다. 문서에 사용되는 연월일은 요일을 제외하고 숫자만으로 표기하는 것이 원칙이며, 연월일 및 요일은 온점(.)을 찍어 구분한다. 또한 요일은 괄호 안에 한 글자로 표기한다.

   라. 문서에 사용되는 시간은 24시간제에 의하며 시, 분의 문자는 생략하고 콜론(:)을 찍어 시, 분을 구분한다.

3. 문서의 수정

   문서의 일부분을 수정하거나 삭제할 때에는 글자의 중앙에 가로로 두 줄(=)을 그은 후 수정·삭제한 글자 위에 수정자가 날인을 하며, 첨가할 때에는 삽입 표시(∨)를 기입한다. 단, 계약서 등의 문서 수정 시에는 그 난 밖에 기재한 자수를 표시하고 날인한다.

4. 두문 표시

   가. 두문은 문서의 발신기관, 발신 연월일과 요일, 수신란으로 다음에 따라 구성한다.

   나. 발신기관의 표시는 대외문서에는 회사명을, 대내문서에는 부서명 또는 사업장명을 표시한다.

   다. 발신 연월일은 대외문서의 경우 우측 한계선에서 끝나도록 한다.

   라. 수신란은 경유, 수신 및 참조로 구분한다.
   - 문서 내용이 경유를 필요로 하는 경우 경유기관을 표시하며 경유기관장은 의견을 첨가할 수 있다.
   - 수신의 표시는 대외문서의 경우 수신기관 및 기관장의 직명을 쓰며 귀하, 앞 등의 칭호를 생략한다.
   - 참조의 표시는 문서를 직접 처리하는 부, 과장 또는 담당자의 직명을 기재한다.

5. 본문 표시

   가. 본문은 제목과 내용으로 표시한다.

   나. 제목 표시는 수신기관 다음 줄에 제목이라 기입하고 1자 띄어 간단명료하게 표현하되, 제목이 2줄 이상 겹칠 때에는 첫 줄의 첫 자에 맞춘다.

   다. 문서를 항목별로 세분할 경우 1., 가., 1), 가), (1), (가)의 순으로 부호를 붙인다.

   라. 문서의 내용이 복잡할 경우, 부전지에 그 내용을 요약하여 첫 장에 첨부할 수 있다.

   마. 문서에 첨부물이 있는 경우 한 줄 띄어서 '붙임' 표시를 한 후 첨부물의 명칭, 수량 등을 기재한다.
   - 본문이 끝나면 한 자 띄어서 '끝.'자를 기재한다. 단, 본문이 우측 한계선에서 끝난 때에는 그 바로 아래에, 첨부물이 있는 경우에는 그 수량 표시 다음에 기재한다.

21. 다음은 홍길동 사원이 광고기획서를 수정한 내용이다. 바르게 수정되지 않은 것은 몇 개인가?

> 대부분의 숙취해소 음료 광고는 광고 모델의 술에 취한 코믹연기나 중독성이 있는 CM송 등을 이용한 ㉠ <del>유머</del>(유머광고) 형식을 취하고 있다. 이러한 광고에서는 술에 취한 사람들이 실제로 겪을 법한 일들을 유머러스하게 나타내어 재미있고 유쾌한 분위기를 만들어내는 것이 주를 이룬다. 따라서 ㉡ <del>이와는 다르게</del> 우리는 자사제품을 섭취함으로써 술에 취해도 흐트러지지 않는 직장인의 모습을 보여주고자 한다.
>
> 따라서 제품의 ㉢ <del>위트</del>(신뢰성)(3글자 수정)에 보다 중점을 두고 제품에 포함된 성분의 성능을 강조할 것이며, 이를 위해 진중한 ㉣ <del>느낌</del>과 이미지를 가지고 있는 배우 ○○○을/를 모델로 ㉤ <del>기용</del>(선발)하여 광고를 하고자 한다.

① 없음.　② 1개　③ 2개　④ 3개　⑤ 4개

22. 다음은 사원 B가 작성한 대내문서이다. 〈문서 작성 요령〉에 맞게 수정해야 될 내용은 몇 개인가?

발신	인사부	수신	각 부서의 부장 및 과장
발신일	20X9년 11월 4일 월요일	제목	관리자 워크숍 개최 관련

안녕하십니까? 인사부 사원 B입니다.
　20X9년 하반기 관리자 워크숍이 개최될 예정이오니, 각 부서의 부장 및 과장들은 다음 내용을 확인하시어 일정에 차질이 생기지 않도록 준비 부탁드립니다. 감사합니다.

1. 주제
가. 관리자의 역할과 책임　　나. 회의 진행 방법　　다. 연간 계획 수립
2. 일시 및 장소
가. 일시 : 20X9.11.8.(금) ~ 20X9.11.9.(토)
나. 장소 : 대전 본사 콘퍼런스홀(AM 08 : 30까지 모인 후 이동)
3. 주요 내용
가. 강의 수강　　　　　　　　　나. 관련 내용 발표 및 피드백
(1) 관리자 역할론　　　　　　다. 부서별 연간계획 수립
(2) 시장 동향 및 예측　　　　라. 자유 시간

붙임 : 세부 일정표 1부.

① 없음.　② 1개　③ 2개　④ 3개　⑤ 4개

[23 ~ 24] 다음은 ○○주식회사 영업지원팀 소속인 김○○ 사원이 작성한 보고서이다. 이어지는 질문에 답하시오.

〈수요 동향 보고서〉

문서번호 - ○○○○○		○○주식회사			
작성일자	20○○. 3. 10.				
처리기한	년 월 일				
시행일자	년 월 일				
주관부서	영업지원팀	업무협력부서		○○부, ○○부	
보고자 (작성자)	김○○				
제목	20○○년 1월 수요 동향 보고서				

　신제품 ○○○의 수요 동향에 대해 실시한(20○○. 1. 1. ~ 1. 31.) 조사 결과를 다음과 같이 보고합니다.

1. 업계 사정

　본 업계에서 제품의 소매점 공급은 대규모 도매점 5개 사가 전체의 60%를 차지하고 있다. 당사 대리점 H사는 5개 도매점 중 2위의 판매 실적을 보이고 있다. 그러나 타사의 가격인하 직판·특판 등에 견제를 받고 있어 판매량이 정체되고 있다.

2. 최근 매출 상황

　○○○의 발매 초기에는 월마다 전월 대비 5 ~ 10% 증가하였다. 그러나 현재 거의 변동이 없으며 가격 경쟁력에서 밀리는 상황이다.

3. 견해

　○○○은 현재 품질에는 문제가 없지만 가격 면에서 다소 높아 매출 증가에 방해요인이 되고 있다. 따라서 새로운 가격정책을 세워 경쟁력을 유지할 필요가 있다.

23. 김○○ 사원이 위와 같은 업무 보고서를 작성할 때 고려해야 할 사항으로 적절하지 않은 것은?

① 업무 보고서를 작성할 때에는 어떠한 목표를 달성하기 위한 것인지 정확한 목표를 기재한다.
② 업무 보고서는 작성자의 이해관계 및 선입견을 배제하고 가장 객관적인 입장에서 작성한다.
③ 업무 보고서는 가급적 업무시스템에 등록된 표준화된 보고서 서식·규격을 사용하여 작성한다.
④ 업무 보고서는 정보 수요자가 어떤 사안이나 문제에 대해 정확한 정보를 필요로 할 때 보고되어야 한다.
⑤ 업무 보고서는 그 자체로 완결성을 가져야 하지만 수요자가 보고서를 읽고 추가 질문을 할 수 있도록 작성해야 한다.

24. 김○○ 사원이 작성한 업무 보고서의 내용에 대한 평가로 적절하지 않은 것은?

① 제목은 '신제품 ○○○의 수요 동향 보고서'로 해야 한다.
② 가격 경쟁력을 갖기 위한 적정 가격대를 제시하는 것이 바람직하다.
③ 업계 시장에서 당사의 대리점인 H사의 시장 점유 현황을 포괄적으로 제시했어야 한다.
④ 타사의 가격인하와 관련하여 구체적인 가격표를 제시하고 당사의 제품 가격과 비교하는 것이 좋다.
⑤ 언제, 어디서, 어떠한 방법으로, 누구를 대상으로 조사했는지와 그에 관한 객관적인 상황을 상세하게 밝혀야 한다.

25. 경청능력은 다른 사람의 말을 주의 깊게 들으며 공감하는 능력이다. 업무상 상대방과의 의사소통에 있어 경청능력이 중요한 이유로 적절하지 않은 것은?

① 상대방이 무엇을 원하고 요구하는지 알아낼 수 있다.
② 오해와 실수를 방지할 수 있다.
③ 제공하는 물건이나 서비스의 질을 향상시키는 방법에 대한 단서를 얻을 수 있다.
④ 상대방과의 관계를 오랫동안 형성할 수 있다.
⑤ 상대방의 감정, 사고, 행동을 평가하거나 비판 또는 판단하는 데 매우 유용한 방법일 수 있다.

26. 다음 회의 내용을 읽고 회의가 원활하게 진행되지 않는 가장 큰 이유를 고르면?

> 최 부장 : 다음 달 워크숍 주제로 어떤 것이 좋을지 이야기해 봅시다. 우리 강 대리님은 좋은 아이디어가 있습니까?
> 강 대리 : 지난번 주제가 '우리 회사 복지의 현주소'였잖아요. 사실 마무리가 안된 채로 끝났기 때문에 이번에 마무리를 저….
> 정 과장 : 그건 얼추 해결된 걸로 아는데요? 웬만하면 새로운 주제가 좋지요.
> 홍 대리 : '90년대생이 온다'라는 책 읽어보셨어요? 우리 회사 직원만 해도 30%가 90년대생이니까 이 책을 읽고 워크숍에서 토론하면 어떨….
> 정 과장 : 책을 읽자고요? 다들 바쁘다는 핑계로 읽어올 직원은 몇 안될 것 같은데.

① 최 부장이 독단적으로 의사결정을 내렸다.
② 강 대리가 발언권을 얻지 않은 채 발언했다.
③ 홍 대리가 주제와 무관한 아이디어를 제시했다.
④ 정 과장이 다른 사람의 의견에 특별한 대안 없이 반대했다.

[27 ~ 28] 다음은 ○○그룹 CEO가 사원들을 대상으로 발표한 글이다. 이어지는 질문에 답하시오.

> 인간은 굉장히 똑똑한 동물입니다. 물론 침팬지도 도구를 만들어 쓰지만 사실 인간에 비할 수는 없죠. 인간은 지금처럼 마이크도 쓰고, 화성에 우주발사체까지 보내죠.
> 그런 인간들이 왜 정작 자신들의 터전을 이렇게 파괴했다는 걸 모르는 것일까요? 우리 후손들에게 물려줄 이런 아름다운 행성을 그 짧은 시간 안에 파괴한 것을 보면 정말 부끄러울 따름입니다. 어쩌면 우리는 다음 주주총회 등 당장 눈앞의 이익에만 관심을 보이며 우리 후손들을 생각하는 지혜가 사라진 건 아닐까요?
> 우리는 현재 머리와 마음의 연결고리가 끊어진 듯합니다. 이 연결고리가 이어져야 좀 더 멀리 보는 시각으로 더 나은 길을 찾을 수 있을 텐데 말이죠. 전 여러분 세대가 그 연결고리를 이을 수 있을 것이라고 믿습니다.

27. 윗글의 성격에 대한 설명으로 옳은 것은?

① 각종 행사에서 행사의 성격과 상황에 맞는 내용을 담은 글이다.
② 일정한 주제를 가지고 청중 앞에서 강의 형식으로 말하기 위해 쓴 글이다.
③ 상황에 대한 이해나 분석이 아니라 자신의 감정이나 느낌을 우선시하는 글이다.
④ 대립되는 문제 상황에 대하여 긍정 측과 부정 측으로 나누어 의견을 제시하기 위한 글이다.

28. 윗글을 바탕으로 한 '청자 지향적 말하기'의 태도로 적절하지 않은 것은?

① 청자가 어느 정도 관련성을 느끼는지 파악한다.
② 청자가 현재 진행 중인 이야기를 얼마나 이해하고 있는지 파악한다.
③ 청자가 주제에 대해 얼마만큼의 배경지식을 가지고 있는지 파악한다.
④ 청자가 화자의 생각과 느낌을 일방적으로 잘 전달받고 있는지 파악한다.

29. 다음은 의사소통 촉진기술 중 하나를 설명하고 있다. 빈칸에 들어갈 단어로 적절한 것은?

> (　　　)은(는) 상대방을 하나의 존엄성을 가진 인격체로 존중하며, 그가 말하는 것에 깊은 관심을 가지고 있다는 사실을 나타내 주는 것이다. (　　　)을(를) 통하여 우리의 행동이 타인들에게 미치는 영향을 관찰할 수 있을 뿐 아니라 인간관계에서 일어나는 문제들이 통제할 수 없을 만큼 심각해지기 전에 방지할 수도 있으며, 또한 타인들의 경험을 공감적으로 이해할 수도 있는 것이다.

① 의사 확인 ② 지각 확인
③ 관심 기울이기 ④ 공감하기

30. 다음은 경청의 단계를 나타낸 표이다. ㉠～㉤에 들어갈 경청의 단계를 바르게 연결한 것은?

㉠	0%	바라만 볼 뿐, 귀를 닫은 상태
㉡	10%	관심만 보임.
㉢	30%	듣고 싶은 말만 골라 들음.
㉣	50 ~ 60%	관심을 가지고 집중하여 들음.
㉤	90 ~ 100%	가슴과 마음으로 들음.

	㉠	㉡	㉢	㉣	㉤
①	무시	듣는 척 하기	선택적 듣기	적극적 듣기	공감적 듣기
②	듣는 척 하기	무시	적극적 듣기	공감적 듣기	선택적 듣기
③	듣는 척 하기	무시	선택적 듣기	공감적 듣기	적극적 듣기
④	무시	듣는 척 하기	선택적 듣기	공감적 듣기	적극적 듣기

31. 다음 글을 참고할 때 올바른 경청의 수행 방법이 아닌 것은?

> 효과적인 대화능력은 자신의 의견을 효율적으로 전달하는 것 못지않게 상대방의 이야기를 정성껏 들어주는 수용의 자세가 병행되지 않으면 안 된다. 적극적인 경청이란 소리를 듣기만 하는 것이 아니라 상대방이 전달하고자 하는 말의 내용은 물론 그 내면에 깔려 있는 동기나 정서에 귀를 기울여 듣고 이해된 바를 상대방에게 피드백하여 주는 것이다. 다시 말해 이것은 평가·의견·충고와 분석·의문을 전달하는 것이 아니라 상대방이 의미하는 것 그 자체가 무엇인가를 이해하며 듣는 것이다.

① 상대방이 한 말 중에서 불확실하거나 이해가 되지 않는 부분에 대해서 질문을 한다.
② 상대방의 말을 빠짐없이 기록하기 위해 고개를 숙인 채 메모에 열중한다.
③ 자신이 이해한 내용을 상대방에게 확인하는 발언을 한다.
④ 상대방의 발언내용과 감정에 대해 공감하는 발언을 한다.
⑤ 상대방의 이야기 중 중요한 부분에 대해서 고개를 끄덕이는 비언어적 표현을 한다.

32. 다음 설명을 참고할 때 '신호탐지이론'이 적용되는 사례로 적절하지 않은 것은?

> 신호탐지이론은 신호의 탐지가 신호에 대한 관찰자의 민감도와 관찰자의 반응 기준에 달려 있다는 이론이다. 즉 신호 대 소음 비는 여전히 동일하지만 우리의 기대는 상황마다 크게 다르게 나타난다는 것이다. 신호탐지이론에서 신호를 탐지하는 관찰자는 수동적으로 정보를 받는 것이 아니라 불분명한 상황 아래에서 어려운 지각 결정을 해내는 능동적인 역할을 한다.

① 배가 고플 때에는 밥 짓는 소리가 더 잘 들리게 된다.
② 전시의 보초병은 평상시보다 더 작은 자극에도 민감하게 반응한다.
③ 중요한 약속 때문에 일찍 일어나야 하는 날에는 조그만 소리에도 잠이 깬다.
④ 평소에는 잘 느끼지 못했던 전화 진동이 놓쳐서는 안 되는 상황에서는 더 잘 탐지된다.
⑤ 주위의 소리가 너무 커 무대에서 노래하는 자신이 좋아하는 가수의 목소리가 들리지 않았다.

33. 다음은 업무상 메시지를 전달하는 과정에서 송신자와 수신자 간의 메시지 전달 요령을 설명하고 있는 글이다. 밑줄 친 ㉠ ~ ㉤ 중 적절한 전달 요령으로 볼 수 없는 것은?

> (1) 1단계 : 요청 준비하기
> 송신자가 업무를 수행할 수신자에게 요청을 준비하는 단계로, 요청하는 이유와 가치(why), 원하는 결과(what), 결과가 완성되어야 하는 구체적인 일시(when), 업무에 가장 적합한 사람(who)에 대한 내용을 확실히 해야 한다.
>
> (2) 2단계 : 요청하기
> 송신자는 메시지를 분명하게 전달해야 할 책임이 있고, 수신자는 요청을 명확하게 들을 책임이 있다.
>
> (3) 3단계 : 명확하게 요청하기
> 송신자는 바라는 구체적인 결과를 분명하게 요청했는지를 확인해야 하며, ㉠ 수신자는 요구하는 결과가 무엇인지를 구체적으로 이해하기 위해 필요한 질문을 해야 한다.
>
> (4) 4단계 : 결정하기
> 송신자는 수신자가 책임감 있게 업무를 하기로 결정했는지 확인해야 하며, ㉡ 수신자는 결과에 책임감을 가지고 업무를 수행하겠다고 결정해야 한다.
>
> (5) 5단계 : 요청을 받은 업무 수행하기
> ㉢ 송신자는 업무가 예정대로 진행되어 가고 있는지를 확인해야 하며, 수신자는 송신자가 기대하는 결과물을 완성하는 데 필요한 행동을 할 책임이 있다. 결과물은 반드시 요청일자에 맞추거나 또는 그보다 먼저 마감해야 한다.
>
> (6) 6단계 : 결과물 완성에 대한 보고하기
> 송신자는 결과물을 요청할 권리가 있고 수신자는 결과물을 보고할 책임이 있다. ㉣ 수신자는 결과물이 만족스럽지 않을 경우 송신자에게 별도의 보고를 하지 않으며, 만족스러운 결과물을 얻게 된 경우 송신자의 요청이 없더라도 결과에 대해 보고를 해야 한다.
>
> (7) 7단계 : 평가하기
> 송신자는 결과물이 요청한 내용과 맞는지 검토해야 하며, 수신자는 송신자가 결과를 검토하였는지를 확인하고 피드백을 요청할 수 있다. 만약 송신자가 결과에 대해 불만족하면 2단계인 '요청하기'로 돌아가서 메시지를 다시 제시하고 새로운 마감 기한을 설정한다.
>
> (8) 8단계 : 업무 완수와 감사 표시하기
> 송신자는 수신자에게 업무 완수를 알리고 감사를 표시하며, 수신자는 업무가 성공적으로 완수되어 끝났음을 확인한다. ㉤ 수신자는 송신자에게 피드백을 요청하는 단계를 가지고 추후 업무를 위해 만족도를 확인하는 것이 좋다.

① ㉠ ② ㉡ ③ ㉢
④ ㉣ ⑤ ㉤

34. 의사소통 스타일로 볼 때 김 팀장의 의사소통 유형으로 가장 적절한 것은?

> 김 팀장은 다소 깐깐하고 꼼꼼한 스타일이기 때문에 부하 직원들이 스트레스를 많이 받지만 대체로 엄하고 꼼꼼한 상사 밑에서 일 잘하는 직원이 양산되듯 그에게서 '힘들게' 일을 배운 직원들은 업무적 안정 궤도에 빨리 오른다. 꼼꼼하고 세심한 업무 처리 덕분에 신뢰를 받고 있긴 하지만 지나치게 깐깐한 결재 성향 탓에 김 팀장의 부하직원들은 늘 스트레스가 쌓인다. 팀장과는 의견 교환이 되지 않고 불만이 팀 외부로 새어 나가는 일도 많았으며, 그로 인해 "저 사람 밑에서 일 못하겠다."라며 사표를 던진 직원도 많다.

유형	의사소통 양식
① 지배형	자신감이 있다. 추진력이 있다. 고집이 세다. 지배적이다. 자기주장이 강하다.
② 실리형	꾀가 많다. 자기자랑을 잘한다. 자존심이 강하다. 치밀하다. 계산적이다.
③ 냉담형	강인하다. 냉철하다. 독하다. 무뚝뚝하다. 따뜻함이 부족하다.
④ 고립형	쾌활하지 않다. 붙임성이 없다. 비사교적이다. 고립되어 있다. 재치가 부족하다.
⑤ 복종형	마음이 약하다. 수줍음이 있다. 온순하다. 조심성이 많다. 추진력이 부족하다.

35. 의사표현능력을 함양하기 위해 마련된 사내 강좌를 수강한 영업팀 직원들은 비언어적인 의사표현의 중요성을 깨닫게 되었다. 다음 중 영업팀 직원들이 알게 된 비언어적 의사표현의 특징으로 적절하지 않은 것은?

① 비언어적 의사표현은 언어적 의사표현을 대체, 보완, 강조하는 의미를 가질 수 있어 메시지 전달의 효과를 높일 수 있다.
② 비언어적 의사표현은 언어적 의사소통이 가능한 상태에서 의미가 있는 방법이며 언어적 의사표현을 보완하는 수단이다.
③ 비언어적 의사표현은 언어적 의사표현으로 전달하기 곤란한 눈물이나 분노와 같은 감정을 효과적으로 전달할 수 있는 수단이 될 수 있다.
④ 비언어적 의사표현은 외모, 표정, 동작 등을 통하여 상대방에 대한 부가적인 정보를 얻을 수 있게 한다.
⑤ 비언어적 의사표현은 잘 알아듣지 못했거나 이해하지 못했을 경우 반복해서 물어보거나 정확한 의미를 답변하기 애매한 경우도 있다.

36. 다음은 ○○공사에 근무하는 A 사원이 사내 고충 처리 상담소에 상담을 요청하기 위해 보내온 내용이다. 상담사인 B 씨가 A 사원에게 해줄 조언으로 적절한 것은?

> 저는 공사에 입사한 이래 늘 바쁘지만 매번 퇴근 시간 후에도 일이 끝나지 않아 스트레스가 심합니다. 무엇이 문제인지 알아보기 위해 저의 하루 일과를 기록해 보았습니다. 좋은 의견 부탁합니다.

오전	• 업무가 시작되면 이메일 확인 - 광고메일이 가득해 불필요한 것들을 지우고 중요한 정보를 담은 메일을 선별하여 읽음. 답장이 필요한 메일을 작성함. • 메신저 접속 - 동료와 친구들에게 빠르게 답장을 하며 업무와 일상 이야기를 함. • 거래처 직원이 찾아와 30분에서 1시간 동안 이야기를 하고 업무를 처리함.
오후	• 부서회의 • 주요 내용을 간단히 정리함. • 머리를 식힐 겸 인터넷 검색을 함. • 타 부서 직원에게 전달할 사항이 있어 메신저에 접속했다가 지인과 고민 상담을 함.

① 갈등을 효과적으로 관리하기 위해서는 갈등상황을 받아들이고 이를 객관적으로 평가해보아야 합니다.
② 다른 사람들의 방문, 인터넷, 전화, 메신저 등을 효과적으로 통제하기 위해 시간을 정해두는 것이 좋습니다.
③ 시간 관리를 통해 업무 과중을 극복하고 명상과 같은 방법으로 긍정적인 사고방식을 가지는 것이 좋습니다.
④ 과중한 업무 스트레스는 개인뿐 아니라 조직에도 부정적인 결과를 가져오기 때문에 반드시 해소해야 합니다.
⑤ 신체 운동을 하거나 학습동아리 활동과 같은 사회적 관계 형성을 통해 스트레스를 줄여가려는 노력이 필요합니다.

37. 감사실에서 근무하는 A는 다음과 같은 부정청탁신고 안내문을 사내 게시판에 게재하였다. 안내문을 토대로 문의전화에 답변할 때 A의 답변 내용으로 적절하지 않은 것은?

〈부정청탁신고 안내〉
공사는 다음의 범위와 처리절차로 청탁금지법 위반 신고사항 접수·처리를 진행합니다.

1. 신고구분
   • 부정청탁 신고 / 금품수수 등 신고 / 외부강의 및 기타위반 관련 신고
2. 신고범위
   • (국민신고) 누구든지 청탁금지법 위반행위 발생사실을 알게 된 경우
   • (공직자 자진신고) 공직자 등이 부정청탁을 받거나 금품 등을 수수한 경우
     – 공직자 자신 및 배우자가 금품 등을 받은 경우
     – 공직자 등이 자신의 직무와 관련되거나 그 지위·직책 등에서 유래되는 사실상의 영향력을 통하여 요청받은 '외부강의'의 대가로서 대통령령으로 정하는 금액을 초과하는 강의료를 받은 경우
3. 신고요건
   • (서면신고) 전자민원창구, 우편, 직접 방문
   • (신고내용) 신고자 인적사항, 신고취지·이유·내용, 신고대상자, 서명, 증거
     ※ 타인으로 하여금 형사처벌이나 징계처분을 받게 할 목적으로 허위사실을 신고하는 경우 형법상 무고죄 성립 가능
4. 제출방법
   • (온라인) 공사 홈페이지 접속 후 신고센터 메뉴에서 절차 확인 후 접수
   • (우편 / 방문) 신고양식을 다운로드 한 후 신고사항을 작성하여 공사로 우편/방문 접수

① Q : 제가 아는 공직자의 아들이 금품을 수수한 것을 알고 있습니다. 신고하려면 무슨 자료가 필요할까요?
　 A : 저희는 공직자 본인이나 그 배우자가 해당 위법 행위를 한 경우로 한정하고 있습니다.
② Q : 신고 내용이 허위만 아니면 되잖아요? 제 이름과 신분 사항을 밝히긴 싫은데요.
　 A : 신고자의 인적사항이 있어야 합니다. 증거 제출은 물론 신고자의 서명도 있어야 하고요.
③ Q : 며칠 전 저희 회사 모 부장의 외부강의 사실을 알게 되었는데 신고를 하려고 합니다.
　 A : 신고절차와 제출방법을 숙지해서 안내문 설명에 따라 신고하시면 됩니다.
④ Q : 제가 자진신고를 하려는데요, 꼭 방문해서 제출해야 하나요?
　 A : 신고서를 제출하는 것은 방문하시는 것 외에 온라인과 우편으로 하실 수 있습니다.
⑤ Q : 저희 남편 회사에서 일어난 일인데요, 좀 꺼려져서 그런다며 남편이 제가 재직 중인 회사에서 신고를 좀 해 달라고 한 것이 있어요. 신고 가능하죠?
　 A : 그럼요, 적절한 서류와 신고 절차만 갖추시면 다른 곳에서 발생한 부정행위에 대해서도 얼마든지 신고가 가능합니다.

38. 다음 두 사람의 대화를 읽고 다양한 맞장구의 기능에 대해 설명한 내용으로 적절하지 않은 것을 고르면?

> A : 오늘 서 대리 생일인 거 알아?
> B : ⓐ응? 깜빡하고 있었어.
> A : 달력 보다가 나도 아침에 갑자기 생각났어.
> B : 그런데 오늘 서 대리 표정이 별로 좋지 않던데.
> A : ⓑ그러게, 나이를 한 살 더 먹는다는 게 서글퍼서일까?
> B : ⓒ글쎄, 내 생각에 생일날까지 야근을 해야 해서 짜증이 난 것 같아.
> A : ⓓ응, 듣고 보니 네 말이 맞는 것 같아
> B : ⓔ그건 그렇고, 선물은 어떻게 하지?
> A : 점심시간에 백화점에 가서 선물을 고를까?
> B : ⓕ그게…, 내가 점심에 부장님과 식사 약속이 있어. 내년에 제대로 챙겨주기로 할까?
> A : 안 돼, 서 대리 이직을 준비 중이라 내년 생일엔 어떻게 될지 몰라.
> B : ⓖ(   )

① ⓐ와 ⓓ는 같은 기능을 한다.
② ⓑ는 '동의'를 나타내는 기능을 한다.
③ ⓒ는 '분명하지 않은 태도를 나타낼 때' 사용한다.
④ ⓔ와 ⓕ는 각각 '전환의 맞장구'와 '주저하는 맞장구'라고 볼 수 있다.
⑤ ⓖ가 놀라움의 맞장구일 경우 괄호에는 '뭐라고?', '정말?', '세상에!' 등의 반응이 들어갈 수 있다.

39. 다음은 회계 법인이 기업을 회계감사한 후 제출한 의견의 일부이다. 밑줄 친 부분과 의미상 유사한 단어로 볼 수 없는 것은?

> Based on our review, <u>nothing has come to our attention that</u> causes us to believe that the accompanying interim consolidated financial statements are not prepared, in all material respects, in accordance with KIFRS 1034.

① hints   ② implies   ③ retains
④ proves   ⑤ suggests

40. ○○공단에서 실시하고 있는 맞춤형 통합 재활서비스로 다음과 같은 내용을 참고로 할 때 빈칸에 들어갈 적절한 말은?

> My Job, Tomorrow Service! It is a specialized program offering WCI(Workers' Compensation Insurance) medical care, compensation or rehabilitation services in a timely and systematic way based on rehabilitation plans. The beneficiaries of the service are those with limiting factors in their returning to work due to significant damage to their physical functions or when disability is expected to remain. Support to recover their damaged physical functions to the highest degree possible and ensure their socio-psychiatric stability, thereby helping their smooth return to work. To this end, our (   ) as WCI professionals provide tailored, integrated and specialized services.

① doctors   ② skilled cook   ③ job coordinators
④ nurses   ⑤ officers

고시넷 NCS 고졸채용 통합기본서

유형별 출제비중

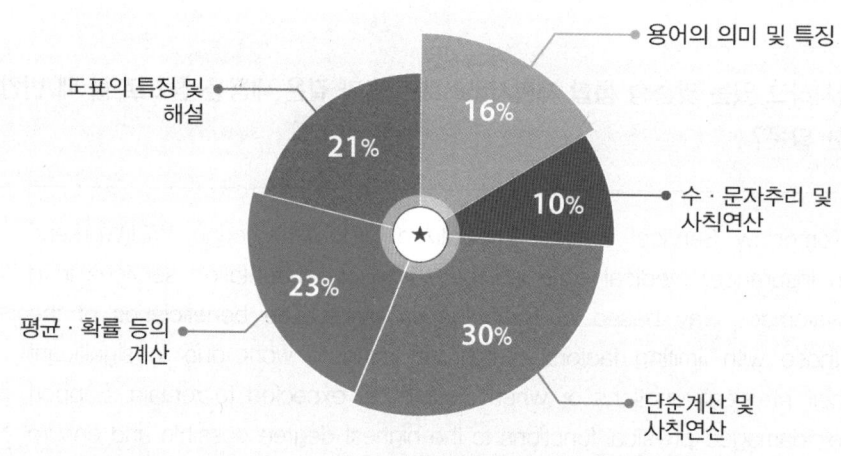

- 용어의 의미 및 특징 16%
- 수·문자추리 및 사칙연산 10%
- 단순계산 및 사칙연산 30%
- 평균·확률 등의 계산 23%
- 도표의 특징 및 해설 21%

하위영역

- 기초연산능력 : 업무를 수행함에 있어 기초적인 사칙연산과 계산을 하는 능력
  → 과제 해결을 위한 연산 방법 선택, 연산 방법에 따라 연산 수행, 연산 결과와 방법에 대한 평가
- 기초통계능력 : 업무를 수행함에 있어 필요한 기초 수준의 백분율, 평균, 확률과 같은 통계 능력
  → 과제 해결을 위한 통계 기법 선택, 통계 기법에 따라 연산 수행, 통계 결과와 기법에 대한 평가
- 도표분석능력 : 업무를 수행함에 있어 도표(그림, 표, 그래프 등)가 갖는 의미를 해석하는 능력
  → 도표에서 제시된 정보 인식, 정보의 적절한 해석, 해석한 정보의 업무 적용
- 도표작성능력 : 업무를 수행함에 있어 필요한 도표(그림, 표, 그래프 등)를 작성하는 능력
  → 도표 제시방법 선택, 도표를 이용한 정보 제시, 제시 결과 평가

파트 2

수리능력

개요 수리능력
01 기초연산능력
02 기초통계능력
03 도표분석능력
04 도표작성능력

- 기출예상문제

개요 수리능력

공기업 출제사 확인 →

> 수리능력은 사칙연산과 기초적인 통계를 이해하고, 도표 또는 자료를 정리, 요약하여 의미를 파악하거나 도표를 이용해서 합리적인 의사결정을 위한 객관적인 판단근거로 제시하는 능력을 의미한다.

1 수리능력의 구성

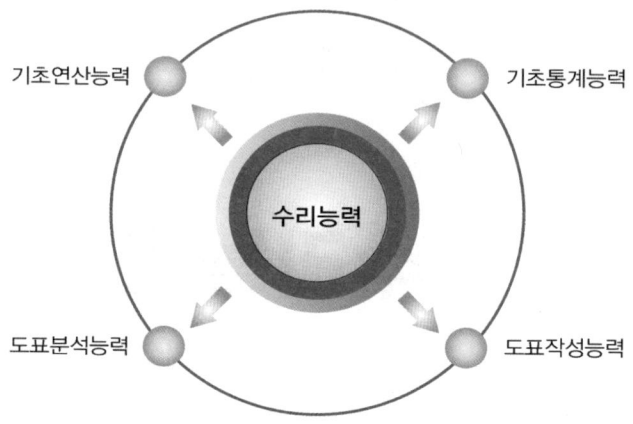

🔔 **도표의 분석과 작성이 업무 수행 중에 활용되는 경우**
- 도표로 제시된 업무비용을 측정하는 경우
- 조직의 생산가동률 변화표를 분석하는 경우
- 계절에 따른 고객의 요구도가 그래프로 제시된 경우
- 경쟁업체와의 시장점유율이 그림으로 제시된 경우
- 업무결과를 도표를 사용하여 제시하는 경우
- 업무의 목적에 맞게 계산결과를 묘사하는 경우
- 업무 중 계산을 수행하고 결과를 정리하는 경우
- 업무에 소요되는 비용을 시각화해야 하는 경우
- 고객과 소비자의 정보를 조사하고 결과를 설명하는 경우

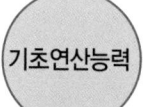
- 업무 상황에서 필요한 기초적인 사칙연산과 계산방법을 이해하고 활용하는 능력
- 업무 상황에서 다단계의 복잡한 사칙연산을 수행하고, 연산 결과의 오류를 판단하고 수정하는 것이 요구된다는 측면에서 필수적으로 요구되는 능력

- 업무 상황에서 평균, 합계, 빈도와 같은 기초적인 통계기법을 활용하여 자료를 정리하고 요약하는 능력
- 업무 상황에서 다단계의 복잡한 통계기법을 활용하여 결과의 오류를 수정하는 것이 요구된다는 측면에서 필수적으로 요구되는 능력

- 업무 상황에서 도표(그림, 표, 그래프 등)의 의미를 파악하고, 필요한 정보를 해석하여 자료의 특성을 규명하는 능력
- 업무 상황에서 접하는 다양한 도표를 분석하여 내용을 종합하는 것이 요구된다는 측면에서 필수적으로 요구되는 능력

- 업무 상황에서 자료(데이터)를 이용하여 도표를 효과적으로 제시하는 능력
- 업무 상황에서 다양한 도표를 활용하여 내용을 강조하여 제시하는 것이 매우 중요하다는 측면에서 필수적으로 요구되는 능력

2 단위환산

단위	단위환산		
길이	• 1cm=10mm • 1in=2.54cm	• 1m=100cm • 1mile=1,609.344m	• 1km=1,000m
넓이	• $1cm^2$=$100mm^2$	• $1m^2$=$10,000cm^2$	• $1km^2$=$1,000,000m^2$
부피	• $1cm^3$=$1,000mm^3$	• $1m^3$=$1,000,000cm^3$	• $1km^3$=$1,000,000,000m^3$
들이	• $1m\ell$=$1cm^3$	• $1d\ell$=$100cm^3$=$100m\ell$	• 1ℓ=$1,000cm^3$=$10d\ell$
무게	• 1kg=1,000g	• 1t=1,000kg=1,000,000g	• 1근=600g
시간	• 1분=60초	• 1시간=60분=3,600초	
할푼리	• 1푼=0.1할	• 1리=0.01할	• 1모=0.001할

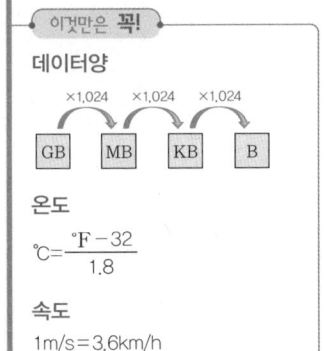

이것만은 꼭!

데이터양

온도
$$°C = \frac{°F - 32}{1.8}$$

속도
1m/s=3.6km/h

3 도표

1. 의미

선, 그림, 원 등으로 그림을 그려서 내용을 시각적으로 표현하여 다른 사람이 한눈에 자신의 주장을 알아볼 수 있게 한 것

2. 유용성

(1) 복잡한 수치도 그래프를 그려봄으로써 쉽게 파악할 수 있게 된다.
(2) 전체와 부분의 비교를 간단히 할 수 있다.
(3) 다른 사람에게 자료를 설명할 때 그래프를 이용하면 더욱 설득력이 있다.

3. 도표 작성의 목적

구분	내용
보고·설명	• 사내 회의에서 설명, 상급자에게 보고 • 도표가 단순히 보고 또는 설명용으로 쓰인다고 하면 모든 것의 사후 결과만을 표시하는 것이 되어 무의미하다. 때때로 도표는 현상분석을 통해 전체의 경향 또는 이상 수치를 발견하거나, 문제점을 명백히 밝혀 대책이나 계획을 세우기 위해 적극 활용된다.
상황분석	• 도표를 더욱 적극 활용하는 경우 • 회사의 상품별 매출액의 경향을 본다거나 거래처의 분포를 보는 경우 등
관리목적	• 진도관리 도표나 회수상황 도표 등

4. 도표 작성 시 주의사항 ★ 구 워크북

(1) 보기 쉽게 깨끗이 그린다.
(2) 하나의 도표에 여러 가지 내용을 넣지 않는다.
(3) 특별히 순서가 정해져 있지 않은 것은 큰 것부터, 왼쪽에서 오른쪽으로 또는 위에서 아래로 그린다.
(4) 눈금을 잡기에 따라 크게 보이거나 작게 보이니 주의한다.
(5) 아래에 있는 수치를 생략할 경우에는 잘못 이해하는 경우가 생기니 주의한다.
(6) 컴퓨터에 의한 전산 그래프를 최대한 이용한다.

4 수리능력이 필요한 이유

1. 직업인으로서 업무를 효과적으로 수행하기 위해서는 다단계의 복잡한 연산을 수행하고 다양한 도표를 만들고, 내용을 종합할 수 있는 능력이 매우 중요하다는 측면에서 수리능력의 함양은 필수적이다.

2. 수리능력은 여러 자연현상이나 사회현상들을 추상화, 계량화하여 그 본질적 성질에 대해 설명하는 능력이다. 단순히 숫자를 계산하는 것만 배우는 게 아니라 복잡하고 어려운 문제들을 계산하고 해결해가는 과정을 통해 논리적으로 생각하는 방법과 문제해결력을 배우는 것이다.

3. 수리능력의 향상을 통해 수리력뿐만 아니라 추리력, 분석적인 사고능력, 엄격한 논리 체계 및 사물을 인식하고 이해하는 방법을 배우게 되는데, 이러한 것들은 모든 과학의 언어로서 자연과학, 공학, 인문학, 사회과학에 이르기까지 광범하게 응용된다.

5 수리능력이 일상생활 혹은 업무수행과정에서 중요한 이유

1. 수학적 사고를 통한 문제해결

업무 중에 일어나는 다양한 문제를 해결할 때 수학적 사고를 적용하면 문제를 분류하고 해법을 찾는 일이 쉬워진다. 즉, 수학 원리를 활용하면 어려운 문제들에 대한 지구력과 내성이 생겨 업무의 문제 해결이 너욱 쉽고 편해질 수 있다.

2. 직업세계 변화에 적응

수리능력은 논리적이고 단계적인 학습을 통해 향상되기 때문에 어느 과정의 앞 단계에서 제대로 학습을 하지 못했다면 다음 단계를 학습하는 것이 매우 어렵다. 앞으로 수십 년에 걸친 직업세계의 변화에 적응하기 위해서는 지금부터 수리능력을 가져야 한다.

3. 실용적 가치의 구현

수리능력의 향상을 통해 일상생활 혹은 업무수행에 필요한 수학적 지식이나 기능을 습득할 수 있다. 물론, 실용성은 생활수준의 발전에 따라 다양한 성격을 지니게 되며 내용도 복잡하게 된다. 실용성은 개인이나 직업에 따라 다를지라도 수리능력의 향상을 통해서 일상적으로 필요한 지식, 기능이라도 단순히 형식적인 테두리에서 머무는 것이 아니라 수량적인 사고를 할 수 있는 아이디어나 개념을 도출해낼 수 있다.

4. 정확하고 간결한 의사소통

개념확인문제

01 도량형에 맞게 빈칸을 채우시오.

(1) 1cm = ( )mm
(2) 1km = ( )cm
(3) 3m² = ( )cm²
(4) 1mℓ = ( )ℓ
(5) 1ℓ = ( )cc
(6) 1kg = ( )g
(7) 3t = ( )g
(8) 1분 = ( )초
(9) 2시간 = ( )분
(10) 1할 = ( )리

02 다음 글의 빈칸에 들어갈 단어는?

> ( )(이)란 선, 그림, 원 등으로 그림을 그려서 내용을 시각적으로 표현하여 다른 사람이 한눈에 자신의 주장을 알아볼 수 있게 한 것이다.

03 다음 중 도표 작성의 목적이 아닌 것은?

① 관리목적을 위해
② 연산의 결과를 확인하기 위해
③ 상황 및 현황을 분석하기 위해
④ 직업생활 중 회의에서의 설명, 상급자에게 보고를 위해

답
01 (1) 10　　(2) 100,000
　　(3) 30,000　(4) 0.001
　　(5) 1,000　 (6) 1,000
　　(7) 3,000,000　(8) 60
　　(9) 120　　(10) 100
02 도표
03 ②

01 기초연산능력

기초연산능력은 기초적인 사칙연산과 계산방법을 이해하고 활용하는 능력으로 다단계의 복잡한 사칙연산을 하고, 연산 결과의 오류를 수정하는 것이 매우 중요하다는 측면에서 필수적이다.

1 업무수행 중 기초연산능력이 요구되는 상황

우리는 업무수행에 필요한 기초적인 사칙연산과 계산방법을 이해하고 있어야 한다. 즉, 덧셈, 뺄셈, 곱셈, 나눗셈 등과 같은 간단한 사칙연산에서부터 다단계의 복잡한 사칙연산까지 수행할 수 있어야 하며, 연산 결과의 오류까지도 수정할 수 있는 능력이 필요하다. 업무수행과정에서 연산능력이 요구되는 대표적인 상황으로는 다음과 같은 것들이 있다.

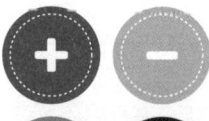

2 사칙연산

1. 사칙연산

> **보충플러스** ⊕
>
> **사칙연산이 가능한 수의 범위**
> 수의 범위를 복소수·실수 또는 유리수 전체로 할 때는 0으로 나누는 나눗셈만을 제외한다면 사칙연산이 항상 가능하다. 그러나 정수의 범위에서는 나눗셈이 언제나 가능한 것은 아니며, 자연수의 범위에서도 뺄셈과 나눗셈이 언제나 가능한 것은 아니다.

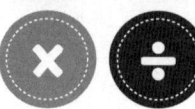

사칙연산이란 '얼마만큼인가'를 나타내는 '양'을 표현하는 도구인 수 또는 식에 관한 덧셈(+), 뺄셈(−), 곱셈(×), 나눗셈(÷) 등 네 종류의 계산법으로 사칙계산이라고도 한다. 보통 사칙연산은 일정한 원리(규칙 또는 방법)에 따라 계산한다.

2. 연산법칙

구분	덧셈	곱셈
교환법칙	$a+b=b+a$	$a\times b=b\times a$
결합법칙	$a+(b+c)=(a+b)+c$	$a\times(b\times c)=(a\times b)\times c$
분배법칙	$(a+b)\times c=a\times c+b\times c$	

3. 덧셈과 뺄셈, 곱셈과 나눗셈의 관계

(1) 뺄셈은 덧셈의 역연산

　$a+b=c$일 경우, $a=c-b$, $b=c-a$가 성립한다.

(2) 나눗셈은 곱셈의 역연산

　$a\times b=c$일 경우, $a=c\div b$(단, $b\neq 0$), $b=c\div a$(단, $a\neq 0$)가 성립한다.

4. 계산 순서

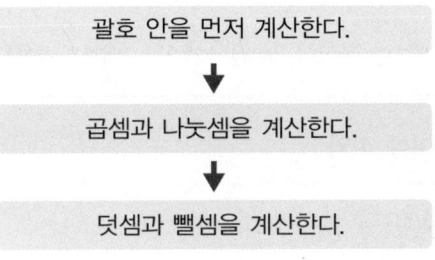

※ 만약 동순위 연산이 2개 이상이면 계산은 왼쪽에서 오른쪽 순서대로 한다.

3 검산

연산 결과를 확인하는 과정으로 검산방법에는 역연산과 구거법(九去法)이 있다.

역연산	• 덧셈은 뺄셈으로, 뺄셈은 덧셈으로, 곱셈은 나눗셈으로, 나눗셈은 곱셈으로 확인하는 방법 • 본래의 풀이와 반대로 연산을 해가면서 본래의 답이 맞는지를 확인한다. • 번거롭고 시간이 많이 걸릴 수 있지만 가장 확실하기 때문에 16세기 여러 수학자들이 이 방법을 주장하였다. • 우리나라 교과서에서도 지금 이 방법으로 검산을 지도하고 있다.
구거법	• 어떠한 정수의 각 자릿수의 합을 9로 나눈 나머지는 원래의 수를 9로 나눈 나머지와 같다는 원리를 이용하는 방법 • 각 수를 9로 나눈 나머지만 계산해서 좌변과 우변의 9로 나눈 나머지가 같은지 판단한다.

4 분수의 대소비교

1. 곱셈을 사용

예) $\dfrac{b}{a}$와 $\dfrac{d}{c}$의 비교(단, $a, b, c, d > 0$)

$bc > ad$이면 $\dfrac{b}{a} > \dfrac{d}{c}$

> **이것만은 꼭!**
>
> $a > 0$, $b > 0$일 때, 기존 분수보다 커지는 경우
>
> • 분모 불변, 분자 증가
> $\dfrac{B}{A} < \dfrac{B+a}{A}$
>
> • 분모 감소, 분자 불변
> $\dfrac{B}{A} < \dfrac{B}{A-a}$
>
> • 분모 감소, 분자 증가
> $\dfrac{B}{A} < \dfrac{B+a}{A-b}$
>
> • 분모 증가율<분자 증가율
> • 분모 감소율>분자 감소율

2. 어림셈과 곱셈을 사용

예) $\dfrac{47}{140}$과 $\dfrac{88}{265}$의 비교

$\dfrac{47}{140}$은 $\dfrac{1}{3}$보다 크고 $\dfrac{88}{265}$은 $\dfrac{1}{3}$보다 작으므로 $\dfrac{47}{140} > \dfrac{88}{265}$

3. 분모와 분자의 배율을 비교

예) $\dfrac{351}{127}$과 $\dfrac{3,429}{1,301}$의 비교

3,429는 351의 10배보다 작고 1,301은 127의 10배보다 크므로 $\dfrac{351}{127} > \dfrac{3,429}{1,301}$

4. 분모와 분자의 차이를 파악

예) $\dfrac{b}{a}$와 $\dfrac{b+d}{a+c}$의 비교(단, $a, b, c, d > 0$)

$\dfrac{b}{a} > \dfrac{d}{c}$이면 $\dfrac{b}{a} > \dfrac{b+d}{a+c}$ $\dfrac{b}{a} < \dfrac{d}{c}$이면 $\dfrac{b}{a} < \dfrac{b+d}{a+c}$

5 곱셈 속산법

1. %의 계산 : 10%, 5%, 1%를 유효하게 조합하여 간단히 한다.

(1) 10%는 끝 수 1자릿수를 제한 수, 5%는 10%의 절반

(2) 1%는 끝 수 2자릿수를 제한 수

예) 230,640의 10%는 23,064, 230,640의 5%는 10%의 절반이므로 11,532
따라서 230,640의 15%는 23,064+11,532=34,596

2. 배수의 계산

(1) 25배는 100배를 4로 나눈다.

(2) 125배는 1,000배를 8로 나눈다.

(3) 75배는 300배를 4로 나눈다.

6 나눗셈 속산법

1. 근사치를 사용하여 계산한다.
2. 나눗셈의 성질에 착안하여 곱셈으로 다시 계산한다.
3. 공약수로 두 수를 나눠 숫자의 크기를 줄여 계산한다.
4. 나눗수에 가까운 숫자로 나누어 보정하면서 계산한다.

예
▶ 54,027÷162
  ↓ 두 수의 공약수인 9로 나눔
  6,003÷18
  ↓ 두 수의 공약수인 9로 나눔
  667÷2=333.5

▶ 421÷1.25
  $125 \times 8 = 1{,}000$이므로 $1.25 = \dfrac{10}{8}$이다.
  따라서 $421 \div 1.25 = 421 \div \dfrac{10}{8} = 421 \times \dfrac{8}{10} = 336.8$

▶ 116,900÷350
  ↓ 두 수에 2를 곱함
  233,800÷700
  ↓ 두 수의 공약수인 100으로 나눔
  2,338÷7=334

7 근사법

1. X의 절댓값이 1보다 충분히 작을 때

$$(1+X)^n \fallingdotseq 1+nX$$

2. X_1, X_2, …의 절댓값이 각각 1보다 충분히 작을 때

$$(1+X_1) \times (1+X_2) \times \cdots \times (1+X_n) \fallingdotseq 1+(X_1+X_2+\cdots+X_n)$$

3. X, Y의 절댓값이 각각 1보다 충분히 작을 때

$$\dfrac{1}{1+X} \fallingdotseq 1-X \qquad \dfrac{1+X}{1+Y} \fallingdotseq 1+X-Y$$

풀이 예시

- $1.025^4 = (1+0.025)^4$
  $\fallingdotseq 1+4 \times 0.025 = 1.1$
- $1.015 \times 0.983 \times 0.952 \times 1.084$
  $=(1+0.015) \times (1-0.017) \times (1-0.048) \times (1+0.084)$
  $\fallingdotseq 1+(0.015-0.017-0.048+0.084)$
  $=1+0.034=1.034$

보충플러스

수열
어떤 규칙에 따라 차례로 나열된 수의 열을 수열이라 하고, 수열을 이루고 있는 각각의 수를 그 수열의 항이라고 한다.

멱급수
등차수열과 등비수열의 곱으로 이루어진 수열의 합

등차수열의 합
$S_n = \dfrac{n\{2a_1 + (n-1)d\}}{2}$

등비수열의 합
$S_n = \dfrac{a_1(1-r^n)}{1-r}$

8 수열

1. 등차수열

(1) 첫째항부터 차례로 일정한 수를 더하여 만들어지는 수열

(2) 각 항에 더하는 일정한 수, 즉 뒤의 항에서 앞의 항을 뺀 수를 등차수열의 공차라고 한다. 등차수열 $\{a_n\}$에서 $a_2 - a_1 = a_3 - a_2 = \cdots = a_{n+1} - a_n = d$(공차)이다.

예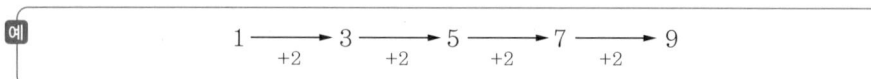

2. 등비수열

(1) 첫째항부터 차례로 일정한 수를 곱하여 만들어지는 수열

(2) 각 항에 곱하는 일정한 수, 즉 뒤의 항을 앞의 항으로 나눈 수를 등비수열의 공비라고 한다. 등비수열 $\{a_n\}$에서 $\dfrac{a_2}{a_1} = \dfrac{a_3}{a_2} = \cdots = \dfrac{a_{n+1}}{a_n} = r$(공비)이다.

예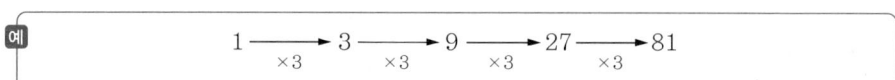

3. 등차계차수열 : 앞의 항과의 차가 등차를 이루는 수열

예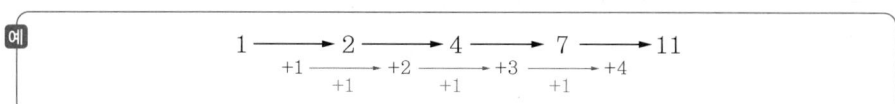

4. 등비계차수열 : 앞의 항과의 차가 등비를 이루는 수열

예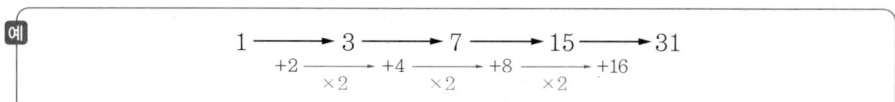

5. 조화수열 : 각 항의 역수가 등차수열을 이루는 수열

6. 분수수열 : 분자는 분자대로, 분모는 분모대로 규칙을 가지는 수열

7. 피보나치수열 : 앞의 두 항의 합이 그 다음 항이 되는 수열

예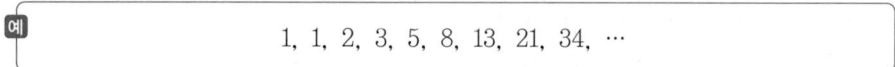

1, 1, 2, 3, 5, 8, 13, 21, 34, ⋯

8. 반복수열 : 두 개 이상의 연산기호가 반복되는 수열

예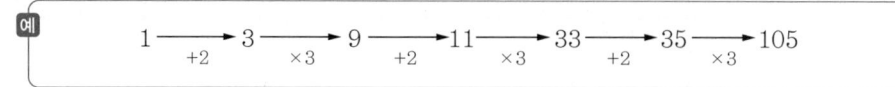

9 문자수열

1. 일반 자음 순서

ㄱ	ㄴ	ㄷ	ㄹ	ㅁ	ㅂ	ㅅ
1	2	3	4	5	6	7
ㅇ	ㅈ	ㅊ	ㅋ	ㅌ	ㅍ	ㅎ
8	9	10	11	12	13	14

> **TIP 문자수열 해결 전략**
> - 제시된 문자를 숫자로 치환하여 해결한다.
> - 순환패턴임을 염두에 두고 문제를 해결한다. 예를 들어, 일반 자음 순서에서 'ㄱ'은 1이기도 하지만 15, 29, 43, …이기도 하다.

2. 쌍자음이 포함된 자음 순서

ㄱ	ㄲ	ㄴ	ㄷ	ㄸ	ㄹ	ㅁ	ㅂ	ㅃ	ㅅ
1	2	3	4	5	6	7	8	9	10
ㅆ	ㅇ	ㅈ	ㅉ	ㅊ	ㅋ	ㅌ	ㅍ	ㅎ	
11	12	13	14	15	16	17	18	19	

3. 일반 모음 순서

ㅏ	ㅑ	ㅓ	ㅕ	ㅗ	ㅛ	ㅜ	ㅠ	ㅡ	ㅣ
1	2	3	4	5	6	7	8	9	10

4. 이중모음이 포함된 모음 순서

ㅏ	ㅐ	ㅑ	ㅒ	ㅓ	ㅔ	ㅕ
1	2	3	4	5	6	7
ㅖ	ㅗ	ㅘ	ㅙ	ㅚ	ㅛ	ㅜ
8	9	10	11	12	13	14
ㅝ	ㅞ	ㅟ	ㅠ	ㅡ	ㅢ	ㅣ
15	16	17	18	19	20	21

5. 알파벳 순서

A	B	C	D	E	F	G	H	I
1	2	3	4	5	6	7	8	9
J	K	L	M	N	O	P	Q	R
10	11	12	13	14	15	16	17	18
S	T	U	V	W	X	Y	Z	
19	20	21	22	23	24	25	26	

10 거리 · 속력 · 시간

1. 공식

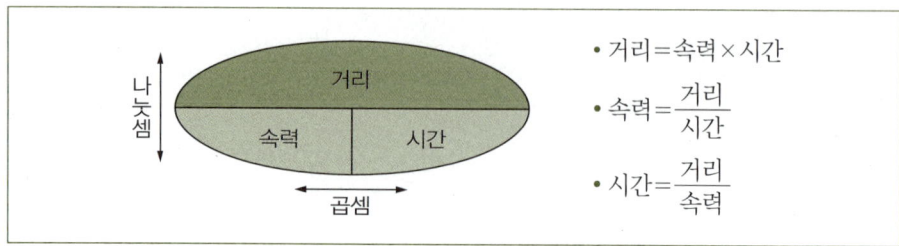

2. 풀이 방법

(1) 무엇을 구하는 것인지를 파악하여 공식을 적용하고 방정식을 세운다.
(2) 단위 변환에 주의한다.

11 농도

1. 공식

$$농도(\%) = \frac{용질(소금)의 \ 질량}{용액(소금물)의 \ 질량} \times 100 = \frac{용질의 \ 질량}{용매의 \ 질량 + 용질의 \ 질량} \times 100$$

2. 풀이 방법

두 소금물 A, B를 하나로 섞었을 때

(1) (A+B) 소금의 양 = A 소금의 양 + B 소금의 양
(2) (A+B) 소금물의 양 = A 소금물의 양 + B 소금물의 양
(3) $(A+B) \ 농도 = \frac{(A+B) \ 소금의 \ 양}{(A+B) \ 소금물의 \ 양} \times 100$

12 일의 양

1. 공식

- 일률 $= \frac{일량}{시간}$
- 일량 $=$ 시간 $\times$ 일률
- 시간 $= \frac{일량}{일률}$

단위시간당 일의 양
일을 하는 데 5일이 걸린다고 하면 1일 동안의 일의 양(=단위시간당 일의 양)은 $1 \div 5 = \frac{1}{5}$ 이다.

2. 풀이 방법

(1) 전체 일을 1로 둔다.
(2) 단위시간당 일의 양을 분수로 나타낸다.

13 약·배수

1. **공약수** : 두 정수의 공통 약수가 되는 정수, 즉 두 정수를 모두 나누어 떨어뜨리는 정수를 말한다.
2. **최대공약수** : 공약수 중에서 가장 큰 수로, 공약수는 그 최대공약수의 약수이다.
3. **서로소** : 공약수가 1뿐인 두 자연수이다.
4. **공배수** : 두 정수의 공통 배수가 되는 정수를 말한다.
5. **최소공배수** : 공배수 중에서 가장 작은 수로, 공배수는 그 최소공배수의 배수이다.
6. **최대공약수와 최소공배수의 관계**

$$G) \underline{A \quad B} \\ \quad a \quad b$$
두 자연수 A, B의 최대공약수가 G이고 최소공배수가 L일 때 $A = a \times G$, $B = b \times G$ (a, b는 서로소)라 하면 $L = a \times b \times G$가 성립한다.

7. **약수의 개수**

자연수 n이 $p_1^{e_1} p_2^{e_2} \cdots p_k^{e_k}$로 소인수분해될 때, n의 약수의 개수는 $(e_1+1)(e_2+1)\cdots(e_k+1)$개이다.

8. **배수 판별법**

2의 배수	일의 자리 숫자가 0, 2, 4, 6, 8이다.
3의 배수	각 자릿수의 합이 3의 배수이다.
4의 배수	끝의 두 자리 수가 00이거나 4의 배수이다.
5의 배수	일의 자리 숫자가 0, 5이다.
6의 배수	각 자릿수의 합이 3의 배수인 짝수이다.
7의 배수	네 자리 수를 $ABCD$라고 할 때 $ABC-(2\times D)$가 7의 배수이다(단, 네 자리 수 이상일 때).
8의 배수	끝의 세 자리 수가 000이거나 8의 배수이다.
9의 배수	각 자릿수의 합이 9의 배수이다.
10의 배수	일의 자리 숫자가 0이다.
11의 배수	홀수 번째 자릿수의 합과 짝수 번째 자릿수의 합의 차가 0이거나 11의 배수이다.

TIP 최대공약수를 활용하는 문제
- 특정 크기의 공간을 가장 큰 물품으로 남는 공간 없이 채우는 경우
- 특정 크기의 공간을 가장 적은 수의 물품으로 남는 공간 없이 채우는 경우
- 특정 양을 최대한 많은 사람에게 똑같이 나누어 주는 경우
- 두 개 이상의 자연수를 나누어 각각 일정한 나머지를 생기게 하는 가장 큰 자연수를 구하는 경우

TIP 최소공배수를 활용하는 문제
- 특정 간격으로 발생하는 일이 동시에 발생하는 때를 찾는 경우
- 일정한 크기의 직육면체를 쌓아 가장 작은 정육면체를 만드는 경우
- 톱니의 수가 다른 두 톱니바퀴가 다시 맞물릴 때까지의 회전수를 구하는 경우

14 손익계산

1. 공식

- 정가 = 원가 $\times \left(1 + \dfrac{\text{이익률}}{100}\right)$
- 정가 = 원가 + 이익
- 할인율(%) = $\dfrac{\text{정가} - \text{할인가(판매가)}}{\text{정가}} \times 100$
- 할인가 = 정가 $\times \left(1 - \dfrac{\text{할인율}}{100}\right)$ = 정가 − 할인액
- 이익 = 원가 $\times \dfrac{\text{이익률}}{100}$

2. 풀이 방법

(1) 정가가 원가보다 a원 비싸다. → 정가 = 원가 + a

(2) 정가가 원가보다 $b\%$ 비싸다. → 정가 = 원가 $\times \left(1 + \dfrac{b}{100}\right)$

(3) 판매가가 정가보다 c원 싸다. → 판매가 = 정가 − c

(4) 판매가가 정가보다 $d\%$ 싸다. → 판매가 = 정가 $\times \left(1 - \dfrac{d}{100}\right)$

15 원리합계

1. 정기예금

(1) 단리 : 원금에 대해서만 이자를 붙이는 방식이다.

$$S = A(1 + rn)$$
S : 원리합계, A : 원금, r : 연이율, n : 기간(년)

예) 원금 100만 원, 연 10% 단리

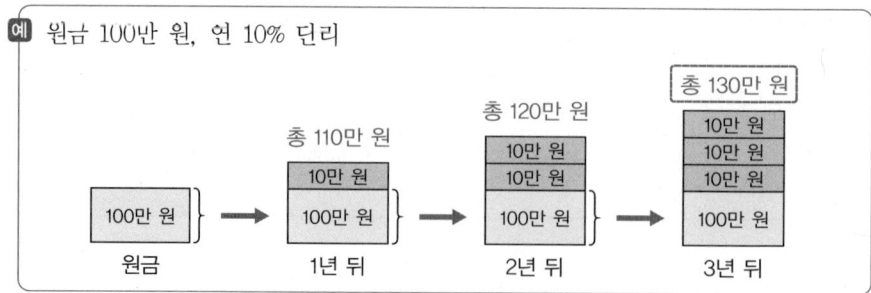

(2) 복리 : 원금뿐만 아니라 원금에서 생기는 이자에도 이자를 붙이는 방식이다.

$$S = A(1+r)^n$$
S : 원리합계, A : 원금, r : 연이율, n : 기간(년)

예 원금 100만 원, 연 10% 복리

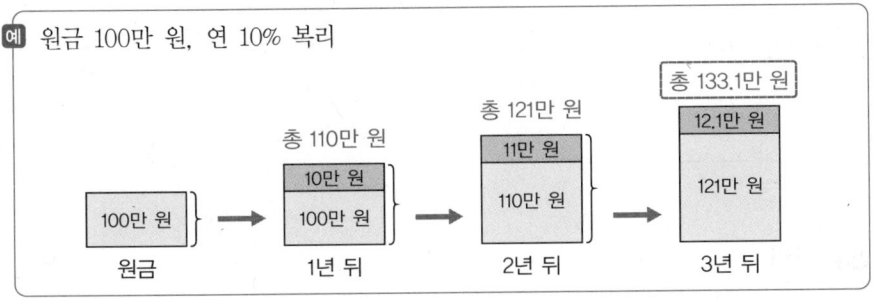

2. 정기적금

(1) 기수불 : 각 단위기간의 첫날에 적립하는 방식으로 마지막에 적립한 예금도 단위기간 동안의 이자가 발생한다.

- 단리 : $S = An + A \times r \times \dfrac{n(n+1)}{2}$
- 복리 : $S = \dfrac{A(1+r)\{(1+r)^n - 1\}}{r}$

S : 원리합계, A : 납입금, r : 연이율, n : 기간(년)

(2) 기말불 : 각 단위기간의 마지막 날에 적립하는 방식으로 마지막에 적립한 예금은 이자가 발생하지 않는다.

- 단리 : $S = An + A \times r \times \dfrac{n(n-1)}{2}$
- 복리 : $S = \dfrac{A\{(1+r)^n - 1\}}{r}$

S : 원리합계, A : 납입금, r : 연이율, n : 기간(년)

3. 72의 법칙

이자율을 복리로 적용할 때 투자한 돈이 2배가 되는 시간을 계산하는 방법이다.

$$원금이\ 2배가\ 되기까지\ 걸리는\ 시간(년) = \dfrac{72}{이자율(\%)}$$

16 간격

1. 직선상에 심는 경우

$$\text{나무의 수} = \text{간격 수} + 1$$

2. 원 둘레상에 심는 경우

$$\text{나무의 수} = \text{간격 수}$$

17 나이

1. x년이 흐른 뒤에는 모든 사람이 x살씩 나이를 먹는다.
2. 시간이 흘러도 객체 간의 나이 차이는 동일하다.

18 시계

시침은 1시간에 30°씩, 1분에 0.5°씩 움직이고, 분침은 1분에 6°씩 움직인다.

a시 b분일 때 시침과 분침이 이루는 각도
$$|(30°\times a + 0.5°\times b) - 6°\times b| = |30°\times a - 5.5°\times b|$$

19 곱셈공식

- $(a \pm b)^2 = a^2 \pm 2ab + b^2$
- $(a+b)(a-b) = a^2 - b^2$
- $(a \pm b)^3 = a^3 \pm 3a^2b + 3ab^2 \pm b^3$
- $(x+a)(x+b) = x^2 + (a+b)x + ab$
- $(ax+b)(cx+d) = acx^2 + (ad+bc)x + bd$
- $(a \pm b)^2 = (a \mp b)^2 \pm 4ab$
- $(a+b+c)^2 = a^2 + b^2 + c^2 + 2ab + 2bc + 2ca$
- $(a \pm b)(a^2 \mp ab + b^2) = a^3 \pm b^3$
- $a^2 + b^2 = (a \pm b)^2 \mp 2ab$
- $a^2 + \dfrac{1}{a^2} = \left(a \pm \dfrac{1}{a}\right)^2 \mp 2$ (단, $a \neq 0$)

보충플러스

곱셈공식
다항식의 곱을 전개할 때 사용하는 공식

인수분해
곱셈공식을 거꾸로 적용하여 다항식을 다항식들의 곱의 형태로 나타내는 것

20 집합

1. **집합** : 주어진 조건에 의하여 그 대상을 명확하게 구분할 수 있는 모임
2. **부분집합** : 두 집합 A, B에 대하여 집합 A의 모든 원소가 집합 B에 속할 때, 집합 A는 집합 B의 부분집합(A⊂B)이라 한다.
3. **집합의 포함 관계에 대한 성질**

   임의의 집합 A, B, C에 대하여
   - ∅⊂A, A⊂A
   - A⊂B이고 B⊂A이면 A=B
   - A⊂B이고 B⊂C이면 A⊂C

4. **합집합, 교집합, 여집합, 차집합**

합집합	교집합
A∪B={$x\,|\,x$∈A 또는 x∈B}	A∩B={$x\,|\,x$∈A이고 x∈B}
여집합	차집합
A^c={$x\,|\,x$∈U이고 x∉A}	A−B={$x\,|\,x$∈A이고 x∉B}

5. **집합의 연산법칙**

   - 교환법칙 : A∪B=B∪A, A∩B=B∩A
   - 결합법칙 : (A∪B)∪C=A∪(B∪C), (A∩B)∩C=A∩(B∩C)
   - 분배법칙 : A∪(B∩C)=(A∪B)∩(A∪C), A∩(B∪C)=(A∩B)∪(A∩C)
   - 드모르간의 법칙 : $(A∪B)^c=A^c∩B^c$, $(A∩B)^c=A^c∪B^c$
   - 차집합의 성질 : A−B=A∩B^c
   - 여집합의 성질 : A∪A^c=U, A∩A^c=∅

6. **유한집합의 원소의 개수**

   전체집합 U와 그 부분집합 A, B, C가 유한집합일 때
   - n(A∪B)=n(A)+n(B)−n(A∩B)
   - n(A∪B∪C)=n(A)+n(B)+n(C)−n(A∩B)−n(B∩C)−n(C∩A)+n(A∩B∩C)

보충플러스

벤다이어그램
전체집합과 부분집합의 관계, 부분집합 상호 간의 관계를 폐곡선으로 나타낸 그림

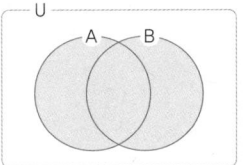

이것만은 꼭!

부분집합의 개수
원소의 개수가 n개인 집합 A에 대하여
- 집합 A의 부분집합의 개수는 2^n개
- 집합 A의 부분집합 중 특정한 원소 m개를 반드시 포함하는(또는 포함하지 않는) 부분집합의 개수는 2^{n-m}개

21 함수

1. 함수 : 두 집합 X, Y에서 X의 각 원소에 Y의 원소가 하나씩만 대응할 때, 이 대응을 X에서 Y로의 함수라 하고 $f : X \to Y$로 나타낸다.

2. 정의역, 공역, 치역

(1) 집합 X를 함수 f의 정의역이라 하고, 집합 Y를 함수 f의 공역이라 한다.

(2) 함수 f에 의하여 정의역 X의 원소 x에 공역 Y의 원소 y가 대응할 때, 기호로 $y = f(x)$와 같이 나타낸다. 이때 $f(x)$를 함수 f에 의한 x에서의 함숫값이라고 한다.

(3) 함수 f에 의한 함숫값 전체의 집합을 함수 f의 치역이라고 한다.

22 지수와 로그법칙

1. 지수법칙

$a > 0$, $b > 0$이고 m, n이 임의의 실수일 때
- $a^m \times a^n = a^{m+n}$
- $a^m \div a^n = a^{m-n}$
- $(a^m)^n = a^{mn}$
- $(ab)^m = a^m b^m$
- $\left(\dfrac{a}{b}\right)^m = \dfrac{a^m}{b^m}$ (단, $b \neq 0$)
- $a^0 = 1$
- $a^{-n} = \dfrac{1}{a^n}$ (단, $a \neq 0$)

2. 로그법칙

로그의 정의 : $b = a^x \Leftrightarrow \log_a b = x$ (단, $a > 0$, $a \neq 1$, $b > 0$)

$a > 0$, $a \neq 1$, $x > 0$, $y > 0$일 때
- $\log_a xy = \log_a x + \log_a y$
- $\log_a \dfrac{x}{y} = \log_a x - \log_a y$
- $\log_a x^p = p \log_a x$
- $\log_a \sqrt[p]{x} = \dfrac{\log_a x}{p}$
- $\log_a x = \dfrac{\log_b x}{\log_b a}$ (단, $b > 0$, $b \neq 1$)

23 제곱근

1. 제곱근 : 어떤 수 x를 제곱하여 a가 되었을 때, x를 a의 제곱근이라 한다.

$$x^2 = a \Leftrightarrow x = \pm\sqrt{a} \quad (단, \ a \geq 0)$$

2. 제곱근의 연산

$a>0, \ b>0$일 때
- $m\sqrt{a} + n\sqrt{a} = (m+n)\sqrt{a}$
- $m\sqrt{a} - n\sqrt{a} = (m-n)\sqrt{a}$
- $\sqrt{a}\sqrt{b} = \sqrt{ab}$
- $\sqrt{a^2 b} = a\sqrt{b}$
- $\dfrac{\sqrt{a}}{\sqrt{b}} = \sqrt{\dfrac{a}{b}}$

3. 분모의 유리화 : 분수의 분모가 근호를 포함한 무리수일 때 분모, 분자에 0이 아닌 같은 수를 곱하여 분모를 유리수로 고치는 것이다.

$a>0, \ b>0$일 때
- $\dfrac{a}{\sqrt{b}} = \dfrac{a\sqrt{b}}{\sqrt{b}\sqrt{b}} = \dfrac{a\sqrt{b}}{b}$
- $\dfrac{\sqrt{a}}{\sqrt{b}} = \dfrac{\sqrt{a}\sqrt{b}}{\sqrt{b}\sqrt{b}} = \dfrac{\sqrt{ab}}{b}$
- $\dfrac{1}{\sqrt{a}+\sqrt{b}} = \dfrac{\sqrt{a}-\sqrt{b}}{(\sqrt{a}+\sqrt{b})(\sqrt{a}-\sqrt{b})} = \dfrac{\sqrt{a}-\sqrt{b}}{a-b}$ (단, $a \neq b$)
- $\dfrac{1}{\sqrt{a}-\sqrt{b}} = \dfrac{\sqrt{a}+\sqrt{b}}{(\sqrt{a}-\sqrt{b})(\sqrt{a}+\sqrt{b})} = \dfrac{\sqrt{a}+\sqrt{b}}{a-b}$ (단, $a \neq b$)

24 방정식

1. 등식($A = B$)의 성질

(1) 양변에 같은 수 m을 더해도 등식은 성립한다.

$$A + m = B + m$$

(2) 양변에 같은 수 m을 빼도 등식은 성립한다.

$$A - m = B - m$$

(3) 양변에 같은 수 m을 곱해도 등식은 성립한다.

$$A \times m = B \times m$$

(4) 양변에 0이 아닌 같은 수 m을 나누어도 등식은 성립한다.

$$A \div m = B \div m \quad (단, \ m \neq 0)$$

보충플러스

이차방정식의 근의 공식에서
- $b^2 - 4ac > 0$이면 서로 다른 두 실근을 갖는다.
- $b^2 - 4ac = 0$이면 실근인 중근을 갖는다.
- $b^2 - 4ac < 0$이면 서로 다른 두 허근을 갖는다.

2. 이차방정식의 근의 공식

$$ax^2 + bx + c = 0 \text{일 때}(\text{단}, a \neq 0) \quad x = \frac{-b \pm \sqrt{b^2 - 4ac}}{2a}$$

3. 이차방정식의 근과 계수와의 관계 공식

- $ax^2 + bx + c = 0(\text{단}, a \neq 0)$의 두 근이 α, β일 때
$$\alpha + \beta = -\frac{b}{a} \qquad \alpha\beta = \frac{c}{a}$$
- $x = \alpha$, $x = \beta$를 두 근으로 하는 이차방정식은
$$a(x - \alpha)(x - \beta) = 0$$

4. 일차방정식의 풀이 순서

(1) 계수가 분수나 소수로 되어 있을 때에는 정수가 되도록 고치고, 괄호가 있으면 괄호를 푼다.
(2) 미지수 x를 포함한 항은 좌변으로, 상수항은 우변으로 이항한다.
(3) 양변을 정리하여 $ax = b$(단, $a \neq 0$)의 꼴로 만든다.
(4) 양변을 x의 계수 a로 나눈다.

5. 일차방정식의 응용문제 풀이 순서

(1) 구하려는 양을 x로 한다.
(2) 문제에서 제시하고 있는 양을 미지수 x를 사용하여 나타낸다.
(3) 양 사이의 관계를 찾아 방정식을 세운다.
(4) 방정식을 풀어 해를 구한다.

보충플러스

가감법
주어진 두 식을 서로 더하거나 빼는 방법으로, 필요한 경우 일정한 수를 곱하거나 나눠서 두 식의 특정 문자 앞에 위치한 숫자를 일치시켜야 한다.

대입법
하나의 식에서 특정 미지수를 다른 미지수에 관한 식으로 변환한 뒤, 다른 식에 대입하는 방법

6. 연립일차방정식의 풀이 방법

(1) 계수가 소수인 경우 : 양변에 10, 100, …을 곱하여 계수가 모두 정수가 되도록 한다.
(2) 계수가 분수인 경우 : 양변에 분모의 최소공배수를 곱하여 계수가 모두 정수가 되도록 한다.
(3) 괄호가 있는 경우 : 괄호를 풀고 동류항을 간단히 한다.
(4) $A = B = C$의 꼴인 경우 : $(A = B, A = C)$, $(B = A, B = C)$, $(C = A, C = B)$의 3가지 중 어느 하나를 택하여 푼다.

7. 연립방정식의 응용문제 풀이 순서

(1) 무엇을 x, y로 나타낼 것인가를 정한다.

(2) x, y를 사용하여 문제의 뜻에 맞게 연립방정식을 세운다.

(3) 세운 연립방정식을 푼다.

8. 이차방정식의 풀이 방법

(1) $AB=0$의 성질을 이용한 풀이

$$AB=0 \text{이면 } A=0 \text{ 또는 } B=0$$
$$(x-a)(x-b)=0 \text{이면 } x=a \text{ 또는 } x=b$$

(2) 인수분해를 이용한 풀이

주어진 방정식을 (일차식)×(일차식)=0의 꼴로 인수분해하여 푼다.

$$ax^2+bx+c=0 \xrightarrow{\text{인수분해}} a(x-p)(x-q)=0 \longrightarrow x=p \text{ 또는 } x=q$$

(3) 제곱근을 이용한 풀이

- $x^2=a$ (단, $a \geq 0$)이면 $x=\pm\sqrt{a}$
- $ax^2=b$ (단, $\frac{b}{a} \geq 0$)이면 $x=\pm\sqrt{\frac{b}{a}}$
- $(x-a)^2=b$ (단, $b \geq 0$)이면 $x-a=\pm\sqrt{b}$ 에서 $x=a\pm\sqrt{b}$

(4) 완전제곱식을 이용한 풀이

이차방정식 $ax^2+bx+c=0$ (단, $a \neq 0$)의 해는 다음과 같이 고쳐서 구할 수 있다.

- $a=1$일 때, $x^2+bx+c=0 \Rightarrow (x+p)^2=q$의 꼴로 변형
- $a \neq 1$일 때, $ax^2+bx+c=0 \Rightarrow x^2+\frac{b}{a}x+\frac{c}{a}=0$
  $\Rightarrow (x+p)^2=q$의 꼴로 변형

9. 이차방정식의 응용문제 풀이 순서

(1) 문제를 읽고 구하고자 하는 것, 중요한 조건 등을 파악한다.

(2) 구하고자 하는 것을 x로 놓고 방정식을 세운다.

(3) 방정식을 푼다.

(4) 구한 근 중에서 문제의 뜻에 맞는 것만을 답으로 한다.

이것만은 꼭!

완전제곱식의 꼴로 변형하기

이차방정식 $ax^2+bx+c=0$을 $(x+p)^2=q$의 꼴로 변형하는 과정은 다음과 같다.

1. 양변을 a로 나눈다.
   $\rightarrow x^2+\frac{b}{a}x+\frac{c}{a}=0$

2. 상수항을 이항한다.
   $\rightarrow x^2+\frac{b}{a}x=-\frac{c}{a}$

3. 양변에 $\left(\frac{b}{2a}\right)^2$을 더한다.
   $\rightarrow x^2+\frac{b}{a}x+\left(\frac{b}{2a}\right)^2$
   $=-\frac{c}{a}+\left(\frac{b}{2a}\right)^2$

4. 좌변을 완전제곱식으로 정리한다.
   $\rightarrow \left(x+\frac{b}{2a}\right)^2=\frac{b^2-4ac}{4a^2}$

10. 연속한 수에 관한 문제

(1) 연속한 두 정수 : $x,\ x+1$

(2) 연속한 세 정수 : $x-1,\ x,\ x+1$

(3) 연속한 두 홀수 : $2x-1,\ 2x+1$

(4) 연속한 세 홀수(짝수) : $x-2,\ x,\ x+2$

25 부등식

1. 성질

- $a < b$일 때, $a+c < b+c,\ a-c < b-c$
- $a < b,\ c > 0$일 때, $ac < bc,\ \dfrac{a}{c} < \dfrac{b}{c}$
- $a < b,\ c < 0$일 때, $ac > bc,\ \dfrac{a}{c} > \dfrac{b}{c}$

2. 일차부등식의 풀이 순서

(1) 미지수 x를 포함한 항은 좌변으로, 상수항은 우변으로 이항한다.

(2) $ax > b,\ ax < b,\ ax \geq b,\ ax \leq b$의 꼴로 정리한다(단, $a \neq 0$).

(3) 양변을 x의 계수 a로 나눈다.

3. 일차부등식의 응용문제 풀이 순서

(1) 문제의 뜻을 파악하고 구하고자 하는 수를 x로 놓는다.

(2) 수량의 대소 관계에 주목하여 부등식을 세운다.

(3) 세운 부등식을 푼다.

(4) 구한 해가 문제의 뜻에 맞는가를 확인한다.

4. 연립부등식의 풀이 순서

(1) 2개 이상의 부등식을 각각 푼다.

(2) 2개 이상의 해의 공통부분을 구한다.

5. 연립일차부등식의 응용문제 풀이 순서

(1) 무엇을 미지수로 나타낼 것인가를 정한다.

(2) 미지수를 사용하여 연립부등식을 세운다.

(3) 연립부등식을 푼다.

(4) 해를 검토한다.

26 비와 비율

1. 비 : 두 수의 양을 기호 : 을 사용하여 나타내는 것

> 비례식에서 외항의 곱과 내항의 곱은 항상 같다.
> $A : B = C : D$일 때, $A \times D = B \times C$

2. 비율 : 비교하는 양이 원래의 양(기준량)의 얼마만큼에 해당하는지를 나타낸 것

- 비율 = $\dfrac{비교하는\ 양}{기준량}$
- 비교하는 양 = 비율 × 기준량
- 기준량 = 비교하는 양 ÷ 비율

소수	분수	백분율	할푼리
0.1	$\dfrac{1}{10}$	10%	1할
0.01	$\dfrac{1}{100}$	1%	1푼
0.25	$\dfrac{25}{100} = \dfrac{1}{4}$	25%	2할5푼
0.375	$\dfrac{375}{1,000} = \dfrac{3}{8}$	37.5%	3할7푼5리

* 백분율(%) : 기준량이 100일 때의 비율
* 할푼리 : 비율을 소수로 나타내었을 때 소수 첫째 자리, 소수 둘째 자리, 소수 셋째 자리를 이르는 말

27 도형

1. 둘레

원의 둘레(원주)	부채꼴의 둘레
$l = 2\pi r$	$l = 2\pi r \times \dfrac{x}{360} + 2r$

이것만은 꼭!

중심각의 크기와 호의 길이

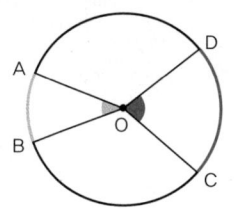

한 원에서 부채꼴의 호의 길이는 중심각의 크기에 정비례한다.
$\overarc{AB} : \overarc{CD} = \angle AOB : \angle COD$

2. 사각형의 넓이

정사각형의 넓이	직사각형의 넓이	마름모의 넓이
$S=a^2$	$S=ab$	$S=\dfrac{1}{2}ab$
사다리꼴의 넓이	평행사변형의 넓이	
$S=\dfrac{1}{2}(a+b)h$	$S=ah$	

이것만은 꼭!

특수한 직각삼각형의 세 변의 길이의 비

- 직각이등변삼각형

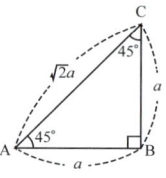

$\overline{AB}:\overline{BC}:\overline{AC}=1:1:\sqrt{2}$

- 세 각의 크기가 30°, 60°, 90°인 삼각형

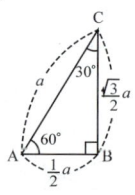

$\overline{AB}:\overline{BC}:\overline{AC}=1:\sqrt{3}:2$

3. 삼각형의 넓이

삼각형의 넓이	정삼각형의 넓이
$S=\dfrac{1}{2}bh$	$S=\dfrac{\sqrt{3}}{4}a^2$
직각삼각형의 넓이	이등변삼각형의 넓이
$S=\dfrac{1}{2}ab$	$S=\dfrac{a}{4}\sqrt{4b^2-a^2}$

4. 원과 부채꼴의 넓이

원의 넓이	부채꼴의 넓이
$S=\pi r^2$	$S=\dfrac{1}{2}r^2\theta=\dfrac{1}{2}rl$ (θ는 중심각(라디안))

5. 피타고라스의 정리

직각삼각형에서 직각을 끼고 있는 두 변의 제곱의 합은 빗변의 길이의 제곱과 같다.

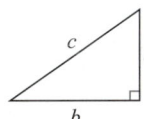 $a^2 + b^2 = c^2$

6. 입체도형의 겉넓이와 부피

구	원기둥	원뿔
$S = 4\pi r^2$ $V = \dfrac{4}{3}\pi r^3$	$S = 2\pi rh + 2\pi r^2$ $V = \pi r^2 h$	$S = \pi r\sqrt{r^2+h^2} + \pi r^2$ $V = \dfrac{1}{3}\pi r^2 h$
정육면체	직육면체	정사면체
$S = 6a^2$ $V = a^3$	$S = 2(ab+bc+ca)$ $V = abc$	$S = \sqrt{3}\,a^2$ $V = \dfrac{\sqrt{2}}{12}a^3$

개념확인문제

01 다음 글의 빈칸에 들어갈 단어는?

> (　　　)(이)란 수에 관한 덧셈, 뺄셈, 곱셈, 나눗셈의 네 종류의 계산법으로 사칙계산이라고도 한다.

02 다음 두 수를 비교하여 빈칸에 부등호(<, >)를 넣으면?

> $\dfrac{237}{1,791}$　(　　)　$\dfrac{242}{1,789}$

답
01 사칙연산
02 <

02 기초통계능력

> 기초통계능력은 통계기법을 활용하여 자료의 특성과 경향성을 파악하는 능력으로 불확실한 상황에서 의사결정을 하여야 하는 경우 통계기법을 활용하여 판단하는 것이 효과적이라는 측면에서 필수적이다.

기본적인 통계가 업무수행 중에 활용되는 경우
- 고객과 소비자의 정보를 조사하여 자료의 경향성을 제시하는 경우
- 연간 상품 판매실적을 제시하는 경우
- 업무비용을 다른 조직과 비교하는 경우
- 업무 결과를 제시하는 경우
- 상품판매를 위한 지역조사를 실시하는 경우
- 판매 전략을 수립하고 시장관리를 하는 경우
- 판매를 예측하여 목표를 수립하는 경우
- 거래처 관리를 하는 경우
- 판매활동의 효율화를 도모하는 경우
- 마케팅 분석을 하는 경우
- 재무관리와 이익관리를 하는 경우

1 통계

1. 통계의 의미

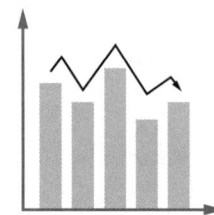

(1) 어떤 현상의 상태를 양으로 반영하는 숫자이며, 특히 사회집단의 상황을 숫자로 표현한 것이다.

(2) 근래에는 통계적 방법의 급속한 진보와 보급에 따라 자연적인 현상이나 추상적인 수치의 집단도 포함해서 일체의 집단적 현상을 숫자로 나타낸 것을 통계라고 한다.

(3) 통계학이란 불확실한 상황에서 현명한 의사결정을 하기 위한 이론과 방법을 다루는 분야이며 주로 자료의 수집, 분류, 분석과 해석의 체계를 갖는다. 통계분석은 '모르는 값'을 '아는 값(의미가 있는 값)'으로 바꾸어 가는 과정이라 할 수 있다.

2. 통계의 기능

(1) 많은 수량적 자료를 처리가능하고 쉽게 이해할 수 있는 형태로 축소시킨다.

(2) 표본을 통해 연구대상 집단의 특성을 유추한다.

(3) 의사결정의 보조수단이 된다.

(4) 관찰 가능한 자료를 통해 논리적으로 어떠한 결론을 추출·검증한다.

3. 통계의 중요성 ★구 워크북

직업인들에게 통계란 업무수행에 있어서 관심의 대상이 되는 자료를 수집하고 정리·요약하며, 제한된 자료나 정보를 토대로 불확실한 사실에 대하여 과학적인 판단을 내릴 수 있도록 그 방법을 제시해주는 도구라는 측면에서 매우 중요하다.

4. 통계의 예

(1) TV 시청률

(2) 선거 지지도

(3) 경제 전망

(4) 서울 인구의 생계비 ★구 워크북

(5) 한국 쌀 생산량의 추이 ★구 워크북

(6) 추출 검사한 제품 중 불량품의 개수 ★구 워크북

5. 전수조사와 표본조사

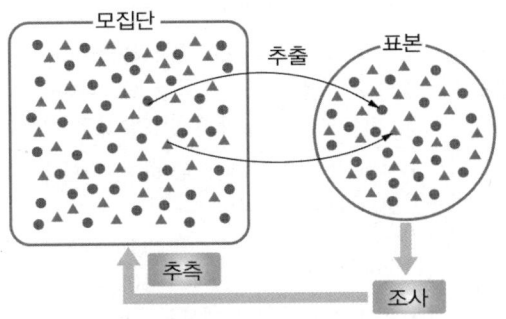

[모집단과 표본]

우리가 알고자 하는 대상(분석대상)에 대하여 가장 정확한 정보를 얻는 방법은 분석대상을 모두 조사하는 것(전수조사)이다. 그러나 이는 엄청난 시간과 비용이 들기 때문에 전체(모집단)를 잘 대표하는 일부분(표본)을 뽑고 표본을 조사, 분석하여 전체(모집단)의 특성을 유추하는 표본조사를 사용한다.

구분	전수조사	표본조사
시간과 비용	충분할 때	부족할 때
모집단의 크기	작을 때	클 때
모집단의 분산	클 때 (이질적일 때)	작을 때 (동질적일 때)

2 자료의 요약

통계에 사용되는 자료는 집중화 경향, 분산도, 비대칭도를 기준으로 파악된다.

1. **집중화 경향** : 자료들이 어느 위치에 집중되어 있는가를 나타내는 것으로 평균, 중앙값, 최빈값 등으로 나타낸다.

2. **분산도** : 자료들이 어느 정도 흩어져 있는가를 나타내는 것으로 범위, 표준편차, 분산 등으로 나타낸다.

3. **비대칭도** : 자료들이 대칭에서 얼마나 벗어나 있는지를 나타내는 것으로 왜도, 첨도 등으로 나타낸다.

보충플러스

최빈값
자료 중 빈도수가 가장 높은 자료값

왜도
분포가 기울어진 방향과 그 기울어진 정도를 나타내는 척도

첨도
도수분포의 뾰족한 정도

보충플러스 ➕

산포도
값이 흩어져 있는 정도
예 범위, 분산, 표준편차

평균의 한계
평균은 관찰값(자료값) 전부에 대한 정보를 담고 있으나 극단적인 값이나 이질적인 값에 의해 쉽게 영향을 받아 전체를 바르게 대표하지 못할 가능성이 있다.
예 1, 2, 3, 4, 5의 평균은 3이지만 1, 2, 3, 4, 100의 평균은 22이다.

편차
• (편차)=(변량)−(평균)
• 편차의 합은 항상 0이다.

표준점수
원점수를 주어진 집단의 평균을 중심으로 표준편차 단위로 전환한 전환점수
• Z 점수
  평균이 0, 표준편차가 1이다.
  $Z = \dfrac{원점수 - 평균}{표준편차}$
• T 점수
  평균이 50, 표준편차가 10이다.
  $T = 50 + 10Z$

3 기본적인 통계치

구분		내용
빈도와 빈도분포	빈도	어떤 사건이 일어나거나 증상이 나타나는 정도
	빈도분포	빈도를 표나 그래프로 종합적이면서도 일목요연하게 표시하는 것으로, 보통 빈도수와 백분율로 나타내는 경우가 많으며 상대적 빈도분포와 누가적 빈도분포로 나누어 표시하기도 한다.
백분율		• 전체의 수량을 100으로 하여, 나타내려는 수량이 그중 몇이 되는가를 가리키는 수 • 기호는 %(퍼센트)이며, $\dfrac{1}{100}$ 이 1%에 해당된다. • 오래 전부터 실용계산의 기준으로 널리 사용되고 있으며, 원 그래프 등을 이용하면 이해하기 쉽다.
범위		• 관찰값의 흩어진 정도를 나타내는 도구로서 최곳값과 최젓값을 가지고 파악하며, 최곳값에서 최젓값을 뺀 값에 1을 더한 값을 의미한다. • 계산이 용이한 장점이 있으나 극단적인 끝 값에 의해 좌우되는 단점이 있다.

평균		• 관찰값 전부에 대한 정보를 담고 있어 대상집단의 성격을 함축적으로 나타낼 수 있는 값이다.
		• 자료에 대해 일종의 무게중심으로 볼 수 있다.
		• 모든 자료의 자료값을 합한 후 자료값의 개수로 나눈 값
		  평균 = $\dfrac{자료의\ 총합}{자료의\ 총\ 개수}$
		• 평균의 종류
		  − 산술평균 : 전체 관찰값을 모두 더한 후 관찰값의 개수로 나눈 값
		  − 가중평균 : 각 관찰값에 자료의 상대적 중요도(가중치)를 곱하여 모두 더한 값을 가중치의 합계로 나눈 값

분산		• 자료의 퍼져있는 정도를 구체적인 수치로 알려주는 도구 • 각 관찰값과 평균값과의 차이의 제곱을 모두 합한 값을 개체의 수로 나눈 값을 의미한다. 분산 = $\dfrac{(편차)^2의\ 총합}{변량의\ 개수}$
표준편차		• 분산값의 제곱근 값을 의미한다(표준편차 = $\sqrt{분산}$). • 평균으로부터 얼마나 떨어져 있는가를 나타내는 개념으로, 평균편차의 개념과 개념적으로는 동일하다. • 표준편차가 크면 자료들이 넓게 퍼져있고 이질성이 큰 것을 의미하고 작으면 자료들이 집중하여 있고 동질성이 커지게 된다.

4 다섯숫자요약

평균과 표준편차만으로는 원 자료의 전체적인 형태를 파악하기 어렵기 때문에 최솟값, 하위 25%값(Q_1, 제1사분위수), 중앙값(Q_2), 상위 25%값(Q_3, 제3사분위수), 최댓값 등을 활용하며, 이를 다섯숫자요약이라고 부른다.

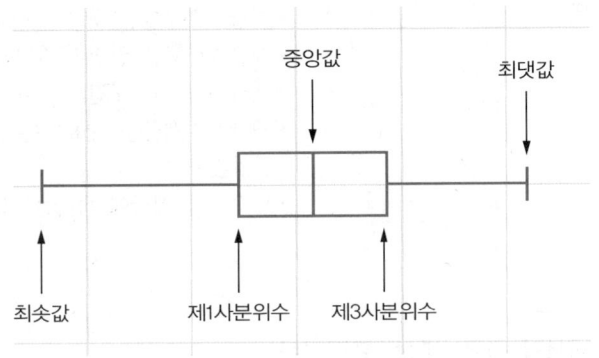

보충플러스
상자그림
- 다섯숫자요약(최솟값, 제1사분위수, 중앙값, 제3사분위수, 최댓값)을 시각적으로 표현한 그림
- 이상점이 포함되어 있는지를 쉽게 판단할 수 있다.

예) 국어, 영어, 수학 성적

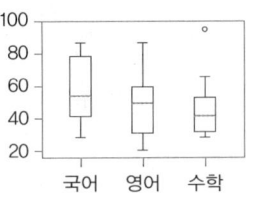

1. **최솟값** : 원 자료 중 값의 크기가 가장 작은 값이다.
2. **최댓값** : 원 자료 중 값의 크기가 가장 큰 값이다.
3. **중앙값** : 관찰값을 최솟값부터 최댓값까지 크기순으로 배열하였을 때 순서상 중앙에 위치하는 값으로 평균값과는 다르다. 관찰값 중 어느 하나가 너무 크거나 작을 때 자료의 특성을 잘 나타낸다.

- 자료의 개수(n)가 홀수인 경우
  - 중앙에 있는 값
  - 중앙값 = $\frac{n+1}{2}$ 번째의 변량
- 자료의 개수(n)가 짝수인 경우
  - 중앙에 있는 두 값의 평균
  - 중앙값 = $\frac{n}{2}$ 번째와 $\left(\frac{n}{2}+1\right)$ 번째 변량의 산술평균

4. **하위 25%값과 상위 25%값** : 원 자료를 크기순으로 배열하여 4등분한 값을 의미한다. 백분위수의 관점에서 제25백분위수, 제75백분위수로 표기할 수도 있다.

5 도수분포표

1. **도수분포표** : 자료를 몇 개의 계급으로 나누고, 각 계급에 속하는 도수를 조사하여 나타낸 표

몸무게(kg)	계급값	도수
30 이상 ~ 35 미만	32.5	3
35 ~ 40	37.5	5
40 ~ 45	42.5	9
45 ~ 50	47.5	13
50 ~ 55	52.5	7
55 ~ 60	57.5	3

- 변량 : 자료를 수량으로 나타낸 것
- 계급 : 변량을 일정한 간격으로 나눈 구간
- 계급의 크기 : 구간의 너비
- 계급값 : 계급을 대표하는 값으로 계급의 중앙값
- 도수 : 각 계급에 속하는 자료의 개수

2. **도수분포표에서의 평균, 분산, 표준편차**

- 평균 = $\dfrac{\{(계급값) \times (도수)\}의\ 총합}{(도수)의\ 총합}$
- 분산 = $\dfrac{\{(편차)^2 \times (도수)\}의\ 총합}{(도수)의\ 총합}$
- 표준편차 = $\sqrt{분산} = \sqrt{\dfrac{\{(편차)^2 \times (도수)\}의\ 총합}{(도수)의\ 총합}}$

3. **상대도수**

(1) 도수분포표에서 도수의 총합에 대한 각 계급의 도수의 비율

$$계급의\ 상대도수 = \dfrac{각\ 계급의\ 도수}{도수의\ 총합}$$

(2) 상대도수의 총합은 반드시 1이다.

4. **누적도수**

(1) 도수분포표에서 처음 계급의 도수부터 어느 계급의 도수까지 차례로 더한 도수의 합

$$각\ 계급의\ 누적도수 = 앞\ 계급까지의\ 누적도수 + 그\ 계급의\ 도수$$

(2) 처음 계급의 누적도수는 그 계급의 도수와 같다.
(3) 마지막 계급의 누적도수는 도수의 총합과 같다.

6 경우의 수

1. **합의 법칙** : 두 사건 A, B가 동시에 일어나지 않을 때, 사건 A, B가 일어날 경우의 수를 각각 m, n이라고 하면, 사건 A 또는 B가 일어날 경우의 수는 $(m+n)$가지이다.

2. **곱의 법칙** : 사건 A, B가 일어날 경우의 수를 각각 m, n이라고 하면, 사건 A, B가 동시에 일어날 경우의 수는 $(m \times n)$가지이다.

3. **순열** : 서로 다른 n개에서 중복을 허용하지 않고 r개를 골라 순서를 고려해 나열하는 경우의 수

$$_n\mathrm{P}_r = n(n-1)(n-2)\cdots(n-r+1) = \frac{n!}{(n-r)!} \quad (단, \ r \leq n)$$

4. **조합** : 서로 다른 n개에서 순서를 고려하지 않고 r개를 택하는 경우의 수

$$_n\mathrm{C}_r = \frac{n(n-1)(n-2)\cdots(n-r+1)}{r!} = \frac{n!}{r!(n-r)!} \quad (단, \ r \leq n)$$

5. **중복순열** : 서로 다른 n개에서 중복을 허용하여 r개를 골라 순서를 고려해 나열하는 경우의 수

$$_n\Pi_r = n^r$$

6. **중복조합** : 서로 다른 n개에서 순서를 고려하지 않고 중복을 허용하여 r개를 택하는 경우의 수

$$_n\mathrm{H}_r = {}_{n+r-1}\mathrm{C}_r$$

7. **같은 것이 있는 순열** : n개 중에 같은 것이 각각 p개, q개, r개일 때 n개의 원소를 모두 택하여 만든 순열의 수

$$\frac{n!}{p!q!r!} \quad (단, \ p+q+r=n)$$

8. **원순열** : 서로 다른 n개를 원형으로 배열하는 경우의 수

$$\frac{_n\mathrm{P}_n}{n} = (n-1)!$$

보충플러스

리그전
- 경기에 참가한 모든 팀이 돌아가면서 한 차례씩 겨루어 순위를 결정하는 방식
- 경기 횟수
  $= \dfrac{(팀의 수) \times (팀의 수-1)}{2}$

토너먼트전
- 경기마다 진 팀은 탈락하고 이긴 팀끼리 겨루어 최후에 남은 두 팀이 우승을 결정하는 방식
- 경기 횟수 = (팀의 수) - 1

9. 최단경로의 수

(1) 덧셈방식

① 출발 지점에서 도착 지점까지 가는 길을 차례로 더해 가며 구하는 방법이다.

② [그림 1]처럼 A의 위와 오른쪽 방향의 각 교차점에 1을 적는다. A에서 그 장소까지 가는 방법이 1가지라는 의미이다. 이때 지나갈 수 없는 지점에는 0을 적는다.

③ [그림 2]처럼 대각선 상 두 개의 숫자의 합을 오른쪽 위에 적는다. 이를 [그림 1]에 적용하면 [그림 3]과 같다.

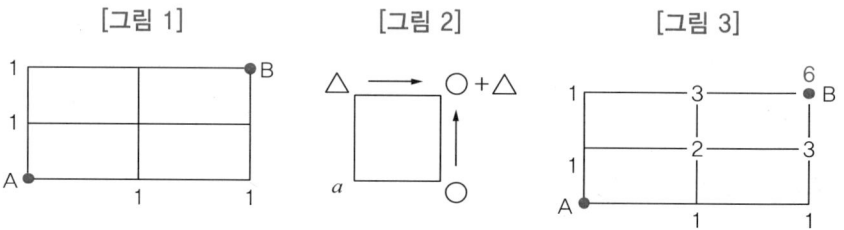

(2) 조합 활용법

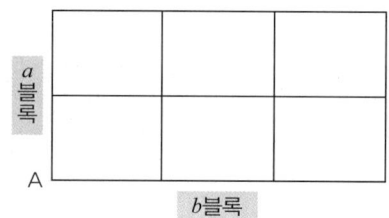

세로 a블록, 가로 b블록의 경로를 최단거리로 가려면 $_{a+b}C_a$가지의 조합이 있다.

$$_{a+b}C_a = \frac{(a+b)!}{a!b!}$$

7 확률

1. 공식

(1) 일어날 수 있는 모든 경우의 수를 n가지, 사건 A가 일어날 경우의 수를 a가지라고 하면 사건 A가 일어날 확률 $P = \frac{a}{n}$, 사건 A가 일어나지 않을 확률 $P' = 1 - P$이다.

(2) 두 사건 A, B가 배반사건(동시에 일어나지 않을 때)일 경우

$$P(A \cup B) = P(A) + P(B)$$

(3) 두 사건 A, B가 독립(두 사건이 서로 영향을 주지 않을 때)일 경우

$$P(A \cap B) = P(A)P(B)$$

보충플러스

균등분포
확률변수 X의 확률밀도함수가 다음과 같을 때 구간 $[a, b]$에서 균등분포를 따른다고 한다.

$$f(x) = \begin{cases} 0 & (x < a) \\ \frac{1}{b-a} & (a \leq x \leq b) \\ 0 & (b < x) \end{cases}$$

(4) 조건부확률 : 확률이 0이 아닌 두 사건 A, B에 대하여 사건 A가 일어났다고 가정할 때, 사건 B가 일어날 확률

$$P(B|A) = \frac{P(A \cap B)}{P(A)} \quad (단, \ P(A) > 0)$$

2. 풀이 방법
(1) '적어도 ~'라는 표현이 있으면 여사건을 활용하는 문제이다.
(2) '~일 때, ~일 확률'이라는 표현이 있으면 조건부확률을 활용하는 문제이다.

개념확인문제

01 다음 글의 빈칸에 공통으로 들어갈 단어는?

> (　　)(이)란 어떤 현상의 상태를 양으로 반영하는 숫자이며, 특히 사회집단의 상황을 숫자로 표현한 것이다. 근래에는 자연적인 현상이나 추상적인 수치의 집단도 포함해서 일체의 집단적 현상을 숫자로 나타낸 것을 (　　)(이)라고 한다.

02 다음 통계치와 그에 대한 설명을 바르게 연결하시오.

(1) 백분율　•　　　•　㉠ 어떤 측정값의 측정된 횟수

(2) 평균　　•　　　•　㉡ 전체 수량을 100으로 하여, 나타내려는 수량이 그중 몇이 되는가를 가리키는 수

(3) 빈도　　•　　　•　㉢ 자료의 퍼져있는 정도를 구체적인 수치로 알려주는 도구

(4) 분산　　•　　　•　㉣ 모든 자료의 자료값을 합한 후 자료값의 개수로 나눈 값

03 다음 글의 빈칸에 순서대로 들어갈 단어는?

> 우리가 알고자 하는 대상(분석대상)에 대하여 가장 정확한 정보를 얻는 방법은 분석대상을 모두 조사하는 방법인 (　　)이다. (　　)는 전체를 잘 대표하는 일부를 뽑아 조사하는 방법이다.

답
01 통계
02 (1) ㉡ (2) ㉣ (3) ㉠ (4) ㉢
03 전수조사, 표본조사

03 도표분석능력

> 도표분석능력은 도표(그림, 표, 그래프 등)의 의미를 파악하고 필요한 정보를 해석하는 능력으로, 다양한 도표를 종합하여 내용을 분석·종합하는 것이 매우 중요하다는 측면에서 필수적이다.

1 도표의 종류

도표는 크게 목적별·용도별·형상별로 구분할 수 있는데, 실제로는 목적과 용도와 형상을 여러 가지로 조합하여 하나의 도표를 작성하게 된다. 특히 도표는 관리나 문제해결의 과정에서 다양하게 활용되며, 활용되는 국면에 따라 도표의 종류를 달리할 필요가 있다.

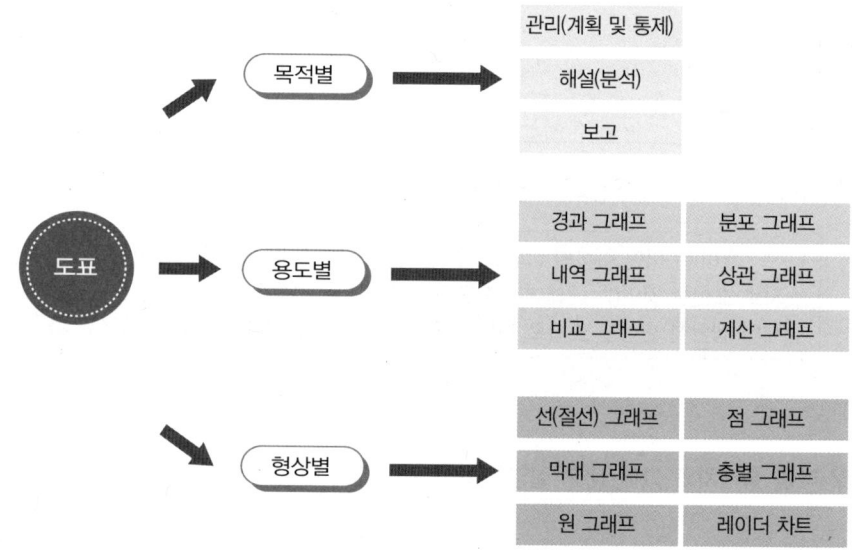

1. 선(절선) 그래프

(1) 시간적 추이(시계열 변화)를 표시하는 데 적합하다.
(2) 경과·비교·분포(도수·곡선 그래프)를 비롯하여 상관관계 등을 나타낼 때(상관선 그래프·회귀선) 쓰인다.
예) 연도별 매출액 추이 변화 등

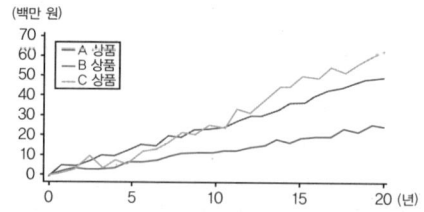

[상품별 매출액 추이]

2. 막대 그래프(봉 그래프)

(1) 비교하고자 하는 수량을 막대 길이로 표시하고, 그 길이를 비교하여 각 수량 간의 대소 관계를 나타내고자 할 때 가장 기본적으로 활용할 수 있는 그래프이다.

(2) 내역·비교·경과·도수 등을 표시하는 용도로 쓰인다.

예 영업소별 매출액, 성적별 인원분포 등

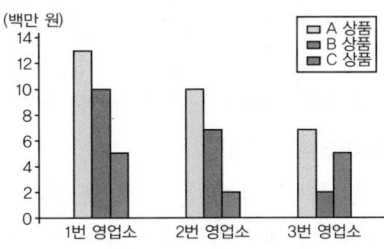

> **보충플러스**
>
> **히스토그램**
> - 도수분포를 나타내는 그래프
> - 막대의 사이에 간격이 없다.
>
> 예 볼링 동호회 회원들의 볼링 점수
>
>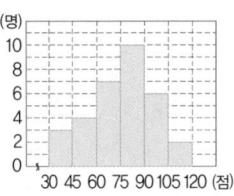

3. 원 그래프

(1) 일반적으로 내역이나 내용의 구성비를 분할하여 나타내고자 할 때 활용할 수 있는 그래프이다.

(2) 각 항목의 구성비에 따라 중심각이 정해지고 중심각 360°가 100%에 대응한다.

$$구성비(\%) = \frac{중심각}{360°} \times 100$$

(3) 원 그래프를 정교하게 작성할 때 까다로운 것은 수치를 각도로 환산하여야 한다는 점이다.

(4) 파이 그래프도 원 그래프의 일종이다.

예 제품별 매출액 구성비 등

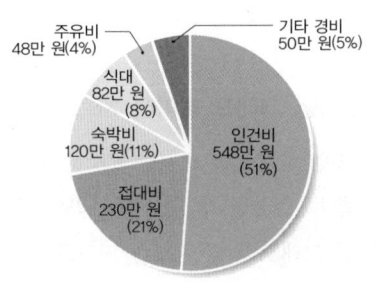

4. 점 그래프

(1) 지역분포를 비롯하여 도시, 지방, 기업, 상품 등의 평가나 위치, 성격을 표시하는데 활용할 수 있는 그래프이다.

(2) 가로축과 세로축에 2요소를 두고, 보고자 하는 것이 어떤 위치에 있는가를 알고자 할 때 쓰인다.

예 광고비율과 이익률의 관계 등

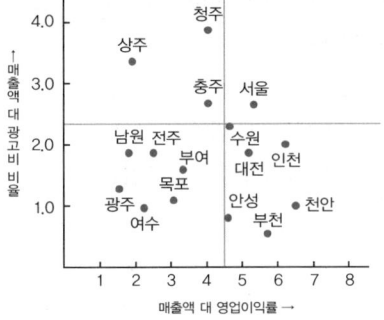

5. 층별 그래프 ★ 구 워크북

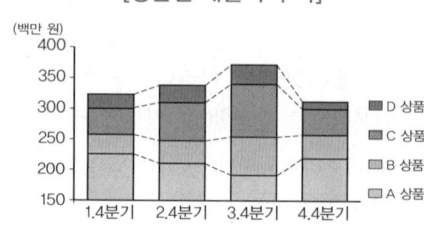

[상품별 매출액 추이]

(1) 합계와 각 부분의 크기를 백분율로 나타내고 시간적 변화를 보고자 할 때, 합계와 각 부분의 크기를 실수로 나타내고 시간적 변화를 보고자 할 때 활용할 수 있는 그래프이다.
(2) 선의 움직임보다는 선과 선 사이의 크기로써 데이터 변화를 나타내는 그래프이다.
(3) 시간적 변화에 따른 구성비의 변화를 표현하고자 할 때 활용할 수 있다.
(4) 선 그래프의 변형으로 연속내역 봉 그래프라고 볼 수 있다.

예 상품별 매출액 추이 등

6. 방사형 그래프(레이더 차트, 거미줄 그래프)

(1) 다양한 요소를 비교할 때, 경과를 나타낼 때 활용할 수 있는 그래프이다.
(2) 원 그래프의 일종으로, 비교하는 수량을 직경 또는 반경으로 나누어 원의 중심에서의 거리에 따라 각 수량의 관계를 나타내는 그래프이다.

예 매출액의 계절변동 등

7. 띠 그래프

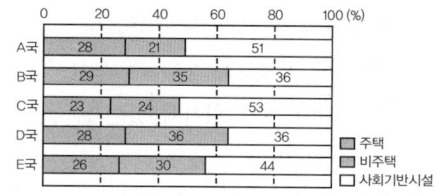

(1) 각 요소의 구성비를 띠 모양으로 나타낸 그래프이다.
(2) 막대 전체를 100%로 두고 각 항목의 구성비에 따라 막대의 내용을 구별하여 구성비를 시각적으로 표현한다.

8. 그림 그래프

(1) 수를 그림으로 나타내 한눈에 보이도록 만든 그래프이다.

(2) 지역이나 위치에 따라 수량의 많고 적음을 한눈에 알 수 있다.

(3) 큰 단위의 수는 큰 그림으로, 작은 단위의 수는 작은 그림으로 나타낸다.

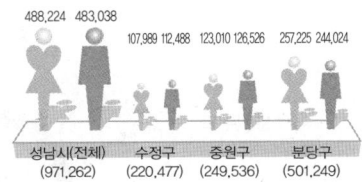

[성남시 인구수]

9. 산점도(상관도)

(1) 2개의 연속형 변수 간의 관계를 보기 위하여 직교좌표의 평면에 관측점을 찍어 만든 그래프이다.

(2) 한 집단에 대하여 두 종류의 자료가 주어졌을 때, 이들 자료의 변량 사이에 어떤 관계가 있는지를 알아볼 때 유용하다.

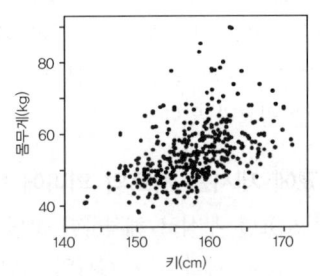

[A 중학교 학생들의 키와 몸무게]

10. 삼각도표(삼각좌표)

(1) 3가지 항목의 전체에 대한 구성비를 정삼각형 내부에 점으로 표현한 그래프이다.

(2) 자료가 세 가지의 요소로 분류 가능할 때 사용한다.

(3) 정삼각형 내부의 어느 위치에 점을 찍어도 세 항목의 구성비의 합계는 100%가 된다.

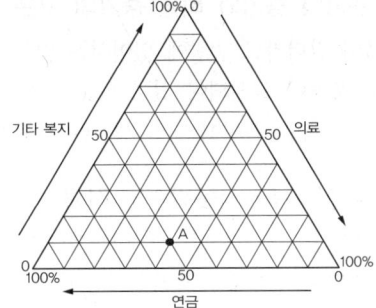

['의료', '연금', '기타 복지'가 사회보험 비용 전체에서 차지하는 비율]

> **TIP 자료해석 대처법**
> - 비율, 증가율, 지수 등을 올바르게 이해해야 한다.
> - 계산 테크닉을 익혀서 쓸데없는 계산을 하지 않도록 한다. 또한, 간단한 계산은 암산으로 끝낼 수 있도록 훈련하는 것이 좋다.
> - 선택지를 검토할 때에는 옳고 그름의 판단이 쉬운 것부터 순서대로 확인한다.
> - 자료의 단위, 각주 등을 놓치지 않도록 주의한다.

2 도표 해석상의 유의사항

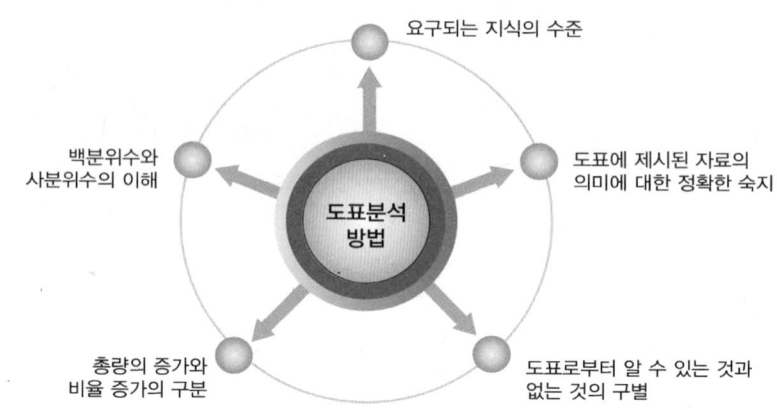

1. 요구되는 지식의 수준
도표의 해석은 특별한 지식을 요구하지 않는 경우가 대부분이지만, 지식의 수준에는 차이가 있어 어떤 사람에게는 상식이 어떤 사람에게는 지식일 수 있다. 따라서 직업인으로서 자신의 업무와 관련된 기본적인 지식의 습득을 통하여 특별한 지식을 일반지식, 즉 상식화할 필요가 있다.

2. 도표에 제시된 자료의 의미에 대한 정확한 숙지
주어진 도표를 무심코 해석하다 보면 자료가 지니고 있는 진정한 의미를 확대하여 해석할 수도 있다. 예를 들어 G사의 지원자 수가 많았다는 것이 반드시 G사의 근로자 수가 많다는 것을 의미하지 않는데 양자를 같은 것으로 오인할 수 있다.

3. 도표로부터 알 수 있는 것과 없는 것의 구별
주어진 도표로부터 알 수 있는 것과 알 수 없는 것을 완벽하게 구별할 필요가 있다. 즉, 주어진 도표로부터 의미를 확대하여 해석하여서는 곤란하며, 주어진 도표를 토대로 자신의 주장을 충분히 추론할 수 있는 보편타당한 근거를 제시해야 한다.

4. 총량의 증가와 비율 증가의 구분
비율이 같더라도 총량에 있어서는 많은 차이가 있을 수 있다. 또한 비율에 차이가 있더라도 총량이 표시되어 있지 않은 경우 비율 차이를 근거로 절대적 양의 크기를 평가할 수 없기 때문에 이에 대한 세심한 검토가 요구된다.

5. 백분위수와 사분위수의 이해
백분위수는 크기순으로 배열한 자료를 100등분 하는 수의 값을 의미한다. 예를 들어 제p백분위수란 자료를 크기순으로 배열하였을 때 $p\%$의 관찰값이 그 값보다 작거나 같고, $(100-p)\%$의 관찰값이 그 값보다 크거나 같게 되는 값을 말한다.
사분위수란 자료를 4등분한 것으로 제1사분위수는 제25백분위수, 제2사분위수는 제50백분위수(중앙값), 제3사분위수는 제75백분위수에 해당한다.

3 변동률(증감률)

1. 공식

- 변동률 또는 증감률(%) = $\dfrac{비교시점 수치 - 기준시점 수치}{기준시점 수치} \times 100$
- 기준시점 수치를 X, 비교시점 수치를 Y, 변동률(증감률)을 g%라 하면

$$g = \dfrac{Y-X}{X} \times 100 \qquad Y-X = \dfrac{g}{100} \times X \qquad Y = \left(1 + \dfrac{g}{100}\right)X$$

2. 계산 방법

값이 a에서 b로 변화하였을 때 $\dfrac{b-a}{a} \times 100$ 또는 $\left(\dfrac{b}{a} - 1\right) \times 100$으로 계산한다.

> **예** 값이 256에서 312로 변화하였을 때 증감률은 $\dfrac{312-256}{256} \times 100 ≒ 22$(%)이다. 이와 같이 계산을 해도 되지만 번거로운 계산을 해야 한다.
> 312는 256의 약 1.22배인데 이는 256을 1로 하면 312는 약 1.22라는 의미이다. 따라서 0.22만 늘어났으므로 증감률은 22%임을 알 수 있다.

TIP 변동률과 배율의 관계

X%의 변동률 $\Rightarrow \dfrac{100+X}{100}$ 배

3. 변동률과 변동량의 관계

변동률이 크다고 해서 변동량(증가량, 변화량, 증감량)이 많은 것은 아니다.

> **예** A의 연봉은 1억 원에서 2억 원으로, B의 연봉은 2,000만 원에서 8,000만 원으로 인상되었다. A의 연봉증가액은 1억 원이고 B의 연봉증가액은 6,000만 원이며, A의 연봉증가율은 $\dfrac{2-1}{1} \times 100 = 100$(%)이고, B의 연봉증가율은 $\dfrac{8,000-2,000}{2,000} \times 100 = 300$(%)이다. 따라서 연봉증가액은 A가 B보다 많지만, 연봉증가율은 A가 B보다 작다.

4 증가율과 구성비의 관계

전체량을 A, 부분량을 B라고 하면 부분량의 구성비는 $\dfrac{B}{A}$이다. 만약 어느 기간에 전체량이 a, 부분량이 b 증가했다고 하면 증가 후의 구성비는 $\dfrac{B(1+b)}{A(1+a)}$이다(단, a, b는 증가율이다). 여기서 $a > b$이면 $\dfrac{B}{A} > \dfrac{B(1+b)}{A(1+a)}$, $a < b$이면 $\dfrac{B}{A} < \dfrac{B(1+b)}{A(1+a)}$가 된다.

전체량의 증가율 > 부분량의 증가율 → 구성비가 감소
전체량의 증가율 < 부분량의 증가율 → 구성비가 증가

5 지수

지수란 구체적인 숫자 자체의 크기보다는 시간의 흐름에 따라 수량이나 가격 등 해당 수치가 어떻게 변화되었는지를 쉽게 파악할 수 있도록 만든 것으로 통상 비교의 기준이 되는 시점(기준시점)을 100으로 하여 산출한다.

> 기준 데이터를 X, 비교 데이터를 Y라 하면,
> $$지수 = \frac{Y}{X} \times 100$$
> 데이터 1의 실수를 X, 데이터 2의 실수를 Y, 데이터 1의 지수를 k, 데이터 2의 지수를 g라 하면 다음과 같은 비례식이 성립한다.
> $$X : Y = k : g$$
> 비례식에서 외항의 곱과 내항의 곱은 같으므로 $Xg = Yk$
> $$따라서\ Y = \frac{g}{k} \times X,\ X = \frac{k}{g} \times Y$$

이것만은 꼭!
지수에는 반드시 기준수가 존재하며, 기준수가 제시되어 있을 때에만 각 지수가 나타내는 실수값을 알 수 있다. 만약 지수만 주어지고 기준수가 주어지지 않는다면, 기준수가 같은 항목 간에는 실수의 대소 비교를 할 수 있지만 기준수가 다른 항목 간에는 실수의 대소 비교를 할 수 없다.

6 퍼센트(%)와 퍼센트포인트(%p)

퍼센트는 백분비라고도 하는데 전체의 수량을 100으로 하여 해당 수량이 그중 몇이 되는가를 가리키는 수로 나타낸다. 퍼센트포인트는 이러한 퍼센트 간의 차이를 표현한 것으로 실업률이나 이자율 등의 변화가 여기에 해당된다.

> **예** 실업률이 작년 3%에서 올해 6%로 상승하였다.
> ⇨ 실업률이 작년에 비해 100% 상승 또는 3%p 상승했다.
> 여기서 퍼센트는 $\dfrac{현재\ 실업률 - 기존\ 실업률}{기존\ 실업률} \times 100$을 하여 '100'으로 산출됐고, 퍼센트포인트는 퍼센트의 차이이므로 6-3을 해서 '3'이란 수치가 나온 것이다.

7 가중평균

중요도나 영향도에 해당하는 각각의 가중치를 곱하여 구한 평균값을 가중평균이라 한다.

> 주어진 값 $x_1, x_2, \cdots, x_n$에 대한 가중치가 각각 $w_1, w_2, \cdots, w_n$이라 하면
> $$가중평균 = \frac{x_1 w_1 + x_2 w_2 + \cdots + x_n w_n}{w_1 + w_2 + \cdots + w_n}$$

8 단위당 양

1. 자동차 천 대당 교통사고 발생건수, 단위면적당 인구수 등과 같이 정해진 단위량에 대한 상대치이다. 따라서 기준이 되는 단위량에 대응하는 실수(위의 예에서는 자동차 대수, 면적)가 주어져 있지 않으면 단위당 양에만 기초해서 실수 그 자체(위의 예에서는 교통사고 발생건수, 인구수)를 비교하는 것은 불가능하다.

2. 계산 방법

(1) X, Y를 바탕으로 X당 Y를 구하는 경우

$$(X당Y) = \frac{Y}{X}$$

(2) X당 Y, X를 바탕으로 Y를 구하는 경우

$$Y = X \times (X당Y)$$

(3) X당 Y, Y를 바탕으로 X를 구하는 경우

$$X = Y \div (X당Y)$$

개념확인문제

01 제시된 특징에 맞게 빈칸에 그래프의 종류를 채우시오.

(1) (   ) 그래프 : 비교하고자 하는 수량을 막대 길이로 표시하고, 수량 간의 대소 관계를 나타내고자 하는 경우

(2) (   ) 그래프 : 꺾은선으로 시계열 변화를 표시하고자 하는 경우

(3) (   ) 그래프 : 지역분포를 비롯하여 기업, 상품 등의 평가나 위치, 성격을 표시하고자 하는 경우

(4) (   ) 그래프 : 내역이나 내용의 구성비를 분할하여 나타내고자 하는 경우

02 연도별 매출액 추이를 그래프로 작성할 때, 가장 효과적인 그래프는?

① 꺾은선 그래프 ② 막대 그래프
③ 원 그래프 ④ 산점도
⑤ 띠 그래프

답
01 (1) 막대 (2) 선(절선)
　　(3) 점　　(4) 원
02 ①

04 도표작성능력

> 도표작성능력은 도표(그림, 표, 그래프 등)를 이용하여 결과를 효과적으로 제시하는 능력으로 다양한 종류의 자료를 종합하여 업무 결과를 도표로 제시하는 것이 매우 중요하다는 측면에서 필수적이다.

이것만은 꼭!

도수분포표 작성 절차

1. 자료의 최댓값과 최솟값을 찾아 범위를 구한다.
2. 자료의 수와 범위를 고려하여 계급의 수를 잠정적으로 결정한다.
3. 잠정적으로 계급의 폭 $\left(=\dfrac{범위}{계급의\ 수}\right)$을 올림으로 소수를 정리한 후, 계급의 폭을 조정한다.
4. 첫 계급의 하한과 마지막 계급의 상한을 조정한다.
   ※ 계급의 시작은 0, 1, 5, 10으로, 상한은 0, 5, 9, 10으로 정하는 것이 바람직하다.
5. 각 계급에 속하는 도수 등을 계산한다.

1 도표의 작성 절차

어떠한 도표로 작성할 것인지를 결정
주어진 자료를 면밀히 검토하여 어떠한 도표를 활용하여 작성할 것인지를 결정한다. 도표는 목적이나 상황에 따라 올바르게 활용할 때 실효를 거둘 수 있으므로 어떠한 도표를 활용할 것인지를 결정하는 일이 선행되어야 한다.

↓

가로축과 세로축에 나타낼 것을 결정
주어진 자료를 활용하여 가로축과 세로축에 무엇을 나타낼 것인지를 결정하여야 한다. 일반적으로 가로축에는 명칭 구분(연, 월, 장소 등), 세로축에는 수량(금액, 매출액 등)을 나타내며 축의 모양은 L자형이 일반적이다.

↓

가로축과 세로축의 눈금의 크기를 결정
주어진 자료를 가장 잘 표현할 수 있도록 가로축과 세로축의 눈금의 크기를 결정해야 한다. 한 눈금의 크기가 너무 크거나 작으면 자료의 변화를 잘 표현할 수 없으므로 자료를 가장 잘 표현할 수 있도록 한 눈금의 크기를 정하는 것이 바람직하다.

↓

자료를 가로축과 세로축이 만나는 곳에 표시
자료 각각을 결정된 축에 표시한다. 이때 가로축과 세로축이 만나는 곳에 정확히 표시하여야 정확한 그래프를 작성할 수 있다.

↓

표시된 점에 따라 도표 작성
표시된 점들을 활용하여 실제로 도표를 작성한다. 선 그래프라면 표시된 점들을 선분으로 이어 도표를 작성하고, 막대 그래프라면 표시된 점들을 활용하여 막대를 그려 도표를 작성하게 된다.

↓

도표의 제목 및 단위 표시
도표를 작성한 후에는 도표의 상단 혹은 하단에 제목과 함께 단위를 표기한다.

2 도표 작성 시 유의점

1. 선(절선) 그래프 작성 시 유의점

(1) 선(절선) 그래프를 작성할 때에는 세로축에 수량(금액, 매출액 등), 가로축에 명칭 구분(연, 월, 장소 등)을 제시하며, 축의 모양은 L자형으로 하는 것이 일반적이다.

(2) 선 그래프에서는 선의 높이에 따라 수치를 파악하는 경우가 많으므로 세로축의 눈금을 가로축의 눈금보다 크게 하는 것이 효과적이다.

(3) 선이 두 종류 이상인 경우에는 반드시 무슨 선인지 그 명칭을 기입해야 하며, 그래프를 보기 쉽게 하기 위해서는 중요한 선을 다른 선보다 굵게 한다든지 그 선만 색을 다르게 하는 등의 노력을 기울일 필요가 있다.

> **이것만은 꼭!**
> 그래프의 부가 요소를 활용하여 더 나은 그래프를 작성하는 방법
> 1. 그래프에 텍스트 더하기
> 2. 그래프에 선 긋기
> 3. 그래프 요소의 색 바꾸기

[S 방송국의 어느 드라마 국내·국외 시청률]

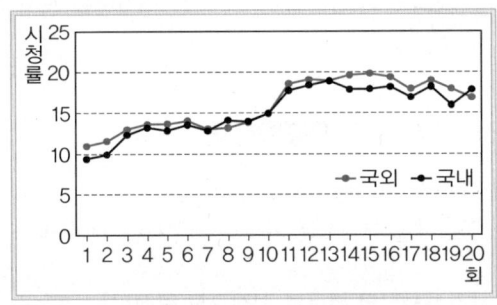

2. 막대 그래프 작성 시 유의점

(1) 막대를 세로로 할 것인가 가로로 할 것인가의 선택은 개인의 취향에 따라 다르나, 세로로 하는 것이 보다 일반적이다.

(2) 축은 L자형이 일반적이나 가로 막대 그래프는 사방을 틀로 싸는 것이 좋다.

(3) 가로축은 명칭 구분(연, 월, 장소, 종류 등)으로, 세로축은 수량(금액, 매출액 등)으로 정하며 막대 수가 부득이하게 많을 경우에는 눈금선을 기입하는 것이 알아보기 쉽다. 또한, 막대의 폭은 모두 같게 해야 한다.

[어느 기업의 직장인 체중 분포]

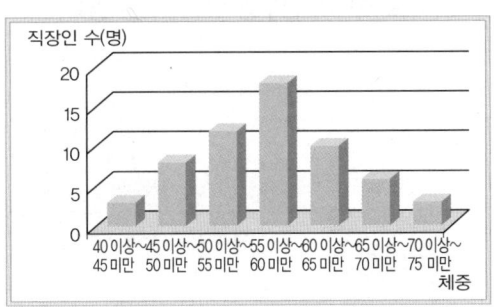

3. 원 그래프 작성 시 유의점

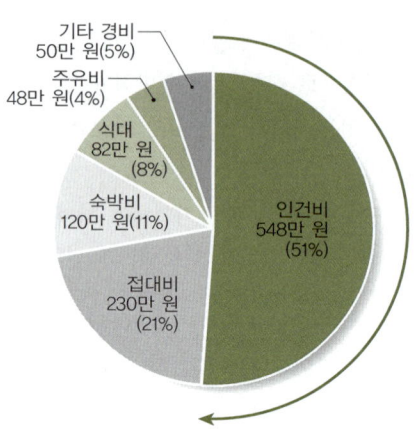

[비용 지출내역]

(1) 원 그래프를 작성할 때에는 정각 12시의 선을 시작선으로 하며 이를 기점으로 하여 오른쪽으로 그리는 것이 일반적이다.

(2) 분할선은 구성비율이 큰 순서로 그리되 '기타' 항목은 구성비율의 크기에 관계없이 가장 뒤에 그리는 것이 좋다.

(3) 각 항목의 명칭은 같은 방향으로 기록하는 것이 일반적이지만, 만일 각도가 작아서 명칭을 기록하기 힘든 경우에는 지시선을 써서 기록한다.

4. 층별 그래프 작성 시 유의점 ★ 구 워크북

(1) 층별을 세로로 할 것인가 가로로 할 것인가 하는 것은 작성자의 기호나 공간에 따라 판단한다. 그러나 구성비율 그래프는 가로로 작성하는 것이 좋다.

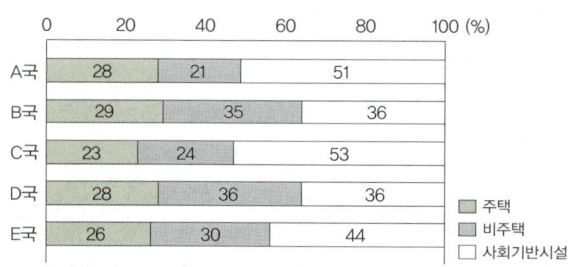

[건설시장의 부문별 시장규모 구성비]

(2) 눈금은 선 그래프나 막대 그래프보다 적게 하고 눈금선을 넣지 않아야 하며 층별로 색이나 모양이 모두 완전히 다른 것이어야 한다.

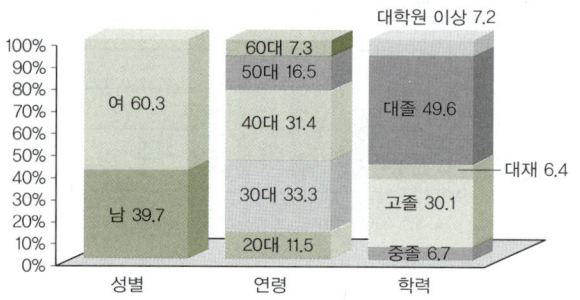

[어느 지역의 인구통계학적 조사 결과]

이것만은 꼭!

데이터 시각화를 해야 하는 이유
1. 많은 양의 데이터를 한눈에 볼 수 있다.
2. 데이터 분석에 대한 전문 지식이 없어도 누구나 쉽게 데이터 인사이트를 찾을 수 있다.
3. 요약된 통계치보다 정확한 데이터 분석 결과를 도출할 수 있다.
4. 효과적인 데이터 인사이트 공유로 데이터 기반의 의사결정을 할 수 있다.
5. 데이터 시각화를 활용할 수 있는 분야와 방법이 무궁무진하다.

(3) 같은 항목은 옆에 있는 층과 선으로 연결하여 보기 쉽도록 하여야 하며 가장 중요한 것은 세로 방향일 경우 위로부터 아래로, 가로 방향일 경우 왼쪽에서 오른쪽으로 나열하면 보기가 좋다.

5. 도수분포표 작성 시 유의점

(1) 각 구간의 폭은 같은 것이 바람직하다.
(2) 계급의 수는 분포의 특성이 나타날 수 있게 6개 이상 15개 미만이 바람직하다.
(3) 계급에 속하는 도수가 없거나 너무 적지 않게 구간을 결정한다.
(4) 극한값을 반영하기 위하여 제일 아래 계급이나 위 계급을 개방할 수도 있다.

3 엑셀프로그램을 활용한 그래프 그리기

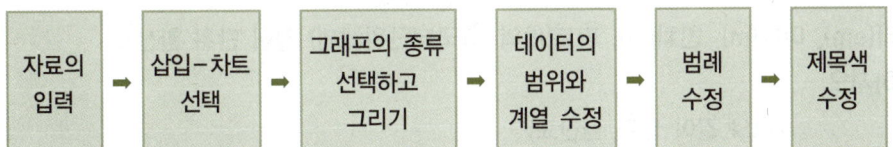

개념확인문제

01 다음 중 그래프를 작성할 때 제일 먼저 고려해야 하는 사항은?

① 단위를 표시한다. ② 가로축, 세로축의 눈금을 정한다.
③ 가로축, 세로축에 나타낼 것을 정한다. ④ 어느 종류의 그래프를 사용할 것인가를 정한다.

02 다음을 읽고 맞으면 ○, 틀리면 ×를 표시하시오.

(1) 선 그래프를 작성할 때에는 세로축에는 수량(금액, 매출액 등), 가로축에는 명칭 구분(연, 월, 장소 등)으로 정하는 것이 좋다. ( )
(2) 선 그래프를 작성할 때 선이 두 종류 이상이면 반드시 무슨 선인지 그 명칭을 기입해야 한다. ( )
(3) 막대 그래프를 작성할 때에는 세로축에는 명칭 구분(연, 월, 장소 등), 가로축에는 수량(금액, 매출액 등)으로 정하는 것이 좋다. ( )
(4) 막대 그래프를 작성할 때에는 막대의 폭이 모두 같아야 한다. ( )
(5) 원 그래프를 작성할 때에는 일반적으로 정각 12시의 선을 기점으로 해서 오른쪽 방향으로 그린다. ( )
(6) 원 그래프를 작성할 때 '기타' 항목의 구성비율이 가장 큰 경우에는 가장 앞에 그리는 것이 좋다. ( )

답
01 ④
02 (1) ○ (2) ○ (3) × (4) ○ (5) ○ (6) ×

01. 다음 〈보기〉에 있는 계량단위로 계산했을 때 올바르게 계산한 값은?

보기
2.5m+3,250mm=(?)cm

① 57.5　　　　　　　　② 575
③ 5,750　　　　　　　　④ 57,500

[02 ~ 03] 다음은 센티미터(cm), 미터(m), 인치(in), 피트(ft)의 SI(국제단위체제) 길이 단위 환산표이다. 이어지는 질문에 답하시오.

〈SI 길이 단위 환산표〉

단위	cm	m	in	ft
1cm	1	0.01	0.39	0.03
1m	100	1	39.37	3.28
1in	2.54	0.0254	1	0.083
1ft	30.48	0.3048	12	1

02. 120m를 인치(in) 단위로 환산한 것으로 알맞은 것은?

① 3.6　　　　　　　　② 46.8
③ 393.6　　　　　　　④ 4,724.4

03. 100ft는 100in의 몇 배인가?

① 7배　　　　　　　　② 12배
③ 13배　　　　　　　　④ 15배

04. 사칙연산이 가능한 수의 범위에 대한 설명으로 옳은 것을 〈보기〉에서 모두 고르면?

> **보기**
>
> (가) 자연수의 범위에서 뺄셈과 나눗셈은 언제나 가능하다.
> (나) 수의 범위를 복소수·실수 또는 유리수 전체로 할 때는 모든 사칙연산이 항상 가능하다.
> (다) 정수의 범위에서는 나눗셈이 언제나 가능한 것은 아니다.

① (나) ② (다) ③ (가), (나)
④ (나), (다) ⑤ (가), (나), (다)

05. 249,572를 9로 나누면 나머지가 2가 된다. 이를 검산하는 올바른 방법을 〈보기〉에서 모두 고르면?

> **보기**
>
> (가) 각 자릿수를 모두 더하여 나온 수의 자릿수를 다시 한 번 더해 9로 나누어 본다.
> (나) 천의 자리인 9의 좌우측 수인 4와 5, 그다음 좌우측 수인 2와 7을 버리고 남는 수가 무엇인지를 확인한다.
> (다) 각 자릿수를 모두 더하여 나온 수를 2로 나누어 나머지가 0인지 확인해 본다.

① (가) ② (다) ③ (가), (나)
④ (나), (다) ⑤ (가), (나), (다)

06. A 기업의 주식이 7월 말에는 7월 초보다 20% 하락하고, 8월 말에는 7월 말에 비해 25% 올랐다. 다음 중 7월 초, 8월 말의 두 주가를 비교한 것으로 옳은 것은?

① 5% 인상 ② 25% 인상
③ 25% 인하 ④ 동일

07. 다음 수식을 각각 계산하여 얻는 값이 가장 큰 것은?

① 504−55+42 ② 502−76+64
③ 505−49+37 ④ 503−68+57

08. 부동산가액 5억 원인 아파트를 임대하려고 한다. 임대보증금 1억 원에 월 임대료 100만 원을 받는다면 연간 임대수익률은 얼마인가?

$$연간\ 임대수익률 = \frac{연\ 임대료}{부동산가액 - 임대보증금} \times 100$$

① 3.0% ② 3.2% ③ 3.4%
④ 3.6% ⑤ 3.8%

09. $a(a-b) = 23$을 만족하는 자연수 a, b에 대하여 $a^2 - b^2$의 값은 얼마인가?

① 45 ② 48
③ 70 ④ 75

10. 십의 자리 숫자가 2인 두 자리 자연수가 있다. 십의 자리 숫자와 일의 자리 숫자를 서로 바꾸면 처음 수보다 27이 크다고 할 때, 처음 수는 얼마인가?

① 20 ② 21 ③ 22
④ 23 ⑤ 25

11. A와 B의 크기를 비교한 것으로 옳은 것은?

A	B
현재 시각이 오후 4시 30분일 때 시침과 분침이 이루는 각도	65°

① A<B ② A>B
③ A=B ④ 알 수 없다.

12. 다음 식들의 공통된 규칙을 찾아 빈칸에 들어갈 숫자는?

$$1△3=5$$
$$2△4=10$$
$$5△7=37$$
$$8△10=82$$
$$10△12=(\ \ )$$

① 104
② 114
③ 122
④ 144

13. 유리병의 무게에서 약 80%는 산화규소가 차지한다. 어느 공장에서 무게가 135g인 유리병을 만들려고 하는데 산화규소는 5kg 준비되어 있다. 최대로 만들 수 있는 유리병은 몇 개인가?

① 37개 ② 40개
③ 46개 ④ 50개

14. 다음 상황에서 매뉴얼의 전체 분량은?

A 기업에서 일하는 세 명의 직원이 업무 수행 매뉴얼을 요약하여 정리하기로 하였다. 첫 번째 직원이 전체 매뉴얼의 $\frac{1}{3}$을 요약하였다. 두 번째 직원은 총 100페이지를 요약하였고, 세 번째 직원이 남은 페이지의 50%를 요약하였을 때, 남은 분량은 30페이지였다.

① 200페이지　　② 210페이지　　③ 220페이지
④ 230페이지　　⑤ 240페이지

15. 다음에 제시된 정보를 토대로 할 때 A 기업의 전체 직원 수는?

A 기업에 근무하는 직원들은 모두 시내버스와 지하철을 이용하여 출퇴근을 한다. 조사를 해 봤더니, 시내버스를 이용하는 직원은 59명이었고, 지하철을 이용하는 직원은 72명이었다. 또한 시내버스와 지하철 둘 다 이용하여 출퇴근을 하는 직원은 23명이었다. 시내버스를 이용하는 직원 수와 지하철을 이용하는 직원 수에는 각각 시내버스와 지하철을 둘 다 이용하는 직원이 포함되어 있다.

① 72명　　② 82명　　③ 95명
④ 108명　　⑤ 131명

16. A 금속과 B 금속을 섞어 58g의 합금을 만든 후 물속에서 무게를 재 봤더니 42g이었다. 물속에서 A 금속은 원래 무게의 $\frac{4}{5}$만큼, B 금속은 원래 무게의 $\frac{2}{3}$만큼 나간다고 할 때, 이 합금에는 A 금속이 몇 g 들어 있는가?

① 18g　　② 20g　　③ 23g　　④ 25g

17. 다음은 (주)AA 전자 전략기획팀 팀원 간의 대화 내용이다. 대화를 통하여 세 명이 같이 프로젝트를 마무리하는 데 소요되는 최소한의 시간을 구하면 몇 분인가? (단, 시너지효과는 고려하지 않는다)

> 김 팀장 : 프로젝트를 최대한 빨리 처리해야 되는데, 시간이 얼마나 걸릴 것 같나요?
> 안 대리 : 저 혼자 하면 6시간 걸릴 것 같습니다.
> 장 과장 : 제가 하면 4시간이면 될 것 같습니다.
> 김 팀장 : 내가 하면 3시간이면 될 것 같은데, 지금부터 우리 셋이 다 같이 해요.

① 45분　② 60분　③ 80분　④ 120분

18. 다음 상황에서 K 사원이 최종적으로 투사한 화면의 면적으로 가장 가까운 것은?

> K 사원은 도형의 크기는 다르지만 서로 닮음의 관계에 있을 때, 두 도형의 특정 변의 길이 비율이 a : b 관계에 있다면, 두 도형의 면적 비는 $a^2 : b^2$이라는 것을 알고 있다. 그런데 어느 날, 직원 워크숍을 준비하면서 프로젝터의 위치를 조정하던 중에 처음 설치한 프로젝터가 가로 길이는 3m이며 전체 면적이 12m²인 화면을 투사하는 것을 알게 되었다. 이 모습을 확인한 상사가 워크숍에 예정보다 많은 인원이 참석할 것이라며 화면을 더 늘릴 것을 지시하였다. 그래서 K 사원은 가로 길이가 5m인 화면을 투사하기로 하고 프로젝터의 위치를 조정하였다.

① 약 20m²　② 약 25m²　③ 약 33m²
④ 약 38m²　⑤ 약 43m²

19. 다음과 같은 상황에서 (가) 직원과 (나) 직원이 만나게 되는 지점은 A 지역으로부터 몇 km 떨어진 지점인가?

> A 지역에서 B 지역까지의 거리는 150km이다. (가) 직원은 A 지역에서 출발하여 B 지역으로 이동하며, (나) 직원은 B 지역에서 출발하여 A 지역으로 이동하고 있다. (가) 직원은 시속 80km의 속도로 이동 중이고, (나) 직원은 시속 100km의 속도로 이동 중이다. (가) 직원이 출발한 지 30분 뒤에 (나) 직원이 출발하였다.

① 약 75km 떨어진 지점　② 약 81km 떨어진 지점　③ 약 89km 떨어진 지점
④ 약 97km 떨어진 지점　⑤ 약 109km 떨어진 지점

20. 다음에 제시된 지방 영업소 건축 부지의 면적은?

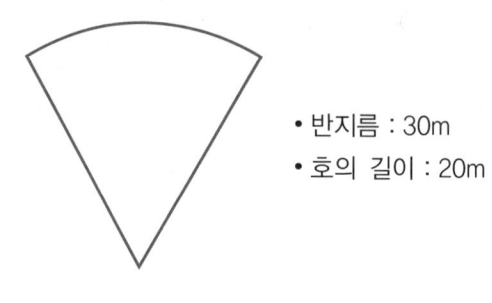

○○기관은 새로운 지방 영업소를 건축하기 위하여 부지를 알아보고 있으며, 다음과 같은 부채꼴 형태의 부지를 우선순위로 고려하고 있다.

- 반지름 : 30m
- 호의 길이 : 20m

① 260m²
② 280m²
③ 300m²
④ 320m²
⑤ 340m²

21. 다음 글의 빈칸 ㉠에 들어갈 식은?

이자율을 적용하는 방식에는 단리 방식과 복리 방식이 있다. 단리 방식은 고정된 원금에 지속적으로 동일한 이자율을 더하는 것이다. 예를 들어, 원금 100만 원을 10년 동안 예금해 두고 이자율이 5%라고 하자. 10년 뒤의 잔고는 1년 동안의 이자인 5만 원에 10년을 곱하여 50만 원의 이자에 원금 100만 원을 더한 150만 원이 된다.

반면에, 복리 방식은 매해 더해지는 이자가 새로운 원금이 되어 새로운 원금에 이자율을 적용하게 된다. 마찬가지로 원금 100만 원을 10년 동안 예금해 두고 이자율이 5%라고 하자. 1년 후의 잔고는 단리 방식의 1년 후 잔고와 동일하다. 100만 원에 1년 동안의 이자인 5만 원을 더하면 된다. 그러나 2년 후에는 105만 원에 이자율 5%를 적용하여 이자가 5만 원이 아닌 5만 2,500원이 된다.

이런 방식으로 10년 후의 잔고를 계산하면 (㉠)만 원이 된다.

① $100 \times (1+0.05) \times 10$
② $100 \times 0.05 \times 10$
③ $100 \times (1-0.05) \times 10$
④ $100 \times (1+0.05)^{10}$
⑤ 100×0.05^{10}

22. 다음 자료에서 A, B, C, D 제품을 개당 단가가 큰 순서대로 배열한 것은?

제품	매출비율	매출수량	매출금액
A 제품	57.6%	6만 개	?
B 제품	12.8%	2만 개	?
C 제품	21.6%	3만 개	?
D 제품	8.0%	1만 개	?
합계	100%	12만 개	12억 5천만 원

① A>C>B>D
② A>D>C>B
③ C>A>D>B
④ D>A>B>C

23. ○○조합의 조합원 K 씨가 농업자금 대출을 신청하였다. K 씨가 받을 수 있는 최대 대출금액은 얼마인가?

조합원 : 이번에 축사를 신축하기 위해서 2억 원의 총 사업비가 필요한데 최대 얼마까지 대출이 가능할까요?

〈대출조건〉

구분	대출금리	대출금액	상환조건
시설 자금	2.0% 또는 6개월 변동금리	총 사업비의 80% 이내	• 원예특작, 농촌가공 : 3년 거치 10년 상환(단, 유리온실은 5년 거치 10년 상환) • 축사, 관광농원 : 5년 거치 10년 상환
개보수 자금	2.0% 또는 6개월 변동금리	총 사업비의 70% 이내	대출금액별로 2~3년 거치, 3~7년 원금균등상환
농기계 자금	2.0% 또는 6개월 변동금리	"농업기계가격집" 상의 대출한도액 이내	1년 거치 4~7년 상환

① 1억 2천만 원
② 1억 4천만 원
③ 1억 6천만 원
④ 1억 7천만 원

24. 다음 중 통계의 일반적인 기능에 대한 설명으로 옳지 않은 것은?

① 의사결정의 보조수단으로 활용할 수 있다.
② 통계만으로는 대상 집단의 특성을 유추해 낼 수 없다.
③ 관찰 가능한 자료를 통해 논리적으로 어떠한 결론을 추출·검증한다.
④ 수량적 자료를 쉽게 처리 가능한 형태로 축소시킨다.

25. 다음 대화를 통해 알 수 있는 것은?

> 선생님 : 사실 표준편차라는 말은 여러 사람이 알고 있어도 개념 정의는 쉽지 않습니다. 이것을 이해하기 위해서 서로 다른 두 집단의 표본 관찰값을 보면서 생각해보도록 하겠습니다.
> K 학생 : 두 집단 모두 평균은 비슷하겠네요. 평균이 5로 같으니까요. 그런데 A 집단은 B 집단에 비해서 양극으로 나뉘어 있네요. 최댓값과 최솟값의 차이가 더 크니까요.

① A 집단은 B 집단보다 더 넓은 범위를 가진다.
② A 집단은 B 집단보다 더 큰 표준편차를 보인다.
③ A 집단은 B 집단보다 더 작은 표준편차를 보인다.
④ A 집단과 B 집단은 동일한 분산을 보인다.
⑤ 실제 A 집단의 평균은 B 집단보다 더 낮은 수치를 보이게 된다.

26. 다음 설명을 참고할 때 '통계'가 우리에게 주는 가장 중요한 의미는?

> 대부분의 사람들은 앞으로 얼마나 더 살아야 하는지에 대해 구체적으로 실감하지 못하고 있다. 많은 이들이 대충 평균 70세 정도로 생각하고 있다. 그렇지만 통계를 가지고 대략적으로 확인해 보더라도 우리가 생각하고 있는 것보다 10년 아니면 20년은 더 살아야 한다는 결론이 나온다. 현재 40세인 사람은 대략 90세까지 살 수 있다. 평균수명과 지금 살아있는 사람이 살 수 있는 시간인 여명(餘命) 사이에는 차이가 있다. 이것은 돈을 벌지는 못하고 써야 하는 기간이 10년 또는 20년 더 길어진다는 것을 의미한다. 즉 노후설계에 커다란 구멍이 뚫려 있다는 것이다. 젊은 시절 저축한 돈을 모두 다 써버린 후에 수입 없이 10년이나 20년을 더 살아야 한다는 것은 여간 심각한 일이 아니다.

① 정보를 제공한다.
② 삶의 의미를 제공한다.
③ 수학적 분석능력을 배양시켜 준다.
④ 논리적 판단력을 키워준다.

27. 다음은 ○○기업 총무팀의 인사고과 점수 분포도이다. (A)와 (B)에 들어갈 숫자를 순서대로 바르게 나열한 것은? (단, 소수점 아래 첫째 자리에서 반올림한다)

구분	100점	80점 이상 100점 미만	60점 이상 80점 미만	40점 이상 60점 미만	20점 이상 40점 미만	0점 이상 20점 미만	합계
인원수	(A)	14	15	(B)	3	5	51
상대도수	0.078	0.275	0.294	0.196	0.059	0.098	1.000

① (A) : 2, (B) : 12 ② (A) : 4, (B) : 10
③ (A) : 6, (B) : 8   ④ (A) : 3, (B) : 9

28. 다음과 같은 상황에서 6명의 직원이 앉을 수 있는 경우의 수는?

> A 기업 B 부서가 직원 회식을 하게 되었다. B 부서의 전체 직원 수는 총 6명이며, 원형 테이블의 식당에서 회식을 하기로 하였다. B 부서의 회식 준비 담당은 6명의 직원을 어떻게 앉도록 하는 것이 좋을지 고민 중이다.

① 6가지   ② 12가지   ③ 24가지
④ 120가지 ⑤ 720가지

29. A 기관의 B 부서에 근무하는 귀하가 다음과 같은 상황에서 출장을 가게 되는 확률은?

> A 기관 B 부서에서는 지방 출장자 인원을 편성하기 위하여 다음의 지침을 만들었다.
>
> [지침] 지방 출장은 과장 1명, 대리 1명이 한 조를 이루어 이동한다.
> [상황 1] B 부서에는 과장 3명, 대리 4명이 있다.
> [상황 2] 귀하는 대리이다.

① 75%   ② 50%   ③ 25%
④ 12.5% ⑤ 6%

30. 다음은 ○○공단 민원팀 직원 20명에 대한 고객 평가의 결과이다. 만일 '전문성 영역'의 평균 점수가 85점이라면 '친절 영역'의 평균 점수는 얼마인가?

(단위 : 명)

전문성 영역 친절 영역	100점	90점	80점	70점
100점	Ⓐ	2	Ⓑ	1
90점	1	3	2	1
80점	0	2	3	0
70점	1	0	0	1

① 83.5점
② 85.5점
③ 86점
④ 88.5점

31. 다음은 학생 16명의 하루 컴퓨터 이용 시간을 조사한 자료이다. 다음 자료에서 평균값을 a, 최빈값을 b, 중앙값을 c라 할 때 $a+b+c$는 얼마인가? (단, 평균은 소수점 아래 셋째 자리에서 반올림한다)

학생	A	B	C	D	E	F	G	H	I	J	K	L	M	N	O	P
시간	3	2	12	0	0	3	2	3	0	1	1	3	0	1	0	2

① 3.24
② 3.56
③ 3.65
④ 3.78

32. 보험회사 A와 B를 대상으로 한 영업팀당 팀원 수를 조사하였다. 보험회사 A의 영업팀은 1팀부터 6팀까지 있고, 6개의 팀은 평균이 9명, 표준편차가 8명이었다. 보험회사 B의 영업팀은 1팀부터 4팀까지 있고, 4개의 팀은 평균이 9명, 표준편차가 3명이었다. 이때 보험회사 A와 B의 전체 10개 팀의 한 영업팀당 팀원 수의 표준편차를 바르게 구한 것은?

① $\sqrt{24}$ 명
② $\sqrt{30}$ 명
③ 6명
④ $\sqrt{42}$ 명
⑤ $\sqrt{48}$ 명

[33 ~ 34] ○○공사 예산팀 차장 A는 20X8년 예산을 결정하기에 앞서 20X7년에 사용한 예산을 다음과 같이 정리·결산하고 있다. 이어지는 질문에 답하시오.

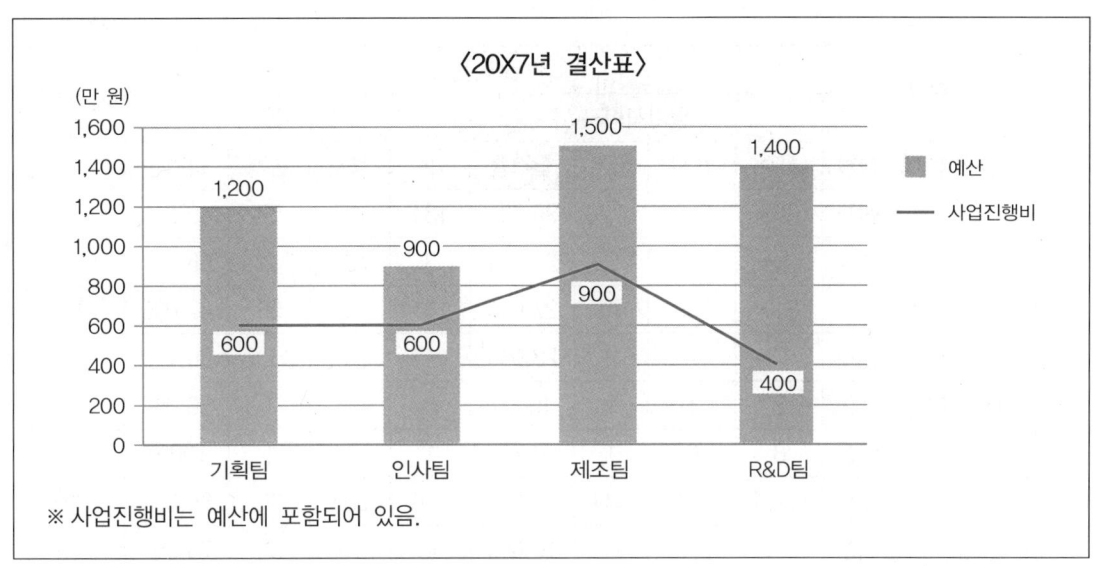

〈20X7년 결산표〉

※ 사업진행비는 예산에 포함되어 있음.

33. 예산팀 차장 A는 상사에게 올릴 보고서를 작성하기 위하여 자료의 주요사항을 정리하고 있다. 다음 중 옳지 않은 것은?

① 제조팀의 사업진행비는 R&D팀의 두 배 이상이다.
② R&D팀의 예산에 대한 사업진행비의 비중이 가장 낮다.
③ 기획팀의 예산에 대한 사업진행비 비중은 R&D팀의 두 배 이상이다.
④ 사업진행비를 제외했을 때 예산의 크기가 가장 작은 팀은 인사팀이다.
⑤ 기획팀과 제조팀은 사업진행비를 제외한 나머지 예산의 크기가 동일하다.

34. A는 다음과 같은 기준을 통해 20X8년의 예산을 결정하려고 한다. 20X8년 예산을 가장 많이 배분받는 팀은 어느 팀인가?

1. 20X8년의 총예산액은 20X7년의 120%로 한다.
2. 총예산액의 절반은 20X7년 총예산액에서 각 팀의 예산이 차지하는 비율과 동일한 비율로 배분한다.
3. 나머지 절반은 20X7년 해당 부서의 예산액 중 사업진행비의 비중이 높은 순서대로 40%, 30%, 20%, 10%를 차례로 배분한다.

① 기획팀　　　　　② 인사팀　　　　　③ 제조팀
④ R&D팀　　　　　⑤ 모두 같다.

35. 다음은 ○○공단에서 시행하는 기술사 시험의 20XX년 수험현황이다. 도표를 잘못 이해한 사람은 누구인가? (단, 소수점 아래 첫째 자리에서 반올림한다)

(단위 : 명)

구분		수험현황								자격취득 인원
		필기시험				실기시험				
종목별	성별	접수	응시	합격	합격률	접수	응시	합격	합격률	
생산 관리분야	전체	323	268	72	26.9%	134	134	57	42.5%	57
	여성	12	9	2	22.2%	3	3	2	66.7%	2
	남성	311	259	70	27.0%	131	131	55	42.0%	55
디자인분야	전체	10	7	2	28.6%	4	3	2	66.7%	2
	여성	2	1	1	100%	3	2	1	50.0%	1
	남성	8	6	1	16.7%	1	1	1	100%	1
건축분야	전체	4,261	3,449	334	9.7%	506	505	323	64.0%	323
	여성	327	254	27	10.6%	40	40	30	75.0%	30
	남성	3,934	3,195	307	9.6%	466	465	293	63.0%	293
섬유분야	전체	31	18	11	61.1%	12	12	12	100%	12
	여성	13	5	2	40.0%	3	3	3	100%	3
	남성	18	13	9	69.2%	9	9	9	100%	9
전기분야	전체	2,651	2,300	100	4.3%	184	183	96	52.5%	96
	여성	51	36	3	8.3%	7	7	3	42.9%	3
	남성	2,600	2,264	97	4.3%	177	176	93	52.8%	93
식품분야	전체	190	153	22	14.4%	42	42	25	59.5%	25
	여성	75	54	4	7.4%	11	11	6	54.5%	6
	남성	115	99	18	18.2%	31	31	19	61.3%	19
소계	전체	7,466	6,195	541	8.7%	882	879	515	58.6%	515
	여성	480	350	39	10.9%	67	66	45	68.2%	45
	남성	6,986	5,836	502	8.6%	815	813	470	57.8%	470

① A 대리 : 전체 필기시험 접수인원 중 여성의 비율은 약 6.4%야.
② B 과장 : 20XX년 여성 응시인원이 가장 많은 분야는 섬유분야구나.
③ C 대리 : 20XX년 디자인분야 기술사 합격자는 남성 1명, 여성 1명이야.
④ D 주임 : 20XX년 기준으로 섬유분야가 실기시험 합격률이 제일 높아.
⑤ E 차장 : 전체 분야 중 응시인원이 가장 많은 분야는 건축분야구나.

36. 다음은 ○○공사 박 대리가 국가별 선박현황을 공유하기 위해 사내 게시판에 올린 자료이다. 이를 보고 직원들이 분석한 내용으로 적절한 것은?

제목	세계 선박 등록 및 크기 현황	조회수	2,148
이름	parkminsik	날짜	202X-02-11 11:37

선박은 조선소에서 건조를 마치면 등록을 하게 되는데 국가마다 선박을 등록할 때나 보유할 때 내는 세금이 다르기 때문에 선주의 편의에 맞게 국가를 선택하여 등록할 수 있다. 따라서 선주는 새로운 선박이 생기면 전 세계에 편의적 제도나 국제선박등록제도가 있는 나라를 훑어보고 등록한다.

우리나라도 제주도에 국제선박등록제도를 마련하여 세금을 깎아 주고 절차를 간소화하여 세계 어느 나라 선박이든 등록할 수 있도록 유치하고 있다. 우리나라는 선박 등록 척수에서 세계 제5위인 2,062척을 보유하고 있으나 비교적 중소형 규모의 선박이 많다. 따라서 총톤수에서 중국, 사이프러스에 이어 세계 11위이다. 국가별 선박등록 현황에 관한 자세한 내용은 다음과 같다.

〈국가별 선박등록 현황〉

순위	국가명	선박수 척수(척)	선박수 점유율(%)	총톤수 톤수(천 톤)	총톤수 점유율(%)	총톤수 점유율의 전년 대비 변화율(%)
1	파나마	7,616	7.81	252,564	22.60	8.79
2	라이베리아	2,173	2.23	117,519	10.51	11.68
3	그리스	1,477	1.52	61,384	5.49	11.31
4	바하마	1,422	1.46	59,744	5.34	8.16
5	마샬군도	1,097	1.13	59,600	5.33	9.07
6	홍콩	1,238	1.27	59,210	5.30	5.96
7	싱가포르	2,243	2.30	55,550	4.97	8.83
8	몰타	1,442	1.48	45,218	4.05	12.48
9	중국	3,816	3.91	37,124	3.32	6.30
10	사이프러스	982	1.01	29,431	2.63	-0.66
11	한국	2,062	2.11	21,141	1.89	27.82
전체		97,516	100	1,117,540	100	12.84

① 전 과장 : 전 세계에서 선박을 등록한 국가는 12개국 이상이겠구나.
② 황 차장 : 국가별 선박등록 현황은 선박수를 기준으로 나열한 자료네.
③ 구 대리 : 자료에 있는 11개국은 모두 총톤수 점유율이 작년에 비해서 증가했구나.
④ 강 대리 : 상위 1 ~ 4순위까지만 해도 총톤수 점유율이 절반 이상을 차지하고 있구나.
⑤ 도 사원 : 역시 선박수와 총톤수는 비례하는군.

37. 다음 중 도표 작성 절차를 순서대로 배열한 것은?

> ⓐ 가로축, 세로축 내용 정하기　　ⓑ 자료 표시하기
> ⓒ 사용할 도표 정하기　　　　　　ⓓ 가로축, 세로축 크기 정하기
> ⓔ 표시된 점에 따라 도표 작성　　ⓕ 도표의 제목 및 단위 표시

① ⓒ → ⓑ → ⓐ → ⓓ → ⓔ → ⓕ
② ⓐ → ⓒ → ⓕ → ⓓ → ⓑ → ⓔ
③ ⓒ → ⓐ → ⓓ → ⓑ → ⓔ → ⓕ
④ ⓕ → ⓐ → ⓒ → ⓓ → ⓑ → ⓔ

38. 그래프를 작성할 때의 주의사항으로 올바른 것을 〈보기〉에서 모두 고르면?

> **보기**
> ㉠ 사용된 수치 중 가장 중요하게 나타내고자 하는 자료의 단위만을 제시한다.
> ㉡ 축의 단위는 해당 수치의 범위가 모두 포함될 수 있도록 제시한다.
> ㉢ 무엇을 의미하는 그래프인지를 알 수 있도록 제목을 반드시 제시한다.

① ㉠　　　　　　② ㉡　　　　　　③ ㉠, ㉢
④ ㉡, ㉢　　　　⑤ ㉠, ㉡, ㉢

39. 다음의 설문조사 결과 자료를 그래프로 나타낼 때 가장 적합한 형태는?

> 소비자가 온라인 쇼핑몰에서 상품 구입 시 중요하게 고려하는 요소는 가격(30.0%)과 기능·성능(25.8%)이 가장 많았고, 사용 후기·리뷰(18.6%), 디자인(11.6%)이 그 뒤를 이었다. 반면, 상품의 브랜드·제조사를 고려하는 비율은 4.2%로 매우 낮았다.

① 원 그래프　　② 막대 그래프　　③ 선 그래프
④ 방사형 그래프　　⑤ 점 그래프

40. 통계 자료 작성과 관련된 두 사례에서 공통적으로 엿볼 수 있는 통계 작성의 특징은?

> 〈사례 1〉
> 최근 상황에서 달러당 환율이 하루에 10원 오르내리는 것은 상당히 큰 변화다. 하지만 만일 그래프의 한 눈금을 100원 단위로 해서 1,300원까지 눈금을 모두 그리고 그 안에 변동을 표시하면 어찌될까. 10원 오르내린 것은 거의 변화가 없는 것처럼 보일 것이다.
>
> 〈사례 2〉
> 숫자가 너무 클 때 그래프 중간을 생략했다는 표시로 쓰는 물결선을 그리고 눈금을 적당히 조절하면, 매출이 별로 늘지 않은 기업이 쑥쑥 성장한 것처럼 보이도록 꾸미는 데 큰 어려움이 없다.

① 그래프의 최소 단위는 항상 0에서 시작되어야 한다.
② 단위의 최소 수치와 최대 수치의 간격은 좁을수록 더 바람직하다.
③ 통계에 표시하는 물결선은 왜곡된 결과를 가져올 수 있다.
④ 환율이나 기업 성장률을 나타내는 그래프는 원형그래프가 가장 적절하다.
⑤ 통계는 표현 방식에 따라 전혀 다른 느낌을 줄 수 있다.

41. 신입사원 2명은 이번 분기별 매출액 그래프를 작성할 것을 지시받고 다음과 같이 그래프를 작성하였다. 그래프를 보고 신입사원 A 씨는 3분기 매출액이 다른 시기에 비해 월등하게 뛰어났다고 평가를 내린 반면 신입사원 B 씨는 다른 시기와 크게 차이가 없다고 판단을 내렸다. 똑같은 자료를 가지고 그래프를 작성하였음에도 결론에 차이가 나는 이유에 대해서 어떻게 설명해야 하는가?

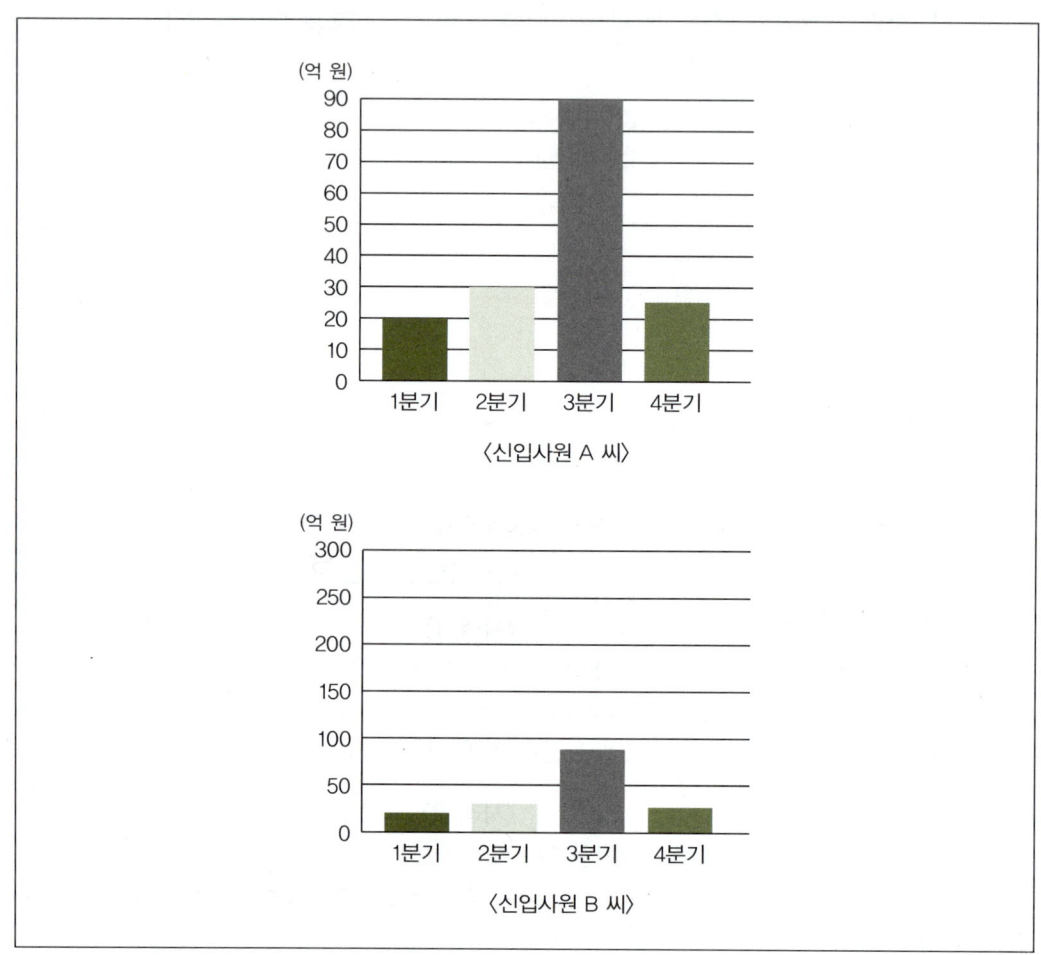

① 데이터 입력이 잘못되었다고 알려준다.
② 도표 선택이 잘못되었다고 알려준다.
③ 눈금의 크기가 다르기 때문이라고 알려준다.
④ 같은 자료를 각기 다르게 해석했기 때문이라고 알려준다.

42. 영업부 A 씨가 자신의 기업 매출 현황표를 막대 그래프로 정리하였다. 다음 중 수정이 필요한 부분은?

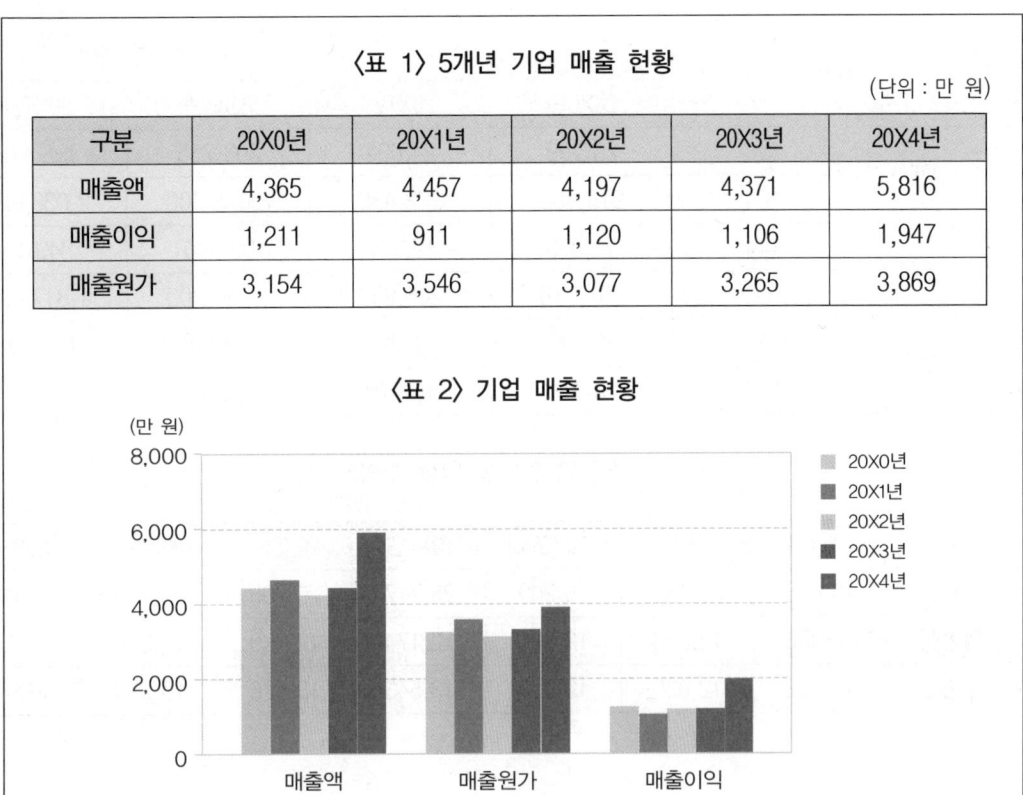

① 20X4년도에 비약적 성장을 이뤘으므로 20X4년과 그 전년도만 그래프로 만든다.
② 연도를 가로축에 구성하고 범례를 매출액, 매출원가, 매출이익으로 수정한다.
③ 세로축은 연, 월, 가로축은 매출액 등으로 정한다.
④ 막대 폭을 달리한다.
⑤ 막대 수가 부득이하게 많을 경우에는 눈금선을 기입하지 않는다.

[43 ~ 44] 다음은 S 항의 연도별 선박 입항 현황을 나타낸 자료이다. 이어지는 질문에 답하시오.

〈입항 현황〉

(단위 : 척, 톤)

구분		S 항		전국 항만	
		20X6년	20X7년	20X6년	20X7년
합계	척수	25,199	24,034	203,735	195,112
	톤수	219,158	222,436	2,078,300	2,033,622
외항선	척수	11,970	12,107	85,040	84,015
	톤수	201,018	205,857	1,849,903	1,817,429
내항선	척수	13,229	11,927	118,695	111,097
	톤수	18,140	16,579	228,397	216,193

〈S항의 연도별 입항 추이〉

(단위 : 척)

구분	20X1년	20X2년	20X3년	20X4년	20X5년	20X6년	20X7년
합계	25,828	25,183	25,200	25,717	25,705	25,199	24,034
외항선	12,306	12,348	12,300	12,174	12,029	11,970	12,107
내항선	13,522	12,835	12,900	13,543	13,676	13,229	11,927

43. 다음 중 위의 자료에 대한 설명으로 옳지 않은 것은?

① 20X7년에 S 항의 전국 항만 대비 입항 척수 점유비는 전년 대비 감소하였으나, 톤수 점유비는 증가하였다.

② 20X6년 대비 20X7년의 내항선 입항 척수 감소율은 S 항이 전국 항만보다 더 크다.

③ S 항은 20X6년보다 20X7년에 입항 외항선의 규모는 더 증가하였으나, 입항 내항선의 규모는 더 감소하였다.

④ 20X1 ~ 20X7년의 기간 동안 S 항 전체 입항 척수 대비 입항 외항선의 비중은 매년 증가하였다.

44. 다음 그래프 중 적절하지 않은 것은?

① 〈톤수 기준 S 항 내/외항선의 전국 항만 대비 입항 점유비, 단위 %〉

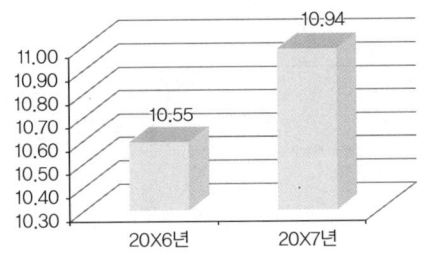

② 〈척수 기준 S 항 선박 유형별 전국 항만 대비 입항 점유비, 단위 %〉

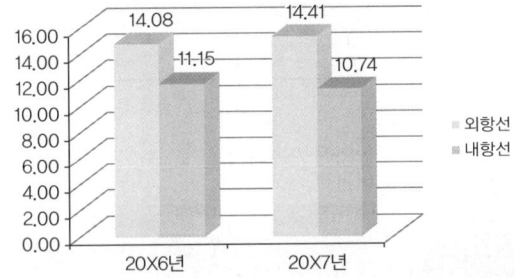

③ 〈톤수 기준 S 항 선박 유형별 전국 항만 대비 입항 점유비, 단위 %〉

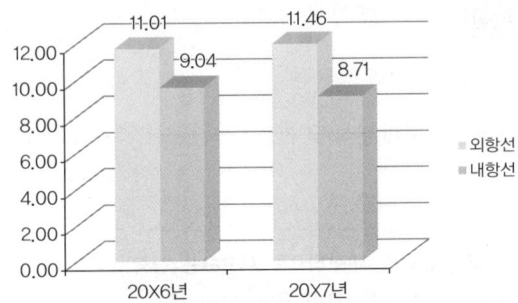

④ 〈척수 기준 S 항 내/외항선의 전국 항만 대비 입항 점유비, 단위 %〉

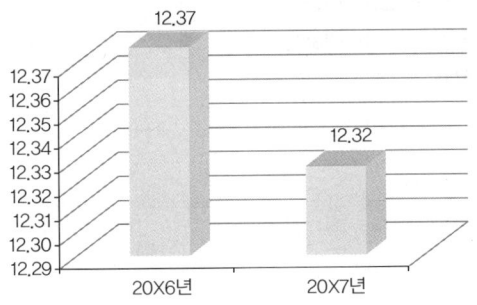

고시넷 **NCS 고졸채용** 통합기본서

유형별 출제비중

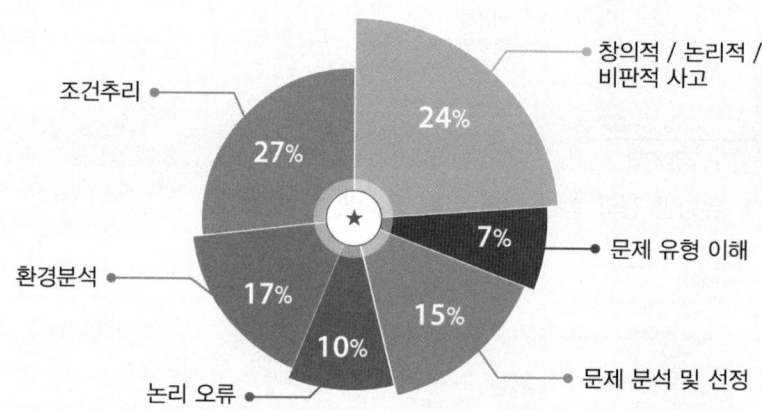

- 조건추리 27%
- 창의적 / 논리적 / 비판적 사고 24%
- 문제 유형 이해 7%
- 문제 분석 및 선정 15%
- 논리 오류 10%
- 환경분석 17%

하위영역

- 사고력 : 업무 관련 문제를 인식하고 해결함에 있어 창의적, 논리적, 비판적으로 사고하는 능력
  → 상황에 따른 사고능력 적용, 사고별 특징과 적절한 발상기법 활용, 단어 관계 이해 평가
- 논리오류 : 일상생활에서 발생하는 논리적 오류의 유형을 파악
  → 대화에서 나타나는 논리오류 유형 판단, 다양한 상황 속 논리오류 이해
- 문제처리능력 : 문제의 특성을 파악하여 대안을 제시 및 적용하고 피드백하는 능력
  → 문제해결절차 이해, 단계에 맞는 계획과 수행 방법 평가

파트 3

문제해결능력

개요 문제해결능력

01 사고력

02 논리오류

03 문제처리능력

- 기출예상문제

개요 문제해결능력

공기업 출제사 확인 →

[업무 중 직면한 문제를 다양한 사고를 통해 올바르게 인식하고 구조화하여 인과관계를 규명하고, 문제의 특성을 바탕으로 대안을 선택 및 적용하여 해결하는 능력이다.]

TIP
문제를 해결하려는 의지가 없다면 문제를 인식하더라도 문제 자체는 아무런 의미가 없으므로 문제해결에는 실천적 의지가 중요하다.

보충플러스+

과제
- 조직의 필요성에 의해 강제적으로 본인에게 부여된다.
- 본인의 자발적인 행동에 의해 반드시 해결해야 한다고 인식한다.

1 문제의 의미

1. 원활한 업무 수행을 위해 해결되어야 하는 질문이나 논의 대상, 해결하기를 원하지만 해결방법을 모르는 상태 또는 얻고자 하는 방안이 있지만 방안을 얻는 과정을 알지 못하는 상태를 말한다. 문제의 근본원인이 되는 사항이자 문제해결의 핵심사항인 문제점과는 다르다.

2. 문제는 조직에서 있어야 할 모습, 바람직한 상태, 기대되는 결과인 '목표'와 현재의 모습, 예상되는 상태, 예기치 못한 결과인 '현상'과의 차이를 말한다.

2 문제의 분류 ★ 구 워크북

업무를 수행함에 있어 논의를 통해 해결해야 하는 사항을 의미하는 문제는 일반적으로 창의적 문제와 분석적 문제로 구분된다.

구분	창의적 문제	분석적 문제
문제 제시 방법	• 현재는 문제가 없더라도 보다 나은 방법을 찾기 위한 탐구 • 문제가 명확하지 않음.	• 현재 문제 또는 미래에 예상되는 문제에 대한 탐구 • 문제가 명확함.
해결 방법	창의력에 의해 도출된 다양한 아이디어를 통해 해결	분석·논리·귀납과 같은 논리적 방법을 통해 해결
해답 수	• 해답 수 많음. • 다양한 답 중 보다 나은 것 선택	• 해답 수 적음. • 한정된 답에서 선택
특징	주관적, 직관적, 감각적, 정성적, 개별적, 특수적	객관적, 논리적, 이성적, 정량적, 일반적, 공통적

3 문제의 유형

1. 기능에 따른 문제 유형에는 제조 문제, 판매 문제, 자금 문제, 인사 문제, 경리 문제, 기술상 문제 등이 있다.

2. 해결방법에 따른 문제 유형에는 논리적 문제, 창의적 문제 등이 있다.

3. 시간에 따른 문제 유형에는 과거 문제, 현재 문제, 미래 문제 등이 있다.

4. 업무수행과정 중 발생한 문제

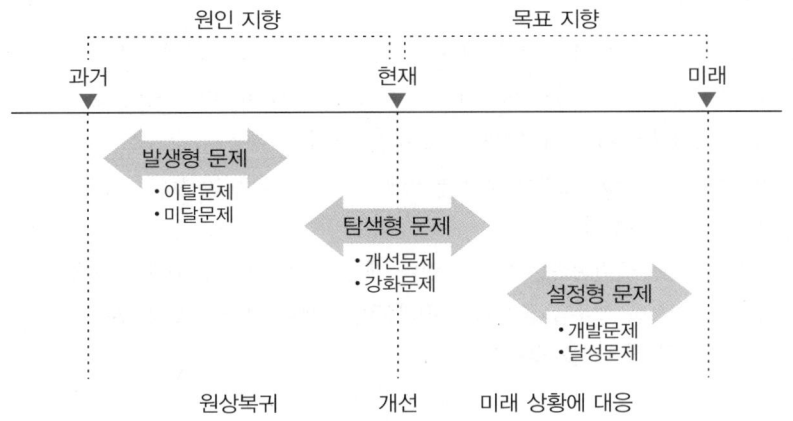

(1) 발생형 문제(보이는 문제) : 눈앞에 보이는 문제
   ① 이미 발생하여 걱정하고 해결해야 하는 문제이다.
   ② 원상복귀가 필요하며 기준을 일탈해서 발생하는 일탈형 문제와 기준에 미달하여 생기는 미달형 문제로 구분된다.
   ③ 문제 원인이 내재되어 있어 원인지향적 문제라고도 한다.

(2) 탐색형 문제(찾는 문제) : 눈에 보이지 않는 문제
   ① 현 상황을 개선하거나 효율을 높이기 위한 문제이다.
   ② 방치하면 후에 손실이 따르고 해결할 수 없는 문제로 나타나게 된다.
   ③ 잠재문제, 예측문제, 발견문제로 구분된다.

잠재문제	• 잠재되어 인식하지 못하다가 결국 확대되어 해결이 어려운 문제 • 존재하지만 숨어 있어서 조사 및 분석을 통해 찾아야 하는 문제
예측문제	현재는 문제가 아니지만 계속해서 현재 상태로 진행할 경우를 가정하고 앞으로 일어날 수 있는 문제
발견문제	현재는 문제가 발견되지 않았지만 유사한 타 기업 또는 선진 기업의 업무 방식 등의 정보를 얻어 보다 나은 제도나 기술 등을 발견하여 개선 및 향상할 수 있는 문제

(3) 설정형 문제(미래 문제) : 미래에 대응하는 경영 전략 문제
   ① '앞으로 어떻게 할 것인가'에 대한 문제이다.
   ② 기존과 관계없이 미래지향적인 새 과제와 목표를 설정함에 따라 발생하는 문제를 말한다.
   ③ 다양하고 창조적인 노력이 요구되어 창조적 문제라고도 한다.

4 문제해결

1. 정의 및 의의

(1) 정의 : 목표와 현상을 분석하여 해당 결과를 바탕으로 주요과제를 도출한 뒤 바람직한 상태나 기대되는 결과가 나타나도록 최적의 해결안을 찾아 실행·평가하는 활동
(2) 의의 : 문제해결은 세 가지 측면에서 도움을 줄 수 있다.
　① 조직 : 자신이 속한 조직이 관련 분야에서 일류 수준을 지향하며 경쟁사 대비 월등한 우위를 확보한다.
　② 고객 : 고객이 불편해하는 부분을 찾아 개선과 고객감동을 통해 만족도를 높인다.
　③ 자신 : 불필요한 업무를 줄이거나 제거하여 업무를 보다 효율적으로 처리하게 됨으로써 자신의 경쟁력을 갖추게 된다.

2. 기본 요소

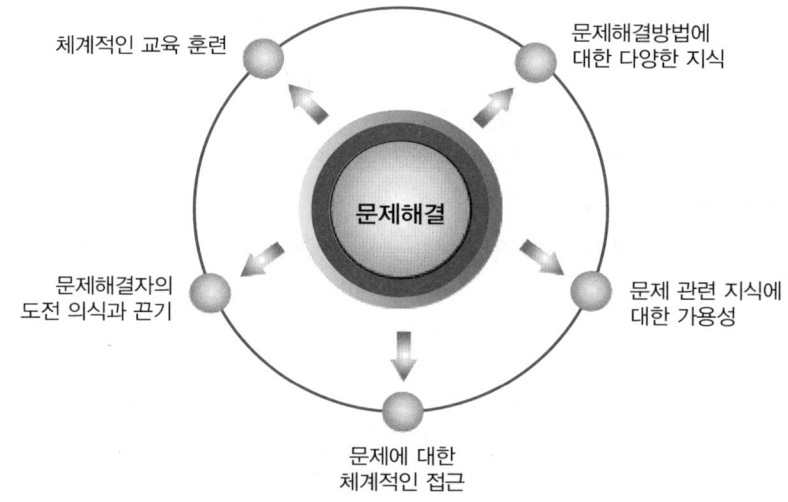

★ 구 워크북

(1) 체계적인 교육 훈련 : 효과적인 아이디어를 통한 문제해결을 위해서는 창조적 문제해결을 위한 기술 습득이 필요하다. 따라서 개인은 사내·외의 체계적 교육 훈련으로 기본 지식을 익혀야 한다.
(2) 문제해결방법에 대한 다양한 지식 : 일반적인 문제와 전문영역에 따라 적용되는 기술과 지식이 다르므로 이를 위한 다양한 문제해결방법과 사고를 쌓아야 한다.
(3) 문제 관련 지식에 대한 가용성 : 풍부한 경험과 지식을 통해 담당 업무 및 해당 문제에 대한 기본 지식을 갖추어야 한다.
(4) 문제해결자의 도전 의식과 끈기 : 도전 의식과 새로운 것을 추구하는 태도, 위기를 이겨내려는 태도 등이 문제해결의 밑바탕이 된다.
(5) 문제에 대한 체계적인 접근 : 효과적인 문제해결을 위해서는 문제에 체계적으로 접근하여 해결해야 한다.

TIP
각 기능단위별로 문제점을 도출한다면 사각지대가 지속적으로 발생하므로 프로세스(process) 관점에서 분석하고 해결해야 한다.

3. 문제해결 시 필요한 기본사고

(1) 전략적 사고 : 직면한 문제와 해결 방안에만 집착하지 말고 문제 및 방안이 상위 시스템 또는 타 문제와 어떻게 연결되어 있는지를 생각하는 것이 필요하다.

(2) 분석적 사고 : 전체를 각 요소로 나누어 의미를 도출한 후 우선순위를 부여하고 구체적인 해결 방법을 찾는 사고이다. 문제의 성격에 따라 다음과 같은 사고가 요구된다.
   ① 성과 지향의 문제 : 기대하는 결과를 명시하고 효과적인 달성 방법을 미리 구상하고 실행
   ② 가설 지향의 문제 : 현상 및 원인 분석 전에 지식과 경험을 바탕으로 일의 과정이나 결과, 결론을 가정하고 검증 후 사실일 경우 다음 단계의 일을 수행
   ③ 사실 지향의 문제 : 일상 업무에서 일어나는 상식, 편견에서 벗어나 객관적 사실로부터 사고와 행동 실행

(3) 발상의 전환 : 기존 사물과 세상을 보는 틀을 전환하여 새로운 사고를 지향한다.

(4) 내·외부 자원의 효과적 활용 : 문제해결 시 필요한 기술, 재료, 방법, 사람 등의 자원 확보 계획을 수립하고 내부 및 외부자원을 효과적으로 활용한다.

4. 문제해결 시 방해요인

(1) 문제를 철저하게 분석하지 않는 경우 : 문제가 무엇인지 문제의 구도를 심도 있게 분석하지 않으면 문제해결이 어려워진다. 즉, 어떤 문제가 발생하면 직관으로 성급하게 판단하여 문제의 본질을 명확하게 분석하지 않고 대책안을 수립, 실행함으로써 근본적인 해결을 하지 못하거나 새로운 문제를 야기하는 결과를 초래할 수 있다.

(2) 고정관념에 얽매이는 경우 : 상황이 무엇인지를 분석하기 전에 개인적인 편견이나 경험, 습관으로 증거와 논리에도 불구하고 정해진 규정과 틀에 얽매여서 새로운 아이디어와 가능성을 무시해 버릴 수 있다.

(3) 쉽게 떠오르는 단순한 정보에 의지하는 경우 : 문제해결에 있어 종종 우리가 알고 있는 단순한 정보들에 의존하는 경향이 있다. 단순한 정보에 의지하면 문제를 해결하지 못하거나 오류를 범하게 된다.

(4) 너무 많은 자료를 수집하려고 노력하는 경우 : 자료를 수집하는 데 있어 구체적인 절차를 무시하고 많은 자료를 얻으려는 노력에만 온 정열을 쏟는 경우가 있다. 무계획적인 자료 수집은 무엇이 제대로 된 자료인지를 알지 못하는 우를 범할 우려가 많다.

5. 문제해결방법

(1) 소프트 어프로치(Soft approach) : 직접적인 표현이 바람직하지 않다고 여기며 무언가를 시사 또는 암시하여 의사를 전달하고 기분을 서로 통하게 함으로써 문제해결을 도모하는 방법이다.
   ① 권위나 공감에 의지하여 의견을 중재하고 타협과 조정을 통하여 해결함.
   ② 결론이 애매하게 끝나는 경우가 적지 않으나, 그것대로 이심전심을 유도하여 파악하고자 함.

(2) 하드 어프로치(Hard approach) : 서로의 생각을 직설적으로 주장하고 논쟁이나 협상을 통해 서로의 의견을 조정하는 방법이다.
  ① 중심적 역할을 하는 것이 사실과 원칙에 근거한 토론이며 제3자는 이를 기반으로 구성원에게 지도 및 설득을 하고 전원이 동의하는 일치점을 찾아냄.
  ② 합리적이지만 잘못하면 단순한 이해관계의 조정에 그쳐 하드 어프로치만으로는 창조적인 아이디어나 높은 만족감을 이끌어 내기 어려움.
(3) 퍼실리테이션(Facilitation) : '촉진'을 의미하며 보다 생산적인 결과를 가져올 수 있도록 그룹의 나아갈 방향을 알려주고, 주제에 대한 공감이 이뤄지도록 도와주는 방법이다.
  ① 초기에 생각하지 못했던 창조적인 해결 방법이 도출됨과 동시에 구성원의 동기와 팀워크가 강화됨.
  ② 구성원이 자율적으로 실행하는 것이며, 제3자가 합의점 등을 미리 준비하여 예정대로 결론이 도출되게 하면 안 됨.
  ③ 퍼실리테이션의 효과로 자기 자신의 변혁을 추구할 수 있음.
  ④ 퍼실리테이션 스킬

> - 객관적으로 사물을 보는 능력
> - 타인의 견해를 편견 없이 듣는 청취 능력
> - 다양한 관점으로 사물을 보는 관찰력
> - 인간관계 능력
> - 논리적 사고 능력
> - 현상에 대한 분석력

  ⑤ 다중투표법(Multi-voting) : 참가자들이 직접 투표하여 최종적으로 아이디어들을 선택한다는 점에서 가장 선호되는 퍼실리테이션의 의사결정방법 중 하나로, 가장 중요하거나 선호되는 아이디어를 선택하기 위해 사용된다.

> ▶ 적용 상황
>   - 아이디어들을 처리하기에 더 용이한 크기로 줄일 때
>   - 다루어야 할 문제, 처리해야 할 원인, 실행해야 할 해결안을 선택해야 할 때
>   - 나열된 아이디어가 많은 목록의 크기를 줄일 때
>   - 다양한 아이디어들을 기준에 따라 선별하거나 우선순위를 부여하려 할 때
> ▶ 진행 방법
>   - 줄어든 목록에 대해 참가자들이 다시 투표를 진행한다.
>   - 진행자는 모든 투표상황을 집계하고 세 번째 단계를 반복한다.
>   - 진행자는 번호를 붙인 아이디어들을 참가자들에게 보여준다.
>   - 모든 참가자들은 나열된 아이디어 중 2분의 1에 대하여 투표를 진행한다.
>   - 진행자는 집계하여 적은 표를 받아 선택되지 못한 아이디어는 제거한다.

- 이와 같은 투표를 아이디어 항목 수가 4 ~ 6개로 줄어들 때까지 반복 진행한다.
- 마지막으로 남은 4 ~ 6개 아이디어 항목에 우선순위를 매겨 문서를 작성한다.

▶ 특징
- 모든 사람들의 의견 일치를 보장하지 않는다.
- 매 투표 후 실시되는 토론은 최선의 선택을 이끌어 내고 합의에 도달할 수 있도록 해준다.
- 투표 후 실시되는 토론을 통해 팀이 합의에 도달했는지 점검할 수 있다.

▶ 주의사항
- 투표를 시작하기 전 현재 의사결정을 위해 중요한 척도들에 대해 자유토론을 실시하도록 한다.
- 가장 중요한 문제나 근본적인 원인에 대해 양질의 데이터를 수집 및 분석한 후에 진행해야 한다.
- 인원수와 아이디어 수가 동일할 경우 개인의 목적에 따라 투표를 하게 되므로 주의해야 한다.

개념확인문제

01 다음을 읽고 맞으면 ○, 틀리면 ×를 표시하시오.
(1) 현재 문제가 없더라도 보다 나은 방법을 찾기 위한 문제는 분석적 문제이다. (　)
(2) 분석, 논리, 귀납과 같은 방법을 사용하여 해결하는 문제는 창의적 문제이다. (　)
(3) 정답의 수가 적으며 한정되어 있는 문제는 분석적 문제이다. (　)
(4) 주관적, 직관적, 감각적 특징에 의존하는 것은 창의적 문제이다. (　)

02 문제해결을 위해 갖추어야 할 기본적인 사고 4가지는 ☐, ☐, ☐, ☐ 이다.

03 가장 중요하거나 선호되는 아이디어를 선택하기 위해 사용되는 방법으로, 참가자들이 직접 투표하여 최종적으로 아이디어들을 선택하는 것은?

답
01 (1) × (2) × (3) ○ (4) ○
02 전략적 사고, 분석적 사고, 발상의 전환, 내·외부 자원의 효과적 활용
03 다중투표법

01 사고력

> 문제해결을 위해 요구되는 기본요소로서 창의적, 논리적, 비판적 사고가 있다. 다양한 형태의 문제에 대처하고 자신들의 의견 및 행동의 피력에 중요한 역할을 한다.

🔎 수렴적 사고
미국 심리학자 길포드가 제안한 사고 유형 중 하나로, 문제해결 과정에서 여러 대안을 분석, 평가하여 가장 적합한 해결책을 찾아내는 사고를 말한다. 최선의 답을 선택하기 위해 요구되는 사고이므로 확산적 사고와 함께 창의적 사고에 기여하는 사고로 평가된다.

🔎 창의적 사고에 내포된 창조적인 가능성
- 문제를 사전에 찾아내는 힘
- 문제해결에 있어 다각도로 힌트를 찾아내는 힘
- 문제해결을 위해 끈기 있게 도전하는 태도

1 창의적 사고

1. 의미
(1) 이미 알고 있는 경험·지식을 해체 및 재조합해 새로운 아이디어를 산출하는 사고 능력
(2) 발산적(확산적) 사고로 아이디어가 많고 다양하고 독특한 것을 의미함.
(3) 통상적인 것이 아닌 기발하고 신기하며 독창적인 것을 말함.
(4) 새롭고 유용한 아이디어를 생산하는 정신적인 과정
(5) 기존의 지식, 상상, 개념 등의 정보를 특정 요구에 맞거나 유용하도록 새롭게 조합한 것

2. 특징
(1) 정보와 정보의 조합 : 주변에서 발견할 수 있는 지식(내적 정보)과 책이나 밖에서 본 현상(외부 정보)을 통합해야 한다.
(2) 사회나 개인에게 새로운 가치 창출 : 사회에 대한 영향력 외에도 개인이 창의적 사고를 얼마나 발전시킬 수 있는가에 대해서도 생각해야 한다.
(3) 교육훈련을 통한 개발 : 창의력 교육을 통해 개발할 수 있으며 모험심과 호기심, 집념과 끈기가 있고 적극적, 예술적, 자유분방적인 태도가 나타날수록 높은 창의력을 보인다.

3. 개발 방법

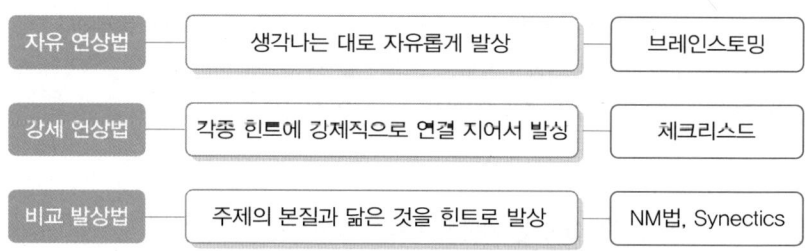

(1) 자유 연상법 : 어떤 생각에서 다른 생각을 연속해서 떠올리는 활동을 통해 주제에서 생각난 것을 열거하는 발산적 사고 방법

예 신차 출시

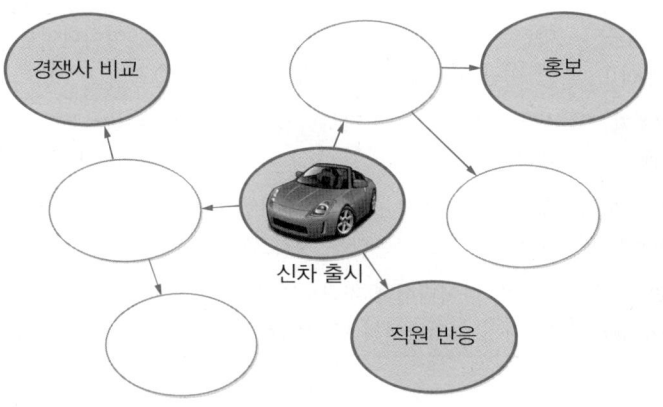

(2) **강제 연상법** : 각종 힌트를 통해 강제적으로 연결 지어서 발상하는 방법으로 사고 방향을 미리 정하여 발상하는 방법

예 신차 출시

(3) **비교 발상법** : 주제와 본질적으로 닮은 것을 힌트로 하여 새 아이디어를 얻는 방법. 본질적으로 닮은 것은 겉만 닮은 것이 아닌 힌트 및 주제가 본질적으로 닮았다는 의미

예 신차 출시와 신상품 비누

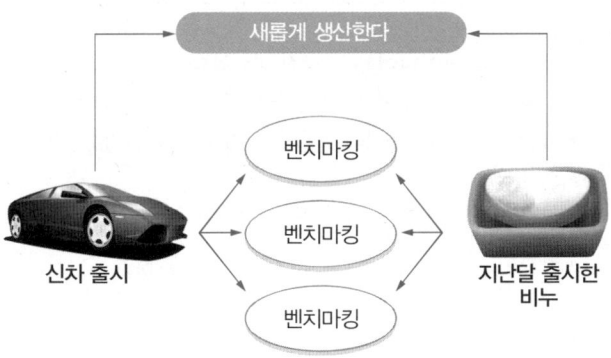

> 보충플러스
> **벤치마킹(Benchmarking)**
> 선진기업의 프로세스를 모방하는 것이 아니라 비교를 통해 자사의 장단점을 파악하고 이를 업그레이드하여 경쟁력을 높이는 방법을 말한다.

4. **브레인스토밍(Brain Storming) 활용** : 창의적 사고 중 알렉스 오즈번이 고안한 기법으로 가장 흔하게 사용된다. 집단 효과를 살려 아이디어의 연쇄 반응을 통해 자유로운 아이디어를 내는 방법이다.

(1) 4대 원칙

비판 엄금 (Support)	비판은 커뮤니케이션의 폐쇄와 연결되므로 아이디어를 내는 동안에는 비판하거나 평가하지 않는다.
자유분방 (Silly)	자유롭게 발언하며 터무니없는 말을 해서는 안 된다는 생각은 배제해야 한다.
질보다 양 (Speed)	많은 아이디어가 있을 때 유용한 아이디어가 있을 가능성이 커지므로 양이 질을 낳는다는 생각으로 진행한다.
결합과 개선 (Synergy)	타인의 아이디어에 자극되면 보다 좋은 아이디어가 떠오를 수 있으며 여러 아이디어의 조합으로 또 다른 아이디어가 도출될 수 있다.

(2) 특징 및 유의사항
  ① 명확한 주제 : 논의하고자 하는 주제가 구체적이고 명확할수록 많은 아이디어가 도출될 수 있다.
  ② 효율적인 자리 배치 : 구성원들이 서로 얼굴을 볼 수 있도록 사각형이나 타원형으로 책상을 배치해야 한다.
  ③ 리더 선출 : 직급 및 근무 경력에 관계없이 분위기를 잘 조성하는 사람을 선출한다. 리더는 사전에 주제를 분석하여 다양한 아이디어가 나올 수 있도록 방법을 연구한다.
  ④ 구성원 모집 : 5 ~ 8명으로 구성된 다양한 분야의 사람들을 참석시키고 주제에 대한 전문가는 절반 이하로 포함한다.
  ⑤ 발언 기록 : 발언하는 모든 내용은 요약해서 잘 기록함으로써 구조화할 수 있어야 한다.
  ⑥ 아이디어에 대한 비판 금지 : 비판은 활발한 아이디어 도출을 저해하므로 엉뚱한 발언이라도 비판하지 않는다.

(3) 장·단점

장점	• 참가자들의 자연스러운 참여를 유도할 수 있다. • 자유로운 아이디어를 도출할 수 있다. • 창의적인 아이디어 및 해결책을 획득할 수 있다. • 비판 배제 원칙을 통한 발언의 활성화로 다양한 의견이 도출된다. • 소극적인 사람도 참여 가능하다. • 여러 아이디어의 결합이 획기적인 해결책으로 연결된다.
단점	• 엉뚱한 아이디어로 인해 회의의 방향을 잃을 수 있다. • 자유 발언으로 회의 주제에서 벗어나기 쉽다. • 정해진 시간 내 원하는 결과를 도출하지 못할 수 있다. • 경직된 분위기에서는 자유로운 발상을 살리지 못할 수 있다.

5. **브레인라이팅(Brain Writing) 활용** : 아이디어를 종이에 기록하여 제출하는 방법으로, 공개적인 발표가 어렵거나 구성원이 많은 경우에 적절하다. 6인의 구성원이 아이디어

3개를 5분마다 생각해 낸다고 하여 6-3-5기법으로도 불리며 문제해결 전 과정에서 광범위하게 사용될 수 있다.

(1) 진행방법
① 책상을 원형이나 사각형으로 배치한 다음, 퍼실리테이터가 참가자들에게 테마(주제)에 대해 설명한다.
② 각 참가자들에게는 6~8개의 의견을 쓸 수 있는 한 장의 시트를 배분한다.
③ 3~5분간 각 참가자는 테마에 관한 자기 나름대로의 아이디어를 시트에 적는다. 주어진 시간이 지나면 자기의 시트를 왼쪽 옆의 참가자에게 전달하도록 한다.
④ 각 참가자는 오른쪽 옆의 참가자에게서 돌아온 시트에 쓰여져 있는 아이디어를 검토한 후 발전시킬 아이디어를 생각해 추가로 써 넣는다.
⑤ 모든 시트가 채워질 때까지 방법을 반복한다. 이전의 아이디어에 대한 발전된 아이디어가 없을 경우에는 독자적인 아이디어를 쓴다.
⑥ 작성된 시트를 취합한 후 아이디어를 평가한다.

> **TIP 브레인라이팅**
> 일종의 압축기법으로 다양한 정보들의 연관성을 이용하여 그룹으로 압축해 나가는 과정을 활용하기 때문에 'W형 문제해결 모델'이라 부르기도 한다.

6. **KJ법(친화도 분석 기법) 활용** : 카와키타 지로가 개발하였으며 브레인스토밍과 함께 가장 많이 쓰이는 방법으로 문제를 정리하고 발견하는 데 효율적이다. 아이디어가 많을 때 KJ법을 활용하면 쉽게 정리할 수 있고 활용 방향도 보다 빠르게 발견할 수 있다.

(1) 진행 방법
① 주제를 결정한다.
② 주제에 따른 아이디어(데이터)를 카드에 적는다.
③ 내용이 본질적으로 비슷한 카드끼리 분류한다.
④ 비슷한 내용으로 모인 그룹(소그룹)에 타이틀을 붙인다.
⑤ 타이틀이 비슷한 소그룹을 모아 소그룹들의 그룹을 만들고 타이틀을 붙인다(반복).
⑥ 정리된 그룹들을 도표화하거나 문장화하여 정리하고 검토한다.

(2) 장·단점

장점	• 상황이나 정보, 문제의 전체적인 형태를 파악하는 데 효과적이다. • 객관적인 사실과 정보가 바탕이므로 현실적인 대안을 도출할 수 있다. • 문제의 정리가 복잡하고 다양한 분야에서 폭넓게 활용된다.
단점	• 정보의 수집과 분석에 시간과 비용이 많이 투입된다. • 귀납적 접근방법이므로 연역적 접근방법을 도입할 경우, 중요 정보가 누락될 가능성이 있다.

7. **고든법 활용** : 고든(Gordon, W.)이 브레인스토밍의 결점을 보완하기 위해 만든 아이디어 발상법 중 하나이다. 문제가 구체적으로 제시되면 참가한 구성원들이 현실에 국한된 사고를 하게 되어 다양한 아이디어 발상이 어렵기 때문에 주제와 관계없는 사실에서 시작하여 문제해결에 도달하게 만드는 방법이다.

(1) 진행방법
  ① 리더만 문제를 알고 있으며 적절한 아이디어가 나와 해결에 가까워질 때까지 구성원들에게 알리지 않는다.
  ② 리더는 아이디어 발상의 방향만 제시하여 구성원이 자유롭게 발언할 수 있도록 한다.
  ③ 문제해결에 가까운 아이디어들이 도출됐을 때 리더는 문제를 알린다.
  ④ 실현 가능한 아이디어를 중심으로 구체화한다(브레인스토밍과 동일하게 진행).

(2) 브레인스토밍과 비교

공통점	브레인스토밍의 4대 원칙(비판 엄금, 자유분방, 질보다 양, 결합과 개선)이 적용된다.
차이점	브레인스토밍은 구체적인 주제가 제시되지만 고든법은 단어만 제시된다.

8. **체크리스트 활용** : 오스본(Alex Osborn)의 체크리스트는 대상을 9가지 항목에 따라 생각을 정리하는 것이다.

(1) 9가지 체크 항목
  ① 전용(Put to other uses) : 다른 용도로 사용할 수 있을까?
  ② 응용(Adapt) : 유사한 다른 방법을 응용할 수 있을까?
  ③ 변경(Modify) : 다르게 바꿔보면 어떨까?
  ④ 확대(Magnify) : 확대하면 어떨까?
  ⑤ 축소(Minify) : 축소하면 어떨까?
  ⑥ 대용(Substitute) : 다른 것으로 대체가 가능할까?
  ⑦ 재배열(Rearrange) : 순서를 바꿔보면 어떨까?
  ⑧ 역전(Reverse) : 거꾸로 적용하면 어떨까?
  ⑨ 결합(Combine) : 다른 것과 결합하면 어떨까?

9. **SCAMPER 기법 활용** : 오스본의 체크리스트를 발전시킨 것으로 밥 에벌(Bob Eberle)이 고안한 아이디어 촉진 질문법이다. 의도적으로 시험할 수 있는 7가지 규칙을 의미한다.

(1) 7가지 규칙
  ① S - 대체하기(Substitute) : 무엇을 대신 사용할 수 있을까?
  ② C - 결합하기(Combine) : 무엇을 결합할 수 있을까?
  ③ A - 적용하기(Adapt) : 조건에 맞게 응용할 수 있을까?
  ④ M - 변형하기(Modify, Magnify, Minify) : 확대(축소)할 것은 없을까?
  ⑤ P - 용도 바꾸기(Put to other uses) : 다른 용도로 활용할 수 없을까?
  ⑥ E - 제거하기(Eliminate) : 삭제(제거)할 수 없을까?
  ⑦ R - 역발상·재정리하기(Reverse, Rearrange) : 형태나 형식을 바꿀 수 없을까?

> **TIP 스캠퍼 특징**
> 1. 문제를 논리적이고 체계적으로 확인할 수 있다.
> 2. 사전에 고려해야 할 사항이 누락되는 것을 방지할 수 있다.
> 3. 아이디어의 무엇이 문제인지를 파악할 수 있다.

10. **Synectics(발견적 문제해결법) 활용** : 문제에 대한 광범위한 접근으로부터 시작하여 얻어진 해결책을 직접 문제에 관련지어 구체적인 해결방안을 강구하도록 하는 방법이다. 네 가지의 유추를 중점으로 활용한다.

   (1) 유추의 종류

직접적 유추	서로 다른 두 개의 개념을 객관적으로 비교하는 유추
의인적 유추	자신이 진짜로 문제의 일부라는 생각으로 문제 자체가 요구하는 통찰을 하는 유추
상징적 유추	두 대상물 간의 관계를 기술하는 과정에서 상징을 활용하는 유추
환상적 유추	현실적인 유추로는 문제가 해결될 수 없을 때 활용하는 환상적이고 신화적인 유추

11. **NM법 활용** : 일본의 나카야마 마사가스가 고든법을 더욱 구체적으로 체계화한 것으로, 대상과 비슷한 것을 찾아내 그것을 힌트로 이미지 발상을 통한 새로운 아이디어를 고안해내는 방법이다.

   (1) 진행방법

   > • 과제를 설정한다. → 키워드를 결정한다.
   > • 키워드로 연상되는 것을 유추한다. → 연상 추론의 배경을 찾는다.
   > • 아이디어를 발상한다. → 해결안으로 정리한다.

   > **보충플러스**
   > NM기법은 고든의 시네틱스와 파블로프(Pavlov)의 조건반사이론, 뇌 신호계 모델의 가설을 바탕으로 개발되었다.

12. **트리즈(TRIZ)기법 활용** : 러시아 학자 겐리흐 알트슐레르가 주장한 창의적 문제해결방법으로, 가장 많이 활용되는 아이디어 패턴 40개를 정리하였다.

   (1) 트리즈의 핵심기능
   ① 이상적인 해결안 설정
   ② 복잡한 문제를 단순한 문제로 변환
   ③ 도달해야 하는 요구 조건 간의 모순 극복
   ④ 심리적, 경험적 관성으로 인한 오류 극복

   (2) 진행방법
   - 모수변화(Parameter changes)
   - 분할(Segmentation)
   - 유연성(Flexibility)
   - 기계적 진동(Mechanical vibration)
   - 색상변화(Color changes)
   - 국소품질(Local quality)
   - 복합재료(Composite materials)
   - 범용성(Universality)
   - 비대칭(Asymmetry)
   - 사전 준비조처(Prior action)
   - 분리(Extraction)
   - 주기적 조처(Periodic action)
   - 반전(Inversion)
   - 타원체(Spheroidality)
   - 중간매개물(Intermediary)
   - 대체수단(Copying)
   - 다른 차원(Another dimension)
   - 열팽창(Thermal expansion)

- 상태 전이(Phase transitions)
- 다공성 소재(Porous materials)
- 평형추(Counterweight)
- 건너뛰기(Skipping)
- 높이유지(Equipotentiality)
- 셀프서비스(Self-service)
- 병합(Merging)
- 포개기(Nesting)
- 동질성(Homogeneity)
- 피드백(Feedback)
- 기계식 시스템의 대체(Replace a mechanical system)
- 일회용품(Cheap short-living objects)
- 공압 및 수압(Pneumatics and hydraulics)
- 폐기 또는 복구(Discarding and recovering)
- 조처 과부족(Partial or excessive action)
- 유해물 이용(Convert harm into benefit)
- 불활성 환경(Inert environment)
- 연한 껍질이나 얇은 막(Flexible shells and thin films)
- 사전 보호조처(Beforehand cushioning)
- 강한 산화제의 이용(Use strong oxidizers)
- 사전예방조처(Preliminary anti-action)
- 유용한 조처의 지속(Continuity of useful action)

(3) 문제해결 과정

구분	문제 파악	문제 정보 찾기	문제 원인 정의	해결안 도출	해결안 적용
설명	문제 요소파악 및 성공 기준 설정	문제의 공식화 및 시스템 분석	문제의 명확화	자원 분석 및 모순 정의, 해결안 도출	해결안 검증 및 적용
세부 단계	• 문제 요소 파악 및 성공 기준 • 문제 발생 배경 • 기술적 제한 및 규제 조건 • 변경 가능 영역	• 문제 관련 내용 찾기 • 문제의 공식화 • 시스템 분석 • 문제 검증 및 자체 제거 • 현장 시스템의 정상적인 기능도	• 원하지 않는 현상 규정 • 문제 명확화	• 해결 자원 분석 • 이상적 해결안 정의 • 물리 모순 정의 • 해결안 도출 및 선정 • 해결안 명확화	• 해결안 검증 • 해결안 적용

사용 도구	체크 시트
	관리 그래프
	파레토 차트
	막대그래프
	플로차트
		• 순서도
		• 4W
		• 9-Windows
		• 기능도
			• 원인결과 사슬 분석
			• 기능 상호작용 분석
			• Know-why 분석
			• 문제 명확화
			  - 문제 영역/문제 시간
			  - 순서도
			  - 시스템 그림
				자원 리스트
				자원분석 매트릭스
				모순 도식표
				해결안 명확화
				  - 기술검색
				  - 물질장/표준해
				  - 분리의 원리
				  - 40 발명 원리
				  - 작은사람 모델
					2차 해결안 도출
					  - 문제 영역/시간
					  - 자원분석
					  - 이상적 해결안
					  - 기술/물리모순
					  - 40 발명 원리
					• PDCA

(4) 4가지 분리의 원칙(Separation Principle)
　① 시간에 의한 분리 : 하나의 속성이 어떤 때는 높고, 어떤 때는 낮게 한다. 혹은 하나의 속성이 어떤 때는 존재하고, 어떤 때는 존재하지 않게 한다. 대표적인 예로 전투기 날개가 있다. 전투기의 날개는 물리적 모순을 시간적 분리로 해결한 것으로 이착륙을 할 때 날개를 넓게 펴지만, 비행 중에는 날개를 접는다.
　② 공간에 의한 분리 : 하나의 속성이 한쪽에서는 높고, 다른 쪽에서는 낮게 한다. 혹은 하나의 속성이 한쪽에서는 존재하고, 다른 쪽에서는 존재하지 않게 한다. 노인들이 주로 사용하는 초점이 두개인 안경이 대표적인 예이다.
　③ 부분과 전체에 의한 분리 : 하나의 속성이 전체 시스템의 수준에서는 어떤 하나의 값을 갖고, 부품 수준에서는 다른 값을 갖게 한다. 혹은 하나의 속성이 시스템 수준에서는 존재하지만, 부품 수준에서는 존재하지 않게 한다. 예를 들어, 에폭시 수지와 경화제가 혼합되기 이전에는 액체이지만, 혼합되면 고체로 변한다.
　④ 조건에 의한 분리 : 하나의 속성이 어떤 조건에서는 높고, 다른 조건에서는 낮다. 혹은 하나의 속성이 어떤 조건에서는 존재하고 다른 조건에서는 존재하지 않는다. 예를 들어, 가는 체의 틈새들은 물을 통과시키는 구멍의 역할을 하지만 곡물의 경우 구멍의 역할을 하지 않는다. 낮은 속도로 물에 들어가면 물은 부드럽지만 10미터 이상의 높이에서 물에 뛰어들면 물은 매우 단단하게 느껴진다.

2 논리적 사고

1. 의미
(1) 직장 생활 중에서 지속적으로 요구되는 능력
(2) 자신이 만든 계획이나 의견을 타인에게 이해시키기 위해 필요한 사고
(3) 사고의 전개에 있어서 전후 관계가 일치하고 있는가를 평가함.
(4) 주변 사람들과 논리적 이해를 할 수 있음.

2. 구성 요소

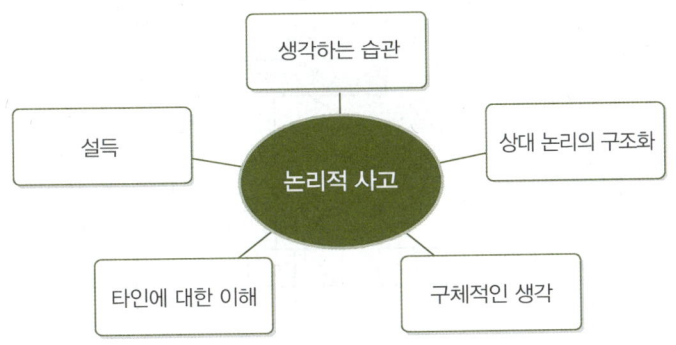

보충플러스

논리적 사고는 생각하는 습관이 중요하다. "조금 이상하다.", "재미있는데 왜 재미있는지 모르겠다."와 같은 의문이 생겼다면 그 이유를 계속해서 생각해 보아야 한다. 출퇴근길, 잠자리에 들기 전 등 장소와 시간에 제한을 갖지 말고 늘 생각하는 습관을 들여야 한다.

(1) 생각하는 습관 : 논리적 사고에 있어서 가장 기본이 되는 요소
(2) 상대 논리의 구조화 : 자신의 논리에 빠지지 말고 상대의 논리를 구조화하는 것이 필요
(3) 구체적인 생각 : 상대가 말하는 것을 잘 알 수 없을 때 업무 결과에 대한 구체적인 이미지를 떠올리거나 숫자를 적용하여 표현하면 논리를 이해할 수 있음.
(4) 타인에 대한 이해 : 상대의 주장에 반론을 제시할 때는 상대 주장의 전체를 부정하지 않고, 상대의 인격을 존중해야 함.
(5) 설득 : 공감을 필요로 하는 설득은 논쟁을 통하여 이루어지는 것이 아니라 논증을 통해 더욱 정교해짐. 따라서 설득의 과정은 나의 주장을 상대가 머리로 이해하고 머리와 가슴이 동시에 공감되게 납득시켜 상대방이 내가 원하는 행동을 하게 만드는 것으로, 이 공감은 논리적 사고가 기본이 됨.

3. 개발 방법

(1) so what 방법 : "그래서 무엇이지"라고 자문자답하는 의미로, 눈앞에 있는 정보로부터 의미를 찾아내서 가치 있는 정보를 끌어내는 사고방법. 단어나 체언만으로 표현하는 것이 아니라 주어와 술어가 있는 글로 표현함으로써 "어떻게 될 것인가?", "어떻게 해야 한다"라는 내용이 포함되어야 함.

> **TIP 활용예시**
> a. 자동차 산업과 주식시장의 상황
> b. 자동차 관련 기업의 주식을 사서는 안 된다.
> c. 지금이야말로 자동차 관련 기업의 주식을 사야한다.
>
> a는 자동차 산업의 가까운 미래를 예측하는 데 사용될 수 있는 정보이기 때문에 모순은 없지만 자동차 산업과 주식시장의 변화에 대한 주장은 전달이 어렵다. b나 c는 "주식을 사지 말라" 혹은 "주식을 사라"라고 주장하는 메시지가 명확하며 현 상황을 모두 고려하고 있으므로 "so what?"을 사용했다고 말할 수 있다.

TIP

현재 제품 판매 업무를 맡고 있는 한 부서에서 발견할 수 있는 현상(보조 메시지)이 제품 A의 판매 부진(a), 고객들의 불만 건수 증가(b), 경쟁사의 제품 B의 매출 증가(c)라 한다면, 우리 회사 제품 A에 대한 홍보가 부족하고, 고객의 만족도가 떨어지고 있다(1)라는 메인 메시지를 도출할 수 있다.

(2) 피라미드 구조화 방법 : 보조 메시지들을 통해 주요 메인 메시지를 얻고 다시 메인 메시지를 종합하여 최종 정보를 도출하는 방법

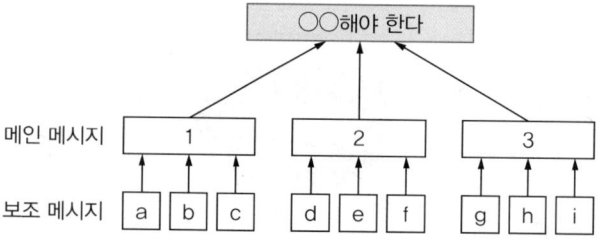

3 비판적 사고

1. 의미
(1) 어떤 주제나 주장 등에 대해서 적극적으로 분석하고 종합하며 평가하는 능동적인 사고
(2) 어떤 논증, 추론, 증거, 가치를 표현한 사례를 타당한 것으로 수용할 것인지, 불합리한 것으로 거절할 것인지에 대해 결정을 내릴 때 요구되는 사고

2. 사고 개발
(1) 지적 호기심 : 다양한 질문이나 문제에 대한 해답을 탐색하고 사건의 원인과 설명을 구하기 위하여 '왜, 언제, 누가, 어디서, 어떻게, 무엇을' 등에 관한 질문을 제기한다.
(2) 객관성 : 결론에 도달하는 데 있어서 감정적, 주관적 요소를 배제하고 경험적 증거나 타당한 논증을 근거로 한다.
(3) 개방성 : 다양한 신념들이 진실일 수 있다는 것을 받아들인다.
(4) 융통성 : 특정한 신념의 지배를 받는 고정성, 독단적 태도, 경직성을 배격한다.
(5) 지적 회의성 : 모든 신념은 의심스러운 것으로 개방하는 것이다.
(6) 지적 정직성 : 어떤 진술이 우리가 바라는 신념과 대치된다 할지라도 충분한 증거가 있으면 그것을 진실로 받아들여야 한다.
(7) 체계성 : 결론에 이르기까지 논리적 일관성을 유지한다.
(8) 지속성 : 해답을 얻을 때까지 끈질기게 탐색하는 인내심을 갖는다.
(9) 결단성 : 필요한 정보가 획득될 때까지 불필요한 논증, 속단을 피하고 모든 결정을 유보하지만, 증거가 타당할 때는 결론을 맺는다.
(10) 다른 관점에 대한 존중 : 내가 틀릴 수 있으며 내가 거절한 아이디어가 옳을 수 있다는 것을 기꺼이 받아들이는 태도를 갖는다.

> **이것만은 꼭!**
> **융통성**
> 개인의 신념이나 탐구 방법을 변경할 수 있다는 것으로, 모든 것에 대한 해답을 알고 있지 않다는 것을 이해하는 태도가 필요하다.

3. 태도
(1) 문제의식 : 자신이 지니고 있는 문제와 목적을 확실하고 정확하게 파악하는 것이 비판적인 사고의 시작이다.
(2) 고정관념 타파 : 고정관념은 사물을 바로 보는 시각에 영향을 줄 수 있으며 일방적인 평가를 내리기 쉬우므로 지각의 폭을 넓혀 정보에 대한 개방성을 가지고 편견을 갖지 않는 것이 중요하다.

상품	본래 용도	새로운 용도
스테이플러	서류 정리	벽에 종이를 고정
드라이어	머리 말리기	온풍을 이용하여 어깨 결림 완화
칫솔	양치질	빗의 이물질 제거
스카치테이프	종이 붙이기	지문 채취

4 논증

1. 연역추론 : 전제에서 시작하여 논리적인 주장을 통해 특정 결론에 도달한다.

> 예
> 사람은 음식을 먹어야 살 수 있다.
> 나는 사람이다.
> 나는 음식을 먹어야 살 수 있다.

2. 귀납추론 : 관찰이나 경험에서 시작하여 일반적인 결론에 도달한다.

> 예
> 소크라테스는 죽었다. 플라톤도 죽었다. 아리스토텔레스도 죽었다.
> 이들은 모두 사람이다.
> 그러므로 모든 사람은 죽는다.

5 명제 추리

1. 명제 : 'P이면 Q이다(P → Q)'라고 나타내는 문장을 명제라 부르며 P는 가정, Q는 결론이다.

> 예
> 삼각형 세 변의 길이가 같다면 세 개의 각은 모두 60°이다.
> P(가정) : 삼각형 세 변의 길이가 같다.
> ⇓
> Q(결론) : 세 개의 각은 모두 60°이다.

(1) **명제의 역** : 원 명제의 가정과 결론을 바꾼 명제 'Q이면 P이다'를 말한다(Q → P).
   예 세 개의 각이 모두 60°이면 삼각형 세 변의 길이는 같다.

(2) **명제의 이** : 원 명제의 가정과 결론을 둘 다 부정한 명제 'P가 아니면 Q가 아니다'를 말한다(~P → ~Q).
   예 삼각형 세 변의 길이가 같지 않다면 세 개의 각은 모두 60°가 아니다.

(3) **명제의 대우** : 원 명제의 역의 이, 즉 'Q가 아니면 P가 아니다'를 말한다(~Q → ~P).
   예 세 개의 각이 모두 60°가 아니면 삼각형 세 변의 길이는 같지 않다.

(4) **역·이·대우의 관계** : 원 명제가 옳을(참) 때 그 역과 이는 반드시 옳다고 할 수 없으나 그 대우는 반드시 참이다. 즉, 원 명제와 대우의 진위는 반드시 일치한다.

> **이것만은 꼭!**
> 명제와 대우의 진위는 반드시 일치하므로 명제를 통한 전제, 결론 등을 도출하는 문제를 해결할 때 적극 활용하는 것이 좋다.

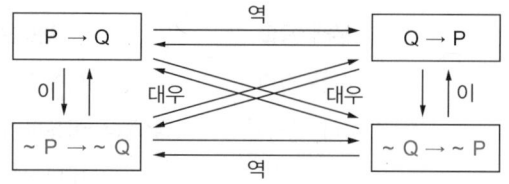

2. **삼단논법** : 두 개의 명제를 전제로 하여 하나의 새로운 명제를 도출해내는 것을 말한다.

> [명제 1] P이면 Q이다(P → Q).
> [명제 2] Q이면 R이다(Q → R).
> ⇓
> P이면 R이다(P → R).

여기서 'P → Q'가 참이고 'Q → R'이 참일 경우, 'P → R' 또한 참이다.

> 예 테니스를 좋아하는 사람은 축구를 좋아한다.
> 축구를 좋아하는 사람은 야구를 싫어한다.
> ⇓
> 테니스를 좋아하는 사람은 야구를 싫어한다.

6 참·거짓[진위]

1. **의미** : 여러 인물의 발언 중에서 거짓을 말하는 사람과 진실을 말하는 사람이 있는 문제이다. 이런 문제를 해결하는 기본 원리는 참인 진술과 거짓인 진술 사이에 모순이 발생한다는 점이다.

2. **직접 추론** : 제시된 조건에 따른 경우의 수를 하나씩 고려하면서 다른 진술과의 모순 여부를 확인하여 참·거짓을 판단한다.

(1) 가정한 후 모순을 고려하는 방법
   ① 한 명이 거짓을 말하거나 진실을 말하고 있다고 가정한다.
   ② 가정에 따라 조건을 적용하고 정리한다.
   ③ 모순이 없는지 확인한다.

> 예 네 사람 중에서 진실을 말하는 사람이 3명, 거짓을 말하는 사람이 1명 있다고 할 때, 네 명 중 한 사람이 거짓말을 하고 있다고 가정한다. 그리고 네 가지 경우를 하나씩 검토하면서 다른 진술과 제시된 조건과의 모순 여부를 확인하여 거짓을 말한 사람을 찾는다. 거짓을 말한 사람이 확정되면 나머지는 진실을 말한 것이므로 다시 모순이 없는지 확인한 후 이를 근거로 하여 문제에서 요구하는 사항을 추론할 수 있다.

(2) 그룹으로 나누어 고려하는 방법
   ① 진술에 따라 그룹으로 나누어 가정한다.
   ② 나눈 가정에 따라 조건을 반영하여 정리한다.
   ③ 모순이 없는지 확인한다.

A의 발언 중에 'B는 거짓말을 하고 있다'라는 것이 있다.	A와 B는 다른 그룹
A의 발언과 B의 발언 내용이 대립한다.	
A의 발언 중에 'B는 옳다'라는 것이 있다.	A와 B는 같은 그룹
A의 발언과 B의 발언 내용이 일치한다.	

※ 모든 조건의 경우를 고려하는 것도 방법이지만 그룹을 나누어 분석하는 것이 더 효율적일 때 사용하는 방법이다.
- 거짓을 말하는 한 명을 찾는 문제에서 진술하는 사람 A ~ E 중 A, B, C가 A에 대해 말하고 있고 D, E가 D에 대해 말하고 있다면 적어도 A, B, C 중 두 사람은 정직한 사람이므로 A와 B, B와 C, C와 A를 각각 정직한 사람이라고 가정하고 분석하여 다른 진술의 모순을 살핀다.

(3) 그 외

① 반은 진실이고 반은 거짓인 경우

> ▶ 특정 발언만 진실이거나 거짓이라고 가정한다.
> ▶ 가정한 조건과 주어진 조건들을 대응표로 정리한다.
> ▶ 답이 도출될 때까지 반복하여 결론을 찾는다.

② 순서 관계와 혼합문제로 출제되는 경우

> ▶ 주어진 조건들을 잘 파악한다.
> ▶ 거짓말을 하는 사람(진실을 말하는 사람)을 가정하거나 발언 내용을 그룹으로 나눈다.
> ▶ 그것에 따라 조건을 기호 등으로 표시하여 정리한다.

③ 대응 관계와 혼합문제로 출제되는 경우

> ▶ 문제를 파악한다.
> ▶ 거짓말을 하는 사람(진실을 말하는 사람)을 가정하거나 발언 내용을 그룹으로 나눈다.
> ▶ 나눈 것에 따라 대응표를 만들고 조건을 정리한다.

3. **간접 추론** : 제시된 진술이 모두 참이라고 가정하고 모순이 발생하는 진술을 찾아 문제를 해결한다. 특히 제시된 정보가 상당히 제한적일 때 직접 추론을 통해서는 너무나 많은 경우를 고려해야 한다면 간접 추론을 통한 문제해결이 더 적절할 수 있다.

> 예 네 사람 중에서 진실을 말하는 사람이 3명, 거짓을 말하는 사람이 1명 있다고 할 때, 거짓을 말하는 사람을 찾아가는 방법은 진술이 모두 참이라고 가정하고 진술 간의 조화 여부를 검토하여 다른 세 진술과 조화를 이룰 수 없거나 제시된 조건에 부합하지 않는 진술을 찾는 것이다.

7 자리 추론과 순위 변동

1. 자리 추론
(1) 기준이 되는 사람을 찾아 고정한 후 위치 관계를 파악한다.
(2) 다른 사람과의 위치 관계 정보가 가장 많은 사람을 주목한다.
(3) 정면에 앉은 사람들의 자리를 고정한다.

> 주어진 조건을 선택지에 대입하여 충족하지 못하는 선택지를 제외하는 소거법도 있다.

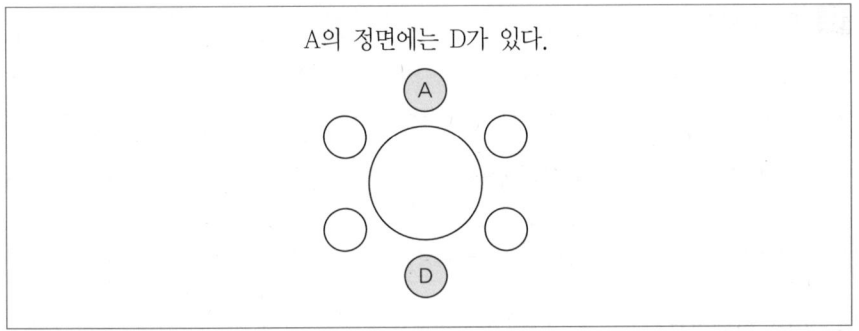

(4) 떨어져 있는 것들의 위치 관계를 먼저 정한다.
(5) 좌우의 위치에 주의한다.

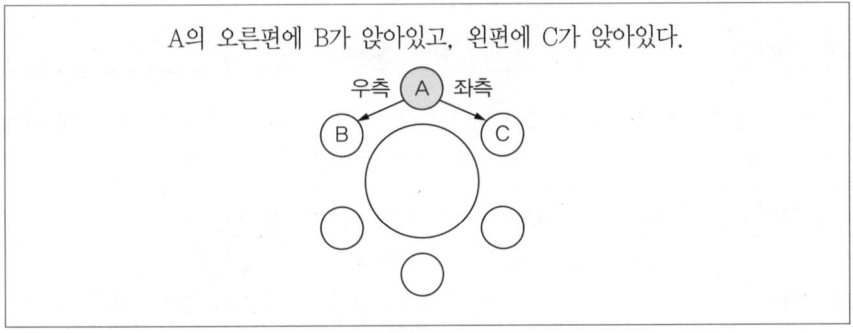

2. 순위 변동 : 마라톤과 같은 경기에서 경기 도중의 순서와 최종 순위로 답을 추론하는 문제이다.

(1) 가장 많은 조건이 주어진 것을 고정한 후 분석한다.
(2) '어느 지점을 먼저 통과했다' 등으로 순위를 확실하게 알 수 있는 경우에는 부등호를 사용한다.

> 예 A는 B보다 먼저 신호를 통과했다.　　A > B

(3) 순위를 알 수 없는 부분은 □, ○ 등을 사용하여 사이 수를 표시한다.

> 예 B와 D 사이에는 2대가 통과하고 있다.　　B○○D, D○○B

(4) 생각할 수 있는 경우의 수를 전부 정리한다.

> **예** A의 양옆에는 B와 D가 있다.　　　　　　BAD, DAB

(5) 'B와 C 사이에 2명이 있다.', 'B와 C는 붙어있지 않다.' 등 떨어져 있는 조건에 주목하여 추론한다. 선택지에 있는 값을 넣어보면 더 쉽게 찾을 수 있다.

8 단어 관계

1. 유의 관계 : 의미가 같거나 비슷한 단어들의 의미 관계

특징	• 의미가 비슷하지만 똑같지 않다는 점에 유의한다. • 가리키는 대상의 범위가 다르거나 미묘한 느낌의 차이가 있어 서로 바꾸어 쓸 수 없다.
예시	곱다-아름답다 / 말-언사(言辭) / 지금-당금(當今) 등

낯-얼굴
낯이 상하다(×)
얼굴이 상하다(○)

2. 반의 관계 : 서로 반대의 뜻을 지닌 단어들의 의미 관계

특징	• 대상에 대한 막연한 의미를 대조적인 방법으로 명확하게 부각해 준다. • 반의 관계에 있는 두 단어는 서로 공통되는 의미요소 중 오직 한 개의 의미요소만 달라야 한다.
예시	낮-밤 / 가다-오다 / 덥다-춥다 등

3. 상하 관계 : 두 단어 중 한쪽이 의미상 다른 쪽을 포함하거나 포함되는 의미 관계

특징	• 상위어와 하위어의 관계는 상대적이다. • 상위어는 일반적이고 포괄적인 의미를 가진다. • 하위어일수록 개별적이고 한정적인 의미를 지닌다.
예시	나무-소나무, 감나무, 사과나무 / 동물-코끼리, 판다, 토끼 등

4. 동음이의어 관계 : 단어의 소리가 같을 뿐 의미의 유사성은 없는 관계

> **TIP 동음이의어 예시**
> 차다¹ : 감정이나 기운 따위가 가득하게 되다.
> 차다² : 발로 내어 지르거나 받아 올리다.
> 차다³ : 물건을 몸의 한 부분에 달아매거나 끼워서 지니다.
> 차다⁴ : 몸이 느끼는 온도가 낮다.
> 쓰다¹ : 붓이나 펜 등으로 글자를 쓰다.
> 쓰다² : 모자 따위를 머리에 얹어 덮다.
> 쓰다³ : 다른 사람에게 베풀거나 내다.
> 쓰다⁴ : 시체를 묻고 무덤을 만들다.

특징	• 사전에 서로 독립된 별개의 단어로 취급된다. • 상황과 문맥에 따라 의미를 파악해야 한다.
예시	배(선박)-배(배수)-배(신체)-배(과일)

5. 다의 관계 : 하나의 단어가 둘 이상의 의미를 가지는 관계

특징	• 의미들 중에는 기본적인 '중심 의미'와 확장된 '주변 의미'가 있다. • 사전에서 하나의 단어로 취급한다.
예시	다리 1. 사람이나 동물의 몸통 아래 붙어 있는 신체의 부분. 서고 걷고 뛰는 일 따위를 맡아 한다. **예** 다리에 쥐가 나다.

2. 물체의 아래쪽에 붙어서 그 물체를 받치거나 직접 땅에 닿지 아니하게 하거나 높이 있도록 버티어 놓은 부분 예 책상 다리
3. 안경의 테에 붙어서 귀에 걸게 된 부분
   예 안경다리를 새것으로 교체했다.
4. 오징어나 문어 따위 동물의 머리에 여러 개 달려 있어, 헤엄을 치거나 먹이를 잡거나 촉각을 가지는 기관
   예 그는 술안주로 오징어 다리를 씹었다.

눈
1. 빛의 자극을 받아 물체를 볼 수 있는 감각 기관. 척추동물의 경우 안구·시각 신경 따위로 되어 있어, 외계에서 들어온 빛은 각막·눈동자·수정체를 지나 유리체를 거쳐 망막에 이르는데, 그 사이에 굴광체(屈光體)에 의하여 굴절되어 망막에 상을 맺는다. 예 눈이 맑다.
2. 물체의 존재나 형상을 인식하는 눈의 능력. 눈으로 두 광점을 구별할 수 있는 능력으로, 광도나 그 밖의 조건이 동일할 때, 시각 세포의 분포 밀도가 클수록 시력이 좋다. 예 눈이 좋다.
3. 사물을 보고 판단하는 힘 예 그는 보는 눈이 정확하다.
4. 무엇을 보는 표정이나 태도 예 동경의 눈으로 바라보다.
5. 태풍에서 중심을 이루는 부분

개념확인문제

01 다음을 읽고 맞으면 ○, 틀리면 ×를 표시하시오.

(1) 창의적 사고는 후천적 노력에 의해 개발할 수 있다. ( )
(2) 나이가 적을수록 창의력이 더 높다. ( )
(3) 창의적 사고란 아이디어를 내는 것으로, 그 아이디어의 유용성을 따지는 것은 별개의 문제이다. ( )
(4) 일반적으로 지능이 뛰어나거나 현실에 잘 적응하지 못하는 사람들이 창의적이다. ( )
(5) 자신의 일을 하는데 요구되는 수준의 지능을 가지고 있는 사람이라면 자신의 분야에서 그 누구 못지않게 창의적일 수 있다. ( )
(6) 창의적 사고를 실행하기 위해서는 고정관념을 버리고 문제의식을 가져야 한다. ( )
(7) 문제의 원인이 무엇인가를 분석하는 논리력이 뛰어나야 창의적으로 문제를 해결할 수 있다. ( )

02 창의적 사고의 하나로, 대상과 비슷한 것을 찾아내 그것을 힌트로 새로운 아이디어를 생각해내는 발상법은?

03 논리적 사고의 개발 방법 중 하나로 '그래서 무엇이지'라는 의미를 가진 것은 □□□방법이다.

답
01 (1) ○ (2) × (3) × (4) ×
   (5) ○ (6) ○ (7) ○
02 NM법
03 so what

02 논리오류

> 어떤 문제의 진리를 확증하거나 추론하는 과정에서 논증의 규칙이나 사유의 법칙을 위반하여 발생하는 오류로, 크게 형식적 오류와 비형식적 오류로 구분된다.

1 형식적 오류

추리 과정에서 따라야 할 논리적 규칙을 준수하지 않아 생기는 오류

1. 타당한 논증형식

(1) 순환 논증의 오류(선결문제 요구의 오류) : 증명해야 할 논제를 전제로 삼거나 증명되지 않은 전제에서 결론을 도출함으로써 전제와 결론이 순환적으로 서로의 논거가 될 때의 오류

  예 그의 말은 곧 진리이다. 왜냐하면 그가 지은 책에 그렇게 적혀 있기 때문이다.

(2) 자가당착의 오류(비정합성의 오류) : 모순이 내포된 전제를 바탕으로 결론을 도출해내는 오류

  예 무엇이든 녹이는 물질이 존재합니다. 그것은 지금 이 호리병 안에 있습니다.

2. 부당한 논증형식

(1) 선언지 긍정의 오류 : 배타성이 없는 두 개념 외에는 다른 가능성이 없을 것으로 생각하여 생긴 오류

  예 인간은 폭력적인 종족이거나 자만적인 종족이다. 인간은 폭력적인 종족이다. 그러므로 인간은 자만적인 종족이 아니다.

(2) 전건 부정의 오류 : 전건을 부정하여 후건 부정을 타당한 결론으로 도출해내는 오류

  예 바람이 부는 곳에는(전건) 잎이 있다(후건).
  그 숲에서는 바람이 불지 않았다(전건 부정). 그러므로 그 숲에는 잎이 없다(후건 부정).

(3) 후건 긍정의 오류 : 후건을 긍정하여 전건 긍정을 타당한 결론으로 도출해내는 오류

  예 눈이 오면(전건) 신발이 젖는다(후건).
  신발이 젖었다(후건 긍정). 그러므로 눈이 왔다(전건 긍정).

(4) 매개념 부주연의 오류 : 매개역할을 하는 중개념의 외연이 한 번도 주연이 되지 않았을 때 결론을 내는 허위의 오류

  예 1은 숫자이고 2도 숫자이므로 1은 2다.

> **TIP**
> 해당 문장에서는 '숫자'가 중개념이며, 이 중개념은 어느 쪽에서도 주연이 되지 않아 오류가 발생한다.

2 비형식적 오류

논리적 규칙은 준수하였지만 논증의 전개 과정에서 생기는 오류

1. 심리적 오류

(1) 공포(협박)에 호소하는 오류 : 공포나 위협, 힘 등을 동원하여 자신의 주장을 받아들이게 하는 오류

  예 제 뜻에 따르지 않는다면 앞으로 발생하는 모든 일의 책임은 당신에게 있음을 분명히 알아두십시오.

(2) 대중(여론)에 호소하는 오류 : 많은 사람의 선호나 인기를 이용하여 자신의 주장을 정당화하려는 오류

  예 대다수가 이 의견에 찬성하므로 이 의견은 옳은 주장이다.

(3) 동정(연민)에 호소하는 오류 : 연민이나 동정에 호소하여 자신의 주장을 받아들이게 하는 오류

  예 재판관님, 피고가 구속되면 그 자식들을 돌볼 사람이 없습니다. 재판관님의 선처를 부탁드립니다.

(4) 부적합한 권위에 호소하는 오류 : 논지와 직접적인 관련이 없는 권위(자)의 견해를 근거로 내세워 자기주장에 정당성을 부여하는 오류

  예 환자에게 수혈을 하는 것은 환자 자신에게 좋지 않아. 경전에 그렇게 쓰여 있어.

(5) 원천 봉쇄의 오류(우물에 독 뿌리기) : 자신의 주장에 반론 가능성이 있는 요소를 나쁜 것으로 단정함으로써 상대방의 반론을 원천적으로 봉쇄하는 오류

  예 나의 주장에 대하여 이의를 제기하는 사람이 있습니까? 공산주의자라면 몰라도 그렇지 않으면 나의 주장에 반대하지 않겠지요.

(6) 인신공격의 오류 : 주장하는 논리와는 관계없이 상대방의 인품, 과거의 행적 등을 트집 잡아 인격을 손상하면서 주장이 틀렸다고 비판하는 오류

  예 넌 내 의견에 반박만 하고 있는데, 넌 이만한 의견이라도 낼 실력이 되니?

(7) 정황에 호소하는 오류 : 주장하는 사람이 처한 개인적인 정황 등을 근거로 하여 자신의 주장에 타당성을 부여하거나 다른 사람의 주장을 비판하는 오류

  예 아이를 낳아보지도 않은 사람이 주장하는 육아 정책은 절대 신뢰할 수 없습니다.

(8) 역공격의 오류(피장파장의 오류) : 비판받은 내용이 상대방에게도 동일하게 적용될 수 있음을 근거로 비판을 모면하고자 할 때 발생하는 오류

  예 나한테 과소비한다고 지적하는 너는 평소에 얼마나 검소했다고?

(9) 사적 관계에 호소하는 오류 : 정 때문에 논지를 받아들이게 하는 오류

  예 넌 나하고 제일 친한 친구잖아. 네가 날 도와주지 않으면 누굴 믿고 이 세상을 살아가라는 거니?

2. 자료적 오류

(1) **무지에 호소하는 오류** : 증명할 수 없거나 반대되는 증거가 없음을 근거로 자신의 주장이 옳다고 정당화하려는 오류

  예 진품이 아니라는 증거가 없기 때문에 이 도자기는 진품으로 봐야 해.

(2) **발생학적 오류** : 어떤 대상의 기원이 갖는 특성을 그 대상도 그대로 지니고 있다고 추리할 때 발생하는 오류

  예 은우의 아버지가 공부를 잘했으니 은우도 틀림없이 공부를 잘할 거다.

(3) **성급한 일반화의 오류** : 부적합한 사례나 제한된 정보를 근거로 주장을 일반화할 때 생기는 오류

  예 그녀는 이틀 동안 술을 마신 걸로 보아 알코올 중독자임이 틀림없다.

(4) **우연의 오류** : 일반적인 사실이나 법칙을 예외적인 상황에도 적용하여 발생하는 오류

  예 모든 사람은 표현의 자유를 가지고 있다. 그러므로 판사는 법정에서 자신의 주관적 의견을 표현해도 된다.

(5) **원인 오판의 오류(잘못된 인과관계의 오류)** : 한 사건이 다른 사건보다 먼저 발생했다고 해서 전자가 후자의 원인이라고 잘못 추론할 때 범하는 오류

  예 어젯밤에 돼지꿈을 꾸고 복권에 당첨되었습니다.

(6) **의도 확대의 오류** : 의도하지 않은 결과에 대해 의도가 있다고 판단하여 생기는 오류

  예 지하철에서 큰 배낭을 메고 있는 사람과 계속 부딪혔다. 그 사람은 나에게 시비를 걸기 위해 지하철에 탄 것이다.

(7) **복합 질문의 오류** : 한 번에 둘 이상의 질문을 하여 답변자가 어떠한 대답을 하더라도 질문자의 생각대로 끌려가 한 개의 질문에는 긍정하게 되는 오류

  예 어제 당신이 때린 사람이 두 사람이지요? / 아니오. / 음, 그러니까 당신은 어제 사람들을 때렸다는 것을 인정하는군요.

(8) **분할의 오류** : 전체가 참인 것을 부분에 대해서도 참이라고 단정하여 발생하는 오류

  예 스페인은 남아공 월드컵의 우승국이므로 스페인의 축구선수는 모두 훌륭하다.

(9) **합성의 오류** : 부분이 참인 것을 전체에 대해서도 참이라고 단정하여 발생하는 오류

  예 축구대표팀의 구성원은 각각 최고의 선수들이다. 그러므로 이 팀은 단연 최고이다.

(10) **허수아비 공격의 오류** : 상대방의 주장을 반박하기 쉬운 다른 논점(허수아비)으로 변형, 왜곡하여 비약된 반론을 하는 오류

  예 방사능 피폭으로 인간은 각종 암과 기형아 출산 등의 큰 피해를 입었다. 그러므로 이 지역에 원자력 발전소를 세우는 것에 반대하는 바이다.

(11) **흑백 논리의 오류** : 모든 문제를 양극단으로만 구분하여 추론할 때 생기는 오류

  예 민주주의자가 아니라면 모두 공산주의자이다.

(12) **논점 일탈의 오류** : 어떤 논점에 대하여 주장하는 사람이 그 논점에서 빗나가 다른 방향으로 주장하는 경우에 범하는 오류

  예 너희들 왜 먹을 것을 가지고 싸우니? 빨리 들어가서 공부나 해!

보충플러스+

의도 확대의 오류
결과 중심으로 의도를 확대 해석하거나 정당화하는 오류를 말한다. 이를 지적하는 말로 "성공이 성공을 낳고 실패가 실패를 낳는다."가 있다. 성공한 사람은 무슨 안 좋은 일을 해도 그 행위에 큰 의미가 있는 것처럼 보이고, 실패한 사람은 무슨 좋은 일을 해도 한심하게 보인다는 것이다. 그렇기 때문에 의도 확대의 오류는 결과주의로 보이기도 한다.

(13) 잘못된 유추의 오류(기계적 유비 추리) : 서로 다른 사물의 우연적이며 비본질적인 속성을 비교하여 결론을 이끌어 냄으로써 생기는 오류

  예 컴퓨터와 사람은 비슷한 점이 많아. 그렇기 때문에 틀림없이 컴퓨터도 사람처럼 감정을 지녔을 거야.

(14) 오도된 생생함의 오류 : 직접 대면한 개인에게 전해들은 지나치게 인상적인 정보에 쏠려 합리적 귀납을 거부할 때 나타나는 오류

  예 거시적 경제 지표만 좋으면 뭐해, 주위 사람들은 다 경제적으로 힘들다는데…

(15) 공통원인 무시의 오류 : 여러 원인 중 하나가 원인의 전부라고 오해하여 발생하는 오류

  예 영화 〈알라딘〉이 흥행한 이유는 4D 영화이기 때문이다.

3. 언어적 오류

(1) 강조의 오류 : 문장의 어떤 부분을 부당하게 강조함으로써 범하는 오류

  예 친구를 헐뜯으면 안 되느니라. / 그럼 친구 아닌 다른 사람은 헐뜯어도 되겠죠.

(2) 애매어의 오류 : 둘 이상의 의미가 있는 다의어나 애매한 말의 의미를 혼동하여 생기는 오류

  예 꼬리가 길면 결국 잡힌다. 원숭이는 꼬리가 길다. 그러므로 원숭이는 결국 잡힌다.

(3) 애매문의 오류 : 구나 문장의 구조가 애매하여 발생하는 오류

  예 아내는 나보다 고양이를 더 좋아해(아내가 고양이를 좋아하는 정도가 내가 고양이를 좋아하는 정도보다 크다는 의미일수도 있고, 아내가 나를 좋아하는 정도보다 고양이를 좋아하는 정도가 더 크다는 의미일수도 있다).

(4) 은밀한 재정의의 오류 : 어떤 용어의 사전적 의미에 자의적 의미를 덧붙여 사용함으로써 발생하는 오류

  예 그런 완벽한 남자의 청혼을 거절하다니 제정신이니? 정신 병원에 한번 가보자.

(5) 범주의 오류 : 단어의 범주를 잘못 인식한 데서 생기는 오류

  예 아버지, 저는 과학자가 되기보다는 물리학자가 되고 싶습니다(물리학자가 과학자의 하나라는 점에서 보면 단어의 범주를 잘못 인식하고 있다).

상근시안적 귀납의 오류 (편향된 통계자료의 오류)
표본들이 충분히 다양하지 않을 때 나타나는 오류

예 퇴근 후 운동을 하는 직장인 100명 중 75명이 퇴근 후 취미 생활로 운동을 좋아한다고 답했으므로 직장인들은 취미활동으로 운동을 가장 좋아한다.

보충플러스

꼬리(가) 길다
1. 못된 짓을 오래 두고 계속하다.
2. 방문을 닫지 않고 드나들다.

개념확인문제

01 논리오류는 크게 형식적 오류와 비형식적 오류로 구분되며, 형식적 오류는 □□□과 □□□으로 나누어진다.

02 언어적 오류 중 하나로 다의어나 애매한 단어의 의미를 혼동하여 생기는 오류는?

답
01 타당한 논증형식, 부당한 논증형식
02 애매어의 오류

03 문제처리능력

> 문제를 해결해 나가는 실천과정에서 요구되는 능력으로, 문제의 원인 및 특성을 파악하고 적절한 해결안을 선택·적용한 후 그 결과를 평가하여 피드백하는 능력을 말한다.

문제처리능력이 필요한 경우
- 업무 수행 중 발생하는 문제를 해결해야 하는 경우
- 변화하는 주변 환경과 현장상황을 파악해서 업무의 핵심에 도달해야 하는 경우
- 주어진 업무를 처리하는 서류를 다루는 경우
- 문제 해결을 위한 사례를 분석, 개발, 적용해야 하는 경우
- 공정 개선 및 인원의 효율적인 운영이 필요한 경우

1 문제해결절차

1. 문제해결 5단계 : 목표와 현상을 분석하고 그 분석 결과를 토대로 문제를 도출하여 최적의 해결책을 찾아 실행 및 평가하는 활동을 할 수 있으며 그 절차는 다음과 같다.

1단계 문제 인식	• 문제를 파악해 우선순위를 정하고 목표를 명확히 하는 단계 • WHAT?을 결정함.
2단계 문제 도출	• 문제를 분석하여 해결점을 명확히 하는 단계 • 인과 관계 및 구조를 파악함.
3단계 원인 분석	• 핵심 문제 분석을 통해 근본 원인을 도출하는 단계 • Issue 분석 → Data 분석 → 원인 파악
4단계 해결안 개발	• 근본 원인을 해결할 수 있는 최적의 해결 방안을 수립하는 단계
5단계 실행 및 평가	• 장애가 되는 문제의 원인을 제거하는 단계 • 실행 계획을 실제 상황에 맞게 적용함.

2 문제 인식

선정문제에 대한 목표를 명확히 하는 절차를 거치며 환경 분석, 주요 과제 도출, 과제 선정의 절차를 통해 수행된다.

절차	환경 분석	주요 과제 도출	과제 선정
내용	Business System상 거시 환경 분석	분석자료를 토대로 성과에 미치는 영향, 의미를 검토하여 주요 과제 도출	후보과제를 도출하고 효과 및 실행가능성 측면에서 평가하여 과제 선정

1. 환경 분석

(1) **3C 분석** : 환경을 구성하고 있는 요소인 자사(Company), 경쟁사(Competitor), 고객(Customer)을 3C라고 하며 3C 분석을 통해 환경 분석을 수행할 수 있다. 3C 분석의 고객 분석에서는 "고객은 자사의 상품·서비스에 만족하고 있는지"를, 자사 분석에서는 "자사가 세운 달성 목표와 현상 간에 차이가 없는지"를, 경쟁사 분석에서는 "경쟁 기업의 우수한 점과 자사의 현상과 차이가 없는지"에 대한 질문을 통해서 환경을 분석하게 된다.

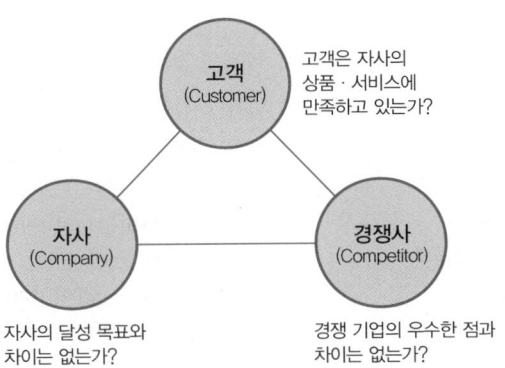

> **TIP** FAW(Force At Work) 분석
> 3C 분석의 부족한 거시환경 분석을 보완하기 위한 것으로 경제, 규제, 기술, 국제관계를 분석한 후 거시적 경영환경과 사업의 발전 방향을 도출할 때 사용된다.

(2) SWOT 분석 : 문제해결방안을 개발하는 방법으로 내부 요인과 외부 요인 2개의 축으로 구성된다. 내부 요인은 자사 내부 환경을 강점과 약점으로, 외부 요인은 외부의 환경을 기회와 위협으로 구분하여 분석한다. 내·외부 요인에 대한 분석이 끝난 후 매트릭스가 겹치는 SO, WO, ST, WT에 해당되는 최종 분석을 실시하게 된다.

		내부 환경 요인	
		강점 (Strength)	약점 (Weakness)
외부 환경 요인	기회 (Opportunity)	SO 내부 강점과 외부 기회를 극대화	WO 외부 기회를 이용하여 내부 약점을 강점으로 전환
	위협 (Threat)	ST 외부 위협을 최소화하기 위해 내부 강점을 극대화	WT 내부 약점과 외부 위협을 최소화

(3) 외부환경요인 분석과 내부환경요인 분석
① 외부환경요인 분석
㉠ 자신을 제외한 모든 정보를 기술한다.
㉡ 언론매체, 개인 정보망 등을 통하여 입수한 상식적인 세상의 변화 내용을 시작으로 당사자에게 미치는 영향을 순서대로 점차 구체화한다.
㉢ 인과관계가 있는 경우 화살표로 연결한다.
㉣ 동일한 데이터라도 자신에게 긍정적으로 전개되면 기회로, 부정적으로 전개되면 위협으로 나눈다.
㉤ SCEPTIC 체크리스트

- Social(사회)
- Competition(경쟁)
- Economic(경제)
- Politic(정치)
- Technology(기술)
- Information(정보)
- Client(고객)

② 내부환경요인 분석
  ㉠ 경쟁자와 비교하여 나의 강점과 약점을 분석한다.
  ㉡ 강점과 약점은 자사가 보유하고 있거나 활용 가능한 자원(resources)을 뜻한다.
  ㉢ MMMITI 체크리스트를 활용할 수 있지만 반드시 적용할 필요는 없다.

- Man(사람)
- Material(물자)
- Money(돈)
- Information(정보)
- Time(시간)
- Image(이미지)

(4) 거시환경요인 분석
  ① PEST 분석 : 기업이 통제 불가능한 정치적, 경제적, 사회문화적, 기술적 흐름을 분석하는 기법
   - 정치적(Political) : 사업과 관련된 정치적 이슈, 주당 근무시간 규제, 최저임금 인상 등과 같은 정부 정책 및 지원 사항, 관련 인증 강화와 같은 법규나 규제의 변화, FTA와 같은 무역협정 등 정책, 제도, 규제, 세금, 노동법, 무역 제재, 환경법, 관세 등
   - 경제적(Economical) : GDP나 가처분 소득 변화, 이자율 상승 및 하락, 환율 등락, 원자재 혹은 에너지 가격의 변화, 물가 상승과 하락 등 거시경제적 측면에서 사업에 영향을 미칠 수 있는 경제적 요인들을 말한다. 경제성장률, 금리, 환율, 인플레이션 정도, 소득분포, 저축률, 이자 등
   - 사회문화적(Social) : 고령화, 저출산과 같은 인구 변화추이, 소확행이나 가성비 추구와 같은 소비 트렌드, 화학물질 사용에 대한 거부감 상승과 같은 환경 이슈, 여성의 사회참여 등 문화적 요소와 교육 환경, 가치관 변화, 보건인지도, 인구성장률 등
   - 기술적(Technological) : 5G와 같은 정보 통신기술 변화, 신소재 또는 신기술의 등장, 빅데이터, 블록체인 등을 포함한 4차 산업혁명 등 기술, 소재, 방법론 등과 R&D 활동, 자동화, 기술 관련 인센티브, 기술혁신 등

(5) 4P 분석 : 제품, 가격, 유통, 판매촉진을 효과적으로 구성 및 조합함으로써 소비자 욕구를 충족시키고 이익, 매출, 명성 등에서 기업의 목표달성을 위한 마케팅 효과를 극대화하고자 할 때 사용된다.

제품(Product) 제품의 품질이 우수한가?	가격(Price) 가격에서 경쟁력이 있는가?
유통(Place) 빠르고 원가절감이 되는 유통망을 확보하고 있는가?	판매촉진(Promotion) 판매촉진을 제대로 추진하고 있는가?

(4P)

2. 주요 과제 도출

(1) 환경 분석을 통해 현상을 파악한 후 분석결과를 검토하여 주요 과제를 도출해야 한다.
(2) 다양한 과제 후보안을 도출해내는 일이 선행되어야 한다.
(3) 제안을 작성할 때는 과제안 간의 수준은 동일한지, 표현은 구체적인지, 주어진 기간 내에 해결 가능한지를 확인해야 한다.

3. 과제 선정

(1) 과제안 중 효과 및 실행 가능성 측면을 평가하여 우선순위를 부여한 후 가장 우선순위가 높은 안을 선정한다.
(2) 과제의 목적, 목표, 자원현황 등을 종합적으로 고려하여 평가하며 기준은 다음과 같다.

> **TIP**
> 과제 선정 시 다음과 같은 시트를 활용하면 효과적이다.
>
> | 과제안 | 평가
기준1 | 평가
기준2 | 종합
점수 | 우선
순위 |
> |---|---|---|---|---|
> | 과제안1 | | | | |
> | 과제안3 | | | | |
> | 과제안3 | | | | |

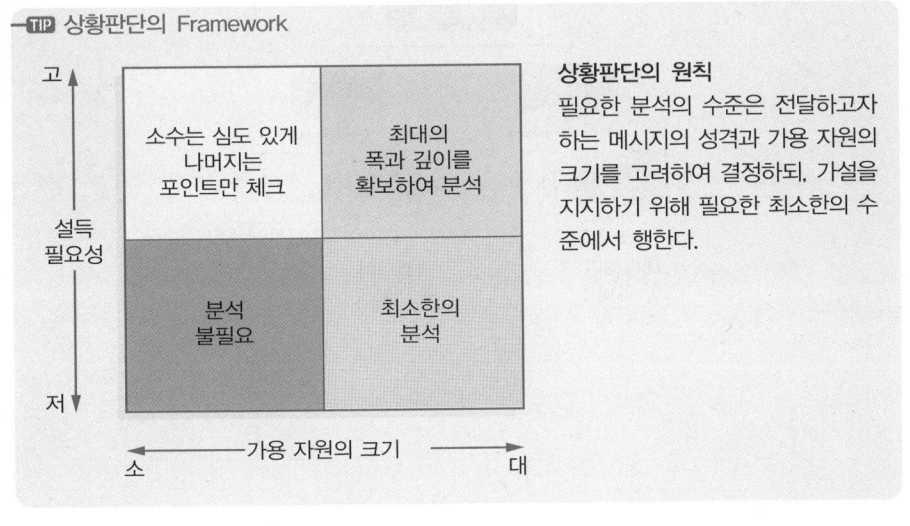

상황판단의 원칙
필요한 분석의 수준은 전달하고자 하는 메시지의 성격과 가용 자원의 크기를 고려하여 결정하되, 가설을 지지하기 위해 필요한 최소한의 수준에서 행한다.

3 문제 도출

선정된 문제를 분석하여 해결점이 무엇인지 명확히 하는 단계로 문제구조 파악, 핵심문제 선정의 절차를 거쳐 수행된다.

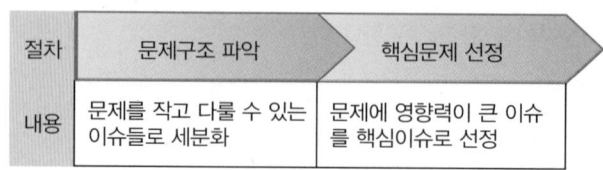

1. 문제구조 파악 및 핵심문제 선정
(1) 전체 문제를 개별화된 세부 문제로 쪼개는 과정으로 문제의 내용 및 미치고 있는 영향 등을 파악하여 문제의 구조를 도출한다.
(2) 문제가 발생한 배경이나 문제를 일으키는 메커니즘을 분명히 해야 하며 현상에 얽매이지 말고 문제의 본질과 실제를 봐야 한다.
(3) 문제구조 파악을 위해 사용하는 방법으로 Logic Tree 등이 있다.

2. Logic Tree
(1) 해결책을 구체화할 때 제한된 시간 속에 넓이와 깊이를 추구하는 데 도움이 되는 기술이다.
(2) 전체 과제를 명확히 하고 분해해 가는 가지의 수준을 맞춰야 한다.
(3) 원인이 중복되거나 누락되지 않고 각각의 합이 전체를 포함해야 한다.

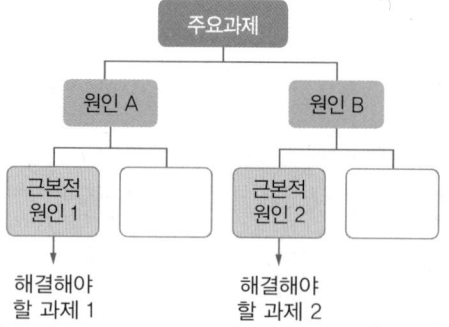

3. MECE(Mutually Exclusive Collectively Exhaustive)

(1) 전체를 여러 개의 묶음으로 나누어 파악하는 사고법으로, 어떤 사항이나 개념을 중복 없이, 누락 없이 부분집합으로 파악하는 방법이다.

(2) MECE를 활용한 문제해결 7단계
① 문제파악(Identification) : 문제의 핵심 파악, 문제해결방안 정리
② 문제분해(Breakdown) : 7단계 중 가장 핵심적인 단계, Issue Tree 사용
③ 불필요한 문제 제거(Non-critical) : 효율성 위주의 문제해결
④ 가설수립(Hypothesis) : 기승전결의 가설을 세움.
⑤ 계획 수립(Work Plan) : 기간, 목표, 범위, 산출물 등 계획 수립
⑥ 분석과 종합(Analysis and Synthesis) : 가설 검증
⑦ 메시지 전달(Communication) : 결정권자 입장으로 결과 보고

4. 맥킨지식 문제 분석법

(1) 맥킨지의 사고방식은 'Structure에 대한 강조'라 할 수 있다. 구조적으로 문제점을 분석하고 해결하는 것을 말한다.

(2) 문제분석 4단계

Framing	문제의 범위가 어디까지인지 파악하고 쉽게 다룰 수 있는 작은 단위로 나누고 초기가설을 도출하는 단계
Designing	초기가설이 옳은지 아닌지를 증명하기 위해 어떤 분석이 필요한지 규정하는 단계
Gathering	분석에 필요한 데이터 즉, 팩트를 모으는 단계
Interpreting	수집한 데이터를 바탕으로 초기가설의 유효성을 판단하고 결과를 해석해서 앞으로 어떤 행동을 취해야 할지를 결정하는 단계

4 원인 분석

파악된 핵심문제에 대한 분석을 통해 근본 원인을 도출해 내는 단계로 Issue 설정, Data 분석, 원인 파악의 절차로 진행된다.

절차	Issue 설정	Data 분석	원인 파악
내용	핵심이슈 설정 가설 설정 Output 이미지 설정	Data 수집계획 수립 Data 정리 / 가공 Data 해석	근본 원인을 파악하고 원인과 결과를 도출

1. Issue 설정

(1) 핵심이슈를 설정하고 객관적인 가설을 설정한 후에 분석 결과를 미리 이미지화하는 Output 이미지 결정 순으로 수행한다.

2. Date 분석

(1) 정량적이고 객관적인 사실을 수집하고, 자료의 정보원을 명확히 해야 한다. 데이터 수집 후에는 목적에 따라 수집된 정보를 항목별로 분류 정리한 후 'what', 'why', 'how' 측면에서 의미를 해석해야 한다.

3. 원인 파악

(1) Issue와 Data 분석을 통해서 얻은 결과를 바탕으로 최종 원인을 확인한다.
(2) 단순한 인과관계, 닭과 계란의 인과관계, 복잡한 인과관계와 같은 패턴이 나타난다.

TIP
- 단순한 인과관계 : 원인과 결과를 분명하게 구분할 수 있는 경우
- 닭과 계란의 인과관계 : 원인과 결과를 구분하기 어려운 경우
- 복잡한 인과관계 : 2가지 유형이 서로 얽혀 있는 경우

5 해결안 개발

문제로부터 도출된 근본원인을 효과적으로 해결할 수 있는 최적의 해결방안을 수립하는 단계로 해결안 도출, 해결안 평가 및 최적안 선정의 절차로 진행된다.

★ 구 워크북

절차	해결안 도출	해결안 평가 및 최적안 선정
내용	문제로부터 최적의 해결안을 도출하고 아이디어를 명확화	최적안 선정을 위한 평가 기준을 선정하고 우선순위 선정을 통해 최적안 선정

이것만은 꼭!
해결안 평가 기준
1. 실현 가능성 : 개발 기간, 개발 능력, 적용 가능성
2. 해결안의 적절성 : 고객 만족

1. 해결안 도출

(1) 근본 원인을 어떠한 시각과 방법으로 제거할 것인지에 대한 독창적이고 혁신적인 아이디어를 도출한다.
(2) 전체적인 관점에서 해결의 방향과 방법이 같은 것을 그룹핑하여 최종 해결안을 정리한다.

2. 해결안 평가 및 최적안 선정

(1) 중요도와 실현가능성 등을 고려해서 종합적인 평가를 내리고, 채택 여부를 결정한다.

6 실행 및 평가

실행 및 평가는 해결안 개발을 통해 만들어진 실행계획을 실제 상황에 적용하는 활동으로 장애가 되는 문제의 원인들을 해결안을 사용하여 제거하는 단계이다. 실행계획 수립, 실행, Follow up의 절차로 진행된다.

절차	실행계획 수립	실행	Follow up
내용	최종 해결안을 실행하기 위한 구체적인 계획 수립	실행계획에 따른 실행 및 모니터	실행 결과에 대한 평가

1. 실행계획 수립

(1) 무엇을(what), 어떤 목적으로(why), 언제(when), 어디서(where), 누가(who), 어떤 방법으로(how)의 물음에 대한 답을 가지고 계획한다.

(2) 자원(인적, 물적, 예산, 시간)을 고려하며 진행 내용을 일목요연하게 파악해야 한다.

2. 실행 및 Follow up(사후관리)

(1) 가능한 사항부터 실행하며 그 과정에서 문제점을 해결하면서 완성도를 높인다.

(2) 문제점 및 장애요인을 해결하기 위해서는 모니터링(Monitoring) 체제를 구축하는 것이 바람직하다.

> **TIP 모니터링 사항**
> - 바람직한 상태가 달성되었는가?
> - 문제가 재발하지 않을 것을 확신할 수 있는가?
> - 사전에 목표한 기간 및 비용은 계획대로 지켜졌는가?
> - 혹시 또 다른 문제를 발생시키지 않았는가?
> - 해결책이 주는 영향은 무엇인가?

7 기간 · 방향 · 시간 추론

1. 기간 추론 : 회사 재직 기간이나 취임 순서 또는 잡지의 발행 기간 등에 관한 문제이다.

(1) 선분도는 다음과 같이 시간 순으로 나타내며, 제시된 내용을 이에 대입하였을 때 이해하기 쉽다.

> **예** 부장은 20X7년 4월에 A 부서에서 B 부서로 이동하였고 과장은 20X5년 4월에 C 부서에서 D 부서로 이동하였다.
>
>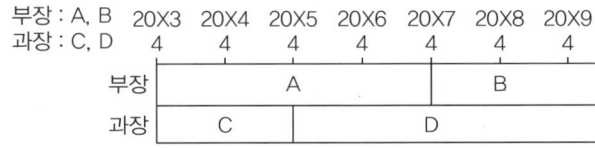

빠른 풀이 비법
- 조건 중 기간이 분명한 부분은 선분도 등을 통해 정리하면서 이해하면 보다 쉽게 파악할 수 있다.
- 선분도 등을 통해 정리할 때는 인물이나 부서 등을 헷갈리지 않도록 다른 기호 등을 활용하는 것이 좋다.

(2) 조건에서 재직과 이동 등의 기간을 명확하게 파악한다.

(3) 'OO와 함께 OO년 근무했다'와 같은 조건에 주의한다.

> **TIP**
> - 조건을 선분도 등으로 표시한다.
> - 조건을 잘 이해하고 정리하며 선분도에 표시할 부분을 표시해 나간다.
> - 위의 결과를 분석하여 답을 찾는다.

2. 방향 추론 : 건물과 건물, 인물과 건물 간의 위치 관계를 이해하는 문제이다.

(1) 8방위를 기본으로 하여 방향의 기준을 찾는다.

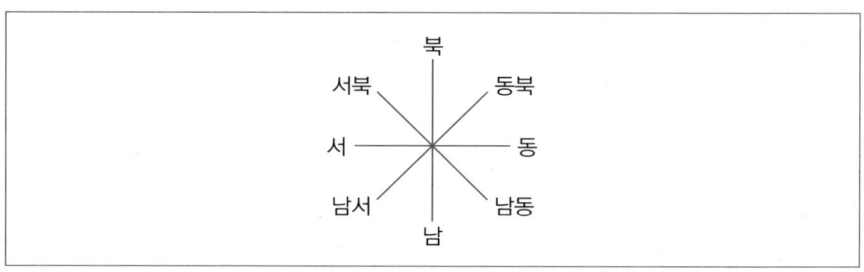

> **TIP**
> 북쪽을 바라보는 기준으로 반대편이 남쪽, 오른쪽이 동쪽, 그 반대는 서쪽이 된다. 방위표시가 없을 경우 위쪽을 북쪽으로 본다.

(2) 제시된 조건을 그림으로 정리한다.

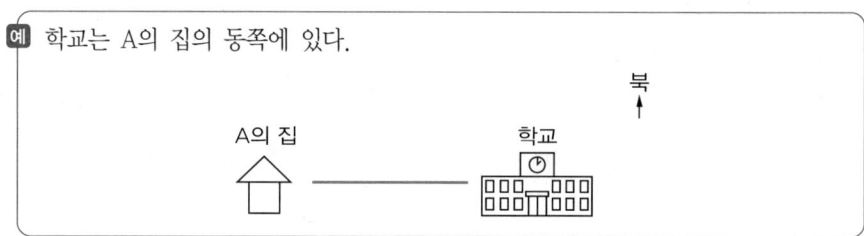

예) 학교는 A의 집의 동쪽에 있다.

> **TIP**
> - 조건에 맞춰 방위와 거리의 관계를 그림으로 표시한다. 이때, 조건에서 여러 패턴의 그림을 그리는 경우도 많다.
> - 정리한 조건에 따라 확인할 수 있는 것부터 표시한다.

3. 시간 추론 : 도착한 순서나 작업시간을 계산할 때, 각각의 시계에 오차가 있을 경우 시간을 추론하는 문제이다.

(1) 각 시계별 시간을 도식화하여 정리하면 파악하기 쉽다.

> 예
> - A의 시계가 정확한 시간을 표시하고 있다고 가정한다.
> - A의 도착시각은 A의 시계로는 10시 10분, B의 시계로는 10시 8분, C의 시계로는 10시 13분이다.
> - B의 도착시각은 B의 시계로는 10시 5분이다.
> - C의 도착시각은 C의 시계로는 10시 4분이다.
>
> | 구분 | A 도착 | B 도착 | C 도착 | 오차 |
> |---|---|---|---|---|
> | A의 시계 | 10 : 10 | | | ±0 |
> | B의 시계 | 10 : 08 | 10 : 05 | | −2 |
> | C의 시계 | 10 : 13 | | 10 : 04 | +3 |

(2) 기준으로 설정한 시각과의 차이를 다음과 같이 명확하게 표기한다.

> 예 B 시계가 A 시계보다 x분 빠르면 $-x$분, 느리면 $+x$분이 된다.

─ TIP
- 각자의 시계와 시간의 관계를 표로 만든다.
- 기준으로 삼을 시계를 정하고 각각의 오차를 파악한다.
- 조건을 보고 표에 표시할 부분을 표시해 나간다.

8 토너먼트 · 리그전

1. 토너먼트 : 승자나 순위를 정하는 방식의 하나로, 주로 축구나 야구 등의 경기에서 활용된다.

(1) 대전표는 상위부터 작성해 나간다.
(2) 대전표에 선수를 하나하나 대입할 경우 상위 진출자와 중도 참가자부터 고려한다.
(3) 이긴 쪽의 선을 굵게 하거나 이긴팀 이름 등을 적어 나간다.

> 예 A ~ H 8팀의 토너먼트 대진표는 다음과 같다.
>
>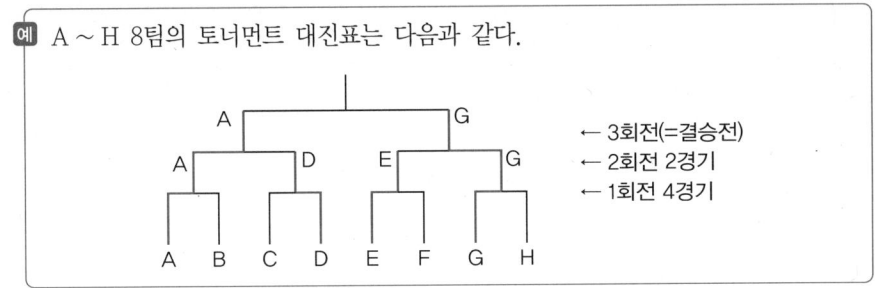

보충플러스

리그전 방식과 토너먼트 방식의 장점을 절충하여 예선은 토너먼트, 결승전은 리그전을 실시하거나 반대로 참가팀을 몇 개의 조로 나누어 리그전을 한 후 상위팀끼리 토너먼트를 실시하기도 한다.

예 또한, 1회전이 $2^n(n≥2)$ 시합이 아닐 경우 다음과 같이 도중에 참전하는 형태가 된다.

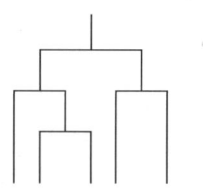

TIP

N을 참가자 수라고 했을 경우
- 토너먼트의 총 경기 수, 토너먼트전의 총 경기 수=N-1
  예 8명의 경기에서 총 경기 수는 8-1=7
- 토너먼트전의 1회전 경기 수(참가팀 수가 2의 제곱일 경우)
  토너먼트전의 1회전 경기 수=N÷2
  예 8명의 경기에서 1회전 경기 수는 8÷2이므로 4경기이다.
- 토너먼트전의 1회전 부전승팀 수
  - 참가팀 수가 2의 제곱수일 경우 부전승팀 없음.
  - 참가팀 수가 2의 제곱수가 아닐 경우 참가팀 수 바로 위인 2의 제곱수-참가팀 수
  예 9팀일 경우, 9 바로 위인 2의 제곱수 16-9이므로 7팀이다.

2. 리그전: 대회에 참가한 모든 팀이 각각 돌아가면서 한 차례씩 대전하여 순위를 가리는 방식이다.

(1) 참가한 모든 팀에게 평등하게 시합할 기회가 주어진다.

(2) 참가한 팀 수가 많을 경우 순위를 결정하기까지 시간이 걸리며 동률이 나올 가능성이 높아 우선순위를 정하는 규정이 있어야 한다.

(3) 경기 횟수는 {(팀의 수)×(팀의 수-1)}÷2이다.

개념확인문제

01 빈칸에 들어갈 알맞은 용어를 쓰시오.

> (1) 파악된 핵심문제에 대한 분석을 통해 근본 원인을 도출해 내는 단계를 (　　) 단계라고 한다.
> (2) 원인 파악 시에 나타날 수 있는 원인과 결과 패턴에는 (　　), (　　), (　　)가 있다.

02 다음 중 자신의 약점을 극복함으로써 외부 환경의 기회를 활용하는 SWOT 전략은?

03 외부환경요인을 분석할 때 활용하는 SCEPTIC 체크리스트를 영문과 우리말로 쓰시오.

(1) S (　　　)　　(5) T (　　　)
(2) C (　　　)　　(6) I (　　　)
(3) E (　　　)　　(7) C (　　　)
(4) P (　　　)

04 맥킨지식 문제분석법 중 초기가설이 옳은지 아닌지를 증명하기 위해 어떤 분석이 필요한지 규정하는 단계는 (　　　)이다.

답

01 (1) 원인 분석
　　(2) 단순한 인과관계, 닭과 계란의 인과관계, 복잡한 인과관계
02 WO 전략
03 (1) Social, 사회
　　(2) Competition, 경쟁
　　(3) Economic, 경제
　　(4) Politic, 정치
　　(5) Technology, 기술
　　(6) Information, 정보
　　(7) Client, 고객
04 Designing

기출예상문제

01. 흔히 업무상의 문제는 발생형, 탐색형, 설정형 문제로 구분된다. 다음 중 문제의 유형과 설명이 적절하지 않은 것은?

① 우리 눈앞에 발생되어 당장 걱정하고 해결하기 위해 고민하는 문제는 발생형 문제이다.
② 더 잘해야 하는 문제로 현재의 상황을 개선하거나 효율을 높이기 위한 문제는 설정형 문제이다.
③ 문제를 방치하면 뒤에 큰 손실이 따르거나 결국 해결할 수 없는 문제로 나타나게 되는 것은 탐색형 문제의 특징이다.
④ 발생형 문제는 이탈, 미달 등의 문제로 원인 지향의 성격을 갖는다.
⑤ 개발, 달성 등에 관한 문제는 설정형 문제로 목표 지향의 성격을 갖는다.

02. 문제해결을 위한 다양한 해법 중 다음의 설명에 공통적으로 해당하는 것은?

- 보다 생산적인 결과를 가져올 수 있도록 그룹의 나아갈 방향 제시
- 깊이 있는 커뮤니케이션을 통해 초기에 생각지 못했던 창조적인 해결 방법 도출
- 구성원의 잠재 역량을 끌어내고 서로 간에 소통과 협력이 활발하게 일어나 시너지가 생기도록 돕는 행위
- 타인의 견해를 편견 없이 듣는 청취 능력이 요구됨.

① 코칭　　　　　② 퍼실리테이션　　　　　③ 3C 분석기법
④ SCAMPER　　⑤ 하드 어프로치

03. 문제를 해결하기 위해서는 먼저 문제가 무엇인지 정확히 인식할 필요가 있다. 다음 중 문제해결에 대한 설명으로 옳지 않은 것은?

① A : 문제라는 것은 해결을 원하지만 해결 방법을 모르는 상태를 말해.
② B : 일반적으로 '보이지 않는 문제'보다는 '보이는 문제'가 그 수도 많고 해결의 측면에서도 어렵다고 할 수 있지.
③ C : 미달형 문제는 당초 계획한 목표나 과제 등을 예정한 날짜까지 달성하지 못했거나 혹은 달성하지 못할 것 같은 경우를 말하지.
④ D : 발생형 문제는 넓은 의미에서 눈에 보이는 문제라 할 수 있어.

04. 다음과 같은 상황에 내재한 두 개의 문제 유형이 올바르게 짝지어진 것은?

> 지난 해 자체 실시한 제반 설비 및 시설의 안전성과 내구성 조사에서 일부 부품의 누전 현상이 발생할 수 있다는 보고에 따라 부품을 교체해야 하는 문제가 발생하였다. 이에 관리팀에서는 이전부터 거래를 희망하며 꾸준히 연락을 해 오던 중국 공급선으로 눈을 돌려 현지의 생산 공장을 검토하기 위하여 인원을 파견하였다. 출장을 마치고 돌아온 남 대리는 공정상의 별다른 문제점도 없고 제시한 가격도 나쁘지 않아 긍정적인 출장보고서를 제출하였다. 하지만 며칠 후 현지의 대규모 파업이 예상된다는 뉴스를 접하게 되었고, 남 대리의 회사는 부품 공급에 차질이 생길 것이 불 보듯 뻔한 상황에 놓이게 되었다.

① 기능적 문제, 발생형 문제
② 발생형 문제, 탐색형 문제
③ 탐색형 문제, 설정형 문제
④ 탐색형 문제, 기능적 문제
⑤ 발생형 문제, 설정형 문제

05. 업무를 수행함에 있어서 답을 요구하는 질문이나 의논하여 해결해야 하는 사항을 '문제'라 하며, 이 '문제'는 창의적 문제와 분석적 문제로 구분할 수 있다. 다음 중 옳지 않은 설명은?

① 창의적 문제는 주관적인 성향을 보이는 반면, 분석적 문제는 객관적인 성향을 보인다.
② 창의적 문제는 감각적, 정성적, 개별적, 특수적 특징을 갖지만, 분석적 문제는 객관적, 논리적, 정량적, 이성적, 일반적, 공통적 특징을 갖는다.
③ 창의적 문제는 해답의 수가 많으며 많은 답 가운데 보다 나은 것을 선택할 수 있지만, 분석적 문제는 답의 수가 적으며 한정되어 있다.
④ 창의적 문제는 창의력에 의한 많은 아이디어의 작성을 통해 해결하지만, 분석적 문제는 분석, 논리, 귀납과 같은 논리적 방법을 통해 해결한다.
⑤ 창의적 문제는 현재의 문제점이나 미래의 문제로 예견될 것에 대한 문제 탐구로 문제 자체가 명확하지만, 분석적 문제는 현재 문제가 없더라도 보다 나은 방법을 얻기 위한 문제 탐구로 문제 자체가 명확하지 않다.

06. 다음 중 문제해결을 위한 기본요소가 아닌 것은?

① 문제해결방법에 대한 지식
② 문제해결을 위한 직장 선배의 조언
③ 문제해결자의 도전의식
④ 문제해결에 대한 체계적인 접근

07. 다음에 나타난 A 씨의 제안은 문제해결을 방해하는 장애요소 중 무엇에 해당하는가?

> ○○공사에서는 최근 트렌드에 맞춰 새로운 작물 재배를 시도하고 있다. 이를 위해 적극적으로 지자체의 지원을 요청하고 조합원들의 교육에 앞장서는 등 다양한 노력을 기울여 왔다. 그러나 초기 기대와는 달리 이후 작물의 판로 개척이 지지부진한 상황이다. 이에 ○○공사의 한 직원이 다음과 같은 의견을 제시했다.
>
> A 씨 : 제가 주말에 온라인 검색과 도서 검색을 통해 농산물 판로에 대한 100여 개의 아이디어를 모아 왔으니 이것들을 검토해서 영업망 개척방향을 생각해 보는 게 어떨까요?

① 고정관념에 얽매이는 경우
② 쉽게 떠오르는 단순 정보에 의지하는 경우
③ 문제를 철저히 분석하지 않는 경우
④ 너무 많은 자료를 수집하려고 노력하는 경우
⑤ 해결책을 선택하는 타당한 이유를 마련하지 못하는 경우

08. A는 업무 중 발생하게 될 크고 작은 문제를 해결할 때 기준으로 삼아야 할 필요 요소를 선배 사원에게 배웠다. 다음 중 문제해결에 필요한 자질 또는 자세로 적절하지 않은 것은?

① 문제의 종류와 해결절차에 관한 연구
② 문제해결방법에 대한 지식
③ 문제 관련 지식에 대한 가용성
④ 문제해결자의 도전 의식과 끈기
⑤ 문제에 대한 체계적인 접근

09. 다음 중 효과적인 문제해결을 방해하는 요인이 아닌 것은?

① 상황이 무엇인지를 분석하기 전에 개인적인 편견이나 경험, 습관으로 증거와 논리를 따지지 않고 정해진 규정과 틀에 얽매인다.
② 종종 우리가 알고 있는 단순한 정보들에 의존한다.
③ 자료를 수집하는 데 있어 구체적인 절차를 무시하고 많은 자료를 얻으려는 노력에만 온 정열을 쏟는다.
④ 현상 및 원인 분석을 하기 전에 일의 과정이나 결과를 가정한 다음 검증해 보려는 시도를 한다.
⑤ 문제가 발생하면 직관에 의해 성급하게 판단하여 문제의 본질을 명확하게 분석하지 않고 대책안을 수립하여 실행한다.

10. 다음 중 논리적 사고를 구성하는 데 필요한 요소에 대한 설명이 아닌 것은?

① 생각할 문제는 우리 주변에서 쉽게 찾아볼 수 있으며, 특정한 문제에 대해서만 생각하는 것이 아니라 일상적인 대화, 회사의 문서, 신문의 사설 등 어디서 어떤 것을 접하든지 늘 생각하는 습관을 들이는 것이 중요하다.
② 상대가 말하는 것을 잘 알 수 없을 때에는 구체적으로 생각해 본다. 업무 결과에 대한 구체적인 이미지를 떠올려 본다든가, 숫자를 적용하여 표현을 하는 등의 방법을 활용해 본다.
③ 문제의식을 가지고 있다면 주변에서 발생하는 사소한 일에서도 정보를 수집할 수 있으며, 이러한 정보를 통해서 새로운 아이디어를 끊임없이 생산해 낼 수 있다.
④ 상대의 주장에 반론을 제시할 때에는 상대 주장의 전부를 부정하지 않는 것이 좋다. 동시에 상대의 인격을 부정해서도 안 된다.
⑤ 나의 주장을 다른 사람에게 이해시켜 납득하게 하여 그 사람이 내가 원하는 행동을 하게 만들 수 있어야 한다. 머리로 이해하고 머리와 가슴이 동시에 공감할 수 있도록 납득시키는 설득의 기술을 연마한다.

11. 다음은 비판적 사고에 관한 설명이다. 이를 바탕으로 비판적 사고를 기르기 위해 필요한 것을 고르면?

> 어떤 사태에 처했을 때 감정 또는 편견에 사로잡히거나 권위에 맹종하지 않고 합리적이고 논리적으로 분석·평가·분류하는 사고 과정. 즉, 객관적 증거에 비추어 사태를 비교·검토하고 인과관계를 명백히 하여 여기서 얻어진 판단에 따라 결론을 맺거나 행동하는 과정을 말한다.

① 구체적인 생각과 문제인식
② 생각하는 습관과 문제의식
③ 문제의식과 고정관념 타파
④ 타인에 대한 이해와 고정관념 타파

12. 창의적 사고를 개발하는 방법 중 발산적 사고를 일으키는 대표적 기법으로 해결방안을 생각할 때 판단이나 비판을 중지하고 자유롭게 머릿속에 떠오르는 아이디어를 얻어내는 방법은?

① 체크리스트
② 소프트 어프로치
③ 브레인스토밍
④ 아이스브레이크

13. 다음 중 창의적인 사고력을 개발할 수 있는 방법에 대한 설명으로 옳지 않은 것은?

① 집단의 효과를 살려 아이디어의 연쇄반응을 일으킴으로써 자유분방한 아이디어를 창출한다.
② 피라미드 구조법을 이용하여 하위의 사실이나 현상부터 사고하여 상위의 주장을 만들어 간다.
③ 주제와 본질적으로 닮은 것을 힌트로 하여 새로운 아이디어를 얻어 낸다.
④ 각종 힌트를 강제적으로 연결 지어서 다음 사고를 떠올리도록 유도한다.

14. 다음 중 (가)와 (나)에서 파악할 수 있는 사고력의 종류를 순서대로 알맞게 나열한 것은?

> (가) 전자 제품을 생산하는 회사에서 근무하는 고 대리는 지난주 부품 공급처로부터 일방적인 납품 단가 인상을 요구받았다. 고 대리의 회사에서 공급받는 부품은 독점 기술력으로 생산되는 제품인지라, 납품 가격이 인상되지 않으면 더 이상 부품 공급을 지속할 수 없다는 공급처의 통보가 여간 심각한 것이 아니었다. 이에 구매 담당자인 고 대리는 부품 공급처 사장을 찾아가 끈질긴 논의를 벌였고 결국 납품 단가 인상 요구를 취소시킬 수 있었다.
>
> (나) 나 대리는 평소 담당하는 업무에 만족감을 드러내며 누구보다 열심히 업무를 진행하고자 하였다. 그러나 불합리한 업무 습관과 열악한 근무환경 탓에 자신의 능력을 십분 발휘하지 못하고 있었다. 이에 사내 제안 제도를 통하여 다양한 아이디어를 제공하였고 나 대리의 의견을 받아들인 팀장은 이후 불합리하고 구태의연한 업무 습관을 개선하고 근무환경도 대폭 개선하여 조직 전체의 생산성 증대 효과를 얻을 수 있었다.

① 창의적 사고, 비판적 사고
② 비판적 사고, 논리적 사고
③ 논리적 사고, 비판적 사고
④ 논리적 사고, 창의적 사고
⑤ 비판적 사고, 창의적 사고

15. 다음 사례에 나타난 문제해결 방식은?

> ○○공단에서는 '직업 훈련의 개선점 도출'이라는 문제를 해결하기 위한 방안을 찾아보려 한다. 이때 '직업 훈련'의 문제점을 검토해 보기에 앞서 '개선점 도출'에 대한 유사한 사례를 알아본다. 예를 들어 지난달에 숙련기능공 지원사업에 대한 개선점을 도출한 적이 있다면 숙련기능공 지원사업의 개선점을 도출했던 프로세스와 활용했던 아이디어나 도구 등을 토대로 "직업 훈련의 개선점을 어떻게 도출할 수 있을까"하는 아이디어를 모색할 수 있을 것이다.

① 자유 연상법
② Logic tree 기법
③ 비교 발상법
④ so what 기법
⑤ 강제 연상법

16. 로직 트리(Logic tree)를 이용하여 다음과 같이 특정 문제에 대한 상위 개념으로부터 하위 해결 방안을 도출해 보았다. (A)와 (B)에 들어갈 말로 적절한 것은?

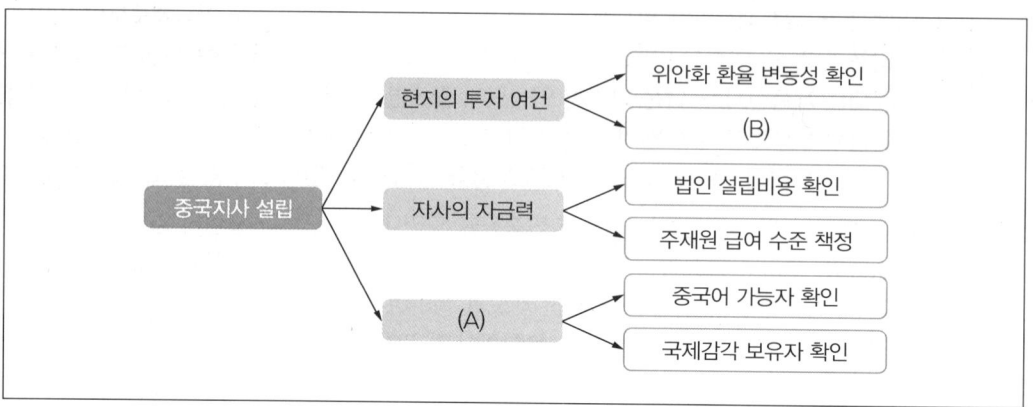

	(A)	(B)
①	시장상황 파악	현지 정부의 외자기업 정책 확인
②	경쟁업체 동향 파악	본사 지원부서 신설
③	파견인력 확보	현지인들의 반한 감정 확인
④	지사 관리조직 신설	물류비용 절감 방안 모색
⑤	세제 혜택 확인	법인 설립 부지 확보

17. 어느 학자는 다음과 같은 주장을 통해 아이들의 사고력 형성의 중요성을 강조하였다. 다음 글에서 강조하고 있는 사고력의 종류는?

"아이들의 상상놀이 속에서 과거를 일깨우는 능력은 건설적인 가설 속에 미래를 일깨우는 능력과 밀접한 관계를 이루며 만약(if)의 연속성을 발달시키는 것과 같다. 아이들의 상상놀이는 과학적 태도와 가설, 추리, 성장과 같은 현실 감각에 의미가 있다."

① 논리적 사고   ② 창의적 사고   ③ 전략적 사고
④ 과학적 사고   ⑤ 비판적 사고

18. 다음 사례에서 엿볼 수 있는 사고방식의 기능과 성향을 바르게 설명하지 못한 것은?

> 인사부에 근무하는 A에게 회사 전체의 인사시스템을 구축하라는 업무가 떨어졌다. A는 시간과 자료가 부족하다는 이유로 제대로 된 분석과 평가 없이 현황만 제시한 기획서를 제출하였다. 부서 회의 시간에 동료 B로부터 기획서의 부족한 부분에 대한 지적을 받은 A는 감정이 상해서 B에게 너무 부정적인 시각을 가지고 있는 것이 아니냐고 되물었다. 그런데 며칠 뒤 A는 B가 작성한 기획서를 우연히 보게 되었다. B의 기획서는 증거나 자료를 충분히 제시하고 객관적, 과학적으로 인사시스템의 현 문제점과 개선방안을 도출하고 있었다. 그제야 A는 B가 단순히 부정적으로 생각했던 것이 아니라 비판적 사고를 통해 문제의식을 가지고 적극적으로 분석하고 평가하였다는 것을 깨달았다.

① 증명할 수 있는 사실과 가치 주장을 구별할 수 있다.
② 애매모호한 주장이나 논증을 확인할 수 있다.
③ 충분한 근거가 있을 경우 진실로 받아들이고 사실을 왜곡하지 않으려는 성향이 있다.
④ 합리적 절차에 따라 문제를 해결하고자 하기보다 정황에 대한 감성적 판단을 근거로 한다.
⑤ 충분한 근거가 확보될 때까지 결론짓기를 유보하려는 성향이 있다.

19. C사는 고객중심 경영을 가치로 내세우며 그에 따라 사내 '고객 서포터즈'를 운영한다. 이들은 고객이 접할 수 있는 모든 곳에서 결함요인이 조금이라도 발견되면 개선점을 보고하는 업무를 맡고 있다. 다른 곳에서 볼 수 없는 색다르고 획기적인 시도를 가능하게 한 사고방식의 특징으로 적절하지 않은 것은?

① 기존의 지식, 개념 등의 정보를 유용하고 새로운 것들로 재조합한다.
② 쉽게 떠올리지 못하던 새로운 가치를 창출하여 고객에게 다가가는 기회로 삼았다.
③ 고객을 우선시하고자 하는 마음에서 고안된 창의적인 아이디어가 바탕이 되었다.
④ 이러한 사고방식은 타고나지 않았어도 교육훈련을 통하여 얼마든지 개발할 수 있다.
⑤ 항상 회의적인 시각으로, 결론이 제시되지 않은 것들은 의심스러운 것으로 개방해 두었다.

20. 다음 〈보기〉에서 창의적인 사고력을 개발할 수 있는 방법으로 적절한 것을 모두 고르면?

보기

가. 어떤 생각에서 다른 생각을 계속해서 떠올리는 작용을 통해 어떤 주제에서 생각나는 것을 계속해서 열거해 나가는 방법
나. 각종 힌트에서 강제적으로 연결 지어서 발상하는 방법
다. 보조 메시지들을 통해 주요 메인 메시지를 얻고 다시 메인 메시지를 종합한 최종적인 정보를 도출해 내는 방법
라. 주제와 본질적으로 닮은 것을 힌트로 하여 새로운 아이디어를 얻는 방법

---

① 가, 나, 다   ② 나, 다, 라   ③ 가, 다, 라
④ 가, 나, 라   ⑤ 가, 나, 다, 라

21. 다음 중 비판적 사고의 기능이라고 보기 어려운 것은?

가. 사실과 의견 구분하기
나. 타당하고 충분한 근거, 이유, 증거를 들어 의견 진술을 주장, 평가하기
다. 사고의 전개에 있어서 전후의 관계가 일치하고 있는가를 살피고 아이디어를 평가하기
라. 다양한 정보원의 신뢰성을 비교 분석하고 보다 신뢰 있는 정보를 선택하기
마. 상대의 논리를 구조화하기
바. 한 문제를 다양한 관점으로 조망하기
사. 주장이나 진술에 나타난 편견 탐지하기

---

① 가, 다   ② 나, 라   ③ 바, 사
④ 다, 바   ⑤ 다, 마

22. 창의성의 구성요소로는 확산적 사고의 유창성(Fluency), 융통성(Flexibility), 독창성(Originality), 정교성(Elaboration), 민감성(Sensitivity) 등이 있고 수렴적 사고인 종합적 사고, 비판적 사고, 분석적 사고 등이 있다. 이 중 비판적 사고에 대한 정의로서 적절한 것은?

① 여러 개의 요소나 구분을 전체로서의 하나가 되도록 묶는 사고능력
② 하나의 전제를 여러 부분들로 나누는 사고능력
③ 제안된 아이디어를 다듬어 발전시켜 표현하는 능력
④ 합리적이고 논리적으로 분석, 평가, 분류하는 사고과정

23. 논리적 사고에서 가장 중요한 것은 상대방을 설득하는 일이며, 설득할 때는 나의 주장에 대한 공감을 이끌어 내는 일이 핵심적인 요소이다. 다음은 어떤 게시판에 게재된 어느 개인의 의견이다. 이 의견에 대한 지적으로 적절하지 않은 것은?

> "출산육아에 따른 복지도 당연히 필요하고 보육대책도 당연히 필요하죠. 그런데 열이 39도까지 올라가는 어린아이를 아침 8시에 맡기고 저녁 7시에 찾아오는 게 될 거 같아요? 아무리 보육을 해 준다 해도 불가능합니다. 야근은 당연히 근절해야 하고 우리나라 법정 근로시간 8시간, 이것도 너무 많아요. 그리고 연차 16일로는 아픈 아이를 보살피기에 부족하고. 하여튼 우리나라 노동시간부터 줄이는 것이 저출산에 대한 근본대책이라고 봅니다."

① 이성을 잃고 감정적인 측면에 호소하고 있으므로 설득력이 떨어진다.
② '노동시간의 감소'를 '아이의 건강'이라는 문제의 해결책으로 비약하여 지목하고 있으므로 적절한 '문제 인식'과 '원인 분석'을 하지 못하였다.
③ Logic tree 방법에 의한 가장 핵심적인 문제를 선택하여 제시함으로써 다양한 사고의 방향을 획일화된 이슈로 집중시켰다.
④ 대다수 부모가 출산 및 육아를 꺼리는 모든 원인을 분석한 후 얻어낸 결론이 아니다.
⑤ '문제 도출' 과정을 통한 여러 가지 해결과제와 원인을 선정하지 못한 채 내린 결론이다.

[24 ~ 26] 제시된 문장에서 밑줄 친 ⊙과 ⓒ의 관계와 가장 유사한 것을 고르시오.

24.
> ⊙ 사람들이 자발적으로 마케팅 메시지를 퍼트리는 것으로 홍보하는 행위를 ⓒ 바이럴마케팅 이라고 하며, 이는 오늘날 매우 중요한 마케팅 기법이다.

① 사장 : 사원　　　　　② 교사 : 수업
③ 광고 : 홍보　　　　　④ 컴퓨터 : 학생

25.
> 직업윤리는 직업생활에서의 윤리를 말하는 것으로 사회에서 ⊙ 직업인에게 요구하는 직업적 양심, ⓒ 사회적 규범과 관련된 것이다.

① 국민 : 납세　　　　　② 학교 : 교사
③ 직업 : 가수　　　　　④ 빨강 : 파랑

26.
> 금전적인 도움을 주는 것이 기부라고 여겨졌던 예전과는 달리, 이제는 ⊙ 돈뿐만 아니라 재능을 기부하는 방식으로 기부의 의미와 방식이 확장되고 있다. ⓒ 노래, 춤 수업부터 물건 제작까지 기부자가 잘할 수 있는 일을 무료로 제공하여 사람들에게 도움을 줄 수 있다면 이 역시 기부이기 때문이다.

① 옷 : 청바지　　　　　② 면 : 파스타
③ 낮 : 밤　　　　　　　④ 사과 : 배

[27 ~ 28] 다음은 상황판단의 Framework 도표이다. 이어지는 질문에 답하시오.

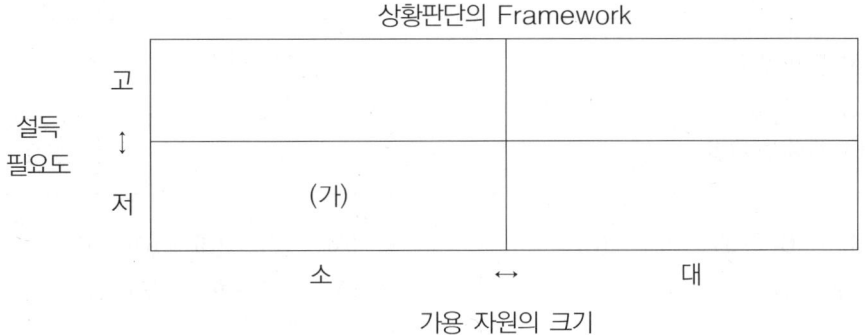

27. 위의 자료는 가설 혹은 메시지를 제대로 지원하기 위한 분석과 관련된 도표이다. 이에 대한 설명으로 잘못된 것은?

① 가용 자원에는 시간, 인력, 자금 등이 포함된다.
② 설득의 필요도가 높다는 것은 의외의 메시지 도출 가능성이 높다는 의미이다.
③ 원칙적으로 분석은 가설 혹은 메시지를 지원하기 위한 최대한의 수준에서 행해야 한다.
④ 분석의 정도는 메시지의 성격 등 상황에 대한 판단과 함께 비용 등의 가용 자원 등에 의해 결정된다.

28. (가)의 경우 어느 수준의 분석이 요구되는가?

① 분석 불필요
② 최소한의 분석
③ 소수는 심도 있게, 나머지는 포인트만 체크
④ 최대의 폭과 깊이를 확보하여 분석

29. 다음 문제해결 절차를 순서대로 바르게 연결한 것은?

> (A) 문제 인식　　　　　(B) 원인 분석
> (C) 실행 및 평가　　　　(D) 문제 도출
> (E) 해결안 개발

① (A) − (D) − (B) − (E) − (C)　　② (A) − (C) − (B) − (D) − (E)
③ (A) − (B) − (C) − (D) − (E)　　④ (A) − (D) − (E) − (B) − (C)

30. 최근 ○○기업의 전체 판매 수입이 줄었다는 의견을 받은 경영컨설팅 담당 A 사원은 다음과 같이 3C (Company, Competitor, Customer) 분석을 시행했다. 분석된 내용으로 ○○기업 수입 절감의 근본적 원인을 도출할 때 적절하지 않은 것은?

> • 자사(Company) : 농작물 A, B, C 생산. C를 가장 많이 생산하고 A, C 가격 경쟁력 우위
> • 경쟁사(Competitor) : 농작물 B, C, D 생산. B를 가장 많이 생산하고 가격 경쟁력 우위
> • 고객(Customer) : 최근 방송 프로그램으로 인해 농작물 D에 대한 관심 증폭, 고객 수요 B>D>A>C

① ○○기업은 고객들 사이에서 가장 인기가 없는 상품을 주력 생산하고 있었다.
② 경쟁사는 최근 고객의 관심이 급증한 제품을 생산하고 있었다.
③ 경쟁사는 고객 수요가 가장 많은 제품을 주력 생산하면서 가격 경쟁력도 확보하고 있었다.
④ ○○기업은 최근 고객의 관심이 급증한 제품을 생산하고 있지만 가격 경쟁력을 확보하지 못했다.

31. 다음 중 문제 상황이 닥쳤을 때 이를 해결하기 위한 적절한 절차라고 볼 수 없는 것은?

① 전체 문제 상황을 인식하여 세부적이고 구체적인 문제들로 구분하고 문제의 구조를 파악해 본다.
② 문제해결에 가장 큰 영향을 미칠 수 있는 핵심 이슈를 선정해 본다.
③ 필요한 데이터를 수집하여 각 문제별, 항목별로 종합·정리해 본다.
④ 문제를 이해관계자 전체적인 관점에서 바라보기보다 각 기능단위별로 문제점을 분석하고 해결안을 도출해 본다.
⑤ 이슈와 데이터를 근거로 독창적이고 혁신적인 방안을 도출해 본다.

32. 영업팀에서는 내수 시장을 벗어나 넓은 해외 시장을 개척하고자 한다. 영업팀이 분석한 다음 요인들을 SWOT 분석의 각 요소에 맞게 연결한 것은?

<영업환경 요인>
가. 해당 지역 경제 상황에 능통한 외환 전문 인력이 부족하다.
나. 자금력과 다양한 투자 기법 등 투자 여력이 충분하다.
다. 진입장벽이 높아 외부 경쟁자가 적다.
라. 국제 정세가 불안정하다.

① S - 다, W - 가, O - 나, T - 라
② S - 나, W - 가, O - 다, T - 라
③ S - 나, W - 라, O - 다, T - 가
④ S - 다, W - 라, O - 나, T - 가
⑤ S - 가, W - 나, O - 다, T - 라

33. 다음은 전력 공급사의 대내·외 환경을 분석한 SWOT 환경 분석표이다. 이 분석표의 내용을 참고할 때, '고도의 품질검사 지원체계 강화'와 '품질의식 고취 교육 강화'라는 두 가지 전략이 포함될 곳을 순서대로 적절하게 나열한 것은?

외부역량 \ 내부역량	강점(Strengths) - 핵심 정비기술 보유 - 실시간 정비지원체계 구축 - 우호적인 고객과의 관계 - 품질경영 혁신 선도	약점(Weaknesses) - 절차준수 문화 미흡 - 신성장사업 품질시스템 미흡 - 품질서류 위·변조 발생 - 관행적 사고 및 경쟁 기피
기회(Opportunities) - 에너지 신산업 정책 강화 - 고품질 정비서비스 요구 - 발전정비 연관사업 확대 기회 - 해외시장 지속적 사업 기회	SO - 품질전문가 활동 강화 및 양성 - 성과창출 개선활동 전개 - 협력사 품질시스템 이행능력 강화	WO - 기본과 절차준수 문화 정착 - QVD 위·변조 유입 ZERO화 - 내·외부 소통채널 정착
위협(Threats) - 발전정비시장 경쟁 심화 - 미래 전력산업 변화 전망 - 설비별 준수사항 강조 - 차별화된 고객서비스 요구	ST - 품질시스템 이행능력 강화 - 기본과 절차준수 체계 강화 - 서비스 품질매뉴얼 이행 정착	WT - 신성장 사업 품질운영체계 구축 - 검증체계 고도화 및 구매품질 확보 - 품질검사 체계 강화

① SO, WT 전략
② ST, WO 전략
③ SO, WO 전략
④ ST, WT 전략
⑤ SO, ST 전략

34. ○○공단 본부 전문자격국에서 근무하는 A 대리는 10월 자격시험 일정에 따라 월간 업무계획을 수립하고자 한다. 일정과 〈근무 조건〉에 관한 설명으로 옳은 것은?

〈20XX년 10월 자격시험 일정〉

일	월	화	수	목	금	토
		1	2 경영지도사 (합)	3 개천절 (공)	4	5 청소년 상담사(시)
6	7 박물관 및 미술관준학 예사 (원)	8	9 한글날 (공)	10	11 정기기사 4회 필기 (합)	12 정기기사 3회 실기 (시)
13	14 정기기사 4회 실기 (원)	15	16 한국어교육 능력검정 1차 (합)	17	18 정기기능사 4회 필기 (합)	19
20	21	22	23	24	25 청소년지도 사 1회 (합)	26 공인중개사 1, 2차 (시)
27	28 청소년지도 사 2회(원) 정기기능사 4회 실기(원)	29	30	31		

※ 줄임말 표기 : 원서접수 → (원), 시험 시행 → (시), 합격자 발표 → (합), 공휴일 → (공)
※ 기능사, 산업기사, 기사, 기능장, 기술사는 기술자격시험으로 분류되며 그 외는 전문자격시험임.

⟨근무 조건⟩
㉠ 전문자격시험 원서접수 및 시험시행일에는 전문자격국의 모든 직원이 시외출장을 갈 수 없다.
㉡ 전문자격시험별 담당자는 1명으로 합격자 발표일에 사무실 대기 근무를 한다.
㉢ 직무교육은 전문자격시험 시행일이 없는 주의 평일에 이루어지며 전 직원의 의무사항은 아니다.
㉣ 전문자격시험의 업무 대행자는 담당자와 동일한 권한과 책임을 가진다.

① 10월 5일에는 국가기술자격시험이 없어 국 전체 직원이 출장을 갈 수 있다.
② A 대리가 청소년지도사를 담당한다면 10월 26일에 대구지역 시외출장을 갈 수 있다.
③ 경영지도사를 담당하는 B 과장이 청소년지도사 업무를 대행하면 10월 28일에 대기 근무를 하여야 한다.
④ 10월 셋째 주에는 전문자격시험 합격자 발표일이 있어서 직무교육을 실시할 수 없다.
⑤ 10월 중 직무교육이 가능한 주는 둘째 주, 셋째 주, 다섯째 주이다.

35. 직업방송매체부에서 근무하는 C 대리는 제7차 한국직업방송 프로그램 외부 모니터링 결과 보고를 위해 프로그램별 순위를 정리하고 있다. 다음과 같은 항목별 가중치와 만족도를 고려할 때, 프로그램 만족도 순위에 관한 설명으로 옳은 것은?

구분		프로그램별 만족도		
항목	가중치	꼬리공탕	다쓰배이더	투데이JOBS
기획	0.3	4	8	10
구성 및 내용	0.4	10	5	4
진행	0.2	9	7	5
기술 및 무대	0.1	7	6	9

※ 만족도 총점＝항목별 값(가중치×만족도)의 합
※ 총점이 높은 순으로 1, 2, 3위를 정렬

① 기획 항목을 가장 높게 평가하고 있다.
② 꼬리공탕이 만족도 1위 프로그램으로 선정된다.
③ 다쓰배이더는 항목별로 고르게 평가받아 총점 2위로 나타났다.
④ 투데이JOBS는 구성 및 내용에 대한 만족도가 낮아 총점 3위이다.
⑤ 기술 및 무대에 대한 가중치가 낮아 해당 항목에서 최고점을 받은 투데이JOBS는 총점 3위가 되었다.

[36 ~ 37] 다음은 202X년 FTA기금 고품질 감귤 생산시설 현대화사업 신청에 대한 내용이다. 이어지는 질문에 답하시오.

- 감귤원 관수시설 지원사업 내용 요약
  ▶ 지원단가(감귤하우스 노지)
    - 하우스 수동 스프링클러 : 10,000m^2(1ha)당 14,320천 원
    - 하우스 수동 점적관수 : 10,000m^2(1ha)당 8,860천 원
    - 노지감귤원 스프링클러 : 10,000m^2(1ha)당 11,170천 원
  ▶ 사업대상자 : 관수시설이 필요한 감귤원
  ▶ 사업 내용 : 감귤원 내 관수시설 설치비 지원
    (※ 사업장 1개소당 1종의 관수시설 사업만 지원)
  ▶ 지원한도 : 농가당 사업량 1ha(10,000m^2) 범위 내 지원

- 신청방법
  1. 신청기간 : 202X.5.1.부터 202X.5.31.까지
  2. 접수처 : ○○공사, 제주감귤농업협동조합
  3. 접수서류 : 토지대장, 지적도 사본, 토지이용계획서, 농지원부, 농업경영체등록확인서, 건강보험자격득실확인서(○○공사에서도 가능)
  4. 신청대상사업(11개 사업)
     비가림하우스, 비상발전기, 자동개폐기, 관수시설, 방충망시설, 농산물운반시설, 하우스무인방제시설, 하우스 환풍기시설, 하우스 송풍팬시설, 재해예방용 난방기사업, 원지정비사업(품종갱신, 성목 이식)
  5. 사업신청 요건 : 지역(품목단위) 과수산업발전계획에 참여하는 경영체, 사업시행 주체, 참여조직

- 사업추진절차(담당기관)
  사업신청(농가 → ○○공사, 제주감귤농업협동조합(이하 공사·감협)) ⇨ 우선순위 명부작성(공사·감협 → 사업시행 주체)
  ⇨ 우선순위 명부검토·심의 의결(행정시, 사업시행 주체) ⇨ 우선순위 명부통보(제주도 → 행정시, 사업시행 주체)
  ⇨ 사업대상자 추천(사업시행 주체 → 행정시) ⇨ 확정통보(행정시 → 사업시행 주체 → 농가)
  ⇨ 계약, 사업착공(공사·감협, 농가) ⇨ 사업완료보고(농가 → 공사·감협 → 사업시행 주체 → 행정시)
  ⇨ 보조금 지급(행정시 → 사업시행 주체 → 농가) ⇨ 융자실행(농가 → 공사·감협 → 농가)
  ⇨ 사업비 정산(농가 → 공사·감협 → 행정시)

- 사업시행 주체 : 감귤명품화추진단

36. 다음은 FTA기금 고품질 감귤 생산시설 현대화사업과 관련하여 올라온 문의사항이다. 이 사업을 담당한 정 대리가 답변할 내용으로 알맞은 것은?

> 조합원 정○○ : 감귤원 관수시설 사업을 계획하고 있어 사업지원을 신청하려고 합니다. 하우스 수동 스프링클러랑 노지감귤원 스프링클러 둘 다 지원이 가능할까요? 안 되면 우선 노지감귤원 스프링클러를 먼저 설치하려고 합니다. 저희 농장의 하우스 면적은 5,000m^2이고 노지는 7,000m^2입니다. 얼마를 지원받을 수 있을까요?
> 정 대리 : 문의하신 내용에 대한 답변입니다. ___㉠___ 하여 총 ___㉡___ 원을 지원받으실 수 있습니다.

① ㉠ : 한 가지만 지원이 가능, ㉡ : 7,160천
② ㉠ : 한 가지만 지원이 가능, ㉡ : 7,819천
③ ㉠ : 둘 다 지원이 가능, ㉡ : 14,979천
④ ㉠ : 둘 다 지원이 가능하지만 최대 1ha범위 내로 지원이 가능, ㉡ : 12,745천

37. ○○공사에서 근무하는 박 사원은 이 사업을 담당하고 있다. 박 사원이 할 일로 옳지 않은 것은?

① 사업 신청을 접수받는다.
② 우선순위 명부작성을 위해 제출된 관련 자료를 정리한다.
③ 사업결과 보고서를 작성한다.
④ 사업 대상자에게 확정 사실을 통보한다.

[38 ~ 39] 다음은 농산물우수관리인증 및 관리 절차에 관한 설명이다. 이어지는 질문에 답하시오.

- 신청자격 : 개별생산농가 및 생산자단체 등
- 신청기관 : 농산물품질관리원장이 지정한 농산물우수관리인증기관에 신청
- 신청시기 : 우수관리인증을 받으려는 자는 신청대상 농산물이 인증기준에 따라 생육 중인 농림산물로 생육기간의 3분의 2가 경과되지 않은 경우에 신청(단, 동일 필지에서 인증기준에 따라 생육 계획 중인 농림산물로 신청 가능)
- 인증의 유효기간 : 2년
  - 인삼류 및 약용을 목적으로 생산·유통하는 작물로 동일 재배 포장에서 2년을 초과하여 계속 재배한 후 수확하는 품목 : 3년
  - 위 작물과 일반 작물을 동일한 인증으로 신청한 경우 : 2년
- 대상품목 : 식용(食用)을 목적으로 생산·관리하는 농산물(축산물은 제외)
- 인증기준 : 농산물우수관리의 기준에 의해 적합하게 생산·관리된 것
- 신청서 처리 기한 : 신규 40일간, 갱신 1개월(신청일 포함, 공휴일 및 일요일 제외)
- 농산물우수관리인증 및 관리절차

농업인	인증신청서 제출	첨부서류	• 우수관리인증농산물의 위해요소관리계획서 • 기본교육 이수증
인증기관	신청서 접수	검토사항	신청서류 및 첨부서류 적정 여부
	심사일정 통보	심사반	• 심사계획 수립(심사원 편성, 일정확정, 심사대상 선정 등) • 일정은 사전 협의

	인증심사
	(서류 및 현장)
		심사사항	• 서류 및 현지심사
			  - 농산물우수관리기준 적정성
			  - 신청서 및 첨부서류 작성의 적정성 등
			  - GAP 기본교육 이수 여부
			  - 농산물우수관리시설에서 처리 여부
			  - 이력추적관리여부 등

	심사결과 보고		심사결과 보고서
인증기관	적합 → 인증서 발급 부적합 → 부적합 통보	인증농가	인증농산물 생산, 출하, 표지 및 표시사항 표시
인증기관, 농관원	인증농가 사후관리		

- 인증비용

항목	수수료(원)
우수관리인증 신규(갱신) 신청	50,000원(생산자 단체 또는 조직의 6농가 이상부터는 농가당 2,000원씩을 추가하되, 최고 40만 원을 초과할 수 없다)
우수관리인증 유효기간 연장	30,000원(생산자 단체 또는 조직의 6농가 이상부터는 농가당 1,000원씩을 추가하되, 최고 40만 원을 초과할 수 없다)
우수관리인증 변경 신청	20,000원(생산자 단체 또는 조직의 6농가 이상부터는 농가당 1,000원씩을 추가하되, 최고 40만 원을 초과할 수 없다)

38. 20XX년 3월 6일 금요일에 우수관리인증 신규신청을 한 A 농가는 언제 인증서 발급이 되는가?
(단, 처리기간 중에는 일요일 외에 다른 공휴일은 없고 처리가 종료되는 날 발급받을 수 있다)

① 4월 21일
② 4월 22일
③ 4월 23일
④ 4월 24일

39. 다음 〈보기〉의 밑줄 친 문장에 들어갈 수 없는 것은?

〈보기〉	B 농가	저희 기관이 이번에 신청한 우수관리인증 신규신청에 부적합 통보 받은 이유가 궁금합니다.
	인증기관	농가 _____ 부적합 판정을 받게 되었습니다.

① 신청 후 1주일 이내에 신청 수수료를 보내지 않았기 때문에
② 인증기준에 따라 생육 중인 농림산물로 생육기간의 3분의 2가 경과되었기 때문에
③ 식용을 목적으로 한 축산물을 신청했기 때문에
④ 농산물우수관리의 기준에 의해 적합하게 생산·관리되지 않았기 때문에

고시넷 **NCS 고졸채용** 통합기본서

유형별 출제비중

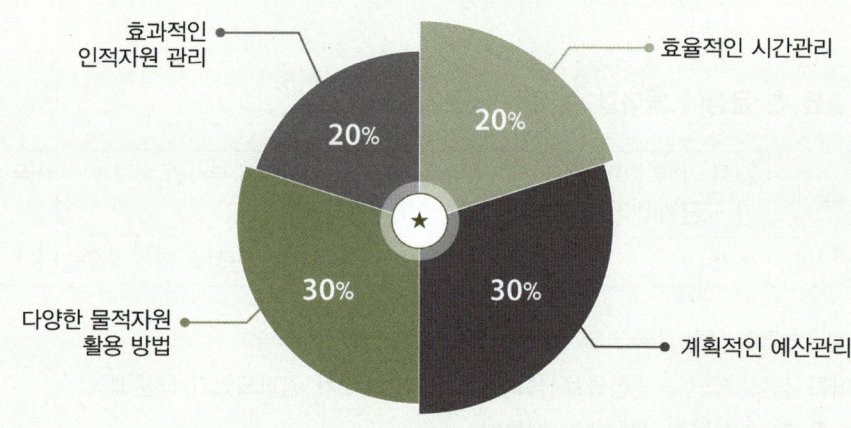

- 효과적인 인적자원 관리 20%
- 효율적인 시간관리 20%
- 다양한 물적자원 활용 방법 30%
- 계획적인 예산관리 30%

하위영역

- 시간관리능력 : 한정된 시간 자원의 계획적인 활용방법을 이해하고 실행할 수 있는 능력
  → 시간자원의 특징 파악, 효율적인 시간관리 방법 이해, 작업의 우선순위 파악
- 예산관리능력 : 조직이나 개인에게 필요한 예산에 대해 계획과 지출, 평가할 수 있는 능력
  → 예산의 성격 구분, 상황에 맞는 예산 집행 절차, 예산의 규모 수립
- 물적자원관리능력 : 업무를 진행할 때 필요한 물적자원의 구성하고 분류할 수 있는 능력
  → 물적자원의 보관 장소, 효율적인 물품관리 장치, 신속한 유통 구조 파악
- 인적자원관리능력 : 조직을 구성하는 인적자원의 배치와 구성, 보상에 관한 전반적인 기획능력
  → 적재적소에 맞는 인적자원 배치, 조직과 구성원의 상생 방안, 조직 수명에 따른 인력활용 방안

파트 4

자원관리능력

개요 자원관리능력

01 시간관리능력
02 예산관리능력
03 물적자원관리능력
04 인적자원관리능력

- 기출예상문제

개요 자원관리능력

자원관리능력은 직업생활에서 실무적 시간 개념과 물적 자원 및 인적 자원의 합리적, 경제적 활용에 대한 계획과 집행에 대한 개념 그리고 예산의 계획과 집행 및 관리의 이해와 관리 능력을 말한다.

> **TIP 기업의 경영자원의 종류**
> - 유형자원 : 대차대조표에 나타나는 공장, 기계, 건물 등의 물적자산과 금융자산 등
> - 무형자원 : 기업이 가지고 있는 기술이나 특허권, 브랜드 이미지 등 눈에 보이지 않는 자원
> - 인적자원 : 기업의 자원 가운데 가장 중요한 자원으로 경쟁우위를 나타내는 가장 중요한 자원

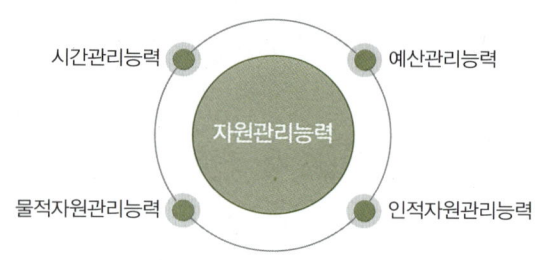

1 자원의 종류와 자원관리의 중요성

1. 자원의 종류
(1) 스티븐 코비의 자산의 분류 : 물질적 자산, 재정적 자산, 인적 자산
(2) 1분 1초를 다투는 무한 경쟁 시대에서 '시간'도 중요한 자원의 하나로 대두됨.

2. 기업의 자원
(1) 기업 활동을 위해 사용되는 기업 내의 모든 시간, 예산, 물적·인적자원
(2) 더 높은 성과를 내고, 경쟁우위의 발판이 될 수 있는 노동력과 기술

3. 자원의 유한성
(1) 자원관리는 목표달성을 위해 한정된 자원을 효율적으로 사용하는 선택의 과정이며, 최소의 비용이나 희생으로 최대의 효과를 거둘 것을 목표로 한다.
(2) 많은 기업들은 비용절감을 통하여 생산성을 높이고자 하며, 이를 위해 경영체제를 혁신하고 있다. ★ 구 워크북
(3) 한 사람이나 조직에게 주어진 시간은 제한되어 있으므로 정해진 시간을 어떻게 활용하느냐가 중요하다.
(4) 예산과 물적자원 역시 제한적이며, 개인 또는 조직적으로 제한된 사람들을 활용할 수 밖에 없는 인적자원 역시 유한하다.
(5) 자원의 유한성으로 인해 자원을 효과적으로 확보, 유지, 활용하는 자원관리의 중요성이 강조된다.

2 자원의 낭비 요인

[자원 낭비 요소]

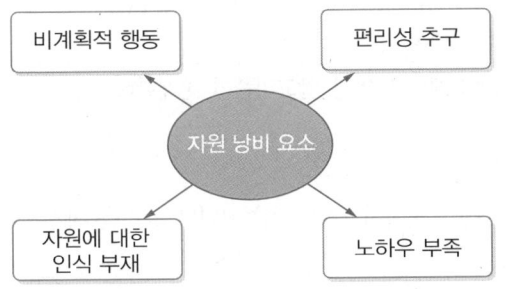

1. 비계획적인 행동
(1) 계획 없이 충동적이고 즉흥적으로 행동하기 때문에 자신이 활용할 수 있는 자원을 낭비하게 되는 경우
(2) 비계획적인 사람은 목표치가 없기 때문에 얼마나 자원을 낭비하고 있는지 파악하지 못한다.

2. 편리성 추구
(1) 자원을 활용하는 데 자신의 편리함을 최우선적으로 추구하기 때문에 나타나는 현상
(2) 일회용품 사용, 할 일 미루기, 약속 불이행 등

3. 자원에 대한 인식 부재
(1) 자신이 가지고 있는 중요한 자원을 인식하지 못하는 것
(2) 물적자원만을 중시하여 시간을 낭비하는 경우 등

4. 노하우 부족
(1) 자원관리의 효과적인 방법이나 노하우가 부족한 경우
(2) 자원관리의 실패의 경험을 통해 노하우를 축적할 수 있음.

5. 그 밖의 낭비 요인
(1) 시간 낭비 요인 : 늦잠 자기, 무계획, 오늘 할 일을 다음으로 미루기 등
(2) 예산 낭비 요인 : 무계획적인 지출, 불필요한 구입, 돈이면 다 된다는 잘못된 생각 등
(3) 물적자원 낭비 요인 : 유행 따라가기, 1회용품 사용하기, 물품의 재구입, 물품의 부실한 관리 등
(4) 인적자원 낭비 요인 : 주변 사람과의 소원함, 자신의 주변 사람에 대한 미파악 등

> **보충플러스**
> **패스트 패션(Fast Fashion, SPA)**
> 최신 유행에 따라 짧은 주기로 대량 생산되는 의류사업으로, 한 시즌 단위로 생산되고 폐기되는 정도로 품질이 낮고 수명이 짧아 제조자원 낭비와 환경오염의 문제의 원인으로 지적되고 있다.

3 자원의 최적선택과정

1. 개요
(1) 직업인들은 활동이나 업무를 추진할 때 자원과 관련된 모든 문제를 효율적이고 선택해야 하는 문제에 직면한다.
(2) 자원의 최적선택과정에는 다양한 알고리즘이 존재한다.

2. 내용
(1) 시간자원 : 출발지에서 도착지까지의 최적거리와 시간을 계산하여 예산을 가장 적게 들이는 선택
(2) 물적자원 : 물적자원의 생산력을 최대한으로 하는 방법과 절차
(3) 인적자원 : 적합한 인재를 선택하는 방법

4 효과적인 자원관리 과정

한정된 자원을 효과적으로 활용하여 최대의 성과를 얻기 위해서는 다음과 같은 4단계 자원관리 과정에 따라 자원을 관리한다.

[자원관리 기본 과정]

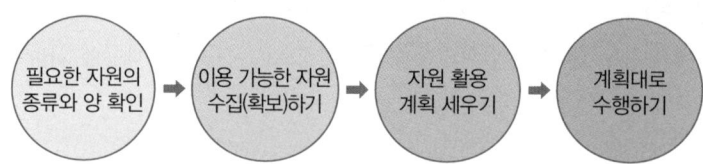

1. 필요한 자원의 종류와 양을 확인하기
(1) 업무 추진에 어떤 자원이 얼마만큼 필요한지 파악한다.
(2) 구체적으로 어떤 활동을 할 것이며, 이 활동에 어느 정도의 시간과 돈, 물적·인적 자원이 필요한지를 파악한다.

2. 이용 가능한 자원을 수집(확보)하기
(1) 실제 상황에서 자원을 확보하는 단계이다.
(2) 실제 준비, 활동을 하면서 계획과 차이를 보이는 경우가 있으므로 가능하다면 필요한 양보다 여유 있게 확보한다.

3. 자원 활용 계획 세우기
(1) 업무나 활동의 우선 순위를 고려하여 계획을 세운다.
(2) 확보한 자원이 실제 활동 추진에 비해 부족할 경우 우선순위가 높은 것을 중심으로 계획한다.

4. 계획대로 수행하기

(1) 계획에 얽매일 필요는 없으나 최대한 계획에 맞게 수행한다.

(2) 불가피하게 계획을 수정할 경우 전체 계획에 미칠 수 있는 영향을 고려한다.

5 효율적인 자원관리의 효과

1. 기업 및 개인의 긍정적인 변화

(1) 기업의 생산성 향상과 비용 절감 효과

(2) 개인의 밀도 있는 시간 사용과 자기개발, 가치있는 활동으로 삶을 구성

2. 작은 변화가 가져오는 큰 변화

(1) 작은 자원도 다양한 사용처가 있으며, 이를 적절히 관리하면 꼭 필요할 때 활용할 수 있으며 이를 통해 성공을 거둘 수 있다. ★ 구 워크북

(2) 효율적인 자원관리는 전 생애에 축적되는 긍정적인 효과로 돌아온다.

개념확인문제

01 빈칸에 들어갈 알맞은 용어는?

> 우리가 자원을 적절히 관리하지 않으면 안 되는 이유는 자원의 (　　) 때문이다.

02 자원관리의 계획을 순서에 맞게 배열하면?

> A. 자원 활용 계획 세우기
> B. 필요한 자원의 종류와 양 확인
> C. 이용 가능한 자원 수집하기
> D. 계획대로 수행하기

03 다음은 인간이 활용할 수 있는 자원의 네 가지 종류이다. 빈칸에 들어갈 내용은?

자원의 종류	
물질적 자산(물적자원)	(　　)
(　　)	재정적 자산(예산)

답
01 유한성
02 B → C → A → D
03 인적 자산(인적자원), 시간

01 시간관리능력

> 시간관리능력은 직업생활에 필요한 시간자원을 확인하고, 사용할 수 있는 시간자원을 확보하여 이를 활용하는 계획을 수립하고 그에 따라 할당하는 능력을 의미한다.

1 시간자원의 의미와 특성

1. 그로스(Gross)가 제시한 시간자원의 개념

(1) 통합적 개념 : 시간은 기술·화폐·에너지 등 다른 어떤 자원이 사용되고 있을 때에도 함께 사용되는 중심적 자원으로서 신체적·자원적·사회적 리듬에 의한 변화를 통해서 강하게 우리 생활을 지배하고 있다.

(2) 결합적 개념 : 시간자원은 예산 등과 같은 다른 자원들과 결합하여 밀접하게 상호 관련되어 있으며 상호교환 될 수 있다.

2. 시간자원의 특성

(1) 시간은 매일 주어지는 기적이다.
(2) 시간은 똑같은 속도로 흐른다.
(3) 시간의 흐름은 멈추게 할 수 없다.
(4) 시간은 빌리거나 저축할 수 없다.
(5) 시간은 어떻게 사용하느냐에 따라 가치가 달라진다.
(6) 시간은 시절에 따라 밀도도 다르고 가치도 다르다.

3. 시간의 종류

시간의 종류	의미
실시간	거리에 상관없이 하나의 사건을 동일한 시점에 접하는 것이다. 예 인공위성을 통한 TV의 생중계
물리적 시간	측정하여 알 수 있는 시간 예 우리가 일상적으로 사용하는 물리적인 시간은 시, 분, 초이다.
심리적 시간	• 시간의 질적인 속성과 관계가 있다. • 심리적 시간에 영향을 주는 것은 마인드에 따른 시간관에 달려 있지만 환경의 영향을 무시할 수 없다. 예 시험을 앞둔 수험생과 수도승이 느끼는 1시간은 물리적으로 같더라도 심리적으로 다르다.
문화적 시간	문화에 따라 시간관이 다르다는 것을 반영한다. 예 우리나라는 사계절이 시간관에 기초가 된다. 하지만 더운 적도의 지역에서는 한창 태양이 뜨거울 때 낮잠을 자는 시간이 있는데 이것은 환경에 대한 대응 전략이기도 하지만 느슨한 시간관을 보여주는 것이기도 하다.

보충플러스

크로노스 ★ 구 워크북
- 양적인 시간
- 시계와 달력으로 잴 수 있는 단위
- '얼마나 오래? 자주? 빨리?'에 해당

카이로스 ★ 구 워크북
- 질적인 시간
- 사건의 가치, 의미, 우선순위를 부여하는 주관적 시간
- '언제? 정확한 시점은?'에 해당
- 기회나 위기의 시간개념

→ 크로노스적 시간과 카이로스적 시간이 조화로울 때 효과적인 시간관리가 이루어진다.

2 시간관리의 중요성

1. 기업의 입장에서 시간관리를 통한 시간단축은 생산성 향상, 가격 인상, 위험 감소, 시장 점유율 증가의 효과를 거둘 수 있다. 여기서 가격 인상이란 기업의 입장에서 일을 수행할 때 소요되는 시간을 단축함으로써 발생하는 비용 절감과 이익 상승의 결과로 사실상 가격 인상의 효과가 있다는 의미이다.

2. 시간을 통제하는 것이 아닌 시간을 효율적으로 관리함으로써 삶의 여러 문제를 개선할 수 있다.

3 시간관리의 효과

1. 스트레스 감소
(1) 짧은 시간 동안 너무 많은 것을 하려고 하면 조급한 마음에 스트레스를 받는다.
(2) 예상했던 것보다 더 많은 시간이 걸린 것은 시간을 낭비한 것이고, 낭비한 시간 때문에 다른 일을 할 시간이 부족해진다면 스트레스를 받게 된다.
(3) 시간관리를 통해 일에 대한 부담을 줄임으로서 스트레스를 줄일 수 있다.

2. 균형적인 삶
(1) 직장 업무에 파묻혀 사는 사람들은 대부분 정해진 근무시간 내에 일을 끝내지 못해 남들보다 오랜 시간 일을 하는 사람들이다.
(2) 시간관리를 잘한다면 정해진 근무시간 내에 일을 끝내고, 일과 가정, 또는 자신의 다양한 여가를 동시에 즐길 수 있다.

3. 생산성 향상
(1) 글로벌 경제 아래 기술이 급속히 발달하면서 경쟁이 더욱 치열해지는 가운데 생산성의 중요성이 강조되고 있다.
(2) 매우 한정된 자원인 시간을 적절히 관리하여 효율적으로 일을 하면 생산성 향상에 큰 도움이 된다.

4. 목표의 달성
(1) 시간이 없으면 목표를 이룰 수 없고, 목표가 없으면 인생은 의미가 없다.
(2) 목표는 좀 더 훌륭한 결과를 얻을 수 있도록 스스로에게 동기를 부여하는 방법이자 수단으로, 시간관리는 목표에 매진할 수 있는 시간을 제공한다.
(3) 목표를 성취하기 위해서는 시간이 필요하고, 시간관리와 관련된 중요한 것을 얻기 위해서는 목표가 필요하다.

> **이것만은 꼭!**
> **워라밸(Work-life Balance)**
> 근로시간 단축, 근로복지 등을 통해 일에 너무 치우치지 않는 '일과 생활의 균형'을 중시하는 사회 트렌드를 반영한 신조어이다.

4 일 중독(Workaholic)

1. 정의

(1) 1971년 미국의 경제학자 오츠(W. Oates)의 논문으로 알려진 용어로, 오츠는 강박적으로 일하는 습관과 업무제일주의를 성격적 성향이 아닌 알코올 중독과 같은 일종의 병으로 규정하였다.

(2) 일과 생활 사이의 균형을 상실하고, 강박적으로 일에 매몰되는 사람을 의미한다.

(3) 모바일 환경에서는 집에서도 일을 끊기 어렵고, 세계적인 대기업에 근무하는 직원들은 다른 국가, 다른 시간대에서 일하는 동료들과 계속 접촉하게 되면서 계속 일을 하게 되는 환경이 만들어지고 있다.

2. 일 중독자들의 경향 ★ 구 워크북

(1) 가장 생산성이 낮은 일을 가장 오래 하는 경향이 있다.
(2) 최우선 업무보다는 가시적인 업무에 전력을 다하는 경향이 있다.
(3) 자신이 할 수 있는 일은 다른 사람에게 맡기지 않는 경향이 있다.
(4) 위기 상황에 과잉 대처하면서 침소봉대하는 경향이 있다.

3. 일 중독자의 유형

유형	내용	자존감	강박감
성취적 일 중독자	완벽하게 업무를 수행하고 목표를 달성하는 쾌감에 빠져 일에 매진하는 유형의 일 중독자	높음	높음
강박적 일 중독자	업무를 수행하는 것에 개인적인 흥미를 느끼지는 못하나, 일을 하지 않으면 불안감을 느끼고 이에 벗어나기 위해 일에 매진하는 유형의 일 중독자	낮음	높음
열정적 일 중독자	업무 자체에 대한 흥미를 넘어 중독 수준의 몰입에 빠져 일에 매진하는 유형의 일 중독자	높음	낮음
타의적 일 성실자	자신의 의지가 아닌 타인의 명령이나 의무감 등 외적인 이유로 일에 매진하는 경우로, 외부환경의 변화만으로 일 중독자의 특징이 사라진다는 점에서 일 중독자로는 분류되지 않음.		

5 시간 낭비의 요인과 시간관리에 대한 오해

1. 시간 낭비의 요인

(1) 외적인 요인 : 외부인이나 외부에서 일어나는 시간에 의한 것으로 본인 스스로 조절할 수 없다. 예 동료, 가족, 세일즈맨, 고객들, 문서, 교통 혼잡 등

(2) 내적인 요인 : 자신 내부에 있는 습관에 의한 것으로 분명히 하기도 정복하기도 어렵다.
예 일정을 연기하는 것, 계획의 부족, 사회활동, 우유부단함, 혼란된 생각 등

2. 시간관리에 대한 오해

(1) 시간관리는 상식에 불과하다.
(2) 시간에 쫓기면 일을 더 잘할 수 있다.
(3) 시간관리는 할 일에 대한 목록만으로 충분하다.
(4) 시간관리는 창의적인 일에는 맞지 않다.
(5) 마감기한에 대한 관념보다 결과의 질이 더 중요하다.

3. 직장에서의 시간 낭비 요인

- 목적이 불명확하다.
- 1일 계획이 불충분하다.
- 불필요한 스마트폰이나 컴퓨터 사용
- 예정외의 방문자가 많다.
- 일을 끝내지 않고 남겨둔다.
- 커뮤니케이션 부족 또는 결여
- 기다리는 시간이 많다.
- 우선순위가 없이 일을 한다.
- 게으른 성격, 책상 위는 항상 번잡하다.
- 일에 대한 의욕부족, 무관심
- 'No'라고 말하지 못하는 성격
- 소음이나 주의를 흩트리는 경우
- 잡담이 많다.
- 초조하고 성질이 급하다.
- 여러 가지 일을 한 번에 많이 다룬다.
- 서류정리를 하거나 서류를 숙독한다.
- 조정부족, 팀워크의 부족
- 불완전한 정보, 정보의 지연
- 긴 회의
- 일을 느긋하게 하는 성격
- 권한위양을 충분히 하지 않고 있다.
- 장래의 일에 도움이 되지 않는 일을 한다.
- 부적당한 파일링시스템
- 전화를 너무 많이 한다.
- 극기심의 결여
- 회의나 타협에 대한 준비 불충분
- 모든 것에 대해 사실을 알고 싶어 한다.
- 권한위양한 일에 대한 부적절한 관리

6 시간관리의 유형

1. **시간 창조형(24시간형 인간)** : 긍정적이며 에너지가 넘치고 빈틈없는 시간계획을 통해 비전과 목표 및 행동을 실천하는 사람
2. **시간 절약형(16시간형 인간)** : 8시간의 회사 업무 이외에도 8시간을 효율적으로 활용하고 8시간을 자는 사람. 정신없이 바쁘게 살아가는 사람
3. **시간 소비형(8시간형 인간)** : 8시간 일하고 16시간을 제대로 활용하지 못하면 빈둥대면서 살아가는 사람. 시간은 많은데도 불구하고 마음은 쫓겨 바쁜 척하고 허둥대는 사람
4. **시간 파괴형(0시간형 인간)** : 주어진 시간을 제대로 활용하기는커녕 시간관념 없이 자신의 시간은 물론 남의 시간마저 죽이는 사람

> **보충플러스**
> 효과적인 시간관리를 위한 도구
> - 간트 차트
> - 마일드스톤 차트
> - 일정네트워크 다이어그램
> - PDPC
> - PERT
> - CPM

7 효과적인 시간계획

명확한 목표를 설정하고 일의 우선순위를 정한다. 일의 우선순위를 정할 때에는 중요성과 긴급성을 바탕으로 시간관리 매트릭스를 만들어 정하는 것이 좋다. 또한 예상 소요시간을 결정하고 시간 계획서를 작성한다.

명확한 목표를 설정하기 → 일의 우선순위 정하기 → 예상 소요시간 결정하기 → 시간 계획서 작성하기

[일의 우선순위 판단을 위한 매트릭스]

구분	긴급함	긴급하지 않음
중요함	긴급하면서 중요한 일 • 위기상황 • 급박한 문제 • 기간이 정해진 프로젝트	긴급하지 않지만 중요한 일 • 예방 생산 능력활동 • 인간관계 구축 • 새로운 기회 발굴 • 중장기 계획, 오락
중요하지 않음	긴급하면서 중요하지 않은 일 • 잠깐의 급한 질문 • 일부 보고서 및 회의 • 눈앞의 급박한 상황 • 인기 있는 활동	긴급하지도 않고 중요하지 않은 일 • 바쁜 일, 하찮은 일 • 우편물, 전화 • 시간 낭비 거리 • 즐거운 활동

> **보충플러스**
> **아이젠하워 매트릭스**
> 미국의 아이젠하워 대통령이 고안한 시간관리 매트릭스에서는 일의 중요성과 긴급성을 기준으로 하는 사분면에 대해 중요하고 급한 일은 지금 하고, 급하지 않지만 중요한 일은 언제 처리할 지를 결정하고, 급하지만 중요하지 않은 일은 다른 사람에게 위임하고, 중요하지도 않고 급하지도 않은 일은 제거할 것을 주문하였다.

8 시간계획의 기본원리

[효과적인 시간관리와 비효과적인 시간관리]

효과적인 시간관리	비효과적인 시간관리
시간을 자율적으로 컨트롤한다.	시간에 끌려다닌다.
중요한 일을 우선으로 한다.	시시한 일을 할 때가 많다.
일의 질과 탁월성에 관심을 가진다.	일의 양에 관심을 가진다.
바쁠 때도 여유가 있어서 서두르지 않는다.	너무 바쁘거나, 너무 한가한 경우가 많다.
계획에 따라 행동한다.	계획이 없고 일관성이 없다.
삶이 균형과 조화를 이룬다.	삶이 불균형하고 혼란스럽다.
성취한 후의 기쁨과 보람을 느낀다.	일을 마쳐도 성취감을 느끼지 못하고 후회한다.

> **보충플러스**
> **시간계획에 관한 법칙**
> • 파레토 법칙 : 우선순위의 중요성 강조
>   20%의 시간사용이 80%의 결과를 생산하는 반면 80%의 시간 사용이 20%의 결과만 산출한다.
> • 파킨슨 법칙 : 마감시간의 설정 강조
>   한 작업을 마치기 위해 마감시간을 설정해 놓지 않았을 때 남은 시간을 채우기 위해 시간이 확장되어 결국 시간에 촉박해지는 것을 방지한다.

1. 60 : 40 규칙

(1) 자신에게 주어진 시간 중 계획된 행동을 하는 60%의 시간
(2) 계획 외의 행동에 대비하는 20%의 시간
(3) 자발적이고 창조성을 발휘하는 20%의 시간

2. 시간계획 시 명심해야 할 사항

- 행동과 시간/저해요인의 분석
- 규칙성-일관성
- 유연성
- 기록
- 기대 성과나 행동 목표 기록
- 일의 우선순위
- 시간의 낭비요인 파악과 여유시간 확보
- 정리할 시간
- 일·행동의 리스트화
- 현실적인 계획
- 시간의 손실의 보상
- 차기계획에 미완료 일 반영
- 시간 프레임(Time Frame)
- 권한의 위임
- 이동시간, 대기시간도 계획
- 시간 계획의 조정

TIP 시간관리의 5가지 원칙
1. 시간을 기록한다.
   - 자신의 일과를 기록하여 시간을 어떻게 쓰는지 파악한다.
2. 시간을 한정한다.
   - 반드시 일을 시작하기 전에 마감시한을 먼저 설정한다.
3. 시간을 포기한다.
   - 지금 당장하지 않아도 되는 일은 과감히 포기한다.
   - 자신이 직접 하지 않아도 되는 일은 과감히 다른 사람에게 맡긴다.
4. 시간을 통합한다.
   - 집중할 수 있는 연속적인 시간을 모아서 사용한다.
5. 시간의 우선순위를 정한다.
   - 현재 자신에게 가장 중요한 일과 해야만 하는 일 등의 우선순위를 정한다.

9 SMART 법칙

1. 개념
(1) 목표 설정 후 그 목표를 성공적으로 달성하기 위한 필수 요건을 5가지로 제시한 시간계획모델이다.
(2) 한정된 시간을 효율적으로 활용하기 위해 목표를 설정하고, 이를 장기·중기·단기 단위로 구분한다.

2. 내용

구분	내용
S(Specific) 구체적으로	목표를 구체적으로 설정한다. 예 나는 토익 점수 700점을 넘길 것이다.
M(Measurable) 측정 가능하도록	수치화, 객관화시켜서 측정이 가능한 척도를 세운다. 예 나는 2시간 안에 10페이지 분량의 보고서를 작성한다.
A(Action-oriented) 행동 지향적으로	사고 및 생각에 그치는 것이 아닌 행동을 중심으로 목표를 세운다.
R(Realistic) 현실성 있게	실현 가능한 목표를 세운다.
T(Time Limited) 시간적 제약이 있게	목표를 설정함에 있어서 제한 시간을 둔다. 예 오늘 안에, 이번 주 까지, 이번 달까지 등

개념확인문제

✎ 다음은 시간계획에 대한 정의를 나타내는 것이다. 아래의 빈칸에 적절한 용어는?

> 시간이란 자원을 최대한 활용하기 위하여 가장 많이 (　)되는 일에 가장 많은 시간을 (　)하고, 최단 시간에 최선의 (　)을/를 달성하는 것을 의미한다.

답 반복, 분배, 목표

02 예산관리능력

> 예산관리능력은 직업생활에 필요한 예산을 확인하고, 사용할 수 있는 예산을 확보하여 이를 활용하는 계획을 수립하고 이에 따라 예산을 효율적으로 집행하여 관리하는 능력을 의미한다.

보충플러스

예산의 종류
- 종합예산 : 기업 전체를 대상으로 1년 단위로 편성하는 예산
- 부문예산 : 기업의 특정 부문을 대상으로 편성하는 예산
- 자본예산 : 기업의 장기적인 재무예측과 목표를 위해 편성하는 대규모의 예산
- 현금예산 : 단기차입금 등 기업의 단기지출에 탄력적으로 대응하기 위한 유동성을 갖춘 현금으로 보유하는 예산

1 예산관리능력의 의미와 중요성

1. 예산의 의미

(1) 사전적 의미로 필요한 비용을 미리 헤아려 계산한 것이나 그 비용이라 할 수 있다.

(2) 민간 기업이나 공공단체 및 기타 조직체는 물론이고 개인의 수입과 지출에 관한 것도 포함된다.

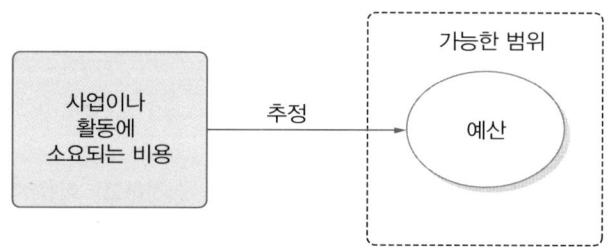

2. 예산과 기금의 구분

구분	기금	예산	
		일반회계	특별회계
설치사유	특정목적을 위해 특정자금을 운용	국가 고유의 일반적 재정활동	특정사업운영, 특정자금운용
재원조달 및 운용형태	출연금, 부담금 등의 다양한 수입원으로 고유산업 수행	조세수입과 무상급부 제공이 원칙	일반회계와 기금의 운용형태를 모두 가짐
확정절차	• 기금의 관리주체의 계획수립 • 의회의 심의와 의결로 확정	• 부처의 예산요구 • 기획재정부에서 예산안 편성 • 의회의 심의와 의결로 확정	
집행	집행 과정에서 합목적성 차원의 자율성과 탄력성 보장	• 예산의 목적 외 사용 금지 원칙 • 집행 과정에서 합법성에 입각한 통제가 가능	
수입과 지출의 연관	특정 수입과 지출의 연관성 존재	수입과 지출의 연계 배제	특정 수입과 지출의 연관성 존재
계획변경	의회 의결	추경예산 편성	
결산	의회의 심의와 승인		

3. 예산관리의 의미

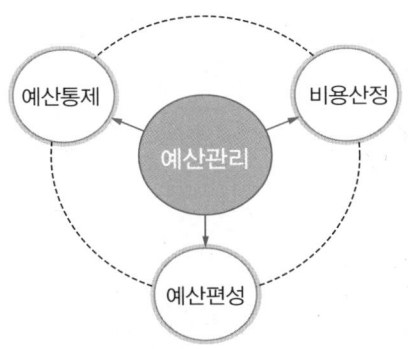

활동이나 사업에 소요되는 비용을 산정하고 예산을 편성하는 것뿐만 아니라 예산을 통제하는 것 모두를 포함한다.

4. 예산관리의 기능

(1) 계획기능 : 조직의 장기적 목표를 설정하고 이를 위한 종합예산을 편성
(2) 조정기능 : 조직의 목표에 따라 예산을 각 부문에 할당하고 이를 감독관리
(3) 통제관리기능 : 예산계획과 실제 예산 지출을 비교하여 부문의 성과를 평가하고 환류

> **TIP 단기예산과 장기예산**
> 예산은 1년을 기준으로 1년 미만의 기간으로 편성하는 단기예산과 1년 이상의 기간으로 편성하는 장기예산으로 구분한다.

5. 예산관리의 중요성

(1) 책정 비용을 실제보다 높게 책정하면 경쟁력을 잃게 된다.
(2) 책정 비용을 실제보다 낮게 책정하면 오히려 적자가 발생한다.
(3) 책정 비용과 실제 비용의 차이를 줄이고 비슷한 상태가 가장 이상적인 상태이다.

2 예산의 구성요소

1. 비목과 세목

(1) 비목 : 예산을 구성하는 모든 원가의 속성을 파악하여 유사한 군별로 묶어 표현한 대분류 원가항목으로, 직접비용과 간접비용으로 구분한다.
(2) 세목 : 비목의 구성요소를 상세하게 표현한 중분류 원가항목을 의미한다.

2. 직접비용(Direct Cost)

(1) 제품 생산 또는 서비스를 창출하기 위해 직접 소비된 것으로 여겨지는 비용이다.

(2) 종류

① 재료비 : 제품의 제조를 위하여 구매된 재료에 지출한 비용

② 원료와 장비 : 제품을 제조하는 과정에서 소모된 원료나 장비에 지출한 비용, 장비를 실제로 구매한 비용뿐만 아니라 임대하는 비용까지 모두 포함

③ 시설비 : 제품을 효과적으로 제조하기 위한 목적으로 건설하거나 구매한 시설에 제출한 비용

④ 여행(출장)비 : 제품 생산이나 서비스를 창출하기 위한 출장이나 타 지역으로의 이동 등에 의해 발생하는 비용

⑤ 인건비 : 제품 생산이나 서비스를 창출하는 업무를 수행하는 사람들에게 지급되는 비용으로, 계약으로 고용한 외부 인력에 의한 비용까지 모두 포함

[직접비용]
재료비 — 인건비 — 원료와 장비 — 여행(출장) 및 잡비 — 시설비

3. 간접비용(Indirect Cost)

(1) 제품을 생산하거나 서비스를 창출하기 위해 소비되는 비용 중에서 직접비용을 제외한 비용으로 생산에 직접 관련되지 않은 비용이다.

(2) 보험료, 건물관리비, 광고비, 통신비, 사무비품비, 각종 공과금 등이 있다.

4. 예산서의 작성

(1) 예산의 구성요소를 기준으로 소요될 작성한 문서이다.

(2) 계획된 일의 목표 달성과 사업 및 프로젝트 수주를 평가할 때 주로 이용된다.

3 효과적인 예산 수립방법

1. 업무를 추진하는 과정에서 예산이 필요한 모든 활동을 예산 범위 내에서 수행해야 하는 활동과 소요될 것으로 예상되는 예산을 정리한다.

2. 활동별로 예산 지출 규모를 확인하고 우선적으로 추진해야 하는 활동을 선정한다.

(1) 상대적인 중요도를 고려하여 우선순위를 반영한다.

(2) 핵심적인 활동 위주로 예산을 편성해야 한다.

3. 우선순위가 높은 활동부터 적절하게 예산을 배정하고 실제 예산을 사용한다.

(1) 과업세부도와 예산을 매치하는 것이 가장 효과적이다.

(2) 어떤 항목에 얼마만큼의 비용이 소요되는지를 정확히 파악하고 수행에 필요한 예산 항목을 빠뜨리지 않고 확인하고 전체 예산을 정확히 분배한다.

이것만은 꼭

고정비와 변동비
- 고정비 : 매출액의 증감과 관계없이 지출되는 비용
- 변동비 : 매출액의 증감과 함께 변하는 비용
- 총비용 : 고정비와 변동비의 합

보충플러스

과업세부도
필요한 모든 일들을 중요한 범주에 따라 체계화시킨 그래프로 구성체에 따라 2단계, 3단계, 4단계 등으로 구분할 수 있다.

(3) 예상외의 비용이 발생할 수 있는 경우를 대비할 수 있는 항목을 마련해야 한다.
(4) 업무의 예산에 관한 규정을 파악하여 예산 수립에 반영한다.

[예산 수립의 방법]

필요한 과업 및 활동 구명 → 우선순위 결정 → 예산 배정

4 예산 집행 관리

1. 개인 단위의 예산관리
(1) 월급이나 용돈 등 개인적인 단위에서의 예산 관리
(2) 수기(手記)나 컴퓨터, 스마트기기의 앱을 이용하여 가계부를 작성해 관리할 수 있다.
(3) 효과적인 가계부 관리방법
　① 하루도 빠뜨리지 말기
　② 단돈 10원이라도 정확히 기록하기
　③ 지출하기 전에 예정 지출액 계산하기
　④ 지출 후 지출액을 예산과 비교 후에 차액을 파악하여 차후의 예산 설정에 참고하기
　⑤ 후회되는 지출 항목은 반복하지 않도록 표시하기

2. 직장에서의 예산관리
(1) 과제나 프로젝트 수행 과정에서 얼마만큼 예산을 사용했는지 정리해야 한다.
(2) 관리자는 월 단위로 실제예산 대비 사용실적에 대한 워크시트를 작성한다.
(3) 예산 계획에 차질이 없도록 집행하기 위해서는 무엇보다 예산 집행 내역과 계획을 지속적으로 비교·검토하는 것이 중요하다.

(단위 : 억 원)

예산 집행 실적						
항목	배정액	당월 실적	누적 실적	잔액	사용률(%)	비고
인건비	45	3.0	22.5	21.5	50.0	
경상운영비	250	2.5	14.9	10.1	59.6	
사업비	650	65.0	455.0	195.0	70.0	
차입상환금	120	55.5	120.0	0.0	100.0	조기상환
기타	160	13.0	55.8	104.2	34.9	
합계	1,000	139.0	668.2	331.8	66.8	

> **보충플러스+**
>
> **디지털 예산회계 시스템 (dBrain)**
> 예산편성·회계결산·성과관리 등 재정활동의 전 과정을 수행하고 그 경로가 생성된 정보를 관리하는 국가의 재정정보시스템으로, 중앙정부의 예산편성, 집행, 자금관리, 국유재산/물품관리, 채권/채무, 회계결산까지의 모든 업무를 하나의 시스템에서 온라인으로 처리할 수 있도록 구성하였다.

5 예산 집행의 원칙

1. **개별화 원칙** : 재정통제 체계는 개별 기관의 제약조건, 요구사항을 충족
2. **강제의 원칙** : 강제성을 띠는 명시적인 규정이 요구
3. **예외의 원칙** : 예외 상황을 고려
4. **보고의 원칙** : 보고 규정이 필요
5. **개정의 원칙** : 일정한 기간이 지난 후 규칙 개정
6. **효율성의 원칙** : 통제 시간과 비용의 최소화
7. **의미의 원칙** : 규칙, 기준, 의사소통 및 계약 등 이해 및 전달
8. **환류의 원칙** : 부작용, 장단점을 개정에 반영

6 예산의 유형

1. 항목별 예산(Line-Item Budgeting ; LIB)

(1) 의미 : 예산을 지출 대상별로 분류해 편성하는 예산제도(투입중심예산)

(2) 특징 : 전년도 예산을 주요 근거로 일정한 금액만큼 증가시킴(점증주의적 예산방식)

장점	단점
• 지출근거가 명확하므로 예산통제에 효과적 • 예산항목별로 지출이 정리되므로 회계에 유리	• 점진주의적 특성으로 예산 증감의 신축성 없음 • 효율성, 생산성, 질을 결정하는데 사용될 정보를 제공해 주지 않음 → 사업내용을 알기 어려움

2. 성과주의 예산(Performance Budgeting ; PB)

(1) 의미 : 예산을 사업별 활동별로 분류하여 편성하되, 업무단위의 원가와 양을 계산해 편성하는 것으로 기능주의 예산 또는 프로그램 예산이라고 함.

(2) 특징 : 단위원가×업무량=예산, 관리지향 예산제도

장점	단점
• 일반인들이 기관의 사업목적을 이해하는데 도움을 줌 • 자금배분이 합리적(단위비용 계산) • 프로그램의 효율성을 기할 수 있음	업무측정 단위(시간, 횟수, 클라이언트 수) 설정과 단위원가산출 곤란

3. 프로그램기획예산(Planning-Programming-Budgeting System ; PPBS)

(1) 의미 : 장기적 기획수립과 단기적인 예산편성을 프로그램 작성을 통하여 유기적으로 결합시킴으로써 합리적인 자원분배를 이룩하려는 예산체계(산출중심 예산)

(2) 특징 : 장기적 계획을 전제로 함, 목표를 분명히 하고 달성 강조

장점	단점
• 목표와 프로그램을 명확히 알 수 있고, 재정자원을 합리적으로 배분 • 프로그램 계획과 예산수립의 괴리를 막을 수 있고, 프로그램의 효과성을 높임	• 목표설정이 어렵다. • 보통 10년 장기계획과 1년의 예산을 연결시키므로 사회변동에 대한 탄력적 대응이 어려움 • 의사결정이 중앙 집중화되는 경향

4. 영 기준예산(ZBB)

(1) 의미 : 전년도 예산을 전혀 고려하지 않은 영기준을 적용하여 체계적으로 사업의 우선순위를 결정하여 이에 따라 예산을 편성하는 제도

(2) 특징 : 매년 프로그램 목표와 수행능력을 원점에서 새로 고려함, 사업의 비교평가에 기초하여 우선순위를 정하여 프로그램을 선택

장점	단점
• 예산절약과 프로그램의 쇄신에 기여함 • 재정운영과 자금배분의 탄력성 • 자금의 배분을 합리화 • 프로그램의 효율성과 효과성 향상 • 예산의 비대화, 방만화 방지	• 관리자들이 적절한 결정단위와 사업순위, 결정항목들을 결정하기 위한 교육훈련이 필요 • 장기계획에 의한 프로그램 수행 곤란 • 적용절차가 복잡하고 많은 시간이 소요

7 회계

1. 회계활동

(1) 기록업무 : 수입과 지출에 관한 다양한 기록 장부를 마련하고 회계원칙에 따라 장부에 기록한다.

(2) 정리업무 : 각종 장부에 기록된 사항을 월별, 분기별로 주기적으로 종결하여 정리하는 업무로서 정기적인 재정보고서 작성에 필요한 절차이다.

(3) 보고서 작성 : 회계연도 말에는 1년 동안 수입과 지출의 현황을 파악할 수 있는 대차대조표 등의 보고서를 작성하여 이사회 등에 반드시 보고하고 재정지원조직이나 개인에게도 보고 또는 공개하여 재정자원이 유용하게 활용되었는지 밝히는 것이 좋다.

> **TIP**
> 회계는 기업 실체와 이해 관계를 갖는 정보이용자에게 자원 분배에 대한 합리적인 의사결정을 할 수 있도록 기업의 경제적 활동을 측정하여 정리된 재무제표 등을 전달하는 과정이다.

2. 회계감사의 종류

(1) 목적에 따른 감사
  ① 재무제표감사 : 재무제표가 회계기준에 따라 적정하게 작성되었는지에 대한 의견을 표명하기 위해 수행하는 감사

② 업무감사 : 어떤 경제주체의 영업활동 및 업무절차에 대하여 그 능률과 효과를 평가하는 목적으로 실시하는 감사

③ 이행감사 : 어떤 조직이 상위기관 등에서 정한 규정, 절차 등이 제대로 준수하였는지 결정할 목적으로 실시되는 감사

(2) 감사 주체에 따른 감사

① 외부감사 : 피감사인과 독립된 감사인이 감사를 수행하는 것으로 공인회계사에 의한 재무제표감사가 대표적

② 내부감사 : 조직 내부의 종업원이나 임원에 의하여 실시되는 업무감사가 대표적

(3) 감사의 강제성 여부에 따른 감사

① 법정감사 : 관련 법률(대표적으로 주식회사 등의 업무감사에 관한 법률)이나 규정에 의하여 수행되는 감사

② 임의감사 : 감사의뢰인이 필요에 따라 자발적으로 수행되는 감사

(4) 감사의 실시 시기에 따른 감사

① 중간감사 : 재무제표일 이전에 실시하는 감사로 감사위험을 평가하여 기말감사를 준비하는 감사(보통 9 ~ 11월)

② 기말감사 : 재무제표일 이후에 실시하는 감사로 입증절차의 계획에 따라 중요성 관점에서 적정하게 표시되었는지 의견표명(보통 1 ~ 3월)

(5) 감사의 계속성에 따른 감사

① 초도감사 : 당기의 감사인이 전기 재무제표를 감사하지 않은 경우

② 계속감사 : 당기의 감사인과 전기의 감사인이 동일한 경우

TIP 내부 감사와 외부 감사 비교

	내부 감사	외부 감사
감사의 목적	경영관리층의 업무 보조	외부이해 관계자의 이해 조정
감사인	조직 내 전문인	전문인, 상급기관
독립성	필수적이지 않음	필수
이용자	주로 내부 경영진	일반 다수 대중
주감사 대상	효율성과 경영성과	재무제표, 특정항목 (이행감사시)
감사 기능	지도, 자문적 기능	비판적 기능
법적 강제성	임의감사	법정감사

3. 재정평가

(1) 운영 및 목적성취에 대한 지출의 상태를 평가하는 것이다.

(2) 사업성취도에 대한 지출을 평가하는 것이기 때문에 예산편성과정부터 예산운영 등의 전 과정에 대한 평가를 한다.

(3) 지출이 예산대로 이루어졌다 하더라도 사업목적이 달성되지 못했을 때에는 그 지출은 적절하지 못한 것으로 평가되고 다음 회계연도에서는 그 지출내역에 수정이 가해지게 된다.

4. 재무상태표(대차대조표)

(1) 기업의 경제적 자원인 자산(Asset), 경제적 의무인 부채(Debt)와 자본(Equity)에 대한 정보를 제공하기 위해 기업이 공개하는 재무보고서이다.

(2) 계정식 재무상태표는 자산을 기록하는 차변, 자본과 부채를 기록하는 대변으로 구분하여 작성하여 대차대조표라고도 한다. 그 외에 좌우 구별 없이 위에서부터 자산, 부채, 자본 순서로 구분하여 표시하는 보고식 재무상태표가 있다.

[계정식 재무상태표]

차변	대변
• 자산 　– 유동자산 : 당좌자산, 재고자산 　　예 현금, 현금성자산, 매출채권, 선급비용, 상품, 제품, 원재료, 저장품 등 　– 비유동자산 : 투자자산, 유형자산, 무형자산, 기타비유동자산 　　예 토지, 건물, 감가상각누계액, 기계장치, 영업권(권리금), 산업재산권(특허권, 상표권 등), 저작권, 프랜차이즈, 임차보증금 등	• 부채 　– 유동부채 　　예 매입채무, 단기차입금, 선수금, 미지급금 　– 비유동부채 　　예 회사채, 장기차입금 • 자본 　　예 자본금, 자본잉여금, 자본조정, 기타포괄손익누계액, 이익잉여금(결손금)

> **보충플러스**
> **가지급금**
> 가지급금은 거래의 성격이 불분명하여 어느 계정에 포함해야 하는지가 불분명한 거래에 현금을 지급한 경우 이를 임시로 회계처리하기 위해 작성하는 계정으로, 외부보고를 목적으로 작성하는 재무상태표에는 기록되지 않고, 연말결산 전까지 원인을 파악하여 적절한 계정과목으로 대체하여 표기해야 한다.

개념확인문제

01 개발에 필요한 예산을 다음과 책정하였을 때 발생할 수 있는 상황은?

(1) 개발책정비용 > 개발실제비용 → (　　)
(2) 개발책정비용 < 개발실제비용 → (　　)
(3) 개발책정비용 = 개발실제비용 → (　　)

02 예산의 구성요소에 관한 다음 내용에서 ①, ②에 해당하는 용어는?

> 예산의 구성요소인 비목은 일반적으로 (　①　)와/과 (　②　)(으)로 구분한다. 그 중 (　①　)은/는 제품 생산 또는 서비스를 창출하기 위해 직접 소비된 것으로 여겨지는 비용으로, 이 중 인건비가 가장 많은 비중을 차지한다. (　②　)은/는 제품 생산 또는 서비스 창출에 소비된 비용 중 (　①　)을/를 제외한 것으로, 그 종류는 과제에 따라 다양하게 나타난다.

03 다음은 예산수립의 절차를 도식화한 것이다. 빈칸에 해당하는 단계는?

필요한 과업 및 활동 규명 → (　　) → 예산 배정

답
01 (1) 경쟁력 손실
　　(2) 적자 발생
　　(3) 이상적 상태
02 ① 직접비용 ② 간접비용
03 우선순위 결정

03 물적자원관리능력

> 물적자원관리능력은 직업생활에 필요한 물적자원을 확인하고, 사용할 수 있는 물적자원을 확보하고 활용하는 계획을 수립하고 이에 따라 물적자원을 효율적으로 관리하는 능력을 말한다.

1 물적자원의 종류와 관리의 중요성

1. 물적자원의 종류

(1) 자연자원 : 자연 상태에 있는 그대로의 자원이다.
   예 석유, 석탄, 나무 등
(2) 인공자원 : 사람이 인위적으로 가공하여 만든 물적자원이다.
   예 시설, 장비 등

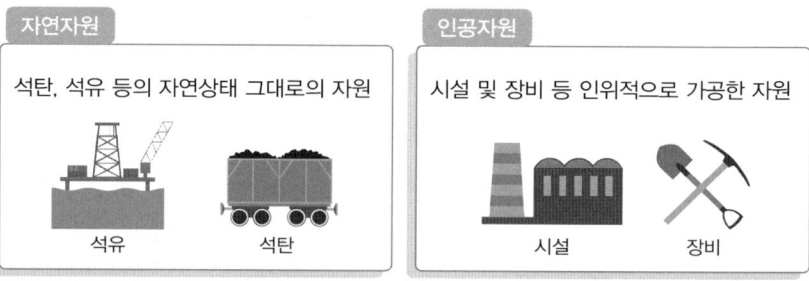

> **TIP**
> 물적자원관리가 단순히 정리라는 인식에서 벗어나 효과적으로 물적자원을 관리하면 근무 만족도와 생산성을 높여 주고 물적자원의 불필요한 낭비를 막을 수 있다. 물적자원관리는 단순히 깨끗하게 정리되는 차원이 아닌, 시간 및 물적 자원의 효율적 사용, 생산성 증대, 나아가 삶의 질 향상과 관련되어 있다.

2. 물적자원관리의 중요성

(1) 현재 물적자원을 얼마나 확보하고 활용할 수 있느냐가 큰 경쟁력이다.
(2) 개인 및 조직에 필요한 물적자원을 확보하고, 적절히 관리하는 것은 경쟁력을 높이는 일이다.
(3) 물적자원관리를 소홀히 하면 경제적 손실과 더불어 과제 및 사업의 실패를 낳을 수 있다.

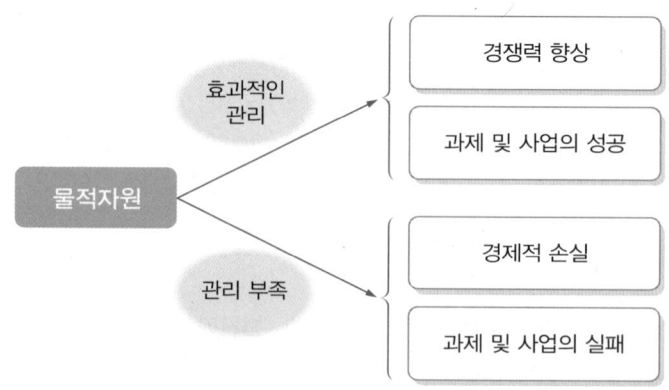

3. 물적자원관리능력이 필요한 경우

(1) 업무 수행에 필요한 물적자원을 효율적으로 활용, 관리해야 하는 경우
(2) 공정 진행상의 생산성 향상을 위해 제품 생산에 필요한 물적자원을 조정해야 하는 경우
(3) 물적자원을 활용하기 위해서 업무지시서를 작성해야 하는 경우
(4) 업무 수행에 필요한 물적자원을 확보해야 하는 경우

2 물적자원 활용의 방해요인

1. 보관 장소를 파악하지 못하는 경우
(1) 일반적으로 사람들이 많이 저지르는 실수 중 하나이다.
(2) 정리하지 않고 아무렇게나 물품을 보관하게 되면 그 물품을 찾기 어려운 경우가 생긴다.
(3) 물적자원이 필요한 상황에 제때 공급을 하지 못하고 시간이 지체하게 되면 아무런 효과를 거둘 수 없게 된다.

2. 훼손된 경우
(1) 물품을 활용하고자 찾아보았을 때 훼손되어 활용할 수 없게 된 경우이다.
(2) 필요한 물품을 보유하고 있을 때에는 그 물품에 대한 예산을 책정하지 않지만 관리가 제대로 되지 않아 새로 구입할 경우 경제적 손실을 입게 된다.

3. 분실한 경우
(1) 물적자원을 분실한 경우는 다시 구입하지 않으면 활용할 수 없다.
(2) 물적자원을 다시 구입해야하는 경제적 손실이 있다.

4. 분명한 목적 없이 물건을 구입한 경우
(1) 업무를 수행하는데 정말 필요하여 구입한 물품은 평상시에 관리에 더 신경을 쓴다.
(2) 그렇지 않은 물품은 관리에 소홀해지게 된다.

> **TIP 물적자원의 재활용**
> 현재 사용하지 않는 물건 가운데 재활용을 할 수 있는 물건이 있다면 새로 사지 않아도 기존에 보유하고 있는 물건을 활용하여 비용의 절감을 기대할 수 있다. 다만 활용되지 않고 있던 물건은 관리가 소홀하여 훼손되었을 가능성이 크다. 물적자원을 지속적으로 적절히 관리하는 일은 자원이 필요할 때 목적에 맞게 제때 활용하고 낭비를 막기 위해서 중요하다.

3 효과적인 물적자원관리 과정

1. 사용품과 보관품의 구분
(1) 해당 물품이 앞으로 계속 사용할 것인지, 그렇지 않은지를 구분하는 것이 이루어져야 한다.
(2) 이 과정을 거치지 않고 계속 사용할 물품을 창고나 박스에 보관한다면 다시 꺼내야 하는 경우가 발생하게 되면서 물품 보관 상태가 나빠질 수 있다. ★ 구 워크북

2. 동일 및 유사 물품의 분류

(1) 동일성의 원칙 : 같은 품종은 같은 장소에 보관하는 것이 원칙이다.

(2) 유사성의 원칙 : 유사품은 인접한 장소에 보관하는 것이 원칙이다.

(3) 특정 물품의 정확한 위치를 모르더라도 대략의 위치를 알고 있음으로써 찾는 시간을 단축할 수 있다.

3. 물품의 특성에 맞는 보관 장소 선정

(1) 개별 물품의 특성을 고려하여 보관 장소를 선정한다.

(2) 물품의 무게와 부피에 따라 차이를 두어 보관한다.

(3) 회전대응 보관의 원칙으로 물품을 보관한다.

> TIP
> 보관은 제품을 물리적으로 보전 및 관리하는 기술로서 이들 원칙 사이에는 서로 연관성이 있으므로 보관을 할 경우에는 제품의 성격, 보관장소의 상태에 따라 적절히 배합하여 적용한다.

[효과적인 물적자원관리 과정]

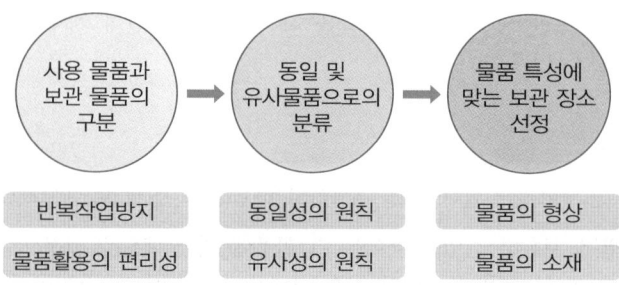

4. 물품 보관의 원칙

(1) 통로대면보관의 원칙 : 창고 내에서 제품의 입고와 출고를 용이하게 하고 보관을 효율적으로 하기 위해서 통로 면에 보관하는 것이 창고의 레이아웃 설계의 기본인 동시에 창고내의 흐름을 원활히 하고 활성화하기 위한 기본원칙이다.

(2) 높이쌓기의 원칙 : 제품을 평평하게 적재하는 것보다 높이 쌓게 되면 창고의 용적 효율을 높일 수 있다. 이는 창고 전체의 유효보관이란 관점에서도 입체효율을 향상하는 것은 당연하며, 선입선출 등 재고관리상 제약조건이 많은 경우 각각의 용도에 맞는 랙(Rack) 등 보관설비의 설치를 고려해야 한다.

(3) 선입선출의 원칙 : 선입선출(FIFO ; First In First Out)이란 먼저 입고된 제품을 먼저 출고한다는 원칙으로서, 이 원칙은 일반적으로 제품의 재고회전율(Life Cycle)이 낮은 경우에 많이 적용된다. 주요 대상품목은 형식의 변경이 적지 않은 제품, 회전율이 짧은 제품, 보관 시 파손, 감모가 생기기 쉬운 제품 등 주로 재고관리 비용과 선입선출을 함으로써 얻어지는 이익과 비교하여 결정되어지는 제품들이 적용 대상이다.

(4) 명료성의 원칙 : 보관되어 있는 제품을 용이하게 인식할 수 있도록 보관하는 원칙으로 내 작업원 시각에 따라 보관품의 장소나 보관품 자체를 쉽게 파악할 수 있도록 해야 한다.

(5) 위치표시의 원칙 : 보관 및 적재되어 있는 제품의 랙의 위치에 상황에 맞는 특정한 기호를 사용하여 위치를 표시함으로써 입출고 작업의 단순화를 통한 업무 효율화를 증대할 수 있고 재고의 파악 및 정리작업을 할 때 불필요한 작업이나 실수를 줄일 수 있다.

(6) 회전대응보관의 원칙: 보관할 물품의 장소를 회전정도에 따라 정하는 원칙으로서 입출하 빈도의 정도에 따라 보관 장소를 결정하는 것을 말한다. 출입구가 동일한 창고의 경우 입출고 빈도가 높은 화물은 출입구에 가까운 장소에 보관하고 낮은 경우에는 먼 장소에 보관하는 것이 이에 해당된다.

(7) 중량특성의 원칙 : 하역의 난이도를 고려하여 제품의 중량에 따라 보관 장소의 출입구를 기준으로 한 거리와 높낮이를 결정한다는 원칙이다. 제품의 하역작업을 할 때 허리 이하의 높이에서는 중량물과 대형물을 보관하고, 허리 이상의 높이에는 경량물과 소형물을 보관하도록 한다.

(8) 형상특성의 원칙 : 형상에 따라 보관방법을 변경하며, 형상특성에 부응하여 보관한다는 원칙이다. 표준화된 제품은 랙에 보관하고 표준화되지 않은 제품은 형상에 부응하여 보관한다.

(9) 네트워크 보관의 원칙 : 관련 제품을 한 장소에 모아 보관하는 원칙을 출하 품목의 다양성에 따라 보관상의 곤란을 예상하여 물품정리가 용이하도록 보관하는 방식이다.

4 3정 5S(3정 5행, 3R5S)

1. 의의

(1) 쾌적한 작업환경 및 사무환경을 조성하여 작업현장의 낭비 제거와 문제발견능력을 향상시키는 방법이다.

(2) 품질향상, 생산성향상, 원가절감, 납기단축의 기반을 조성한다.

2. 구성

(1) 3정(3R) : 물건이 어디에(정위치), 어떻게(정품), 얼마큼(정량) 있는지를 누구라도 쉽게 알 수 있도록 한다.

정위치(Right Place)	물품의 보관 장소를 정하고 이를 표시하여 누구나 물품의 위치를 알 수 있도록 한다.
정품(Right Product)	물품을 표준화하고 물품의 종류에 따라 분류하여 정해진 곳에 배치한다.
정량(Right Quantity)	물품의 수량을 한눈에, 정확히 파악할 수 있도록 한다.

> **보충플러스**
>
> **창고 레이아웃의 기본원칙**
> - 물품·통로·운반기기·작업자 등의 흐름 방향은 직진을 중심으로 레이아웃을 구성해야 한다.
> - 동선이나 창고의 레이아웃이 서로 교차하는 것은 피해야 한다.
> - 물품을 최소한으로 취급할 수 있도록 레이아웃을 구성해야 한다.
> - 물품이 이동하는 흐름에서의 높낮이 차의 크기는 가급적 줄여야 한다.
> - 레이아웃은 화물 형태·운반기기·랙·통로 등을 고려한 모듈화를 추구해야 한다.

(2) 5S(5행)

정리 (Seiri)	• 필요한 것과 불필요한 것을 구분하여 불필요한 것은 과감히 버리는 행위를 말한다. • 필요한 물품(가용품)은 지정된 장소에만 놓고 필요하지 않은 물품(불요품, 불용품)은 반납하여 처분한다.
정돈 (Seidon)	필요한 것을 쉽게 찾아 사용할 수 있도록 각종 물품의 보관수량과 보관장소를 표시해 두는 행위를 말한다.
청소 (Seisoh)	• 작업장의 바닥, 벽, 설비, 비품 등의 먼지, 이물 등을 제거하여 더러움이 없는 환경을 조성하는 행위를 말한다. • 청소의 순서는 청소 대상의 결정 → 청소 담당자 결정 → 청소 방법의 결정 → 청소 점검 실시로 진행된다.
청결 (Seiketsu)	• 먼지, 쓰레기 등 더러운 것이 없이 언제나 깨끗하고 문제점이 발생될 시 이를 한눈에 발견할 수 있는 상태로 유지하는 행위를 말한다. • 지저분하지 않고 깨끗한 것, 위생적이고 청결한 것, 인격이나 품행이 고결하고 단정한 것을 포함한다.
습관화 (Shitsuke)	회사의 규율이나 규칙, 작업방법 등을 정해진 대로 준수하는 것이 몸에 익어 무의식 상태에서 지킬 수 있는 상태를 말한다.

5 물품의 기호화

1. 바코드(Bar Code)

(1) 컴퓨터가 파악하기 쉽고 데이터를 빠르게 입력하기 위해 굵기가 다른 검은 막대와 하얀 막대를 조합시켜 문자나 숫자를 코드화 한 것이다.

(2) 제품에 인쇄된 바코드를 스캐너로 읽고 이를 데이터로 변환하여 활용한다.

2. QR 코드(Quick Response Code)

(1) 흑백 격자무늬 패턴으로 정보를 나타내는 매트릭스 형식의 바코드로 기존 바코드에 비해 넉넉한 용량을 강점으로 다양한 정보를 담을 수 있다.

(2) 스마트폰 보급 확산에 따라 마케팅 도구로도 활용되고 있다.

3. RFID(Radio-Frequency Identification)

(1) 물품에 태그를 부착해 주파수를 이용해 물품을 식별하고 관리하는 기술이다.

(2) 바코드에 비해 먼 거리에서도 태그를 읽고 물체를 통과하여 식별할 수 있어 물품 안에 태그를 부착하여 사용할 수 있다.

(3) 물품관리에서는 물품의 추적관리를 통해 재고 관리, 도난분실 예방 등에 주로 활용된다.

이것만은 꼭!

바코드와 QR 코드, RFID의 장단점
- 바코드
  - 저렴한 인쇄비용
  - 정보용량의 한계
- QR 코드
  - 작은 공간에 많은 정보 저장 가능
  - 보안 문제에 취약
- RFID
  - 물체를 통과하여 식별 가능
  - 상대적으로 비싼 비용, 보안 문제에 취약

4. 기호화된 물품 목록 작성의 효과

(1) 자신이 현재 보유하고 있는 물품의 종류를 파악할 수 있다.
(2) 기호를 통해 물품의 위치를 쉽게 파악할 수 있다.
(3) 현재 보유하고 있는 물품에 대한 관리와 새로운 물품 구입에 대한 정보를 한 번에 쉽게 확인 할 수 있다.
(4) 물품의 구입 및 상태를 정리해둠으로써 물품을 관리하는데 관심을 기울일 수 있다.

6 재고

1. 의의

(1) 수요 변화에 대처하기 위해 미리 확보하여 보유하고 있는 물품들을 의미한다.
(2) 재료, 부품, 반제품, 완제품 등 모든 종류의 물품들이 전부 해당된다.

2. 재고의 유형

(1) 안전재고(완충재고) : 불확실한 수요변화에 따른 품절과 미납에 대처하기 위해 보관 중인 재고를 의미한다.
(2) 예비재고(예상재고) : 예측된 수요 상승에 대비하기 위해 사전에 비축하고 있는 형태의 재고를 의미한다.
(3) 주기재고 : 일정 주기마다 물품을 발주하여 발생한 재고
(4) 수송재고 : 물품 구매 후 조달에 시간이 소요되는 경우 물품이 현재 이동 중인 상태로 인해 발생하는 재고

3. 재고평가의 방법

(1) 총평균법 : 기준이 되는 전체 기간의 재고금액을 총 수량으로 나누어 재고를 평가
(2) 이동평균법 : 재고의 입출고가 발생할 때마다 모든 재고수량과 재고자산을 재평가
(3) 선입선출법 : 재고의 가치는 입고 당시의 가치에서 변하지 않고, 먼저 입고된 재고부터 출고된 것으로 재고를 평가
(4) 후입선출법 : 재고의 가치는 입고 당시의 가치에서 변하지 않고, 나중에 입고된 재고부터 출고된 것으로 재고를 평가

4. ABC 재고관리기법

(1) 의의 : 재고를 매출가치를 기준으로 A부터 C까지의 세 등급으로 분류하여, 각 분류별로 재고관리의 중요도를 차등 적용하여 재고관리의 효율성을 제고

> **보충플러스**
> **인플레이션과 선입(후입)선출법**
> 재고를 관리하던 중 물품의 가격이 상승(인플레이션)한 경우, 만일 선입선출법에 따라 제품을 판매하여 출고를 할 경우 가격이 상승하기 전의 낮은 가격으로 입고된 물품을 상승한 물품의 가격으로 판매한 것으로 인식하게 되므로 매출이익이 과대계상될 위험이 있다.
> 반대로 후입선출법의 경우 가격상승의 영향을 크게 받은 물품이 우선으로 출고되므로 이러한 위험이 적다.

> **TIP** ABC 재고관리기법의 파레토 법칙
> ABC 재고관리기법은 재고의 효율적인 관리를 위해 재고의 중요도를 세 단계로 나누고 그에 따른 관리우선순위를 부여하는데, 여기에는 전체 재고량의 20%가 전체 매출액의 80%를 차지한다는 파레토 법칙을 그 이론적 전제로 한다.

(2) 재고의 분류

A 그룹	• 매출액 상위 70%, 전체 재고량의 10~20%의 수량 • 잦은 재고검사 등 높은 수준의 재고관리(중점관리) 적용
B 그룹	• 매출액 차상위 20%, 전체 재고량의 20~30% • A그룹과 C그룹의 중간 정도 수준의 재고관리(적정관리) 적용
C 그룹	• 매출액 하위 10%, 전체 재고량의 50~70% • 간헐적 품절 허용, 낮은 수준의 재고관리(관리간소화) 적용

5. 연속생산과 단속생산

(1) 연속생산 : 수요를 예측하고 계획에 따라 소품종 대량생산 방식으로 제품을 생산하는 방식으로, 생산속도가 빠르고 생산원가가 낮으나 수요에 대한 탄력성이 적어 높은 재고비용이 발생하게 된다.

(2) 단속생산 : 생산 주문에 따라 다품종 소량생산 방식으로 제품을 생산하는 방식으로, 생산속도가 느리고 생산원가가 높으나 수요에 대한 탄력성이 커 재고비용이 거의 발생하지 않게 된다.

6. JIT(Just In Time)

(1) JIT는 모든 사업 운영에서의 낭비를 제거하기 위한 생산시스템이다.

(2) 재고의 존재 자체를 낭비로 간주하고, 생산 후 보관하는 재고를 포함하여 생산의 과정에서 발생하는 재고까지를 최소화한다.

(3) 재고 최소화를 위한 생산과정의 최적화로 재고 감소와 생산성 향상, 품질 향상을 동시에 지향한다.

7 물품의 운송방식

1. 공장직송방식

(1) 제품을 생산한 공장에서 바로 소비자에게 직송한다.

(2) 소비자에게 바로 연결되어 운송 속도가 빠르고 운송비용이 낮으나 생산자에게 과중한 부담이 가해진다.

2. 중앙집중방식

(1) 다수의 생산처에서 생산된 물품을 하나의 물류센터로 운송하여 재고보관 없이 바로 소비자에게 배송한다.

(2) 다수의 생산처가 하나의 고객을 목적지로 하는 경우에서 사용한다.

3. 복수거점방식

(1) 다수의 공장이 다수의 권역별 혹은 품목별로 제품을 물류센터로 보낸 다음 각 물류센터가 담당하는 권역 혹은 품목별로 필요한 소비자에게 전달한다.
(2) 물류센터가 다수의 물류센터를 확보하고 있을 것을 요구한다.

4. 다단계거점방식

(1) 공장별 물류거점에서 다시 각 거점별 창고로 물품을 운송한 다음 주문에 따라 소비자에게 배송한다.
(2) 다수의 물류거점뿐만 아니라 다시 다수의 거점별 창고까지를 함께 운영할 것을 요구한다.

5. 배송거점방식

(1) 공장에서 생산한 물품을 각 지역별 창고로 운송하여 재고로 보관하고 주문에 따라 소비자에게 배송한다.
(2) 고객의 주문에 따른 대응이 신속한 편이다.

개념확인문제

01 다음은 물적자원관리의 과정을 도식화한 것이다. 빈칸에 알맞은 내용을 넣으시오.

사용물품과 ( )의 구분 → 동일 및 유사 물품으로의 분류 → 물품 특성에 맞는 ( ) 선정

02 다음이 설명하는 물품보관의 원칙은?

- 입·출하의 빈도가 높은 품목은 출입구 가까운 곳에 보관한다.
- 물품의 활용 빈도가 상대적으로 높은 것은 가져다 쓰기 쉬운 위치에 먼저 보관한다.

03 다음에서 설명하는 물적자원관리 관련 기술은?

문자나 숫자를 흑과 백의 막대 모양 기호로 조합한 것을 물품 표면에 인쇄한 것으로, 컴퓨터가 물품을 쉽게 판독하고 데이터를 빠르게 입력하기 위하여 사용한다.

답
01 보관물품, 보관 장소
02 회전대응 보관의 법칙
03 바코드(Bar Code)

04 인적자원관리능력

인적자원관리능력은 직업생활에 필요한 인적자원(근로자의 기술, 능력, 업무 등)을 파악하고, 이를 확보하고 배치하는 계획을 수립하고 이에 따라 효율적으로 배치하여 관리하는 능력을 말한다.

TIP 인적자원의 중요성
산업이 발달함에 따라 생산 현장이 첨단화, 자동화되었더라도 물적자원, 예산 등의 생산요소를 효율적으로 결합시켜 가치를 창조하는 일을 하는 것은 사람이다. 사람에게 사람은 또 다른 하나의 재원이자 자원이며, 따라서 이를 잘 활용하는 것이 필요하다.

1 인적자원관리의 의의

1. 인적자원관리능력이 필요한 경우
(1) 업무 수행에 필요한 인적 자원을 효율적으로 활용, 관리해야 하는 경우
(2) 업무 수행에 있어서 거래처 직원을 관리해야 하는 경우
(3) 공정 진행상의 생산성 향상을 위해 제품 생산에 드는 인적 자원을 조정해야 하는 경우
(4) 업무계획서에 따라서 인력을 배치하는 경우
(5) 업무와 관련된 부서나 업체와 공동으로 업무를 진행해야 하는 경우

2. 인적자원관리의 발달 과정
(1) 생산성 강조 시대 : 인간성이 무시되고 생산성 강조를 위하여 인간 노동을 기계화하거나 인간이 기계의 보조 역할을 담당하는 시대이다.
(2) 인간성 중시 시대 : 생산성 향상을 위해 인간성을 중시하는 시대로 인간은 복잡한 존재이며 비합리적인 측면이 있음을 인정하는 시대이다.
(3) 생산성과 인간성 동시 추구 시대 : 현대는 인적자원의 중요성을 인식하기 시작하였고 조직 목표와 개인 목표의 조화를 추구하기 위하여 협동 이론을 중요시하는 시대이다.

구분	생산성 강조 시대	인간성 중시 시대	생산성과 인간성 동시 추구 시대
목표	생산성 향상	개인의 목표 추구	조직의 목표+개인의 목표
내용	비용과 능률을 중시	감정을 중시	조직과 개인의 협동을 중시
인간관	합리적 인간관	비합리적인 측면의 인간관	복잡인, 복합인

3. 인적자원관리의 기능
(1) 확보관리 기능 : 조직의 목표 달성에 적합한 인재를 모집하는 것
(2) 육성개발 관리 기능 : 모집한 인적자원이 능력을 최대한 발휘할 수 있도록 기회와 교육을 제공하는 것

(3) 평가관리 기능 : 직무의 가치를 측정하고 인적자원이 조직의 목표 달성에 기여한 정도를 측정하는 것
(4) 처우보상 관리 기능 : 인적자원이 조직의 목표에 공헌한 만큼의 대가를 제공하는 것
(5) 유지관리 기능 : 인적자원이 조직에 남아있도록 조직문화, 근로복지 등의 조직 내의 문제를 해결하는 내부관리

2 개인차원의 인적자원관리

1. 개인의 인적자원관리의 의미
(1) 개인은 인맥을 통해서 인적자원관리를 한다.
(2) 핵심 인맥 : 자신과 직접적인 관계에 있는 사람들로 가족, 친구, 직장동료, 선후배, 동호회 등이다.
(3) 파생 인맥 : 핵심 인맥뿐만 아니라 그 사람들로부터 알게 된 사람, 우연한 자리에서 서로 알게 된 사람 등 매우 다양한 파생 인맥이 존재한다.
(4) 파생 인맥은 계속 파생되어 수없이 넓어진다.

> **TIP** 인맥(人脈)
> 인맥은 사전적 의미로 정계, 재계, 학계 따위에서 형성된 사람들의 유대관계로 규정하고 있으나 이에 국한하지 않고 모든 개인에게 적용되는 개념으로, 자신이 알고 있거나 관계를 형성하고 있는 모든 사람들을 포함하는 개념이다.

2. 개인의 인적자원관리의 중요성
(1) 자신의 인맥은 일을 수행하는데 있어서 매우 중요한 역할을 한다.
(2) 자신의 인맥을 얼마나 활용하느냐에 따라 개인의 능력 이상의 성과를 가져 올 수 있다.
(3) 개인은 인맥을 통해서 각종 정보 및 소스의 획득, 참신한 아이디어와 유사시의 도움 등의 다양한 장점이 있다.

취업
- 인맥을 통해 채용정보 획득
- 인턴근무를 통해 알게 된 인맥을 통해 취업

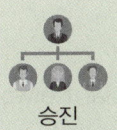
승진
- 원만한 인간관계에서 오는 인맥을 통해 승진기회 확대
- 승진의 경우 인맥은 성공의 네트워크

창업
- 인맥을 통해 창업 아이템, 장소의 정보 획득
- 창업의 경우 인맥은 핵심 조력자의 역할

고객
- 인맥을 통해 충실한 고객확보 및 사업 확대
- 고객확보의 경우 인맥은 사업의 발전 원동력

3. 명함관리
(1) 교환 이후 적극적인 의사소통을 통해 자신의 인맥을 만드는 도구로 활용해야 한다.
(2) 상대방에 대한 구체적인 메모를 하는 것이 명함관리의 첫 걸음이다.
(3) 스마트폰이나 태블릿 PC를 이용한 명함관련 애플리케이션을 사용하는 방법도 있다.

(4) 명함과 함께 메모해두면 좋은 정보
   ① 언제, 어디서, 무슨 일로 만났는지에 관한 기록
   ② 소개자의 이름
   ③ 학력이나 경력
   ④ 상대의 업무내용이나 취미, 기타 독특한 점
   ⑤ 전근, 전직 등의 변동사항
   ⑥ 가족사항
   ⑦ 거주지와 기타 연락처
   ⑧ 대화를 나누고 나서의 느낌이나 성향

(5) 명함의 가치
   ① 자신의 신분을 증명한다.
   ② 자신을 PR하는 도구로 사용할 수 있다.
   ③ 개인의 정보를 전달한다.
   ④ 개인의 정보를 얻을 수 있다.
   ⑤ 대화의 실마리를 제공할 수 있다.
   ⑥ 후속 교류를 위한 도구로 사용할 수 있다.

4. 인맥관리카드

(1) 자신의 주변 인물들을 관리카드로 작성하여 관리하는 것이다.
(2) 이름, 관계, 직장 및 부서, 학력, 출신지, 연락처, 친한 정도 등의 내용이 포함된다.
(3) 핵심 인맥과 파생 인맥을 구분하여 작성한다.
(4) 파생 인맥 카드에는 핵심 인맥 카드와 달리 어떤 관계에 의해 파생되었는지를 기록해야 한다.

5. 소셜 네트워크(SNS ; Social Network Service)

(1) 초연결사회(Hyper-connected Society) : 정보통신기술이 발달하면서 사람, 정보, 사물 등이 네트워크로 촘촘하게 연결된 사회
(2) 소셜 네트워크를 통해 직접 대면하지 않고 시간과 공간을 초월하여 네트워크상의 인맥을 형성하고 관리할 수 있다.
(3) 비즈니스 특화 인맥관리서비스(Business Social Network Service) : 비즈니스에 특화된 소셜 네트워크로 특히 인맥구축과 채용에 도움이 된다.

보충플러스

링크드인(LinkedIn)
미국에서 서비스를 시작한 비즈니스 특화 인맥관리서비스를 위한 소셜 네트워크 서비스로, 특히 외국계 기업의 정보수집과 구인/구직을 위한 창구로 주로 이용된다. 2018년 기준 5억 4,600만 명이 가입하여 비즈니스 소셜 네트워크 서비스로는 세계 최대 규모이다.

3 조직차원의 인적자원관리

1. 기업의 인적자원관리의 의미
(1) 기업 활동에서 필요한 무형의 자산이라 할 수 있는 인적자원(근로자의 기술, 능력, 업무)을 파악하고, 동원할 수 있는 인적자원을 최대한 확보하여 실제 업무에 어떻게 배치할 것인지에 대한 예산 계획을 수립하고 이에 따른 인적자원을 효율적으로 배치하여 관리하는 기술이다.
(2) 기업에서 인적자원관리는 목적 달성을 위해 필요한 인적자원을 조달, 확보, 유지, 개발하여 경영 조직 내에서 구성원들이 능력을 최고로 발휘하게 하는 것이다.
(3) 근로자 스스로가 자기만족을 얻게 하는 동시에 경영목적을 효율적으로 달성하는 등 사용자와 근로자 간의 협력 체계가 이루어지도록 관리하는 활동이다.

2. 기업의 인적자원관리의 중요성
(1) 기업체에서 인적자원에 대한 관리는 조직의 성과에 큰 영향을 미친다.
(2) 기업에 있어서 인적자원은 능동성, 개발가능성, 전략적 자원의 특성을 갖는다.
  ① 능동성 : 인적자원은 능동적이고 반응적인 성격을 갖고 있으므로 기업의 성과는 인적자원의 욕구와 동기, 태도와 행동, 만족감 등에 따라 결정된다.
  ② 개발가능성 : 인적자원은 자연적인 성장과 성숙, 오랜 기간에 걸쳐서 개발될 수 있는 많은 잠재력과 자질을 보유하고 있다.
  ③ 전략적 자원 : 조직의 성과는 인적자원과 물적자원 등을 효율적, 능률적으로 활용하는데 달려 있으며 이러한 자원을 활용하는 것은 인적자원이기 때문에 어느 자원보다 전략적 중요성이 강조된다.

3. 인사관리자의 역할 – 울리히(Ulrich)의 인사관리자 다역할 모형

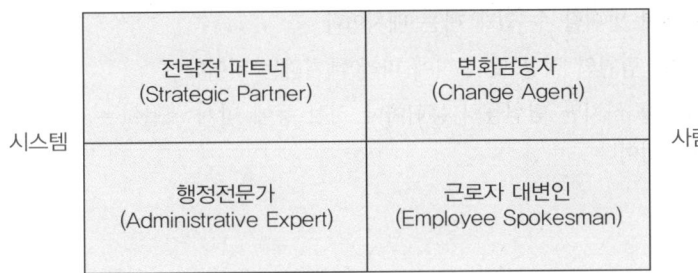

(1) 전략적 파트너 : 경영전략에 부합하는 인사관리 시스템으로 경영목표를 달성하는 역할
(2) 변화담당자 : 종업원들이 변화를 수용하고 이를 적응할 수 있도록 하는 역할
(3) 행정전문가(관리전문가) : 효율적인 인사관리 시스템을 구축하고 관리하는 역할
(4) 근로자 대변인 : 종업원의 요구를 파악하고 지원책을 강구하는 역할

4. 인사부서의 역할 변화

(1) 목적적 차원 : 기업의 목표를 달성하는 기업의 전략센터의 기능을 수행
(2) 구조적 차원 : 종업원의 관리가 아닌 지원을 하는 서비스 센터의 역할을 수행
(3) 기능적 차원 : 관리부서의 기능을 넘어 기업의 부가가치를 창출하는 역할을 수행

5. 인사관리의 원칙

인사관리의 흐름
직무 분석 → 인사 계획 → 모집 → 선발 → 배치 → 개발 → 활용 → 보상 → 유지

(1) 적재적소배치의 원칙 : 해당 직무 수행에 가정 적합한 인재를 배치한다.
(2) 공정 보상의 원칙 : 공헌도에 따라 노동의 대가를 공정하게 지급한다.
(3) 공정 인사의 원칙 : 직무 배당, 승진, 상벌, 근무 성적, 임금 등을 공정하게 처리한다.
(4) 종업원 안정의 원칙 : 직업의 신분을 보장함으로써 안정된 직장 생활을 할 수 있도록 한다.
(5) 창의력 계발의 원칙 : 개인의 능력을 발휘할 수 있는 기회를 제공하고 그에 대한 보상을 한다.
(6) 단결의 원칙 : 구성원들이 서로 유대감을 가지고 협동, 단결 할 수 있도록 한다.

6. 양적 · 질적 · 적성 배치

(1) 양적 배치 : 부문의 작업량과 조업도, 여유 또는 부족 인원을 감안하여 배치하는 것이다.
(2) 질적 배치 : 적재적소의 배치와 같이 팀원의 능력이나 성격을 고려하여 개개인의 능력을 최대한 발휘할 수 있게 하는 배치이다.
(3) 적성 배치 : 팀원의 적성 및 흥미에 따라 배치하는 것이다.
(4) 양적 배치를 하지만 팀원들의 능력이나 적성 등에 맞게 조율하는 것이 가장 효과적인 배치방법이다.

7. 사람 중심에서 직무 중심으로의 변화

구분	사람 중심 인력 운영	직무 중심 인력 운영
인력운용	선 선발 → 후 배치	선 배치 → 후 선발
노동시장	내부노동시장 의존	외부노동시장 의존
직무내용	비표준화	표준화
배치전환	직무순환 활용	체계적 경력경로 활용
차별화 기준	근속, 보유능력	직무가치, 성과
인력 육성 방향	표준화, Generalist	전문화, Specialist
인력 활용	높은 유연성	낮은 유연성

8. 스타(Star)형 인재와 가디언(Guardian)형 인재

구분	스타형	가디언형
업무	혁신과 관련된 업무	절차와 시스템이 명확한 업무
채용	경쟁사와 대비되는 과감한 투자를 통해서 채용	태도나 조직에 대한 적합도를 기준으로 채용
동기 부여	자율적인 분위기와 성과에 대한 인정과 격려	실수 없는 일 처리를 통한 조직의 안정성에 기여한다는 책임감
육성	강점을 극대화하는 육성	반복과 숙달을 통해서 전체적인 역량의 평균을 높이기
협업, 소통	• 한 개인의 능력으로 조직 전체의 성과를 좌우할 수 있으므로 지식의 공유와 희생을 강조하지 않음. • 각자가 자기 위치에서 최선의 노력함.	혼자서 할 수 있는 일이 많지 않으므로 구성원 간 서로 긴밀하게 연결되고 끊임없이 상호작용함.

4 인적자원의 모집

1. 내부모집과 외부모집

(1) 내부모집 : 내부의 인원을 승진, 부서이동, 직무이동을 통해 인적자원을 확보하는 제도로 기능목록이나 인력배치표를 통해 직무에 적합한 인재를 발굴한다.

(2) 외부모집 : 기업 외부의 노동시장에서 인적자원을 영입하는 방식으로 광고, 고용기관 알선, 인턴십, 현직 종업원 추천 등을 통해 이루어진다.

> **보충플러스** +
>
> **사내공모제(Job Posting)**
> 기업 내 직원들을 대상으로 사내공모를 통한 직무이동을 하는 내부모집의 한 방법으로, 희망자를 대상으로 면접 등의 외부모집과 유사한 절차로 진행된다는 것이 특징이다. 이를 통해 기업의 내부인력 확보와 개인의 적성에 따른 직무선택의 욕구를 동시에 충족시킬 수 있다.

(3) 내부모집과 외부모집의 장점과 단점

구분	장점	단점
내부모집	• 능력이 충분히 검증된 사람을 모집할 수 있다. • 신속한 충원과 충원비용을 줄일 수 있다. • 재직자의 동기부여와 장기근속을 유발할 수 있다. • 업무에 대한 훈련과 적응시간을 단축할 수 있다.	• 조직의 성장기에는 적임자를 찾기 어려울 수 있다. • 조직의 내부 정치와 관료제로 인해 비효율적일 수 있다. • 조직의 연쇄적인 이동으로 인해 조직에 혼란을 유발할 수 있다.
외부모집	• 새로운 아이디어와 견해가 유입된다. • 연쇄 효과로 인한 혼란이 없다. • 조직의 성장기에 효과적이다.	• 시간과 비용이 소요된다. • 선발할 때와 입사이후의 성과의 불일치 가능성이 있다. • 재직자의 사기를 저하할 수 있다.

(4) 사원추천모집제도(사내추천제) : 직원들에게 수시로 인재를 추천받아 면접을 실시해 선발하는 외부모집의 한 방법으로, 낮은 모집비용으로 검증된 인재를 채용할 수 있다는 장점이 있다. ★ 구 워크북

2. 조직의 수명주기에 따른 인적자원의 모집

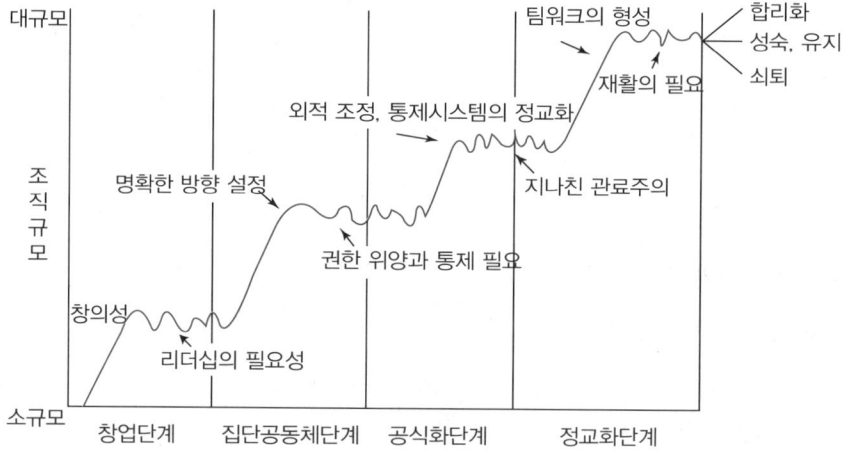

(1) 도입기(창업단계) : 조직의 성장기반을 마련하고 개척하기 위해 리더십을 갖춘 외부의 우수인력 영입

(2) 성장기(집단공동체단계) : 조직이 성장하여 인력고용을 확대하고 내부 인적관리가 활발하게 이루어지는 단계로 주로 종업원의 잠재력을 기준으로 선발
(3) 성숙기(공식화단계) : 외부인력의 모집보다는 내부인력의 이직이나 배치전환 등 내부 효율성 통제를 목적으로 하는 인력조정이 중심
(4) 쇠퇴기(정교화단계) : 조직의 규모가 일시적으로 축소되며, 인력감축이나 재훈련 등의 인적자원관리를 실시하거나 소규모 조직으로의 개편을 통한 혁신과 내부합리화를 실시

5 직무분석

1. 직무분석의 의미
(1) 인적자원관리의 가장 기본적인 기능 중 하나로 직무에 관련된 정보를 수집, 분석, 종합하는 활동이면서 특정 직무의 성질에 관한 조사연구이다.
(2) 직무의 성질과 요건 즉, 직무를 수행함에 있어서 종업원에게 요구되는 숙련, 지식, 책임 등을 결정하는 체계적인 절차이다.

2. 직무분석의 필요성
(1) 직무에 관한 개요, 작업자와 관리자가 직무의 내용과 요구사항을 이해하는데 도움
(2) 모집, 선발관정에서 자격조건을 명시하고, 취업자에게 직무에 필요한 정보 제공
(3) 상하연결, 보고, 책임, 관리 등 조직관례를 명시
(4) 교육훈련에 도움
(5) 조직 계획과 인적자원계획에 도움이 되는 자료 제공
(6) 직무설계와 과업관리의 개선에 도움
(7) 직무의 가치평가자료를 제공하여 직무평가를 통한 임금구조 균형 달성
(8) 경력경로와 진로의 선정 등 경력계획의 기본자료 제공
(9) 노사간에 특정 직무에 대한 상호 이해 증진

3. 직무분석의 접근방법
(1) 관찰법 : 직무분석가가 특정직무가 수행되고 있는 것을 관찰하고 그 내용을 기록
(2) 면접법 : 직무분석가가 해당직무 수행자에게 면접을 실시하여 직무정보를 획득
(3) 질문지법 : 직무수행자에게 질문을 통하여 직무에 대한 정보를 획득
(4) 녹화법 : 단순반복 작업이나 소음분진 등 장기간 관찰이 어려운 직무행동을 비디오로 촬영

(5) 작업기록법 : 매일 적성하는 작업일지나 메모사항을 가지고 해당 직무정보를 수집
(6) 중요사실기록법 : 직무수행자의 직무행동 가운데 성과와 관련하여 효과적인 행동과 비효과적인 행동을 구분하여 그 사례를 수집하고, 직무성과에 효과적인 행동패턴을 추출하여 분류하는 작업
(7) 종합법 : 두 가지 이상을 사용하여 정보를 수집하는 일종의 혼합, 절충식 방법

4. 직무분석의 세부목적

(1) 직무설계 : 기술 및 작업방법 변경에 따른 적합한 직무설계
(2) 인적자원계획 : 현재 및 미래 인적자원 적정수 예측
(3) 모집 및 선발 : 배치, 이동, 승진의 기초자료 제공
(4) 인사고과 : 종업원들의 업적, 능력, 태도, 평가 기준제공
(5) 인적자원개발 : 종업원 교육훈련의 기준
(6) 인적자원의 보상 : 임금관리(직무급)의 기초자료 제공
(7) 안전 및 보건 : 작업조건과 환경실태 파악 → 개선에 도움

5. 직무기술서(Job Description)

(1) 직무분석 결과로 얻은 직무에 관한 내용, 성질, 수행방법 등 정보자료를 일정한 양식에 정리한 문서이다.
(2) 내용
  ① 직무표식 부문 : 직무명칭, 직무부서, 직무부호 등
  ② 직무개요 부문 : 직무의 범위, 목적, 내용 등
  ③ 직무내용 부문 : 직무의 수행방법 및 기간, 관계활동사항 등
  ④ 직무요건 부문 : 기술 및 숙련, 노력, 책임 및 의무, 인적 자격 및 작업조건에 관한 사항 등

6. 직무명세서

(1) 직무기술서를 기초로 채용, 배치, 승진, 평가 등 인사관리의 목적에 따라 필요한 자료를 추출하여 해당 직무담당자의 인적 자격요건을 중심으로 정리한 문서이다.
(2) 내용
  ① 직무확인사항 : 직무명칭, 직무부서, 부호 등
  ② 직무내용 : 직무수행방법, 수행기간, 관계활동사항 등
  ③ 인적 요건 : 지식, 기술, 숙련, 체력, 성격요건, 경험요건, 교육요건, 기타 인격적 요건 등

[직무기술서와 직무명세서의 내용 비교]

직무기술서	직무명세서
• 직무명칭 • 직무의 소속직군, 직종 • 직무내용의 요약 • 수행되는 과업 • 직무수행의 방법 • 직무수행의 절차 • 사용되는 원재료, 장비, 도구 • 관련되는 타 직무와의 관계 • 작업조건(인원수, 상호작용의 정도)	• 직무명칭 • 직무의 소속직군, 직종 • 요구되는 교육수준 • 요구되는 기능/기술수준 • 요구되는 지식 • 요구되는 정신적 특성(창의력, 판단력) • 요구되는 육체적 능력 • 요구되는 작업경험 • 책임의 정도

직무분석의 순서

사전조사 → 직무분석표의 설계 → 직무분석표의 배부 → 분석조사표의 수집(직무정보의 획득) → 직무기술서의 작성 → 직무명세서의 작성

6 인사평가

1. 인사평가의 목적

(1) 인력계획 및 인사기능의 타당성 측정 : 기업의 장·단기 인력개발 수립에 요청되는 양적, 질적 자료를 제공
(2) 성과측정 및 보상 : 종업원의 성과를 측정하여 종업원의 관심사인 승급, 상여금, 임률 결정 및 승진에 활용
(3) 조직개발 및 근로의욕증진 : 인사평가를 통해 직무담당자의 직무수행 상 결함을 발견하고 개선할 계기를 찾음.

TIP 인사평가의 개념

인사평가는 직무분석에 기초하여 현재 또는 미래의 능력과 업적을 평가하여 각종 인사시책에 필요한 정보를 획득하고 활용하는 것을 의미한다. 인사평가는 관찰 가능하고, 객관적인 근거를 지녀야 하며, 척도는 추상적이지 않고, 성과는 행위에 근거하여 설정해야 한다.

2. 인사평가에서 파악하는 능력

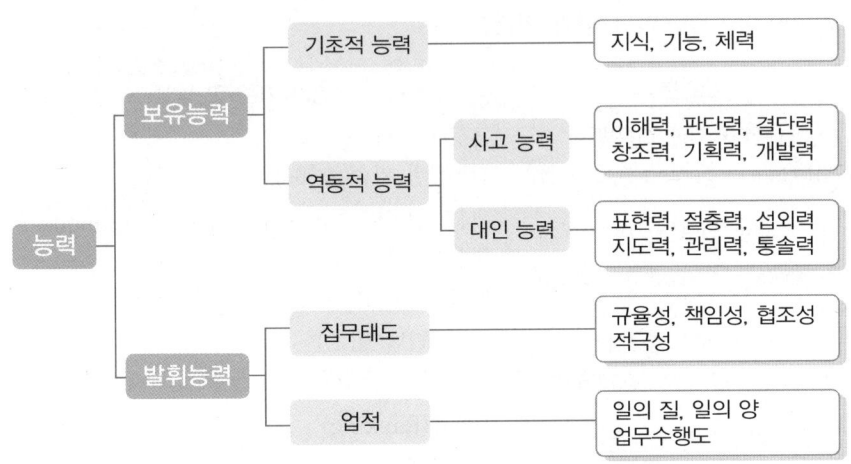

(1) 보유능력은 종업원이 잠재적으로 가지고 있는 능력이고, 발휘능력은 직무수행의 결과 발휘된 능력을 말한다.
(2) 보유능력은 지식, 기능, 체력과 같은 기초적 능력과 이해력, 판단력 등의 사고능력과 표현력, 절충력 등의 대인능력과 같은 역동적 능력으로 구성된다.
(3) 발휘능력은 규율성, 책임성과 같은 집무태도와 일의 질, 일의 양, 업무수행도와 같은 업적으로 구성된다. 보유능력은 일반적으로 능력고과로 평가하고, 발휘능력 중 집무태도는 태도고과로, 업적은 업적고과로 평가된다.

보충플러스

균형평가표(BSC ; Balanced Score Card)
전통적인 기업평가 기준인 재무적 관점의 평가와 고객 관점, 업무 프로세스 관점, 학습과 성장 관점이라는 비재무적 관점을 포함하여 기업의 경영을 평가하는 경영분석기법으로, 인사평가에 있어서는 업적(성과)평가를 위한 업무실적의 평가 기준으로 매출액과 생산량 등의 재무적 평가요소 외에 고객만족, 교육성과 등의 비재무적 평가요소를 함께 고려하여 이를 인사평가에 반영할 수 있도록 한다.

3. 인사평가의 종류

평가의 종류	평가의 주안점	주요 평가 내용
업적(성과)평가 (Performance)	평가기간에 이룩한 업무실적	매출액, 생산량, 개선 실적, 실제 업무수행정도 등
능력 평가 (Ability)	개인이 보유하거나 발휘한 능력을 평가(보유능력보다는 발휘능력에 보다 무게를 두고 평가하는 것이 바람직함)	전문지식, 기술/기능, 리더십, 창의성
태도평가 (Attitude)	업무에 임하는 자세와 행동을 평가(인성적 측면이 강함)	적극성, 협조성, 책임의식, 근대, 도전정신, 근면성, 개선의지 등
역량평가 (Competency)	우수한 성과를 달성한 고업적자로부터 일관되게 관찰되는 행동 특성, 조직의 우선순위와 핵심역량을 반영하여 평가한다.	사업과 전략 포커스, 직무 및 역할 관련 행동특성, 경쟁력 있는 업적 관련 능력

4. 인사평가의 접근법과 평가 기준

접근법	평가 기준 및 방법
행위자 지향 접근법 (Performer-oriented Approach)	특성(Traits) 직무관련 기술(Skills)
행위 지향 접근법 (Behavior-oriented Approach)	핵심사건기법(Critical Incidents Techniques) 행위기준평가법(BARS) 행위빈도고과법(BOS)
결과 지향 접근법 (Result-oriented Approach)	목표관리법(MBO) 종합성과평가법(Summary Performance Rating)
비교 지향 접근법 (Comparison-oriented Approach)	서열법(Ranking) 강제할당법(Forced Distribution) 쌍대비교법(Paired Comparison)

5. 인사평가의 검증기준

(1) 전략적 수렴성(Strategic Congruence) : 조직의 전략과 목표 그리고 조직문화에 수렴하는 직무성과와 관련된 정도
(2) 타당성(Validity) : 직무성과와 관련성 있는 내용을 측정하는 정도
(3) 신뢰성(Reliability) : 성과측정에 있어 결과치의 일관성을 또는 안정성을 나타내는 지표
(4) 수용성(Acceptability) : 평가도구를 사용하는 사람들이 효과 있는 평가잣대로 받아들이는 정도를 말함
(5) 구체성(Specificity) : 피평가자가 평가측정이 기대되는 행동이나 업적, 그리고 그 기대를 충족시키기 위해 구체적으로 어떻게 해야 할지에 대해 알려주는 정도
(6) 민감도(Sensibility) : 해당 성과에 대해 높은 성과를 내는 사람들과 낮은 사람들간의 측정치가 차별적으로 측정
(7) 실행가능성(Practicality) : 평가를 실제로 측정하는데 어려움이 없어야 함.

6. 인사평가의 오류

(1) 현혹 효과(Halo Effect) : 평가자가 피평가자가 개인적으로 가지고 있는 호의적 인상에 의해 실제 관련성이 없는 평가 항목에서까지 우수하다고 인식하고 이를 평가에 반영하여 발생하는 오류
(2) 상동적 태도(Stereotyping) : 피평가자의 개인적 특성이 아닌 피평가자가 속한 사회적 특성이 평가에 영향을 미침으로서 발생하는 오류
(3) 관대화 경향(Leniency Tendency) : 평가항목과 무관한 집단관계가 작용하여 피평가자들을 전체적으로 높게 평가하여 발생하는 오류
(4) 엄격화 경향(Strictness Tendency) : 평가기준을 필요 이상으로 높게 설정하여 피평가자들을 전체적으로 낮게 평가하여 발생하는 오류
(5) 중심화 경향(Central Tendency) : 평가자가 평가 대상 또는 평가기준에 대한 이해도가 낮아 평가에 대한 책임을 회피하기 위해 편차 없이 중간점수대로만 평가하여 발생하는 오류
(6) 논리적 오류(Logical Errors) : 평가자가 평소에 가진 논리적인 사고가 평가에 반영되어 평가기준 이외의 평가자의 임의적 기준이 반영되는 오류
(7) 근접 오류(Proximity Errors) : 인사평가표상 근접한 위치에 있거나 연속된 시간동안의 평가요소 간의 평가결과가 유사하게 기록되어 발생하는 오류
(8) 시간적 오류(Recency Errors) : 평가자가 쉽게 기억할 수 있는 최근의 사건들이 평가기준에 큰 비중으로 작용하여 발생하는 오류
(9) 극단화 오류 : 중심화 경향을 지나치게 의식해 평가 단계의 최상위 혹은 최하위에만 집중된 평가가 발생하는 오류

> **보충플러스**
> **뿔 효과(Horn Effect)**
> 후광 효과와 반대로 피평가자가 가진 비호감적 인상이 이와 관련이 없는 평가항목에까지 반영이 되어 발생하는 오류

7. 인사평가표의 작성

인사평가표	부서명	인사부
	작성자	
	페이지 번호	1/1페이지
	작성일자	20 . .

평가요소		착안점	평가자 1차	평가자 2차	평가자 3차	비고
업적	업무달성도	계획, 지시에 의해 부관된 업무의 달성 여부 타 직원과의 업무량 비교 및 일정 기간 내의 달성여부				
	업무의 질	업무 달성 결과의 질적 수준과 착오 누락 오류의 발생빈도 및 그 잘못의 경중				
	업무개선	담당 업무 수행 시 능률 향상을 위한 구체적인 개선책 및 해결책을 꾸준히 모색하고 있는 지의 여부				
능력	업무의 지식	당사 직무 수행에 필요한 사무 지식 및 전문적 지식의 정도				
	기획창의력	창의력을 바탕으로 주도면밀한 계획을 수립하여 이를 실천하는 능력		.		
	분석판단력	계획, 지시된 업무의 문제점을 파악, 분석하여 올바른 결론, 정확한 대책을 강구하는 능력				
	실천력	계획, 지시된 업무를 적극적으로 박력 있게 끝까지 추진하는 능력				
태도	책임감	맡은바 일을 책임감 있게 수행하고 그 결과에 대하여 책임을 지는 태도				
	협동심	상사 동료와의 협조 및 협동 관계가 긴밀한 정도				
	근무태도	당사 직원으로서의 기본적인 인격을 갖추고 있는지의 여부				
	근면성	성실 근면한 자세로 업무에 임하고 있는 지의 여부				
종합점수			점	점	점	

평가등급	구분	탁월	우수	양호	보통	미흡
	등급	A+	A	B	C	D

TIP 인사평가표 작성 시 주의사항

- 기업의 특성을 고려한다.
  조직의 사정과 규모에 적합한 인사고과 시스템을 정착한다.
- 신중한 평가 자세를 갖는다.
  평가 결과에 따라 연봉, 승진, 교육훈련 등에 영향을 주기 때문에 결과에 모든 책임을 진다는 자세로 갖는다.
- 인사고과에 대한 준비를 철저히 한다.
  – 피평가자에 대한 선입견과 편견을 버리고 사실에 입각하여 판단한다.
  – 평소 메모하는 습관을 통해 피평가자에 대한 관찰기록에 근거하여 평가한다.
- 인사고과 정보를 관리한다.
  공정한 평가방법을 적용하고 기본적으로 비밀로 관리한다.

7 인력의 배치

1. 인력의 배치방법
(1) 인력의 배치는 어느 한 방향이나 방법에 의존하지 않고 다양한 관점과 방법으로 팀원을 배치할 때 효과가 극대화되고, 팀원들의 욕구를 충족시킬 수 있다.
(2) 과업세부도를 활용한 인력배치 : 할당된 과업에 따른 책임자와 참여자를 명시하고 관리함으로써 업무 추진에 차질이 생기는 것을 방지할 수 있다.

2. 알리바바(Alibaba)의 인재유형별 관리법
(1) 중국의 전자상거래 기업 알리바바는 인사평가에 있어서 성과(능력)와 협동정신(태도)을 기준으로 사냥개형, 들개형, 토끼형의 세 가지 종류로 분류하고, 분류에 따른 인적자원의 활용안을 제시하였다.
(2) 내용

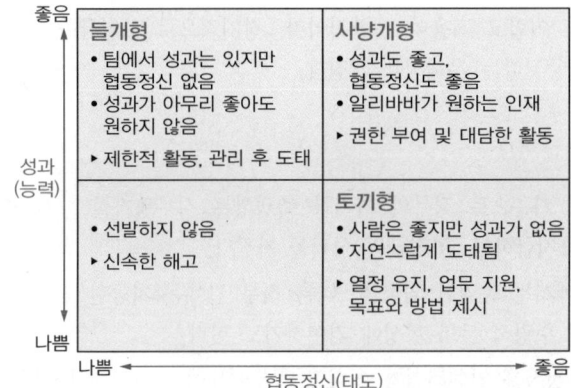

> **TIP**
> 알리바바의 인재유형은 성과와 협동정신을 모두 갖춘 사냥개형 인재를 가장 이상적인 사람으로 보고 이들을 위한 과감한 활동권한을 부여한다. 토끼형 인재와 들개형 인재는 곧 도태될 것이라고 보았으나, 알리바바는 성장의 가능성이 있는 토끼형 인재들에게 가치관과 업무능력을 배양하는 교육과 업무 지원, 목표 설정 등의 방법 등의 인재 육성을 함께 제시한다.

3. 직무설계의 방법
(1) 직무확대 : 작업자가 수행하는 과업을 수평적으로 확대하여 과도한 단순화와 전문화의 역효과를 막고 작업자에게 모든 작업과정을 수행하는 기회를 부여한다.
(2) 직무순환 : 일정 기간마다 작업자들이 다른 종류의 직무를 수행하도록 업무를 교환하여 넓은 경험과 지식을 습득할 수 있도록 한다.
(3) 직무충실화 : 작업자에게 자신의 작업에 대한 관리권한을 부여하는 수직적 직무확대로, 직무에 대한 책임감을 부여하고 업무의 재량권을 바탕으로 창의력을 발휘할 기회를 제공한다.
(4) 직무전문화 : 작업자가 수행하는 과업을 세분화하여 작업자의 책임 부담을 줄이고 특정 업무에 고도의 전문성을 갖추도록 한다.

8 임금체계의 종류

1. 연공급

(1) 경력, 나이 등의 연공을 기준으로 승급하고 정해진 상여를 지급하는 임금체계로 고정급의 성격을 가진다.
(2) 호봉제 : 근속연수에 따라 호봉이 승급되고, 이에 따른 상여를 지급받는 체계
(3) 임금체계가 단순명료하고 안정적이나, 동일노동 동일임금의 원칙에 위반하며 능력 있는 젊은 인재의 업무동기 감소의 원인이 되기도 한다.

2. 직능급

(1) 종업원의 직무수행능력을 직접 평가하여 이를 기준으로 상여를 지급하는 임금체계로 변동급의 성격을 가진다.
(2) 종업원 간의 내부경쟁을 통한 상호경쟁과 이를 통한 성장을 기대할 수 있어 인적자원의 질적 향상에 기여한다.
(3) 직능의 평가가 어렵고 적용이 제한적이며, 장기적으로 고임금화가 유발되어 기업의 임금부담이 가중된다는 문제점을 가진다.

3. 직무급

(1) 기업의 목표를 기준으로 직무의 가치를 측정하는 직무평가를 실시하여 이를 기준으로 임금을 차등지급하며, 고정급의 성격을 가진다.
(2) 같은 직무 내에서는 동일한 임금을, 다른 직무 간에는 차등한 임금을 지급하여 동일 직무 내에서의 수평적 문화 형성에 기여하기도 한다.
(3) 평가기준의 공정성을 기대하기가 어렵고 직무이동이 곤란하여 다기능 인재로의 성장을 기대할 수 없다는 문제점을 가진다.

4. 성과급

(1) 종업원 개개인이 달성한 업무성과를 기준으로 임금을 지급하며, 변동급의 성격을 가진다.
(2) 성과만을 기준으로 전체 임금을 결정하는 경우는 거의 없고, 독자적인 임금체계보다는 임금조정단계에서 부가적으로 활용된다.
(3) 종업원의 능력과 성과를 기준으로 임금협상을 통해 임금을 결정하는 연봉제가 여기에 해당한다.
(4) 기업의 목표 달성을 빠르게 촉진할 수 있고 임금산정의 기준을 정확하게 측정할 수 있으나, 성과를 구체적으로 측정하기가 힘든 서비스업 등 정신노동이 포함된 업종에는 적용이 어렵고 과열경쟁의 위험성이 있다는 문제점을 가진다.

보충플러스

역할급
직무급에 직능급의 요소를 복합한 형태의 임금체계로, 우선 직무가치를 기준으로 역할등급을 결정하는 직무급을 기초로 여기에 개인의 업무성과를 반영하여 개개인의 임금을 결정한다.

보충플러스

연봉제
1년 단위의 봉급협상을 통해 계약의 형식으로 봉급을 결정하는 제도로, 일반적으로 종업원의 능력과 성과를 기준으로 봉급이 결정되는 성과급으로 분류되나, 봉급을 결정하는 과정에서 업무 성과 이외에도 직무, 직능, 업적, 연공 등의 다양한 기준이 적용될 수 있다.

9 승진제도

1. 역직승진(직책승진)
(1) 사원, 대리, 과장, 차장 등 조직구조의 편성에 따라 나누어진 직위단계에 따라 상승하는 가장 일반적인 승진 방식이다.
(2) 실제 직무능력과 관계없이 공석이 발생하게 되면 조직운영의 원리에 따라 승진하게 된다.

2. 직계승진(직위승진)
(1) 직무분석에 따라 도출된 직무의 자격요건을 충족하는 종업원을 선정하여 승진하는 방식
(2) 업무에 최적화된 종업원을 배치할 수 있으나 실제로는 모든 요건을 충족시키는 종업원을 찾기 어렵다는 현실적 한계가 있음

3. 연공승진
(1) 종업원의 연령이나 근속연수에 따라 자동으로 승진하는 방식이다.
(2) 직무의 안정성이 강조되는 조직에서 주로 사용하는 승진제도이다.

4. 대용승진
(1) 직무와 보수, 지위의 변동 없이 직위만 승진하는 형식적인 승진이다.
(2) 주로 직장 내 인사체증으로 인한 종업원의 사기저하를 방지하기 위해 사용된다.
(3) 대외업무 수행에 있어서 고객의 신뢰도를 높이기 위해 외견상 높은 직급인 것처럼 보이기 위해 사용되기도 한다.

5. 조직변화승진(OC)
(1) 조직구조의 변동으로 새로운 직위나 직무가 창설되면서 승진하는 방식이다.
(2) 조직개편의 과정에서 자연스럽게 발생하나 이와 관계없이 인사체증을 해결하기 위해 임의로 사용되기도 한다.

6. 자격승진
(1) 승진에 일정한 자격을 설정하여 자격을 취득하면 승진을 하는 방식이다.
(2) 개인의 근속연수 등을 자격으로 설정하는 신분자격승진, 직무 관련 요소를 충족했을 때를 기준으로 하는 직능자격승진이 있다.
(3) 종업원의 직무능력 향상을 촉진시키는 효과를 기대할 수 있으나 종업원의 능력수준이 충족됐음에도 구조상의 한계로 직무가 제공되지 못하는 과잉능력상황이 발생할 위험이 있다.

7. 발탁승진

(1) 종업원의 근속연수, 연령 등을 배제하고 오직 업무성적만을 기준으로 조기승진을 시키는 방식이다.
(2) 종업원의 사기향상과 직무능력 향상을 촉진시키는 효과가 있으나, 과다경쟁을 유도하게 되거나 잘못 이용할 경우 사기저하와 조직의 안정성을 해치게 될 위험이 있다.

10 4차 산업혁명과 인적자원관리의 변화

1. 고용시장의 노마드화

(1) 한 직장에 묶이지 않고 전문성을 바탕으로 여러 기업을 대상으로 고가의 용역을 제공하는 인재를 활용한 인적자원관리가 중요해지고 있다.
(2) 노마드화가 진척되더라도 조직 내부 사정에 정통하고 높은 충성심을 갖춘 인재들이 여전히 필요하다.
(3) 노마드형 인재와 내부핵심형 인재

노마드형 인재(Nomadic Talent)	내부핵심형 인재(Committed Talent)
• 프로젝트 단위로 계약해 바로 활용가능 • 업무 전문성이 가장 중요 • 조직과 개인 간의 관계는 거래적 관계 • 개인은 어디서나 통하는 기술과 실력을 갖춤 • 적시, 적소의 인력활용이 중요	• 외부에서 구하기 어렵고 오랜 시간 육성 • 조직 이해, 내부 네트워크, 충심성이 중요 • 조직-개인 간의 높은 상호 의존도 • 개인은 해당 기업이 중시하는 역량도 갖춤 • 일정 비율의 우수 인력 확보/동기부여가 중요

2. 인재상의 변화

(1) 복잡한 문제해결 능력 : 융복합과 초연결을 통해 복잡해진 현실의 문제를 해결할 수 있는 능력
(2) 평생 학습능력 : 인구의 노령화, 평균 재직 기간의 단축, 노동시장의 유연화 등으로 인해 다양한 직무를 경험하고 배울 수 있는 능력
(3) 지적호기심과 자발성 : 지적호기심은 동기와 목표의식을 스스로 갖추고, 자발성은 리더답게 행동하고 판단할 수 있는 능력
(4) 협업능력 : 다양한 분야의 지식과 기술의 융합을 통해 문제를 해결하고 조직에 융화될 수 있는 능력
(5) 디지털 역량 : 4차 산업혁명의 매개는 디지털 기술이므로 디지털 기술과 원리를 이해하고 활용할 수 있는 능력

이것만은 꼭!

4차 산업혁명
인공지능, 빅데이터 등 디지털 기술로 촉발되는 초연결 기반의 지능화 혁명으로 지난 3차 산업혁명이 '사람'의 통제 하에 작동되는 컴퓨터와 인터넷 기반의 지식 정보가 주를 이루었다면, 4차 산업혁명은 '기계', '지식', '정보'에 '사람'까지도 하나로 연결되어 사람과 기계의 경계가 허물어지고 그 속도는 예측하기 어려울 정도로 빠른 것이 특징이다.

3. 직원 몰입에서 직원 경험으로 변화

직원 몰입의 HR	직원 경험의 HR
• 공급자 중심에 초점 • 자신이 맡은 분야의 업무 수행 • 업무 수행 및 관리의 효용성 초점 • 채용, 교육, 평가, 보상, 복지 등 HR 요소별 접근	• 수요자인 임직원 중심에 초점 • 직원의 의견을 상시 청취하고 분석 및 조언 • 의도화된 차별화를 위한 가치 있는 아이디어 적용 • 영역의 경계 없이 통합적 문제해결자 역할 강조 • 직원들이 경험할 수 있는 HR 요소를 전체적으로 조망 • 비즈니스 성과와 조화를 이루는 네트워킹 및 협업

4. 빅데이터를 활용한 인적자원관리

(1) 뷰카(VUCA)시대의 데이터 분석을 통한 조직 구성원의 성과 향상에 대한 관심이 증가하면서 편견이나 직관을 극복하여 조직 구성원을 객관적으로 평가하기 위해 빅데이터를 활용하기 시작하였다.

(2) 인력 고령화와 불확실한 환경 변화에 대비를 할 수 있다는 장점이 있다.

(3) 빅데이터를 구축하기 위해 새로운 데이터를 측정하고 모으기보다는 이미 조직에서 실시한 설문이나 성과 데이터를 적극 활용한다.

(4) 주의사항
① 일반적인 특징을 지닌 사람들에 대한 그릇된 편견에 빠지는 것을 주의해야 한다.
② 조직 내 의구심을 극복하고 단계적으로 준비해야 한다.
③ 데이터의 한계를 인식하고 사람에 대한 근본적인 관심이 전제되어야 한다.

(5) 조직 내 활용 가능한 HR 데이터

유형	데이터 종류
인구통계학	나이, 성별, 학력, 학점, 언어 구사능력 등
직무 히스토리	근속연수, 이전 직무, 이전 경력, 승진 내역, 연봉 히스토리 등
성과	성과 등급, 영업/서비스 실적, 프로젝트 내역, 수상 내역 등
스킬과 역량	수료 내역, 교육 이수 내역, 인성/적성 시험 결과, 자기 평가, 외부 교육 수료 내역, 리더십 프로그램 이수 여부 등
보상	보상 히스토리, 성과급, 보상종류, 투자 성향 등
소셜	사내 블로그 활동, 지식관리시스템 등록 내역, 댓글 등

> **보충플러스**
> **뷰카(VUCA)**
> 변동성(Volatility), 불확실성(Uncertainty), 복잡성(Complexity), 모호성(Ambiguity)의 앞 머릿자로, 변화의 속도가 빠르고 변수가 많으며 뚜렷한 답을 규정하기 힘들다는 뜻이다.
> 원래는 미국이 냉전 환경을 설명하기 위해 만들어낸 신조어였으나, 이후 4차 산업혁명 시대의 세계관을 나타내는 용어로 사용되고 있다.

5. 70 : 20 : 10 프레임워크

(1) 4차 산업혁명 시대 기업교육에서 '창의'와 '성과'를 극대화하기 위한 '70 : 20 : 10 프레임워크'의 적용은 성공적인 업무 수행에 필요한 디딤판으로써 가이드라인을 제시한다.

(2) 우리가 일하는 데 필요한 지식, 기술, 태도의 70%는 결국 현업에서 일하면서 실제로 배우는 것, 20%는 관계학습, 나머지 10%는 집합교육에서 배우는 것이 핵심이다.

(3) 70 : 20 : 10 프레임워크의 장점
   ① 비즈니스의 변화 속도에 맞추어 구성원들이 학습하도록 지원
   ② 일과 학습의 통합으로 경계를 뛰어넘도록 지원
   ③ 지속적 업무 지원으로 형식학습을 감소시켜 비용 절감 및 생산성 향상을 지원하여 조직성과 개선

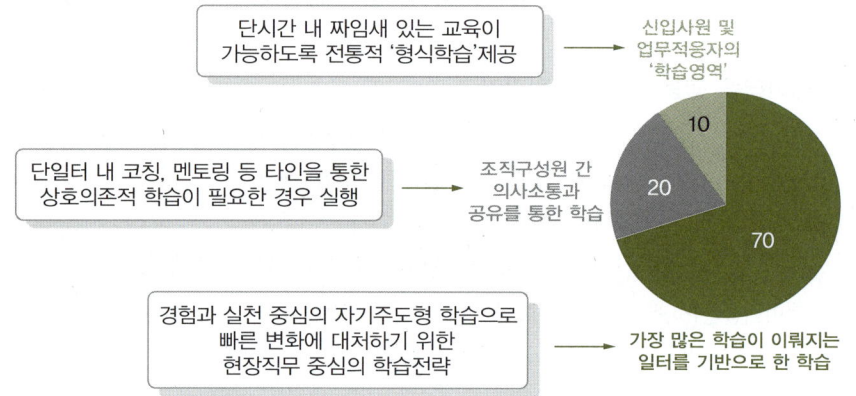

(4) 70 : 20 : 10 프레임워크에서 HRD 담당자의 역할
   ① 성과 문제 분석가 : 성과 및 근본원인 분석결과 보고(솔루션 설계안에 대한 권고사항 및 가이드라인 포함)
   ② 성과 개선 설계자 : 세부적인 설계안을 위한 70 : 20 : 10 기본 및 조건 설계
   ③ 성과 창출 개발자 : 제공된 솔루션에 대한 개요
   ④ 성과 변화 주도자 : 솔루션 실행을 위한 접근법과 상세 권고사항이 실행된 솔루션에 대한 보고
   ⑤ 성과 결과 추적자 : 조직의 성과와 성과개선에 대한 보고

6. 스마트워크 시스템

(1) 사무실이라는 물리적 공간에서의 벗어나 언제 어디서나 업무를 수행할 수 있도록 하는 업무환경 시스템을 의미한다.

(2) 2010년대부터 대기업을 중심으로 시범적으로 도입되기 시작하여 코로나19 유행을 기점으로 비대면 근무가 확대되면서 본격적으로 도입되기 시작하였다.

(3) 업무수행에 있어서 시간과 공간의 제약이 사라지면서 조직 구성원들이 다양한 근로 형태를 선택할 수 있고, 기업은 거주지역의 제약과 경력단절 등의 문제에서 벗어나 폭넓은 인적자원의 모집과 운용을 가능하게 한다.

(4) 주요 내용

재택근무	• 사무실로 출근하지 않고 집에서 업무를 수행 • 원격근무를 지원하는 영상통화 프로그램 등을 활용
모바일 오피스	• 스마트 기기를 활용하여 사무실 이외의 장소에서 업무를 수행 • 스마트폰, 태블릿PC, 무선통신, 클라우드 서비스 등을 기반
스마트 워크플레이스	• 전문 시설을 갖춘 공용 사무공간에서 업무를 수행 • 재택근무와 모바일 오피스의 업무처리 범위 문제의 대안으로 등장

개념확인문제

01 다음은 인적자원의 특성에 관한 설명이다. 맞으면 ○, 틀리면 ×를 표시하시오.

(1) 능동성은 인적자원의 욕구와 동기, 태도와 행동, 만족감 등에 의해 성과가 결정된다. ( )

(2) 개발가능성은 인적자원이 잠재능력과 자질을 보유한 것이다. ( )

(3) 전략적 자원은 인적자원이 적재적소에 사용하는 것을 말한다. ( )

02 다음에서 설명하는 인사관리의 원칙은?

> ○○기업 인사담당 부장은 하반기 인사발령에 즈음하여 '해당 직무 수행에 가장 적합한 인재를 배치해야 한다'는 원칙들을 부원들에게 다시 주지시켰다.

03 다음에서 설명하는 인사평가의 오류는?

> 많은 사람들이 먼 과거보다는 최근의 일을 더 잘 기억하듯이, 평가자 역시 인사평가에 있어서 무의식적으로 최근에 일어난 사건들에 더 큰 비중을 두게 된다.

답
01 (1) ○ (2) ○ (3) ×
02 적재적소의 원칙
03 시간적 오류

자원관리 기출예상문제

▶ 정답과 해설 38쪽

01. 오랜 직장 생활을 그만두고 자영업을 시작하게 된 A는 제법 규모가 있는 회사를 설립하여 어느덧 중소기업의 반열에 오르게 되었다. A는 회사의 제반 규정과 복무 원칙의 재정비를 통한 업무상 필요한 자원관리를 위해 사내 규정을 개선하려고 한다. 다음 중 직접적인 자원관리와 가장 거리가 먼 것은?

① 복리후생에 관한 규정 정비
② 예산안 집행 및 보고에 관한 규정 정비
③ 자재 입출고 대장 관리에 관한 규정 정비
④ PC 보안 및 업무상 정보 유출 방지에 관한 규정 정비
⑤ 출퇴근 및 잔업 시간에 관한 규정 정비

02. 다음 대화에서 자원관리의 개념을 제대로 파악하지 못한 직원은?

> 박 과장 : 자원들이 갖고 있는 공통점은 바로 유한성이라고 할 수 있지. 한 사람이나 조직에게 주어진 자원은 제한되기 마련이니 정해진 자원을 어떻게 활용하느냐가 매우 중요하거든.
> 안 대리 : 전 한 가지 유형의 자원이 없음으로 인해 다른 유형의 자원 확보가 어려울 수도 있을 거 같다고 생각해요. 그래서 모든 자원관리를 적절하게 할 수 있는 능력은 꼭 필요한 거 같아요.
> 현수 씨 : 어떤 사람은 편리성 때문에 자원이 낭비될 수도 있다고 하던데, 직장 생활에서 자원을 자신의 편리성 때문에 낭비하는 경우가 얼마나 되겠어요. 비계획적인 행동 때문이면 모르겠지만요.
> 엄 대리 : 자원관리는 경험과 노하우가 아주 중요합니다. 그래서 새로 일을 시작한 직원들은 잘 모르는 상황이 발생하는 거겠죠.
> 승태 씨 : 우리가 쉽게 인식하지 못하는 자원도 있을 겁니다. 무엇이 자원인지를 먼저 인식해야 그걸 제대로 활용 할 수도 있으니 자원 인식은 매우 중요하다고 생각합니다.

① 박 과장　　② 안 대리　　③ 현수 씨
④ 엄 대리　　⑤ 승태 씨

03. 기업을 경영할 때 예산·시간·물적 자원보다 인적자원이 더욱 중요한 의미와 가치를 지니고 있다는 말을 뒷받침할 수 없는 설명은?

① 인적자원은 자원 자체의 양과 질에 의해 정해진 수동적인 자원이 아닌 능동성을 특징으로 한다.
② 인적자원은 오랜 기간에 걸쳐서 개발될 수 있는 많은 잠재능력과 자질을 보유하고 있다.
③ 인적자원은 그 자체로 기업의 경영 목적이 되며 기업 경영의 구성 요소이기도 하다.
④ 인적자원에 대한 개발 가능성은 환경변화와 이에 따른 조직변화가 심할수록 그 중요성이 더욱 커진다.
⑤ 다른 자원들을 개발·활용하는 주체가 바로 사람, 인적자원이므로 전략적 중요성이 더욱 크다고 할 수 있다.

04. 다음과 같은 상황에서 최 대리가 취해야 할 행동으로 가장 적절한 것은?

> 최 대리는 팀장으로부터 새로이 예산 기획서를 담당하게 된 사원 A를 가르쳐주라는 지시를 받았다. 사원 A는 아직 업무수행능력이 부족하여 업무기한인 모레까지 예산 기획서를 작성하기가 쉽지 않아 보이기 때문이다. 그렇지만 최 대리 자신도 월말 결산 보고서를 모레까지 재무·회계팀에 제출해야 해서 시간이 부족한 상황이다. 그런데 팀장은 다른 팀과의 업무협조보다 팀 내 업무를 우선해서 처리할 것을 항상 강조하고 있다.

① 업무의 우선순위를 어디에 두어야 할지 팀장 및 사원 A와 논의한다.
② 팀 동료에게 결산 보고 업무를 마치기 위한 지원을 요청하고, 사원 A가 자신의 충고에 따라 제대로 업무를 수행했는지에 대해 재검토한다.
③ 자신이 너무 바빠 도와줄 수 없는 상황임을 사원 A에게 이해시키고, 사원 A가 직접 팀장에게 다른 사람을 투입시켜달라고 요청하게 한다.
④ 사원 A에게 예산 기획서 업무에 관한 의문사항들을 리스트로 작성하여 그 리스트 목록에 따라 코칭한 다음, 모레까지 마무리 되어야 하는 자신의 업무를 신속히 수행한다.
⑤ 사원 A의 능력이 부족하므로 대신 예산 기획서를 작성한다.

05. 다음 중 시간을 효율적으로 사용하기 위한 계획을 세우는 과정에서 유의할 점으로 알맞지 않은 것은?

① 일정 시간 내에 수행하기로 예정된 행동들을 모두 리스트화하여 관리한다.
② 발생한 시간의 손실은 미루지 말고 가능한 한 즉시 또는 빠른 시일 안에 보상하여야 한다.
③ 예정된 행동만을 계획할 것이 아니라 기대되는 성과나 행동의 목표도 기록해 둔다.
④ 유연한 계획은 나태해질 수 있으므로 가급적 빈틈이 없고 경직된 계획이 바람직하다.
⑤ 자기의 일에 영향을 미칠 수 있는 다른 사람의 시간을 고려하여 계획을 수립한다.

06. 다음 중 직장 생활에 있어 시간이라는 자원을 관리하는 일에 대하여 명심할 사항이 아닌 것은?

① 느슨하고 헐거운 시간 계획을 지양하고 일정이 꽉 차고 빈틈없는 시간 계획을 세운다.
② 발생된 시간 손실은 미루지 않고 가능한 즉시 보상해야 한다.
③ 꼭 해야만 하는 일을 끝내지 못했을 경우 차기 계획에 반영하도록 한다.
④ 자신의 사무를 분할하여 일부를 부하에게 위임하고 그 수행 책임을 지우는 권한 위양을 활용하여야 한다.
⑤ 자유롭게 된 시간(이동시간 또는 기다리는 시간)도 계획에 삽입하여 활용한다.

07. 다음 중 시간 낭비의 내적 요인으로 보기 어려운 것은?

① 동료 직원의 업무 방식을 지나치게 의식한 나머지 정작 맡은 일의 진행 속도가 나지 않는다.
② 나에게 주어진 일은 끝을 보아야 직성이 풀리는 성격이므로 늘 시간이 부족하다고 느낀다.
③ 기한을 표시해둔 달력과 업무 목록을 체크한 것으로 시간관리는 충분하다고 생각한다.
④ 일과 직접적인 관련이 없는 사회적 이슈에 관심을 두느라 업무를 시간 내 마무리하지 못한다.
⑤ 시간과 일정을 관리하면 자유롭게 일할 때 창의성이 발휘되는 나의 강점이 사라질 수 있다.

08. 다음은 박 대리와 양 대리의 시간관리에서 상반된 모습을 나타낸 것이다. 두 사람의 시간관리 방법이 암시하고 있는 것은?

> 최 팀장은 박 대리와 양 대리 두 사람 중 한 명에게 내일까지 마무리되어야 할 업무 하나를 지시 하여야 한다. 박 대리는 평소 일을 기가 막히게 잘하지만 오늘 처리해야 할 일이 너무 많이 쌓여 있어 추가로 업무를 지시한다면 금방이라도 폭발할 것만 같다. 양 대리는 평소 깔끔하게 일을 마무리하지 못 하는 걸로 유명하며, 며칠째 크게 맡은 일이 없는 것 같은데 이상하게도 바빠 보인다. 잠시 고민을 하던 최 팀장은 결국 박 대리에게 업무 지시를 하였다.

① 시간은 매일 주어지는 기적과 같은 것이다.
② 시간은 어떻게 사용하느냐에 따라 가치가 달라진다.
③ 시간의 흐름은 멈추게 할 수 없다.
④ 시간은 빌리거나 저축할 수 없다.
⑤ 시간은 똑같은 속도로 흐른다.

09. 기획팀 N 대리는 다음 달로 예정되어 있는 해외 출장 일정을 확정하려 한다. 다음에 나타난 N 대리의 출장 일정에 대한 설명으로 옳은 것은?

> N 대리는 다음 달 3박 4일 간의 중국 출장이 계획되어 있다. 회사에서는 출발일과 복귀일에 업무 손실을 최소화할 수 있도록 가급적 평일에 복귀하도록 권장하고 있고 출장 기간에 토요일과 일요일이 모두 포함되는 일정은 지양하도록 요구한다. 이번 출장은 기획팀에게 매우 중요한 문제를 해결할 수 있는 기회가 될 수 있어 팀장은 N 대리의 복귀 바로 다음 날 출장 보고를 받고자 한다. 다음 달은 30일까지 있으며 첫째 날은 금요일이고 마지막 주 수요일과 13일은 N 대리가 빠질 수 없는 업무 일정이 잡혀 있다.

① 금요일에 출장을 떠나는 일정도 가능하다.
② 팀장은 월요일이나 화요일에 출장 보고를 받을 수 있다.
③ N 대리가 출발일로 잡을 수 있는 날짜는 모두 4개이다.
④ N 대리는 마지막 주에 출장을 가게 될 수도 있다.
⑤ 다음 달 15일 이후가 이전보다 출발 가능일이 더 많다.

10. 다음 표는 T사 홍보팀 구성원의 하루 업무 일정을 정리한 것이다. 사원 J는 작성된 일정을 바탕으로 다음 주에 진행될 1시간 동안의 직무교육 시간을 선정하려 한다. 전 구성원이 직무교육을 듣기에 가장 적절한 시간대는?

〈T사 홍보팀 구성원 일정 보고〉

시간	부장	차장	대리	주임	사원
9:00 ~ 10:00	부장 업무 회의				홈페이지 게시판 관리
10:00 ~ 11:00		주간 홍보 일정 정리	홍보 프로그램 기획		
11:00 ~ 12:00				PT 기획서 작성	홈페이지 개편
12:00 ~ 13:00	점심				
13:00 ~ 14:00				홍보 자료 파일 제작	팀 필요물품 신청
14:00 ~ 15:00		홍보 자료 확인			
15:00 ~ 16:00					
16:00 ~ 17:00	주간 홍보 일정 확인		사보 작성		보도자료 작성
17:00 ~ 18:00		홍보 책자 주문		사보 작성	

① 10:00 ~ 11:00　　② 11:00 ~ 12:00　　③ 13:00 ~ 14:00
④ 15:00 ~ 16:00　　⑤ 17:00 ~ 18:00

[11 ~ 12] 다음 자료를 보고 이어지는 질문에 답하시오.

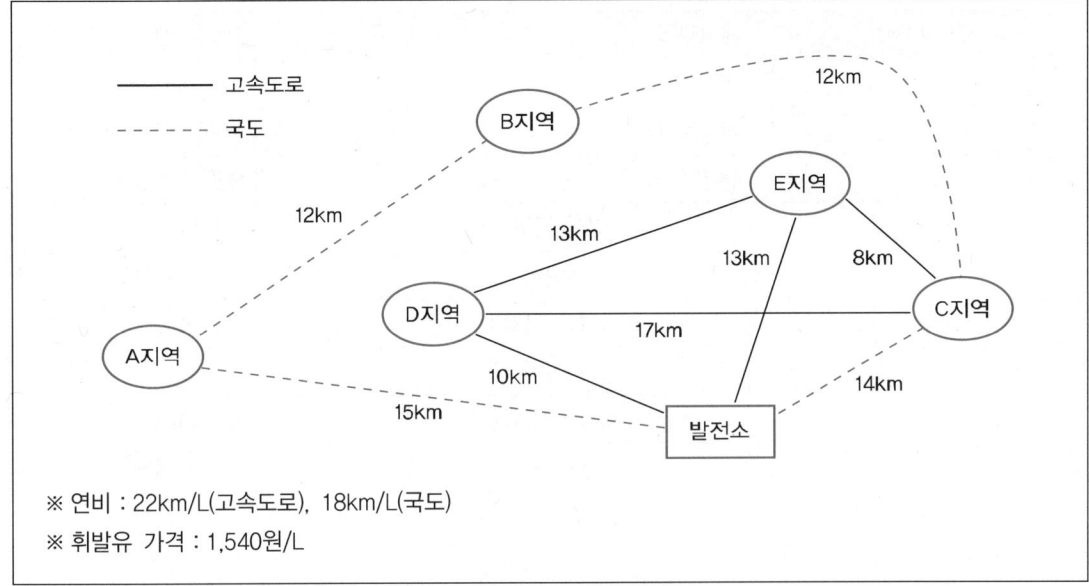

※ 연비 : 22km/L(고속도로), 18km/L(국도)
※ 휘발유 가격 : 1,540원/L

11. K 대리는 전력 공급에 문제가 있어 급히 A ~ E 지역을 모두 다녀와야 한다. 같은 곳을 두 번 지나지 않고 발전소에서 출발하여 5개 지역을 모두 거쳐 다시 발전소까지 돌아오는 경로는 모두 몇 가지인가? (단, 같은 경로를 역순으로 이동하는 경우를 모두 포함한다)

① 2가지　　　　　② 3가지　　　　　③ 4가지
④ 5가지　　　　　⑤ 6가지

12. K 대리가 선택할 수 있는 최단 경로를 통해 차량으로 방문하고 돌아올 경우, K 대리가 사용한 휘발유의 총 금액은? (단, 소수점 아래는 버린다)

① 5,230원　　　　② 5,506원　　　　③ 5,700원
④ 5,704원　　　　⑤ 5,785원

13. 다음 손익계산서에 나타난 직접비의 총합은?

계정과목		5월 누계(원)
매출액		3,197,020,504
매출원가		1,266,985,688
매출총이익		1,930,034,816
판매 · 일반 관리비	직원급여	778,306,622
	상여금	178,899,740
	여비 · 교통비	8,218,242
	통신비	7,246,920
	세금 · 공과금	32,211,330
	보험료	35,935,456
	출장비	67,231,478
	차량유지비	8,847,840
	사무용품비	4,511,690
	소모품비	1,363,440
	지급수수료	36,595,559
	광고선전비	1,778,500
	건물관리비	42,706,660
	합계	1,350,163,768

※ 직접비 : 제품 생산 및 서비스 창출을 위해 직접 소비된 비용. 재료비, 인건비(급여 등), 시설, 원료와 장비 등
※ 간접비 : 제품 생산에 직접 관련되지 않은 비용. 보험료, 광고비, 통신비, 사무비품비, 공과금, 관리비 등

① 845,538,100원　　② 853,756,342원　　③ 957,206,362원
④ 1,024,437,840원　　⑤ 1,032,656,082원

14. 업무상 발생하는 비용은 직접비와 간접비로 구분하게 되는데, 그 구분 기준이 명확하지 않은 경우도 있고 간혹 기준에 따라 직접비로도 간접비로도 볼 수 있는 경우가 있다. 다음에 나타난 직접비와 간접비를 구분하는 가장 핵심적인 기준은?

> - 인건비 : 해당 프로젝트에 투입된 총 인원수 및 지급 총액을 정확히 알 수 있으므로 직접비이다.
> - 출장비 : 출장에 투입된 금액을 해당 오더 건별로 구분할 수 있으므로 직접비이다.
> - 보험료 : 자사의 모든 수출 물품에 대한 해상보험을 연 단위 일괄적으로 가입했으므로 간접비이다.
> - 재료비 : 매 건별로 소요 자재를 산출하여 그에 맞는 양을 구입하였으므로 직접비이다.
> - 광고료 : 경영상 결과물과 자사 이미지 제고 등 전반적인 경영활동을 위한 것이므로 간접비이다.
> - 건물관리비 : 건물을 사용하는 모든 직원과 눈에 보이지 않는 회사 업무 자체를 위한 비용이므로 간접비이다.

① 생산물과 밀접한 관련성이 있느냐의 여부
② 생산물의 생산 완료 전 또는 후에 투입되었는지의 여부
③ 생산물의 가치에 차지하는 비중이 일정 기준을 넘느냐의 여부
④ 생산물의 생산에 필수적인 비용이냐의 여부
⑤ 생산물의 생산 과정에 기여한 몫을 계산 가능한 것이냐의 여부

15. 엄 대리는 정해진 월 소득액을 활용하여 추가 저축을 위해 지난달부터 가계부를 작성하고 있다. 다음 중 엄 대리의 가계부 작성법으로 보기 어려운 것은?

① 식사 후 남은 5백 원짜리 동전도 매일 가계부에 기록한다.
② 실수로 과다 지출한 경우 재실수 방지를 위해 가계부 한쪽에 잘 보이도록 표시를 해 둔다.
③ 지출하고 남은 차액을 모아 별도의 '눈 먼 돈' 통장을 만들어 기록하지 않고 마음 편히 지출한다.
④ 항상 엄 대리는 지출 전에 기록해 둔 예정 지출액을 확인하고 예산과 맞는지를 따져본다.
⑤ 토요일인 어제 가계부 기록하는 것을 잊은 엄 대리는 일요일 오전에 전날의 지출 내역을 되새겨 밀린 가계부를 간신히 작성하였다.

16. 지역별로 정해진 정책이나 지방세의 관리 방법에 따라 사전에 책정해 둔 지방세와 실제 집행된 비용이 일치하지 않는 경우가 발생할 수 있다. 〈보기〉의 설명 중 알맞은 것을 모두 고르면?

보기

(가) 지방세를 관리한다는 것은 활동이나 사업에 소요되는 비용을 산정하고 편성하는 것뿐만 아니라 통제하는 것 모두를 포함한다.
(나) 책정 비용보다 실제 집행된 비용이 많으면 세수(稅收)상의 적자가 발생할 것이다.
(다) 책정 비용보다 실제 집행된 비용이 적으면 그 지역은 비용 책정이 과다하고 불충분한 공공서비스를 제공한 것으로 판단될 것이다.
(라) 사전 책정 비용과 지방세액을 같은 수준으로 유지하는 것이 가장 이상적이다.

---

① (가), (나), (다) ② (가), (나), (라) ③ (가), (다), (라)
④ (나), (다), (라) ⑤ (가), (나), (다), (라)

17. 다음 소득분위별 가구소득과 연료비 지출 현황에 대한 설명으로 옳지 않은 것은?

소득분위	가구소득	연료비	연료비 비율(%)
1분위	400,611 (100.0)	64,183 (100.0)	18.55
2분위	992,474 (247.7)	77,499 (120.7)	7.98
3분위	1,577,213 (393.7)	89,319 (139.2)	5.70
4분위	2,149,846 (536.6)	99,305 (154.7)	4.63
5분위	2,694,959 (672.7)	106,568 (166.0)	3.96
6분위	3,241,231 (809.1)	114,885 (179.0)	3.55
7분위	3,835,999 (957.5)	119,896 (186.8)	3.13
8분위	4,564,099 (1,139.3)	124,450 (193.9)	2.73
9분위	5,610,921 (1,400.6)	131,329 (204.6)	2.35
10분위	8,414,625 (2,100.4)	146,547 (228.3)	1.81

※ ( ) 안의 숫자는 소득 1분위 가구를 기준으로(100) 지수화한 수치임.

① 분위 간 가구소득 격차에 비해 연료비 차이가 미미하다.
② 1분위 가구의 연료비 부담 대책이 시급하다.
③ 소득수준이 향상될수록 연료비 부담률이 적어진다.
④ 가구소득이 높은 고분위 구간에서 연료비 증가율 대비 소득 증가율이 크다.
⑤ 연료비가 전형적인 필수재임을 알 수 있다.

18. 다음은 A 휴대 전화 부품 제조업체의 생산 공정과 공정 개선을 통한 단계별 투입비용의 변화이다. 공정 개선 후 A 업체의 총 투입비용이 50% 감소하였다면 ㉠에 들어갈 투입비용은?

〈단계별 투입비용〉

단계	부품 1단위 생산 시 투입비용	
	개선 전	개선 후
CAW	2,000	1,500
EOQ TEST	3,500	2,500
PACKAGE ASSEMBLY	4,500	㉠
FINAL TEST	6,000	3,000
포장	4,000	1,000

① 1,500 ② 2,000 ③ 2,500
④ 3,000 ⑤ 4,500

[19 ~ 20] 다음은 ○○공사 내부 규정의 일부이다. 이어지는 질문에 답하시오.

⟨사규20 (취업규칙)⟩

제34조(연장 및 휴일근무) 사명에 의하여 소정의 근무시간을 연장근무할 때에는 연장근무, 휴일에 근무할 때에는 휴일근무로 한다. 다만, 출장비의 지불을 받는 자는 이 조의 규정을 적용하지 않는다.

제35조(근무명령) 연장 또는 휴일근무자는 미리 그 근무명령서에 의하여 수명한 후 근무한다.

제36조(수당지급) 연장 및 휴일근무자에 대하여는 연봉 및 복리후생관리규정에 정하는 바에 따라 수당을 지급한다.

⟨사규23 (연봉 및 복리후생관리규정)⟩

제20조(기본연봉) ① 직원의 기본연봉은 ⟨표 1⟩과 같다.
② 기본연봉의 계산기간은 전년도 6월 16일부터 당해연도 6월 15일 또는 전년도 12월 16일부터 당해연도 12월 15일까지 1년을 기준으로 한다.
③ 3직급 이상 직원의 기본연봉은 근무평정 성적을 반영하여 누적식으로 차등 인상한다.

제21조(기본연봉 조정일) 기본연봉은 매년 6월 16일 또는 12월 16일을 기준으로 조정함을 원칙으로 한다. 단, 채용·승진 등 신분 변경 시에는 발령일자를 기준으로 한다.

제21조의2(직무급) 직무급은 직무등급을 구분하여 지급하며, 지급기준은 따로 정한다.

(중략)

제23조(연봉 외 수당) 연봉 외 수당의 지급액은 ⟨표 2⟩와 같다.

⟨표 1⟩ 직원의 기본연봉

(단위 : 천 원)

연봉 등급	4(갑)직급	4(을)직급	5직급	연봉 등급	4(갑)직급	4(을)직급	5직급
30	70,700	50,950	47,980	15	56,130	38,370	35,390
29	69,930	50,120	47,160	14	55,250	37,630	34,590
28	68,930	49,200	46,240	13	54,390	36,790	33,870
27	67,970	48,380	45,270	12	53,380	36,060	33,130
26	66,940	47,380	44,390	11	52,490	35,320	32,340
25	65,950	46,570	43,550	10	51,600	34,580	31,600
24	64,920	45,620	42,750	9	50,630	33,840	30,800
23	63,920	44,740	41,850	8	49,660	33,070	30,050
22	62,940	43,910	41,020	7	48,770	31,730	29,290
21	61,910	43,040	40,200	6	47,950	30,130	28,550
20	60,860	42,320	39,420	5	46,990	28,490	27,800
19	59,740	41,480	38,580	4	45,920	27,630	27,070
18	58,920	40,700	37,810	3	44,780	26,710	25,850
17	57,950	39,890	36,950	2	43,690	25,930	24,380
16	57,000	39,140	36,280	1	42,800	25,360	23,180

<표 2> 연봉 외 수당 지급액

구분	지급액
연장·휴일근무수당의 1시간 단가	월 통상임금 $\times \frac{1.5}{209}$
야간근무수당의 1시간 단가	월 통상임금 $\times \frac{0.5}{209}$
휴가보상금의 1일 보상액	월 통상임금 $\times \frac{1}{209} \times 8$

19. 제시된 규정에 대한 설명으로 옳지 않은 것은?

① 출장비를 받고 출장을 간 직원은 출장지에서 근무시간을 초과하여 근무하였을 경우에도 연장근무에 해당되지 않는다.
② 휴일에 근무하기를 원하는 자는 미리 상관에게 근무 보고서를 제출하고 휴일에 출근하면 된다.
③ 3직급 이상 직원의 기본연봉 인상에는 근무평정 성적이 반영된다.
④ 원칙적으로 기본연봉 조정일은 매년 6월 16일 또는 12월 16일이다.
⑤ 직무급의 지급기준은 별도의 규정으로 따로 정한다.

20. 연봉 등급이 20등급인 5직급 직원이 휴일 하루 동안 근무했을 때 받을 수 있는 휴가보상금은? (단, 일의 자리에서 반올림한다)

① 125,740원
② 125,800원
③ 150,890원
④ 158,900원
⑤ 167,400원

[21 ~ 23] 다음 제시 상황을 보고 이어지는 질문에 답하시오.

온라인 쇼핑몰 A의 영업기획팀에서 근무하는 K는 매출 활성화를 위한 프로모션 개발 및 홍보 업무를 담당하고 있다.

- 쇼핑몰 A 프로모션 기획
  - 내용 : 사무실에서 먹을 간식이 필요한 20 ~ 40대 직장인을 타깃으로 한 프로모션
  - 프로모션 기간 : 20XX. 08. 01. ~ 20XX. 08. 15.
  - 홍보 기간 : 프로모션 종료 하루 전까지

- A 사이트 판매 제품 현황

구분	상품명	판매가(원)	순수익(원)	전월 판매량(개)
식품	젤리	2,600	1,300	3,000
	초콜릿	3,200	1,800	2,800
	쿠키	2,800	1,300	2,500
	떡	4,000	2,300	2,000
	시리얼	3,200	1,400	1,800
	아이스크림	2,500	1,100	3,200

※ 순수익은 판매가에서 원가를 뺀 금액을 의미한다.

- 홍보 채널 이용 정보

구분	시간당 비용	비고	노출도
쇼핑몰 홈페이지	5,000원	일 단위(24시간)로 이용 가능	3,000명/3시간
SNS 광고	20,000원	2시간 단위로 이용 가능	10,000명/1시간
포털사이트	30,000원	4시간 단위로 이용 가능	360,000명/1일
대중교통	15,000원	일(24시간) 단위로 이용 가능	24,000명/3시간
동영상 스트리밍 사이트	25,000원	6시간 단위로 이용 가능	90,000명/6시간

※ 예를 들어 2시간 단위로 이용 가능한 경우 11시간을 이용하기 위해서는 12시간의 비용을 지불해야 한다.

21. K는 원가가 1,500원을 넘지 않는 제품 중 전월 판매량이 가장 높았던 식품을 50% 할인하여 판매하려고 한다. 다음 중 K가 선택할 제품의 할인 판매가는?

① 1,250원   ② 1,300원
③ 1,600원   ④ 2,000원

22. K는 홍보 기간 동안 활용할 채널을 고르려고 한다. 시간당 평균 노출도가 가장 높은 채널을 선택할 때, K가 선택할 채널과 홍보에 소요되는 총비용을 적절하게 짝지은 것은? (단, 홍보기간 내내 24시간씩 홍보한다)

① SNS 광고 : 6,720,000원
② 포털사이트 : 9,000,000원
③ 동영상 스트리밍 사이트 : 8,400,000원
④ 동영상 스트리밍 사이트 : 10,080,000원

23. 프로모션 시작 시점으로부터 일주일 동안은 포털사이트에서 24시간 동안 홍보를 한 후, 나머지 홍보 기간 동안은 오전 9시 ~ 오후 6시까지 가장 저렴한 가격으로 이용할 수 있는 홍보 채널을 사용하여 홍보를 하려고 한다. 홍보에 들어간 총비용은?

① 588만 원   ② 600만 원
③ 664만 원   ④ 696만 원

24. 다음은 인적자원관리의 특징에 대한 설명 중 나머지와 다른 하나는?

① 많은 사람들이 번거롭다는 이유로 자신의 인맥관리를 소홀히 하는 경우가 많지만 인맥관리는 자신의 성공을 위한 첫걸음이라는 생각을 가져야 한다.

② 효율성을 높이기 위해 팀원을 능력이나 성격 등에 가장 적합한 위치에 배치하여 팀원 개개인의 능력을 최대로 발휘해 줄 것을 기대한다.

③ 자원 배치의 유형에는 양적·질적·적성 배치의 3가지가 있으며 이러한 원칙들은 적절히 조화하여 운영하여야 한다.

④ 개인에게 능력을 발휘할 수 있는 기회와 장소를 부여하고 그 성과를 바르게 평가하고 평가된 능력과 실적에 대해 상응하는 보상을 주어야 한다.

⑤ 팀 전체의 능력향상, 의식개혁, 사기앙양 등을 도모하는 의미에서 전체와 개체가 균형을 이루어야 한다.

25. 다음 중 인맥관리와 대인관계에 대한 생활 태도로 보기 어려운 것은?

① 많은 명함과 인맥관리카드를 꼼꼼하게 정리하고 수시로 확인해 본다.

② 명함은 그 사람과의 대화의 실마리를 제공할 수 있고, 후속 교류를 위한 도구로 사용할 수 있다고 믿는다.

③ 인간관계가 소중한 만큼 그 사람으로부터 건네받은 명함 또한 깨끗하고 소중하게 보관하기 위해 다양한 방법을 동원한다.

④ 인맥관리카드는 모두 하나로 합치지 않고 '핵심'이라는 표시와 '파생'이라는 표시로 구분을 하여 각각 따로 보관한다.

⑤ 컴퓨터에는 명함관리와 인맥카드관리에 필요한 프로그램이 있어 원하는 기준별로 해당 인물들을 그때그때 분류해 낼 수 있다.

26. 사내에서 인재 채용 및 인적자원 관리를 담당하고 있는 인사부 최 부장은 인적자원이 중요하다는 점을 강조한다. 인적자원을 강조하는 이유로 적절하지 않은 것은?

① 대부분의 일은 사람, 즉 개인이나 인간관계에 의해 이루어지며 따라서 자신의 인맥은 일을 수행하는데 있어서 매우 중요한 역할을 하게 된다. 자신의 일을 수행하는데 자신의 인맥을 얼마나 활용하느냐는 개인의 능력 이상의 성과를 가져오게 할 수 있다.

② 조직의 성과는 인적자원, 물적자원 등을 효과적이고 능률적으로 활용하는데 달려있으며 인적자원은 다른 자원보다 가장 먼저 갖추어져야 할 자원이다. 때문에 다른 어느 자원보다도 전략적 중요성이 강조된다.

③ 인맥활용을 통해 자신만의 사업을 시작할 수도 있으며 이는 주변 사람들의 참신한 아이디어나 도움을 통해 효과적으로 진행될 수도 있다. 사내추천제 또한 인맥을 활용한 사례로 볼 수 있다.

④ 인적자원은 능동적이고 반응적인 성격을 지니고 있으며 인적자원의 행동동기와 만족감은 경영관리에 의해 다르게 나타난다.

⑤ 인적자원은 자연적인 성장과 성숙은 물론 오랜 기간 동안에 걸쳐서 개발될 수 있는 많은 잠재능력과 자질을 보유하고 있어 그 중요성은 점점 커지고 있다.

27. 인적자원의 효율적인 관리 방법 중 하나인 적재적소주의에 대한 설명으로 옳은 것은?

① 종업원이 소유한 능력과 성격에 맞는 최적의 직위에 배치되어 최대의 능력을 발휘하는 것
② 실력을 발휘할 수 있는 자리를 제공하고, 업적에 따라 그에 상응하는 대우를 하는 원칙, 즉 실력에 기반한 공정한 처우를 하는 것
③ 소모적으로 인재를 사용하는 것이 아닌 장기적 관점에서 인재를 성장시키며 사용하는 것이 기업과 개인 모두에게 이익이라고 생각하는 것
④ 한 사람만의 적재적소를 고려할 것이 아니라 주변 모든 구성원에 대해서 평등한 적재적소를 고려해 주는 것
⑤ 개인에게 능력을 발휘할 수 있는 기회와 장소를 부여하고 성과를 평가하여 그에 맞는 보상을 하는 것

28. 다음 중 인적자원관리와 관련된 관점의 변화에 대한 내용이 잘못된 것은?

〈인적자원관리 관점의 변화〉

전통적 조직	미래 조직
① 연공 중심	사람 중심
② 교육 중시	③ 수평적 경력관리
직급과 직책의 연계	④ 승진과 보상의 분리

29. 다음을 참고할 때, 일반적인 인적자원관리의 순서로 적절한 것은?

- 인사고과는 조직에 기여할 수 있는 근로자의 가치를 객관적으로 평가하여 근로자 관리에 대한 기초자료를 제공하고 노동 능률을 높이려고 하는 것이다.
- 직무분석이란 인적자원관리의 기초자료를 제공하기 위하여 직무에 대한 정보를 수집하고 수집된 정보를 분석하여 직무의 내용을 파악한 후 직무의 수행에 필요한 책임, 숙련, 능력과 지식, 작업조건 등의 직무수행 요건을 명확히 하는 과정을 의미한다.
- 직무평가란 조직 내 직무들을 일정한 기준에 의하여 서로 비교하여 직무들 간의 상대적인 가치를 결정하는 과정이다. 일반적으로 기업의 목표달성에 크게 공헌하는 직무가 그렇지 않은 직무보다 더 가치가 높은 것으로 평가된다.

① 직무분석 → 직무평가 → 인사고과
② 직무분석 → 인사고과 → 직무평가
③ 직무평가 → 직무분석 → 인사고과
④ 직무평가 → 인사고과 → 직무분석

30. 다음 중 물적자원을 필요한 때에 효과적으로 사용하기 위한 관리 방법으로 알맞지 않은 것은?

① 다음에 써야 할 상황을 대비하여 어디에 두었는지 보관 장소를 기록해 둔다.
② 물적자원을 끝까지 모두 사용하지 말고 항상 조금씩 남겨 두어 만일의 상황에 대비한다.
③ 보유하고 있는 물건을 적절히 관리하여 고장이나 훼손되지 않도록 유의한다.
④ 분실하여 다시 구입할 일이 생기지 않도록 챙겨둔다.
⑤ 물건을 구입할 때는 항상 분명한 용도를 정하여 목적 없는 구입을 하지 않도록 한다.

31. 물적자원을 효율적으로 관리하는 방법 중 하나인 바코드(Bar Code)는 최근 그보다 많은 데이터를 저장할 수 있는 QR 코드로 점차 대체되고 있다. 다음 중 QR 코드의 단점이 아닌 것은?

① 코드를 표시하기 위하여 바코드보다 넓은 면적을 차지한다.
② 실명이나 주소 등이 들어갈 수 있어 신상정보 노출의 우려가 있다.
③ 핸드폰과 전용 단말기로만 정보를 읽을 수 있어 핸드폰 보급을 강제하는 면이 있다.
④ 광고, 음란물 등 실제 정보와 다른 것을 넣어 악용할 수 있다.
⑤ 확대나 축소로 인한 셀의 왜곡으로 오류가 발생할 수 있다.

32. ○○공단 경영진은 올해의 경영전략 중 하나로 보유 자원의 효율적 관리를 강조하며 특히 물적자원관리를 철저히 할 것을 모든 직원에게 요청하였다. 다음 중 물적자원관리의 중요성을 바르게 인식한 행위로 볼 수 없는 것은?

① 자재 관리 미흡으로 인한 분실 및 훼손 방지를 위해 관리본부에 창고 점검 특별 지시를 내린다.
② 긴급 상황을 감안하여 기본 장비는 항상 여분의 것이 있도록 관리함으로써 대형 사고를 미연에 방지한다.
③ 특별한 사유가 있는 자원이 아닌 경우, 일부 재고를 부담하여 고객의 수요에 반응할 수 있도록 한다.
④ 재난 시 복구 작업 용도로 사용되는 중장비는 일부 대체가 쉽지 않으므로 보다 철저히 관리한다.
⑤ 희소가치가 있는 시설 및 장비의 경우 사용 순위를 뒤로 미루어 자원의 가치를 높이려 노력한다.

33. 물품관리처에서 근무하는 A 사원은 재고 물품 보관과 관련하여 다음과 같은 관리상의 문제점 때문에 팀장에게 보관 방법 수정 지시를 받게 되었다. 다음 글에서 짐작할 수 있는 A 사원의 물품 보관상의 문제점을 적절하게 판단한 것은?

> 혹서기와 혹한기 전에는 항상 물품관리처 직원들이 주의를 기울여야 한다. 가스의 수요량 변동이 심하여 혹시 있을지 모르는 수요 예측 오류에 대한 대처를 원활히 해야 하기 때문이다. 각종 크고 작은 설비의 오류나 기계장치의 오작동에 대비하여 필요한 기자재 여유분을 항상 보관하고 있어야 하는 것도 반드시 확인해야 할 사항이다. 올 혹한기를 대비하여 기자재 재고 물량을 정리하던 귀하는 자재 창고의 공간 부족으로 기자재 보관 장소를 구분하여, 신규로 입고된 자재는 창고 안에 보관하고 1년 이상 재고로 보유하던 기자재는 실외 야적장에 공간을 마련하여 보관해 두었다. 또한, 부피가 커 공간을 많이 필요로 하는 물품들은 야적장, 소규모 부품들은 창고 안에 보관하였다.

① 물품 특성과 쓰임새를 고려한 보관 장소 선정을 하지 않았다.
② 야적장 보안 시스템을 정비해 두지 않았다.
③ 물품의 정확한 크기를 확인하지 않았다.
④ 모든 보관품의 일목요연한 보관 리스트를 준비하지 못했다.
⑤ 소형 물품을 실외로, 대형 물품을 실내로 구분해 두었어야 했다.

34. A 학교는 새 학년 새 학기를 맞이하여 배정 받은 예산으로 기자재를 구입·운영하려고 한다. 이때 고려해야 할 사항으로 옳지 않은 것은?

① 구입하려는 기자재의 활용 및 구입의 목적을 명확하게 한다.
② 구입한 기자재의 분실 및 훼손을 방지하기 위해 책임관리자를 지정한다.
③ 예산을 기한 내 모두 집행하기 위해 향후 필요할 것으로 예상되는 기자재를 일단 구입한다.
④ 구입한 기자재를 적절한 장소에 보관하여 필요할 때 적재적소에 활용될 수 있도록 한다.
⑤ 구입하려는 기자재의 재고를 먼저 확인한다.

35. 다음 항공 화물 자료에 따른 분석으로 잘못된 것은?

(단위 : 천$(US)/kg)

코드	품목명	수출				금액 증감률	중량 증감률
		지난해(1월~6월)		올해(1월~6월)			
		금액	중량	금액	중량		
	합계	62,338,006	262,486,826	65,080,271	277,911,658	4.4%	5.9%
0	농림수산물	71,324	5,075,715	76,679	5,812,700	7.5%	14.5%
1	광산물	986,452	320,971	871,773	312,286	-11.6%	-2.7%
2	화학공업제품	1,862,581	24,169,908	2,126,229	18,956,585	14.2%	-21.6%
3	플라스틱고무 및 가죽제품	828,052	18,350,229	684,882	18,555,593	-17.3%	1.1%
4	섬유류	705,221	34,237,670	727,934	33,832,332	3.2%	-1.2%
5	생활용품	572,417	6,852,382	402,962	5,414,836	-29.6%	-21.0%
6	철강금속제품	357,819	12,295,749	404,694	16,633,530	13.1%	35.3%
7	기계류	4,418,542	54,785,363	5,035,511	63,559,300	14.0%	16.0%
8	전자전기제품	52,096,514	103,960,630	54,337,871	112,605,017	4.6%	8.3%
9	잡제품	439,084	2,438,206	411,735	2,229,480	-6.2%	-8.6%

(단위 : 천$(US)/kg)

코드	품목명	수입				금액 증감률	중량 증감률
		지난해(1월~6월)		올해(1월~6월)			
		금액	중량	금액	중량		
	합계	51,758,477	232,481,305	54,069,878	252,523,308	4.5%	8.6%
0	농림수산물	601,718	27,498,679	727,597	35,350,001	20.9%	28.6%
1	광산물	1,348,729	1,079,419	1,246,970	1,377,190	-7.5%	27.6%
2	화학공업제품	5,209,684	32,984,705	5,114,769	34,251,910	-1.8%	3.8%
3	플라스틱고무 및 가죽제품	914,100	13,584,734	819,699	13,447,297	-10.3%	-1.0%
4	섬유류	1,019,488	14,669,172	1,107,970	14,990,576	8.7%	2.2%
5	생활용품	874,822	7,336,498	1,014,485	9,039,581	16.0%	23.2%
6	철강금속제품	803,564	14,627,048	828,550	15,605,961	3.1%	6.7%
7	기계류	8,802,688	48,881,752	10,226,231	53,336,444	16.2%	9.1%
8	전자전기제품	31,425,049	67,808,022	32,207,390	71,375,192	2.5%	5.3%
9	잡제품	758,635	4,011,276	776,218	3,749,156	2.3%	-6.5%

① 지난해보다 항공 화물의 수출 금액이 증가한 품목은 6개이다.
② 지난해보다 수출과 수입 물량 모두의 중량이 감소한 품목은 1개뿐이다.
③ 수출, 수입의 금액과 중량의 증감률 면에서 지난해에 비해 변화가 가장 큰 것은 철강금속제품의 수출 증감률이다.
④ 수출과 수입 모두 이동 화물의 금액이 증가하였다고 중량도 증가한 것은 아니다.
⑤ 지난해에 비해 수출액 증가율은 수입액 증가율과 상관관계가 있으나 중량은 그렇지 않다.

36. 다음 글에서의 기술개발을 통해 극복하고자 하는 물적자원의 고유 특성은?

> 분산전원(Distributed Energy Resources, DER)과 분산전원 관리 솔루션(Distributed Energy Resource Management Solution, DERMS)이 미래 발전 기술의 구성요소 중 핵심 역할을 담당하게 될 것이다. 가장 흔히 쓰이는 DER 솔루션은 태양광 솔루션과 저장 솔루션이다. 현재 미래 발전 기술과 관련한 가장 중요한 프로젝트 두 가지가 태양광과 저장 기술을 바탕으로 개발·진행되고 있다.

① 유한성 ② 희소성 ③ 유해성
④ 대체불가성 ⑤ 상대성

[37 ~ 38] 다음은 A, B, C, D, E, F 여섯 지역 사이의 물품 운송 체계를 나타낸다. 이를 참고하여 이어지는 질문에 답하시오.

- 모든 지역은 "∨" 표시가 있는 지역으로만 물품을 보낼 수 있으며, 한 지역을 이동하는 시간은 동일하다.
- 한 번 거쳐 간 지역은 다시 돌아가지 않는다.

구분		보냄					
		A	B	C	D	E	F
받음	A			∨		∨	
	B	∨					∨
	C	∨	∨		∨		
	D			∨			
	E			∨			
	F		∨			∨	

37. C 지역에서 B 지역으로 물건을 보내려 할 때, 운송 경로로 적합하지 않은 지역은?

① A ② D
③ E ④ F

38. E 지역에서 D 지역으로 물건을 보낼 때, 이용할 수 있는 중간 경로로 적절하지 않은 것은?

① A → B
② A → C
③ B → C
④ B → F

39. 다음은 우리나라의 과거 어느 시점 지역별 1인당 사회복지예산 배정액을 나타낸 자료이다. 이에 대해 바르게 설명한 것은?

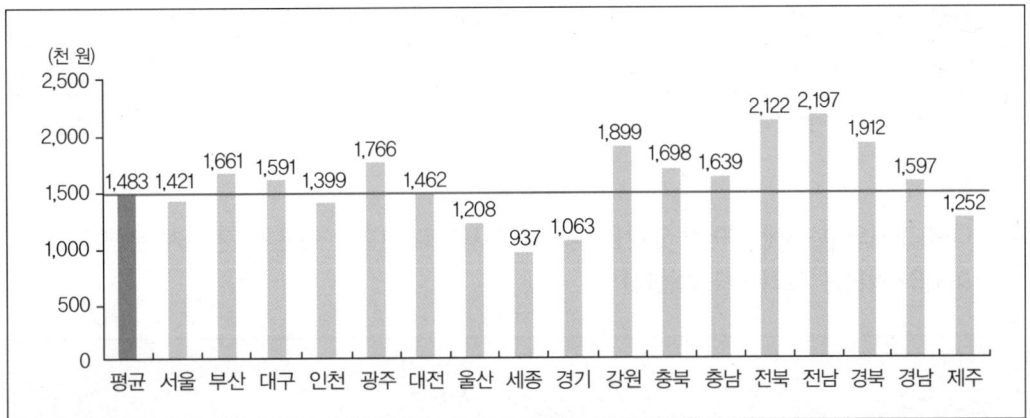

지역	주민 1인당 사회복지 예산(천 원)	지역	주민 1인당 사회복지 예산(천 원)	지역	주민 1인당 사회복지 예산(천 원)
전국 평균	1,483	대전	1,462	충남	1,639
서울	1,421	울산	1,208	전북	2,122
부산	1,661	세종	937	전남	2,197
대구	1,591	경기	1,063	경북	1,912
인천	1,399	강원	1,899	경남	1,597
광주	1,766	충북	1,698	제주	1,252

① 주민 1인당 사회복지예산 배정액으로 그 지역의 사회복지 수준을 가늠해 볼 수는 없다.
② 주민 1인당 예산이 가장 적은 세종시의 복지가 가장 절실하다.
③ 강원도가 세 번째로 많은 주민 1인당 예산을 배정받았다.
④ 전라도 두 지역의 예산 총액이 서울시보다 많다고 볼 수 있다.
⑤ 주민 1인당 예상 배정액은 지역 면적과도 연관있음을 알 수 있다.

[40 ~ 42] 다음은 국내 3개 은행 간의 상호 거래 내역을 나타낸 자료이다. 이어지는 질문에 답하시오.

〈은행 3사의 상호 거래〉

(단위 : 억 원)

구분	K 은행		M 은행		W 은행	
	송금	입금	송금	입금	송금	입금
8월	50	65	45	70	65	25
9월	45	57	70	58	65	65
10월	33	19	25	42	20	17
11월	70	65	100	60	50	95
12월	64	92	84	69	84	71

※ 거래수지=입금액-송금액

40. 다음 그림의 A, B에 들어갈 알맞은 금액을 순서대로 연결한 것은? (단, 3개 은행 간 상호 거래 이외의 상황은 고려하지 않는다)

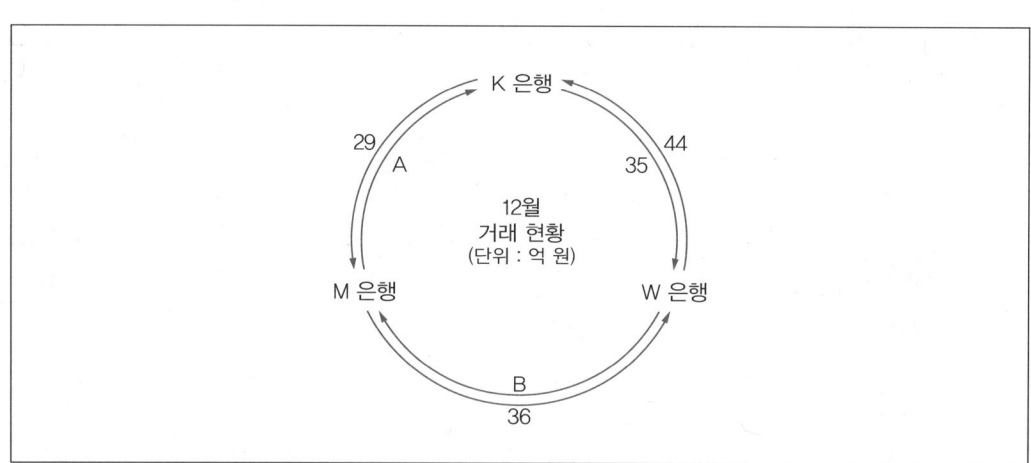

① 36, 40　　② 40, 36　　③ 40, 48
④ 48, 40　　⑤ 48, 44

41. K 은행, M 은행, W 은행의 거래수지가 가장 큰 시기는 각각 언제인가?

	K 은행	M 은행	W 은행		K 은행	M 은행	W 은행
①	8월	8월	11월	②	8월	10월	9월
③	9월	8월	11월	④	12월	8월	11월
⑤	12월	10월	9월				

42. 11월에 M 은행이 K 은행으로 송금한 금액이 40억 원일 경우 3개 은행 간의 거래 현황에 대한 설명으로 알맞은 것은?

① K 은행은 W 은행에 40억 원을 송금하였다.
② W 은행은 K 은행과 M 은행에 각각 동일한 금액을 송금하였다.
③ W 은행이 M 은행으로 송금한 금액은 K 은행이 M 은행으로 송금한 금액보다 많다.
④ M 은행이 K 은행으로 송금한 금액은 W 은행이 K 은행으로 송금한 금액보다 적다.
⑤ K 은행은 M 은행으로부터 입금된 금액보다 많은 금액을 W 은행으로 송금하였다.

고시넷 NCS 고졸채용 통합기본서

유형별 출제비중

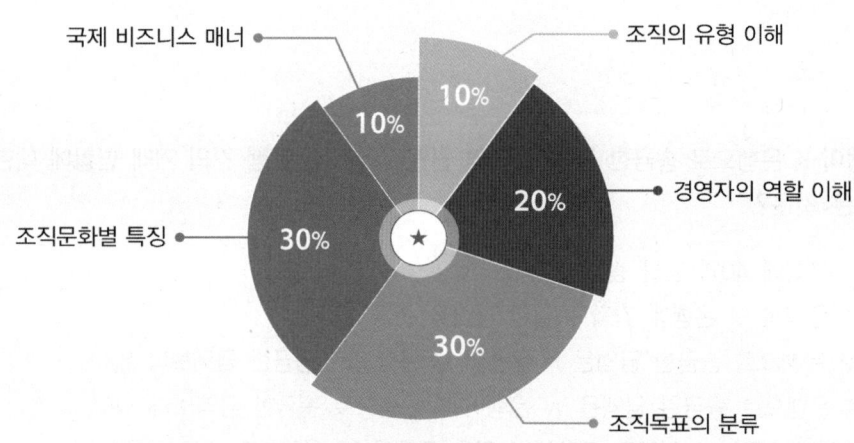

- 국제 비즈니스 매너 10%
- 조직의 유형 이해 10%
- 경영자의 역할 이해 20%
- 조직목표의 분류 30%
- 조직문화별 특징 30%

하위영역

- 경영이해능력 : 조직의 경영목표와 경영방법을 이해하는 능력
  → 조직의 경영자의 역할, 경영전략의 관리, 운영활동에 대한 평가
- 체제이해능력 : 조직의 목표와 구조, 집단 특성 등을 이해하는 능력
  → 조직 체제의 구성요소, 조직 변화와 저항의 분류, 조직도의 이해
- 업무이해능력 : 자신에게 주어진 업무의 성격과 내용을 파악하고 그에 필요한 지식, 기술, 행동을 확인하는 능력
  → 조직문화의 분류와 특징, 조직갈등의 기능, 업무 수행 절차 시트
- 국제감각 : 일 경험을 하는 동안 다른 나라의 문화를 이해하고 국제 동향을 파악하는 능력
  → 문화충격과 이문화 커뮤니케이션, 국제감각의 파악, 국가별 비즈니스 매너

파트 5

조직이해능력

개요 조직이해능력
01 경영이해능력
02 체제이해능력
03 업무이해능력
04 국제감각

- 기출예상문제

개요 조직이해능력

조직이해능력이란 일상적인 일 경험에서 요구되는 조직의 체제와 경영 및 업무 수행, 그리고 국제감각을 이해하는 능력을 의미한다.

> **보충플러스+**
>
> **조직이란?**
> - 쿤츠(H. Koontz)
>   계획과 같이 조직계층에서 이루어지는 경영자의 활동
> - 브라운(A. Brown)
>   개인의 노력을 보다 효과적으로 협력할 수 있는 수단인 동시에 관리가 이루어지며 목표를 향하는 과정
> - 구텐베르크(E. Gutenberg)
>   계획에 의해 이루어지는 질서정연한 과정을 위한 수단이며, 설정된 목적을 구체화하기 위한 도구
> - 알렌(L. A. Allen)
>   구성원이 기업의 목표를 달성하기 위해 가장 효과적으로 협력할 수 있도록 직무에 대한 내용을 명확히 하고 이에 대한 위임을 통해 상호관계성을 이루는 과정

1 조직과 기업의 의미

1. 조직의 의미

(1) 조직은 두 사람 이상이 공통의 목표를 달성하기 위해 의식적으로 구성된 상호작용과 조정을 행하는 행동의 집합체이다.

(2) 조직은 목적을 가지고 있고 구조가 있으며, 목적을 달성하기 위해 구성원들은 서로 협동적인 노력을 하고 외부환경과 긴밀한 관계를 가지고 있다.

(3) 재화, 서비스를 생산하는 경제적 기능과 조직구성원에게 만족감을 주고 협동을 지속시키는 사회적 기능을 갖는다.

(4) 사람들은 조직에 속하거나 다른 조직에서 생산한 상품이나 서비스를 이용하고, 다른 조직과 함께 일을 하면서 관계를 맺는다.

(5) 일 경험에서 조직은 직장(기업)을 의미한다.

(6) 최근에는 재택근무와 같은 원격근무(Remote Work)가 활성화되면서 물리적 장소의 개념이 점차 확대되고 있다.

2. 기업의 의미

(1) 기업은 노동과 자본, 물자, 기술 등을 투입하여 제품이나 서비스를 산출하는 기관이다.

(2) 전통적으로 기업의 존재목적은 최소 비용으로 최대 효과를 얻음으로써 차액인 이윤을 극대화하는 것이었지만, 최근에는 기업의 지속가능성을 위해 이윤창출만큼이나 고객에 대한 가치 전달이나 직원에 대한 투자, 공급자와의 윤리적 거래, 지역사회에 대한 책임, 장기적 관점의 주주가치 창출 등이 강조되고 있다.

(3) 고객에게 보다 좋은 상품과 서비스를 제공하고 잠재적 고객에게 마케팅을 하는, 고객을 만족시키는 주체로 이해된다.

(4) 구성원들을 경쟁력의 원천으로 바라보며, 그들의 능력을 개발하기 위해 노력한다.

2 조직의 유형

1. 공식성

(1) 공식조직 : 조직의 구조, 기능, 규정 등이 조직화되어 있는 조직이다.

(2) 비공식조직 : 개인들의 협동과 상호작용에 따라 형성된 자발적인 조직이다.

(3) 조직 발달 역사에 따르면 비공식조직으로부터 공식화가 진행되어 공식조직으로 발전한 것을 알 수 있는데, 이는 조직의 규모가 점점 커지면서 조직구성원들의 행동을 통제할 장치를 마련하기 위해 나타난 현상이다.
(4) 공식조직 내에서도 비공식조직이 새롭게 생성되기도 하는데, 이는 자연스러운 인간관계가 형성됨에 따라 서로 일체감을 느끼고, 바람직한 행동유형 등을 공유하는 하나의 조직문화가 됨으로써 공식조직의 기능을 보완해 주기 위해 나타나는 현상이다.
(5) 공식조직과 비공식조직은 다양한 기준으로 비교된다.

구분	공식조직	비공식조직
발생 형태	인위적	자연적
조직목표	단일성	다양성
강조점	공적, 조직체계적	사적, 사회심리적
장점	• 높은 수준의 생산적 규범 • 공식적 의사소통	• 높은 수준의 심리적 안정감 • 공식적 조직의 경직성 완화
단점	• 낮은 수준의 의사소통 경로 • 조직의 경직성	• 소문 등의 비공식적 의사소통 • 낮은 수준의 생산적 규범 형성
사례	정부, 기업, 군대 등	동아리, 동호회 등

보충플러스
- 공식성 ─ 공식조직 / 비공식조직
- 영리성 ─ 영리조직 / 비영리조직
- 규모 ─ 소규모 조직 / 대규모 조직
- 계층성 ─ 수직적 조직 / 수평적 조직
- 의사결정 방식 ─ 이사회조직 / 위원회조직

2. 영리성
(1) 영리조직 : 기업과 같이 소유주나 주주의 이익을 위해 제품, 서비스 등을 제공하고 이에 대한 수익을 창출하는 조직이다.
(2) 비영리조직 : 정부를 비롯하여 병원, 대학, 시민단체와 같이 사회전체의 이익과 공동의 이익을 위한 목적으로 운영되는 조직이다.

3. 규모
(1) 소규모 조직 : 가족 소유의 상점과 같이 작고 단순한 구조를 통해 유기적이고 자유롭게 운영되는 조직이다.
(2) 대규모 조직 : 대기업과 같이 비교적 많은 조직원과 복잡한 조직구조로 운영되며 표준화된 절차가 있는 조직이다.

4. 계층성
(1) 수직적 조직 : 업무처리의 권한을 수직으로 세분화하고, 유사한 과업 범위나 기술을 기준으로 구성원을 나누는 조직이다.
(2) 수평적 조직 : 권한을 상부에 집중시키지 않고 분산시킴으로써 조직구성원들의 참여도를 높이고 수평적인 관계를 강화하는 유연한 조직이다.

(3) 수직적 조직과 수평적 조직은 다양한 기준으로 비교된다.

구분	수직적 조직	수평적 조직
계층여부	계층적	비계층적
목표달성	직접적인 기여	간접적인 기여
명령, 집행권	높은 수준	낮은 수준
장점	• 권한과 책임의 명확 • 신속한 결정 • 조직의 안정성	• 객관적 의사결정 • 조직의 유연성 • 대규모 조직에 유리
단점	• 주관적 의사결정 • 조직의 경직성 • 대규모 조직에 불리	• 불명확한 인사관계 • 책임소재에 대한 갈등유발 • 의사소통 경로 혼란
사례	대표 → 이사 → 국장 → 부장	인사부, 경영지원부, 영업부

5. 의사결정 방식

(1) 이사회조직 : 조직의 목표를 달성할 수 있도록 법률적 책임을 맡고 있는 의사결정기구로서 이사회를 통해 조직의 욕구와 목표달성의 지침을 얻는 조직이다.

(2) 위원회조직 : 조직의 목표달성을 위한 특별과업이나 문제해결을 위한 조직의 일상기구와는 별도로 설치되는 조직이다.

(3) 이사회조직과 위원회조직은 다양한 기준으로 비교된다.

구분	이사회조직	위원회조직
의사결정여부	의사결정	의사건의
책임자의 참여	높은 수준의 책임자 참여	낮은 수준의 책임자 참여
직원 참여	낮은 수준의 직원 참여	높은 수준의 직원 참여
수혜자 참여	낮은 수준의 수혜자 참여	높은 수준의 수혜자 참여
구성원 수	낮은 수준	높은 수준

3 조직변화의 과정과 유형

1. 조직변화의 의미

조직을 둘러싼 환경은 조직의 생성, 지속 및 발전에 지대한 영향력을 미치는데, 조직이 생존하기 위해 이러한 환경의 변화를 읽고 적응하는 것을 조직변화 또는 조직혁신이라고 한다.

2. 조직변화의 과정

3. 조직변화의 유형

(1) 제품과 서비스의 변화 : 기존의 제품과 서비스의 문제점을 인식하고 고객의 요구에 부응하기 위해 고객을 늘리거나 새로운 시장을 확대하는 것이다.
(2) 전략, 구조의 변화 : 조직의 경영과 관련된 것으로, 조직의 목적을 달성하고 효율성을 높이기 위해 조직의 구조, 경영방식, 각종 시스템 등을 개선하는 것이다.
(3) 기술의 변화 : 신기술이 발명되었을 때나 생산성을 높이기 위해 새로운 기술을 도입하는 것이다.
(4) 문화의 변화 : 구성원들의 사고방식이나 가치체계를 변화시켜 조직의 목적과 일치시키기 위해 문화를 유도하는 것이다.

4. 조직구조의 변화방향

(1) 높은 관리층에서 낮은 관리층으로 변화하였다.
(2) 높은 공식화에서 낮은 공식화 즉, 자율적 합의로 변화하였다.
(3) 수직적 관계에서 수평적 관계로 변화하였다.
(4) 권한이 상부에 집중된 조직에서 분권화된 조직으로 변화하였다.
(5) 내부통제화에서 네트워크화로 변화하였다.
(6) 과·부 단위에서 팀 단위로 변화하였다.
(7) 기능별 조직화에서 프로세스별 조직화로 변화하였다.
(8) 계획·통제 중심의 스텝 기능에서 자원 중심의 스텝 기능으로 변화하였다.
(9) 비대한 관료 조직에서 간소하고 유연한 조직으로 변화하였다.

5. 레빈(K. Lewin)의 조직변화 과정 3단계

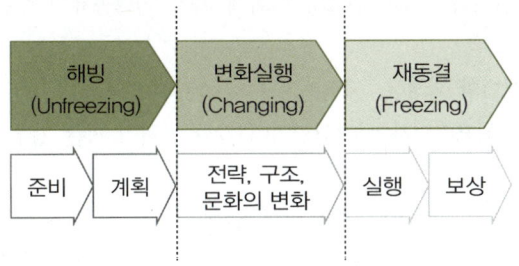

(1) 해빙 단계
  ① 조직변화를 위한 준비단계이다.

② 구성원이 갖고 있는 고정관념과 가치의식을 녹이는 과정이다.
③ 구성원이 변화 필요성을 인식하고 기존의 조직특성이나 고정관념에서 탈피하여 변화의 저항을 최소화하기 위해 노력하는 과정이다.

(2) 변화실행 단계
① 경영자 또는 변화실행자가 의도하는 방향으로 새로운 행동패턴을 개발하거나 변화기법을 사용하여 조직을 변화시키는 단계이다.
② 변화시키고자 하는 방향으로 조직시스템을 형성하기 위한 조직구조, 기술, 구성원의 행동양식을 결정하는 과정이다.
③ 경영자는 조직구성원들에게 새로운 조직변화를 위한 시스템변화나 역할관계 등이 더 유리하다는 확신을 주어야 한다.

(3) 재동결 단계
① 새롭게 형성된 행동이 계속 반복되고 강화됨으로써 영구적인 행동패턴으로 정착될 수 있도록 변화를 지원하고 강화시키는 과정이다.
② 재동결 단계가 없으면 변화된 행동은 소멸되어 변화 이전의 상태로 돌아갈 수 있다.
③ 경영자는 변화를 정착시키기 위해 구성원과의 상하관계나 보상제도 등의 환경조건을 조성하여 적극적으로 지원해야 한다.

6. 조직변화

(1) 변화의 속도에 따른 분류
① 변화의 속도가 점진적인 조직변화가 있다.
② 변화의 속도가 급진적인 조직변화가 있다.

(2) 변화의 형태에 따른 분류
① 변화의 형태가 자연적인 조직변화가 있다.
② 변화의 형태가 계획적인 조직변화가 있다.

(3) 그라이너(Greiner)의 성공적인 조직변화
① 그라이너는 조직의 성공적인 변화에 대한 사례를 조사하여, 조직의 성공적인 변화는 최고경영층의 공식적인 권한과 영향력의 재분배 과정을 통해 발전한다고 하였다.
② 의사결정에 참여하는 권력구조의 변화에 따라 권력공유의 수준이 높아진다고 하였다.

(4) 그라이너의 조직변화 과정
① 압력과 각성 : 최고경영자의 책임영역에 강한 압력이 있는 경우 조직변화의 필요성을 느낀다.
② 개입과 순응 : 강한 압력에 대한 권력구조의 각성도 중요하지만, 외부인의 객관적인 시각에 의한 조직평가를 통해 최고경영층이 이를 순응하게끔 하여야 한다.
③ 진단과 인식 : 외부인은 물론 최고경영층에서부터 하위층까지의 구성원들이 문제와 원인을 규명하는 데 협력하고 정보를 수집해야 한다. 조직문제에 대한 철저한 진단을

거쳐 그에 대한 지식을 얻는 것뿐만 아니라 최고경영층의 변화의지를 피력하여 하위층의 아이디어가 상위층에 인정된다는 것을 인식시켜야 한다.

④ 발견과 실행 : 외부인의 능동적인 역할과 함께 집단적인 문제해결 과정을 거쳐 새롭고 독창적인 해결책을 찾아 이를 실행하여야 한다.

⑤ 실험과 조사 : 현실성을 검증하는 단계로 새로운 해결책에 대한 타당성뿐만 아니라, 이를 결정하는 데 기초가 되는 권력공유의 적절성도 세밀히 검사해야 한다.

⑥ 강화와 수용 : 조직이 성공적으로 변화하면 조직의 성과가 향상되고 모든 계층에서의 변화에 대한 기대도 명확해진다. 아울러 긍정적인 결과는 강한 보상효과를 가지게 된다.

7. 조직변화의 관리

(1) 변화에 대한 개인적, 조직적 저항을 예방하거나 제거하여 원래 목표한 성과를 달성할 수 있도록 관리하는 것이다.

(2) 변화가 조직문화의 제도, 규범, 관행 속에 흡입되어 갈 수 있도록 계획을 유연하게 조정하고, 경영층의 관심과 조직원들의 자율적인 참여를 통해 변화를 정착시키는 과정이다.

(3) 조직변화에 대한 저항

개인의 저항	조직의 저항
• 경제적 불안정 • 불확실성에 대한 두려움 • 사회적 관계의 위협 • 새로운 지식 · 기술의 학습 • 변화 필요성에 대한 인식의 결여	• 구조적 관성 • 작업집단 편성 • 현재 힘의 균형 파괴에 대한 위협 • 과거 변화노력의 실패 경험

(4) 조직변화에 대한 저항 관리방법

기법	개요
교육과 커뮤니케이션	변화의 설계 및 실행에 앞서 변화대상자에게 내용을 알리고 교육
참여와 몰입	변화의 설계 및 실행과정에 변화대상자를 참여시켜 그들의 의견을 반영
촉진과 지원	변화대상자가 느끼는 변화로 인한 애로사항 해소를 위해 지원
협상과 동의	변화대상자에게 인센티브를 제공
조작과 협조	변화의 원만한 실행을 위한 상황을 조작하거나 영향력 있는 변화대상자를 형식적으로 중요한 위치로 배치
명시적 · 암시적 강요	명시적 · 암시적인 위협을 통해 변화를 수용하도록 강요

보충플러스

조직에 몸담고 있는 조직 구성원으로서의 개인은 조직을 위해 일해 주고 그로부터 대가를 받고 생리적 욕구를 충족시킨다. 그리고 개인은 조직 속에서 일하면서 다른 구성원과 서로 접촉하며 매슬로(A. Maslow)가 말한 소속과 사랑의 욕구, 긍지와 존경의 욕구를 충족시키기도 한다.

4 조직과 개인의 관계 ★ 구 워크북

1. 조직과 개인은 유기적인 관계를 맺고 있기 때문에 하나가 잘못되면 다른 하나가 그에 따른 영향을 받는다.

2. 조직은 개인이 해야 할 일을 정해 주고 개인은 조직이 정해 준 범위 내에서 업무를 수행한다.

3. 최근에는 많은 조직에서 구성원들의 참여를 통해 조직의 목표를 자신의 목표로 내면화하도록 하여 목표 달성에 대한 의지를 높이고 있다.

5 조직화

1. 조직화의 필요성

경영자는 어떠한 규모나 유형의 조직에서도 효과적인 조직화를 통하여 경영성과를 높여야 한다.

2. 조직화의 효과

(1) 업무의 흐름을 명확히 한다.
(2) 개인별 직무에 대한 지침을 제공한다.
(3) 각 직무를 성공적으로 수행하기 위한 행동체계를 마련하여 계획수립과 통제에 도움을 준다.
(4) 의사소통과 의사결정을 위한 경로를 수립한다.
(5) 직무의 중복과 과업에 대한 갈등을 제거해 준다.
(6) 각 구성원의 활동을 조직목표에 연결시킴으로써 직무수행성과를 증대시킨다.

3. 조직화의 단계

경영자가 조직화 과정에서 해야 하는 의사결정은 다음과 같은 5단계를 거친다.

제1단계 직무의 분할	업무를 개인이나 집단에 따라 적절히 수행할 수 있도록 분할하는 단계
제2단계 직무의 부문화	업무의 성격에 따라 유사하거나 관계가 깊은 구성원들을 집단화하여 관리하는 단계
제3단계 책임과 권한의 부여	업무의 수행과 관련된 책임과 권한을 부여하는 단계
제4단계 조정	구성원의 일을 업무와 부서의 전체적인 관점에서 조정하는 단계
제5단계 수정	조직의 효율성을 위해 피드백 과정을 거쳐 문제점을 수정하는 단계

4. 조직화의 원칙

조직의 편성과 조직의 발전에 있어서 지켜야 할 원리로, 조직의 규모나 환경에 따라서 변화할 수 있지만 가장 널리 알려진 일반적 원칙은 다음과 같다.

전문화의 원칙	조직구성원이 실행 가능한 한 가지의 특정업무를 전문적으로 수행하도록 일을 분담시켜야 한다는 원칙
권한과 책임의 원칙	조직에서 각 구성원의 직무분담에 대한 책임과 권한의 상호관계를 명확히 하여야 한다는 원칙
권한위양의 원칙	권한을 가지고 있는 상위자가 하위자에게 직무수행에 관한 일정한 권한까지도 위양해야 한다는 원칙
감독한계의 원칙	능률적인 감독을 하기 위해서는 한 사람이 지휘 및 감독할 수 있는 부하의 수를 적정하게 제안해야 한다는 원칙
명령일원화의 원칙	각 구성원에게 분담된 업무가 조직의 공동목표에 결부되고 조직질서를 유지하기 위해 한 사람의 하위자는 1인의 직속상위로부터 명령 지시를 받아야 한다는 원칙
직무화의 원칙	전문화의 원칙에 따라 부문화를 할 경우, 업무의 종류와 성질에 따라 분류해야 한다는 원칙
조정의 원칙	조직의 각 구성원이 분담하는 업무가 기업 전체적인 관점에서 가장 효과적으로 수행될 수 있도록 상호 통합되어야 한다는 원칙

6 조직이론

1. 조직이론의 의의 : 조직 내의 개인이나 집단의 행동이 아닌 조직 자체를 분석 대상으로 하는 경영이론이다. 즉, 조직에 관한 일종의 사고방식으로 조직을 분석하는 이론이다.

2. 조직이론의 종류

(1) 전략적 선택이론
① 환경이 조직에 영향을 미친다는 상황이론에 대한 비판으로 등장하였다.
② 조직의 구조는 관리자의 이해관계와 권력에 의해 결정되며, 환경은 이를 제약하는 제약요인으로 관리자에 의해 환경의 영향력이 조절될 수 있다고 본다.

(2) 조직군생태론
① 공통된 환경에 놓인 조직들의 구조는 서로 유사한 형태를 가진다는 조직군 단위로 조직을 이해한다.
② 조직의 구조는 조직이 마주하고 있는 환경에 적응하는 과정에서 결정되며 조직은 환경에 따라 그 조직의 구조를 선택한다고 본다.

(3) 거래비용이론
① 탐색, 거래, 감시비용에 의한 외부적 거래보다는 내부적 거래가 더 효율적이라고 이해한다.
② 기업은 생산 활동에 있어 내부적 거래와 외부적 거래의 범위를 각각 어느 정도로 설정해야 가장 효율적인 것인가를 판단하고 이에 대해 협상한다고 본다.

(4) 대리인이론
① 정보 비대칭의 문제는 주인이 대리인을 완벽히 감시할 수 없는 한계에서 발생한다.
② 이러한 문제를 극복하기 위해 대리인을 감시하기 위한 사외이사제도 등의 추가적인 제도를 마련하거나, 주인과 대리인의 이해관계를 일치시키는 스톡옵션 등의 장치를 마련해야 한다고 본다.

7 기업의 형태

1. 합명회사

(1) 2인 이상의 무한책임사원으로 구성되는 기업이다.
(2) 출자한 모든 사원이 경영에 참여하고 회사의 채무에 대해 무한책임을 진다.
(3) 대규모 자본 조달이 어려워 개인 기업의 특성을 보인다.

2. 합자회사

(1) 무한책임을 지는 출자자와 유한책임을 지는 출자자로 구성되는 기업이다.
(2) 합명회사보다는 많은 투자자들로부터 자본을 조달할 수 있다는 장점을 가진다.
(3) 기업의 경영은 무한책임을 지는 출자자가 담당하며 유한책임을 지는 출자자는 이익을 분배받을 수 있다.

보충플러스

효과적인 조직이해능력 지도를 위한 교수 방법

- 문제중심학습(PBL) : 실제적인 문제를 중심으로 수업상황을 구조화하는 방식이다.
- 시뮬레이션 학습 : 가상적인 실제 상황에 직면하여 현실적인 해결책을 마련해 보는 방식이다.
- 프로그램 학습 : 복잡한 행동을 학습시키기 위해 간단한 행동으로 분석하고, 그것을 단계적으로 계속하여 목표에 접근할 수 있도록 강화함으로써 목적한 바를 이루는 방식이다.
- 프로젝트 학습 : 특정 주제에 대한 심층 연구로서, 소집단 혹은 전체 학습자들이 학습할 가치가 있는 특정 주제에 대한 심층 연구로서 학습자들이 서로 협력하면서 심층적으로 연구하는 목적 지향적 방식이다.

3. 유한회사
(1) 1인 이상의 사원이 본인이 출자한 출자액만큼만 책임을 지는 형태의 기업이다.
(2) 사원들의 책임이 간접적이며 유한하고 분화된 기관을 가지고 있다는 점에서 주식회사와 유사하다.

4. 유한책임회사
(1) 1인 이상의 유한책임사원으로 구성된 소규모 창업기업이다.
(2) 사원이 아닌 자를 업무 집행자로 선임 가능하며 내부적으로는 조합의 특성을 가지고 외부적으로는 유한책임을 특징으로 한다.

5. 주식회사
(1) 주주들의 출자를 통해 형성된 기업이다.
(2) 자본시장을 통하여 대규모 자본 조달이 가능하다.
(3) 법인으로서의 특성, 계속 기업으로의 특징, 자본의 증권화, 출자자의 유한책임 등을 특징으로 한다.
(4) 출자와 경영이 분리된 형태로, 가장 많은 기업이 주식회사의 형태로 설립되어 있다.

개념확인문제

01 조직의 유형에 대한 설명이 맞으면 ○, 틀리면 ×를 표시하시오.

(1) 기업은 대표적인 영리조직이다. ( )
(2) 공식조직 내에서 비공식조직이 새롭게 생성되기도 한다. ( )
(3) 병원, 대학은 대표적인 영리 조직에 해당한다. ( )
(4) 조직이 발달해 온 역사를 보면 공식조직에서 비공식조직으로 발전해 왔다. ( )

02 다음 중 조직변화의 유형에 대한 설명이 맞으면 ○, 틀리면 ×를 표시하시오.

(1) 조직의 목적과 일치시키기 위해 문화를 변화시키기도 한다. ( )
(2) 조직변화는 기존의 조직구조나 경영방식하에서 환경변화에 따라 제품이나 기술을 변화시키는 것이다. ( )
(3) 제품이나 서비스에 대한 변화는 기존 제품이나 서비스의 문제점이 발생할 때뿐만 아니라 새로운 시장을 확대하기 위해서도 이루어진다. ( )
(4) 조직변화는 환경변화에 따른 것으로 어떤 환경변화가 있느냐는 어떻게 조직을 변화시킬 것인가에 지대한 영향을 미친다. ( )

답
01 (1) ○ (2) ○ (3) × (4) ×
02 (1) ○ (2) × (3) ○ (4) ○

01 경영이해능력

> 경영이해능력은 조직의 경영목표와 경영방법을 이해하는 능력이다. 경영자가 수행하는 조직의 목적과 전략을 파악하기 위해 경영원리를 이해하고 경영상의 문제점을 개선하는 능력을 함양한다.

보충플러스

경영에 대한 다양한 정의
- 루 & 바이아스(Rue & Byars)
  조직의 목적이나 목표를 달성할 수 있도록 사람들에게 방향을 제시해 주는 활동의 형태나 과정이다.
- 쿤츠(H. Koontz)
  조직 목표들을 성취하기 위해 가능한 한 가장 효율적인 방법으로 조직의 일을 계획하고 조직하고 충원하고 지휘하고 통제하는 활동이다.
- 씨라우프(Thierauf)
  산출물(제품과 서비스)을 생산하려는 목적으로 투입물(인적 자원과 경제적 자원)을 할당하는 과정이다.
- 스토너(Stoner)
  사람들을 통하여 과업을 수행하게 하는 예술이다.
- 로빈스(Robbins)
  사람들로 하여금 일을 효율적이고 효과적으로 수행하도록 하는 활동이다.

1 경영의 의미와 경영의 구성요소

1. 경영의 의미
(1) 조직이 수립한 목적을 달성하기 위해 계획을 세우고 실행하고 그 결과를 평가하는 과정이다.
(2) 과거에는 경영을 단순히 관리라고 생각하였으나 경영은 관리 이외에도 조직의 목적을 설정하고, 이를 달성하기 위하여 전략을 수립하는 활동을 포함한다.

2. 경영의 구성요소
(1) 경영목적
  ① 조직의 목적을 어떤 과정과 방법을 택하여 수행할 것인가를 구체적으로 제시해 준다.
  ② 조직을 이끌어 나가는 경영자는 조직의 목적이 어느 정도 달성되었는지, 얼마나 효율적으로 달성되었는지에 대해 평가를 받게 된다.
(2) 조직구성원
  ① 조직에서 일하고 있는 임직원들로 이들이 어떤 역량을 가지고 어떻게 직무를 수행하는지에 따라 경영성과가 달라진다.
  ② 경영자는 조직의 목적과 필요에 부합하는 구성원을 채용하고 이들을 적재적소에 배치, 활용할 수 있어야 한다.
(3) 자금
  ① 경영활동에 사용할 수 있는 금전을 의미한다.
  ② 자금이 부족할 경우 원하는 경영목표를 달성하는 데 어려움을 겪게 된다.
  ③ 조직의 지속가능성을 유지하기 위해서 사기업에게 자금은 재무적 기초가 된다.
(4) 전략
  ① 조직이 가지고 있는 자원을 효과적으로 운영하여 무엇을 해야 하며 어떤 것을 달성해야 하는가를 알려 준다.
  ② 기업 내 모든 역량과 자원을 경영목적을 달성하기 위해 조직화하고 이를 실행에 옮겨 경쟁우위를 달성하는 일련의 방침 및 활동이다.

2 경영의 과정과 경영활동 유형

1. 경영의 과정

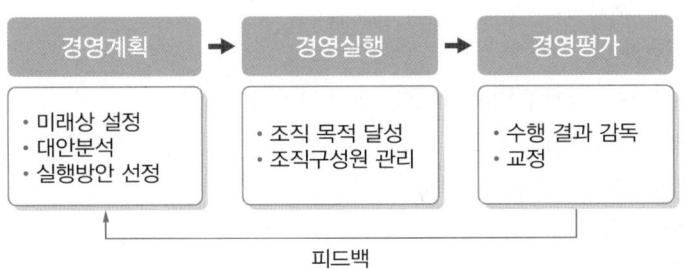

보충플러스

PDCA 사이클

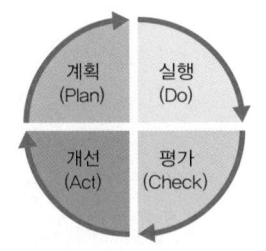

- 계획(Plan)
  분명한 목표나 방침을 통해 실현가능한 계획을 세운다.
- 실행(Do)
  계획에 따라 실행하면서 계획의 진행사항을 측정한다.
- 평가(Check)
  성과 달성도 및 방식을 평가하여 성공 또는 실패요인을 검토한다.
- 개선(Act)
  개선이나 수정을 통해 반성한 점을 다음 계획에 피드백한다.

2. 경영활동 유형

(1) 외부 경영활동 : 조직외부에서 조직의 효과성을 높이기 위해 이루어지는 활동이다.
  예 시장에서 이루어지는 마케팅 활동 등
(2) 내부 경영활동 : 조직내부에서 인적·물적 자원 및 생산기술을 관리하는 활동이다.
  예 인사관리, 재무관리, 생산관리 등

3 경영자의 의미와 역할

1. 경영자의 의미

(1) 조직의 전략, 관리 및 운영활동을 주관하며 조직구성원들과 의사결정을 통해 조직이 나아갈 방향을 제시하고 조직의 유지와 발전에 책임을 지는 사람이다.
(2) 조직의 변화 방향을 설정하는 리더이며 조직구성원들이 조직의 목표에 부합되는 행동을 할 수 있도록 이를 결합시키고 관리하는 관리자이다.

2. 수직적 체계에 따른 경영자의 분류 ★ 구 워크북

(1) 최고경영자 : 조직의 혁신기능과 의사결정기능을 조직 전체 수준에서 담당한다.
(2) 중간경영자 : 재무관리, 생산관리, 인사관리 등과 같이 경영부문별로 최고경영층이 설정한 경영목표, 전략, 정책을 집행하기 위한 제반의 활동을 수행한다.
(3) 하위경영자 : 현장에서 실제로 작업하는 근로자를 직접 지휘, 감독한다.

3. 민츠버그(Mintzberg)의 역할에 따른 경영자의 분류

대인적 역할	정보적 역할	의사결정적 역할
• 대표자 • 리더 • 연결자	• 정보탐색자 • 정보보급자 • 대변인	• 기업가 • 문제해결자 • 자원분배자 • 중재자

(1) 대인적 역할
　① 대표자 : 조직의 법적·사회적 대표자이다.
　② 리더 : 조직원과 관계를 형성하고 의사소통 및 동기부여를 하며 지도한다.
　③ 연결자 : 외부 기관 및 인사들과 네트워크를 유지한다.
(2) 정보적 역할
　① 정보탐색자 : 과제에 대한 내·외부의 정보를 수집한다.
　② 정보보급자 : 수집된 정보를 내부에 보급한다.
　③ 대변인 : 조직의 정보를 외부로 전달한다.
(3) 의사결정적 역할
　① 기업가 : 변화와 혁신을 시작하고 설계하며 고무한다.
　② 문제해결자 : 조직의 어려움이나 문제에 대해서 해결 및 조정한다.
　③ 자원분재자 : 조직의 자원을 내부에 분배한다.
　④ 중재자 : 협상에서 조직을 대표한다.

4 의사결정

1. 의사결정의 의미

(1) 좁은 의미에서는 특정한 문제해결을 위한 대안선택 과정이다.
(2) 넓은 의미에서는 조직활동을 수행하기 위해 어떻게 조직을 구성하고 어떻게 인력을 배치하며 어떤 방법으로 통제와 조정을 할 것인지에 대해 결정하는 관리과정이다.
(3) 한 사람의 관리자에 의해 결정되는 것이 아니라 많은 구성원들의 참여와 협력이 요구된다.
(4) 조직에서의 의사결정은 개인의 의사결정보다 복잡하며 신속하게 이루어져야 할 때가 많고 확실하지 못한 환경에서 이루어지기도 한다.
(5) 문제를 해결하기 위해 여러 부서가 관여하고, 다양한 견해를 내며 심지어는 외부 조직이 개입되기도 한다.

2. 의사결정의 과정

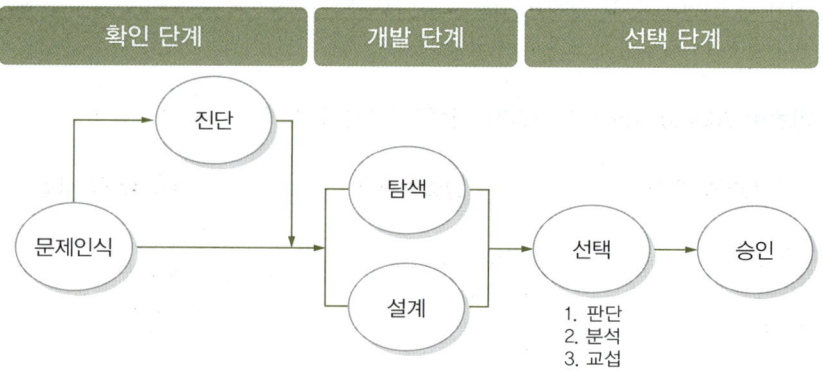

(1) 확인 단계
  ① 의사결정이 필요한 문제를 인식하고 진단한다. 외부 환경이 변화하거나 내부에서 문제가 발생했을 때에 돌입한다.
  ② 진단 단계는 문제의 심각성에 따라서 체계적으로 이루어지기도 하며 비공식적으로 이루어지기도 한다.
  ③ 문제를 신속히 해결할 필요가 있는 경우에는 진단 시간을 줄이고 즉각적인 대응이 필요하다.
(2) 개발 단계
  ① 확인된 문제나 근본적인 원인에 대하여 해결방안을 모색하는 단계이다.
  ② 조직 내의 기존 해결 방법 중에서 새로운 문제의 해결 방법을 찾는 탐색과정이다. 이는 조직 내 관련자와의 대화나 공식적인 문서 등을 참고하여 이루어질 수 있다.
  ③ 이전에 없었던 새로운 문제의 경우 이에 대한 해결안을 설계해야 한다. 이 경우에는 의사결정자들이 불확실한 해결 방법만을 가지고 있기 때문에 다양한 의사결정 기법을 통한 시행착오적 과정을 거치면서 적합한 해결방법을 찾아나간다.
(3) 선택 단계
  ① 마련한 해결방안 중 실행 가능한 해결안을 선택한다.
  ② 선택을 위한 3가지 방법으로는 의사결정권자 한 사람의 판단에 의한 선택, 경영과학 기법과 같은 분석에 의한 선택, 이해관계집단의 토의와 교섭에 의한 선택이 있다.
  ③ 해결방안이 선택되면 마지막으로 조직 내에서 공식적인 승인 절차를 거친 후 실행된다.

3. **집단의사결정** : 조직 내에서는 개인이 단독으로 의사결정을 내리는 경우도 있고, 집단이 의사결정을 내리는 경우도 있다.

4. **집단의사결정의 장·단점**
(1) 장점
  ① 한 사람이 가진 지식보다 집단이 가지고 있는 지식과 정보가 더 많으므로 효과적인 결정을 할 수 있다.
  ② 다양한 집단구성원이 가진 능력이 각기 다르므로 각자 다른 시각으로 문제를 바라봄에 따라 다양한 견해를 가지고 접근할 수 있다.
  ③ 의사결정에 참여한 사람들이 결정 사항을 수용하기 수월해지고 의사소통의 기회도 향상된다.
(2) 단점
  ① 의견이 불일치하는 경우, 의사결정을 내리는 데 시간이 많이 소요된다.
  ② 특정 구성원에 의해 의사결정이 독점될 가능성이 있다.

5. 집단의사결정의 종류

(1) 브레인스토밍(Brain Storming)
   ① 집단에서 의사결정을 하는 대표적인 방법이다.
   ② 여러 명이 한 가지 문제를 놓고 아이디어를 비판 없이 제시하고 그중에서 최선책을 찾아내는 방법이다.
   ③ 다른 사람이 아이디어를 제시할 때에는 비판하지 말아야 한다.
   ④ 문제에 대한 제안이 자유롭게 이루어질수록, 아이디어는 많이 나올수록 좋다고 간주된다.
   ⑤ 모든 아이디어들이 제안된 뒤 이를 결합하여 해결책을 마련한다.

(2) 델파이 기법(Delphi Technique)
   ① 합의적 의사결정에 도달하기 위해 아이디어들을 익명으로 결정함으로써 창의성을 증진시키는 기법이다.
   ② 전문가 또는 관련자로부터 의견, 정보 등을 수집하고 그 결과를 분석한 뒤 다시 응답자에게 보내 의견을 묻는 방식이다.
   ③ 불확실한 사항에 대한 전문가들의 합의를 얻기 위해 사용하는 기법이다.
   ④ '다수의 판단이 소수의 판단보다 정확하다'는 데에 논리적 근거를 둔다.

(3) 명목집단 기법(NGT ; Nominal Group Technique)
   ① 참석자들의 의사소통을 금지하여 진실로 마음속에 생각하고 있는 바를 끄집어내는 방법이다.
   ② 참석자들에게 일정 시간 동안 자신의 생각을 정리·기록할 수 있도록 한다.
   ③ 제시된 아이디어들을 명확하게 이해할 수 있도록 토의하고 평가한다.
   ④ 최종 결정은 비밀투표로 한다.

(4) 브레인라이팅(Brain Writing)
   ① 브레인스토밍을 응용한 방법이다.
   ② 6명이 3가지 아이디어를 5분 동안 계속 발산하고 결합·개선하는 과정이 이루어지므로 '6-3-5 기법'이라고도 부른다.
   ③ 모든 사람들이 평등하게 의견을 제시하므로 특정한 사람의 의견에 치우치지 않을 수 있다.
   ④ 침묵을 통해 개인적인 발상을 하므로 타인의 발언을 통해 사고가 방해될 위험이 없다.
   ⑤ 발표를 망설이는 사람들도 부담스럽지 않게 참여할 수 있다.
   ⑥ 구두로 의견을 교환하는 브레인스토밍과 달리 글로 의견을 제시하므로 대화가 활발히 진행되지 않아 상승효과를 기대하기 어려우며 자발성이 떨어질 수 있다.

6. 의사결정 방해요인

(1) 기업의 의사결정 이면에 스며들어 있는 조직 편향은 개인적 편향과 집단적 편향으로 분류할 수 있다.

보충플러스

쓰레기통 모형
- 조직 내에서 발생하는 무원칙적, 무정부적인 의사결정의 패턴을 '쓰레기통'에 비유한다.
- 일정한 규칙에 따라 의사결정이 이루어지지 않는다.
- 문제, 해결책, 참여자, 선택기회의 네 요소가 쓰레기통처럼 뒤죽박죽 움직이다가 어떤 계기를 통해 교차하여 만나게 될 때 의사결정이 이루어진다.
- 의사결정은 합리적이지 못한 간과(날치기), 탈피(진빼기) 방식으로 이루어진다.

(2) 개인적 편향
   ① 후광효과(Halo Effect) : 평가 대상의 부분적 특성에 주목하여 그 대상의 전반적 평가에 영향을 준다.
   ② 확증편향(Confirmation Bias) : 자신이 가진 사고의 틀에서 벗어나기보다 오히려 자신의 생각을 더 뒷받침해 주는 말 또는 증거만 확인하려고 한다.
   ③ 앵커링(Anchoring) : 초기 정보에 사고가 얽매여 그 사고의 틀에서 벗어나지 못한다.
(3) 집단적 편향
   ① 집단사고(Groupthink) : 응집력이 강한 집단의 구성원들이 의사결정을 내릴 때 갈등을 최소화하며 만장일치를 이루고자 한다.
   ② 폭포효과(Cascade Effect) : 리더의 첫 한마디에 조직구성원들의 의견이 리더와 같은 의견으로 모아진다.

5 경영전략

1. 경영전략의 의미
(1) 조직이 변화하는 환경에 적응하기 위하여 경영활동을 체계화하는 것이다.
(2) 비전과 목표달성을 위해 전략을 수립, 실행하고 통제하는 과정이다.

> **TIP 경영전략에 대한 평가 기준**
> • 전략의 효과 : 목표달성에 가장 크게 작용하는 전략안이었는가?
> • 전략전개능력 : 기업이 소유하는 경영자원과 가장 균형이 잘 이루어지는 전략안이었는가?
> • 안정성 : 위험이 가장 적은 전략안이었는가?
> • 효율성 : 재무적으로 가장 효율이 좋은 전략안이었는가?

2. 경영전략의 특징
(1) 목표달성을 위한 포괄적인 수단으로 경영목적의 달성 가능성이 평가된다.
(2) 기업의 미래 방향이나 기업 본연의 자세에 일정한 지침을 부여한다.
(3) 기업의 여러 의사결정에 대한 지침과 결정기준으로서의 역할을 한다.
(4) 기업의 전체전략에 있어서 기업이 어떠한 사업을 할 것인가를 중심으로 외부 환경과의 관계가, 또 사업전략에 있어서는 개별 해당시장에서 어떤 형태로 경쟁우위를 확보할 것인가를 중심으로 외부환경과의 관계가 중시된다.

3. 경영전략의 수립절차

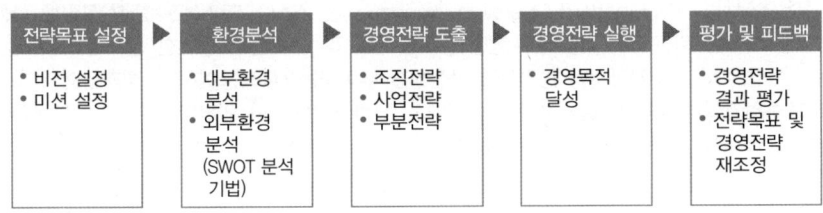

(1) 전략목표 설정
   ① 경영전략을 통해 비전과 미션을 규명하고 전략목표를 설정한다.
   ② 일반적으로 기업의 경영철학(핵심가치와 믿음), 목적(경영이념), 목표(경영목표)의 3개 요소로 구성된다.

(2) 환경 분석
　① 내부환경을 분석하는 목적은 기업이 보유하고 있는 유형 및 무형의 경영자원과 경영기능에 대한 분석을 통해 기업의 강점과 약점을 도출하는 데 있다.
　② 외부 환경을 분석하는 목적은 기업의 전략적 기회와 위협 요인을 규명하는 데에 있으며, 국내외 정치환경, 경제환경, 사회환경, 기술환경 그리고 산업환경 등이 이에 해당한다.
　③ 환경 분석을 위해 SWOT 분석을 가장 많이 활용한다.

(3) 경영전략 도출
　① 환경분석의 결과를 토대로 전략을 도출한다.
　② 조직전략, 사업전략, 부문전략으로 구분할 수 있으며 이들 간에는 위계적 수준이 존재한다.
　③ 가장 상위단계의 전략인 조직전략은 조직의 사명을 정의한다.
　④ 사업전략은 사업수준에서 각 사업의 경쟁적 우위를 점하기 위한 방향과 방법을 다룬다.
　⑤ 부문전략은 기능부서별로 사업전략을 구체화하여 세부적인 수행방법을 결정한다.

(4) 경영전략 실행
　① 수립된 경영전략을 실행하여 경영의 목적을 달성한다.
　② 전략을 적절하게 실행하기 위해서는 적절한 리더십이 발휘되어야 하고, 조직 문화도 조성되어야 한다.

(5) 평가 및 피드백
　① 일정한 기간을 두고 실제 성과와 목표 간의 차이를 분석하고 그 차이를 명확히 하여 원인분석과 피드백이 반드시 뒤따라야 한다.
　② 성과와 계획 간의 차이분석을 위한 자료로는 판매실적, 생산실적 및 생산성, 재고, 연구개발실적, 회계자료 등을 비롯한 기업운영상 가시적으로 나타나는 여러 자료를 이용할 수 있다.

> **보충플러스**
>
> **경영성과 평가의 방법**
> 조직의 경영성과는 '성과평가체계'에 따라 평가하며, 경영전략의 추진 결과를 조직의 성과목표 달성 및 핵심가치 이행 수준에 따라 업적평가와 역량평가로 구분한다.
>
> **업적평가**
> 직무수행달성, 즉 설정된 업무 목표의 달성도를 중심으로 평가하며, 직무수행의 단기적 결과에 초점을 맞춘다.
>
> **역량평가**
> 구성원이 우수한 성과를 달성하게 하는 행동적 특성을 사전에 정의하고 이를 기준으로 구성원의 역량을 측정한다. 구성원들의 미래의 업무 성과 달성 가능성에 대한 예측이 반영된다.

> **보충플러스**
>
> **표준운영절차의 의의**
> 표준운영절차(SOP ; Standard Operating Procedure)는 조직이 과거에 수행한 작업에 관한 경험과 지식을 바탕으로 작업의 수행방법과 순서를 각 단계별로 정리한 문서를 의미하는 것으로, 업무처리에 있어서의 일관성과 안정성을 부여하는 데에 용이하나, 정책집행의 과정을 표준운영절차에 따라 일원화하는 과정에서 절차 제정 후의 외부환경 변화나 정책집행 현장의 특수성이 반영되지 않을 수 있다는 단점을 가진다.

4. SWOT 분석

(1) 기업의 환경분석을 통해 강점(Strength)과 약점(Weakness), 기회(Opportunity)와 위협(Threat) 요인을 규정하고 이를 토대로 마케팅 전략을 수립하는 기법이다.

(2) 어떤 기업의 내부환경을 분석해 강점과 약점을 발견하고, 외부환경을 분석하여 기회와 위협을 찾아내어 이를 토대로 강점은 살리고 약점은 죽이며, 기회는 활용하고 위협은 억제한다.

(3) 분석을 위해 사용되는 네 가지 요소를 SWOT이라고 한다.
   ① 강점(S) : 경쟁기업과 비교할 때 소비자로부터 강점으로 인식되는 것이다.
   ② 약점(W) : 경쟁기업과 비교할 때 소비자로부터 약점으로 인식되는 것이다.
   ③ 기회(O) : 외부환경에서 유리한 요인이다.
   ④ 위협(T) : 외부환경에서 불리한 요인이다.

(4) SWOT 분석에 의한 마케팅 전략은 네 가지가 존재한다.
   ① SO 전략(강점-기회전략) : 시장의 기회를 활용하기 위해 강점을 사용한다.
   ② ST 전략(강점-위협전략) : 시장의 위협을 회피하기 위해 강점을 사용한다.
   ③ WO 전략(약점-기회전략) : 약점을 극복함으로써 시장의 기회를 활용한다.
   ④ WT 전략(약점-위협전략) : 시장의 위협을 회피하고 약점을 최소화한다.

내부환경 외부환경	강점(S)	약점(W)
기회(O)	SO 전략 기회의 이점을 얻기 위해 강점을 활용하는 전략	WO 전략 약점을 극복하면서 기회의 이점을 살리는 전략
위협(T)	ST 전략 위협을 피하기 위해 강점을 활용하는 전략	WT 전략 약점을 최소화하고 위협을 피하는 전략

5. BCG 매트릭스

(1) 보스턴컨설팅그룹에 의해 1970년대 초반 개발된 것으로, 기업의 경영전략 수립에 있어 하나의 기본적인 분석도구로 활용되는 사업포트폴리오 분석법이다.

(2) 4사분면으로 나타내며 X축은 '상대적 시장점유율'을, Y축은 '시장성장률'을 나타낸다.

구분	내용
스타	• 성장률과 시장점유율이 높아서 지속적으로 광고 예정 • 향후 집중적으로 지속적 투자 고려
현금 젖소	• 현재 시장점유율이 높으며 지속적 이윤을 창출하고 있어 당분간 광고 예정 • 다만 앞으로 지속적 성장이 어려운 상품이므로 투자는 보류
물음표	• 상대적으로 낮은 시장점유율과 높은 성장률을 보이는 제품 • 투자의 경우 잠시 보류하고 향후 추이를 검토하여 투자 예정
개	• 낮은 성장률과 시장점유율을 보이는 상품 • 조만간 시장에서의 철수를 검토

6. 5 Force 모델

(1) 1979년 마이클 포터(Michael E. Porter)가 5가지 주요 경쟁세력이 산업에 어떻게 영향을 미치는지를 이해하기 위해 만들었다.

(2) 산업 내에 경쟁에서 살아남으려면 경쟁이 심하지 않고 매력적인 업계를 선택해 유리한 위치를 선점하는 것이 매우 중요하다.

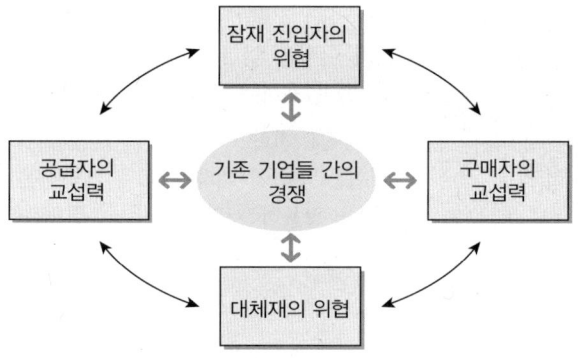

① 기존 기업들 간의 경쟁 : 동일한 산업 내에서 기존 기업들과의 경쟁이 얼마나 치열한지를 나타낸다.
② 대체재의 위협 : 해당 상품이나 서비스를 대체할 수 있는 대체재의 위협이 있는지를 나타낸다.
③ 잠재 진입자의 위협 : 해당 산업에 새롭게 진입하려는 신규 시장 진입자들이 얼마나 있는지를 나타낸다.
④ 공급자의 교섭력 : 원자재나 부품을 공급하는 공급자의 협상력 정도를 나타낸다.
⑤ 구매자의 교섭력 : 공급에 비해 수요가 적거나 까다로운 정도를 나타낸다.

7. PEST 분석

(1) 거시환경분석(PEST ; Political, Economic, Social and Technological analysis)은 전략관리 구성 요소 중 환경 파악에 사용되는 거시적 환경 요소를 묘사한다.

(2) 시장 조사나 전략 분석을 할 경우 특별히 거시경제 요소에서 기업이 의사결정을 내려야 할 시 사용한다.
(3) 이 내용에 법적(Legal) 특성을 추가하여 SLEPT로 사용할 수 있고, 환경(Environmental) 분야를 추가하여 PESTEL 또는 PESTLE로 사용할 수 있다.
(4) PEST 분석의 주요 4요소는 다음과 같다.
　① 정치적(Political) 요소 : 정부가 경제에 간섭하는 정도로, 특별하게는 세금, 노동법, 무역 제재, 환경법, 관세, 정치적 안정성 등을 포괄한다. 정치적 요소는 정부 차원에서 진흥하거나 제재하고자 하는 재화나 용역의 종류를 포함하기도 하며, 국가적 차원에서 중앙정부가 보건, 교육, 인프라 구축 등에 끼치는 영향을 고려한다.
　② 경제적(Economic) 요소 : 경제성장률, 금리, 환율, 인플레이션 정도 등을 포함하는 요소로, 경제 주체인 기업이 의사결정을 내리는 데 막대한 영향을 끼친다. 환율 또한 수출입 및 수입가격에 적지 않은 영향을 끼치는 요소이다.
　③ 사회적(Social) 요소 : 문화적 요소와 보건 인지도, 인구성장률, 연령대 분포, 직업 태도, 안전 관련 요소 등이 포함된다. 사회적 요소에 따라서 기업체의 제품과 경영방식이 영향을 받을 수도 있다.
　④ 기술적(Technological) 요소 : R&D 활동, 자동화, 기술 관련 인센티브, 기술혁신 등을 포함한다. 기술적 요소는 진입장벽, 최소효용생산수준, 아웃소싱 등에 영향을 미치며, 기술 투자와 품질, 비용 및 혁신에도 영향을 끼친다.
　⑤ 법적(Legal) 요소 : 차별법, 소비자법, 고용법, 독점금지법 등을 포함한다.
　⑥ 환경적(Environmental) 요소 : 생태학적, 환경적 요소로 날씨, 기후, 기후의 변화 등을 포함하여 관광, 농업, 보험업계 등에도 영향을 끼친다. 기후변화의 문제점이 대두되면서 제공 생산품의 경영과 신시장 개척, 현존하는 제품의 단종과 변화, 제품의 시장 축소나 소멸 등에도 영향을 미친다.

8. 경영전략의 유형

(1) 사업단위의 경영전략

원가우위 전략	• 원가 절감을 통해 해당 산업에서 우위를 점하는 전략이다. • 대량생산 또는 새로운 생산 기술의 개발을 통해 원가를 낮춘다. • 우리나라의 1970년대 섬유, 신발, 가발업체 등이 미국시장에 진출할 때 취한 전략이다. • 온라인 소매업체가 오프라인에 비해서 저렴한 가격과 구매의 편의성을 내세워서 시장 점유율을 넓히는 사례가 대표적이다.
차별화 전략	• 서비스 및 생산된 제품을 차별화해 고객에게 독특한 가치로 인식되도록 하는 전략이다. • 연구개발, 광고, 기술, 이미지, 서비스 등을 개선하는 활동을 포함한다. • 국내 주요 가전업체들이 경쟁업체의 저가 전략에 맞서 고급 기술을 적용한 고품질의 프리미엄 제품으로 차별화를 하여, 고가시장의 점유율을 높여 나가는 사례가 대표적이다.

집중화 전략	• 경쟁 업체나 조직 등이 소홀히 하고 있는 한정된 시장을 잡아 집중 공략하는 전략이다. • 원가우위전략과 차별화전략이 산업 전체를 대상으로 하는 반면, 집중화전략은 특정 산업을 대상으로 한다. • 저가 항공사가 국내외 단거리 지역으로 비즈니스 출장이나 여행을 가는 사람들이 매우 저렴한 가격으로 비행기를 이용할 수 있도록 함으로써, 새로운 시장 수요를 만들어 내는 사례가 대표적이다.

(2) 기업단위의 경영전략

다각화 전략	• 한 기업이 여러 다른 산업에 참여하는 것이다. • 기업의 성장은 그 기업조직 내에 있는 구성원들 모두에게 좋은 기회를 제공한다. • 범위의 경제성을 얻을 수 있다. • 대형화된 거대기업들은 시장지배력을 행사할 수 있다. • 대규모 다각화기업은 손쉽게 자본이나 인력을 조달할 수 있다는 경쟁우위를 가진다.
수직적 통합	• 한 기업이 수직적으로 연관된 두 개의 활동분야를 동시에 소유하는 것이다. • 수직적 통합은 후방통합과 전방통합의 두 가지 방향으로 일어난다. • 후방통합이란 기업이 부품과 원료와 같은 투입요소에 대한 소유권을 갖고 이를 통제할 수 있는 능력을 가지는 것이다. • 전방통합은 기업이 유통부문에 대한 소유권과 통제능력을 가지는 것이다.
아웃소싱 전략	• 기업들이 자신이 수행하는 여러 활동을 가치사슬의 기법을 통해 분석하고 이 생산 활동을 내부적으로 수행할 필요성이 있는지를 검토한 뒤 만일 내부적으로 수행할 필요성이 없다고 판단되면 이를 효율적으로 수행할 수 있는 외부의 기업에게 외주를 맡기는 것이다. • 단지 비용절감 측면에서만 사용하게 되면 핵심기술을 상실할 수 있다는 점을 고려해야 한다.
전략적 제휴	• 자동차, 항공기, 통신, 반도체 등과 같은 산업에서 다각화와 수직적 통합을 위한 수단으로 활발하게 사용되고 있다. • 전략적 제휴를 활용함으로써 핵심역량을 잘 활용하거나 부족한 핵심역량을 보완할 수 있다. • 경쟁관계에 있는 기업들이 일부 사업 또는 기능별 활동부문에서 경쟁기업과 일시적인 협조관계를 갖는 것이다.
해외시장 진출전략	• 수출, 계약, 직접투자의 3가지 유형이 존재한다. • 단순수출이나 계약보다는 직접투자에 큰 규모의 투자가 소요되며, 그 결과 해외사업에 대한 통제는 커지나 그에 따른 위험도 높아진다. • 수출에 의한 해외사업의 운영은 단기적이고 위험의 정도가 낮은 해외진출방식이며, 상사에 의한 간접수출과 판매법인에 의한 직접수출이 있다. • 계약에 의한 진입방식은 주로 외국 현지기업과의 계약에 의해 해외사업을 운영하는 방식으로 라이선스와 프랜차이즈가 대표적인 형태이다.

9. 마일즈(Miles) & 스노우(Snow)의 전략유형

(1) 마일즈와 스노우는 네 가지로 경영전략의 유형을 분류하였다.

공격형	• 새로운 제품과 시장기회를 포착 및 개척하려는 전략으로, 진입장벽을 돌파하여 시장에 막 진입하려는 기업들이 주로 이 전략을 활용한다. • 신제품과 신기술의 혁신을 주요 경쟁수단으로 삼는다. • 위험을 감수하고 혁신과 모험을 추구하는 적극적 전략이다. • 분권화적 결과에 의한 통제다. • 충원과 선발은 영입에 의해서 이루어진다. • 보상은 대외적 경쟁성과를 중시하고 성과급의 비중이 크다. • 인사고과는 성과 지향적이고 장기적인 결과를 중시한다.
방어형	• 효율적인 제조를 통해 기존의 제품을 높은 품질이나 낮은 가격으로 제공해 고객·욕구를 충족시키는 전략으로, 가장 탁월한 전략으로 여겨진다. • 조직의 안정적 유지를 추구하는 소극적인 전략이다. • 틈새시장을 지향하고 그 이외의 기회는 추구하지 않는다. • 기능식 조직에서 활용한다. • 중앙집권적 계획에 의한 통제다. • 보상은 대내적 공정성을 중시하고 기본급의 비중이 크다. • 인사고과는 업무 지향적이고 단기적인 결과를 중시한다.
분석형	• 먼저 진입하지 않고 관찰하다 성공가능성이 보이면 신속하게 진입하는 전략이다. • 공정상의 이점이나 마케팅상의 이점을 살려서 경쟁한다. • 공격형 전략과 방어형 전략의 결합형으로서 한편으로는 수익의 기회를 최대화하면서 다른 한편으로는 위험을 최소화한다.
반응형	• 기업이 기회, 위협 등의 환경 변화에 적응하지 못하고 전략 없이 대응하는 것이다. • 수명을 다한 기업이 이에 해당되는 경우가 많다.

> **보충플러스**
> 마일즈와 스노우는 조직구조가 전략에 의해 결정된다는 입장과 조직구조가 전략을 제한한다는 입장을 모두 고려하였다.

(2) 인사평가 방법을 다섯 개의 영역으로 나누고, 공격형-방어형에 따라 인사평가의 방법에 차이를 주장하였다.

① 확보관리 : 기업의 목표 달성을 위하여 특정 또는 여러 직무를 수행할 수 있는 유능한 인재들을 모집하고 그중에서 선발, 배제하는 합리적이고 체계적인 과정이다.

② 개발관리 : 기업의 현재 또는 미래의 직무수요에 대응하기 위하여 종업원의 지식, 기술, 능력 수준을 지속적으로 향상시키는 것이다.

③ 평가관리 : 합리적인 인적자원관리와 공정한 보상을 위해서 종업원의 능력과 태도 및 업적을 조직효과성 관점에서 정기적이고 체계적으로 검토하는 것이다.

④ 보상관리 : 종업원이 노동의 대가로 기업 측으로부터 수령하는 일체의 금전적 및 비금전적 급부를 총칭하는 것이다.

⑤ 유지관리 : 종업원의 노동능력과 근로의욕을 활성화시키고 이를 보전하기 위한 계획적이고 체계적인 관리활동이다.

공격형	확보관리	위험을 감수하고 혁신을 추구하므로 위험선호 성향이 높은 종업원들을 모집한다.
	개발관리	외부노동시장형 인사관리가 주가 되므로 저성과자의 관리보다는 고성과자의 미래가치를 극대화하는 방법으로 실시한다.
	평가관리	평가의 초점이 인적자원의 가치 판단에 있으므로 구성원 간 서열을 매기는 상대평가, 직무수행능력 등의 평가보다는 조직목표달성에의 공헌도가 주를 이룬다.
	보상관리	전술한 성과평가에 따른 성과급과 직무에 따른 직무급 능력에 따른 능력급 등이 주를 이루며, 고정급보다는 가변급의 비율이 높다.
	유지관리	유능한 종업원들을 확보하여 유지하고 지속적인 성과창출에 도움이 되는 방향으로 동기부여를 한다.
방어형	확보관리	위험을 회피하고 인화중심의 조직이 추구되므로, 인성파악 등을 통해 개인의 조직 적합성을 중요시한다.
	개발관리	열심히 업무에 참여하지만 성과가 나지 않는 저성과자의 역량개발을 위주로 실시한다.
	평가관리	현상유지와 인적자원의 개발에 초점을 맞추기 때문에 '기존의 핵심성공요인과 관련이 있는 행동을 수행하였는지'와 관련해 행위위주 평가방법을 사용한다.
	보상관리	인화단결을 중시하고 안정적인 기본급 중심의 보상을 추구하므로 연공급 등이 주를 이루며, 현상유지가 중요하므로 기업이 속해 있는 산업의 지배임금률 수준에 맞추어 보상을 지급하는 동행전략을 사용한다.
	유지관리	구성원의 동기부여도 중요하지만 그보다 근로생활의 질 향상을 더 중요시한다.

10. 스키너(Skinner)의 동기부여 강화이론

(1) 동기부여 강화이론의 의의

① 특정한 자극과 반응을 반복하는 것으로 개인의 행동을 증가 또는 소멸시킬 수 있는 행동 변화 방법을 설명한 이론이다.

② 바람직한 행동을 증가시키거나 바람직하지 못한 행동을 감소시키기 위하여 4가지 강화 전략을 통한 변화를 유도한다.

	첨가	제거
긍정적 사건	긍정적 강화 유쾌한 사건 첨가 – 행동 증가	소거 유쾌한 사건 제거 – 행동 감소
부정적 사건	벌 혐오자극 첨가 – 행동 감소	부정적 강화 불쾌한 사건 제거 – 행동 증가

(2) 벌의 부정적 효과
① 처벌이 지연되거나 처벌을 피하는 방법을 알고 있는 경우, 행동 통제에 비효과적이다.
② 처벌 대상에 대한 혐오학습이 일어난다.
③ 처벌은 학습될 수 있다.
④ 심한 처벌은 자아존중감을 하락시킨다.
⑤ 행동에 대한 대안이 없다.

(3) 벌을 효과적으로 사용하기 위하여 고려할 사항
① 행동을 인도하는 데는 약한 벌이 효과적이다.
② 약한 벌이라도 일관성을 유지해야 한다.
③ 부정적 행동이 나타날 때마다 매번 주어져야 한다.
④ 처벌 후 보상하지 말아야 한다.
⑤ 벌을 받는 행동보다 대안행동을 제시하는 데에 중점을 두어야 한다.

11. 허즈버그(Herzberg)의 2요인이론

(1) 허즈버그의 2요인이론의 의의 : 인간의 욕구 가운데는 동기요인과 위생요인의 두 가지가 있으며, 이 두 요인은 상호 독립되어 있다.

(2) 동기요인
① 만족요인이라고도 부르며, 조직구성원에게 만족을 주고 동기를 유발한다.
② 직무자체나 개인의 정신적·심리적 요인이 이에 해당한다.
③ 성취감, 책임감, 발전성(승진), 칭찬이나 인정받을 기회, 직무자체에 대한 도전성을 예로 들 수 있다.

(3) 위생요인
① 불만요인이라고도 부르며, 욕구가 충족되지 않을 경우 조직구성원에게 불만족을 초래하지만 욕구가 충족되더라도 직무 수행 동기를 적극적으로 유발하지는 않는다.
② 직무 외적인 요인이 이에 해당한다.
③ 급여, 기술적감독, 작업조건, 지위, 조직정책과 관리, 대인관계, 직장의 안정성 등이 이에 해당한다.

6 경영참가제도

1. 경영참가제도의 목적

(1) 근로자 또는 노동조합이 경영과정에 참여하여 자신의 의사를 반영함으로써 공동의 문제를 해결하고 노사 간의 세력 균형을 이룰 수 있다.

(2) 근로자나 노동조합이 새로운 아이디어를 제시하거나 현장에 적합한 개선방안을 마련해 줌으로써 경영의 효율성을 제고할 수 있다.

(3) 궁극적인 목표는 노사 간 대화의 장을 마련하고 상호 신뢰를 증진시켜 경영의 민주성을 제고하는 것이다.

2. 경영참가제도의 유형

(1) 경영참가 : 근로자 또는 노동조합이 기업경영의 의사결정에 참여한다.

① 노사협의회제도 : 단체교섭에서 취급되지 않는 사항에 대하여 노사가 협의하는 제도로 노사공동의 이익 증진을 목표로 한다.

② 공동의사결정제도 : 기업경영의 의사결정이 노사공동으로 이루어지는 것이다. 노조를 경영과 대립된 힘으로 보지 않고 노조가 경영에 참가하여 의사결정의 권리와 책임을 나누어 갖는 경영참가의 형태이다.

정보 참가 단계	경영자는 노사협의회 등을 통해 경영 관련 정보를 근로자에게 제공하고 근로자들은 의견만을 제출한다.
협의 참가 단계	근로자들의 참여 권한이 확대되면서 노사 간 서로 의견을 교환하여 토론하며 협의하고 그 결과에 대한 시행은 경영자가 담당한다.
결정 참가 단계	근로자와 경영자가 공동으로 결정하고 결과에 대하여 공동의 책임을 진다. 경영자의 일방적인 경영권은 인정되지 않는다.

(2) 이윤참가 : 조직의 경영성과에 대하여 근로자에게 임금 이외의 형태로 대가를 배분하는 것으로 조직체에 대한 구성원의 몰입과 관심을 높일 수 있는 방법이다.

① 이윤분배제도 : 기업의 생산성 향상에 근로자나 노동조합을 적극적으로 참여시키고 그들의 협력적 참가로 얻어진 이윤의 일부를 임금 이외의 형태로 근로자들에게 배분하는 방식이다.

② 대표적으로 스캔론 플랜과 럭커 플랜이 있다.

(3) 자본참가 : 근로자가 조직 재산의 소유에 참여하여 주인의식과 충성심을 가지게 되고 성취동기를 유발할 수 있으며, 퇴직 후에 생활자금을 확보할 수 있는 방법이다.

① 종업원지주제도 : 종업원에게 자사의 주식을 일정 정도 보유하게 하여 주주로서 발언권을 갖도록 하고 회사 안에서 일체감을 형성하고 자본의 안정적 확보와 종업원의 재산형성에 기여하는 제도이다.

② 노동주제도 : 근로자가 노동을 제공하는 것을 일종의 노무 출자로 보고 그들에게 주식을 주는 제도로서 우리사주제도라고도 한다.

보충플러스

스캔론 플랜(Scanlon Plan)
- 영업실적 향상에 의해 생긴 경제적 이익을 노사 모두의 협조에 의한 결과로 보고, 이를 노사 간에 분배하여 종업원의 참여의욕을 높이려는 제도이다.
- 인건비가 점하는 비율을 정하여 실제 지불한 임금과의 차액을 임금증액에 충당하는 방식으로, 매출액에 대한 인건비율을 일정하게 하는 것이 특징이다.

럭커 플랜(Rucker Plan)
- 부가가치액을 기준으로 하여 임금총액을 결정하는 생산성 성과배분방식이다.
- 생산부가가치의 증대를 목표로 하여 노사의 협력체제를 만들고 그 생산성 향상의 성과를 럭커표준(임금상수)이라는 일정분배율로서 노사 간에 적정하게 분배하는 팀워크의 인센티브이다.

3. 경영참가제도의 문제점
(1) 경영능력이 부족한 근로자가 경영에 참여할 경우 합리적인 의사결정이 지연될 수 있다.
(2) 대표로 참여하는 근로자가 얼마만큼 조합원의 권익을 보장할 수 있는지를 가늠하기 어렵다.
(3) 경영자의 고유 경영권과 분배문제를 해결함으로써 노동조합의 단체교섭 기능이 약화될 수 있다.

7 경영통제

1. 경영통제의 의의 : 경영의 관리기능인 계획, 조직, 지휘 등 일련의 과정에서 설정한 경영계획과 경영성과가 일치하도록 관리하는 행위이다.

2. 경영통제의 기능
(1) 감시 기능 : 목표수준을 달성할 수 있도록 현 조직의 재활동을 감시하는 기능이다.
(2) 비교 기능 : 실제성과와 성과표준 간의 일치 정도를 활동시점과 활동시점을 떠나서 양방으로 비교하는 기능이다.
(3) 편차의 수정 : 현재의 성과에 영향을 미치는 편차의 수정과 관련된 즉각적 수정행동과 미래의 성과에 영향을 미치는 기본적인 수정행동 기능이다.
(4) 피드백 기능 : 미래의 의사결정을 위한 피드백 기능이다.

3. 경영통제의 분류
(1) 통제시기에 따른 분류는 사전통제, 동시통제, 사후통제로 나뉜다.

사전통제	경영활동이 시작되기 전에 실행되는 통제로, 경영목표의 적합성, 투입자원의 준비에 대한 사전 검토가 이루어짐.
동시통제	업무나 작업의 진행 과정상의 통제로, 업무단위 또는 기관단위에 따라 수시로 통제함.
사후통제	모든 업무활동이 종료된 뒤에 행해지는 통제로, 일정기간이 만료된 후 경영성과를 측정·분석하고 편차에 대한 인과관계를 규명하여 각 조직 단위의 책임과 권한관계를 명백히 하고 미래의 계획수립에 필요한 근거자료를 제공함.

(2) 통제내용에 따른 분류는 생산통제, 지원통제, 재무통제로 나뉜다.

생산통제	생산의 효과성과 효율성을 달성하는 측면에서 주로 물적 자원 투입물의 변환과정에서 이루어짐.
지원통제	기업 내의 모든 활동을 지원하기 위해 필요한 자원을 시기적절하게 배분하여 활용하도록 통제함.
재무통제	자본을 효과적으로 조달하고 활용하기 위해서 통제함.

8 경영혁신

1. 경영혁신의 의의
(1) 조직의 목적을 달성하기 위하여 새로운 생각이나 방법으로 기존업무를 다시 계획하고 실천하고 평가하는 것이다.
(2) 새로운 제품이나 서비스, 새로운 생산공정기술, 새로운 구조나 관리 시스템, 조직구성원을 변화시키는 새로운 계획이나 프로그램을 의도적으로 실행함으로써 기업의 중요한 부분을 본질적으로 변화시킨다.

2. 경영혁신의 종류
(1) 다운사이징(Downsizing) : 조직의 규모를 축소시키는 것이다.
(2) 리엔지니어링(Re-engineering) : 업무의 프로세스를 새롭게 설계하는 것이다.
(3) 리스트럭처링(Re-structuring) : 구조를 다시 설계하는 것으로, 리엔지니어링보다 확대된 개념이다.
(4) 그린 마케팅(Green Marketing) : 기존의 상품판매전략이 단순한 고객의 욕구나 수요 충족에만 초점을 맞추는 것과는 달리 자연환경보전, 생태계균형 등을 중시하는 시장 접근전략이다.
(5) 데이터베이스 마케팅(Database Marketing) : 기업의 기존 고객 또는 잠재 고객에 대한 데이터를 데이터베이스화하여 전산 시스템에 축적해 두고 활용하는 마케팅 유형이다.
(6) CSM(Customer Satisfaction Management) : 고객의 만족을 최우선으로 두는 것이다.

9 경영활동

1. 페이욜(Fayol)의 경영활동
(1) 페이욜은 작업자가 아닌 경영자의 입장에서 생산 작업장이 아닌 '공장전체' 또는 '조직전체'를 효율적으로 운영하는 원칙을 찾아내었다.
(2) 경영의 중요한 직능으로 기술, 영업, 재무, 안전, 회계, 관리직능 등 6가지를 구별하였다.
(3) 처음으로 경영과 관리를 구별하고 관리와 경영을 혼동해서는 안 된다고 하였다.
(4) 경영활동을 수행하는 데는 일반적으로 14가지 규칙이 요구된다고 하였다.

2. 14가지 일반적인 규칙
(1) 분업 : 모든 업무에 분업의 원칙을 적용한다.
(2) 권한과 책임 : 권한과 책임은 서로 관련되어야 한다.
(3) 규율 : 규칙을 준수하고 그에 따라 일을 처리한다.
(4) 명령 일원화 : 종업원은 한 사람의 상사에게만 명령을 받는다.

(5) 지휘 일원화 : 동일한 목표를 가지고 활동하는 각 집단은 한 명의 상사와 한 개의 계획을 가진다.
(6) 전체의 이익을 위한 개인의 복종 : 전체의 이익과 개인의 이익이 충돌할 경우 조직 전체의 이익을 우선시한다.
(7) 보수 : 보수의 금액과 지불방법은 공정해야 한다.
(8) 권한 집중화
(9) 계층 조직
(10) 질서 : 인적·물적 요소의 배치에 핵심이 되는 적재적소의 원칙을 준수한다.
(11) 공정성   (12) 고용 안정성   (13) 창의력   (14) 단결

개념확인문제

01 경영의 내용과 구성요소에 대한 설명이 맞으면 ○, 틀리면 ×를 표시하시오.

(1) 경영전략은 조직의 목적에 따라 전략목표를 설정하고 조직의 내·외부 환경을 분석하여 도출된다. (　　)
(2) 경영의 내용은 전략, 관리, 운영으로 구분될 수 있지만 실제 경영활동에서는 구분되지 않고 이루어진다. (　　)
(3) 최근 경영을 둘러싼 환경이 급변하면서 관리와 운영활동이 더욱 중요해지고 있다. (　　)

02 다음 빈칸에 들어갈 경영자의 역할은?

- 조직 내부와 외부의 정보를 수집하고 필요한 곳에 파급하는 (　　) 역할
- 조직의 자원 획득에 대한 의사결정부터 제품과 시장의 선택의 모든 과정에 참여하는 (　　) 역할
- 조직 내부에서 구성원들의 리더이면서 외부에서는 섭외자로서의 역할을 담당하는 (　　) 역할

03 다음은 SWOT분석에 대한 설명이다. (A), (B), (C), (D) 각각에 들어갈 적절한 용어를 쓰시오.

SWOT 분석에서 조직 내부 환경으로는 조직이 우위를 점할 수 있는 (A)와/과 조직의 효과적인 성과를 방해하는 자원, 기술, 능력 면에서의 (B)이/가 있다. 조직의 외부 환경으로 (C)은/는 조직 활동에 이점을 주는 환경요인이고, (D)은/는 조직 활동에 불이익을 미치는 환경요인이다.

(A) _____　(B) _____　(C) _____　(D) _____

답
01 (1) ○ (2) ○ (3) ×
02 정보적, 의사결정적, 대인적
03 장점, 약점, 기회, 위협

02 체제이해능력

> 체제이해능력은 조직의 목표와 구조, 집단 특성 등을 이해하는 능력이다. 조직이 사회적, 조직적, 기술적으로 어떻게 작용하고 작동하는지를 이해했을 때 조직의 요구에 효과적으로 부응할 수 있다.

1 조직체제

1. 조직체제의 의미 : 공동의 목적과 목표를 달성하기 위해 특정한 방식이나 양식으로 각 구성요소들을 하나로 묶어 주는 작용원리이다.

2. 조직체제의 구성요소

(1) 조직목표 : 조직이 달성하려는 장래의 상태로 조직이 존재하는 정당성과 합법성을 제공한다.

(2) 조직구조 : 조직 내의 부문 사이에 형성된 관계로 조직목표를 달성하기 위한 조직구성원들의 상호작용을 보여 준다.

(3) 조직문화 : 조직이 지속될 때 조직구성원들 간의 생활양식이나 가치를 공유한다.

(4) 규정 : 조직의 목표나 전략에 따라 수립되어 조직구성원들의 활동범위를 제약하고 일관성을 부여한다.

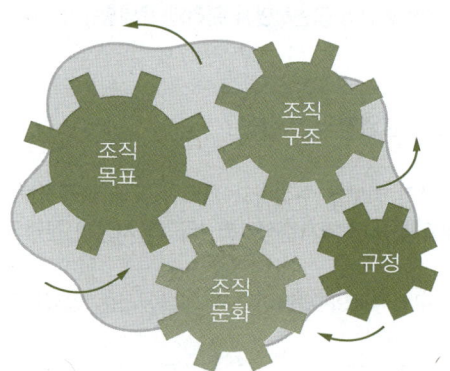

2 조직목표

1. 조직목표의 의미

(1) 조직이 달성하려는 미래의 상태이며 미래지향적이면서도 현재 조직행동의 방향을 결정해 주는 역할을 한다.

(2) 조직이 나아갈 방향을 제시하고 여러 가지 행동 가운데 적합한 것을 선택하여 의사결정할 수 있는 기준을 제시한다.

(3) 조직목표 아래에서 소속감과 일체감을 느끼고 행동수행의 동기를 제공한다.

(4) 조직구성원들을 평가할 수 있는 기준을 제시한다.
(5) 조직구조나 운영과정과 같은 조직체제를 구체화하는 기준을 제시한다.

2. 조직목표의 분류

(1) 장기적 관점의 조직 사명
　① 조직이 존재하는 이유와 관련된 조직의 사명을 제공한다.
　② 조직의 비전, 가치와 신념, 조직의 존재 이유 등을 공식적인 목표로 한다.
　③ 조직 존재의 정당성과 합법성을 제공한다.

(2) 단기적 관점의 세부목표
　① 사명을 달성하기 위한 세부목표로 운영목표라고 할 수 있다.
　② 조직의 실제적인 활동을 통해 달성하고자 하는 것으로 측정 가능한 형태로 제시한 단기적인 목표이다.

(3) 조직목표의 공통적인 특성
　① 공식적 목표와 실제적 목표가 다를 수 있다.
　② 다수의 조직목표를 추구할 가능성이 있다.
　③ 조직목표 간의 위계적 상호관계가 있다.
　④ 목표들은 가변성이 있어 계속해서 변할 수 있다.
　⑤ 조직의 구성요소와 상호관계가 있다.

> **TIP**
> 조직목표는 내적 요인과 외적 요인에 따라 여러 가지 방향으로 다양하게 변한다.
> • 내적요인 : 조직 리더의 결단이나 태도의 변화, 조직 내의 권력구조의 변화, 목표형성과정의 변화 등
> • 외적요인 : 경쟁업체의 변화, 조직차원의 변화, 국가정책의 변화 등

3. 리처드(Richard L. Daft)의 조직목표 분류

(1) 전체성과 : 조직의 성장목표이다.
　예) 영리조직의 수익성, 사회복지기관의 서비스 제공

(2) 자원 : 조직에 필요한 재료와 재무자원을 획득하는 것이다.
　예) 자금확보, 자재확보

(3) 시장 : 시장점유율과 시장에서의 지위 향상이다.
　예) 시장개척, 브랜드가치

(4) 인력개발 : 조직구성원에 대한 성공적 관리이다.
   예 교육훈련, 승진, 성장 등과 관련된 목표
(5) 혁신과 변화 : 내·외환경변화에 대한 대응이다.
   예 변화에 대한 적응과 유연성
(6) 생산성 : 투입된 자원에 대비한 산출량의 향상이다.
   예 단위생산비용, 1인당 생산량 및 투입비용

4. 조직목표의 모호성

(1) 조직목표의 모호성의 의미 : 조직목표가 분명하지 않아 조직원이 조직목표를 여러 가지 의미로 받아들이고 해석하는 것이다.
(2) 조직목표의 모호성의 종류
   ① 사명이해의 모호성 : 목표가 모호하여 조직원이 조직의 사명을 설명, 이해 그리고 의사소통하는 과정에서 각자의 업무가 무엇인지를 서로 다르게 이해하는 것이다.
   ② 지시적 모호성 : 어떤 조직의 사명이나 목표들을 그 사명을 달성하기 위한 구체적인 행동지침으로 전환하는 데에서 발생하는 다양하고 경쟁적인 해석의 정도이다.
   ③ 평가적 모호성 : 다수의 조직목표 중 우선순위를 선정하고 평가하는 데에서 발생하는 경쟁적인 해석의 정도이다.
   ④ 우선순위 모호성 : 여러 조직목표 중에서 우선순위를 정하는 데 있어 경쟁적 해석의 정도가 모호하여 발생한다.
(3) 정부 조직목표의 모호성 : 정부조직은 다양한 가치를 추구하는 과정에서 충돌하는 다양한 가치 간에 조화를 위한 목적으로, 합법적 행정 수행과 합목적적 행정 수행의 조화를 위한 목적으로 모호성이 의도적으로 반영되기도 한다.

5. 조직목표와 개인목표

(1) 조직목표와 개인목표의 관계 : 조직은 조직 자체의 목표를 가지며, 조직원은 자신의 개인적인 목표를 가진다. 조직이 성공하기 위해서는 조직목표와 개인목표의 조화가 필요하다.
(2) 조직목표와 개인목표의 관계 유형
   ① 대립관계 : 개인은 조직의 목표달성을 지속적으로 방해하기 때문에 조직은 개인을 퇴출시키거나 개인이 목표를 수정하도록 유도해야 한다.
   ② 중립관계 : 개인은 조직의 목표달성을 방해하지도 기여하지도 않기 때문에 조직은 조직원이 목표달성에 관심을 갖도록 유도하고 사회화시켜야 한다.
   ③ 양립관계 : 조직은 개인의 동기부여와 목표달성을 통해 조직목표를 달성하고, 개인도 조직목표 달성에 기여하는 것이 자신의 목표달성에 도움을 주게 된다. 따라서 가장 바람직한 관계 유형이다.

④ 동일관계 : 단기적으로는 조직원이 조직과 개인 모두의 목표달성에 큰 기여를 하지만, 지나친 조직몰입에 따른 심리적 발진과 피로가 발생하여 조직에서 이탈하는 부작용이 발생한다. 사회복지기관이나 병원에서 주로 발생한다.

(3) 조직목표와 개인목표의 조화 모형

① 교환모형 : 개인의 목표와 조직의 목표가 충돌하는 것을 전제로 조직은 개인의 목표 달성에 도움이 되는 유인을 제공하고, 개인은 그에 대한 대가로 조직의 목표달성에 기여하는 행동을 보임으로써 양자가 상호 교환을 통해 조화를 꾀하는 모형이다.

② 교화(사회화)모형 : 개인에 대한 감화 및 교육과정을 통해 개인의 조직목표 달성에 기여하는 행동을 가치 있는 것으로 인식하도록 유도하여 조직목표와 개인목표를 통합하려는 모형이다.

③ 수용모형 : 조직이 목표를 설정하고 입안함에 있어서 개인목표를 고려하고 이를 수용하여 조직목표와 개인목표를 통합하려는 모형이다.

④ 통합모형 : 교화와 수용 과정을 통해 개인목표와 조직목표의 통합을 유도하는 모형이다.

6. 조직성과 평가방법

(1) KPI(Key Performance Indicator)

① 기업, 개인, 프로그램, 프로젝트, 특정 작업 등 추적하고자 하는 어떤 대상을 일정 단위의 시간경과에 따른 성과를 기준으로 평가하는 데 사용된다.

② 목표치와 비교하여 반드시 측정 가능해야 한다.

③ 동원가능한 자원을 어디에 집중해야 하는지 명확히 해야 한다.

④ 기업 전체나 조직의 큰 전략목표에 상하위 간 연결성을 가져야 한다.

(2) OKR(Objectives and Key Results)

① 보다 구체적인 방법으로, 목표는 주요 핵심 결과와 직접 연결된다.

② 항상 수량화·정량화가 가능해야 한다.

③ 0 또는 1의 바이너리 상태나 0-10, 0-100의 척도를 가지고 점수를 부여할 수 있어야 한다.

④ 명확한 타임라인이 제시되어야 하고, 매우 공격적인 달성 목표가 제시되어야 한다.

(3) MBO(Management By Objectives)

① 측정가능한 특정 성과목표를 상급자와 하급자가 함께 합의하여 설정하고, 그 목표를 달성한 책임부분을 명시하여 일의 진척사항을 정기적으로 점검한 후 이러한 진도에 따라 보상을 배분한다.

② 목표의 설정, 참여, 피드백을 구성요소로 한다.

> **TIP**
> 성과 평가는 평가 자체를 위한 평가가 아닌 전체 경영 시스템 속의 연속성 있는 경영 도구로 활용되며, 성과 계획 → 성과 수행 → 성과 측정 → 성과 점검 순으로 진행한다.

(4) OKR과 MBO의 비교

구분	OKR	MBO
운영주기	3개월 단위	1년 단위
흐름	상향식 흐름	하향식 흐름
피드백	주 2회, 월 8회, 분기 24회, 연 100회 이상의 피드백	연 3회 피드백
목적	목표 달성뿐만 아니라 과정에서의 성장	목표 달성 자체
달성 가능성	50 ~ 70%	100%
자세	• 도전적인 자세와 원대한 목표 • 어느 정도 실패에 대한 용인 • 과정에서 얻은 성장 중시	• 달성하기 쉬운 목표 설정 • 구성원들의 소극적 행동
목표의 성격	질적 목표와 양적 목표가 모두 포함된 통합적 목표	양적 목표
목표의 개수	원대한 목표 1개와 그에 따른 핵심결과지표 3개	보통 5 ~ 7개의 목표 설정과 각 목표별 1 ~ 3개의 KPI 설정
보상과 연계	성장과 도전적 과제를 중시	보상과 직결

3 조직구조

1. 조직구조의 의미

(1) 조직목표를 달성하기 위한 조직구성원들의 유형화된 상호작용과 이에 영향을 미치는 매개체이다.
(2) 의사결정 권한의 집중정도, 명령계통, 최고경영자의 통제, 규칙과 규제의 정도 등에 따라 기계적 조직과 유기적 조직으로 구분할 수 있다.

2. 조직구조의 구분

• 업무가 분명하게 정의된다. • 많은 규칙과 규제들이 존재한다. • 공식적인 경로를 통해 상하 간 의사소통이 이루어진다. • 엄격한 위계질서가 있다. • 최고경영층(상부)에 의사결정이 집중된다. • 공식적인 업무 수행을 강조한다.	• 의사결정권한이 하부구성원들에게 비교적 많이 위임된다. • 업무 공유가 가능하다. • 비공식적인 의사소통이 원활하다. • 환경의 변화에 따라 쉽게 변할 수 있다.

3. 조직구조의 설계 시 고려사항

(1) 구성요소

① 역할 : 어떤 직위를 가진 사람들이 해야 할 것으로 기대되는 행동이다.

② 지위 : 어떤 사회적 체제 속에서 개인이 정하는 위치의 비교적인 가치 또는 중요도이다. 노벨상 수상자와 같은 사회적인 평가도 이에 해당한다.

③ 권력 : 어떤 개인 또는 집단이 다른 개인 또는 집단의 행태에 영향을 미칠 수 있는 능력이다.

④ 권한 : 조직의 규범에 의하여 정당성이 승인된 권력으로, 조직 내의 권력 가운데서 지배적인 지위를 누리는 권력 형태이다.

⑤ 규범 : 어떤 상황하에서 구성원들이 어떻게 하여야 하는가를 결정해 주는 것이다.

(2) 기본변수

① 복잡성 : 일반적으로 분화의 정도를 말한다. 대체로 기계적 구조나 생산부서의 비숙련 단순 업무는 수직적·수평적 분화 정도 즉, 복잡성이 높다.

② 공식성 : 조직 내의 직무가 정형화·표준화·법규화된 정도를 나타낸다.

③ 집권성 : 권력의 중추로부터 권력이 위임되는 수준을 나타내며, 상층부로 의사결정의 권한이 집중될수록 집권성이 높다.

(3) 상황변수

① 규모 : 조직 구성원의 수와 직결된다. 그밖에도 조직의 범위·책임, 사업의 규모, 업무량, 고객의 수, 순자산, 물적 수용능력 등을 통해 규모를 측정한다.

② 기술 : 조직의 투입물을 산출물로 변화시키는 데 이용되는 지식, 도구, 기법 등 모든 활동이다.

③ 환경 : 조직 경계 밖의 영역으로, 조직에 영향을 미칠 수 있는 모든 요소이다.

(4) 상황변수와 기본변수 간의 관계

구분	복잡성	공식성	집권성
규모가 클 때	+	+	−
기술이 일상적일 때	−	+	+
환경이 유동적일 때	−	−	−

① 조직의 규모가 클수록 복잡성과 공식성은 높아지고 분권화가 촉진된다.
② 기술이 일상적일수록 복잡성은 낮아지고 공식성은 높아지며 집권화가 촉진된다.
③ 환경이 유동적일수록 복잡성과 공식성은 낮아지고 분권화가 촉진된다.

4. 조직구조의 결정요인

(1) 전략 : 조직의 목적을 달성하기 위해 수립한 계획으로 조직의 자원을 분배하고 경제적 우위를 달성하기 위한 주요 방침이다.

(2) 규모 : 조직구조를 결정하는 조직의 크기이다.

(3) 기술 : 조직이 투입요소를 산출물로 변환시키는 지식, 기계, 절차 등을 의미한다.

(4) 환경 : 조직의 활동과 성과에 영향을 미치는 요인으로, 조직이 직접 통제할 수 없거나 통제하기 힘들다.

5. 조직의 규모 분석 방법

(1) 규모결정모형 : 조직을 공식화, 분권화, 전산화, 통합의 정도 등의 다양한 변수로 정의하면서 조직구조를 설명하고 대규모 조직은 소규모 조직보다 업무가 전문화, 세분화되어 있고 많은 규칙과 규정을 요구한다.

(2) 정보처리모형 : 조직의 규모는 관리적 구조 내부의 활동을 조정하는 비용으로 인해 제안을 받는다는 이론으로 규모가 증가하면 생산비용이 증가한다는 관리적 문제를 제기한다.

(3) 생애주기모형 : 조직의 생활 주기(생성, 성장, 쇠퇴)와 밀접한 관련이 있다는 이론으로 조직 규모의 변화가 조직의 진화적 단계나 도약을 할 때 일어날 수 있다고 설명한다.

4 조직유형

1. 종적 조직 설계유형

(1) 기업형 설계

① 키맨 조직 : 경영자가 다른 구성원들을 지시하여 조직을 기업형으로 이끄는 것이다.

② 스컹크 조직 : 경영자가 다른 구성원들과 동등한 입장에서 상호소통을 하면서 과업을 달성하는 것이다.

(2) 권력분립형 설계 : 조직에서 할 일들을 단순하게 나누어 설계(예 정부조직)한다.

(3) 기능별 조직

① 상호 관련성 있는 업무를 동일 부서에 배치하는 설계 방식이다.

② 비슷한 기능끼리 묶어서 하나의 부서로 구성한다.

③ 가장 단순하고 기본적인 조직구조의 형태이다.

④ 부서 간 의존성이 크고, 상호작용이 필요하다.

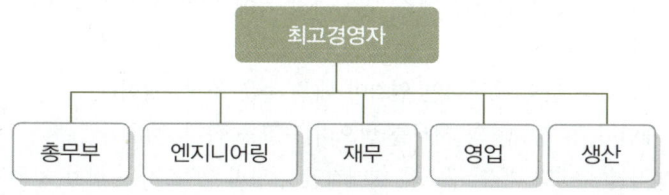

(4) 사업별 조직

① 기능별 조직의 한계점을 극복하기 위해 등장하였다.

② 부서 분류의 기준을 제품, 지역, 시장, 고객 등으로 한다.

③ 각 부서 과업에 필요한 기능과 자원을 자체 조달한다.

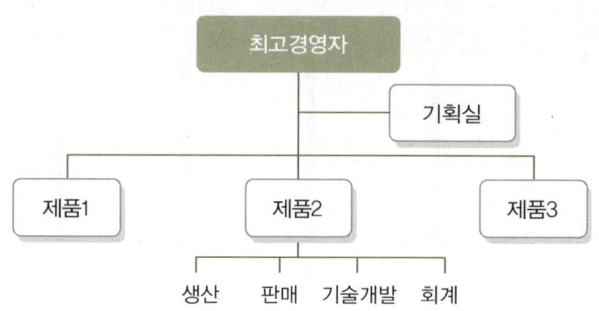

> **보충플러스**
>
> 키맨 조직
>
>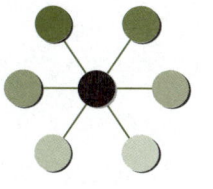
>
> 스컹크 조직
>
>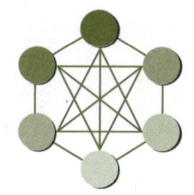

(5) 지역별 조직 구조 : 지역별로 독자적인 지사를 구성하고 각 지역 고객들의 욕구에 집중한다.

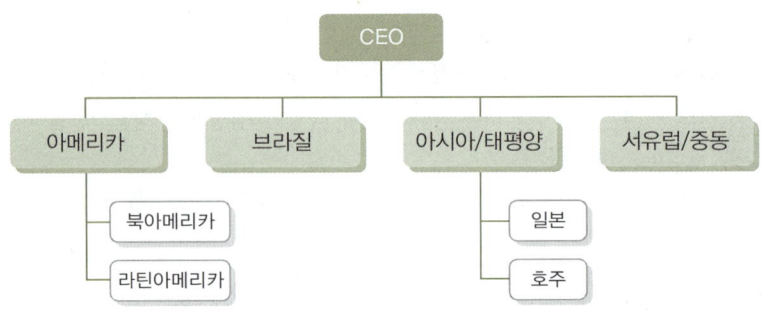

2. 횡적 조직 설계유형

(1) 매트릭스 조직
① 분할된 부서끼리 규정과 계층, 생산과정 등에 있어 상호 의존성이 클 경우, 효과적이다.
② 부서와 기능 간의 수평적인 연결이 매우 높은 조직유형이다.
③ 한 개인이 두 상급자의 지시를 받으며 보고를 하게 된다.
④ 전통적인 수직적 계층 구조와 현대적인 수평적 팀 조직을 겹쳐 놓은 형식이다.
⑤ 기능적 매트릭스는 기능 부서의 권한이 더 큰 경우에 해당된다.
⑥ 제품별 매트릭스는 제품관리자의 권한이 더 큰 경우에 해당된다.

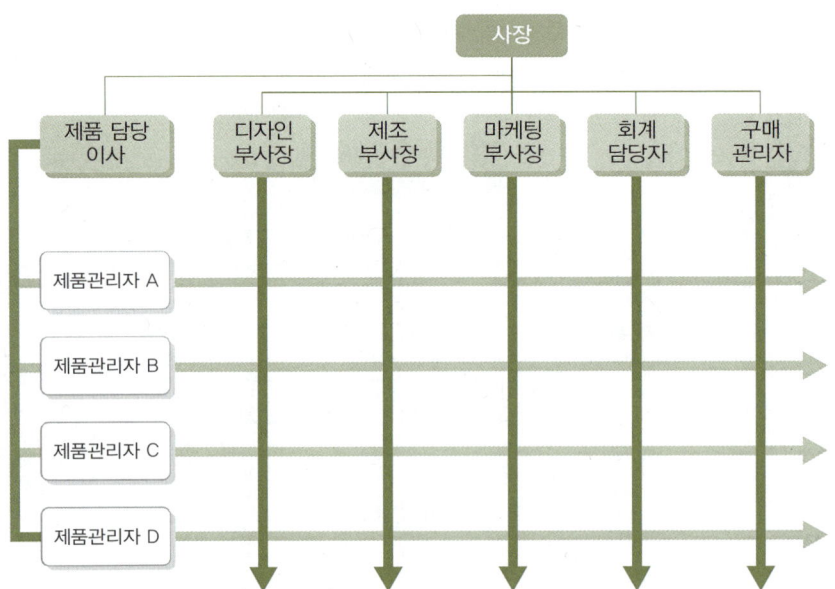

(2) 프로세스 조직
  ① 제품의 생산 과정을 바탕으로 설계되는 조직이다.
  ② 고객의 기대가치를 반영할 수 있도록 업무 프로세스를 우선으로 설계한 조직 유형이다.
  ③ 팀 단위의 업무 수행, 스탭기능의 축소와 변화, 단순 연결과 다기능 과업 등을 특징으로 한다.
(3) 네트워크 조직
  ① 부서나 개인이 서로 독립성을 유지한 채 상대방과 강하게 연결된 조직이다.
  ② 상호 의존적 관계가 많은 조직들 간의 협력관계이다.
  ③ 업무적으로 상호 의존성이 크지만 상대 부서와 완전히 통합되는 것은 바람직하지 않은 상황에서 사용된다.
(4) 혼합형 조직
  ① 다양한 조직들의 강점을 취하고 약점을 피하는 방식이다.
  ② 대부분 대기업들은 혼합형 조직 구조를 채택하고 있다.
(5) 팀 조직
  ① 국내에서는 비제조업 분야를 중심으로 도입한다.
  ② 상호 연대적 노력과 시너지 효과 달성, 상호 보완적이고 연대적인 성격을 가진다.

3. 다프트(Daft)의 일곱 가지 조직구조모형

(1) 다프트의 조직구조모형은 기계적 구조와 유기적 구조를 양극단에 배치하고 중간에 다섯 가지의 대안적 조직을 첨가하였다.
(2) 다프트는 조직모형에서 수직적 조정기제와 수평적 조정기제를 가지고 조직구조를 설명하였다.
(3) 수직적 조정기제는 조직 상하 간 활동을 조정한다.
(4) 수평적 조정기제는 조직부서 간 수평적인 활동을 조정한다.

기계적 구조	기능적 구조	사업부제 구조	매트릭스 구조	수평적 구조	네트워크 구조	유기적 구조
• 고전적이고 전형적인 관료제 조직 • 엄격한 분업 • 계층제 • 높은 공식화와 표준화 • 좁은 통솔 범위 • 낮은 팀워크 • 경직성 • 내적통제 • 폐쇄체제	• 부서화된 수평적 조직 • 인사부 • 제조부 • 회계부 • 기능 내 조정 용이 • 기능 간 조정 어려움	• 자기완결적 사업부 운영 • 제품별 사업부 • 불확실한 환경 • 비정형적 기술 • 외부지향적 조직목표 • 기능 간 조정 용이	• 화학적 결합 • 이중적 권한 구조 • 기능부서의 전문성과 사업부서의 신속한 대응성을 결합한 조직	• 핵심 업무 과정 중심 팀 조직 • 수직적 계층 부서 간 경계 실질적 제거 • 고객에게 가치와 서비스를 신속히 제공하는 유기적 구조	• 핵심역량 위주 아웃소싱 • 계약위탁을 통해 연계 수행하는 유기적 조직	• 학습조직 • 공동의 과업 • 소수의 규칙과 절차 • 비공식적 분권적 의사결정 • 구성원의 참여 • 지속적인 실험

> **보충플러스+**
>
> **조직효과성에 대한 상황적 접근법**
> 1. 목표 접근법 : 목표에 대한 파악 및 그 달성 정도를 평가하는 방법이다.
> 2. 자원기준 접근법 : 투입 측면을 기초로 자원의 획득, 결합, 관리능력을 평가하는 방법이다.
> 3. 내부과정 접근법 : 조직의 내부건전성과 효율성에 초점을 두고 평가하는 방법이다.

4. 팀제 조직

(1) 팀제의 의의
  ① 팀은 둘 이상의 사람들이 공동의 명확한 목적을 달성하기 위해 상호책임을 공유하며 상당한 정도의 자율성을 부여받은 조직이다.
  ② 종래의 기능중심, 계층별 조직구조 내에서 사람이 획일적으로 정해지는 부·과제의 모순에서 탈피하여, 능력과 적성에 따라 탄력적으로 인재를 팀에 소속시킨다.
  ③ 팀장을 중심으로 각자가 같은 비율의 책임으로 구별된 일을 담당하며 상호 유기적인 관계를 유지하도록 한다.

(2) 팀제의 장점
  ① 시너지 효과를 통해 높은 성과를 이룰 수 있다.
  ② 관리계층의 축소를 가져와 조직의 유연성을 제고한다.
  ③ 인력활용의 효율성을 도모한다.

(3) 팀제의 단점
  ① 감시 통제의 문제를 가진다.
  ② 보상의 문제를 가진다.
  ③ 동기부여와 관련해 사기저하의 문제를 가진다.
  ④ 팀 내부에서의 운영 문제를 가진다.
  ⑤ 리더십과 같은 갈등의 문제를 가진다.

(4) 효율적인 팀제를 위한 조건
  ① 가급적 팀플레이에 익숙하고 여러 사람과 일을 할 때 더 높은 성과를 내는 사람들 위주로 팀을 구성하는 것이 좋다.
  ② 리더의 임파워먼트를 통하여 팀원의 업무능력을 향상시킬 수 있다.
  ③ 팀제의 성과를 높이기 위해서는 구성원의 숫자를 10명 내외로 작게 하는 것이 좋다.
  ④ 팀원의 개인적 평가나 보상과 팀 차원의 평가와 보상이 동등하게 이루어져야 한다.

> **TIP 집단과 팀의 구분**
> - 로빈슨(Robbins)의 정의에 따르면 집단은 특정한 목적을 달성하기 위해 상호작용하고 상호의존하는 둘 이상 개인들의 조직이다.
> - 작업팀은 작업집단에 비해 확장된 목표와 운영 방식에 의해 활동한다.
> - 로빈슨은 네 가지 차원에서 작업집단과 작업팀의 차이를 분석한다.
>
> | 작업집단 | 구분 기준 | 작업팀 |
> |---|---|---|
> | 정보 공유 | 목표 | 단체 성과 |
> | 중립적(때때로 부정적) | 시너지 | 긍정적 |
> | 개인적 | 책임 | 개인적, 상호적 |
> | 다양함, 임의적 | 기술 | 보완적 |

5. 애자일(Agile) 조직문화

(1) 애자일 조직문화의 의의

① '애자일'이란 용어는 원래 소프트웨어 개발 방식의 하나로 통용되던 말이었지만, 지금은 작업 계획을 짧은 단위로 쪼개고 사제품을 만들어 나가는 사이클을 반복함으로써 시장의 변화에 유연하고 신속하게 대응하는 개발 방법론이다.

② 전통적인 개발 방법론인 '워터폴(Waterfall)' 방식의 단점을 개선할 수 있다.

③ 사전 계획을 그대로 따라가는 것이 아니라 환경 변화에 유연하게 대처해 나가는 방식이다.

④ 애자일 방식은 IT 개발자뿐만 아니라 경영자에게도 관심을 받고 있으며, 고객과 시장 관점에서 일해야 하는 사업 부서뿐만 아니라 기획이나 지원 부서에도 적용되고 있다.

(2) 애자일 조직문화가 추구하는 가치

① 고객 중심 : 애자일은 고객을 더 이상 협상이나 계약의 대상으로만 바라보지 않고 함께 가치를 만들어 나가야 할 협력의 대상으로 본다. 이와 같은 고객 중심적인 사고를 지녀야 보다 좋은 상품과 서비스 제공에 성공할 수 있다.

② 절차주의의 부재 : 워터폴 방식이 중요시하는 절차주의는 완벽함을 기할 수 있지만 반대로 형식주의와 시간 낭비를 유발할 수 있다. 따라서 애자일은 절차주의를 지양하고 시간 낭비를 없애는 것을 목표로 한다.

③ 민첩성 : 디지털 혁명으로 인해 기하급수적인 속도로 변화하는 사회에서 과거의 데이터를 토대로 미래를 예측하는 것보다는 유연하고 민첩한 대응력이 더 중시된다. 목표를 향해 전진하는 것도 중요하지만, 시의적절하게 진로를 변경해야 시장이 원하는 정확한 목적지에 도달할 수 있다.

④ 자율성과 권한 : 애자일을 위한 가장 중요한 전제는 신뢰와 자율성이다. 사람은 자유성을 가지고 일할 때 자신이 가지고 있는 모든 역량을 집중할 수 있으므로, 이러한 자율성을 최대한 발휘할 수 있는 환경이 조성되어야 보다 나은 결과를 얻을 수 있다. 정해진 프로세스나 틀 안에서만 움직이고 절차를 중요하게 여기는 문화는 자율성을 죽이고 애자일 방식의 정착을 어렵게 만든다.

⑤ 스크럼(Scrum) : 스크럼이란 애자일을 실제 조직 운영에 적용할 수 있는 구체적인 방법론 중 하나로, 자체 결정권을 가진 소규모 조직이 '스프린트(Sprint)'로 불리는 업무 사이클을 유지하는 것을 가장 중요하게 여긴다. 스프린트는 각 스크럼 조직의 세부 조건에 따라 2~6주 정도 간격으로 돌아가며, 한 스프린트 내에서 스크럼 조직은 기획-개발-출시-피드백으로 이어지는 일련의 과정을 반복한다.

6. 민츠버그(Mintzberg)의 조직구조 모형

(1) 민츠버그는 다섯 가지 기본적 조직구조 모형을 제시하였다.
(2) 그는 조직이 적어도 다섯 가지의 기본 부문으로 구성되어 있으며, 각 부문별로 나름대로 조직구성을 위한 힘을 발휘하여 각각 자기 쪽으로 조직을 움직이려는 경향이 있다고 주장하였다.
   ① 전략부문 : 조직을 가장 포괄적인 관점에서 관리하는 최고경영진이 전략을 수립하는 곳이다. 집권화를 추구한다.
   ② 핵심운영부문 : 조직의 제품이나 서비스를 생산해 내는 가장 기본적이면서도 중요한 곳이다. 전문화를 추구한다.
   ③ 중간라인부문 : 전략부분과 핵심운영부문을 직접적으로 연결하는 라인에 위치한 모든 중간관리자들로 구성된 곳이다. 분권화를 추구한다.
   ④ 기술전문가부문 : 조직의 제품 및 서비스의 생산에 직접 관련이 되는 각종 시스템을 설계·자문하는 전문분석가 집단이다. 표준화를 추구한다.
   ⑤ 지원스탭부문 : 기본적인 과업 흐름과는 직접 상관이 없지만 그 과업이 제대로 달성되도록 조직문제에 대한 지원을 담당하는 전문가 집단이다. 협력화를 추구한다.

(3) 민츠버그의 조직구조 유형

조직구조	환경	규모	조직 주요부	조정기제
단순구조	소규모 동적 환경	소규모 또는 영세조직	전략적 고위층 (최고행정자)	직접감독
기계적 관료제	안정된 환경	대규모 조직	기술구조층 (행정부서)	작업과정 표준화 (조직적 분화)
전문적 관료제	작업의 전문성, 안정적 환경	중·소규모 조직	운영핵심층 (실무진)	기술표준화 (수평적 분화)
사업부제	변동적 환경	대규모 조직 내의 중·소규모 조직	중간관리층	산출표준화 (하부단위의 준 자율적 통제)
애드호크라시	격동적 환경	소규모 조직	지원부서(시설·재정·세무)	상호적응 (수평적 분화)

5 조직 내의 집단

1. 집단의 유형

공식적인 집단	• 조직의 공식적인 목표를 추구하기 위해 의도적으로 만들어진 집단이다. • 공식적인 집단의 목표나 임무는 비교적 명확하게 규정되어 있다. • 상설(임시)위원회, 임무수행을 위한 작업팀 등이 있다.
비공식적인 집단	• 조직원들의 요구에 따라 자발적으로 형성된 집단이다. • 업무수행을 위한 스터디 모임, 봉사활동 동아리, 각종 친목회 등이 있다.

2. 집단 간 관계

(1) 조직 내에서 다양한 집단이 존재하기 때문에 집단 간 경쟁이 발생하기도 한다.
(2) 경쟁은 한정된 자원을 더 많이 가지려고 하거나 서로 상반된 목표를 추구하기 때문에 발생한다.
(3) 집단 간의 경쟁이 심화되어 조직 전체의 효율성을 저해하는 일이 없도록 관련 집단과 원활한 상호작용을 위해 노력해야 한다.
(4) 집단 간의 경쟁은 집단 내부의 응집성을 강화하고 집단의 활동을 촉진시키지만 경쟁이 과열되면 자원의 낭비, 업무 방해, 비능률 등의 문제가 초래된다.

3. 집단의 분류

(1) 퇴니스(Tönnies)의 분류 : 구성원의 결합의지에 따라 분류하였다.

구분	공동사회	이익사회
결합관계	• 본질적 의지 • 본능적, 무의도적, 자연발생적 결합	• 선택적 의지 • 구체적 이익을 가지고 의도적·인의적 결합
인간관계	인격적, 정서적, 비공식적	부분적, 비인간적, 공식적
종류	가족, 민족, 지역사회 등	회사, 정당, 학교 등

(2) 쿨리(Cooley)의 분류 : 구성원의 접촉방식에 따라 분류하였다.

구분	1차 집단	2차 집단
접촉방식	• 친밀한 대면 접촉 • 전인격적 인간관계	• 간접적인 접촉 • 수단적 인간관계
특징	인성 형성에 영향	특수한 목적을 위한 관계
종류	가족, 놀이집단 등	회사, 직업 집단, 군대 등

(3) 섬너(Sumner)의 분류 : 구성원의 소속감에 따라 분류하였다.

구분	내집단	외집단
접촉방식	소속감을 가지고 '동일시'하는 '우리' 집단	소속감을 가지지 않으며 동일시의 대상이 아닌 타인의 '그들' 집단
특징	강한 소속감, 공동체의식	이질감, 적대의식
종류	우리 편 등	상대 편 등

6 조직의 의사소통

1. 의사소통의 정의 : 의미 있는 정보전달 과정으로 특정 개인이나 집단 조직으로 구성되는 발신자가 특정 형태의 정보인 메시지를 수신자에게 전달하는 과정이다.

2. 의사소통의 방법

(1) 언어적 의사소통

① 구두에 의한 의사소통 : 직접적인 의사소통으로, 효율적인 반면 수신자에게 소홀히 다루어질 수 있다. 메시지 내용이 종업원에 불미스러운 사항일 경우, 문서보다는 구두에 의한 의사소통을 선호한다.

② 문서에 의한 의사소통 : 언어표현의 정확성과 메시지 내용의 기록이 요구되는 경우에 유리하다.

(2) 비언어적 의사소통

① 구두 혹은 문서화된 언어를 이용하지 않고 메시지를 전달하는 것이다.

② 몸짓이나 자세, 옷차림, 시간 이용 방식, 다른 사람과의 거리 등이 비언어적 의사소통의 유형에 속한다.

(3) 기술적 의사소통

① 전자메시지 시스템이나 원격회의, 팩스 등 시간과 장소, 사람에 관계없이 의사소통을 가능하게 한다.

② 의사소통의 새로운 기회와 유연성을 제공한다.

3. 의사소통 장애요인

(1) 발신자와 관련된 장애요인

① 의사소통 목표의 결여로 정확한 목표가 없는 경우 메시지의 내용이 명확하게 나타날 수 없다.

② 의사소통 기술의 부족에 따른 단어 선택, 전달경로의 부적절성, 부정확한 표현이나 문장 등은 수신자의 이해 가능성을 저해시킨다.

③ 대인관계에서 타인의 욕구와 감정 및 정서에 무관심함으로써 수신자의 긍정적인 반응을 얻지 못한다.
④ 발신자가 의도적으로 정보를 조작하여 수신자에게 보낸다.
⑤ 발신자가 모호한 말이나 전문용어 등 부적절한 용어를 사용하여 수신자가 메시지를 해독한다.
⑥ 정보를 혼자 간직함으로써 타인에 대한 통제력을 행사하고자 한다.
⑦ 자신에게 유리한 정보만을 골라서 전달한다.

(2) 수신자와 관련된 장애요인
① 수신자가 전달자를 평가하려는 경향이 있다.
② 전달자에 대한 편견은 메시지를 즉흥적으로 판단하게 하여 효과적인 이해를 어렵게 한다.
③ 사람들은 기존 사실과 다른 정보에 접할 때 그 정보를 거부하려는 선택적 경청의 경향이 있다.
④ 피드백의 결핍은 전달자를 실망시켜 의사소통의 기회를 줄인다.

(3) 상황과 관련된 장애요인
① 같은 기호를 상황에 따라 다른 의미로 해석한다.
② 정보의 과중으로 수신자가 능력 이상의 메시지를 받는다.
③ 시간의 압박을 받는다.

(4) 의사전달망의 형태
① Y형 : 확고한 중심인물 없이 대다수의 구성원을 대표하는 지도자가 존재할 경우에 나타난다. 집단의 지도자가 의사소통의 중심이 되어 의사소통망을 형성한다.
② 쇠사슬형 : 공식적인 명령계통에 나타나는 단순한 형태로, 순서는 존재하지만 중심인물이 존재하지 않는다. 수직 모형과 수평 모형이 있다.
③ 바퀴형 : 구성원들의 정보가 중심인물이나 집단의 지도자에게 집중된다. 중심인물이 빠르게 정보를 수집·종합할 수 있으므로 문제 해결 시 신속하지만 복잡한 일에는 그 유효성이 떨어진다는 단점을 가진다.
④ 원형 : 구성원 간에 뚜렷한 서열이 없는 경우에 나타나는 유형으로 중심인물이 없는 상황에서 의사소통의 목적과 방향 없이 구성원 사이에서 정보가 전달된다. 정보전달, 수집, 파악, 해결 등이 가장 느리지만 의사소통이 명백한 경우 만족도가 높다.
⑤ 전체 연결형 : 가장 바람직한 의사소통의 유형으로 구성원들 사이에서 정보 교환이 완전히 이루어진다. 바퀴형에 비하여 종합적인 상황파악과 문제해결을 하는 데에 걸리는 시간은 많지만, 상황에 대한 이해력이 높고 복잡하고 어려운 문제를 푸는 데 효과적이며 만족도도 높다.

구분	Y형	쇠사슬형	바퀴형	원형	전체 연결형
속도	빠름	중간	단순과업 : 빠름 복잡과업 : 늦음	모여 있는 경우: 빠름 떨어져 있는 경우 : 늦음	빠름
정확성	높음	문서 : 높음 구두 : 낮음	단순과업 : 높음 복잡과업 : 낮음	모여 있는 경우 : 빠름 떨어져 있는 경우 : 낮음	중간
만족도	낮음	낮음	낮음	높음	높음
몰입정도	낮음	낮음	중간	높음	높음

[의사전달망의 형태]

Y형	쇠사슬형	바퀴형	원형	전체 연결형

(5) 의사소통의 분류

① 교류에 따른 분류

일방적 의사소통	송신자가 수신자의 의사를 고려하지 않고 메시지를 일방적으로 전달하는 의사소통
쌍방적 의사소통	송신자와 수신자 간에 서로 의사가 교환되는 형태의 의사소통

② 형식에 따른 분류

공식적 의사소통	• 공식조직에서 공식적인 계층제의 경로와 과정을 거치며 공식적으로 진행되는 의사소통 • 공문서를 수단으로 함. • 의사전달이 확실하고 편리하며, 전달자와 피전달자의 책임소재가 명확함. • 의사전달에 융통성이 없고 변화하는 사태에 신속히 적용하기 어려움.

비공식적 의사소통	• 계층제나 직책을 떠나서 구성원의 친분, 신뢰, 인간관계 등을 바탕으로 진행되는 의사소통임. • 개별적인 인간적 만남, 각종 친목회에서의 의견 교환, 조직 내 소문 등이 해당됨. • 긴장과 소외감을 극복하고 개인적 요구를 충족하며 공식적 의사소통을 보완함. • 책임소재가 불분명하며 개인의 목적에 악용될 수 있음.

③ 방향에 따른 분류

하향식 의사소통 (지시적 의사소통)	조직의 위계나 명령에 따라 상급자로부터 하급자에게 전달되는 명령이나 지시를 포함하는 의사소통
상향식 의사소통	하급자의 성과나 의견, 태도 등을 상위로 전달하는 의사소통
수평적 의사소통 (상호작용적 의사소통)	조직 내에서의 위계수준이 같은 구성원이나 부서 간의 의사소통

> **TIP** 경력사원 정착을 위한 전략
>
> 1. 현업 주도의 채용을 통한 경력사원의 직무적합성을 제고
>   신입사원의 경우에는 성장가능성에 중점을 두고 다수 인대를 선발하기 때문에 인사부서 주도하에 채용해야 하지만 특정 직무분야에 활용할 경력사원은 현업부서가 채용 프로세스를 주도하는 것이 효과적이다.
> 2. 휴먼 네트워크의 조기 구축
>   경력사원은 조직의 일원으로서 존재감을 느끼고 업무협력이 용이하도록 인맥을 형성해야 한다.
> 3. 입사 이전부터 초기 정착까지 강력한 조직정착 프로그램 운영
>   경력사원에게는 이전 조직에서 체득한 업무관행을 신속히 탈피할 수 있도록 강도 높은 조직사회화가 필요하다. 따라서 입사 이전부터 일할 부서의 업무와 조직문화를 이해하도록 사전 정보를 최대한 제공하고, 입사 직후에는 멘토링 등 조직적응에 실질적으로 도움이 되는 프로그램을 제공해야 한다.

보충플러스

그레이프바인(Grapevine)
• 비공식적 의사소통 체계로 포도 넝쿨을 닮아 그레이프바인이라고 함.
• 공식적 의사소통체계에 비해 상당히 빠르지만 구전되는 동안 점점 왜곡될 수 있음.
• 대표적인 예로 학연, 지연 등이 있음.

보충플러스

소시오메트리(Sociometry)
비공식적 의사소통체계를 효율적으로 관리하기 위한 기법으로 조직구성원들에게 누구를 좋아하는가 또는 누구와 대화하고 싶은가에 대해 질문한 결과를 토대로 구조를 파악하고 이를 소시오그램으로 표현해 사후적인 의사소통 경로를 파악하는 것이다.

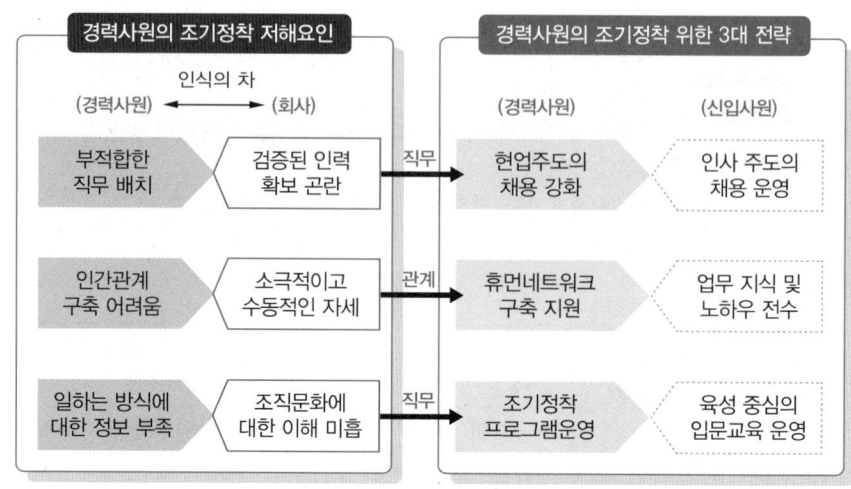

[경력사원의 조기정착 방안]

7 권한위임(Empowerment)

1. 권한위임의 의의 : 조직구성원에게 업무 재량을 위임하고 자주적이고 주체적인 체제 속에서 사람이나 조직의 의욕과 성과를 이끌어 낼 수 있다.

2. 권한위임의 중요성

(1) 조직구성원에게 자율권을 위임해 주고 의사결정에 참여시키며 도전의식과 비전을 심어 줌으로써 상하 간 긍정적 상호 관계를 가지게 한다.

(2) 기업은 단계적으로 권력을 전부 내어 주는 것이 궁극적 목적이며 그것이 조직에서 가장 진화된 권력의 형태라고 할 수 있다.

3. 권함위임의 진화 과정

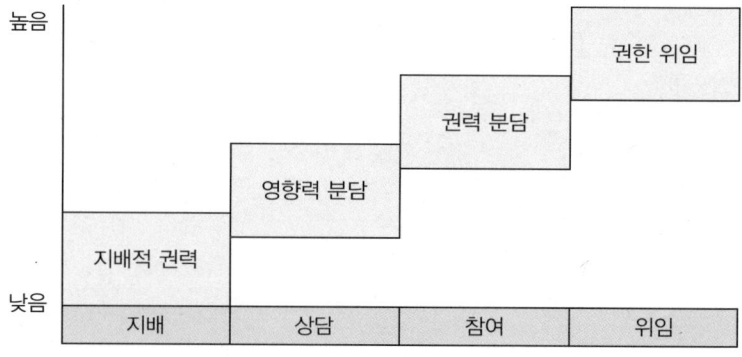

(1) 지배적 권력 : 관리자가 결정한다.
(2) 영향력 분담 : 부하의 조언을 참조하여 결정한다.
(3) 권력 분담 : 공동으로 결정한다.
(4) 권한 위임 : 구성원이 결정을 추진하고 인가한다.

개념확인문제

01 조직목표의 개념 및 특징에 대한 설명이 맞으면 ○, 틀리면 ×를 표시하시오.

(1) 조직목표는 조직구성원들의 의사결정 기준이 된다. ( )
(2) 조직구성원들이 자신의 업무를 성실하게 수행하면 전체 조직목표는 자연스럽게 달성된다. ( )
(3) 조직목표 중 공식적인 목표인 사명은 측정가능한 형태로 기술되는 단기적인 목표이다. ( )
(4) 조직목표는 환경이나 조직 내의 다양한 원인들에 의해 변동되거나 없어지기도 한다. ( )
(5) 조직은 한 개의 목표를 추구한다. ( )

02 조직의 체제를 구성하는 요소에 대한 설명이다. 다음 중 빈칸에 들어갈 용어는?

( )은/는 조직 내적인 구조뿐만 아니라 구성원들의 임무, 수행 과업, 일하는 장소들을 알아보는데 유용하다.

03 기능별 조직에 대한 설명이 맞으면 ○, 틀리면 ×를 표시하시오.

(1) 부서 간의 의존성이 크지 않고 상호작용이 필요 없다. ( )
(2) 최근 대부분의 대기업에서 사용하고 있다. ( )
(3) 비슷한 기능끼리 묶어서 하나의 부서로 구성하였다. ( )
(4) 가장 단순하고 기본적인 조직의 형태이다. ( )

답
01 (1) ○ (2) × (3) × (4) ○
   (5) ×
02 조직도
03 (1) × (2) × (3) ○ (4) ○

03 업무이해능력

> 업무이해능력은 자신에게 주어진 업무의 성격과 내용을 알고 그에 필요한 지식과 기술, 행동을 확인하는 능력이다. 조직생활에서 가장 기본은 자신의 업무를 효과적으로 수행하는 것이다.

1 업무의 종류 및 특성

1. 업무의 의미
(1) 조직의 목적을 달성하기 위해 상품이나 서비스를 창출하는 생산적인 활동이다.
(2) 조직의 목적을 달성하기 위해 조직이 개인에게 부여한 책임이자 의무이다.

2. 업무의 종류
(1) 조직의 업무는 조직 전체의 목적을 달성하기 위해 배분되는 것으로 목적 달성을 위해 효과적으로 분배되고, 원활하게 처리되는 구조가 필요하다.
(2) 업무는 조직의 목적이나 규모에 따라 다양하게 구성될 수 있다.
(3) 각 조직마다 다른 외부적인 상황과 오랜 세월에 걸쳐 형성된 특유의 조직문화와 내부 권력 등에 의해 업무는 다양하게 구성된다.
(4) 대부분의 조직에서는 총무, 인사, 회계, 생산 등의 업무를 담당한다.

부서	업무(예)
총무부	주주총회 및 이사회개최 관련 업무, 의전 및 비서업무, 집기비품 및 소모품의 구입과 관리, 사무실 임차 및 관리, 차량 및 통신시설의 운영, 국내외 출장 업무 협조, 복리후생 업무, 법률자문과 소송관리, 사내외 홍보 광고업무
인사부	조직기구의 개편 및 조정, 업무분장 및 조정, 인력수급계획 및 관리, 직무 및 정원의 조정 종합, 노사관리, 평가관리, 상벌관리, 인사발령, 교육체계 수립 및 관리, 임금제도, 복리후생제도 및 지원업무, 복무관리, 퇴직관리
기획부	경영계획 및 전략 수립, 전사기획업무 종합 및 조정, 중장기 사업계획의 종합 및 조정, 경영정보 조사 및 기획보고, 경영진단업무, 종합예산수립 및 실적관리, 단기사업계획 종합 및 조정, 사업계획, 손익추정, 실적관리 및 분석
회계부	회계제도의 유지 및 관리, 재무상태 및 경영실적 보고, 결산 관련 업무, 재무제표 분석 및 보고, 법인세, 부가가치세, 국세 지방세 업무자문 및 지원, 보험가입 및 보상업무, 고정자산 관련 업무
영업부	판매 계획, 판매예산의 편성, 시장조사, 광고 선전, 견적 및 계약, 제조지시서의 발행, 외상매출금의 청구 및 회수, 제품의 재고 조절, 거래처로부터의 불만처리, 제품의 애프터서비스, 판매원가 및 판매가격의 조사 검토

TIP 대부분의 조직에서는 총무, 인사, 회계, 생산 등의 부서를 구성하지만 이와 같은 부서 구성이 필수적인 것은 아니다.

3. 업무의 특성

(1) 개인이 선호하는 업무를 선택할 수 있는 재량권이 매우 적다.
(2) 업무의 권한에 따라 자신이 수행한 일에 대한 책임도 부여받게 된다.
(3) 조직의 목적을 보다 효과적으로 달성하기 위하여 궁극적으로는 같은 목적을 지향한다.
(4) 업무들은 요구되는 지식, 기술, 도구의 종류가 다르고 이들 간의 다양성 차이가 있다.
(5) 업무는 조직 내 다른 업무들과 밀접한 관련성을 지니며 업무 간에는 서열성이 있어서 순차적으로 이루어지기도 하며 서로 정보를 주고받기도 한다.
(6) 연구, 개발 등과 같은 업무는 자율적이고 재량적인 반면 조립, 생산 등과 같은 업무는 주어진 절차에 따라 이루어진다.

2 조직문화

1. 조직문화의 의미

(1) 조직 구성원들 간에 공유된 생활양식이나 가치이다.
(2) 한 조직체 구성원들이 공유하고 있는 가치관과 신념, 관습, 전통, 지식, 기술 등을 포함한 종합적인 개념이다.
(3) 조직 전체와 구성원들의 행동에 영향을 미치지만 조직구성원들은 이를 의식하지 못하는 경우가 많다.
(4) 업무를 수행하는 데 가이드라인 역할을 한다.

2. 조직문화의 순기능과 역기능

(1) 순기능
  ① 다른 조직과 구별되는 정체성을 제공한다.
  ② 집단적 몰입을 통해 시너지를 창조한다.
  ③ 구성원에게 행동지침을 제공하여 조직체계의 안정성을 실현한다.
  ④ 집단구성원의 사회화와 학습의 도구가 되어 준다.
(2) 역기능
  ① 지나칠 경우, 환경변화의 신속한 대응을 저해하고 변화에 대한 저항으로 작용한다.
  ② 외부 집단에 대한 배타성이 증가한다.
  ③ 신규 구성원의 적응을 방해한다.
  ④ 창의적 사고를 막고, 다양성의 장애요인이 된다.

3. 조직문화의 구성요소

(1) 맥킨지(McKinsey) 7S 모형을 통해 조직문화의 구성요소 간의 상호작용을 개념화했다.

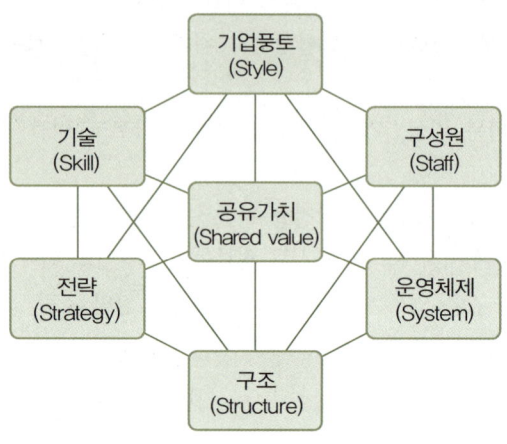

(2) 7S모형의 진단 변수

7S	진단의 예
전략 (Strategy)	• 전략이 조직의 환경에 적절한가? • 전략에 대해 조직원 간에 합의가 이루어졌는가?
구조 (Structure)	• 환경에 대응할 수 있는 기능적 구조를 이루고 있는가? • 조직의 규모는 적정한가?
운영체제 (System)	• 의사결정이 신속히 이루어지고 있는가? • 책임의 소재가 명확한가?
구성원 (Staff)	• 너무 순종적인 조직원들로 구성되어 있는 것은 아닌가? • 부서장에 적절한 인재가 배치되어 있는가?
기술 (Skill)	• 새로운 기술도입이 잘되고 있는가? • 새로운 기술의 경험자가 충분히 있는가?
기업풍토 (Style)	• 상하관계가 너무 경직적이지는 않은가? • 불평등이 만연해 있지는 않은가?
공유가치 (Shared value)	• 위험부담이 있는 일은 무조건 피하지 않는가? • 작은 것에 너무 승부를 걸지는 않는가?

4. 퀸(Quinn)의 조직문화 모형

(1) 퀸의 조직문화 분류
  ① 퀸은 조직은 몇 가지 상호 모순되는 가치를 동시에 충족시킬 수 있어야 한다고 주장하였다.
  ② 어느 한쪽으로 치우치면 생존이 어렵게 되므로 균형을 유지하는 것이 성공의 관건임을 강조하였다.

(2) 퀸의 유연-질서/내-외 지향 모형

	내부통합	외부지향
유연성	인적자원형 (Human Resource Development)	개방체계형 (Open System)
질서	위계질서형 (Hierarchical)	생산중심형 (Production Oriented)

인적 자원형	• 집단문화, 관계지향문화라고도 하며 내부지향적이고 비공식적인 유연한 문화를 특징으로 함. • 구성원들의 신뢰, 팀워크를 통한 참여, 충성, 사기 등의 가치를 중시함. • 조직 내 가족적인 인간관계의 유지에 최대의 역점을 둠. • 조직구성원의 단결, 협동, 공유가치, 의사결정과정에의 참여 등이 중시됨. • 개인의 능력개발에 대한 관심이 높고 조직구성원에 대한 인간적 배려와 가족적인 분위기 중시됨.
개방 체계형	• 혁신문화, 발전문화, 개발체계모형이라고도 하며 외부지향적이고 조직의 변화와 유연성을 강조함. • 외부환경에 대한 변화지향성과 신축적 대응성을 기반으로 조직구성원의 도전의식, 모험성, 창의성, 혁신성, 자원 획득 등을 중시함. • 조직의 성장과 발전에 관심이 높은 조직문화를 의미하므로 조직구성원의 업무에 대한 자율성 여부가 핵심 요인이 됨.
위계 질서형	• 계층문화라고도 하며 내부지향적이고 통합적이며 질서와 안정을 중시함. • 공식적 명령과 규칙, 집권적 통제와 안정지향성을 강조하는 관제의 가치와 규범이 반영됨. • 위계질서에 의한 통제, 명령, 업무 처리 시 규칙과 법 준수 등을 강조하는 관료적 문화의 특성을 가짐.
생산 중심형	• 시장문화, 과업지향문화라고도 하며 외부지향적이고 경쟁지향적임. • 조직의 성과목표 달성과 과업 수행에 있어서의 생산성을 강조하고, 목표달성, 계획, 능률성, 성과 보상 가치를 강조함. • 주로 공급자나 고객, 규제자 등 외부관계자와의 거래에 강조점을 둠.

(3) 퀸의 관리자 역할모형
① 대인관계 모형
- 촉진자(Facilitator) : 조직구성원들 간의 갈등을 감소시키고 조직 응집력과 사기를 높임으로써 효과적으로 팀워크를 구축하는 역할이다.
- 멘토(Mentor) : 인정하고 격려하며 효과적인 커뮤니케이션을 통해 구성원들과 신뢰관계를 구축하고 그들의 개발에 관심의 초점을 기울이는 역할이다.

② 개방시스템 모형
- 혁신가(Innovator) : 변화하는 환경에 귀를 기울이고 창조적 사고를 통해 변화를 촉진하는 역할이다.
- 브로커(Broker) : 외부자원을 획득하고 강력한 설득력과 영향력을 통해 구성원들의 몰입을 유도하는 역할이다.

③ 내부프로세스 모형
- 모니터(Monitor) : 문서화, 자료분석, 정보관리 등의 업무를 수행하는 역할이다.
- 조정자(Coordinator) : 조직의 안정과 위기수습을 하는 역할이다.

④ 합리적목표 모형
- 감독자(Director) : 비전, 계획수립, 목표설정 등의 업무를 수행하는 역할이다.
- 프로듀서(Producer) : 구성원들의 스트레스를 관리하고 목표 달성을 위해 이들에게 동기를 부여함으로써 조직의 생산성을 제고시키는 역할이다.

5. 조직 내 문화 양식

(1) 조직 문화의 8가지 양식
① 스펜서 스튜어트(Spencer Stuart) 기업은 사람들의 소통 방식과 변화에 대응하는 방식에 관한 근본적 통찰을 적용해 조직문화와 리더 개개인에 모두 적용할 수 있는 8가지 양식을 분류하였다.
② 문화 양식마다 존재하는 장점과 단점은 다음과 같다.

문화 양식	장점	단점
배려	팀워크, 참여도, 소통, 신뢰, 소속감 강화	구성원 간 의견의 일치를 지나치게 강조하면 다른 대안을 모색할 기회가 적어지고, 경쟁이 제한되고 의사결정 속도가 느려짐.
목표	다양성, 지속가능성, 사회적 책임에 대한 인식 강화	장기적인 목표와 이상을 지나치게 강조하면 현실적인 문제와 눈앞의 과제를 해결하는 데 방해가 됨.
학습	혁신, 민첩성, 조직 학습 강화	탐색을 지나치게 강조하면 조직이 집중력을 잃고 현재의 이점들을 제대로 활용할 수 없게 됨.

즐거움	직원의 사기, 참여, 창의성 강화	자율성과 참여를 지나치게 강조하면 규율이 흐트러지고 규정을 준수하는 문제나 거버넌스와 관련한 문제를 일으킬 수 있음.
결과	실행력, 외부에 대한 관심, 역량 구축, 목표 달성 강화	결과 달성을 지나치게 강조하면 소통과 협동이 불가능해지고 스트레스와 불안이 높아짐.
권위	의사결정 속도 및 위협이나 위기 대응 속도 강화	강력한 권위와 대담한 의사 결정을 지나치게 강조하면 사내 정치와 갈등이 유발되고 심리적으로 불안한 근무환경이 조성됨.
안전	리스크 관리, 안정성, 사업 연속성 강화	표준화와 공식화를 지나치게 강조하면 관료주의가 발생하고, 융통성 없고 비인간적인 근무환경이 조성됨.
질서	경영 효율성 강화, 갈등 경감, 시민 의식 향상	규칙과 관례를 지나치게 강조하면 개성이 약화되고, 창의성이 저해되고 조직의 민첩성이 제한됨.

3 업무 수행 절차

1. 업무지침 확인
(1) 업무를 수행하는 데 있어 안내자 역할을 한다.
(2) 조직의 업무지침은 개인이 조직의 목적에 부합될 수 있도록 안내한다.
(3) 조직이나 개인의 업무지침은 3개월에 한 번 정도 지속적으로 개정을 해야 한다.
(4) 개인의 업무지침은 조직의 업무지침, 장단기 목표, 경영전략, 조직구조, 규칙 및 규정 등을 고려한다.

2. 활용자원 확인
(1) 업무와 관련된 자원으로는 물적자원(시간, 예산, 기술 등)과 인적자원이 있다.
(2) 자원들은 무한정 주어지는 것이 아니므로 제한된 조건하에서 효과적으로 활용한다.

3. 업무수행시트 작성
(1) 간트 차트(Gantt Chart)
  ① 단계별로 업무를 시작해서 끝나는 데 걸리는 시간을 바(bar)형식으로 표시한 것이다.
  ② 전체 일정을 한눈에 볼 수 있고 단계별로 소요되는 시간과 각 업무활동 사이의 관계를 보여 준다.

업무	6월	7월	8월	9월
설계				
자료수집	■■■■	■■		
기본설계		■■■		
타당성 조사 및 실시설계			■	
시공				
시공			■■	■
결과 보고				■■

(2) 워크 플로 시트(Work Flow Sheet)

① 사용하는 도형을 다르게 사용하여 주·부 작업, 혼자 할 수 있는지의 유무 등으로 일을 구분해 표현한다.

② 일의 흐름을 동적으로 보여 주는 데 효과적이다.

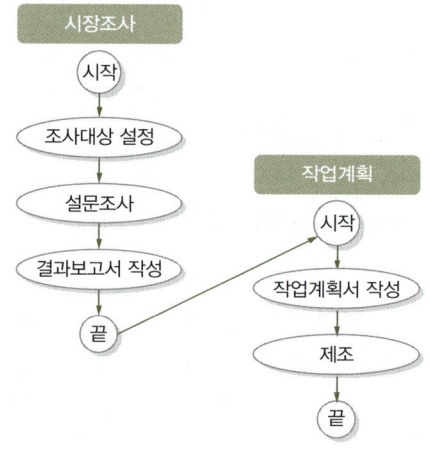

(3) 체크리스트(Checklist)

① 업무의 각 단계를 효과적으로 수행했는지 스스로 점검해 볼 수 있다.

② 시간의 흐름을 표현하는 데 한계가 있다.

③ 업무별 수행수준 달성을 확인하기에 용이하다.

업무		체크	
		YES	NO
고객 관리	고객 대장을 정비하였는가?		
	3개월에 한 번씩 고객 구매 데이터를 분석하였는가?		
	고객의 청구 내용 문의에 정확하게 응대하였는가?		
	고객 데이터를 분석하여 판매 촉진 기획에 활용하였는가?		

4 업무의 방해 요인

1. 방문, 인터넷, 전화, 메신저
(1) 다른 사람들의 방문이나 인터넷, 전화, 메신저 등은 업무계획과 관계없이 갑자기 찾아오는 경우가 많다.
(2) 필요한 것을 선별하는 것이 중요하지만 무조건적인 대화의 단절은 바람직하지 않다.
(3) 효과적인 통제의 제1 원칙은 시간을 정해 놓는 것이다.

2. 갈등
(1) 조직 안에서는 개인적인 갈등이 아니더라도 집단적인 갈등이나 타 조직과의 갈등이 발생할 수 있다.
(2) 갈등은 업무시간을 지체하게 하고, 정신적인 스트레스를 가져온다.
(3) 갈등에 대한 효과적인 관리를 통해 순기능을 유발하는 것이 중요하다.

3. 스트레스
(1) 업무 스트레스는 새로운 기술, 과중한 업무, 인간관계, 경력개발 등에 대한 부담으로 발생한다.
(2) 과중한 스트레스는 개인뿐만 아니라 조직에도 부정적인 결과를 가져와 과로나 정신적 불안감 등을 유발한다.
(3) 적정한 수준의 스트레스는 사람들을 자극하여 개인의 능력을 개선하고 최적의 성과를 내게 해 준다.
(4) 스트레스 관리를 위해서는 시간 관리를 통해 업무과중을 극복하고 명상, 운동 또는 전문가의 도움을 받는 것이 좋다.

5 조직갈등

1. 조직갈등의 의미와 종류
(1) 조직갈등은 조직 내에서 발생하는 심리적 대립 상태 또는 이의 행동적 표출을 의미한다.
(2) 조직갈등의 종류

업무 갈등	작업의 내용과 목표에 대한 갈등
과정 갈등	어떻게 작업을 완수할 것인지에 대한 갈등
관계 갈등	개인적인 관계에 기초한 갈등

(3) 조직갈등의 순기능과 역기능

순기능	역기능
• 창의력 고취	• 자원의 낭비
• 새로운 아이디어 유도	• 안정된 심리상태 위협
• 의사결정의 질적 개선	• 목표달성을 위한 노력 약화
• 조직의 응집력 증가	• 제품의 품질 저하
• 능력에 대한 새로운 평가	• 집단 내의 응집력 위태

2. 갈등관의 변화 과정

(1) 전통적 갈등관(1930 ~ 1940년대)
  ① 고전적 갈등관이라고도 하며 갈등을 부정적으로 보는 입장으로서, 주로 그 역기능적인 측면에 주목한다.
  ② 갈등이 존재하는 것은 악(惡)이며, 갈등이 존재하지 않는 것은 선(善)이라는 이분법적인 생각을 바탕으로 한다.
  ③ 이러한 갈등관에 너무 집착하게 되면 실제로 갈등이 존재함에도 불구하고 이를 인위적으로 은폐하는 일이 발생할 수 있으며, 이로 인해 문제를 더 키우는 결과를 낳기도 한다.

(2) 행태론적 갈등관(1940년대 말 ~ 1970년대 중반)
  ① 행동이론적, 인간관계론적 갈등관이라고도 하며, 갈등을 조직 내에서 자연적으로 발생하는 현상으로 바라보며 이에 대한 수용을 강조한다.
  ② 갈등을 하나의 가치중립적인 '사실'로 인정하기 때문에 갈등을 관리하는 것은 염두에 두지 않는다.
  ③ 현실을 가치중립적인 관점에서 바라보므로 사물이나 현상에 대해 '좋다', '나쁘다'의 평가를 하지 않는다.

(3) 현대적 갈등관
  ① 상호작용론적 갈등관이라고도 하며, 갈등의 긍정적 측면과 부정적 측면을 동시에 인정한다.
  ② 조직 내 갈등수준이 너무 높으면 조직의 분열, 무질서 및 구성원 상호 간의 비협조 등을 초래하고, 너무 낮으면 구성원들의 냉담한 태도를 유발해 조직의 정체와 무감각을 초래한다고 본다.
  ③ 갈등에 대하여 가치중립적인 관점에 서서 갈등의 적절한 조장과 억제를 강조한다.

3. 역할갈등

(1) 역할 갈등의 의의

① 칸(Kahn)은 역할갈등을 역할담당자의 특성에 의해 결정되는 주관적 역할갈등과 역할담당자에게 전달된 역할기대에 의해 결정되는 객관적 역할갈등으로 구분하였다.

② 로저스(Rogers)와 몰나르(Monlar)는 상반된 요구의 인지에 기초를 두고 역할 갈등을 다음과 같이 분류하였다.

유형	내용
전달자 내의 갈등	동일한 역할전달자가 상충되는 기대를 주는 경우
전달자 간의 갈등	상이한 역할전달자가 상충되는 기대를 주는 경우
개인과 역할 간의 갈등	개인의 가치와 욕구가 역할전달자의 기대와 상충하는 경우
역할 간의 갈등	개인이 맡은 2가지 이상의 역할 기대가 양립되지 못한 경우

4. 갈등 발생의 원인

(1) 대표적 갈등 발생의 원인

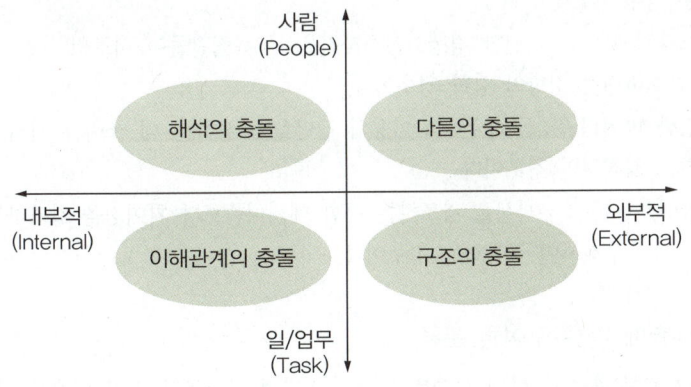

① 해석의 충돌
- 내부 요인이자 사람의 특성 때문에 생기는 갈등이다.
- 같은 사람, 같은 행동에 대해서 전혀 다른 해석을 하는 사람들 간에 생긴다.

② 다름의 충돌
- 외부 요인이자 사람의 특성 때문에 생기는 갈등이다.
- 서로 체질이 다른 사람들 간에 생긴다.

③ 이해관계의 충돌
  • 내부 요인이자 일, 업무에서 생기는 갈등이다.
  • 서로 원하는 것이 충돌할 때 생긴다.
④ 구조의 충돌
  • 외부 요인이자 일, 업무에서 생기는 갈등이다.
  • 갈등의 원인은 당사자의 잘못이 아니라 갈등이 생길 수밖에 없는 시스템이다.

(2) 리터러(Litterer)가 주장하는 갈등의 원인
  ① 상충되는 목표의 존재 : 둘 이상의 당사자가 서로 상충되는 목표를 추구하는 경우이다.
  ② 상충되는 수단/자원의 배분 : 공동의 목표를 추구하는 둘 이상이 목표달성을 위하여 어떤 자원을 동원할 것인지, 한정된 자원을 누가 얼마나 차지할 것인지에 대한 의견이 일치하지 않는 경우이다.
  ③ 지위전도/지위부조화 : 상호작용을 하는 둘 사이의 행동주체 간 공식적인 지위와 실제로 사용되는 권위에 차이가 있는 경우이다.
  ④ 인지상의 차이 : 동일한 현상이나 사물을 사람에 따라 서로 다르게 볼 수 있음에 따라 사람들 사이에서 상호작용을 통해 가치관, 경험, 지위, 역할 등의 차이가 생기는 경우이다.
  ⑤ 불명확한 역할 규정 : 자신 또는 상대방의 역할에 대한 기대가 명확하게 규정되지 않은 경우이다.
  ⑥ 희소자원에 대한 치열한 경쟁 : 희소자원을 두고 집단들이 서로의 몫을 증가시키거나 보호하려는 경향이 강한 경우이다.
  ⑦ 선명한 메커니즘 : 둘 또는 그 이상의 집단을 구분하는 데 쓰이는 격리가 너무 선명하고 경직적인 경우이다.
  ⑧ 통합 메커니즘 : 유사성을 강조하는 통합 메커니즘보다 차이점을 강조하는 통합 메커니즘이 우선하여 작동하는 경우이다.

5. 갈등 유형에 따른 구성원 분류

(1) 조직 내 갈등 속에서 힘든 시간을 보내고 있다면 스스로가 조직 내에서 갈등을 일으키는 사람인지, 스스로를 둘러싼 조직원들은 어떤 유형인지 파악해야 한다.

(2) 조직 내 구성원들은 갈등 유형에 따라 다음과 같이 구분할 수 있다.

갈등 유형	공격 방식	상대방의 느낌	특징	대응 전략
나잘난 형	간섭	강요	• 강한 자기애 • 자기 의견에 대한 지나친 주장 • 단정적인 표현 방식	• 일의 경계를 분명히 구분하기 • 구체적인 대안 요구하기 • 가벼운 정보로 인식하기

속사포형	공격	아집	• 남의 말을 듣지 않고 자기주장 반복 • 성급한 판단과 행동 • 과도한 흥분과 분노	• 부드럽고 관대하게 대하기 • 중재자 활용하기 • 휴지기를 가진 후 회복 시도하기
완전무결형	거부	답답함	• 심사숙고 • 느린 의사결정 • 실수에 대한 두려움	• 핵심에 대해 설명하기 • 의견 들어주기 • 결과에 대한 책임을 분명히 하기
권위주의형	배척	꼬투리 잡기	• 지나친 의심과 걱정 • 상대방에 대한 통제 • 잘못은 언제나 남의 탓 • 과거에 대한 집착	• 먼저 인정하기 • 섣부르게 강요하지 않기 • 확실한 근거와 실행방안 준비하기
나몰라형	무관심	잘난 척	• 개인주의적 성향 • 침착하고 냉정 • 의무가 아닌 일에 불참	• 아이디어 추출 단계에 동참시키기 • 가벼운 대화를 통한 감정적 교류 시도하기 • 협조와 분명한 의사표현 요구하기

6 스트레스

1. 직무 스트레스의 요인

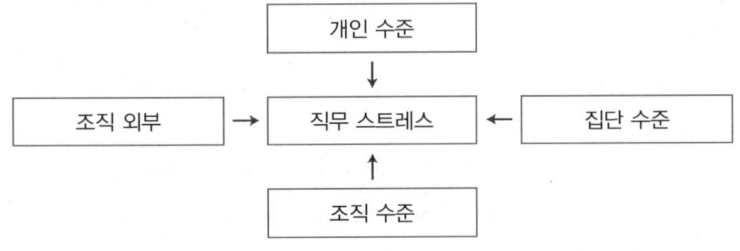

(1) 개인 수준 : 직무요구·통제, 역할갈등, 역할모호성, 경력에 대한 압박 등이 이에 해당한다.
(2) 집단 수준 : 대인 간 갈등, 집단응집력, 사회적 지원, 리더십 등이 이에 해당한다.
(3) 조직 수준 : 조직구조, 인사제도, 감정노동, 조직정치, 조직변화 등이 이에 해당한다.
(4) 조직 외부 : 일-가정 갈등, 외부환경(경제·기술) 등이 이에 해당한다.

7 직무특성이론

1. 직무특성이론의 의의
(1) 해크먼(Hackman)과 올드햄(Oldham)은 성장욕구의 정도에 따라 동기유발 잠재력의 개인차를 인정하였다.
(2) 직무의 5가지 특성과 개인의 성장욕구가 부합될 때 내재적 동기유발이 된다는 이론이다.
(3) 자율성과 환류가 특히 동기부여에 더 많은 영향을 미친다고 주장했다.

2. 직무의 5가지 특성
(1) 기술 다양성 : 직무를 수행하는 데 요구되는 기술의 종류가 얼마나 여러 가지인가?
(2) 직무 정체성 : 직무의 내용이 하나의 제품을 끝까지 완성시킬 수 있도록 구성되어 있는가?
(3) 직무 중요성 : 개인 수행 직무가 조직, 조직 내외 다른 사람들의 삶과 일에 얼마나 큰 영향을 미치는가?
(4) 자율성 : 개인이 자신의 직무에 대하여 개인적으로 느끼는 책임감의 정도가 얼마나 큰가?
(5) 환류 : 직무 자체가 주는 직무수행 성과에 대한 정보의 유무가 어떠한가?

> **보충플러스**
>
> **MPS(Motivating Potential Score)**
> MPS란 잠재적 동기지수로, $\frac{과업다양성+과업완결성+과업중요성}{3} \times 자율성 \times 피드백$으로 계산한다.

8 AI 시대의 업무

1. AI 시대의 직무 대체
(1) AI란 인간의 학습능력과 추론능력, 지각능력, 자연언어의 이해능력 등을 컴퓨터 프로그램으로 실현한 기술이다.
(2) 지금 시대는 일상, 교육, 업무, 의료, 예술 등 전반적인 분야로의 AI의 도입이 이루어지고 있어, AI 시대라고도 불린다.
(3) 기술 변화는 업무 자동화에 미치는 영향이 커 일자리의 형태에 변화를 줄 수 있으며, 자동화에 의한 대체는 특정 직무의 대량 소멸을 의미할 수 있다.
(4) 기술 변화가 직업을 파괴할 수는 있지만 전체적인 규모의 고용 파괴를 의미하지는 않는다.
(5) 4차 산업혁명이 직무와 직업, 고용에 미치는 영향은 자동화 영향의 연장선상에 있는데, 기술이 특정 일자리를 소멸시킬지의 여부는 해당 일자리의 업무를 기술이 모두 대체할 수 있느냐에 달려 있다.

2. AI 대체가 어려운 직무 특성

(1) 정교한 동작을 필요로 한다.
(2) 업무 공간이 비좁다.
(3) 창의력을 요구한다.
(4) 예술과 관련된 직무이다.
(5) 사람을 파악해야 하는 일이다.
(6) 협상과 설득을 시도해야 하는 일이다.
(7) 서비스 지향적인 일이다.

개념확인문제

01 업무에 대한 설명이 맞으면 ○, 틀리면 ×를 표시하시오.

   (1) 업무에 따라 다른 업무와의 독립성의 정도가 다르다. ( )
   (2) 직업인은 자신의 업무를 자유롭게 선택할 수 있다. ( )
   (3) 업무는 조직의 목적 아래 통합된다. ( )
   (4) 업무는 상품이나 서비스를 창출하기 위한 생산적인 활동이다. ( )

02 업무수행 계획 수립과 관련된 설명이 맞으면 ○, 틀리면 ×를 표시하시오.

   (1) 조직에는 다양한 업무가 있으며, 이를 수행하는 절차나 과정이 다르다. ( )
   (2) 개인 업무 지침은 제한 없이 자유롭게 작성한다. ( )
   (3) 업무수행 시 활동 가능한 자원은 시간, 예산, 기술, 인적자원이다. ( )
   (4) 업무수행 시트는 업무를 단계별로 구분하여 작성한다. ( )

03 업무수행 시트와 그 설명으로 적절한 것들끼리 선으로 연결하시오.

   (1) 간트 차트 •   • ㉠ 단계별로 업무의 시작과 끝 시간을 바 형식으로 표현함.
   (2) 워크 플로 시트 •   • ㉡ 수행수준 달성을 자가점검함.
   (3) 체크 리스트 •   • ㉢ 일의 흐름을 동적으로 보여 줌.

답
01 (1) ○ (2) × (3) ○ (4) ○
02 (1) ○ (2) × (3) ○ (4) ○
03 (1) ㉠ (2) ㉢ (3) ㉡

04 국제감각

> 국제감각은 일 경험을 하는 동안에 다른 나라의 문화를 이해하고 국제 동향을 파악하는 능력이다. 오늘날에는 국제적인 이슈에 영향을 받고 다른 나라 사람들과 함께 일을 하는 경우가 많아졌다.

1 국제감각과 글로벌화

1. 국제감각의 의미
(1) 일 경험을 함에 있어서 다른 나라의 문화와 국제적인 동향을 이해하여 업무에 활용하는 것이다.
(2) 인류가 살고 있는 지구를 하나의 공동체로 생각하고 각 국가의 문화적 특징, 의식, 예절 등을 익혀 세계 각국의 시장과 다양성에 적응하는 것이다.

2. 글로벌화의 의미
(1) 개인과 조직의 활동 범위가 세계로 확대되는 것이다.
(2) 다국적 기업이 등장하면서 범지구적 시스템과 네트워크 안에서 기업 활동이 이루어지는 국제경영이 중요시되고 있다.
(3) 경제나 산업 등의 측면에서 벗어나 다양한 분야까지 확대되는 개념으로 이해된다.

2 문화충격과 이문화 커뮤니케이션

1. 문화충격
(1) 한 문화권에 속한 사람이 다른 문화를 접하게 되었을 때 체험하는 충격을 의미한다.
(2) 문화충격에 대비하기 위해서는 다른 문화에 대한 개방적인 태도를 견지하고 자신의 기준으로 다른 문화를 평가하지 않으며 자신의 정체성을 유지하되 새롭고 다른 것을 경험한다는 적극적 자세를 취해야 한다.

2. 문화적응 : 문화적응은 다음과 같은 4단계를 거치며 이루어진다.

제1단계 허니문	외국에 도착해서 가장 처음 느끼는 감정으로, 다른 문화에 대한 기대와 흥분이 지배적이다. 자신이 속해 있던 사회와 다른 모습이 전반적으로 신기하고 긍정적으로 보인다.
제2단계 문화 대면	허니문 시기의 흥분이 가라앉고 외국에서의 문화적인 차이들이 개인의 삶에 직접 개입됨에 따라 혼란과 불만의 순간들이 지속된다. 향수병으로 인해 우울해지기도 한다.

제3단계 문화 적응	문화 대면 단계에서 겪은 순간들을 통해 외국 문화와 자국 문화 간의 차이를 깨닫고 인정하면서 다른 새로운 문화에 적응한다. 문화 차이에서 오는 우울함을 해소하는 방법을 터득하며 문화를 조금씩 자연스럽게 즐기게 된다.
제4단계 문화 순응	다양한 사람들과 교류하며 문화가 인간의 삶에 미치는 영향을 조금 더 깊게 이해하게 된다. 외국의 다양한 문화적 지식에 대해 습득하며 새로운 국가의 가치, 관습, 신념들을 관찰하고 이해할 수 있는 사고의 폭이 넓어진다.

3. 이문화 커뮤니케이션

(1) 상이한 문화 간의 커뮤니케이션으로 언어의 유무에 따라 구분된다.
(2) 언어적 커뮤니케이션 : 의사소통을 할 때 직접적으로 사용되는 외국어 능력이다.
(3) 비언어적 커뮤니케이션 : 상대방의 문화적 배경에 입각한 생활양식, 행동규범, 가치관 등이 있다.

$$\text{이문화 커뮤니케이션} = \text{언어적 커뮤니케이션} + \text{비언어적 커뮤니케이션}$$

4. 다문화감수성발달 모형

(1) 다문화감수성발달 모형의 의의
   ① 베넷(Bennett)의 다문화감수성발달모델(DMIS)은 자문화중심주의에서 문화상호주의로의 이행 단계를 6단계로 세분화한다.
   ② DMIS의 핵심적 과정은 자문화의 타자화와 타문화의 자기화라는 상호보완적이며 동시적인 두 개의 과정으로 해석된다.

(2) 다문화감수성발달의 6단계

부정	• 개인이 경험하거나 익숙한 자문화만 실제 사례로 인식한다. • 타 문화에 대해서는 배타적이고 고립된 독립적 문화라고 인식한다.
방어	• 개인이 경험하거나 익숙한 자문화 또는 자문화로 받아들여진 문화를 더 긍정적으로 인식한다. • 타 문화에 대해서는 부정적인 인식을 고수한다.
최소화	타인을 독립적인 인간으로 존중하여, 문화의 차별성을 중요하게 인식하지 않는다.
수용	문화의 다양성을 인정하고 개인의 자문화와 타 문화의 차이를 인식한다.
적응	잠재적으로 타 문화의 경험을 포함하며 타 문화의 관점에서 사고하는 능력을 가진다.
통합	개인의 경험이 다른 문화들을 포함하도록 확장된 사고를 한다.

3 국제경영

(1) 국제경영의 의의 : 기업이 국제적인 경영활동을 하는 일이다. 해외시장은 국내시장과는 그 환경이 국가마다 다르고 동태적으로 유동적이어서 위험이 더 높으므로 기업이 국제화하려면 국제경영활동에 전문적인 지식과 능력을 가진 경영자가 필요하게 된다.

(2) 국제경영을 하는 이유
   ① 해외 판매의 잠재적 시장과 이익을 확대시킬 수 있다.
   ② 해외 자원을 사용하여 비용이 절감되고 더 나은 제품 및 신제품, 새로운 운영 지식을 제공하게 되므로 노동력, 광물, 에너지, 토지, 인프라, 정보, 자본 등의 자원을 획득할 수 있다.
   ③ 매출과 이익을 안정화하고 경쟁자의 경쟁우위 획득을 방지함으로써 위험을 경감할 수 있다.

4 국제기구

(1) 국제기구의 의의
   ① 조약에 입각하여 복수의 주권국가로 구성되어, 일정한 목적하에 국제법상 독자적으로 존재하는 동시에 자체기관에 의하여 독자적인 행동을 하는 조직체이다.
   ② 국제기관·국제조직·국제단체라고도 한다. 국가, 즉 정부를 구성단위로 하기 때문에 '정부 간 기구(Inter-Governmental Organization ; IGO)'라 불리기도 한다.
   ③ 국제기구는 그 기본조약에 의해서 일정한 목적을 가지는 기능적 존재로서 그 자체는 국가와 같은 권력적 존재는 아니다. 이러한 점에서 연방이나 국가연합과 구별된다.

(2) 국제기구의 종류
   ① APEC(Asia-Pacific Economic Cooperation, 아시아태평양경제협력체) : 아시아·태평양 지역의 경제협력 증대를 위한 역내 정상들의 협의기구이다. 조직은 비공식회의, 각료회의, APEC자문위원회, 회계, 예산운영위원회, 무역투자위원회, 경제위원회 등으로 구성되어 있다. 기구는 아시아태평양 공동체의 달성을 비전으로 하여 경제성장과 번영을 목표로 하고 있다.
   ② OPEC(Organization of Petroleum Exporting Countries, 석유수출국기구) : 국제석유자본(석유메이저)에 대한 발언권을 강화하기 위하여 결성한 조직이다. 결성 당시에는 원유공시가격의 하락을 저지하고 산유국 간의 정책협조와 이를 위한 정보 수집 및 교환을 목적으로 하는 가격카르텔 성격의 기구였으나, 1973년 제1차 석유위기를 주도하여 석유가격 상승에 성공한 후부터는 원유가의 계속적인 상승을 도모하기 위해 생산량을 조절하는 생산카르텔로 변질되었다.

보충플러스

FTA(Free Trade Agreement, 자유무역협정)
FTA는 국가 간 상품의 자유로운 이동을 위해 모든 무역 장벽을 완화하거나 제거하는 협정이다.

③ TPP(Trans-Pacific Partnership agreement, 환태평양경제동반자협정) : 아시아·태평양 지역의 관세 철폐와 경제통합을 목표로 추진된 협력체제이다. 미국과 일본이 주도하다가 보호주의를 주창하는 도널드 트럼프 대통령이 미국 탈퇴를 선언하면서 총 11개국이 명칭을 CPTPP로 변경한 후 자국 내 비준을 거쳐 2018년 12월 30일 발효됐다.

④ RCEP(Regional Comprehensive Economic Partnership, 역내포괄적경제동반자협정) : 아시아·태평양 지역을 하나의 자유무역지대로 통합하는 '아세안+6' FTA로, 동남아시아국가연합(ASEAN) 10개국과 한·중·일 3개국, 호주·뉴질랜드 등 15개국이 참여한 협정이다. 2019년 11월 4일 협정이 타결됐으며, 2020년 11월 15일 최종 타결 및 서명이 이뤄졌다.

⑤ AIIB(Asian Infrastructure Investment Bank, 아시아인프라투자은행) : 미국과 일본이 주도하는 세계은행과 아시아개발은행(ADB) 등에 대항하기 위해 중국의 주도로 설립된 은행으로 아시아·태평양지역 개발도상국의 인프라 구축을 목표로 한다. AIIB는 2016년 1월 한국을 포함하여 중국, 러시아, 인도, 독일, 영국 등 57개의 회원국으로 공식 출범하였고, 2017년 5월 칠레, 그리스, 루마니아, 볼리비아, 키프로스, 바레인, 사모아 등 7개국의 회원가입을 승인함에 따라 회원국은 77개국으로 늘어났다.

⑥ WTO(World Trade Organization, 세계무역기구) : 무역 자유화를 통한 전 세계적인 경제 발전을 목적으로 하는 국제기구로, 1995년 1월 1일 정식으로 출범하였다. 세계무역기구(WTO)의 역할은 다양한데, 우선 UR 협정에서는 사법부의 역할을 맡아 국가 사이에서 발생하는 경제분쟁에 대한 판결권을 가지고, 판결의 강제집행권을 통해 국가 간 발생하는 마찰과 분쟁을 조정한다.

⑦ OECD(Organization for Economic Cooperation and Development, 경제협력개발기구) : 회원국 간 상호 정책조정 및 협력을 통해 세계경제의 공동 발전 및 성장과 인류의 복지 증진을 도모하는 정부 간 정책연구 협력기구이다. 제2차 세계대전으로 몰락한 유럽 경제의 극복을 위해 미국의 마셜플랜에 의해 1948년 발족한 유럽경제협력기구(OEEC)를 모태로, 개발도상국 원조 문제 등 새로운 세계정세에 적응하기 위해 1961년 9월 30일 파리에서 발족되었다.

⑧ GGGI(Global Green Growth Institute, 글로벌녹생성장기구) : 우리나라 주도하에 출범한 국제기구로, 개도국의 녹색성장 전략을 지원하는 등의 업무를 담당한다. 창립회원국은 한국, 덴마크, 호주, 캄보디아, 코스타리카, 에티오피아, 가이아나, 키리바시, 멕시코, 노르웨이, 인도네시아, 파라과이, 파푸아뉴기니, 필리핀, 카타르, 영국, UAE, 베트남 등 18개국이다. GGGI는 이번 협정을 토대로 참여국들의 국회 비준을 거쳐 2012년 10월 23일 서울에서 제1회 총회 및 이사회를 개최, 국제기구로서 공식 출범하였다.

5 국제동향 파악방법과 국제매너

1. 국제동향 파악 방법

(1) 관련 분야 해외사이트를 방문하여 최신 이슈를 확인한다.
(2) 매일 신문의 국제면을 읽는다.
(3) 업무와 관련된 국제잡지를 정기 구독한다.
(4) 국제학술대회에 참석한다.
(5) 업무와 관련된 주요 용어의 외국어를 숙지해 둔다.
(6) 해외서점 사이트를 방문해 최신 서적 목록과 주요 내용을 파악한다.
(7) 외국인 친구를 사귀고 대화를 자주 나눈다.
(8) 고용노동부, 한국산업인력관리공단, 산업통상자원부, 중소벤처기업부, 상공회의소, 산업별인적자원개발협의체 등의 사이트를 방문해 국제동향을 확인한다.

> **보충플러스**
> **글로벌 마인드세트**
> - 글로벌 마인드세트는 자신의 문화적인 특성 이해를 넘어 세계적인 비즈니스 환경의 다양성을 이해하고 새로운 가능성을 발견하는 유연한 사고방식이다.
> - 글로벌 업무환경에서 원활하게 의사소통하고 성공적으로 일하기 위한 필수 조건이다.
> - 상황 예측을 통해 글로벌 환경의 수많은 위험을 감수할 수 있으며, 문화 차이에 대해 수용하는 개방적이고 매너 있는 자세로 새로운 문화 및 비즈니스 환경을 탐구할 수 있다.

2. 국제매너

인사예절	• 미국은 악수할 때 손끝만 잡는 것을 예의에 어긋난다고 간주하므로 영미권에서 악수는 일어서서 상대방의 눈이나 얼굴을 보면서 오른손으로 상대방의 오른손을 잠시 힘주어 잡았다가 놓아야 한다. • 먼저 이름이나 호칭을 어떻게 부를지 물어보는 것이 예의이며 상대방의 개인 공간을 지켜 줘야 한다. • 아프리카는 상대와 시선을 마주해 대화하면 실례로 여길 수 있으므로 코 끝 정도를 보면서 대화한다. • 러시아와 라틴아메리카에서는 주로 포옹을 하는데 친밀함의 표현이므로 자연스럽게 받아들이는 것이 좋다. • 영미권의 명함은 사교용과 업무용으로 나누어지며 업무용 명함에는 성명·직장 주소·직위가 표시되어 있다. • 업무용 명함은 악수를 한 이후 교환하며 아랫사람이나 손님이 먼저 꺼내 오른손으로 상대방에게 주고받는 사람은 두 손으로 받는 것이 예의이다. • 받은 명함은 탁자 위에 보이게 놓은 채로 대화를 하거나 명함 지갑에 넣는다. • 명함을 구기거나 계속 만지는 것은 예의에 어긋나는 행동이다.
시간약속 예절	• 미국인은 시간 엄수를 중요하게 생각하며 시간을 지키지 않는 사람과는 같이 일을 하려고 하지 않는다. • 라틴아메리카나 동부 유럽, 아랍 지역에서 시간 약속은 형식적이며 상대가 기다려 줄 것으로 생각하는 경향이 있으므로 이 지역 사람들과 일을 같이 할 때에는 인내를 가지고 기다려 주는 것이 필요하다. • 스페인 사람들과 점심식사를 할 때는 오후 2~4시에 약속을 잡는 것이 좋다.

식사예절	• 수프는 소리 내어 먹지 않고 포크와 나이프는 몸의 바깥에 있는 것부터 사용한다. • 뜨거운 수프는 입으로 불어 식히지 않고 숟가락으로 저어서 식혀 먹는다. • 빵은 수프를 먹고 난 후부터 먹고 디저트 직전부터 식사가 끝날 때까지 먹을 수 있다. • 빵은 손으로 떼어 먹고 생선 요리는 뒤집어 먹지 않으며 스테이크는 잘라가며 먹는 것이 좋다. • 태국에서는 식사할 때 나이프를 사용하지 않고 수저, 포크 또는 젓가락만을 사용한다.
기타예절	• 태국에서는 발을 가장 밑에 있고 가장 더러운 부위라고 생각하므로, 발로 직접적으로 사물이나 사람을 가리켜서는 안 된다. • 인도에서 왼손을 사용하는 것은 부정하다 여겨지므로, 오른손을 사용해야 한다. • 러시아에서 짝수로 꽃을 선물하는 것은 장례식 문화이므로, 이외의 경우에는 꽃을 홀수로 선물해야 한다. • 중국에서 손수건, 우산, 시계, 하얀 꽃은 죽음 또는 이별을 상징하므로 선물로 적절하지 않다. • 이탈리아에서는 대화를 할 때 귀를 만지는 것이 상대방을 모욕하는 제스처이므로 사용하지 않도록 한다. • 태국에서는 식사할 때 나이프를 사용하지 않고 수저와 포크 또는 젓가락만을 사용한다. • 브라질에서 엄지와 검지를 동그랗게 만드는 제스처는 속어이므로 주의해야 한다.

개념확인문제

01 국제감각에 대한 설명이 맞으면 ○, 틀리면 ×를 표시하시오.

(1) 국제감각은 영어만 잘하면 길러질 수 있다. ( )
(2) 국제감각은 자신의 업무와 관련하여 국제 동향을 파악하고 이를 적용할 수 있는 능력이다. ( )

02 국제감각과 관련된 다음의 설명에서 (A)와 (B)에 들어갈 용어를 고르시오.

> 국제감각이란 외국의 (A)을/를 이해하는 것뿐만 아니라 국제적인 동향을 이해하고 이를 업무에 적용하는 것으로, 구체적으로는 각종 매체를 활용하여 국제동향을 파악하기, 조직의 업무와 관련된 (B)을/를 숙지하기, 국제적인 상황변동에 능동적으로 대처하는 능력들이 요구된다.

(A) _____   (B) _____

답
01 (1) × (2) ○
02 (A) 문화
   (B) 국제적인 법규나 규정

조직이해 기출예상문제

01. 다음 중 조직 체제의 구성요소에 대한 설명으로 옳지 않은 것은?

① 조직에서의 규칙 및 규정은 개인의 목표에 따라 각 조직 구성원들의 활동 범위를 인정하고 다양화를 부여하는 기능을 한다.
② 조직 구조는 조직 내의 부분 사이에서 형성된 관계로 조직 목표를 위한 조직 구성원들의 상호작용을 보여 준다.
③ 조직 문화는 조직 구성원들 간 생활양식이나 가치를 공유하는 것을 말한다.
④ 조직 목표는 조직의 성과, 자원, 시장, 인력개발, 혁신과 변화, 생산성에 대한 목표가 포함된 조직이 달성하려는 장래의 상태로 조직이 존재하는 정당성과 합법성을 제공한다.

02. 인적자원 관리자는 조직에서 기업 조직의 불필요한 비용을 제거하고 해당 조직의 효율성을 높이고 직무를 수행할 수 있는 방법을 찾는 활동을 한다. 다음 인적자원 관리자 역할 중 성격이 다른 하나는?

① 인적자원 관리자는 최고 경영자층과의 잦은 접촉으로 인한 의견 충돌을 줄여야 하고 동시에 발생되는 문제에 대해 문제 해결자로서의 역할도 수행해야 한다.
② 인적자원 관리자는 최고 경영자층의 정보 원천이 되어야 하는데 이를 위해서 인적자원 관리자는 기업 조직의 분위기 및 풍토가 어떤지, 조직 구성원들에게 영향을 끼치는 여러 가지 활동 및 의사 결정 등에 대해 사람들은 어떤 생각 및 태도를 보이는지, 조직 구성원들이 무엇을 생각하고 있는지 등에 대해서 분석 및 종합하여 최고 경영자층에 보고해야 한다.
③ 인적자원 관리자는 조직원들의 인사 부문이나 노사 관계에 있어서도 조직 구성원이나 경영자층 가운데 어느 한쪽만을 지지하는 모습을 지양해야 하고, 설령 다루기 싫은 문제라도 일선에서 책임지고 처리한다.
④ 인적자원 관리자는 최고 경영자층에 실력 있는 인재를 추천함과 동시에 그에 따르는 공평한 평가 기준 및 신념을 가지고 있어야 한다.
⑤ 인적자원 관리자는 조정자로서 자신이 마주치는 여러 집단들의 입장과 요구 사항 등을 이해해야 하고, 각 집단들의 상황을 직시하여 어느 한 집단의 생각이 타 집단에 제대로 전달될 수 있게 하여 집단 간에 부정적인 마찰을 줄이는 교량 역할을 해야 한다.

03. 다음 중 직장 내 호칭 사용에 관한 내용으로 적절하지 않은 것은?

① 상사에 대한 존칭은 호칭에만 쓴다.
② 상사 본인의 입석하에 지시를 전달할 때는 직위나 직명 등에 '님'을 붙이지 않는다.
③ 문서에서는 상사의 존칭을 생략한다.
④ 하급자 또는 동급자의 경우 성과 직위 또는 직명으로 호칭한다.
⑤ 사내에서는 직급과 직책 중에서 더 상위 개념을 칭하는 것이 일반적인 예의이다.

04. 경영의 내용과 구성요소에 대한 설명으로 옳은 것은?

① 모든 조직에는 공통적인 경영원리를 적용하여야 한다.
② 경영의 구성요소에는 일반적으로 경영목적, 인적자원, 자금, 시간이 있다.
③ 경영은 조직의 목적을 달성하기 위한 전략, 관리, 운영활동으로 이루어져 있다.
④ 시장에서 총수입을 극대화하고 총비용을 극소화하여 이윤을 창출하는 것은 내부경영활동에 속한다.

05. 다음의 조직도에 대한 이해로 적절하지 않은 것은?

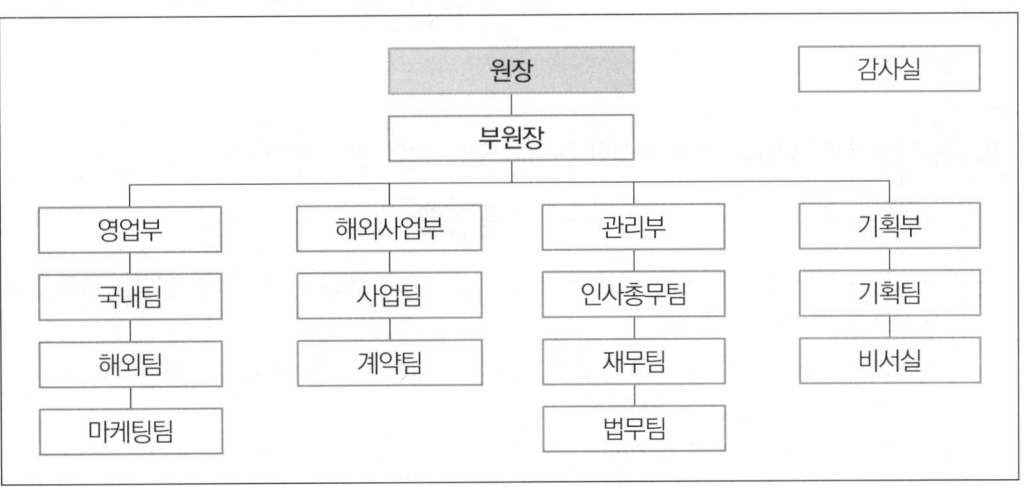

① 인사 관련 업무는 관리부에서 다룬다.
② 감사실은 소속된 부서 없이 독립적으로 기능한다.
③ 비서실은 기획부 소속이다.
④ 4부 9팀 2실로 구성되어 있다.
⑤ 해외팀은 해외사업부에 속한다.

06. 민츠버그는 경영자의 역할을 '대인관계역할', '정보수집역할', '의사결정역할'로 구분하였다. 이 세 가지 경영자의 역할을 참고할 때 이에 해당하지 않는 경영자의 활동은?

① 경쟁 업체와의 전략적 제휴를 위한 MOU에 서명하는 서명자
② 벤치마킹을 통한 새로운 변화를 맞이하고자 하는 변화의 메시지 전달자
③ 자원을 배분하고 분쟁을 조정하기 위해 필요한 조치를 하는 협상가
④ 해당 조직을 상징하며 이끌어 가는 지도자
⑤ 사람을 관리하여 체제나 기구를 유지하고 '어떻게 할까'를 고민하는 관리자

07. N사의 A 대표는 몇 년간 지속된 노조의 경영참가제도 요구를 수용하였다. 다음 중 A 대표가 우려할 사항이 아닌 것은?

① 노사 양측의 공동 참여로 인해 신속하지만 부실한 의사결정 우려
② 근로자의 경영능력 부족에 따른 부작용
③ 노조의 고유 기능인 단체 교섭력 약화
④ 제도에 참여하는 근로자가 모든 근로자의 권익을 효과적으로 대변할 수 있는지의 여부
⑤ 경영자의 고유 권한인 경영권 약화

08. 다음 〈보기〉의 내용과 가장 밀접한 관련이 있는 기업 경영 전략은?

보기

- 모든 고객을 만족시킬 수는 없다는 것과 회사가 모든 역량을 가질 수는 없다는 것을 전제로 선택할 수 있는 전략이다.
- 기업이 고유의 독특한 내부 역량을 보유하고 있는 경우에 더욱 효과적인 전략이다.
- 사업 목표와 타당한 틈새시장을 찾아야 한다.
- 다양한 분류의 방법을 동원하여 고객을 세분화한다.

① 차별화 전략
② 집중화 전략
③ 비교우위 전략
④ 원가우위 전략
⑤ 고객본위 전략

09. AA 실업 대표이사 봉준호는 해외 일정으로 종무식에 참석하지 못하게 되자 사내 게시판에 다음과 같은 송년사를 올리는 것으로 대신하기로 했다. 이와 관련된 경영자의 역할은?

> 20XX년 어려웠던 한 해 맡은 바 업무에 헌신적인 노력을 아끼지 않으신 직원 여러분께 감사의 말씀을 올립니다.
> 올 한 해 목표한 바를 다 이루지 못해 우리 회사를 아끼시는 많은 분들께 송구스러운 마음을 금할 길이 없습니다.
>
> (중략)
>
> 신제품 개발, 제품 성능 향상 등에서 선제적 위치를 확보하여야 하고, 생산성을 고려한 설계 및 시공 개선활동을 통하여 후발주자와의 차별화를 확실히 하여야 하겠습니다.
> 다가오는 새해 여러분 모두의 가정에 건강과 행복이 같이하시기 바랍니다. 감사합니다.
>
> 20XX년 12월 31일
> 대표이사 봉 준 호

① 중재 역할
② 정보보급 역할
③ 대변인 역할
④ 대표자 역할

10. 경영참가제도는 노사협의제, 이윤배분제, 종업원지주승제 등의 형태로 나타난다. 다음 〈보기〉에서 이러한 경영참가제도가 발전하게 된 배경으로 적절하지 않은 것을 모두 고르면?

보기

가. 근로자들의 경영참가 욕구 증대
나. 노동조합을 적대적이 아닌 파트너 관계로 인식하게 된 사용자 측의 변화
다. 노동조합의 다양한 기능들이 점진적으로 축소
라. 기술의 혁신과 생산성 향상
마. 근로자의 자발적, 능동적 참여가 사기와 만족도를 높이고 생산성 향상에 기여하게 된다는 의식 확산
바. 노사 양측의 조직규모가 축소됨에 따라 기업의 사회적 책임의식 약화

① 가, 다
② 나, 라
③ 나, 바
④ 다, 바
⑤ 라, 바

[11 ~ 12] 다음 글을 읽고 이어지는 질문에 답하시오.

SWOT 분석(환경 분석)은 내부 환경 요인과 외부 환경 요인의 2개의 축으로 구성되어 있다. 내부 환경 요인은 자사 내부의 환경을 분석하는 것으로 자사의 강점과 약점으로 구분된다. 외부 환경 요인은 자사 외부의 환경을 분석하는 것으로 기회와 위협으로 구분된다. 내부 환경 요인과 외부 환경 요인에 대한 분석이 끝난 후에 매트릭스가 겹치는 SO, WO, ST, WT에 해당되는 최종 분석을 실시한다. 내부의 강점과 약점을, 외부의 기회와 위협을 대응시켜 기업의 목표를 달성하려는 SWOT 분석에 의한 발전 전략의 특성은 다음과 같다.

- SO 전략 : 외부 환경의 기회를 활용하기 위해 강점을 사용하는 전략 선택
- ST 전략 : 외부 환경의 위협을 회피하기 위해 강점을 사용하는 전략 선택
- WO 전략 : 자신의 약점을 극복함으로써 외부 환경의 기회를 활용하는 전략 선택
- WT 전략 : 외부 환경의 위협을 회피하고 자신의 약점을 최소화하는 전략 선택

11. 다음 환경 분석 결과에 대응하는 적절한 전략을 모두 고른 것은?

강점(Strength)	• 우수 인력 확보 • 풍부한 노하우 • 축적된 기술력
약점(Weakness)	• 수익성 악화에 따른 자금 흐름 취약 • 빈번한 노사 간 의견 충돌
기회(Opportunity)	• 지역 경제 활성화 • 동종 업계의 높은 진입장벽
위협(Threat)	• 규제 및 제도 개선 여지 • 부정적인 사회적 이미지

내부환경 외부환경	강점(Strength)	약점(Weakness)
기회(Opportunity)	㉠ 기존 경쟁업체를 넘어서는 신기술 개발 및 특허 획득	㉡ 인재 풀을 가동해 사회적 이미지 제고
위협(Threat)	㉢ 노사 협의체 구성을 통해 대내외 이미지 제고 기반 조성	㉣ 기술 개발력 강화로 수익 구조 개선

① ㉠ ② ㉡ ③ ㉢
④ ㉣ ⑤ ㉠, ㉡

12. 다음 환경 분석 결과에 대응하는 전략으로 적절한 것은?

강점(Strength)	• 친근하고 윤리적인 브랜드 이미지 • 모기업의 막대한 자금력
약점(Weakness)	• 사고 발생 가능성 상존 • 지역별, 위치별 매출 편차 심화
기회(Opportunity)	• 대체에너지 개발에 따른 국제 유가 하락 • 편리하고 저렴한 고속도로 휴게소 주유 소비 확대 추세
위협(Threat)	• 전기자동차 확대에 따른 새로운 경쟁체제 등장 • 업계 가격 담합에 따른 부정적 이미지

내부환경 외부환경	강점(Strength)	약점(Weakness)
기회(Opportunity)	① 고속도로 휴게소를 통한 이미지 광고 확대	② 사고율 감소를 위한 고가의 사고 감지 시스템 도입 ③ 친근한 이미지를 이용하여 지역별 매출의 불균형 해소
위협(Threat)	④ 유가 하락을 통한 전기충전소와의 경쟁 극복 전략 모색	⑤ 자금력을 이용한 매출 둔화 지역 서비스 시설 보완

[13 ~ 14] 다음은 게놈의 기능을 연구·분석해 염색체 이상을 조기에 발견하도록 진단하는 업체인 △△기업에 관한 강점(S), 약점(W), 기회(O), 위협(T) 정보를 순서 없이 나열한 것이다. 이어지는 질문에 답하시오.

> ㉠ 장기적인 수주계약부재
> ㉡ 중국, 인도 등 경쟁업체들의 빠른 성장세
> ㉢ 지지부진한 해외 진출 현황
> ㉣ 활발한 연구, 일원화된 사업구조
> ㉤ 마이크로어레이 관련 특허 24건 보유 등 차별화된 기술력
> ㉥ 불임 및 난임 환자 증가로 높은 이익률 내는 PGS 수요 증가
> ㉦ 해외 기업으로부터의 투자를 통한 자금 확보
> ㉧ 국내 유일의 신생아 대상 유전자 변이 기술 보유
> ㉨ 지속적으로 하락하고 있는 출산율
> ㉩ DNA칩 진단에 80% 이상 치우친 매출 규모
> ※ 마이크로어레이(Microarray) : 슬라이드글라스에 서로 다른 DNA를 고밀도 집적 시켜 유전자들이 어떻게 상호작용하는지를 밝히는 연구방법, 흔히 DNA칩 또는 바이오칩 진단이라고 함.
> ※ PGS : 체외수정란 진단

13. 위에 제시된 △△기업의 정보 중 강점(S)에 해당하는 정보를 모두 고른 것은?

① ㉣
② ㉤
③ ㉣, ㉧
④ ㉤, ㉧
⑤ ㉣, ㉤, ㉧

14. 위 정보를 바탕으로 △△기업이 향후 취할 수 있는 SWOT 전략을 〈보기〉에서 모두 고른 것은?

> **보기**
> (가) 투자자금을 활용한 해외지사 설립 및 해외 시장 진출
> (나) 산부인과 채널에 장점을 갖고 있는 기업과 공동판매 계약 체결
> (다) 유수 대학병원 및 의료법인과 연계한 연구 활동을 통해 후발국들에 대한 기술력 우위 확보

① (가)
② (나)
③ (가), (나)
④ (나), (다)
⑤ (가), (나), (다)

15. 다음 고객중심경영에 대한 글의 밑줄 친 ㉠에 해당하는 원칙으로 적절한 것은?

> 전 세계적으로 공급이 수요를 초과하고 저성장 기조가 이어지는 최근의 상황에서 고객중심의 경영은 더욱 중요하다고 전문가들은 말한다. ○○경제연구원은 "2000년대 중반까지 기업들이 주로 주주와 이윤 추구에 초점을 맞췄지만, 그 이후부터는 고객의 가치에 중점을 두고 경영하는 패러다임으로 바뀌고 있다."며 "저성장 시기에 고객가치중심경영은 기업 생존을 위한 필수요소"라고 말했다.
> 이를 뒷받침하듯이, 요즘 신문의 경제면에는 많은 기업들이 '고객중심경영'을 표방하고 있다는 내용이 많이 보도되고 있다. 그 내용을 보면 '고객만족을 제고시키겠다', '고객을 위해 다양한 가치를 창조하겠다' 등 기업이 지향하는 핵심가치에 고객을 중심으로 놓겠다는 내용이 주류를 이루고 있다. 고객중심경영을 표방하는 기업들은 공통적으로 자신들이 고객지향적 기업이 될 것이라고 선언하고 있는 것이다. 치열한 경쟁 환경에서 지속적인 경쟁우위를 확보하기 위한 방법으로 고객지향성을 추구하는 현상은 매우 고무적이다. 한편 진정한 고객지향적 기업이 되기 위해서는 먼저 ㉠'고객지향적 기업이 갖추어야 할 경영원칙'에 대한 정확한 이해가 필수적이다. '고객지향적 기업이 갖추어야 할 경영원칙'에 대한 정확한 이해가 바탕이 되어야 올바른 방향으로 적극적인 실천이 뒤따를 수 있기 때문이다.

① 고객의 목소리가 빠르고 생생하게 전달될 수 있는 경영시스템을 갖춘다.
② 고객에게 보다 나은 서비스를 제공할 수 있도록 하는 기업정책을 수립한다.
③ 고객에 대한 이해를 바탕으로 관계강화와 문제해결을 통해 수익을 창출한다.
④ 기업의 구성원들은 고객의 만족 없이는 직원의 만족도 없다는 원칙을 공유하고 실천한다.
⑤ 기업의 성과평가요소에 고객만족도, 고객확보율 등의 고객관련 지표를 비중 있게 포함시킨다.

16. 문화충격(Culture Shock)은 한 문화권에 속한 사람이 다른 문화를 접하게 되었을 때 체험하는 충격을 의미한다. 다음 중 문화 충격의 긍정적인 영향으로 알맞지 않은 것은?

① 끊임없이 변화하는 환경에 대처하는 과정은 새로운 반응이 필요한 체류자에게 배울 기회를 제공한다.
② 대부분의 사람들은 독특하고 특별한 목표를 추구하는 경향이 있어서 문화 충격은 우리들에게 새로운 자아실현과 목표를 이룰 동기가 될 수 있다.
③ 극단적으로 높은 수준의 불안을 제공하여 그로 인한 학습량이 늘어나게 해 주는 역할을 하기도 한다.
④ 문화 배경이 다른 사람들을 다루는 과정을 통하여 해외 체류자에게 도전과 성취감을 줄 수 있다.
⑤ 새로운 아이디어를 생산해 내고 이러한 아이디어는 앞으로 낯선 상황에 대한 새로운 행위적 반응을 제공할 수 있다.

17. 조직의 문화는 무엇을 지향하느냐에 따라 관계지향, 혁신지향, 위계지향, 과업지향으로 나눌 수 있다. 다음 〈보기〉의 A~D를 문화 유형에 따라 적절히 나열한 것은?

> A. 조직의 성과 달성과 과업 수행에 있어서의 효율성을 강조함.
> B. 조직 내부의 안정적이고 지속적인 통합, 조정을 바탕으로 조직 효율성을 추구함.
> C. 조직의 유연성을 강조하고 외부 환경에의 적응성에 초점을 둠.
> D. 조직 구성원들의 소속감, 상호 신뢰, 인화 단결 및 팀워크 그리고 참여 등이 이 문화유형의 핵심가치로 자리 잡음.

	관계지향	혁신지향	위계지향	과업지향
①	D	C	B	A
②	D	C	A	B
③	C	D	B	A
④	A	C	B	D
⑤	D	B	C	A

18. 다음과 같은 업무를 수행하기 위하여 필요한 조직의 명칭을 순서대로 바르게 나열한 것은?

> 중장기 조직문화 전략 수립 → 노사협의회 운영 및 노동조합 대외 경영공시 → 비상시 전력 계통 지휘, 통제, 보고

① 인사팀 → 경영혁신팀 → 기술조정팀
② 성과관리팀 → 사회공헌팀 → 보안장비팀
③ 경영혁신팀 → 사무정보팀 → 부대건물팀
④ 경영정보팀 → 운영기획팀 → 안전관리팀
⑤ 경영혁신팀 → 노무복지팀 → 전력계통팀

19. 다음은 조직문화의 구성 요소를 나타낸 7S 모형이다. ㉠, ㉡에 들어갈 요소로 알맞은 것은?

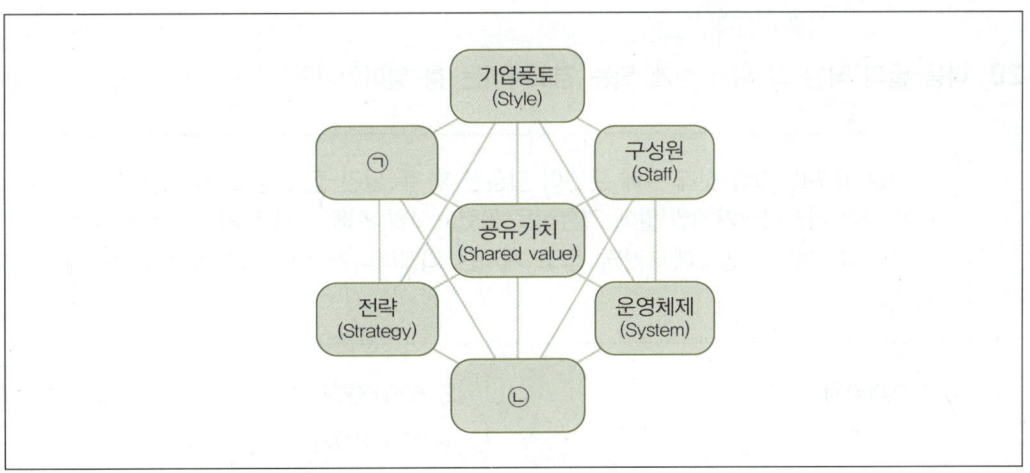

	㉠	㉡		㉠	㉡
①	통제기술	변혁	②	통제기술	구조
③	관리기술	변혁	④	관리기술	구조
⑤	관리기술	혁신			

[20 ~ 21] 다음 XX기업의 경조사비 지급기준에 대한 안내를 참고하여 이어지는 질문에 답하시오.

자격	사유	지급액	지급기준	증명 또는 제출서류
임직원	결혼, 사망	500,000원	본인	결혼 : 청첩장 회갑 칠순 : 초대장 사망 : 전화 및 문자
	회갑, 칠순	100,000원		
임직원 가족	결혼	50,000원	임직원의 자녀 및 형제, 자매	
	사망	50,000원	임직원 부모, 배우자, 형제, 자매, 임직원 배우자의 부모	
	회갑, 칠순	50,000원	임직원 및 임직원 배우자의 부모	

※ '형제', '자매'는 임직원의 친형제, 친자매를 의미한다.
※ 거래처 및 협력사에 경조사비를 지급하는 경우에 결혼과 사망은 100,000원, 회갑/칠순은 50,000원이다(본인, 배우자 부모, 자녀, 형제, 자매 대상).
※ 회계 처리 방식 안내
 (1) 거래처 경조사비 : 20만 원 이내인 경우에는 청첩장, 부고장 등의 증빙을 첨부하면 되고 증빙이 없는 경우 지출결의서 또는 지급내역서 등의 자료를 갖추면 된다. 접대비 명목으로 처리를 원하는 경우에는 청첩장, 부고장 등의 증빙 서류를 제출하여야 하며, 미제출 시 비용인정이 불가하다.
 (2) 임직원 경조사비 : 복리후생비로 처리 경조사비 지급기준을 초과하는 금액은 회사 경비로 회계 처리 할 수 없다.

20. 다음 글의 직원 최 씨가 받게 되는 경조사비는 총 얼마인가?

> 직원 최 씨는 3월 첫째 주에 본인이 결혼한 후 두 달간 집안 경조사가 끊이지 않았다. 최 씨에 이어 사촌언니가 3월 말에 결혼식을 올렸고 4월 초에는 최 씨의 시아버지의 칠순 잔치가 있었다. 게다가 평소에 지병을 앓고 계시던 외할머니가 4월 말에 돌아가시는 일도 겪게 되었다.

① 500,000원　　② 550,000원
③ 600,000원　　④ 650,000원

21. 회계 처리 업무를 담당하는 백 대리가 다음 지급 내역을 판단한 내용으로 적절하지 않은 것은?

지급 대상	분류	지급액	지급 사유	증빙자료
임직원 김 씨	복리후생비	500,000원	본인 결혼	문자 통지
협력사 S사 이사	접대비	100,000원	회갑/칠순	초대장
임직원 박 씨	복리후생비	50,000원	부모 사망	전화 통지
협력사 K사 부부	접대비	100,000원	자녀 결혼	청첩장

① 임직원 김 씨가 받은 경조사비의 회계처리를 위해서는 청첩장을 보완하여야 한다.
② 협력사 S사의 이사에게 지급한 금액은 명목에 합당하지 않다.
③ 임직원 박 씨는 부모 사망의 경우이므로 증빙자료 제출 없이 전화 통지로 충분하다.
④ 협력사 K사로 지급한 접대비는 지출결의서를 보완하여야 한다.

22. 인적자원 개발 우수 공기업으로 호평을 받고 있는 ○○공사는 인적자원을 유지·관리하기 위하여 다양한 인적자원 관리 제도를 운영하고 있다. 이에 대한 설명으로 적절하지 않은 것은?

① 소속 직원이 조직운영이나 업무 개선에 관한 창의적인 의견을 제안하면 이를 심사하여 그 직원에게 보상하는 제안제도를 운영하고 있다.
② 조직구성원들의 개인적인 애로사항이나 근무 조건 등에 대한 불만을 처리·해결해 주는 고충처리제도를 운영하고 있다.
③ 조직구성원들이 개인적인 욕구나 인사 불만 등이 있을 때 전문 상담자나 인사담당자가 이를 수용하여 해결해 주는 인사상담제도를 운영하고 있다.
④ 종업원으로 하여금 자사 주식을 소유하게 하여 회사의 이익을 분배하고 안정적인 주주를 확보하여 경영합리화를 기하기 위한 종업원 지주제도를 운영하고 있다.
⑤ 종업원의 직업의욕을 저해하는 요인과 그들이 불평불만을 하는 이유들을 파악하고 대책수립의 기반자료를 얻기 위하여 주기적으로 사기조사를 실시하는데 이는 태도 조사와 통계적 방법으로 이루어진다.

[23 ~ 24] 다음 표를 보고 이어지는 질문에 답하시오.

경영혁신본부	여객서비스본부	운항서비스본부	시설본부	건설본부	미래사업추진실	안전보안실

경영혁신처	여객서비스처	운항지원처	터미널시설처	건설관리처	허브화전략처	항공보안처
-경영혁신팀 -인사팀 -성과관리팀	-운영기획팀 -CS관리팀 -여객서비스팀 -여객시설팀 -입주자지원센터	-운항계획팀 -계류장운영팀 -계류장관제팀	-터미널건축팀 -기계시설팀 -승강시설팀 -시설환경팀	-공항계획팀 -사업관리팀 -기술조정팀 -안전품질팀	-허브화기획팀 -항공마케팅팀 -환승서비스팀	-보안계획팀 -보안경비팀 -보안검색팀 -보안장비팀 -테러대응팀

상생경영처	교통운영처	운항시설처	공항시설처	토목처	물류처	공항안전처
-노무복지팀 -동반성장팀 -사회공헌팀	-교통계획팀 -교통서비스팀 -교통시설팀 -셔틀트레인팀 -자기부상철도팀	-운항안전팀 -항공등화팀 -기반시설팀	-토목조경팀 -플랜트시설팀 -공항건축팀	-토목지원팀 -토목공사팀 -조경팀	-물류개발팀 -화물마케팅팀 -화물운영팀	-안전관리팀 -구조소방팀

재무처	상업시설처	수하물운영처	에너지환경처	건축1처	복합도시사업처	사이버보안센터
-재무팀 -회계팀 -수입총괄팀 -재산관리팀	-면세사업팀 -식음서비스팀 -T2상업시설팀	-수화물시설팀 -수화물운영1팀 -수화물운영2팀	-에너지관리팀 -전력계통팀 -전력운영팀 -환경관리팀	-터미널공사1팀 -터미널공사2팀 -환경디자인팀	-사업개발팀 -항공시설개발팀	비상계획단 통합연대

경영지원처	정보통신처	항행처		건축2처	해외사업처	
-총무팀 -계약팀 -법무팀 -경영정보팀 -사부정보팀	-스마트공항팀 -여객정보팀 -운항통신팀 -통신시설운영팀	-계기착륙팀 -관제통신팀 -레이더팀		-T2전면시설팀 -부대건물팀	-해외사업총괄팀 -해외사업1팀 -해외사업2팀	

23. 위의 표에서 다음과 같은 업무를 수행하기에 가장 적절한 팀이 속한 본부 단위 조직은?

> A 기업은 22일 오후 회의실에서 타슈켄트공항 운영사인 우즈베키스탄항공(사장 울루그벡 로주쿨로프)과 타슈켄트공항 국제선터미널(T2) 운영개선을 위한 양해각서(MOU)를 체결했다고 밝혔다.
> A 기업은 지난 2016년 타슈켄트공항 국제선 신 터미널(T4) 건설을 위한 타당성조사를 성공적으로 수행한 바 있으며, 이번 양해각서 체결을 계기로 타슈켄트공항 기존 국제선터미널(T2)의 운영개선을 위한 컨설팅을 제공할 예정이다.
> 우즈베키스탄항공은 유럽, 중동 등 51개 도시를 취항하는 중앙아시아 대표 항공사이자 공항운영사로서 타슈켄트공항, 사마르칸트공항 등 우즈베키스탄의 11개 공항의 운영을 담당하고 있다. 이 중 타슈켄트공항은 우즈베키스탄의 수도공항이자 관문공항으로 1932년 개항 이후 총 3개의 터미널이 운영 중이며, 현재 사용 중인 국제선터미널(T2)은 1976년 신축 이후 2002년 증축을 거쳤으나 여객혼잡완화와 시설개선 요청이 지속적으로 제기되어 왔다.
> 우즈베키스탄항공은 A 기업의 컨설팅을 통해 기존 터미널(T2)의 혼잡을 완화하고 장기적으로는 한국의 대외경제협력기금(EDCF) 자금을 지원받아 신 터미널(T4)의 건설을 추진할 계획이다.
> 이번 MOU 체결을 통해 A 기업은 4개월에 걸쳐 해당분야 전문가를 우즈벡 현지에 파견하게 된다. 전문가들은 시설현황 분석을 통해 기존 터미널(T2)의 운영개선방안을 도출하고 마케팅 및 교육전략 수립을 통해 타슈켄트공항의 중장기 운영전략을 제시할 계획이다.

① 미래사업추진실   ② 시설본부   ③ 건설본부
④ 안전보안실   ⑤ 여객서비스본부

24. 위의 표에 대한 설명으로 적절하지 않은 것은?

① 회계 업무와 총무 업무를 관장하는 조직은 별도의 기구로 편성되어 있다고 볼 수 있다.
② 재무처는 지원 조직이다.
③ 비상계획단은 복합도시사업처보다 근무 직원의 수가 적다고 볼 수 있다.
④ 화물 물동량 제고를 통한 공항 허브화 전략은 미래사업추진실의 업무이다.
⑤ 자기부상철도 관련 업무를 '서비스' 업무로 구분하고 있다.

25. 업무 방해의 요인에 대한 설명 중 옳지 않은 것은?

① 다른 사람들의 방문, 인터넷, 전화, 메신저 등을 효과적으로 통제하기 위해 시간을 정해 둔다.
② 조직 내 갈등은 업무 시간이 지체되게 하고 정신적인 스트레스를 가져오며 항상 부정적인 결과만을 초래한다.
③ 직원들의 스트레스 관리를 위해 조직 차원에서는 직무 재설계, 역할 재설정, 학습동아리 활동과 같은 사회적 관계 형성을 장려한다.
④ 적정 수준의 스트레스는 사람들을 자극하여 개인의 능력을 개선하고 최적의 성과를 내게 해 준다.
⑤ 갈등을 해결하기 위한 가장 중요한 요소는 대화와 협상이다.

26. AA 공사 일반기계팀에 근무하는 정 차장은 최근 실시한 직업상담사 시험에 대하여 다음과 같은 민원을 접수하였다. 이러한 상황에서 정 차장이 취해야 할 행동으로 옳은 것은?

> 제목 : 직업상담사 정답 오류에 관한 건
> 작성자 : 김○○
> 이메일 : star_kim@cdef.co.kr
> 등록일 : 201□. 08. 16.
>
> 내용 : 지난 직업상담사 시험을 본 수험생입니다. 시험 문제 중 7번 문제의 경우 2번이 정답이라고 공지했는데 제가 판단하기로는 4번도 정답이 되는 것 같습니다. 저랑 함께 시험을 본 여러 수험생들도 저와 같은 의견이라고 말합니다. 저의 진로와 경력개발을 위해 이번에 꼭 직업상담사 시험에 합격해야 하는데 이렇게 돼서 너무 안타깝습니다. 이 7번만 정답으로 처리되면 제가 합격할 수도 있는 상황입니다. 다시 검토해 주시고 우편으로 답변해 주시기 바랍니다.

① 다른 수험생들도 복수정답이 맞다고 생각한다니 시험출제에 문제가 있다고 판단하여 복수정답으로 처리한다.
② 원칙적으론 안 되지만 사정이 안타까우므로 개인적인 연락을 취해서 해결방법을 함께 논의한다.
③ 요청한 질문에 직접 답변해 주는 대신 출제위원의 연락처를 알려 주어 해결하도록 한다.
④ 시험문제 출제 과정에서 객관적이고 공정한 검증절차를 여러 번 거쳤기 때문에 문제가 없다고 전화로 답변한다.
⑤ 이의를 접수하고 AA 공사의 규정에 따라 공정하게 처리하여 최종정답을 발표하겠다고 답변한다.

27. 다음 자료를 토대로 〈일일 업무일지〉의 내용을 분석할 때 옳지 않은 것은?

구분	중요한 일	중요하지 않은 일
긴급한 일	Ⓐ	Ⓑ
긴급하지 않은 일	Ⓒ	Ⓓ

〈일일 업무일지〉

시간	업무내용	중요도	긴급
09:00	메일확인(업무메일 우선)	◐	●
09:30	신입사원 제출 서류 확인 및 정리	●●●	●●◐
11:00	20XX년도 인사업무 수행계획서 작성	●●●	●●●●
12:00	점심		
13:00	노무관련 업무처리	●●	◐
15:30	연장/야근/휴일 수당 정리 및 관리	●●●●	●●●●
17:00	인사변동, 고충업무 처리	●●	●●

① [메일확인]은 다른 업무에 비해 중요도가 낮고 긴급하지 않으므로 빠른 시간에 끝낼 수 있도록 한다.
② [20XX년도 인사업무 수행계획서 작성] 업무시간을 늘려야 한다.
③ [인사변동, 고충업무 처리] 업무는 업무 특성상 가장 빨리 처리해야 한다.
④ [노무관련 업무처리] 업무 시간을 축소해서 타 업무의 활용 범위를 늘릴 필요가 있다.
⑤ [연장/야근/휴일 수당 정리 및 관리]와 [신입사원 제출 서류 확인 및 정리]의 업무 순서를 바꾸는 것이 중요하다.

28. 다음과 같은 시트의 명칭으로 적절한 것은?

〈고객의 불만족 요인 및 요구 사항 파악 자료〉

구분	세부 사항	해당란에 표기(✓)
접객에 대한 불만	• 직원의 무성의한 언행	
	• 고객의 요구 거절	
	• 대기 시간 지체	
	• 기타	
시술에 대한 불만	• 파마, 커트 등에 대한 불만족	
	• 시술 가격에 대한 불만족	
	• 기타	
시설물에 대한 불만	• 냉난방 미비	
	• 주차 시설의 불편	
	• 화장실 및 휴게 시설의 불편	
	• 기타	
기타 불만	• 판매 제품의 미비 및 사용법에 대한 미흡	
	• 기타	

① 견적서
② 간트 차트
③ 체크리스트
④ 워크 플로 시트

29. F 가구회사 SCM팀 사원 J는 상사로부터 다음날 있을 회의 준비를 하라는 지시를 받았다. 상사의 지시가 다음과 같을 때 주어진 자료를 참고하여 〈보기〉의 업무를 해야 할 순서대로 바르게 나열한 것은?

〈상사의 지시〉

"내일 회의 끝나고 바로 식사하러 갈 거니까 식당 좀 알아봐. 회사 근처에 '태가원'이라는 중식당이 있던데 깔끔하고 괜찮은 것 같더군. 필요하면 미리 예약해 두라고. 그리고 회의실은 내일 참여 인원 정확히 파악해서 수용 가능한 공간이 어디인지 먼저 뽑아 봐야 할 거야. 아참, 그리고 생산관리팀 김 대리한테 20X9년 대비 중역용 책상 상판 비축량 얼마나 되는지 자료 좀 뽑아 달라고 했으니까 나중에 자료 받으면 그것도 회의 보고서에 반영하도록 해. 그리고 그 자료는 따로 프린트해서 핸드 아웃으로 참석자들에게 나누어줄 거니까 준비해 두고. 회의실 예약하는 대로 바로 가서 마이크 제대로 작동하는지부터 체크해 봐. 난 이따가 4시에 영업팀장이랑 대리점 방문하기로 해서 3시 반쯤 여기서 출발할 생각이야. 한 30분 후쯤 나가면 되겠군."

⟨회의 관련 정보⟩
• 주제 : 20X8년 상반기 중역용 사무 가구 매출 실적 리뷰
• 참여 인원 : SCM팀(2명), 영업팀(3명), 생산관리팀(3명), 서비스관리팀(2명)
• 시간 : 20X8년 11월 30일 15시 ~ 18시
• 장소 : 본사 회의실

⟨11월 30일 사용 가능한 회의실⟩

회의실	수용 인원	참고 사항
A	8명	사용 당일 예약 가능
B	9명	
D	11명	사용 시간 24시간 전부터 예약 가능
F	7명	

⟨Chinese Restaurant 태가원⟩
• 영업 시간 : 오전 10시 ~ 오후 11시
• 주소 : 서울시 마포구 마포대로4다길 H 빌딩 B1
• 10인 이상 단체 손님일 경우 원하는 식사 시간 24시간 전까지는 예약을 완료해 주시기 바랍니다.

⟨생산관리팀 김 대리의 메시지⟩
"안녕하세요. 생산관리팀 김강우입니다. 요청하신 자료는 아마도 내일 오전 10시 정도에 보내 드릴 수 있을 것 같습니다. 자료는 파일 첨부하여 SCM팀 J 씨의 이메일로 보내겠습니다. 감사합니다."

보기

㉠ 20X9년 대비 중역용 책상 상판 비축량을 회의 보고서에 반영하여 핸드아웃으로 출력한다.
㉡ 회의실을 예약한다.
㉢ 태가원에 전화하여 저녁 식사를 예약한다.
㉣ 회의실 마이크가 제대로 작동하는지 체크한다.

① ㉠-㉡-㉢-㉣ ② ㉢-㉡-㉠-㉣ ③ ㉢-㉡-㉣-㉠
④ ㉣-㉡-㉠-㉢ ⑤ ㉣-㉢-㉠-㉡

30. 다음 중 고객 유형별 전화 응대의 기술에 대한 설명으로 적절하지 않은 것은?

> ㉠ 우유부단형의 고객은 협조적인 성격 또는 다른 사람이 자신을 위해 의사 결정을 내려 주기를 기다리는 경향이 있다.
> ㉡ 저돌적인 고객은 당면한 상황을 처리하는 데 있어서 단지 자신이 생각한 한 가지 방법밖에 없다고 믿기 때문에 남들로부터 피드백을 받아들이려 하지 않는다.
> ㉢ 전문가형의 고객은 스스로를 상대방에게 과시하는 타입의 고객으로 자신이 모든 것을 다 알고 있는 전문가처럼 행동할 수 있다.
> ㉣ 호의적인 고객은 사교적이면서 협조적이고 더불어서 합리적이면서 진지하다. 때때로 자신이 하고 싶지 않거나 할 수 없는 일에도 약속을 해서 상대방을 실망시키는 경우도 있다.
> ㉤ 동일한 말을 되풀이하는 고객은 자아가 강하면서 끈질긴 성격을 가진 사람이다.

① ㉠의 경우에는 몇 가지의 질문을 해서 자신의 생각을 솔직히 드러낼 수 있도록 도와주는 것이 좋다.
② ㉡의 경우에는 침착성을 유지하면서 고객의 친밀감을 이끌어 내고 자신감 있는 자세로 고객을 정중하게 맞이하는 것이 좋다.
③ ㉢의 경우에는 고객 스스로 자신이 주장하는 내용의 문제점을 스스로 느끼게끔 대안 및 개선방안을 제시하는 것이 좋다.
④ ㉣의 경우에는 상대방의 의도에 말려들거나 기분에 사로잡히지 않도록 하며, 말을 절제하고 고객에게 말할 기회를 많이 주어 결론을 도출하는 것이 좋다.
⑤ ㉤의 경우에는 상대의 진의를 잘 파악해서 말로 설득하려 하지 말고 객관적인 자료로 응대하는 것이 좋다.

31. K 씨는 새로 올라온 인사발령 공고에서 자신의 이름을 보았다. 공고에 따라 다음 주 월요일 자로 다른 부서로 자리를 옮겨야 한다. 새로 발령이 난 부서에서 맡게 될 주요 업무가 다음과 같을 때, 해당되는 부서는?

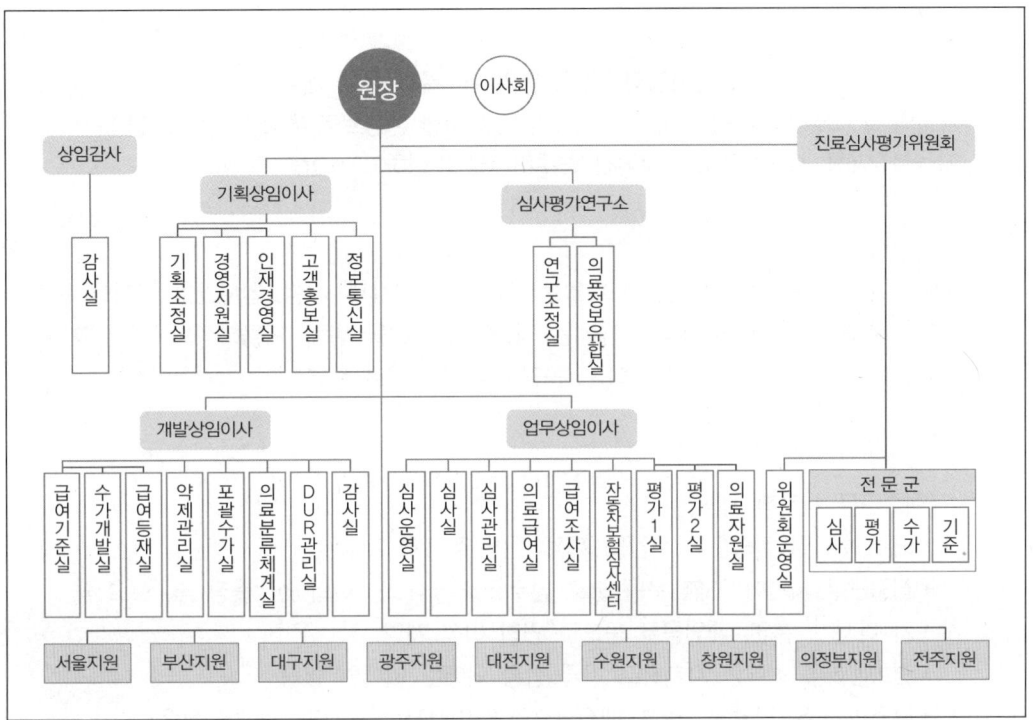

- 공직기강확립 및 부패방지에 관한 사항
- 대외수감 총괄에 관한 사항
- 기관고발, 진정 및 비위사항의 조사·처리에 관한 사항
- 청렴도 향상 및 평가업무에 관한 사항
- 자체감사활동 평가 및 감사 직무성과에 관한 사항
- 윤리 경영에 관한 사항
- 경영공시 점검·확인에 관한 사항

① 기획조정실 ② 감사실 ③ 심사운영실
④ 위원회운영실 ⑤ 의료분류체계실

[32 ~ 33] 다음의 제시 상황을 보고 이어지는 질문에 답하시오.

총무팀 박 대리는 '가정의 날' 운영 계획에 따라 다음과 같은 운영 계획서를 준비하여 팀장에게 결재받으려 한다.

〈'가정의 날 · 소통의 날' 특화 운영 계획〉

'가정의 날 · 소통의 날'을 맞아 매주 수요일은 다양한 콘텐츠로 특화 운영하고 집중근무 시간제 및 자율복장제를 시행함으로써 활기찬 근무여건을 조성하고자 함.

Ⅰ 추진방향
- 매주 수요일은 회의 · 출장 · 보고 없는 '집중근무 시간제' 시행, 업무효율 극대화 제고
- 매주 수요일은 창의와 개성이 넘치는 직장문화 조성을 위해 '자율복장의 날' 운영
- '소통의 날'을 가치 공유를 높이는 '공감 · 창의의 날'로 운영

Ⅱ 추진계획
1. 집중근무 시간제 시행
   - 매주 수요일 집중근무 시간을 지정 · 운영(주 1회 2시간)
   - 집중근무 시간에 「3無 운동」으로 업무효율 극대화 : 회의 無, 출장 無, 보고 無
   - 차 마시기, 흡연, 개인용무 등으로 인한 이석 지양
   - 전화통화를 최대한 자제하고 긴급 상황 외에는 이메일 활용
   - 본연의 고유 업무에 100% 매진함으로써 미결사항을 처리하는 데 집중
   - 시행결과 분석 및 직원 의견수렴을 통해 향후 집중근무 시간 확대 검토

2. '가정의 날 · 소통의 날' 자율복장 실시
   - 매주 수요일에는 창의적 사고와 가족 간 행사 등을 위해 복장 자율화(주 1회)
   - 최대한 자유로운 복장으로 출근
   ※ 민원인에게 불편함을 주거나 품위가 손상되는 지나치게 개성적인 복장 지양

3. '소통의 날' 특화 운영
   - 관련 부서 간 소통 및 협력을 위해 '공감의 날' 운영(월 1회)
   - 월 1회 '소통의 날'에 업무 관련된 부서 간 미팅으로 소통 및 협력 강화
   - 부서 간 상호 협의가 필요한 현안업무 위주로 자유로운 토의 및 지식 공유
   - 전 직원이 참여하는 '창의의 날' 운영(월 1회)
   - 월 1회 '소통의 날'에 액션미팅, 창의연찬회 등 창의활동 실시

32. 운영 계획서를 검토한 팀장은 박 대리에게 다음과 같은 사항을 지시하였다. 팀장의 지시사항을 수행하기 위한 박 대리의 업무 내용 중 적절하지 않은 것은?

> 박 대리, 계획서가 나쁘지 않군. 근데 몇 가지 안내해야 할 사항이 빠져 있다는 생각이 드네. 필요한 사항을 좀 더 추가해서 다시 보여 주겠나?

① '가정의 날' 행사를 언제부터 시작할 것인지 일정을 추가한다.
② 월 1회 '소통의 날' 행사는 누가 어떻게 지정하게 되는 것인지 안내를 삽입한다.
③ 집중근무 시간제를 운영하는 시간(주 1회 2시간)을 구체적으로 지정하여 안내문에 삽입한다.
④ 협력업체 등에 연락하여 집중근무 시간제 시행 시에는 전화 연락 등을 자제해 줄 것을 안내한다.
⑤ '공감의 날'과 '창의의 날'에 진행할 프로그램의 사례를 간단하게 부연한다.

33. 다음 중 본 행사의 주무 부서인 총무팀의 행사 준비사항으로 적절하지 않은 것은?

① 부서 간 미팅을 지원하기 위해 미팅 신청 부서를 접수받아 조율한다.
② 집중근무 시간제의 효율적인 운영을 위해 해당 시간에 휴게 공간을 폐쇄한다.
③ 액션미팅의 진행을 위한 퍼실리테이터 선정 등의 준비를 한다.
④ 창의연찬회 진행에 필요한 지원사항을 파악하여 협조 사항이 무엇인지 파악한다.
⑤ 집중근무 시간제 시행안을 보완하기 위하여 사내 의견을 수렴한다.

34. 승무원으로 근무하는 J 씨는 해외에서 체류하는 일이 잦아 국제 매너를 습득하기 위하여 다음과 같은 세계의 주요 전통 인사법에 대하여 학습하였다. 다음 중 J 씨가 각국에 체류하며 대처하는 모습으로 적절하지 않은 것은?

1) 한국(韓國)과 일본(日本)
   - 무릎을 꿇고 절을 하거나 허리를 숙여 인사를 한다.
2) 중국(中國)
   - 오른손을 가볍게 주먹을 쥔 채 왼손을 포개고 허리를 숙인다.
3) 태국(泰國) : 와이(Wai)
   - 두 손을 합장하는 인사로 불가(佛家)에서 전래된 인사법이다.
4) 인도의 힌두교도 : 나마스테
   - 두 손을 모아 합장을 하며 고개를 숙여 존경을 표시하는 인사법이다.
5) 아랍 지역
   - 오른손으로 가슴, 이마를 차례로 만진 후 손을 더 높이 들어 바깥쪽을 향해 올리고 머리를 숙이는 인사와 함께 '살람 알라이쿰(평화가 함께하기를!)'이라고 말한다.
   - 남성 간에는 포옹을 하는데 오른쪽부터 시작해서 왼쪽으로 서로 어긋나도록 한다. 포옹 후에는 어깨에 얼굴을 기대거나 볼 키스를 한다.
6) 이스라엘
   - '샬롬 샬롬'이라는 인사말과 함께 상대의 어깨를 주물러 준다.
7) 하와이 원주민
   - '알로하 알로하'라고 말하며 서로 포옹을 한 후에 양볼을 맞대는 볼 키스를 한다.
8) 뉴질랜드 마오리족
   - 코를 맞대고 비벼대는 인사인 '홍이'를 한다.
9) 미국
   - 무기가 없음을 보여 주기 위해 악수를 했고, 현재 가장 대중적인 인사법이 되었다.
10) 프랑스
    - 가벼운 포옹과 함께 양 볼에 볼을 맞대는 볼 키스를 2회 한다. 비주(Visou)라 하며 격식을 갖추어야 하는 어려운 자리가 아닌 경우에 대중적으로 시행하는 인사법이다.
11) 유럽 여성
    - 전통적인 인사법은 스커트의 가장자리를 가볍게 들어올리며 한 발을 뒤로 빼며 고개와 허리를 숙이며 무릎을 살짝 굽혔다 일어나는 것으로 왕족, 귀족에 대해 행하던 인사법이다.

12) 일반적 유럽인
- 북유럽과 독일, 영국 등의 경우는 신체 접촉을 꺼리는 편이어서 악수 위주의 인사를 하며 프랑스, 스페인, 이탈리아 등 남유럽의 경우에는 포옹과 볼키스를 병행하는 등 신체 접촉을 통해 친근감을 표시하며 인사 시간도 길다.

13) 스페인
- 연인이나 가족인 남녀 간에 행하는 인사로, '부아레스디아스' 하며 포옹을 하고 가벼운 키스를 나눈 후 포옹 상태로 여성을 안고 한 바퀴 돈다.

14) 콜롬비아 · 아르헨티나 등의 중남미 국가
- 포옹한 후 가벼운 볼키스를 나누고 상대의 어깨를 토닥거리는 '아브라조' 인사를 시행한다.

① 일본에 머무를 때는 특별히 신경 쓰지 않고 한국에서의 방식을 고수한다.
② 이스라엘의 전통이 깃든 장소에 가게 되면 상대방이 나의 어깨를 주무를 수 있음을 기억해 둔다.
③ 하와이에서는 '알로하'라는 말이 인사할 때 쓰이는 말임을 명심한다.
④ 프랑스에서 'Visou'라는 인사는 전통 인사일 뿐 아니라 대중적인 인사법이기도 하다.
⑤ 스페인 언어권 지역은 신체 접촉을 꺼리며, 북유럽 등에서는 신체 접촉이 인사법에 주로 이용됨을 미리 숙지한다.

고시넷 **NCS 고졸채용** 통합기본서

유형별 출제비중

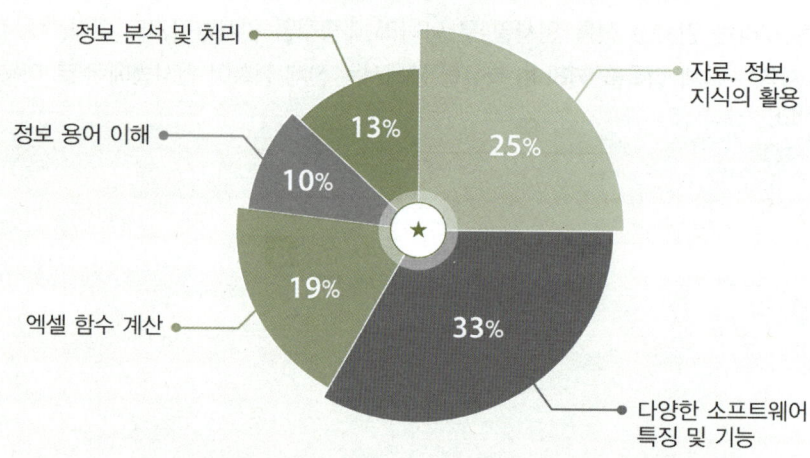

- 정보 분석 및 처리 13%
- 자료, 정보, 지식의 활용 25%
- 다양한 소프트웨어 특징 및 기능 33%
- 엑셀 함수 계산 19%
- 정보 용어 이해 10%

하위영역

- **컴퓨터활용능력** : 업무와 관련된 정보를 수집, 분석, 조직, 관리, 활용하는 데 있어 컴퓨터를 사용하는 능력
  → 컴퓨터 이론, 인터넷 사용, 소프트웨어 사용
- **정보처리능력** : 업무와 관련된 정보를 수집하고 이를 분석하여 의미 있는 정보를 찾아내며, 의미 있는 정보를 업무수행에 적절하도록 조직하고 조직된 정보를 관리하며 업무 수행에 이러한 정보를 활용하는 능력
  → 정보 수집, 정보 분석, 정보 관리, 정보 활용

파트 6

정보능력

개요 정보능력
01 컴퓨터활용능력
02 정보처리능력

- 기출예상문제

개요 정보능력

공기업 출제사 확인 ➡

> 정보능력은 직장생활에서 업무를 수행함에 있어 기본적인 컴퓨터를 활용하여 필요한 정보를 수집, 분석, 활용하는 능력을 말한다.

1 정보능력의 구성

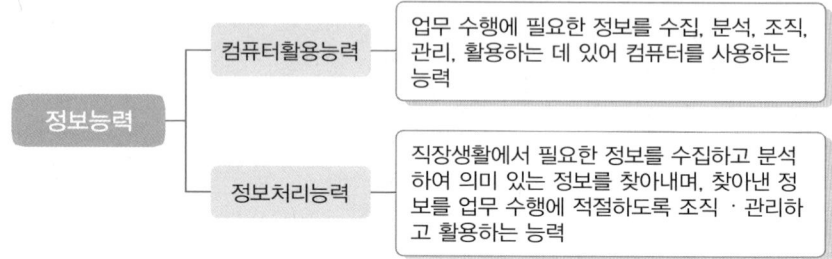

2 자료, 정보 및 지식

1. 자료, 정보, 지식의 관계

(1) McDonough의 고전적 구분 : 자료 ⊇ 지식 ⊇ 정보

(2) 엘렌 켄트로의 지식 삼각형 : 데이터 → 정보 → 지식 → 지혜

DIKW 계층모델

① 개념 : 데이터(Data), 정보(Information), 지식(Knowledge), 지혜(Wisdom)의 개념이 계층적 관계에 있다고 보는 것
② 데이터 : 평가되거나 가공되지 않은 단순 사실로, 분리된 개별 요소 형태로 존재. 문자, 숫자, 기호 등이 해당
③ 정보 : 목적을 가지고 의도적으로 수집된 사실로, 연결된 요소 형태로 존재
④ 지식 : 인지적 활동에 따라 만들어진 노하우나 이론 등의 검증된 진리
⑤ 지혜 : 응용지식의 형태로 패러다임, 시스템, 원리(Principal), 진실 등이 해당

2. 용어 정의

(1) 자료(Data) : 정보 작성을 위해 필요한 데이터로 아직 특정의 목적에 대하여 평가되지 않은 상태의 숫자나 문자들의 단순한 나열을 말한다.

(2) 정보(Information) : 컴퓨터가 자료를 일정한 프로그램에 따라 처리·가공함으로써 특정한 목적을 달성하는 데 필요하거나 특정한 의미를 가진 것으로 다시 생산된 것을 말한다.

보충플러스 ⊕

McDonough의 자료, 정보, 지식
- 자료(Data) : 단순한 사실의 나열
- 정보(Information) : 의미 있는 자료(데이터)
- 지식(Knowledge) : 가치 있는 정보

(3) 지식(Knowledge) : 어떤 특정의 목적을 달성하기 위해 과학적·이론적으로 추상화되거나 정립되어 있는 일반화된 정보로, 어떤 대상에 대하여 원리적·통일적으로 조직되어 객관적 타당성을 요구할 수 있는 판단의 체계를 제시한다.
(4) 정보처리(Information Processing) : 자료를 가공하여 이용 가능한 정보로 만드는 과정으로, 자료처리라고도 하며 일반적으로 컴퓨터가 담당한다.

3. 자료, 정보, 지식의 구분 ★ 구 워크북

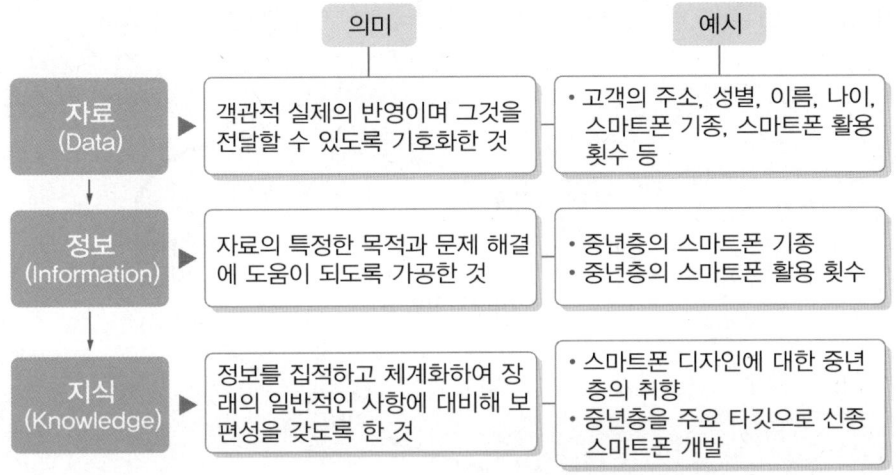

3. 정보의 가치

(1) 우리의 요구, 사용 목적, 그것이 활용되는 시기와 장소에 따라서 다르게 평가된다.
(2) 정보는 우리가 원하는 시간에 제공되어야 하며, 원하는 시간에 제공되지 못하는 정보는 정보로서의 가치가 없다.
(3) 공개 정보와 비공개 정보를 적절히 구성하여 경제성과 경쟁성을 동시에 추구해야 한다.

> 이것만은 꼭!
> **정보의 가치 정도**
> 공개 정보 < 반공개 정보 < 비공개 정보

4. 정보의 특성

(1) 적시성 : 수요자가 원하는 시간에 전달되어야 가치가 있다.
(2) 독점성 : 정보는 공개되면 그 가치가 떨어진다.
(3) 무형성 : 유동적이고 그 자체에 형태가 없다.
(4) 비소모성 : 아무리 사용해도 소모되지 않는다.
(5) 누적가치성 : 정보는 생산, 축적될수록 그 가치가 커진다.
(6) 결합성 : 정보는 결합되고 가공되어서 높은 차원의 정보가 될 수 있다.
(7) 비분할성 : 데이터의 집합체로서만 전달, 사용됨으로써 의미를 가진다.

정보화 사회의 필수적인 능력
① 정보검색 : 인터넷 서핑을 할 수 있어야 한다.
② 정보관리 : 검색한 내용을 파일로 만들어 보관하거나 프린터로 출력해 두어 언제든지 필요할 때 다시 볼 수 있어야 한다.
③ 정보전파 : 인터넷을 이용한 전파로, 정보관리를 못하는 사람은 정보전파가 어려울 수 있다.

3 정보화 사회란?

1. 정보화 사회의 의미

이 세상에서 필요로 하는 정보가 중심이 되는 사회로 컴퓨터 기술과 정보 통신 기술을 활용하여 사회 각 분야에서 필요로 하는 가치 있는 정보를 창출하고 보다 유익하고 윤택한 생활을 영위하는 사회로 발전시켜 나가는 것이다.

2. 미래 정보화 사회 양상

(1) 부가 가치 창출 요인의 변화 : 토지, 자본, 노동 ⇨ 지식 및 정보 생산 요소

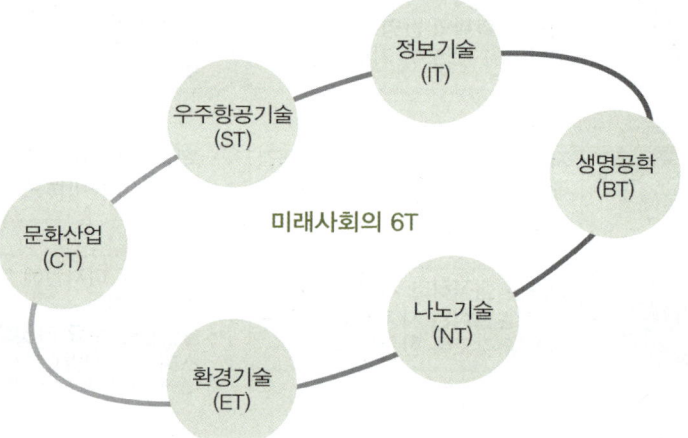

(2) 세계화의 진전 : 국경 없는 하나의 세계 시장
(3) 지식의 폭발적인 증가 : 지식과 기술이 빠른 속도로 변화

3. 우리 사회가 겪고 있는 정보기술 진화 양상

(1) 공공서비스 패러다임 : 공급자 중심 → 이용자 중심
(2) 적용기술 중심 → 서비스 효용 중심
(3) 분절적 영역 중심 → 통합적 융합 중심
(4) 범용 서비스 → 개인화 서비스
(5) 장소 제한형 → 유비쿼터스형

이것만은 꼭

기업경영
- 생산에서부터 판매, 회계, 재무, 인사 및 조직 관리는 물론 금융 업무까지도 컴퓨터를 널리 활용
- 경영정보시스템(MIS)과 의사결정지원시스템(DSS)
- 전자 상거래 활발 (B2B, B2C, B2G)

행정
- 민원처리, 각종 행정 통계 등의 여러 가지 행정에 관련된 정보를 데이터 베이스를 구축하여 활용
- 사무자동화(OA)

정보를 활용한 업무수행능력

산업
- 공업 : 제품의 수주에서부터 설계, 제조, 검사, 출하에 이르기까지의 모든 제품 공정과정을 자동화 (CAD, CAM)
- 상업 : 산업 현장에서 사람이 하기 힘든 위험한 일이나 비위생적인 직업, 정교한 일 등에 이용
- 상품의 판매 시점 관리 시스템(POS)이나 배의 운항 일정과 항로 등을 자동으로 제어하는 안전 관리 시스템 등에도 컴퓨터가 이용

기타
- 교육 : 강의나 학습에 컴퓨터를 이용함(CAI). 종이 교과서가 디지털 교과서로 전환됨.
- 연구 : 복잡한 계산이나 정밀한 분석 및 실험에 활용
- 출판 : 많은 작가들이 직접 개인용 컴퓨터로 워드프로세서와 그래픽 소프트웨어 등을 이용해서 책을 서술
- 가정 : 보안, 냉난방 조절, 생활 정보 검색, 홈뱅킹과 홈쇼핑 등에 활용
- 정보 통신의 발달로 집에서 컴퓨터를 활용해서 업무를 보는 재택근무가 점차 일반화되고 있음.

4 업무 수행을 위한 정보 활용 절차

1. 정보의 기획

(1) 정보활동의 가장 첫 단계로서 정보관리의 가장 중요한 단계이며, 보통 5W 2H에 의해 기획한다.

(2) 5W 2H
  ① What(무엇을?) : 정보의 입수대상을 명확히 한다.
  ② Where(어디에서?) : 정보의 소스(정보원)를 파악한다.
  ③ When(언제까지) : 정보의 요구(수집)시점을 고려한다.
  ④ Why(왜?) : 정보의 필요목적을 염두에 둔다.
  ⑤ Who(누가?) : 정보활동의 주체를 확정한다.
  ⑥ How(어떻게) : 정보의 수집방법을 검토한다.
  ⑦ How much(얼마나?) : 정보수집의 비용성(효용성)을 중시한다.

> **TIP 정보 활용 절차**
>
>

2. 정보의 수집

다양한 정보원으로부터 목적에 적합한 정보를 입수하는 것으로, 정보 수집의 최종 목적은 예측을 잘하는 것이다. 정보를 접하는 기회를 꾸준히 많이 가지는 것이 중요하다.

3. 정보의 관리

수집된 다양한 형태의 정보를 어떤 문제해결이나 결론도출에 사용하기 쉬운 형태로 바꾸는 일이다.

> **정보관리의 3원칙**
> - 목적성 : 사용목적을 명확히 설명해야 한다.
> - 용이성 : 쉽게 작업할 수 있어야 한다.
> - 유용성 : 즉시 사용할 수 있어야 한다.

4. 정보의 활용

- 정보기기에 대한 이해
- 최신 정보기술이 제공하는 주요 기능과 특성에 대한 지식

+

- 정보가 필요한 문제 상황을 인지하는 능력
- 문제 해결에 적합한 정보를 찾고 선택하는 능력
- 찾은 정보를 문제 해결에 적용하는 능력
- 윤리의식을 가지고 합법적으로 정보를 활용하는 능력

CRISP-DM 방법론

전 세계에서 가장 많이 사용되는 데이터마이닝 표준 방법론으로 단계, 일반 과제, 세부과제, 프로세스 실행 등의 4가지 레벨로 구성된 계층적 프로세스 모델이다. CRISP-DM의 절차는 6단계로 구성되어 있는데 필요에 따라 단계 간의 반복 수행을 통해 분석의 품질을 향상시킨다.

1. 비즈니스 이해	2. 데이터 이해	3. 데이터 준비
• 업무 목표 수립 • 현재 상황 평가 • 데이터 마이닝 목표설정 • 프로젝트 계획 수립	• 초기 데이터 수집 • 데이터 기술 • 데이터 탐색 • 데이터 품질 확인	• 데이터 설정 • 데이터 선택 • 데이터 제거 • 데이터 구축 • 데이터 통합 • 데이터 형식 적용
4. 모델링	5. 평가	6. 구축
• 모델링 기법 선택 • 테스트 설계 생성 • 모델 구축 • 모델 평가	• 결과 평가 • 프로세스 재검토 • 향후 단계 결정	• 전개 계획 수립 • 모니터링 및 유지보수 계획 수립 • 최종 보고서 작성 • 프로젝트 재검토

개념확인문제

01 정보, 자료 및 지식에 관한 다음 설명을 읽고 ○, ×를 표시하시오.

(1) 자료와 정보 가치의 크기는 절대적이다. ( )
(2) 정보는 특정한 상황에 맞도록 평가한 의미있는 기록이다. ( )
(3) 정보는 사용하는 사람과 사용하는 시간에 따라 달라질 수 있다. ( )
(4) 지식이란 자료를 가공하여 이용 가능한 정보로 만드는 과정이다. ( )

02 다음 설명이 의미하는 것은 무엇인가?

- 과거에 슈퍼마켓 등에서 물건을 살 때, 주인은 탁상용 계산기를 두드려 손님에게 물건 값을 받음
- 지금은 슈퍼마켓 등에서 물건을 살 때, 바코드를 읽어 재빨리 계산을 한다.
- 판매가 이루어지는 시점의 데이터를 메인 컴퓨터에 보내면 현재 매장의 재고가 얼마나 되는지, 새로 구입해야 할 물건은 무엇인지를 금방 알아낼 수 있다.

( )

03 다음 중 알맞은 것끼리 짝을 지으면?

(1) What · · ⓐ 소스(정보원)를 파악
(2) Where · · ⓑ 정보 입수대상
(3) When · · ⓒ 정보 필요목적
(4) Why · · ⓓ 정보 요구(수집)시점
(5) Who · · ⓔ 수집방법 검토
(6) How · · ⓕ 정보활동의 주체
(7) How much · · ⓖ 정보수집의 효용성

답
01 (1) × (2) ○ (3) ○ (4) ×
02 POS 시스템
03 (1) ⓑ (2) ⓐ (3) ⓓ (4) ⓒ
　 (5) ⓕ (6) ⓔ (7) ⓖ

01 컴퓨터활용능력

> 컴퓨터활용능력은 직업생활에서 필요한 컴퓨터 관련 이론을 이해하고, 업무 수행을 위한 인터넷과 소프트웨어를 활용할 수 있는 능력을 의미한다.

> **이것만은 꼭!**
>
> **컴퓨터활용능력의 특징**
> - 다양한 인터넷 서비스의 활용
> - 인터넷을 활용하여 원하는 정보 획득
> - 업무에 필요한 소프트웨어 활용
> - 데이터베이스 구축

1 다양한 인터넷 서비스

1. 이메일(E-mail)

(1) 인터넷을 통해 편지나 정보를 주고받는 서비스로 정보통신망을 통하여 전달되므로 빠르고 정확하게 전달될 수 있다.

(2) 전자우편 프로토콜의 종류
   ① SMTP : 사용자의 컴퓨터에서 작성한 메일을 다른 사람의 계정이 있는 곳으로 전송해 주는 역할을 하는 프로토콜
   ② POP3 : 메일 서버에 도착한 이메일을 사용자 컴퓨터에 가져올 수 있도록 메일 서버에서 제공하는 프로토콜
   ③ MIME : 텍스트, 이미지, 오디오, 비디오 등의 멀티미디어 전자우편을 주고받기 위한 인터넷 메일의 표준 프로토콜
   ④ IMAP : 메일 서버의 이메일 메시지를 관리하며, 메일을 읽기 위한 인터넷 표준 프로토콜

2. 인터넷 디스크/웹 하드

(1) 웹 서버에 대용량의 저장 기능을 갖추고 사용자가 개인용 컴퓨터(PC)의 하드 디스크와 같은 기능을 인터넷을 통하여 이용할 수 있게 하는 서비스이다.

(2) 자유롭고 편리한 파일 공유·전송·저장, 저장 매체의 파손·분실·도난방지, 각종 보안장치를 통한 외부의 불법접근 차단, 전 세계 어디서나 이용 가능한 서비스 제공 등이 가능해졌다.

> **클립보드**
> ① 데이터를 일시적으로 보관해 두는 임시 저장 공간
> ② 서로 다른 응용 프로그램 간에 데이터를 쉽게 전달 가능
> ③ 클립보드의 내용은 여러 번 사용이 가능하지만, 가장 최근에 저장된 것 하나만 기억함.
> ④ 시스템을 재시작하면 클립보드에 저장된 데이터는 삭제됨.
> ⑤ 복사하기(Copy), 잘라내기(Cut), 붙여넣기(Paste)할 때 사용

3. 메신저

(1) 인터넷에서 실시간으로 메시지와 데이터를 주고받을 수 있는 소프트웨어이다.

(2) 메신저의 장점
① 인터넷에 접속해 있는지를 확인할 수 있으므로 응답이 즉시 이루어져 전자우편보다 훨씬 속도가 빠르다.
② 컴퓨터로 작업을 하면서 메시지를 주고받을 수 있다.
③ 여러 사람과의 문자채팅과 음성채팅도 지원하며 대용량의 동영상 파일은 물론 이동 전화에 문자 메시지도 보낼 수 있다.
④ 뉴스나 증권, 음악 정보 등의 서비스를 제공받을 수 있다.

4. 클라우드(Cloud)

(1) 사용자들이 복잡한 정보를 보관하기 위해 별도의 데이터 센터를 구축하지 않고도 인터넷을 통해 제공되는 서버를 활용해 정보를 보관하고, 필요할 때 꺼내 쓰는 기술을 말한다.

(2) 데이터의 저장·처리·네트워킹 및 다양한 애플리케이션 사용 등 IT 관련 서비스를 인터넷과 같은 네트워크를 기반으로 제공한다.

(3) 정보가 인터넷상의 서버에 영구적으로 저장되고 데스크톱, 노트북, 스마트폰 등 IT 기기 등과 같은 클라이언트에는 일시적으로 보관된다.

(4) 클라우드 컴퓨팅의 특징
① 초기 구입비용과 비용 지출이 적으며 휴대성이 높다.
② 사용자의 데이터를 신뢰성 높은 서버에 보관함으로써 안전하게 보관할 수 있다.
③ 다양한 기기를 단말기로 사용하는 것이 가능하며 서비스를 통한 일관성 있는 사용자 환경을 구현할 수 있다.
④ 서버가 공격당하면 개인정보가 유출될 수 있다.
⑤ 재해로 인해 데이터가 손상되면 미리 백업하지 않은 정보는 되살리지 못하는 경우도 있다.
⑥ 사용자가 원하는 애플리케이션을 설치하는 데 제약이 심하거나 새로운 애플리케이션을 지원하지 않는다.
⑦ 통신환경이 열악하면 서비스를 받기 힘들다.
⑧ 개별 정보가 어디에 물리적으로 위치하고 있는지 파악할 수 없다.

5. SNS(Social Networking Service)

(1) 온라인 인맥 구축을 목적으로 개설된 커뮤니티형 웹사이트로 트위터, 인스타그램, 페이스북, 카카오톡 같은 1인 미디어와 정보 공유 등을 포괄하는 개념이다.

(2) SNS의 특징
① 신상 정보와 사적인 의견 교환으로 지식과 정보 수집의 기회를 제공한다.

보충플러스

SNS를 둘러싼 쟁점
- 프라이버시 보호 문제
- 사적 정보에 대한 잠재적 남용의 문제
- 사이버 불링(Cyber-bullying) : 온라인상의 공격 행위로 특히 심리적으로 취약한 집단이 정신적 트라우마를 겪기도 함.
- 개인적 게시물의 지적 재산권 문제
- 개인에 대한 감시 문제
- 성희롱 문제 등

② 인터넷 웹을 통한 관계 맺기로 지역적으로 멀리 떨어진 사람과도 친분관계를 쌓을 수 있다.
③ 사적 정보에 대한 잠재적 남용의 문제가 있다.
④ '사이버 불링(Cyber-bullying)'이라 불리는 온라인상의 공격 행위가 종종 발생한다.

6. 전자상거래(인터넷을 통해 물건 사고팔기)

(1) 좁은 뜻의 전자상거래는 인터넷을 통하여 상품을 사고팔거나 재화나 용역을 거래하는 사이버 비즈니스를 말한다.
(2) 넓은 뜻의 전자상거래는 소비자와의 거래뿐만 아니라 거래와 관련된 공급자, 금융기관, 정부기관, 운송기관 등과 같이 거래에 관련되는 모든 기관과의 관련행위를 포함한다.
(3) 전자상거래의 종류
① B2B : 기업과 기업 간에 이루어지는 전자상거래로 대량의 도매 거래가 주로 이루어지며 비용을 절감하고 시간도 절약할 수 있다는 장점이 있다.
② B2G : 기업과 정부 사이에 이루어지는 전자상거래이다.
③ B2C : 일반 쇼핑몰과 같이 기업이 개인 고객을 대상으로 하는 전자상거래로 중간 단계의 유통 과정이 생략되어 직거래를 통한 할인된 가격의 제품을 구매할 수 있다.
④ C2C : 개인과 개인이 서로 거래할 수 있는 전자상거래로 다양한 상품이 유통되며 가격도 매우 저렴하나, 제품의 품질이 보장되지는 않는다. 옥션과 같은 경매 사이트가 대표적이다.

2 정보 검색

1. 정보 검색의 의미

여러 곳에 분산되어 있는 수많은 정보 중에서 특정 목적에 적합한 정보만을 신속하고 정확하게 찾아내어 수집, 분류, 축적하는 과정을 말한다.

2. 일반적인 정보 검색 단계

3. 검색엔진의 유형

(1) 키워드 검색 방식

① 찾고자 하는 정보와 관련된 핵심적인 언어인 키워드를 직접 입력하고 이를 검색엔진에 보내어 검색엔진이 키워드와 관련된 정보를 찾는 방식이다.

② 키워드가 불명확하게 입력된 경우, 검색 결과가 너무 많아 효율적인 검색이 어려울 수 있다.

(2) 주제별 검색 방식

인터넷상에 존재하는 웹 문서들을 주제별, 계층별로 정리하여 데이터베이스를 구축한 후 이용하는 방식이다.

(3) 자연어 검색 방식

검색엔진에서 문장 형태의 질의어를 형태소 분석을 거쳐 언제(When), 어디서(Where), 누가(Who), 무엇을(What), 왜(Why), 어떻게(How), 얼마나(How much)에 해당하는 5W2H를 읽어내고 분석하여 각 질문에 답이 들어 있는 사이트를 연결해 주는 방식이다.

(4) 통합형 검색 방식

키워드 검색 방식과 같이 검색엔진 자신만의 데이터베이스를 구축하여 관리하는 방식이 아니라, 사용자가 입력하는 검색어들이 연계된 다른 검색엔진에게 보내고 이를 통하여 얻은 검색 결과를 사용자에게 보여 주는 방식이다.

(5) 검색엔진(Search Engine)과 포털사이트(Portal Site)의 비교

① 검색엔진 : 인터넷상에 산재해 있는 정보를 수집한 후 이를 체계적으로 데이터베이스로 구축하여 사용자가 원하는 정보를 쉽게 찾을 수 있도록 안내자의 역할로 도움을 주는 웹 사이트 또는 프로그램

② 포털사이트 : 사용자가 인터넷에서 어떤 정보를 찾으려 할 때 가장 먼저 접속하는 사이트 예 네이버, 다음, 구글 등

> **하이브리드 검색 방식**
> 주제별, 키워드 검색엔진의 기능을 모두 제공하는 방식

4. 정보검색 연산자 ★ 구 워크북

기호	연산자	검색조건
*, &	AND	두 단어가 모두 포함된 문서를 검색 예 인공위성 and 자동차, 인공위성 * 자동차
|	OR	두 단어가 모두 포함되거나, 두 단어 중에서 하나만 포함된 문서를 검색 예 인공위성 or 자동차, 인공위성 | 자동차
-, !	NOT	'-'기호나 '!'기호 다음에 오는 단어는 포함하지 않는 문서를 검색 예 인공위성 not 자동차, 인공위성 ! 자동차
~, near	인접검색	앞/뒤의 단어가 가깝게 인접해 있는 문서를 검색 예 인공위성 near 자동차

보충플러스 ⊕

정보사회에서의 인간
1. 기본적인 정보의 생산과 활용 능력 : 개인 및 국가 경쟁력을 높이는 데 필수적
2. 정보의 평가와 선별 능력 : 정보를 비판적으로 분석함으로써 취사선택할 수 있는 능력 필요

5. 인터넷 정보 검색 시 유의 사항

(1) 각각의 검색엔진에서 사용할 수 있는 기능들에 대한 도움말을 사전에 반드시 읽어 검색엔진의 특징을 알아두어야 한다.
(2) 특정한 데이터(논문, 특허 등)는 나름대로의 검색 방법이 존재하므로 적절한 검색엔진의 선택이 중요하다.
(3) 키워드는 구체적이고 자세하게 만드는 것이 좋은 방법이며, 결과 내 재검색 기능을 활용하여 검색 결과의 범위를 좁혀 검색 시간을 단축한다.
(4) 검색엔진마다 검색 연산자가 다르기 때문에 이를 정확히 숙지한 후 사용한다.
(5) 검색 속도가 느릴 경우 웹 브라우저에서 그림 파일을 보이지 않도록 설정한다.
(6) 웹 검색이 정보 검색의 최선은 아니라는 점에 주의하고 다른 방법들도 적극 활용한다.
(7) 웹 검색 결과로 검색엔진이 제시하는 결과물의 가중치를 너무 신뢰해서는 안 된다.

3 업무에 필요한 소프트웨어

1. 워드프로세서

(1) 여러 형태의 문서를 쉽게 작성, 편집, 저장, 인쇄할 수 있는 프로그램을 말한다.
(2) 대표적인 프로그램으로는 한컴오피스 한글, MS Word 등이 있다.
(3) 주요 기능

기능	설명
입력기능	키보드나 마우스를 통하여 한글, 영문, 한자 등 각국의 언어, 숫자, 특수문자, 그림, 사진, 도형 등을 입력할 수 있는 기능
표시기능	입력한 내용을 표시 장치를 통해 화면에 나타내 주는 기능
저장기능	입력된 내용을 저장하여 필요할 때 사용할 수 있는 기능
편집기능	문서의 내용이나 형태 등을 변경해 새롭게 문서를 꾸미는 기능
인쇄기능	작성된 문서를 프린터로 출력하는 기능

(4) 워드프로세서의 특징
　① 문서 작성에 소요되는 시간과 노력을 절감할 수 있다.
　② 문서의 통일성과 체계를 갖출 수 있다.
　③ 문서의 유지관리, 보존 및 검색이 쉽다.
　④ 작성된 문서를 정보통신망을 이용하여 곧바로 전송할 수 있다.
　⑤ 손쉽게 다양한 형태의 문서를 만들 수 있다.

⑥ 문서를 쉽게 변경할 수 있으므로 문서 보안에 주의하여야 한다.
⑦ 저장하기 대화상자에서 폴더를 새로 만들거나 기존 폴더를 삭제할 수 있다.
⑧ 기존 문서를 다른 이름으로 저장하면 기존 문서는 변함없이 새로운 문서가 새로운 이름으로 생성된다.
⑨ 저장기능은 작업한 문서에 파일 이름을 지정하여 주기억장치가 아닌 보조기억장치에 저장하는 기능이다.
⑩ 문서작성 프로그램에서 지정된 확장자를 바꿔서 저장할 수 있으며, 확장자가 바뀐 파일도 동일한 문서 작성 프로그램에서 다시 사용할 수 있다.

(5) 주요 단축키

Ctrl 단축키	• Ctrl + N, B : 글상자 만들기 • Ctrl + N, K : 고치기(글상자, 캡션, 차트, 그림 등) • Ctrl + U : 밑줄 • Ctrl + B : 진하게 • Ctrl + N, M : 수식 편집기 • Ctrl + N, T : 표 만들기 • Ctrl + N, P : 쪽 번호 매기기 • Ctrl + Enter↵ : 새 페이지 시작 • Ctrl + Page Up : 문서의 첫 페이지로 이동 • Ctrl + Page Down : 문서의 마지막 페이지로 이동 • Ctrl + Home : 화면의 첫 줄로 이동 • Ctrl + End : 화면의 끝줄로 이동 • Ctrl + F10 : 문자표 입력 • Ctrl + Shift + C : 가운데 정렬 • Ctrl + Shift + R : 오른쪽 정렬 • Ctrl + Shift + L : 왼쪽 정렬 • Ctrl + Shift + M : 양쪽 정렬
Alt 단축키	• Alt + W, B : 쪽테두리/배경　• Alt + L : 글자 모양 • Alt + T : 문단 모양　• Alt + J, D : 문단 첫 글자 장식

(6) 워드프로세서와 텍스트에디터의 비교

워드프로세서	텍스트에디터
• 문서 자체에 직접 암호화 • 글자의 크기, 색깔, 도표, 그림 또는 사진 추가, 다단편집 등 자유롭게 표현 가능 • 대부분 이진파일로 문서 저장되어, 다른 종류의 워드프로세서에서는 읽기 불가 • 인쇄용 문서나 내부적인 문서를 만들기 위함.	• ZIP나 RAR과 같은 프로그램으로 압축한 후 암호화 • 글자들만 단순히 입력 가능 • 텍스트파일로 저장되어, 전문적인 텍스트에디터가 없더라도 읽기 가능 • 불특정 다수에게 배포할 파일로 유리 • 대표적 프로그램 : 메모장

> **이것만은 꼭!**
>
> **Excel 주요 단축키**
> - Alt + Enter↵ : 텍스트 줄 바꿈
> - Alt + F2 : 다른 이름으로 저장
> - Alt + F4 : 종료
> - Ctrl + Home : 셀 포인터를 [A1]셀로 이동
> - Ctrl + Page Down : 다음 워크시트로 이동
> - Ctrl + Page Up : 이전 워크시트로 이동
> - Ctrl + D : 위 셀을 복사하여 아래쪽 채우기
> - Ctrl + Z : 바로 전 작업 취소
> - Shift + Delete : 잘라내기
> - Shift + Insert : 붙여넣기

2. 스프레드시트(Spreadsheet)

(1) 워드프로세서와 같이 문서를 작성하고 편집하는 기능 이외에 수치나 공식을 입력하여 그 값을 계산해 내고, 계산 결과를 차트로 표시할 수 있는 특별한 기능을 가진 소프트웨어다.

(2) 주요 기능 : 계산, 수식, 차트, 저장, 편집, 인쇄기능 등

(3) 엑셀(Excel)

① 오류메시지
- #N/A : 부적당한 인수를 사용하거나 사용할 수 없는 값을 지정할 경우
- #NULL! : 공통부분이 없는 두 영역의 부분을 지정했을 경우
- #VALUE! : 잘못된 인수나 피연산자를 사용했을 경우
- #DIV/0! : 수식에서 특정 값을 0 또는 빈 셀로 나눌 경우
- #NAME? : 함수명을 잘못 사용하거나 수식에 인용 부호 없이 텍스트를 입력한 경우
- #REF! : 수식에서 셀 참조가 유효하지 않을 경우
- #NUM! : 계산 결과가 엑셀이 계산할 수 있는 범위를 초과한 경우

② 대표적 함수

종류	뜻	함수식
SUM 함수	지정된 셀 범위의 합계	=sum(숫자1, 숫자2, …)
ROUND 함수	표시된 소수점 아래 자릿수에서 반올림	=round(인수, 소수점 아래 자릿수)
IF 함수	조건에 따라 참일 때의 값과 거짓일 때의 값을 출력	=if(조건, 참값(데이터), 거짓값(데이터))
AND 함수	조건을 모두 만족하는 값	=and(조건1, 조건2, …)
OR 함수	조건 중 하나만 만족해도 되는 값	=or(조건1, 조건2, …)
VLOOKUP 함수	찾을 값(데이터)을 지정한 범위에서 찾은 후 열 번호에 해당하는 값	=vlookup(찾을 값, 지정범위, 열 번호, 옵션)
HLOOKUP 함수	찾을 값(데이터)을 지정한 범위에서 찾은 후 행 번호에 해당하는 값	=hlookup(찾을 값, 지정범위, 행 번호, 옵션)
AVERAGE 함수	평균을 구하는 함수	=average(숫자1, 숫자2, …)
RANK 함수	범위에서 특정 데이터의 순위를 구하는 함수	=rank(순위를 구하고자 하는 셀, 범위, 0 또는 1)
COUNT 함수	인수로 입력된 숫자의 개수	=count(숫자1, 숫자2, …)
LEFT 함수	텍스트 왼쪽에서 문자열 추출	=left(문자열, 글자 수)
RIGHT 함수	텍스트 오른쪽에서 문자열 추출	=right(문자열, 글자 수)
MID 함수	주어진 문자열 중 시작위치부터 지정된 숫자만큼의 문자열 추출	=mid(문자열, 시작위치, 글자 수)

종류	뜻	함수식
REPLACE 함수	텍스트 일부를 다른 텍스트로 바꿈.	=replace(문자열, 시작 위치, 바꿀 문자 개수, 새로운 내용)
QUOTIENT 함수	나눗셈 몫의 정수 부분을 반환	=quotient(분자, 분모)
MOD 함수	나눗셈의 나머지를 구함.	=mod(분자, 분모)
STDEV 함수	표준편차를 구함.	=stdev(범위 1, …)
VAR 함수	분산을 구함.	=var(범위 1, …)
PMT 함수	정기적으로 상환할 금액	=pmt(이자, 기간, 미래 가치, 납입시점)
CONCATENATE 함수	여러 문자열을 결합	=concatenate(문자열1, 문자열2, …)
TRUNC 함수	지정한 소수점 아래 자리를 버림.	=trunc(선택 셀, 남길 소수점 자릿수)
MROUND 함수	원하는 배수로 반올림된 숫자를 반환	=mround(올림 또는 내림할 값, 숫자를 반올림할 기준 값)
TRIMMEAN 함수	데이터 집합의 양 끝값을 제외한 부분의 평균을 구함.	=trimmean(범위, 퍼센트)
TEXTJOIN 함수	범위 내 값을 구분 문자로 구분해 연결함.	=textjoin(구분 기호, 빈 셀 무시여부, 조인할 텍스트)
SUMIF 함수	조건을 만족하는 데이터의 합계	=sumif(조건 범위, 조건, 합계 범위)
COUNTIF 함수	범위에서 조건을 만족하는 셀의 개수	=countif(범위, 조건)
AVERAGEIF 함수	조건에 맞는 셀들의 평균 값을 구함	=averageif(범위, 조건, 평균을 구할 범위)
SUBTOTAL 함수	원하는 데이터의 합계	=subtotal(함수 번호, 범위)
SQRT 함수	양의 제곱근을 구함.	=sqrt(양수)
POWER 함수	밑수를 지정한 만큼 거듭제곱한 결과를 구함.	=power(밑수, 제곱수)
EVEN 함수	양수는 올림하고 음수는 내림하여 가장 가까운 짝수를 구함.	=even(정수)
MIN 함수	최솟값을 구함.	=min(숫자1, 숫자2, …)
PRODUCT 함수	인수들의 곱을 구함.	=product(숫자1, 숫자2, …)
SUBSTITUTE 함수	기존 문자열에서 바꾸고 싶은 문자를 원하는 문자로 바꿈.	=substitute(문자열, 기존 문자, 바꿀 문자)
LOWER 함수	입력된 문자열을 모두 소문자로 표시	=lower(문자열)
PROPER 함수	문자열에서 첫 단어만 대문자로 표시	=proper(문자열)

> **이것만은 꼭!**
>
> 스프레드시트 차트 - 추세선
> ① 추세선은 데이터의 추세를 그래픽으로 표시하고 예측문제를 분석하는 데 사용
> ② 두 개 이상의 추세선을 동시에 표시 가능
> ③ 엑셀은 총 6개(선형, 로그, 다항식, 거듭제곱, 지수, 이동평균)의 추세선을 제공
> ④ 추세선을 사용할 수 있는 차트 : 누적형이 아닌 2차원 영역형, 가로 막대형, 세로 막대형, 꺾은선형, 주식형, 분산형, 거품형
> ⑤ 추세선을 사용할 수 없는 차트 : 3차원, 누적형, 방사형, 원형, 표면형, 도넛형
> ⑥ 추세선을 추가할 데이터 계열을 선택한 후 마우스 오른쪽을 클릭하여 [추세선 추가]를 선택
> ⑦ 추세선을 삭제하려면 차트에 표시된 추세선을 선택한 후 [Delete]키를 누르거나 바로 가기 메뉴의 [삭제]를 선택

3. 프레젠테이션(Presentation)

(1) 컴퓨터나 기타 멀티미디어를 이용하여 그 속에 담겨 있는 각종 정보를 사용자 또는 대상자에게 전달하는 프로그램으로 보고, 회의, 교육 등에 활용된다.

(2) 주요 기능 : 저장, 편집, 인쇄, 슬라이드 쇼 기능 등

(3) 대표적인 프로그램으로는 파워포인트, 프리랜스 그래픽스 등이 있다.

(4) 주요 단축키

구분	단축키	설명
문자 서식	Ctrl + T	글꼴 서식 창
	Ctrl + Shift + >	글자 키우기
	Ctrl + Shift + <	글자 줄이기
	Ctrl + B	글자 굵게
	Ctrl + U	밑줄
정렬	Ctrl + E	가운데 정렬
	Ctrl + J	양쪽 정렬
	Ctrl + L	왼쪽 정렬
프레젠테이션 단축키	F5	프레젠테이션 시작
	Shift + F5	현재 페이지부터 프레젠테이션 시작
	Number + Enter	숫자로 지정한 페이지 이동
	Ctrl + P	화살표를 펜으로 변경
	Ctrl + A	펜을 화살표로 변경
	Ctrl + M	새 슬라이드

4. 데이터베이스(Database)

(1) 대량의 자료를 관리하고 내용을 구조화하여 검색이나 자료 관리 작업을 효과적으로 실행하는 프로그램으로 테이블, 질의, 폼, 보고서 등을 작성하는 데 사용된다.

(2) 대표적인 프로그램으로는 오라클(Oracle), 액세스(Access) 등이 있다.

5. 그래픽 소프트웨어(Graphic Software)

(1) 새로운 그림을 그리거나 그림 또는 사진 파일을 불러와 편집하는 프로그램이다.

(2) 그림 확대, 그림 축소, 필터 기능을 가지고 있으며 대표적인 프로그램으로는 포토샵(PhotoShop), 3D Max, 코렐드로(CorelDRAW) 등이 있다.

6. 유틸리티 프로그램(Utility Program)

(1) 사용자가 컴퓨터를 좀 더 쉽게 사용할 수 있도록 도와주는 소프트웨어이다.

(2) 유틸리티 프로그램 종류

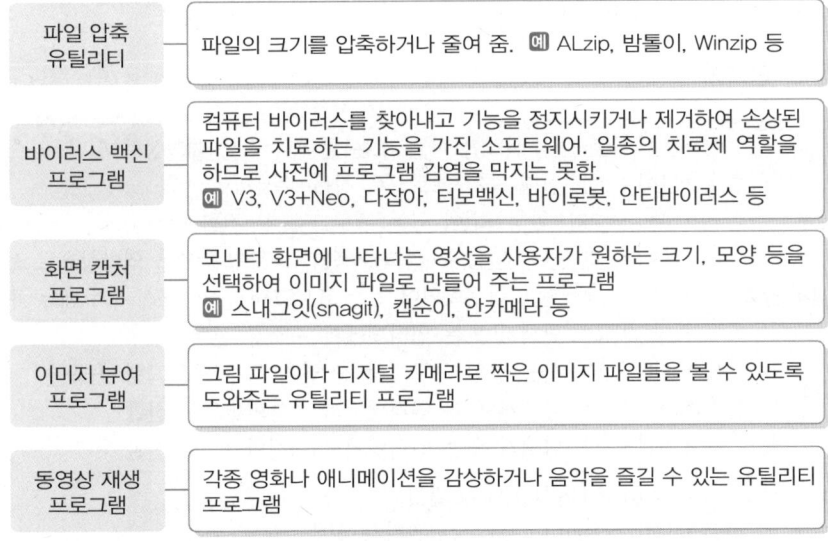

파일 압축 유틸리티	파일의 크기를 압축하거나 줄여 줌. 예 ALzip, 밤톨이, Winzip 등
바이러스 백신 프로그램	컴퓨터 바이러스를 찾아내고 기능을 정지시키거나 제거하여 손상된 파일을 치료하는 기능을 가진 소프트웨어. 일종의 치료제 역할을 하므로 사전에 프로그램 감염을 막지는 못함. 예 V3, V3+Neo, 다잡아, 터보백신, 바이로봇, 안티바이러스 등
화면 캡처 프로그램	모니터 화면에 나타나는 영상을 사용자가 원하는 크기, 모양 등을 선택하여 이미지 파일로 만들어 주는 프로그램 예 스내그잇(snagit), 캡순이, 안카메라 등
이미지 뷰어 프로그램	그림 파일이나 디지털 카메라로 찍은 이미지 파일들을 볼 수 있도록 도와주는 유틸리티 프로그램
동영상 재생 프로그램	각종 영화나 애니메이션을 감상하거나 음악을 즐길 수 있는 유틸리티 프로그램

(3) 프로그램 파일 형식

① 동영상 데이터 파일 형식
- avi : MS Window의 표준 동영상 파일 형식
- dvi : 인텔이 개발한 동영상 압축 기술
- mp4 : 비디오, 오디오뿐만 아니라 자막, 스틸 이미지 등의 데이터를 저장하는 데 사용가능한 동영상 확장자. 작은 용량으로 좋은 품질의 영상을 볼 수 있음.
- mov : 애플사가 개발한 동영상 압축 기술로 jpeg 방식을 사용하여 Windows에서도 재생 가능

- mpeg : 동영상뿐만 아니라 오디오 데이터도 압축이 가능하며, 프레임 간 연관성을 고려하여 중복 데이터를 제거하는 손실 압축 기법 사용

② 이미지 데이터 파일 형식
- jpg(jpeg) : 사진 이미지를 위한 국제 표준 압축방식으로, 여러 번 편집·저장 시 품질이 손상됨. 24비트 컬러를 사용하여 트루 컬러로 이미지를 표현
- bmp : Windows에서 기본적으로 지원하는 포맷으로 고해상도 이미지를 제공하지만 압축을 사용하지 않아 파일의 크기가 큼.
- gif : 인터넷 표준 그래픽 파일 형식으로 무손실 압축 방식이 적용되며, 256가지 색을 지원함. 애니메이션으로도 표현 가능
- wmf : Windows에서 사용하는 메타 파일방식으로 비트맵과 벡터 정보를 함께 표현할 때 적합
- tif(tiff) : 데이터의 호환성이 좋아 응용프로그램 간 데이터 교환용으로 사용
- png : gif와 jpeg의 효과적인 기능들을 조합하여 만든 그래픽 파일 포맷

보충플러스
이미지 확장자

비트맵	• 크기를 늘리거나 줄일 경우, 이미지에 손상이 가서 계단 현상이 발생함. • gif, png, jpg, bmp 등
벡터	• 크기를 늘리거나 줄여도 계단현상이 발생하지 않음. • wmf, ai, swf, svg 등

4 Windows 운영 체제 주요 기능

1. 주요 단축키

TIP 단축키 활용
컴퓨터를 활용하는 데 있어서 단축키를 숙지하는 것은 업무의 효율성을 높이고 시간을 단축시킬 수 있는 가장 좋은 방법이다. 최근 단축키를 묻는 문제가 자주 출제되므로 이에 대한 학습이 필요하다.

Alt + 단축키	• Alt + Enter : 선택한 파일 또는 폴더의 속성 대화상자 열기 • Alt + Esc : 실행 중인 프로그램 창을 순서대로 전환 • Alt + Tab : 활성화되어 있는 프로그램 창 전환 • Alt + Shift + Tab : 활성화되어 있는 프로그램 창을 역방향으로 전환 • Alt + Space Bar : 활성화되어 있는 프로그램 창의 바로 가기 메뉴 표시 • Alt + D : 탐색기 또는 인터넷에서 주소창 선택 • Alt + F4 : 사용 중인 프로그램 창 닫기 또는 프로그램 종료 • Alt + → : 탐색기 또는 인터넷에서 다음화면으로 전환 • Alt + ← : 탐색기 또는 인터넷에서 이전화면으로 전환
Ctrl + 단축키	• Ctrl + Esc : [시작]메뉴 열기 • Ctrl + Shift + Esc : 작업관리자 실행 • Ctrl + Alt + Delete : 작업관리자 창 표시 또는 윈도우 재부팅 • Ctrl + Tab : 탭 간 이동 • Ctrl + Alt + Tab : 활성 프로그램 전환을 고정모드로 실행 • Ctrl + A : 전체 선택 • Ctrl + C : 선택영역 복사 • Ctrl + D : 즐겨찾기 추가 • Ctrl + F : 찾기 또는 바꾸기 • Ctrl + X : 선택영역 잘라내기 • Ctrl + V : 붙여넣기

Windows(⊞) +단축키	• ⊞ 클릭 : [시작] 메뉴 열기 또는 닫기 • ⊞ + D : 바탕화면 보기(모든 창 최소화) 또는 복구 • ⊞ + E : 탐색기 실행 • ⊞ + T : 작업 표시줄의 프로그램 차례대로 선택 • ⊞ + ↑ : 현재창 최대화 • ⊞ + ↓ : 현재창 최소화 • ⊞ + Home : 활성화된 창을 제외한 모든 창 최소화 • ⊞ + Shift + S : 화면 캡처
기타	• Shift + Delete : 휴지통을 거치지 않고 폴더나 파일 바로 삭제 • Shift + F10 : 바로 가기 메뉴 표시 • F1 : 도움말 설정 • F2 : 이름 변경 • F3 : 파일 또는 폴더 검색 • F5 : 최신 정보로 고침

2. 휴지통

(1) 파일 관리자에서 삭제한 파일을 일시적으로 보관하는 장소이다.
(2) 인위적 혹은 실수로 지워진 파일을 보유한다.
(3) 파일을 지우기 전 휴지통의 내용을 다시 볼 수 있다.
(4) 물리 기억장치에서 완전하게 지우도록 설정하지 않은 경우에 보관된다.
(5) 휴지통 폴더 안의 기록은 파일과 디렉터리의 원래 위치를 기억한다.
(6) 각 드라이브마다 휴지통의 크기를 다르게 설정 가능하다.
(7) 파일에서 마우스 오른쪽 단추를 누른 후 메뉴에서 삭제 단추를 누르면 휴지통으로 옮겨진다. 휴지통으로 파일을 옮기지 않고 바로 지우려면 Shift 키를 누른 채 파일을 삭제하면 된다.
(8) 휴지통 용량 초과 시 가장 오래 전에 삭제된 파일부터 자동 삭제된다.

3. 프린터

(1) 컴퓨터에서 처리된 정보를 사람이 눈으로 볼 수 있는 형태로 인쇄하는 출력장치이다.
(2) 프린터 종류 : 로컬 프린터(컴퓨터에 직접 연결), 네트워크 프린터(다른 컴퓨터에 연결), 기본프린터
(3) 기본 프린터 설정
① 인쇄 명령 수행 시 특별히 프린터를 지정하지 않았을 때 자동으로 사용되는 프린터로, 한 대만 지정 가능하다.
② 기본 프린터는 사용자 임의대로 변경하거나 삭제 가능하다.
③ 네트워크 프린터 또는 추가 설치된 프린터도 기본 프린터로 설정 가능하다.
④ 기본 프린터로 설정된 프린터도 네트워크상의 다른 컴퓨터에서 사용 가능하다.

(4) 프린터 인쇄 시 문제 해결 방안
   ① 인쇄가 되지 않을 경우 프린터의 전원이나 케이블 연결 상태를 확인한다.
   ② '인쇄 스풀러 서비스가 실행중이 아닙니다.'라는 오류 메시지가 뜨는 경우 프린터 스풀러 서비스를 중지하고, '제어판 → 서비스 → Print Spooler'에서 시작 유형을 '자동'으로 설정한다.
   ③ 글자가 이상하게 인쇄될 경우 시스템을 재부팅한 후 인쇄해 보고, 같은 결과가 나타나면 프린터 드라이버를 다시 설치한다.
   ④ 인쇄물의 상태가 좋지 않은 경우 헤드를 청소하거나 카트리지를 교환한다.
   ⑤ 레이저 프린터는 습도에 민감하므로 인쇄용지를 항상 밀봉하여 보관한다.

4. 작업관리자
(1) 현재 사용 중인 앱과 백그라운드 프로세스의 수를 확인할 수 있다.
(2) 현재 실행 중인 프로그램을 강제로 종료시킬 수 있다.
(3) 시스템의 CPU 사용 내역이나 할당된 메모리의 크기를 파악할 수 있다.
(4) 현재 네트워크 상태를 보고 네트워크 이용률을 확인할 수 있다.

5. 파일 압축
(1) Windows에서는 기본적으로 파일이나 폴더의 크기를 줄여주는 압축 기능을 제공한다.
(2) 여러 개의 파일을 하나의 파일로 압축할 수 있다.
(3) 압축을 통하여 디스크 저장 공간을 넓히고 파일 전송 처리 능력을 향상시킬 수 있다.
(4) 한 번 압축한 파일은 재압축을 하여도 파일의 크기가 더 줄어들지 않는다.

6. 계산기
(1) 표준 계산기는 일반적인 사칙연산을 계산한다.
(2) 입력한 내용을 모두 지울 때는 ESC를 누른다.
(3) 키보드의 숫자 키패드를 사용하여 수식을 입력할 수 있다.
(4) 새 숫자를 메모리에 저장할 때는 MS 단추를 누른다.
(5) 메모리에 저장된 숫자를 불러들일 때는 MR 단추를 누른다.
(6) 공학용 계산기는 삼각 함수나 로그 등을 최대 32자리 유효 숫자까지 계산할 수 있다.
(7) 통계용은 값의 평균/합계, 제곱의 평균/합계, 표준 편차 등을 계산할 수 있다.
(8) 프로그래머용은 2진수, 8진수, 16진수 같은 특별한 숫자체계의 계산을 할 수 있다.
(9) 간단한 계산부터 복잡한 계산까지 작업할 수 있으며, 계산 결과를 복사하여 다른 응용 프로그램에 붙여넣기 할 수 있다.
(10) 단위 변환, 날짜 계산 등을 할 수 있다.

[컴퓨터 5대 장치]

장치		역할	장치
중앙 처리장치 (CPU)	제어장치 (CU)	프로그램으로부터 명령을 추려내어, 해석하고 각종 장치를 제어	CPU
	연산장치 (ALU)	사칙연산, 비교판단 등	
기억장치 (MU)	주기억장치	프로그램과 데이터를 일시적으로 기억	메인 메모리
	보조기억장치	프로그램과 데이터를 장기적으로 기억	하드디스크, CD, DVD, BD
입력장치 (IU ; Input Unit)		프로그램과 데이터를 외부로부터 읽어들임.	키보드, 마우스, 라이트 펜, 스캐너, 터치패드
출력장치 (OU ; Output Unit)		처리한 데이터를 외부로 내보냄.	디스플레이, 프린터, 무선 스피커

5 데이터베이스 구축의 필요성

1. 데이터베이스의 의미

(1) 여러 개의 서로 연관된 파일로, 여러 개의 파일에 있는 정보를 한 번에 검색 가능하다.

(2) 데이터베이스의 관리시스템은 데이터와 파일, 그들의 관계 등을 생성하고 유지하고 검색할 수 있게 해 주는 소프트웨어이며, 파일관리시스템은 한 번에 한 개의 파일에 대해서 생성, 유지, 검색할 수 있는 소프트웨어이다.

2. 데이터베이스의 필요성

(1) 데이터의 중복을 줄인다.
(2) 데이터의 무결성(결함이 없음)과 안전성을 높인다.
(3) 검색을 쉽게 해준다.
(4) 프로그램의 개발 기간을 단축한다.

데이터베이스의 기능
- 입력 기능
- 데이터의 검색 기능
- 데이터의 일괄 관리
- 보고서 기능

3. 데이터베이스의 작업 순서

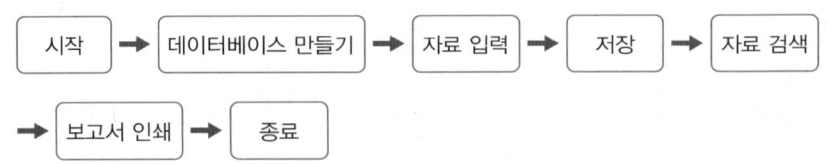

6 인트라넷

1. 조직 내부의 각종 업무를 인터넷과 같은 손쉬운 방법으로 처리할 수 있도록 한 새로운 개념의 네트워크 환경을 말한다.
2. 인터넷에 적용되는 기술과 내부 웹 시스템을 활용해 기업 내 정보 시스템을 구축, 구축된 시스템에 그룹웨어를 도입하여 인터넷과 동일한 브라우저로 그룹웨어를 사용할 수 있다.
3. 멀티미디어를 최대한 활용할 수 있고, 메인프레임과 클라이언트/서버 환경의 장점을 그대로 유지하면서 두 환경의 문제점을 동시에 해결할 수 있다.
4. 별도의 통신망을 구축하지 않더라도 세계 어느 곳에서나 자신이 속한 조직의 정보시스템을 사용할 수 있다.
5. 다른 조직과의 자료교환도 쉬워 상호 정보를 공유할 수 있는 기회가 증가한다.
6. 인터넷 기술을 그대로 이용하기 때문에 적은 비용으로도 큰 성과를 얻을 수 있다.
7. 정보의 보안문제는 단점에 해당한다.

7 진수 변환 방법

1. **2진수** : 2진수에서 사용할 수 있는 숫자는 0과 1이며, 2진수에서 각 자릿값은 2의 제곱으로 나타낸다.

예) 10진수 → 2진수

```
2 | 11
2 |  5 … 1
2 |  2 … 1
     1 … 0
```

∴ $1011_{(2)}$

2진수 → 10진수

$1011_{(2)} = 1 \times 2^3 + 0 \times 2^2 + 1 \times 2^1 + 1 \times 2^0$
$= 8 + 0 + 2 + 1$
$= 11$

1의 보수와 2의 보수

- **1의 보수** : 주어진 이진수의 모든 자리의 숫자를 반전시켜 얻은 수

  예) $10110100_{(2)}$의 1의 보수
  → $01001011_{(2)}$

- **2의 보수** : 1의 보수에 1을 더해서 얻은 수

  예) $10110100_{(2)}$의 2의 보수
  → $01001011_{(2)} + 1_{(2)}$
  $= 01001100_{(2)}$

2. **8진수** : 8진수에서 사용할 수 있는 숫자는 0 ~ 7이며, 8진수에서 각 자릿값은 8의 제곱으로 나타낸다.

예) 10진수 → 8진수

$8 \underline{)17}$
  $2 \cdots 1$ ∴ $21_{(8)}$

8진수 → 10진수
$21_{(8)} = 2 \times 8^1 + 1 \times 8^0$
$= 16 + 1$
$= 17$

3. **16진수** : 16진수에서 사용할 수 있는 숫자와 알파벳은 0 ~ 9와 A ~ F이며, 16진수에서 각 자릿값은 16의 제곱으로 나타낸다.

예) 10진수 → 16진수

$16 \underline{)1578}$
$16 \underline{)98} \cdots 10$
  $6 \cdots 2$ ∴ $62A_{(16)}$

16진수 → 10진수
$62A_{(16)} = 6 \times 16^2 + 2 \times 16^1 + A \times 16^0$
$= 1536 + 32 + 10$
$= 1578$

개념확인문제

01 전자상거래(Electronic Commerce)에 관한 설명을 읽고 ○, ×를 표시하시오.

(1) 내가 겪은 경험담도 전자상거래 상품이 될 수 있다.　　　　　　(　　)
(2) 인터넷 서점, 홈쇼핑, 홈뱅킹 등도 전자상거래 유형이다.　　　　(　　)
(3) 개인이 아닌 공공기관이나 정부는 전자상거래를 할 수 없다.　　(　　)
(4) 팩스나 전자우편 등을 이용하게 되면 전자상거래가 될 수 없다.　(　　)

02 여러 곳에 분산되어 있는 수많은 정보 중에서 특정 목적에 적합한 정보만을 신속하고 정확하게 찾아내어 수집, 분류, 축적하는 과정을 정보검색이라고 한다. 일반적인 정보검색 단계에 대해 다음 (A), (B)에 들어갈 내용은?

| 검색주제 선정 | → | (A) | → | (B) | → | 결과 출력 |

03 워드프로세서에 대한 설명으로 옳지 않은 것은?

① 작성된 문서를 다양한 편집 형태로 출력할 수 있다.
② 새 창을 열지 않고 여러 개의 문서를 불러올 수 있다.
③ 한 줄 블록 설정은 가능하나 문서 전체를 블록 설정할 수는 없다.
④ 문서 안에 다른 프로그램을 연결한 문서를 삽입하여 기능을 확장시킬 수 있다.

답
01 (1) ○ (2) ○ (3) × (4) ×
02 (A) 정보원 선택
　　(B) 검색식 작성
03 ③

02 정보처리능력

> 정보처리능력은 직업생활에서 필요한 정보를 효과적으로 수집하고 분석하여 의미 있는 정보를 찾아내며, 찾아낸 정보를 업무 수행에 적절하도록 효율적으로 조직·관리하고 활용하는 능력을 의미한다.

1 정보 수집

1. 정보 수집의 필요성

가지고 있는 정보가 부족하여 새로운 정보가 필요할 때 정보를 수집해야 하며 정보를 수집할 때는 정보원이 중요하다.

2. 정보의 출처

(1) 정보원(Sources) : 필요한 정보를 수집할 수 있는 원천으로, 공개된 것은 물론이고 비공개된 것도 포함한다.

(2) 정보원의 종류 : 1차 자료와 2차 자료

1차 자료	• 원래의 연구 성과가 기록된 자료 • 단행본, 학술지와 학술지 논문, 학술회의자료, 연구보고서, 학위논문, 특허정보, 표준 및 규격자료, 레터, 출판 전 배포 자료, 신문, 잡지, 웹 정보자원 등
2차 자료	• 1차 자료를 효과적으로 찾아보기 위한 자료 혹은 1차 자료에 포함되어 있는 정보를 압축·정리해서 읽기 쉬운 형태로 제공하는 자료 • 사전, 백과사전, 편람, 연감, 서지데이터베이스 등

(3) 정보원은 가급적 전문가나 이해당사자를 대상으로 하는 것이 좋으며 구축되는 정보원은 정기적으로 관리하는 것이 중요하다.

3. 효과적인 정보 수집 방법

(1) 정보는 인간력이므로 좋은 정보는 신뢰 관계가 좋은 사람에게만 전해진다.
(2) 인포메이션과 인텔리전스를 구분하여 인텔리전스를 수집할 필요가 있다.
(3) 선수필승(先手必勝) : 때로는 질이나 내용보다는 정보를 남들보다 빠르게 잡는 것이 중요하다.
(4) 머릿속에 서랍을 여러 개 만들어 수집된 정보를 잘 정리한다.
(5) 사람의 기억력은 한계가 있기 때문에 정보 수집용 하드웨어를 활용한다.

이것만은 꼭!

인포메이션 VS 인텔리전스
- 인포메이션(Information) : 하나하나의 개별적인 정보
- 인텔리전스(Intelligence) : 정보의 홍수라고 불리는 사회의 무수히 많은 인포메이션 중에 몇 가지를 선별해 그것을 연결시켜 판단하기 쉽게 도와주는 하나의 정보 덩어리

2 정보 분석 및 정보 가공

1. 정보 분석
(1) 여러 정보를 상호 관련지어 새로운 정보를 생성해 내는 활동이다.
(2) 한 개의 정보로는 불분명한 사항을 다른 정보로써 명백히 할 수 있으며, 서로 상반되거나 큰 차이가 있는 정보의 내용을 판단하여 새로운 해석을 할 수도 있다.

2. 정보 분석의 절차

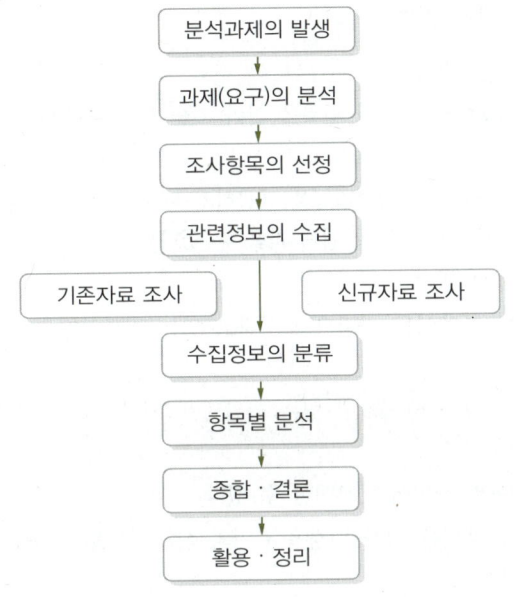

3. 정보 가공
(1) 좋은 정보의 수집과 훌륭한 분석은 업무 수행에 있어 매우 중요하다.
(2) 훌륭한 분석이란 하나의 메커니즘을 그려낼 수 있고 동향, 미래를 예측할 수 있어야 한다.
(3) 보통 1차 정보를 분석하고 압축·가공하여 2차 정보를 작성하게 된다.
(4) 먼저 1차 정보가 포함하는 내용을 몇 개의 설정된 카테고리로 분석하여 각 카테고리의 상관관계를 확정한 후, 1차 정보가 포함하는 주요 개념을 대표하는 용어(key word)를 추출하여 이를 간결하게 서열화 및 구조화하여야 한다.

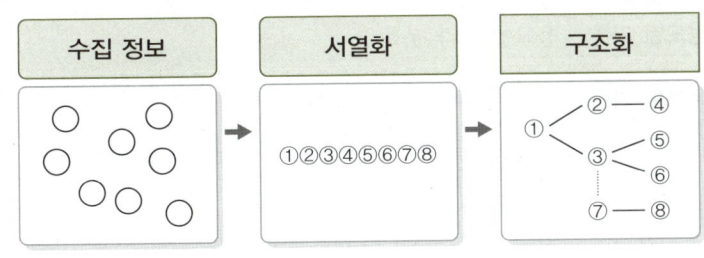

▶ TIP

★ 구 워크북

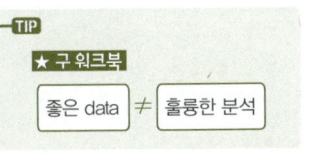

3 정보 관리

1. 정보 관리의 의미
(1) 특정 업무 분야가 정해져 있다면 특정 주제 분야의 정보를 지속적으로 이용하게 될 것이다.
(2) 한 번 이용했던 정보를 버리지 않고 정보관리를 잘하는 것은 정보활용의 중요한 과정에 속한다.

2. 효과적인 정보 관리 방법
(1) 목록을 이용한 정보 관리
　① 정보목록은 정보에서 중요한 항목을 찾아 기술한 후 이를 토대로 정리하면서 만들어 진다.
　② 대부분의 소프트웨어가 검색기능을 제공하기 때문에 목록을 디지털 파일로 저장해 놓으면 찾기 기능 창을 통해 쉽게 찾을 수 있다.

(2) 색인을 이용한 정보 관리
　① 주요 키워드나 주제어를 가지고 소장하고 있는 정보원(Source)을 관리하는 방식이다.
　② 색인은 정보를 찾을 때 쓸 수 있는 키워드인 '색인어'와 색인어의 출처인 '위치정보'로 구성된다.
　③ 한 정보원에 여러 색인어를 부여할 수 있다.
　④ 디지털 파일에 색인을 저장할 경우 추가와 삭제, 변경이 쉽다는 점에서 정보관리에 효율적이다.

(3) 분류를 이용한 정보 관리
　① 가지고 있는 정보를 유사한 것끼리 모아 체계화하여 컴퓨터 폴더에 정리해 두면 나중에 저장해 놓은 정보를 찾을 때 검색 시간을 단축할 수 있고 관련 정보를 한 번에 찾을 수 있다.
　② 분류 기준

기준	내용	예
시간별 기준	정보의 발생 시간별로 분류	2020년 봄, 7월 등
주제별 기준	정보의 내용에 따라 분류	정보사회, ○○대학교 등
기능별/용도별 기준	정보가 이용되는 기능이나 용도에 따라 분류	참고자료용, 강의용, 보고서 작성용 등
유형별 기준	정보의 유형에 따라 분류	음악, 동영상, 한글파일, 파워포인트 파일 등

4 정보 활용

"동적정보"
- 상황에 따라 시시각각으로 변하는 정보로 유통 기한이 있음.
- 신문이나 텔레비전의 뉴스

"정적정보"
- 보존되어 멈추어 있는 정보(저장정보)
- 잡지, 책, CD-ROM, USB 등에 수록되어 있는 영상정보

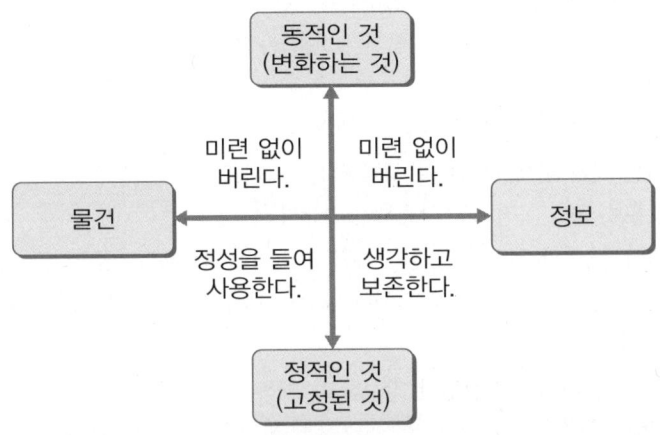

> **TIP 정보 활용 형태**
> - 수집한 정보를 그대로 활용하되 일정한 형태로 표현하여 활용
> - 수집한 정보를 정리, 분석, 가공하여 활용하되 일정한 형태로 표현하여 활용
> - 생산된 정보를 일정한 형태로 재표현하여 활용
> - 일정한 형태로 표현한 정보, 한 번 이용한 정보를 보존, 정리하여 장래에 활용

5 사이버 공간에서 지켜야 할 예절

1. 인터넷의 문제점(역기능)

불건전 정보의 유통(음란 사이트, 도박 사이트, 반사회적 사이트 등), 개인정보 유출, 사이버 성폭력, 사이버 언어폭력(욕설, 비방, 도배, 성적 욕설 등), 언어 훼손, 인터넷 중독, 불건전한 교제, 저작권 침해, 컴퓨터 바이러스, 해킹(Hacking), 스팸 메일 등

> **컴퓨터 바이러스 예방법**
> ① 출처가 불분명한 전자 우편의 첨부파일은 백신 프로그램으로 바이러스 검사 후 사용한다.
> ② 실시간 감시 기능이 있는 백신 프로그램을 설치하고 정기적으로 업데이트한다.
> ③ 바이러스가 활동하는 날에는 시스템을 사전에 미리 검사한다.
> ④ 정품 소프트웨어를 구입하여 사용하는 습관을 가진다.
> ⑤ 중요한 파일은 습관적으로 별도의 보조 기억 장치에 미리 백업을 해 놓는다.
> ⑥ 프로그램을 복사할 때는 바이러스 감염 여부를 확인한다.

> **보충플러스**
> **사이버 범죄**
> - 정보통신망 침해 범죄 : 해킹, 디도스, 악성 프로그램 등
> - 불법콘텐츠 범죄 : 사이버 음란물, 사이버 도박, 사이버 명예 훼손 등
> - 정보통신망 이용 범죄 : 직거래 · 쇼핑몰 사기, 스미싱, 파밍, 개인위치정보 침해, 사이버 저작권침해 등

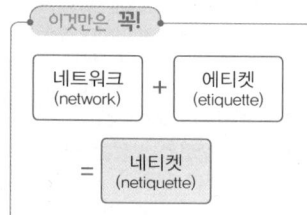

2. 네티켓

(1) 전자우편(E-mail)을 사용할 때
　① 메일을 보내기 전에 주소가 올바른지 다시 한 번 확인한다.
　② 제목은 메시지 내용을 함축하여 간략하게 작성하고, 메시지는 가능한 짧게 요점만 작성한다.
　③ 가능한 메시지 끝에 Signature(성명, 직위, 단체명, 메일 주소, 전화번호 등)를 포함시키되, 너무 길지 않도록 한다.
　④ 타인에 대해 말할 때는 정중함을 지켜야 한다.
　⑤ 타인에게 피해를 주는 언어(비방이나 욕설)는 자제한다.

(2) 채팅을 할 때
　① 마주보고 이야기하는 마음가짐으로 임한다.
　② 엔터키를 치기 전에 한 번 더 생각한다.
　③ 광고, 홍보 등을 목적으로 악용하지 않는다.
　④ 유언비어, 속어와 욕설 게재를 삼가고 상호 비방의 내용은 금한다.
　⑤ 대화방에 들어가면 지금까지 진행된 대화의 내용과 분위기를 경청한다.

(3) 게시판을 사용할 때
　① 글의 내용은 간결하게 요점만 작성하고, 제목은 글의 내용을 파악할 수 있는 함축된 단어를 쓴다.
　② 글을 쓰기 전에 이미 같은 내용의 글이 없는지 확인한다.
　③ 글의 내용 중에 잘못된 점이 있으면 빨리 수정하거나 삭제한다.
　④ 게시판의 주제와 관련 없는 내용은 올리지 않는다.
　⑤ 타인의 의견에 대한 무조건적인 비판 및 비방, 유언비어를 남기지 않는다.

(4) 공개 자료실에서
　① 음란물 및 상업용 소프트웨어의 무단 업로드를 금지한다.
　② 공개 자료실에 등록한 자료는 가급적 압축한다.
　③ 프로그램을 올릴 때에는 사전에 바이러스 감염 여부를 점검한다.
　④ 유익한 자료를 받았을 때에는 올린 사람에게 감사의 편지를 보낸다.

(5) 인터넷 게임을 할 때
　① 상대방에게 항상 경어를 사용한다.
　② 온라인 게임은 온라인상의 오락으로 끝나야 한다.
　③ 게임 중에 일방적으로 퇴장하는 것은 무례한 일이다.
　④ 게이머도 일종의 스포츠맨이므로 스포츠맨십을 가져야 하며, 상대를 존중해야 한다.
　⑤ 이겼을 때는 상대를 위로하고, 졌을 때는 깨끗하게 물러서야 한다.

6 개인정보

1. 개인정보의 의미

(1) 생존하는 개인에 관한 정보로서 정보에 포함되어 있는 성명, 주민등록번호 등의 사항에 의하여 개인을 식별할 수 있는 정보를 말한다.

(2) 해당 정보만으로는 특정 개인을 식별할 수 없더라도 다른 정보와 용이하게 결합하여 식별할 수 있는 것들도 모두 포함한다.

2. 개인정보의 종류

분류	내용
일반 정보	이름, 주민등록번호, 운전면허정보, 주소, 전화번호, 생년월일, 출생지, 본적지, 성별, 국적 등
가족 정보	가족의 이름, 직업, 생년월일, 주민등록번호, 출생지 등
교육 및 훈련 정보	최종학력, 성적, 기술자격증/전문면허증, 이수훈련 프로그램, 서클 활동, 상벌사항, 성격/행태보고 등
병역 정보	군번 및 계급, 제대유형, 주특기, 근무부대 등
부동산 및 동산 정보	소유주택 및 토지, 자동차, 저축현황, 현금카드, 주식 및 채권, 수집품, 고가의 예술품, 보석 등
소득 정보	연봉, 소득의 원천, 소득세 지불 현황 등
기타 수익 정보	보험가입현황, 수익자, 회사의 판공비 등
신용 정보	대부상황, 저당, 신용카드, 담보설정 여부 등
고용 정보	고용주, 회사주소, 상관의 이름, 직무수행 평가 기록, 훈련기록, 상벌기록 등
법적 정보	전과기록, 구속기록, 이혼기록 등
의료 정보	가족병력기록, 과거 의료기록, 신체장애, 혈액형 등
조직 정보	노조가입, 정당가입, 클럽회원, 종교단체 활동 등
습관 및 취미 정보	흡연/음주량, 여가활동, 도박성향, 비디오 대여기록 등

3. 개인정보 유출 예방법

(1) 회원 가입 시 이용 약관을 유심히 읽는다.
(2) 이용 목적에 부합하는 정보를 요구하는지 확인한다.
(3) 비밀번호는 정기적으로 교체한다.
(4) 정체불명의 사이트는 멀리한다.
(5) 가입 해지 시 개인 정보 파기 여부를 확인한다.
(6) 남들이 쉽게 유추할 수 있는 뻔한 비밀번호를 쓰지 않는다.

7 정보능력 빈출 키워드

1. 컴퓨터 보안 위협 용어

(1) 트로이 목마 : 시스템에 불법적인 행위를 수행하기 위해 다른 프로그램으로 위장하여 특정 프로그램을 침투시키는 행위

(2) 디도스(DDoS) : 특정 사이트에 오버플로우를 일으켜 시스템이 서비스를 거부하도록 만드는 행위

(3) 랜섬웨어(Ransomware) : '몸값(Ransom)'과 '소프트웨어(Software)'의 합성어로 시스템을 잠그거나 데이터를 암호화해 사용할 수 없도록 만든 뒤 이를 인질로 금전을 요구하는 악성 프로그램

(4) 스머핑(Smurfing) : 고성능 컴퓨터를 이용해 초당 엄청난 양의 접속신호를 한 사이트에 집중적으로 보냄으로써 상대 컴퓨터의 서버를 접속 불능 상태로 만들어 버리는 해킹 수법

(5) 스푸핑(Spoofing) : 의도적인 행위를 위해 타인의 신분으로 위장하는 것으로, 승인받은 사용자인 것처럼 시스템에 접근하거나 네트워크상에서 허가된 주소로 가장하여 접근 제어를 우회하는 공격 행위

(6) 스누핑(Snooping) : 네트워크상에서 남의 정보를 염탐하여 중요 정보를 불법으로 가로채는 행위

(7) 스니핑(Sniffing) : 네트워크 주변을 지나다니는 패킷을 엿보면서 아이디와 패스워드를 알아내는 행위

(8) 피싱(Phishing) : 유명 기업이나 금융기관을 사칭한 가짜 웹 사이트나 이메일 등으로 개인의 금융 정보와 비밀번호를 입력하도록 유도하여 예금 인출 및 다른 범죄에 이용하는 수법

(9) 파밍(Pharming) : 합법적으로 소유하고 있던 사용자의 도메인을 탈취하거나 도메인 네임 시스템(DNS) 또는 프락시 서버의 주소를 변경함으로써, 사용자들로 하여금 진짜 사이트로 오인하여 접속하도록 유인한 뒤 개인 정보를 훔치는 수법

(10) 백도어(Backdoor) : 일종의 비상구로, 인증되지 않은 사용자의 컴퓨터 시스템 접근이 가능하도록 몰래 설치된 통신 연결 기능

2. 4차 산업혁명 관련 용어

(1) IoT(Internet of Things, 사물인터넷) : 사물에 센서를 부착해 실시간으로 데이터를 인터넷으로 주고받는 기술이나 환경. 유형 혹은 무형의 객체들이 다양한 방식으로 서로 연결되어 개별 객체들이 제공하지 못했던 새로운 서비스를 제공하는 것

(2) AI(Artificial Intelligence, 인공지능) : 인간의 지능이 할 수 있는 사고·학습·모방·자기계발 등을 컴퓨터가 할 수 있도록 연구하는 컴퓨터공학 및 정보기술 분야

(3) AR(Augmented Reality, 증강현실) : 현실의 이미지나 배경에 3차원 가상 이미지를 겹쳐서 하나의 영상으로 보여주는 기술

(4) 5G(5 Generation, 5세대 통신기술) : 28GHz의 초고대역 주파수를 사용하는 이동통신 기술로 최대 다운로드 속도가 20Gbps, 최저 다운로드 속도는 100Mbps인 이동통신 기술

(5) VR(Virtual Reality, 가상현실) : 컴퓨터로 만들어 놓은 가상의 세계에서 사람이 실제와 같은 체험을 할 수 있도록 하는 인간과 컴퓨터 사이의 인터페이스

(6) 유비쿼터스 : '언제 어디서나 존재한다.'라는 뜻의 라틴어에서 유래한 개념으로 사용자가 컴퓨터와 네트워크를 의식하지 않고 장소에 상관없이 자유롭게 네트워크에 접속할 수 있는 기술이나 환경. 이의 실현을 가능하게 하는 핵심 기술 중의 하나가 RFID

(7) RFID(Radio Frequency Identification, 무선주파수 인식) : 전자태그 혹은 스마트 태그. 초소형 반도체(IC칩)에 각종 식별 정보를 입력하여 상품이나 동물에 부착하고, 무선 주파수를 통해 입력된 정보를 수집하고 관리하는 기술. 언제 어디서나 특정 사물의 위치 파악은 물론 관련 정보의 실시간 수집 및 처리가 가능. 바코드를 대체할 차세대 인식기술로 꼽히며, 판독 및 해독 기능을 하는 판독기와 정보를 제공하는 태그(Tag)로 구성

(8) VoIP(Voice over Internet Protocol) : 인터넷 전화. 별도의 데이터 통화 애플리케이션을 설치하면 통신사의 이동통신망이 아니더라도 IP 주소를 사용하는 네트워크를 통해 데이터 음성통화 가능. 이동통신망의 음성을 쓰지 않기 때문에 국외 통화 시 비용을 절감할 수 있음.

(9) Wibro : 무선 광대역 통신 서비스로, 휴대용 단말기를 통해 정지 및 이동 중에 인터넷 접속이 가능하도록 함.

(10) Zigbee : 양방향 무선 개인 영역 통신망 기반의 홈 네트워크 및 무선 센서망에서 사용되는 기술로, 저전력·저비용·저속도를 기반으로 함.

(11) MOT(Multimedia Object Transport, 멀티미디어 객체전송) : 지상파 디지털 멀티미디어 방송(DMB)의 표준 프로토콜의 일종으로 지상파 DMB 수신기에서 텍스트, 정지 영상, 동영상, 오디오 콘텐츠 등을 파일 형태로 수신해 재생할 수 있도록 하는 것

(12) VPN(Virtual Private Network) : 인터넷망을 전용선처럼 사용할 수 있도록 특수 통신 체계와 암호화 기법을 제공하는 가상사설망 서비스

(13) O2O : Online to Offline의 약자로, 온라인의 기술을 이용하여 오프라인의 수요와 공급을 혁신시키는 새로운 현상

(14) O4O : Online for Offline의 약자로, 오프라인에 더 중점을 두어 온라인에서 축적한 기업의 데이터를 상품 조달, 큐레이션 등에 적용해 오프라인 매장에서 구현하는 것

(15) 옴니채널 : '모든 것, 모든 방식'을 의미하는 접두사 '옴니(omni)'와 유통경로를 의미하는 '채널(channel)'의 합성어로, 온라인·오프라인·모바일 등 다양한 경로를 넘나들며 소비자가 언제 어디서든 구매할 수 있도록 한 쇼핑체계

(16) 쇼루밍 : 소비자들이 오프라인에서 제품을 살펴본 후 실제 구입은 온라인에서 하는 현상

(17) 웹루밍 : 온라인으로 제품을 확인하고 오프라인에서 구매하는 현상

(18) 키오스크(Kiosk) : 정보서비스와 업무의 무인·자동화를 통해 대중들이 쉽게 이용할 수 있도록 공공장소에 설치한 무인단말기

(19) 주문형 비디오(VOD ; Video On Demand) : 가입자가 원하는 시간에 원하는 드라마, 영화 등의 방송 프로그램을 선택해 즉시 시청할 수 있는 양방향 영상 서비스

(20) 주문관리 시스템(OMS ; Order Management System) : 주문서를 관리하는 시스템으로 창고관리시스템(WMS), 수배송 관리 시스템(TMS) 등과 함께 공급망관리(SCM) 솔루션 사업에 해당

(21) 화상회의 시스템(VCS ; Video Conference System) : 먼 거리에 떨어져 있는 사람들이 TV 화면의 화상 및 음향 등을 통해 회의를 진행하도록 만든 시스템

(22) GIS(Geographic Information System) : 지리 정보 시스템으로 지리 공간 데이터를 분석 또는 가공하여 교통, 통신 등과 같은 지형 관련 분야에 활용할 수 있는 시스템

(23) GPS(Global Positioning System) : 위성항법장치로 세계 어느 곳에서든지 인공위성을 이용하여 자신의 위치를 정확히 확인할 수 있는 시스템

3. 정보통신망

(1) 근거리 통신망(LAN) : 건물, 기업, 학교 등 가까운 거리에 있는 컴퓨터끼리 연결하는 통신망으로 전송 거리가 짧고 고속 전송이 가능

(2) 도시권 정보 통신망(MAN) : 대도시 근교에서 도시와 도시를 연결하는 통신망이며 LAN과 WAN의 중간 형태로 도시 전체를 대상으로 구축

(3) 광대역 통신망(WAN) : 국가와 국가 또는 전 세계의 컴퓨터가 하나로 연결된 통신망으로 복잡한 네트워크의 효과적 관리가 가능

(4) 부가가치 통신망(VAN) : 통신회사로부터 회선을 빌려 통신망을 구축하고, 인터넷에서 새로운 정보나 서비스를 제공하는 통신망

(5) 종합정보 통신망(ISDN) : 전화 교환망에 디지털 기능을 추가하여 새로운 통신 서비스를 제공하는 통신망. 회선 모드와 패킷 모드의 전송 방식을 통합적인 디지털망으로 확장

(6) 비대칭 디지털 가입자 회선(ADSL) : 전화 회선을 통해 높은 대역폭의 디지털 정보를 전송하는 기술로 전화는 낮은 주파수를, 데이터 통신은 높은 주파수를 이용하며 다운로드 속도가 업로드 속도보다 빠름.

4. 컴퓨터 종류

(1) 퍼지 컴퓨터 : 인간 두뇌의 제어 방법에 가까운 제어를 할 수 있는 컴퓨터

(2) 바이오 컴퓨터 : 인간의 뇌에서 이루어지는 인식·학습·기억·추리·판단 등과 같은 고도의 정보 처리 시스템을 모방하여 만든 컴퓨터

(3) 랩톱 컴퓨터 : 크기 또는 무게가 무릎 위에 얹고 조작할 수 있는 규모의 컴퓨터

(4) 대형 컴퓨터 : 회사 또는 기관 등 조직을 구성하는 모든 구성원들 사이에서 공유할 수 있도록 대용량의 대량 처리 기능을 가지고 있는 컴퓨터
(5) 슈퍼 컴퓨터 : 일기 예보나 회로 설계, 암호문 처리, 유전자 분석과 같이 많은 양의 연산이 필요한 분야에서 주로 사용되는 컴퓨터로 대형 컴퓨터보다 수십 배 이상의 계산 능력을 가짐.

5. 컴퓨터/인터넷 관련 용어

(1) RAM : 주기억장치로, 컴퓨터가 켜지는 순간부터 CPU 연산과 동작에 필요한 모든 내용이 저장됨. 전원을 차단하면 모든 내용이 지워지는 휘발성 기억장치
(2) ROM : 부팅할 때 동작하는 바이오스 프로그램을 저장하는 장치로, 전원을 차단해도 내용이 지워지지 않는 비휘발성 기억장치
(3) DRAM : 동적 램은 흔히 컴퓨터의 메인 메모리로 사용되며, 속도가 빠르고 대용량 저장이 가능하지만 데이터가 일정 시간이 지나면 사라지기 때문에 다시 기록해야 함.
(4) SRAM : 정적 램은 전원 공급이 계속되는 동안에는 저장된 내용을 계속 기억하며, 소용량의 메모리나 캐시메모리에 주로 사용됨.
(5) 플래시 메모리 : 전원을 끄면 데이터를 상실하는 동적 램(DRAM), 정적 램(SRAM)과 다르게 전원이 꺼져도 저장된 정보가 사라지지 않는 비휘발성 메모리. 블록단위로 내용을 처리할 수 있고 속도가 빠르며, 작고 가벼워 디지털카메라, 휴대전화, 게임기 등에 많이 쓰임.
(6) 클라이언트/서버형 통신 : 많은 기능을 제공하는 서버와 서버가 제공하는 기능을 이용하는 클라이언트로 구성됨.
(7) P2P형(Peer to Peer) 통신 : 주종의 관계가 아닌 서로 대등한 상태로 상호 처리함.
(8) 쿠키(Cookie) : 웹사이트에 접속할 때 자동적으로 만들어지는 임시 파일로 이용자가 본 내용, 상품 구매 내역, 신용카드 번호, 아이디(ID), 비밀번호, IP 주소 등의 정보를 담고 있는 일종의 정보파일
(9) 캐시(Cache) : 자주 접속하는 데이터나 프로그램 명령을 캐시메모리에 저장해 두었다가 같은 내용에 대해 중앙처리장치가 명령을 내릴 때 주기억장치로 가기 전에 캐시메모리로 먼저 가서 빠른 속도로 필요한 프로그램을 사용할 수 있도록 하는 것
(10) 플러그인(Plug-In) : 본인확인이나 전자서명, 전자결제 등 웹 브라우저에서 제공하지 않는 기능을 구현하기 위해 별도로 설치하는 프로그램
(11) 디버깅(Debugging) : 버그(Bug)를 잡는다는 의미로, 컴퓨터에 문제가 생길 경우 잘못된 부분을 찾아 고치는 작업
(12) 비콘(Beacon) : 스마트폰과 통신할 수 있는 블루투스 4.0 기반의 근거리 무선 통신 기술. 비콘 단말기가 설치된 지점에서 최대 70m 반경 내에 있는 스마트폰 사용자들을 인식하여 특정 어플리케이션을 설치한 사용자에게 알림을 보내거나 무선 결제가 가능하도록 함.

보충플러스

클라이언트/서버형	• 비용이 저렴하다. • 유지보수를 할 때 서버에 집중할 수 있으며 클라이언트는 단순한 보수로 끝낼 수 있다. • 서버에 장애가 나면 시스템에 큰 영향을 미친다.
P2P형	• 유지보수를 할 때 모든 컴퓨터를 해야 하며 유지보수 비용이 높다. • 보통 방대한 처리가 요구되는 용도에 적합하지 않다. • 컴퓨터 한 대에 장애가 생겨도 시스템 전체에 큰 영향을 미치지 않는다.

(13) 프로토콜(Protocol) : 컴퓨터 간에 자료를 주고받을 때 사용되는 통신방법에 대한 규약
(14) 코덱(Codec) : 음성 또는 영상의 아날로그 신호를 디지털 신호로 변환하는 코더와 디지털 신호를 음성 또는 영상의 아날로그로 변환하는 디코더의 합성어. 코덱을 사용해서 만든 파일은 코덱이 깔려 있어야만 재생 가능함.

6. 소프트웨어

(1) 데모(Demo) : 정식 프로그램의 기능을 홍보하기 위해 기능 및 기간을 제한하여 배포하는 프로그램
(2) 프리웨어(Freeware) : 무료 사용 및 배포, 기간 및 기능에 제한이 없는 누구나 사용할 수 있는 소프트웨어
(3) 베타(Beta) : 정식 버전이 출시되기 전에 프로그램에 대한 일반인의 평가를 받기 위해 제작된 소프트웨어
(4) 상용 소프트웨어 : 정해진 금액을 지불하고 정식으로 사용하는 프로그램
(5) 공개 소프트웨어 : 사용 기간의 제한 없이 무료 사용과 배포가 가능한 프로그램
(6) 애드웨어(Adware) : 배너 광고를 보는 대가로 무료로 사용하는 소프트웨어
(7) 셰어웨어(Shareware) : 자유롭게 사용하거나 복사할 수 있도록 시장에 공개하고 있는 소프트웨어로, 프리웨어와 비슷하나 셰어웨어는 일정 기간만 사용이 가능하며 상업적 용도로는 사용할 수 없음.
(8) 스파이웨어(Spyware) : 다른 사람의 컴퓨터에 잠입하여 중요한 개인정보를 빼가는 소프트웨어

7. 기타 용어

(1) Z 차트 : 월별 실적, 누계 실적, 이동 합계 실적 등 3가지 꺾은선을 하나의 차트에 표시
(2) ABC 분석 : 관리대상을 A, B, C 그룹으로 나누고 A 그룹을 관리대상으로 선정하여 관리노력을 집중함으로써 관리의 효과를 높이는 분석 방법
(3) 단순회귀 분석 : 하나의 종속변수와 하나의 독립변수 사이의 관계를 분석
(4) 다중회귀 분석 : 하나의 종속변수와 여러 독립변수 사이의 관계를 분석
(5) 마르코프 분석 : 시간의 경과에 따라 상태가 확률적으로 변화하는 과정과 그 결과에 대해 분석
(6) 실버서퍼 : 실버(Silver)와 인터넷을 이용하는 사람을 뜻하는 서퍼(Surfer)의 합성어로 인터넷이나 스마트폰과 같은 스마트기기에 관심을 가지고 능숙하게 조작하는 고령층을 지칭
(7) 웹버족 : 인터넷을 뜻하는 웹(Web)과 노인세대를 지칭하는 실버(Silver)의 합성어로, 디지털 라이프를 즐기는 정보화된 노인들을 지칭

(8) 노노세대 : '노인 아닌 노인'으로 여유 있는 자산을 가지고 있으며 디지털 활용능력을 갖추고 사회활동에 적극적으로 참여하고 젊은 세대의 문화를 수용하는 50~60대를 지칭

(9) 실버티즌 : 실버(Silver)와 인터넷 사용자를 뜻하는 네티즌(Netizen)의 합성어로, 인터넷을 이용하는 고령자 계층을 지칭

(10) 코쿤족 : 외부 세상으로 도피하여 자신만의 안전한 공간에 머물려는 칩거증후군의 사람들을 지칭

(11) 카멜레존 : 카멜레온과 영역(Zone)의 합성어로, 상황에 맞춰 용도를 변신하는 현대의 소비 공간 트렌드

(12) 언택트 : 컨택트(Contact)에 언(Un)을 붙인 신조어로, 고객과 마주치지 않고 상품이나 서비스를 판매하는 행위

개념확인문제

01 다음 〈보기〉에 있는 것들을 골라 (1) ~ (4) 중 적절한 곳에 넣으시오.

보기
㉠ 잡지나 책
㉡ 화장실용 휴지
㉢ 신문기사
㉣ 집

(1) 동적인 물건	(2) 동적인 정보
(3) 정적인 물건	(4) 정적인 정보

02 다음 빈칸에 들어갈 가장 적절한 용어는?

'언제 어디서나 존재한다.'라는 뜻의 라틴어에서 유래한 ( )은/는 사용자가 컴퓨터와 네트워크를 의식하지 않고 장소에 상관없이 자유롭게 네트워크에 접속할 수 있는 기술이나 환경을 말한다.

03 다음 중 개인정보의 유출을 방지하기 위한 방법이 아닌 것은?

① 정체불명의 사이트는 멀리하라.
② 비밀번호는 주기적으로 교체하라.
③ 회원가입 시 이용 약관을 읽어라.
④ 비밀번호는 기억하기 쉬운 전화번호를 사용하라.

답
01 (1) ㉡ (2) ㉢ (3) ㉣ (4) ㉠
02 유비쿼터스
03 ④

정보 기출예상문제

▶ 정답과 해설 50쪽

01. 다음 글은 네티켓에 대한 내용이다. 이와 관련된 행동으로 가장 적절한 것은?

> 네티켓은 해당 영역마다 다양하다는 것을 알아야 한다. 어떤 영역에서는 허용되는 행동이 다른 영역에서는 무례하다고 판단될 수 있기 때문이다. 따라서 가상공간에 새롭게 참여하고자 할 때에는 그 환경을 잘 파악하여야 한다. 채팅하는 것을 들어보거나 게재된 글을 읽어보는 등의 준비를 통해 그곳에 소속된 사람들과 그들의 생각을 파악하고 나서 직접 참여하도록 한다.

① 실제 생활에서 적용된 것처럼 똑같은 기준과 행동을 고수하라.
② 다른 사람의 시간을 존중하라.
③ 온라인상의 당신 자신을 근사하게 만들어라.
④ 전문적인 지식을 공유하라.
⑤ 현재 자신이 어떤 곳에 접속해 있는지 알고 그 문화에 어울리게 행동하라.

02. 사람의 이름, 주민등록번호, 생년월일, 전화번호 등과 같이 살아 있는 사람을 식별할 수 있는 정보를 개인정보라 한다. 다음은 개인정보를 그 특징에 따라 구분한 것이다. (가)에 들어갈 올바른 정보는?

구분	사례
신원 정보	
재산 정보	(가)
사회 정보	
신체 정보	
정신적 정보	
기타 정보	

① 학력
② 홍채
③ 생년월일
④ 카드 사용 내역

03. 다음 자료와 정보에 대한 설명이 잘못된 것은?

① 일반적으로 자료는 관찰이나 측정·수집 등을 통해 얻은 사실이나 값을 말한다.
② 정보는 자료를 목적에 맞게 처리하여 새로운 가치를 만들어 내는 것이다.
③ 같은 정보라면 목적이 다르더라도 표현하는 방법이 동일하다.
④ 정보는 기계적으로 처리할 수 있는 자료로 표현되고, 처리된 자료를 근거로 새로운 정보를 생성한다.

04. 합법적인 사용자의 도메인 웹사이트 주소를 탈취해 해커의 위장 사이트로 접속하게 하여 개인정보를 훔치는 인터넷 사기 수법의 명칭은?

① 파밍(Pharming)   ② 스미싱(Smishing)
③ 스푸핑(Spoofing)   ④ 폰지사기(Ponzi scheme)
⑤ 보이스 피싱(Voice phishing)

05. 메신저란 인터넷에서 실시간으로 메시지와 데이터를 주고받을 수 있는 소프트웨어이다. 다음 중 메신저의 특성이 아닌 것은?

① 여러 사람과의 채팅과 음성 채팅도 지원한다.
② 컴퓨터로 작업을 하면서 메시지를 주고받을 수 있다.
③ 뉴스나 증권, 음악 정보 등의 서비스도 제공받을 수 있다.
④ 응답이 즉시 이루어지므로 전자 우편보다 속도가 훨씬 빠르다.
⑤ 메신저를 사용하면 인터넷에 접속해 있는지를 확인할 수 없다.

06. 최 대리는 출근하지 않는 주말에는 하루 종일 인터넷에 파묻혀 지내곤 한다. 필요한 모든 정보 교환과 의사소통을 인터넷으로 해결하는 최 대리가 주의해야 할 인터넷의 악영향이 아닌 것은?

① 해킹이나 바이러스 감염 등으로 개인정보가 유출되어 사생활에 침해를 받을 수 있다.
② 불법으로 복제된 소프트웨어 파일 등을 배포하거나 저작권자의 동의 없이 공개하기도 한다.
③ 업무 장소를 제한하고 보안이 확실한 사무실로 업무 가능지역이 좁아진다.
④ 서로 얼굴을 볼 수 없기 때문에 욕설이나 비방, 유언비어 등 언어폭력이 많이 일어날 수 있다.
⑤ 인터넷 이용이 보편화되면서 인터넷에 지나치게 빠져 생활의 곤란을 겪게 될 수 있다.

07. 컴퓨터 바이러스를 예방하는 방법으로 옳은 것을 〈보기〉에서 모두 고르면?

보기
㉠ 백신 프로그램을 설치하고 자주 업데이트한다. ㉡ 전자 우편(E-mail)은 안전하므로 바로 열어서 확인한다. ㉢ 인터넷에서 자료를 받았을 때는 바이러스 검사 후에 사용한다. ㉣ 좋은 자료가 많은 폴더는 정보 공유를 위해 무조건 서로 공유하여 사용한다.

① ㉠, ㉡
② ㉠, ㉢
③ ㉡, ㉢
④ ㉡, ㉣
⑤ ㉢, ㉣

08. 사이버 공간에서 지켜야 하는 예절인 네티켓에 어긋나는 행위는?

① 타인에게 피해를 주는 언어(비방이나 욕설)는 쓰지 않는다.
② 대화방에 들어가면 지금까지 진행된 대화의 내용과 분위기 파악에 힘쓴다.
③ 광고, 홍보 등을 목적으로 악용하지 않는다.
④ 상업용 프로그램은 공개 자료실에만 올린다.
⑤ 글을 쓰기 전에 이미 같은 내용의 글이 없는지 확인한다.

09. 메신저 피싱 사기를 예방하는 방법으로 적절하지 않은 것은?

① 메신저로 금전을 요구하는 경우 반드시 전화를 통해 확인하기
② 메신저를 통해 개인 정보를 알려 주지 않기
③ 가급적이면 메신저 비밀번호 변경 자제하기
④ 공공장소에서는 메신저 사용 자제하기
⑤ 메신저 자체 보안 설정 및 보안 프로그램을 최신 버전으로 업데이트하기

10. 정보사회에 대한 다음 설명을 참고할 때, 정보사회에 대한 낙관론으로 적절하지 않은 것은?

> 정보사회란 정보화가 이루어진 사회이다. 정보화는 정보가 경제적, 사회적으로 확대되는 과정이다. 이러한 측면에서 볼 때 정보화가 진전될수록 정보를 만들고 운반하는 기능이 더욱 중요해지고 언론사와 인터넷 등 정보관련 직업이 더욱 늘어나게 된다. 또한 정보의 다양화로 인해 우리들의 생활 전반에 걸쳐 많은 변화가 일어난다. 과거에는 신문이나 방송을 통해 우리가 살고 있는 지구촌 소식을 접했지만 이제는 인터넷의 확산으로 컴퓨터를 통해 24시간 동안 정보를 접하게 된 것이다. 이러한 정보화가 사회 전반에 걸쳐 충분히 이루어진 사회가 정보사회라고 할 수 있다.

① 시민들이 보다 많은 정보를 접할 수 있고 다양한 경로를 통해 다양한 정치 과정에 직접 참여할 수 있다.
② 공학 기술의 발달에 따라 많은 분야에서 컴퓨터나 기계가 인간의 노동력을 대치하게 된다.
③ 사람들이 보다 창조적인 일에 종사할 수 있다.
④ 육체적 힘보다 지적인 힘이 중요하기 때문에 고용상의 남녀평등을 촉진시킬 수 있다.
⑤ 개인들은 다양한 가상공간 등을 통해 사적인 관심과 흥미를 적극적으로 추구할 수 있다.

11. 다음 중 정보화 사회의 의미와 특징을 올바르게 설명한 것을 〈보기〉에서 모두 고르면?

보기

(가) 경제 활동의 중심이 상품의 정보나 서비스, 지식의 생산으로부터 벗어나고 있다는 걸 의미한다고 봅니다.
(나) 거의 모든 사회생활에서 정보 의존도가 커지고 있는 걸 보면 정보화 사회는 정보의 사회적 중요성이 가장 많이 요구됩니다.
(다) 선진국보다 산업화는 늦었지만 정보화는 앞장서자는 것이 우리나라 정부의 핵심 가치 중 하나인 걸로 알고 있어요.
(라) 지식정보와 관련된 산업이 부가가치를 높일 수 있는 사회로 변화되고 있다는 게 하나의 특징입니다.
(마) 정보화 덕분에 수직적 네트워크 커뮤니케이션이 가능한 사회가 되어가고 있는 것이 사실입니다.

① (가), (나), (마) ② (가), (다), (라) ③ (가), (라), (마)
④ (나), (다), (라) ⑤ (다), (라), (마)

12. 공항에서 근무하는 A는 요일, 연령, 시간대별 이용객들의 공항 이용 현황 및 여행 목적을 파악하기 위하여 여러 가지 데이터를 수집하였다. A가 수집한 데이터를 '자료', '정보', '지식'으로 구분할 때 다음 〈보기〉와 같이 수집된 데이터 중 '정보'에 해당하는 데이터 두 가지는 무엇인가?

보기

가. 월요일의 전체 공항 이용객 수
나. 토요일 오전 출장자 전체 숫자 중 40대의 비중
다. 여행 시간대별, 요일별 공항 혼잡도를 통한 해소 대책
라. 70대 이상 노인의 여행 목적
마. 요일별 관광 목적 이용객이 가장 밀집된 시간대

① 가, 다 ② 가, 라 ③ 나, 라
④ 나, 마 ⑤ 다, 마

13. 다음은 정보의 자산가치에 따라 보안등급을 구분한 표이다. 이를 근거로 할 때 건강상태 등의 '의료정보'와 회원번호, 사번 등의 '제한적 본인 식별 정보'가 포함되는 등급을 순서대로 바르게 나열한 것은?

등급	설명	자산 가치	분류	개인정보 종류
1등급	그 자체로 개인식별이 가능하거나, 민감한 개인정보 또는 관련 법령에 따라 처리가 엄격히 제한된 개인정보. 유출 시 범죄에 직접적으로 이용 가능한 정보	5	고유식별 정보	주민번호, 여권번호, 운전면허번호, 외국인등록번호
			민감정보	사상·신념, 노동조합·정당의 가입·탈퇴, 정치적 견해, 병력(病歷), 신체적·정신적 장애, 성적(性的) 취향, 유전자검사정보, 범죄경력정보 등 사생활을 현저하게 침해할 수 있는 정보
			인증정보	비밀번호, 바이오정보 (지문, 홍채, 정맥 등)
			신용정보/금융정보	신용정보, 신용카드번호, 계좌번호 등
			위치정보	개인 위치정보 등
			기타 중요정보	해당 사업의 특성에 따라 별도 정의
2등급	조합되면 명확히 개인식별이 가능한 개인정보. 유출 시 법적 책임 부담 가능한 정보	3	개인식별정보	이름, 주소, 전화번호, 핸드폰번호, 이메일주소, 생년월일, 성별 등
			개인관련정보	학력, 직업, 키, 몸무게, 혼인여부, 가족상황, 취미 등
			기타 개인정보	해당 사업의 특성에 따라 별도 정의
3등급	개인정보와 결합하여 부가적인 정보 제공 가능 정보. 제한적인 분야에서 불법적 이용 가능 정보	1	자동생성정보	IP정보, MAC주소, 사이트 방문기록, 쿠키(Cookie) 등
			가공정보	통계성 정보, 가입자 성향 등
			기타 간접 개인정보	해당 사업의 특성에 따라 별도 정의

① 1등급, 2등급
② 1등급, 3등급
③ 2등급, 1등급
④ 2등급, 2등급
⑤ 2등급, 3등급

14. K 사원은 연이율 7%로 2,500만 원 금액의 승용차를 24개월 할부로 구입할 때 매월 상환금을 계산하려 한다. 이때 사용할 수 있는 엑셀 함수로 가장 올바른 것은?

① DGET
② HLOOKUP
④ CHOOSE
③ PMT

15. K 사원은 문서를 작성하다가 장이나 절 또는 주제가 달라서 페이지를 바꾸고자 한다. 이때 페이지 나누기 기능을 이용하면 원하는 위치에서 페이지를 나눌 수 있는데 강제로 페이지를 나누어 새 페이지를 시작하는 단축키로 가장 올바른 것은?

① Ctrl+Enter
② Ctrl+Page Down
③ Ctrl+Home
④ Ctrl+End

16. 다음 인터넷 관련 용어 중 그 의미가 올바르지 않은 것은?

① 미러 사이트(Mirror Site) : 다수의 이용자들이 동시에 접속할 경우 액세스 분산화와 네트워크 부하를 방지할 목적으로 같은 내용을 복사한다.
② 쿠키(Cookie) : 웹 사이트의 방문 기록(ID)을 남겨 사용자와 웹 사이트를 매개해 주는 역할을 한다.
③ 워터마킹(Watermarking) : 오디오, 비디오, 이미지 등의 디지털 콘텐츠에 육안으로 구별할 수 없도록 저작권 정보를 삽입하여 불법 복제를 막는 기술이다.
④ GIS : 영상이나 음성을 디지털로 변환하는 기술로 언제 어디서나 다양한 콘텐츠를 접할 수 있는 서비스이다.
⑤ GPS : 위성항법장치로 세계 어느 곳에서든지 인공위성을 이용하여 자신의 위치를 정확히 확인할 수 있는 시스템이다.

17. 다음 중 유틸리티 프로그램으로 볼 수 없는 것은?

① 고객 관리 프로그램
② 화면 캡처 프로그램
③ 이미지 뷰어 프로그램
④ 동영상 재생 프로그램
⑤ 바이러스 백신 프로그램

18. 다음 중 Windows의 'Windows 작업 관리자' 창에서 수행할 수 없는 작업은?

① 현재 사용 중인 앱과 백그라운드 프로세스의 수를 확인할 수 있다.
② 현재 실행 중인 프로그램을 강제로 종료시킬 수 있다.
③ 시스템의 CPU 사용 내역이나 할당된 메모리의 크기를 파악할 수 있다.
④ 사용자 계정의 추가와 삭제를 수행할 수 있다.
⑤ 현재 네트워크 상태를 보고 네트워크 이용률을 확인할 수 있다.

19. 다음 내용에 해당하는 검색 방식으로 적절한 것은?

> 이 검색 방식은 검색엔진에서 문장 형태의 질의어를 형태소 분석을 거쳐 언제(When), 어디서(Where), 누가(Who), 무엇을(What), 왜(Why), 어떻게(How), 얼마나(How much)에 해당하는 5W2H를 읽어내고 분석하여 각 질문에 답이 들어있는 사이트를 연결해 준다.

① 자연어 검색 방식
② 주제별 검색 방식
③ 통합형 검색 방식
④ 키워드 검색 방식
⑤ 연산자 검색 방식

20. 다음에 제시된 엑셀 함수의 종류와 그 설명이 올바른 것은?

가. IF 함수	지정한 범위에서 빈 셀을 제외한 셀의 개수를 구할 때 사용
나. COUNTA 함수	지정한 범위의 셀 값 중 조건에 만족하는 셀의 합을 구할 때 사용
다. SUMIF 함수	지정한 범위의 셀 값 중 조건에 만족하는 셀의 평균을 구할 때 사용
라. AVERAGEIF 함수	조건식을 지정하고 참, 거짓 여부를 판단할 때 사용
마. ROUND 함수	대상 값을 지정한 소수 아해 자릿수로 반올림할 때 사용하는 함수

① 가　　② 나　　③ 다
④ 라　　⑤ 마

21. 다음 중 파일 압축에 관한 올바른 설명이 아닌 것은?

① zip과 같은 압축된 파일이나 '보관 속성' 또는 '저장 속성'을 가진 파일을 아카이브 파일이라고 한다.
② 여러 개의 파일을 하나의 파일로 압축할 수 있다.
③ Windows에서는 기본적으로 파일이나 폴더의 크기를 줄여주는 압축 기능을 제공한다.
④ 압축을 통하여 디스크 저장 공간을 넓히고 파일 전송 처리 능력을 향상시킬 수 있다.
⑤ 파일 압축을 재압축하는 방식으로 파일의 크기를 더 줄일 수 있다.

22. 다음은 엑셀의 어떤 기능에 대한 설명인가?

데이터를 요약, 분석, 탐색 및 표시할 수 있는 방법으로 다양한 각도에서 데이터를 쉽게 볼 수 있다.

① 피벗 테이블　　② 정렬　　③ 가상 분석
④ 차트　　⑤ 고급 필터

23. 다음 중 기본 프린터에 관한 설명으로 잘못된 것은?

① 기본 프린터란 인쇄 명령 수행 시 특정 프린터를 지정하지 않을 경우 인쇄 작업이 전달되는 프린터를 말한다.
② 기본 프린터는 여러 개 지정할 수 있으며, 프린터 아이콘의 왼쪽 하단에 체크 표시가 되어 있다.
③ 특정 프린터의 기본 프린터 기능을 해제하려면 다른 프린터를 기본 프린터로 설정하면 된다.
④ 네트워크 프린터나 추가 설치된 프린터도 기본 프린터로 설정할 수 있다.
⑤ 기본 프린터로 설정된 프린터도 네트워크상의 다른 컴퓨터에서 사용할 수 있다.

24. 사회 현상이 복잡해지고 다양해짐에 따라 기업, 행정, 산업, 가정, 교육 등 컴퓨터활용의 분야는 매우 광범위하게 늘어나고 있다. 다음 컴퓨터활용시스템 중 활용 분야가 나머지와 다른 하나는?

① CAD ② MIS ③ POS
④ CAM ⑤ FA

25. 워드프로세서가 가지고 있는 매크로 기능에 관한 설명으로 옳지 않은 것은?

① 자주 사용하는 어휘나 도형 등을 약어로 등록하여 필요할 때 약어만 호출하여 같은 내용을 반복 사용하는 기능이다.
② 작성한 매크로는 별도의 파일로 저장할 수 있다.
③ 키보드 입력을 기억하는 '키 매크로'와 마우스 동작을 포함한 사용자의 모든 동작을 기억하는 '스크립트 매크로'가 있다.
④ 동일한 내용의 반복 입력이나 도형, 문단 형식, 서식 등을 여러 곳에 반복 적용할 때 유용하다.
⑤ 작성한 매크로는 다시 불러와 편집이 가능하다.

26. 엑셀의 워크시트에서 [B3] 셀이 선택되어 있는 경우, 각 키의 사용 결과로 옳지 않은 것은?

① Home 키를 눌러서 현재 열의 첫 행인 [B1] 셀로 이동한다.
② Enter↵ 키를 눌러서 한 행 아래인 [B4] 셀로 이동한다.
③ Ctrl + Home 키를 눌러서 [A1] 셀로 이동한다.
④ Ctrl + End 키를 눌러서 데이터가 포함된 마지막 행/열에 해당하는 셀로 이동한다.
⑤ Shift + Enter↵ 키를 눌러서 한 행 위인 [B2] 셀로 이동한다.

27. 다음 중 유틸리티 프로그램의 사용 상황을 설명한 내용으로 적절하지 않은 것은?

① 압축해 놓은 파일들이 있는데, 다른 압축파일을 깔고 압축을 새로 해야 하는 줄 알았더니 안 그래도 되던걸?
② 어떤 화면 캡처 프로그램은 내가 원하는 영역만 골라서 캡처를 할 수도 있더라고요. 그런 거 알고 계셨어요?
③ 어제 너무 멋진 동영상이 있어서 다운을 받아뒀거든. 그런데 동영상이라 멋진 장면을 캡처해서 사진으로 보관하지 못하는 게 너무 안타까워.
④ 백신은 사용자의 PC 사양 및 환경, 접근성 등에 따라 결정하는 게 좋다고들 하던데… 국산 백신 프로그램 중 V3는 무료라고 해서 그걸 다운받아 사용 중입니다.
⑤ 이미지 뷰어 사용 시에 해상도가 640×480픽셀이라는 말은 그 이미지 안에 작은 사각형 점(픽셀)이 30만 7,200개가 들어있다는 뜻이라는 점 알아두세요.

28. A는 동료들과 함께 인터넷 검색의 유용한 팁에 대하여 이야기를 나누고 있다. 인터넷 정보 검색 시의 유의 사항으로 알맞지 않은 것은?

① 키워드는 복잡하면 검색이 잘 안 될 수 있으니 간결하고 명료할수록 좋아.
② 각각의 검색엔진에서 사용할 수 있는 기능들에 대한 도움말을 사전에 반드시 읽어서 검색엔진의 특징을 알아두면 편리하게 사용할 수 있지.
③ 일반적인 검색 이외에 특정한 데이터는 나름의 검색 방법이 따로 있어서 적절한 검색엔진의 선택도 중요해.
④ 검색엔진이 제시하는 결과물에 무조건적인 신뢰를 두는 일은 위험할 수도 있어.
⑤ 검색엔진마다 연산자가 다를 수 있으니 이를 정확히 숙지할 필요가 있지.

29. 다음은 Windows에서 Alt 키를 이용한 단축키와 그 설명이 바르지 않은 것은?

①	Alt + Enter	선택한 항목의 속성 대화상자를 표시한다.
②	Alt + Esc	현재 실행 중인 프로그램들을 순서대로 바로 전환한다.
③	Alt + Tab	현재 실행 중인 프로그램 목록을 화면에 표시하여 프로그램 간 이동을 가능하게 한다.
④	Alt + F4	현재 창에서 창 조절 메뉴를 표시한다.
⑤	Alt + D	탐색기 또는 인터넷에서 주소창을 선택한다.

30. 신입사원 A의 컴퓨터활용능력을 알아보기 위하여 팀장은 다음과 같은 업무를 지시하였다. 팀장의 지시사항을 모두 이행하기 위하여 A가 사용해야 할 컴퓨터 프로그램끼리 바르게 짝지어진 것은?

> "이번 주 금요일에는 중요한 프레젠테이션이 예정되어 있으니 자료 정리를 좀 해 주게. 우선 시기별 거래 금액 등 그간의 거래 내역을 다양한 기준으로 확인할 수 있도록 표로 정리를 해서 나에게 이메일로 파일을 좀 전해주게. 주기 전에 바이러스 체크하는 것 잊지 말고. 그리고 프레젠테이션이 끝난 후 우리 신제품을 소개해야 하니까 3D 입체 이미지를 구현할 수 있도록 별도 자료는 USB에 꼭 담아서 준비해 두게."

① 아래한글, MS Excel, 윈집, 코렐드로
② MS Excel, V3, 아래한글, 윈도우 미디어 플레이어
③ MS Powerpoint, MS Excel, 윈집, 윈도우 미디어 플레이어
④ 아래한글, 3D Max, 안티바이러스, 밤톨이
⑤ MS Powerpoint, MS Excel, V3, 코렐드로

31. 최근에는 정보화 시대를 맞아 직장 생활뿐 아니라 가정생활에 있어서도 컴퓨터와 인터넷을 활용할 줄 아는 능력이 점점 많이 요구되고 있다. 다음에 제시된 정보통신망과 관련된 용어 설명이 잘못된 것은?

① LAN : 근거리의 한정된 지역 또는 건물 내에서 데이터 전송을 목적으로 연결되는 통신망으로 단일기관의 소유이면서 수 km 범위 이내의 지역에 한정되어 있는 통신 네트워크를 말한다.
② MAN : LAN과 WAN의 중간 형태의 통신망으로 특정 도시 내에 구성된 각각의 LAN들을 상호 연결하여 자원을 공유한다.
③ WAN : ISDN보다 더 광범위한 서비스로 음성 통신 및 고속 데이터 통신, 정지화상 및 고해상도의 동영상 등의 다양한 서비스를 제공한다.
④ VAN : 통신 회선을 빌려 단순한 전송기능 이상의 정보 축적이나 가공, 변환 처리 등의 부가가치를 부여한 정보를 제공하는 통신망
⑤ ISDN : 음성이나 문자, 화상 데이터를 종합적으로 제공하는 디지털 통신망

32. 다음 엑셀 시트에서 제품코드에 들어 있는 4자리 숫자는 제조연도를 의미한다. [F2] 셀의 수식을 [F10] 셀까지 채우기 핸들로 끌어 입력하려고 할 때, [F2] 셀에 들어갈 수식으로 알맞은 것은?

	A	B	C	D	E	F
1	제품번호	제품코드	제품색상	제품가격	생산국	제조년도
2	1	BR2006	흰색	20,000	브라질	
3	2	CA2011	흰색	30,000	캐나다	
4	3	CHN2009	빨간색	32,000	중국	
5	4	ESP2012	파란색	45,000	스페인	
6	5	ITA2001	흰색	25,000	이탈리아	
7	6	JPN2016	빨간색	27,000	일본	
8	7	KR2004	파란색	30,000	한국	
9	8	RU1999	노란색	32,000	러시아	
10	9	US2015	노란색	42,000	미국	
11						

① =LEFT(B2, 4)   ② =RIGHT(B2, 4)   ③ =RIGHT(B2, 3)
④ =MID(B2, 3, 4)   ⑤ =MID(B2, 4, 4)

33. 다음 대화를 참고할 때 빈칸에 들어갈 파일의 확장자 명을 (가) ~ (바)에서 찾아 순서대로 바르게 나열한 것은?

> A : RAW 파일은 가공되지 않은 원본 이미지 파일을 통칭하는 포맷인데, 촬영본 그대로의 정보를 보존하고 있어서 이미지 보정 작업을 할 때 빛을 발할 수 있대.
> B : 그렇구나. (　) 파일은 무손실 데이터 압축이 가능한 확장자래. JPEG 파일과는 달리 온라인에 업로드할 때 텍스트와 로고가 선명하게 유지된다고 하는군.
> A : (　) 파일은 비디오와 오디오 데이터뿐만 아니라 자막, 스틸 이미지 등의 데이터를 저장하는 데 사용할 수 있는 동영상 확장자이기도 하지.
> B : 동영상 확장자라고 해서 생각난 건데, (　)는(은) 애플에서 개발한 동영상 포맷으로 여러 가지 종류의 코덱을 사용할 수 있지. iOS 계열의 기기에서 녹화한 영상은 이 포맷의 동영상으로 저장되기도 해.

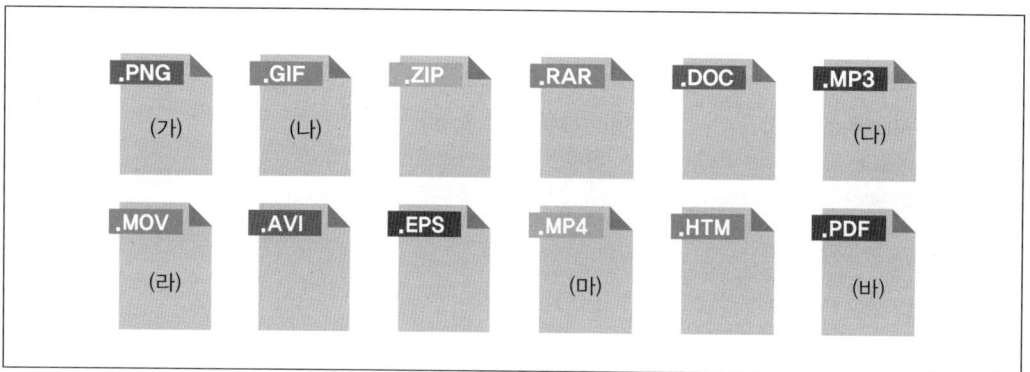

① (가), (마), (라)　　② (가), (마), (바)　　③ (나), (다), (라)
④ (나), (다), (바)　　⑤ (바), (다), (라)

34. 다음에 제시된 워크시트에서 부분합의 기능을 이용하여 '성별'에 따라 점수의 평균을 구하려고 한다. 부분합을 실행한 결과가 바르게 나오기 위해 가장 먼저 해야 하는 작업은?

	A	B	C	D
1	부서배치 결과표			
2	응시번호	성별	점수	결과
3	DW-001	남	90	영업
4	DW-002	여	88	영업
5	DW-003	남	68	관리
6	DW-004	여	73	영업
7	DW-005	남	66	관리
8				

① '평균' 필드를 '점수' 필드 옆에 삽입해야 한다.
② '결과' 필드를 값이 같은 것끼리 정렬해야 한다.
③ '성별' 필드를 기준으로 데이터를 정렬해야 한다.
④ '점수' 필드를 '결과' 필드 옆으로 이동해야 한다.
⑤ '부분합' 대화 상자에서 '새로운 값으로 대치'를 설정해야 한다.

35. 다음 빈칸에 공통으로 들어갈 알맞은 용어는?

> 우리에게는 '정보'라는 단어가 하나밖에 없지만, 영어에는 정보에 해당하는 단어가 2개 있다. 하나는 일반적으로 정보라고 번역되는 '인포메이션(Information)'이고 다른 하나는 (　　)다. 그렇다면 인포메이션과 (　　)에는 어떤 차이가 있을까?
> 인포메이션은 하나하나의 개별적인 정보를 나타낸다. 예를 들어, 오늘의 일본 경제 주가가 16,500엔이라든가, 일본의 수도가 도쿄라든가 하는 식의 단순한 정보이다. 이에 반해 (　　)란 정보의 홍수라고 불리는 사회의 무수히 많은 인포메이션 중에 몇 가지를 선별해 그것을 연결시켜 뭔가 판단하기 쉽게 도와주는 하나의 정보 덩어리라고 할 수 있다. 즉, 일본 경제 주가가 16,500엔이라는 인포메이션은 단순한 정보에 불과하지만 앞으로 주가가 오를지 내릴지를 어느 정도 예측한다면 이는 (　　)가 되는 것이다. 결국 우리는 단순한 인포메이션을 수집할 것이 아니라 직접적으로 도움을 줄 수 있는 (　　)를 수집할 필요가 있다.

① 인포섹　　② 퓨처시스템　　③ 포스티지
④ 유즈넷　　⑤ 인텔리전스

고시넷 **NCS 고졸채용** 통합기본서

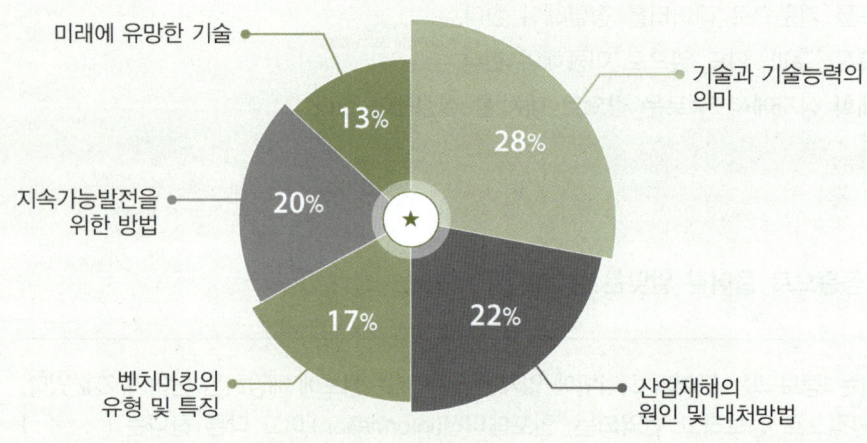

유형별 출제비중
- 미래에 유망한 기술 13%
- 기술과 기술능력의 의미 28%
- 산업재해의 원인 및 대처방법 22%
- 벤치마킹의 유형 및 특징 17%
- 지속가능발전을 위한 방법 20%

하위영역
- **기술이해능력** : 기본적인 업무 수행에 필요한 기술의 원리 및 절차를 이해하는 능력
  → 기술의 개념과 용어, 기술의 원리와 절차, 기술이 미치는 영향, 기술·인간·환경의 관계
- **기술선택능력** : 기본적인 일 경험에서 필요한 기술을 선택하는 능력
  → 기술선택의 의미, 기술선택 방법, 벤치마킹 활용, 매뉴얼, 지적재산권 이해
- **기술적용능력** : 기본적인 직업 생활에 필요한 기술을 실제로 적용하고 결과를 확인하는 능력
  → 기술의 효과적 활용, 기술 적용의 문제점, 기술 유지와 관리방법, 최신 기술의 동향

파트 7

기술능력

개요 기술능력
01 기술이해능력
02 기술선택능력
03 기술적용능력

- 기출예상문제

개요 기술능력

직업인이 직업생활에서 필요한 기술을 이해하고, 효율적인 기술을 선택하여 다양한 상황에 기술을 적용하기 위해서는 기본적인 기술능력의 함양은 필수적이다.

1 기술

1. 기술의 의미

> **보충플러스 +**
> 기술의 의미는 보는 사람의 관점에 따라 서로 다른 정의를 내릴 수 있다.

(1) 물리적인 것뿐 아니라 사회적인 것으로서 지적인 도구를 특정 목적에 사용하는 지식체계이다.
(2) 인간이 주위 환경에 대한 통제를 확대하는 데 필요한 지식의 적용이다.
(3) 제품이나 용역을 생산하는 원료, 생산공정, 생산방법, 자본재에 관한 지식의 집합체이다.
(4) 과거의 기술은 노하우(Know-how)의 개념이 강하였으나 점차 노하우와 노와이가 결합하였으며, 현대적 기술은 주로 과학을 기반으로 하는 기술(Science-based Technology)이 되었다.

노하우(Know-how)	노와이(Know-why)
• 특허권을 수반하지 않는 과학자, 엔지니어 등이 가지는 체화된 기술 • 경험적 · 반복적인 행위에 의해 습득	• 어떻게 기술이 성립하고 작용하는가의 원리적 측면에 대한 개념 • 이론적인 지식으로 과학적 탐구에 의해 습득

2. 기술의 특징

(1) 기술은 하드웨어나 인간에 의해 만들어진 비자연적인 대상 혹은 그 이상을 의미한다.
(2) 기술은 노하우를 포함한다. 기술의 설계 · 생산 · 사용을 위해 필요한 정보 · 기술 · 절차를 갖는 데 노하우가 필요하다.
(3) 기술은 하드웨어를 생산하는 과정이다.
(4) 기술은 인간의 능력을 확장시키기 위한 하드웨어와 그것의 활용이다.
(5) 기술은 정의 가능한 문제를 해결하기 위해 순서화되고 이해 가능한 노력이다.

3. 기술의 중요성

(1) 글로벌 경쟁시대에서는 기업의 기술 확보가 경쟁력을 결정한다. 특히 기술이전이 빠른 산업 분야는 기술의 변화 및 동향에 뒤처지지 않아야 한다.

(2) 4차 산업혁명을 이끄는 사물인터넷(IoT), 클라우드, 빅데이터, 인공지능(AI) 기술 등은 생산과 비즈니스 모델의 혁신을 견인하고 기업경쟁력 강화에 중요한 요소가 되고 있으며, 이러한 기술발전에 따른 습득과 기술 향상, 스마트 기술을 활용할 수 있는 구성원의 확보가 중요해지고 있다.

> **이것만은 꼭!**
> **4차 산업혁명**
> 빅데이터, 사물인터넷, 인공지능 등 미래 주도 기술은 인간의 지능을 대신하고, 편리함을 제공하며 새로운 형태의 산업을 탄생시킨다. 이 기술들을 4차 산업혁명 또는 디지털 전환을 주도할 기술이라고 부른다.

4. 기술의 개념 변화 ★ 구 워크북

(1) 1970년대까지 기술은 과학의 응용이므로 과학의 발전이 자동으로 기술의 발전을 낳는다고 생각하였다.
 ① 기술 : 과학을 적용하여 자연의 사물을 인간 생활에 유용하도록 가공하는 수단
 ② 과학 : 보편적인 진리나 법칙의 발견을 목적으로 한 체계적인 지식

과학 → 기술 → 생산 및 경제 발전

(2) 1970년대 이후에는 기술도 과학과 마찬가지로 지식이라는 시각으로 변화하였다.
 ① 기술 : 실용성, 효용성, 디자인을 강조한 지식
 ② 과학 : 추상적 이론, 지식을 위한 지식, 본질에 대한 이해를 강조한 지식

5. 페로우(Perrow)의 기술 분류

페로우는 과업의 다양성(예외적인 사건의 정도)과 문제의 분석 가능성(표준화된 절차에 의해 수행되는 정도)을 기준으로 조직의 기술을 4가지로 구분하여 조직구조와의 관계를 분석하였다.

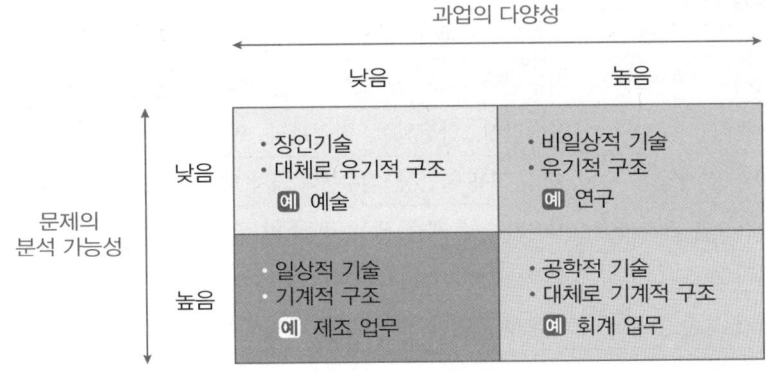

> **이것만은 꼭**
>
> **CSR**
> Corporate Social Responsibility의 약자로 기업 활동에 영향을 받거나 영향을 주는 직간접적 이해관계자에 대해 법적, 경제적, 윤리적 책임을 감당하는 경영 기법이다.

2 지속가능한 발전

1. 지속가능한 발전의 의미

(1) 1970년대 인구와 산업의 발전이 무한히 계속될 수 없다는 문제가 제기되며 지속가능한 발전이라는 개념이 등장했고 1987년 세계환경개발위원회(WCED)가 발표한 『우리 공동의 미래』 보고서에서 "환경보호와 경제적 발전이 반드시 갈등 관계에 있는 것은 아니다."라고 발표하며 알려졌다.

(2) 지구촌의 현재와 미래를 포괄하는 개념으로 현재의 욕구를 충족시키면서 동시에 후속 세대의 욕구 충족을 침해하지 않는 발전을 의미한다.

(3) 경제적 활력, 사회적 평등, 환경 보존을 동시에 충족시키는 발전이다.

2. 지속가능한 기술의 의미

(1) 이용 가능한 자원과 에너지를 고려하고, 자원이 사용되고 재생산되는 비율의 조화를 추구하며, 자원의 질을 생각하고, 생산적인 방식으로 사용되는가에 주의를 기울인다.

(2) 태양 에너지 등 고갈되지 않는 자연 에너지를 활용하며 낭비적인 소비 형태를 지양하고 환경효용을 추구한다.

3. 지속가능한 발전을 위한 노력 : 3R 운동 ★구 워크북

(1) 절약(Reduce) : 과소비하지 않기, 일회용 제품과 이중포장 거부하기, 리필 사용하기 등
(2) 재사용(Reuse) : 이면지 사용하기, 옷·책·가구 기증하기 등
(3) 재활용(Recycle) : 분리수거하기, 재활용 가능한 제품 구입하기, 종이 쇼핑백 쓰기 등

4. 지속가능경영을 위한 7대 메가 트렌드

중점 분야	주요 이슈
1. 인구구조의 변화	고령화, 저출산, 도시화, 인구 감소, 노령화 등
2. 에너지·기후변화	기후변화 대응, 신재생에너지, 에너지효율 증대, 에너지 안보
3. 안전관리	산업안전, 안전시설, 안전관리, 안전 문화, 안전 리더십
4. 고용과 인재양성	실업, 고용 불안정, 직무능력 격차 해소, 인권, 여성 일자리 창출
5. 지속가능한 가치사슬	지속가능한 제품 생산 및 소비, CSV, 사회적 기업
6. 물관리	수자원관리 개선, 물 리스트 대응
7. 생태계 보존	생태계 훼손에 의한 생물 다양성 감소 완화, 식량 확보

3 기술능력

1. 기술능력의 의미
(1) 기술능력은 기술교양을 구체화한 개념으로, 기술교양은 광범위한 관점에서 기술의 특성, 기술적 행동, 기술의 힘, 기술의 결과에 대해 지식을 가지는 것을 의미한다.
(2) 기술교양을 지닌 사람들은 기술학의 특성과 역할을 이해하고, 기술체계가 설계되고 사용, 통제되는 방법을 이해하고, 기술 관련 이익을 가치화하고 위험을 평가할 수 있으며, 기술에 의한 윤리적 딜레마에 합리적으로 반응할 수 있다.
(3) 기술능력은 혁신을 가져오며 지식의 생성능력을 포함하고 문제 해결을 위한 도구를 개발하는 능력을 확장시킨다. ★ 구 워크북
(4) 기술능력을 기르는 것은 보편적으로 체계를 개발하고 문제를 해결하고 인간적 능력을 확장시키기 위한 지식과 과정의 생성을 포함한다. 즉 기술적 지식·과정·조건에 대해 이해하는 것으로 기술능력이 뛰어난 사람은 체계를 적절하게 선택하고 효과적으로 활용할 수 있다.
(5) 기술능력은 기능·기술직 종사자에게만 해당된다고 생각하지만, 기술능력은 사회 모든 직업인이 지녀야 할 능력이다.

2. 기술능력이 뛰어난 사람의 특징
(1) 실질적 해결이 필요한 문제를 인식한다.
(2) 인식된 문제를 위해 다양한 해결책을 개발하고 평가한다.
(3) 실제적 문제를 해결하기 위해 지식이나 기타 자원을 선택하고 최적화하여 적용한다.
(4) 주어진 한계 속에서 제한된 자원을 가지고 일한다.
(5) 기술적 해결에 대한 효용성을 평가한다.
(6) 여러 상황 속에서 기술의 체계와 도구를 사용하고 배운다.

3. 기술능력 향상방법
(1) 전문 연수원
① 연수 시설이 없는 회사도 전문적인 교육을 통한 양질의 인재양성이 가능하다.
② 각 분야의 전문가가 이론을 겸한 실무 중심의 교육을 실시한다.
③ 체계적이고 현장과 밀착된 교육이 가능하다.
④ 최신 실습장비, 시청각 시설, 전산시설 등 부대시설을 활용할 수 있다.
⑤ 산학협력연수 및 국내외 우수연수기관과 협력한 연수도 가능하다.
⑥ 자체적으로 교육을 하는 것보다 연수비가 저렴하며, 고용보험환급을 받을 수 있다.

(2) e-Learning
  ① 인터넷으로 언제 어디서든 학습이 가능하기 때문에 시간·공간적으로 독립적이다.
  ② 원하는 내용, 시간, 순서대로 학습하는 것이 가능하며, 개개인의 요구에 맞게 개별화·맞춤화할 수 있어 학습자가 학습을 조절하고 통제할 수 있다.
  ③ 비디오, 사진, 텍스트, 소리, 동영상 등 멀티미디어를 이용한 학습이 가능하다.
  ④ 이메일, 토론방, 자료실 등을 통해 의사교환과 상호작용이 자유롭게 이루어진다.
  ⑤ 업데이트로 새로운 요구나 내용을 신속하게 반영하고 교육 비용을 절감할 수 있다.
  ⑥ 교수자·동료들 간 직접적 접촉이 적고, 현장 중심의 교육이 어렵다. ★구 워크북

(3) 상급학교 진학
  ① 최신 기술의 흐름을 반영한 교육이 가능하다.
  ② 관련 산업체와의 프로젝트 활동이 가능하여 실무 중심의 교육이 이루어진다.
  ③ 인적 네트워크 형성에 도움이 되며, 경쟁을 통해 학습효과를 향상시킬 수 있다.
  ④ 학습자에 맞게 일정을 조절하거나 통제할 수 없다. ★구 워크북

(4) OJT
  ① OJT(On the Job Training)란 조직 안에서 피교육자인 종업원이 업무 수행의 중단 없이 직무에 종사하면서 업무 수행에 필요한 지식, 기술, 능력, 태도를 교육훈련 받는 방법으로 직장훈련, 직장지도, 직무상 지도라고도 한다.
  ② 모든 관리·감독자는 업무 수행상의 지휘감독자이자 업무 수행 과정에서 부하직원의 능력향상을 책임지는 교육자이다.
  ③ 교육자와 피교육자 사이에 친밀감을 조성하며 시간의 낭비가 적고 조직의 필요에 합치되는 교육훈련을 할 수 있다.
  ④ 지도자의 높은 자질이 요구되고, 교육훈련 내용의 체계화가 어렵다. ★구 워크북

4 제조물 책임

1. 제조물 책임의 의미

(1) 제조물 책임(PL ; Product Liability)이란 제품을 제조 또는 판매하는 업자가 그 제품의 사용, 소비에 의해서 일으킨 생명, 신체의 피해나 재산상의 손해에 대해서 지는 배상 책임을 말한다.

(2) 제조물 책임법은 제조물의 결함으로 인하여 발생한 손해로부터 피해자를 보호하기 위해 제정된 법률이다.

2. 결함의 유형(제조물 책임법)

(1) 결함 : 해당 제조물에 제조상·설계상 또는 표시상의 결함이 있거나 그 밖에 통상적으로 기대할 수 있는 안전성이 결여되어 있는 것을 말한다.

보충플러스

OFF-JT
Off the Job Training, 직장 외 훈련으로 업무 장소 밖에서 직무 수행에 필요한 지식, 기술, 태도에 대해서 시행되는 교육훈련
예) 집합교육, 사외 강습회, 연수원 교육 등

(2) 제조상의 결함 : 제조업자가 제조상·가공상의 주의 의무를 이행하였는지에 관계없이 제조물이 설계와 다르게 제조·가공됨으로써 안전하지 못하게 된 경우를 말한다.

(3) 설계상의 결함 : 제조업자가 합리적인 대체설계를 채용하였다면 피해나 위험을 줄이거나 피할 수 있었으나 대체설계를 채용하지 않아 안전하지 못하게 된 경우를 말한다.

(4) 표시상의 결함 : 제조업자가 합리적인 설명·지시·경고 또는 그 밖의 표시를 했다면 피해나 위험을 줄이거나 피할 수 있었으나 이를 하지 않은 경우를 말한다.

5 산업재해

1. 산업재해의 의미(산업안전보건법)

노무를 제공하는 사람이 업무에 관계되는 건설물·설비·원재료·가스·증기·분진 등에 의하거나 작업 또는 그 밖의 업무로 인하여 사망 또는 부상하거나 질병에 걸리는 것이다.

2. 재해의 인정기준

산업재해보상보험법

제37조(업무상의 재해의 인정기준)

1. 업무상 사고
   가. 근로자가 근로계약에 따른 업무나 그에 따르는 행위를 하던 중 발생한 사고
   나. 사업주가 제공한 시설물을 이용하던 중 그 시설물의 결함이나 관리 소홀로 발생한 사고
   다. 삭제
   라. 사업주가 주관하거나 사업주의 지시에 따라 참여한 행사나 행사 준비 중에 발생한 사고
   마. 휴게시간 중 사업주의 지배관리하에 있다고 볼 수 있는 행위로 발생한 사고
   바. 그 밖에 업무와 관련하여 발생한 사고

2. 업무상 질병
   가. 업무수행 과정에서 물리적 인자, 화학물질, 분진, 병원체, 신체에 부담을 주는 업무 등 근로자의 건강에 장해를 일으킬 수 있는 요인을 취급하거나 그에 노출되어 발생한 질병
   나. 업무상 부상이 원인이 되어 발생한 질병
   다. 직장 내 괴롭힘, 고객의 폭언 등으로 인한 스트레스가 원인이 되어 발생한 질병
   라. 그 밖에 업무와 관련하여 발생한 질병

3. 출퇴근 재해
   가. 사업주가 제공한 교통수단이나 그에 준하는 교통수단을 이용하는 등 사업주의 지배관리하에서 출퇴근하는 중 발생한 사고
   나. 그 밖에 통상적인 경로와 방법으로 출퇴근하는 중 발생한 사고

3. 산업재해의 원인

(1) 기본적 원인

교육적 원인	기술적 원인	작업관리상 원인
• 부족한 안전지식 • 안전수칙의 오해 • 부족한 경험, 훈련 • 부족한 작업교육	• 건물·기계 장치의 설계 불량 • 불안정한 구조물 • 부적합한 재료 • 부적당한 생산공정 • 점검·정비·보존의 불량	• 안전관리조직의 결함 • 안전수칙 미지정 • 불충분한 작업 준비 • 부적당한 인원 배치 및 작업 지시

(2) 직접적 원인

불안전한 행동	불안전한 상태
• 위험 장소 접근 • 안전장치 기능 제거 • 보호장비의 미착용 및 잘못된 사용 • 운전 중인 기계의 속도 조작 • 기계·기구의 잘못된 사용 • 위험물 취급 부주의, 불안전한 상태 방치 • 불안전한 자세와 동작 • 잘못된 감독 및 연락	• 시설물 자체 결함 • 전기 시설물의 누전 • 불안정한 구조물 • 소방기구의 미확보 • 안전보호장치, 복장·보호구의 결함 • 시설물의 배치 및 장소 불량 • 작업 환경, 경계 표시 설비의 결함 • 생산 공정의 결함

4. 산업재해의 예방과 대책

(1) 하인리히(Heinrich)의 재해예방 5단계

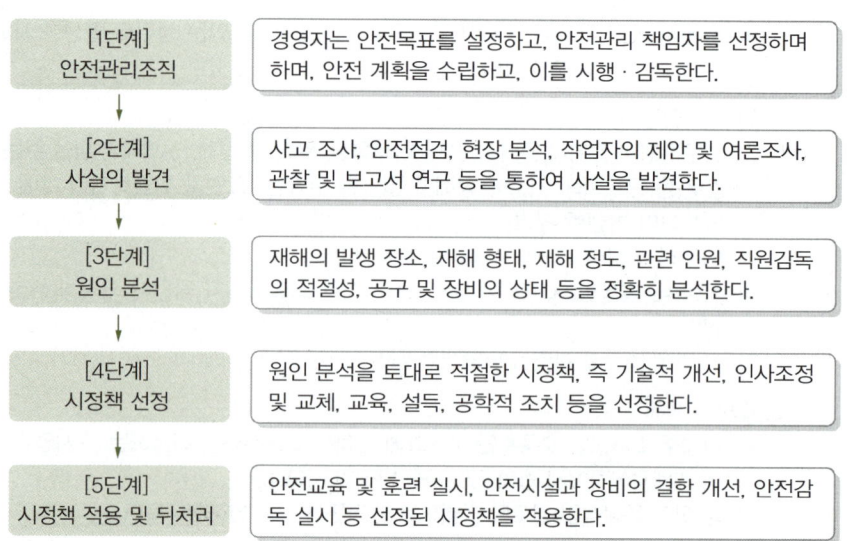

(2) 불안전한 행동 및 상태 방지
    ① 불안전한 행동 방지 방법
        • 안전규칙 및 안전수칙을 제정한다.
        • 근로자 상호 간 불안전한 행동을 지적하여 안전에 대한 이해를 증진시킨다.
        • 정리정돈, 조명, 환기 등을 잘 수행하여 쾌적한 작업 환경을 조성한다.
    ② 불안전한 상태 제거 방법
        • 기계·설비의 안전성이 보장되도록 제작한다.
        • 기계·설비가 양호한 상태로 작동되도록 유지 관리를 철저히 한다.
        • 기후, 조명, 소음, 환기, 진동 등의 환경 요인을 잘 관리하여 사고 요인을 미리 제거한다.
(3) 보호구

> **산업안전보건기준에 관한 규칙**
>
> **제32조(보호구의 지급 등)** ① 사업주는 다음 각 호의 어느 하나에 해당하는 작업을 하는 근로자에 대해서는 다음 각 호의 구분에 따라 그 작업조건에 맞는 보호구를 작업하는 근로자 수 이상으로 지급하고 착용하도록 하여야 한다.
> 1. 물체가 떨어지거나 날아올 위험 또는 근로자가 추락할 위험이 있는 작업 : 안전모
> 2. 높이 또는 깊이 2미터 이상의 추락할 위험이 있는 장소에서 하는 작업 : 안전대(安全帶)
> 3. 물체의 낙하·충격, 물체에의 끼임, 감전 또는 정전기의 대전(帶電)에 의한 위험이 있는 작업 : 안전화
> 4. 물체가 흩날릴 위험이 있는 작업 : 보안경
> 5. 용접 시 불꽃이나 물체가 흩날릴 위험이 있는 작업 : 보안면
> 6. 감전의 위험이 있는 작업 : 절연용 보호구
> 7. 고열에 의한 화상 등의 위험이 있는 작업 : 방열복
> 8. 선창 등에서 분진(粉塵)이 심하게 발생하는 하역작업 : 방진마스크
> 9. 섭씨 영하 18도 이하인 급냉동어창에서 하는 하역작업 : 방한모·방한복·방한화·방한장갑
> 10. 물건을 운반하거나 수거·배달하기 위하여 「자동차관리법」 제3조 제1항 제5호에 따른 이륜자동차(이하 "이륜자동차"라 한다)를 운행하는 작업 : 「도로교통법 시행규칙」 제32조 제1항 각호의 기준에 적합한 승차용 안전모

5. 산업재해의 영향

(1) 개인에게 미치는 영향

정신적·육체적 고통, 일시적 또는 영구적인 노동력 상실, 생계에 막대한 손실

(2) 기업에게 미치는 영향

보상 부담, 작업 지연, 건물·기계·기구의 파손, 근로 의욕 침체와 생산성 저하

보충플러스

하인리히의 도미노 5단계

선천적 결함 → 개인적 결함 → 불안전한 행동 및 상태 → 사고 → 상해

하인리히는 불안전한 행동 및 상태를 해결하면 사고를 예방할 수 있다고 보았다.

6 안전·보건표지

1. 안전·보건표지의 의미

(1) 작업자가 판단이나 행동의 잘못을 일으키기 쉬운 장소 또는 실수로 인해 중대한 재해를 일으킬 위험이 있는 장소에 근로자의 안전·보건을 확보하기 위해 표시하는 표지를 말한다.

(2) 안전표지는 사용목적에 따라 금지, 경고, 지시, 안내 4가지로 나눌 수 있다.

(3) 화학물질 분류 및 표시에 관한 세계조화시스템(GHS)은 화학물질이 갖는 고유의 유해성을 그림과 함께 유해 위험문구 등을 화학제품의 포장이나 용기에 표시하는 국제(UN) 기준이다.

2. 안전·보건표지의 종류와 형태(산업안전보건법)

(1) 금지표지

① 빨간색 원형 모형에 흰색 바탕, 검은색 그림

출입금지	보행금지	차량통행금지	사용금지
탑승금지	금연	화기금지	물체이동금지

(2) 경고표지

① 빨간색 마름모 모형에 무색 바탕, 검은색 그림
② 검은색 삼각형 모형에 노란색 바탕, 검은색 그림

인화성물질 경고	산화성물질 경고	폭발성물질 경고	급성독성물질 경고
부식성물질 경고	방사성물질 경고	고압전기 경고	매달린 물체 경고
낙하물 경고	고온 경고	저온 경고	몸균형 상실 경고
레이저 광선 경고	위험장소 경고	발암성·변이원성·생식독성·전신독성·호흡기과민성 물질 경고	

(3) 지시표지
① 파란색 원형에 흰색 그림

보안경 착용	방독마스크 착용	방진마스크 착용	보안면 착용	안전모 착용
귀마개 착용	안전화 착용	안전장갑 착용	안전복 착용	

(4) 안내표지
① 녹색 바탕에 흰색 그림

녹십자표지	응급구호표지	들것	세안장치
비상용 기구	비상구	좌측비상구	우측비상구

개념확인문제

01 다음은 기술의 개념에 대한 설명이다. (A), (B)에 들어갈 용어는?

> 기술은 (A)와 (B)로 나눌 수 있으며, (A)란 특허권을 수반하지 않는 과학자, 엔지니어 등이 가지는 체화된 기술이다. (B)는 어떻게 기술이 성립하고 작용하는가에 관한 원리적 측면에 중심을 둔 개념이다.

02 기술과 산업재해에 대한 설명으로 맞으면 ○, 틀리면 ×를 표시하시오.

(1) 기술은 모든 직업 세계에서 필요로 하는 기술적 요소들로 이루어지는 것이다. ( )
(2) 기술은 소프트웨어를 생산하는 과정이다. ( )
(3) 기술은 인간의 능력을 확장시키기 위한 하드웨어와 그것의 활용이다. ( )
(4) 선반 작업 시 근로자의 손이 절단된 경우 산업재해에 해당한다. ( )
(5) 근로자가 휴가 중 교통사고로 부상당한 경우 산업재해에 해당한다. ( )
(6) 근로자가 건축 현장 먼지에 의해 질병에 걸린 경우 산업재해에 해당한다. ( )

답
01 (A) 노하우(Know-how)
　　(B) 노와이(Know-why)
02 (1) ○ (2) × (3) ○ (4) ○
　　(5) × (6) ○

01 기술이해능력

> 기술이해능력은 기본적인 업무 수행에 필요한 기술의 원리 및 절차를 이해하는 능력이다. 기술의 개념 및 용어, 기술이 미치는 영향, 유형별 기초기술, 기술·인간·환경의 관계에 대한 이해가 필요하다.

1 기술 시스템

1. 기술 시스템의 의미

(1) 기술시스템이란 미국의 기술사학자 휴즈(Thomas Hughes)가 제시한 개념으로, 현대 기술의 특성을 이해하는 데 중요한 개념이다.
(2) 모든 기술의 원리와 절차를 이해하는 것은 어려우므로 모든 기술의 특성에 해당하는 기술시스템에 대한 이해가 필요하다.
(3) 개별 기술이 네트워크로 결합해서 만드는 시스템으로 과학에서 볼 수 없는 특성이다.
(4) 인공물의 집합체만이 아닌 회사, 제도, 정치, 과학, 자연 등을 모두 포함하므로 기술적인 것과 사회적인 것이 결합하여 공존한다는 의미에서 사회기술시스템이라고도 한다.

2. 기술 시스템의 발전 단계

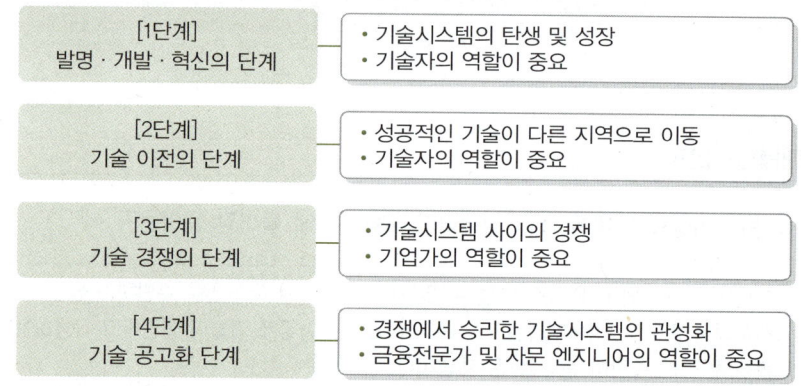

2 기술혁신

1. 기술혁신의 특성

(1) 기술혁신의 과정은 불확실하고 오랜 기간이 필요하다.
- 아이디어의 원천이나 신제품에 대한 소비자의 수요, 기술개발의 결과 등은 예측이 어렵고, 기술혁신의 성공은 우연에 의해 이루어지는 경우도 많다. 또한 혁신의 결과가 가시적인 성과로 나타나는 데 많은 시간이 필요하다.

(2) 기술혁신은 지식 집약적인 활동이다.
- 엔지니어의 지식은 문서화되기 어렵기 때문에 기술개발에 참가한 연구원과 엔지니어가 기업을 떠나는 경우 기술과 지식의 손실이 크게 발생한다.

(3) 기술혁신의 불확실성과 모호함은 기업 내 논쟁과 갈등을 유발한다.
- 기술혁신은 기업의 운영절차, 제품구성, 생산방식, 권력구조에 변화를 야기하여 이익을 보는 집단과 손해를 보는 집단이 생기므로 갈등을 유발할 수 있다.

(4) 기술혁신은 조직의 경계를 넘나드는 특성이 있다.
- 기술혁신은 연구개발부서 단독으로 수행될 수 없다. 마케팅부서나 설비공급업체에게 아이디어를 얻거나 생산부서나 외부전문가의 자문을 얻을 수 있다. 또한 기술혁신은 상호의존성이 있어 개발된 기술이 다른 기술개발에 영향을 미칠 수 있다.

2. 기술혁신에 필요한 역할

성공적인 기술혁신을 위해서 혁신에 참여하는 핵심인력들이 다음 역할을 수행해야 한다.

역할	내용
아이디어 창안	• 아이디어를 창출하고 가능성을 검증하는 역할이다. • 일을 수행하는 새로운 방법과 혁신적인 진보를 탐색해야 한다. • 각 분야의 전문지식, 추상화 및 개념화 능력, 새로운 일을 즐기는 태도가 필요하다.
챔피언	• 아이디어를 전파하고 아이디어 실현을 위해 헌신하는 역할이다. • 혁신을 위해 자원을 확보해야 한다. • 열정, 위험을 감수하는 태도, 아이디어 응용에 대한 관심이 필요하다.
프로젝트 관리	• 리더십을 발휘하여 프로젝트를 기획 및 조직, 감독하는 역할이다. • 의사결정능력, 업무수행방법에 대한 지식이 필요하다.
정보 수문장	• 조직 내·외부의 정보를 구성원에게 전달하는 역할이다. • 높은 수준의 기술적 역량, 원만한 대인관계능력이 필요하다.
후원	• 혁신을 격려, 안내하고 필요한 자원 획득을 지원하는 역할이다. • 불필요한 제약에서 프로젝트를 보호해야 한다. • 조직의 주요 의사결정에 대한 영향력이 필요하다.

3 제조혁신활동

제조업은 전통적으로 기술혁신을 추진해 왔으며 2000년대 이후에는 비기술혁신을 고려하기 시작했다. 2010년대 이후에는 비즈니스모델혁신 등 다양한 혁신이 추진되고 있다.

1. 기술혁신

(1) 제품혁신 : 기술규격, 부품/자재, SW, 사용자 친근성, 기타 기능적 특성 등을 개선하는

+ **보충플러스**
혁신은 목적, 범위 또는 대상, 방법 등에 따라 여러 가지로 구분할 수 있다. 국가 차원의 기업혁신 지침서인 오슬로 매뉴얼(Oslo Manual)은 기업혁신을 제품혁신, 공정혁신, 조직혁신, 마케팅혁신 4가지로 분류한다.

활동이다. 제품을 가볍고 얇고 짧고 작게 만드는 등 기업가치(매출, 시장점유율 등)와 소비자가치(기능, 이용편의성, 가격)를 높인다.
(2) 공정혁신 : 품질이나 생산성 향상을 위해 서비스를 개선하는 활동이다. 컨베이어벨트, 컴퓨터, 시뮬레이션, 설계/제조자동화, PLC, MRP나 TQC 지원 SW, 인터넷, 스마트폰 등 신기술을 활용하여 시간 및 비용을 줄인다.

2. 비기술혁신

(1) 조직혁신 : (조직)관리비용, (제품/서비스)거래비용, 소모품/자재비용 등을 줄이고 작업자 만족도나 노동생산성을 높이기 위해 업무방식, 작업조직, 외부관계 등을 개선하는 활동이다.
(2) 마케팅혁신 : 매출액이나 시장점유율을 높이기 위해 제품의 속성, 디자인/패키징, 가격, 유통채널, 판촉(방식) 등을 개선하는 활동이다.

3. 최근 제조혁신방법

(1) 전략적 혁신 : 혁신 목적의 측면에서 특정 사업이나 부문 차원이 아닌 전사 차원의 경쟁력 강화를 위해 최고경영진이 주도하는 혁신이다.
(2) 서비스혁신 : 혁신 대상의 측면에서 유형이 아닌 무형의 가치에 초점을 둔 혁신이다.
(3) 디자인혁신 : 기능보다 전체적 조화나 심미성을 강조하는 혁신이다.
(4) 비즈니스프로세스혁신(BPR, BPI) : 경영관리 및 사무활동에서 시간적 지체나 끊김으로 인한 비효율을 제거하기 위한 혁신이다.
(5) 비즈니스모델혁신(BMI ; Business Model Innovation) : 비기술혁신의 일종으로, 사업방식의 일부 또는 전부를 개선하는 혁신이다. 기업의 가치, 유통, 상품, 역량, 운영을 혁신한다.
(6) 융합 : 이질적인 지식이나 학문을 창의적으로 결합하여 새로운 기술, 제품, 서비스, 신산업을 창출함으로써 소비자, 국가, 나아가 인류의 문제를 해결하는 방법이다.

4 식스시그마

1. 식스시그마(6 sigma)의 의미

(1) 시그마(sigma, σ)라는 통계척도를 사용하여 모든 품질수준을 정량적으로 평가하고, 문제해결 과정과 전문가 양성 등의 효율적인 품질문화를 조성하며, 품질혁신과 고객만족을 달성하기 위해 전사적으로 실행하는 21세기형 기업경영전략이다.
(2) 100만 개의 제품 중 3.4개의 불량만을 허용하는 3.4PPM(Parts Per Million, 제품 백만 개당 불량품 수) 경영, 즉 품질혁신 운동이다.

(3) 일하는 자세, 생각하는 습관, 품질 등을 중요시하는 기업문화의 조성, 통계자료에 근거하여 최대의 효과를 올릴 수 있도록 하고, 끊임없는 품질개선 노력을 통해 고객 요구에 맞는 제품을 경제적으로 설계·생산·서비스하기 위한 기업문화이다.
(4) 품질 향상과 비용 절감으로 고객만족과 회사 발전을 실현할 수 있다.

2. 식스시그마의 DMAIC 단계

프로세스나 제품의 결함을 획기적으로 개선하기 위한 방법론이다.

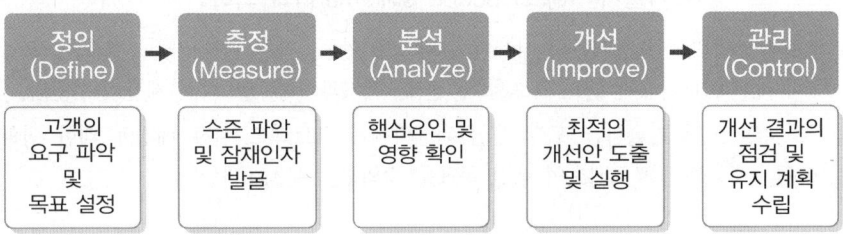

5 적정기술

1. 적정기술(Appropriate Technology)의 개념

(1) 1960년대 경제학자 슈마허(E. F. Schumacher)가 만들어낸 중간기술(Intermediate Technology)이라는 용어에서 시작되었다.
(2) 대단위 자본으로 제품을 대량생산하는 거대기술과 달리 중간기술은 현지의 재료와 적은 자본, 비교적 간단한 기술을 활용하여 지역 사람들에 의한 소규모의 생산 활동을 지향하는 기술을 의미한다.
(3) 고액 투자가 필요하지 않고, 에너지 사용이 적으며, 누구나 쉽게 배워 쓸 수 있고, 현지 원재료를 쓰며, 소규모 인원으로 생산 가능해야 한다.
(4) 주로 개발도상국 지역의 문화적, 정치적, 환경적 면을 고려하여 삶의 질 향상과 빈곤 퇴치 등을 위해 적용되는 기술로, 첨단기술과 하위기술의 중간 정도 기술이라 해서 중간기술, 대안기술, 국경 없는 과학기술 등으로도 불린다.

2. 적정기술의 특징

(1) 친환경적이고 사용자가 스스로 제조할 수 있도록 현지에 맞는 재료와 기술을 사용한다.
(2) 현지 환경에 기반을 두고 개발이 이루어진다.
(3) 대규모 사회 기반시설이 필요하지 않다.

3. 적정기술의 사례

(1) 항아리 냉장고 '팟인팟 쿨러'는 전기 없이 농수산물을 신선하게 보관할 수 있다.
(2) 태양광 전등 '딜라이트(d.light)'는 전기를 쓸 수 없는 지역에서 낮에 태양광을 받아 전기를 저장하여 밤에 LED 전등을 켤 수 있게 해 준다.

6 프로젝트 범위 기술서

1. 프로젝트 범위 기술서(Project scope statement)의 의미

(1) 프로젝트 범위란 프로젝트의 상세한 윤곽으로 활동, 자원, 타임라인, 결과물, 프로젝트 경계, 핵심 이해관계자, 프로세스, 전제, 제약과 프로젝트의 주제를 포함한다.
(2) 프로젝트 범위 기술서란 모든 핵심 관계자에게 프로젝트 시작 배경에 대한 명확한 이해를 제공하고 프로젝트의 핵심 목표를 정의하는 문서이다.

> **이것만은 꼭!**
> **프로젝트 범위 기술서의 효과**
> 프로젝트 범위를 명확히 정의하면 이해관계자의 기대를 효과적으로 관리하고 제반 프로젝트 요소를 목표와 정렬시켜 프로젝트 성공 확률이 높아진다.

2. 프로젝트 범위 템플릿

[프로젝트 제목]

[서론] 거시적으로 프로젝트를 개관한다.
[프로젝트 범위] 프로젝트가 무엇을 포함하고 포함하지 않는지를 명시한다. 팀 구성원과 이해관계자의 혼란을 피하는 데 유용하다.
[프로젝트 결과물] 프로젝트의 계획된 결과물을 서술한다.
[프로젝트 수락 기준] 어떤 목표를 충족할 것인가, 성공을 어떻게 측정할 것인지 서술한다.
[프로젝트 배제] 프로젝트 범위에 포함되지 않는 것은 무엇인지 서술한다.
[프로젝트 제약] 제약, 마감시한, 인력·장비 제한, 재무·예산 제약, 기술적 한계를 서술한다.

3. 프로젝트 범위 기술서의 단계

1단계	이해관계자와 협력해 범위 내의 것과 밖의 것을 정의하여 범위기술서를 작성한다.
2단계	전제를 규명하고 문서화한다. 전제는 사실이라고 가정되는 프로젝트 요소들로, 프로젝트 범위 일정과 원가를 추정하는 데 필수적이다.
3단계	이해관계자에게 프로젝트 범위 기술서에 대해 동의를 구하고 공유한다.

7 실패한 기술

1. 실패한 기술의 의미
(1) 새로운 기술은 유례없던 규모로 사람을 살상하고 환경을 오염시키고 새로운 위험과 불확실성을 만들어 내고, 범죄의 도구로 사용되기도 한다.
(2) 기술과 사회의 관계를 이해하기 위해 기술에 대한 반성적 사고가 필요하다.
(3) 어쩔 수 없이 직면하는 실패가 있는 반면, 태만이나 고의적 부정 등 의도적인 행위에 의한 실패도 있다.

> **실패한 기술의 예**
> 새만금, 시화호, 원자력 발전소, 전자파 등은 기술이 우리 사회의 위험을 증대시킨 사례이다.

2. 하타무라 요타로의 실패학
(1) 실패의 10가지 원인

- 무지
- 오만
- 기획 불량
- 미지
- 부주의
- 조사, 검토 부족
- 가치관 불량
- 차례 미준수
- 조건의 변화
- 조직운영 불량

(2) 실패에 대한 10가지 교훈

① 성공은 99%의 실패로부터 얻은 교훈과 1%의 영감으로 구성된다.
② 실패는 어떻게든 감추려는 속성이 있다.
③ 방치해 놓은 실패는 성장한다.
④ 하인리히 법칙 : 실패는 29건의 작은 실패와 300건의 실수를 저지른 뒤에 발생한다.
⑤ 실패는 전달되는 중에 항상 축소한다.
⑥ 실패를 비난, 추궁할수록 더 큰 실패를 낳는다.
⑦ 실패 정보는 모으는 것보다 고르는 것이 더 중요하다.
⑧ 실패에는 필요한 실패와 일어나서는 안 될 실패가 있다.
⑨ 실패는 숨길수록 병이 되고 드러낼수록 성공한다.
⑩ 좁게 보면 성공인 것이 전체를 보면 실패일 수 있다.

3. 실패한 기술의 특징
(1) 기술적 실패에는 다양한 유형과 다양한 이유가 있다.
(2) 혁신적인 기술능력을 가진 사람은 성공과 실패의 경계를 유동적으로 만들어 자신의 기술을 실패의 영역에서 성공의 영역으로 이동시킬 줄 안다.
(3) 모든 실패가 나쁜 것은 아니다. 아무런 보탬이 되지 않는 실패도 있지만 기술자들이 반드시 겪어야 하는 '에디슨식의 실패'도 있다.
(4) 실패는 용서받을 수 있지만 실패를 은폐하다보면 실패가 계속 반복되고 커다란 재앙을 낳기도 한다.

8 미래에 유망한 기술

1. 전기전자정보공학 분야

(1) 지능형 로봇은 인간과 서로를 인지하고 정서적으로 공감하며 상호작용할 수 있기 때문에 생활에 도움을 주는 것에서 나아가 동반자적 역할을 할 것이다.

(2) 타 분야에 대한 기술적 파급 효과가 큰 첨단기술의 복합체인 지능형 로봇은 미래 유망 산업으로 발전할 것이다.

(3) 지능형 로봇은 IT기술의 융복합화, 지능화 추세에 따라 네트워크를 통한 로봇의 기능 분산, 가상공간 내의 동작 등 IT와 융합한 네트워크 기반 로봇의 개념을 포함한다.

2. 기계공학 분야

(1) 이산화탄소로 인한 환경오염을 방지하고, 화석연료의 고갈에 대비하여 새로운 대체에너지원을 찾고자 하는 친환경 자동차 기술이 대표적이다.

(2) 엔진과 전기모터를 상황에 따라 효율적으로 사용하는 하이브리드 기술과 모터만 사용하는 연료전지 기술이 있다.

3. 건설환경공학 분야

(1) 건축산업에서 이산화탄소 배출량을 줄이는 것은 생산업 활동을 위축시키지 않고 효율적으로 이산화탄소 배출량을 감소시킬 수 있는 방법 중 하나이다.

(2) 장수명화가 가능하도록 건축물의 구조 성능이 향상되고, 리모델링이 용이하며, 구조 부재의 재사용이 가능하고 에너지 절약이 가능한 건축을 구현할 수 있는 지속가능한 건축 시스템 기술이 대표적이다.

4. 화학생명공학 분야

(1) 혈관을 깨끗이 청소하고 치료하는 혈관 청소용 나노로봇이 대표적이다.

(2) 몸속을 헤엄치다가 바이러스를 만나면 약물을 내보내는 스마트약인 나노 캡슐로 효과적인 약물 전달 시스템이 가능하다.

9 기술 관련 용어

1. **머신러닝** : 경험적 데이터를 기반으로 학습하고 예측하고 스스로 성능을 향상시키는 시스템과 이를 위한 알고리즘을 구축하는 기술이다.

2. **딥 러닝** : 컴퓨터가 인간처럼 판단하고 학습하여 사물이나 데이터를 군집화하거나 분류하는 데 사용하는 기술이다.

3. **GIS** : 컴퓨터로 대상물의 위치를 표현하고 정보를 제공하는 지리정보시스템이다.

보충플러스

KISTEP의 2020년도 10대 미래유망기술
1. 실시간 건강 모니터링 기술
2. 고용량 장수명 배터리
3. AI 기반 스마트 자연재해 예측 및 통합 능동대응 기술
4. 실시간 갱신 고정밀지도
5. 오작동 실시간 모니터링 및 이상 징후 탐지 기술
6. 개인정보 흐름 탐지 기술
7. 정보 진위 판별 기술
8. 증강·혼합현실 기반 초실감 인터렉션 기술
9. AI 플랫폼 구축 기술
10. 설명가능 인공지능

4. **로보어드바이저** : 로봇(robot)과 투자전문가(advisor)의 합성어로 고도화된 알고리즘과 빅데이터를 통해 관리하는 온라인자산관리서비스이다.
5. **유비쿼터스** : 장소에 상관없이 자유롭게 네트워크에 접속할 수 있는 정보통신환경이다. 무선을 통해 모든 장치들이 연결되며 컴퓨터가 보이지 않아야 한다.
6. **스마트그리드** : 기존 전력망에 정보통신기술을 더해 전력 생산과 소비 정보를 양방향, 실시간으로 주고받아 에너지 효율을 높이는 전력망이다.
7. **스마트 팜** : 정보통신기술을 접목하여 원격으로 작물의 생육 환경을 관리하고 생산효율성을 높일 수 있는 농장이다.
8. **인터넷** : 표준인터넷 프로토콜 집합(TCP/IP)을 사용해 광대한 범위의 정보 자원과 서비스를 주고 받는 네트워크이다.

개념확인문제

01 다음은 기술시스템의 발전 단계에 대한 설명이다. 빈칸에 알맞은 단어는?

1단계 : 발명 · 개발 · 혁신의 단계
↓
2단계 : 기술 (   )의 단계
↓
3단계 : 기술 경쟁의 단계
↓
4단계 : 기술 (   )의 단계

02 기술혁신과 기술 실패에 대한 설명으로 맞으면 ○, 틀리면 ×를 표시하시오.

(1) 기술혁신은 그 과정 자체가 매우 불확실하고 장기간의 시간을 필요로 한다. (   )
(2) 기술혁신은 조직의 경계를 넘나드는 특성을 갖고 있다. (   )
(3) 기술혁신은 노동 집약적인 활동이다. (   )
(4) 기술적 실패에 다양한 유형과 다양한 이유들이 있다. (   )
(5) 기업의 실패는 회사의 존립을 위험하게 하므로 축소하거나 은폐하여야 한다. (   )
(6) 기술능력을 가진 사람들은 실패의 영역에서 성공의 영역으로 기술을 이동시킬 줄 안다. (   )

답
01 이전, 공고화
02 (1) ○ (2) ○ (3) × (4) ○ (5) × (6) ○

02 기술선택능력

> 기술선택능력은 기본적인 일 경험에서 필요한 기술을 선택하는 능력이다. 기술선택의 의미와 중요성, 매뉴얼 활용방법, 벤치마킹, 기술의 장단점, 기술선택과 활용, 지적재산권에 대한 이해가 필요하다.

1 기술선택의 의미

1. 기본적인 직업생활에 필요한 기술을 선택하는 능력이다.
2. 기술을 외부에서 도입할지, 자체적으로 개발하여 활용할지 결정하는 것이다.
3. 주어진 시간과 자원하에서 최선의 대안을 선택하는 합리적 의사결정을 추구해야 한다.
4. 기술선택은 본인과 기업의 경쟁력을 결정한다. ★ 구 워크북

2 기술선택 방법

1. 상향식과 하향식 기술선택

상향식 기술선택	• 기업 차원의 분석 없이 연구자나 엔지니어가 기술을 선택하는 방식이다. • 기술자의 흥미를 유발하고 창의적인 아이디어를 이끌어낼 수 있지만 고객 수요나 서비스 개발 또는 경쟁에 부적합한 기술이 선택될 수 있다.
하향식 기술선택	• 경영진과 기획담당자의 체계적인 분석을 통해 기술을 선택하는 방식이다. • 기업의 외부환경과 보유자원의 분석을 통해 중장기적인 목표를 설정하고, 목표 달성을 위한 핵심고객층과 제품 및 서비스를 결정한다. 다음으로 필요한 기술을 열거하고, 획득의 우선순위를 결정한다.

2. 집단과 개인 의사결정

집단 의사결정	• 많은 정보와 아이디어를 얻을 수 있고 오류를 범할 가능성이 적다. • 합의에 의해 결정하므로 구성원의 만족도와 지지도가 높다. • 많은 시간과 비용이 소비되며 소수의 아이디어는 반영할 수 없다.
개인 의사결정	• 신속한 결정이 가능하고 논쟁의 여지가 없다. • 최고 권위자가 결정하는 경우로 과거에 주로 사용한 방법이다.

3. 기술선택을 위한 우선순위 결정
(1) 제품의 성능이나 원가에 미치는 영향력이 큰 기술이어야 한다.
(2) 기술을 활용한 제품의 매출과 이익 창출 잠재력이 큰 기술이어야 한다.
(3) 쉽게 구할 수 없고 기업 간 모방이 어려운 기술이어야 한다.
(4) 기업의 제품 및 서비스에 광범위하게 활용할 수 있는 기술이어야 한다.
(5) 최신 기술로 진부화될 가능성이 적은 기술이어야 한다.

3 기술선택 절차

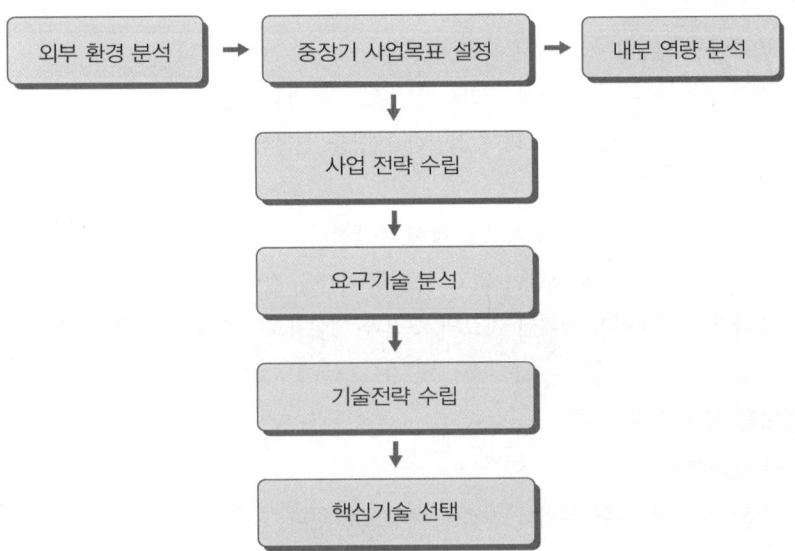

(1) 외부 환경 분석 : 수요, 경쟁자, 기술의 변화 등을 분석한다.
(2) 중장기 사업목표 설정 : 기업의 장기비전, 중장기 매출목표 및 이익목표를 설정한다.
(3) 내부 역량 분석 : 기술능력, 생산능력, 마케팅·영업능력, 재무능력 등을 분석한다.
(4) 사업 전략 수립 : 사업 영역을 결정하고, 경쟁 우위 확보 방안을 수립한다.
(5) 요구기술 분석 : 제품 설계·디자인 기술, 제품 생산공정, 원재료·부품 제조기술을 분석한다.
(6) 기술전략 수립 : 핵심기술을 선택하고 기술 획득 방법을 결정한다.

4 벤치마킹

1. 벤치마킹의 의미
(1) 특정 분야에서 뛰어난 상품, 기술, 경영 방식 등을 합법적으로 응용하는 기법이다.
(2) 단순히 외부로부터 기술을 받아들이는 것이 아니라 자신의 환경에 적합한 기술로 재창조하는 개념이다.
(3) 제품 개발 아이디어나 조직 개선을 위한 출발점의 기법으로 이용된다. ★ 구 워크북

> **모방과 벤치마킹의 구분**
> **모방**은 단순히 경쟁 기업이나 선도 기업의 제품을 복제하는 수준이지만, **벤치마킹**은 우수한 기업이나 성공한 상품, 기술, 경영 방식 등의 장점을 충분히 배우고 익힌 후 자사의 환경에 맞추어 재창조하는 것이다.

2. 방식별 벤치마킹 종류
(1) 직접적 벤치마킹
　① 벤치마킹 대상을 직접 방문하여 수행한다.
　② 직접 접촉하여 조사하므로 정확도가 높고 지속가능하다.
　③ 비용과 시간이 많이 소요되며 적절한 대상을 선정하기 어렵다.
(2) 간접적 벤치마킹
　① 인터넷이나 문서 형태의 자료를 통해 수행한다.
　② 벤치마킹 대상 수에 제한이 없고 비용과 시간을 절감할 수 있다.
　③ 결과가 피상적이며 정확한 자료의 수집과 핵심자료의 확보가 어렵다.

3. 대상별 벤치마킹 종류
(1) 내부 벤치마킹
　① 같은 기업 내 다른 부서나 지점을 대상으로 한다.
　② 자료 수집이 용이하며 기업의 규모가 클수록 효과적이다.
　③ 제한적인 관점과 편중된 내부 시각에 대한 우려가 있다.
(2) 경쟁적 벤치마킹
　① 고객을 직접적으로 공유하는 동일 업종의 경쟁기업을 대상으로 한다.
　② 경영성과와 관련된 정보 입수가 가능하며 업무, 기술에 대한 비교가 가능하다.
　③ 대상의 적대적 태도로 자료 수집이 어렵고 윤리적인 문제가 발생할 수 있다.
(3) 비경쟁적 벤치마킹
　① 우수한 실무를 보이는 다른 업종의 비경쟁적 기업을 대상으로 한다.
　② 혁신적인 아이디어의 창출 가능성이 높다.
　③ 사례를 가공하지 않고 적용할 경우 효과를 보지 못할 가능성이 높다.

(4) 글로벌 벤치마킹
　① 우수한 성과를 보유한 동일 업종의 비경쟁적 기업을 대상으로 한다.
　② 접근 및 자료 수집이 용이하고 업무, 기술에 대한 비교가 가능하다.
　③ 문화적·제도적 차이로 발생하는 효과에 대한 검토가 필요하다.

4. 벤치마킹 단계 ★ 구 워크북

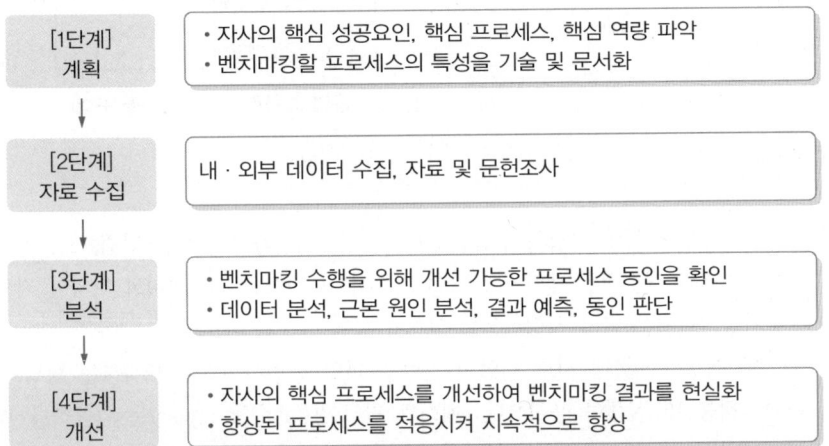

[1단계] 계획	• 자사의 핵심 성공요인, 핵심 프로세스, 핵심 역량 파악 • 벤치마킹할 프로세스의 특성을 기술 및 문서화
[2단계] 자료 수집	내·외부 데이터 수집, 자료 및 문헌조사
[3단계] 분석	• 벤치마킹 수행을 위해 개선 가능한 프로세스 동인을 확인 • 데이터 분석, 근본 원인 분석, 결과 예측, 동인 판단
[4단계] 개선	• 자사의 핵심 프로세스를 개선하여 벤치마킹 결과를 현실화 • 향상된 프로세스를 적응시켜 지속적으로 향상

5. 벤치마킹 접근 프레임워크(Framework)

(1) 벤치마킹의 목적
　① 전략 수립 : 전략적 목표 달성을 위한 인사이트(Insight)를 도출하는 것이다.
　② 운영 효율화 : 운영효율성 관점에서 인사이트를 도출하는 것이다. 프로세스, 가치사슬, 조직도 등 스냅샷으로 분석 가능한 정적 개념이다.
　③ 기업문화 구축 : 구성원의 동기 부여, 창의력 고취, 경쟁사 동향 분석 등 구성원 역량 강화를 통해 강력한 기업문화를 구축하는 것이다.

(2) 벤치마킹의 대상
　① Business Pioneer : 세계적으로 선도적·차별적 경쟁력을 공인 받은 기업이다.
　② Market Leader : 동종 산업 내 선도적·차별적 경쟁력을 보유한 기업이다.
　③ Internal : 자사 및 계열사 내부에서 선도적·차별적 경쟁력을 보유한 조직이다.

> **보충플러스**
> **프레임워크**
> 배경, 문제, 목적을 바탕으로 한 계획의 기본 이미지를 작성하여 목표, 수단을 생각하고, 개략적인 계획을 세우는 작업이다.

(3) 벤치마킹의 유형

벤치마킹의 목적과 대상에 따라 벤치마킹의 유형을 6가지로 구분한다.

	전략 수립	운영 효율화	기업문화 구축
Business Pioneer	A	C	F
Market Leader	B	D	
Internal		E	

대상 / 목적

① A 형 : 이종 산업의 기업의 전략을 파악해 인사이트를 도출하는 방법으로, 적용하기 어렵지만 혁신적인 대안의 도출이 가능하다. 전략을 세분화하고 다양한 각도에서 가능성을 검토하고 시행착오를 거쳐야 한다.

② B 형 : 동종 산업 내 선도 기업의 전략을 파악해 인사이트를 도출하는 방법으로, 빠른 적용 및 실행이 용이하다. 패스트 팔로어(Fast Follower)는 가능하나 퍼스트 무버(First Mover)가 되기는 어려우므로 차별화된 경쟁우위 요소가 필요하다.

③ C 형 : 특정 기능 및 역할에 차별적인 경쟁력을 보유한 글로벌 선도 기업을 분석해 인사이트를 도출하는 방법으로, 산업의 제한이 없어 최고 수준의 성과를 도출하고 있는 기업의 벤치마킹이 가능하다.

④ D 형 : 동종 산업 내 기능 관점의 차별적 경쟁력을 보유한 기업을 대상으로 즉시 적용 가능한 인사이트를 도출하는 방법으로, 유사한 이슈에 직면하고 있을 가능성이 높아 직접적·즉각적인 결과물의 도출이 가능하다. 특정 측면에서 우위에 있는 기업을 대상으로 선별해야 하며 대상 기업 출신의 인재를 영입하거나 유사한 프로젝트 경험이 있는 전문컨설팅기관과 연계할 수 있다.

⑤ E 형 : 사내 부서의 운영 효율화 성공 및 경험 사례를 공유해 조직 내 경쟁심을 자극하고 인사이트를 도출하는 방법으로, 정보 취득이 용이하며 교육 및 전파가 용이해 효과가 빠르다. 목적과 기대효과를 명확히 하고, 결과를 매뉴얼로 작성해 공유해야 한다.

⑥ F 형 : 기업문화 강화 목적에서 자체 또는 외부전문기관을 활용해 국내외 우수사례를 벤치마킹하고 혁신 프로그램으로 도입한다.

5 매뉴얼

1. 매뉴얼의 의미
(1) 매뉴얼은 일 경험에서 필요한 기술을 선택, 적용하는 데 가장 기본적으로 활용하는 지침서이다.
(2) 매뉴얼은 기계의 조작 방법을 설명한 사용지침서, 사용서, 설명서, 안내서 등의 자료이다.
(3) 매뉴얼은 새로운 일을 할 때 혼란을 방지하며, 일의 순서와 진행과정을 파악할 수 있기 때문에 시간 및 예산이 절약되고 계획적·합리적인 일처리를 돕는다. 단, 형식에 따라 사용자가 숙지하는 데 어려움을 겪거나 시간이 오래 걸릴 수 있다.

2. 매뉴얼의 유형

제품 매뉴얼	• 제품의 특징, 기능, 사용법, 고장 조치 방법, 유지보수 및 A/S, 폐기 등 제품과 관련하여 소비자가 알아야 할 모든 정보를 제공한다. • 사용자의 유형과 사용 능력, 예상되는 오작동, 사용 중 해야 하는 일 또는 하지 말아야 하는 일을 고려하여 작성한다.
업무 매뉴얼	일의 진행 방식, 규칙, 관리상 절차 등을 여러 사람이 일관성 있게 할 수 있도록 표준화한 지침서이다. 예 부서 운영 매뉴얼, 품질 경영 매뉴얼, 경기 운영 매뉴얼 등

3. 매뉴얼의 작성 방법
(1) 정확성 : 애매모호한 단어 없이 단순하고 간결하며 비전문가도 쉽게 이해할 수 있어야 한다.
(2) 쉬운 문장 : 한 문장에는 하나의 명령 또는 관련된 몇 가지 명령만 포함한다. 수동태보다 능동태, 약한 형태보다 단정적인 표현, 추상적 명사보다 행위동사를 사용한다.
(3) 심리적 배려 : 사용자의 예상 질문에 답을 제공하고, 매뉴얼을 한 번 보고 외울 수 있도록 구성한다.
(4) 제목과 비고(note) : 사용자가 정보의 위치를 쉽게 찾을 수 있도록 구성하고, 짧고 의미 있는 제목과 비고를 작성한다.
(5) 편의성 : 불편하게 크거나 작지 않도록 하고 복잡한 구조가 아닌 사용이 용이한 형태로 제작한다.

> **이것만은 꼭!**
> **u워크(u-Work)**
> 유비쿼터스 환경에서 근로자가 시간과 장소의 제약에서 벗어나 정보통신기술을 활용해 효율적으로 업무를 수행하는 자유로운 근무 형태를 말한다.

6 원격근무

1. 원격근무(telework)의 의미
(1) 정보통신기술을 활용하여 전통적인 사무실 이외의 환경에서 근무하는 형태이다.
(2) 기업의 비용 절감, 생산성 향상, 기혼여성의 취업 기회 제공을 통해 질 높은 노동자 확보, 장애인의 고용기회 확대, 지역발전, 통근시간 감소 등을 목적으로 한다.

2. 학자별 원격근무의 정의
(1) Huws(1993) : 4주 동안 10일 이상 근무, 업무시간의 50% 이상 집에서 근무, 고용주와 직접적인 접촉, 통신 및 컴퓨터 기기를 사용의 4가지로 정의하였다.
(2) Di Martino & L. Wirth(1990) : 원격근무는 조직, 위치, 기술의 개념과 관련된다. 온라인 혹은 오프라인으로 수행할 수 있고, 개인 혹은 집단으로 조직할 수 있고 일의 일부 혹은 전체로 구성할 수 있고, 자영업자나 피고용 노동자가 수행할 수 있다.

3. 원격근무의 유형
(1) 재택근무 : 정보통신기술을 활용하여 집에서 일하는 형태이다.
(2) 원격근무센터 : 전산망을 활용하여 지역적으로 분산된 사무실에서 팀을 이루어 근무하는 형태로, 거주지에서 가장 가까운 원격근무센터에서 근무한다.
(3) 이동원격근무 : 휴대용 PC와 전화 등을 이용하여 기차, 비행기, 호텔 등 어디든 근무할 수 있는 형태로 영업사원이나 서비스 기술자에게 유용하다.

4. 원격근무의 지원 방법
(1) 협업 도구 등 적절한 도구를 제공해야 한다.
(2) 노트북 컴퓨터와 다른 하드웨어 장치를 제공해야 한다.
(3) 민감한 데이터에 안전하게 액세스할 수 있도록 VPN을 지원해야 한다.
(4) 원격근무에 적용할 거버넌스와 컴플라이언스 요건을 고려해야 한다.

7 지식재산권

1. 지식재산권의 의미
(1) 지식소유권이라고도 하며, 인간의 창조적 활동 또는 경험 등을 통해 창출하거나 발견한 지식·정보·기술이나 표현, 표시 그 밖에 무형적인 것을 포함한다.
(2) 재산적 가치가 실현될 수 있는 지적 창작물에 부여된 권리이다.

(3) 세계지적재산권기구(WIPO)는 지식재산권을 '문학·예술 및 과학작품, 연출, 예술가의 공연·음반 및 방송, 발명, 과학적 발견, 공업의장·등록상표·상호 등에 대한 보호권리와 공업·과학·문학 또는 예술분야의 지적 활동에서 발생하는 기타 모든 권리를 포함한다'고 정의한다.

2. 지식재산권의 특징

(1) 국가 산업발전 및 경쟁력을 결정짓는 산업자본이다. 지식재산권으로 실시 사용권을 설정하거나 권리를 양도하여 판매수입, 로열티 등을 받을 수 있다.
(2) 눈에 보이지 않는 무형의 재산이다. 실체가 없어 수출입이 자유로워 세계로 전파될 수 있다.
(3) 지식재산권을 활용한 다국적기업화가 이루어지고 있다. 기술 제휴 등을 기반으로 국가 간 장벽을 허물어 세계화를 촉진하고 있다.
(4) 연쇄적인 기술개발을 촉진하는 계기를 마련한다. 기술의 독점적 권리가 보장되고 특허를 통한 기술개발 성과가 알려지면서 기술개발을 촉진하고 있다.

3. 지식재산권의 분류

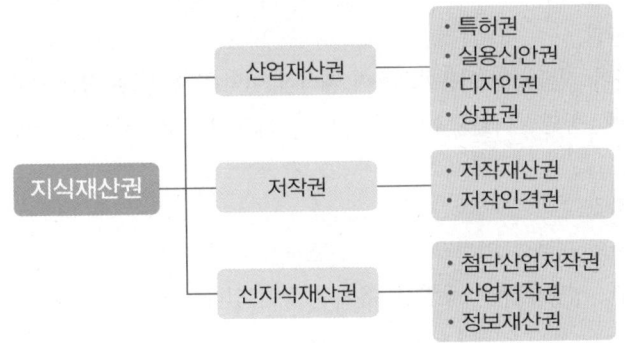

(1) 산업재산권
산업 활동과 관련된 정신적 창작물(연구결과)이나 창작된 방법을 인정하는 독점적 권리이다. 창작자에게 일정 기간 독점배타적인 권리를 부여하는 대신 이를 일반에게 공개해야 하며, 존속기간이 지나면 이용·실시하도록 하여 기술진보와 산업발전을 추구한다.
① 특허권
• 발명한 사람이 그 기술을 독점적으로 사용할 권리이다. 발명은 자연법칙을 이용한 기술적 사상(idea)의 창작으로서 기술 수준이 높은 것을 말한다.
• 출원일로부터 20년간 권리를 인정받는다.
• 특허의 요건은 발명이 성립되고, 산업상 이용 가능하고, 새로운 것으로 진보적인 발명이고, 법적으로 특허 받을 수 없는 사유에 해당하지 않아야 한다.

특허
벨이 전기·전자를 응용하여 처음으로 전화기를 생각해 낸 것과 같은 대발명의 권리를 확보하는 것을 특허라고 할 수 있다.

② 실용신안권
- 기술적 창작 수준이 소발명 정도인 실용적인 창작(고안)을 보호하기 위한 제도로서 특허권과 유사하나 그 보호 대상이 다르다.
- 발명처럼 고도하지 않은 것으로 물품의 형상, 구조 및 조합이 대상이다.
- 출원일로부터 10년간 권리를 인정받는다.

③ 디자인권(의장권)
- 디자인이란 심미성을 가진 고안으로서 물품의 외관에 미적인 감각을 느낄 수 있게 하는 것이다.
- 물품이 다르면 동일한 형상의 디자인이어도 별개의 디자인이 된다.
- 출원일로부터 20년간 권리를 인정받는다.

④ 상표권
- 제품의 신용을 유지하기 위해 제품, 포장 등에 표시하는 상호나 마크이다.
- 우수한 상표는 광고보다 큰 효과를 나타내므로 상표는 기업의 꽃이라고도 한다.
- 출원일로부터 10년간 권리를 인정받으며 갱신이 가능하다.

(2) 저작권

문화예술분야의 인간의 사상 또는 감정을 표현한 창작물인 저작물에 대한 배타적·독점적 권리이다. 저작자 사망 후 70년간 권리가 인정된다.

① 저작재산권
- 저작자가 저작물을 이용함으로써 재산적 이익을 얻을 수 있는 권리이다.
- 복제권, 공연권, 공중송신권, 전시권, 배포권, 2차 저작물 작성·대여권 등이 있다.

② 저작인격권
- 저작자의 명예와 인격적 이익을 보호하기 위한 권리이다.
- 공표권, 성명표시권, 동일성, 유지권 등이 있다.

(3) 신지식재산권

특허권, 저작권 등의 범주로는 보호가 어려운 지적 창작물을 보호하기 위한 권리이다. 사회의 변화나 기술의 발전에 따라 출현하였다.

① 첨단산업저작권
- 최신 기술과 산업에 대한 권리이다.
- 반도체집적회로배치설계, 생명공학기술, 식물신품종 등이 있다.

② 산업저작권
- 산업체 저작물에 대한 권리이다.
- 컴퓨터프로그램, 인공지능, 데이터베이스 등이 있다.

> **보충플러스**
> 2013년 「디자인보호법」 제91조 개정으로 디자인권의 존속기간이 15년에서 20년으로 확대되었다.

③ 정보재산권
- 정보에 대한 권리이다.
- 영업비밀, 멀티미디어, 뉴미디어 등이 있다.

④ 기타
- 타 제품과 구분되는 것에 대한 권리이다.
- 프랜차이즈, 지리적 표시, 캐릭터, 색상표, 냄새상표 등이 있다.

개념확인문제

01 매뉴얼에 대한 설명으로 맞으면 ○, 틀리면 ×를 표시하시오.

(1) 내용이 단순하고 간결해야 한다. ( )
(2) 능동태보다는 수동태를 사용하여 작성한다. ( )
(3) 사용자가 찾고자 하는 정보를 쉽게 찾을 수 있어야 한다. ( )
(4) 추상적 명사보다 행위동사를 사용해야 한다. ( )
(5) 사용자의 예상 질문에 대한 답을 제공해야 한다. ( )

02 다음 빈칸에 들어갈 용어는?

( )은/는 특정 분야에서 뛰어난 업체나 상품, 기술, 경영 방식 등을 배워 합법적으로 응용하는 것을 뜻한다. 모방과는 달리 우수한 기업이나 성공한 상품, 기술, 경영 방식 등의 장점을 충분히 배우고 익힌 후 자사의 환경에 맞추어 재창조하는 방법으로, 아이디어를 얻어 신상품을 개발하거나 조직 개선을 위한 기법으로 이용된다.

03 산업재산권 유형과 그 특징을 바르게 연결하시오.

(1) 디자인권 •　　　• ㉠ 자연법칙을 이용한 기술적 사상의 창작으로 기술 수준이 높은 것에 대한 독점적 권리

(2) 실용신안권 •　　　• ㉡ 자사제품의 신용을 유지하기 위해 제품이나 포장 등에 표시하는 상호나 마크

(3) 특허권 •　　　• ㉢ 심미성을 가진 고안으로 물품의 외관에 미적인 감각을 느낄 수 있게 하는 것을 위한 제도

(4) 상표권 •　　　• ㉣ 기술적 창작 수준이 소발명 정도인 실용적인 창작을 보호하기 위한 제도

답
01 (1) ○ (2) × (3) ○ (4) ○ (5) ○
02 벤치마킹
03 (1) ㉢ (2) ㉣ (3) ㉠ (4) ㉡

03 기술적용능력

기술적용능력은 기본적인 직업생활에 필요한 기술을 실제로 적용하고 결과를 확인하는 능력이다. 기술적용의 문제점, 기술유지와 관리방법, 새로운 기술 학습, 최신 기술의 동향 등에 대한 이해가 필요하다.

1 기술적용의 형태

선택한 기술을 그대로 적용	• 시간과 비용이 절감되고 쉽게 적용할 수 있다. • 선택한 기술이 부적절한 경우 실패할 수 있다.
선택한 기술에서 불필요한 기술만 버리고 그대로 적용	• 시간, 비용이 절감되고 프로세스의 효율성을 추구할 수 있다. • 선택한 기술이 부적절한 경우 실패할 수 있다. • 버린 기술이 실제로 불필요한가의 문제가 있다.
선택한 기술을 분석·가공하여 활용	• 많은 시간과 노력이 필요하다. • 기업 환경에 맞출 수 있고 업무 프로세스의 효율성을 최대화할 수 있다.

2 기술적용 시 고려사항

1. 기술적용에 따른 비용이 많이 드는가?

업무 프로세스의 효율성을 높이고 성과를 향상시키며 적용하는 데 드는 비용이 합리적이어야 한다.

2. 기술의 수명 주기는 얼마인가?

현재 요구되는 기술이더라도 단기간에 기술이 진보하거나 변화할 것으로 예상되는 기술은 바람직하지 않다.

3. 기술의 전략적 중요도는 어느 정도인가?

기술의 도입은 대개 환경의 변화나 경영혁신을 위해 이루어지므로 회사의 전략과 조화를 이루는지 판단해야 한다.

4. 잠재적으로 응용 가능성이 있는가?

기술이 회사의 특성과 비전, 전략에 맞추어 응용 가능한가를 고려해야 한다.

3 기술경영자와 기술관리자의 능력

1. 기술경영자의 능력
(1) 기술을 기업의 전반적인 전략 목표에 통합시키는 능력
(2) 빠르고 효과적으로 새로운 기술을 습득하고 기존의 기술에서 탈피하는 능력
(3) 효과적으로 기술을 평가하고 기술 이전을 할 수 있는 능력
(4) 제품 개발 시간을 단축할 수 있는 능력
(5) 복잡하고 서로 다른 분야에 걸쳐 있는 프로젝트를 수행할 수 있는 능력
(6) 조직 내의 기술을 이용하고, 기술 전문 인력을 운용할 수 있는 능력

2. 기술관리자의 능력
(1) 기술을 운용하거나 문제를 해결할 수 있는 능력
(2) 혁신적인 환경을 조성할 수 있는 능력
(3) 기술적, 사업적, 인간적인 능력을 통합할 수 있는 능력
(4) 시스템적인 관점에서 인식하는 능력
(5) 공학적 도구나 지원방식, 기술이나 추세를 이해할 수 있는 능력
(6) 기술팀을 통합하고 기술직과 의사소통할 수 있는 능력

3. 기술관리자에게 추가적으로 요구되는 행정능력
(1) 다기능적인 프로그램 계획·조직 능력
(2) 우수한 인력 확보 능력
(3) 자원 측정·협상 능력
(4) 타 조직과의 협력 능력
(5) 업무 진행 및 실적 측정 능력
(6) 다양한 분야의 업무 계획 능력
(7) 정책·운영절차 이해 능력
(8) 효과적 권한 위임 능력
(9) 효과적 의사소통 능력

4 네트워크 혁명

1. 네트워크 혁명의 의미 ★구 워크북

사람과 사람을 연결하는 방법, 정보를 교환하는 방법, 정보를 지식으로 만드는 방법, 값싼 물건을 찾는 방법, 주문을 하는 방법, 거래선을 찾는 방법, 광고를 하고 소비자를 끄는 방법, 친구를 사귀는 방법 등에 혁명적인 변화가 생기고 있음을 의미한다.

2. 네트워크 혁명의 특징
(1) 전 지구적이다. 나와 지구 반대편에 있는 사람이 서로 미치는 영향의 범위가 커졌다.
(2) 예측이 불가능하고 부정적 영향을 줄 수 있어 사회의 불안이 증가한다. ★구 워크북
(3) 연계와 상호의존으로 특징 지어지며 이타적 개인주의라는 공동체 철학이 부각된다.

3. 네트워크 혁명의 3가지 법칙

무어의 법칙	• 인텔의 설립자 고든 무어(Gordon Moore)가 주장한 법칙이다. • 컴퓨터의 반도체 성능이 18개월마다 2배씩 증가한다는 법칙이다.
메트칼피의 법칙	• 로버트 메트칼피(Robert Metcalfe)가 주장한 법칙이다. • 네트워크의 가치는 사용자 수의 제곱에 비례한다는 법칙이다. • 많은 사람이 연결되도록 네트워크를 형성하는 것이 중요하다는 것이다.
카오의 법칙	• 존 카오(John Kao)가 주장한 법칙이다. • 창조성은 네트워크에 접속되어 있는 다양성에 지수함수로 비례한다는 법칙이다. • 다양한 사고를 가진 사람들이 네트워크로 연결되면 정보교환이 활발해져 창조성이 증가한다는 것이다.

TIP 역기능의 예시
- 행정의 네트워크화는 행정의 효율을 높이지만 정보의 중앙집권, 통제 및 감시를 용이하게 한다.
- 법률과 단속을 강화하면 반사회적인 사이트들을 없앨 수 있지만 인터넷에서 이루어지는 자유로운 의견 교환을 위축시킬 수 있다.

4. 네트워크 혁명의 역기능

(1) 네트워크는 온라인 침투가 용이하고 누구나 접근 가능한 개방시스템이며 역기능은 순기능과 분리가 잘되지 않기 때문에 해결이 어렵다.

(2) 디지털 격차, 정보화에 따른 실업의 문제, 인터넷 게임과 채팅 중독, 범죄 및 반사회적인 사이트 활성화, 정보기술을 이용한 감시 등의 문제가 있다.

(3) 최근 법적·제도적 기반을 구축하고, 사회 전반에 걸쳐 정보화 윤리의식을 강화하며 암호화 제품과 시스템 보완관리 제품을 개발하고 있다.

5 융합기술

1. 융합기술(CT)의 개념

(1) 4대 핵심기술인 나노기술(NT ; Nano Technology), 생명공학기술(BT ; Bio Technology), 정보기술(IT ; Information Technology), 인지과학(Cognitive science)이 상호 의존적으로 결합되는 것(NBIC)이다.

(2) 미래사회의 다양한 경제·사회적 수요를 충족시키기 위해 과학, 기술, 문화 등과의 창조적 융합이 강조되는 개념으로 변화하였다. 즉 융합기술은 NT, BT, IT 등의 신기술 간 또는 이들과 기존 산업·학문 간 상승적인 결합을 통해 새로운 창조적 가치를 창출하여 변화를 주도하는 기술이다.

2. 4대 핵심 융합기술

(1) 제조, 건설, 교통, 의학, 과학기술 연구에서 사용하는 새로운 범주의 물질, 장치, 시스템 : 나노기술이 가장 중요하며, 정보기술도 그 역할이 막중하다. 미래의 산업은 생물학적 과정을 활용하여 신소재를 생산하므로 재료과학 연구가 수학, 물리학, 화학, 생물학에서 핵심이 된다.

(2) 나노 규모의 부품과 공정시스템을 가진 물질 중 가장 복잡한 생물 세포 : 나노기술, 생명공학기술, 정보기술의 융합연구가 중요하다. 정보기술 중 가상현실(VR)과 증강현실(AR) 기법은 세포 연구에 큰 도움이 된다.

(3) 유비쿼터스 및 글로벌 네트워크 요소를 통합하는 컴퓨터 및 통신시스템의 기본 원리 : 컴퓨터 하드웨어의 신속한 향상을 위해 나노기술이 필요하다. 인지과학은 인간에게 가장 효과적으로 정보를 제시하는 방법을 제공한다.

(4) 사람의 뇌와 마음의 구조와 기능 : 생명공학기술, 나노기술, 정보기술과 인지과학이 뇌와 마음의 연구에 새로운 기법을 제공한다.

3. 융합기술의 유형 ★ 구 워크북

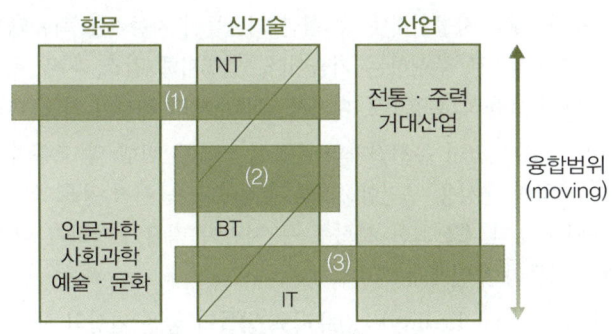

(1) 원천기술창조형 : 이종 신기술 또는 신기술과 학문이 결합하여 새로운 기술을 창조하거나 융합기술을 촉진하는 유형 예 신기술 융합형 원천기술개발사업

(2) 신산업창출형 : 경제·사회·문화적 수요에 따른 신산업·서비스 구현을 위해 이종 신기술과 제품 및 서비스가 결합하는 유형 예 휴머노이드 로봇

(3) 산업고도화형 : 기술과 기존 전통산업이 결합하여 현재의 시장 수요를 충족시킬 수 있는 산업 및 서비스를 고도화하는 유형 예 미래형 자동차, 유비쿼터스 시티

6 4차 산업혁명

1. 4차 산업혁명의 의미

(1) 4차 산업혁명은 클라우스 슈바프(Klaus Schwab)가 의장으로 있는 2016년 세계경제 포럼(WEF ; World Economic Forum)에서 주창된 용어이다

(2) 정보통신기술(ICT)의 융합으로 이루어지는 차세대 산업혁명으로 사람, 사물, 공간을 초연결·초지능화하여 산업구조와 사회시스템을 혁신하고자 한다.

2. 4차 산업혁명의 핵심 기술

(1) 인공지능(AI) : 컴퓨터가 인간의 언어를 알아듣고, 인간처럼 지각하고 판단하며 학습하는 기술이다. **예** 구글 딥마인드의 알파고, IBM의 왓슨

(2) 빅데이터 : 대용량의 데이터를 분석하며 데이터 간 패턴이나 규칙을 찾아 다른 데이터의 결과값을 예측하는 기술로 미래 예측 정확도가 높다. **예** 고객 소비 데이터를 기반으로 상품 추천 서비스나 신제품 개발에 활용하는 기업, 범죄 데이터를 분석해 범죄 예방 시스템을 구축하는 경찰청

(3) 사물인터넷(IoT ; Internet of Things) : 사람, 사물, 공간 등 모든 것이 인터넷으로 연결되어 정보가 생성, 수집, 공유, 활용되는 초연결망 기술로, 사물 간 정보 교환이 이루어지며 실시간으로 자동제어가 가능하다.

(4) 블록체인 : 블록이라고 불리는 거래 장부를 중앙 서버가 아닌 개인 컴퓨터에 분산하고 체인처럼 연결해 공개적으로 보관할 수 있도록 하는 기술이다. 데이터 관리, 개인 간 매매 및 거래, 개인정보 관리, 투표 관리 등 광범위한 분야에 이용 가능하다.

(5) 자율주행 자동차 : 5G, 사물인터넷 등 첨단 기술들이 자동차에 적용되어 사람이 운전하지 않아도 자율적으로 주행하는 기술이다. 인명피해 감소, 차량 공유, 에너지 절감, 교통시스템의 효율적 운영으로 대도시 교통문제의 해결이 가능하다.

(6) 드론(Drone) : 조종사 없이 무선전파의 유도에 의해서 비행 및 조종이 가능한 비행기나 헬리콥터 모양의 군사용 무인항공기의 총칭이다. 군사적 용도 외 다양한 민간 분야에도 활용되고 있다. **예** 화산 분화구 등 사람이 직접 촬영하기 어려운 장소를 촬영, 인터넷 쇼핑몰의 무인택배 서비스

(7) 가상현실(VR ; Virtual Reality) : 컴퓨터로 만들어 놓은 가상의 세계에서 사람이 실제와 같은 체험을 할 수 있도록 하는 최첨단 기술을 말한다. 머리에 장착하는 디스플레이 디바이스인 HMD를 활용해 체험할 수 있다. **예** 의학 분야에서 수술 및 해부 연습, 항공·군사 분야에서 비행조종 훈련

3. 디지털 전환(DT ; Digital Transformation)

(1) 디지털 전환의 개념
   ① 디지털 기술을 사회 전반에 적용하여 전통적인 사회 구조를 혁신시키는 것이다.

이것만은 꼭!

1 ~ 3차 산업혁명

1784년 영국에서 시작된 증기기관과 기계화로 대표되는 1차 산업혁명

↓

1870년 전기를 이용한 대량생산이 본격화된 2차 산업혁명

↓

1969년 인터넷이 이끈 컴퓨터 정보화 및 자동화 생산시스템이 주도한 3차 산업혁명

② 사물인터넷, 클라우드 컴퓨팅, 인공지능, 빅데이터 등 정보통신기술을 플랫폼으로 구축·활용하여 기존 전통적인 운영 방식과 서비스 등을 혁신하는 것을 의미한다.
③ 기업이 디지털과 물리적인 요소들을 통합하여 비즈니스 모델을 변화시키고, 산업에 새로운 방향을 정립하는 전략이다.
④ 디지털 전환을 위해서는 아날로그 형태의 제품·서비스를 디지털 형태로 변환하는 전산화(Digitization) 단계와 산업에 정보통신기술을 활용하는 디지털화(Digitalization) 단계를 거쳐야 한다.

(2) 디지털 전환의 사례
① 모바일 앱을 통해 주문, 결제 후 알림을 받는 IT시스템을 도입한 스타벅스 사이렌 오더
② 인터넷을 통해 원하는 콘텐츠를 원하는 시간대에 볼 수 있는 OTT(Over The Top Media Service) 플랫폼

개념확인문제

01 다음 융합기술에 대한 설명에서 빈칸에 들어갈 기술은?

> 생명공학기술에서 ( )을/를 이용하면 우리 몸의 혈관을 돌아다니면서 진단, 치료하는 미세로봇을 만들 수 있다. 이 기술과 정보통신기술이 융합하면서 탄소나노튜브를 이용한 디스플레이 장치, 여러 숫자를 한꺼번에 처리할 수 있는 양자 컴퓨터, 플라스틱 덮개나 페인트처럼 칠할 수 있는 나노 태양전지 등이 개발되었다.

02 4차 산업혁명의 핵심 기술과 올바른 설명을 바르게 연결하시오.

(1) AI · · ㉠ 사람, 사물, 공간 등 모든 것이 인터넷으로 연결되어 정보가 생성, 수집, 공유, 활용되는 초연결망 기술

(2) IoT · · ㉡ 거래 장부를 개인 컴퓨터에 분산하고 체인처럼 연결해 공개적으로 보관할 수 있도록 하는 기술

(3) 자율주행 자동차 · · ㉢ 인터넷 서버를 통하여 데이터 저장, 네트워크, 콘텐츠 사용 등 IT 관련 서비스를 한 번에 사용할 수 있는 컴퓨팅 환경

(4) 블록체인 · · ㉣ 컴퓨터가 인간처럼 지각하고 판단하며 학습하는 기술

(5) 클라우드 컴퓨팅 · · ㉤ 사람이 운전하지 않아도 자율적으로 주행하는 자동차 기술

답
01 나노기술
02 (1) ㉣ (2) ㉠ (3) ㉤ (4) ㉡ (5) ㉢

기출예상문제

01. 기술의 의미에 대한 설명으로 옳지 않은 것은?

① 기술은 제품을 생산하는 원료, 생산공정, 생산방법, 자본재에 관한 지식의 집합체이다.
② Know-how란 흔히 특허권을 수반하지 않은 기술자들이 가지고 있는 체화된 기술이다.
③ 시대가 지남에 따라 Know-how의 중요성이 커지고 있다.
④ Know-why는 어떻게 기술이 성립하고 작용되는가에 중심을 둔 개념이다.
⑤ Know-why는 이론적인 지식으로서 과학적인 탐구에 의해 얻어진다.

02. 기술의 특징으로 옳지 않은 것은?

① 하드웨어나 인간에 의해 만들어진 자연적인 대상, 혹은 그 이상을 의미한다.
② 기술은 정의 가능한 문제를 해결하기 위해 순서화되고 이해가 가능한 노력이다.
③ 기술은 인간의 능력을 확장시키기 위한 하드웨어와 그것의 활용을 의미한다.
④ 기술을 설계하고 생산하고 사용하는 데 필요한 정보, 기술, 절차를 갖는 데 노하우(Know-how)가 필요하다.

03. 기술능력에 대한 설명으로 옳지 않은 것은?

① 기술능력은 반드시 기술직 종사자에게만 필요한 것은 아니다.
② 주어진 한계 속에서 제한된 자원을 가지고 일하는 것은 기술능력이 부족하기 때문이다.
③ 직업인으로서 요구되는 기술적인 요소들을 이해하고, 적절한 기술을 선택하여 적용하는 능력을 말한다.
④ 기술능력이 뛰어난 사람은 인식된 문제를 위해 다양한 해결책을 개발하고 평가한다.
⑤ 기술능력을 향상시키기 위해 전문연수원, OJT, 상급학교 진학 등이 있다.

04. 다음 중 B 씨의 특징으로 적절하지 않은 것은?

> 최근 ○○기업은 조직에 보다 필요한 인재를 채용하기 위해 높은 성과를 도출해 내는 인재의 공통 역량을 파악하여 채용 프로세스에 반영하고자 한다. 기획팀 소속인 B 씨는 뛰어난 기술능력으로 회사의 핵심인재로 선정되어 역량모델링 사업의 준거집단으로 선정되었다.

① 기술적 해결에 대한 효용성을 적절하게 평가할 수 있다.
② 기술에 의해 발생한 윤리적 딜레마를 분석하고 합리적으로 반응할 수 있다.
③ 자원을 있는 그대로 사용하여 문제에 적용한다.
④ 여러 상황 속에서 기술의 체계와 도구를 사용하고 습득할 수 있다.

05. 다음 중 각 인물이 선택한 기술능력의 향상방법으로 옳지 않은 것은?

> • A는 교육을 위한 각종 장비와 시설을 활용할 수 있고 비교적 교육비 부담이 적은 방법을 선택하여 교육을 위해 1박 2일간 합숙하게 되었다.
> • B는 급변하는 변화에 대처해 매일 새로운 내용을 신속하게 반영할 수 있다는 장점이 있는 수업을 듣고 있다.
> • C는 인적 네트워크를 형성하고 싶어 이 수업을 선택했으며 최신 기술의 흐름이 반영되는 수업을 들을 수 있어 만족하고 있다.
> • D는 선배사원의 지도 아래 업무와 교육을 동시에 진행하고 있으며 업무 중단 없이 필요한 교육을 받고 있다.

① A : 전문 연수원 방문
② B : e-Learning
③ C : 상급학교 진학
④ D : OFF-JT

06. 다음에 제시되는 것들은 산업재해의 직접적인 원인으로 볼 수 있는 것들이다. 이 중 나머지와 그 원인의 성격이 다른 한 가지는?

① 위험 장소로의 접근
② 전기 시설물의 누전
③ 안전 기능 장치 제거
④ 보호 장비 미착용 및 오사용
⑤ 기계 조작 미숙

07. 직장 내에서 필요한 기술을 습득하기 위한 방법 중 e-Learning의 역기능에 해당하지 않는 것은?

① 장비 마련 등의 기술적인 요구를 충족해야만 한다.
② 교육평가 방법의 공정성을 확보하기가 어렵다.
③ 지속적인 학습 동기가 부족하고 전인교육이 어렵다.
④ 대면교육이 아니기 때문에 피드백이 어렵다.
⑤ 시간적, 공간적인 제약이 있다.

08. 다음 글에 나타난 스크린도어 사고에 대한 설명으로 옳지 않은 것은?

> 서울 지하철 스크린도어 작업자 사망사고를 수사 중인 경찰이 사고 당일 스크린도어 작업이 2인 1조로 이루어졌다고 기록된 작업일지를 확보해 사고 책임을 은폐하려 한 정황에 대해 수사하고 있는 것으로 알려졌다. 서울 ○○ 경찰서 관계자는 스크린도어 유지·보수 협력업체의 사고 당일 작업일지에는 '2인 1조'로 기록돼 있었다고 밝혔다. △△ 소속 정비직원 A 씨는 2인 1조 작업 원칙을 지키지 않고 혼자서 스크린도어 정비 작업을 하다 역으로 들어오는 열차를 확인하지 못해 숨졌다. 2인 1조 원칙이 지켜지지 않은 것이 사고의 큰 원인으로 작용한 것이다. 따라서 경찰은 만약 작업일지가 A 씨 사고 이후에 작성됐다면, 책임자가 자신의 과실을 은폐하기 위해 기록을 조작했을 가능성이 있다고 보고 있다. 또한, 서울지방경찰청장은 사고 현장을 찾아 사고 발생 후 업체 측의 책임 은폐 여부도 수사하겠다고 밝혔다.

① 아파트 건축 현장 근로자가 먼지에 의해 질병에 걸린 경우도 위와 같은 산업재해이다.
② 산업재해의 발생 원인 중 관리상 원인으로 부적절한 인원배치, 작업 준비 불충분 등이 있다.
③ 위의 사고처럼 산업 활동 중의 사고로 인해 사망하거나 부상 등 작업성 질환이나 신체적 장애를 가져오는 것을 산업재해라고 한다.
④ 위의 사고는 예상하지 못했던 사고로 그에 따른 예방이 불가능하였다.
⑤ 산업재해에 대한 보상 및 배상을 위해서는 업무상 재해로 인정받아야 한다.

09. (주)AA건설에서는 최근 아래와 같이 이슈가 되고 있는 휴먼 에러에 대한 대책을 마련 중이다. 직원 A~D 중에서 인적 요인에 대한 대책을 제시하고 있는 사람은?

> 휴먼 에러란 시스템의 성능, 안전 또는 효율을 저하시키거나 감소시킬 잠재력을 갖고 있는 부적절하거나 원치 않는 인간의 결정이나 행동을 말한다.

① A : 위험이 될 수 있는 요인들을 제거해야 합니다.
② B : 정보 시스템을 정비하는 것도 예방대책이 될 수 있습니다.
③ C : 사고가 자주 발생하는 직업 같은 경우 모의 훈련 같은 것도 해 보면 휴먼 에러 예방에 도움이 될 것 같습니다.
④ D : 휴먼 에러를 예방하기 위한 근원적 안전설계가 필요합니다.

10. 지속가능한 기술은 태양 에너지와 같이 고갈되지 않는 자연 에너지를 활용하고 낭비적인 소비 형태를 지양하며 기술적 효용만이 아닌 환경효용(Eco-efficiency)을 추구한다. 다음 대화에서 지속가능한 기술을 고려한 업무적 사고방식이 아닌 것은?

① 박 대리, 그 프로젝트는 자재의 친환경성 여부가 관건이 될 가능성이 커. 인공자원보다 천연자원을 활용하는 방안을 적극 검토해 보라고.
② 그럴 경우 쏟아져 나오는 화학적 산업폐기물은 별도의 전담 처리부서를 두어 환경파괴를 최소화하고 지역사회에도 피해가 되지 않도록 철저한 준비를 해야겠지요.
③ 이번 객차 내부 좌석용 자재 구매 공개 입찰은 재료의 재사용 가능 여부에 가산점을 주어야겠어요.
④ 베트남 M사의 제품은 가격과 품질 면에서 상당한 메리트를 갖추고 있지만 사용 자재가 환경 친화적이지 못합니다. 개발을 하면 할수록 환경파괴 문제가 심각해질 겁니다.
⑤ 지하철 내부의 광고판도 재사용이 가능한 물품으로 대체하도록 하는 것이 좋겠어요.

[11 ~ 12] 다음 자료를 읽고 이어지는 질문에 답하시오.

최근 ○○안전공단은 서비스업에서 발생한 사고사망자 1,000명을 분석한 결과, 서비스업 중에서도 건물관리업, 물류운송업, 위생 및 유사서비스업, 그리고 도·소매업 등 4개의 업종에서 전체의 절반 이상인 618명의 사망자가 발생하였다고 발표하였다.

특히 위 4개 업종의 사고사망 재해 발생 분포율은 아래와 같다.

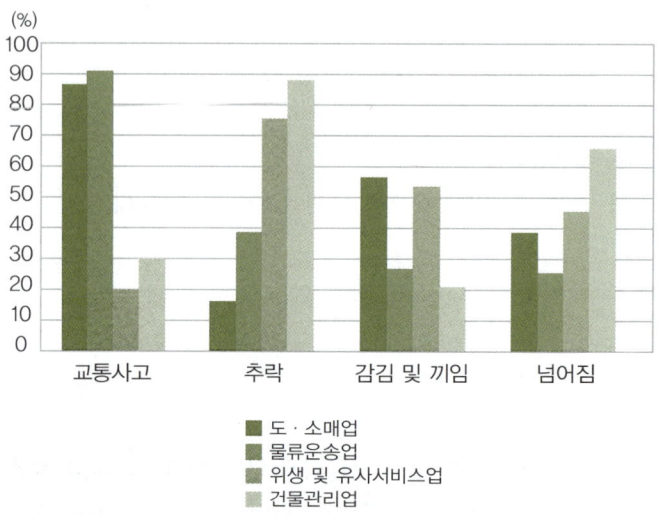

○○시 ◇◇아파트 쓰레기 집하장에서 아파트 관리원인 K 씨(66세)가 집하장 왼쪽 화단에 무단으로 버려진 쓰레기를 수거하던 중 중심을 잃고 5미터 아래 바닥으로 추락해 사망한 사고가 발생했다. 또한 △△시에서는 기계식 주차장에서 주차관리를 하던 Q 씨(45세)가 방문객의 차량출고 요청에 따라 차량을 출고하려고 하다가 주차기가 제대로 작동하지 않아 이를 확인하던 중 바닥으로 추락하여 사망하는 사고도 있다. 이 외에도 물류배송 중 교통사고는 빈번하게 발생하고 있다.

11. 다음 〈보기〉는 산업재해의 예방과 대책을 정리한 것이다. 이를 순서대로 바르게 나열한 것은?

보기
ㄱ. 원인 분석
ㄴ. 안전관리 조직 구성
ㄷ. 시정책의 선정
ㄹ. 사실의 발견
ㅁ. 시정책의 적용 및 뒤처리

① ㄹ → ㄴ → ㄷ → ㄱ → ㅁ
② ㄹ → ㄴ → ㄱ → ㄷ → ㅁ
③ ㄴ → ㄹ → ㄱ → ㄷ → ㅁ
④ ㄴ → ㄱ → ㄷ → ㄹ → ㅁ

12. 위 자료의 K 씨와 Q 씨에게 공통적으로 적용되는 산업재해의 원인으로 가장 적절한 것은?

① 교육적 원인
② 기술적 원인
③ 불안전한 행동
④ 불안전한 상태

13. 다음 사례들은 혁신적 인공지능(AI)의 등장을 알려준다. 이러한 인공지능의 등장을 가능하게 하는 컴퓨터가 마치 사람처럼 생각하고 배울 수 있도록 하는 기술을 의미하는 것은?

- 알파고의 등장으로 컴퓨터가 사람의 직관을 흉내 내는 일도 가능함을 보여준 사건
- 구글은 이메일에 간단한 답변을 자동으로 응답하는 Smart reply 시스템을 영어와 중국어 버전으로 개발하여 상용화
- 네덜란드의 레크트바이저 서비스는 머신러닝을 이용해 이혼과 같은 개인 간 법률 분쟁을 조정하는 솔루션을 제공
- 소니는 AI가 작곡한 비틀즈 스타일과 재즈 스타일의 팝송 두 곡을 발표

① 사물인터넷
② 혼합현실
③ 로보어드바이징
④ 딥 러닝
⑤ 클라우드

14. 다음은 ○○공사가 추진 중인 '교통카드시스템' 구축·운영 현황과 관련한 보도자료의 일부이다. 자료에서 알 수 없는 기술개발의 특징은?

> −교통카드시스템의 기술 경쟁력은.
> ▲ 최신 신기술을 적용했다는 부분에서 차별성을 갖췄다. 4차 산업혁명의 기술접목 및 최신 신기술이 적용됐다. 수집센터 및 집계시스템, RF단말시스템, 빅데이터 분석시스템에 최신 신기술이 적용됐다. 역사통신환경 역시 개선됐다.
>
> −사업 추진의 어려운 점과 향후 계획은.
> ▲ 표준단말기 구조 복잡성을 해결할 필요가 있다. RF단말시스템 내부 요금처리부와 조작운영부가 분리돼 있어 설계 반영 시 외형(디자인)이 커질 수밖에 없는 구조다. 향후에는 기술자립 및 해외진출에 앞장서도록 하겠다. 교통카드시스템 구축 이후 기술이전을 통해 ○○공사 자체 H/W 및 S/W 기술력을 바탕으로 업체 종속에서 탈피하고, 특수목적법인(SPC) 등과 협업을 통한 해외진출로 교통카드시스템과 ○○공사를 글로벌 최고의 시스템과 운영기관으로 발전할 수 있도록 최선을 다하겠다.
>
> −철도의 날 기념메시지를 남긴다면.
> ▲ 세계적인 규모의 지하철 운영기관이 된 만큼 우리 공사는 시민안전과 고객편의를 최우선으로 국내뿐만 아니라 글로벌 제일의 도시철도 운영기관이 될 수 있도록 더욱 노력할 것이며, 국내 모든 철도기관이 상호 협력하고 상생해 모두가 발전할 수 있기를 기원한다.

① 과학은 인간이 원하는 방식으로 활용하도록 해주는 상호 연관적인 지식들이므로 기술이 과학의 응용이라고 말할 수 있다.
② 기술능력은 인간 행위의 혁신을 가져오며, 지식의 생성능력을 포함하고, 문제 해결을 위한 도구를 개발하는 인간의 능력을 확장시킨다.
③ 기술개발은 항상 이용 가능한 자원과 에너지를 고려하고, 자원이 사용되고 그것이 재생산되는 비율의 조화를 추구한다.
④ 기술개발은 결국 해당 산업뿐 아니라 관련된 경쟁 분야나 유사 업종에까지도 파급되어 사회 전반에 걸친 기술력 업그레이드 효과를 가져온다.
⑤ 최신 기술의 적용으로 인간을 둘러싼 사회 환경을 개선할 수 있다.

15. 다음 글의 제재인 기술혁신의 일반적 특징으로 적절하지 않은 것은?

> 우리나라 ◇◇자동차가 미국 신차 품질 조사(IQS)에서 BMW, 벤츠, 포르쉐 등을 제치고 1위를 차지하는 이변을 기록했다. 미국 시장 조사업체가 발표한 이번 IQS 순위에서 ◇◇자동차는 33개 전체 브랜드 가운데 1위(83점)를 차지했다. 해당 신차 품질 조사는 미국에서 판매된 신차를 대상으로 구매 후 3개월이 지난 차량 소유자에게 품질 만족도를 조사해 나타낸 결과이며, 점수가 낮을수록 품질 만족도가 높음을 의미한다. 이 조사 결과는 미국 소비자들의 자동차 구매 기준으로 적극 이용될 뿐만 아니라, 업체별 품질 경쟁력을 가늠하는 핵심 지표로 활용되고 있어 향후 우리나라 자동차의 이미지 제고에 큰 역할을 할 것으로 기대된다. 이번 조사에서 ◇◇자동차는 3년 연속 1위를 지켜 온 포르쉐를 제치고 한국 자동차업체로는 처음으로 전체 브랜드 1위를 달성하였다.

① 기술혁신은 기업에 변화를 야기하므로 기업 내에서 갈등을 유발할 수 있다.
② 기술혁신의 역할은 프로젝트 관리, 정보 수문장, 후원 등이 있다.
③ 기술혁신은 빠르게 변화하는 소비자의 요구에 맞게 단시간에 최소의 비용으로 이루어진다.
④ 기술혁신에 참여한 엔지니어의 지식은 문서화되기 어렵다.
⑤ 기술혁신은 연구개발부서 단독으로 수행하는 것이 아니라 조직의 경계를 넘나드는 특성이 있다.

16. 공간정보 제공을 위한 '오픈마켓'에서는 누구나 쉽고 편리하게 이용할 수 있도록 우수한 공간정보의 유통·판매·확산의 장을 마련하고 있다. 다음 중 공간정보를 오픈마켓에서 제공할 때의 기대효과로 볼 수 없는 것은?

① 검색 및 확산의 용이성을 확보하기 위한 기반 마련
② 공간정보 산업과 오픈 콘텐츠와의 차별화를 통해 전문화, 기술화된 공간기술력 확대
③ 민간의 협력 강화를 통하여 공간 관련 중소기업의 경제활성화 유도
④ 신사업 개발을 통한 수익 및 일자리 창출에 기여
⑤ 신사업 발굴 및 공간정보 데이터를 활용한 관련 서비스 확산을 통한 협력의 생태계 구현

17. 다음은 기술 시스템의 발전 단계를 도식화한 것이다. 빈칸에 들어갈 적절한 내용은?

〈기술 시스템의 발전 단계〉
1단계 : 발명, 개발, 혁신의 단계 → 기술 시스템이 탄생하고 성장
2단계 : 기술 이전의 단계 → 성공적인 기술이 다른 지역으로 이동
3단계 : (   )
4단계 : 기술 공고화 단계 → 최종 기술 시스템의 관성화

① 새로운 기술을 산업에 적용시키는 기술 적용의 단계
② 기술 시스템 간에 모방이 일어나는 기술 모방의 단계
③ 기술 시스템 특허 분쟁이 일어나는 기술 분쟁의 단계
④ 기술 시스템 사이에 경쟁이 일어나는 기술 경쟁의 단계
⑤ 새로운 기술 탄생에 의해 기존 기술이 후퇴하는 기술 변화의 단계

18. 기술 시스템에 대한 다음의 글을 참고하여 <보기>에 제시된 특징을 기술 시스템 발전 단계 순서에 맞게 바르게 나열한 것은?

> 기술 시스템(Technological system)은 현대 기술의 특성을 이해하는 데 있어서 매우 중요한 개념이다. 개별 기술이 네트워크로 결합해서 기술 시스템을 만드는 점은 과학에서는 볼 수 없는 기술의 독특한 특성이기도 하다. 기술이 발전하면서 이전에는 없던 연관이 개별 기술들 사이에서 만들어지고 있다. 보다 명확한 이해를 위해 산업혁명을 예로 들어 설명하면, 산업혁명 당시 증기기관은 광산에서 더 많은 석탄을 캐내기 위해서(광산 갱도에 고인 물을 더 효율적으로 퍼내기 위해서) 개발되었고 그 용도로 사용되었다. 증기기관이 광산에 응용되면서 석탄 생산이 늘었고, 공장은 수력 대신 석탄과 증기기관을 동력원으로 이용했다. 이제 광산과 도시의 공장을 연결해서 석탄을 수송하기 위한 새로운 운송 기술이 필요해졌으며, 철도는 이러한 필요를 충족시킨 기술이었다. 이렇게 광산기술, 증기기관, 공장, 운송기술이 발전하면서 서로 밀접히 연결되는 현상이 나타났던 것이다.

보기

(가) 기술 시스템 사이의 경쟁 (나) 경쟁에서 승리한 기술 시스템의 관성화
(다) 기술 시스템이 탄생하고 성장 (라) 성공적인 기술이 다른 지역으로 이동

① (나) − (라) − (가) − (다)　　② (다) − (가) − (라) − (나)
③ (다) − (라) − (가) − (나)　　④ (다) − (라) − (나) − (가)
⑤ (라) − (다) − (가) − (나)

19. 다음의 사례에서 기술이 성공하지 못한 원인으로 지적될 수 있는 것 두 가지를 〈보기〉에서 고르면?

> 얼마 전 한 TV 프로그램에서는 오목한 판에 태양빛을 반사시켜 열로 전환해 그 판 위에서 가스 불 없이 조리하거나 열을 다시 불로 만들어 취사 행위를 가능하게 하는 장치를 만든 조리 기구를 선보였다. 전기나 가스 등 소비적인 에너지 자원 대신 태양을 이용해 영구적으로 쓸 수 있다는 장점이 있고, 바람의 영향만 막을 수 있으면 가계의 비용 절감에도 크게 기여할 수 있을 것으로 기대되었다. 하지만 이 장치는 농업과 같은 거대한 용도가 아니라 단순히 조리를 위한 용도로 사용되었기 때문에 큰 주목을 받지 못하였고 결국 실패로 끝나게 되었다.

보기

| 가. 차례 미준수 | 나. 오만 | 다. 조사, 검토 부족 |
| 라. 조건의 변화 | 마. 기획 불량 | 바. 가치관 불량 |

① 가, 라 ② 가, 바 ③ 나, 마
④ 다, 마 ⑤ 다, 바

20. 기술의 지속적인 발전은 사회에 여러 변화를 가져온다. 다음에 나타난 미래 사회에 예상되는 변화 중 환경 리스크에 의한 영향으로 보기 어려운 것은?

(가) 식량위기 악화	기후변화로 인한 농산물 생산 감소, 식량 부족의 심화, 식량 안보문제 대두
(나) 에너지 수급 불균형	국가 간 자원 및 에너지 확보 분쟁 증가, 에너지 및 자원고갈 위기, 에너지 수급 불균형, 에너지 수요 증가(가격 상승), 차세대 대체에너지 필요성 증대, 자원무기화(자원패권주의, 자원민족주의) 심화
(다) 물 스트레스 심화	물 수요의 지속적 증가, 물 부족의 심화, 국가 간 수자원 분쟁 심화
(라) 국제적 갈등 심화	사이버 테러의 증가, 테러 위험의 증가, 민족·종교·국가 간 갈등의 심화, 로봇전쟁과 핵전쟁 위협 우려
(마) 생태계 파괴 심화	생태계 오염 심화, 녹색기술 필요성 증대

① (가) ② (나) ③ (다)
④ (라) ⑤ (마)

21. 다음 글을 통해 판단할 수 있는 기술혁신에 수반되는 특성은?

> 성수대교는 길이 1,161m, 너비 19.4m(4차선)로 1977년 4월에 착공하여 1979년 10월에 준공한 다리이며 한강에 11번째로 건설되었다. 성수대교는 15년 동안 별 문제없이 사용되다가 1994년 10월 21일 오전 7시 40분경 다리의 북단 5번째와 6번째 교각 사이 상판 50여 미터가 내려앉는 사고가 발생하였으며, 이 사고로 인해 당시 학교와 직장에 출근하던 시민 32명이 사망하고 17명이 부상을 입었다. 이 사고는 오랫동안 서 있던 다리가 갑자기 무너지고, 이후 삼풍백화점 붕괴, 지하철 공사장 붕괴 등 일련의 대형 참사의 서곡을 알린 사건으로 국민들에게 충격을 안겨 주었다. 이후 전문가 조사단은 오랜 조사를 통해 성수대교의 붕괴의 원인을 크게 두 가지로 분석했다. 첫 번째는 부실시공이었고, 두 번째는 서울시의 관리 소홀이었다.

① 새로운 기술을 개발하기 위한 아이디어의 원천이나 신제품에 대한 소비자의 수요, 기술 개발의 결과 등은 예측하기가 어렵다. 또한 기술개발에 대한 기업의 투자가 가시적인 성과로 나타나기까지는 비교적 오랜 시간이 필요하다.

② 기술혁신은 지식집약적인 활동이라 연구개발에 참가한 연구원과 엔지니어들이 그 기업을 떠나는 경우 기술과 지식의 손실이 크게 발생하여 기술개발을 지속할 수 없는 경우가 종종 발생한다.

③ 기술혁신은 조직의 이해관계자 간의 갈등이 구조적으로 존재한다. 이 과정에서 조직 내 이익을 보는 집단과 손해를 보는 집단이 생길 수 있으며, 기술개발의 대안을 놓고 상호 대립과 충돌이 발생할 수 있다.

④ 기술혁신은 연구개발부서 단독으로 수행될 수 없다. 또한 기술을 개발하는 과정에서도 생산부서나 품질관리 담당자 혹은 외부 전문가들의 자문을 필요로 하기도 한다.

⑤ 기술은 새로운 발명과 혁신을 통해서 우리의 삶을 윤택하게 바꾼다. 그러나 기술의 영향은 항상 긍정적인 방식으로 나타나지는 않으며 실패한 기술은 사회적 악영향을 낳을 수 있다.

22. 다음은 인증 및 암호화 기술 개발과 관련하여 널리 사용되고 있는 여러 인증 방식에 대한 글이다. 이를 참고로 할 때 서로 다른 두 가지 이상의 인증 방식을 사용하여 사용자의 신원을 확인하는 다중요소 인증기술이 아닌 것은?

> 지식기반 사용자 인증 방식은 사용자와 서버가 미리 설정하여 공유한 비밀 정보를 기반으로 사용자를 인증하며, 별도의 하드웨어가 필요 없어 적은 비용으로 사용자 편의성도 높일 수 있는 장점을 가진다. 그러나 사용의 편리성이란 장점에 반해 인증 강도가 다른 방식에 비해 낮아 보안 취약점이 가장 많이 발견된다. 널리 사용되고 있는 패스워드 인증은 지식기반 인증의 한 종류이며 많은 종류의 시스템들이 패스워드를 기반으로 사용자를 인증한다.
>
> 소유기반 사용자 인증 방식은 인증 토큰을 소유하고, 이를 기반으로 사용자를 인증한다. 소유기반 사용자 인증 방식은 사용자 토큰에 관련한 인증 시스템 구축이 어렵고, 최소 1회 이상 인증기관(Certification Authority ; CA), 또는 등록기관(Registration Authority ; RA)과의 본인 확인을 필요로 한다. 토큰의 구성 방식은 저장 매체에 따라 하드웨어 형태와 소프트웨어 형태로 분류할 수 있다. 하드웨어 형태의 예로 OTP 단말기가 있으며, 소프트웨어 형태의 예로 공동인증서(구 공인인증서)가 있다.
>
> 생체기반 인증 방식은 사용자가 가지고 있는 고유한 형태의 신체 구조 또는 사용자가 신체를 이용하여 행동했을 때 나타나는 행동 결과를 기반으로 사용자를 인증한다. 생체적 특징 인증 방식은 얼굴 인식, 홍채 인식, 지문 인식, 정맥 인식, 심박도, 심전도 인식 등이 있다. 행동적 특징 인증 방식은 목소리 인식, 타이핑 리듬 인식, 서명 패턴 인식, 서명 압력 인식 등이 있다. 사용자가 특별하게 별도의 인증 토큰을 소유하지 않아도 되고, 별도로 알고 있어야 할 정보도 없기 때문에 편리성이 높으며, 사용자 본인 신체의 고유한 정보들을 사용하기 때문에 보안성이 높다. 그러나 생체 패턴 분석과 패턴화된 정보 시스템 구축·관리가 힘든 단점이 있다. 또한 고유 생체 정보가 훼손되었을 때 대체할 수 있는 방안 마련이 쉽지 않다.

① 패스워드와 공동인증서
② 키보드 자판 환경의 수시 변경과 대소문자 구별
③ 패스워드와 체크카드
④ 목소리 인식과 OTP 단말기
⑤ 심장 박동과 NFC 팔찌

23. 다음 중 기업이 어떤 기술을 외부로부터 도입하거나 자체 개발하여 활용할 것인가를 결정하는 기술선택의 방법에 대한 설명으로 적절하지 않은 것은?

① 기술을 선택하기 위해서는 제품의 성능이나 원가에 미치는 영향력이 큰 기술인지를 고려해야 한다.
② 기업 간에 모방이 쉬운 기술은 효과적인 기술 선택이라고 볼 수 없다.
③ 기술 개발 실무를 담당하는 기술자들의 흥미를 유발하고, 그들의 창의적인 아이디어를 활용할 수 있는 방법을 상향식 기술선택이라고 한다.
④ 하향식 기술선택은 기술경영진과 기술기획 담당자들에 의한 체계적인 분석을 통해 기업이 획득해야 하는 대상기술과 목표기술수준을 결정하는 것이다.
⑤ 쉽게 구할 수 있고 최신 기술로 대체할 수 있는 기술이 활용도가 높아 효과적이다.

24. 다음 중 제품 매뉴얼을 작성하기 위한 요령으로 적절하지 않은 것은?

① 명령을 사용함에 있어서 강한 형태보다는 완곡하게 표현하고, 추상적 명사보다는 행위동사를 사용한다.
② 매뉴얼 개발자는 제품에 대해 충분한 지식을 습득해야 하며 추측성 기능의 내용 서술은 절대 금물이다.
③ 사용자가 한 번 본 후 더 이상 매뉴얼이 필요하지 않도록 빨리 외울 수 있게 배려하여야 한다.
④ 짧고 의미 있는 제목과 비고(note)는 사용자가 원하는 정보의 위치를 파악하는 데 도움이 될 수 있다.
⑤ 복잡한 구조의 전자 매뉴얼보다 사용자의 편리한 사용이 우선시되어야 한다.

25. 벤치마킹이란 특정 분야에서 뛰어난 업체나 상품, 기술, 경영 방식 등을 배워 합법적으로 응용하는 것으로 단순한 모방과는 달리 우수한 기업이나 성공한 상품, 기술, 경영 방식 등의 장점을 충분히 배우고 익힌 뒤 자사의 환경에 맞추어 재창조하는 것이다. 다음 중 이러한 벤치마킹을 바라보는 시각으로 적절하지 않은 것은?

① 타사의 결과만이 아닌 우리 내부의 과정과 이슈도 중점적으로 분석한다.
② 그들이 실패해도 우리는 성공할 수 있는, 또는 그들이 성공해도 우리는 실패할 가능성을 찾는 것이다.
③ 남의 장점뿐 아니라 단점까지 전부 받아들여 나의 발전을 도모하는 방법이다.
④ 대상 기업의 성공스토리에 대한 비판적 수용이 필요한 활동이다.
⑤ 확신이나 정당화를 위한 벤치마킹은 피해야 한다.

26. 지식재산권은 인간의 창조적 활동 또는 경험 등을 통해 창출하거나 발견한 지식·정보·기술이나 표현, 표시 그 밖에 무형적인 것으로서 재산적 가치가 실현될 수 있는 지적 창작물에 부여된 권리를 말한다. 지식재산권이 때로는 인간의 다른 권리나 사회적 가치와 충돌하기도 하는데, 다음 중 충돌 상황에 대한 설명으로 적절하지 않은 것은?

① 의약품의 독점시장 형성으로 인한 폐해는 직접 고스란히 대중의 것으로 남을 수 있다.
② 가진 기업과 갖지 못한 기업 간 시장에서의 격차, 선진국과 제3세계의 격차가 심화될 수 있다.
③ 특허로 인한 기술혁신의 과도한 확산과 급속도의 팽창은 잦은 기술 실패로 이어질 수 있다.
④ 생명체에 대한 특허는 윤리적, 도덕적 측면에서 생명의 고유 가치를 훼손시킬 수 있다.
⑤ 유전자정보의 독점으로 비특허권자의 연구 활동이 크게 위축될 수 있다.

27. 다음 중 신지식재산권으로 분류되는 것은?

① 반도체 배치설계
② 문화예술 창작물 저작권
③ 실용신안권
④ 디자인권
⑤ 특허권

28. 다음 자료에서 벤치마킹의 특징과 유형을 바르게 연결한 것은?

〈벤치마킹의 특징〉

가. 인터넷 및 문서형태의 자료를 통해서 수행하는 방법이다.
나. 벤치마킹 대상을 직접 방문하여 수행하는 방법이다.
다. 제품, 서비스 및 프로세스의 단위 분야에 있어 가장 우수한 실무를 보이는 비경쟁적 기업 내의 유사 분야를 대상으로 하는 방법이다.
라. 동일 업종에서 고객을 직접적으로 공유하는 경쟁기업을 대상으로 한다.
마. 같은 기업 내의 다른 지역, 타 부서, 국가 간의 유사한 활용을 비교 대상으로 한다.

〈벤치마킹의 유형〉

㉠ 내부 벤치마킹
㉡ 경쟁적 벤치마킹
㉢ 비경쟁적 벤치마킹
㉣ 직접적 벤치마킹
㉤ 간접적 벤치마킹

① 가 - ㉤
② 나 - ㉢
③ 다 - ㉣
④ 라 - ㉠
⑤ 마 - ㉡

29. 〈보기〉의 상표권에 대한 설명을 참고로 할 때 다음 중 상표권으로 인정받을 수 있는 경우는?

> **보기**
>
> 상표가 등록되려면 식별력이 있어야 하고 그 외 부등록사유에 해당하지 않아야 한다. 본질적으로 자타상품의 출처표시 기능을 할 수 있는 상표만이 등록될 수 있으며 이를 '식별력'이라고 한다. 식별력의 여부를 판단할 때에는 먼저 상표로서 자타상품의 출처를 구별할 수 있는 기능을 할 수 있는지를 파악하여야 하며 특정인에게 독점배타적인 권리를 부여해도 경쟁업자 간의 자유경쟁 등 공익을 해칠 우려가 없는지를 판단하여야 한다. 또한 상표권이 소멸하여 1년이 지난 경우에는 식별력을 상실했다고 간주된다. 상표법의 1차적 목적은 상표사용자의 업무상 신용유지와 수요자의 이익보호에 있으므로 해당 거래업계의 자유사용을 제한할 우려를 지나치게 확대해석해서는 안 된다.

① 상품의 품질을 오인하게 하거나 수요자를 기만할 염려가 있는 상표
② 타인의 상표권 소멸 후 1년이 경과하여 유사 상품에 사용한 동일 상표
③ 그 상품의 보통명칭을 보통으로 사용하는 방법으로 표시한 표장만으로 된 상표
④ 행정구역의 명칭이나 현저하게 알려진 국내외의 고적지, 관광지, 번화가 등의 명칭 등과 이들의 약칭만으로 된 상표
⑤ 상표가 상품에 사용되어 수요자에게 주는 의미와 내용 등이 일반인의 통상적인 도덕관념인 선량한 풍속에 어긋나거나 공공의 질서를 해칠 우려가 있는 상표

30. 다음 자료에서 출원인이 취득한 지식재산권으로 적절한 것은?

```
간략정보  초록정보  대표도면  일괄보기  분류통계   41~51        전체:3,322,111
□ 번호  :  대표도면  :  출원번호  :  발명의 명칭  :  출원인 :
☑ 1    No Image  10-2010-0101223    친환경 섬유의 천연염색 방법    ○○○
□ 2
    출원인 : ○○○
    출원 번호 · 일자 : 10-2010-0101223(20101018)
    구분/원출원관리 : 신규
    요    약 : 화학제품 대신 미생물을 이용한 바이오 정련 기술로
              항알레르기 효과와 촉감을 높일 수 있을 뿐 아니라
              섬유 강도도 높일 수 있는 기술을 최초로 발명
    존속 기간 : 설정 등록 후 출원일로부터 20년간 권리를 보장받음.
```

① 상표권   ② 저작권   ③ 특허권
④ 실용신안권   ⑤ 의장권

31. 다음은 △△ 본부의 경력 사원 공개 채용 공고문이다. 이 회사의 채용 요건에 맞는 적격자는?

〈△△ 본부 채용 공고〉

- 담당 업무 : 주요 내용 참고
- 전공 : □□ 관련 학과
- 성별 · 나이 : 무관
- 고용 형태 : 정규직, 경력 2년 이상
- 최종 학력 : 대학 졸업
- 급여 조건 : ○,○○○만 원 이상

〈주요 내용〉

1. 직무상 요구되는 능력
   - 기술을 운용하거나 문제 해결을 할 수 있는 능력
   - 기술직과 의사소통하며 기술팀을 통합할 수 있는 능력
   - 기술적, 사업적, 인간적인 능력을 통합할 수 있는 능력
   - 기술이나 추세에 대한 이해 능력
2. 제출 서류 : 이력서, 경력 중심 자기소개서, 자격증 사본
3. 전형 방법 : 이메일 지원자 중 서류 전형 후 면접 전형

① 엔지니어   ② 생산작업자   ③ 현장기술자
④ 기술관리자   ⑤ 하급 관리자

32. 다음의 사례가 말하고 있는 바에 대한 설명으로 적절한 것은?

> 디스플레이 기술의 혁신을 성공으로 이끌어 디지털 TV뿐만 아니라 LCD 패널 생산 세계 1위를 달성한 ○○전자. ○○전자가 이러한 혁신의 성공을 거두는 데까지는 CTO(Chief Technology Officer) 백○○ 사장의 역할이 컸다.
>
> 뭔가 뚝딱뚝딱 만들기를 좋아했고 지금도 퇴근 후 집에서 햄 라디오 앞에 앉는 그는 MIT 졸업 후 1990년 미국 제너럴 인스트루먼츠 사에서 디지털 TV의 신호 압축 및 암호화 기술 개발을 담당하면서 세계 최초로 완전한 디지털 HDTV 규격을 제안했다.
>
> 이 기술은 유럽과 일본의 기술을 훨씬 앞서는 것으로 고화질 TV의 세상을 활짝 열었다. USA 투데이는 그에게 '디지털 TV의 아버지'라는 별명을 붙여 주었고, 1999년에는 미국 방송 통신 분야의 최고 권위상인 클라크 상을 수여했다. 그는 ○○전자에서도 앞을 내다보는 탁월한 선견과 통찰력으로 조직을 정비하고 연구개발 효율을 높이는 데 힘썼으며, 연구 개발에서부터 실무 사업에 이르는 과정을 통합하여 관할하는 프로그램 매니지먼트 기능을 도입해서 디지털 TV와 PDP에 연구 역량을 집중시켜 시너지 효과를 만들어 내고 차세대 TV 분야에서 ○○전자를 최고의 기업으로 끌어올릴 수 있었다.

① 기술혁신을 위해 조직원들을 독려하고 있다.
② 기술 선택을 위한 의사 결정의 단계를 말하고 있다.
③ 기술경영자로서 성공한 사람의 특징을 나타내고 있다.
④ 업무 매뉴얼의 필요성을 정착시키는 사례로 볼 수 있다.
⑤ 기술능력이 뛰어난 사람을 뽑기 위한 방법을 나타내고 있다.

33. 디자인권과 저작권에 대한 설명을 토대로 도표상의 밑줄 친 ㉠ ~ ㉤ 중 올바르지 않은 것은?

<디자인 및 저작권 등록>

- 물품의 형상, 모양, 색채는 디자인보호법에 의해 등록받을 수 있다. 여기서 디자인이란 물품의 형상, 모양, 색채 또는 이들을 결합한 것으로서 시각을 통하여 미감을 일으키게 하는 것을 말한다. 물품이란 하나로서 독립적으로 거래될 수 있으며 구체적인 형태를 갖춘 동산을 말한다. 예외적으로 물품이 아닌 '글자체'의 디자인도 보호가 가능하다.
- 저작권은 인간의 사상 또는 감정을 표현한 창작물인 저작물에 대한 배타적·독점적 권리이다. 이러한 저작물에는 소설·시·논문·강연·연술(演述)·각본·음악·연극·무용·회화·서예·도안(圖案)·조각·공예·건축물·사진·영상(映像)·도형(圖形)·컴퓨터프로그램 등이 있다. 저작권은 등록의 유무와 상관없이 창작한 날로부터 권리가 생긴다.

구분	디자인권	저작권
정의	물품의 형상, 모양, 색채 또는 이들을 결합한 것으로서 시각을 통하여 미감을 일으키게 하는 것	저작권은 인간의 사상 또는 감정을 표현한 창작물인 저작물에 대한 배타적·독점적 권리
관할기관	㉠ 특허청	한국저작권위원회
목적	디자인 창작을 장려하여 산업발전에 이바지함	문화 및 관련 산업의 향상·발전에 이바지함
상품과의 관련성	있음	㉡ 있음
보호 범위 및 효력	-국내에서만 보호되는 것이 원칙. 그러나 공개 디자인일 경우 신규성이 상실되어 타국의 타인 등록 불가 -㉢ 독점권과 동일 또는 유사디자인의 등록을 금지시키는 배타권이 발생	국내외의 동일 또는 유사 저작물에 대해 배타권을 가짐
등록원칙	-선출원주의 -디자인보호법에서 정하는 심사하는 실체심사를 거쳐서 등록	㉣ 무방식주의로 등록요건 없음
존속기간	출원일로부터 20년	㉤ 저작자가 생존하는 동안과 사망한 후 70년간 존속

① ㉠   ② ㉡   ③ ㉢
④ ㉣   ⑤ ㉤

고시넷 NCS 고졸채용 통합기본서

유형별 출제비중

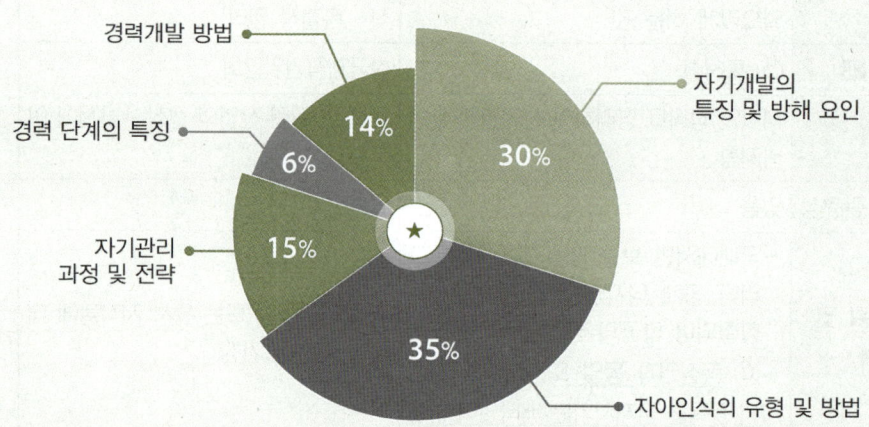

- 경력개발 방법 14%
- 경력 단계의 특징 6%
- 자기관리 과정 및 전략 15%
- 자기개발의 특징 및 방해 요인 30%
- 자아인식의 유형 및 방법 35%

하위영역

- **자아인식능력** : 자신의 흥미, 적성, 특성 등을 이해하고 이를 바탕으로 자신에게 필요한 것을 이해하는 능력
  → 자기이해, 자신의 능력 표현, 자신의 능력발휘 방법 인식
- **자기관리능력** : 업무에 필요한 자질을 지닐 수 있도록 스스로를 관리하는 능력
  → 개인의 목표 정립(동기화), 자기통제, 자기관리 규칙의 주도적인 실천
- **경력개발능력** : 끊임없는 자기개발을 위해서 동기를 갖고 학습하는 능력
  → 삶과 직업세계에 대한 이해, 경력개발 계획 수립, 경력전략의 개발 및 실행

파트 8

자기개발능력

개요 자기개발능력
- **01** 자아인식능력
- **02** 자기관리능력
- **03** 경력개발능력

- 기출예상문제

개요 자기개발능력

> 자기개발능력은 자신의 능력과 적성, 특성 등을 이해하고 목표 성취를 위해 스스로를 관리하며 개발해 나가는 능력으로 조직의 목표를 잘 수립하고 달성하기 위해서는 먼저 자기개발능력을 함양해야 한다.

1 자기개발의 의미

자기개발은 자신의 능력, 적성 및 특성 등에 있어서 강점과 약점을 찾고 확인하여 강점을 강화시키고, 약점을 관리하여 성장을 위한 기회로 활용하는 것이다.

2 자기개발의 특징

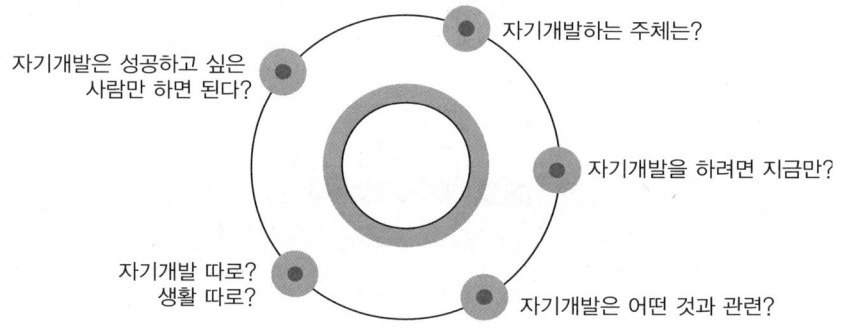

[자기개발에 대한 오해]

1. 자기개발에서 개발의 주체는 타인이 아니라 자기 자신이다.
2. 자기개발은 개별적인 과정으로서 사람마다 자기개발을 통해 지향하는 바와 선호하는 방법 등이 다르다.
3. 자기개발은 평생에 걸쳐서 이루어지는 과정이다.
4. 자기개발은 일과 관련하여 이루어지는 활동이다.
5. 자기개발은 생활 가운데 이루어져야 한다.
6. 자기개발은 모든 사람이 해야 하는 것이다.

3 자기개발의 필요성

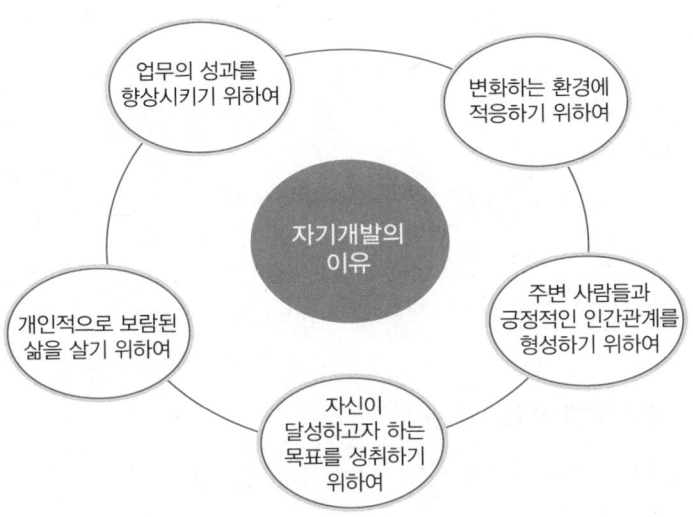

> 보충플러스
>
> **자기개발 활동의 유형**
> 1. 현재만족형
>   - 자기개발 활동을 여유 있게 삶의 일부분으로 여기는 유형
>   - 자기개발 활동을 하면서 심리적 안정을 느끼는 유형
> 2. 미래지향형
>   미래에 설정해 놓은 목표에 도달하기 위해 노력하는 유형
> 3. 자기성찰형
>   자신이 뒤처져있다는 생각으로 스트레스와 불안감을 느끼며 스스로 반성하는 유형

4 자기개발이 이루어지는 과정

자아인식이란?
- 직업생활과 관련하여 자신의 가치, 신념, 흥미, 적성, 성격 등 자신이 누구인지 파악하는 것

자기관리란?
- 자신을 이해하고 목표를 성취하기 위하여 자신의 행동 및 업무 수행을 관리하고 조정하는 것

자기개발
1. 자아인식
2. 자기관리
3. 경력개발

경력개발이란?
- 경력은 일생에 걸쳐서 지속적으로 이루어지는 일과 관련된 경험이며 경력개발은 개인의 경력 목표와 전략을 수립하고 실행하며 피드백하는 과정

⇨ 직업인은 직업생활에서 자신의 능력 및 적성을 파악하고 목표 성취를 위해 자신을 관리하고 통제하며 경력목표 성취에 필요한 역량을 신장시켜 자신을 개발해야 한다.

1. 자아인식의 예

(1) 업무수행에서 나의 장단점은?
(2) 나의 직업흥미는?
(3) 나의 적성은?

2. 자기관리의 예

(1) 업무의 생산성을 높이기 위해서는 어떻게 해야 할까?
(2) 대인관계를 향상시키기 위한 방법은 무엇일까?
(3) 자기관리 계획은 어떻게 수립하는 것일까?

3. 경력개발의 예

(1) 내가 설계하는 나의 경력은?
(2) 나는 언제쯤 승진을 하고, 퇴직을 하게 될까?
(3) 경력개발과 관련된 최근 이슈는 어떤 것이 있을까?

5 자기개발의 방해 요인

1. 내재적 요인 : 게으름, 소극적 태도, 방법을 몰라서 등

2. 외재적 요인 : 금전적인 이유, 거리가 멀어서, 직장환경 등

> **참고**
>
> 자기개발의 방해 요인 ★ 구 워크북
>
> 1. 인간의 욕구와 감정 작용 : 매슬로우의 욕구 5단계 이론
>   (1) 1단계 – 생리적 욕구 : 인간 생존을 위해 물리적으로 요구되는 필수 요소
>   (2) 2단계 – 안전의 욕구 : 두려움이나 혼란스러움이 아닌 평상심과 질서를 유지하려는 욕구
>   (3) 3단계 – 사회적 욕구(애정과 소속의 욕구) : 사회적인 상호작용을 통해 전반적으로 원활한 인간관계를 유지하고자 하는 욕구로 애착이 중요한 어린아이에게서 강하게 나타남.
>   (4) 4단계 – 존경의 욕구 : 타인으로부터 수용되고자 하고 가치 있는 존재가 되고자 하는 인간의 전형적인 욕구
>   (5) 5단계 – 자아실현의 욕구 : 자신의 역량을 성장시켜 자신을 완성함으로써 잠재력의 전부를 실현하려는 욕구
> 2. 제한적 사고
> 3. 문화적인 장애
> 4. 자기개발 방법의 모호

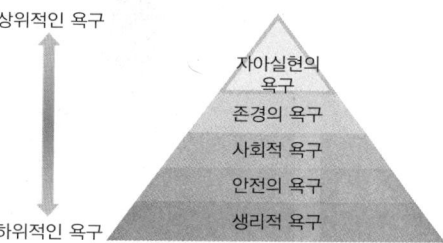

[매슬로우(A.Maslow)의 욕구 5단계]

6 자기개발 설계 전략

1. 장단기 목표를 수립

장기목표(5 ~ 20년)	자신의 욕구, 가치, 흥미, 적성 및 기대를 고려하여 수립하며 직장에서의 일과 관련하여 직무의 특성, 타인과의 관계 등을 고려해야 한다.
단기목표(1 ~ 3년)	장기목표를 이룩하기 위한 기본단계가 되며, 이를 위해 필요한 직무관련 경험, 개발해야 될 능력 혹은 자격증, 쌓아두어야 할 인간관계 등을 고려하여 수립한다.

2. 인간관계를 고려

3. 현재의 직무를 고려

4. 구체적인 방법으로 계획

5. 자신을 브랜드화

(1) 개인브랜드화 : 단순히 자신을 알리는 것을 넘어 자신을 다른 사람과 차별화하는 특징을 밝혀내고 이를 부각시키기 위해 지속적인 자기개발을 하며 알리는 것(PR ; Public Relations)을 말한다.

(2) PR 방법
 ① 소셜 네트워크 활용
 ② 인적 네트워크 활용
 ③ 경력 포트폴리오 구성
 ④ 자신만의 명함 제작 ★ 구 워크북

> **참고**
>
> **자신을 브랜드화하기 위한 전제 조건** ★ 구 워크북
> 자신을 브랜드화하기 위해서는 먼저 자기개발이 선행되어야 한다.
>
> **자기 브랜드 유형**
> - 개척가형 : 그 분야의 최초
> - 집중형 : 한 분야에서 지속적으로 전문성을 쌓아 시장의 흐름을 꿰뚫어보는 노하우와 해당 업계의 주요 네트워크를 파악하고 있음.
> - 틈새형 : 기존 시장이나 상품을 벤치마킹해 세분화된 새로운 영역을 창출해 냄.
> - 조합형 : 팀이 되었을 때 시너지 효과를 기대

> **참고**
>
> 자신을 브랜드화하기 위한 전략 : 차별성 ★ 구 워크북
>
>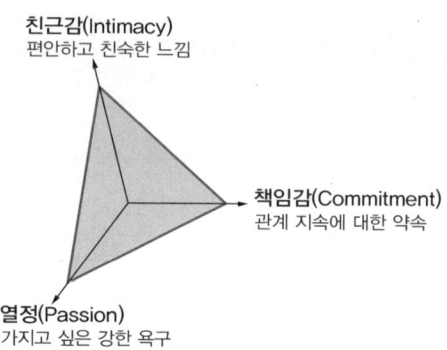
>
> - 친근감(Intimacy)
>   - 오랜 기간 관계를 유지한 브랜드에 대한 친숙한 느낌
>   - 다른 사람과의 관계를 돈독히 유지하기 위해 노력하고, 자신의 내면을 관리하여 긍정적인 마인드를 가지는 것이 필요
>   - 브랜드 PR을 통하여 지속적으로 자신을 다른 사람에게 알려 친근해지도록 함.
> - 열정(Passion)
>   - 브랜드를 소유하거나 사용해보고 싶다는 동기를 유발하는 욕구
>   - 사람들로부터 자신을 찾게 하기 위해서는 다른 사람과 차별성을 가질 필요가 있음. 이를 위해서는 최신의 중요한 흐름을 아는 것과 이에 대한 자기개발이 요구됨.
> - 책임감(Commitment)
>   - 소비자가 브랜드와 애정적 관계를 유지하겠다는 약속으로, 소비자에게 신뢰감을 주어 지속적인 소비가 이루어지도록 하는 것
>   - 자신이 할 수 있는 일이 어떤 것인지를 명확하게 파악하고 자신이 할 수 있는 범위에서 최상의 성과를 내어 소비자에게 제공함.
>   - 지속적인 자기개발이 이루어질 수 있도록 장단기 계획을 수립하고, 시간약속을 지키는 등 책임 있는 노력 필요

7 자기개발 계획 수립이 어려운 이유

1. **자기 정보 부족** : 자신의 흥미, 장점, 가치, 라이프스타일에 대한 이해 부족
2. **내부 작업정보 부족** : 회사 내의 경력 기회 및 직무 가능성에 대한 정보 부족
3. **외부 작업정보 부족** : 다른 직업이나 회사 밖의 기회에 대한 정보 부족
4. **의사결정 시 자신감 부족** : 자기개발과 관련된 결정을 내릴 때 자신감 부족
5. **일상생활의 요구사항** : 개인의 자기개발 목표와 일상생활 간 갈등
6. **주변 상황의 제약** : 재정적 문제, 연령, 시간 등

개념확인문제

01 다음을 읽고 맞으면 ○, 틀리면 ×를 표시하시오.

(1) 사람들은 모두 자기개발에 있어서 지향하는 바가 비슷하다. ( )
(2) 자기개발은 일시적으로 이루어지는 과정이다. ( )
(3) 자기개발은 일과 관련하여 이루어지는 활동이다. ( )
(4) 자기개발은 생활 가운데 이루어져야 한다. ( )
(5) 자기개발은 승진이나 이직을 원하는 사람만 하는 것이다. ( )

02 자기개발은 다음의 세 가지로 이루어진다. 빈칸에 들어갈 말은 무엇인가?

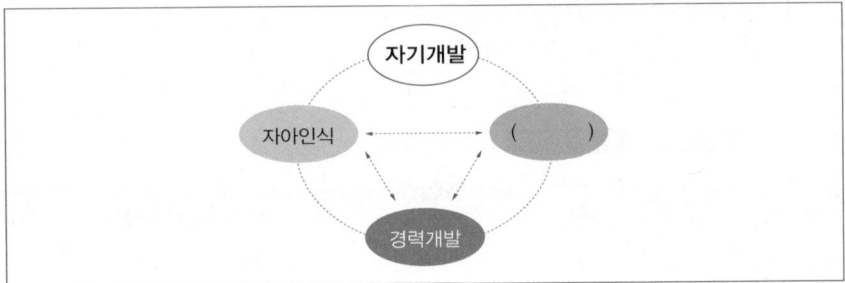

03 다음 중 자기개발 계획을 설계하기 위해 알아야 할 사항이 아닌 것은?

㉠ 나의 흥미
㉡ 나의 적성
㉢ 타인과의 관계
㉣ 현재 직무의 특성
㉤ 나의 목표
㉥ 타인의 목표
㉦ 현재 회사에서의 경력개발 기회
㉧ 나의 재정상황
㉨ 나의 건강상태

답
01 (1) × (2) × (3) ○ (4) ○
　 (5) ×
02 자기관리
03 ㉥

01 자아인식능력

자아인식능력은 자신의 흥미, 적성, 특성 등을 이해하여 자기정체감을 확고히 하는 능력이다. 직업인이 자신의 역량 및 자질을 개발하기 위해서는 자신을 이해하는 것이 선행되어야 한다.

1 자아

1. 의미
(1) 자신에 대한 인식과 신념의 체계적이고 일관된 집합이다.
(2) 내면적인 성격이며, 정신이라고 할 수 있다.
(3) 사람이 자신의 삶에서 갖고 있는 경험과 경험에 대한 해석에 영향을 받는다.

2. 자아인식의 의미
(1) 직업인으로서 자아인식이란 다양한 방법을 활용하여 자신이 어떤 분야에 흥미가 있고 어떤 능력의 소유자이며 어떤 행동을 좋아하는지를 종합적으로 분석하여 이해하는 것이다.
(2) 직업생활에서 자신의 요구를 파악하고 자신의 능력 및 기술을 이해하여 자신의 가치를 확신하는 것으로, 개인과 팀의 성과를 높이는 데 필수적으로 요구된다.

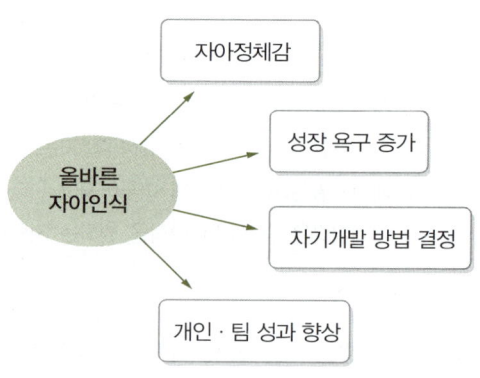

3. 자아 구성요소 ★ 구 워크북

내면적 자아	외면적 자아
자신의 내면을 구성하는 요소	자신의 외면을 구성하는 요소
측정하기 어려움	외모, 나이 등
적성, 흥미, 성격, 가치관 등	

보충플러스

자아(自我)
스스로 자신의 존재를 인식하고, 타인과 자기 외부에 대해서 판단하고 행동하는 독립체

4. 자아존중감

(1) 개인의 가치에 대한 주관적인 평가와 판단을 통해 자기결정에 도달하는 과정이며, 스스로에 대한 긍정적 또는 부정적 평가를 통해 가치를 결정짓는 것이다.

(2) 주변의 의미 있는 타인에게 영향을 받으며, 환경에 적응할 수 있도록 도움을 줘 긍정적인 자아형성에 매우 중요하다.

(3) 자아존중감의 구분

가치 차원	다른 사람들이 자신을 가치 있게 여기며 좋아한다고 생각하는 정도
능력 차원	과제를 완수하고 목표를 달성할 수 있다는 신념
통제감 차원	자신이 세상에서 경험하는 일들과 거기에 영향을 미칠 수 있다고 느끼는 정도

5. 자아인식 모델 : 조하리의 창(Johari's Window) ★ 구 워크북

	내가 아는 나	내가 모르는 나
타인이 아는 나	공개된 자아 (Open Self)	눈먼 자아 (Blind Self)
타인이 모르는 나	숨겨진 자아 (Hidden Self)	아무도 모르는 자아 (Unknown Self)

> **보충플러스**
> **조하리의 창**
> 자신과 다른 사람의 두 가지 관점을 통해 파악해 보는 자기인식 또는 자기이해의 모델

(1) 공개된 자아 : 굳이 따로 노출하지 않아도 사람들이 쉽게 알 수 있는 영역으로, 적절하게 자기표현을 잘하면서 상대의 말 또한 잘 경청할 줄 안다. 상대에게 호감을 주어 빨리 친밀해지는 성향이 있지만 지나치면 경박스럽게 보일 수도 있다.

(2) 눈먼 자아 : 상대방은 알고 있으나 정작 자신은 바르게 인지하지 못하는 영역으로, 자신의 기분이나 의견을 잘 표현하지만 주장이 강하고 타인의 말에 귀 기울이지 않는 단점이 있어 독단적이고 독선적으로 보일 수도 있다.

(3) 숨겨진 자아 : 본인 스스로 공개를 꺼리고 비밀에 부치는 영역으로, 상대방의 말을 잘 경청하고 신중함을 보이지만 자신의 속마음은 잘 드러내지 않는다.

(4) 아무도 모르는 자아 : 심층적 무의식 세계로 자신은 물론 남들도 알 수 없는 미지의 영역이다. 인간관계에 소극적이고 혼자 있는 것을 좋아하며, 대체로 심리적인 고민이 많아 부적응적인 삶을 살아가는 사람도 있다. 자신에 대한 지속적인 관심과 피드백을 통한 의식전환이 필요하다.

6. 자아인식 방법

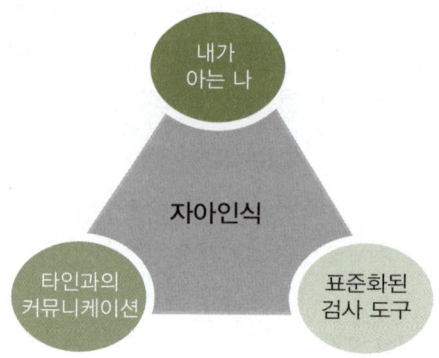

(1) 내가 아는 나 확인하기
　① 객관적으로 자신을 파악할 수 없다는 한계가 있으나, 다른 사람이 모르는 내면이나 감정 파악이 가능하다.
　② 자기 스스로에게 질문을 던져, 직업인으로서 '내가 아는 나'를 확인할 수 있다.
(2) 타인과의 커뮤니케이션
　① 자신이 간과하고 넘어간 부분을 확인하고 나의 행동을 어떻게 판단하는지 보다 객관적으로 파악할 수 있으며 내가 몰랐던 자신을 발견할 수 있다.
　② 자신이 보는 자기와 남이 보는 모습이 일치할수록 다른 사람들과의 의사소통이 쉬워지고 마찰이 줄어들어 안정된 성격을 유지할 수 있다.
(3) 표준화된 검사 도구
　① 객관적으로 자아특성을 다른 사람과 비교해 볼 수 있는 척도를 제공하며, 인터넷에서 쉽게 구할 수 있다.
　② 각종 검사 도구를 활용하여 자신을 발견하는 일은 자신의 진로를 설계하고 직업을 구하며 자신에게 맞는 일을 찾아가는 데 도움을 줄 수 있다.

7. 프란시스 킨스만(Francis Kinsman)의 세 가지 심리적 유형

(1) 생존지향형 : 금전적 욕구와 사회적 안전을 최고의 목적으로 삼으며, 먹고 살기 위해 회사에 다니는 사람이 이 유형에 해당한다.
(2) 외부지향형 : 주변인의 평가, 사회적 지위를 행동 기준으로 삼으며, 이 유형의 사람들은 승진과 출세, 존경을 목표로 삼는다.
(3) 내부지향형 : 개인적인 성숙과 자아실현에 높은 가치를 두며, 이 유형의 사람들은 물질적 성공보다 정신적 신장을 중시한다.

8. 사비카스(Savickas)가 제시한 세 가지 자아

(1) **객체로서의 자아** : 관찰될 수 있고 평가될 수 있으며, 타인과 비교할 수 있는 자아를 의미한다. 따라서 개인과 환경 간의 적합성을 바탕으로 개인을 특정 직업에 매칭시킬 때 객관적인 관점을 제공한다.

(2) **주체로서의 자아** : 경력과 관련된 목표를 설정하고 자기 자신과 경력에 대해 정보를 수집하여 결정을 내리기 위해 스스로 행동하는 자아를 의미한다. 경력 단계에 자신의 과업발달을 매칭시키는 데 요구된다.

(3) **프로젝트로서의 자아** : 정보화 사회, 글로벌 경제와 같은 급격히 변화하는 현실 속에서 평생직장이라는 개념이 사라지면서 평생 학습과 경력 전환 등으로 불확실한 경력 시장에서 여러 가능성에 유연하게 대처해 나가야 하는 경력개발의 과정 속에 있는 자아를 의미한다.

2 Holland의 진로탐색 검사 6가지 유형

유형	특성	직업
현실형 (Realistic)	판단이나 의사결정을 하기 위해서 지식과 추리 능력을 사용하기도 하며, 세밀한 것과 과제완성 하기를 좋아한다.	기술자, 엔지니어, 자동차 정비사, 전자 수리기사, 전기 기사, 운동 선수
탐구형 (Investigative)	분석적, 독립적, 합리적이고 호기심이 많으며 정확한 반면에, 말이 별로 없는 편이고 소극적이며 복잡한 경향을 띠기도 한다. 자료를 수집하여 문제에 적용하는 데 흥미를 가지고 있으며, 자료와 사물을 계획하고 처리, 통제, 지시, 평가하기를 좋아한다.	과학자, 의사, 화학자, 인류학자, 물리학자
예술형 (Artistic)	모호하고 자유스러우며 독립적인 활동을 선호하지만 체계적이고 질서정연하며 실제적이고 순서적인 활동은 좋아하지 않는다.	예술가, 연예인, 소설가, 미술가, 음악가, 무용가, 디자이너
사회형 (Social)	다른 사람들을 가르치고 개발시키고 보호하는 활동을 선호하지만 체계적이고 질서정연하며 분명한 활동에는 적극적으로 참여하지 않는 행동경향이 있다.	사회복지사, 심리상담사, 교사, 종교인, 간호사, 유치원 교사
진취형 (Enterprising)	조직적, 경제적인 차원에서 뛰어난 언어구사력으로 사람들을 이끌어가는 활동을 선호하지만 과학적인 능력을 발휘하는 활동을 꺼려한다.	경찰, 정치가, 판사, 영업사원, 상품구매인, 보험회사원
관습형 (Conventional)	사물이나 일을 체계적이고 순서적으로 조작하는 일을 선호한다. 그러나 비체계적이며 탐구적이고 추상적인 관념과 관련된 활동에는 호기심을 잘 발휘하지 않으며 애매모호하고 불규칙하며 직관력이 부족한 점도 있다.	세무사, 경리사원, 행정공무원, 은행원, 감사원

이것만은 꼭!

직업적응이론
- Dawis와 Lofquist가 제안한 개념으로 개인과 직업환경 간의 조화를 성취하고 유지하는 과정
- 능동적인 적응 : 개인이 직업 환경을 변화시키려고 시도하는 것
- 수동적인 적응 : 개인의 요구조건 등을 변화시키거나 환경의 요구조건에 적합하도록 직무기술 등을 향상시키는 것

3 흥미와 적성

1. 의미
흥미는 일에 대한 관심이나 재미를 의미하며, 적성이란 개인이 잠재적으로 가지고 있는 재능, 개인이 보다 쉽게 잘 할 수 있는 주어진 학습 능력을 의미한다.

2. 특징
(1) 흥미와 적성은 개인에 따라서 다르기 때문에 각자 관심을 가지고 잘 할 수 있는 일이나 분야는 다르기 마련이다.
(2) 흥미나 적성은 선천적으로 부여되는 것이기도 하지만 후천적으로 개발되어야 하는 측면도 있다.
(3) 적성은 절대적으로 있고 없는 것이 아니라 상대적으로 더 많이 가지고 태어나는 잠재능력이다. 적성이 높아도 후천적으로 개발되지 않으면 소용없고, 적성이 낮아도 꾸준히 노력하면 어느 정도 능력 발휘가 가능하다. 따라서 경험을 통해 자신의 흥미나 적성을 발견하고 이를 적극적으로 개발하려는 노력이 중요하다.

3. 흥미와 적성의 개발 방법
(1) 마인드 컨트롤
(2) 조금씩 성취감 느끼기
(3) 기업 문화 및 풍토 이해

> **진로정체성**
> - 내가 누구인지, 무엇이 되고 싶은지에 대한 자아관을 형성해 가도록 동기부여하는 인지적 나침반
> - 진로를 형성하는 데 있어 어떤 진로를 구성할 것인지를 강조함.
> - 개인의 동기, 관심, 진로 역할 수행 역량과 관련된 의미구조이며, 환경과의 지속적인 상호작용을 통해 형성해 나가는 인지적 개념

보충플러스

마인드 컨트롤
자신을 의식적으로 관리하는 방법으로, 지속적으로 이 방법을 사용하다 보면 자신감을 얻게 되어 흥미를 높이고 적성을 개발할 수 있게 된다.

4 성찰

1. 성찰의 필요성
(1) 다른 일을 하는 데 필요한 노하우 축적
(2) 지속적인 성장의 기회 제공
(3) 신뢰감 형성의 원천 제공
(4) 창의적인 사고 능력 개발 기회 제공

2. 지속적인 성찰 방법

(1) 성찰노트 작성하기

(2) 끊임없이 질문하기

- 지금 일이 잘 진행되거나 그렇지 않은 이유는 무엇인가?
- 이 상태를 변화시키거나 혹은 유지하기 위하여 해야 하는 일은 무엇인가?
- 이번 일 중 다르게 수행했다면 더 좋은 성과를 냈을 방법은 무엇인가?

> **보충플러스**
> **성찰노트**
> 자신이 했던 일 중 잘한 일과 못한 일을 생각해 보고 그 이유와 개선점을 아무런 형식 없이 적는 노트

개념확인문제

01 다음 글의 빈칸에 들어갈 내용은?

> 올바른 자아인식을 통해 가지고 올 수 있는 효과로는 (   ), 성장 욕구 증가, 자기개발 방법 결정, 개인·팀 성과 향상이 있다.

02 자아존중감은 세 가지 차원으로 나누어 생각해 볼 수 있다. 빈칸에 들어갈 내용을 순서대로 나열하면?

구분	내용
( ) 차원	스스로 가치 있다고 생각하고 긍정적으로 판단하는 정도와, 타인에 의한 자신의 평가로 자신을 평가하는 차원
( ) 차원	자신의 과제와 목표를 잘 완수할 수 있다고 자기 자신을 믿는 차원
( ) 차원	주변 환경에서 일어나는 상황을 잘 통제할 수 있다고 자기 자신을 믿는 차원

03 성찰에 대한 설명이 맞으면 ○, 틀리면 ×를 표시하시오.

(1) 성찰을 하면 현재의 부족한 부분을 알 수 있다.   (   )

(2) 성찰을 하더라도 한번 한 실수는 반복적으로 하게 되므로, 처음에 실수를 하지 않는 것이 중요하다.   (   )

(3) 성찰은 과거에 있었던 일에 대한 반성이므로 앞으로의 일에는 영향을 주지 못한다.
                                                              (   )

(4) 성찰은 지속적으로 연습해야 몸에 익혀진다.   (   )

답
01 자아정체감
02 가치, 능력, 통제감
03 (1) ○ (2) × (3) × (4) ○

02 자기관리능력

> 자기관리능력은 자신의 행동 및 업무수행을 통제하고 관리하며, 합리적이고 균형적으로 조정하는 능력이다. 비전에 따라 과제를 발견하고 계획을 세워 자기관리를 수행하며, 내면과 생산성 관리 및 의사결정을 할 수 있어야 한다.

1 자기관리

1. 의미

자기관리는 자신을 이해하고 목표를 성취하기 위해 자신의 행동 및 업무수행을 관리하고 조정하는 것이다.

2. 자기관리의 과정

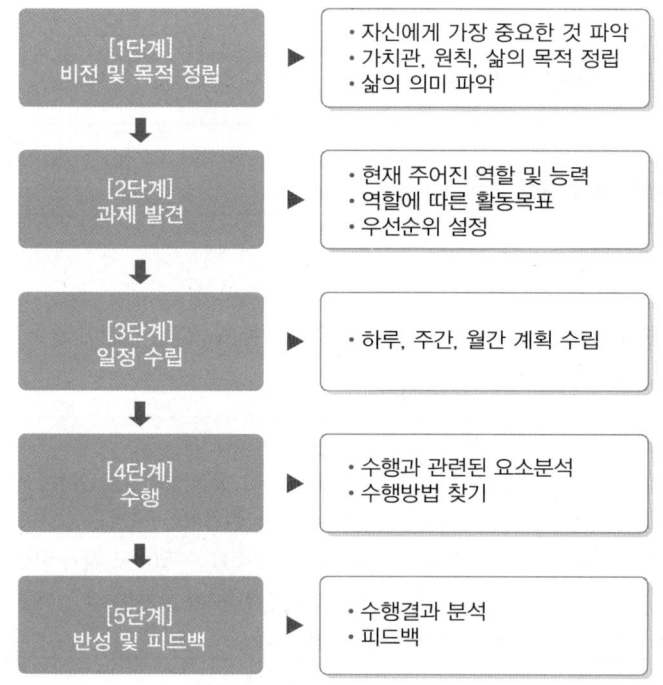

2 합리적인 의사결정

1. 의미

자신의 목표를 정하여 몇 가지 대안을 찾아보고 가장 실행 가능한 최상의 방법을 선택하여 행동하는 것

이것만은 꼭!

우선순위 설정

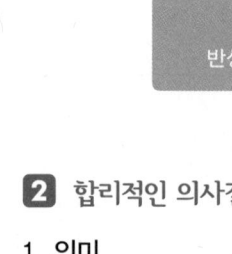

일정 수립

월간 계획 → 주간 계획 → 하루 계획 순으로 작성한다.
- 월간 계획 : 보다 장기적인 관점에서 계획하고 준비해야 될 일을 작성
- 주간 계획 : 우선순위가 높은 일을 먼저 하도록 계획
- 하루 계획 : 시간단위로 자세하게 작성

수행에 영향을 미치는 요소

물건, 시간, 능력, 감정, 일의 수행, 돈, 대인관계, 건강, 기타

2. 과정

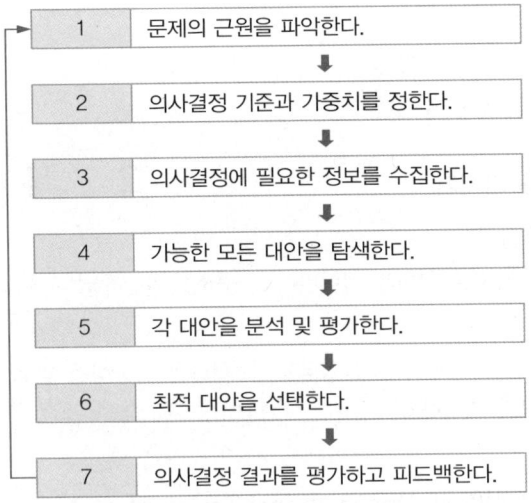

3. 거절의 의사결정과 거절하기

(1) 거절의 의사결정 시 고려할 사항
  ① 거절함으로써 발생될 문제들과 자신이 거절하지 못해서 그 일을 수락했을 때의 기회비용을 따져보아야 한다.
  ② 거절하기로 결정하였다면 이를 추진할 수 있는 의지가 필요하다.
(2) 거절의 의사를 표현할 때 유의해야 하는 사항
  ① 상대방의 말을 들을 때에는 주의하며 귀를 기울여서 문제의 본질을 파악한다.
  ② 거절의 의사결정은 빠를수록 좋다. 오래 지체될수록 상대방은 긍정의 대답을 기대하게 되고, 의사결정자는 거절을 하기 더욱 어려워진다.
  ③ 거절을 할 때에는 분명한 이유를 만들어야 한다.
  ④ 대안을 제시한다.

4. 의사결정의 오류

(1) 숭배에 의한 논증(동굴의 우상) : 권위 있는 전문가의 말을 따르는 것이 옳다고 생각함.
(2) 상호성의 법칙 : 상대의 호의로 인한 부담으로 인해 부당한 요구를 거절하지 못함.
(3) 사회적 증거의 법칙 : 베스트셀러를 사는 것처럼 많은 사람들이 하는 것을 무의식적으로 따라감.
(4) 호감의 법칙 : 자신에게 호감을 주는 상대의 권유에 무의식적으로 따라감.
(5) 권위의 법칙 : 권위에 맹종하여 따라감.
(6) 희귀성의 법칙 : '이번이 마지막 기회입니다'라는 유혹에 꼭 필요하지 않은 것임에도 따라감.

3 자신의 내면을 관리하는 방법

1. 인내심 키우기
(1) 자신의 목표를 분명히 하기
(2) 새로운 시각으로 상황 분석하기

2. 긍정적인 마음 가지기
(1) 자기 자신 긍정하기
(2) 과거에 받았던 상처나 고민을 털어버리고 타인을 원망하는 마음을 가지지 않도록 노력하기
(3) 고난이나 역경을 통하여 자신이 성장할 수 있다는 가능성을 믿고, 어려움 속에서 자신을 개발하는 법 터득하기

4 자기지시적 훈련(Self - Instructional Training)

개인이 자신에게 하는 말이 행동에 영향을 끼친다는 가정에 근거하여, 개인에게 일어나는 복잡한 문제해결 과정을 언어화하고 몇 개의 단계로 구분 짓는 것을 말한다.

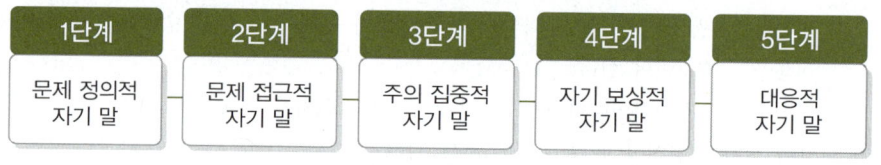

1단계	2단계	3단계	4단계	5단계
문제 정의적 자기 말	문제 접근적 자기 말	주의 집중적 자기 말	자기 보상적 자기 말	대응적 자기 말

5 업무수행 성과를 높이기 위한 행동전략

1. 자기자본이익률을 높인다. ★ 구 워크북

개인의 업무수행에서도 자기자본이익률을 높이기 위해 자신의 생활을 전략적으로 기획하고 정한 시간 내에 목표를 달성하기 위해 어떻게 하는 것이 가장 효과적인지를 고려해 본다.

> **보충플러스+**
> ★ 구 워크북
> 자기자본이익률(ROE)
> $= \dfrac{당기순이익}{자기자본}$

2. 일을 미루지 않는다.
해야 될 일이 있다면 지금 바로 하는 습관을 들여야 한다.

3. 업무를 묶어서 처리한다.
10개의 비슷한 업무를 한꺼번에 처리하면 첫 번째 일을 하는데 드는 시간의 20% 정도밖에 걸리지 않을 정도로 효율적으로 일을 할 수 있다. 또한 한 번 움직일 때 여러 가지 일을 함께 처리해서 같은 곳을 반복해서 가지 않도록 경로를 단축시킨다.

4. 다른 사람과 다른 방식으로 일한다.
다른 사람들이 발견하지 못한 더 좋은 해결책을 발견할 수 있다.

> **이것만은 꼭!**
> 업무수행 성과에 영향을 미치는 요인
> 1. 시간, 물질과 같은 자원
> 2. 업무지침
> 3. 개인의 능력
> 4. 상사 및 동료의 지원

5. 회사와 팀의 업무 지침을 따른다.

회사와 팀의 업무 지침은 변화하는 환경 속에서 그 일의 전문가들에 의해 확립된 것이므로 기본적으로 지켜야 할 것은 지키되 그 속에서 자신만의 일하는 방식을 발견한다.

6. 역할 모델을 설정한다.

직장에서 가장 일을 잘한다고 평가받는 사람을 따라해 본다.

6 행복의 5요소 페르마(PERMA)

1. P – Positive Emotion(긍정 정서) : 기쁨, 자신감, 낙관
2. E – Engagement(몰입) : 시간 가는 줄 모르고 무언가에 빠져 있는 것
3. R – Relationship(관계) : 타인과 함께 하는 것. 기뻤던 순간, 인생 최고의 순간은 대부분 타인과 함께 했을 때
4. M – Meaning(의미) : 스스로 의미 있다고 생각하는 것에 소속되고 거기에 기여하고 있다고 느끼는 것
5. A – Accomplishment(성취) : 남을 이기거나 금전적 목적이 아닌 성취 그 자체로서 좋은 것

7 직무스트레스 대응 전략

1. 조직 차원의 관리

(1) 관리감독자의 부하직원 대하기

- 평상시와는 다른 부하직원에 대한 파악과 대응
- 부하직원과의 상담에 대한 대응
- 정신적 불건강에 빠진 부하직원의 직장복귀 지원

(2) 직장환경 개선을 통한 스트레스 줄이기

2. 개인 차원의 관리

(1) 스트레스 인지하기

(2) 스트레스와 친해지기

- 많이 웃기
- 자신에게 맞는 이완방법 익히기(스트레칭 등)
- 규칙적인 생활을 하고 수면을 충분히 취하기
- 가능한 한 편안한 환경 만들기
- 일과 관계없는 취미 가지기
- 친한 사람들과 교류하는 시간 가지기
- 자연을 즐길 기회를 많이 가지기

(3) 자발적인 건강 상담하기

8 SMART 기법

1981년 조지 도란(George T. Doran)이 만든 목표달성 기법으로, 프로젝트의 목표를 정의하고 실천하기 위한 기준을 S.M.A.R.T. 이니셜로 설명하였다.

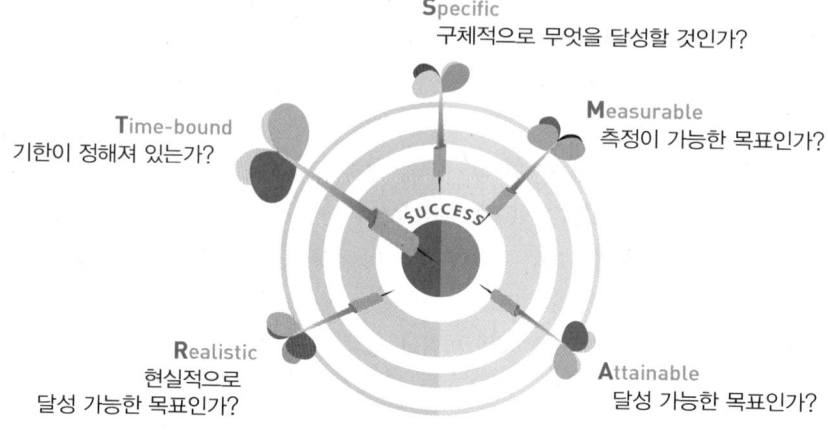

1. Specific(구체적인)

(1) 모호하고 불분명한 목표보다는 구체적이고 명확한 목표를 세운다.
(2) 구체적인 목표를 설정하기 위해서는 다음과 같은 6가지에 대한 답을 할 수 있어야 한다.
   ① Who : 누구의 목표이며, 누가 하는가?
   ② What : 무엇을 달성하고 싶은가?
   ③ Where : 어디서 달성하려는 것인가?
   ④ When : 목표달성에 필요한 시간은?
   ⑤ Which : 목표달성에 필요한 조건이나 제약은?
   ⑥ Why : 목표달성의 이유와 목적, 나에게 주어진 보상은?

2. Measurable(측정 가능한)

(1) 목표달성에 대한 진척도를 판단하기 위해서는 숫자로 구체적인 판단기준들을 정해서 객관적으로 측정하는 것이 좋다.
(2) 진척도를 점검하다 보면 최종 목표 일정을 맞추기도 쉽고, 성취감이 생겨 지속적으로 동기부여를 받을 수 있다.

3. Attainable / Achievable(달성 가능한)

해당 목표를 달성할 기회가 나에게 있는지 없는지 판단하여 목표를 세운다.

4. Realistic(현실적인)

지나치게 이상적인 목표보다는 현실적인 목표를 세운다.

5. Time-bound / Time-limited(기한이 있는)

(1) 언제까지 목표를 달성할 것인지 마감기한을 설정한다.
(2) 마감기한을 설정할 때 추상적인 표현은 피한다.

개념확인문제

01 다음은 자기관리가 이루어지는 단계를 나타낸 것이다. 3단계와 5단계에 들어갈 내용을 순서대로 나열하면?

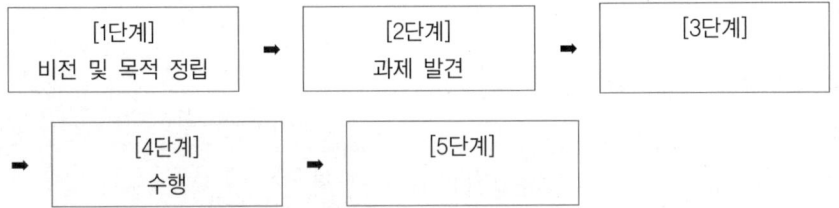

02 다음 중 인내심과 긍정적인 마인드에 대한 설명으로 적절하지 않은 것은?

① 인내심을 가진 사람은 신뢰감을 줄 수 있다.
② 자신의 목표를 분명하게 정립하면 인내심을 키우는 데 도움이 된다.
③ 인내심을 키우기 위해서는 일관되게 한 가지 시각으로 상황을 분석한다.
④ 자기 스스로 운명을 통제할 수 있다고 믿는 사람은 그렇지 않은 사람보다 더 성공할 확률이 높다.

03 행복의 5요소 페르마(PERMA)와 그에 대한 설명을 바르게 연결하시오.

(1) 긍정 정서(P) •   • ㉠ 시간 가는 줄 모르고 무언가에 빠져 있는 것
(2) 몰입(E) •   • ㉡ 타인과 함께 하는 것
(3) 관계(R) •   • ㉢ 기쁨, 자신감, 낙관
(4) 의미(M) •   • ㉣ 남을 이기거나 금전적 목적이 아닌 그 자체로 좋은 것
(5) 성취(A) •   • ㉤ 스스로 의미 있다고 생각하는 것에 소속되고 거기에 기여하고 있다고 느끼는 것

답
01 일정 수립, 반성 및 피드백
02 ③
03 (1) ㉢ (2) ㉠ (3) ㉡
   (4) ㉤ (5) ㉣

03 경력개발능력

경력개발능력은 진로에 대해 단계적 목표를 설정하고 목표성취에 필요한 역량을 개발해 나가는 능력으로 환경과 자신에 대한 이해를 바탕으로 경력 단계를 확인하고 경력개발 계획을 수립할 수 있어야 한다.

이것만은 꼭!

경력개발의 구성
- 경력계획 : 자신과 상황을 인식하고 경력관련 목표를 설정하여 그 목표를 달성하기 위한 과정
- 경력관리 : 경력계획을 준비하고 실행하며 피드백

1 경력개발

1. 의미

(1) 경력은 일생에 걸쳐서 지속적으로 이루어지는 일과 관련된 경험으로, 직위, 직무와 관련된 역할이나 활동뿐만 아니라 여기에 영향을 주고받는 환경적 요소도 포함한다.

(2) 개인은 직무가 변화되는 외부 상황의 변화나, 개인의 기대나 목표가 변화되는 주관적 인식의 변화에 따라 자신의 경력을 개발할 수 있다.

(3) 경력개발은 개인이 경력목표와 전략을 수립하고 실행하며 피드백하는 과정으로, 개인은 한 조직의 구성원으로서 조직과 함께 상호작용하며 자신의 경력을 개발해 나간다.

2. 경력개발의 필요성

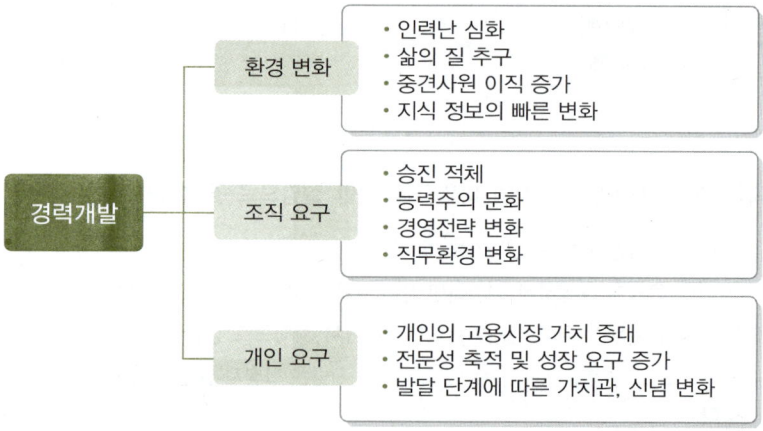

3. 경력개발 최근 이슈

(1) 지식과 정보의 폭발적인 증가로 인한 평생학습사회의 도래
(2) 지속적인 경기불황에 따른 투잡스(Two-jobs)
(3) 청년실업
(4) 창업 경력
(5) 독립근로자와 같은 새로운 노동형태의 등장
(6) 일과 생활의 균형(WLB ; Work-Life Balance)

2 경력개발 과정 5단계

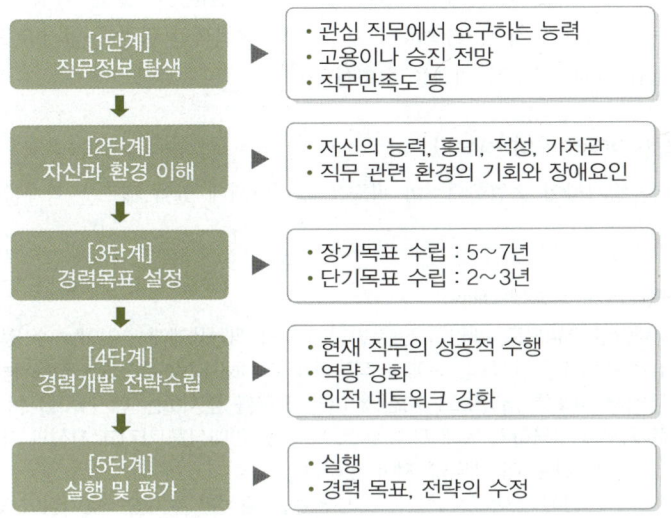

이것만은 꼭!
자신과 환경 이해 방법

자기 탐색	• 자기 인식 관련 워크숍 참여 • 전문기관의 전문가 면담 • 표준화된 검사 • 일기 등을 통한 성찰과정
환경 탐색	• 회사의 연간 보고서 • 특정직무와 직업에 대한 설명 자료 • 전직 및 경력 상담 회사 및 기관 방문 • 주변 지인과의 대화 • 직업관련 홈페이지 탐색

3 경력개발 및 관리 모델 8단계(Callanan & Eggland, 2000)

1. 경력탐색(Career Exploration)
해당 직무와 관련된 모든 정보를 수집하는 것으로 자기 자신 그리고 환경에 관한 정보를 모으는 것을 포함한다.

2. 자신과 환경 인식(Awareness of Self and Environment)
심도 있게 자기를 인식하고, 환경에 존재하고 있는 기회와 제약에 대하여 이해한다. 이러한 인식은 개인들이 경력목표를 수립하거나 수정하도록 이끌고, 전략개발을 이끌어 낸다.

3. 목표설정(Goal Setting)
자신이 경력개발을 통해 달성하고자 하는 목표를 설정한다.

4. 전략개발(Strategy Development)
경력목표를 달성하기 위한 행동계획을 수립하고, 효과적인 실천을 위한 전략방안을 마련한다. 전략이 실제적인 자기인식과 환경적인 인식에 기초하고 있다면 더 효과적이다.

5. 전략이행(Strategy Implementation)
경력개발 계획에 따라 경력개발을 이행할 준비를 하고 실행에 옮긴다.

6. 목표를 향한 과정(Progress toward the Goal)
경력목표에 다가가기 위한 범위(Extent) 내에서 경력개발을 적극적으로 추진한다.

7. 작업과 비작업 자원으로부터의 피드백(Feedback from Work-Nonwork Sources)

직무와 직접적으로 관련 있는 동료, 감독자, 그리고 전문가와 같은 작업 자원으로부터 유용한 정보를 획득하고 친구, 가족과 같이 직무와 직접적인 관련이 없지만 조언을 구할 수 있는 비작업 자원으로부터 의견을 수렴한다.

8. 경력평정(Career Appraisal)

자신의 경력을 평가하여 점검한다. 이 평정은 경력탐색에 있어 새로운 과제를 부여한다.

> **참고**
>
> 진로적응력(Career Adaptability)
> - Super가 제안한 개념으로, 개인의 진로 방향에 따라 직업세계에서 일어날 수 있는 예측가능하거나 예측하지 못한 상황 속에서 적절하게 대처해 나갈 수 있는 적응 능력
> - 진로 환경에서 미래를 내다보고, 자신의 미래 진로를 분지하는 데 가치를 둠.
> - 미래 진로 요구에 부응하기 위해 자기 훈련, 노력 및 인내심을 가지고 자신과 자신을 둘러싼 환경을 형상화하는 데 책임을 져야 한다고 믿음.
> - 자신 및 진로 환경에 있어 가능한 진로 대안들을 탐색할 수 있는 호기심이 있음.
> - 탐색 경험과 정보 탐색 활동을 통해 개인이 자신의 인생 설계를 위한 선택을 할 수 있다는 자신감을 가짐.
> - 진로적응력이 높은 사람은 진로개발의 책임이 스스로에게 있다고 생각하여 자신의 진로에 관심을 가지고 구체적인 계획과 목표를 세움. 반면 진로적응력이 낮은 사람은 진로개발의 책임이 조직에게 있다고 생각함.

4 경력 단계와 특징

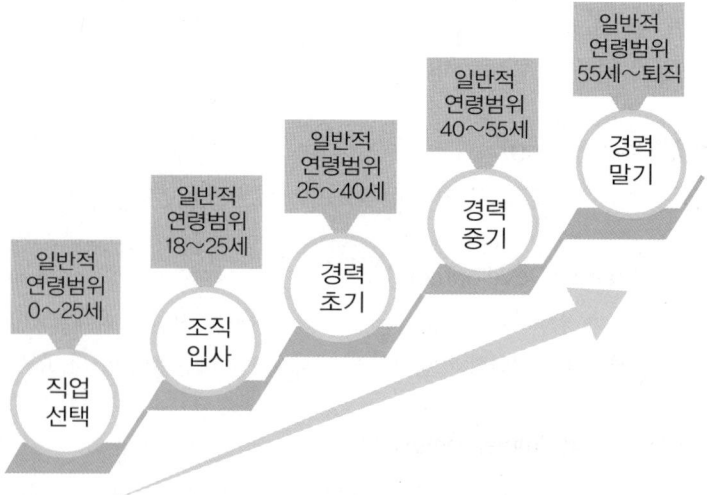

1. 직업 선택

(1) 자신에게 적합한 직업이 무엇인지를 탐색하고 이를 선택한 후, 여기에 필요한 능력을 키우는 과정이다.

(2) 자신의 장단점, 흥미, 적성, 가치관 등 자신에 대한 탐색과, 자신이 원하는 직업에서 요구하는 능력, 환경, 가능성, 보상 등 직업에 대한 탐색이 동시에 이루어져야 한다.

2. 조직 입사

(1) 자신이 선택한 경력분야에서 원하는 조직의 일자리를 얻으며 직무를 선택하는 과정이다.

(2) 직무를 선택할 때는 환경과 자신의 특성을 고려해야 하며, 특히 자신이 들어갈 조직의 특성을 알아보아야 한다.

3. 경력초기

자신이 맡은 업무의 내용을 파악하고 새로 들어간 조직의 규칙이나 규범, 분위기에 적응하면서 조직에서 자신의 입지를 다지는 시기이다.

4. 경력중기

(1) 자신이 그동안 성취한 것을 재평가하고 생산성을 유지하는 단계이다.

(2) 경력중기에 이르면 직업 및 조직에서 어느 정도 입지를 굳히게 되어 더 이상 수직적인 승진가능성이 적은 경력 정체시기에 이르게 되며, 새로운 환경의 변화(과학기술, 관리방법의 변화 등)에 직면하여 생산성을 유지하는 데 어려움을 겪기도 한다.

(3) 개인적으로 현 직업이나 생활스타일에 불만을 느끼며, 매일의 반복적인 일상에 따분함을 느끼기도 한다.

(4) 자신의 경력초기의 생각을 재검토하게 되며, 현재의 경력경로와 관련 없는 다른 직업으로 이동하는 경력변화가 일어나기도 한다.

5. 경력말기

(1) 조직의 생산적인 기여자로 남고 자신의 가치를 지속적으로 유지하기 위해 노력하며 동시에 퇴직을 고려하는 단계이다.

(2) 경력말기로 갈수록 경력중기에 경험했던 새로운 환경 변화에 대처하는 데 더 어려움을 겪게 되며, 퇴직에 대한 개인적인 고민과 함께 조직의 압력을 받기도 한다.

6. Super의 경력개발 5단계

(1) 성장기(출생 ~ 14세) : 욕구나 환상이 지배적이지만 점차 현실검증능력이 생기면서 흥미와 능력을 중시하여 진로를 선택하는 시기

(2) 탐색기(15 ~ 24세) : 흥미, 능력, 가치 등 자아를 검증하고 직업을 탐색하는 시기

(3) 확립기(25 ~ 44세) : 적합한 직무를 선택하고 동료로부터 인정을 받으며 업무를 배우면서 삶의 안정감·소속감을 형성하는 시기

(4) 유지기(45 ~ 64세) : 정해진 직업에 자신의 위치를 확고히 하고 안정된 삶을 유지하는 시기

(5) 쇠퇴기(65세 이후) : 은퇴 후 새로운 역할과 활동을 찾는 시기

5 진로탄력성(경력회복력)의 구성요인

1. 자기이해 : 자신을 긍정적으로 인식하며 자신의 내·외적 특성을 스스로 올바르게 이해함.

(1) 자기이해 : 자신의 능력, 적성, 경험, 목표, 환경, 외모, 언어, 문화개방성 등에 대해 올바르게 이해하고 수용하며 스스로를 믿는 것

(2) 자기효능감 : 자신의 능력을 믿고 성공적으로 해낼 수 있다는 신념이나 기대감으로 자기 긍정성을 발휘하는 것. 자기효능감이 높은 사람은 실패의 원인을 충분하지 않은 노력으로 보지만, 자기효능감이 낮은 사람은 자신의 역량이 부족하다고 생각

2. 긍정적 태도 : 자신과 미래 환경에 대해 어려운 상황을 극복할 수 있다는 긍정적 믿음과 부정적 감정을 잘 다스리는 태도

(1) 감사하기 : 자신의 삶에 영향을 미치고 있는 조건들에 대해 긍정적으로 생각하고, 경험하는 모든 상황에 대해 감사한 마음을 가짐.

(2) 미래지향 : 역경에 부딪힐 때 자신의 미래를 낙관적으로 생각하면서 목표 달성 의지를 가지고 지속적으로 노력함.

3. 자기조절 : 자신의 감정과 행동을 인식하고 바람직한 방향으로 스스로 조절하는 능력

(1) 정서조절 : 어려움이 닥쳤을 때 스스로 부정적이고 충동적인 감정 및 행동을 통제하고, 긍정적인 감정 및 행동과 건강한 도전의식을 불러일으키며 끈질기게 견디어 나감.

(2) 진로자립 : 타인에게 의지하지 않고 스스로 원하는 진로목표를 설정하고 이를 달성하기 위해 주도적으로 계획을 세우고 지식과 기술을 지속적으로 습득함.

4. 적응성 : 급변하는 사회 환경에서도 적응할 수 있는 유연한 대처 능력으로, 변화하는 상황을 기꺼이 받아들이고 적극적으로 진로 목표를 달성해 나감.

(1) 진로유연성 : 진로와 관련된 여러 가지 상황과 환경에 따라 자신을 융통성 있게 대응하고 변화시킬 수 있는 능력

(2) 변화수용 : 진로 목표를 달성하는 과정에서 예기치 못한 상황과 그 결과를 받아들이고, 기술 및 사회 변화에 따라 요구되는 변화에 맞춰 능동적으로 진로 계획을 재점검하고 대처함.

(3) 도전정신 : 진로 목표 실패에 대한 두려움에도 불구하고 미래에 대한 불확실성을 기꺼이 수용하며 현실에 안주하지 않고 새로운 목표에 도전함.

5. 대인·정보 관계 : 사람과 사람, 사물과 사물 간의 사회적 관계망·연결망을 형성하며 상호 관계를 맺고 상황과 맥락 안에서 긍정적인 관계를 유지하며 진로를 개척함.

(1) 공감능력 : 언어와 비언어를 활용한 긍정적인 태도로 감정과 정보 등을 의미 있게 나눔으로써 상대방을 이해하고 신뢰를 쌓아감.

이것만은 꼭!

자기효능감에 영향을 미치는 요인

1. 수행성취 : 과제 수행 결과, 성공적으로 목표를 달성할 때 자신감과 자기 가치를 느낌.
2. 대리 경험(모델링) : 타인의 성공사례 관찰을 통해 수행과정을 학습
3. 사회적 설득 : 과제 수행에 대한 믿음을 심어주기 위해 성취할 수 있다는 말을 전달
4. 생리적/정서적 각성 : 과제 수행의 불안을 해소하기 위한 자기 최면

(2) 연결성 : 진로상황에서 어려움에 부딪혔을 때 자신이 인적, 물적, 사회적 자원과 연결되어 있음을 인식하고 적극적으로 관계를 맺어 사회적 지지를 얻으며 자원을 활용함.

(3) 협력 : 진로역량 개발과 진로 목표 달성을 위해 다른 사람 및 조직과 공동의 목표를 인지하고 자신의 책임을 다하며 서로 힘을 합하여 도우며 일을 수행함.

개념확인문제

01 다음 글의 빈칸에 들어갈 내용은?

> 지식과 정보의 폭발적인 증가로 새로운 기술개발에 따라 직업에서 요구되는 능력도 변화하고 있으며, 지속적인 능력개발이 필요한 시대가 되었다. 평생직장이라는 말은 사라진 지 오래이며, 평생 동안 여러 개의 직업 경력을 가지는 사람도 증가하고 있다. 따라서 개인 각자가 자아실현, 생활향상 또는 직업적 지식, 기술의 획득 등을 목적으로 생애에 걸쳐서 자주적, 주체적으로 학습을 계속할 수 있는 (   )이/가 도래하였으며, (   )에서는 개인이 현재 가지고 있는 능력보다 개인의 학습하는 능력과 이에 대한 자기개발 노력이 더욱 중요시되고 있다.

02 다음 중 자신을 이해하는 방법이 아닌 것은?

① 전문가 면담
② 표준화된 검사
③ 일기를 통한 성찰
④ 직업훈련 정보 탐색
⑤ 자기 인식 관련 워크숍 참여

03 다음은 경력 단계를 나타낸 것이다. 빈칸 (가)와 (나)에 들어갈 단계를 바르게 연결한 것은?

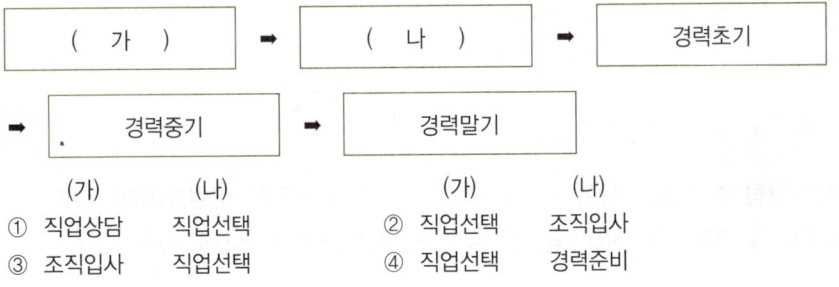

	(가)	(나)		(가)	(나)
①	직업상담	직업선택	②	직업선택	조직입사
③	조직입사	직업선택	④	직업선택	경력준비

04 다음 글의 빈칸에 들어갈 경력개발 모형은?

> (   ) 시기는 자신이 맡은 업무의 내용을 제대로 파악하고 내가 들어간 조직의 분위기나 규범 등을 파악하여 적응하는 것을 중점으로 두는 시기이다. 나아가 궁극적으로는 내가 속한 이 조직에서 자신의 입지를 확장시켜 승진에도 관심을 가져보는 시기라 할 수 있다.

답
01 평생학습사회
02 ④
03 ②
04 경력 초기

기출예상문제

01. 자기개발은 직장을 얻기 위한 시기뿐 아니라 직장생활을 시작한 후에도 지속적으로 이루어지게 된다. 다음 중 자기개발을 하고 있는 방법이 나머지와 다른 한 사람은 누구인가?

① 어학 실력 향상을 위하여 업무 후 스페인어 학원을 주 3일 다니고 있는 A 씨
② 조직에서 쌓은 경험을 활용하여 담당한 분야의 전문지식을 넓혀가는 B 씨
③ 사소한 일상의 행위라도 규칙적인 패턴을 늘 일정하게 유지하고 있는 C 씨
④ 술과 담배를 끊고 매일 업무 후 지하 스포츠센터에서 운동을 하고 귀가하는 D 씨
⑤ 매주 수요일마다 사진 동아리에서 취미 활동을 즐기는 E 씨

02. 인간은 종종 타성에 젖어 자기개발을 하고자 해도 어려움에 부딪히는 경우가 많다. 자기개발을 하는 데 있어 극복해야 할 상황으로 적절하지 않은 것은?

① 자기개발을 하는 데 있어 지향하는 바와 방법이 타인과 다름을 인식하였다.
② 제한적인 정보와 사고 습관 때문에 자신을 객관적으로 파악하는 데 실패하게 된다.
③ 자기개발을 하려고 하되 어디서 어떻게 자기개발을 할 수 있는지 방법을 모르는 경우가 있다.
④ 현재 익숙해 있는 일과 환경을 지속하려는 습성이 있어서 새로운 자기개발의 한계에 직면하게 된다.
⑤ 인간의 욕구와 감정이 작용하여 자기개발에 대한 소극적인 태도를 형성하게 된다.

03. A 회사 외식사업부 상품개발팀 D 사원은 자기 자신만이 가지고 있는 능력을 팀원들에게 홍보하고자 한다. D 사원이 자신을 홍보하기 위해 활용할 수 있는 전략으로 적절하지 않은 것은?

① 외식 동호회 및 미식 연구 동아리에 가입하여 인적 네트워크를 형성한다.
② 자신이 개발한 메뉴가 곧 자신을 홍보하는 것이므로 메뉴개발에 몰두한다.
③ 개인 블로그를 만들어 자신의 실무적인 지식과 업무경험에 대한 자료를 꾸준히 게시한다.
④ 자신이 개발한 대표 메인메뉴와 디저트메뉴를 정리하여 포트폴리오를 제작한다.

04. 다음 중 자기개발의 특징을 바르게 설명한 것은?

① 자기개발은 일이나 생활과 너무 밀접하게 연관 짓지 않도록 해야 한다. 자신이 궁극적으로 원하는 삶의 모습을 설계하기 위해서이다.
② 자기개발의 주체는 자기 자신이 아니라 타인이다. 타인의 객관적인 관점에서 자신을 분석하고 성장시켜야 하기 때문이다.
③ 자기개발이 모든 사람에게 요구되는 것은 아니다. 때로는 잘못된 자기개발과 인생설계로 인해 더욱 부정적인 모습이 될 수 있기 때문이다.
④ 자기개발은 개별적인 과정이다. 사람마다 자신에게 적합한 목표를 설정하고 자기개발의 전략이나 방법을 다르게 선정해야 한다.

05. 대외 협력 센터에 근무하는 P는 외국인을 상대해야 할 일이 많아져 외국어 실력을 높이고자 출근 전 아침 첫 타임에 시작하는 외국어 강좌를 신청했는데, 개강 일주일이 지나자 아침에 일찍 일어나는 것이 힘들어 결석하는 날이 잦아졌다. 다음 중 P의 자기개발을 방해하는 요인과 유사한 것은?

① A 대리는 승진을 위해 대학원 진학을 고려하고 있으나 어떤 과에서 무엇을 공부하는 것이 앞으로의 커리어에 유리할지 갈피를 잡지 못하고 있다.
② B는 다니던 직장을 퇴사하고 원하던 다른 곳으로 어렵게 이직을 했지만 생각했던 것보다 직장 분위기가 냉랭하고 낯설어 오래도록 적응을 하지 못하고 있다.
③ C 과장은 관리자 역량을 키우기 위해 온라인 강의를 등록했는데, 인터넷에 접속하면 자꾸 쇼핑을 하거나 다른 웹서핑을 하게 되어 강의를 제대로 듣지 못하고 있다.
④ D 대리는 같은 해 입사한 동기보다 승진도 느리고 평가도 좋지 않은 것 같아 변화의 필요성을 인지하고는 있지만, 막상 자신에게 부족한 점이 무엇인지 정확히 파악하지 못하고 있다.
⑤ 이제 막 입사한 신입 사원 E는 회사 업무와 관련이 있지 않더라도 자기개발에 소홀하지 말라는 상사의 조언을 받았다. 그런데 어떤 것부터 해야 할지 판단이 서지 않아 결정을 하지 못하고 있다.

06. 다음 사례를 참고할 때, 인간이 자기개발을 적극적으로 수행하기 위해 필요한 것은?

> 2010년 4월, 전 세계 주요 신문은 미국 하버드대학의 경제학자 프라이어의 연구가 무위로 돌아갔다는 기사를 실었다. 그는 금전적 보상이 학업 능력 향상에 미치는 효과를 알기 위해 미국의 뉴욕, 워싱턴, 시카고, 댈러스 등지에서 학생들 1만 8천 명을 대상으로 2007년부터 3년 동안 무려 630만 달러(약 70억 원)를 사용했다.
> 성적 우수자에게 25달러에서 50달러까지 포상금을 주었고, 독서, 출석, 수업 태도 등에서 다양한 기준을 세워놓고 현금을 지급했다. 돈이 걸렸으니 당연히 아이들은 공부에 열을 올렸다. 그런데 문제는 그 효과가 매우 단기적이었다는 것이다. 결국 3년에 걸친 프로젝트는 현금 보상이 학습 능력을 눈에 띄게 향상시키지는 못한다는 결론만을 얻었다. 보상이 학습에서 가장 중요한 흥미와 자발성을 떨어뜨린다는 사실은 1970년대 미국 스탠포드대학의 심리학자 레퍼가 한 실험의 결과이기도 하다.

① 정당화 욕구 ② 동기 부여 ③ 자기결정성
④ 자아인식 ⑤ 내재적 동기

07. 다음은 교육팀에서 근무하는 L 사원이 직장동료 B 사원에게 자신의 평가결과에 대해 이야기하는 내용이다. 이를 들은 B 사원이 자기개발과 관련하여 조언을 할 때, 가장 적절한 것은?

> "이번 회사에서 사원평가를 했는데 나보고 자기개발능력이 부족하다고 하네. 6시 퇴근시각에 바로 퇴근을 하더라도 집이 머니까 도착하면 8시고 바로 씻고 저녁 먹고 잠깐 쉬면 금방 10시야. 방 정리하고 설거지하면 어느새 11시가 되는데, 어느 틈에 자기개발을 하라는 건지 이해도 잘 안 되고 답답하기만 해."

① 혹시 모르니까 틈틈이 토익공부라도 하는 건 어떨까?
② 요즘에는 평생직장은 없기는 하지. 이왕이면 집에서 가까운 회사를 알아보는 것도 방법인 것 같아.
③ 힘든 것도 있겠지만 앞으로 하고 싶은 목표 같은 것을 세워서 차근차근 진행하면 좀 나아지지 않을까?
④ 회사에서 제공하는 교육과정은 들어 줘야 회사 생활이 순탄할 듯해.

08. 전국경제인연합회에서 어느 기업가가 다음과 같은 연설을 하였다. 다음 연설에서 강조하고 있는 '인적자원의 자기개발' 모습으로 가장 적절한 것은?

> 병사와 전사의 기본적인 차이가 무엇이냐. 병사는 어떤 시스템의 하나의 부품으로서는 아주 유능하지만 시스템이 붕괴되어 버리면 독자적으로 전투능력을 갖추지 못하는 존재라는 것입니다. 전사는 무엇인가. 전사라는 것은 어떤 시스템 속에서 하나의 부품으로서의 역할도 하지만 시스템이 붕괴되어도 독자적인 전투수행능력을 갖추고 있는 사람입니다. 21세기의 기업이 요구하고 있는 훌륭한 인재, 훌륭한 직원은 '병사'가 아닌 '전사'입니다.

① 항상 상사의 지시에 꼭 맞는 결과치만을 보여주는 A 씨
② 시키지 않아도 스스로 업무 수행능력을 배양하는 B 씨
③ 창의성보다 명령과 규칙을 준수하는 C 씨
④ 업무보다 조직을 위해 직원들 간의 유대관계를 더 중요시하는 D 씨
⑤ 맡은 바 업무 이외의 것에는 전혀 한눈을 팔지 않는 E 씨

09. ○○공사에서는 사원들이 자신의 현재 근무 상태를 점검하고 구체적인 계획을 통해 자신을 개발하고 관리하는 데 도움이 되도록 각자 자기개발 계획서를 작성하여 제출토록 하였으며, 그중 자기개발 계획서를 가장 잘 작성한 사원을 선정하여 자기개발비를 지원하겠다고 하였다. 다음 중 자기개발 계획서 작성 방법이 잘못된 사람은?

① A는 자신의 삶의 목표와 업무에 필요한 역량을 접목하여 시너지 효과를 얻을 수 있는 방향으로 자기개발 계획서를 작성하였다.
② B는 자기개발 방법으로 자신의 현재 상황에서 실현 가능한 방법을 적되 최대한 구체적인 사례를 들어 자기개발 계획서를 작성하였다.
③ C는 자기개발 계획의 수립 시 본인뿐 아니라 가족이나 상사, 회사 동료 등과의 인간관계를 고려하면서 자기개발 계획서를 작성하였다.
④ D는 자신이 현재 맡고 있는 직무와 이를 담당하는 데 요구되는 역량, 자신의 적성과 현재 수준, 개발해야 할 능력 등을 다방면으로 고려하여 자기개발 계획서를 작성하였다.
⑤ E는 자기개발 계획을 세울 때 10년 이상의 계획은 실현 가능성이 불분명하여 계획에 도움이 되지 않는다고 생각하여 너무 길지 않은 5년 이내의 기간을 정하여 자기개발 계획서를 작성하였다.

10. 자기와 다른 사람이 바라보는 2가지 관점을 통해 자신을 파악하는 방법을 '조하리의 창(Johari's Window)'이라고 한다. 다음 중 상대방은 알고 있으나 정작 자신은 모르는 부분, 즉 남의 이야기를 통해 새롭게 나의 성격을 발견하는 경우와 관련 있는 것은?

① 공개된 자아(Open Self)
② 눈먼 자아(Blind Self)
③ 숨겨진 자아(Hidden Self)
④ 아무도 모르는 자아(Unknown Self)

11. 다음 중 외면적 자아의 구성 요소에 해당하는 것을 모두 고르면?

㉠ 적성	㉡ 흥미
㉢ 나이	㉣ 성격
㉤ 외모	㉥ 가치관

① ㉠, ㉢
② ㉠, ㉥
③ ㉡, ㉣
④ ㉢, ㉤
⑤ ㉤, ㉥

12. 다음 중 성찰에 관한 설명으로 적절하지 않은 것은?

① 많은 문제가 발생할 때마다 반성하며 되돌아보는 일이 중요하다.
② 성찰을 하면 자신을 성장시키는 기회를 마련할 수 있고 신뢰감과 창의적 사고를 형성할 수 있다.
③ 성찰은 과거 지향적 사고이기 때문에 적극적인 측면에서 볼 때에는 진취적이지 못하다는 비판을 받을 수도 있다.
④ 성찰 노트를 작성하거나 문제가 발생했을 때 자신에게 질문하는 노력이 필요하다.
⑤ 꾸준한 성찰은 다른 일을 하는 데 필요한 노하우를 축적할 수 있게 한다.

13. '자기관리'는 다음과 같은 단계를 거쳐 이루어진다. 자기관리의 5단계에서 '역할에 따른 활동 목표와 우선순위 설정'이 수행되는 단계는?

1단계 - 비전 및 목적 정립	2단계 - 과제 발견
3단계 - 일정 수립	4단계 - 수행
5단계 - 반성 및 피드백	

① 1단계 ② 2단계 ③ 3단계
④ 4단계 ⑤ 5단계

14. A 패션 기획홍보부 P 대리는 자신이 해야 할 일들을 다음과 같이 메모하였다. 일이 차질 없이 진행되도록 아래의 표에 업무를 나누어 적어 보려고 할 때, 다음 중 2순위에 해당하는 것은?

〈P 대리가 해야 할 일(1월 31일 기준)〉
- 기획홍보부 신입사원 사내 기본교육 및 업무 인수인계 진행(다음 주까지)
- 경쟁업체 신규 매장 오픈(4월 1일)으로 인한 경영전략 수립(3월 중 유통부와 공조하여 진행)
- 3월 1일에 시작하는 봄맞이 프로모션 준비 : 할인 품목 및 할인율 재점검, 프로모션 전략자료 준비(2월 15일까지 납기 요함)
- 어학원 수강신청 및 등록

	중요한 것	
긴급하지 않은 것	2순위 계획하고 준비해야 할 문제	1순위 제일 먼저 해결해야 할 긴급하고 중요한 문제
	4순위 상대적으로 하찮은 일	3순위 신속히 해결해야 할 문제
	중요하지 않은 것	

① 기획홍보부 신입사원 사내 기본교육 및 업무 인수인계
② 경쟁업체 신규 매장 오픈 관련 경영전략 수립
③ 봄맞이 프로모션 전략자료 준비
④ 어학원 수강신청 및 등록

15. 나상호 씨는 워크넷에서 〈중·장년 직업역량검사〉를 받아보았다. 진단 결과에 해당되는 설명은 어떤 직업역량에 관한 내용인가?

〈중·장년 직업역량검사〉
중·장년 근로자의 직업역량을 진단하여 후기 경력개발과 관련된 의사결정을 돕기 위한 검사입니다.

〈직업역량의 하위 요인별 진단 결과〉
나상호 님은 자기 자신을 둘러싼 세계에 대한 관심, 호기심, 다양한 경험에 대한 추구 및 포용 정도가 높습니다.

① 경력계획
② 자기평가
③ 직무만족
④ 개방성

16. 다음 〈보기〉에서 설명하는 경력 단계는?

보기

그간의 성취를 재평가하고 생산성을 유지하는 이 시기는 조직 내에서 입지를 굳혀 수직적 승진 가능성이 적은 정체 시기이다. 또한 새로운 환경 변화에 직면할 때 생산성 유지가 어렵기도 하다.

① 직업 선택
② 조직 입사
③ 경력 초기
④ 경력 중기
⑤ 경력 말기

17. 다음 〈정의〉에 입각하여 경력개발을 하기 위한 방법으로 적절하지 않은 사례를 모두 고른 것은?

〈정의〉
경력개발은 개인이 경력목표와 전략을 수립하고 실행하며 피드백하는 과정으로 직업인은 한 조직의 구성원으로서 조직과 함께 상호작용하며, 자신의 경력을 개발해 나간다.

〈사례〉
(ㄱ) 영업직에 필요한 것은 사교성일 수도 있지만 무엇보다 사람에 대한 믿음과 성실함이 기본이어야 한다고 생각한다. 영업팀에서 10년째 근무 중인 나는 인맥을 쌓기 위해 오랜 기간 인연을 지속한 사람들을 놓치지 않으려고 노력하였다. 또한 시대에 뒤떨어지지 않기 위해 최신 IT기기 및 기술을 습득하고 있다.
(ㄴ) 전략기획팀에서 근무하고 있는 나는 앞으로 회사가 나아갈 방향을 설정하는 업무를 주로 하고 있다. 따라서 시대의 흐름을 놓쳐서는 안 된다. 나의 이러한 감각을 배양하기 위해 전문서적을 탐독하고, 경영환경 변화에 대한 공부를 끊임없이 하고 있다.
(ㄷ) 지난달부터 체력단련을 위해 헬스를 하고 있다. 자동차 동호회 활동을 통해 취미활동도 게을리하지 않고 있다.
(ㄹ) 직장 생활은 중요하다. 그에 못지않게 개인적인 삶도 풍요롭게 할 필요가 있다. 회사는 내가 필요한 것과 내 삶을 윤택하게 하는 데 도움을 주는 요소이다. 그러므로 회사 내의 활동이나 모임 등에 집중하기보다는 나를 위한 투자(운동, 개인학습 등)에 소홀하지 않아야 한다.

① (ㄱ), (ㄴ)
② (ㄷ), (ㄹ)
③ (ㄱ), (ㄷ)
④ (ㄴ), (ㄹ)

고시넷 NCS 고졸채용 통합기본서

유형별 출제비중

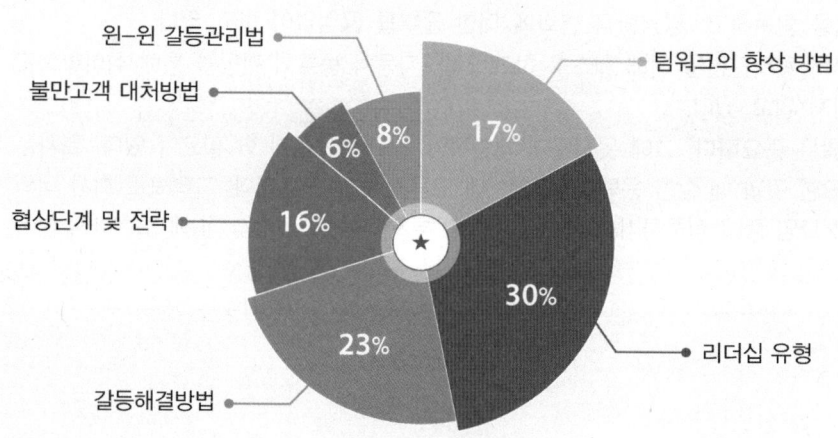

- 원-윈 갈등관리법 8%
- 불만고객 대처방법 6%
- 협상단계 및 전략 16%
- 갈등해결방법 23%
- 리더십 유형 30%
- 팀워크의 향상 방법 17%

하위영역

- 팀워크능력 : 구성원들과 목표를 공유하고 원만한 관계를 유지하며 역할을 이해하고 책임감 있게 업무를 수행하는 능력
  → 팀워크의 의미, 효과적인 팀의 특성, 팔로워십
- 리더십능력 : 구성원의 업무 향상에 도움을 주며 조직의 목표 및 비전을 제시하는 능력
  → 리더십의 의미, 리더십의 유형, 동기부여, 임파워먼트, 변화관리
- 갈등관리능력 : 구성원 간 갈등이 발생할 경우 이를 원만히 조절하는 능력
  → 갈등의 의미, 갈등해결방법, 원-윈 갈등관리법
- 협상능력 : 협상 가능한 목표를 세우고 상황에 맞는 협상전략을 선택하여 협상하는 능력
  → 협상의 의미, 협상전략, 협상 단계
- 고객서비스능력 : 고객서비스에 대한 이해를 바탕으로 고객에 대처하고 고객만족을 이끌어 내는 능력
  → 고객서비스의 의미, 불만고객 유형과 대처방법, 고객만족

파트 9

대인관계능력

개요 대인관계능력
01 팀워크능력
02 리더십능력
03 갈등관리능력
04 협상능력
05 고객서비스능력

- 기출예상문제

개요 대인관계능력

직업인이 조직 내에서 조직구성원으로서 원만한 관계를 유지하여 자신의 역할을 충실히 수행하기 위해서는 대인관계능력의 함양이 필수적이다.

1 대인관계능력의 의미

1. 직업생활에서 협조적인 관계를 유지하고 조직구성원에게 도움을 줄 수 있으며 조직 내부 및 외부의 갈등을 원만히 해결하고 상대방의 요구를 파악·충족시켜 줄 수 있는 능력을 의미한다.

2. 수평적 네트워크 체제가 보편화된 현대사회에서 대인관계능력은 매우 중요한 요소이다. 일을 잘하는 사람도 조직과 융화되지 못하면 능력을 발휘하지 못한다.

3. 인간관계 형성에서 가장 중요한 요소는 평소 말과 행동에서 드러나는 사람의 됨됨이다. 사람들은 말과 행동에서 상대방의 진정성을 느끼며, 피상적인 관계에서는 상호 신뢰와 교감, 관계를 만들거나 유지할 수 없다.

4. 인간관계를 형성하는 출발점은 자신의 내면이다. 스스로 존중하고 배려할 때, 타인도 존중하고 배려할 수 있다.

5. 대인관계의 기법이나 기술은 성품에서 자연스럽게 나온다. 인간관계 형성의 출발점은 자신의 내부이며 내적 성품이다.

6. 주도적이고 올바른 원칙에 중심을 두며 가치지향적으로 소중한 것부터 계획하고 성실하게 실행할 때, 대인관계가 풍부해지며 지속적·생산적이 된다.

2 대인관계 향상방법

보충플러스 +
동료가 지각을 한 경우 어떤 사람은 차가 막혀 늦었다고 생각하지만(외부귀인), 다른 어떤 사람은 성실하지 않은 사람으로 생각한다(내부귀인).

사람들은 상대에 따라 행동의 원인을 다르게 판단하며 평소 잘 지내는 사람에게는 외부 귀인을 하는 경향이 있다.
평소 감정은행계좌에 신뢰를 구축한다면 불필요한 오해와 편견을 예방할 수 있다. 감정은행계좌에 신뢰를 저축하는 방법은 다음과 같다.

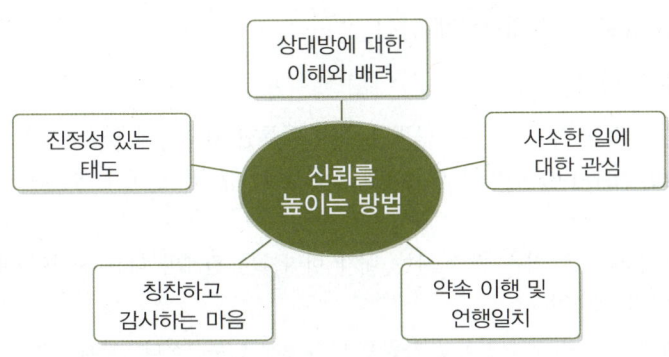

1. 상대방에 대한 이해와 배려

이해와 배려는 상대방과의 유대관계를 강화하고 신뢰를 쌓게 한다. 나의 희생과 양보가 나중에 큰 이익으로 돌아올 수 있다.

2. 사소한 일에 대한 관심

친절과 공손함은 매우 중요하며 작은 불손, 작은 불친절, 하찮은 무례가 막대한 인출을 가져온다. 인간관계에서의 커다란 손실은 사소한 것에서 비롯된다.

3. 약속 이행 및 언행일치

약속을 지키는 것은 감정 입금 행위이다. 약속을 어기면 감정 인출 행위가 발생하고 상대는 다음 약속을 믿지 않게 된다.
언행일치는 약속을 지키고 기대를 충족시키는 것이다. 이는 신뢰를 가져오고 감정은행계좌에 많은 입금을 가능하게 하는 기초가 된다.

4. 칭찬하고 감사하는 마음

상대방에 대한 칭찬과 감사의 표시는 상호 신뢰관계를 형성하고 마음을 움직이게 하는 중요한 감정 입금 행위이다. 불만과 불평은 커다란 인출을 가져온다.

5. 진정성 있는 태도

진정성 있는 태도를 보여줄 수 있는 방법 중 한 가지는 진지한 사과이다. 진지한 사과는 감정은행계좌에 신뢰를 입금하지만 반복되는 사과는 불성실한 사과와 마찬가지로 인출이 된다. 사람들은 실수는 용서하지만 나쁜 동기를 갖거나 의도적인 실수 또는 실수를 덮으려는 정당화 등은 쉽게 용서하지 않는다.

3 키슬러(Kiesler)의 대인관계 양식

1. 대인관계 양식의 의미

(1) 사람들은 관계에 대한 욕구가 다르며 각자 독특한 대인관계 양식을 지닌다. 대인관계 양식을 이해하고, 본인의 대인관계 양식을 파악하면 관계의 형성과 유지에 도움이 된다.

(2) 대인관계가 어려운 이유 중 하나는 내가 바라보는 관계와 다른 사람이 바라보는 관계가 다르기 때문이다.

(3) 대인관계 양식은 지배성/친화성 차원에 따라 8개로 구분한다. 지배성 차원은 다른 사람의 행동을 자신의 뜻대로 통제하는 정도로, 지배-복종의 연속선상에서 평가한다. 친화성 차원은 다른 사람을 호의적으로 대하는 정도로 사랑-미움의 연속선상에서 평가한다.

2. 대인관계 양식별 특징과 보완점

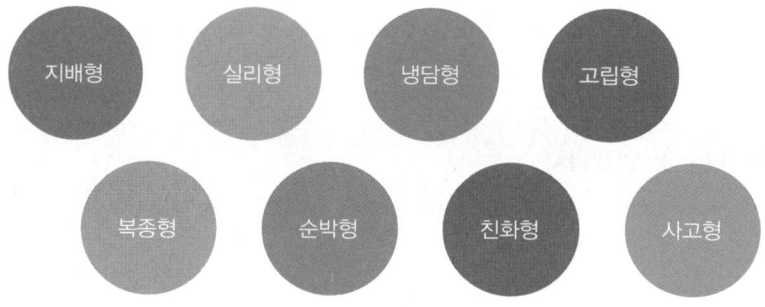

(1) 지배형
  ① 주도적이고 자신감이 넘치며 자기주장이 강해 타인을 통제한다.
  ② 지도력과 추진력이 있어 집단을 잘 지휘한다.
  ③ 독단적, 논쟁적이어서 갈등을 겪거나 지시에 순종하지 않아 거만해 보인다.
  ④ 경청, 수용하는 자세를 기르고, 자신의 지배 욕구를 살펴보도록 한다.

(2) 실리형
  ① 실리를 추구하고 성취지향적, 자기중심적, 경쟁적이며 타인에 대한 관심과 배려가 부족하다.
  ② 다른 사람을 신뢰하지 못하고 불공평한 대우에 예민하며 피해를 준 사람에게 보복한다.
  ③ 다른 사람의 입장을 배려하도록 노력하고 신뢰를 형성하는 데 관심을 갖도록 한다.

(3) 냉담형
① 이성적이고 냉철하며 의지력이 강하고 타인과 거리를 두는 경향이 있다.
② 다른 사람의 감정에 무관심하고 쉽게 상처를 주며 긍정적인 감정 표현을 어려워한다.
③ 대인관계가 피상적이며 다른 사람과 오랜 기간 깊게 사귀지 못한다.
④ 다른 사람의 감정 상태에 관심을 갖고 긍정적인 감정을 표현하도록 한다.

(4) 고립형
① 혼자 있거나 혼자 일하는 것을 좋아하며 감정을 잘 드러내지 않는다.
② 다른 사람과의 만남을 두려워하고 사회적 상황을 회피하며 감정을 지나치게 억제한다.
③ 침울한 기분이 지속되는 경향이 있고 우유부단하며 사회적으로 고립된다.
④ 대인관계의 중요성을 인식하고 노력을 하며 두려움에 대해 생각하도록 한다.

(5) 복종형
① 수동적, 의존적, 순종적이며 자신감이 부족하고 주목받는 일을 피한다.
② 확고한 의견과 태도를 갖지 못하며 상급자의 위치에서 일하는 것을 어려워한다.
③ 자기표현, 자기주장이 필요하며 대인관계에서 독립성을 키우도록 한다.

(6) 순박형
① 단순하고 겸손하고 너그러우며 다른 의견에 반대하지 못하고, 감정표현이 어렵다.
② 다른 사람에게 쉽게 설득되어 주관이 없어 보이고, 잘 속거나 이용당할 수 있다.
③ 다른 사람의 의도를 생각하고 신중하게 행동하며, 의견을 강하게 주장하도록 한다.

(7) 친화형
① 따뜻하고 인정이 많으며 다른 사람을 배려하고 도와주는 자기희생적인 태도를 보인다.
② 다른 사람을 즐겁게 해 주려고 지나치게 노력하고 고통과 불행을 보면 도와주며 다른 사람의 요구를 잘 거절하지 못하고 자신의 것보다 앞세워 손해를 본다.
③ 다른 사람과 정서적 거리를 유지하고, 자신의 이익도 중요함을 인식하도록 한다.

(8) 사교형
① 외향적이고 쾌활하며 타인에게 관심 받고 인정받고자 하는 욕구가 강하다.
② 충동적이고 쉽게 흥분하며 혼자서 시간을 보내는 것을 어려워하고, 다른 사람의 활동에 관심이 많아서 간섭한다.
③ 자신의 내면적인 생활에 좀 더 관심을 갖고, 다른 사람에게 인정받으려는 욕구에 대해 생각하도록 한다.

4 조지 리빙거(George Levinger)의 대인관계 발전단계

1. 대인관계 발전단계의 의미
(1) 대인관계 발전단계이론은 일반적으로 관계가 발전하면서 거치는 단계를 설명하는 이론이다.
(2) 대인관계는 점차적으로 변화하기보다는 단계를 갑자기 이동하는 경향이 있다.

2. ABCDE 모델

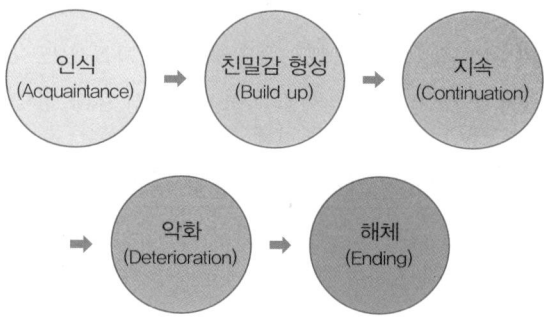

(1) 인식
  ① 사람들이 서로에게 매력을 느끼고 관계를 맺기로 결심하는 단계이다.
(2) 친밀감 형성
  ① 관계가 실제로 성장하는 단계로, 서로를 신뢰하기 시작한다.
  ② 관계가 오래 지속되기 위해 개인은 서로 양립할 수 있어야 한다.
(3) 지속
  ① 결혼과 같은 장기간의 약속이 이루어지며 안정적인 관계로 진입하는 단계이다.
  ② 관계를 유지하기 위해서는 신뢰와 투명성이 필수적이다.
(4) 악화
  ① 여러 가지 요인으로 인해 관계가 붕괴되는 단계로, 모든 관계가 악화 단계를 거치는 것은 아니다.
(5) 해체
  ① 파트너들이 헤어지기로 합의하거나 한 쪽이 떠나는 경우로, 관계는 끝나는 단계이다.
  ② 이상적인 관계는 지속적인 약속과 결혼으로 귀결되지만, 긍정적인 관점에서 시작되다가 갑자기 끝나는 관계도 있다.

개념확인문제

01 다음 빈칸에 들어갈 알맞은 말은?

> (   )은/는 직업생활에서 협조적인 관계를 유지하고 조직구성원들에게 도움을 줄 수 있으며, 조직 내부 및 외부의 갈등을 원만히 해결하고, 상대방의 요구를 파악하고 충족시켜 줄 수 있는 능력이다.

02 대인관계 향상방법에 대한 설명으로 맞으면 ○, 틀리면 ×를 표시하시오.

(1) 상대방에 대한 이해와 배려는 유대관계를 강화한다. (   )
(2) 실수는 신용에 대한 감정계좌은행의 인출 행위이므로 실수를 덮기 위해 노력해야 한다. (   )
(3) 약속을 어기는 것은 감정계좌은행의 중대한 인출 행위가 된다. (   )
(4) 진지한 사과를 통해 진정성 있는 태도를 보여 줄 수 있다. (   )

03 다음 ㉠ ~ ㉣에 들어갈 대인관계 양식은?

구분	특징	보완점
㉠	대인관계에 자신이 있으며 자기주장이 강하고 타인에게 주도권을 행사함.	타인의 의견을 잘 경청하고 수용하는 자세를 길러야 한다.
㉡	대인관계에서 수동적이고 의존적이며 타인의 의견을 잘 따르고 주어진 일에 순종한다.	자기표현, 자기주장이 필요하다.
㉢	대인관계에서 타인을 잘 배려하여 도와주고 자기희생적인 태도를 취한다.	다른 사람과의 정서적 거리를 유지하는 노력이 필요하다.
㉣	이해관계에 예민하고 치밀하며 성취 지향적이다.	다른 사람을 배려하는 노력이 필요하다.

답
01 대인관계능력
02 (1) ○ (2) × (3) ○ (4) ○
03 ㉠ **지배형** ㉡ **복종형**
   ㉢ **친화형** ㉣ **실리형**

01 팀워크능력

> 팀워크능력은 현대와 같이 경쟁이 치열한 환경에서 팀워크를 개발하고 지속시키는 일은 매우 중요하다. 조직이 성장과 발전을 이룰지 여부는 팀을 효과적으로 운영하는 데 달려 있다.

1 개요

1. 팀워크의 의미

(1) 팀워크는 구성원들이 공동의 목적을 달성하기 위하여 상호관계성을 가지고 협력하여 업무를 수행하는 것이다.

(2) 팀워크와 응집력의 차이는 팀 성과의 유무에 있다. 성과는 내지 못하면서 팀의 분위기만 좋으면 응집력이 좋은 팀이고, 단순히 사람들이 모여 있는 것이 아니라 목표달성의 의지를 가지고 성과를 내는 것이 팀워크이다.

팀워크	응집력
공동의 목적을 달성하기 위해 상호관계성을 가지고 서로 협력하여 일을 해 나가는 것	사람들로 하여금 집단에 머물도록 만들고, 멤버로서 계속 남아 있기를 원하게 만드는 힘

(3) 팀워크는 팀원들이 각자 자신을 유용한 자원으로 인식하고 고품질 팀을 창조하기 위해 필수적이다.

2. 팀워크의 유형 ★ 구 워크북

협력, 통제, 자율 세 가지 기제를 통해 구분되며 조직이나 팀의 목적, 사업 분야에 따라 다른 유형의 팀워크를 필요로 한다.

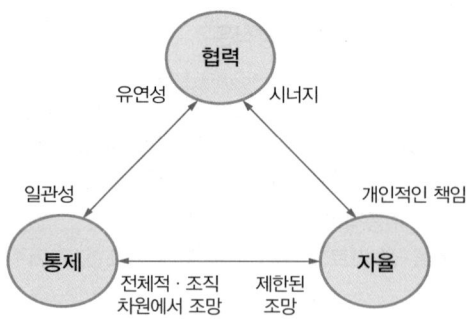

3. 팀워크의 요소

(1) 팀원들이 갖추어야 할 기본요소
    ① 공동의 목표의식과 강한 도전의식
    ② 팀원 간 상호 신뢰와 존중
    ③ 협력하며 각자의 역할과 책임을 다하는 태도
    ④ 솔직한 대화로 서로를 이해하는 태도
    ⑤ 강한 자신감으로 상대방의 사기를 높이는 태도

(2) 팀워크 저해 요소
    ① 조직에 대한 이해 부족
    ② 자기중심적인 이기주의
    ③ 자의식 과잉
    ④ 질투나 시기로 인한 파벌주의
    ⑤ 그릇된 우정과 인정
    ⑥ 사고방식의 차이에 대한 무시

4. 집단에 참여하는 이유 : 집단의 편익

(1) 안전 : 집단에 참여할 때 개인은 혼자 있을 때의 불안감이 감소한다.
(2) 지위 : 타인이 중요하다고 생각하는 집단에 속하여 인정과 지위를 얻을 수 있다.
(3) 자부심 : 집단은 자기가치(self-worth)를 느끼게 한다.
(4) 친교 : 집단은 사회적 욕구를 충족시켜 준다.
(5) 권력 : 집단을 통해 개인적으로 달성할 수 없는 것을 달성할 수 있다.
(6) 목표 달성 : 특정 과업을 완수하기 위해서는 두 사람 이상이 필요하다.

2 팀의 특징

1. 효과적인 팀의 특징

(1) 팀의 사명과 목표를 명확하게 기술한다.
(2) 창조적으로 운영한다.
(3) 결과에 초점을 맞춘다.
(4) 역할과 책임을 명료화하고 조직화가 잘되어 있다.
(5) 개인의 강점을 활용한다.
(6) 팀 자체의 효과성을 평가하며 팀 풍토를 발전시킨다.
(7) 의견의 불일치를 건설적으로 해결한다.
(8) 개방적으로 의사소통하며 객관적인 결정을 내린다.
(9) 리더십 역량을 공유하며 상호 간 지원을 아끼지 않는다.

2. 문제 있는 팀의 특징

(1) 생산성 하락과 불평불만 증가
(2) 냉담과 전반적인 관심 부족
(3) 팀원 간 적대감과 갈등
(4) 제안, 혁신, 효율적인 문제해결의 부재
(5) 업무와 관계에 대한 혼동
(6) 비효율적인 회의
(7) 결정에 대한 오해나 불이행
(8) 리더에 대한 높은 의존

3 팀의 발전과정 ★ 구 워크북

1. 형성기(forming)

(1) 안전하고 예측할 수 있는 행동에 대한 안내가 필요하여 리더에게 의지한다.
(2) 인정받기를 원하며 팀원들을 신뢰할 수 있는지 확인한다.
(3) 심각한 논의는 회피하지만 성장을 위해서 마찰 가능성을 각오해야 한다.

2. 격동기(storming)

(1) 경쟁과 마찰이 나타나며 개인은 아이디어, 태도, 감정 등을 팀에 맞춰야 한다.
(2) 규칙, 보상에 대한 질문과 리더십, 권위에 대한 경쟁심과 적대감이 생긴다.
(3) 시험과 검증의 자세에서 경청과 의사소통을 통해 문제해결의 자세로 나아가야 한다.

3. 규범기(norming)

(1) 응집력이 생겨 팀원을 인정하며 공동체 형성과 문제해결에 집중한다.
(2) 리더십을 공유하고 신뢰 수준이 향상되며 단결력이 심화된다.
(3) 마찰을 해결할 때 얻는 만족감과 공동체 의식을 경험한다.
(4) 창의력, 생산성이 증가하고 자신이 팀의 일부라는 것에 대해 만족한다.

4. 성취기(performing)

(1) 모든 팀이 성취기에 이르는 것이 아니며, 팀원의 역량과 인간관계의 깊이를 확장함으로써 진정한 상호의존성을 달성해야 한다.
(2) 효율성을 발휘하는 팀 또는 총체적인 단위로서 독립적으로 일할 수 있게 된다.
(3) 생산적인 팀은 팀원들의 역할과 권한이 팀과 팀원의 변화에 역동적으로 따라 준다.
(4) 팀원들은 스스로 책임을 지고 과제지향적, 인간지향적이며 충성심을 보여 준다.

4 팀워크 촉진

1. 팀워크 촉진방법

(1) 동료 피드백 장려하기

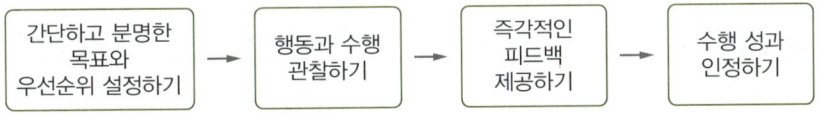

간단하고 분명한 목표와 우선순위 설정하기 → 행동과 수행 관찰하기 → 즉각적인 피드백 제공하기 → 수행 성과 인정하기

(2) 갈등 해결하기
갈등을 발견하면 다음 질문을 통해 중재해야 한다.

- 내가 보기에 스스로 꼭 해야 하는 행동은?
- 내가 보기에 상대방이 꼭 해야 하는 행동은?
- 상대방이 보기에 내가 꼭 해야 하는 행동은?
- 상대방이 보기에 스스로 꼭 해야 하는 행동은?

(3) 창의력 조성을 위해 협력하기
다음과 같은 환경을 조성할 때 창의적인 아이디어와 혁신적인 발전이 나타난다.

- 팀원의 말에 흥미를 가지고 대하기
- 아이디어에 대해 비판하지 않기
- 모든 아이디어를 기록하기
- 아이디어를 개발하도록 고무하기
- 많은 양의 아이디어를 요구하기
- 침묵을 존중하기
- 관점을 바꾸기
- 일상적인 일에서 벗어나 보기

> **이것만은 꼭!**
> 팀에 문제가 생기면 팀원들이 서로를 탓하여 팀 내에 갈등과 혼동이 생기는 경우가 있다. 이는 팀의 책임이며 팀워크 강화 및 촉진을 통해 해결되어야 한다.

(4) 참여적으로 의사결정하기

의사결정을 내릴 수 있다는 것은 임파워먼트를 발휘한다는 의미이다. 훌륭한 의사결정을 내리기 위해서는 다음 두 측면을 고려해야 한다.

의사결정의 질	구성원의 동참
• 쟁점의 모든 측면을 다루었는가? • 모든 팀원과 협의하였는가? • 외부와 협의해야 하는가?	• 모든 팀원이 동의하는가? • 자신의 역할을 이해하고 있는가? • 의사결정을 실행하고자 하는가?

2. 팀워크 개발 3요소 ★ 구 워크북

신뢰 쌓기	신뢰가 쌓이면 조직의 업무 속도는 올라가고 비용은 내려가며, 서로 깊이 알게 되고 자신감을 갖게 된다.
참여하기	• 팀 활동에 적극 참여하고 협력적인 분위기 조성을 위해 노력해야 한다. • 팀원 간 존중하고 협력할 때 성취감과 보람을 느낄 수 있다.
성과내기	성과를 내지 못하면 팀은 존재가치를 잃으므로 조직의 업무수행 방법, 조직목표, 행동 방식을 파악하고 팀워크 정신을 발휘해야 한다.

5 직장 내 관계

1. 소속감에 따른 인간관계 유형

(1) 직장중심적 인간관계
  ① 조직에 대한 소속감과 만족도, 친밀도, 업무에 대한 흥미가 높다.
  ② 동료와 업무뿐 아니라 개인적인 일, 취미 등을 공유하며, 직장 외 다른 인간관계는 소홀히 할 가능성이 높다.

(2) 직장탈피적 인간관계
  ① 직장에 대한 소속감과 만족도, 친밀도, 업무에 대한 흥미가 낮고, 직장은 생활에 필요한 소득을 얻기 위한 곳으로 여긴다.
  ② 동료와 의사소통이 적고 무관심하여 적응이나 업무에 어려움을 겪을 수 있다.

2. 직장동료의 특징

(1) 관심사, 업무, 고충 등이 유사하여 작업적 동반자 겸 사교적 동반자가 될 수 있다.
(2) 상위직으로 갈수록 직위의 수가 적으므로 경쟁관계가 되어 애착과 경쟁이 복합적으로 일어나는 미묘한 관계가 된다.

3. 직장동료의 유형

돌출형	동료에 대한 경쟁의식이 강하며 상사에게 자신의 업무능력, 성과를 과장되게 표현하며 충성행동을 나타낸다.
희생형	• 동료를 위해 희생을 감수하며 힘든 일을 자원한다. • 경쟁관계나 소외에 대한 두려움이 있고 내적으로 불만이 있을 수 있다.
원만형	• 업무 활동, 상사와의 관계 등에서 동료와 균형을 유지한다. • 동료와 경쟁과 협동의 균형을 유지한다.
위축형	직무수행에 자신감이 부족하고 소극적이며 동료에게 열등감을 지닌다.

6 팔로워십(Followership)

1. 팔로워십의 의미

(1) 팔로워십은 부하로서 바람직한 특성과 행동을 의미한다.
(2) 팔로워는 상사가 리더십을 발휘하도록 지원하고 동의뿐 아니라 비판도 해야 한다.
(3) 팔로워는 헌신, 전문성, 용기, 정직하고 현명한 평가 능력, 융화력, 겸손함이 있어야 하고, 리더의 결점이 보일 때는 덮어 주는 아량이 있어야 한다.
(4) 리더십과 팔로워십은 상호보완적이며 필수적인 존재이다. 조직이 성공을 거두려면 리더십을 잘 발휘하는 리더와 팔로워십을 잘 발휘하는 팔로워가 둘 다 있어야 한다.

2. 켈러먼(Kellerman)의 팔로워십 유형

(1) 고립형 팔로워
　① 리더에게 관심이 없고 자신의 일만 하는 유형이다.
　② 조직 규모가 큰 곳에 많으며 조직의 질을 떨어뜨리는 역할을 한다.
　③ 대화를 통해 고립형 팔로워가 된 이유를 찾아 해결하여 변화시켜야 한다.
(2) 방관자형 팔로워
　① 관심사가 맞으면 동기부여가 되지만, 대부분의 일에 무관심하면서 수동적인 유형이다.
　② 방관자 효과를 조직에 퍼뜨리는 역할을 한다.
　③ 방관하는 이유를 찾아내 적극적으로 참여할 수 있도록 도와야 한다.

보충플러스
구성원들은 업무 수행에 의욕을 갖고 도전적이고 창조적인 안목을 발휘해야 하며, 동료와 화합하여 일을 수행하고 조직 전체의 효율성을 높일 수 있는 태도를 가져야 한다.

이것만은 꼭!
썩은 사과의 법칙
팀에 팀워크를 무너뜨리는 썩은 사과가 있다면 그에게 기대하는 바를 전하고 책임감을 부여한다. 그가 변하지 않는다면 팀 전체를 망칠 수 있기 때문에 팀에서 내보내야 한다.

(3) 참여형 팔로워
  ① 리더에게 적극적으로 협조하거나 반대하는 명확성을 보이는 가변적인 유형이다.
  ② 시간과 돈은 투자하지 않는 특징이 있다.
  ③ 리더의 파트너로 참여할 기회를 제공해야 한다.
(4) 행동형 팔로워
  ① 리더를 적극적으로 나서서 돕거나 사임시키는 등 적극적인 행동을 취하는 유형이다.
  ② 리더는 행동형 팔로워가 자신을 따르도록 소통에 힘쓰고 불만을 파악해야 한다.
(5) 골수분자형 팔로워
  ① 리더에게 전적으로 의존하고 동의하거나 리더를 쫓아내려고 고군분투하는 유형이다.
  ② 위험을 무릅쓰고 리더를 따르거나 내부 고발자가 되어 암적 현상을 드러내기도 한다.

3. 로버트 켈리(Robert E. Kelley)의 팔로워십 유형

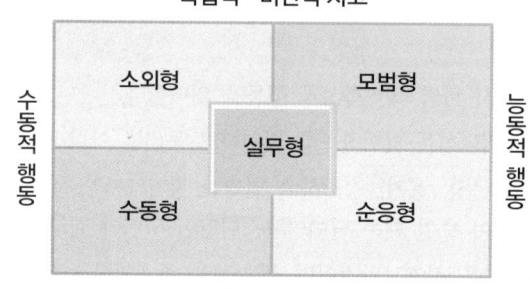

(1) 소외형
  ① 스스로 자립적이고 일부러 반대 의견을 제시하는 조직의 양심이라고 생각한다.
  ② 조직은 자신을 인정하지 않고 적절한 보상이 없으며 불공정하다고 생각한다.
  ③ 동료는 소외형 멤버가 냉소적, 부정적이고 고집이 세다고 평가한다.
(2) 순응형
  ① 스스로 기쁘게 과업을 수행하고 팀플레이어이자 리더와 조직을 믿고 헌신하는 사람이라고 생각한다.
  ② 기존 질서를 따르는 것을 중시하며 획일적인 행동에 익숙하고 리더의 의견을 따른다.
  ③ 동료는 순응형 멤버가 아이디어가 없고 인기 없는 일은 안 하고, 조직을 위해 자신과 가족의 요구를 양보한다고 평가한다.

(3) 실무형
    ① 스스로 운영방침에 민감하고 규칙을 지키며 사건을 균형 잡힌 시각으로 본다고 생각한다.
    ② 조직은 규정을 강조하고, 계획을 자주 변경하며, 비인간적 풍토가 있다고 생각한다.
    ③ 동료는 실무형 멤버가 흥정에 능하고 적당한 열의와 수완이 있다고 평가한다.

(4) 수동형
    ① 스스로 판단과 사고를 리더에게 의존하고 지시가 있어야 한다고 생각한다.
    ② 조직은 아이디어를 원하지 않고 노력은 소용이 없으며, 리더는 독단적이라고 생각한다.
    ③ 동료는 수동형 멤버가 제 몫을 못하며 업무 수행에 감독이 필요하다고 평가한다.

(5) 모범형(주도형)
    ① 이상적인 유형으로, 목적 달성을 위해 독립적으로 사고하며 적극적으로 실천하고 건설적으로 비판하며 개성이 있고 혁신적·창조적이다.
    ② 솔선수범하고 주인의식을 가지고 기대 이상의 성과를 내려고 노력한다.

개념확인문제

01 다음 글의 빈칸에 들어갈 단어는?

> (　　　)은/는 부하로서 바람직한 특성과 행동을 의미한다. 일반적으로 훌륭한 부하는 상사가 바람직한 리더십을 발휘하도록 유도하고 지원해야 하며, 상사에 대한 동의뿐만 아니라 건전한 비판도 함께 해야 한다.

02 팀워크에 대한 설명으로 맞으면 ○, 틀리면 ×를 표시하시오.
    (1) 팀워크란 목표 달성을 위해 상호관계성을 가지고 협력하는 것이다.　(　　)
    (2) 팀워크는 사람들이 집단에 머물고, 멤버로 남아 있기를 원하게 만드는 힘이다.　(　　)
    (3) 팀워크를 위해서는 공동의 목표의식과 상호 신뢰가 중요하다.　(　　)
    (4) 효과적인 팀워크를 위해서는 명확한 팀 비전과 목표를 공유해야 한다.　(　　)

답
01 팔로워십
02 (1) ○ (2) × (3) ○ (4) ○

02 리더십능력

> 조직을 둘러싸고 있는 다양한 기능들을 효율적으로 다루기 위한 것이 관리라면, 리더십은 변화에 대처하는 것이다. 최근과 같이 급변하는 환경에서 리더십능력의 함양은 필수적이다.

1 개요

1. 리더십의 의미
(1) 조직의 목표 달성을 위하여 개인이 조직원들에게 영향을 미치는 과정이다.
(2) 카리스마나 타고난 성격과 무관하며 소수만이 가질 수 있는 특권이 아니다.

2. 리더십의 특징
(1) 리더는 통찰력을 갖고 목표를 제시, 팀워크를 이루어 성과를 내는 과정을 주도한다.
(2) 리더십은 반드시 직위를 수반하는 것은 아니며 모든 조직구성원에게 필요하다.
(3) 과거 리더십은 수직적 구조였으나 오늘날은 조직구성원이 동료나 상사에게도 발휘하는 전방위적 구조로 변화되었다.

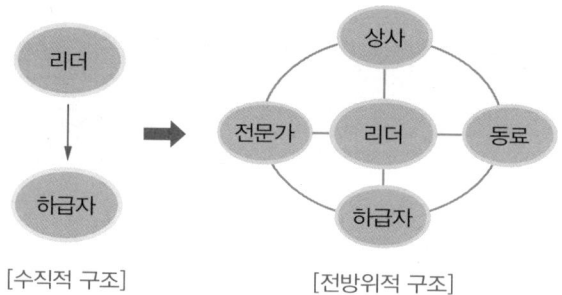

[수직적 구조]   [전방위적 구조]

(4) 훌륭한 리더는 직위 없이도 사람들을 이끌 수 있는 리더이다. 구성원들이 하기 싫어하거나 할 수 없는 일을 하며, 전문성과 지혜를 가지고 보이지 않는 영향력을 발휘한다.

훌륭한 리더
훌륭한 리더는 관리의 기술에 리더의 능력을 더한 사람이다.

3. 리더와 관리자의 개념

리더	관리자
• 비전이 있고, 내일에 초점을 둔다. • 혁신지향적, 정신적이다. • 사람을 중시하며 동기를 부여한다. • 계산된 위험을 취한다. • '무엇을 할까(What to do?)'를 생각한다. • 올바른 일을 하는 것에 중점을 둔다.	• 비전이 없고 오늘에 초점을 둔다. • 수동적, 유지지향적, 기계적이다. • 체제나 기구를 중시하고, 사람을 관리한다. • 위험을 회피한다. • '어떻게 할까(How to do?)'를 생각한다. • 올바르게 하는 것에 중점을 둔다.

4. 권력과 권한의 개념

권력(power)	권한(authority)
개인이나 집단에 영향력을 행사할 수 있는 힘	직책을 통한 합법적이고 정당한 영향력

2 리더십이론의 전개

1. 리더십 특성이론
(1) 리더는 일반적인 사람과는 다른 육체적·심리적·개인적 특성을 갖는다고 가정한다.
(2) 성공적인 리더의 명확한 특성을 밝히지 못하였으며, 과거 상황에서 성공적이었던 리더들의 특성을 분석한 것이므로 미래의 성공을 보장하지 않는다는 한계가 있다.

2. 리더십 행동이론
(1) 아이오와 대학(University of Iowa) 연구 : 의사결정 과정에 따라 구분

민주적 리더십	의사결정에 집단의 참여와 작업방법에 대한 자율성 강조
전제적 리더십	명령적이며 의사결정에 부하의 참여를 허용하지 않는 리더
자유방임형	완전한 자유를 주며 자신의 역할을 포기한 리더

(2) 미시간 대학(University of Michigan) 연구 : 행동에 따라 구분

직무 중심적 리더십	과업 수행을 감독하며 권력, 보상, 강제에 의존하는 유형
종업원 중심적 리더십	종업원의 개인적 성장과 성취에 관심을 갖는 이상적인 유형

(3) 오하이오 대학(Ohio State University)의 연구

구조주도	과업의 할당, 절차, 작업계획 등을 통해 일을 구조화하는 정도
배려	부하들과 상호 신뢰를 구축하고 존중하는 정도

(4) PM이론
① 리더를 성과지향(P ; Performance)과 유지지향(M ; Maintenance)으로 구분한다.
② P를 높게 평가하여 PM>pM=Pm>pm 순서로 우수하다고 본다.

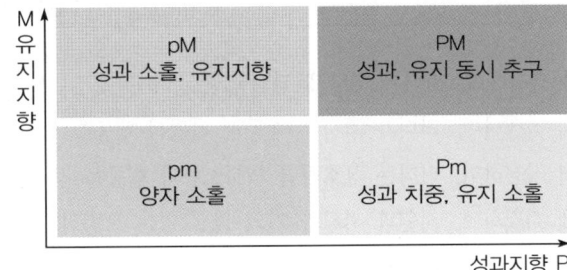

리더십이론의 전개과정

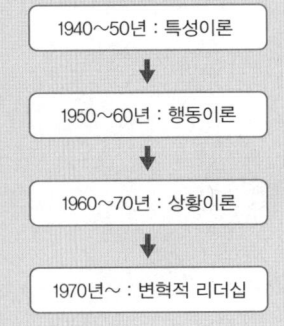

(5) 블레이크와 머튼의 관리격자이론 : 인간과 생산에 대한 관심에 따라 구분

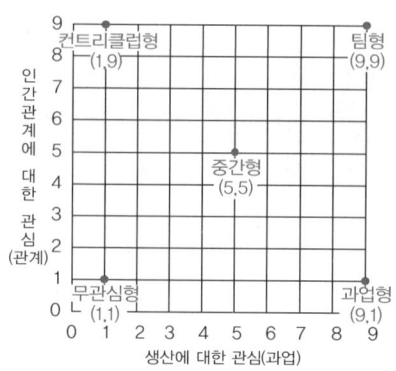

① 1.1형(무관심형) : 과업과 관계에 관심을 갖지 않고 내버려 두는 리더
② 1.9형(컨트리클럽형) : 인간관계에만 관심이 있는 온정적인 리더
③ 5.5형(중간형) : 과업과 관계에 균형을 유지하는 중도적인 리더
④ 9.1형(과업형) : 과업만 추구하는 리더
⑤ 9.9형(팀형) : 과업과 인간관계에 모두 관심을 보이는 이상적인 리더

3. 리더십 상황이론 : 허쉬와 블랜차드의 리더십 상황 모델

리더는 부하들의 성숙도를 평가한 후 적절한 리더십 스타일을 선택해야 한다.

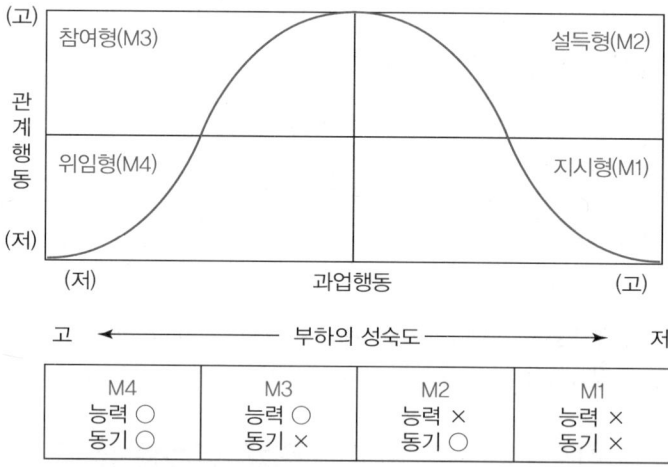

(1) 지시형 : M1에 적절하며, 리더가 역할을 정의한다.
(2) 설득형 : M2에 적절하며, 리더가 지시적 행동과 지원적 행동을 동시에 한다.
(3) 참여형 : M3에 적절하며, 리더는 상호적인 의사소통과 협동을 강조해야 한다.
(4) 위임형 : M4에 적절하며, 지원과 지시가 거의 필요 없는 모범적인 경우이다.

4. 변혁적 리더십 : 바스(Bass)의 리더십 전범위 모델

(1) 리더십 전범위 모델의 의미

거래적 리더십과 변혁적 리더십을 단일선상의 연속체로 설명하였다.

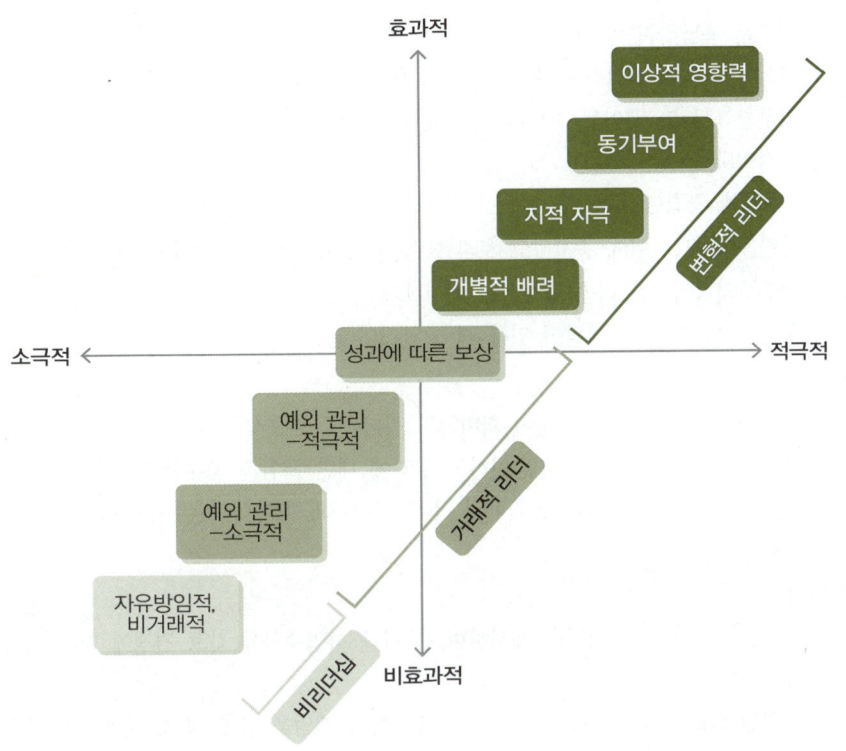

(2) 변혁적 리더십의 요인

이상적 영향력	높은 도덕적, 윤리적 행동기준을 가지고 있으며 비전과 사명을 심어준다.
동기부여	직원에게 높은 기대를 표시하며 동기유발을 통해 의욕을 고무시킨다.
지적 자극	창의성, 혁신성을 자극하고 자신과 조직의 신념, 가치를 바꾼다.
개별적 배려	직원의 개인적 욕구에도 관심을 기울이고 지원적 분위기를 조성하며, 성장을 돕기 위해 권한 위임을 활용한다.

(3) 변혁적 리더십의 효과

① 거래적 리더십이 기대된 성과를 올리게 한다면, 변혁적 리더십은 기대를 훨씬 초과하는 업적을 초래하게 한다.
② 조직과 집단의 이익을 위해 자신의 개인적 이익을 초월하려는 의지를 갖게 된다.

> **보충플러스**
> **카리스마**
> - 카리스마란 리더가 제시한 비전을 따르도록 만드는 특별한 능력을 말한다.
> - 카리스마는 변혁적 리더십의 필요조건이기는 하지만 충분조건은 아니다.

3 리더십 유형

1. 리더십의 4가지 유형

(1) 독재자 유형

① 팀원들이 권위에 대한 도전이나 질문 없이 주어진 업무만 수행할 것을 요구하며 실수는 용납하지 않는다.
② 지식이 권력의 힘이라고 믿어 핵심 정보를 독점한다.
③ 업무를 나누고 책임을 지도록 하므로 팀이 방만한 상태일 때, 성과가 없을 때 효과적이다.

(2) 민주주의에 근접한 유형

① 팀원들이 모든 면에 종사하고 토론을 통해 방향의 설정에 참여하도록 한다.
② 민주주의적이지만 최종 결정권은 리더에게 있다.
③ 혁신적이고 탁월한 직원이 있을 때 효과적이다.

(3) 파트너십 유형

① 리더와 구성원 사이에 구분이 희미하고 리더는 조직구성원 중 한 명으로 평등하다.
② 모든 구성원은 의사결정에 참여하고 결과에 대한 책임을 공유한다.
③ 소규모 조직이나 성숙한 조직에서 풍부한 경험과 재능이 있는 구성원에게 효과적이다.

(4) 변혁적 유형

① 카리스마로 조직에 비전을 제시하며, 뛰어난 사업수완을 갖고 결정에 따른 영향을 예견한다.
② 구성원에게 시간을 할애하여 스스로 중요한 존재임을 알게 하고, 존경심과 충성심을 불어넣으며 칭찬을 아끼지 않는다.
③ 구성원들이 할 수 없다고 생각하는 일을 해낼 수 있도록 자극을 주며 팀이 유지해 온 업무 상태를 뛰어넘고자 하게 하는 원동력이 된다.

> **이것만은 꼭!**
> 리더는 상황에 맞게 리더십 스타일을 적절히 사용해야 한다.

2. 리더십 스타일

(1) 지시명령형 스타일

① 명령을 내리고 복종을 요구하는 스타일로 수동적인 직원이 만들어지기 쉽다.
② 긴급한 상황, 조직의 긴장이 풀린 경우, 신속히 대응해야 하는 경우 효과적이다.

(2) 비전형 스타일

① 비전을 부여하고 직원의 의견에 귀를 기울이는 스타일로 공정성과 유연성을 지닌다.
② 리더보다 경험이 풍부하고 뛰어난 직원이 있거나 리더가 권위를 잃은 경우 부적절하다.

(3) 관계중시형 스타일

① 인간관계를 중시하는 스타일로 직원이 업무에 적응하는 데 효과적이다.
② 긴장감이 없고 조직성과가 낮을 가능성이 크다.

(4) 집단운영형 스타일
　① 가장 민주적인 리더십 스타일로 의사결정에 구성원을 참여시킨다.
　② 동기부여가 약하고 의견 일치가 어려우며 단기간에 인재를 육성하기 어렵다.
(5) 규범형 스타일
　① 높은 업적을 요구하며 리더가 솔선수범하여 팀을 이끄는 스타일이다.
　② 조직 규모가 작아 리더가 적절한 조직전략과 기술을 파악하고 있을 때 효과적이다.
(6) 육성형 스타일
　① 교육자의 역할을 하는 스타일로 부하가 발전하려는 의지가 있을 때 효과적이다.
　② 리더의 지도 기술이 부족하여 직원을 잘 파악하지 못하는 경우 부적절하다.

3. 기타 리더십 유형

(1) 셀프 리더십 : 자신이 리더가 되어 스스로를 통제하고 행동하는 리더십이다.
(2) 카리스마 리더십 : 구성원들은 카리스마 있는 사람을 자신의 욕구, 기대를 해결시켜 줄 비범한 능력자로 받아들여 그를 따르게 된다는 논리이다.
(3) 서번트 리더십 : 섬기는 리더십, 다른 사람의 요구에 귀를 기울이는 하인이 결국은 리더가 된다는 논리이다.

4 동기부여

1. 동기부여의 효과

(1) 긍정적인 동기부여(칭찬, 격려 등)를 받은 직원은 업무에 열의를 가지고 노력한다.
(2) 외적 동기부여(금전적 보상, 편익, 승진 등)는 일시적인 효과를 낸다.
(3) 부정적인 동기부여(공포감 조성, 해고, 감봉 등)는 장기적으로 사기가 떨어지고 상사의 눈치를 보게 하고 회사를 떠나게 하는 등 문제가 생길 수 있다.

2. 동기부여의 방법

구분	내용
긍정적 강화법 활용	성과를 달성한 직원에게 따뜻한 말과 칭찬으로 보상한다.
도전의 기회 부여	새로운 업무의 기회를 제공하여 발전과 창조성을 고무하는 분위기를 조성한다.
창의적 문제해결법 모색	창의적 해결책을 스스로 찾고 책임지도록 한다.
역할과 행동에 책임감 부여	책임을 지게 하여 의미 있는 일을 한다는 긍지를 갖게 한다.

코칭	자신이 권한과 목적의식이 있는 중요한 사람임을 느끼고 장점을 활용하도록 돕는다.
지속적 교육	지속적인 교육과 성장의 기회를 제공하여 팀원들이 자신이 인정받고 있으며 권한을 위임받았다고 느끼도록 한다.
변화를 두려워하지 않도록 격려	안전지대에서 벗어나도록 격려한다. 벗어날 이유가 합리적이고 실현 가능하다면 직원들은 변화를 위해 노력한다.

5 코칭 ★ 구 워크북

1. 코칭의 의미

(1) 조직의 지속적인 성장과 성공을 만들어내는 리더의 능력이다.

(2) 코칭은 관리와 다르게 직원에게 질문하고 경청하고 지원하여 생산성을 높이고 기술 수준을 발전시키며 자기 향상을 돕고 업무에 대한 만족감을 높이는 과정이다.

> **이것만은 꼭!**
> 코칭 활동은 직원들의 능력을 신뢰하며 확신하고 있다는 사실에 기초한다.

[코칭과 관리의 차이]

코칭	관리
통제 권한을 버리고 지도하기보다 이끌어주고, 지침보다 논의하고, 통제보다 경청과 지원에 중점을 둔다.	리더가 지식이나 정보를 하달하며 의사결정의 권한을 가지고 있다.

2. 코칭의 필요성

(1) 모든 커뮤니케이션 단계에서 활용되며 효과적인 해결책과 빠른 성과를 이끌어낸다.

(2) 모든 사람을 팀에 관여하게 하고 업무를 훌륭하게 수행하도록 한다.

(3) 실수나 비효율적 방법을 사전에 파악, 개선하여 성과를 높이고 관계를 돈독하게 하며 자긍심을 갖도록 한다.

(4) 전통적으로 코칭은 리더나 관리자가 활용했지만, 최근에는 성공적인 커뮤니케이션 수단으로 활용한다.

3. 코칭의 효과

(1) 개인이 얻는 효과 : 리더는 직원들을 기업에 값진 기여를 하는 파트너로 인식하고, 직원은 문제를 스스로 해결하려고 노력하게 된다.

(2) 조직이 얻는 효과 : 동기부여로 자신감 있는 노동력, 높은 품질의 제품, 책임감 있는 직원, 효율성 및 생산성 상승을 얻게 된다.

4. 코칭의 기본 원칙

(1) 관리는 만병통치약이 아니다.
(2) 권한을 위임한다.
(3) 적극적 경청을 통해 직원을 이해한다.
(4) 직원의 장점을 파악하고 목표를 정한다.

5. 코칭의 진행 과정

시간과 활동에 대해 명확히 밝히고, 지나친 지시보다 질문과 피드백에 충분한 시간을 할애한다.

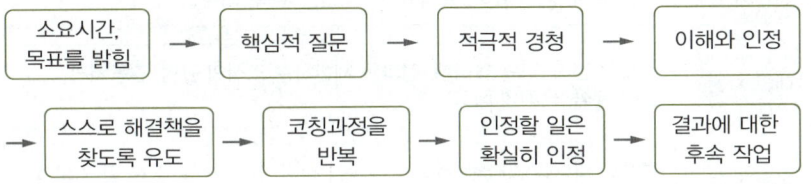

6 임파워먼트

1. 임파워먼트(empowerment)의 의미

(1) em(주다)과 power(권력)가 결합된 용어로, 리더가 업무 수행에 필요한 책임과 권한, 자원에 대한 통제력 등을 부하에게 배분 또는 공유하는 과정이다.
(2) 조직구성원을 신뢰하고 잠재력의 개발을 통해 고성과(high performance) 조직이 되도록 하는 일련의 행위이다.
(3) 조직이 점차 수평화되고 중간관리층이 줄어들면서 임파워먼트의 중요성은 커지고 있다.
(4) 리더는 직원들에게 일정 권한을 위임함으로서 훨씬 수월하게 목표를 이룰 수 있으며 존경받는 리더로 거듭날 수 있다.
(5) 임파워먼트 환경은 구성원들이 에너지, 창의성, 동기 및 잠재능력을 최대로 발휘하게 하지만, 반(反) 임파워먼트 환경은 현상을 유지하고 순응하게 한다.

임파워먼트가 조직구성원의 생각에 미치는 영향
- 나는 매우 중요한 일을 한다.
- 나의 영향력이 크다.
- 나는 도전하고 계속 성장한다.
- 나의 아이디어가 존중된다.
- 일은 항상 재미있다.
- 구성원들은 모두 대단한 사람들이며 협력해서 승리한다.

2. 임파워먼트의 이점

(1) 구성원들로부터 시너지적이고 창조적인 에너지를 이끌어낸다.
(2) 생산성이 향상되고 기회에 대해 기대하며 진보적, 성공적인 조직이 만들어진다.

3. 임파워먼트의 충족 기준

(1) 여건의 조성 : 구성원들이 자유롭게 참여하고 기여할 수 있는 여건을 조성한다.
(2) 재능과 에너지의 극대화 : 구성원들의 재능과 욕망을 최대한으로 활용하고 확대한다.
(3) 명확하고 의미 있는 목적에 초점 : 구성원들이 의미 있는 목적을 위해 노력한다.

4. 임파워먼트의 구성요인

의미	과업이 개인의 신념과 가치관에 부합되는가에 대한 심리적 요인
역량	과업에 대한 개인의 능력에 대한 믿음
자기결정력	• 타인의 간섭 없이 재량권을 가지고 행동을 통제할 수 있다는 믿음 • 업무 방법, 절차, 시기, 속도, 목표량 등에 대한 의사결정
영향력	수행한 과업의 절차, 결과가 조직에 영향력을 미치는 정도

> **보충플러스**
> 임파워먼트의 여건
> • 도전적이고 흥미 있는 일
> • 학습과 성장의 기회
> • 성과에 대한 지식
> • 긍정적인 인간관계
> • 공헌하며 만족한다는 느낌
> • 상부로부터의 지원

5. 임파워먼트의 장애요인

개인 차원	역량 결여, 동기 결여, 결의 부족, 책임감 부족, 의존성
대인 차원	성실성 결여, 약속 불이행, 성과를 제한하는 조직의 규범, 갈등처리 능력 부족, 승패의 태도
관리 차원	통제적 리더십 스타일, 효과적 리더십 결여, 경험 부족, 정책 및 기획의 실행 능력 결여, 비전의 효과적 전달능력 결여
조직 차원	공감대 형성 없는 구조와 시스템, 제한된 정책과 절차

7 변화관리

1. 변화관리의 의미
(1) 현대는 끊임없이 변하고 유동적이기 때문에 변화관리는 리더에게 중요한 자질이다.
(2) 리더는 직원의 의견을 받아들이고 창조적인 권한 위임 방법에 관심을 기울여야 한다.

2. 변화에 효과적으로 대처하기 위한 전략
(1) 변화에 대한 생각을 명확히 한다.
(2) 주변의 변화에 주목하며 대처하는 속도를 높이고, 의사결정을 신속히 한다.
(3) 업무를 혁신하고, 변화에 적응하며 새로운 역할과 기회를 준비하여 자신을 책임진다.
(4) 상황을 올바르게 파악해 제어하거나 타협할 수 있는 부분을 정한다.
(5) 가치를 추구하고, 필요한 변화를 위해 기여할 부분을 찾아 행동한다.
(6) 고객 서비스 기법을 학습하고 고객의 변화를 관찰하면서 의견을 수렴한다.
(7) 재충전할 시간과 장소를 마련하고 스트레스를 해소한다.
(8) 의사소통을 통해 목표와 역할, 직원에 대한 기대를 명확히 한다.

> **TIP** 변화에 대한 생각을 명확히 하기 위한 질문
> • 이 변화를 활용할 이유는?
> • 이 변화는 언제 일어나는가?
> • 이 변화를 어떻게 다룰지?
> • 이 변화는 다른 사람에게 어떤 의미인가?
> • 누구에게 영향을 미치는가?

3. 리더의 변화관리 단계
(1) 변화 이해하기
  변화 과정에 무엇이 있는지 파악하고, 변화에 따른 심리적 상태를 어떻게 다룰지 고민한다.

- 변화가 왜 필요한가? 변화는 발전을 더욱 가속화한다.
- 무엇이 변화를 일으키는가? 기술이 발전하면서 생기는 외부 자극에서 시작된다.
- 변화는 모두 좋은가? 그렇지 않다. 현재 상황과 변화 관련 사항을 검토해야 실패를 막을 수 있다.

(2) 변화 인식하기

직원들에게 변화 관련 정보를 제공하여 직원들이 변화를 인식하고 변화를 주도하고 있다고 생각하도록 한다.

- 개방적인 분위기를 조성한다.
- 직원들의 감정을 세심하게 살핀다.
- 변화에 적응할 시간을 준다.
- 객관적인 자세를 유지한다.
- 변화의 긍정적인 면을 강조한다.

(3) 변화 수용하기

① 변화의 이유를 직원에게 설명하고, 변화를 위해 직원들을 지원한다.
② 직원들이 생각이나 제안을 말할 수 있는 분위기를 조성한다.

개념확인문제

01 다음 ㉠, ㉡, ㉢에 들어갈 용어는 무엇인가?

- (㉠)은/는 조직목표 달성을 위해 개인이 조직원에게 영향을 미치는 과정이다.
- (㉡)은/는 지도하기보다 이끌어주고, 통제보다 경청과 지원하는 리더의 행위이다.
- (㉢)은/는 리더가 책임과 권한을 구성원에게 배분하는 과정이다.

02 다음 리더십 유형과 가장 효과적으로 활용할 수 있는 상황을 바르게 연결하시오.

(1) 독재자 유형 • • ㉠ 조직에 획기적인 변화가 요구되는 경우

(2) 민주주의에 근접한 유형 • • ㉡ 소규모 조직에서 경험, 재능을 소유한 직원들이 있는 경우

(3) 파트너십 유형 • • ㉢ 통제 없이 방만한 상태, 가시적인 성과물이 없는 경우

(4) 변혁적 유형 • • ㉣ 혁신적이고 탁월한 직원들이 있는 경우

답
01 ㉠ 리더십 ㉡ 코칭 ㉢ 임파워먼트
02 (1) ㉢ (2) ㉣ (3) ㉡ (4) ㉠

03 갈등관리능력

> 조직은 목표 달성 과정에서 갈등이 존재할 수밖에 없으며, 갈등의 원인을 파악하고 문제를 능동적으로 해결하기 위해서는 갈등관리능력의 함양이 필수적이다.

갈등의 전개

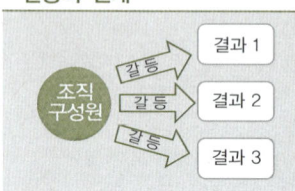

1 개요

1. 갈등의 의미

(1) 갈등(conflict)의 어원 콘피게레(configere) = 콘(con) 함께 + 피게레(figere) 충돌이나 다툼

(2) 갈등(葛藤)은 칡나무 '갈'자와 등나무 '등'자로, 줄기를 서로 꼬면서 뒤엉켜 자라면 헤쳐 풀어낼 방법이 없다는 의미이다.
(3) 개인과 집단, 조직 간 잠재적 또는 현재 대립하고 마찰하는 사회적·심리적 상태이다.
(4) 갈등을 방치하면 발전을 저해하지만 잘 관리하면 합리적인 의사결정을 이끌어낸다. 갈등이 항상 부정적인 것은 아니며 새로운 해결책을 만들 기회를 제공하므로 갈등에 대한 반응이 중요하다.

2. 갈등과 성과의 관계

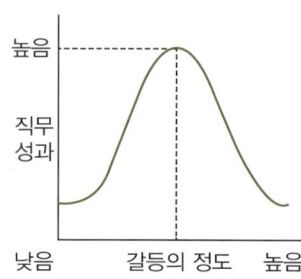

(1) 갈등수준이 낮으면 의욕이 상실되고 변화에 대한 적응력이 떨어져 성과는 낮아진다.
(2) 갈등수준이 적정하면 생동감이 넘치고 변화지향적이며 문제해결능력이 발휘되어 성과가 높아지는 등 갈등의 순기능이 작용한다.
(3) 갈등수준이 높으면 혼란과 분열이 생기고 성과가 낮아지는 등 갈등의 역기능이 작용한다.

2 갈등의 단서와 요인

1. 갈등의 단서

(1) 지나치게 감정적으로 논평과 제안을 한다.
(2) 타인의 의견 발표가 끝나기도 전에 의견에 대해 공격한다.
(3) 핵심을 이해하지 못한 것에 대해 서로 비난한다.
(4) 편을 가르고 타협하기를 거부한다.
(5) 개인적 수준에서 미묘한 방식으로 서로를 공격한다.

2. 갈등의 증폭 요인

적대적 행동	승패의 경기를 하여 문제해결보다 승리를 원한다.
입장 고수	각자의 입장만 고수하고 의사소통을 줄이며 접촉을 꺼린다.
감정적 관여	자신의 입장에 감정적으로 묶인다.

3 갈등의 쟁점과 유형

1. 갈등의 쟁점

(1) 모든 갈등에는 두 가지 쟁점이 교차한다. 주된 갈등은 일에 기인한 것이라도, 자존심이나 질투 등의 감정적 문제가 갈등의 강도를 높일 수 있다.

(2) 핵심 문제는 대부분 갈등의 밑바닥에 깔려있는 반면, 감정적 문제는 갈등을 복잡하게 만든다. 따라서 갈등을 해결하기 위해서는 핵심 문제부터 해결해야 한다.

핵심 문제	감정적 문제
• 역할 모호성 • 방법, 목표, 절차, 책임, 가치, 사실 등에 대한 의견 불일치	• 공존할 수 없는 개인적 스타일 • 통제나 권력 확보를 위한 싸움 • 자존심에 대한 위협, 질투, 분노

2. 갈등의 유형

유형	원인
불필요한 갈등	• 문제를 다르게 인식하거나 정보가 부족한 경우 발생한다. • 편견이나 변화에 대한 거부감 때문에 발생한 의견 불일치로 적대적 감정이 생긴 경우 발생한다. • 근심, 걱정, 스트레스, 분노 등 부정적 감정으로 인해 발생한다.
해결할 수 있는 갈등	• 목표와 욕망, 가치, 문제를 바라보는 시각이 다른 경우 발생한다. • 반대되는 욕구나 목표, 가치, 이해에 놓인 경우 발생한다. • 상대를 이해하고 서로가 원하는 것을 만족시켜 주면 해결된다.

> **보충플러스**
> 갈등의 유형을 명확히 구분하고 독립적으로 다루면 문제를 수월하게 해결할 수 있다.

4 성격 유형

1. ABC군 성격장애 : 이상심리

(1) A군 성격장애 : 기이하고 괴상한 행동특성을 나타낸다.
　① 편집성 성격장애 : 타인의 의도를 적대적으로 해석하고 상대방에게 보복한다.
　② 분열성 성격장애 : 감정표현이 없고 대인관계를 기피하여 고립된 생활을 한다.
　③ 분열형 성격장애 : 인지적 왜곡, 기괴한 행동과 외모를 나타낸다.

(2) B군 성격장애 : 극적이고 감정적이며 변화가 많은 행동이 주된 특징이다.
　① 반사회성 성격장애 : 사회적 규범이나 타인의 권리를 무시한다.
　② 연극성 성격장애 : 극적인 감정표현을 하고 지나치게 타인의 관심과 주의를 끈다.

③ 경계선 성격장애 : 대인관계, 자기상, 감정 등이 매우 불안정하다.
④ 자기애성 성격장애 : 타인을 착취하거나 오만하며 사회 부적응을 보인다.
(3) C군 성격장애 : 불안과 두려움을 지속적으로 경험한다.
① 회피성 성격장애 : 부정적 평가를 받는 것에 예민하고 대인관계를 회피한다.
② 의존성 성격장애 : 타인에게 지나치게 순종적이고 굴종적인 행동을 통해 의존한다.
③ 강박성 성격장애 : 질서정연, 완벽, 자기통제, 절약, 꼼꼼, 완고, 사소한 것에 집착한다.

2. 카렌 호나이(Karen Horney)의 신경증적 성격유형(Neurotic Trends)

(1) 순응적 성격 : 타인의 애정과 보호를 받기 위해 노력하며 의존적인 삶을 추구한다.
(2) 공격적 성격 : 타인에 대한 적대감을 가지고 있으며, 지배적·경쟁적인 삶을 추구한다.
(3) 고립적 성격 : 개인주의적이고 고립된 삶을 추구하며 강요, 규제에 예민하게 반응한다.

> **TIP**
> 인간은 안전과 사랑의 욕구에 의해 동기화되고 욕구가 충족되지 못할 때 불안을 경험하며, 불안으로부터 자아를 보호하기 위해 신경증적 행동을 한다.

3. 인간관계 부적응자 행동유형

(1) 인간관계 회피형
　① 경시형 : 인간관계가 중요하지 않고 무의미하다고 생각한다.
　② 불안형 : 사람과의 만남이 불안하고 두려워 인간관계를 피한다.
(2) 인간관계 피상형
　① 실리형 : 이득을 위한 거래 등 실리적 목적에만 관심을 둔다.
　② 유희형 : 쾌락과 즐거움을 최고의 가치로 생각한다.
(3) 인간관계 미숙형
　① 소외형 : 미숙한 대인관계 기술로 따돌림 당하고 소외당한다.
　② 반목형 : 인간관계에서 많은 다툼과 대립을 반복적으로 경험한다.
(4) 인간관계 탐닉형
　① 의존형 : 누군가에게 전폭적으로 자신을 맡기고 의지한다.
　② 지배형 : 주도적인 역할을 하지 않으면 만족하지 못한다.

5 갈등 진행 단계

> **이것만은 꼭!**
> 갈등은 한 순간에 발생하여 끝나는 것이 아니다. 사소한 문제라고 생각했던 것이 생각지 않게 큰 문제가 되어 어려움을 겪기도 한다.

| 의견 불일치 | 대화로 오해를 풀 수 있지만 방치하면 심각한 갈등으로 발전된다. |

↓

| 대결 국면 | 상대방의 입장은 부정하고 자기주장만 하며 감정적인 대응이 격화된다. |

↓

```
격화 국면  →  강압적·위협적인 방법을 사용하며 불신과 부정적인 인식이 확산된다.
    ↓
진정 국면  →  • 흥분이 점차 가라앉아 협상을 통해 논의하고 제안, 대안을 모색한다.
              • 제3자가 개입하면 문제를 해결하는 데 도움이 되기도 한다.
    ↓
갈등의 해소  →  목표를 달성하기 위해 의견을 일치하려 노력한다.
```

6 갈등 해결

1. 토마스와 킬만(Thomas & Kilman)의 갈등관리유형

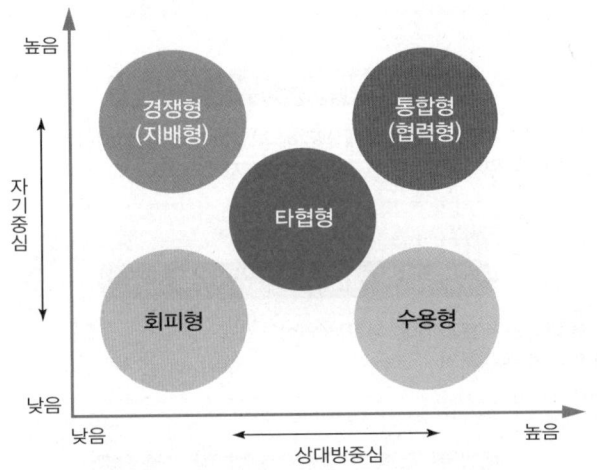

> **갈등관리**
> 문제의 중요성, 자신과 상대방의 권력 크기, 상대방의 반응 등에 따라 갈등관리유형을 선택해야 한다.

(1) 경쟁형
 ① 나는 이기고 너는 지는 방법으로 상대방을 강압적으로 희생시켜 목표를 이룬다.
 ② 다수의 구성원들이 선호하지 않는 중요한 조치나 비상 상황일 때 적합하다.

(2) 통합형
 ① 윈-윈(Win-Win) 방식으로 정보를 교환하면서 배려하여 통합적 대안을 도출한다.
 ② 양측에게 중요한 문제, 복잡한 문제, 장기적 관계일 때 적합하다.

(3) 회피형
 ① 나도 지고 너도 지는 방법으로 갈등상황을 회피한다.
 ② 문제가 사소할 때, 해결로 인한 이익보다 회피로 절약되는 비용이 더 클 때, 시간과 정보가 더 필요할 때 적합하다.

(4) 수용형
 ① 나는 지고 너는 이기는 방법으로 상대방의 의지에 따르는 경우이다.
 ② 신뢰를 구축해야 할 때, 양보하는 것보다 갈등을 끄는 것이 더 손해일 때 적합하다.

(5) 타협형
    ① 주고 받는 방식으로 어느 정도의 이익을 공유하는 중간 지점에서 타협하여 해결점을 찾는다.
    ② 양측의 목표가 다를 때, 힘이 비슷할 때, 목표 달성이 중요하지만 시간이 없을 때 적합하다.

2. 윈–윈(Win–Win) 갈등관리법

갈등과 관련된 모든 사람에게 의견을 받아 문제를 근본적으로 해결하는 방법이다.

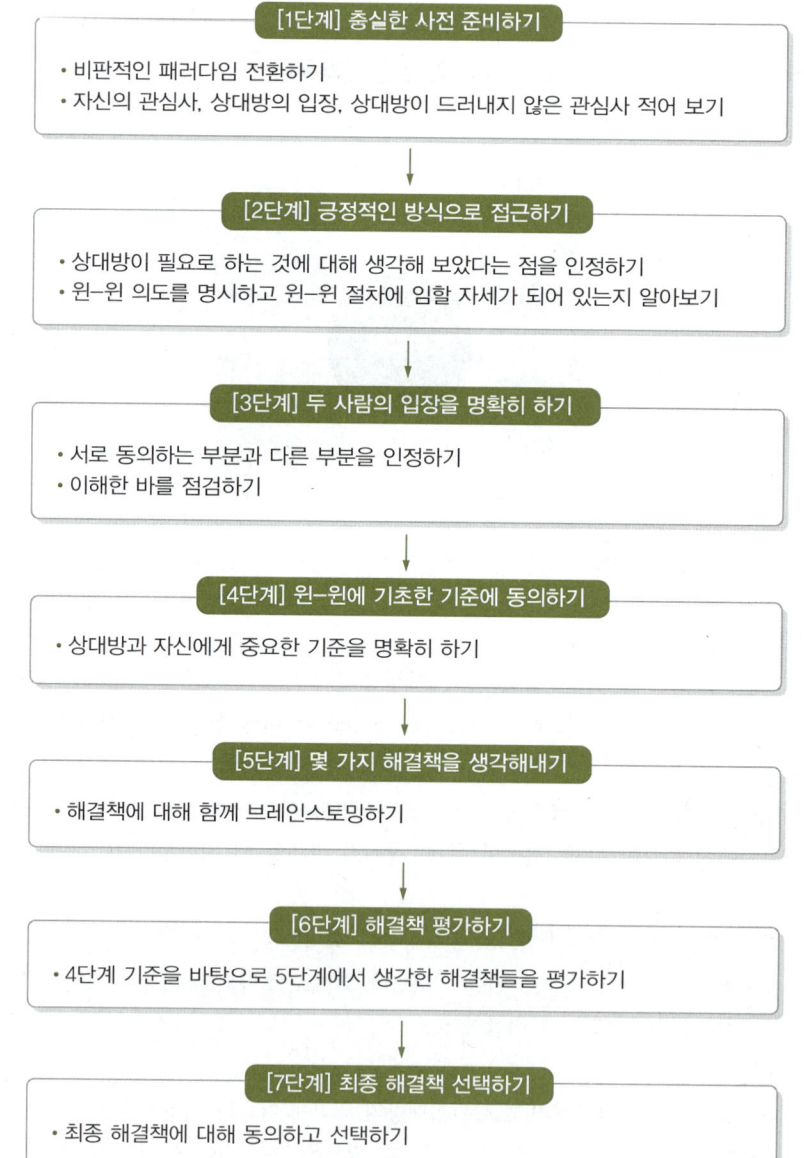

[1단계] 충실한 사전 준비하기
- 비판적인 패러다임 전환하기
- 자신의 관심사, 상대방의 입장, 상대방이 드러내지 않은 관심사 적어 보기

[2단계] 긍정적인 방식으로 접근하기
- 상대방이 필요로 하는 것에 대해 생각해 보았다는 점을 인정하기
- 윈–윈 의도를 명시하고 윈–윈 절차에 임할 자세가 되어 있는지 알아보기

[3단계] 두 사람의 입장을 명확히 하기
- 서로 동의하는 부분과 다른 부분을 인정하기
- 이해한 바를 점검하기

[4단계] 윈–윈에 기초한 기준에 동의하기
- 상대방과 자신에게 중요한 기준을 명확히 하기

[5단계] 몇 가지 해결책을 생각해내기
- 해결책에 대해 함께 브레인스토밍하기

[6단계] 해결책 평가하기
- 4단계 기준을 바탕으로 5단계에서 생각한 해결책들을 평가하기

[7단계] 최종 해결책 선택하기
- 최종 해결책에 대해 동의하고 선택하기

3. PCS 대화법

의견이 부딪칠 때 기분이 상하지 않게 말하는 방법이다.

(1) P(Positivity) : 상대방의 심정이나 상대방 의견의 장점에 공감한다.
(2) C(Concern) : 상대방의 의견을 수용할 때 염려사항을 설명한다.
(3) S(Suggestion) : 염려사항을 피해갈 수 있는 자신의 의견을 제안한다.

4. 갈등을 해결하기 위한 자세

(1) 쟁점의 양 측면을 이해한다. 내성적이거나 표현이 서툰 팀원을 격려하고, 이해된 부분을 검토하고 누가 옳은지에 대해 논쟁하지 않는다.
(2) 갈등이 어떤 영향을 미치는지 토의한다. 느낌, 성격보다 사실, 행동에 초점을 두고 차이점보다 유사점을 강조한다. 차이점이 있다면 차이의 본질에 대해 이해한다.
(3) 갈등해결방법을 모색할 때는 다음 사항을 명심한다.

> 1. 다른 사람들의 입장을 이해한다. 사람들이 당황하는 모습을 자세하게 살핀다.
> 2. 어려운 문제는 피하지 말고 맞선다.
> 3. 의견을 명확하게 밝히고 지속적으로 강화한다.
> 4. 사람들과 눈을 자주 마주친다.
> 5. 마음을 열어놓고 적극적으로 경청한다.
> 6. 타협하려 애쓴다.
> 7. 어느 한쪽으로 치우치지 않는다.
> 8. 논쟁하고 싶은 유혹을 떨쳐낸다.
> 9. 존중하는 자세로 사람들을 대한다.

5. 갈등을 줄이는 방법 ★구 워크북

- 다른 팀원의 성격 특성에 민감하라.
- 교차훈련을 실시하라.
- 기본원칙을 설정하라.

보충플러스

기본원칙의 예시 ★구 워크북
- 경청하라.
- 차이를 인정하라.
- 당사자에게 직접 말하라.
- 의심이 들 때는 분명하게 말할 것을 요구하라.
- 자신과 다른 팀원의 책임을 명확히 하라.

개념확인문제

✎ 다음 (A), (B)에 들어갈 말은 무엇인가?

> 갈등에는 두 가지 유형이 있다. 첫 번째 유형은 (A)이다. 개개인이 저마다 문제를 다르게 인식하거나 정보가 부족한 경우, 편견 때문에 발생한 의견 불일치로 적대적 감정이 생길 때 일어난다. 두 번째 유형은 (B)이다. 목표와 욕망, 가치, 문제를 바라보는 시각과 이해하는 시각이 다를 경우에 일어날 수 있는 갈등이다.

답
(A) 불필요한 갈등
(B) 해결할 수 있는 갈등

04 협상능력

> 우리의 생활은 협상의 연속이며, 특히 수직적 조직문화가 수평적 조직문화로 변화해 가는 과정에서 우리는 많은 의사결정을 내려야 한다. 이때 협상능력의 함양은 효과적인 의사결정을 위해 필수적이다.

1 협상의 의미

1. 협상은 갈등상태에 있는 이해당사자들이 대화와 논쟁을 통해 서로 설득하여 문제를 해결하는 정보전달과정이자 의사결정과정이다.

2. 협상의 의미는 크게 다섯 가지 차원으로 나누어 살펴볼 수 있다.

차원	내용
의사소통 차원	이해당사자들이 자신의 욕구를 충족시키기 위해 최선의 것을 얻고자 상대방을 설득하는 과정
갈등 해결 차원	갈등관계에 있는 이해당사자들이 대화를 통해서 갈등을 해결하고자 하는 상호작용 과정
지식과 노력 차원	얻고자 하는 것을 가진 사람의 호의를 얻어내기 위한 지식과 노력의 분야
의사결정 차원	둘 이상의 이해당사자들이 여러 대안 중 모두 수용 가능한 대안을 찾기 위한 과정
교섭 차원	선호가 서로 다른 협상 당사자들이 합의에 도달하기 위해 공동으로 의사결정하는 과정

2 협상전략

1. 설득전략

(1) See-Feel-Change 전략 : 시각화하여 직접 보게 하여 이해시키고(See), 스스로 느끼게 하여 감동시키고(Feel), 변화시켜 설득에 성공한다(Change).

(2) 상대방 이해 전략 : 상대방에 대한 이해가 선행되어 있으면 협상 가능성이 높아진다.

(3) 호혜 관계 형성 전략 : 혜택을 주고받은 관계가 있으면 협상 가능성이 높아진다.

(4) 헌신과 일관성 전략 : 일관성 있게 헌신적으로 부응한 경우 협상 가능성이 높아진다.

(5) 사회적 입증 전략 : 과학적 이론보다 사람들의 행동으로 설득하는 것이 더 쉽다.
    예 입소문이 광고보다 더 효과가 있는 경우

(6) 연결 전략 : 갈등 문제와 갈등관리자가 아닌 갈등을 야기한 사람과 관리자를 연결하면 협상 가능성이 높아진다.

(7) 권위 전략 : 직위, 전문성, 외모 등 권위를 이용하면 협상 가능성이 높아진다.

이것만은 꼭!

설득은 상대방의 인지, 정서, 행동 등을 자신이 의도하는 방향으로 움직이게 하는 것이다.
설득은 이성적인 요인도 있지만 감정적인 요인도 작용하기 때문에 설득 방법은 상대방과 상황에 따라 매우 다양하다.

(8) 희소성 해결 전략 : 인적·물적 자원의 희소성을 해결하면 협상 가능성이 높아진다.
(9) 반항심 극복 전략 : 행동을 통제, 비난하면 반항 심리를 유발시켜 설득을 실패한다.

2. 리처드 셸(Richard Shell)의 협상전략

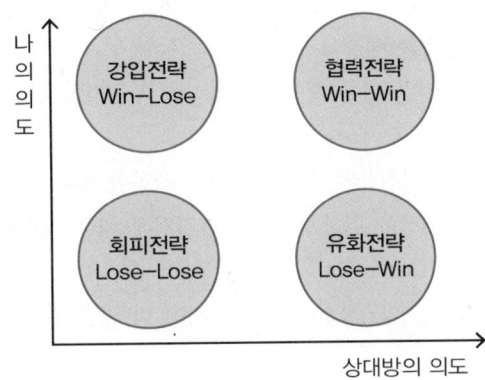

> **TIP**
> 목적과 상황적 요인에 따라 협상 전략을 다양하게 구사해야 한다.

(1) 협력전략(Cooperative strategy, 문제해결전략)
  ① 모두가 잘되는 I Win, You Win, We Win 전략이다.
  ② 협상 참여자들이 협동과 통합으로 문제를 해결하고자 하는 문제해결전략이다.
  ③ 우선순위가 낮은 것을 상대방에게 양보하며 합의에 이른다.
  ④ 신뢰에 기반을 두어야 하는 신뢰적 협력전략이다.
  ⑤ 협상전술 : 쟁점의 구체화, 대안 개발, 협동하여 최종안 선택 등
(2) 유화전략(Smoothing strategy, 양보전략)
  ① 상대방의 승리를 위해서 손해를 보아도 괜찮다는 I Lose, You Win 전략이다.
  ② 상대방의 요구를 일방적으로 수용하여 협상의 가능성을 높이려는 전략이다.
  ③ 인간관계 유지를 선호하여 상대방과 충돌을 피하고자 할 때 사용한다.
  ④ 협상전술 : 유화, 양보, 순응, 수용, 굴복, 요구사항의 철회 등
(3) 회피전략(Avoiding strategy, 무행동전략)
  ① 모두가 손해를 보는 I Lose, You Lose, We Lose 전략이다.
  ② 협상을 피하거나 잠정적으로 중단하거나 철수하는 전략이다.
  ③ 결과에 관심이 없을 때, 협상 가치가 낮을 때, 양보를 얻어낼 때, 대안이 존재할 때, 상황이 불리할 때, 협상국면을 전환시킬 때 사용한다.
  ④ 협상전술 : 회피, 무반응, 협상안건을 타인에게 넘겨주기, 철수 등
(4) 강압전략(Forcing strategy, 경쟁전략)
  ① 내가 승리하기 위해서 당신은 희생되어야 한다는 I Win, You Lose 전략이다.
  ② 상대방의 주장을 무시하고 일방적으로 자신의 입장을 강요하는 전략이다.
  ③ 자신의 힘이 강하고 상대방과 관계가 나쁠 때, 신뢰가 없을 때 사용한다.
  ④ 협상전술 : 위압적인 입장 천명, 협박적 회유와 설득, 강압적 설명 요청 등

3. 설득의 법칙

(1) 사회적 증거의 법칙 : 사람들은 불확실성이 높은 상황에서 다른 사람들의 행동을 따라 한다.

(2) 상호성의 법칙 : 상대방에게 호의를 받으면 보답이라는 심리적 부담을 느끼게 되어 이를 없애기 위해 양보해야 한다는 의무감을 느끼게 되는 현상이다.
   예 마트 시식코너, 화장품 샘플

(3) 호감의 법칙 : 활동과 관련 없는 개인적인 호감이 우호적인 결과를 가져오는 경향이 있다.

(4) 권위의 법칙 : 사람들은 권위자의 말에 복종하는 경향이 있다.

(5) 일관성의 법칙 : 어떤 입장을 취하게 되면 그 결정에 대한 일관성을 위해 자신의 감정이나 행동을 결정된 입장을 정당화하는 방향으로 맞추는 현상이다.

(6) 희귀성의 법칙 : 사람들은 희귀하거나 한정된 것에 더 많은 가치를 둔다.

> **이것만은 꼭!**
> 협상 전문가는 협상의 시작부터 끝까지 협상의 한계와 목적을 잃지 않으며, 협상의 종결에 초점을 맞춘다. 흔히 협상의 실패는 협상을 진행하는 동안 저지르게 되는 실수로 인해 발생한다.

3 협상에서의 실수와 대처방안

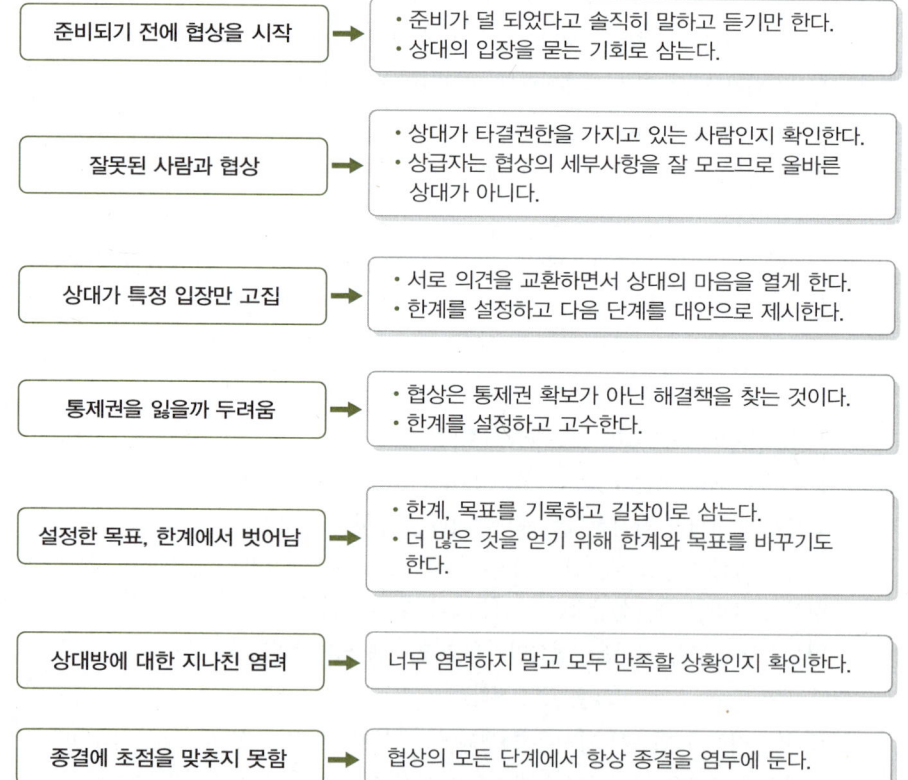

실수	대처방안
준비되기 전에 협상을 시작	• 준비가 덜 되었다고 솔직히 말하고 듣기만 한다. • 상대의 입장을 묻는 기회로 삼는다.
잘못된 사람과 협상	• 상대가 타결권한을 가지고 있는 사람인지 확인한다. • 상급자는 협상의 세부사항을 잘 모르므로 올바른 상대가 아니다.
상대가 특정 입장만 고집	• 서로 의견을 교환하면서 상대의 마음을 열게 한다. • 한계를 설정하고 다음 단계를 대안으로 제시한다.
통제권을 잃을까 두려움	• 협상은 통제권 확보가 아닌 해결책을 찾는 것이다. • 한계를 설정하고 고수한다.
설정한 목표, 한계에서 벗어남	• 한계, 목표를 기록하고 길잡이로 삼는다. • 더 많은 것을 얻기 위해 한계와 목표를 바꾸기도 한다.
상대방에 대한 지나친 염려	너무 염려하지 말고 모두 만족할 상황인지 확인한다.
종결에 초점을 맞추지 못함	협상의 모든 단계에서 항상 종결을 염두에 둔다.

4 협상 단계

1. 협상 5단계

[1단계] 협상 시작
- 상호 친근감을 쌓고 간접적인 방법으로 협상 의사를 전달한다.
- 상대방의 협상의지를 확인하고 협상 진행을 위한 체제를 구성한다.

[2단계] 상호 이해
갈등의 진행 상황을 점검하고 적극적으로 경청하고 주장을 제시함으로써 협상 안건을 결정한다.

[3단계] 실질 이해
- 주장과 실제로 원하는 것을 구분하여 실제로 원하는 것을 확인한다.
- 분할과 통합 기법을 활용하여 이해관계를 분석한다.

[4단계] 해결 대안
대안을 평가하고 최선의 대안에 대해서 합의하고 선택 후 실행계획을 수립한다.

[5단계] 합의 문서
합의문 작성, 합의 내용, 용어 등을 재점검 후 서명한다.

2. 협상 3단계 ★ 구 워크북

협상 전
- 협상기획 : 협상 과정(준비, 집행, 평가 등)을 계획
- 협상준비 : 목표 설정, 협상환경 분석, 협상 형태 파악, 자기 분석, 상대방 분석, 협상전략과 전술수립, 협상대표 훈련

협상 진행
- 협상진행 : 상호인사, 정보교환, 설득, 양보 등 협상전략과 전술구사
- 협상종결 : 합의 및 합의문 작성과 교환

협상 후
- 협의내용 비준
- 협의내용 집행
- 평가와 피드백

3. 협상 6단계

자신으로부터 예스(Yes)를 이끌어내는 과정은 발전지향적 수용과 존중의 태도로서, 자기 자신에서 타인을 향한 자세로 확장된다. 내면의 예스는 타인으로부터 손쉽게 예스를 이끌어 낼 수 있게 도와주고 갈등 상황을 해결할 수 있도록 한다.

(1) 자신의 입장에서 생각하기 : 자신의 내재된 요구사항을 공감하며 듣는다.
(2) 자신의 내적 배트나(BATNA) 개발하기 : 당신의 내적 배트나(Best Alternative To a Negotiated Agreement), 즉 협상이 어려울 시 선택할 수 있는 최상의 대안을 찾는다.
(3) 자신의 시각을 재설정하기 : 결핍에서 생기는 두려움 대신 인생의 긍정적인 측면을 본다.
(4) 현재에 머무르기 : 지나간 일에 부정적 감정을 갖거나 미래에 대해 걱정하는 대신 현재에 집중한다.
(5) 상대를 존중하기 : 거절은 거절로, 비난은 비난으로 대응하는 대신 거절을 있는 그대로 수용한다.
(6) 베풀기와 되돌려 받기 : Win-Lose 함정에 빠져 자신이 원하는 것에만 집중하는 대신, Win-Win으로 가기 위해 먼저 베푼다.

5 협력적 혁신

1. 협력적 혁신의 의미

(1) 양자 또는 소수 파트너들 사이의 협력을 통한 혁신이다.
(2) 기술의 변화 속도 증가, 고객 니즈의 다양화 및 복잡성 증가로 기업들의 협력적 혁신의 필요성이 점차 증가하고 있다.
(3) 사업의 확장, 질적 개선의 추구, 신사업에 진출하는 경우 효과적이다.
(4) 협력파트너들은 서로의 지식, 자원을 활용하고 성과물을 공동 보호하므로 협력적 혁신은 개방적 혁신과 폐쇄적 혁신의 장점을 모두 갖는다.

> **보충플러스** ⊕
> **개방적 혁신**은 회사 외부의 새로운 지식과 자원을 활용하는 데 유리하고, **폐쇄적 혁신**은 기업 내부의 혁신 성과물을 보호하는 데 유리하다.

2. 협력적 혁신의 유형

일방통제형	상호합의형	역할순환분담형
한쪽이 의사결정을 통제하고 일방적으로 결정하는 방식	매 단계마다 상호 합의하여 협력을 진행하는 방식	단계별로 전문성을 가진 쪽이 주도하며 주도권이 순환되는 방식

3. 역할순환분담형 협력의 특징

(1) 파트너 간 보완 역량의 활용과 시너지 극대화, 목표 세분화 및 실행 집중화, 인력 및 자원의 원활한 교차 지원이 가능하여 성과가 높다.
(2) 협력 방식을 정하는 것만으로는 부족하며 다음 과정이 필요하다.

- 파트너 간 상호 보완 영역과 기여 자원을 명확히 규명한다.
- 단계별 세부 목표와 필요 자원을 수시로 규명한다.
- 협력을 지원할 수 있는 내부 협력 기반을 조성한다.

개념확인문제

01 다음 (1) ~ (4)에 들어갈 설득전략은 무엇인가?

전략	내용
(1)	직위나 전문성, 외모 등을 이용하는 전략이다.
(2)	사람들의 행동에 의해서 설득을 진행하는 전략, 그 예로 입소문 마케팅이 있다.
(3)	직접 보게 하여 이해시키고, 스스로 느끼게 하여 감동시키고, 변화시켜 설득하는 전략이다.
(4)	비난하는 말이나 행동은 반항 심리를 유발시켜 설득에 실패한다는 것이다.

02 다음 협상 단계와 그 설명을 바르게 연결하시오.

(1) 협상 시작 • • ㉠ 겉으로 주장하는 것과 실제로 원하는 것을 구분하여 실제로 원하는 것을 찾아냄.
(2) 상호 이해 • • ㉡ 합의문을 작성하고 서명함.
(3) 실질 이해 • • ㉢ 협상당사자들 사이에 상호 친근감을 쌓고, 협상진행을 위한 체제를 짬.
(4) 해결 대안 • • ㉣ 갈등문제의 진행상황과 현재의 상황을 점검함.
(5) 합의 문서 • • ㉤ 협상 안건마다 대안들을 개발함.

답
01 (1) 권위 전략
   (2) 사회적 입증 전략
   (3) See-Feel-Change 전략
   (4) 반항심 극복 전략
02 (1) ㉢ (2) ㉣ (3) ㉠ (4) ㉤
   (5) ㉡

05 고객서비스능력

요즘 고객들은 기업에 대한 만족의 조건으로 서비스를 매우 중요하게 생각한다. 따라서 고객서비스능력은 기업의 생존을 위해 필수적이다.

1 개요

1. 고객서비스의 의미

(1) 다양한 고객의 요구를 파악하고 대응법을 마련하여 양질의 서비스를 제공하는 것이다.
(2) 적당한 서비스는 고객을 충성스러운 소비자로 만들 수 없다. 고품위의 서비스를 제공하면 고객은 회사에 대한 충성도와 애착이 생기고, 기업에 대한 선호도가 높아지면 기업은 성장과 이익을 달성하게 된다.

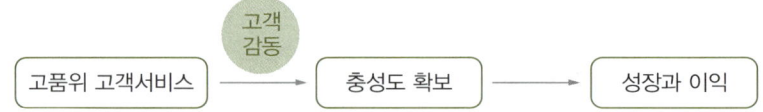

(3) 많은 기업들이 고객서비스를 주요 경쟁우위 수단으로 간주하고 고객만족헌장, 고객서비스헌장 등을 제정, 실천하고 있다.
(4) 고객서비스 목적은 조달, 생산, 판매, 고객지원 등 중점을 두는 활동에 따라 다르다.

2. 고객서비스능력의 필요성

(1) 고객들은 서비스를 매우 중요하게 생각한다.
(2) 고객서비스에 대한 이해를 바탕으로 현장에서 다양한 고객에 대처하여 고객만족을 이끌어낼 수 있다.

3. 고객중심기업의 특성

(1) 내부 고객과 외부 고객 모두 중시한다.
(2) 고객만족에 중점을 둔다.
(3) 고객이 정보, 제품, 서비스 등에 쉽게 접근할 수 있도록 한다.
(4) 보다 나은 서비스를 제공할 수 있도록 하는 기업정책을 수립한다.
(5) 기업의 전반적 관리시스템이 고객서비스 업무를 지원한다.
(6) 서비스에 대해 계속적인 재평가를 실시하여 서비스를 끊임없이 변화시키고 업그레이드한다.

2 서비스의 의미

1. 서비스의 특징

(1) 무형성
  ① 실체가 없기 때문에 쉽게 전시하거나 전달할 수 없다.
  ② 내용과 질을 판단하기 어려워서 사용자의 능력과 신뢰감이 중요한 요인이 된다.

(2) 비분리성
  ① 생산과 동시에 소비되므로 수요와 공급을 맞추기가 어렵다.
  ② 서비스는 반품할 수 없으며 대량생산이 어렵다.

(3) 이질성
  ① 서비스를 제공하는 사람, 고객, 시간, 장소에 따라 내용과 질에 차이가 발생한다.
  ② 개개인마다 서비스의 품질에 대한 평가가 다르다.

(4) 소멸성
  ① 서비스는 일시적으로 제공되는 편익으로서 생산되고, 그 성과를 저장하거나 다시 판매할 수 없다.

2. 서비스품질 결정 요소 : PZB(Parasuraman, Zeithaml, Berry)

유형성	시설, 장비 등 외부환경, 종업원의 외양 등 물적 요소의 외형
신뢰성	서비스 제공자가 약속한 서비스를 정확하고 일정하게 제공하는 능력
응대성	서비스를 즉각적으로 제공하겠다는 의지와 준비성
확신성	기업의 능력, 소비자에게 베푸는 예절, 운영상의 안전성
공감성	소비자의 니즈를 이해하고 개별화된 서비스를 제공하려는 노력

3 고객충성도와 고객 유형

1. 고객충성도의 의미

(1) 선호하는 제품이나 서비스를 계속적으로 구매하게 하는 브랜드에 대한 깊은 몰입이다.

(2) 어떤 제품이나 서비스를 만족하는 고객이 해당 제품이나 서비스를 지속적·반복적으로 이용하는 태도이다.

2. 존스와 새서(Jones & Sasser)의 고객 분류

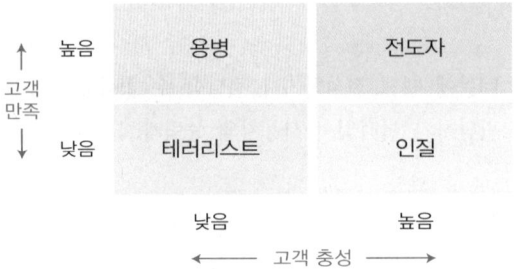

(1) 전도자 : 높은 만족도와 높은 충성도를 보이는 최상의 고객이다.
(2) 용병 : 만족도는 높지만 충성도가 낮은 고객으로, 충성고객 프로그램을 통해 반복구매를 유도해야 한다.
(3) 인질 : 만족도는 낮지만 충성도가 높은 고객으로, 독점시장이나 전환장벽으로 인해 상표전환을 하지 못하는 경우이다.
(4) 테러리스트 : 만족도와 충성도가 모두 낮은 고객으로, 주변에 부정적 구전을 전하여 다른 고객의 의사결정에 영향을 미친다.

> **이것만은 꼭!**
> 기업은 고객을 전도자로 만들고 인질과 테러리스트는 제거해야 한다.

4 불만고객

1. 불만고객의 의미

(1) 서비스 제공자(기업)를 상대로 불만을 표현하고 해결을 요구하는 고객이다.
(2) 불친절한 태도, 고객에 대한 무관심, 고객의 요구 외면, 건방, 무표정과 기계적 서비스, 규정 핑계, 고객 뺑뺑이 돌리기 등 여러 원인에 의해 발생한다.
(3) 불만고객은 기업의 문제를 해결하게 해 주는 소중한 고객이다. 불만을 표출하는 고객은 100명 중 4명뿐이고, 나머지 96명은 소리 없이 떠난다. 또한 불만이 해결되면 54~70%가 다시 거래를 하며 단골고객이 되기도 한다.

> **TIP 불평에 대해 알아야 할 사항**
> • 불평은 서비스 개선을 돕는다.
> • 거친 말로 표현되어도 그 내용은 공격적이지 않기 때문이다.
> • 고객은 단지 경청하고 시정을 약속하고 사과하기를 원한다.
> • 침착하게 긍정적으로 고객을 대하면 대부분 해결된다.

2. 불만고객 유형 및 대처방법

거만형	• 자신이 타인보다 우월하다 생각하며 과시적으로 지식, 능력, 소유를 드러내며 제품을 폄하한다. • 과시욕이 충족될 수 있도록 언행을 제지하지 않고 인정해 준다. • 단순한 면이 있으므로 호감을 얻게 되면 득이 되는 경우가 많다.
의심형	• 타인과 세상을 잘 신뢰하지 못하는 유형으로, 직원의 설명이나 제품의 품질에 대해 의심이 많으며, 확신 있는 말이 아니면 잘 믿지 않는다. • 증거나 근거를 제시하여 확신을 갖도록 한다. • 때로는 책임자가 응대하는 것이 효과적이다.

트집형	• 사소한 것으로 트집을 잡는 까다로운 고객이다. • 이야기를 경청하고 맞장구치고 치켜세우고 설득해 나간다. • 고객의 의견을 경청하고 사과를 하는 응대가 바람직하다.
빨리 빨리형	• 성격이 급하며 일처리가 늦어지는 것에 불만을 갖는 유형이다. • 여러 가지 일을 신속하게 처리하는 모습을 보이면 응대하기 쉽다. • '글쎄요?, 아마…, 저…' 등 애매한 표현을 사용하면 신경이 날카롭게 곤두선다.

3. 불만고객 처리 단계

[불만처리 단계]

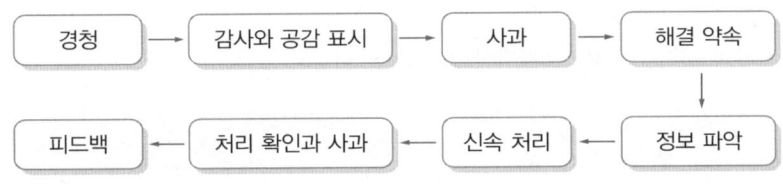

(1) 경청 : 고객의 불만을 경청하고 선입관을 버리고 문제를 파악한다.
(2) 감사와 공감 표시 : 시간을 내서 해결의 기회를 준 것에 감사하고, 불만 내용에 공감을 표시한다.
(3) 사과 : 문제점에 대해 인정하고 잘못된 부분에 대해 사과한다.
(4) 해결 약속 : 고객의 불만 상황에 대해 빠른 해결을 약속한다.
(5) 정보 파악 : 해결방법을 찾기 위해 필요한 질문만 하고, 해결방법을 찾기 어려운 경우 고객에서 원하는 해결방법을 묻는다.
(6) 신속 처리 : 잘못된 부분을 신속하게 시정한다.
(7) 처리 확인과 사과 : 불만 처리 후 고객에게 처리 결과를 만족하는지 묻는다.
(8) 피드백 : 사례를 회사 및 전 직원에 알려 동일한 문제가 발생하지 않게 한다.

5 고객만족도조사

1. 고객만족도조사의 의미

(1) 중요한 고객의 요구를 도출하고 경영 프로세스를 개선하고, 경쟁력을 증대시키기 위해 필요하다.
(2) 기업은 수익이 증대되고 품질 향상으로 인한 유형 및 무형의 가치를 창출하게 된다.

2. 고객만족도 측정에 오류가 발생하는 경우

(1) 고객이 원하는 것을 알고 있다고 생각하는 경우
(2) 적절한 측정 프로세스 없이 시작하는 경우
(3) 비전문가들의 도움을 받는 경우
(4) 포괄적 가치만 질문하는 경우
(5) 중요도 척도를 오용하는 경우
(6) 모든 고객들이 동일 수준의 서비스를 원한다고 가정하는 경우

3. 고객만족도조사의 단계 ★ 구 워크북

(1) 조사분야 및 조사대상 선정 : 시장, 제품, 서비스가 복잡해짐에 따라 조사분야와 조사대상을 정확히 선정해야 한다.
(2) 조사목적 선정 : 목적별 조사방법 및 내용은 다음과 같다.

전체적 경향 파악	고객별 대응 및 관계 파악	평가	개선
• 만족 수준, 요인, 고객심리 등 파악 • 객관성, 공평성, 과학적 합리성 필요	• 조사대상은 중요한 고객 우선 • 개별적 불만과 니즈 파악	• 포괄적 질문 • 평균치 계산으로 목적 달성 가능	• 감정 관련 질문 • 상세한 질문 및 자유회답 필요

(3) 조사방법 및 횟수
  ① 조사방법

설문조사	• 설문지를 통하여 응답자들의 인식을 조사하는 방법이다. • 비교적 빠른 시간 내에 결과를 통계적으로 처리 가능하다. • 응답자들이 쉽게 알아들을 수 있는 말로 질문을 구성해야 한다.
심층면접법	• 일대일 대면 접촉으로 잠재된 동기, 신념, 태도 등을 발견하는 데 사용하는 방법이다. • 비교적 긴 시간이 소요되며 심층적인 정보를 얻을 수 있다. • 조사자가 인터뷰 결과를 사실과 다르게 해석할 수 있다.
표적집단 심층면접법	• 7~8명을 대상으로 비구조화된 설문 가이드라인을 가지고 참석자들 간의 상호작용과 자유로운 대화 분위기에서 무의식적인 표현 방법을 통해 폭 넓고 심층적인 정보를 수집하는 방법이다. • 대표성보다 다양한 특성(분산성)을 파악할 수 있다.

② 조사횟수
- 1회 조사를 하는 경우가 많지만, 조사방법이나 질문이 부적절할 수 있으며 정확한 조사결과를 얻기 어렵기 때문에 연속조사를 하는 것을 권장한다.
- 조사방법 및 질문은 가능한 변경하지 않아야 한다. 단, 위험을 초래하지 않는 경우 일부 내용은 변경하거나 새로운 질문을 추가할 수 있다.

(4) 조사결과 활용 계획 : 조사 방향의 일관성을 위해 목적에 맞는 활용 계획을 설정해 두어야 한다.

개념확인문제

01 다음 불만고객 유형과 그에 알맞은 대처방법을 바르게 연결하시오.

(1) 거만형 • • ㉠ 이야기를 경청하고 맞장구치고 치켜세운다.

(2) 의심형 • • ㉡ 정중하게 대하고 과시욕이 채워지도록 내버려 둔다.

(3) 트집형 • • ㉢ 애매한 화법을 사용하지 않고 일을 시원하게 처리하는 모습을 보인다.

(4) 빨리빨리형 • • ㉣ 분명한 근거를 제시하거나 책임자가 응대하게 한다.

02 다음 빈칸에 들어갈 단계는?

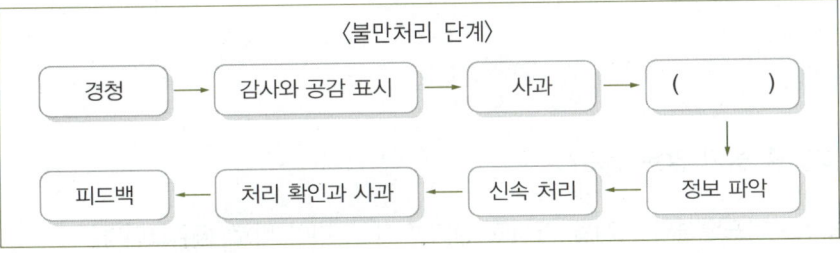

03 다음 고객만족도조사에 대한 설명으로 맞으면 ○, 틀리면 ×를 표시하시오.

(1) 조사분야와 범위는 명확하게 정의해야 한다. ( )
(2) 고객만족도조사는 평가를 위한 목적으로 이루어진다. ( )
(3) 고객만족도조사는 설문조사만 실시한다. ( )
(4) 조사횟수는 연속조사가 바람직하다. ( )
(5) 조사결과의 활용 계획은 미리 세울 필요 없다. ( )

답
01 (1) ㉡ (2) ㉣ (3) ㉠ (4) ㉢
02 해결 약속
03 (1) ○ (2) × (3) × (4) ○ (5) ×

기출예상문제

01. 다음 대인관계능력의 정의 중 빈칸에 들어갈 말을 적절하게 연결한 것은?

> 대인관계능력이란 직장생활에서 협조적인 관계를 유지하고 조직구성원들에게 도움을 줄 수 있으며, 조직 내·외부의 (가)을(를) 원만히 해결하고 고객의 (나)를 충족시켜 줄 수 있는 능력이다.

	(가)	(나)		(가)	(나)
①	과제	목표	②	과제	요구
③	갈등	목표	④	갈등	요구

02. 다음 중 직장생활에서의 인간관계에 대한 설명으로 적절하지 않은 것은?

① 상사나 동료의 의견에 일단 수긍을 하며 공감하는 자세를 보이는 것이 좋다.
② 인간관계가 가장 중요하다는 점을 명심하고 업무 능력을 키우는 것보다 구성원들과 친하게 지내는 것을 우선으로 한다.
③ 항상 적극적인 마인드를 가지고 업무에 임하고 자신을 어필할 수 있도록 한다.
④ 웃는 얼굴로 상대방에게 호감을 줄 수 있도록 한다.

03. 다음 팀워크에 대한 설명 중 옳지 않은 것은?

① 단순히 모이는 것보다는 목표달성의 의지를 가지고 성과를 내는 것이 바로 팀워크이다.
② 팀워크란 팀 구성원이 공동의 목적을 달성하기 위하여 상호관계성을 가지고 협력하여 업무를 수행하는 것이다.
③ 팀워크의 3가지 기제는 협력, 통제, 자율로 조직에 따라 다른 유형의 팀워크를 필요로 한다.
④ 구성원들이 집단에 속하는 것을 원하게 만드는 힘으로, 팀 분위기는 팀워크 수준 판단에 가장 중요한 요소이다.

04. 다음 중 훌륭한 팀워크를 유지하기 위해 갖추어야 할 요소로 적절하지 않은 것은?

① 팀원 간 공동의 목표의식과 강한 도전의식을 가진다.
② 팀원 간에 상호신뢰하고 존중하며 솔직한 대화를 나눈다.
③ 서로 협력하면서 각자의 역할에 책임을 다한다.
④ 팀원 개인의 능력이 최대한 발휘되는 것이 팀워크 향상의 핵심이다.

05. 두 사람의 대화에서 춘향이가 집단에 속하려는 이유로 적절한 것은?

> 향단 : 너는 왜 번역가가 되려고 한 거야?
> 춘향 : 나는 베르나르 베르베르의 오랜 팬이야. 그의 작품을 언젠가 꼭 번역해 보고 싶어.
> 향단 : 아, 네가 지금 속해 있는 번역팀이 베르나르 책을 주로 맡고 있지?
> 춘향 : 응. 나는 신입이라 아직 무리지만 노력해서 꼭 그의 작품을 번역할 거야.

① 소득
② 친교
③ 목표 달성
④ 자기존중감

06. D사의 대표인 Y 사장은 장애인의무고용제도에 따라 이번 달부터 3명의 장애인근로자를 추가로 채용하게 되었다. 함께 근무하게 될 장애인들과의 원활한 팀워크 조성을 위하여 Y 사장이 취할 행동으로 적절하지 않은 것은?

① 일반근로자와 장애인근로자와의 업무 역할과 책임을 더욱 명료하게 지정하여 둔다.
② 업무의 결과보다는 과정에 초점을 맞추고 최적의 생산성보다는 안정성과 사고방지에 힘쓴다.
③ 장애인근로자들의 특성을 파악하고 남보다 특화된 강점을 찾아내어 적극 활용한다.
④ 업무 외적인 시간에도 일반근로자와 장애인근로자 간에 개방적인 의사소통이 이루어질 수 있는 여건을 조성한다.
⑤ 주관적인 판단보다 합리적이고 객관적인 결정을 통하여 모든 근로자들이 이해하고 수긍할 수 있도록 유도한다.

07. 다음은 팀이 형성되어 가는 과정상에서 나타날 수 있는 특징을 나열한 것이다. (가) ~ (라)를 팀 형성과정의 순서에 맞게 단계별로 재배열한 것은?

> (가) 팀원 전체의 기여에 대해 더 잘 이해하고 인정하며 공동체 형성과 팀의 문제해결에 더욱 집중한다.
> (나) 팀원들은 대단히 과제지향적이자 인간지향적이며, 조화를 이루고 사기 충전하며 팀으로서의 충성심을 보여 준다.
> (다) 팀원들이 과제를 수행하기 위해 체계를 갖추게 되면서 필연적으로 마찰이 일어난다.
> (라) 팀원들을 팀에서 인정받기를 원하며 다른 팀원들을 신뢰할 수 있는지 확인하고 싶어 한다.

① (나) - (다) - (가) - (라) ② (다) - (라) - (가) - (나) ③ (라) - (가) - (다) - (나)
④ (라) - (다) - (가) - (나) ⑤ (라) - (다) - (나) - (가)

08. 다음에서 설명하고 있는 것은?

> 생산 과정을 여러 단계로 나누어 각자가 맡은 단계의 일을 전문적으로 수행하면 혼자서 모든 것을 하는 것보다 훨씬 빠르고 효과적으로 할 수 있다.

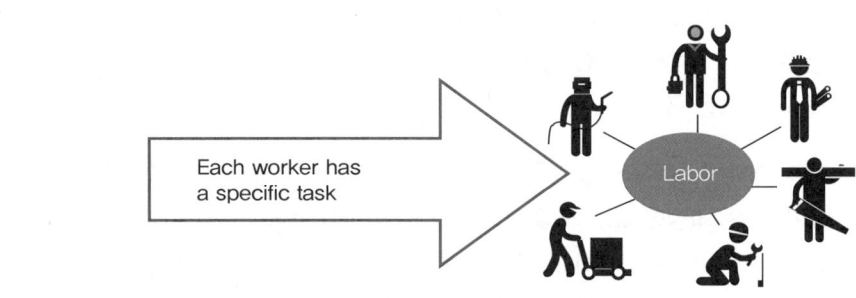

① 분업화 ② 차별화
③ 공식화 ④ 자동화

09. 다음 두 사례를 읽고 적절하지 않은 분석을 한 사람은?

〈A사의 사례〉

A사는 1987년부터 1992년까지 품질과 효율향상은 물론 생산 기간을 50%나 단축시키는 성과를 냈다. 모든 부서에서 품질 향상의 경쟁이 치열했고 그 어느 때보다 좋은 팀워크가 만들어졌다고 평가되었다. 가장 성과가 우수하였던 부서는 미국의 권위 있는 볼드리지(Baldrige) 품질대상을 수상하기도 하였다. 그런데 이러한 개별 팀의 성과가 회사 전체의 성과나 주주의 가치로 잘 연결되지 못했던 것으로 분석되었다. 시장의 PC 표준 규격을 반영하지 않은 새로운 규격으로 인해 호환성 문제가 대두되었고 대중의 외면을 받아야만 했다. 한 임원은 "아무리 빨리, 잘 제품을 만들어도 고객의 가치를 반영하지 못하거나 시장에서 고객의 접촉이 제대로 이루어지지 않으면 의미가 없다는 점을 배웠다."라고 말했다.

〈E 병원의 사례〉

가장 정교하고 효과적인 팀워크가 요구되는 의료 분야에서 E 병원은 최고의 의료 수준과 서비스로 명성을 얻고 있다. 이 병원의 조직 운영 기본 원칙에는 '우리 지역과 국가, 세계의 환자의 니즈에 집중하는 최고의 의사, 연구원 및 의료 전문가의 협력을 기반으로 병원을 운영한다'라고 명시되어 있다고 한다. 팀 간의 협력은 물론 지역과 전 세계의 고객을 지향하는 웅대한 가치를 공유하고 있는 것이다. E 병원이 최고의 명성과 함께 노벨상을 수상하는 실력을 갖출 수 있었던 데에는 이러한 팀워크가 중요한 역할을 하였다고 볼 수 있다.

① 재영 : 개별 팀의 팀워크가 좋다고 해서 반드시 조직 전체의 성과로 이어지는 것은 아니군.
② 건우 : 팀워크는 공통된 비전을 공유하고 있어야 해.
③ 수정 : 팀워크가 효과적으로 이루어지기 위해서는 개인의 특성을 이해하고 개인 간의 차이를 중시하는 것이 중요해.
④ 유주 : 팀워크를 지나치게 강조하다 보면 외부에 배타적인 자세가 될 수 있어.

10. 다음 중 임파워먼트에 대한 설명으로 적절하지 않은 것은?

조직 현장의 구성원에게 업무 재량을 위임하고 자주적이고 주체적인 체제 속에서 사람이나 조직의 의욕과 성과를 이끌어 내기 위한 '권한부여', '권한이양'의 의미이다.

① 고객 니즈에 대한 신속한 대응에 유리하다.
② 구성원이 책임의식을 갖고 적극적으로 업무에 참여한다.
③ 현장에서 개선이나 변혁이 정확하게 이루어진다.
④ 리더가 의사결정자로서 참여하게 된다.

11. A 기업의 인재육성 방향을 참조하여 멘토링에 대한 설명으로 적절하지 않은 것은?

> A 기업은 신입사원의 조기적응을 돕고 경쟁력 있는 인재육성을 위한 '선진형 후배육성제도'를 도입하고 있다. 신입사원 1명을 2명의 선배사원(필드마스터와 후견인)이 이끄는 시스템이다. 현장 밀착형 멘토인 필드마스터는 1년간 신입사원의 현장교육을 주관하고 조직상황에서 겪는 실적 고충을 상담해 준다. 또한 사내 인트라넷을 통해 신입사원이 작성한 보고서나 업무결과에 대해 수시로 평가하는 역할을 수행한다. 후견인은 조직 내 리더십과 충성도가 높은 부서장급 인력으로 회사와 비전, 경력관리 등 다양한 주제로 신입사원과의 토론을 통해 사원의 성장을 돕는 역할을 수행한다.

① 멘토링은 일반적으로 경력개발기능, 개인적 도움기능, 학습기능으로 나눌 수 있다.
② A 기업의 경우 필드마스터는 구체적인 직무와 조직 문화의 규율에 대한 학습을 지원하는 역할을 한다.
③ A 기업의 경우 후견인은 신입사원과 수직관계를 바탕으로 조직과 사원 모두의 성장을 돕는다.
④ 멘토링은 교육이나 훈련과 비교했을 때 활동시간이 장기적이며 최종목적은 구성원의 마인드, 태도, 경제성의 변화에 있다.
⑤ 멘토는 리더로서 역량이 강화되며 멘티에게는 빠른 사회화, 학습능력 촉진 등의 장점이 있다.

12. 「부정청탁 및 금품 등 수수의 금지에 관한 법률」이 시행됨에 따라 기업마다 공문이 하달되었다. 이에 ○○공단에서도 다가올 추석명절 기간에 협력업체로부터 어떤 관행적 선물이나 금품을 수수해서는 안 되고 티타임 정도로 업무를 진행하라는 전사적인 지시가 직원들에게 내려졌다. 다음과 같은 상황에서 A 팀장이 취해야 할 가장 바람직한 대처 방안은?

① 그동안 원만한 관계를 유지한 것이 아쉽기 때문에 처음이자 마지막으로 M 기업 전무에게 눈치를 주어 대접을 받는다.
② 일단 회의를 취소하고 추석 명절이 지난 이후로 회의를 다시 잡는다.
③ 지금까지 문제될 소지가 없었고 오랜 기간 동안 협력관계를 유지해 왔기 때문에 평소처럼 식사 대접도 받으면서 회의를 진행한다.
④ 「부정청탁 및 금품 등 수수의 금지에 관한 법률」의 시행을 기점으로 서로 예민해진 상황이기 때문에 이메일 등 간접적인 방법으로 대체하여 진행한다.
⑤ 지킬 것을 지키면 문제가 없으므로 추석 기간과 상관없이 약속대로 회의를 진행하되 티타임 외에는 별도의 대접을 거절한다.

13. 다음은 리더의 행동을 중심으로 유형을 구분하고 이를 그림으로 나타낸 것이다. 이에 대한 설명으로 적절한 것을 〈보기〉에서 모두 고르면?

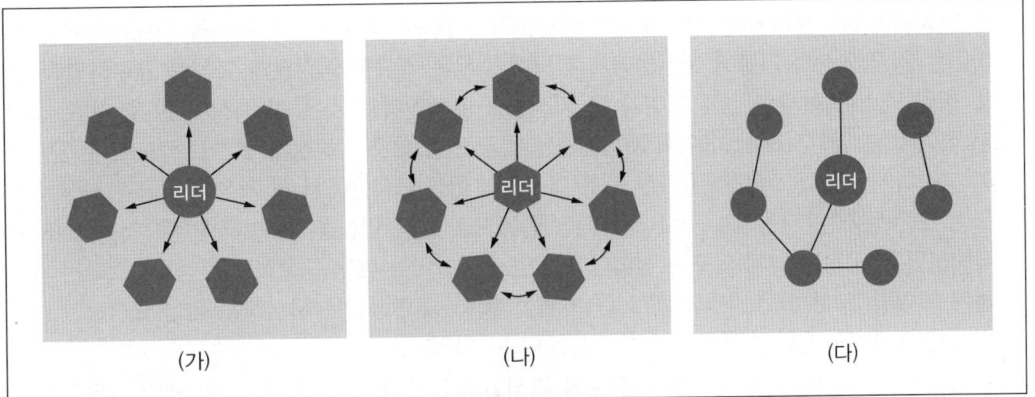

보기

ㄱ. (가)는 모든 결단 행위를 리더가 독단적으로 결정한다.
ㄴ. (가)의 직원은 (나)의 직원보다 소속감과 욕구수준이 높다.
ㄷ. (나)의 리더는 구성원에게 높은 관심을 보이며, 참여와 단결을 유도한다.
ㄹ. (다)는 조직이나 직원들에게 원동력이 되며 명확한 비전을 제시하여 생산성을 높인다.

① ㄱ, ㄴ   ② ㄱ, ㄷ   ③ ㄴ, ㄷ   ④ ㄴ, ㄹ

14. 다음 〈보기〉의 밑줄 친 부분에 해당하는 리더십은?

보기

　　최근 들어 조직 활동을 주도하면서 적당한 선에서 타협점을 찾아 현실에 안주하는 과거의 보스형 리더십에서 벗어나 <u>상명하복의 고정관념을 깨고 아랫사람들에게 자신의 위치를 낮추며 희생정신을 내보이는 리더십</u>이 주목을 받고 있다. 이는 기술 경쟁력면으로는 서두를 지키기 어려운 현실에서 리더의 신뢰 확보가 새로운 경쟁력이 된다는 판단에서이다.

① 독재적 리더십　　　　　　② 셀프 리더십
③ 서번트 리더십　　　　　　④ 거래적 리더십

[15 ~ 16] 다음 글을 읽고 이어지는 질문에 답하시오.

　　H사 최 사장은 갑작스런 노조의 파업 소식을 접하고 긴급히 회사로 달려왔다. 노조위원장은 임금 인상안이 받아들여지지 않자 공장의 중간관리자급들을 동원해 전격 파업을 단행하기로 하였고, 이들은 임금 인상과 더불어 자신들에게 부당한 처우를 강요한 공장장의 교체를 요구하였다. 회사의 창립 멤버로 회사 발전에 기여가 큰 공장장을 교체한다는 것은 최 사장이 단 한 번도 상상해 본 적이 없는 일인지라 오히려 최 사장에게는 임금 인상 요구가 하찮게 여겨질 정도로 무거운 문제에 봉착하게 되었다. 1시간 뒤 가진 노조 대표와의 협상 테이블에서 최 사장은 임금과 부당한 처우 관련 모든 문제는 자신에게 있으니 공장장을 볼모로 임금 인상을 요구하지는 말 것을 노조 측에 부탁하였고, 공장장 교체 요구를 철회한다면 임금 인상안을 매우 긍정적으로 검토하겠다는 약속을 하게 되었다. 또한, 노조원들의 처우 관련 개선안이나 불만사항은 자신에게 직접 요청하면 합리적인 사안의 경우 즉시 수용할 것임을 전달하기도 하였다.

　　노조 대표는 자신들의 임금 인상 요구가 관철되지 않은 것도 공장장의 중간 역할 때문이라 생각했음을 사장에게 털어 놓으며 전향적인 자세로 협상의 자리를 이어갔다. 노조 대표는 공장 근로자들의 복지 수준이 매우 열악한 점을 일일이 사장에게 보고하였고, 최 사장은 결국 공장장의 지나친 비용 절감 의지가 불러 온 부작용으로 인해 오랜 기간 곪아 온 직원들의 불만이 일시에 터져 나온 것임을 알게 되었다. 이에 최 사장은 근로자들에게 승진과 더불어 관리자의 역할을 맡을 수 있는 길을 제공함과 동시에 사내 건의제도를 만들어 익명을 보장하며 직원들의 불만사항에 귀를 기울이기로 약속하였다. 또한, 회사 발전을 위한 것이라면 언제든지 말단 직원과의 대화 자리도 마다하지 않을 것임을 다시 한 번 노조에 강조하였으며, 어떠한 변화에도 적극 대처할 것이라는 소신을 밝히게 되었다.

　　이러한 사장의 노력에 노조 대표도 회사가 수용할 수 있는 수준의 수정된 임금 인상안을 제시하며 공장장의 교체 요구도 철회하게 되었다. 이후 노조 대표는 ㉠협상 테이블에서 보여 준 최 사장의 리더로서의 자질을 근로자들에게 전파하여 최 사장은 공장 내 모든 근로자들의 존경을 받는 훌륭한 리더로서 경영활동을 지속하게 되었다.

15. 윗글에서 밑줄 친 ㉠의 내용에 해당하지 않는 것은?

① 직원들에게 도전의 기회를 부여해 주었다.
② 변화를 두려워하지 않고 창의적 해법을 제시하여 어려움을 극복하였다.
③ 책임을 회피하지 않고 인정함으로 인해 문제해결 방법을 함께 모색하였다.
④ 직원들 스스로가 자신의 장점으로 해결책을 모색하도록 적극 도우며 코칭을 하였다.
⑤ 직원에 대한 믿음을 거두지 않고 신뢰와 이해를 바탕으로 문제를 해결하였다.

16. 노조의 파업에 있어 위와 같은 해법을 찾게 된 것은 회사 측과 노조 측의 요구사항이 이루어졌는지의 여부와 관련하여 어떤 유형의 갈등해결방법에 속한다고 볼 수 있는가?

① 수용형　　　　② 경쟁형　　　　③ 타협형
④ 통합형　　　　⑤ 회피형

17. 다음 중 갈등을 증폭시키는 원인이 아닌 것은?

① 승패의 경기
② 승리하는 것보다는 문제를 해결하려 함.
③ 각자의 입장만을 고수
④ 자신의 입장에 감정적으로 묶임.
⑤ 의사소통의 폭을 줄이며 접촉하는 것을 꺼림.

18. A사 R&D 팀의 김 부장은 재무팀의 이 과장에게 불만을 가지고 있다. 신제품 출시를 위해서는 기자재를 빠르게 구입해야 하는데 이 과장은 항상 투자대비 효과를 입증하는 자료를 먼저 요구한다. 영업팀에서는 신제품이 언제 나오는지 매일 성화인데 이 과장은 신제품 출시를 바라는 것인지 알 수 없다. 이런 상황을 해결하기 위한 방안으로 옳지 않은 것은?

① 사람과 문제를 분리해서 생각한다.
② 불필요하게 고민하기보다는 영업팀이 재무팀을 직접 만나서 설득하도록 조치한다.
③ 기자재 구매 독촉에 앞서 자료를 제공하도록 하거나 상황에 따라 자료제출 이전에 먼저 기자재를 구입할 수 있는 방안을 모색한다.
④ 부서의 입장이 다를 뿐 모든 부서의 최종 목표는 신제품 출시를 통해 회사의 이익을 실현하는 것이라는 점을 이해하고 입장 차이를 인정하는 자세가 필요하다.
⑤ 감정 소모를 줄이고 상대의 바라는 바와 내가 추구하는 바가 무엇인지를 정확히 파악해서 행동한다.

19. 다음은 접경도로 개선에 대하여 조정합의가 이루어진 사례와 관련한 내용이다. ○○시에서 취한 갈등해결방법에 대한 설명으로 적절한 것은?

> ○○시와 XX시의 경계 부근에 위치한 중소기업 A의 사장이 민원을 제기하였다. ○○시와 XX시의 접경지역에는 8개의 중소기업 및 인근 경작지 300,000m²의 통행을 위한 농로가 존재하였으나, 도로폭이 좁아서 차량사고의 위험이 높고 기업운영에 애로사항이 크니 이에 대한 대책을 마련해 달라는 내용이었다. ○○시의 위원회에서는 세 차례의 현지조사를 통해 8개 중소기업의 기업활동에 애로가 많다고 판단하고 문제의 해결을 위해 ○○시에서 도로정비 및 개선에 필요한 부지를 XX시와 1/2씩 나누어 부담하고, ○○시에서는 도로 정비 및 개선에 필요한 설계 및 확·포장 공사를 맡아서 진행하기로 했다. XX시는 이에 대해 공사비 60% 부담하는 것을 대안으로 제시하였다. 이후 수십 차례 문제해결 방안을 협의하고 세 차례의 업무회의 등을 거쳐 피신청기관의 의견을 계속적으로 조율한 결과, ○○시 위원회가 작성한 조정서의 내용대로 접경도로 개선을 추진하기로 의견이 모아짐에 따라 ○○시 위원회가 현지조정회의를 개최하여 조정서를 작성하고 조정 합의하였다.

① 갈등상황을 회피하면서 위협적인 상황을 피하는 데 사용하는 방법이다.
② 상대방의 의지에 따라 갈등을 해결하는 방법이다.
③ 위 해결방법이 성공하려면 상호 간의 신뢰와 공개적인 대화 또는 투명한 정보공개가 필요하다.
④ 갈등상황에 대한 관심이 서로 낮은 경우에 사용할 수 있는 방법이다.

20. 조직 내에서 발생하는 갈등은 몇 개의 단계를 거치면서 진행되는 것이 일반적인 흐름이라고 볼 때, (가), (나)에 들어갈 말을 순서대로 올바르게 나열한 것은?

> 3단계. 격화 국면
> 　격화 국면에 이르게 되면 상대방에 대하여 더욱 적대적인 현상으로 발전해 나간다. 이제 의견일치는 물 건너가고 (가)을(를) 통해 문제를 해결하려고 하기보다는 강압적, 위협적인 방법을 쓰려고 하며, 극단적인 경우에는 언어폭력이나 신체적인 폭행으로까지 번지기도 한다. 상대방에 대한 불신과 좌절, 부정적인 인식이 확산되면서 다른 요인들에까지 불을 붙이는 상황에 빠지기도 한다. 이 단계에서는 상대방의 생각이나 의견, 제안을 부정하고 상대방은 그에 대한 반격으로 대응함으로써 자신들의 반격을 정당하게 생각한다.
>
> 4단계. 진정 국면
> 　시간이 지나면서 정점으로 치닫던 갈등은 점차 감소하는 진정 국면에 들어선다. 계속되는 논쟁과 긴장이 귀중한 시간과 에너지만 낭비하고 이러한 상태가 무한정 유지될 수 없다는 것을 느끼고 점차 흥분과 불안이 가라앉고 이성과 이해의 원상태로 돌아가려 한다. 그러면서 (나)이(가) 시작된다. 이 과정을 통해 쟁점이 되는 주제를 논의하고 새로운 제안을 하고 대안을 모색하게 된다. 이 단계에서는 중개자, 조정자 등의 제3자가 개입함으로써 갈등 당사자 간에 신뢰를 쌓고 문제를 해결하는 데 도움이 되기도 한다.

① 자존심, 업무　　② 리더, 침묵　　③ 이성, 논쟁
④ 설득, 협상　　⑤ 타협, 침묵

21. 작업 중 재해를 당한 K 씨는 산재보험 수급자 신청을 하였으나 원처분기관에서는 업무와의 연관성 부족을 이유로 산업재해 불승인 판정을 하였다. 이에 불복한 K 씨는 자신이 사고를 당한 당시의 상황을 객관적으로 입증하기 위하여 원처분기관과의 협상 테이블을 마련하게 되었다. K 씨가 협상을 위하여 취할 수 있는 행동의 절차를 바르게 나열한 것은?

〈협상순서〉
가. 합의를 통한 결과물을 도출하여 최종 서명을 이끌어낸다.
나. 자신의 의견을 적극적으로 개진하여 상대방이 수용할 수 있는 근거를 제시한다.
다. 상대방 의견을 분석하여 무엇이 그러한 의견의 근거가 되었는지를 찾아낸다.
라. 상대방의 의견을 경청하고 자신의 주장을 제시한다.

① 가-다-나-라
② 다-라-나-가
③ 라-나-다-가
④ 라-다-가-나
⑤ 라-다-나-가

[22 ~ 23] 다음 글을 읽고 이어지는 질문에 답하시오.

김 대리는 K 재단의 학자금대출부 소속이다. 어느 날 학자금대출 받은 것을 상환해야 하는데 전산오류로 상환이 이루어지지 않고 있다는 고객의 다급한 전화를 받게 되었다. 상환이 미뤄지면 추가적인 이자가 발생하는 등 고객 입장에서는 여러 가지 손해가 발생할 수 있는 사안이라 고객은 굉장히 예민한 상태로 전화 상담을 이어 갔다. 일단 고객에게 사과하고 상황을 확인하여 처리한 후 다시 연락드리기로 하고 전화를 종료하였다.

김 대리는 해당 건을 해결하기 위해 관련 시스템 담당자에게 전화를 했으나 담당자는 지금 급한 업무 처리 중이라 바쁘니 나중에 다시 전화를 달라고 말하고는 서둘러 전화를 끊으려고 한다. 김 대리는 상대방의 일방적인 태도에 다소 화가 났지만 더 얘기를 해 봐야 상황이 달라지지 않을 것이라 생각하곤 알겠다고 말한 뒤 전화를 끊었다.

22. 위의 상황에서 김 대리가 선택한 협상전략은?

① 서로 잘되어 모두 좋은 결과를 얻을 수 있도록 하는 협력전략
② 내가 직면하고 있는 문제를 해결하기 위해 상대방은 조금 손해를 봐도 괜찮다는 강압전략
③ 서로 힘든 상황이니 나도 손해를 감수하고 상대방도 손해를 감수하는 선에서 타협하는 회피전략
④ 내가 처한 상황보다 상대방이 처한 상황이 더 급한 것 같으니 내가 손해를 보겠다는 유화전략

23. 초조하게 기다릴 고객 생각에 김 대리는 시스템 담당자를 설득하여 빨리 일을 처리하기로 하였다. 김 대리가 '사회적 입증 전략'을 활용해서 담당자를 설득하려고 할 때, 김 대리의 발언으로 적절한 것은?

> 사회적 입증이란 어떤 과학적인 논리보다 동료나 사람들의 행동을 통해 상대방을 설득하는 협상 스킬이다.

① 많이 바쁘신가 보네요. 너무 죄송하지만 제가 지금 연락드린 사안도 워낙 긴급을 요하는 사안이라 잠시만 시간을 내 주셨으면 좋겠습니다.
② 고객 민원이 시스템 장애에 대한 부분인데 이 문제를 해결해 줄 분은 담당자님밖에 안 계시네요. 바쁘시겠지만 지금 꼭 처리 부탁드립니다.
③ 민원이 원만히 해결되지 않아서 고객만족도 조사에서 나쁜 점수를 받게 되면 팀원들로부터 부정적인 피드백을 받게 되실 겁니다.
④ 제 민원인의 문제를 먼저 해결해 주시면 서비스 만족도 조사에서 담당자님이 좋은 점수를 받을 수 있게 도와드리겠습니다.

24. 다음 고객의 기대에 관한 영향 요인 중 고객의 내적 요인으로만 묶인 것은?

> ㉠ 시간적인 제약　　㉡ 고객의 정서적인 상태
> ㉢ 관여도　　㉣ 환경적인 조건
> ㉤ 개인적 욕구　　㉥ 과거 서비스 경험

① ㉠, ㉡, ㉢
② ㉠, ㉢, ㉤
③ ㉡, ㉢, ㉣
④ ㉢, ㉤, ㉥
⑤ ㉣, ㉤, ㉥

25. 원만한 대인관계를 유지하기 위해서는 다양한 차원에서 타인과 협상할 수 있는 기술이 필요하다. 다음 글에 나타난 협상의 차원으로 적절한 것은?

협상이란 자신이 무언가를 얻기 위해 다른 사람들을 설득하여 자신이 원하는 것을 쟁취하기 위한 일련의 커뮤니케이션 과정이라고 할 수 있다. 예컨대, 사장과 임금문제로 갈등상태에 있을 때 커뮤니케이션 과정을 가지게 된다. 커뮤니케이션이 원활하고 상대방 설득이 순조롭게 진행될 때에는 임금협상이 원활히 진행되어 좋은 결과를 가지고 오게 될 것이다. 그러나 서로가 상대방에 대한 분노와 증오로 가득차서 서로를 적으로 단정하고 의사소통과정을 차단하게 되면 임금협상은 더 이상 진전되지 못할 것이다. 그러므로 협상이란 설득을 목적으로 하는 커뮤니케이션인 것이다.

〈협상의 여러 가지 차원〉

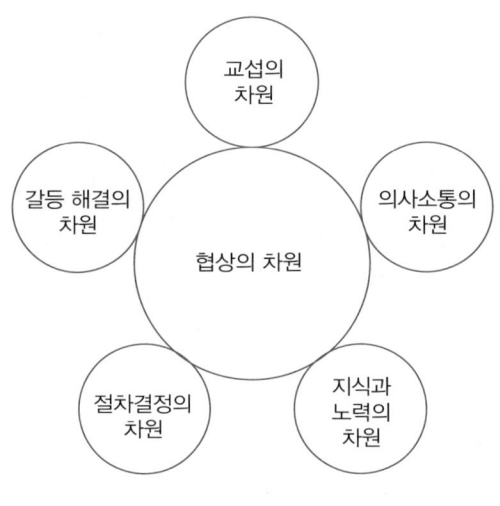

① 교섭의 차원   ② 의사소통의 차원   ③ 지식과 노력의 차원
④ 절차결정의 차원   ⑤ 갈등 해결의 차원

26. 고객만족도를 향상시키고 지속적인 상품 구매를 유도하기 위한 상담원의 올바른 고객 응대 자세로 적절하지 않은 것은?

   ① 수익을 많이 올릴 수 있는 고부가가치의 상품을 중심으로 설명하고 판매하도록 노력한다.
   ② 고객 관리를 위해 고객 정보나 취향을 데이터 시트에 기록하고 지속적인 관계 유지를 위해 노력한다.
   ③ 자신 있는 태도와 음성으로 전문적인 상담을 진행해 고객의 신뢰를 획득해야 한다.
   ④ 설득력 있는 대화와 유용한 정보 제공을 통해 고객의 구매 결정에 도움을 주어야 한다.

27. B사는 판매제품에 대한 고객만족도를 알기 위하여 다음과 같이 고객설문조사 방법에 대한 내부 회의를 진행하였다. 다음 중 고객설문조사의 바람직한 방법을 제시하지 않은 사람은?

   진수 씨 : 설문조사는 우리가 알고자 하는 것보다 고객이 만족하지 못하는 것, 고객이 무언의 신호를 보내고 있는 것이 무엇인지를 알아내는 일이 더욱 중요하다고 봅니다.
   서윤 씨 : 맞아요. 가급적 고객의 감정에 따른 질문을 작성해야 할 거고, 비교적 상세한 질문과 자유회답 방식이 바람직할 거예요.
   김 대리 : 우리 제품을 찾는 고객들은 일단 모두 같은 수준의 서비스를 원한다고 가정해야 일정한 서비스를 지속적으로 제공할 수 있을 테니, 질문을 작성할 때 이런 점을 반드시 참고해야 할 겁니다.
   임 대리 : 가끔 다른 설문지들을 보면 무슨 말을 하고 있는지, 뭘 알고 싶은 건지 헷갈릴 때가 많아요. 응답자들이 쉽게 알아들을 수 있는 말로 설문지를 작성하는 것도 매우 중요합니다.
   박 과장 : 중요한 것이 하나 더 있는 거 같군. 고객의 만족도를 알기 위한 설문은 1회 조사에 그쳐서는 안 되네. 뿐만 아니라 매번 질문내용을 바꾸지 않는 것도 꼭 지켜야 할 사항이지.

   ① 진수 씨   ② 서윤 씨   ③ 김 대리
   ④ 임 대리   ⑤ 박 과장

고시넷 **NCS 고졸채용** 통합기본서

유형별 출제비중

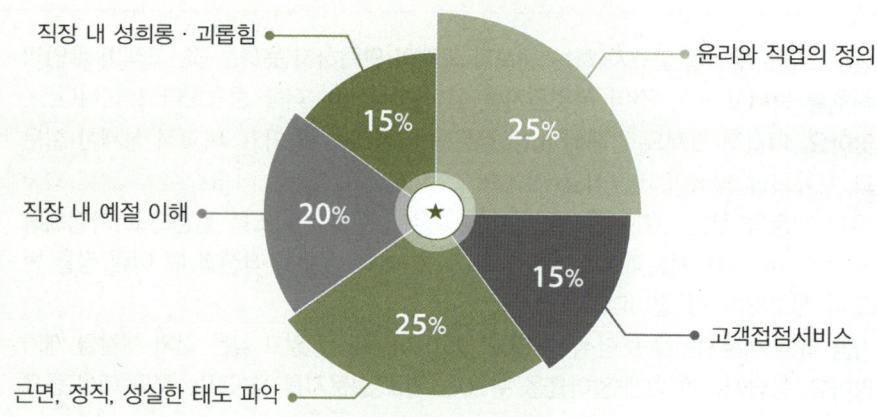

- 직장 내 성희롱·괴롭힘 15%
- 윤리와 직업의 정의 25%
- 고객접점서비스 15%
- 근면, 정직, 성실한 태도 파악 25%
- 직장 내 예절 이해 20%

하위영역
- 근로윤리 : 일에 대한 존중을 바탕으로 근면하고 성실하며 또한 정직하게 업무에 임하는 자세
  → 근면한 태도, 정직한 행동, 성실한 자세
- 공동체윤리 : 인간존중을 바탕으로 봉사하며, 책임감 있게 규칙을 준수하고, 예의바른 태도로 업무에 임하는 자세
  → 봉사와 책임, 준법정신, 예절과 존중

파트 10

직업윤리

개요 직업윤리
01 근로윤리
02 공동체윤리

- 기출예상문제

직업윤리

직업인들은 자신의 직업 활동을 수행함에 있어 사람과 사람 사이에 지켜야 할 윤리적 규범을 따라야 한다. 왜냐하면 '윤리'는 사람과 사람의 관계에서 우리가 마땅히 지켜야 할 사회적 규범이기 때문이다.

보충플러스

윤리적 가치의 중요성
- 사회 질서를 유지하며 개인의 행복과 모든 사람의 행복을 보장한다.
- 삶의 본질적 가치와 도덕적 신념에 대한 존중이다.

---

1 윤리

1. 윤리의 의미

(1) 윤리의 '윤(倫)'은 동료와 친구, 무리, 또래 등이 집단을 뜻하기도 하고 길, 도리, 질서, 차례, 법(法) 등을 뜻하기도 한다. 즉, 인간관계에 필요한 길이나 도리, 질서를 의미한다.

(2) 윤리의 '리(理)'는 다스리다(治), 바르다(正), 원리(原理), 이치(理致), 가리다(판단判斷), 밝히다(해명解明), 명백(明白)하다 등의 여러 가지 뜻을 가지고 있다.

(3) 윤리(倫理)는 '인간과 인간 사이에서 지켜져야 할 도리를 바르게 하는 것' 또는 '인간 사회에 필요한 올바른 질서'라고 해석할 수 있다.

(4) 살아가는 동안 해야 할 것과 하지 말아야 할 것, 삶의 목적과 방법, 책임과 의무 등과 관련된다.

(5) 동양적 사고에서 윤리는 전적으로 인륜(人倫)과 같은 의미이며, 엄격한 규범의 의미가 배어 있는 느낌을 준다.

2. 윤리가 중요한 이유

(1) 모든 사람이 윤리적 가치보다 자기이익을 우선시하면 사회질서가 붕괴된다.

(2) 윤리는 어떻게 살 것인가 하는 가치관의 문제와 관련이 있다.

(3) 윤리적인 인간은 '공동의 이익 추구'와 '도덕적 가치 신념'을 기반으로 형성된다.

3. 윤리규범의 형성

(1) 인간은 사회적 존재이므로 개인의 욕구가 다른 사람의 행동과 협력을 바탕으로 충족된다.

(2) 사람들은 사회의 공동목표를 달성하고 모든 구성원의 욕구를 충족하는 데 도움이 되는 행위를 찬성하고 반대되는 행위를 비난한다.

(3) 이를 반복하다 보면 해야 할 일과 하면 안 될 일이 구분되며 윤리규범이 형성된다.

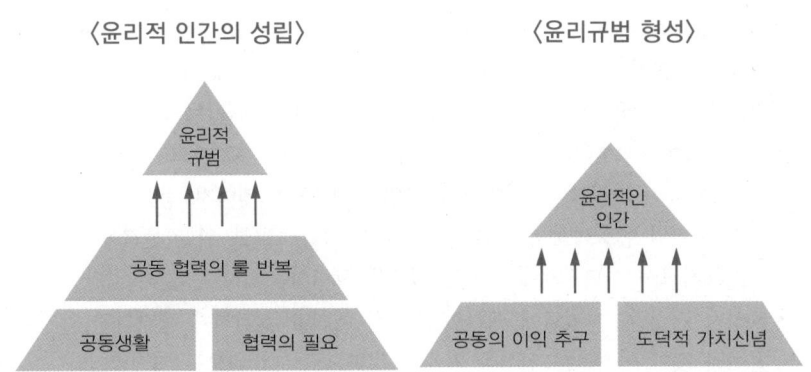

4. 비윤리적 행위의 원인

(1) 무지 : 사람들은 무엇이 옳고 무엇이 그른지 모르기 때문에 비윤리적인 행위를 저지른다.

(2) 무관심 : 자신의 행위가 비윤리적이라는 것은 알고 있지만 윤리적인 기준에 따라 행동해야 한다는 것을 중요하게 여기지 않기 때문에 비윤리적인 행위를 저지른다.

(3) 무절제 : 자신의 행위가 잘못이라는 것을 알고 그러한 행위를 하지 않으려고 함에도 불구하고 자신의 통제를 벗어나는 어떤 요인 때문에 비윤리적인 행위를 저지른다.

5. 비윤리적 행위의 유형

(1) 도덕적 타성
  ① 사람의 행동이나 사회현상에서도 일정한 종래의 패턴을 반복하려는 경향, 즉 타성이 존재한다.
  ② 타성에는 나태함이나 게으름의 뜻이 내포되어 있는데, 바람직한 행동이 무엇인지 알고 있으면서도 취해야 할 행동을 취하지 않는 무기력한 모습이다.
  ③ 윤리적인 문제에 대하여 제대로 인식하지 못하는 데에서 기인한다.
  ④ 일상생활에서 윤리적인 배려가 선택의 우선순위에서 밀려나는 데에서 기인한다.
  ⑤ 우리가 극복해야 할 대부분의 비윤리는 도덕적 타성에서 벗어나야만 해결이 가능하다.

(2) 도덕적 태만
  ① 비윤리적인 결과를 피하기 위하여 일반적으로 필요한 주의나 관심을 기울이지 않는 것이다.
  ② 한국사회에서 나타나는 도덕적 태만의 경우는 자기 기만적 요소가 강하다.

(3) 거짓말
  ① 상대방을 속이려는 의도로 표현되는 메시지이다.
  ② 그 '목적 대상'이 누구냐에 따라 유형을 분류할 수 있는데, 한국사회에서 나타나는 거짓말의 일반적 유형과 특징은 다음과 같다.

- 자기 보호적 거짓말 : 남에게 피해를 주기 위한 거짓말이 아니라 자신들의 입장과 처지를 보호하기 위한 거짓말이다. 결과적으로는 남에게 피해를 주는 경우도 있지만, 보호 행동의 부수적 결과일 뿐 타인에 대한 공격을 목적으로 하지는 않는다.
- 제3자 보호적 거짓말 : 우호적인 관계를 맺고 있는 제3자의 보호를 위한 목적으로 행해지는 거짓말이다. 다양한 학연, 혈연으로 맺어져 정과 의리를 중시하는 우리 사회의 풍토에서 한정된 범위 내 사람의 보호를 위한 목적을 가진다. 확대된 제3자로서 사회전체에 미치는 영향을 고려하는 경우는 많지 않다.
- 타성적 거짓말 : 거짓말에 대하여 당연히 여기고 심각하게 생각하지 않거나 별반 잘못된 것이 아니라는 인식을 가지는 경향으로부터 나오는 거짓말이다. 심지어는 거짓말을 하는 것이 올바르다는 잘못된 자기신념으로까지 진전되는 경우가 있다.

2 직업

1. 직업의 의미 : 직업(職業)에서 '직(職)'은 사회적 역할의 분배인 직분(職分)을, '업(業)'은 일 또는 행위, 더 나아가서는 불교에서 말하는 전생 및 현생의 인연을 말한다.

2. 직업의 속성

(1) 계속성 : 주기적으로 일을 하거나, 명확한 주기가 없어도 계속 행해지며 계속할 의지와 가능성을 의미한다.
(2) 경제성 : 직업이 경제적 거래 관계가 성립되는 활동이어야 함을 의미한다.
(3) 윤리성 : 비윤리적인 행위나 반사회적인 활동을 통한 경제적 이윤추구가 아님을 의미한다.
(4) 사회성 : 모든 직업 활동이 사회 공동체적 맥락에서 의미 있는 활동임을 의미한다.
(5) 자발성 : 속박된 상태에서의 제반 활동은 경제성이나 계속성의 여부와 상관없이 직업으로 보지 않음을 의미한다.

3. 직업에 대한 동서양의 관점

(1) 맹자
① "대인이 할 일이 있고, 소인이 할 일이 있는 것이다. 그렇기 때문에 어떤 사람은 마음을 수고롭게 하고, 어떤 사람은 몸을 수고롭게 하는 것이다."라고 말하여 직업의 사회적 분업을 강조했다.
② 민본사상을 주장하며 백성을 가까이 친애하되 하대해서는 안 됨을 주장하였다. 이는 공자의 정명사상을 근거로 하였다.

이것만은 꼭!

직업인의 기본 자세
① 소명의식과 천직의식을 가진다.
② 봉사정신과 협동정신을 가진다.
③ 책임의식과 전문의식을 가진다.
④ 공평무사한 자세를 가진다.

(2) 공자
  ① 공직을 담당한 사람이라면 마땅히 사익보다 공익을 우선해야 한다고 보았다.
  ② 자신이 맡은 직분에 충실해야 한다는 정명사상을 강조하였다.
  ③ 직업 선택이 자의적으로 이루어져서는 안 된다고 보았으며, 도덕성 실현을 위정자의 중요한 자격으로 보았다.

(3) 순자
  ① 사회적 분업이 사회 질서 유지에 기여함을 강조하였다.
  ② 각자의 적성과 능력에 따라 사회적 역할을 분담하는 예(禮)에 따를 것을 강조하였다.

(4) 정약용
  ① 신분제에 속박된 직업관이 아니라 개인의 재능과 사회적 역할의 적절한 분업을 주장하였다.
  ② 목민심서를 집필해 청렴함에 대해 강조하였다.

(5) 플라톤
  ① 육체 노동을 정신 노동보다 열등한 것이라고 말하며, 선천적 계급의 위계를 인정했다.
  ② 계급사회를 바라보면서 신분제 질서를 인정하고, 이를 통한 사회질서의 확립을 옹호하였다. 또한 역할 교환을 부정하며 노예제를 옹호하기도 하였다.

(6) 중세 그리스도교
  ① 노동은 원죄에 대한 벌로 신이 부과한 것이라고 보았다.
  ② 인간은 속죄의 차원에서 노동을 해야 한다고 강조하였다.

(7) 칼뱅
  ① 신이 사람들에게 각자 맡아서 해야 할 일들을 정해 주었다고 하며 소명의식을 주장했다.
  ② 직업 노동은 지상에서 신의 영광을 실현하는 수단임을 강조했다.

(8) 마르크스
  ① 자본주의적 분업 생산 방식이 노동 소외와 노동력 착취를 낳으며 공산주의를 통해 노동 소외를 해결할 수 있다고 했다.
  ② 노동을 통해 자아실현을 하며 자기의 삶을 스스로 구성한다고 하였다.

4. 직업의 역할

3 직업윤리

1. 직업윤리의 의의
(1) 직업 활동을 하는 개인이 자신의 직무를 잘 수행하고 자신의 직업과 관련된 작업과 사회에서 요구하는 규범에 부응하여 개인이 갖추고 발달시키는 직업에 대한 신념, 태도, 행위이다.
(2) 개인윤리를 바탕으로 각자가 직업에 종사하는 과정에서 요구되는 특수한 윤리규범으로, 기본적으로는 직업윤리도 개인윤리의 연장선이다.
(3) 직업윤리가 강조되는 이유는 직업적 활동이 개인적 차원에서만 머무르지 않고 사회 전체의 질서와 안정 그리고 발전에 매우 중요한 역할을 하기 때문이다.

2. 직업윤리의 특징
(1) 직업의 성격에 따라 각각 다른 직업윤리를 가진다.
(2) 공통보편적윤리와 특수윤리로 구분할 수 있다.

3. 일반적인 직업윤리
(1) 소명의식 : 자신이 맡은 일은 하늘에 의해 맡겨진 일이라고 생각하는 태도이다.
(2) 천직의식 : 자신의 일이 자신의 능력과 적성에 꼭 맞는다 여기고 그 일에 열성을 가지고 성실히 임하는 태도이다.
(3) 직분의식 : 자신이 하고 있는 사회나 기업을 위해 중요한 역할을 하고 있다고 믿고 자신의 활동을 수행하는 태도이다.
(4) 책임의식 : 직업에 대한 사회적 역할과 책무를 충실히 수행하고 책임을 다하는 태도이다.
(5) 전문가의식 : 자신의 일이 누구나 할 수 있는 것이 아니라 해당 분야의 지식과 교육을 밑바탕으로 성실히 수행해야만 가능한 것이라 믿고 수행하는 태도이다.
(6) 봉사의식 : 직업 활동을 통해 다른 사람과 공동체에 대하여 봉사하는 정신을 갖추고 실천하는 태도이다.

4. 직업윤리의 5대원칙

(1) 전문성의 원칙 : 전문가로서 능력과 의식을 가지고 책임을 다해야 한다는 원칙이다.
(2) 객관성의 원칙 : 업무의 공공성을 바탕으로 공사를 구분하고 투명하게 업무를 처리해야 한다는 원칙이다.
(3) 공정경쟁의 원칙 : 법규를 준수하고 경쟁원리에 따라 공정하게 행동해야 한다는 원칙이다.
(4) 정직과 신용의 원칙 : 업무와 관련된 모든 것을 정직하게 수행하며 본분과 약속을 지켜 신뢰를 유지해야 한다는 원칙이다.
(5) 고객중심의 원칙 : 고객봉사를 최우선으로 하며 현장중심, 실천중심을 내세워야 한다는 원칙이다.

4 개인윤리와 직업윤리

1. 업무상황에서 개인은 수많은 사람과 관련되어 공동의 협력이 필요하므로 맡은 역할에 대한 높은 책임의식이 필요하다. 만약 직업윤리와 개인윤리 양자가 상황에 따라 서로 충돌하거나 배치되는 경우, 직업윤리를 우선하여야 한다.

2. 직업윤리는 개인윤리에 비해 특수성을 가지고 있다. 그 예로 개인윤리의 덕목에는 타인에 대한 물리적 행사(폭력)가 절대 금지되어 있지만, 경찰관이나 군인 등의 경우에는 필요한 상황이라면 그것이 허용되기도 한다.

3. 직업윤리와 개인윤리는 다음과 같이 조화를 이루게 된다.
(1) 업무상 개인의 판단과 행동이 사회적 영향력이 큰 기업 시스템을 통하여 다수의 이해관계자와 관련하게 된다.
(2) 수많은 사람이 관련되어 고도화된 공동의 협력을 요구하므로 맡은 역할에 대한 책임 완수가 필요하고, 정확하고 투명한 일 처리가 필요하다.
(3) 규모가 큰 공동의 재산, 정보 등을 개인의 권한하에 위임, 관리하므로 높은 윤리의식이 요구된다.
(4) 직장이라는 특수 상황에서 갖는 집단적 인간관계는 가족관계, 개인적 선호에 의한 친분 관계와는 다른 측면의 배려가 요구된다.
(5) 기업은 경쟁을 통하여 사회적 책임을 다하고 보다 강한 경쟁력을 키우기 위하여 조직원 개개인의 역할과 능력이 경쟁상황에서 적절하게 꾸준히 향상되어야 한다.
(6) 특수한 직무 상황에서는 개인적 덕목차원의 일반적인 상식과 기준으로는 규제할 수 없는 경우가 많다.

> **TIP 우리나라의 직업윤리**
> 한국인이 특히 갖추어야 할 직업윤리에는 책임감, 성실함, 정직함, 신뢰성, 창의성, 협조성, 청렴함이 있다.

5 윤리적 사고의 4단계

1. 보참(Beauchamp)과 칠드레스(Childress)는 실제 상황에서 윤리적 의사결정을 내리는 데 이용 가능한 윤리적 사고의 4단계를 다음과 같이 제시하였다.

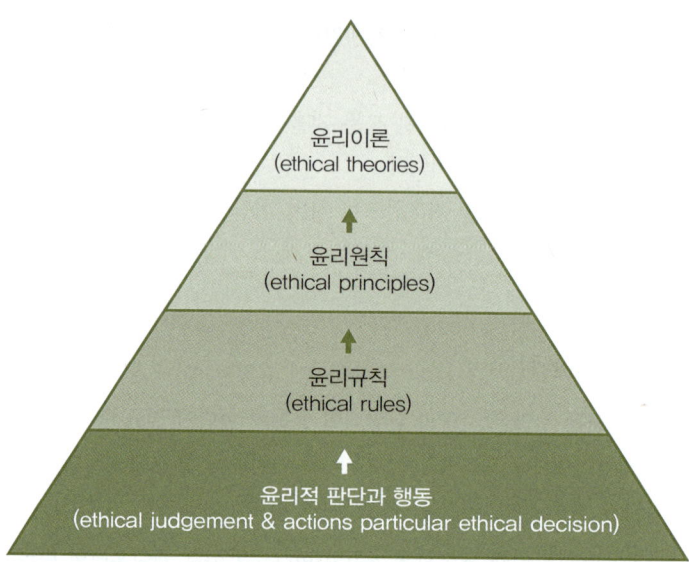

구분	내용
윤리이론	자유, 진실 등 의무적 준수를 강조하는 절대 가치를 말한다.
윤리원칙	자율성을 존중하고, 선악과 정의를 구분할 수 있는 판단 기준을 말한다.
윤리규칙	정직하거나 믿음을 지켜야 하며, 약속에 대한 이행을 해야 한다는 의무적 가치를 말한다.
윤리적 판단과 행동	개인적·환경적 요인을 고려한 개인들의 의사결정과 그에 따른 실천을 말한다.

2. 윤리원칙

(1) 자율성의 원칙 : 자신의 생각을 토대로 선택하며 개인적 가치와 신념에 따라 행동해야 한다.

(2) 악행금지의 원칙 : 타인에게 의도적으로 해를 입히거나 그럴 만한 위험을 초래하는 행동을 하지 말아야 한다.

(3) 선행의 원칙 : 타인을 돕기 위해 적극적이고 긍정적인 단계에서 선행을 베풀어야 한다.

(4) 정의의 원칙 : 사회적 자원이나 재화는 그 양이 부족하더라도 공정하고 공평하게 분배되어야 한다.

3. 윤리규칙

(1) 정직의 규칙 : 다른 사람을 존중하고 선을 위해 진실을 말해야 한다.

(2) 신의의 규칙 : 개인차와 독자적인 인격을 존중해야 한다.

(3) 성실의 규칙 : 자율성의 원리와 개인 인격의 독자성으로부터 기인되는 도덕적 법이다.

4. 윤리규칙은 윤리원칙들로부터 도출되어 더 구체적인 성격을 보이며, 한 가지 원칙으로부터 여러 가지 윤리 규칙들을 도출할 수 있다.

5. 궁극적으로 윤리적 판단, 행동, 윤리규칙, 윤리원칙 등을 정당화해 주는 것이 윤리이론이다.

6 윤리적 의사결정

1. 윤리적 상황

(1) 윤리적 의사결정은 대체로 윤리적 딜레마를 지니는 윤리적 상황에서 만들어지는데, 윤리적 상황이란 개인 및 타인의 행복과 복지에 중요한 영향을 미치는 결정, 신중한 행동 등이 요구되는 상황 등을 말한다.

(2) 윤리적 상황에서는 결정을 안내할 도덕적 규범표준 혹은 원리가 필요하며, 이러한 요인들이 주어진 상황의 '윤리적 차원'을 구성한다. 즉, 하나의 상황은 이들이 적절하고 고려할 만한 가치가 있는가의 정도에 따라 윤리적인 것이 될 수 있다.

(3) 윤리적 상황에서의 윤리적 의사결정을 이해하는 데에는 다양한 요소들(예 선택, 옳고 그름, 협동적인 사회생활, 타인에게 미치는 영향, 정의, 권리 등)이 관련된다.

2. 윤리적 의사결정 상황은 인간 이해 간의 갈등을 어떻게 조정하고 상호의 이익을 어떻게 증진시킬 것인가를 선택하고 결정하는 데 기본적인 가이드라인을 제공한다.

3. 윤리적 의사결정에는 보편성, 공개성, 불가피성, 공정성의 원칙이 영향을 준다.

보편성의 원칙	의사결정에 의해 영향을 받는 사람들이 모두 받아들일 수 있는 선택인가?
공개성의 원칙	의사결정의 기준이 공개되더라도 떳떳할 수 있는 선택인가?
불가피성의 원칙	같은 상황에서 누가 결정을 하더라도 똑같은 선택을 할 수밖에 없는 선택인가?
공정성의 원칙	사람과 상황에 대한 처리가 공정하고 임의적이지 않은 선택인가?

7 공정한 직무수행의 원칙

1. 모든 직무를 정직하고 공정하고 성실하게 수행한다.

2. 본인에게 주어진 권한 내에서 자율적으로 판단하고 행동하며 그 결과에 대해서는 책임을 진다.

3. 동료 및 관련 부서 간 창의적인 아이디어, 제안을 존중하고 상하 간 의견을 소신 있게 개진하고 경청한다.
4. 어떠한 경우에도 회사의 재산을 사적으로 사용하지 않는다.
5. 업무수행 시 회사와 개인의 이해가 상충할 경우, 회사의 이익을 우선으로 생각하고 행동한다.
6. 거짓 보고를 하지 않으며 중요한 정보를 은폐하거나 표절하지 않는다.

8 직업관의 유형

1. 자기본위 직업관
(1) 직업을 생계유지를 위한 활동과 출세를 위한 수단으로 본다.
(2) 가장 세속적인 직업관으로, 직업을 오로지 개인의 의식주 수단이나 사회적 지위 또는 명예를 얻기 위한 수단으로만 생각하는 이기주의적 직업관이다.

2. 사회본위 직업관
(1) 직업을 단순히 자기 자신이나 가족의 이익을 위하는 것으로 생각하지 않고 사회나 국가를 위하여 봉사하는 것이라고 생각하는 봉사지향 직업관이다.
(2) 오늘날 우리 사회가 지나치게 이기적으로 변하고 있음에 따라 이와 같은 직업관이 어느 때보다 필요한 상태다.

3. 일본위 직업관
(1) 직업을 자아실현의 과정으로 이해한다.
(2) 직업을 무엇을 얻기 위한 수단으로 평가하지 않고 일 자체를 목적으로 생각한다.
(3) 자기가 가지고 있는 재능을 일을 통해 마음껏 발휘하고 그 자체를 즐기기 위하여 직업을 선택하는 경우가 이에 해당한다.

4. 바람직한 직업관과 바람직하지 못한 직업관
(1) 바람직한 직업관
  ① 가장 이상적인 직업관은 자기본위 직업관과 사회본위 직업관 그리고 일본위 직업관의 세 가지가 적절히 조화된 것이다.
  ② 직업에 관한 소명의식과 성실성, 전문성, 창의성, 활동성 그리고 책임의식을 지니는 것이 바람직하다.
  ③ 급변하는 지식·정보화 사회에서는 일을 수행하기 위해 필요한 것이라면 무엇이든 하려고 하는 전문적인 직업관이 요구된다.

(2) 바람직하지 못한 직업관
　① 직업을 제도나 신분에 의해 세습되거나 결정되는 것으로 생각하는 직업관이다.
　② 직업을 부의 축적이나 권력의 획득 또는 신분 상승의 수단으로만 생각하는 직업관이다.
(3) 바람직한 직업관을 갖기 위한 사회적 여건
　① 직업 선택의 자유가 보장되어야 한다.
　② 모든 사람은 선택한 직업에서 성실히 노력해야 하며, 성실히 노력한 사람에게는 직업의 종류나 학력에 관계없이 노력한 만큼 정당한 대가가 주어져야 한다.
　③ 취업의 기회는 모든 사람에게 공평하게 주어져야 하며, 개인은 적성, 흥미, 능력, 성격 등에 따라 직업을 선택해야 한다.
　④ 모든 사람이 직업을 생계유지의 수단뿐 아니라 사회적인 역할 분담 및 봉사, 자아실현의 수단으로 생각하도록 사회적인 풍토가 조성되어야 한다.

개념확인문제

01 다음은 윤리적 규범에 대한 설명이다. 〈보기〉 중 ① ~ ③에 들어갈 적당한 개념을 고르시오.

> 윤리적 규범이란 (①)와/과 (②)을/를 기반으로 (③)을/를 반복하여 형성되는 것이다.

보기
공동생활, 공동의 이익 추구, 도덕적 가치신념, 윤리적 인간, 협력의 필요, 공동 협력의 룰, 사회적 인간

02 다음 〈보기〉 중에서 ① ~ ④에 들어갈 적절한 윤리적 사고의 단계를 고르시오.

- (①)은 개인적·환경적 요인을 고려한 개인들의 의사결정과 그에 따른 실천을 말한다.
- (②)은 자유, 진실 등 의무적 준수를 강조하는 절대 가치를 말한다.
- (③)은 정직하거나 믿음을 지켜야 하며, 약속에 대한 이행을 해야 한다는 의무적 가치를 말한다.
- (④)은 자율성을 존중하고, 선악과 정의를 구분할 수 있는 판단 기준을 말한다.

보기
윤리이론, 윤리원칙, 윤리규칙, 윤리적 판단과 행동

답
01 ① 공동생활
　② 협력의 필요
　③ 공동 협력의 룰
02 ① 윤리적 판단과 행동
　② 윤리이론
　③ 윤리규칙
　④ 윤리원칙

01 근로윤리

> 원만한 직업생활을 위해 직업인이 갖추어야 할 직업윤리 중에서 일에 대한 존중을 바탕으로 근면하고 성실하며 또한 정직하게 업무에 임하는 자세인 근로윤리가 매우 중요하다.

1 근면

1. 근면의 의미
(1) 사전에서 근면(勤勉)은 '부지런히 일하며 힘씀'으로 풀이한다.
(2) 사회과학적 연구에서는 근면의 개념적 특성을 크게 세 가지로 나타낸다.
   ① 근면은 고난의 극복이다.
   ② 근면은 비선호의 수용 차원에서 개인의 절제나 금욕을 반영한다.
   ③ 근면은 장기적이고 지속적인 행위 과정으로 인내를 요구한다.
(3) 근면하기 때문에 성공한 사람은 있어도 게을러서 성공했다는 사람의 이야기는 없는 것처럼, 근면은 성공의 기본 조건이다.

2. 우리 사회의 근면성
(1) 한국인의 의식 구조와 문화를 통해 한국사회에서 근면이 중요한 역할을 해 왔다는 점을 알 수 있다.
(2) 근면은 해방 후 한국사회의 근대화와 경제개발을 이끈 주요한 동력으로 인식된다.
(3) 국가와 공동체의 번영이 개인보다 중시되면서 노동이 극대화된 점과 과도한 자기계발과 노동 중독 등의 현상은 개인의 삶의 질을 저해하는 원인으로 지목되기도 한다.
(4) 미래 사회에서는 남보다 부지런하게 일하고 남들 일할 때 쉬지 않는 '농업적 근면성'보다는 창의성이 더 중요할 것이다.
(5) 조직이나 타인 등 외부로부터 요구되는 일과 노동을 수행하기 위한 근면보다는 개인의 성장과 자아의 확립, 나아가 행복하고 자유로운 삶을 살기 위한 근면으로 구현될 필요가 있다.

3. 근면의 종류

구분	내용
외부로부터 강요당한 근면	• 삶을 유지하기 위해 강요된 것으로, 작업장에서 오랜 시간 동안 열악한 노동 조건하에 기계적으로 일하는 것이다. • 외부로부터의 압력이 사라져 버리면 아무것도 남지 않게 된다.
자진해서 하는 근면	• 자신의 것을 창조하며 조금씩 자신을 발전시켜 나간다. • 시간의 흐름에 따라 자아가 확립된다. • 능동적이며 적극적인 태도가 우선시되어야 한다.

> **TIP**
> 근면 또는 게으름은 본성으로부터 나오는 것이라기보다는 습관화되어 있는 경우가 많다. 인간의 본성은 괴로움을 피하고 편한 것을 향하기 마련이지만, 근면이 주는 진정한 의미를 알고 이를 기르기 위해 노력해야 한다.

4. 근면에 필요한 자세 ★ 구 워크북

(1) 일에 능동적이고 적극적인 태도를 보여야 한다.
(2) 일하는 시간을 즐거운 마음으로 보내는 태도를 보여야 한다.
(3) 행복의 필수 조건 중 가장 기본적인 건강을 유지해야 한다.

5. 근면한 태도의 예시

(1) 출근 시간을 엄수한다.
(2) 업무 시간에는 개인적인 일을 하지 않는다.
(3) 일이 남았을 시 퇴근 시간 후에도 남아서 일을 한다.
(4) 항상 일을 배우는 자세로 임하며 열심히 한다.
(5) 술자리를 적당히 절제하여, 다음 생활에 지장이 없도록 한다.
(6) 일에 지장이 생기지 않도록 항상 건강관리를 유의한다.
(7) 오늘 할 일을 내일로 미루지 않는다.
(8) 주어진 시간 내에는 최선을 다한다.
(9) 사무실 내에서 메신저 등을 통해 사적인 대화를 나누지 않는다.
(10) 점심시간 등과 같이 회사에서 정해져 있는 시간을 지킨다.

2 정직

1. 정직의 의미

(1) 사전에서 정직은 '마음에 거짓이나 꾸밈이 없이 바르고 곧음'으로 풀이한다.
(2) 신뢰를 형성하고 유지하는 데 가장 기본적이고 필수적인 규범이다.
(3) 사람은 혼자서는 살아갈 수 없으므로 다른 사람과 협력을 해야 하고 그것이 확대되어 사회시스템 전체가 유기적인 협조를 해야 한다.
(4) 사회시스템은 구성원 서로가 신뢰하는 가운데에서 운영이 가능하다.

2. 우리 사회의 정직성

(1) 한국인의 92%가 자기의 종교와 상관없이 유교적인 방식으로 사고하고 행동한다는 연구결과로부터 우리 사회에서 도덕이나 윤리가 유교의 전통적 가치와 밀접하게 관련되어 있음을 알 수 있다.
(2) 우리 사회에서는 개인의 행위가 도덕적으로 옳은지 그른지를 판단할 때 집단의 조화를 위한 판단을 우선시한다.
(3) 유교의 전통적 가치는 우리 사회에 덕행을 실천할 수 있는 규범적 틀을 마련했다는 점에서 긍정적이다.
(4) 유교의 전통적 가치는 관계에 기초한 가치를 강조함에 따라 가족주의와 연고주의, 집단주의의 배타적 이익 추구 형태, 더 나아가 부정부패와 비리 행위로까지 연결된다는 점에서 부정적이다.

3. 정직과 신용을 구축하는 방법 ★ 구 워크북

(1) 정직과 신뢰의 자산을 매일 조금씩 쌓는다.
(2) 잘못된 것도 정직하게 밝힌다.
(3) 정직하지 못한 것을 눈감아 주지 않는다.
(4) 부정직한 관행은 인정하지 않는다.

4. 정직한 판단과 행동
업무를 수행하다 보면 개인적인 사정이 관련되거나 인간 관계상의 인정과 의리 등이 개입되는 경우가 있는데 그런 것이 때로는 원활한 업무수행에 도움을 주는 것처럼 생각될 수도 있다. 그러나 중요한 것은 업무수행과 관련해서는 개인적인 사정이나 인간관계가 공적인 책임과 본분보다 우선시되어서는 안 된다는 것이다. 업무수행과 관련하여 공적인 것과 사적인 것이 충돌할 때는 당연히 공적인 생각과 절차를 우선해야 한다.

5. 정직한 태도의 예시

(1) 평소에 소신을 가지고 있다.
(2) 타인에게 피해를 주지 않는다.
(3) 남에게 끌려 다니지 않는다.
(4) 가끔은 바른 말을 해서 다른 사람의 눈총을 사기도 한다.
(5) 객관적이고 합리적으로 생각한다.

3 성실

1. 성실의 의미

(1) 사전에서 성실(誠實)은 '정성스럽고 참됨'으로 풀이한다.
(2) 성(誠)은 정성스럽고 순수하고 참됨을 의미하며, 실(實)은 알차고 진실된 것을 의미하므로 근면함보다는 충(忠) 혹은 신(信)의 의미와 더 가깝다.
(3) 심리학자들은 성실성을 '책임감이 강하고 목표한 바를 이루기 위해 목표 지향적 행동을 촉진하며 행동의 지속성을 갖게 하는 성취 지향적인 성질'로 설명한다.
(4) 성실은 기본이기도 하지만 세상을 살아가는 데 있어 가장 큰 무기가 되기도 한다.
(5) 아무리 뛰어나더라도 성실이 뒷받침되지 못하면 그 관계는 오래갈 수 없다.

> **TIP**
> 맹자는 '성실 하나로 살아가는 사람이 남에게 감동을 주지 못했다는 예는 이제까지 하나도 없다'고 말하며 성실의 중요성을 강조하였다.

2. 우리 사회의 성실성

(1) 창조, 변혁, 개혁, 혁신 등의 가치가 강조되는 현대 사회에서 성실한 사람은 도덕적 차원에서 바람직한 면이 있을 수 있지만, 사회적으로는 진취성이 부족하거나 창조성이 결여된 사람으로 치부되기도 한다.

(2) 사회적 자본이란 사회 구성원들이 힘을 합쳐 공동 목표를 효율적으로 추구할 수 있게 하는 자본을 가리키는데, 신뢰를 포괄하는 성실은 보이지 않는 가장 확실한 자본이다.
(3) 성실은 개인으로 하여금 자신의 생각이 진리와 부합하려고 부단히 노력하고, 자신의 생각을 그대로 말로 표현하며, 이를 일상생활에서 행동으로 실천하도록 이끈다.
(4) 성실의 덕이 중요한 까닭은 개인에게 영향을 미치는 일련의 과정에서 항상성과 정성 스러움을 동시에 갖추기 때문이다.
(5) 성실의 결핍은 생각과 말, 행동의 불일치를 통해 드러나고, 구체적으로 일상의 삶에서 위선과 거짓, 사기, 아첨, 음모 등의 행위로 나타난다.
(6) 성실함이 시대 개념적 차원에서 현대 사회와 어울리지 않는다는 한계성을 인식해 현대 사회의 성격에 부합하도록 성실의 전환을 시도해야 한다.

3. 성실한 사람과 성실하지 못한 사람의 차이 ★ 구 워크북

(1) 돈벌이가 쉬운가 아니면 쉽지 않은가의 경우에서 발생한다.
(2) 일을 단순히 돈벌이로 여기는 사람은 불성실한 태도로 임하는 경우가 많다.
(3) 장기적으로 볼 때 결국 성공하는 사람은 성실한 유형이다.
(4) 정직하고 성실한 태도로 일하는 사람들이 국가와 사회에 이바지하는 바가 크다.
(5) '자아의 성장'은 정직하고 성실한 태도가 바탕이 되어야 한다.

4. 성실한 태도의 예시

(1) 성실한 사람들의 행동이나 태도
  ① 무엇을 하든지 마음을 담아 행동한다.
  ② 최선을 다한다.
  ③ 바르게 생각하고 행동한다.
(2) 성실하지 않은 사람들의 행동이나 태도
  ① 일을 하지만 진심이 느껴지지 않는다.
  ② 자기 이익만을 생각하거나 잔머리를 굴린다.
  ③ 주어진 업무만 하거나, 문제가 되지 않을 만큼만 일한다.

4 조직시민행동

1. 조직시민행동의 의의 : 자신의 담당 업무가 아닌데도 조직의 발전을 위해 수행하는 다양한 활동들이다.

2. 조직시민행동의 5가지 요소

(1) 이타성(Altruism) : 도움이 필요한 상황에 처한 다른 구성원들을 아무 대가 없이 자발적으로 도와주는 것으로, 업무 처리가 늦어지는 동료의 일을 함께 처리해 준다든지 새로 입사한 사원이 조직에 빨리 적응할 수 있도록 도와주는 것과 같은 행동을 말한다.

보충플러스

조직 냉소주의
- 해당 조직의 구성원들이 경영진, 정책, 제도, 변화 및 혁신 활동 등 조직 전반에 걸쳐 이유 없는 무관심이나 적대감, 극단적인 불신을 나타내는 것이다.
- 감정적 동요, 부정적인 태도, 부정적 행동 표출로 나타난다.

(2) 양심성(Conscientiousness) : 각 구성원들이 자신의 양심에 따라 조직의 명시적, 암묵적 규칙을 충실히 준행하는 것으로, 필요 이상의 휴식 시간을 취하지 않는 것, 회사의 비품을 개인 소유처럼 아껴 쓰는 것과 같은 행동을 말한다.

(3) 스포츠맨십, 신사적 행동(Sportsmanship) : 정정당당히 행동하는 것으로, 조직이나 다른 구성원과 관련하여 불만이나 불평이 생겼을 경우 이를 뒤에서 험담하고 소문내며 이야기하고 다니기보다 긍정적 측면에서 이해하고자 노력하는 행동을 말한다.

(4) 예의성(Courtesy) : 자신의 업무나 개인적 사정과 관련하여 다른 구성원들에게 갑작스레 당황스러운 일이 발생하지 않도록 미리 조치를 취하는 것으로, 자신의 의사결정이나 행동에 따라 영향을 받을 수 있는 다른 구성원들과 사전적으로 연락을 취해 필요한 양해를 구하고 의견을 조율하는 행동을 말한다.

(5) 시민정신(Civic Virtue) : 조직 내 다양한 공식적, 비공식적 활동에 관심을 갖고 적극 참여하는 것으로, 조직 내 동아리 및 친목회 참여 등 다른 구성원들과 개인적인 교류를 맺는 사회적 활동, 조직 발전에 도움이 될 만한 개선안을 제안하는 것과 같은 변화주도적 활동 등을 말한다.

> **보충플러스+**
> **조직시민행동의 특징**
> 1. 직무만족도가 높을수록 많이 보인다.
> 2. 정서적 몰입도가 높을수록 많이 보인다.
> 3. 절차공정성 지각이 높을수록 많이 보인다.
> 4. 역할을 명확하게 인식할수록 많이 보인다.
> 5. 상사와의 관계가 우호적일수록 많이 보인다.

5 조직공정성

1. 조직공정성의 의의 : 조직 구성원들이 조직으로부터 받는 대우의 공정한 정도를 의미한다.

2. 조직공정성의 3가지 유형

(1) 분배적 공정성 : 조직의 자원 분배에 대한 구성원의 공정성 인식이다.
(2) 절차적 공정성 : 업무 맥락 속 판단과 의사결정 절차의 공정성 인식이다.
(3) 상호작용 공정성 : 의사결정에 대한 설명을 하거나 정보를 전달할 때 개인이 받는 대우의 공정성 인식이다.

6 페리와 와이스(Perry & Wise)의 공공서비스 동기이론

1. 공직동기이론(PSM ; Public Service Motivation)

(1) 국민과 국가를 위해 봉사하려는 이타적 동기를 가지고 공익 증진 및 공공 목표 달성을 위해 헌신하고자 하는 공무원들의 차별화된 고유한 동기이다.
(2) 공사부문 간 업무의 성격이 다르듯이, 공공부문의 조직원들은 동기구조 자체도 다르다는 입장을 보인다.
(3) 성과급과 같은 외재적 보상을 통해 조직성과를 향상시키려는 신공공관리 개혁을 비판한다.
(4) 공공봉사동기가 높은 사람을 공직에 충원해야 한다는 주장의 근거가 될 수 있다.
(5) 제도적, 금전적, 감성적 차원으로 구분하지 않고 합리적, 규범적, 정서적 차원으로 구분한다.

2. 공직동기의 구분

개념차원	하위차원	특징
합리적 (이성적)	공공정책에 대한 호감도	• 정책형성 과정의 참여 • 공공정책에 대한 동일시/일체감 • 특정 이해관계에 대한 지지
규범적 (의무감)	• 공익몰입 • 공공에 대한 봉사	• 공익 봉사의 욕구 • 의무와 정부 전체에 대한 충성 • 사회적 형평의 추구
정서적 (감성적)	• 동정심 • 자기희생	• 정책의 사회적 중요성에 기인한 정책몰입 • 선의의 애국심

개념확인문제

01 직업윤리에 대한 설명이 맞으면 ○, 틀리면 ×를 표시하시오.

(1) '최고보다는 최선을 꿈꾸어라'라는 말은 성실의 중요성을 뜻한다. ( )
(2) 성실이란 근면한 태도와 정직한 태도 모두와 관련이 되어 있다. ( )
(3) 성실하면 사회생활을 하는 데 있어서 바보 소리를 듣고 실패하기 쉽다. ( )
(4) 성실하게 번 돈은 유흥비 등으로 쉽게 쓰게 된다. ( )

02 근면에는 두 가지 종류가 있다. 다음에서 설명하고 있는 태도와 관련된 근면의 종류를 〈보기〉에서 고르시오.

--- 보기 ---
1. 외부로부터 강요당한 근면
2. 스스로 자진해서 하는 근면

(1) 삶을 유지하기 위해 논밭이나 작업장 등 열악한 노동 조건하에서 기계적으로 하는 일 ( )
(2) 상사의 명령에 의해 잔업하는 일 ( )
(3) 회사 내 진급시험을 위해 외국어를 열심히 공부하는 일 ( )

답
01 (1) ○ (2) ○ (3) × (4) ×
02 (1) 1 (2) 1 (3) 2

02 공동체윤리

> 공동체윤리는 직업인이 갖추어야 할 직업윤리 중에서, 인간존중을 바탕으로 봉사하며, 책임감 있게 규칙을 준수하고, 예의바른 태도로 업무에 임하는 자세인 공동체윤리가 매우 중요하다.

1 봉사와 책임의식

1. 봉사의 의미
(1) 사전에서 봉사는 '국가나 사회 또는 남을 위하여 자신을 돌보지 아니하고 힘을 바쳐 애씀'이라고 풀이한다.
(2) 현대 사회의 직업인에게 봉사란, 일 경험을 통해 다른 사람과 공동체에 대하여 봉사하는 정신을 갖추고 실천하는 태도이다.
(3) 더 나아가 고객의 가치를 최우선으로 하는 고객서비스 개념으로도 설명할 수 있다.

2. 책임의식의 의미
(1) 직업에 대한 사회적 역할과 책무를 충실히 수행하고 책임지려는 태도이다.
(2) 맡은 업무를 어떠한 일이 있어도 수행해 내는 태도이다.

3. 봉사와 책임의식의 공통된 특징 ★구 워크북
(1) 다른 사람을 생각하고 배려한다.
(2) 누가 시켜서 하는 것보다는 자발적으로 행동하는 것이다.
(3) 어려운 상황임에도 불평하기보다는 극복하고자 노력한다.
(4) 자신이 마땅히 해야 하는 일이라고 생각한다.
(5) 직업인으로서 기본적인 자세이지만 주어진 업무 이상의 사명감이 필요하다.
(6) 직업의 개인적 이익보다 더 큰 조직이나 사회에 대한 기여를 의미한다.

4. 봉사의 중요성 ★구 워크북
(1) 고객에게 신뢰받고 고객에게 사랑받는 회사는 발전하고 고객에게 외면당하는 회사는 쇠퇴한다.
(2) 항상 고객의 입장에서 고객이 필요로 하는 것이 무엇이며, 고객이 만족하는 품질수준은 무엇인가를 생각하고 체계적인 노력을 기울여 좋은 설계, 철저한 생산관리, 만족스러운 서비스를 제공하기 위하여 모든 역량을 발휘하도록 노력해야 한다.
(3) 고객의 소리를 경청하는 것은 고객이 원하는 것을 파악하여 좋은 상품을 만드는 바탕이 되며, 좋은 서비스를 제공하기 위한 시발점이 된다.

5. 책임에 필요한 자세 ★ 구 워크북

(1) 책임의식을 갖는 태도는 인생을 지배하는 능력을 최대화하는 데 긍정적인 역할을 한다.
(2) 책임감이 없는 사람은 회사에서 불필요한 사람으로 인식되기 쉽다.
(3) 일에 대한 사명감과 책임감이 투철한 사람은 조직에서 꼭 필요한 사람으로 인식되는 경우가 많다.

6. SERVICE의 7가지 의미 ★ 구 워크북

(1) S(Smile & Speed) : 서비스는 미소와 함께 신속하게 하는 것이다.
(2) E(Emotion) : 서비스는 감동을 주는 것이다.
(3) R(Respect) : 서비스는 고객을 존중하는 것이다.
(4) V(Value) : 서비스는 고객에게 가치를 제공하는 것이다.
(5) I(Image) : 서비스는 고객에게 좋은 이미지를 심어 주는 것이다.
(6) C(Courtesy) : 서비스는 예의를 갖추고 정중하게 하는 것이다.
(7) E(Excellence) : 서비스는 고객에게 탁월하게 제공되어야 하는 것이다.

7. 고객접점서비스 ★ 구 워크북

(1) 고객과 서비스 요원 사이에서 15초의 짧은 순간 동안 이루어지는 서비스로, 이 순간을 진실의 순간(MOT ; Moment Of Truth) 또는 결정적 순간이라고 한다. 이 15초 동안 고객접점에 있는 최일선 서비스 요원은 책임과 권한을 가지고 자신의 회사를 선택한 것이 가장 좋은 선택이었다는 사실을 고객에게 입증시켜야 한다.
(2) 결정적 순간은 고객이 기업조직의 어떤 한 측면과 접촉하는 사건이며, 그 서비스의 품질에 관하여 무언가 인상을 얻을 수 있는 사건이다.

> **이것만은 꼭!**
> MOT는 고객접점(顧客接点)이라고도 하며, 고객이 조직의 어떤 일면과 접촉하는 일로 비롯되어 서비스 품질에 관하여 어떤 인상을 얻을 수 있는 사건 즉, 고객과 접하는 모든 순간들을 의미한다.

8. 고객접점서비스 시 금지해야 할 행위 ★ 구 워크북

(1) 고객이 있는데 개인 용무의 전화 통화를 한다.
(2) 고객 앞에서 큰소리를 낸다.
(3) 고객을 방치한 채 업무자끼리 대화한다.
(4) 고객 앞에서 음식물을 먹는다.
(5) 요란한 구두소리를 내며 걷는다.
(6) 고객 앞에서 옷을 벗거나 부채질을 한다.
(7) 고객 앞에서 화장을 하거나 고친다.
(8) 고객 앞에서 서류를 정리한다.

(9) 고객이 볼 수 있는 곳에서 흡연을 한다.

(10) 고객 앞에서 이어폰을 꽂고 음악을 듣는다.

9. 기업의 사회적 책임(CSR ; Corporate Social Responsibility)

(1) 기업의 사회적 책임은 기업 활동에 영향을 받거나 영향을 주는 직·간접적 이해 관계자에 대해 법적, 경제적, 윤리적 책임을 감당하는 경영 기법이다.

(2) CSR의 4단계 Framework

① 준비 : CSR을 수행하는 데 있어 어떤 이슈들이 중요한지, 기업의 의무가 무엇인지를 이해하는 데 도움을 주는 단계이다.

② 계획 : CSR 활동을 어떻게 계획할 것인가에 대한 실질적인 가이드를 제공함으로써 부가가치를 창출하고, CSR 경영을 성공할 수 있도록 도움을 주는 단계이다.

③ 수행 : 준비하고 계획한 CSR 활동을 성공적으로 수행하는 단계이다.

④ 개선 : CSR 책임, 전략, 성과를 리뷰하고 이를 향상시키기 위한 실질적인 가이드를 제공하는 단계이다.

(3) 중소기업 CSR Framework

준비	계획	실행	개선
• 목표 및 목표치 수립 • 성과 지표 수립 • 프로그램 및 프로젝트 수립 • 시스템 및 프로세스 요구사항 정의 • 지원, 역량, 교육, 요구사항 수립	• 진행 중인 모니터링 및 평가 수행 • 주기적 내부 및 외부 성과 검증 수행 • 의무, 전략, 성과 보고, 보고서 검증 외부 위임, 리뷰 및 개선	• 자원의 집중 및 역량 구축 • 시스템 및 프로세스 업데이트 • 프로그램 및 프로젝트 수행	• 이해관계자의 기대 정의 및 이해 책임 범위 정의 • CSR 이슈 정의 및 우선순위 선정 의무의 정의 • 전략적 지향점 정의

(4) CSR 정의의 구성요소

차원	구분	예시
환경적 차원	자연환경	• 더 깨끗한 환경 • 환경에 대한 책무 • 경영활동에 있어서의 환경적 관심
사회적 차원	경영과 사회 간의 관계	• 더 나은 사회에 대한 기여 • 경영활동에 사회적 관심을 통합 • 지역사회에 대한 그들의 전반적 영향을 고려
경제적 차원	사회 경제적 또는 재무적 측면	• 경제발전에 기여 • 수익성 보존 • 경영활동
이해관계자 차원	이해관계자 또는 이해관계집단	• 이해관계자와의 상호작용 • 조직이 그들의 피고용인, 공급자, 고객 • 지역사회와 상호작용하는 방법 • 기업의 이해관계자에 대한 대우
자발성 차원	법에 의해 규정되지 않은 행동	• 윤리적 가치에 기반을 둔 행동 • 법적 의무를 넘어선 행동 • 자발적인 행동

> **보충플러스**
> **퍼피독(Puppy dog) 서비스**
> 종업원이 손님에게 주문을 받을 때 무릎을 꿇고 눈을 맞추는 서비스 방식이다.

2 준법

1. 준법의 의미
(1) 민주 시민으로서 기본적으로 지켜야 하는 의무이며 생활 자세이다.
(2) 시민으로서의 자신의 권리를 보장받고, 다른 사람의 권리를 보호해 주며 사회 질서를 유지하는 역할을 한다.

2. 우리 사회의 준법의식
(1) 우리 사회는 민주주의와 시장경제를 지향하지만 그것이 제대로 정착될 만한 사회적, 정신적 토대를 갖추지 못하고 있다.
(2) 민주주의와 시장경제는 구성원들에게 많은 자유와 권리를 부여하지만, 동시에 규율의 준수와 그에 따르는 책임을 요구한다.
(3) 선진국들과 경쟁하기 위해서는 준법에 대한 개개인의 의식변화와 함께 체계적 접근과 단계별 실행을 통한 제도와 시스템 확립이 필요하다.

3. 법과 질서

(1) 법과 질서는 사람과 사람 간의 약속이면서 동시에 나 자신과의 약속이기도 하다.
(2) 법과 질서를 지키는 일은 누가 먼저랄 것이 없으므로, 남을 의식하거나 남을 탓하기 전에 내가 먼저 지키는 것이 중요하다.
(3) 나로부터 시작되는 준법정신이 나라의 법과 질서를 바르게 세울 수 있다.

4. 예절과 존중

(1) 예절의 의미
　① 일정한 생활문화권에서 오랜 생활습관을 통해 하나의 공통된 생활방법으로 정립되어 관습적으로 행해지는 사회계약적인 생활규범이다.
　② 다소 추상적이고 주관적인 도덕적 이념을 상황에 따른 구체적 형식에 담아 일상적 삶을 가능하게 하는 관습적 규범이다.

(2) 예절의 특징
　① 예절은 언어문화권과 밀접한 관계를 갖는다.
　② 민족과 나라에 따라 언어가 달라지듯 예절도 국가와 겨레에 따라 달라지고, 같은 언어문화권이라도 지방에 따라 예절이 약간씩 다를 수 있다.
　③ 예절이 형식적으로 다양하게 나타나는 '예절의 다양성'에도 불구하고 '인간에 대한 존중'이라는 근본정신은 절대 변하지 않는다.

(3) 존중의 의미
　① 예절의 핵심이자, 우리 자신과 다른 사람을 소중히 여기고 그 권리를 배려해 주는 자세이다.
　② 우리가 말하고 행동하고 서로를 대하는 태도 속에 반영되어 있다.
　③ 최근 우리 사회의 갑질 행위, 직장 내 괴롭힘, 성차별과 성폭력 등의 문제들은 타인의 기본 인권조차 존중하지 않는 심각한 실태를 보여 주고 있다.

(4) 존중의 특징
　① 개인은 성별부터 나이, 가치관에 이르기까지 다양할 수밖에 없으므로 개인의 다양성을 존중해야 한다.
　② 서로를 존중하지 못하는 조직은 업무 효율이 떨어지는 것을 넘어 더 큰 문제를 직면할 수 있다.

(5) 일터에서의 예절
　① 인사는 타인을 사귈 때 가장 기본이 되는 예절이다.
　② 인사를 할 때나 전화를 걸거나 받을 때, 엘리베이터를 타고 이동할 때 등 모든 일터의 상황에서 요구되는 직장예절이 있다.
　③ 직장에서의 예절은 단순한 호감을 넘어 성과에까지 지대한 영향을 미친다.

> **TIP 인사 시 주의사항**
> - 상대보다 먼저 인사한다.
> - 타이밍을 맞추어 적절히 응답한다.
> - 명랑하고 활기차게 인사한다.
> - 사람에 따라 인사법이 다르면 안 된다.
> - 기분에 따라 인사의 자세가 다르면 안 된다.

5. 네티켓

(1) 인터넷과 스마트폰 통신 기술의 발달로 정보사회가 급격하게 진행되면서 새로 나타난 예절이다.
(2) 네트워크(Network)와 에티켓(Etiquette)의 합성어로 통신상의 예절을 뜻한다.
(3) 통신기술이 비즈니스의 업무 형태를 바꿈에 따라 네티켓의 필요성이 강조되고 있다.
(4) 글에는 사람의 표정이나 음성이 빠져 있기 때문에 읽는 사람에 따라 해석이 달라질 수 있어 오해를 불러일으킬 수 있다.
(5) 개인의 프라이버시 침해와 정보 유출, 범죄, 허위정보 유통, 해킹 등 정보화의 역기능에 대해서도 유의하여야 한다.

6. 직장에서의 소통 법칙

(1) 상호성의 법칙 : 내가 다른 사람에게 어떠한 호의를 베풀었을 때, 그 호의는 다시 나에게 돌아온다.
(2) 호감의 법칙 : 대다수의 사람들은 호감이 가는 사람에게 더 잘 설득당한다.
(3) 희귀성의 법칙 : 품목이 희귀하거나 희귀해지고 있는 중이라면 그 품목의 가치가 더 높아진다.
(4) 일관성의 법칙 : 자신이 한번 선택하면 끝까지 옳다고 합리화하는 사람들의 본능을 이용한다.

3 비즈니스 매너

1. 인사예절

(1) 소개
  ① 나이가 더 어린 사람을 연장자에게 소개한다.
  ② 내가 속해 있는 회사의 관계자를 타 회사의 관계자에게 소개한다.
  ③ 신참자를 고참자에게 소개한다.
  ④ 동료임원을 고객, 손님에게 소개한다.
  ⑤ 소개받는 사람의 별칭은 그 이름이 비즈니스에서 사용되는 것이 아니라면 사용하지 않는다.
  ⑥ 반드시 성과 이름을 함께 말한다.
  ⑦ 상대방이 항상 사용하는 경우라면 Dr. 또는 Ph.D. 등의 칭호를 함께 언급한다.
  ⑧ 정부 고관의 직급명은 퇴직한 경우라도 항상 사용한다.

(2) 악수
- ① 여성, 연장자, 상사가 먼저 악수를 건넨다.
- ② 상대의 눈을 부드럽게 바라보며 밝은 표정을 짓는다.
- ③ 오른손을 사용하며 너무 꽉 잡아서는 안 된다.
- ④ 주머니에 손을 넣거나 뒷짐을 진 채로 악수하지 않고 손끝만 잡지 않는다.

(3) 명함교환
- ① 명함은 넉넉하게 소지해 두는 것이 좋다.
- ② 명함을 건넬 때는 일어서서 정중하게 인사한 뒤 회사명과 이름을 밝힌다.
- ③ 명함은 반드시 명함 지갑에서 꺼내고 상대방에게 받은 명함도 명함 지갑에 넣는다.
- ④ 상대방에게서 명함을 받으면 받은 즉시 호주머니에 넣지 않는다.
- ⑤ 명함은 하위에 있는 사람이 먼저 꺼내며, 왼손으로 받치고 오른손으로 건네면서 자신의 이름이 상대방을 향하도록 한다.
- ⑥ 상사와 함께라면 상사가 먼저 건넨 뒤 건넨다.
- ⑦ 명함을 받으면 그대로 집어넣지 말고 명함에 관해서 한두 마디 대화를 건네 본다.
- ⑧ 쌍방이 동시에 명함을 꺼낼 때는 왼손으로 서로 교환하고 오른손으로 옮겨진다.
- ⑨ 명함은 항상 새것을 사용하여야 한다.
- ⑩ 명함에 부가 정보를 적을 때에는 상대방과의 만남이 끝난 후에 적는다.
- ⑪ 모르는 한자가 있는 경우, "실례지만 어떻게 읽습니까?"라고 질문해 바르게 읽는다.

2. 전화 예절

(1) 장점 : 직접 대면하는 것보다 신속하게 일을 처리할 수 있다.

(2) 단점 : 서로의 얼굴을 대면하지 않고 이야기를 하기 때문에 상대편의 표정과 동작, 태도를 알 수가 없으므로 오해의 소지를 담고 있다.

(3) 전화 걸기
- ① 전화를 걸기 전에 먼저 준비를 한다. 정보를 얻기 위해 전화를 하는 경우라면 얻고자 하는 내용을 미리 메모하여 모든 정보를 빠뜨리지 않도록 한다.
- ② 전화를 건 이유를 숙지하고 이와 관련하여 대화를 나눌 수 있도록 준비한다.
- ③ 전화는 정상적인 업무가 이루어지고 있는 근무 시간에 걸도록 한다.
- ④ 원하는 상대와 통화할 수 없을 경우에 대비하여 비서나 다른 사람에게 메시지를 남길 수 있도록 준비한다.
- ⑤ 전화는 직접 걸도록 한다. 비서를 통해 고객에게 전화를 건다면 고객으로 하여금 당신의 시간이 고객의 시간보다 더 소중하다는 느낌을 갖게 만든다.
- ⑥ 다시 전화를 해 달라는 메시지를 받았다면 48시간 안에 가능한 한 빨리 답해 주도록 한다.

(4) 전화 받기
① 전화벨이 3 ~ 4번 울리기 전에 받고, 받는 사람이 누구인지를 즉시 말한다.
② 천천히, 명확하게 예의를 갖추고 목소리에 미소를 띠고 말한다.
③ 말을 할 때 상대방의 이름을 함께 사용한다.
④ 언제나 펜과 메모지를 곁에 두어 메시지를 바로 받아 적을 수 있도록 한다.
⑤ 긍정적인 말로 전화 통화를 마치도록 하고 상대방에게 감사의 표시를 한다.

(5) 휴대 전화 예절
① 상대방에게 통화를 강요하지 않는다.
② 지나친 SNS의 사용은 업무에 지장을 주므로 휴식시간을 이용한다.
③ 운전하면서 휴대 전화를 사용하지 않는다.
④ 온라인상에서의 예절을 지킨다.
⑤ 알림은 무음으로 하여 타인에게 폐를 끼치지 않도록 한다.

> **이것만은 꼭!**
> 스마트폰 보급률이 90%를 넘는 스마트폰 전성시대가 찾아옴에 따라 휴대 전화 예절이 직장 내 새로운 예절로 중시되고 있다.

3. 이메일 예절

(1) 장점 : 정보를 빠르게 공유할 수 있다.

(2) 단점 : 축약된 언어나 이모티콘의 무분별한 사용은 연락을 받는 당사자가 이해할 수 없을 가능성이 있다.

(3) 이메일 보내기
① 제목에는 발신인의 소속과 용건만 명확히 적는다. 소속은 대괄호를 활용해 가장 앞에 적는데, 외부로 보낼 때에는 회사의 이름을 적으며 내부로 보낼 때에는 소속된 부서의 이름을 적는다. 만약 긴급한 공지가 있을 경우, 용건을 '긴급', 'Urgent' 또는 '필독'으로 축약해 대괄호로 표시하도록 한다.
② 이메일 내용의 시작은 인사로 하는데, 간단한 인사말과 함께 수신인의 이름과 직위를 언급하는 것이 좋다. 인사 다음으로는 발신인의 이름, 소속, 직위를 언급한다.
③ 본문의 내용은 역피라미드 순으로 작성되어야 한다. 즉, 중요한 내용이자 이메일을 보낸 용건을 한 문장으로 축약하여 가장 먼저 적은 후 나머지 내용을 풀어 작성해야 한다. 이메일은 어디까지나 비즈니스 문서이므로 간결하고 꾸밈없이 작성하는 것이 중요하다.
④ 본문의 내용에는 오자나 탈자가 있어서는 안 되므로 전송을 하기 전 반드시 내용을 재검토함으로써 오자 또는 탈자를 교정하는 것이 바람직하다.
⑤ 하단에는 인사와 함께 답장 여부 혹은 당부의 내용을 포함하도록 하고, 서명을 추가하여 전달하도록 한다. 이때 답장을 받을 메일, 연락처와 함께 본인의 담당부서 및 소속, 주소지 등을 기재한다.
⑥ 첨부파일은 반드시 필요한 첨부파일 외에는 넣지 않는 것이 바람직하다. 이미지 파일의 경우에는 다섯 장을 넘어갈 경우 반드시 압축하여 첨부하도록 한다.

⑦ 이메일은 받는 사람, 참조(CC), 숨은 참조(BCC) 등 세 가지의 형태로 상대방에게 전달할 수 있다.
  - 받는 사람 : 이메일의 용건과 직접적으로 연관이 있는 사람의 주소를 적는다.
  - 참조 : 이메일의 용건과 간접적으로 연관이 있는 사람의 주소를 적는다.
  - 숨은 참조 : 프로젝트의 최고 담당자에게 보고할 때 또는 불특정 다수에게 이메일을 보낼 때 이용하는 기능으로, 숨은 참조로 이메일을 보내면 발신자에게만 이메일 주소가 노출된다.
⑧ 이메일 주소는 너무 길지 않은 범위 내에서 특징적으로 설정하는 것이 좋으며, 같은 회사 내에서 일정 부분이 통일되거나 업무 관련이름 등을 활용하는 것이 좋다.

(4) 이메일 답장하기
① 받은 E-mail의 내용과 관련된 일관성 있는 답을 하도록 한다.
② 다른 비즈니스 서신에서와 마찬가지로 화가 난 감정의 표현을 보내는 것은 피한다.
③ 당신의 답장을 어디로, 누구에게로 보내는지에 주의한다. 받은 메시지에 첨부된 회신 주소는 메시지를 보낸 사람의 것이 아닐 수도 있음을 명심해야 한다.

4. 기타 예절

(1) 직장에서의 자동차 예절
① 상급자가 운전하지 않을 경우, 일반적으로 보조석 뒷자리가 가장 상석이다. 이어 운전석 뒷자리, 보조석, 뒷자리의 가운데 순으로 상석으로 볼 수 있다.
② 상급자가 직접 운전할 경우, 조수석이 상석이다.
③ 상급자와 단둘이 탑승하는 경우, 상급자가 운전한다면 조수석에 탑승해야 한다.
④ 상급자와 단둘이 탑승하는 경우, 하급자가 운전한다면 상급자는 어느 좌석에 탑승하든 상관없다.

(2) 직장에서의 엘리베이터 예절
① 엘리베이터의 출입문으로부터 가장 먼 구석 자리가 상석이며 가장 가까운 자리가 말석이다.
② 엘리베이터의 버튼을 조작하는 장치 바로 앞이 가장 말석이며 그 반대편 안쪽이 가장 상석이다.
③ 상사나 손님이 먼저 탑승하고 내릴 때까지 문 열림 버튼을 누르고 있어야 한다.
④ 업무를 마친 상사나 손님을 배웅할 경우 엘리베이터 버튼을 눌러 주고 문이 완전히 닫힐 때까지 그 자리에서 떠나지 않아야 한다.

4 직장 내 괴롭힘(2019년 고용노동부, 직장 내 괴롭힘 판단 및 예방 대응 매뉴얼)

1. 직장 내 괴롭힘 판단요소 : 직장 내 괴롭힘을 판단하는 요소는 크게 행위자, 피해자, 행위장소, 행위요건으로 구분된다.

2. 행위자
(1) 근로기준법 제2조 제1항 제2호에 따른 사용자가 행위자에 해당한다.
(2) 파견 근로의 경우, 파견사업주와 사용사업주 모두 해당 가능하다.
(3) 근로자도 행위자가 될 수 있으며, 피해자와 같은 사용자와 근로관계를 맺고 있는 근로자일 것이 원칙이다.

3. 피해자 : 사업장 내의 모든 근로자가 해당된다.

4. 행위장소 : 사내는 물론 외근 출장지, 회식, 기업행사, 사적공간, 사내 메신저, SNS 등 온라인 공간의 경우에도 해당된다.

5. 행위요건
(1) 직장에서의 지위 또는 관계 등의 우위를 이용한다.
  ① 피해자가 저항 또는 거절하기 어려울 개연성이 높은 상태를 의미한다.
  ② 직급상 지위의 우위뿐만 아니라 사실상 우위를 점하고 있는 모든 관계가 포함될 수 있다(개인 대 집단, 다수 대 소수, 연령, 학벌, 성별, 출신지역의 우위 등).
  ③ 직장에서의 지위나 관계 등의 우위를 이용하여 행위한 것이 아니면 직장 내 괴롭힘에 해당하지 않는다.
(2) 업무상 적정 범위를 넘는 행위이다.
  ① 지시나 주의, 명령행위의 모습이 폭행이나 과도한 폭언을 수반하는 등 사회 통념상 상당성을 결여하였다면 업무상 적정범위를 넘었다고 볼 수 있으므로 직장 내 괴롭힘에 해당한다.
  ② 문제되는 행위 자체가 업무상 필요하다고 볼 여지가 있더라도, 사업장 내 동종 또는 유사업무를 수행하는 근로자에 비하여 합리적 이유 없이 대상 근로자에게 이루어진 것이라면, 사회통념적으로 상당하지 않은 행위라고 본다.
  ③ 신체적·정신적 고통을 주거나 근무환경을 악화시킨다.
  ④ 행위로 인하여 피해자가 능력을 발휘하는 데 간과할 수 없을 정도의 지장이 발생하는 경우이다.
  ⑤ 행위자의 의도가 없었더라도 그 행위로 신체적, 정신적 고통을 받았거나 근무환경이 악화되었다면 인정된다.

> **이것만은 꼭!**
> 스트레스는 괴롭힘의 원인과 결과 모두에 해당할 수 있다. 특히, 1. 직무를 통제하는 것이 제한되어 있거나, 2. 대인관계에서 높은 수준의 책임을 부담하는 경우, 3. 이직 기회가 제한된 경우, 4. 기술을 충분히 사용하지 못한 경우 동료에 의한 폭력을 경험할 가능성이 증가한다.

6. 직장 내 괴롭힘 행위 예시

(1) 정당한 이유 없이 업무 능력이나 성과를 인정하지 않거나 조롱한다.
(2) 정당한 이유 없이 훈련, 승진, 보상, 일상적인 대우 등에서 차별한다.
(3) 다른 근로자와 달리 특정 근로자에 대해서만 근로계약서 등에 명시되지 않은 모두가 꺼리는 힘든 업무를 반복적으로 부여한다.
(4) 근로계약서에 명시되어 있지 않은 허드렛일만 시키거나 일을 거의 주지 않는다.
(5) 정당한 이유 없이 업무와 관련된 중요한 정보제공이나 의사결정 과정에서 배제시킨다.
(6) 정당한 이유 없이 휴가나 병가, 각종 복지혜택 등을 쓰지 못하도록 압력을 행사한다.
(7) 다른 근로자들과 달리 특정 근로자의 일하거나 휴식하는 모습만을 지나치게 감시한다.
(8) 사적 심부름 등 개인적인 일을 하도록 지속적, 반복적으로 지시한다.
(9) 정당한 이유 없이 부서 이동 또는 퇴사를 강요하며 개인사에 대한 소문을 퍼뜨린다.
(10) 신체적인 위협이나 폭력을 가하거나 욕설이나 위협적인 말을 한다.
(11) 다른 사람들 앞이나 온라인상에서 모욕감을 주는 언행을 한다.
(12) 의사와 상관없이 음주·흡연·회식 참여를 강요한다.
(13) 집단으로 따돌림 행위를 하거나 업무에 필요한 주요 비품(컴퓨터, 전화 등)을 주지 않거나 인터넷·사내 네트워크 접속을 차단한다.

7. 직장 내 즐거운 직장분위기를 저해하는 요인

(1) 이중적 태도 : 상급자 앞에서는 자신을 낮추고 예의를 지키지만 동료, 하급자, 납품업자 등에 대해서는 우월적 지위를 이용한 태도를 보이는 경향이다.
(2) 군사문화의 잔재 : 군사문화의 잔재로 대표적인 것은 음주문화이다.
(3) 반말문화 : 반말을 사용하는 풍토는 모든 사람이 동등한 인격체이며, 각자에게 존중해야 할 입장과 생각이 있다는 것을 간과하기 쉽도록 만드는 원인이 된다.
(4) 비합리적 차별 : 아무런 합리적 근거 없이 성별, 학연, 지연 등의 이유로 잣대를 다르게 적용하는 것이다.

5 직장 내 성희롱(2018 여성가족부, 직장 내 성희롱·성폭력 사건처리 매뉴얼)

1. **직장 내 성희롱의 성립 요건** : 직장 내 성희롱이 성립되기 위해서는 성희롱의 당사자 요건, 지위를 이용하거나 업무와의 관련성이 있을 것, 성적인 언어나 행동 또는 이를 조건으로 하는 행위일 것, 고용상의 불이익을 초래하거나 성적 굴욕감을 유발하여 고용환경을 악화시키는 경우일 것을 들 수 있다.

이것만은 꼭!
팀의 리더가 비윤리적인 업무를 지시한다면, 일차적으로 직무윤리지침을 포함한 회사의 사규를 살펴보고 실제적으로 회사의 원칙을 위반하는 비윤리적인 지시가 맞을 경우, 그 사실을 소명하고 지시를 거부할 수 있다.

2. 성희롱의 당사자 요건

(1) 가해자
  ① 남녀고용평등법상 가해자는 고용 및 근로조건에 관한 결정권한을 가지고 있는 사업주나 직장 상사를 비롯하여 동료 근로자와 부하직원까지 포함되지만, 거래처 관계자나 고객 등 제3자는 가해자의 범위에서 제외되고 있다.
  ② 남녀차별금지 및 구제에 관한 법률에서는 성희롱 가해자의 범위에 대하여 공공기관 종사자(학교, 정부 각 부처, 산하기관, 지방 행정기관의 공무원 및 일반직원 등)뿐만 아니라 남녀고용평등법상 직장 내 성희롱의 가해자 범위에 포함될 수 없는 거래처 관계자나 고객도 성희롱의 가해자가 될 수 있다.
  ③ 남성과 여성 모두 가해자가 될 수 있다.

(2) 피해자
  ① 모든 남녀 근로자는 직장 내 성희롱의 피해자가 될 수 있다.
  ② 현재 고용관계가 이루어지지 않았더라도 장래 고용관계를 예정하고 있는 모집, 채용과정의 채용 희망자도 성희롱 피해자의 범위에 포함된다.
  ③ 고객과 거래처 직원은 직장 내 성희롱 피해자 범위에서 제외한다.

3. 지위의 이용과 업무와의 관련성

(1) 지위를 이용하거나 업무와 관련성이 있어야 한다는 요건이 있다고 해서 성희롱이 반드시 직장 내라는 장소에서 일어나야 하는 것은 아니다.
(2) 업무와 관련된 출장으로 차 안에 있을 때, 전체 회식 장소 등에서 발생하는 성희롱도 업무관련성이 있는 것으로 간주한다.
(3) 사적인 만남이라고 할지라도 업무를 빙자하여 상대방을 불러내는 등 업무와 관련성이 있다고 판단되면 직장 내 성희롱으로 볼 수 있다.

4. 직장 내 성희롱의 유형

유형	내용
육체적 성희롱	• 입맞춤·포옹 등 원하지 않는 신체 접촉 • 가슴이나 엉덩이 등 특정한 신체 부위를 만지는 행위 • 어깨를 잡고 밀착하는 행위
언어적 성희롱	• 음란한 농담을 하는 행위 • 외모에 대한 성적 비유 • 성적인 내용의 정보를 유포하는 행위 • 음란한 내용의 전화 통화
시각적 성희롱	• 음란한 사진이나 낙서·그림 등을 게시하거나 보여 주는 행위 • 정보 기기를 이용하여 음란물을 보내는 행위 • 자신의 특정 신체 부위를 노출하거나 만지는 행위

> TIP
> 현재 노동법은 직장 내 성희롱 예방 교육 연 1회 이상 실시, 30인 미만 사업장에는 지방노동관서에서 교육 강사 무료 지원, 인사 규정 등 징계 조치 및 절차 규정 등으로 직장 내 성희롱을 다양하게 예방하고 있다.

5. 개인의 대처 방안

(1) 직접적으로 거부 의사를 밝히고 중지하라고 항의한다.
(2) 증거 자료를 수집하고 공식적 처리를 준비한다.
(3) 상사나 노동조합 등의 내부 기관에 도움을 요청한다.
(4) 외부 단체 및 성폭력 상담 기관 등에 도움을 요청한다.

6. 조직의 대처 방안

(1) 개인 정보의 유출을 철저히 방지하고 사안에 대해 신속하게 조사하여 처리한다.
(2) 회사 내부의 관련 직원이나 외부의 전문가에게 도움을 요청한다.
(3) 가해자에 대해 납득할 정도의 조치를 취하고 결과를 피해자에게 통지한다.

7. 성희롱 예방을 위해 필요한 자세

(1) 여성과 남성이 동등한 역할과 능력을 발휘한다는 인식을 가져야 한다.
(2) 성희롱 문제는 사전에 예방하고 효과적으로 처리하는 방안이 더욱 중요하다는 것을 인식해야 한다.
(3) 여성과 남성이 동등한 지위를 보장받기 위해서는 각자의 책임과 역할을 다하고 조직은 그에 상응하는 여건을 조성해야 한다.

6 국내 AI 윤리

1. 국내 AI 윤리의 의의

(1) 윤리적인 AI를 실현하기 위해 정부와 공공기관은 물론 이용자 등 모든 사회구성원이 인공지능 개발과 활용의 모든 단계에서 함께 지켜야 할 원칙을 제시하는 기준이다.
(2) 세계 각국과 여러 기관, 단체에서 내놓은 80여 개의 AI 윤리기준을 기반으로 국내에서 '인간성'을 최고 가치로 내세워 제시한 원칙이다.

2. AI 윤리 10대 원칙

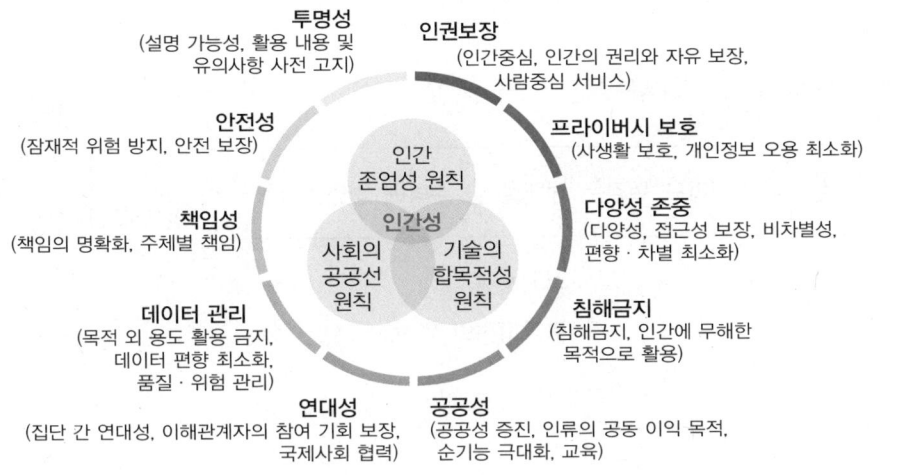

개념확인문제

01 다음의 설명이 맞으면 ○, 틀리면 ×를 표시하시오.

(1) 전화를 걸기 전에 할 말을 미리 메모하여 준비한다. ( )
(2) 전화는 정상업무가 이루어지고 있는 근무 시간을 피해서 걸도록 한다. ( )
(3) 상대방의 대답을 듣기 전에 준비한 멘트를 빨리 한다. ( )
(4) E-mail 메시지를 보낼 때에는 제목과 보내는 사람의 이름을 적는다. ( )
(5) E-mail 메시지는 모든 내용을 포함하여 매우 정교하고 복잡하게 작성한다. ( )

02 다음의 설명이 맞으면 ○, 틀리면 ×를 표시하시오.

(1) 직장 내 성 예절을 지키기 위해서는 부적절한 언어와 행동을 삼가야 한다. ( )
(2) 남성 위주의 가부장적 문화와 성역할에 대한 잘못된 인식을 지녀야 한다. ( )
(3) 여성과 남성이 동등한 지위를 보장받아야 한다. ( )
(4) 성희롱의 기준은 가해자가 '성희롱을 했느냐'가 아니라 피해자가 '성적 수치심이나 굴욕감을 느꼈느냐'로 적용하는 것이 적절하다. ( )

03 다음의 설명이 직장 내 괴롭힘 행위가 맞으면 ○, 틀리면 ×를 표시하시오.

(1) 다른 사람들 앞에서 위협이나 폭력을 가하는 행위 ( )
(2) 정당한 이유 없이 휴가나 병가, 각종 복지혜택 등을 쓰지 못하도록 압력을 행사하는 행위 ( )
(3) 경영난으로 인해 부서가 없어져서 다른 부서로 이동하는 행위 ( )
(4) 업무에 필요한 비품을 제공하며 사내 네트워크 접속을 하게 하는 행위 ( )

답
01 (1) ○ (2) × (3) × (4) ○ (5) ×
02 (1) ○ (2) × (3) ○ (4) ○
03 (1) ○ (2) ○ (3) × (4) ×

직업윤리 기출예상문제

01. 다음에서 설명하는 윤리적 의사결정의 원칙은?

> 같은 상황에서 누가 결정을 하더라도 똑같은 선택을 할 수밖에 없었는가?

① 보편성의 원칙
② 공개성의 원칙
③ 공정성의 원칙
④ 불가피성의 원칙

02. 다음 글의 내용을 통하여 파악할 수 있는 직업윤리와 개인윤리에 대한 설명으로 적절한 것은?

> 노 대리는 부유하지 못한 환경에서 살고 있다. 거주하는 곳도 비슷한 계층의 사람들이 모여 사는 곳이라 이웃 사람들은 다들 경제적으로 어려운 환경에 처해 있다. 그러나 주민들은 다른 어느 곳보다 서로 도우며 이웃을 위하는 마음이 강해, 아껴 쓰고 나눠 쓰는 습관을 매일 실천하며 살고 있다. 풍족하진 않지만 모자람 없이 행복하게 살아가는 사람들이 모인 곳이다.
> 그런 노 대리는 백화점 명품 매장에서 제품을 판매하는 일을 한다. 매일 상대하는 고객들은 부유층 사람들로 값비싼 물건을 별다른 고민 없이 구매한다. 노 대리는 그들에게 보다 많은 물건을 판매하기 위하여 평소 자신의 생활 습관과는 상반되는 물품 소비 패턴을 주장하기도 하며 그렇게 소비하는 것이 나라 경제에도 좋은 일이라는 점을 고객들에게 강조한다.

① 많은 사람이 관련되어 고도화된 공동의 협력을 요구하므로 맡은 역할에 대한 책임이 희석되고 다소 애매하고 모호한 업무처리가 필요하기도 하다.
② 각각의 직무에서 오는 특수한 상황은 개인적 덕목 차원의 일반적인 상식과 기준으로는 규제할 수 없는 경우가 많다.
③ 기업은 경쟁을 통하여 사회적 책임을 다해야 하고 조직원은 기업의 경쟁력보다는 개개인의 역할과 능력을 향상시키는 것에 주력해야 한다.
④ 직장이라는 특수 상황에서 갖는 집단적 인간관계는 가족관계, 개인적 선호에 의한 친분 관계와 유사한 배려가 요구된다.
⑤ 기업은 구성원들이 갖고 있는 개인의 상황과 신념을 중시하여 구성원 개개인의 잠재력을 극대화시켜야 할 의무가 있다.

03. 우리나라의 잘못된 직업관을 설명하는 다음 글의 빈칸에 들어갈 말로 가장 적절한 것은?

> 급변하는 역사의 소용돌이 속에서 한국인들은 삶의 중심을 잃었고 혼란스러운 상황을 합리화하는 수단으로 돈벌이를 강조하는 풍조를 낳았다. 또 한편 한국인의 마음속에 자리 잡은 강한 명예심이 합리적으로 표현될 수 있는 적절한 통로나 공통의 기준이 없었기 때문에 물질과 권력이라는 왜곡된 표현방법을 통하여 전생의 허물을 벗으려 했는지도 모른다. 이에 따라 생겨나게 된 (   )은/는 각자의 분야에서 땀 흘리며 본분을 다하는 노동을 경시하는 측면이 강하고 과정이나 절차보다는 결과만을 중시하는 경향을 낳게 되었다. 그리하여 성공은 곧 '부(富)의 축적'과 동일시하게 되어 직업을 부의 축적과 권력의 획득 수단으로 오인하게까지 되었다.

① 물질 제일주의 ② 자아실현주의 ③ 직업 소명론
④ 입신출세론 ⑤ 기업 우선주의

04. 다음은 공무원이 준수해야 할 직업윤리의 중요성을 설명하는 글이다. 빈칸에 들어갈 말로 적절한 것은?

> 공무원은 국민 전체에 대한 봉사자로서 공적업무를 수행할 때 공무원 개인의 이해나 관심에 따라 직무수행에 영향을 받아서는 아니 된다. 이러한 공무원들에게는 일반 국민에게 기대되는 것보다 더욱 높은 수준의 도덕성이 요구되므로 공무원에게 기대되는 바람직한 행동의 방향과 원칙에 대한 명확한 기준의 제시가 필요하다. 이러한 기능을 수행하는 것이 바로 (   )(이)라 할 수 있다.
>
> 우리 사회에서 공무원이 수행하는 역할과 그 영향력은 어느 영역보다도 크고 중요한 것으로 국민들에게 인식되고 있다. 이로 인하여 일반 국민들은 공무원들이 가지고 있는 가치관이나 의사결정 그리고 행동에 대하여 매우 민감하게 반응한다. 그리고 공무원의 그릇된 행동이 미치는 사회적 영향력 또한 매우 크다는 점에서 공무원의 바람직한 의식과 행동을 담보하기 위한 지침의 제정이 요구되는 것이다.

① 공무원 윤리지침 ② 공무원 행동강령 ③ 공무원 청렴평가
④ 청탁금지법 ⑤ 직무의 공정성

05. 다음 사례들을 참고할 때 알 수 있는 근면을 위해 요구되는 자세는 무엇인가?

> ㉠ 매일 아침 일찍 기상하여 집 주변 공원을 돌며 상쾌한 조깅을 한다.
> ㉡ 퇴근 후 지친 몸을 이끌고 드럼 연습을 하기 위해 학원을 찾는다.
> ㉢ 모처럼 맞은 토요일 아침, 새벽부터 일어나 낚시 가방을 들고 집을 나선다.

① 보상이 커지고 대우가 좋아져야 한다.
② 스트레스가 줄어들어야 한다.
③ 마음이 맞는 좋은 상사를 만나야 한다.
④ 여러 직원들끼리 의견 통일이 잘되는 조직문화가 있어야 한다.
⑤ 능동적이고 적극적이어야 한다.

06. 다음은 바다라코(Joseph Badaracco) 교수가 제시하는 각 유형에 따른 올바른 의사결정을 위한 가이드라인이다. 귀하가 최고경영진이라면 올바른 의사결정을 위해 어떠한 태도를 갖추는 것이 적절한가?

개인적 차원	중간관리자 차원	최고경영진 차원
Who am I?	Who are we?	Who is the company?

① 갈등을 일으키는 가치들 중 나의 삶을 관통하는 근원적 가치가 무엇인지 생각하라.
② 나의 윤리적 기준 외에 다른 팀원들이 갖고 있는 윤리적 기준을 살펴보라.
③ 나는 회사의 강점과 나의 지위를 안전하게 유지하기 위해 최선을 다하고 있는가를 질문하라.
④ 내가 갖고 있는 윤리적 가치를 실현하기 위한 과정을 적절히 관리하고 있는지를 반성하라.

07. 많은 공공기관은 부패방지를 위한 대책으로 가이드라인을 정하여 업무 수행에 적용하고 있다. 다음에 제시되는 사례 중 부패방지 가이드라인에 해당되지 않는 것은?

① 근거리 근무지 내 교육출장의 경우, 실비소요가 없으면 여비(일비)를 지급하지 않는다.
② 발주계획, 입찰·개찰, 계약현황 등 모든 계약사항을 공개한다.
③ 기자재 추적관리 IT 시스템을 구축·운영한다.
④ 외부 전문인력 유입 규제를 낮추고 조건을 완화하여 원활한 전문인력 수급을 꾀한다.
⑤ 외주업체 선정기준을 구체적으로 마련하여 금품·향응수수, 청탁 등의 발생 위험을 차단한다.

08. 다음 중 남 대리가 취해야 할 행동으로 가장 적절한 것은?

> 일요일을 맞아 모처럼 봉사 활동의 기회를 갖게 된 남 대리는 평소 틈만 나면 방문하던 집 근처 고아원을 찾아가기로 하였다. 자신의 초등학생 아들과 동갑인 현호를 유달리 챙기고 귀여워해 주는 남 대리는 현호에게 줄 선물까지 준비하고 맛있는 저녁도 함께하며 즐거운 시간을 선사해 주고 올 생각에 흐뭇한 마음을 감출 수 없었다.
> 그러던 중 갑자기 베트남 지사로부터 전화가 걸려 왔고, 내일 도착하기로 했던 외인 근로자 연수단 일행 중 2명이 현지 비행기 사정으로 인해 오늘 오후 항공편으로 입국하게 되었다는 연락을 받았다. 그들의 입국부터 2박 3일간의 모든 일정은 남 대리가 밀착 동행을 하며 연수 프로그램 완수를 책임지는 것으로 계획된 터라 남 대리는 공항 픽업부터 호텔 투숙, 저녁 식사 대접에 이르기까지 오늘의 향후 일정은 느닷없이 외국 손님들과의 시간으로 보내야 할 상황이 되었다.

① 손님을 맞기 위한 모든 일정에 현호를 대동하고 나간다.
② 업무상 긴급한 상황이지만 일요일인 만큼 계획대로 현호와의 시간을 갖는다.
③ 현호에게 아쉬움을 전하며 다음 기회를 약속하고 손님을 맞기 위해 공항으로 나간다.
④ 지난번 도움을 주었던 백 대리에게 연락하여 대신 공항 픽업부터 호텔 투숙까지 안내를 부탁한다.
⑤ 베트남 지사에 전화를 걸어 늦더라도 내일 이후에 입국해 줄 것을 재차 요청한다.

09. 다음에서 설명하는 행동들 중 정직의 예시로 적절하지 않은 것은?

① 출장에서 경비가 절약되어 남은 출장비를 회사에 반납한다.
② 회사에서 기존에 해 왔던 관행에 따라 일을 한다.
③ 업무상 과실이 있었을 때 사실대로 털어놓고 이에 대한 대가를 감수한다.
④ 선택의 기로에 섰을 때 이익이 되는 일보다는 옳은 일을 선택한다.
⑤ 근무 시간에 거짓말을 하고 개인적인 용무를 보지 않는다.

10. A사는 프로젝트 진행을 위해 용역 입찰 공고를 냈다. 다음과 같은 상황에서 용역 입찰 진행 담당자인 귀하가 취할 수 있는 행동은?

> 용역 입찰 공고 마감일이 다가오지만 입찰에 응하는 업체의 수가 예상보다 훨씬 밑돌고 있었다. 차라리 입찰 공고를 하지 말고 다른 방식으로 용역 업체를 찾아보는 것이 더 나았을 정도로 입찰 참여율이 저조하였고, 현재까지 참가 신청서를 낸 용역 업체는 업계에서 인지도나 평가가 그다지 우수하지 못한 업체들뿐이었다. 게다가 지난번 용역 업체 입찰에서 선정되어 별 문제없이 업무를 수행해 낸 K사도 이번엔 입찰 참가업체 명단에 보이지 않았다. 그런데 신청서를 제출한 참가업체 명단을 살펴보던 담당자는 참가업체 H사의 대표가 자신의 대학 동창인 것을 알게 되었다.

① 입찰 신청 마감일을 연장하여 더 많은 회사들이 지원할 때까지 기다린다.
② 입찰을 무효화하고 이전에 채택했던 회사에게 용역 업무 진행을 설득한다.
③ H사가 선정될 수 있도록 중요한 정보를 간접적으로 알려 준다.
④ 학연에 의한 불필요한 오해의 소지가 있으므로 H사는 선정되지 않도록 조치해 둔다.
⑤ 담당자로 하여금 H사 대표를 만나 회사 대표로서의 자질과 역량을 파악하도록 한다.

11. 다음을 읽고 채점관리위원인 A가 취해야 할 행동으로 가장 적절한 것은?

> A는 상반기 필기시험의 전형결과가 발표되자 다음과 같은 이메일을 받게 되었다.
> 제목 : 채점 관련하여 문의 드립니다.
> 안녕하세요. 필기시험 전형결과의 성적을 확인하고 이상이 있어 문의 드립니다. 결과를 확인하니 1교시 객관식 시험은 점수가 높게 나왔는데, 2교시 주관식 시험은 점수가 매우 낮게 나와 과락이 되었습니다. 공부를 하면서도 객관식 시험과 주관식 시험의 점수 차이가 이렇게 많이 나온 적이 없었기 때문에 매우 이상합니다. 합격한 학생들의 답안을 확인해 보니 제가 제출한 답안과 비슷해서 점수가 낮게 나온 이유를 알 수가 없습니다. 이번에는 반드시 합격해야 합니다. 재채점을 해 주시거나 낮은 점수가 나오게 된 이유를 알려 주시기 바랍니다.
> ※ 재채점을 하거나 채점위원별 점수를 알려 주는 것은 규정에 어긋난다.

① 해당 지원자가 재시험을 볼 수 있게 해 준다.
② 채점자에게 점수와 그 이유를 물어본 후, 이를 알려 줘도 된다고 하면 회신해 준다.
③ 채점 관련 규정을 충분히 설명해 주고 알려 줄 수 없다고 말한다.
④ 채점자의 개별 연락처를 알려 주어 논란도 피하고 규정도 어기지 않는다.

12. 다음은 최근 사회적 문제가 되고 있는 채용비리와 관련한 기사문의 일부이다. 이러한 문제점을 근절하기 위한 방안으로 옳지 않은 것은?

> ○○금융지주 자회사인 ○○캐피탈 채용 비리 의혹과 관련해 A 은행장 직무대행 B 씨가 검찰 조사를 받은 것으로 확인됐다. D 지검 특수부는 8일 "지난달 31일 A 은행장 직무대행 B 씨를 불러 조사했다."고 밝혔다. 검찰은 B 대행의 아들이 ○○캐피탈에 입사하는 과정에서 당시 ○○금융지주 리스크관리본부장이었던 B 대행이 영향력을 행사했는지 추궁한 것으로 알려졌다.

① 각 기관의 채용 프로세스 점검 체크리스트를 구성하고 실태조사를 실시한다.
② 인사 관련 법령 및 내부인사규정 개정 등 채용 전반에 대한 제도개선 이행현황을 점검한다.
③ 권익위에 설치된 '비리 신고센터'를 적극 홍보한다.
④ 비리이첩 송부사건 조사를 조속히 진행하고 사후관리 신고자 포상 등 후속조치를 취한다.
⑤ 직무관련자나 직무관련 공무원의 노동력을 사적으로 사용하는 행위를 차단한다.

13. 다음은 20X9년에 발표된 공공분야 갑질 근절 가이드라인 배포와 관련된 보도자료이다. 〈보기〉 중 갑질 유형에 해당하는 것을 모두 고르면?

> 국무조정실은 국정현안점검조정회의에서 발표한 공공분야 갑질 근절 종합대책 후속 조치 가운데 하나로 가이드라인을 마련해…(중략)… 갑질 유형을 법령 등 위반, 비인격적 대우 등 8개 유형으로 나누고 이에 대한 판단기준을 제시했으며,
>
> - (법령 등 위반) 법령, 규칙, 조례 등을 위반하여 자기 또는 타인의 부당한 이익을 추구하거나 불이익을 주었는지 여부
> - (사적이익 요구) 우월적 지위를 이용하여 금품 또는 향응제공 등을 강요·유도하는지 여부, 사적으로 이익을 추구하였는지 여부
> - (부당한 인사) 특정인의 채용·승진·인사 등을 배려하기 위해 유·불리한 업무를 지시하였는지 여부
> - (비인격적 대우) 외모와 신체를 비하하는 발언, 욕설·폭언·폭행 등 비인격적인 언행을 하였는지 여부
> - (기관 이기주의) 발주기관 부담비용을 시공사에게 부담시키는 등 부당하게 기관의 이익을 추구하였는지 여부
> - (업무 불이익) 정당한 사유 없이 불필요한 휴일근무·근무시간 외 업무지시, 부당한 업무배제 등을 하였는지 여부
> - (부당한 민원응대) 정당한 사유 없이 민원접수를 거부하거나 고의로 지연처리 등을 하였는지 여부
> - (기타) 의사에 반한 모임 참여를 강요하였는지, 부당한 차별행위를 하였는지 여부 등
>
> 공공분야 각 기관에서 가이드라인을 참고해 개별 기관의 특성에 맞는 자체 가이드라인을 마련하여 시행할 수 있도록 했습니다. (이하 생략)

보기

ㄱ. 사적이익 요구 : A 공기업 임원이 이웃돕기 행사에 기부할 온누리상품권 30만 원을 총무부서 평직원에 전화하여 자신의 명의로 기부하도록 요구
ㄴ. 기관 이기주의 : 공사계약담당자 B가 계약 내규를 준수하여 표준계약서를 작성한 후, 계약특수조건을 명시하여 시공업체의 세금계산서 발행일자를 6개월 지연
ㄷ. 업무 불이익 : 징계의결이 요구된 직원 C의 부서장이 C를 업무에서 배제하고 타 직원에게 C가 담당하던 업무를 배정
ㄹ. 부당한 민원응대 : SNS에 배포된 학교폭력 가해혐의자가 국가기술자격시험에 원서를 접수하자, 담당자 D가 기관 이미지 및 누리꾼을 염려하여 원서 접수를 취소하도록 요구

① ㄱ
② ㄱ, ㄴ, ㄷ
③ ㄱ, ㄴ, ㄹ
④ ㄴ, ㄷ, ㄹ
⑤ ㄱ, ㄴ, ㄷ, ㄹ

14. 다음은 「청탁금지법」에서 규정하는 적용대상자 기준 중 각급 학교·학교법인의 적용대상자이다. 이를 참고할 때, 적용대상자로 분류되지 않는 사람은?

- 임원 : 「사립학교법」에 따른 이사 및 감사 등 상임·비상임을 모두 포함
- 교원 : 「초·중등교육법」, 「고등교육법」, 「유아교육법」 및 그 밖에 다른 법령에 따른 교원
- 직원 : 학교 운영에 필요한 행정직원 및 조교 등 학교·학교법인과 직접 근로계약을 체결하고 근로를 제공하는 자

① 교육공무직 ② 학교운동부 코치 ③ 급식보조원
④ 방과 후 과정 담당자 ⑤ 행정실무원

15. 다음 글을 참고하여 최근 기업윤리실천을 위해 중요성이 커진 제도는?

이 제도는 영어로 'Whistle-blowing' 또는 'Deep throat'라고 표현된다. 'Whistle-blowing'은 영국 경찰이 법률 위반 행위에 대해 호루라기를 불어 제지하는 것으로부터 유래했다는 설이 가장 유력하다. 또한 'Deep throat'는 미국 내부 정보제공자의 암호명으로, 워터게이트 사건 이후 고발을 의미하는 고유명사로 굳어진 것으로 알려져 있다. 국내에서는 '공익신고', '공익제보'로 표현되고 있으며, 사회에 널리 알려지기 이전에는 양심선언이라는 단어가 언급되었다. 따라서 이 제도는 2000년이 지나서야 비로소 제도적으로 정립되었다.

① 부패방지제도 ② 내부고발제도 ③ 공익신고자 보호제도
④ 청탁금지제도 ⑤ 개인정보보호제도

16. 다음 사례에서 고객들이 우버에 표출할 만한 불만으로 보기 어려운 것은?

> 2009년 미국 샌프란시스코에서 차량 공유업체로 출발한 우버는 세계 83개국 674개 도시에서 여러 사업을 운영하고 있다. 2016년 기준 매출액 65억 달러, 순손실 28억 달러, 기업가치 평가액 680억 달러로 세계 1위 스타트업 기업이다. 우버가 제공하는 가장 일반적인 서비스는 개인 차량을 이용한 '우버 X'가 있다. 또한 '우버 블랙'은 고급 승용차를 이용한 프리미엄 서비스를 제공하고 인원이 많거나 짐이 많을 경우에 '우버 XL'이 대형 차량 서비스를 제공한다. '우버 풀(POOL)'은 출퇴근길 행선지가 비슷한 사람들끼리 카풀을 할 수 있게 서로 연결해 주는 일종의 합승서비스다. 이 밖에 '우버 이츠(EATS)'는 우버의 배달 서비스로서, 음식배달 주문자와 음식을 배달하는 일반인을 연결해 주는 플랫폼이다.
>
> 앞으로 자율주행차량이 도입되면 가장 주목받는 기업으로 계속 발전할 것이라는 전망 속에서 2019년 주식 상장 계획이 있던 우버에게 2017년은 악재의 연속이었다. 연초에 전직 소프트웨어 엔지니어 수잔 파울러가 노골적인 성추행과 성차별이 횡행하는 막장 같은 우버의 사내 문화를 폭로하면서 악재가 시작되었다. 또 연말에는 레바논 주재 영국대사관 여직원 다이크스가 수도 베이루트에서 우버 택시 운전기사에 의해 살해당하는 사건이 발생했다. 우버 서비스의 고객 안전에 대한 우려가 현실로 나타난 것이다.

① 불안정한 노동 문제에 대해 사회적 책임 의식을 공유해야 한다.
② 운전기사의 이력 검증을 강화해야 한다.
③ 고객의 안전을 최우선시하는 구조적인 책임을 져야 한다.
④ 단기 일자리를 제공하는 임시 고용형태를 없애야 한다.

17. 다음은 ○○기업에서 이루어진 윤리경영과 관련된 사내 교육자료 중 일부이다. '교훈/시사점'과 관련한 직원 A ~ D의 의견 중 적절한 것은?

사건명	품질에 대한 클레임 은폐
관련기업	일본 △△자동차
기간	2019년 6월 ~ 현재
사건개요	리콜이 요망되는 품질이상에 대한 클레임을 은폐함, 허위 신고 실시
진행결과	관련자 사법처리, 기업 판매 급감
교훈/시사점	

① A : 부정이 있을 때 내부고발과 신속한 대처가 있어 기업에 피해가 발생했다고 생각합니다.
② B : 부적절한 대응과 은폐는 사태를 무마시키는 것이 아니라 오히려 확대하는 것일 뿐입니다.
③ C : 사전 대응 미비가 큰 피해를 초래할 수 있다는 것을 알게 되었습니다. 결국 매스컴보다 늦은 대응이 신뢰 하락의 주된 요인이 되었습니다.
④ D : 타 기업의 예에서 '타산지석(他山之石)'을 하지 못하면 결국 동일한 결과가 나타날 뿐입니다.

18. 다음의 두 사례를 참고할 때 '근면'을 구분 짓는 가장 중요한 요소는?

> A : 영업팀 최 과장은 1년 중 잔업을 하는 날이 그렇지 않은 날보다 더 많다. 자신의 개인사는 뒤로 제쳐 둔 지 오래된 최 과장은 아내와 두 자녀의 뒷바라지를 해야 한다는 책임감으로 가득하다. 육체적 수고와 정신적 스트레스는 이루 말할 수 없지만, 오늘도 최 과장은 온 힘을 다하여 새벽부터 출근길에 오른다.
>
> B : 40대 후반의 백 씨는 부모님을 잘 만난 덕에 어려서부터 남부러울 것 없는 환경에서 자랐다. 백 씨에게 직장 생활이란 책임감과 인내로 무장된 생활이 아닌 그저 자신의 꿈을 펼칠 수 있는 무대쯤으로 인식되었다. 이리저리 직장을 여러 번 옮기기도 했던 그는 잠시 방탕한 생활을 하다가 지금의 나이가 되어서야 만학의 꿈을 갖고 밤낮으로 도서관에서 학문에 정진하고 있다.

① 근면의 방법   ② 보수의 유무   ③ 근면의 동기
④ 근면의 사회성   ⑤ 집단과 개인의 근면

[19 ~ 20] 다음을 보고 이어지는 질문에 답하시오.

(가) 모든 결과는 나의 선택으로 말미암아 일어난 것이라는 식의 태도
(나) 민주 시민으로서 기본적으로 지켜야 할 의무이자 생활 자세
(다) 일관된 마음과 정성
(라) 일정한 생활문화권에서 오랜 생활습관을 통해 하나의 공통된 생활방법으로 정립되어 관습적으로 행해지는 사회계약적인 생활규범

19. 다음 중 위에 제시된 윤리 덕목 (가) ~ (라)의 의미를 순서대로 알맞게 나열한 것은?

① 책임, 예절, 성실, 도덕
② 수용, 준법, 근면, 예절
③ 겸손, 예절, 근면, 도덕
④ 책임, 준법, 성실, 예절
⑤ 정직, 봉사, 신뢰, 도덕

20. 회사 이미지에 관련한 사내 인식조사를 실시하였는데 그 결과가 좋지 않았다. 이 조사결과를 그대로 직원들에게 알려 주면 회사 이미지와 직원들의 업무 사기에 부정적인 영향이 있을 것을 우려한 A 과장이 D 대리에게 조사결과를 몰래 수정하자고 제안하였다. 이때 D 대리가 취해야 할 적절한 행동은?

① 설문 항목을 수정하여 조사를 다시 실시하자고 말한다.
② 이미 팀장에게 넘겨서 수정이 불가능하다고 거짓말을 한다.
③ A 과장이 그런 제안을 하는 이유가 있을 것이므로 그대로 따른다.
④ 상사의 제안이라도 비윤리적인 일은 수행할 수 없다고 말한다.
⑤ 팀장에게 A 과장의 제안을 이야기한다.

21. D 대리는 A 과장이 회의에 필요한 자료이니 모두 챙길 것을 당부하며 건네준 준비 자료 목록을 정리하던 중 일부 누락된 자료가 있다는 사실을 발견하였다. 이 자료를 추가하면 회의 결과의 방향이 크게 바뀔 것으로 예상되지만 지금 자료를 추가하려면 시간이 부족한 상황이다. 이때 D 대리가 취해야 할 적절한 행동은?

① 누락된 사실을 인지하지 못한 것처럼 행동한다.
② 이미 자료를 추가하기에는 늦었으므로 건네받은 목록상의 자료만 정리한다.
③ 부족한 상태로라도 누락된 자료를 추가해 넣는다.
④ 누락된 자료의 정리를 위해 회의 시간 변경을 요청한다.
⑤ 누락된 사실을 인지한 즉시 상사에게 누락된 자료가 있음을 밝히고 적절한 조치를 요청한다.

22. 다음과 같은 상황에서 상사에게 반대 의견을 제시하는 방법으로 적절하지 않은 것은?

> 기획팀은 다음 달 월간회의 일정을 정하고자 한다. 모든 팀원의 의견을 반영하여 가장 적합한 날을 정하기로 하였으나, 팀장은 팀원 다수가 동의한 의견에 개인적인 사정 때문에 반대하며 팀장으로서의 권위를 은근히 내세우고 있다. 팀원들은 누군가 나서서 팀장에게 다수의 의견을 존중해 줄 것을 강력히 요구하려고 한다.

① 의견을 제시할 시간과 장소를 적절하게 선택한다.
② 완곡한 질문을 통해 의견을 제시한다.
③ 나이와 세대 간의 인식 차이를 명확히 짚으며 설득한다.
④ 반대 의견을 제시하기 전에 긍정적인 말로 대화를 시작한다.
⑤ 최종 결론은 상사의 의견을 존중하여 수용하는 태도를 보인다.

23. 한 대리는 다음 달 입사하게 될 신입 사원들에게 교육할 직장 내 예절에 대한 자료를 정리하고 있다. 〈보기〉 중 직장 내 예절 교육에 대한 내용으로 적절하지 않은 것은?

보기

㉠ 상대방에 따라 인사법을 달리한다.
㉡ 내가 속해 있는 회사의 관계자를 타 회사의 관계자에게 소개한다.
㉢ 처음 만나는 사람과 악수할 경우에는 가볍게 손끝만 잡는다.
㉣ 상대방에게 명함을 받으면 즉시 명함 지갑에 넣지 않는다.
㉤ 이메일 메시지는 길고 자세한 것보다 명료하고 간략하게 만든다.
㉥ 정부 고관의 직급명은 그 사람이 퇴직한 경우에는 사용하지 않는다.
㉦ 명함에 대한 부가 정보는 상대방과의 만남이 끝난 후에 적는다.

① ㉠, ㉢, ㉣
② ㉠, ㉢, ㉥
③ ㉡, ㉣, ㉤
④ ㉡, ㉣, ㉤, ㉦
⑤ ㉡, ㉤, ㉥, ㉦

24. 직원 A ~ D가 직장생활에 있어 지켜야 할 호칭 예절에 관해 대화를 나누고 있다. 잘못된 설명을 하는 사람은?

① A : 상급자에 대한 호칭은 '성(姓) + 직급 + 님'으로 하는 것이 기본적인 형태야.
② B : A의 말에 따르면 홍진영 과장님의 경우 '홍 과장님'이라고 부르면 되겠군. 그러나 문서상에서 직급을 사용할 때에는 '님'은 생략해야 해.
③ C : 동급이거나 하급자임이 명백하다면 처음부터 이름을 불러도 큰 문제가 없지.
④ D : 자주 하는 실수 중에 하나가 상사에게 "수고하셨습니다."라고 하는 것이야. 이는 윗사람이 아랫사람에게 하는 말이니 주의해야 해.

25. S 백화점은 고객이 건물에 들어서는 순간부터 나가는 순간까지 전 과정에 있어서의 모든 생활과 행동에 회사의 서비스가 깃들어 있어야 한다는 것이 사장의 경영방침 중 하나이다. 이러한 S 백화점 사장의 경영방침의 토대가 되는 공동체윤리를 가장 적절하게 설명한 것은?

① 백화점 직원은 무엇보다 희생정신이 강조되어야 한다는 생각
② 경쟁 백화점과의 차별화 전략이 관건이라는 생각
③ 백화점은 불특정 다수가 생활하는 공간이므로 보안유지가 가장 절실하다는 생각
④ 다 잘해도 한군데에서 엉망인 이미지를 심어 주면 모든 이미지를 망칠 수 있다는 생각
⑤ 직원이 근면하고 성실해야 고객의 반복유치가 가능하다는 생각

26. 다음 글의 ㉠에 들어갈 말로 가장 적절한 것은?

> L사에 새로 취임한 CEO T 씨는 신년을 맞이하여 진행한 시무식에서 "(㉠)이 제대로 되지 않으면 고객에 대한 만족을 제공하는 것이 어렵습니다. 새로 부임한 제가 여러분께 우선적으로 확보해야 하는 것은 여러분이 보다 능동적인 업무 처리를 할 수 있도록 지원하고 보상하는 것이라고 생각합니다." 라는 인사말을 전했다.

① 내부고객으로서의 직원 만족
② 공정한 고객 서비스 제공
③ 근면한 업무 환경
④ 친절한 미소로 대응하는 고객 상담
⑤ 권력의 위계 없이 평등한 환경

27. 다음 중 직장 내 성희롱 등에 관한 내용으로 잘못된 것은?

① 일반적으로 사업장의 규모가 작을수록 사업주의 권한이 크기 때문에 피해 발생 시 피해자가 대응하기가 상대적으로 어려운 점이 있다.
② 함께 일하는 직원들은 성적 대상이 아니라 동료라는 점을 항상 인지하는 것이 성희롱 예방에 도움이 될 것이다.
③ 성희롱의 경우 사건의 해결을 덮어 버리거나 도려내는 양극단의 조치를 취하는 경우가 많다.
④ 성희롱의 경우 사규로 규정을 두면 거의 대부분 해결된다.

28. 다음 대화 내용 중 성희롱에 대하여 잘못 알고 있는 직원은?

> 정 부장 : 성희롱은 내가 아닌 당하는 사람의 입장에서 보다 엄격한 잣대로 판단해야 개선될 수가 있다고 봅니다.
> 이 과장 : 성희롱은 회사규정과 형사소송법으로 처벌이 가능하니 피해자는 잊지 말고 꼭 법의 도움을 받도록 하는 것이 중요해요.
> 남 차장 : 성희롱은 업무관련성, 원치 않는 성적 언동이 있었는지, 피해자가 불쾌감이나 혐오감을 느꼈는지 등을 고려하여 판단한다고 알고 있어요.
> 임 사원 : 성희롱 피해 발생을 주장하는 근로자에게 해고나 그 밖의 불리한 조치를 하는 경우를 가끔 보는데요, 이건 분명한 위법입니다.
> 강 대리 : 성희롱은 성폭력의 개념에 포함되지만 성폭행, 성추행처럼 형법상 처벌되는 개념은 아닙니다.

① 정 부장   ② 이 과장   ③ 남 차장
④ 임 사원   ⑤ 강 대리

29. 직장 내 성희롱 문제에 관한 규정을 교육받은 홍 과장은 귀가 후 아내에게 교육 내용을 전달하였다. 다음 중 홍 과장이 아내에게 설명한 내용으로 적절하지 않은 것은?

> 제10조(피해자 등 보호 및 비밀유지) ① 위원장(인사·복무 등에 관한 권한을 위원장으로부터 위임받은 자를 포함한다)은 피해자 등, 신고자, 조력자에 대하여 고충의 상담, 조사신청, 협력을 이유로 다음 각 호의 어느 하나에 해당하는 불리한 처우를 하여서는 아니 된다.
> 1. 파면, 해임, 그 밖에 신분 상실에 해당하는 불이익 조치
> 2. 징계, 정직, 감봉, 강등, 승진 제한 등 부당한 인사조치
> 3. 직무 미부여, 직무 재배치, 그 밖에 본인의 의사에 반하는 인사조치
> 4. 성과평가 또는 동료평가 등에서 차별이나 그에 따른 임금 또는 상여금 등의 차별 지급
> 5. 직업능력 개발 및 향상을 위한 교육훈련 기회의 제한
> 6. 집단 따돌림, 폭행 또는 폭언 등 정신적·신체적 손상을 가져오는 행위를 하거나 그 행위의 발생을 방치하는 행위
> 7. 그 밖에 피해를 주장하는 자 및 조사 등에 협력하는 자의 의사에 반하는 불리한 처우
> ② 위원장은 피해자 등의 의사를 고려하여 행위자와의 업무분장·업무공간 분리, 휴가 등 적절한 조치를 취해야 한다.
> ③ 성희롱·성폭력 사건 발생 시 피해자 치료 지원, 행위자에 대한 인사 조치 등을 통해 2차 피해를 방지하고 피해자의 근로권 등을 보호하여야 한다.
> ④ 고충상담원 등 성희롱·성폭력 고충과 관계된 사안을 직무상 알게 된 자는 사안의 조사 및 처리를 위해 필요한 경우를 제외하고는 사안 관계자의 신원은 물론 그 내용 등에 대하여 이를 누설하여서는 아니 된다.

① 성희롱을 목격하여 신고한 사람에게 인사상 불이익을 주어서는 안 된다고 설명하였다.
② 성희롱 피해자가 원할 경우 직장에서는 행위자와 격리 조치를 취해 주어야 한다고 설명하였다.
③ 성희롱 사건을 직무상 알게 된 사람이 피해자의 이름을 누설하는 것은 규정 위반이라고 설명하였다.
④ 성희롱 피해자에게 성희롱 피해를 이유로 상여금을 더 많이 지급하는 것도 옳지 않다고 설명하였다.
⑤ 성희롱 피해 당사자에게는 어떠한 직무도 부여하지 말고 절대 휴식을 주어야 한다고 설명하였다.

고시넷 **NCS 고졸채용** 통합기본서

유형별 출제비중

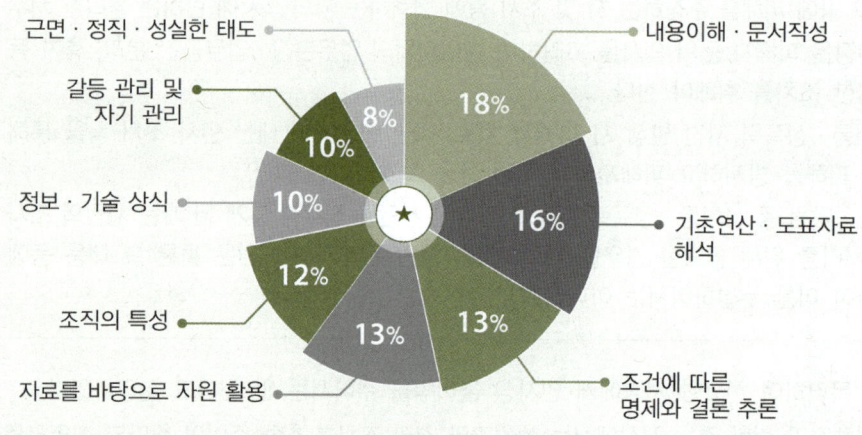

- 근면·정직·성실한 태도 8%
- 내용이해·문서작성 18%
- 기초연산·도표자료 해석 16%
- 조건에 따른 명제와 결론 추론 13%
- 자료를 바탕으로 자원 활용 13%
- 조직의 특성 12%
- 정보·기술 상식 10%
- 갈등 관리 및 자기 관리 10%

하위영역

의사소통능력에서는 글의 내용을 이해 및 추론하는 문제와 문서의 종류를 파악하여 그 특성을 이해하는 문제가 출제되었다. 수리능력에서는 응용수리 문제와 도표 자료 해석 문제가 출제되었다. 문제해결능력에서는 제시된 조건에 따라 결과를 도출하는 문제가 주로 출제되었다. 자원관리능력에서는 여러 자원을 관리하는 방법을 이해하고 적용하는 문제가 출제되었다. 조직이해능력에서는 회사나 조직의 체계, 체제 등을 파악하는 문제가 출제되었다. 정보능력에서는 정보 관련 상식을 묻는 문제가 다수 출제되었다. 기술능력에서는 산업재해 예방 대책 과정과 원인, 기술 이론 전반에 대한 이해를 확인하는 문제가 출제되었다. 자기개발능력에서는 자기개발 계획과 자기성찰의 개념, 대인관계능력에서는 갈등해결방법, 효과적인 팀의 특징 등의 개념 이해에 관한 문제가 주로 출제되었다. 마지막으로 직업윤리에서는 직장 내 성희롱, 봉사, 책임의식 등의 개념 이해에 관한 문제가 출제되었다.

부록

실전모의고사

의사소통 수리 문제해결
자원관리 조직이해 정보
기술 자기개발 대인관계
직업윤리 → 60문항 — 50분

부록 실전모의고사

시험시간: 50분 　 문항수: 60문항 　 직업기초능력

▶ 정답과 해설 76쪽

01. 팀장이 보도자료 작성을 부탁하며 다음의 〈작성 요령〉을 보내왔다. 이에 따라 작성하게 될 보도자료의 종류로 가장 적절한 것은?

〈작성 요령〉
- 기대되는 공익적 효과를 담을 것
- 참가의 진정성을 느낄 수 있게 할 것
- 현장 사진을 넣을 것
- 활동 참가자의 인용구를 넣을 것

① 기업 인수합병 관련 보도자료
② 신상품 출시 관련 보도자료
③ 사회공헌 활동 관련 보도자료
④ 연말 인사이동 관련 보도자료
⑤ 해외 진출 관련 보도자료

[02 ~ 03] 다음은 원활한 의사소통의 법칙 5가지에 대한 글이다. 이어지는 질문에 답하시오.

　커뮤니케이션의 수단은 <u>나날이/나날히</u> 발전하고 있지만 사회는 여전히 소통의 부재로 몸살을 앓고 있다. 하루 중 가장 긴 시간을 보내는 직장에서도 소통 문제는 끊이질 않고 있다. 그렇다면 원활한 의사소통을 위해서는 어떤 방법을 취해야 할까?
　사전적으로 소통은 '뜻이 통하여 서로 오해가 없음'을 의미한다. 즉, 서로의 생각이 일치하는 것이 아니라 상호 간의 생각과 관점을 올바르게 이해할 수 있는 상태를 말하는 것이다. 사람들이 소통에 어려움을 겪거나 문제를 느끼는 때는 자신의 생각을 상대방에게 제대로 전달하지 못한 경우나 상대방이 자신의 의견을 수용하지 않는 경우이다. 그렇기 때문에 소통은 상대방의 생각에 대한 충분한 경청과 이해, 수용하는 자세를 요구한다. 이제부터라도 '원활한 의사소통을 위한 5가지 법칙'을 실천할 필요가 있다. 5가지 법칙은 다음과 같다. 첫째, 마음을 열어라. 둘째, 분위기를 열어라. 셋째, 귀를 열어라. 넷째, 말을 열어라. 다섯째, 새로운 길을 열어라.

02. 다음 중 윗글의 밑줄 친 부분에서 올바른 말을 고르고 이와 동일하게 '이'나 '히'로 끝나는 부사들을 바르게 연결한 것은?

① 나날이 – 깨끗이, 깊숙이, 곰곰이
② 나날이 – 깊숙히, 특별이, 곰곰이
③ 나날이 – 깨끗이, 깊숙이, 특별이
④ 나날히 – 깨끗이, 특별히, 곰곰히
⑤ 나날히 – 깨끗이, 깊숙히, 특별히

03. 다음은 윗글에서 제시한 '원활한 의사소통을 위한 5가지 법칙'에 대한 설명이다. (가)와 (나)가 각각 해당하는 법칙을 바르게 연결한 것은?

> (가) 대화를 시도할 때는 편안한 시간과 장소를 선택해야 한다. 그리고 대화 중에는 상대방을 향한 호감을 표현하거나 상대방의 말에 적극적인 공감과 지지를 표현해야 한다. 또한 상대방의 강점이나 장점을 칭찬하고 인정해 상대가 마음을 열고 대화에 참여할 수 있도록 유도할 필요가 있다.
>
> (나) 자기 생각과 의견을 말할 때는 육하원칙을 지켜 구체적이고 상세하게 반복해서 전달하면 좋다. 사람은 듣고 싶은 내용만 선택적으로 듣기 때문에 한 번만 말하는 것으로는 충분하지 않을 때가 많기 때문이다. 아울러 내가 말한 내용을 정확하게 이해하고 있는지, 상대방이 말한 내용을 내가 정확하게 이해한 것인지를 질문을 통해 확인할 필요가 있다.

	(가)	(나)
①	귀를 열어라	말을 열어라
②	분위기를 열어라	말을 열어라
③	마음을 열어라	분위기를 열어라
④	귀를 열어라	새로운 길을 열어라
⑤	새로운 길을 열어라	마음을 열어라

[04 ~ 05] 다음은 'S 대공원 활성화를 위한 재조성 방안에 관한 연구'를 요약한 내용이다. 이어지는 질문에 답하시오.

> 기존의 노후된 도시공원이 다양해진 시민의 요구를 충족하지 못하고 있으며, 신규 도시공원 조성을 위한 부지 확보와 막대한 예산 투입에는 한계가 있다. 이에 따라 본 연구는 기존 노후된 도시공원을 재조성하여 활성화할 수 있는 구체적인 개선방안을 제시하기 위하여 진행되었다.
>
> 연구 대상지인 S 대공원은 국내의 대표적인 노후 도시공원이다. S 대공원이 가진 역사와 상징성, 발전 잠재력 등을 고려하여 S 대공원 활성화를 목적으로 한 대내외 여건 및 환경 분석, 이용시민 설문 조사, 관계자·전문가 의견 등을 통합적으로 검토 및 분석하고 이를 기반으로 도시공원 재조성 추진전략과 개선방안을 도출하였다.
>
> '어린이와 함께 모두가 행복한 자연 속 광역권 복합문화공원'을 S 대공원의 새로운 역할로 설정하고 어린이 동반가족을 핵심 이용대상으로 정했다. 그리고 연령과 거주 지역으로 이용자를 세분화하여 차별화된 공간과 경험을 제공한다는 목표를 세웠다.
>
> 이를 위한 구체적인 방안으로 다양한 위험요소에 대응하는 스마트 시설관리시스템 구축 및 인프라 개선 그리고 안전하고 신뢰할 수 있는 공원 서비스 등을 제공하여 자연과 사람이 공존할 수 있는 안전하고 든든한 '안심공원'으로의 전환을 기획하였다.
>
> 이러한 방안을 통해 다양한 활성화 요인을 직·간접적으로 충족시킴으로써 S 대공원이 도시민의 보건·휴양과 정서 생활의 향상, 여가와 휴식 등 본연의 기본 기능을 충실히 수행할 수 있도록 개선할 것이다. 더 나아가, 휴식·놀이·여가·문화 등 이용자의 방문 목적에 따라 다양한 서비스를 제공할 것이다.
>
> 현시점에서 우리나라는 도시공원 재조성 연구가 상당히 부족한 편이다. 이번 연구의 결과물은 재조성 시점이 도래한 타 대형 도시공원의 재조성 계획방식에 참고자료가 될 수 있다는 점에서 의의를 가지고 있다. 그러나 S 대공원의 특수성으로 인하여 내용적 참고자료로 활용되기에는 제한적이며, 정량적이고 구체적인 예측분석은 누락되었다는 점에서 한계점이 존재한다.

04. 다음 중 윗글을 통해 획득할 수 있는 연구관련 정보로 적절하지 않은 것은?

① 연구 목적 ② 연구 방법 ③ 선행연구
④ 연구 제한점 ⑤ 연구 시사점

05. 다음 중 연구자가 S 대공원 활성화를 위해 제안한 사항으로 볼 수 없는 것은?

① 위험 요소에 대응하는 스마트 시설관리시스템을 구축해야 한다.
② 도시민의 휴식과 여가를 위한 공간으로서의 기능을 수행해야 한다.
③ 방문객의 특성을 고려하여 특화된 공간과 경험을 제공하여야 한다.
④ 막대한 예산을 투입하고 부지를 확보하여 노후 시설을 교체해야 한다.
⑤ 자연과 사람이 공존하는 안전하고 든든한 공원으로 탈바꿈해야 한다.

06. 다음 (가) ~ (바)를 문서이해 6단계 순서에 따라 바르게 배열한 것은?

(가) 문서에 쓰인 정보를 밝혀내고, 문서가 제시하고 있는 현안 문제를 파악한다.
(나) 문서의 작성 배경과 주제를 파악한다.
(다) 문서를 통해 상대방의 욕구과 의도 및 자신에게 요구되는 행동에 관한 내용을 분석한다.
(라) 문서의 목적을 이해한다.
(마) 상대방의 의도를 도표나 그림 등으로 메모하여 요약, 정리한다.
(바) 문서에서 이해한 목적을 달성하기 위해 취해야 할 행동을 생각하고 결정한다.

① (나)-(라)-(가)-(다)-(바)-(마)
② (나)-(라)-(다)-(가)-(바)-(마)
③ (라)-(나)-(가)-(다)-(바)-(마)
④ (라)-(나)-(가)-(다)-(마)-(바)
⑤ (가)-(라)-(마)-(나)-(다)-(바)

[07 ~ 08] 다음은 ○○전자의 에어컨 사용에 대한 사항이다. 이어지는 질문에 답하시오.

〈사용하기 전 알아두기〉

- 에어컨 운전 중에 커튼 또는 블라인드 등으로 직사광선을 막아주세요.
  - 여름철 창문을 통해 들어오는 열은 20 ~ 30%, 실내로부터 빼앗기는 열은 10%입니다. 에어컨 사용 시 커튼 또는 블라인드로 창문을 통해 들어오는 직사광선을 막으면 실내 온도가 최소 2℃ 떨어집니다.

- 희망온도를 지나치게 낮게 설정하지 마세요.
  - 필요 이상으로 설정온도를 낮게 설정하면 전기 소모량이 증가하며, 에어컨의 장시간 강력한 운전으로 에어컨이 고장날 수 있습니다. 또한 지나친 실내와 실외의 온도차는 건강에 해로우며, 여름철 발생하는 냉방병의 원인이 되기도 합니다. 가정에서는 설정온도를 25 ~ 26℃로 맞추어 놓는 것이 적절합니다.

- 장시간 사용하지 않을 경우 전원 플러그를 뽑아주세요.
  - 장시간 에어컨을 사용하지 않을 경우 전원 플러그를 뽑고 중대형 에어컨은 에어컨 전용 차단기를 내려주세요. 불필요한 전기를 아끼고 실외기로 흐르는 전기를 차단하여 낙뢰나 폭우 등의 천재지변으로부터 안전할 수 있습니다.

07. 위 문서의 종류는 무엇인가?

① 보고서　　　　② 기획서　　　　③ 기안서
④ 설명서　　　　⑤ 공문서

08. 위 문서의 작성법으로 적절한 것은?

① 전문 용어보다 이해하기 쉬운 용어를 사용한다.
② 내용에 대한 예상 질문을 사전에 파악하여 미리 대비한다.
③ 상대가 요구하는 점이 무엇인지 고려하여 작성한다.
④ 시작과 끝 부분에 감사 인사를 넣는 것이 바람직하다.
⑤ 마지막에는 반드시 '끝'자로 마무리 한다.

09. 다음 중 단위 환산이 잘못된 것은?

① 1일=86,400초
② 1t=1,000kg
③ 1km=1,000,000mm
④ 1km²=100,000m²
⑤ 1GB=1,048,576KB

10. $\frac{49}{61}$의 분모와 분자에서 같은 수를 뺀 후 이를 소수로 고쳤더니 0.75가 되었다면, 분모와 분자에서 공통으로 뺀 수는?

① 9
② 11
③ 13
④ 15
⑤ 17

11. 다음 중 도표 작성 시 유의해야 할 사항으로 알맞지 않은 것은?

① 선 그래프를 작성할 때, 선이 두 종류 이상인 경우에는 반드시 무슨 선인지 그 명칭을 기입해야 하며 그래프를 보기 쉽게 하기 위해서는 중요한 선을 다른 선보다 굵게 하거나 그 선만 색을 다르게 하는 등의 노력을 기울일 필요가 있다.

② 선 그래프에서는 선의 높이에 따라 수치를 파악하는 경우가 많으므로 세로축의 눈금을 가로축의 눈금보다 크게 하는 것이 효과적이다.

③ 막대 그래프 작성 시 가로축은 명칭 구분(연, 월, 장소, 종류 등)으로, 세로축은 수량(금액, 매출액)으로 정하며 막대의 폭은 서로 다르게 해야 알아보기 쉽다.

④ 원 그래프를 작성할 때에는 정각 12시의 선을 시작선으로 하며, 이를 기점으로 하여 오른쪽으로 그리는 것이 일반적이다.

⑤ 원 그래프 작성 시 분할선은 구성비율이 큰 순서로 그리되, '기타' 항목은 구성비율의 크기에 관계없이 가장 뒤에 그리는 것이 좋으며, 각 항목의 명칭은 같은 방향으로 기록하는 것이 일반적이지만 만일 각도가 작아서 명칭을 기록하기 힘든 경우에는 지시선을 써서 기록한다.

[12 ~ 13] 다음 자료를 바탕으로 이어지는 질문에 답하시오.

〈프로젝트 진행 일정〉

구분		20X2년 1월 7일~20X2년 3월 18일(10주)									
		1주	2주	3주	4주	5주	6주	7주	8주	9주	10주
1. 기관별 직무 선정	대상 기관별 용역 안내	■									
	기관별 직무 선정	■	■								
2. 개발 매뉴얼 교육 및 설계 실시	직무역량모델 기반 개발 매뉴얼 교육		■	■							
	직무역량모델 개발 설계 실시			■	■						
3. 직무기술서 초안 작성 및 1차 피드백	직무기술서 초안 작성				■	■					
	초안 피드백 실시					■	■				
4. 직무기술서 작성 완료 및 최종안 도출	직무기술서 수정 및 보완						■	■			
	직무기술서 최종안 도출							■	■		
5. 시행보고서 작성 및 준공 확인	시행보고서 작성								■	■	
	준공 확인									■	■

12. 직무기술서를 작성하는 데 소요되는 기간은 총 몇 주인가?

① 3주 ② 4주 ③ 5주
④ 6주 ⑤ 7주

13. 프로젝트 진행 일정에 대해 잘못 이해한 것은?

① 동일한 주에 진행되는 최대 과업은 총 다섯 개다.
② 10주 동안 과업들이 연속적으로 진행된다.
③ 진행하는 데 일주일이 소요되는 과업은 총 세 개다.
④ 보고서는 직무기술서 최종안 도출이 완료되기 전부터 작성하기 시작한다.
⑤ 직무기술서 최종안 도출 과업은 직무기술서 초안을 작성할 때부터 진행된다.

14. 다음은 한 지방 의회의 연도별 투입시간, 투입인력 및 산출에 관한 표이다. 상임위당 평균 심사처리 안건 수가 가장 적은 연도와 상임위당 일일 평균 심사처리 안건 수가 가장 많은 연도를 차례대로 나열한 것은?

〈△△의회 연도별 투입 및 산출 현황〉

(단위 : 개, 일, 시간, 명)

	투입시간			투입인력	산출
	상임위 수	총 개의일수	총 회의시간	참석의원 총수	심사처리 안건 수
20X1년	10	197	594	2,543	358
20X2년	9	182	528	2,064	349
20X3년	9	197	581	2,104	386
20X4년	9	251	573	2,700	389
20X5년	8	215	526	1,869	418
20X6년	9	150	493	1,497	285

① 20X1년, 20X3년 ② 20X3년, 20X5년 ③ 20X3년, 20X6년
④ 20X6년, 20X3년 ⑤ 20X6년, 20X5년

15. 농도가 같은 소금물이 같은 양만큼 들어 있는 A, B 비커가 있다. 갑은 A 비커, 을은 B 비커로 다음과 같은 방법에 따라 각각 새로운 소금물을 만들었을 때, n의 값은?

> 갑이 아래의 과정을 5회 반복하였을 때, 을이 아래의 과정을 n회 반복하면 A, B 두 비커의 농도가 같아진다.
>
> 갑 : 기존 소금물의 $\frac{3}{4}$을 버린 후, 버린 양만큼 순수한 물을 채워 넣는다.
>
> 을 : 기존 소금물의 $\frac{1}{2}$을 버린 후, 버린 양만큼 순수한 물을 채워 넣는다.

① 8　　② 9　　③ 10　　④ 11　　⑤ 12

16. 다음 대화는 A 기업에서 준비한 '퍼실리테이션'에 대한 강의에서 진행된 것이다. 강사의 질문에 잘못된 답을 하고 있는 사원은?

> 강사 : 지금까지 강의한 내용과 같이 퍼실리테이션은 집단이 일을 쉽게 하도록 중립적인 태도로 돕는 것을 의미합니다. 자, 그럼 퍼실리테이션과 코칭은 어떤 차이가 있을까요?
> 김 사원 : 코칭은 개인의 성장을 목적으로 하는 반면에 퍼실리테이션은 집단의 일이 목적이 됩니다.
> 강사 : 그러면 퍼실리테이션은 티칭과 어떻게 구별되나요?
> 이 사원 : 일반적으로 티칭은 답을 줍니다. 그러나 퍼실리테이션은 답을 스스로 찾도록 돕는 것입니다.
> 강사 : 그렇다면 퍼실리테이션에 적합한 성격이 따로 있나요?
> 박 사원 : 아무래도 성격에 영향을 많이 받습니다. 논리적인 성격보다는 감성적인 성격인 경우가 적합합니다. 사람에 따라서는 이것을 갖출 수 없는 경우도 있습니다.
> 강사 : 퍼실리테이션에 필요한 능력은 무엇이 있을까요?
> 정 사원 : 객관적으로 사물을 보는 능력, 타인의 견해를 편견 없이 듣는 청취 능력, 다양한 관점으로 사물을 보는 관찰력, 인간관계 능력, 논리적 사고 능력, 현상에 대한 분석력 등이 필요합니다.
> 강사 : 여러분들이 회사로 돌아갔을 때, 퍼실리테이션을 어떻게 활용할 수 있을까요?
> 유 사원 : 모든 창의적 활동, 소통, 갈등해결 과정에 퍼실리테이션을 활용할 수 있습니다.

① 김 사원　　② 이 사원　　③ 박 사원
④ 정 사원　　⑤ 유 사원

17. 다음 빈칸에 들어갈 문제해결방법으로 적절한 것은?

> 창의적인 사고 시 문제에 대해서 다양한 사실을 찾거나 다채로운 아이디어를 창출하는 발산적 사고가 요구된다. 이러한 발산적 사고를 개발하기 위한 방법으로는 자유연상법, 강제연상법, 비교발상법 등이 있으며, 강제연상법의 예로 (   )을/를 들 수 있다.

① 브레인라이팅　　② NM법　　③ 체크리스트
④ 브레인스토밍　　⑤ 시네틱스 기법

18. 〈명제〉가 모두 참일 때, 다음 중 반드시 참인 것은?

> **명제**
> • 모든 포유류는 다리가 네 개이고 새끼를 낳는다.
> • 기린은 목이 길고 털이 있다.
> • 염소는 뿔이 있는 포유류이다.

① 기린은 다리가 네 개다.
② 뿔이 있으면 새끼를 낳는다.
③ 뿔이 있으면 다리가 네 개이다.
④ 염소는 다리가 네 개가 아니다.
⑤ 염소는 새끼를 낳는다.

19. 다음은 일반적인 문제해결의 절차이다. 빈칸에 들어갈 단계에 대한 설명으로 옳은 것은?

> 〈문제해결의 절차〉
> 문제 인식 → 문제 도출 → (   ) → 해결안 개발 → 실행 및 평가

① 우선순위의 문제 중에서도 해결 가능한 것을 명확히 추려내는 단계
② 핵심 문제에 대한 분석을 통해 근본 원인을 규명하는 단계
③ 도출된 문제에 대한 최적의 해결 방안을 수립하는 단계
④ 문제해결의 비용과 편익을 따져보는 단계
⑤ 문제의 우선순위를 정하는 단계

20. 다음 광고에서 범하고 있는 논리적 오류는 무엇인가?

> **S대 합격생도 다녔던 수학학원!**
>
> 수리왕의 교육방식은 믿음입니다.
> S대에 합격한 김민수 군도 수리왕에만 다녔습니다.
>
> 어려운 수학 수리왕이 해결해 드리겠습니다.
>
> 수학학원 수리왕
> Tel : ○○○-○○○○

① 부적합한 권위에의 호소
② 무지의 오류
③ 다수 원인의 오류
④ 사적관계에의 호소
⑤ 공포에 호소하는 오류

21. 다음 내용과 가장 관련이 깊은 SCAMPER 기법은?

> Q사는 자동차 시장에 발을 들인 이후 지속적으로 '항공기를 만드는 자동차 회사'라고 홍보했다. 실제로 Q사에서 출시된 최초의 차량 '92001'도 항공기 엔지니어들의 작품이다. 세계 최초로 터보 엔진을 적용한 양산차였다. 1949년 선보인 '92'는 항공기 날개 모양을 본 따 디자인했고, 이후에도 항공 기술을 적용한 차들을 시장에 내놨다.
> 항공기 제작 기술이 바탕이 된 만큼 Q사의 자동차 제조 기술은 뛰어났다. 터보 엔진 외에도 전투기 비상탈출장치에서 영감을 받아 세계 최초로 선루프를 선보였고, 항공기 착륙과 고도 조절을 목적으로 활용하는 스포일러를 차량에 적용한 것도 Q사가 최초다.

① Combine
② Adapt
③ Eliminate
④ Reverse
⑤ Substitute

22. 다음 중 〈상황〉에 대해 3C분석이 가장 잘 이루어진 것은?

> 3C분석이란 사업 환경을 구성하고 있는 요소인 고객, 자사, 경쟁사를 분석하는 방법이다. 고객 분석은 "고객은 자사의 상품/서비스에 만족하고 있는지"를, 자사 분석은 "자사가 세운 달성 목표와 현실 간에 차이가 없는지"를, 경쟁사 분석은 "경쟁기업의 우수한 점과 자사의 현실 간에 차이가 없는지"를 질문을 통해 분석하는 방법이다.

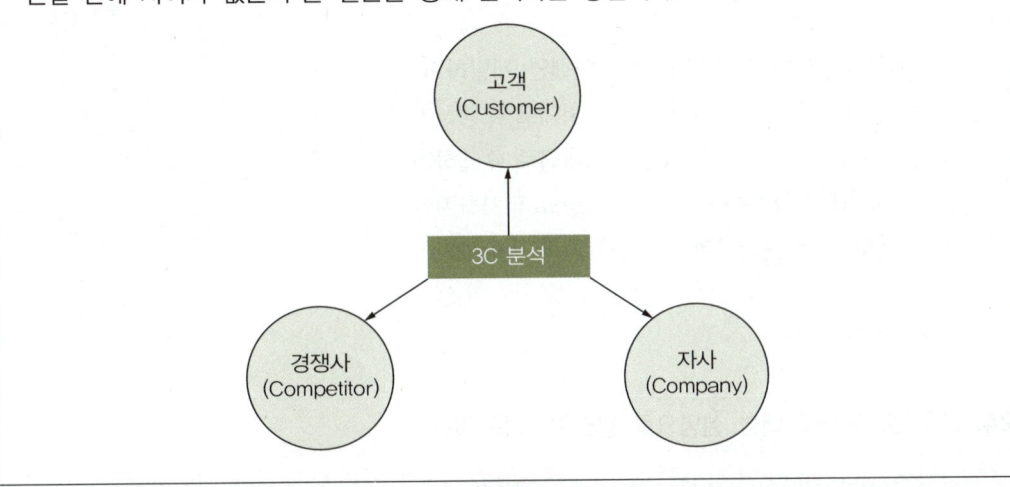

상황

○○기업은 A 역부터 B 공항까지 공항버스를 운영하고 있는 업체인데, 최근 공항버스 승객이 감소하는 추세이다. 이에 ○○기업의 최 과장은 문제해결을 위해 가장 먼저 환경 분석을 실시하고자 환경 분석 방법 중 대표적인 3C분석을 활용하였다.

① 고객 분석 : ○○기업 공항버스 운영의 목표 달성 여부를 분석한다.
② 고객 분석 : 타사 공항버스 승객을 심층 면담하여 만족도를 분석한다.
③ 자사 분석 : ○○기업의 공항버스를 이용하는 승객들의 만족도를 분석한다.
④ 경쟁사 분석 : 타사인 □□기업 공항버스와 자사의 공항버스의 차이를 분석한다.
⑤ 경쟁사 분석 : ○○기업의 강점과 약점 그리고 외부 환경 요인을 기회와 위협으로 구분하여 분석한다.

23. 다음은 효과적인 자원관리 과정을 나타낸 표이다. ㉠과 ㉡에 들어갈 내용을 옳게 짝지은 것은?

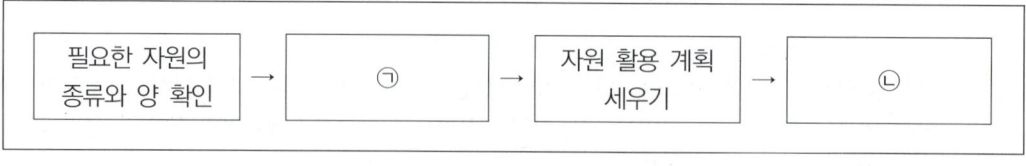

	㉠	㉡
①	이용가능 자원 수집하기	해결안 개발하기
②	이용가능 자원 수집하기	계획대로 수행하기
③	성과 평가하기	계획대로 수행하기
④	계획대로 수행하기	성과 평가하기
⑤	핵심 문제 선정하기	성과 평가하기

24. 다음 중 예산에 대한 설명으로 알맞지 않은 것은?

① 예산이란 사업이나 활동에 소요되는 비용을 추정하여 이용 가능한 범위를 정한 것을 말한다.
② 예산관리능력이란 이용 가능한 예산을 확인하고 어떻게 사용할 것인지 계획하여 그 계획대로 효율적으로 사용하는 능력을 의미한다.
③ 예산을 사용함에 있어서 가장 중요한 것은 무조건 비용을 절약하는 것이다.
④ 예산은 한정되어 있기 때문에 정해진 예산을 효율적으로 사용해야 한다.
⑤ 예산은 책정 비용과 실제 사용 비용의 차이를 줄여 비슷해지는 것이 가장 이상적인 상태이다.

25. 다음에서 설명하는 인적자원의 특징으로 적절한 것은?

> 예산과 물적 자원은 성과에 기여하는 정도에 있어서 이들 자원 자체의 양과 질에 의하여 지배되는 성격을 지니지만, 인적자원은 그 성과가 인적자원의 욕구와 동기, 태도와 행동 그리고 만족감 여하에 따라 결정되고, 인적자원의 행동동기와 만족감은 경영관리에 의하여 조건화된다.

① 능동적　　　　　② 수동적　　　　　③ 향상성
④ 무반응성　　　　⑤ 전략적 자원

26. ○○공단은 인사평가에 있어서 다음과 같은 〈평가지〉로 평가관리를 하려고 한다. 이와 같은 평가방법에 대한 설명으로 옳지 않은 것은?

〈평가지〉

문번	평가항목	체크
1	매달 새로운 아이디어로 기획안을 제출한다.	
2	동료 평가에서 10점 만점에 8점 이상을 받았다.	
3	상사의 업무협조 요청을 거절한 적이 없다.	
4	대외적으로 회사에 부정적인 이미지를 심어 준 적이 있다.	

※ 반드시 하나 이상의 해당하는 항목에 체크하십시오.

① 피평가자가 어느 항목에 해당하는지를 평가자가 선택하여 피평가자를 평가하는 방법이다.
② 평가항목 중 세 가지는 바람직한 행동사례이고 한 가지는 부정적인 행동사례이다.
③ 평가항목의 행동사례에 따라 평가의 목적을 반영할 수 있는 행동사례를 제시할 수 있어 타당성 측면에서 별다른 문제가 없다.
④ 평가항목의 행동사례를 만들려면 상당한 비용과 복잡하고 정교한 과정을 거쳐야 하기 때문에 실용적 측면에서 평가의 어려움이 있다.
⑤ 평가항목의 구체적인 행동사례를 기준으로 평가자는 선택만 하면 되기 때문에 평가자의 주관성을 배제하기 힘들다.

27. 김 사원은 물품 관리를 담당하게 되면서 물품 보관의 원칙에 대해 박 부장으로부터 조언을 구하였다. 박 부장이 말하는 원칙에 대한 설명으로 적절하지 않은 것은?

> 박 부장 : 물품을 정리하고 보관할 때는 해당 물품을 앞으로 계속 사용할 것인지 보관할 것인지를 구분해야 합니다.

① 보관한 물품의 대략적인 위치를 알 수 있어 찾는 시간을 단축할 수 있다.
② 물품을 보관했다 다시 꺼냈다 하는 경우 물품 상태가 나빠질 수 있기에 이를 방지하는 것이다.
③ 미리 물품의 활용계획이나 여부를 확인하는 것이다.
④ 물품의 효과적인 관리를 위해 가장 먼저 해야 할 일이다.
⑤ 반복 작업을 방지하여 물품 활용을 편리하게 해주는 효과가 있다.

28. 김 사원은 3분기 자신의 목표를 SMART 법칙을 이용하여 세우려고 한다. 'Time Limited(시간 제약)'의 단계에서 할 수 있는 질문으로 적절하지 않은 것은?

① 주어진 기간에 성취 가능한 목표는 무엇인가?
② 과거에 목표 달성까지 필요했던 가장 긴 기간은 어느 정도였는가?
③ 목표 달성을 지연시킬 수 있는 방해 요소는 어떤 것이 있는가?
④ 목표를 달성하면 얻는 이득은 무엇인가?
⑤ 목표 달성 진행 상황은 언제 점검할 것인가?

29. 다음 빈칸 ㉠에 들어갈 내용으로 알맞은 것은?

(㉠)의 중요성을 확인하기 위한 사례가 있다. 바로 N사의 코스닥 상장과 관련된 이야기이다. N사는 코스닥 상장을 신청했을 당시, 바로 상장이 된 것이 아니라 한 차례 보류가 되었다. 그 이유는 N사의 검색기법이 특허분쟁 중이었기 때문이다. 이에 N사의 회장은 후배 경영인 L 사장에게 도움을 요청하였고 문제를 해결하기 위해 L 사장과 함께 코스닥 위원장을 만났다. 코스닥 위원장을 만나 로비를 하려던 것이 아니라 특허분쟁과 관련된 진실을 알리기 위해서였다. 이처럼 (㉠)은(는) 오해를 받아 어려움에 처하거나 위기를 겪고 있을 때 효과적으로 문제를 해결하는 데 도움을 주기 때문에 삶을 살아가는 데 있어서 매우 유용하다.

① 공정 인사의 원칙 ② 업무의 우선순위 판단 ③ 인맥관리
④ 동일성의 원칙 ⑤ 효과적인 예산 수립

30. 조직의 원리로 제시되는 조정(Coordination)은 조직 간에, 부문 간에 상호 의존성을 전제로 한다. 다음 중 조정에 대한 설명으로 옳지 않은 것은?

① 수직적 조정이란 지위가 서로 다른 조직이나 기관 간에 이루어지는 조정이다.
② 순차적 상호 의존성(Sequential Interdependence)은 하나의 과업을 수행하기 위해 여러 부서의 활동이 동시에 요구되는 경우로 집약형 기술을 사용하는 데서 발견된다.
③ 조정의 상황, 조정인(조정자와 피조정자), 조정의 제도화(제도와 절차)는 조정에 영향을 미친다.
④ 조직 간 조정은 자율적인 조직들 상호 간에 필요한 자원을 교환하고 협력하기 위해 일정한 의사규칙을 정하고 이에 따라 행동하는 것을 말한다.
⑤ 부문적 조정은 조직 내 하위 단위 간의 조정을 의미하며 종합적 조정보다 구체적이다.

31. 다음 중 조직구조에 대한 설명으로 적절하지 않은 것은?

① 기능별 조직은 환경이 비교적 안정적일 때 조직 관리 효율을 높일 수 있다.
② 기능별 조직은 업무별 전문성을 살릴 수 있지만, 기업의 규모가 커질수록 운영의 한계가 발생할 수 있다.
③ 사업별 조직은 대부분의 의사결정 권한을 사업본부장이 위임받는다.
④ 사업별 조직은 특정 시장이나 고객 수요에 신속히 대응할 수 있다.
⑤ 매트릭스 조직은 많은 종류의 제품을 생산하는 대규모 조직에서 더 효율적으로 활용된다.

32. 다음 ㉠, ㉡ 조직의 구조적 특징에 대한 설명으로 적절하지 않은 것은?

> A사에서는 최근 사회적인 요구를 반영하기 위한 임시조직으로 ㉠'채용심사감독위원회'를 설치하였다. 사내 경영진과 중간 관리자, 외부와 중립적인 인사들로 구성된 채용심사감독위원회는 다음 달에 있을 대규모 신입사원 채용의 모든 사항을 관리, 감독하는 역할을 수행하게 된다.
> B사에서는 스마트폰 앱 개발에 관심이 있는 직원들이 모여 정보 공유와 앱 공동개발을 목적으로 하는 ㉡'애플리메이킹' 조직을 구성하였다. 이 모임은 누구나 가입과 탈퇴가 자유로우며, 조직의 리더도 별도로 정해지지 않았다. 공동의 의견을 하나로 모아야 할 경우에는 항상 다수결로 결정하며 따로 정해진 모임 시간이나 규칙도 없이 온라인을 통한 구성원들의 대화가 주된 의사소통 방식이다.

① ㉠은 의도적으로 만들어진 조직이다.
② ㉠의 임무는 보통 명확하지 않고 즉흥적인 성격을 띤다.
③ ㉡은 공식적인 임무 이외에도 다양한 요구들에 의해 구성되는 경우가 많다.
④ ㉡의 구성원은 임의로 지정되어 구성된다.
⑤ ㉡의 활동은 자발적이며 행위에 대한 보상은 보람이다.

33. 다음은 조직에서 활용하고 있는 부서 구분과 해당 업무의 예를 나타낸 도표이다. (가) ~ (라)의 어느 곳에도 해당되지 않는 부서는?

부서명	업무 내용
(가)	의전 및 비서업무, 집기비품 및 소모품의 구입과 관리, 사무실 임차 및 관리, 차량 및 통신시설의 운영, 국내외 출장 업무 협조
(나)	조직기구의 개편 및 조정, 업무분장 및 조정, 노사관리, 평가관리, 상벌관리, 인사발령, 교육체계 수립 및 관리, 임금제도, 복리후생제도 및 지원업무, 복무관리, 퇴직관리
(다)	경영계획 및 전략 수립, 전사기획업무 종합 및 조정, 중장기 사업계획의 수립 및 조정
(라)	재무상태 및 경영실적 보고, 결산 관련 업무, 재무제표 분석 및 보고, 법인세·부가가치세·국세·지방세 업무자문 및 지원, 보험가입 및 보상업무

① 영업부　　② 기획부　　③ 회계부
④ 인사부　　⑤ 총무부

[34 ~ 35] 다음 글을 읽고 이어지는 질문에 답하시오.

　　조직의 경영전략은 경영자의 경영이념이나 조직의 특성에 따라 다양하다. 이 중에서 대표적인 경영전략으로 마이클 포터(Michael E. Porter)의 본원적 경영전략이 있다. 본원적 경영전략은 해당 사업에서 경쟁우위를 확보하기 위한 전략으로 단기우위 전략, 차별화 전략, 집중화 전략으로 구분된다.
　　원가우위 전략은 원가절감을 통해 해당 산업에서 우위를 점하는 전략으로, 이를 위해서는 대량 생산을 통해 단위 원가를 낮추거나 새로운 생산기술을 개발할 필요가 있다. 온라인 소매 업체가 오프라인에 비해 저렴한 가격과 구매의 편의성을 내세워서 시장 점유율을 넓히는 사례가 대표적이다. 차별화 전략은 조직이 생산품이나 서비스를 차별화하여 고객에게 독특한 가치로 인식되도록 하는 전략이다. 차별화 전략을 활용하기 위해서는 연구개발이나 광고를 통하여 기술, 품질, 서비스, 브랜드 이미지를 개선할 필요가 있다. 국내 주요 가전업체들이 경쟁업체의 저가 전략에 맞서 고급 기술을 적용한 고품질의 프리미엄 제품으로 차별화를 하여, 고가 시장의 점유율을 높여 나가는 사례가 대표적이다. 집중화 전략은 특정 시장이나 고객에게 한정된 전략으로, 원가우위나 차별화 전략이 산업 전체를 대상으로 하는 것과 달리 특정 산업을 대상으로 한다.

34. 다음 중 위의 세 가지 경영전략에 대한 특징으로 올바르지 않은 것은?

① 신기술 개발을 지양하고 가격경쟁력 확보에 주력하는 것은 원가우위 전략의 특징이다.
② 연구개발이나 광고를 통하여 기술, 품질, 서비스, 브랜드 이미지를 개선할 필요가 있는 것은 차별화 전략의 특징이다.
③ 저가 항공사들이 쓰는 대표적인 경영전략은 집중화 전략이다.
④ 온라인 소매 업체가 오프라인 대비 저렴한 가격과 구매의 편의성을 내세워서 시장 점유율을 높이는 것은 원가우위 전략의 특징이다.
⑤ 집중화 전략은 특정 시장에 한하여 원가우위 전략이나 차별화 전략을 활용하는 것이다.

35. 다음 ㉠, ㉡ 사례에 나타난 경영전략이 올바르게 연결된 것은?

> ㉠ 세탁기를 생산하는 L 전자는 최근 부진한 매출을 극복할 방안을 세탁기의 용량에서 찾았다. 경쟁업체들이 많아져 더 이상 제품의 새로운 기능 위주의 영업 전략으로는 한계가 있음을 파악한 L 전자는 최근 1인 가구가 증가하고 있다는 점에 착안하여 소형 세탁기를 출시하기로 하였다. 혼자 살거나 자녀가 없는 가구를 주 고객으로 하여 세탁기의 불필요한 기능을 과감하게 제거하고 비용은 낮추어 구매 욕구를 불러일으킬 수 있는 방안을 모색한 것이다. 기존 대용량 세탁기 생산은 유지하되, 1인 가구를 위한 초저가 소형 세탁기를 출시한 L 전자는 고객으로부터의 뜨거운 반응에 힘입어 매출 신장을 기대하고 있다.
> ㉡ 아웃도어 의류 생산 업체인 N사는 저가의 상품을 생산하는 경쟁업체들이 늘어나 시장 내 점유율이 계속 낮아져 고심 중이다. 최근 N사의 영업전략 회의에서 마케팅본부장 최 이사는 N사가 추구해야 할 경영전략은 고급화라는 점을 다시 한번 강조하며, N사의 제품을 구매하는 고객에게 다른 사람들과는 다른 최고급 의류를 구매한 것이라는 인식을 심어주기 위해 더욱 값비싼 소재를 사용한 높은 가치의 상품을 만들어야 한다는 의견을 제시하였다.

	㉠	㉡
①	원가우위 전략	차별화 전략
②	차별화 전략	원가우위 전략
③	차별화 전략	집중화 전략
④	집중화 전략	원가우위 전략
⑤	집중화 전략	차별화 전략

36. 다음은 G사의 조직도이다. 이에 대한 올바른 설명을 (가)~(라)에서 모두 고른 것은?

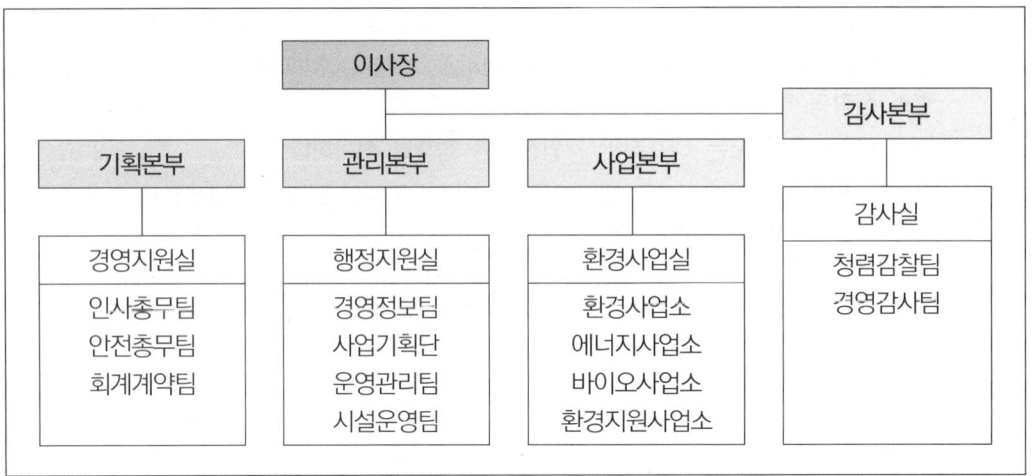

(가) 감사본부를 제외하면 기획본부가 가장 소규모 조직이다.
(나) 환경사업실 산하 조직의 업무는 이사장 보고 전에 감사본부를 거치게 된다.
(다) G사는 4본부 4실 8팀 1단 4사업소로 구성된 조직이다.
(라) 경영지원실의 업무는 G사 전체를 대상으로 한다.

① (가), (나)　　② (나), (다)　　③ (다), (라)
④ (가), (나), (다)　　⑤ (나), (다), (라)

37. 개인정보의 오·남용 피해를 방지하기 위하여 생활 속에서 실천해야 할 개인정보보호 수칙으로 알맞지 않은 것은?

① 회원가입을 하거나 개인정보를 제공할 때에는 개인정보취급방침 및 약관을 꼼꼼히 살핀다.
② 중요한 정보의 보관은 분실 위험이 있는 USB나 외장하드보다는 공유폴더를 사용하고, 비밀번호는 영어 알파벳, 숫자, 특수문자 등 3가지 종류 이상을 조합하는 것이 안전하다.
③ 자신이 가입한 사이트에 타인이 자신인 것처럼 로그인하기 어렵도록 비밀번호를 주기적으로 변경한다.
④ 금융거래 시 신용카드 번호와 같은 금융정보를 저장할 경우 암호화하여 저장하고 되도록 PC방 등의 개방된 환경에서 이용하지 않는다.
⑤ 아이핀(i-PIN)과 같이 가급적 안전성이 높은 주민번호 대체수단으로 회원가입을 하고, 꼭 필요하지 않은 개인정보는 입력하지 않는다.

38. 다음 글의 ㉠에 공통으로 들어갈 용어로 알맞은 것은?

> 코로나 바이러스 확산과 델타변이로 인한 국내 확진자 증가세가 연일 기록을 갱신하는 가운데 비대면 무인 (㉠) 이용이 증가 추세다. 사람을 직접 대면하지 않아도 결제를 할 수 있는 비대면 무인 (㉠) 플랫폼은 코로나 발생 이전부터 맥도날드, 버거킹 등 글로벌 브랜드를 중심으로 국내에 도입됐다. 코로나 바이러스 이후에는 장기간 지속된 경기침체에 따른 임대료, 인건비 등의 고정 비용 증가 부담을 낮추기 위해 무인 (㉠)을/를 이용하는 프랜차이즈, 카페, 병·의원, 주유소, 골프장 등이 급격히 늘어났다. (㉠)은/는 소비자가 외식업, 병원, 극장 등의 장소에서 간편하게 상품과 서비스를 주문할 수 있는 무인기기이다. 오프라인 매장 사업자는 (㉠)와/과 연동된 프로그램을 통해 매출, 재고 등을 비롯한 다양한 현황 파악과 동영상 광고 송출 등이 가능하다.

① ATM(Automated Teller Machine)
② AVM(Automatic Vending Machine)
③ POS(Point of Sale)
④ 키오스크(Kiosk)
⑤ OTT(Over the Top) 서비스

39. 6T 산업은 미래의 산업 변화에 대응하기 위한 새로운 분야로 성장성이 매우 높고 시장규모가 커서 우리나라가 주력해야 할 산업 분야이다. 다음 〈보기〉에서 설명하는 산업 분야는?

보기
- 유전공학, 단백질공학, 세포공학, 효소공학, 생물공정 등
- 바이오신약, 의료생체공학, 뇌 과학, 유전자치료, 유전자 변형 생물체, 유전체 이용 육종기술, 식품생명공학 기술 등 생명공학 응용기술
- 바이오칩기술, 생물정보학기술 등 생명공학기술 위주의 융합기술

① ET ② BT ③ NT
④ ST ⑤ CT

40. 최근 우리의 일상생활과 인터넷 서비스는 떼려야 뗄 수 없게 되었다. 우리가 업무 생활 혹은 일상생활에서 활용하고 있는 인터넷 서비스는 매우 다양한데, 다음 인터넷 서비스에 대한 설명으로 알맞지 않은 것은?

① SNS란 온라인 인맥 구축을 목적으로 개설된 커뮤니티형 웹사이트로 트위터, 페이스북, 인스타그램과 같은 1인 미디어와 정보 공유 등을 포괄하는 개념이다.
② 메신저란 인터넷에서 대화 상대방이 인터넷에 접속해 있는지를 확인하여 실시간으로 메시지와 데이터를 주고받을 수 있는 소프트웨어이다.
③ 다크웹이란 사용자들이 복잡한 정보를 보관하기 위해 별도의 데이터 센터를 구축하고 인터넷을 통해 제공되는 서버를 활용해 정보를 보관하고 있다가 필요할 때 꺼내 쓰는 기술을 말한다.
④ 전자상거래란 인터넷이라는 전자 매체를 통하여 상품을 사고팔거나 재화나 용역을 거래하는 사이버 비즈니스를 뜻하며 넓은 뜻으로의 전자상거래는 소비자와의 거래뿐만 아니라 거래와 관련된 공급자, 금융기관, 정부기관, 운송기관 등과 같이 거래에 관련되는 모든 기관과의 관련 행위를 포함한다.
⑤ 인터넷 디스크는 파일 올리고 내리기, 파일 및 폴더의 생성·변경·이동 등의 다양하고 편리한 기능을 제공해 많은 가입자를 확보하고 있으며 현재 웹하드, 웹 디스크 등의 명칭으로 잘 알려져 있다.

41. 네티켓은 통신망을 뜻하는 네트워크와 예절을 뜻하는 에티켓의 합성어로, 네티즌이 사이버 공간에서 지켜야 할 비공식적인 규약이다. 다음 ㉠과 ㉡에 들어갈 말로 적절한 것은?

(㉠)을/를 사용할 때의 네티켓	(㉡)을/를 사용할 때의 네티켓
• 마주 보고 이야기하는 마음가짐으로 임한다. • 엔터키를 치기 전에 한 번 더 생각한다. • 유언비어와 속어, 욕설은 삼가고 상호비방의 내용은 금한다.	• 글의 내용은 간결하게 요점만 작성한다. • 제목에는 글의 내용을 파악할 수 있는 함축된 단어를 쓴다. • 글의 내용 중에 잘못된 점이 있으면 빨리 수정하거나 삭제한다.

	㉠	㉡
①	게시판 사용	온라인 대화
②	온라인 대화	게시판 사용
③	공개 자료실	온라인 대화
④	전자우편 사용	게시판 사용
⑤	온라인 대화	공개 자료실

42. 다음 〈설명〉을 읽고 (가)와 (나)에 해당하는 기술능력의 하위능력을 바르게 짝지으면?

> **설명**
>
> (가)
> • 문제해결을 위한 최적의 기술은 무엇인가?
> • 업무의 목적에 맞는 도구나 기술은 무엇인가?
>
> (나)
> • 업무 수행 과정에서 장비 및 기계를 활용할 수 있는가?
> • 업무의 목적에 맞게 도구나 기술을 활용할 수 있는가?

	(가)	(나)
①	기술이해능력	기술선택능력
②	기술선택능력	기술이해능력
③	기술선택능력	기술적용능력
④	기술적용능력	기술선택능력
⑤	기술적용능력	기술이해능력

43. 산업재해에서 안전행동에 영향을 주는 개인의 심리적 특성 5가지 중 다음 〈보기〉에 해당하는 것은?

> **보기**
>
> 외부에서 발생한 사건을 자신이 통제할 수 있다고 믿는 사람과 그렇지 않은 사람이 있다. 이들 중 우연, 행운, 운명 등 외적인 요인에 비중을 두는 사람보다 이러한 요인을 자신이 통제할 수 있다고 믿는 사람이 안전수칙을 더 많이 준수하고 안전행동을 많이 하는 것으로 분석된다.

① 성격 ② 동기 ③ 인지
④ 정서 ⑤ 건강

44. 다음 중 기술의 일반적인 특징에 대한 설명으로 잘못된 것을 모두 고르면?

> ㉠ 기술은 노와이(know-why)를 표방한다. 즉 기술을 설계하고, 생산하고, 사용하기 위해 필요한 정보, 기술, 절차를 갖는데 노와이(know-why)가 필요하다.
> ㉡ 기술은 하드웨어를 생산하는 과정이고 인간의 능력을 확장시키기 위한 하드웨어와 그것의 활용을 뜻한다.
> ㉢ 기술은 인간에 의해 만들어진 비자연적인 대상을 의미한다.
> ㉣ 기술은 협의의 개념으로 정리하면 모든 직업체계에서 필요로 하는 기술적 요소들로 이루어진 것이다.
> ㉤ 기술은 정의 가능한 문제를 해결하기 위해 순서화되고 이해 가능한 노력이다.

① ㉠, ㉡ ② ㉠, ㉣ ③ ㉡, ㉢
④ ㉠, ㉢, ㉤ ⑤ ㉢, ㉣, ㉤

45. 다음 기술시스템의 발전단계에 대한 설명으로 옳지 않은 것은?

1단계	발명 · 개발 · 혁신의 단계
2단계	기술 이전의 단계
3단계	기술 경쟁의 단계
4단계	기술 공고화 단계

① 기술시스템은 미국의 기술사학자 휴즈가 에디슨의 전력 시스템이 발전하는 과정을 일반화한 것이다.
② 1단계의 혁신은 자본 투자, 인력 투자, 연구 노력에 의해 생산된 인간의 지적창작물로서 이용할 수 있는 새로운 기술을 만드는 것이다.
③ 기술시스템을 디자인하고 초기 발전을 추진하는 기술자들의 역할은 1단계와 2단계에서 중요하다.
④ 경쟁에서 승리한 기술시스템의 관성화가 이루어지는 단계는 4단계이다.
⑤ 3단계에서는 기업가들의 역할이 중요해지고 4단계에서는 자문 엔지니어와 금융전문가들의 역할이 중요하다.

46. 다음 중 밑줄 친 ㉠에 들어갈 기술 분야로 가장 적절한 것은?

〈새로운 기술과 직업〉

□ 기술 분야
　　㉠

□ 새로운 직업들
　(1) 빅데이터 전문가 : 실시간으로 방대한 데이터를 분석하고 관리해 사람들의 행동 유형이나 시장 상황 등을 예측한다.
　(2) 디지털 증거 분석관 : 사이버 공간에서 발생하는 범죄의 증거를 수집하고 분석한다.
　(3) 소프트웨어 자산 관리사 : 기업이 보유한 소프트웨어를 효과적으로 관리 · 통제 · 보호한다.

① 바이오 기술　　② 항공우주 기술　　③ 정보통신 기술
④ 환경과 건설 기술　　⑤ 로봇과 자동화 기술

47. 다음은 신입사원들이 '대인관계 역량강화' 교육을 수강한 후에 나눈 대화 내용이다. 이들 중 대인관계능력을 향상하는 방법에 대한 이해가 바르지 못한 사람은?

> A 사원 : 좋은 대인관계를 유지하기 위해 약속한 일은 반드시 실천해서 신뢰를 쌓아야 한다는 것을 배웠어.
> B 사원 : 맞아. 열심히 실천하는 사람이니까 실수가 많아도 사소한 것 정도는 그냥 넘어가준다면 신뢰를 더욱 유지할 수 있어.
> C 사원 : 나는 우선적으로 상대에 대한 이해와 양보가 더 중요하다고 생각해. 늘 상대의 관점에서 생각해보는 태도가 필요해.
> D 사원 : 그뿐만 아니라, 상대방에 대한 칭찬과 감사의 표시는 서로 간의 신뢰를 형성하고 사람의 마음을 움직이게 하는 것 같아.
> E 사원 : 맞아, 그렇게 유대감을 깊게 형성하는 것이 대인관계의 바탕이 될 테니까.

① A 사원
② B 사원
③ C 사원
④ D 사원
⑤ E 사원

48. 다음은 외국 바이어와 수출 협상을 하던 최 팀장과 김 대리가 중간 휴식 시간에 나눈 대화 내용이다. 이를 근거로 할 때, 휴식 시간이 끝난 후 최 팀장과 김 대리가 접어들 협상 단계는?

> 김 대리 : 팀장님, 저 친구들이 우리 기술과 스펙을 가지고 고개를 갸우뚱하는 것 보셨죠? 뭔가 트집을 잡으려고 하는 걸까요?
> 최 팀장 : 거래 한두 번 해보나. 기술과 스펙은 우리가 다 검토해서 문제가 없다고 결론은 냈을거고 속마음은 다른 데 있을 거야.

① 실질 이해 단계
② 상호 이해 단계
③ 해결 합의 단계
④ 대안 제시 단계
⑤ 협상 합의 단계

49. 다음은 고객 불만 처리를 위한 8단계 프로세스이다. 빈칸 (가)와 (나)에 들어갈 단계가 바르게 짝지어진 것은?

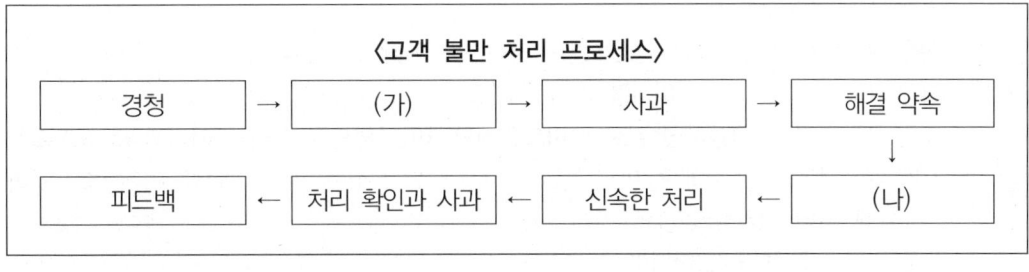

      (가)   (나)
① 감사와 공감 표시   유사 사례 조사
②   진위 확인   정보 파악
③   민원 접수   정보 파악
④ 감사와 공감 표시   정보 파악
⑤   민원 접수   유사 사례 조사

50. 다음 (가)～(라)는 주변에서 흔히 발생할 수 있는 갈등의 사례이다. 유형이 같은 사례끼리 짝지은 것은?

> (가) 김 대리는 박 과장과 공동으로 프로젝트를 수행하고 있지만, 박 과장이 외국에서 살다 와서 그런지 협동심이 부족하고 개인주의가 너무 강해서 자꾸 충돌이 생긴다.
> (나) 자금 담당인 곽 대리는 재고를 줄여 비용을 절감해 자금 부족을 해결하자고 주장하는 반면, 구매 담당인 박 대리는 재고를 줄이는 것은 근시안적인 처방이며 오히려 간접비를 줄여야 한다고 주장한다.
> (다) 이 과장은 어제 자신이 거래처에서 향응을 제공받았다는 소문이 돌았다는 것을 알게 되었다. 확인해 보니 소문의 진원지는 최 과장이었다. 그러나 막상 최 과장은 그런 적이 없다고 호소한다.
> (라) 팀 단합대회를 계획 중인데, 오 대리는 한적한 바닷가 주변에 숙소를 잡자고 하는 반면 한 과장은 인근 산에 숙소를 잡기를 원한다.

① (가), (나)   ② (가), (라)   ③ (나), (다)
④ (나), (라)   ⑤ (다), (라)

51. 다음과 같은 유형의 손님을 응대하는 방법으로 적절하지 않은 것은?

> 고객 : 이거 다 오늘 만든 거 맞아요?
> 점원 : 네 맞습니다. 저희는 당일 만든 반찬만 판매하고 있습니다.
> 고객 : (미심쩍다는 듯이) 이거랑 이거 주세요.
> 점원 : 네 고객님. 말씀하신 걸로 담아드릴게요. 이건 덤으로 드리는 거니까 또 오세요.
> 고객 : 아 됐어요. 안 살래요. 며칠 지난 거니까 덤으로 주는 거 아니에요? 이거 먹고 탈이라도 나면 책임질 건가요?
> 점원 : 손님, 그런 뜻이 아니라……
> 고객 : 제가 한식 자격증도 있어서 음식에 대해서 좀 아는데, 반찬 상태가 좋아 보이지 않아요. 그리고 저는 원래 백화점만 다니는 사람인데 하필 오늘 백화점이 문을 닫아서 여기로 왔더니, 지금 동네 가게나 다니는 사람으로 취급하는 거예요?

① 명확한 화법으로 시원스럽게 처리하는 모습으로 응대한다.
② 과시욕을 채울 수 있게 마음껏 표현하도록 내버려 둔다.
③ 분명한 증거나 근거를 제시한다.
④ 최대한 공손한 모습을 보이며 태도에 불만을 갖지 않도록 한다.
⑤ 점장을 불러서 설명하도록 한다.

52. 다음 중 경력개발 단계에 대한 설명으로 적절하지 않은 것은?

① 직무정보를 탐색할 때는 관심 직무에 필요한 자질, 고용이나 승진 전망, 직무만족도 등을 알아내야 한다.
② 일기 등을 통한 성찰이나 주변 지인과의 대화를 통해 자신과 환경을 이해할 수 있다.
③ 직무와 자신, 환경에 대한 이해를 바탕으로 장기목표는 향후 5~7년, 단기목표는 향후 2~3년 사이의 목표를 수립한다.
④ 업무시간에 하는 경력개발보다 업무 외 시간에 하는 경력개발을 통해 더 많은 자원을 얻을 수 있다.
⑤ 실행 시에는 자신이 수립한 전략이 경력목표를 달성하기에 충분한지 검토한다.

53. 자기개발을 방해하는 요인에는 내재적 요인과 외재적 요인이 있다. 다음 중 외재적 요인에 해당하는 사례는?

① 자기개발보다 먼저 실현하고자 하는 욕구가 있을 경우
② 자기개발을 위한 구체적인 방법을 모를 경우
③ 자기개발을 위한 시·공간적 한계가 일부 있을 경우
④ 자기개발보다 현실에 안주하고자 하는 습성이 있을 경우
⑤ 자기개발 프로그램 등 관련 정보에 대한 지식이 부족한 경우

54. 직장인의 자기개발은 자아인식, 자기관리 및 경력개발로 이루어진다. 이 중에서 자아인식은 자신의 가치, 신념, 흥미, 적성, 성격 및 정체성 등을 파악하는 것으로, 이에 대한 표준화된 검사들이 있다. 다음 중 자아인식을 위한 심리검사가 아닌 것은?

① MBTI검사
② 덴버발달검사
③ 다면적인성검사
④ 로샤검사
⑤ 웩슬러지능검사

55. 자아인식 모델인 조하리의 창(Johari's Window)에 대한 설명으로 옳지 않은 것은?

① 사람의 성향을 나타내는 57개의 형용사(친절한, 감성적인, 이성적인 등) 중에서 피평가자 본인과 피평가자를 잘 아는 타인이 각각 피평가자의 성향을 가장 잘 나타내는 형용사 6개씩을 선택해서 분석하는 방법으로 진행한다.
② 사람의 마음은 열린 창(Open Window), 눈먼 창(Blind Window), 숨겨진 창(Hidden Window), 미지의 창(Unknown Window)의 4개의 영역으로 구성된다고 보았다.
③ 사람은 자기가 보는 자신의 모습과 타인이 보는 자신의 모습이 일치할수록 더 많은 행복과 안정된 성격을 갖게 된다고 한다.
④ 타인과의 관계에서 자신의 성향이 어떤지 분석하고 관계 향상을 위해 어떤 부분을 개선하면 좋을지 파악하는 데 유용한 분석틀이다.
⑤ 미국의 심리학자 L. Johari가 1955년 발표한 논문을 통해 개발된 이론이다.

56. 다음 중 ㉠ ~ ㉢에 들어갈 단어를 올바르게 연결한 것은?

> 개인의 브랜드화라는 것은 개개인 스스로가 모든 것이 변화하는 시대에 유연하게 대처할 수 있는 통찰력과 경쟁력을 갖추고 가치가 있음을 증명하는 것이다. 사랑받는 브랜드의 조건을 안다면, 이에 따라 자신을 차별적으로 브랜드화하기 위한 전략을 수립할 수 있을 것이다. 사랑받는 브랜드의 요건에는 다음과 같은 세 가지가 있다.
>
> (㉠) : 브랜드를 소유하거나 사용해 보고 싶다는 동기를 유발하는 욕구이며 사람들로부터 자신을 찾게 하기 위해서 다른 사람과 다른 차별성을 가질 필요가 있는 것
>
> (㉡) : 오랜 기간 관계를 유지해 온 브랜드에 대한 친숙한 느낌으로 다른 사람과의 관계를 돈독히 유지하기 위해 노력하고, 자신의 내면을 관리하여 긍정적인 마인드를 가짐으로써 생길 수 있는 것
>
> (㉢) : 소비자가 브랜드와 애정적 관계를 유지하겠다는 약속으로 소비자에게 신뢰감을 주어 지속적인 소비가 가능하도록 하는 것

	㉠	㉡	㉢		㉠	㉡	㉢
①	친근감	열정	책임감	②	소유욕	애정	믿음
③	열정	소유욕	믿음	④	열정	친근감	책임감
⑤	친근감	애정	책임감				

57. 다음 중 직업인으로서의 기본자세와 그 내용에 대한 설명으로 옳지 않은 것은?

① 소명의식 : 자신이 맡은 일은 하늘에 의해 맡겨진 일이라고 생각하는 태도
② 책임의식 : 직업에 대한 사회적 역할과 책무를 수행하고 책임을 다하는 태도
③ 원칙의식 : 자신이 하고 있는 일이 사회나 기업을 위해 중요한 역할을 하고 있다고 믿고 자신의 활동을 수행하는 태도
④ 전문가의식 : 자신의 일이 누구나 할 수 있는 것이 아니라 해당 분야의 지식과 교육을 밑바탕으로 성실히 수행해야만 가능한 것이라 믿고 수행하는 태도
⑤ 봉사의식 : 직업 활동을 통해 다른 사람과 공동체에 봉사하는 정신을 갖추고 실천하는 태도

58. 다음 중 공동체의 윤리 덕목 중 하나인 '책임'의 의미에 대한 설명으로 적절하지 않은 것은?

① 다른 사람을 비판만 하는 것은 문제를 해결하는 진정한 해결책이 될 수 없다고 믿는 태도
② 누구의 잘못이든지 상관없이 어떤 상황에 있어서도 스스로를 주체라고 생각하는 태도
③ 직업인으로서 개인의 이익보다 더 큰 조직이나 사회에 공헌할 수 있는 부분이 무엇인가에 대해 고민하는 태도
④ 나의 행동과 선택이 결과에 영향을 미칠 수 있다고 믿는 태도
⑤ 나의 업무는 나 자신보다는 남을 위하여 일하는 것이라는 태도

59. 다음 〈사례〉를 참고할 때, '봉사'의 의미로 적절한 것은?

사례

소고기 전문점을 운영하는 Y 씨는 지난 2월부터 인근 독거노인들에게 하루 설렁탕 30그릇씩 한 달에 1천 그릇을 무상으로 제공하고 있다. 코로나19로 경로당이 폐쇄돼 끼니를 해결하기 어려운 노인이 늘었다는 소식을 듣고서다. Y 씨는 "음식 장사를 30년 했지만 코로나 사태가 닥친 지금이 제일 힘들긴 하다."라면서도 "이제 은퇴가 머지않았는데 이때 아니면 언제 좋은 일을 할까 싶어서 결심했다. 음식 재료가 빨리 회전되니 장사에도 도움이 된다."라고 호탕하게 웃었다. 코로나19 팬데믹으로 큰 폭의 매출감소를 겪으면서도 자신보다 더 어려운 이들을 위해 발 벗고 나서게 된 것이다.

① 시민으로서의 권리를 보장받고, 다른 사람의 권리를 보호해 주며 사회 질서를 유지하는 태도
② 사회 구성원으로서 신뢰를 형성하고 유지하는 데 필요한 가장 기본적이고 필수적인 규범
③ 명시화된 업무가 아니더라도 타인을 배려하고 자신을 희생하여 조직과 사회에 기여하는 태도
④ 공통된 생활방법으로 정립되어 관습적으로 행해지는 사회계약적인 생활규범
⑤ 직업에 대한 사회적 역할과 책무를 충실히 수행하며 맡은 업무를 어떠한 일이 있어도 수행해 내는 태도

60. 다음 글을 참고할 때, 직장 내 성희롱에 대한 인식과 그 판단 기준으로 적절하지 않은 것은?

> 여성가족부가 발표한 '2018 성희롱 실태조사 결과'에 따르면, 전체 응답자 약 1만 명 중 8.1%가 최근 3년간 직장에서 성희롱 피해를 경험한 적이 있다고 응답했다. 성희롱은 '업무와 관련하여 성적 언어나 행동 등으로 굴욕감을 느끼게 하거나 성적 언동 등을 조건으로 고용상 불이익을 주는 행위'이다. 형사처벌 대상으로서의 범죄행위인 '성추행'이나 '성폭행'과는 구분되어 형사처벌 대상은 아니지만, 성희롱 행위에 대해 회사는 필요한 인사조치 또는 징계조치를 해야 하고, 피해자는 가해자에게 민사상 손해배상을 청구할 수 있다. 어떤 행위가 성희롱이냐 하는 데 있어서 법률적인 기준의 특징은 가해자가 '의도적으로 성희롱을 했느냐'를 중시하는 것이 아니라 피해자가 '성적 수치심이나 굴욕감을 느꼈는지 아닌지'를 중요한 기준으로 삼는 것이다.

① 직장 내에서 성희롱 범죄가 발생하였을 경우, 가해자에 대해서는 법률적인 책임뿐 아니라 직장에서도 상응하는 징계가 이루어져야 한다.
② 성적 언동 및 요구는 성적 함의를 포함하는 언행과 요구 모두를 말한다.
③ 성희롱은 행위자가 한 행동에 포함된 성적 의도의 여부를 가장 중요한 판단 기준으로 삼는다.
④ 성적 수치심은 성적 언동 등으로 인해 피해자가 느끼는 불쾌한 감정으로, 그 느낌은 행위자가 아닌 피해자의 관점을 기초로 판단해야 한다.
⑤ 성희롱은 「남녀고용평등과 일·가정 양립 지원에 관한 법률」에 명문화되어 있으나 형사처벌 대상은 아니다.

대기업·금융

 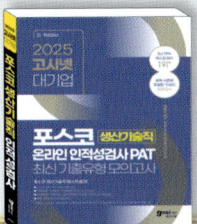   

저마다의 일생에는,
특히 그 일생이 동터 오르는 여명기에는
모든 것을 결정짓는 한 순간이 있다.
그 순간을 다시 찾아내는 것은 어렵다.
그것은 다른 수많은 순간들의 퇴적 속에
깊이 묻혀있다.

- 장 그르니에, 섬 LES ILES

NCS 직업기초능력평가

2026

고시넷 공기업

고졸채용 NCS
통합기본서

정답과 해설

공기업 고졸채용
NCS 기출예상모의고사
일반고 | 특성화고 | 마이스터고
공기업 취업특강

- 고졸채용 NCS 베스트셀러!
- 공기업 고졸채용 필기전형(직업기초능력평가) 대비
- 최신 기출문제로 구성한 모의고사 6회분 수록

www.gosinet.co.kr

NCS 직업기초능력평가

고시넷 공기업

고졸채용 NCS
통합기본서

정답과 해설

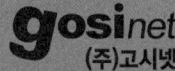

정답과 해설

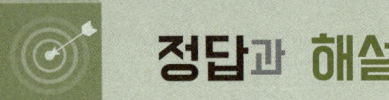

권두부록 NCS 대표기출유형

01 의사소통

▶ 문제 22쪽

| 01 | ① | 02 | ③ | 03 | ⑤ | 04 | ② | 05 | ④ |
| 06 | ③ | 07 | ① | | | | | | |

01 문서작성능력 공문서 작성하기

| 정답 | ①

| 해설 | 다. 1)에 따라 본문 내용의 마지막 글자에서 한 글자를 띄우고 '끝'을 표시해야 하므로 ㉠이 옳은 표기이다.

| 오답풀이 |

②, ③ 본문에 첨부물이 있으므로 다. 2)에 따라 붙임 표시문 다음 한 글자를 띄우고 '끝'을 표시한 ㉡이 옳은 표기이다.

④ 본문이 표로 끝나므로 다. 4)에 따라 표 아래 왼쪽 한계선에서 한 글자 띄우고 '끝'을 표시한 ㉢이 옳은 표기이다.

02 문서이해능력 세부 내용 이해하기

| 정답 | ③

| 해설 | 글에서 설명하는 업무협약에 대한 자세한 안내는 A 기관 인증사무국에서 받을 수 있다고 설명하고 있다.

03 문서이해능력 세부 내용 이해하기

| 정답 | ⑤

| 해설 | 두 번째 문단에 '앞으로는 징계의결 전 자체감사에서도 고의 또는 중과실이 아니면 책임을 묻지 않도록 했다'는 내용이 언급되어 있다. 따라서 중과실일 경우 책임을 물을 수 있다.

| 오답풀이 |

① 두 번째 문단과 세 번째 문단을 통해 위원회의 심의 · 의결의 면책 범위가 확대되고 종전 15명 이내의 규모가 45명까지 확대되었다는 것을 알 수 있다.

② 첫 번째 문단을 통해 '각계 다양한 민간 전문가가 참여'함을 알 수 있으며, 적극행정위원회의 각주 설명을 통해 각 기관별로 설치되어있다는 사실을 알 수 있다.

③ 세 번째 문단에 '이해관계가 대립하는 사안 등은 이해관계자가 회의에 직접 참여할 수 있도록 하여 보다 심층적이고 면밀하게 논의한다'는 내용이 언급되어 있다.

④ 네 번째 문단의 '적극행정을 추진하여 성과를 낸 공무원에게는 ~ 인사상 우대조치가 활성화될 수 있도록 했다'는 내용을 통해 알 수 있다.

04 경청능력 경청의 구성요소 알기

| 정답 | ②

| 해설 | 적극적 경청은 자신이 상대방의 이야기에 집중하고 있음을 행동을 통해 외적으로 표현하며 듣는 것을 의미한다.

(가) 상대의 말을 반복하는 것은 공감적 태도를 보여 주는 적극적 경청의 자세라는 내용이므로 ㉠이 적절하다.

(나) 대화내용과 상대에게 집중하기 위해서는 어느 정도 준비가 필요하고 스스로도 노력해야 한다는 내용이므로 ㉣이 적절하다.

(다) 상대의 말을 끊거나 가로채는 것은 적극적 경청의 태도가 아니라는 내용이므로 ㉢이 적절하다.

(라) 대화내용에 대한 질문은 공감적 태도를 보이는 것이라는 내용이므로 ㉡이 적절하다.

05 의사표현능력 발표자의 태도 이해하기

| 정답 | ④

| 해설 | 꿀벌 개체 감소의 위험성을 알리는 것이 목적인 발표회로 찬반논쟁에 대한 주의사항은 적절하지 않다.

| 오답풀이 |

① 발표자가 발표 시 리듬감을 주면 청자의 주의를 집중시키는 데 효과적이다.

② 위험에 대한 소재는 무겁고 진지한 분위기가 우선되어야 하므로 유머의 사용은 피한다.

06 문서작성능력 | 글의 서술방식 파악하기

|정답| ③

|해설| 네 번째 문단을 통해 사회민주주의가 아니라 '새로운 사회민주주의'를 실천해야 한다고 주장한 것을 알 수 있다. 새로운 사회민주주의는 사회적 약자가 노동 시장에서 활동할 수 있도록 돕는 복지의 일환으로 기존의 사회민주주의와는 그 개념이 다르다.

|오답풀이|
① 첫 번째 문단에서 노동의 우울한 전망을 이야기했던 제러미 리프킨, 울리히 벡, 앤서니 기든스에 대해 소개하고 있다.
② 두 번째 문단을 통해 리프킨이 대규모 실업사태를 해결하기 위한 방안으로 제3부문의 필요성을 주장하고 있음을 알 수 있다.
④ 세 번째 문단을 통해 시민노동이 취업노동의 대체물임을 알 수 있다.
⑤ 두 번째 문단, 세 번째 문단, 네 번째 문단을 통해 각 학자별 노동의 전망에 대한 의견과 이에 대한 방안을 알 수 있다.

07 문서작성능력 | 올바른 한글맞춤법 적용하기

|정답| ①

|해설| '떨어트리다'와 '떨어뜨리다' 모두 위에 있던 것을 아래로 내려가게 하다는 의미의 복수표준어이다.

|오답풀이|
② 위촉(委囑)은 어느 일을 남에게 부탁하여 맡게 하다는 의미로, ⓒ에는 문맥상 힘에 눌려 기를 펴지 못한다는 의미의 '위축'이 들어가는 것이 적절하다.
③ ⓒ에는 문맥상 일정한 상태를 유지하다는 의미의 '안정적으로'가 들어가는 것이 적절하다.
④ '나뉘다'는 '나누다'의 피동사인 '나누이다'의 준말로, ⓔ의 문장에서는 피동사가 아닌 '나누다'를 활용하여 '나누어'가 들어가는 것이 적절하다.
⑤ 모음이나 'ㄴ' 받침 다음의 률(率)은 '율'로 표기하고, 그 외의 경우는 본음대로 '률'로 표기한다. 따라서 상승+률은 원음대로 '상승률'이 적절한 표기이다.

02 수리

▶ 문제 30쪽

01	④	02	①	03	③	04	③	05	①
06	①	07	②	08	④	09	③	10	⑤
11	④	12	④	13	②				

01 기초연산능력 | 단위 환산하기

|정답| ④

|해설| 1km는 1,000m이고, 1시간(h)은 3,600초(S)이므로 150m/s를 km/h로 환산하면
$150 \times \dfrac{1}{1,000} \times 3,600 = 540$(km/h)이다.

02 기초연산능력 | 단위 환산하기

|정답| ①

|해설| 1리는 0.001, 1할은 0.1이므로 1리는 0.01할이다.

|오답풀이|
② 1L는 가로, 세로 높이가 각각 10cm인 정육면체의 들이이므로 1L=1,000cm³이다.
③ 1t=1,000kg, 1kg=1,000g이므로 1t=1,000,000g이다.
④ 1km=1,000m, 1m=100cm이므로 1km=100,000cm이다.
⑤ 1km²=1km×1km=1,000m×1,000m이므로 1km²=1,000,000m²이다.

03 기초연산능력 | 거듭제곱 활용하기

|정답| ③

|해설| 세균이 1시간마다 2배로 증가하므로 n시간 후에는 2^n배만큼 증가한다. 따라서 현재 세균 수가 3,000마리이므로 4시간 후에는 총 $3,000 \times 2^4 = 48,000$(마리)가 된다.

04 기초연산능력 부등식 활용하기

| 정답 | ③

| 해설 | 올해 월급여는 전년대비 10%인상 되었으므로 300(만 원)×$\frac{110}{100}$=330(만 원)이며, 이 중 20%를 저축한다고 했으므로 매달 330(만 원)×$\frac{20}{100}$=66(만 원)을 저축하게 된다. 저축한 횟수를 x번이라 하면 다음과 같은 부등식이 성립한다.

$660,000x \geq 10,000,000$

$x \geq 15.15\cdots$

따라서 처음으로 저축통장 잔고가 1,000(만 원) 이상이 되는 때는 16번째 저축을 끝낸 이후이다.

05 기초연산능력 거리·속력·시간 활용하기

| 정답 | ①

| 해설 | A 점장이 출발하고 30분 뒤에 B 대리가 뒤쫓아 가 A 점장과 만날 때, A 점장과 B 대리가 이동한 거리는 동일하다. B 대리가 뒤쫓아 가 x분 뒤에 A 점장과 만났다면, 다음의 식이 성립한다.

$50 \times 30 + 50x = 300x$

$1,500 + 50x = 300x$

$1,500 = 250x$

$\therefore x = 6(분)$

따라서 A 점장이 출발한 지 36분 뒤 A 점장과 B 대리가 만나게 된다.

| 오답풀이 |

② B 대리는 A 대리를 뒤쫓은 지 6분 뒤에 A 점장과 만난다.

③, ④ A 점장과 B 대리가 만나는 지점은 대리점에서부터 300×6=1,800(m) 지점이며, 대리점에서 본사까지의 거리가 2km이므로 A 점장과 B 대리는 본사 200m 앞에서 만나게 된다.

06 기초연산능력 분산·평균·중앙값 계산하기

| 정답 | ①

| 해설 | 분산은 평균을 기준으로 분포하는 숫자가 넓게 퍼져있는 정도를 의미하는 것으로, 각각의 숫자를 평균으로 뺀 값의 제곱을 모두 합하고, 이를 전체 개수로 나누어 구한다. 인재개발팀과 자산관리팀의 평균 점수는 모두 60점이므로, 두 팀의 업무평가 점수의 분산을 각각 계산하면 다음과 같다.

• 자산관리팀

$$\frac{(30-60)^2+(40-60)^2+(50-60)^2+(60-60)^2+(70-60)^2+(80-60)^2+(90-60)^2}{7}$$

$$=\frac{900+400+100+0+100+400+900}{7}=400$$

• 인재개발팀

$$\frac{(57-60)^2+(58-60)^2+(59-60)^2+(60-60)^2+(61-60)^2+(62-60)^2+(63-60)^2}{7}$$

$$=\frac{9+4+1+0+1+4+9}{7}=4$$

따라서 인재개발팀의 분산은 자산관리팀보다 작다.

| 오답풀이 |

② 자산관리팀과 인재개발팀의 평균 점수는 모두 $\frac{420}{7}$=60(점)으로 동일하다.

③ 인재개발팀의 점수 범위는 가장 높은 점수와 가장 낮은 점수의 차이인 63-57=6이다.

④ 자산관리팀과 인재개발팀의 업무평가 점수의 중앙값은 모두 60으로 같다.

07 기초연산능력 평균 활용하기

| 정답 | ②

| 해설 | A 씨의 근속연수를 x라고 하면 다음과 같은 식이 성립한다.

$$\frac{3+5+7+10+15+18+6+7+12+8+10+16+x}{13}=10$$

$117+x=130$

$\therefore x=13$

따라서 A 씨가 최소 13년을 근무해야 한다.

08 기초통계능력 | 경우의 수 구하기

| 정답 | ④

| 해설 | A와 B가 같은 조에 배정되어야 하므로 A, B를 하나로 묶어 5명을 줄 세우는 경우의 수를 구하면 5!×2=240(가지)이다. 일렬로 줄을 세운다고 가정하면 첫 번째 ~ 세 번째 자리를 1조, 4번째 ~ 6번째 자리를 2조라고 했을 때 만약 A(또는 B)가 세 번째 자리, B(또는 A)가 네 번째 자리에 배정된다면 A와 B가 다른 조가 된다. 즉 240가지에서 A, B를 세 번째, 네 번째 자리에 고정해 놓은 다음 나머지를 배정하는 경우의 수인 4!×2=48(가지)를 빼면 된다. 따라서 가능한 경우의 수는 240−48=192(가지)이다.

09 기초통계능력 | 확률 계산하기

| 정답 | ③

| 해설 | 우선 전체 직원 중 한 명을 선택했을 때 30대 이상인 직원을 선택할 확률은 다음과 같다.

$$\frac{60}{100} \times \frac{40}{100} + \frac{40}{100} \times \frac{65}{100}$$

30대 여성 직원 중 육아휴직을 사용한 여성 직원을 선택할 확률은 다음과 같다.

$$\frac{60}{100} \times \frac{40}{100} \times \frac{30}{100}$$

따라서 30대 이상 직원 중 육아휴직을 사용한 여성 직원을 선택할 확률은 다음과 같다.

$$\frac{\frac{60}{100} \times \frac{40}{100} \times \frac{30}{100}}{\frac{60}{100} \times \frac{40}{100} + \frac{40}{100} \times \frac{65}{100}}$$

$$= \frac{60 \times 4 \times 3}{60 \times 40 + 40 \times 65}$$

$$= \frac{60 \times 3}{10 \times (60 + 65)}$$

$$= \frac{18}{125}$$

10 도표작성능력 | 도표의 종류 이해하기

| 정답 | ⑤

| 해설 | 방사형 그래프(거미줄 그래프)는 측정 대상을 구성하는 다양한 요소를 비교할 때나 경과를 나타내기에 적절한 그래프이다. 상품별 매출액 추이를 표현하는 그래프로는 선 그래프나 이를 변형한 층별 그래프를 사용하는 것이 적절하다.

| 오답풀이 |

① 원 그래프는 내용의 구성비를 분할하여 나타내기에 적절하다.
② 막대 그래프는 수량의 대소 관계를 비교하기에 적절하다.
③ 선 그래프는 내용의 시간적 추이(시계열 변화)를 표시하기에 적절하다.
④ 점 그래프는 두 가지 기준에 따른 대상의 평가나 위치, 성격을 표시하기에 적절하다.

11 도표작성능력 | 적합한 그래프 선택하기

| 정답 | ④

| 해설 | 대중교통 사용 목적의 시간적 추이(시계열 변화)를 표시하기에 적합한 그래프는 꺾은선 그래프이다. 꺾은선 그래프는 경과·비교·분포를 비롯하여 상관관계 등을 나타내기에 적합하다.

12 도표분석능력 | 자료의 수치 분석하기

| 정답 | ④

| 해설 | (가) D 구에서 다른 구로 전출한 사람은 25명, 다른 구에서 D 구로 전입한 사람은 45명이므로 D 구의 근로자 수는 총 20명 증가하였다. 20X3년에는 310명으로, 20X2년 290명보다 20명 증가하였으므로 신규 채용으로 늘어난 인원은 없다.
(나) 〈표 2〉를 통해 타 구에서 각 구로 전입한 인원수를 구하면 A 구는 27명, B 구는 41명, C 구는 39명, D 구는 45명임을 알 수 있다. 따라서 타 구에서의 전입 인원이 가장 많은 지역은 D 구로 옳은 설명이다.
(다) 각 구별로 전출 인원 대비 전입 인원을 구하면 다음과 같다.

- A 구 : $\frac{27}{45} ≒ 0.6$(명)
- B 구 : $\frac{41}{50} ≒ 0.8$(명)
- C 구 : $\frac{39}{32} ≒ 1.2$(명)
- D 구 : $\frac{45}{25} = 1.8$(명)

따라서 전출 인원 대비 전입 인원이 가장 많은 지역은 D 구로 옳은 설명이다.

(라) 각 구별로 근로자 수 대비 전출 인원 비중을 구하면 다음과 같다.
- A 구 : $\frac{45}{350} \times 100 ≒ 12.9(\%)$
- B 구 : $\frac{50}{440} \times 100 ≒ 11.4(\%)$
- C 구 : $\frac{32}{320} \times 100 = 10(\%)$
- D 구 : $\frac{25}{290} \times 100 ≒ 8.6(\%)$

따라서 근로자 수 대비 전출 인원 비중이 가장 높은 지역은 A 구로 옳은 설명이다.

따라서 옳은 설명은 모두 4개이다.

13 도표작성능력 | 표를 그래프로 변환하기

| 정답 | ②

| 해설 | B에 들어갈 값은 20X6년 고등학생의 여가시간 길이이므로 4:19이다.

| 오답풀이 |
① A에 들어갈 값은 20X6년 초등학생의 필수시간의 길이인 12:29이다.
③ C에 들어갈 값은 중학생의 기타 여가활동 시간의 길이이므로 1:37이다.
④ D에 들어갈 값은 고등학생의 학습 시간의 길이이므로 6:44이다.

03 문제해결

▶ 문제 38쪽

| 01 | ④ | 02 | ③ | 03 | ② | 04 | ④ | 05 | ② |
| 06 | ③ | 07 | ② | 08 | ② | 09 | ① | | |

01 사고력 | 명제 판단하기

| 정답 | ④

| 해설 | 벼락치기를 한 보라의 성적이 나쁘기 위해서는 삼단논법에 따라 [전제 2]에 벼락치기로 공부한 사람은 성적이 나빴다는 내용이 들어가야 한다. 이때, 벼락치기로 공부한 '모든' 사람이 성적이 나빴다는 명제가 추가되어야 벼락치기를 한 보라 또한 예외 없이 성적이 나쁠 수 있으므로 '벼락치기로 공부한 사람은 모두 성적이 나빴다'가 빈칸에 들어가기 적절하다.

| 오답풀이 |
① 벼락치기로 공부한 '어떤' 사람이 성적이 나빴다면, 또 다른 어떤 사람은 성적이 나쁘지 않을 수도 있다. 이 경우 [결론]이 반드시 참이라고 할 수 없다.

02 사고력 | 전제를 바탕으로 결론 도출하기

| 정답 | ③

| 해설 | 복숭아는 호흡량이 높고 키위는 에틸렌에 민감하므로, 세 번째 전제에 따라 복숭아와 키위를 함께 보관하면 복숭아가 아닌 키위가 쉽게 부패된다.

| 오답풀이 |
① 복숭아는 호흡량이 높고, 오이는 에틸렌에 민감하다. 따라서 세 번째 전제에 따라 에틸렌에 민감한 오이는 호흡량이 높은 복숭아와 같이 보관하면 쉽게 부패된다.
② 첫 번째 전제에 따라 사과는 호흡량이 높으므로 두 번째 전제에 따라 에틸렌 생성이 활발하다.
④ 첫 번째, 두 번째 전제에 의해 살구는 호흡량이 높고 에틸렌 생성이 활발하다.

03 사고력 조건을 바탕으로 진위 추론하기

| 정답 | ②

| 해설 | 만일 임 대리나 최 대리가 진실을 말하고 있다면, 박 사원의 말이 모두 거짓이라는 이 차장의 발언 또한 진실이 되어 1명만 진실을 말한다는 것에 모순이 생긴다.

만일 박 사원이 진실을 말하고 있다면 합격자는 이 차장이 되는데, 최 대리의 발언 또한 거짓이 되어 최 대리 역시 합격자가 되므로, 승진 시험의 합격자는 1명이라는 조건에 모순된다.

만일 이 차장만이 진실을 말하고 있다면, 임 대리와 박 사원의 발언이 거짓이 되어 박 사원과 이 차장은 승진 심사에 합격하지 않았다. 이때, 최 대리의 발언 또한 거짓이므로 최 대리는 승진 심사에 합격하였다.

따라서 이 차장만이 진실을 말하고 있으며, 승진 심사에 합격한 사람은 최 대리이다.

04 사고력 조건을 바탕으로 추론하기

| 정답 | ④

| 해설 | 총무팀에 배정된 인원이 3명이기 때문에 영업팀과 지원팀에 배정된 인원은 2명 또는 1명이다. A와 E가 같은 부서이며 E가 지원팀이 아니기 때문에 A와 E는 영업팀 혹은 총무팀이 될 수 있다. 그러나 A와 E가 영업팀이라면 영업팀에 배정된 인원이 총 3명이 되기 때문에 지원팀에 배정될 사람이 없어져 조건에 어긋난다. 따라서 A와 E가 배정된 팀은 총무팀이다. 나머지는 확실하게 알 수 있지 않다.

영업팀	지원팀	총무팀
C		A, E

따라서 E는 어떠한 경우에도 총무팀이다.

05 문제처리능력 조건을 바탕으로 추론하기

| 정답 | ②

| 해설 | 첫 번째 조건에 따라 최소비용이 예산 100만 원을 초과하는 목포를 제외한 나머지 여행 후보지에서 선호순위의 합을 구하면 다음과 같다.

구분	통영	거제	동해	서산
K 씨의 선호순위	1	3	4	2
아내의 선호순위	2	4	5	3
아들의 선호순위	5	1	2	3
합계	8	8	11	8

따라서 선호순위의 합이 가장 작은 통영, 거제, 서산 중에서 아들의 선호순위가 가장 높은 거제를 여행지로 결정한다.

06 문제처리능력 조건을 바탕으로 추론하기

| 정답 | ③

| 해설 | 첫 번째 조건에 따라 식대 제공 정책은 음료 제공 정책 앞에 실시되어야 한다. 두 번째 정책과 네 번째 정책에 따라 식대 제공 정책은 자기계발비 지원 정책 뒤에 실시하면 안되며 다른 정책 하나를 사이에 두고 실시해야 한다. 또한 세 번째 정책에 따라 식대 제공 정책과 음료 제공 정책은 이어서 실시하지 않는다. 따라서 모든 조건을 고려했을 때 정책 시행 효과가 가장 큰 순서는 ③이다.

07 문제처리능력 조건을 바탕으로 코스 선정하기

| 정답 | ②

| 해설 | 일정이 오전 9시 30분부터 시작하므로 오전 9시 50분에 오픈하는 D는 제외한다. 또한 10시에는 버스를 타야 하므로 30분 동안 관람이 가능한데, A는 약 45분 동안 관람이 진행되므로 A도 제외한다. 1인당 2,000원까지 사용 가능하다고 했으므로 남은 B와 C 중에서 관람료가 2,500원인 C를 제외한다. 따라서 B를 고르는 것이 적절하다.

08 문제해결력 문제의 유형 파악하기

| 정답 | ②

| 해설 | 제시된 문제를 문제유형별로 구분하면 다음과 같다.
- 상반기 매출 부진으로 인한 투자 미흡 : 재정문제
- 업무에 방해가 되는 외부 소음 : 업무환경문제
- 업무 프로세스에 익숙하지 않은 직원들 : 인력문제

- 업무가 바쁜 시간대의 인력 불충분 : 인력문제
- 냉난방 시설이 꺼지는 고장 : 시설·장비문제

따라서 제시된 5가지 문제유형 중에서 문제사항에 포함되지 않는 유형은 규정문제이다.

09 문제해결력 비판적 사고 이해하기

| 정답 | ①

| 해설 | 제시된 내용은 비판적 사고에 대한 설명이다. 비판적 사고를 개발하기 위해서는 지적 호기심, 객관성, 개방성, 융통성, 지적 회의성, 지적 정직성, 체계성, 지속성, 결단성, 다른 관점에 대한 존중과 같은 합리적인 태도를 요구한다.

보충 플러스+

비판적 사고의 개발을 위한 자세
- 지적 호기심 : 다양한 질문이나 문제에 대한 호기심을 탐색하고, 그에 대한 질문을 제기
- 객관성 : 문제에 대한 결론을 도달하는 과정에서의 감정적, 주관적 요소를 배제하고, 경험적 증거나 타당한 논증을 채택
- 개방성 : 다양한 신념들이 옳을 수 있음을 받아들이는 것
- 융통성 : 고정성, 독단적 태도, 경직성을 배격하는 것
- 지적 회의성 : 모든 신념에 대해 의심하는 것
- 지적 정직성 : 가지고 있는 신념과 대치되는 것이라도 충분한 증거가 있다면 진실로 받아들이는 자세
- 체계성 : 문제에 대한 결론에 이르기까지의 논리적 일관성을 유지하는 것
- 지속성 : 문제에 대한 결론을 얻을 때까지 탐색하는 인내심
- 결단성 : 필요한 정보를 얻을 때까지 불필요한 논증과 속단을 피하는 것
- 다른 관점에 대한 존중 : 내가 틀릴 수 있으며, 내가 거부한 아이디어도 옳을 수 있다는 것을 받아들이는 태도

04 자원관리

▶ 문제 44쪽

| 01 | ② | 02 | ④ | 03 | ③ | 04 | ④ | 05 | ② |
| 06 | ② |

01 예산관리능력 예산관리의 기능 이해하기

| 정답 | ②

| 해설 | ㉠, ㉤은 계획기능, ㉡, ㉢은 조정기능, ㉣은 통제관리기능에 대한 설명이다.

보충 플러스+

예산관리의 기능
- 계획기능 : 조직의 장기적 목표를 설정하고 이를 위한 종합예산을 편성
- 조정기능 : 조직의 목표에 따라 예산을 각 부문에 할당하고 이를 감독관리
- 통제관리기능 : 예산계획과 실제 예산 지출을 비교하여 부문의 성과를 평가하고 환류

02 예산관리능력 BIS 자기자본비율 계산하기

| 정답 | ④

| 해설 | BIS 자기자본비율 산정 식에 따라 은행의 자기자본을 은행이 보유한 중앙정부대출, 주택담보대출, 일반대출에 각각의 위험가중치를 곱한 값의 총합으로 나눈다. 위험가중치를 각각 0%, 50%, 100% 적용한다고 하였으므로 각 수치에 1, 1.5, 2를 곱한다.

$$A : \frac{30,000}{(15,000 \times 1 + 60,000 \times 1.5 + 50,000 \times 2)} \times 100$$

$$= \frac{30,000}{205,000} \times 100 ≒ 15(\%)$$

$$B : \frac{18,000}{(10,400 \times 1 + 20,000 \times 1.5 + 20,000 \times 2)} \times 100$$

$$= \frac{18,000}{80,400} \times 100 ≒ 22(\%)$$

$$C : \frac{60,000}{(11,000 \times 1 + 90,000 \times 1.5 + 70,000 \times 2)} \times 100$$

$$= \frac{60,000}{286,000} \times 100 ≒ 21(\%)$$

$$D : \frac{20,000}{(13,000 \times 1 + 30,000 \times 1.5 + 40,000 \times 2)} \times 100$$
$$= \frac{20,000}{138,000} \times 100 ≒ 14(\%)$$

따라서 4개의 은행 중 BIS 자기자본비율이 가장 높은 은행은 B 은행이다.

| 오답풀이 |
① BIS 자기자본비율이 낮아 가장 재무건전성이 낮은 은행은 D 은행이나 일반대출금 규모가 가장 작은 은행은 B 은행이다.
③ '순이익 잉여금=자기자본-자본금'이므로 각 은행의 순이익 잉여금은 다음과 같다.
  A : 30,000-20,000=10,000(억 원)
  B : 18,000-15,000=3,000(억 원)
  C : 60,000-30,000=30,000(억 원)
  D : 20,000-17,000=3,000(억 원)
따라서 순이익 잉여금이 가장 많은 은행은 C 은행이며 자본금이 가장 많은 은행 또한 C 은행이다.

03 시간관리능력 타임마케팅 이해하기

| 정답 | ③

| 해설 | 타임마케팅의 사례를 찾는 문제이다. 타임마케팅이란 상품 및 서비스에 대한 할인을 특정 요일이나 시간대에만 제공하여 고객의 소비심리를 자극하는 마케팅 전략으로, '마'와 같은 마트 식품코너의 마감시간 떨이 판매가 대표적인 사례이다. 최근에는 온라인 판매가 활성화되면서 '나'와 같은 인터넷 쇼핑몰이나 '라'와 같은 홈쇼핑으로 그 영역이 점차 확대되고 있다.

| 오답풀이 |
가 : 코즈마케팅의 사례이다. 코즈마케팅은 기업이 사회구성원으로서 해야 할 도덕적 책임을 다함으로써 경제적 가치와 공익적 가치를 동시에 추구하며 이를 마케팅에 활용하는 전략이다.

04 물적자원관리능력 문서보존기간규정 이해하기

| 정답 | ④

| 해설 | 각종 인가, 허가 및 면허 등에 관한 원본문서는 10년간 보존된다.

| 오답풀이 |
① 규정문서 중 공포 원본문서는 영구 보존된다.
② 각종 증명서의 발급 관계문서는 3년간 보존된다.
③ 예산 및 결산 등의 관계문서는 5년간 보존된다.

05 인적자원관리능력 인사관리의 원칙 이해하기

| 정답 | ②

| 해설 | ⓒ은 공정 보상의 원칙(능력주의)이다. 공정 인사의 원칙은 직무 배당, 승진, 상벌, 근무 성적, 임금 등을 공정하게 처리하는 것이다.

06 인적자원관리능력 인력 배치방법 이해하기

| 정답 | ②

| 해설 | 제시된 글은 조직에서 중심이 되는 보직의 가치를 파악하고 그에 맞는 인재를 적재적소에 배치하여 인재를 가치에 연결하는 것이 중요하다고 주장하고 있다. 이를 위해서는 ⓒ과 같이 보직에 대한 구체적인 평가지표들을 통해 직무에 필요한 역량을 파악하는 일이 필요하다. 또한 ⓒ처럼 우선순위가 높은 보직들에 능력 있는 인재를 얼마나 자주 재배치하는지가 조직의 경쟁우위를 예측하는 데 있어 중요한 전략이 될 수 있다. 따라서 제시된 글에 해당되는 사례는 ⓒ, ⓒ으로 총 2개이다.

| 오답풀이 |
㉠ 마지막 문단을 통해 보직에 맞는 인재를 찾는 과정은 단순히 실적이 뛰어난 직원을 찾는 것이 아니라는 것을 알 수 있다. 높은 실적이라는 개인의 역량에 초점을 맞추기보다 보직의 가치를 정확히 파악하여 그에 맞는 인재를 연결하는 전략적인 방법을 취해야 한다.
㉣ 한 조직에서 중심이 되는 보직은 조직의 위계에 따라 상위팀에만 존재하는 것이 아니다. 디자인, 제조, 인사, 구매 등 어떤 부문에서든 중요한 보직은 구석구석 숨어 있다. 따라서 조직의 상위에만 중요한 인재를 배치하는 방식은 글 내용에 부합하지 않는다.

05 조직이해

▶ 문제 50쪽

| 01 | ② | 02 | ② | 03 | ② | 04 | ④ | 05 | ④ |
| 06 | ② | | | | | | | | |

01 조직이해능력 | 조직의 특징 이해하기

| 정답 | ②

| 해설 | 제시된 표의 '상황 조건'을 확인하면 기계적 조직이 효과적인 상황이 있고, 유기적 조직이 효과적인 상황이 있으므로 특정 조직이 모든 부문에서 효과적이라고 할 수 없다.

02 체제이해능력 | 조직화의 원칙 이해하기

| 정답 | ②

| 해설 | 업무를 분화하는 경우 업무의 종류와 성질에 따라 구분해야 한다. 이를 기능화의 원칙이라 한다. 사람이 아니라 일을 중심으로 직무를 분석하고 직무에 맞는 사람을 선발하고 배치할 때 조직은 효율적인 목표를 달성할 수 있다.

| 오답풀이 |
① 조정의 원칙 : 조정 단계에 해당하며, 조직이 추구하는 전문화, 부문화로 인한 마찰을 최소화하여 조직의 효율성을 높여야 한다는 원칙이다.
③ 권한위양의 원칙 : 책임과 권한의 부여 단계에 해당하며, 조직의 규모가 확대되면 상위자는 하위자에게 권한을 위임해야 한다는 원칙이다.
④ 감독 한계의 원칙 : 책임과 권한의 부여 단계에 해당하며, 한 명의 상사가 직접 감독할 수 있는 부하 수는 한계가 있다는 원칙이다.

03 경영이해능력 | 경영혁신 유형 파악하기

| 정답 | ②

| 해설 | 신년사 첫 번째 문단에서 "처음부터 다시 시작한다."라는 각오로 임하겠다고 하였으므로 어떤 결정에 앞서 출발점으로 되돌아가 처음부터 전면 재검토하는 제로베이스(Zero Base) 조직혁신 유형이라고 볼 수 있다.

| 오답풀이 |
① 벤치마킹(Bench Marking) : 자신의 성과를 제고하기 위해 참고할 만한 가치가 있는 대상이나 사례를 정하고, 그와의 비교 분석을 통해 필요한 전략 또는 교훈을 얻는 경영혁신전략이다.
③ 리스트럭처링(Restructuring) : 기존 사업 단위를 통폐합하거나 폐지하여 신규 사업에 진출할 가능성을 열거나 기업 전체의 경쟁력 제고를 위해 사업 단위 통합을 결정하는 경영혁신전략이다.
④ 다운사이징(Downsizing) : 기업의 업무나 조직의 규모 따위를 축소하는 경영혁신전략이다.

04 경영이해능력 | 성과평가 체제 이해하기

| 정답 | ④

| 해설 | 업적평가는 직무수행 달성, 즉 설정된 업무 목표의 달성도를 중심으로 평가하는 방식이다.

| 오답풀이 |
① 역량평가는 구성원이 우수한 성과를 달성하게 하는 행동적 특성을 사전에 정의하고 이를 기준으로 구성원의 역량을 측정하는 것으로, 역량평가의 기준이 되는 행동 요소들은 구성원들이 업무성과를 달성하기 위해 필요한 행동의 지침 역할을 한다.
② 업적평가는 직무수행의 달성도를 측정하는 것이므로 직무수행의 단기적 결과에 초점을 맞추게 된다.
③ 역량평가는 구성원들이 가진 역량을 측정하는 것으로, 여기에는 구성원들의 미래의 업무성과 달성 가능성에 대한 예측이 반영된다.

05 체제이해능력 | 조직문화 이해하기

| 정답 | ④

| 해설 | 디즈니는 고객에게 최상의 만족감을 제공하기 위해 고객의 '경험'을 최우선 가치로 여긴다고 하였고 병원에서도 환자들은 질병이 치료된 방식이 아니라 한 인간으로서 자신이 돌보아진 방식을 가지고 자신의 경험을 판단한다고 하였으므로, 제시된 기사는 사람에 대한 배려가 중요하다는 것을 나타내고 있다.

06 　업무이해능력　명함 전달 예절 이해하기

| 정답 | ②

| 해설 | ㄴ. 명함은 명함 지갑에서 꺼내어 전달하고, 항상 새 명함을 사용하도록 한다.
ㄷ. 만난 사람에 대한 정보는 명함에 기록하되, 상대방이 없을 때 하도록 한다.

| 오답풀이 |
ㄱ. 상사와 같이 있을 때에는 상사가 먼저 명함을 전달한 다음 자신의 명함을 건네는 것이 적절하다.
ㄹ. 받은 명함은 테이블 위에 올려놓고 자연스럽게 상대방과의 대화를 이어간다.

06 정보능력

▶ 문제 56쪽

| 01 | ④ | 02 | ① | 03 | ④ | 04 | ④ | 05 | ① |

01 　컴퓨터활용능력　엑셀 기능 이해하기

| 정답 | ④

| 해설 |
• 페이지 설정에서 인쇄 영역을 지정할 수 있다.
• 페이지 설정에서 페이지 머리글/바닥글 탭을 통해 페이지 머리글에 현재 날짜를 표시할 수 있다.
• 페이지 설정에서 머리글/바닥글 탭을 통해 짝수와 홀수 페이지의 머리글과 바닥글을 다르게 지정할 수 있다.
• '한 페이지에 시트 맞추기'로 3페이지 분량의 데이터를 한 페이지에 들어가도록 인쇄물을 줄여서 인쇄할 수 있다.
• '간단하게 인쇄' 기능으로 워크시트의 차트, 도형, 그림 등의 그래픽 요소를 제외하고 인쇄할 수 있다.
• '페이지 나누기 미리보기'로 페이지가 나뉘는 부분은 파란색 점선으로, 인쇄되는 영역은 파란색 실선으로 표시되는 화면으로 확인할 수 있다.

02 　컴퓨터활용능력　파일 확장자 이해하기

| 정답 | ①

| 해설 | ㄱ. BMP 확장자 파일은 이미지 데이터 파일의 확장자이다. 문자열만으로 구성된 데이터 파일의 확장자는 TXT 등이 있다.
ㄷ. MP3과 WAV는 영상 데이터가 없는 음성 데이터를 저장하는 파일 포맷의 확장자이다. 영상 데이터로 구성된 파일의 확장자로는 MP4, AVI 등이 있다.

03 　정보능력　정보의 특징 이해하기

| 정답 | ④

| 해설 | ㄴ. 정보의 적시성이란 사용자가 원하는 시간에 전달되어야 가치가 있음을 의미하며 정보의 독점성이란 정보는 공개되면 그 가치가 떨어짐을 의미한다.
ㄷ, ㄹ. 정보는 사용자의 요구, 사용 목적, 정보가 활용되는 시기와 장소에 따라 가치가 다르게 평가되며 사용자가 원하는 시간에 제공되지 못하는 정보는 가치가 없다. 또한 공개된 정보일수록 경쟁성이 떨어지며 반공개, 비공개 정보에 비해 가치가 떨어진다.

| 오답풀이 |
ㄱ. 손쉽게 얻을 수 있는 공개 정보보다는 반공개 정보가, 반공개 정보보다는 비공개 정보가 더 큰 가치를 가진다.

04 　정보처리능력　데이터 표준화 이해하기

| 정답 | ④

| 해설 | 데이터 표준화는 시스템별로 각기 산재되어 있는 데이터 정보 요소에 대한 원칙을 세워 이를 전사적으로 적용하는 것이다. 따라서 데이터 표준 정책 없이 단위 시스템을 위주로 한다는 내용은 적절하지 않은 설명이다.

05 　정보처리능력　규칙에 따라 결과 산출하기

| 정답 | ①

| 해설 | 제시된 규칙에 따라 예시를 적용하면 출력되는 결과는 다음과 같다.

3	1	4
5	8	7
2	9	6

→ Space Bar

4	3	1
7	5	8
6	2	9

→ Enter ↵

7	5	8
6	2	9
4	3	1

이때 9와 4의 차는 5이므로 No로 이동한다.

7	5	8
6	2	9
4	3	1

→ Shift

4	6	7
3	2	5
1	9	8

7이 위치한 곳은 색이 칠해져 있으므로 Yes로 이동한다.

4	6	7
3	2	5
1	9	8

→

4	6	7
3	2	5
1	9	8

→ 출력

따라서 예시에서 출력되는 결과는 ①이다.

07 기술능력

▶ 문제 60쪽

| 01 | ① | 02 | ② | 03 | ⑤ | 04 | ④ | 05 | ③ |
| 06 | ④ | | | | | | | | |

01 기술이해능력 기술시스템의 발전 단계 알기

|정답| ①

|해설| 기술시스템의 발전 단계는 다음과 같다.
- 1단계 : 발명 · 개발 · 혁신의 단계
- 2단계 : 기술 이전의 단계
- 3단계 : 기술 경쟁의 단계
- 4단계 : 기술 공고화 단계

4단계인 기술 공고화 단계에서는 경쟁에서 승리한 최종 기술시스템의 관성화가 일어난다.

02 기술이해능력 기술능력 향상 방법 이해하기

|정답| ②

|해설| 전문연수원을 통한 기술과정 연수를 실시할 경우 연수비가 자체적으로 교육을 하는 것보다 저렴하며 고용보험환급을 받을 수 있어 교육비 부담이 적다.

03 기술적용능력 지능정보사회에 대한 대책 파악하기

|정답| ⑤

|해설| 인공지능 사고에 의한 책임을 명확히 규정하고 인공지능 창작물의 권리를 보호하는 일은 AI 오작동에 따른 역기능에 대응하는 방안이라 보기 어렵다. 인공지능의 오작동에 대응하기 위한 방안으로는 '사람과 사물' 지능형 통합인증 등을 통해 오작동으로 인한 피해를 최소화하고, 인증체계 강화로 제시된 글에서 언급된 프라이버시 침해 등의 정보 유출 사고를 방지하는 일이 주요한 대안이 될 것이다.

|오답풀이|
① 미래교육의 혁신에 관한 내용으로 지능정보 핵심인재 배출을 위한 과제로 볼 수 있다.
② 자동화와 고용 형태 다변화에 따른 신산업 탄생에 대응하기 위한 전략으로 볼 수 있다.
③ 지능정보기술을 통해 누구나 불편 없이 안정적 삶을 누리는 사회를 구현하고자 하는 방안으로 볼 수 있다.
④ 법제 정비를 추진해 안전하고 활발하게 지능정보기술을 활용할 수 있게 해주는 방안으로 볼 수 있다.

04 기술적용능력 스위치 적용하기

|정답| ④

|해설| 기호의 위치가 시계 방향으로 세 칸 이동하였으므로 스위치 3이 사용되었다. 또한 더하기와 빼기의 색이 반전된 것으로 보아 스위치 5가 사용된 것을 알 수 있다.

05 기술적용능력 스위치 적용하기

|정답| ③

|해설| 기호가 시계 방향으로 세 칸 이동하였으므로 스위치 3이 사용되었다. 곱하기와 나누기의 색이 반전된 것으로 보아 스위치 4가 사용된 것을 알 수 있다.

06 기술선택능력 벤치마킹 이해하기

| 정답 | ④

| 해설 | 벤치마킹은 기업에서 경쟁력을 제고하기 위해 타사에서 배워 오는 혁신 기법을 말한다. 이는 단순히 제품을 복제하는 것이 아니라 장단점을 분석하여 자사 제품의 품질을 높여 시장 경쟁력을 높이는 것이다. 따라서 경쟁 기업의 품질 수준이 뛰어나다면 그것이 인적 자원이 뛰어나서인지, 정보 시스템이 탁월해서인지 그 요소를 밝혀내고 그것을 자사 제품과 비교하여야 한다.

08 자기개발

▶ 문제 66쪽

| 01 | ④ | 02 | ② | 03 | ④ | | | | |

01 자기개발능력 기본역량 모델 이해하기

| 정답 | ④

| 해설 | 기본역량 모델 중 사고역량에 해당하는 능력은 자기주도적 사고, 창의적 정보활용, 문제의식, 정보분류 및 활용, 상황인식 및 판단력, 기획력이다.

| 오답풀이 |
ㄱ. 관계역량에 해당하는 능력이다.
ㄷ. 미래역량에 해당하는 능력이다.
ㄹ. 업무역량에 해당하는 능력이다.

보충 플러스+

기본역량 모델
1. 사고역량(Thinking)
   - 목표 및 정책과 관련하여 전략적으로 사고하고 기획 및 판단, 구현하기 위해 요구되는 역량
   - 자기주도적 사고, 창의적 정보활용, 문제의식, 정보분류 및 활용, 상황인식 및 판단력, 기획력
2. 업무역량(Working)
   - 조직목표나 성과를 달성하기 위하여 필요한 업무실행 및 관리와 관련된 역량
   - 세밀한 일처리, 문서작성 및 관리, 업무추진력, 자원조직화, 문제해결능력, 업무관리 및 조정
3. 관계역량(Relating)
   - 조직 내·외부의 다양한 사람들과 관계를 형성, 유지, 관리하는데 요구되는 역량
   - 효과적 의사소통, 협력적 의사소통, 이해관계조정
4. 미래역량(Future Competency)
   - 미래 변화에 대비하여 사고체계나 업무, 관계 등에서 새롭게 대비하고 준비해야 하는 역량
   - 미래변화 유연성, 다중적인 업무수행능력, 융복합적 사고

02 자기개발능력 자기개발능력서 작성하기

| 정답 | ②

| 해설 | 역량개발은 자가진단을 통해 자신의 현재 위치를 파악하고(자기평가), 자기이해를 통해 향후 개발방향을 스스로 설정하고, 장기간에 걸친 지속적인 자기개발을 하는 세 단계로 이루어진다. 그중에서 역량개발 목표수립을 위한 자기이해의 단계에서는 자기평가를 통해 파악한 자신의 약점과 강점을 바탕으로 역량을 개발할 목표를 설정한다.

| 오답풀이 |
① 역량개발 목표수립의 단계는 자가진단을 바탕으로 스스로 역량을 개발하는 방향을 설정하는 '자기이해' 단계에 해당한다.
③ 실천계획서 작성은 역량개발 목표수립을 통해 설정한 역량개발의 목표를 계획서 작성을 통해 구체화하는 '자기이해' 단계에 해당한다.
④ 자기개발 실천계획서는 구체적인 지표로 작성하여 실천 정도와 완결 여부를 표시할 수 있도록 작성하는 것이 적절하다. 예를 들어 자기개발을 위한 독서계획을 설정하는 경우, 책 1권을 3일 동안 읽는 계획을 설정하고 책을 다 읽었다면 '완독' 표시를 할 수 있도록 실천계획서를 구성할 수 있다.
⑤ 역량개발 실행 및 피드백은 자기이해 단계에서 설정한 역량개발의 목표의 계획을 이행하는 '자기개발' 단계에 해당한다.

03　경력개발능력　경력개발단계 이해하기

| 정답 | ④

| 해설 | 경력개발과정 8단계에 따르면 다음과 같다.

1. 경력탐색(Career Exploration) : 해당 직무와 관련된 모든 정보를 수집하는 것으로 자기 자신 그리고 환경에 관한 정보를 모으는 것을 포함한다. → (사)
2. 자신과 환경 인식(Awareness of Self and Environment) : 개인이 심도 있게 자기를 인식하고 환경에 존재하고 있는 기회와 제약에 대하여 이해한다. 이러한 인식은 개인이 경력목표를 수립하거나 수정하도록 이끌고, 전략개발을 이끌어 낸다. → (마)
3. 목표설정(Goal Setting) : 자신이 경력개발을 통해 달성하고자 하는 목표를 설정한다. → (나)
4. 전략개발(Strategy Development) : 경력목표를 달성하기 위한 행동계획을 수립하고, 효과적인 실천을 위한 전략방안을 마련한다. 전략이 실제적인 자기인식과 환경적인 인식에 기초하고 있다면 더 효과적이다. → (바)
5. 전략이행(Strategy Implementation) : 경력개발계획에 따라 경력개발을 이행할 준비를 하고 실행에 옮긴다. → (다)
6. 목표를 향한 과정(Progress toward the Goal) : 개인이 경력목표에 다가가기 위한 범위(extent) 내에서 경력개발을 적극적으로 추진한다. → (라)
7. 작업과 비작업 자원으로부터의 피드백(Feedback from Work-Nonwork Sources) : 직무와 직접적으로 관련 있는 동료, 감독자 그리고 전문가와 같은 작업 자원으로부터 유용한 정보를 획득하고 친구, 가족과 같이 직무와 직접적인 관련이 없지만 조언을 구할 수 있는 비작업 자원으로부터 의견을 수렴한다. → (아)
8. 경력평정(Career Appraisal) : 자신의 경력을 평가하여 점검한다. 이 평정은 경력탐색에 있어 새로운 과제를 부여한다. → (가)

09 대인관계

▶ 문제 70쪽

| 01 | ③ | 02 | ④ | 03 | ④ | 04 | ③ | 05 | ④ |

01　협상능력　협상의 단계 이해하기

| 정답 | ③

| 해설 | 협상의 과정 중 상대방과 나의 상황을 파악하는 단계는 상호 이해 단계이다. 실질 이해 단계에서는 겉으로 주장하는 것과 실제로 원하는 것을 구분하고, 분할과 통합 기법을 사용하여 이해관계를 분석한다.

02　협상능력　협상의 단계 이해하기

| 정답 | ④

| 해설 | 해결 대안 단계에서는 대안을 평가하고 최선의 대안에 대해서 합의하여 선택한 후 실행계획을 수립한다. 한 달 동안 대안을 평가하는 시간을 가진 후 다시 합의하는 ④가 해결 대안 단계이다.

| 오답풀이 |
① 협상 시작 단계에 해당한다.
② 상호 이해 단계에 해당한다.
③ 실질 이해 단계에 해당한다.

03　리더십능력　리더의 역할 이해하기

| 정답 | ④

| 해설 | 제시된 사례는 A 팀장이 마케팅 계획 수립의 일을 B 사원에게 맡기자 이전의 수치 정리 업무 때와 다르게 더 책임감을 갖고 열심히 일을 수행한 B 사원의 일화이다.
이는 직원에게 프로젝트 내의 권한과 업무의 일부를 위임한 사례로, 부하 직원인 B 사원의 입장에서는 업무 수행에서 본인의 재량과 자율성을 더욱 발휘할 수 있게 됨으로써 더 큰 책임감을 갖게 된다. 이를 바탕으로 부하 직원의 주체적인 업무 참여와 도전의식, 창의력 등의 능력을 향상시킬 수 있고, 더 나아가 조직의 성과도 높아질 수 있다.

| 오답풀이 |
① B 사원은 지난해 판매 수치 정리 업무에 열의 없는 태도를 보이기는 했지만 정확하게 업무를 처리하였다. 따라서 B 사원의 부족한 직무능력을 향상시킨 사례로 보기는 어렵다.
② 창의적인 문제해결과 관련된 사례가 아니다.
③ 직원에게 직무에 대한 이해나 수행과 관련하여 교육했다는 내용은 제시되어 있지 않다.

04 갈등관리능력 직장 내 대화 환경 이해하기

| 정답 | ③

| 해설 | 제시된 글에서는 '스스로 해결할 수 있어야 해서', '상사가 신경을 쓰지 않아서', '상사가 너무 바빠서'를 직장상사와 관계를 개선하기 위한 대화를 하지 않는 이유로 들었다. ③은 언급된 이유에 해당하지 않으므로 적절하지 않다.

| 오답풀이 |
① '스스로 해결할 수 있어야 해서' 항목에 해당하는 사례이다.
② '상사가 신경을 쓰지 않아서' 항목에 해당하는 사례이다.
④ '상사가 너무 바빠서' 항목에 해당하는 사례이다.

05 대인관계능력 Big 5 모델 이해하기

| 정답 | ④

| 해설 | Big 5 모델 중 신경성은 감정의 불안정성과 환경에 대한 부적응의 정도로, 환경에 의해 받는 스트레스의 정도와 이를 조정할 수 있는 능력과 관련을 가진다.

| 오답풀이 |
① 외향성은 대인관계에 활발하게 참여하고 주도하는 등 사회적 상호작용과 관련된 성격요소로 과업 중심적 사고와는 직접적인 관련이 없다.
② 친화성은 이타적인 사고와 관련된 성격요소로, 친화성이 낮으면 이기적인 성향을 가진다.
③ 성실성은 성과에 가장 긍정적인 영향을 미치는 성격변수로 알려져 있다고 설명하고 있다.
⑤ 경험 개방성은 호기심과 모험심과 연관을 가지며, 경험 개방성이 높다면 관습에서 벗어나 새로운 기회를 발견하는 것을 선호하는 성향을 가진다.

10 직업윤리

▶ 문제 74쪽

| 01 | ① | 02 | ④ | 03 | ③ | 04 | ① | 05 | ② |

01 직업윤리 직업인의 기본자세 이해하기

| 정답 | ①

| 해설 | 제시된 자료의 내용은 가급적 채무를 가지지 말고, 부패를 멀리 하고 부탁을 거절하는 방법을 연습할 것을 주문하고 있다는 점에서 부정청탁 방지와 관련된 매뉴얼의 내용임을 알 수 있다. 이와 관련된 직업인의 기본자세는 공평무사한 자세이다. 직업인의 기본자세에서 공평무사한 자세란 직무상 요구되는 윤리기준과 법규를 준수하고, 공정하고 투명하게 업무를 처리하는 것을 의미한다.

| 오답풀이 |
② 직업인의 봉사정신과 협동정신이란 나의 일을 필요로 한다는 사람에게 봉사한다는 마음자세와, 직무를 수행하는 과정에서 관계한 사람과 상호신뢰하고 협력하여 원만한 관계를 유지하는 것을 의미한다.
③ 직업인의 소명의식과 천직의식이란 일을 통해 자신의 존재를 실현하고, 자기의 직업을 사랑하며, 긍지와 자부심을 가지고 성실하게 일하는 마음가짐을 의미한다.
④ 직업인의 책임의식과 전문의식이란 직업인이 자신의 책임을 완벽하게 수행하기 위해 자신이 맡은 분야에 대한 전문적인 능력과 역량을 갖추고 지속적으로 자기계발을 해 나가는 것을 의미한다.

02 직업윤리 직업윤리의 종류 이해하기

| 정답 | ④

| 해설 | 사례 1의 K씨는 시민으로서 지켜야할 법과 질서를 무시하는 행위를 하여 준법성이 결여되었으며 사례 2의

P 대리는 지시 받은 업무를 불성실하게 이행하고 있으므로 성실성이 결여되었다.
- 성실성 : 정성스럽고 참되며 책임감이 강하고 목표한 바를 이루기 위해 목표지향적 행동을 촉진하며 행동의 지속성을 갖게 하는 성취지향적인 성질을 의미한다.
- 정직성 : 마음에 거짓이나 꾸밈이 없이 바르고 곧음을 뜻하며 업무 수행에 있어서 소신을 가지고 공적인 생각과 절차를 우선하는 태도를 의미한다.
- 준법성 : 시민으로서 자신과 타인의 권리를 보장하여 사회 질서를 유지하는 역할을 하는 민주 시민으로서 기본적으로 지켜야 하는 의무이자 생활 자세를 의미한다.
- 봉사성 : 일 경험을 통해 다른 사람과 공동체에 대하여 봉사하는 정신을 갖추고 실천하는 태도를 말한다.

03 근로윤리 기업의 제조물책임법 이해하기

| 정답 | ③

| 해설 | 미국에 비해 한국 소비자가 자동차 급발진 의심 사고에 대해 제조사의 책임을 묻기 어려운 이유는 한국의 경우 제조물책임법의 입증책임전환이 적용되지 않아, 제조사의 책임을 주장하는 소를 제기하는 소비자가 사고의 원인이 제조사에게 있다는 사실을 소비자가 입증해야 한다는 것에 있다. 급발진 의심 사고의 원인이 소비자에게 있지 않다는 사실을 증명하는 것은 제조물책임법의 입증책임전환과 관련이 없는 내용이다.

04 공동체윤리 직장 내 성희롱 이해하기

| 정답 | ①

| 해설 | 여성뿐 아니라 남녀 근로자 모두 직장 내 성희롱의 피해자가 될 수 있다. 또한 장래 고용관계를 예정하고 있는 채용과정의 채용 희망자도 직장 내 성희롱 피해자의 범위에 포함된다.

05 공동체윤리 전화예절 이해하기

| 정답 | ②

| 해설 | 전화를 받을 때에는 우선 전화를 받은 본인의 회사명과 부서명, 이름을 밝힌 다음 용건을 확인하는 것이 적절하다.

| 오답풀이 |
① 전화를 받을 때에는 벨이 3 ~ 4번 울리기 전에 받는 것이 적절하다. 당겨받기는 본인의 자리에서 다른 자리에 걸린 전화를 받을 수 있는 기능이다.
③ 담당자 부재로 메모를 남기는 경우, 메모할 내용을 전부 다 전달받았는지 확인하는 것이 적절하다.
④ 전화를 끊기 전 간단하게 마무리 인사를 하는 것이 적절하다.

파트 1 [의사소통능력] 기출예상문제

문제 146쪽

01	④	02	②	03	④	04	①	05	④
06	④	07	③	08	③	09	④	10	⑤
11	②	12	④	13	③	14	①	15	①
16	④	17	③	18	③	19	⑤	20	③
21	③	22	⑤	23	⑤	24	③	25	⑤
26	④	27	③	28	③	29	③	30	①
31	②	32	⑤	33	④	34	①	35	②
36	②	37	③	38	①	39	③	40	③

01 문서이해능력 문서이해의 절차 파악하기

| 정답 | ④

| 해설 | 문서이해의 구체적인 절차는 다음과 같다.
1. 문서의 목적을 이해하기(㉠) → 2. 문서가 작성되게 된 배경과 주제를 파악하기(㉤) → 3. 문서에 쓰인 정보를 밝혀내고, 문서가 제시하고 있는 현안문제를 파악하기(㉡) → 4. 문서를 통해 상대방의 욕구와 의도 및 자신에게 요구되는 행동에 관한 내용을 분석하기(㉥) → 5. 문서에서 이해한 목적 달성을 위해 취해야 할 행동을 생각하고 결정하기(㉣) → 6. 상대방의 의도를 도표나 그림 등으로 메모하여 요약 정리하기(㉢)

02 문서이해능력 내용을 바탕으로 추론하기

| 정답 | ②

| 해설 | 문화산업으로 시작된 한류 흐름은 세계 각국의 많은 사람들에게 한국에 대한 관심을 불러 일으켰으며 이를 통해 같은 문화산업의 연장선상에 있는 관광산업의 부흥으로 이어질 수 있다.

03 문서이해능력 광고문 이해하기

| 정답 | ④

| 해설 | 상품 판매를 위한 광고 문구의 경우 목적에 따라 구체적인 단어를 사용하기도 하고, 추상적인 단어를 사용하기도 한다. 신규 기업의 생필품과 같은 익숙한 제품군을 홍보하는 경우에는 실생활에서 느낄 수 있는 구체적인 단어와 상황을 통해 홍보하는 것이 효과적이며, 반대로 유명 기업 광고의 경우에는 상상력을 자극하는 추상적 단어를 사용하여 브랜드와 상품의 가치를 광의적으로 확장해 가는 것이 효과적이다.

04 문서이해능력 글의 의도 파악하기

| 정답 | ①

| 해설 | 품격 있는 사람들을 닮고 싶은 소비자가 모방하고 싶도록 유도한 광고 문구이다.

| 오답풀이 |
② 객관적인 정보보다는 기존 소비자군에 대한 추상적 이미지를 내세운 광고 문구이다.
③ (가)는 추상적 이미지를 통한 간접적 설득 방식을 택하고 있고, (나)는 구체적 단어를 통해 효과를 직접적으로 표현하는 설득 방식을 택하고 있다.
④ '인생을 되돌려 준다'는 표현은 구체적으로 제품의 우수성을 밝히고 있다고 볼 수 없다.

05 문서이해능력 내용을 바탕으로 추론하기

| 정답 | ④

| 해설 | 계급이 낮다고 무시하거나 발언 기회를 주지 않는, 전형적으로 피해야 할 회의 진행 방법이다. 참신한 아이디어가 중요한 회의일수록 타성에 젖지 않은 하위 직급자의 의견이 효과적인 대안을 제시하는 경우가 많음을 잊지 말아야 한다. 따라서 D가 적절한 대화법을 사용하지 못한 사람이다.

| 오답풀이 |
① 의견이 길어지지 않게 요약하여 발표하려는 바람직한 태도이다.
② 긍정적인 마음가짐을 유지한 태도로 볼 수 있다.
③ 상대방의 의견을 무시하거나 비난하지 않는 바람직한 태도이다.
⑤ 창의성 있는 의견을 도출할 수 있는 바람직한 태도이다.

06 문서이해능력 | 글의 내용에 맞는 사례 제시하기

| 정답 | ④

| 해설 | 제시된 글의 사례는 어떠한 결과에 근본적이지 않은 원인을 연결한 경우이어야 한다.
학령인구 감소의 근본적인 원인이 저출산 현상이므로 장 사원의 사례는 제시된 '잘못된 인과 관계'의 내용과 가장 거리가 멀다.

07 문서이해능력 | 내용에 맞는 속담 파악하기

| 정답 | ③

| 해설 | '눈 먼 말 방울소리 따라간다'는 무식한 사람이 남이 일러준 대로 따라간다는 의미로 맹 씨의 행동에 가장 잘 어울린다.

| 오답풀이 |
① 사람이 잘 살려면 부지런히 일해야 한다는 뜻이다.
② 애쓰던 일이 헛수고로 돌아간다는 뜻이다.
④ 욕심을 부려 한꺼번에 여러 일을 하려 하다 어느 한 가지도 이루지 못하게 된다는 뜻이다.

08 문서이해능력 | 회의 자료 이해하기

| 정답 | ③

| 해설 | 금주실적의 '3. 울산혁신도시 이전공공기관 실무 협의회 개최' 부분을 보면 이전 공공기관은 'A 공단, B 공단, C 공사, D 공사, ○○공단'의 5개 기관이 포함됨을 알 수 있다.

| 오답풀이 |
① 체육시설 개방 시간의 현재 기준에 따르면 공휴일인 추석 당일 오전 7시에 사전 승인 없이 시설을 이용할 수 있다. 한편, 변경 기준에서 공휴일 오전 7시는 개방 시간이 아닌데 이 경우 사전 승인을 받으면 시설을 이용할 수 있는지는 알 수 없다.
② 금주실적에서 '2. 금년도 가족친화기관 재인증을 위한 현장실사 실시'라고 하였으므로 올해 처음으로 인증을 받기 위해 실사를 받은 것이 아님을 알 수 있다.
④ 차주계획의 '1. 20X9년 하반기 합동소방훈련 실시' 부분을 보면 전 임직원 대피 훈련 실시라고 명시되어 있다.
⑤ 차주계획을 보면 추정가격 2천만 원 이상의 발주 계획이므로 1천만 원은 포함되지 않는다.

09 문서이해능력 | 안내문 이해하기

| 정답 | ④

| 해설 | 건강보험 혜택은 대한민국 국민과 동일하게 적용되기 때문에 문제가 되지 않는다.

10 문서이해능력 | 문장 안에서의 단어의 의미 파악하기

| 정답 | ⑤

| 해설 | (마)는 잠을 잘 수 있는 공간이 생각보다 좁지 않았음을 표현하는 '충분하다'의 의미로 쓰인 경우이며, '언니가 학교를 가면 널 챙겨주지 못할 텐데 그래도 괜찮겠니?'와 같은 문장에서는 '충분하다'가 아닌 '상관없다'의 의미를 갖는 '괜찮다'가 사용된 것으로 보아야 한다.

| 오답풀이 |
① (가), (바)는 '좋다'의 의미로 쓰인 경우이다.
② (나)는 '가능하다'의 의미로 쓰인 경우이며, (다)는 '무사하다'는 의미로 쓰인 경우이다.
③, ④ (라)는 '적절하다'의 의미로 쓰인 경우이며, '이 제품이 괜찮겠군'에서의 '괜찮다'와 의미가 같으므로 (마)와 그 의미가 다르다.

11 문서작성능력 | 올바른 보고서 작성법 파악하기

| 정답 | ②

| 해설 | 제시된 글에는 "어려운 전문용어보다는 가급적 쉬운 말을 사용해야 합니다."라고 명시되어 있다. 그러므로 전문용어의 활용이 부족한지 체크하는 것은 〈짧고 쉬운 보고서 쓰기〉에 적절하지 않다.

12 문서작성능력 | 사자성어 파악하기

| 정답 | ④

| 해설 | '용두사미(龍頭蛇尾)'는 용의 머리와 뱀의 꼬리라는 뜻으로 처음은 좋지만 끝이 좋지 않음을 이르는 말이다. 따라서 빈칸에 들어가기에 가장 적합한 사자성어이다.

| 오답풀이 |

① 계란유골(鷄卵有骨) : 달걀에도 뼈가 있다는 뜻으로, 운수가 나쁜 사람은 모처럼 좋은 기회를 만나도 역시 일이 잘 안됨을 이르는 말
② 오비이락(烏飛梨落) : 까마귀 날자 배 떨어진다는 뜻으로, 아무 관계도 없이 한 일이 공교롭게도 때가 같아 억울하게 의심을 받거나 난처한 위치에 서게 됨을 이르는 말
③ 유유상종(類類相從) : 같은 무리끼리 서로 사귐의 의미

13 문서작성능력 | 보고서 작성 시 유의사항 파악하기

| 정답 | ③

| 해설 | 보고서를 작성할 때에는 핵심내용을 구체적으로 제시하며 간결하고 산뜻하게 작성하여야 한다. 또한 보고서의 형식을 갖추어 작성하되 핵심사항을 맨 앞에 표시해서 작성하는 것이 좋다. 수입과 지출 결과를 보고하는 문서이므로 주관적인 입장은 배제하고 객관적으로 작성해야 한다. 또한 보고서를 읽는 사람이 쉽게 이해할 수 있도록 전문용어의 사용을 줄인다.

14 문서작성능력 | 설명서 작성 방법 이해하기

| 정답 | ①

| 해설 | 설명서는 명령문보다는 평서문을 사용하고 정확한 내용 전달을 위해 간결하게 작성해야 한다. 상품이나 제품에 대해 설명하는 글이므로 정확하게 기술해야 하고 소비자들이 이해가기 어려운 전문 용어보다는 이해하기 쉬운 용어를 활용해야 한다. 또한 복잡한 내용은 도표를 통해 시각화하고 동일한 문장의 반복을 피하여 다양한 표현을 활용해야 한다. 따라서 ⓐ, ⓒ, ⓓ가 설명서 작성법으로 적절하지 않다.

15 문서작성능력 | 보도 자료 내용 작성하기

| 정답 | ①

| 해설 | 제목에 따라 미세먼지로부터 어린이들의 건강을 지키는 것과 관련된 내용이 들어가야 한다. ①은 어린이들의 건강을 지키는 것과 직접적인 관련이 없으므로 보도 자료에 들어갈 내용으로 적절하지 않다.

16 문서작성능력 | 보고서 작성하기

| 정답 | ④

| 해설 | 둘 이상인 대상의 내용을 맞대어 같고 다름을 검토하는 '대조'가 가장 적절한 설명 방법이다.

| 오답풀이 |

① 인용 : 남의 말이나 글을 자신의 말이나 글 속에 끌어 씀.
② 예시 : 예를 들어 보임. 구체적인 상황을 덧붙여 이해를 도움
③ 과정 : 일이 되어 가는 경로

17 문서이해능력 | 글의 서술 방식 파악하기

| 정답 | ③

| 해설 | (다)에서 신뢰성을 확보하기 위해 전문적인 보고서를 언급한 것은 사실이지만, 전문가의 의견을 인용하여 나눔 도서관의 기능에 대한 신뢰성을 높이고 있지 않다.

18 문서이해능력 | 서술상의 특징 파악하기

| 정답 | ①

| 해설 | 죽음에 대한 정의를 찾아가며 논점에 접근하는 것이 아니라 죽음과 죽음에 대한 여러 측면의 질문을 던지며 그것의 답을 구하는 과정으로 점차 논점에 접근하고 있다.

| 오답풀이 |

② 삶과 죽음, 심리학자들의 주장 등 누구나 알 수 있는 상식을 제시하면서 삶과 죽음에 대한 새로운 이해를 하려는 시도가 나타나 있다.

③ 인간의 삶은 과학 기술적 접근 뿐 아니라 인문학적인 차원에서의 접근도 이루어져야 한다는 점, 삶의 목적은 철학적, 윤리적, 가치론적 입장에서 생각해 볼 수 있다는 점 등의 의견을 제시함으로써 특정 현상을 다양한 각도에서 조명해 보려는 의도가 보인다.
④ 상식에 속하는 일반적인 통념을 근원적으로 심도 있게 이해하기 위한 고찰 방법 즉, 과학 기술적 접근과 인문주의적 접근을 제안하고 있다.

19 문서작성능력 표현방법 파악하기

| 정답 | ⑤

| 해설 | (가) (1)~(6)은 문장의 형태나 단어의 형태 등에 변화를 주어 나타내고자 하는 의미를 강조하거나 변화를 주는 표현 기법의 종류이지 소리에 따른 수사법의 종류로는 볼 수 없다.
(다) 〈별을 흘릴수록, 나는 채워진다〉는 앞 문장과 뒤의 문장이 서로 모순되는 역설법이 쓰인 문장으로 점층법의 예로는 적절하지 않다.
(마) ⓐ는 돈호법에 대한 설명이다.

20 문서작성능력 개요 보완하기

| 정답 | ③

| 해설 | 서론에서 4차 산업혁명에 대한 기존 논의에 관한 내용이 있으므로 혁신과제의 도출은 본론에 있어야 한다. 따라서 본론 중 4차 산업혁명의 기술 동인(ⓒ)에 들어가는 것이 적절하다.

21 문서작성능력 작성 요령에 맞게 문서 수정하기

| 정답 | ③

| 해설 | ⓒ 수정한 글자의 자수를 쓰는 것은 계약서 등의 문서를 수정하는 경우이므로 ⓒ은 수정자가 수정한 부분에 날인만 하면 된다.
ⓜ '기용'이란 단어를 '선발'로 수정하면 되므로 '∨'표시가 아닌 두 줄 그은 단어 위에 수정할 단어를 적으면 된다.

22 문서작성능력 작성요령에 맞게 문서 수정하기

| 정답 | ⑤

| 해설 | • 발신일 : 20X9년 11월 4일 월요일 → 20X9. 11. 4.(월)
• 장소 : AM 08 : 30 → 08 : 30
• 가. 강의 수강 : 항목을 '(1)', '(2)'가 아닌 '1)', '2)'로 수정
• 붙임 : '세부 일정표 1부.' 다음에 '끝.' 표시.

23 문서작성능력 보고서 작성 시 고려할 사항 파악하기

| 정답 | ⑤

| 해설 | 업무 보고서를 작성할 때에는 정보 수요자가 보고서를 읽고 추가 질문을 할 수 있음을 염두에 두고 작성해야 한다. 하지만 추가 질문을 할 수 있도록 작성할 필요는 없다. 업무 보고서 작성요령은 다음과 같다.
1. 보고서의 내용은 핵심이 잘 드러나도록 간결·명료하여야 한다.
2. 복잡한 내용은 도표나 그림을 활용한다.
3. 상사에게 질문받을 것을 염두에 두고 작성한다.
4. 상사에게 보고해야 할 특이사항이나 제안사항이 있으면 기재한다.

24 문서작성능력 업무 보고서 평가하기

| 정답 | ③

| 해설 | 참고자료는 구체적이고 정확해야 하므로 포괄적으로 제시하는 것은 바람직하지 않다.

25 경청능력 경청능력의 중요성 파악하기

| 정답 | ⑤

| 해설 | 우리는 경청을 함으로써 상대방을 한 개인으로 존중하게 된다. 이는 상대방을 인간적으로 존중함은 물론 그의 감정, 사고, 행동을 평가하거나 비판 또는 판단하지 않고 있는 그대로 받아들이는 태도이다. 상대방의 이야기를 주의

깊게 듣는 것은 상대방에 대한 올바른 판단을 가능하게 하는 방법이 될 수는 있으나 ⑤와 같은 내용이 당위성을 가진 경청의 목적이라고 할 수는 없다.

26 경청능력 의사소통 태도 파악하기

| 정답 | ④

| 해설 | 정 과장은 강 대리의 말을 경청하지 않고 특별한 대안이 없이 '새로운 주제가 좋다'고 하며 강 대리의 의견에 반대하고 있다. 또한 홍 대리의 의견에도 특별한 대안을 내놓지 않은 채 반대하여 회의가 원활하게 진행되지 않고 있다.

27 경청능력 발표 내용 파악하기

| 정답 | ②

| 해설 | 인간의 높은 지능에도 불구하고 주변 환경을 파괴하는 행태에 대해 문제제기를 하면서 뒤이어 문제 해결을 사원들에게 촉구하고 있는 것으로 보아 일정한 주제를 가지고 강의 형식으로 말하기 위해 쓴 글이라 할 수 있다.

28 경청능력 청자 지향적 말하기 이해하기

| 정답 | ④

| 해설 | 청자 지향적 말하기는 화자가 일방적으로 자신의 주장만을 전달하는 말하기를 하는 것이 아니라 청자의 배경지식, 연관성, 이해도의 수준을 파악하여 청자의 이해도를 높일 수 있는 최적의 방식으로 내용을 전달하는 태도를 말한다. 따라서 '일방적으로' 잘 전달받고 있는지 파악하는 것은 청자 지향적 말하기의 태도라고 할 수 없다.

29 경청능력 의사소통 촉진기술 이해하기

| 정답 | ③

| 해설 | 상대방에게 관심을 기울이지 않으면 상대방과 의미 있는 대화를 나누지 못하게 된다. 효과적인 관심 기울이기 행동은 상대방에게 그를 하나의 존엄성을 가진 인격체로 존중하며 그가 말하는 것에 깊은 관심을 내가 가지고 있다는 사실을 나타내 주는 것이다. 관심 기울이기를 통하여 우리의 행동이 타인들에게 미치는 영향을 관찰할 수 있을 뿐 아니라 인간관계에서 일어나는 문제들이 통제할 수 없을 만큼 심각해지기 전에 미연에 방지할 수도 있으며, 또한 타인들의 경험을 공감적으로 이해할 수 있다.

30 경청능력 경청 단계 이해하기

| 정답 | ①

| 해설 | 경청의 단계는 5단계로 다음과 같다.
1. 무시하기 : 상대가 하는 이야기를 무시하는 단계로 실제 듣는다고 말할 수 없다. 이 단계에서 듣는 사람과 말하는 사람의 대화는 지속되지 않는다.
2. 듣는 척 하기 : 상대의 이야기를 단지 겉으로만 듣는 척 하는 단계이다.
3. 선택적 듣기 : 듣는 이가 말하는 이의 이야기를 듣기는 하나, 메시지 전체에 집중하기 보다는 자신이 듣고 싶은 내용을 선택적으로 듣는 단계이다. 이 경우 말한 내용과 들은 내용에 차이가 발생하게 된다.
4. 귀 기울여 듣기(적극적 듣기) : 듣는 이가 말하는 이의 이야기를 충분히 귀 기울여 듣는 단계이다.
5. 공감적 듣기 : 말의 내용에 집중하면서 말하는 이가 어떤 느낌을 가지고 이야기를 하는지, 왜 이런 이야기를 하는지 등 추측하고 듣는 입장에서 이해한 내용을 말하는 이에게 확인하며 듣는 단계이다.

31 경청능력 경청의 방법 파악하기

| 정답 | ②

| 해설 | 상대방의 말을 기록하는 것은 기본적으로 경청을 위한 방법이라고 볼 수 있으나, 이것이 지나쳐 상대방과 시선을 마주치지 않은 채 메모에만 열중하는 것은 오히려 상대방을 무시하는 행위로 비춰질 수 있다.

| 오답풀이 |
⑤ 비언어적인 행위는 경청의 의미를 전달하는 중요한 수단이며, 시선을 마주치며 상대방 이야기의 흐름을 따라가고 있음을 알려주는 것이 바람직한 경청의 방법이다.

32 경청능력 | 신호탐지이론 이해하기

| 정답 | ⑤

| 해설 | 신호탐지이론은 신호의 탐지가 신호에 대한 관찰자의 민감도와 관찰자의 반응 기준에 달려 있다는 이론으로 신호 대 소음 비는 동일하지만 우리가 기대하는 것에 따라 신호에 대한 해석이 크게 다르다는 내용이다. 즉 관찰자의 민감도에 따라 동일한 소음도 상황에 따라 다르게 해석될 수 있음을 의미한다. 따라서 이 이론이 적용되지 않은 것은 ⑤이다.

33 의사표현능력 | 업무지시 상황의 의사소통법 이해하기

| 정답 | ④

| 해설 | 수신자는 송신자의 요청이 없더라도 일정 시간이 지나 1차 결과물을 얻게 되었다면 결과물의 만족스러운 정도를 판단하기에 앞서 반드시 결과에 대해 보고를 하여 송신자의 추가 지시를 기다리는 것이 매우 중요하다. 스스로의 판단으로 만족스러운 결과물을 얻을 때까지 결과물에 대한 보고를 하지 않은 채 시간을 낭비하게 되면 더 나은 해결방법을 놓칠 수 있기 때문이다.

34 의사표현능력 | 의사소통 유형 파악하기

| 정답 | ①

| 해설 | 팀 내부에 불만과 스트레스를 축적시키고 퇴사자를 양산하는 엄한 스타일이지만 부하직원의 업무처리능력을 향상시키는 데 탁월하기도 한 김 팀장의 의사소통유형은 지배형에 가깝다.

35 의사표현능력 | 비언어적 표현의 특징 파악하기

| 정답 | ②

| 해설 | 비언어적 의사표현은 문화를 반영하기도 하며, 서로 다른 언어를 사용하여 언어적 의사표현이 불가능한 사람들 간에도 자신의 의견을 표현하는 수단이 될 수 있다. 또한 스포츠나 예술 활동 등의 비언어적 의사표현은 언어적 의사표현과 상관없이 매우 유용한 의사소통의 방법이 될 수 있다.

| 오답풀이 |
⑤ 비언어적 의사표현은 순간적으로 이루어지기도 하며 의도하지 않은 상황에서 전달되기도 하므로 그 의미를 묻거나 반복 표현을 요구하기 어려운 경우가 생길 수 있다.

36 의사표현능력 | 문제섬에 맞는 조언하기

| 정답 | ②

| 해설 | A 사원은 메신저에 접속하여 동료와 친구들에게 업무 이외의 일상 이야기를 하고, 거래처 직원이 찾아왔을 때에도 업무 이외의 이야기를 하느라 많은 시간을 낭비하고 있음을 알 수 있다. 또한 업무와 관련이 없는 인터넷 검색을 하고, 메신저에 접속해 지인과 고민 상담 등을 하는 것으로 시간을 허비하고 있다. 따라서 이를 통해 A 사원에게 해줄 조언으로 가장 적절한 것은 ②이다.

37 의사표현능력 | 고객의 질의에 적절히 답변하기

| 정답 | ③

| 해설 | 단순 강의 사실만 가지고는 청탁금지법에 저촉된다고 볼 수 없다. 대통령령으로 정하는 금액을 초과하는 강의료를 수취한 사실이 있어야 신고가 가능하다.

| 오답풀이 |
⑤ '2. 신고범위'에 국민신고가 가능함을 명시하고 있으므로 남편 회사의 부정행위를 아내가 신고하는 것도 가능하다.

38 의사표현능력 | 의사소통 상황 이해하기

| 정답 | ①

| 해설 | ⓐ는 B가 서 대리의 생일을 깜빡한 것에 대한 놀라움을 표현하는 맞장구이며, ⓓ는 B의 말에 동의를 나타내는 맞장구이다.

39 기초외국어능력 | 영문 의견서 이해하기

| 정답 | ③

| 해설 | 'nothing has come to our attention that causes us to believe that'은 '~라고 믿게 할 만한 것이 없었다'는 뜻이므로 밑줄 부분은 힌트를 주다(①), 암시하다(②), 증명하다(④), 제시하다(⑤) 등의 단어와 유사한 의미를 내포한 것으로 볼 수 있다. '유지하다'의 의미인 retain은 이 경우와 거리가 멀다.

40 기초외국어능력 | 영어로 쓰인 문장 이해하기

| 정답 | ③

| 해석 | 내 일자리, 내일의 서비스! 맞춤형 통합 재활서비스는 체계적인 재활 계획을 바탕으로 WCI(Workers' Compensation Insurance, 산업재해보험) 의료 서비스, 보상금 또는 재활 서비스를 제공하는 특별 프로그램입니다. 서비스의 혜택들은 근로 중 발생한 중대한 신체적 상해 혹은 후유증으로 복직에 제한이 있는 분들에 한해 제공됩니다. 가능한 한 최대한의 신체적 상해 회복과 확실한 사회정신적 안정을 지원함으로써 순조로운 복직을 돕습니다. 이를 위해 WCI 전문가인 저희 진로 코디네이터들이 고객 맞춤형, 통합형, 그리고 특화된 서비스들을 제공할 것입니다.

파트2 [수리능력] 기출예상문제

문제 220쪽

01	②	02	④	03	②	04	②	05	③
06	④	07	③	08	①	09	①	10	⑤
11	①	12	③	13	③	14	⑤	15	④
16	④	17	③	18	③	19	③	20	③
21	④	22	③	23	③	24	②	25	①
26	①	27	②	28	③	29	③	30	②
31	②	32	③	33	③	34	③	35	②
36	①	37	③	38	④	39	①	40	⑤
41	③	42	②	43	④	44	③		

01 수리능력 | 단위 환산하기

| 정답 | ②

| 해설 | 1cm=10mm, 1m=100cm이므로 250(cm)+325(cm)=575(cm)이다.

02 수리능력 | 단위 환산하기

| 정답 | ④

| 해설 | 1m는 39.37in이므로, 120m를 인치로 환산하면 120×39.37=4,724.4(인치)이다.

03 수리능력 | 단위 환산하기

| 정답 | ②

| 해설 | 1ft는 12in이므로 100ft는 1,200in이다. 따라서 100ft는 100in의 12배이다.

04 기초연산능력 | 사칙연산의 가능 여부 판단하기

| 정답 | ②

| 해설 | (다) 정수의 범위에는 소수가 포함되지 않아 나눗셈이 언제나 가능한 것은 아니다.

| 오답풀이 |
(가) 자연수의 범위에서 뺄셈과 나눗셈은 음수와 소수가 나올 수 있어 언제나 가능한 것은 아니다.
(나) 수의 범위를 복소수·실수 또는 유리수 전체로 할 때는 0으로 나누는 나눗셈을 제외하면 모든 사칙연산이 항상 가능하다.

05 기초연산능력 구거법 이해하기

| 정답 | ③

| 해설 | '구거법'에 대한 문제이다. 249,572를 9로 나누면 몫이 27,730이고 나머지가 2이다. 그러나 이렇게 나누는 일 자체가 복잡하고 시간이 걸린다. 그래서 각 자릿수를 모두 더한다. 즉, 2+4+9+5+7+2=29이고 이 수의 각 자릿수를 또 더하면 2+9=11, 다시 더하면 1+1=2가 된다. 혹은 처음부터 합해서 9가 되면 버리는 방법이 있다. 즉, 249,572에서 천의 자리 수 9는 버리고 4와 5를 더하면 9가 되므로 이것도 버리고, 2와 7도 더하면 9가 되므로 이것도 버리면 남는 수는 2뿐이다. 이 두 방법 중 어느 것을 사용하든 249,572의 경우 나머지가 2로 계산된다. 따라서 (가)와 (나)가 '구거법'을 이용한 올바른 검산 방법이 된다.

06 기초연산능력 주가의 변화 파악하기

| 정답 | ④

| 해설 | 7월 초의 주가를 x라 하면 7월 말의 주가는 $0.8x$이고 8월 말의 주가는 $0.8x \times 1.25 = x$이다. 따라서 7월 초, 8월 말의 주가는 동일하다.

07 기초연산능력 가장 큰 계산값 찾기

| 정답 | ③

| 해설 |
① $504 - 55 + 42 = 491$
② $502 - 76 + 64 = 490$
③ $505 - 49 + 37 = 493$
④ $503 - 68 + 57 = 492$
따라서 ③의 값이 가장 크다.

08 기초연산능력 공식을 활용하여 수치 계산하기

| 정답 | ①

| 해설 | 주어진 연간 임대수익률 공식에 수치를 대입해보면
연간 임대수익률 $= \dfrac{1,000,000 \times 12(개월)}{500,000,000 - 100,000,000} \times 100 = 3.0(\%)$이다.

09 기초연산능력 곱셈공식 활용하기

| 정답 | ①

| 해설 | a, b는 자연수이므로 a, $a-b$는 23의 약수이다. 23의 약수는 1, 23뿐이므로 $a=23$, $b=22$일 때만 $a(a-b)=23$을 만족한다.
따라서 $a^2 - b^2 = (a+b)(a-b) = (23+22)(23-22) = 45$이다.

10 기초연산능력 처음 수 구하기

| 정답 | ⑤

| 해설 | 처음 두 자리 자연수의 일의 자리 숫자를 x라고 하면, 구하는 처음 수는 $2 \times 10 + x = 20 + x$이고, 각 자리 숫자를 서로 바꾼 수는 $10x + 2$이다. 이때, 십의 자리 숫자와 일의 자리 숫자를 서로 바꾼 수가 처음 수보다 27이 크므로 다음과 같은 식이 성립한다.
$10x + 2 = (20 + x) + 27$
$10x - x = 47 - 2$
$9x = 45$
$\therefore x = 5$
따라서 구하는 두 자리 자연수는 25이다.

11 기초연산능력 시침과 분침이 이루는 각도 구하기

| 정답 | ①

| 해설 | 시침은 12시간 동안 360° 회전하므로 1시간에 30°씩, 1분에 0.5°씩 움직이며, 분침은 1시간에 360° 회전하므로 1분에 6°씩 움직인다.

즉, X시 Y분일 때 시침의 각도는 30°X+0.5°Y이고, 분침의 각도는 6°Y이다.

이를 바탕으로 각도를 구하면 4시 30분일 때 시침의 각도는 30°×4+0.5°×30=135°, 분침의 각도는 6°×30=180°이다. 따라서 시침과 분침 사이의 각은 |135°−180°|=45°이므로 A<B이다.

12 기초연산능력 | 식의 규칙 찾기

|정답| ③

|해설| 주어진 식에는 다음과 같은 규칙이 있다.
a△b=ab+2
따라서 10△12=10×12+2=122이다.

13 기초연산능력 | 최대 개수 구하기

|정답| ③

|해설| 무게가 135g인 유리병을 만드는데 필요한 산화규소는 135×0.8=108(g)이다. 5,000÷108≒46.3이므로 산화규소 5kg으로 만들 수 있는 유리병의 최대 개수는 46개이다.

14 기초연산능력 | 매뉴얼의 전체 분량 구하기

|정답| ⑤

|해설| 매뉴얼의 전체 분량을 x라 하면 다음과 같은 식이 성립한다.

$\left(x \times \dfrac{2}{3} - 100\right) \times 0.5 = 30$

$\dfrac{2}{3}x - 100 = 60$

∴ $x = 240$

따라서 매뉴얼의 전체 분량은 240페이지이다.

15 기초연산능력 | 유한집합의 원소 개수 구하기

|정답| ④

|해설| 제시된 정보를 토대로 벤다이어그램을 그려보면 다음과 같다.

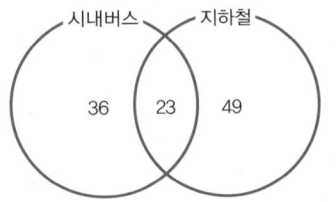

따라서 A 기업의 전체 직원 수는 36+23+49=108(명)이다.

16 기초연산능력 | 방정식 활용하기

|정답| ④

|해설| 합금에 들어있는 A 금속의 무게를 x, B 금속의 무게를 y라 하면 다음과 같은 식이 성립한다.

$x + y = 58$ ·········· ㉠

$\dfrac{4}{5}x + \dfrac{2}{3}y = 42$ ·········· ㉡

㉡을 정리하면

$6x + 5y = 315$ ·········· ㉢

㉢−㉠×5를 하면 $x=25$, $y=33$이다. 따라서 이 합금에는 A 금속이 25g 들어있다.

17 기초연산능력 | 최소 시간 구하기

|정답| ③

|해설| 전체 일의 양을 1이라 하면 안 대리, 장 과장, 김 팀장이 1시간 동안 하는 일의 양은 각각 $\dfrac{1}{6}$, $\dfrac{1}{4}$, $\dfrac{1}{3}$이다. 따라서 세 명이 함께 일을 하면 1시간 동안 $\dfrac{1}{6}+\dfrac{1}{4}+\dfrac{1}{3}=\dfrac{3}{4}$ 만큼의 일을 할 수 있다. 그러므로 프로젝트를 마무리하는 데 소요되는 최소한의 시간은 $\dfrac{4}{3}$시간인, 80분이다.

18 기초연산능력 | 길이 비를 활용하여 면적 비 구하기

|정답| ③

|해설| 길이 비율이 3 : 5이므로 면적 비율은 9 : 25이다. 가로 길이가 3m일 때 면적이 12m²였으므로 최종적으로 투사한 화면의 면적을 x라 하면 다음과 같은 비례식이 성립한다.

$9 : 25 = 12 : x$

$9x = 25 \times 12$

$\therefore x ≒ 33(m^2)$

따라서 약 33m²이다.

19 기초연산능력 | 거리·속력·시간 활용하기

|정답| ③

|해설| (가) 직원과 (나) 직원이 만나게 되는 지점이 A 지역으로부터 $x$km 떨어진 지점이라고 하면, (나) 직원은 출발한 시점부터 (가) 직원과 만나는 시점까지 $(150-x)$km를 이동한 것이 된다. 이때 (가) 직원이 30분 먼저 출발하여 40km를 이동하였으므로 (나) 직원이 이동하는 동안 (가) 직원은 $(x-40)$km를 이동한 것이 된다. (가) 직원은 시속 80km, (나) 직원은 시속 100km의 속도로 이동하므로 다음과 같은 식이 성립한다.

$$\frac{x-40}{80} = \frac{150-x}{100}$$

$80(150-x) = 100(x-40)$

$12,000 - 80x = 100x - 4,000$

$180x = 16,000$

$\therefore x ≒ 89$

따라서 (가) 직원과 (나) 직원이 만나게 되는 지점은 A 지역으로부터 약 89km 떨어진 지점이다.

20 기초연산능력 | 부채꼴의 넓이 구하기

|정답| ③

|해설| '(부채꼴의 넓이)$=\frac{1}{2} \times$(반지름)$\times$(호의 길이)'이므로 지방 영업소 건축 부지의 면적은 $\frac{1}{2} \times 30 \times 20 = 300$(m²)이다.

21 기초연산능력 | 복리 이해하기

|정답| ④

|해설|
- 1년 후의 잔고 : $100 \times (1+0.05)^1$
- 2년 후의 잔고 : 1년 후의 잔고가 원금이 되므로 $100 \times (1+0.05)^2$
- 3년 후의 잔고 : 2년 후의 잔고가 원금이 되므로 $100 \times (1+0.05)^3$

  ⋮

- 10년 후의 잔고 : $100 \times (1+0.05)^{10}$

22 기초연산능력 | 단가 계산하기

|정답| ②

|해설| '매출금액=매출수량×개당 단가'이고 매출비율은 매출금액이 클수록 크다. 따라서 매출수량이 큰데 매출비율이 낮다는 것은 개당 단가가 낮다는 뜻이고, 매출수량은 작은데 매출비율이 높다는 것은 개당 단가가 높다는 의미이다.

계산의 용이함을 위해서 매출수량이 1만 개인 D 제품을 기준으로 보면 C 제품은 D 제품의 3배를 팔았으나 매출비율은 3배에 미치지 못하므로 D보다 단가가 싸다는 것을 알 수 있다. 또한 B 제품도 D 제품의 2배를 팔았는데 매출비율은 2배가 안 되므로 D보다 단가가 싼 제품이다. 반면 A 제품은 D 제품의 6배를 판매하였는데 매출비율은 6배가 넘으므로 D보다 단가가 비싸다는 것을 알 수 있다. 따라서 단가가 큰 순서는 A>D>C, B이다. 여기서 B와 C를 굳이 비교하지 않아도 ②가 정답임을 알 수 있는데, B와 C를 비교해 보면, C 제품은 B 제품의 1.5배를 팔았는데 매출비율이 1.5배가 넘으므로 B보다 단가가 비싸다.

23 기초연산능력 | 최대 대출금액 구하기

|정답| ③

|해설| 축사 신축은 시설자금에 해당되기 때문에 총 사업비의 80%까지 대출을 받을 수 있다.

따라서 $2 \times 0.8 = 1.6$(억 원), 즉 1억 6천만 원까지 가능하다.

24 기초통계능력 통계의 기능 이해하기

| 정답 | ②

| 해설 | 표본을 활용하면 대상 집단의 특성을 유추할 수 있으므로 옳지 않다.

25 기초통계능력 두 집단의 수치 비교하기

| 정답 | ①

| 해설 | 표본 수치의 최댓값과 최솟값 차이가 더 크다는 사실은 집단의 범위가 더 넓다는 것을 의미한다. 그러나 평균이 5라는 것과 범위가 더 넓다는 사실만으로는 두 집단의 분산, 표준편차를 비교할 수 없다.

26 기초통계능력 통계의 의미 파악하기

| 정답 | ①

| 해설 | 통계자료는 우리 주위에서 수없이 많이 볼 수 있으며, 통계는 우리에게 중요한 정보를 제공해 줄 수 있음을 강조하고 있다. 특히 평균수명, 여명이라는 통계가 우리 모두에게 노후에 대한 아주 중요한 정보를 주고 있음을 제시하고 있다.

27 기초통계능력 상대도수 이해하기

| 정답 | ②

| 해설 | 100점을 받은 인원수는 51×0.078=3.978(명)으로 4명이 되며, 40점 이상 60점 미만을 받은 인원수는 51×0.196=9.996(명)으로 10명이 된다.

28 기초통계능력 경우의 수 구하기

| 정답 | ④

| 해설 | 6명의 직원이 원형 테이블에 앉으므로 원순열에 해당한다. 따라서 $\frac{_n P_n}{n} = (n-1)! = (6-1)! = 5! = 120$ (가지)이다.

29 기초통계능력 확률 구하기

| 정답 | ③

| 해설 | 지방 출장은 대리 4명 중 1명이 가야하므로 출장을 가게 되는 확률은 $\frac{1}{4} \times 100 = 25(\%)$이다.

30 기초통계능력 평균 계산하기

| 정답 | ④

| 해설 | 민원팀 직원이 총 20명이므로 Ⓐ+Ⓑ=3임을 알 수 있다. 따라서 '친절 영역'의 평균 점수는
$\frac{100 \times 6 + 90 \times 7 + 80 \times 5 + 70 \times 2}{20} = 88.5$(점)이다.

31 기초통계능력 평균값, 최빈값, 중앙값 구하기

| 정답 | ②

| 해설 | 각 학생들의 컴퓨터 이용시간을 크기 순서대로 나열하면 0, 0, 0, 0, 0, 1, 1, 1, 2, 2, 2, 3, 3, 3, 3, 12가 된다. 가장 많이 나온 값이 5회인 0이므로 최빈값 b는 0이 된다.
평균값 a는 $\frac{(1 \times 3) + (2 \times 3) + (3 \times 4) + 12}{16} ≒ 2.06$이 된다. 중앙값 c는 중앙에 있는 1과 2의 평균값인 1.5가 된다. 따라서 $a+b+c=3.56$이 된다.

32 기초통계능력 표준편차 구하기

| 정답 | ④

| 해설 | 모표준편차를 구하는 공식은 다음과 같다.
$$\sigma = \sqrt{\frac{1}{N}\sum_{i=1}^{N}(x_i - \mu)^2}$$
(σ는 모집단의 모표준편차, μ는 모평균)
보험회사 A의 영업팀은 6팀이고, 평균이 9, 표준편차가 8이므로
$$8 = \sqrt{\frac{1}{6}\sum_{i=1}^{6}(x_i - 9)^2}$$

$$\sum_{i=1}^{6}(x_i-9)^2=64\times6=384$$

보험회사 B의 영업팀은 4팀이고, 평균이 9, 표준편차가 3이므로

$$3=\sqrt{\frac{1}{4}\sum_{j=1}^{4}(x_j-9)^2}$$

$$\sum_{j=1}^{4}(x_j-9)^2=9\times4=36$$

따라서 보험회사 A와 B의 전체 10개 팀의 한 영업팀당 팀원 수의 표준편차는

$$\sqrt{\frac{1}{10}\sum_{i=1}^{10}(x_i-9)^2}$$
$$=\sqrt{\frac{1}{10}\left(\sum_{i=1}^{6}(x_i-9)^2+\sum_{j=1}^{4}(x_j-9)^2\right)}$$
$$=\sqrt{\frac{1}{10}(384+36)}=\sqrt{42}\,(명)$$

33 도표분석능력 | 자료의 수치 분석하기

| 정답 | ③

| 해설 | 예산에 대한 사업진행비의 비중은 다음과 같다.

- 기획팀 : $\frac{600}{1,200}\times100=50(\%)$
- R&D팀 : $\frac{400}{1,400}\times100≒28.6(\%)$

따라서 기획팀이 R&D팀의 $\frac{50}{28.6}≒1.7(배)$이다.

| 오답풀이 |

① 제조팀의 사업진행비는 900만 원으로 R&D팀의 사업진행비 400만 원의 $\frac{900}{400}=2.25(배)$이다.

② R&D팀의 예산에 대한 사업진행비의 비중이 28.6%로 가장 낮다.

④, ⑤ 사업진행비를 제외한 예산은 기획팀이 1,200-600=600(만 원), 인사팀이 900-600=300(만 원), 제조팀이 1,500-900=600(만 원), R&D팀이 1,400-400=1,000(만 원)이다. 따라서 사업진행비를 제외했을 때 예산의 크기가 가장 작은 팀은 인사팀이고, 기획팀과 제조팀은 사업진행비를 제외한 나머지 예산의 크기가 동일하다.

34 도표분석능력 | 조건을 바탕으로 수치 계산하기

| 정답 | ③

| 해설 | 첫 번째 조건에 따라 20X7년의 총예산액은 5,000만 원이므로, 20X8년의 총예산액은 20X7년의 120%인 5,000×1.2=6,000(만 원)이다.

두 번째 조건에 따라 각 팀이 20X8년 총예산액의 절반인 3,000만 원을 차지하는 비율은 20X7년 예산 비율과 동일하므로 이를 계산하면 다음과 같다.

- 기획팀 : $3,000\times\frac{1,200}{5,000}=720(만\ 원)$
- 인사팀 : $3,000\times\frac{900}{5,000}=540(만\ 원)$
- 제조팀 : $3,000\times\frac{1,500}{5,000}=900(만\ 원)$
- R&D팀 : $3,000\times\frac{1,400}{5,000}=840(만\ 원)$

세 번째 조건에 따라 예산액 중 사업진행비의 비중은 인사팀, 제조팀, 기획팀, R&D팀 순으로 높기 때문에 나머지 절반인 3,000만 원은 인사팀이 3,000×0.4=1,200(만 원), 제조팀이 3,000×0.3=900(만 원), 기획팀이 3,000×0.2=600(만 원), R&D팀이 3,000×0.1=300(만 원)씩 배분받는다.

따라서 20X8년 배분받는 총예산은 기획팀이 720+600=1,320(만 원), 인사팀이 540+1,200=1,740(만 원), 제조팀이 900+900=1,800(만 원), R&D팀이 840+300=1,140(만 원)이므로 예산을 가장 많이 배분받는 팀은 제조팀이다.

35 도표분석능력 | 자료의 수치 분석하기

| 정답 | ②

| 해설 | 여성 응시인원 수가 가장 많은 분야는 건축분야이다.

| 오답풀이 |

① 전체 필기시험 접수인원 중 여성의 비율은 480÷7,466×100≒6.4(%)이다.

36 도표분석능력 | 자료의 수치 분석하기

| 정답 | ①

| 해설 | 11개국 선박 등록 척수를 모두 더하면 25,568척이므로 선박을 등록한 국가는 12개국 이상이다.

| 오답풀이 |
② 표는 총톤수를 기준으로 나열한 것으로 총톤수와 점유율을 보면 알 수 있다.
③ 사이프러스는 전년 대비 0.66% 감소했음을 알 수 있다.
④ 1~4순위의 총톤수 점유율은 22.6+10.51+5.49+5.34=43.94(%)로 절반에 이르지 않는다.
⑤ 국가별 선박등록 현황은 총톤수를 기준으로 나열한 것인데, 순위와 선박수를 비교해보면 순위가 높을수록 선박수가 많은 것은 아님을 알 수 있다. 따라서 선박수와 총톤수는 비례하지 않는다.

37 도표작성능력 | 도표 작성 절차 이해하기

| 정답 | ③

| 해설 | 도표의 작성 절차는 다음과 같다.
어떠한 도표로 작성할 것인지를 결정(ⓒ) → 가로축과 세로축에 나타낼 것을 결정(ⓐ) → 가로축과 세로축의 눈금의 크기를 결정(ⓓ) → 자료를 가로축과 세로축이 만나는 곳에 표시(ⓑ) → 표시된 점에 따라 도표 작성(ⓔ) → 도표의 제목 및 단위 표시(ⓕ)

38 도표작성능력 | 도표 작성 시 주의사항 파악하기

| 정답 | ④

| 해설 | ⓒ 데이터의 수치들에 해당하는 축의 단위 표시가 없는 경우 모든 데이터가 표시될 수 없으므로 축의 단위는 충분하게 설정하여야 한다.
ⓒ 그래프의 제목을 붙이는 것은 그래프 작성의 가장 기본적인 사항이다.

| 오답풀이 |
㉠ 그래프나 도표 작성 시 사용된 모든 수치의 단위를 표기해 주어야 한다.

39 도표작성능력 | 적합한 그래프 선택하기

| 정답 | ①

| 해설 | 원 그래프는 전체에 대한 각 항목의 비율을 원의 내부에 부채꼴로 구분한 그래프로, 비율을 한눈에 나타낼 수 있다.

40 도표작성능력 | 도표 작성의 특징 파악하기

| 정답 | ⑤

| 해설 | 통계는 자료 자체에서도 사실과 다른 차이를 낳을 수 있지만, 그 결과를 어떻게 그래프에 나타내는가에 따라서도 보는 사람은 전혀 다른 느낌을 갖게 된다. 통계는 기준에 따라 결과가 바뀌고, 표현 방식에 의해서도 실제 담긴 내용이 왜곡될 수 있다. 통계 자료를 접할 때에는 이러한 사실을 염두에 두는 것이 필요하다.

41 도표작성능력 | 같은 자료로 작성한 그래프 비교하기

| 정답 | ③

| 해설 | 두 그래프의 차이는 눈금의 크기에서 발생하였다. 도표 작성 시에는 가로축과 세로축의 눈금 크기를 자료를 잘 표현할 수 있는 크기로 결정하여야 한다. 한 눈금의 크기가 너무 크거나 작으면 자료의 변화를 잘 표현할 수 없다.

42 도표작성능력 | 작성된 그래프의 내용 수정하기

| 정답 | ②

| 해설 | 〈표 2〉처럼 나타내는 것보다 각 매출액, 매출원가, 매출이익 등을 한 번에 파악 가능하도록 막대 그래프로 나타내는 것이 좋다. 다음처럼 연도별로 매출 관련 지수를 다른 색깔로 해서 작성하는 것이 적절하다.

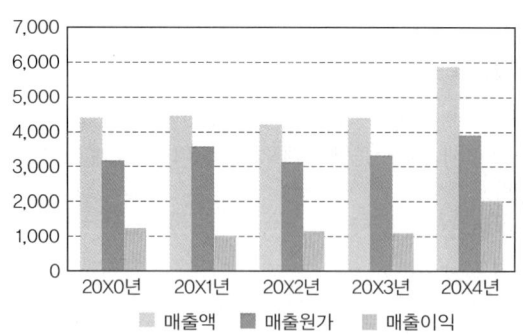

43 도표분석능력 | 자료의 수치 분석하기

|정답| ④

|해설| S항 전체 입항 척수 대비 입항 외항선의 비중은 다음 그래프와 같이 증가와 감소를 반복하였다.

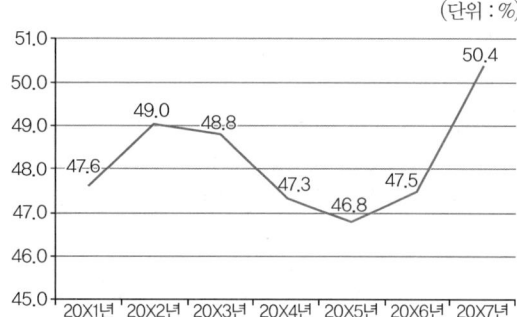

|오답풀이|

① 입항 척수 점유비는 12.37% → 12.32%로 다소 감소하였으나, 톤수 점유비는 10.55% → 10.94%로 증가하였다.
② S항은 −9.84%의 감소율을 보이고 있으나, 전국 항만은 −6.40%의 감소율을 보이고 있다.
③ 척수와 톤수에서 모두 외항선은 증가, 내항선은 감소하였다.

44 도표작성능력 | 자료를 그래프로 변환하기

|정답| ③

|해설| 선택지 ③의 올바른 그래프는 다음과 같다.

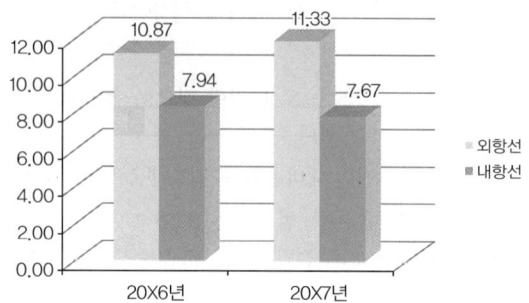

[문제해결능력] 기출예상문제

문제 280쪽

01	②	02	②	03	②	04	②	05	⑤
06	②	07	④	08	①	09	④	10	③
11	③	12	③	13	②	14	④	15	③
16	③	17	⑤	18	④	19	⑤	20	④
21	⑤	22	④	23	③	24	②	25	①
26	④	27	④	28	①	29	①	30	④
31	④	32	②	33	①	34	⑤	35	②
36	②	37	④	38	①	39	①		

01 문제해결능력 문제의 유형 파악하기

|정답| ②

|해설| 설정형 문제는 지금까지 해 오던 것과 전혀 관계없이 미래지향적으로 새로운 과제 또는 목표를 설정함에 따라 일어나는 문제로 목표지향적 문제라고 할 수 있다. ②는 탐색형 문제에 관한 설명이다.
탐색형 문제는 더 잘해야 하는 문제로 현재의 상황을 개선하거나 효율을 높이기 위한 문제를 의미한다. 또 눈에 보이지 않는 문제로, 문제를 방치하면 뒤에 큰 손실이 따르거나 해결할 수 없는 문제로 나타나게 된다. 이러한 탐색형 문제는 잠재문제, 예측문제, 발견문제의 세 가지 형태로 구분할 수 있다.

02 문제해결능력 퍼실리테이션 이해하기

|정답| ②

|해설| 퍼실리테이션(Facilitation)은 어떤 그룹이나 집단이 의사결정을 잘하도록 도와주는 일을 의미하며 최근 많은 조직에서는 퍼실리테이터를 활용하고 있다. 퍼실리테이션에 의한 문제해결방법은 깊이 있는 커뮤니케이션을 통해 서로의 문제점을 이해하고 공감하여 창조적인 문제해결을 도모하는 것이다. 퍼실리테이션에 필요한 기본 역량 중 하나로 합의를 도출하기 위한 구성원들 사이의 갈등 관리가 필요하며 이로써 구성원의 동기가 강화되고 팀워크도 한층 강화된다.

① 코칭 : 개인의 목표나 성과 달성을 위해 지원하는 과정으로 주로 특정 개인의 성장에 초점을 맞춘다.
③ 3C 분석기법 : 3C는 환경의 구성 요소인 자사(Company), 경쟁사(Competitor), 고객(Customer)을 의미하며, 3C 분석은 이들을 분석하여 환경을 분석하는 기법이다.
④ SCAMPER : 창의적인 아이디어를 도출하기 위한 기법으로 다양한 질문을 통해 아이디어를 개선하거나 변형하는 것이다.
⑤ 하드 어프로치(Hard approach) : 상이한 문화적 모양을 가지고 있는 구성원을 가정하고, 서로의 생각을 직설적으로 주장하고 논쟁이나 협상을 통해 서로의 의견을 조정하는 문제해결 방법이다.

03 문제해결능력 문제의 개념 파악하기

|정답| ②

|해설| 보이지 않는 문제와 보이는 문제 중 무엇이 많고 적은지 알 수 없으며 해결의 측면에서도 무엇이 더 어렵다고 단정 지을 수 없다.

|오답풀이|
③, ④ 발생형 문제는 눈앞에 나타나 직면하고 있는 문제로, 해결하기 위해 고민해야 하는 문제이다. 어떤 기준을 일탈하여 생기는 일탈형 문제와 기준에 미치지 못해 생기는 미달형 문제로 구분할 수 있다.

04 문제해결능력 문제의 유형 파악하기

|정답| ②

|해설| 업무상 발생하는 문제는 다음과 같은 세 가지로 구분할 수 있다.

• 발생형 문제 : 눈에 보이는 이미 발생된 문제로 원상복귀가 필요하며 문제의 원인이 내재되어 있는 경우가 많다.
• 탐색형 문제 : 잠재되어 보이지 않는 개선이나 보다 나은 효율을 지향하는 문제로 방치하면 큰 손실로 이어질 수 있다.
• 설정형 문제 : 미래 상황에 대한 대응의 문제로서 미래지향적이며 목표를 설정하여 달성하는 창조적 문제라고 할 수 있다.

자체 검사 결과 부품의 누전으로 부품을 교체해야 하는 상황은 눈앞에 보이는 발생형 문제에 해당한다. 현지의 대규모 파업으로 부품 공급에 차질이 생길 것이 예상되는 상황은 당장 눈에 보이지는 않지만 방치하면 후에 손실이 따르는 탐색형 문제에 해당한다.

05 문제해결능력 창의적 · 분석적 문제 이해하기

| 정답 | ⑤

| 해설 | ⑤의 내용은 창의적 문제와 분석적 문제의 뒤바뀐 설명이다.
분석적 문제는 현재의 문제점이나 미래의 문제로 예견될 것에 대한 문제 탐구이므로 문제 자체가 명확하지만, 창의적 문제는 현재 문제가 없더라도 보다 나은 방법을 얻기 위한 문제 탐구로 문제 자체가 명확하지 않다.

06 문제해결능력 문제해결의 기본 요소 파악하기

| 정답 | ②

| 해설 | 문제해결을 위해서는 다음과 같은 기본 요소들이 개인에 요구된다.
• 체계적인 교육 훈련
• 문제해결방법에 대한 지식
• 문제 관련 지식의 가용성
• 문제해결자의 도전 의식과 끈기
• 문제에 대한 체계적인 접근

07 문제해결능력 문제해결의 장애요소 파악하기

| 정답 | ④

| 해설 | A 씨의 제안을 살펴보면 자료를 수집할 때 구체적인 절차를 무시하고 단순히 많은 자료를 얻으려는 노력에만 힘을 쏟았음을 확인할 수 있다. 이러한 경우는 문제해결의 장애요소 중 '너무 많은 자료를 수집하려고 노력하는 경우'에 해당된다.

08 문제해결능력 문제해결의 기본 요소 파악하기

| 정답 | ①

| 해설 | 문제의 종류와 해결절차에 관한 연구는 학문적인 배움의 자세로, 실제 문제해결을 위한 현실적이고 업무적인 도움을 얻어내기 어렵다.

09 문제해결능력 문제해결의 장애요소 파악하기

| 정답 | ④

| 해설 | ④는 문제해결을 위한 분석적인 사고를 수행하는 방법으로 가설 지향의 문제 해결에 효과적인 방법이라고 할 수 있다.

| 오답풀이 |
① 고정관념에 얽매이는 경우
② 쉽게 떠오르는 단순한 정보에 의지하는 경우
③ 너무 많은 자료를 수집하려고 노력하는 경우
⑤ 문제를 철저하게 분석하지 않는 경우

10 사고력 논리적 사고의 구성 요소 이해하기

| 정답 | ③

| 해설 | 비판적인 사고를 위한 태도 중 하나인 '문제의식'에 대한 설명이다.

| 오답풀이 |
① 생각하는 습관
② 구체적인 생각
④ 타인에 대한 이해
⑤ 설득
여기에 상대 논리의 구조화를 추가하면 논리적 사고의 중요한 다섯 가지 구성 요소가 된다.

11 사고력 비판적 사고 이해하기

| 정답 | ③

| 해설 | 어떠한 문제 상황에 처했을 때 편견이나 권위적인 부분에 의해 판단하지 않으며 객관적인 증거들로 상황을

비교 및 검토하는 과정을 통해 고정관념을 타파하는 태도를 길러야 한다. 또한, 이 과정들을 통해 맞닥뜨린 문제와 목적을 확실하게 파악하여 해결하고자 하는 문제의식을 가져야 한다.

12 사고력 브레인스토밍 이해하기

| 정답 | ③

| 해설 | 브레인스토밍은 창의적 사고를 위한 발산 방법 중 가장 흔히 사용되고 있는 방법이다. 참가자 누구나 자유롭게 발언할 수 있으며 발언한 아이디어에 대한 비판은 금한다. 제시된 아이디어를 모두 기록하여 가장 적절한 방안을 찾는 데 활용된다.

| 오답풀이 |

① 체크리스트 : 대상에 대한 생각을 전용, 변경, 확대, 축소, 결합 등의 항목에 따라 정리하는 창의적 사고 기법이다.
② 소프트 어프로치(Soft approach) : 직접적인 표현이 바람직하지 않다고 여기며 무언가를 시사 또는 암시하여 의사를 전달하고 기분을 서로 통하게 함으로써 문제해결을 도모하는 방법이다.
④ 아이스브레이크 : 처음 만난 사람들끼리 서먹서먹함을 없애거나 딱딱한 분위기를 풀어 친밀도를 높이기 위해 하는 일

13 사고력 창의적 사고 이해하기

| 정답 | ②

| 해설 | 피라미드 구조법은 so what 기법과 함께 논리적 사고를 개발할 수 있는 대표적인 방법으로, 보조 메시지들을 통해 주요 메인 메시지를 얻고 다시 메인 메시지를 종합하여 최종적인 정보를 도출해 내는 방법이다.

| 오답풀이 |

① 브레인스토밍을 통한 창의력 개발 방법을 설명하는 내용이다.
③ 비교 발상법을 통한 창의력 개발 방법을 설명하는 내용이다.
④ 강제 연상법을 통한 창의력 개발 방법을 설명하는 내용이다.

14 사고력 사고력의 종류 파악하기

| 정답 | ④

| 해설 | (가) 고 대리가 수행한 부품 공급처 사장과의 논의에서 가장 필요했던 것은 상대방을 설득시키기 위한 논리적 사고이다. 설득은 논쟁을 통하여 이루어지는 것이 아니라 논증을 통해 더욱 정교해진다. 이러한 설득의 과정은 나의 주장을 다른 사람에게 이해시켜 납득시키고 그 사람이 내가 원하는 행동을 하게 만드는 것으로, 이해는 머리로 하고 납득은 머리와 가슴이 동시에 공감되는 것이며, 이 공감은 논리적 사고가 기본이 된다.

(나) 나 대리는 주어진 환경을 개선하고자 창의적인 아이디어를 제시하여 자신의 근무환경을 바꾸는 데 중요한 역할을 수행하였다. 이는 창의적 사고가 바탕이 된 행위로서 남들이 생각하지 못한 아이디어가 창의력으로 표출된 것으로 볼 수 있다.

15 사고력 문제해결 방식 파악하기

| 정답 | ③

| 해설 | 비교 발상법은 주제와 본질적으로 닮은 것을 힌트로 하여 새로운 아이디어를 얻는 방법이다. 이러한 비교 발상법은 다음 그림과 같이 설명될 수 있다.

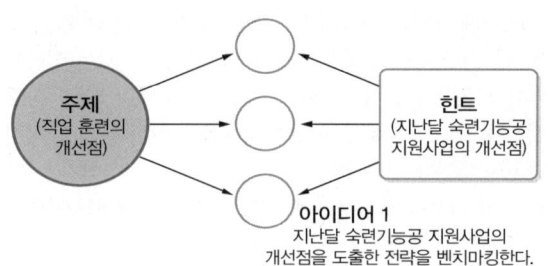

| 오답풀이 |

① 자유 연상법 : 생각나는 대로 자유롭게 생각을 발상하여 주제에서 생각난 것을 열거하는 사고 방법으로 브레인스토밍이 이에 해당한다.
② Logic tree 기법 : 문제구조 파악을 위해 해결책을 구체화하고자 사용하는 기법으로, 복잡한 문제를 단계별로 세분화하여 원인들을 구조화하여 근본적인 원인을 도출하는 기법이다.

④ so what 기법 : 문제 해결이나 분석을 통해 도출된 결론, 데이터, 사실 등의 의미와 중요성을 명확하게 파악하고, 궁극적으로 핵심 메시지를 도출하는 사고 기법이다. "그래서 이게 무엇이지"와 같은 자문자답이 수행된다.
⑤ 강제 연상법 : 각종 힌트를 강제적으로 연결 지어서 발상하는 창의적 사고 방법이다. SCAMPER가 이에 해당한다.

16 사고력 Logic tree를 활용한 사고력 배양하기

| 정답 | ③

| 해설 | (A)에는 중국어 가능자와 국제감각 보유자를 확인하고자 하는 하위 개념이 도출된 것으로 보아 인력 확보에 관한 상위 개념이 담긴 문제가 적절하며, (B)에는 현지의 투자 여건에 따른 하위 개념으로서의 문제가 도출된 것이어야 하므로 현지인들의 반한 감정 등 현지의 사정에 관해 해결해야 할 문제점을 기재하는 것이 적절하다.

17 사고력 비판적 사고 이해하기

| 정답 | ⑤

| 해설 | '상상하기'는 문제를 해결하는 데 있어 관습적인 해결 방법을 따르지 않고 과거의 경험을 불러와 재창조하고 미래의 가능성에 비추어 합리적인 가설을 세울 수 있게 한다. 관계된 인물들의 상황을 바꾸어 보거나 역할을 바꿔 보는 것, 이 상황에서 가장 적절한 해결을 할 수 있는 인물이 되어 보는 것, 문제를 확장하거나 축소하기, 극단적 상황 설정하기를 통해 문제의 해결 방식을 고안하고 가장 적절한 아이디어를 선택한다는 것이다. 이렇듯 '상상하기'는 여러 가지 가설을 세우고 그중 합당한 대안을 선택하게 함으로써 문제를 해결하게 하는 바탕이 된다. 따라서 '상상하기'를 통해 합당한 대안을 선택하는 것은 근거에 의거하고 구체적인 맥락을 고려한다는 점에서 비판적 사고의 한 과정이라고 할 수 있다.

18 사고력 비판적 사고 이해하기

| 정답 | ④

| 해설 | 주어진 글은 비판적 사고에 대한 대표적인 사례를 보여 주고 있다. 감성적 판단을 근거로 하는 것은 비판적 사고나 논리적 사고 모두에서 나타나지 않는 것으로 업무를 수행함에 있어 바람직한 사고방식으로 보기 어렵다.
비판적 사고는 숨겨진 가정이나 전제된 원리, 편견 등을 찾아낼 수 있다. 따라서 이러한 비판적 사고는 사실과 가치를 구분하거나 주장·행위에 타당한 근거를 제시하고 합당한 근거에 의거해 주장이나 행위를 평가하는 것 등의 핵심적인 요소를 가진 사고력이라고 할 수 있다.

19 사고력 창의적 사고 이해하기

| 정답 | ⑤

| 해설 | 고객 서포터즈와 같은 참신한 아이디어는 창의적인 사고가 바탕이 된 것으로 볼 수 있다. ①~④는 모두 창의적 사고의 특징을 설명한 것이며, ⑤와 같은 지적 회의성과 개방성은 비판적 사고의 특징이다.

20 사고력 창의적 사고 이해하기

| 정답 | ④

| 해설 | 창의적인 사고력을 개발하는 방법에는 자유 연상법, 강제 연상법, 비교 발상법이 있다.
가. 자유 연상법
나. 강제 연상법
라. 비교 발상법

| 오답풀이 |
다. 피라미드 구조화 방법은 논리적 사고를 개발하는 방법이다.

21 사고력 비판적 사고 이해하기

| 정답 | ⑤

| 해설 | 사고의 전개에 있어서 전후의 관계가 일치하고 있는가를 살피고 아이디어를 평가하는 것은 논리적 사고이다. 이러한 논리적 사고는 다른 사람을 공감시켜 움직일 수 있게 하며 짧은 시간에 헤매지 않고 사고할 수 있게 한다. 또한 상대의 논리를 구조화하는 것은 논리적 사고의 기본적인 구성요소이다. '다'와 '마'를 제외한 나머지 항목들은 모두 비판적 사고의 기능이다.

22 사고력 | 비판적 사고 이해하기

| 정답 | ④

| 해설 | 비판적 사고는 어떤 주제나 주장 등에 대해서 적극적으로 분석하고 종합하며 평가하는 능동적인 사고이다. 이러한 비판적 사고는 어떤 논증, 추론, 증거, 가치를 표현한 사례를 타당한 것으로 수용할 것인가 아니면 불합리한 것으로 거절할 것인가에 대한 결정을 내릴 때 요구된다.

| 오답풀이 |
① 종합적 사고
② 분석적 사고
③ 창의적 사고

23 사고력 | 논리적 사고 이해하기

| 정답 | ③

| 해설 | Logic tree 방법에 의한 면밀한 문제 도출 과정을 통한 저출산을 개선할 수 있는 합리적이고 설득력 있는 대안들이 제시되어 있지 않다.

| 오답풀이 |
① 감정적인 의견은 충분한 검토를 거친 것으로 보기 어려워 설득력이 떨어진다.
② 노동시간이 감소하기만 하면 아이의 건강을 지키는 일에 문제가 없을 것으로 판단한 것과 노동시간의 감소가 출생률을 상승시킬 수 있다는 것은 적절한 인과관계를 유지하는 의견이라고 볼 수 없다.
④ 다양한 경우와 상황을 고려하지 못한 의견이다.
⑤ Logic tree 방법에 의한 '문제 도출' 과정이 필요하다고 볼 수 있다.

24 사고력 | 단어 관계 유추하기

| 정답 | ②

| 해설 | 제시된 문장은 'ㄱ 사람들'이라는 행동주체가 'ㄴ 바이럴마케팅'이라는 행동을 한다. 따라서 '교사'라는 행동주체가 '수업'이라는 행동을 한다는 ②의 단어 관계와 가장 유사하다.

25 사고력 | 단어 관계 유추하기

| 정답 | ①

| 해설 | 제시된 문장은 'ㄱ 직업인'이라는 주체가 'ㄴ 사회적 규범'이라는 규칙을 따른다는 단어 관계를 가진다. 따라서 ①의 '국민'이라는 주체가 '납세'라는 규칙을 따른다는 단어 관계와 가장 유사하다.

26 사고력 | 단어 관계 유추하기

| 정답 | ④

| 해설 | 'ㄱ 돈'과 'ㄴ 노래'는 제시된 문장의 내용상 '기부'라는 동일한 범주 안에 속해 있는 단어 관계이다. 따라서 ④의 '과일'이라는 동일한 범주 안에 속해 있는 두 단어인 '사과'와 '배'의 관계와 가장 유사하다.

27 사고력 | 상황판단의 Framework 이해하기

| 정답 | ③

| 해설 | 분석은 가설 혹은 메시지를 지지하기 위해 필요한 최소한의 수준에서 행하는 것이 바람직하다.

28 사고력 | 상황판단의 Framework 이해하기

| 정답 | ①

| 해설 |

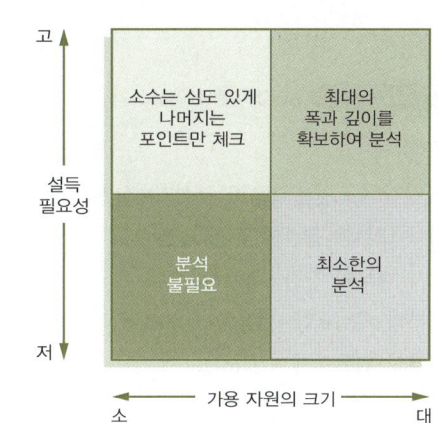

29 문제처리능력 문제해결 절차 이해하기

| 정답 | ①

| 해설 | 문제해결 절차는 (A) 문제 인식 단계에서 해결해야 하는 문제를 파악하여 우선순위를 정하고 (D) 문제 도출 단계에서 해결해야 할 것이 무엇인지 명확히 한다. 그 다음 (B) 원인 분석 단계에서 파악된 핵심문제의 원인을 도출하고 (E) 해결안 개발 단계에서 최적의 해결방안을 수립한다. 이후 (C) 실행 및 평가 단계를 통해 해결방안을 실제 상황에 적용 및 평가한다.

30 문제처리능력 3C 분석으로 원인 도출하기

| 정답 | ④

| 해설 | 최근 고객의 관심이 급증한 제품은 D인데 ○○기업의 생산 농작물은 A, B, C로 D를 생산하고 있지 않다.

31 문제처리능력 문제해결 절차 이해하기

| 정답 | ④

| 해설 | 문제해결을 위해서는 문제에 체계적으로 접근하여야 한다. 문제를 조직 전체적인 관점에서 바라보지 않고 각 기능단위별로 문제점을 분석하고 해결안을 도출한다면 각 기능과 기능 사이의 사각지대에는 지속적으로 문제가 상존하여 문제해결의 결과가 성과에 미치는 영향이 아주 미미한 경우가 있다. 따라서 효과적인 문제해결을 위해서는 체계적 접근을 통해 문제를 분석하고 해결해야 한다.

32 문제처리능력 SWOT 분석 이해하기

| 정답 | ②

| 해설 | 각각의 요인은 SWOT 분석기법상 다음에 해당된다.

가 : 회사 내부의 약점 – Weaknesses
나 : 회사 내부의 강점 – Strengths
다 : 외부의 기회요인 – Opportunities
라 : 외부의 위협요인 – Threats

33 문제처리능력 SWOT 분석 이해하기

| 정답 | ①

| 해설 | '고도의 품질검사 지원체계 강화'는 핵심 정비 기술을 보유하고 실시간 정비지원체계를 구축하여 품질경영 혁신을 선도하는 자사의 강점에 고품질 정비서비스를 요구하는 외부적 요인이 합쳐진 SO 전략을 활용한 방안으로 볼 수 있다.

'품질의식 고취 교육 강화'는 자사 내부의 관행적 사고의 문제점과 절차를 준수하는 문화의 미흡, 품질서류 위·변조 사례 발생 등의 상황을 개선하고, 설비별 준수사항이 강조되고 차별화된 고객서비스에 대한 요구가 강해지고 있는 외부 요인으로부터의 위협을 회피하기 위한 중요한 전략으로 WT 전략이 선택될 수 있다.

34 문제처리능력 조건에 맞게 업무계획 수립하기

| 정답 | ⑤

| 해설 | 근무 조건의 ⓒ을 보면 직무교육은 전문자격시험 시행일이 없는 주의 평일에 이루어진다고 하였으므로 전문자격시험인 청소년 상담사와 공인중개사 1, 2차 시험 시행일이 있는 첫째 주와 넷째 주는 직무교육을 실시할 수 없다. 따라서 직무교육이 가능한 주는 둘째 주, 셋째 주, 다섯째 주이다.

| 오답풀이 |

① 근무조건의 ⊙을 보면 전문자격시험 원서접수 및 시험 시행일은 국의 모든 직원이 시외출장을 갈 수 없는데, 10월 5일에는 전문자격시험이 시행되므로 국 전체 직원이 출장을 갈 수 없다.
② 10월 26일에는 전문자격시험이 시행되므로 국 전체 직원이 출장을 갈 수 없다.
③ 근무조건 ⓒ을 보면 전문자격시험별 담당자는 합격자 발표일에 사무실 대기 근무를 해야 하지만 10월 28일은 원서접수이므로 대기 근무를 하지 않아도 된다.
④ 직무교육은 전문자격시험 시행일이 없는 주의 평일에 이루어지므로 10월 셋째 주 평일에 실시할 수 있다.

35 문제처리능력 | 자료를 바탕으로 순위 구하기

| 정답 | ②

| 해설 | 가중치를 고려한 만족도 총점을 구하면 다음과 같다.

구분	꼬리공탕	다쓰배이더	투데이JOBS
기획	0.3×4 =1.2	0.3×8 =2.4	0.3×10 =3.0
구성 및 내용	0.4×10 =4.0	0.4×5 =2.0	0.4×4 =1.6
진행	0.2×9 =1.8	0.2×7 =1.4	0.2×5 =1.0
기술 및 무대	0.1×7 =0.7	0.1×6 =0.6	0.1×9 =0.9
총점	7.7	6.4	6.5

따라서 점수가 가장 높은 꼬리공탕이 만족도 1위 프로그램으로 선정된다.

| 오답풀이 |
① 가중치가 가장 높은 '구성 및 내용' 항목을 가장 높게 평가하고 있다.
③ 다쓰배이더는 총점 6.4점으로 3위이다.
④, ⑤ 투데이JOBS는 총점 6.5점으로 2위이다.

36 문제처리능력 | 지원금 파악하기

| 정답 | ②

| 해설 | 제시된 자료의 사업 내용을 살펴보면 사업장 1개소당 1종의 관수시설 설치비만 지원이 가능하다고 하였으므로 ㉠에는 '한 가지만 지원이 가능'이 들어가야 한다. 이때 조합원 정○○은 노지감귤원 스프링클러를 우선 설치하고자 하므로 이를 바탕으로 노지감귤원 스프링클러 지원금을 계산하면 다음과 같다.

- 노지감귤원 스프링클러 지원단가 : 10,000m²(1ha)당 11,170천 원
- 노지 면적 : 7,000m²
- $\dfrac{11,170(천\ 원) \times 7,000(m^2)}{10,000(m^2)} = 7,819(천\ 원)$

따라서 ㉡에는 '7,819천'이 들어가야 한다.

37 문제처리능력 | 사업 시행 과정 파악하기

| 정답 | ④

| 해설 | 제시된 글의 사업추진절차를 보면 사업 대상자에게 확정 사실을 통보하는 것은 사업시행 주체가 해야 하는 일이며 사업시행 주체는 감귤명품화추진단이므로 사업 대상자에게 확정 사실을 통보하는 것은 ○○공단의 박 사원이 할 일이 아니다.

38 문제처리능력 | 인증서 발급 날짜 구하기

| 정답 | ①

| 해설 | 신규신청의 경우 처리기간이 40일인데 처리기간 중 신청일은 포함되지만 공휴일 및 일요일은 제외된다는 것을 인지해야 한다.

3월 6일 금요일이 신청일이므로 신청한 주에는 이틀이 처리기간에 포함된다. 40일에는 6일과 계산하지 않는 일요일을 포함한 주가 총 6주 포함되어 다음과 같이 계산된다.

2+6×6=38(일)

여섯 번째 주 일요일 이후의 이틀이 더 포함되는데, 여섯 번째 주 일요일은 4월 19일이므로 4월 21일에 발급된다.

39 문제처리능력 | 세부 규정 파악하기

| 정답 | ①

| 해설 | 수수료에 대한 내용은 있으나 수수료를 지불하지 않은 경우에 대한 내용은 찾을 수 없다.

| 오답풀이 |
② '신청시기'를 보면 인증기준에 따라 생육 중인 농산물로 생육기간의 3분의 2가 경과되지 않은 경우에 신청할 수 있으므로 생육기간의 3분의 2가 경과되면 부적합 판정을 받는다.
③ '대상품목'에서 축산물은 제외하고 있으므로 축산물은 신청할 수 없다.
④ '인증기준'에 따라 농산물우수관리 기준에 의해 적합하게 생산·관리되어야 하므로 이에 맞지 않으면 부적합 판정을 받게 된다.

파트4 [자원관리능력] 기출예상문제
문제 348쪽

01	④	02	③	03	③	04	④	05	④
06	①	07	②	08	②	09	③	10	④
11	③	12	②	13	⑤	14	⑤	15	③
16	⑤	17	④	18	②	19	②	20	①
21	①	22	④	23	①	24	①	25	②
26	②	27	①	28	②	29	①	30	②
31	①	32	⑤	33	①	34	③	35	⑤
36	①	37	②	38	④	39	①	40	④
41	④	42	②								

01 자원관리능력 자원관리 이해하기

|정답| ④

|해설| 시간, 예산, 물적자원, 인적자원이 기업 경영에 필요한 핵심적인 네 가지 자원이라고 할 수 있다. PC 보안 및 업무상 정보 유출 방지에 관한 규정 정비는 핵심적인 자원관리와 직접적 연관이 없다.

|오답풀이|
① 복리후생에 관한 규정 정비 → 인적자원관리
② 예산안 집행 및 보고에 관한 규정 정비 → 예산관리
③ 자재 입출고 대장 관리에 관한 규정 정비 → 물적자원관리
⑤ 출퇴근 및 잔업 시간에 관한 규정 정비 → 시간관리

02 자원관리능력 자원관리 이해하기

|정답| ③

|해설| 시간, 예산, 물적자원, 인적자원 등은 유한성이라는 공통된 특징을 가지고 있으며 이들 자원은 하나의 자원의 부재로 인해 다른 자원의 확보에도 영향을 미치는 관계를 맺고 있다. 자원관리에 있어 '편리성 추구'는 자원을 낭비하는 요인이 될 수 있으며 그 밖에 낭비 요인으로 다음과 같은 것들이 있다.

• 비계획적인 행동
• 자원에 대한 인식 부재
• 노하우 부족

03 인적자원관리능력 인적자원의 특징 이해하기

|정답| ③

|해설| 기업 경영 활동의 가장 중요한 자원인 인력은 기업 목적을 달성하기 위한 가장 핵심적인 요소라 할 수 있으나, 일부 특수한 경우를 제외하고는 그 자체로 기업 경영의 목적이 되지는 않는다. 인적자원은 능동성·개발가능성·전략적 중요성을 가진 자원이라는 측면에서 다른 자원보다 그 가치와 중요성이 더 크다고 볼 수 있다.

04 시간관리능력 업무의 우선순위 결정하기

|정답| ④

|해설| ④는 긴급성과 중요성에 따라 업무의 우선순위를 명확히 하고 있으며, 업무기한 내에 두 가지 업무(예산 기획서와 결산 보고서)를 완료하기 위한 구체적인 방안을 제시하고 있다.

05 시간관리능력 시간관리 방법 이해하기

|정답| ④

|해설| 시간계획은 유연하게 수립해야 한다. 시간계획은 계획 자체가 중요한 것이 아니고 목표 달성을 위해 필요한 것이다. 예상 못한 방문객 접대, 전화 등의 사건으로 예정된 시간이 부족할 경우를 대비하여 여유시간을 확보하는 것이 필요하다.

06 시간관리능력 시간관리 방법 이해하기

|정답| ①

|해설| 예상 못한 방문객 접대, 전화 등의 사건으로 예정된 시간이 부족할 경우를 대비하여 여유시간을 확보해 두는 것이 최초 시간 계획을 준수하는 데 도움이 된다.

07 시간관리능력 | 시간 낭비의 요인 파악하기

| 정답 | ②

| 해설 | 주어진 일을 끝까지 마무리하려는 성격이 시간을 낭비하는 요인으로 볼 수는 없다. 오히려 시간을 관리하지 못해 업무를 미루는 것이 시간 낭비의 내적 요인이라 볼 수 있다.

보충 플러스+

시간 낭비의 요인

외적 요인	동료, 가족, 세일즈맨, 고객, 문서, 교통 혼잡 등 외부인이나 외부에서 발생한 시간에 의한 것으로 본인 스스로 조절할 수 없는 요인이다.
내적 요인	자신의 내부적 습관, 일정 연기, 사회활동, 계획 부족, 거절하지 못하는 우유부단함, 혼란된 생각 등이 포함되며 이는 분명히 하기도 어렵고 정복하기도 어렵다.

08 시간관리능력 | 시간자원의 특성 이해하기

| 정답 | ②

| 해설 | 박 대리는 자신이 맡은 일을 처리하기 위해 어떻게든 시간관리를 통해 동일한 시간에 보다 많은 결과물을 만들어 낼 수 있는 사람이다. 이는 동일한 시간에 대한 효율을 높여 훨씬 많은 업무를 수행할 수 있음을 의미하며, 이처럼 같은 양의 시간도 어떻게 사용하는가에 따라 그 가치가 달라질 수 있음을 보여주는 사례로 볼 수 있다.

09 시간관리능력 | 출장 일정 정하기

| 정답 | ③

| 해설 | 다음 달의 첫째 날이 금요일이므로 아래와 같은 달력을 그려 볼 수 있다.

일	월	화	수	목	금	토
					1	2
3	4	5	6	7	8	9
10	11	12	13	14	15	16
17	18	19	20	21	22	23
24	25	26	27	28	29	30

3박 4일 일정이므로 평일에 복귀해야 하며 주말이 모두 포함되는 일정을 피하기 위해서는 출발일이 일, 월, 화요일이어야 한다. 또한 복귀 바로 다음 날 팀장에게 보고하기 위해서는 금요일에 복귀하게 되는 화요일 출발 일정도 불가능하다. 따라서 일요일과 월요일에만 출발이 가능하다. 그런데 마지막 주 수요일인 27일과 13일은 출장 일정에 포함될 수 없으므로 10, 11, 24, 25일은 출발 일정에서 제외된다. 따라서 3, 4, 17, 18일에 출발하는 4가지 일정이 가능하다.

10 시간관리능력 | 교육훈련시간 정하기

| 정답 | ④

| 해설 | 전 구성원의 일정이 비어 있는 15:00 ~ 16:00가 적절하다.

11 물적자원관리능력 | 경로 계산하기

| 정답 | ③

| 해설 | 발전소에서 첫 번째로 갈 수 있는 곳은 모두 4개 지역이다. 그런데 첫 번째로 C지역으로 가게 되면 발전소를 중간에 거치지 않고서는 같은 지역을 한 번만 지나면서 모든 지역을 거칠 수 없다. 나머지 세 지역을 첫 번째로 방문하여 갈 수 있는 경우를 구하면 다음과 같다.

- 발전소 → A지역 → B지역 → C지역 → D지역 → E지역 → 발전소
- 발전소 → A지역 → B지역 → C지역 → E지역 → D지역 → 발전소

따라서 위 경로를 역순으로 이동하는 경우를 포함하여 총 4가지의 경로가 존재한다.

12 예산관리능력 | 이동 비용 구하기

| 정답 | ②

| 해설 | 11에 제시된 두 가지 경로의 이동 거리를 계산하면 다음과 같다..
- 첫 번째의 경우 : 15+12+12+17+13+13=82(km)
- 두 번째의 경우 : 15+12+12+8+13+10=70(km)

이를 바탕으로 최소 경로인 두 번째 경우의 연비를 알아보면 다음과 같다.
발전소→A지역→B지역→C지역은 국도, C지역→E지역→D지역→발전소는 고속도로이므로 연비는 각각 (15＋12＋12)÷18×1,540≒3,336(원)과 (8＋13＋10)÷22×1,540≒2,169(원)이 된다.
따라서 총 금액은 3,336＋2,169＝5,505(원)이다.

13 예산관리능력 직접비와 간접비 구분하기

| 정답 | ⑤

| 해설 | 제시된 손익계산서에서 직접비에 해당하는 항목은 '직원급여', '상여금', '여비·교통비', '출장비'이며 나머지 항목은 모두 간접비에 해당된다.
따라서 직접비는 총 778,306,622＋178,899,740＋8,218,242＋67,231,478＝1,032,656,082(원)이다.

14 예산관리능력 직접비와 간접비 구분하기

| 정답 | ⑤

| 해설 | 인건비, 출장비, 재료비 등은 비용 총액을 특정 제품이나 서비스의 생산에 기여한 몫만큼 배분하여 계산할 수 있기 때문에 해당 제품이나 서비스의 직접비로 분류한다. 반면, 보험료, 광고료, 건물관리비 등 공통적인 비용으로 계산될 수밖에 없는 비용들은 간접비로 분류한다. 제시된 내용들은 모두 이러한 비용들의 기여도별 분배가 가능한 것인지의 여부에 따라 구분되고 있다고 볼 수 있다.

15 예산관리능력 가계부 관리방법 파악하기

| 정답 | ③

| 해설 | 가계부를 통해 효과적으로 예산을 관리하는 방법으로는 다음 다섯 가지가 있다.
• 하루도 빠뜨리지 말기
• 단돈 10원이라도 정확하게 기록하기
• 지출하기 전에 먼저 예정 지출액을 계산하기
• 지출 후 지출액을 예산과 비교 검토한 후에 차액을 파악하여 차후의 예산 설정에 참고하기
• 후회되는 지출항목은 실수를 반복하지 않도록 눈에 잘 띄게 표시하기
따라서 ③과 같은 방식은 바람직하다고 보기 어렵다.

16 예산관리능력 예산관리 이해하기

| 정답 | ⑤

| 해설 | 업무 또는 개인의 예산관리와 국가의 지방세 활용을 동일한 관리 원칙으로 설명할 수 있다. 책정비용이 실제 집행보다 많을 경우, 제품의 경쟁력이 감소하는 것과 마찬가지로 살기 좋은 지역으로서의 매력이 낮아지는 결과를 낳는다고 볼 수 있다.
• 개발 책정 비용 ＞ 실제 비용 → 경쟁력 손실
• 개발 책정 비용 ＜ 실제 비용 → 적자 발생
• 개발 책정 비용 ＝ 실제 비용 → 이상적임

17 예산관리능력 가계비 이해하기

| 정답 | ④

| 해설 | 1분위와 2분위 구간에서는 연료비가 20% 상승하였으나 소득격차는 2배 이상이다. 따라서 가구소득이 높은 고분위 구간에서 연료비 증가율 대비 소득증가율이 크다고 할 수 없다.

18 예산관리능력 공정 투입비용 파악하기

| 정답 | ②

| 해설 | 공정 개선 전 부품 1단위 생산 시 총 투입비용은 2,000＋3,500＋4,500＋6,000＋4,000＝20,000이고 공정 개선 후 총 투입비용이 50% 감소하였으므로 공정 개선 후 부품 1단위 생산 시 총 투입비용은 10,000이다.
즉, 1,500＋2,500＋㉠＋3,000＋1,000＝10,000이어야 하므로 ㉠에 들어갈 투입비용은 2,000이다.

19 예산관리능력 | 예산 집행 관리하기

| 정답 | ②

| 해설 | 사규20(취업규칙) 제35조(근무명령)에 따르면 연장 또는 휴일근무자는 미리 그 근무명령서에 의하여 수명한 후 근무한다고 제시되어 있다.

| 오답풀이 |

① 사규20(취업규칙) 제34조(연장 및 휴일근무)에 의해 출장비를 받은 경우 연장근무가 적용되지 않는다.
③ 사규23(연봉 및 복리후생관리규정) 제20조(기본연봉)의 제3항에 제시되어 있다.
④ 사규23(연봉 및 복리후생관리규정) 제21조(기본연봉 조정일)에 제시되어 있다.
⑤ 사규23(연봉 및 복리후생관리규정) 제21조의2(직무급)에 제시되어 있다.

20 예산관리능력 | 예산 집행 관리하기

| 정답 | ①

| 해설 | 연봉 등급이 20등급인 5직급 직원의 연봉은 39,420(천 원)이다. 휴가보상금은 월 통상임금을 기준으로 계산하므로 연봉을 12로 나누어 월 통상임금을 구하면 3,285(천 원)이다.

이를 식에 대입하면 $3,285,000 \times \frac{1}{209} \times 8 ≒ 125,740$(원)이 된다.

21 예산관리능력 | 합리적으로 선택하기

| 정답 | ①

| 해설 | A 쇼핑몰에서 판매 중인 상품 중 원가(판매가−순수익)가 1,500원 이하인 상품은 젤리(1,300원), 초콜릿(1,400원), 쿠키(1,500원), 아이스크림(1,400원)이고 이 중 전월 판매량이 가장 높았던 식품은 아이스크림이므로 아이스크림을 50% 할인 판매한다면 판매가는 $2,500 \times 0.5 = 1,250$원이다.

22 예산관리능력 | 합리적으로 선택하기

| 정답 | ③

| 해설 | 각 홍보 채널의 시간당 평균 노출도는 쇼핑몰 홈페이지는 1,000명/시간, SNS 광고는 10,000명/시간, 대중교통은 8,000명/시간임에 비해 포털사이트와 동영상 스트리밍 사이트가 15,000명/시간으로 가장 높게 나타난다. 제시된 홍보 기간은 프로모션 종료 하루 전까지인 총 14일이므로 포털사이트에서의 홍보에 소요되는 총비용은 30,000(원)×24(시간)×14(일)=10,080,000원, 동영상 스트리밍 사이트에서의 홍보에 소요되는 총비용은 25,000(원)×24(시간)×14(일)=8,400,000원이다.

23 예산관리능력 | 최소 금액 계산하기

| 정답 | ①

| 해설 | 일주일 동안 포털사이트에서 24시간 동안 홍보를 한다면 홍보 비용은 30,000(원)×24(시간)×7(일)=5,040,000(원)이다.

이용가능 단위에 유의하며 각 홍보 채널에서 하루 9시간동안 나머지 홍보 기간인 7일간 홍보를 하는데 필요한 비용을 계산하면 다음과 같다.

구분	쇼핑몰 홈페이지	SNS 광고	포털 사이트	대중교통	동영상 스트리밍 사이트
시간당 비용(원)	5,000	20,000	30,000	15,000	25,000
지불해야 하는 홍보시간 (시간)	24	10	12	24	12
하루 홍보비용 (원)	120,000	200,000	360,000	360,000	300,000
7일 홍보비용 (원)	840,000	1,400,000	2,520,000	2,520,000	2,100,000

따라서 가장 저렴한 가격으로 이용할 수 있는 홍보 채널은 840,000원의 쇼핑몰 홈페이지이며 14간의 홍보에 들어간 총 비용은 5,040,000+840,000=5,880,000(원)이다.

24 인적자원관리능력 인적자원관리의 특징 이해하기

| 정답 | ①

| 해설 | ①은 개인적 차원의 인적자원관리에 대한 설명이고 ②, ③, ④, ⑤는 조직 차원의 인적자원관리에 대한 설명이다. 조직에서의 효과적인 인력배치의 3가지 원칙에는 적재적소주의, 능력주의, 균형주의가 있다.

25 인적자원관리능력 명함 관리법 이해하기

| 정답 | ③

| 해설 | 명함은 단지 받아서 보관하는 것이 목적이 아니라 이를 활용하고 적극적인 의사소통을 통해 자신의 인맥을 만들기 위한 도구로 활용되어야 한다. 따라서 중요한 사항을 명함에 메모하는 것이 매우 중요하다. 다른 사람의 명함을 깨끗하게 보관하는 것은 인맥관리와 직접 연관되어 있지 않다.

| 오답풀이 |
④ 인맥카드는 핵심인맥카드와 파생인맥카드를 구분하여 보관하는 것이 유용한 방법이다.

26 인적자원관리능력 인적자원의 중요성 이해하기

| 정답 | ②

| 해설 | 인적자원의 전략적 중요성은 자원을 활용하는 것이 사람 즉 인적자원이기 때문이며 인적자원이 다른 자원보다 먼저 갖추어져야 할 자원이라고 단정할 수는 없다. 예컨대, 어떤 업무나 사업을 시작하려 할 때 예산이나 시간 등이 필요한 인원보다 먼저 요구되는 경우도 있을 수 있다.

27 인적자원관리능력 적재적소주의 이해하기

| 정답 | ①

| 해설 | 적재적소주의는 팀 운영의 효율성을 높이기 위해 팀원의 능력이나 성격 등과 가장 적합한 위치에 배치하여 팀원 개개인의 능력을 발휘할 수 있도록 해 주는 것이다.

28 인적자원관리능력 인적자원관리의 변화 이해하기

| 정답 | ②

| 해설 | 전통적 조직은 훈련을 중시하였으며 교육을 중시하는 것은 미래 조직의 인적자원관리 모습이다.

29 인적자원관리능력 인적자원관리의 순서 파악하기

| 정답 | ①

| 해설 | 인적자원관리는 수집된 정보를 바탕으로 한 직무분석 → 분석을 토대로 한 직무평가 → 인사고과 반영 순으로 이루어진다.

30 물적자원관리능력 효율적인 자원관리 이해하기

| 정답 | ②

| 해설 | ②의 경우는 물적자원이 필요한 때, 용도에 맞게 충분히 사용하지 못하게 될 수가 있으므로 바람직한 관리 방법으로 보기 어렵다. 효과적인 관리 방법으로는 보관 장소를 파악해 두기, 훼손되지 않게 보관하기, 분실하지 않도록 하기, 물건을 목적 없이 구입하지 않기 등이 있다.

31 물적자원관리능력 바코드, QR 코드 이해하기

| 정답 | ①

| 해설 | 바코드보다 더 작은 면적의 QR 코드도 제작이 가능하며, 오히려 이것은 QR 코드의 장점이라고 볼 수 있다. QR 코드는 내부에 저장된 정보를 확인할 수 없어 악성코드나 유해 사이트 정보에 원치 않는 접속이 이루어질 수 있는 단점이 있다.

32 물적자원관리능력 물적자원관리의 중요성 파악하기

| 정답 | ⑤

| 해설 | 물적자원의 희소가치를 높이는 것은 효율적 사용을 위한 관리 면에서 중요하다고 보기 힘들다.

| 오답풀이 |

④ 긴급 상황이나 재난 상황에서 물적자원의 관리 소홀이나 부족은 더욱 큰 손실을 야기할 수 있으며, 물품 확보를 위해 많은 시간을 낭비하게 되므로 필요한 활동을 하지 못하는 상황이 벌어질 수도 있다.

33 물적자원관리능력 효율적인 자원관리 이해하기

| 정답 | ①

| 해설 | 자재를 실외 야적장으로 옮기기 위한 기준의 설정이 적절하지 않다. 실내에 보관 중인 자재를 야적장으로 옮기기 위해서는 우선 해당 자재가 실외에 보관할 수 있는 물품인지, 실외에 보관했을 때의 훼손 가능성 등의 물품의 특성을 우선 검토해야 한다. 보관 기간이나 물품의 부피 등의 기준은 자재를 실내에 보관할지 야적장에 보관할지에 대한 선택 기준이 되기 어렵다.

34 물적자원관리능력 효율적인 자원관리 이해하기

| 정답 | ③

| 해설 | 예산에 쫓겨 물품을 일단 구입하는 것은 적절한 물품관리방법이 아니다. 물적자원은 구입 과정에서 활용 및 구입의 목적을 명확하게 하는 것이 필요하다. 또한 구입한 물품을 분실 및 훼손되지 않게 관리하는 것이 중요하며, 적절한 장소에 보관하여 물품이 필요할 때 적재적소에 활용될 수 있도록 하여야 한다.

35 물적자원관리능력 수출·수입 분석하기

| 정답 | ⑤

| 해설 | 수출액, 수출 중량 모두 수입액, 수입 물량과 순위나 비례관계 등의 상관관계를 보이고 있지 않다.

| 오답풀이 |

① 지난해보다 항공 화물의 수출 금액이 증가한 품목은 농림수산물, 화학공업제품, 섬유류, 철강금속제품, 기계류, 전자전기제품 6개이다.
② 지난해보다 수출과 수입 물량 모두의 중량이 감소한 품목은 잡제품이 유일하다.
③ 중량 증감률 지수값의 절대치가 가장 큰 것은 철강금속 제품 수출 물량의 중량이다.
④ 화학공업제품과 섬유류 수출, 잡제품 수입 금액이 지난해보다 증가하였으나 중량은 감소하였다.

36 물적자원관리능력 물적자원의 특성 이해하기

| 정답 | ①

| 해설 | 자연으로부터 무한히 얻을 수 있는 태양광에너지와 이를 저장하여 필요할 때 사용할 수 있는 저장장치는 인류가 에너지의 유한성을 극복하게 해준다고 할 수 있다.

37 물적자원관리능력 운송 경로 계산하기

| 정답 | ②

| 해설 | C 지역에서 B 지역으로 물건을 보내는 방법은 아래와 같다.
- C → A → B
- C → E → A → B
- C → E → F → B

따라서 C 지역에서 B 지역으로 물건을 보낼 때에 D 지역을 경유하지 않는다.

38 물적자원관리능력 운송 경로 계산하기

| 정답 | ④

| 해설 | E 지역에서 D 지역으로 물건을 보내는 방법은 아래와 같다.
- E → A → B → C → D
- E → A → C → D
- E → F → B → C → D

따라서 E 지역에서 D 지역으로 물건을 보낼 때에 B → F 경로를 이용하지 않는다.

39. 예산관리능력 | 사회복지예산 배정액 파악하기

|정답| ①

|해설| 사회복지예산 배정액만으로는 더 나은 복지를 위한 배정인지, 낮은 수준의 복지 수준을 향상시키려는 것인지 알 수 없어 그 지역의 사회복지 수준을 가늠할 수 없다.

|오답풀이|

③ 세 번째로 많은 곳은 경북(1,921천 원)이며, 강원도(1,899천 원)는 네 번째이다.

④ 지역별 전체 주민수를 알 수 없기 때문에 주민 1인당 예산만으로 예산 총액을 알 수는 없다.

⑤ 서울보다 경기도가 면적이 넓지만 예산은 서울이 더 많다.

40. 예산관리능력 | 항목별 금액 구하기

|정답| ④

|해설| A는 M 은행으로부터 K 은행으로 입금된 금액이며, K 은행에 입금된 금액은 W 은행으로부터 입금된 44억 원과 함께 총 92억 원이므로 A+44=92로 A는 48억 원이 된다.

W 은행으로부터 M 은행에 입금된 금액인 B는 K 은행으로부터 M 은행으로 입금된 29억 원과 함께 총 69억 원이 되어야 하므로 B+29=69로 B는 40억 원이 된다.

41. 예산관리능력 | 거래 내역 해석하기

|정답| ④

|해설| K 은행은 12월의 거래수지가 92-64=28(억 원)으로 가장 높고, M 은행은 8월의 거래수지가 70-45=25(억 원)으로 가장 높으며, W 은행은 11월의 거래수지가 95-50=45(억 원)으로 가장 높다.

42. 예산관리능력 | 거래 내역 해석하기

|정답| ②

|해설| 각 은행별 송금액과 입금액은 다음과 같이 계산된다.

	K 은행		M 은행		W 은행	
	송금	입금	송금	입금	송금	입금
11월	Ⅰ	Ⅱ	Ⅲ	Ⅳ	Ⅴ	Ⅵ

K → M : ㉠, M → K : ㉡

M → W : ㉢, W → M : ㉣

W → K : ㉤, K → W : ㉥

Ⅰ=㉠+㉥, Ⅱ=㉡+㉤, Ⅲ=㉡+㉢,

Ⅳ=㉠+㉣, Ⅴ=㉣+㉤, Ⅵ=㉢+㉥

따라서 ㉡이 40억 원이라 했으므로 이를 이용해 ㉠, ㉢, ㉣, ㉤, ㉥을 구하면 다음과 같다.

K → M : 35억 원, M → K : 40억 원

M → W : 60억 원, W → M : 25억 원

W → K : 25억 원, K → W : 35억 원

따라서 W 은행은 K 은행과 M 은행에 각각 동일한 금액인 25억 원을 송금하였다.

파트5 [조직이해능력] 기출예상문제

문제 442쪽

01	①	02	⑤	03	②	04	③	05	⑤
06	⑤	07	①	08	②	09	④	10	④
11	①	12	①	13	⑤	14	③	15	④
16	③	17	②	18	⑤	19	④	20	②
21	④	22	③	23	①	24	③	25	②
26	⑤	27	③	28	③	29	③	30	⑤
31	②	32	④	33	②	34	⑤		

01 조직이해능력 조직 체제 구성요소 이해하기

| 정답 | ①

| 해설 | 조직에서의 규칙 및 규정은 개인이 아닌 조직의 목표에 따라 각 조직 구성원들의 활동 범위를 제한하고 일관성을 부여하는 기능을 한다.

02 조직이해능력 인적자원 관리자의 역할 파악하기

| 정답 | ⑤

| 해설 | 인적자원 관리자는 효과적인 인적 자원 관리를 위해 이에 해당하는 관리 프로세스를 효율적으로 설계하고 인적자원 관리의 분야에 있어 전문가가 되어야 한다. ①, ②, ③, ④는 인적자원 관리자의 역할 중 최고 경영자층으로서의 역할을 설명하고 있으나 ⑤에서는 부문 간 조정자로서의 역할을 설명하고 있다.

03 조직이해능력 조직 내 호칭 사용 이해하기

| 정답 | ②

| 해설 | 상사 본인의 입석하에 이루어지는 지시 전달에서도 '회장님', '부장님' 등 직위나 직명에 '님'을 붙여야 한다.

04 조직이해능력 경영의 내용과 구성요소 이해하기

| 정답 | ③

| 해설 | 조직은 목적을 가지고 있기 때문에 이를 달성하기 위하여 지속적인 관리와 운영이 요구되며 경영은 조직의 목적을 달성하기 위한 전략, 관리, 운영활동으로 이루어진다.

| 오답풀이 |

① 다양한 유형의 조직이 있기 때문에 모든 조직에 공통적인 경영원리를 적용하는 것은 불가능하다.
② 경영의 4가지 구성요소는 경영목적, 인적자원, 자금, 전략이다.
④ 시장에서 총수입을 극대화하고 총비용을 극소화하여 이윤을 창출하는 것은 외부경영활동이며 내부경영활동은 조직내부에서 인적, 물적 자원 및 생산기술을 관리하는 것이다. 여기에는 인사관리, 재무관리, 생산관리 등이 해당된다.

05 조직이해능력 조직도 파악하기

| 정답 | ⑤

| 해설 | 해외팀은 영업부 소속이다. 해외사업부에는 사업팀, 계약팀이 있다.

06 경영이해능력 경영자의 역할 이해하기

| 정답 | ⑤

| 해설 | 경영자보다는 조직의 중간관리자가 수행해야 하는 역할이다.

| 오답풀이 |

①, ④ 대인관계역할에 해당한다.
② 정보수집역할에 해당한다.
③ 의사결정역할에 해당한다.

07 경영이해능력 경영참가제도의 문제점 이해하기

| 정답 | ①

| 해설 | 경영참가제도의 문제점은 다음과 같다.

- 경영능력이 부족한 근로자가 경영에 참여할 경우 의사결정 지체 및 합리성 저해
- 경영참가제도를 통해 분배문제를 해결함으로써 노동조합의 단체교섭 기능이 약화
- 대표로 참여하는 근로자가 조합원들의 권익을 지속적으로 보장할 수 있는가의 문제
- 경영자의 고유한 권리인 경영권 약화

08 경영이해능력 기업 경영 전략의 특징 파악하기

|정답| ②

|해설| 집중화 전략은 전체 시장을 대상으로 하는 차별화 전략 또는 원가우위 전략과는 달리 특정 시장을 대상으로 한다. 따라서 고객층을 세분화하여 타깃 고객층에 맞는 맞춤형 전략이 필요하다. 이렇게 타깃 고객층에 자사가 가진 특정 역량이 발휘되면 더욱 판매를 늘릴 수 있다.

09 경영이해능력 경영자의 역할 파악하기

|정답| ④

|해설| 경영자는 기업의 대표자로서 각종 행사, 의식을 주관하는 임무를 수행한다.

10 경영이해능력 경영참가제도의 배경 파악하기

|정답| ④

|해설| 다. 노동조합의 기능이 다양하게 확대됨에 따라 근로자의 경영참가를 자연스럽게 받아들일 수밖에 없는 사회 전반적인 분위기가 확산된 것은 경영참가제도의 발전 배경으로 볼 수 있다.

바. 노사 양측의 조직규모가 거대해짐에 따라 사회적 책임이 강해지고 노사관계가 국민경제에 미치는 영향이 커지면서 가능한 한 분쟁을 회피하고 평화적으로 해결하려는 노력이 증대되었다. 즉, 사회적 책임의식의 확대는 경영참가제도를 발전시킨 배경으로 볼 수 있다.

|오답풀이|

라. 기술혁신은 인력의 절감효과를 가져와 노사분쟁을 유발하고 생산성 향상에 오히려 역효과를 초래하기도 한다. 결국 이러한 문제 해결을 위해 노사 간 충분한 대화가 필요하며, 이런 대화의 장을 마련하기 위한 방안으로 경영참가제도가 발전하였다고 볼 수 있다.

11 경영이해능력 SWOT 분석하기

|정답| ①

|해설| ㉠ 진입장벽이 높은 업종이므로 새로운 경쟁자의 등장보다 기존 경쟁업체를 넘어설 수 있는 경쟁우위 전략이 중요하다. 이러한 상황에서 자사가 가진 강점 중 하나인 기술력을 꾸준히 개발하고자 하는 전략은 SO 전략으로 적절하다.

|오답풀이|

㉡ 인재 풀을 가동해(S) 사회적 이미지 제고(T)
㉢ 노사 협의체 구성(W)을 통해 대내외 이미지 제고 기반 조성(T)
㉣ 기술 개발력 강화(S)로 수익 구조 개선(W)

12 경영이해능력 SWOT 분석하기

|정답| ①

|해설| 고속도로 휴게소 주유 소비가 확대 추세에 있다는 것은 자사에 기회 요인이 된다. 이를 통해 기업의 긍정적인 이미지를 광고하는 효과를 얻는 것은 외부 기회 요인과 내부의 강점을 적절히 융합한 SO 전략으로 볼 수 있다.

|오답풀이|

② 사고율 감소(W)를 위한 고가의 사고 감지 시스템 도입(S)
③ 친근한 이미지(S)를 이용하여 지역별 매출 편차(W) 해소
④ 유가 하락(O)을 통한 전기충전소와의 경쟁 극복(T) 전략 모색
⑤ 자금력을 이용한(S) 매출 둔화 지역 서비스 시설 보완(W)

13 경영이해능력 SWOT 분석하기

|정답| ⑤

|해설| △△기업의 강점은 ② 활발한 연구, 일원화된 사업구조, ⑩ 마이크로어레이 관련 특허 24건 보유 등 차별화된 기술력, ⑥ 국내 유일의 신생아 대상 유전자 변이 기술 보유라고 할 수 있다.

14 경영이해능력 SWOT 분석하기

|정답| ③

|해설| (가) 해외 기업으로부터의 투자를 통한 자금을 확보하였으므로 이를 활용하여 해외지사 설립 및 해외 시장 진출 전략을 구상할 수 있다.
(나) 국내 유일의 신생아 대상 유전자 변이 기술을 보유하고 있으므로 이를 활용하여 산부인과 채널에 장점을 가진 기업과 계약을 체결하여 해당 기술을 판매하는 전략을 생각해 볼 수 있다.

|오답풀이|
(다) 이미 활발하게 연구를 하고 있기 때문에 다른 대학병원 및 의료법인과 연계한 연구 활동은 취할 수 있는 전략으로 보기 어렵다.

15 경영이해능력 고객중심경영 이해하기

|정답| ④

|해설| 제시된 글에서 '고객중심경영'의 핵심은 '고객 만족'에 있다고 하면서 진정한 고객지원 기업이 되기 위해서는 먼저 '고객지향적 기업이 갖추어야 할 경영 원칙'에 대한 이해가 필요하다고 하였다. 따라서 고객 만족을 지향하는 원칙을 내세운 ④가 가장 적절하다.

|오답풀이|
①, ② '고객중심경영'은 고객의 만족을 지향하는 것이므로 적절하지 않다.
③ '고객중심경영'에서는 예전과 달리 이윤 추구나 수익에 초점이 맞춰져 있지 않으므로 수익을 창출한다는 내용은 적절하지 않다.
⑤ 경영 원칙에 관해 설명하고 있으므로 기업의 성과평가 요소와는 관련이 없다.

16 국제감각 문화충격 이해하기

|정답| ③

|해설| 문화충격은 우리가 새로운 문화와 우리 자신에 관하여 배우도록 하는 등의 긍정적인 영향을 제공할 수 있지만 이는 극단적으로 높은 수준이 아닌 불안을 제공할 때 생겨나게 된다. 따라서 극단적인 불안을 제공할 때 긍정적인 영향이 나타난다고 볼 수는 없다.

17 체제이해능력 조직문화의 유형 이해하기

|정답| ①

|해설| 각 유형의 조직 문화는 다음과 같은 특징을 가진다.
• 관계지향 문화 – 조직 내 가족적인 분위기의 창출과 유지에 가장 큰 역점을 둠.
• 혁신지향 문화 – 조직의 적응과 조직성장을 뒷받침할 수 있는 적절한 자원획득이 중요하고 구성원들의 창의성 및 기업가 정신이 핵심 가치로 강조됨.
• 위계지향 문화 – 분명한 위계질서와 명령계통 그리고 공식적인 절차와 규칙을 중시하는 문화가 강조됨.
• 과업지향 문화 – 조직의 성과목표 달성과 과업 수행에서의 생산성을 강조하고 목표달성, 계획, 능률성, 성과 보상 가치가 강조됨.

따라서 차례대로 D, C, B, A가 적절하다.

18 체제이해능력 각 조직의 업무 파악하기

|정답| ⑤

|해설|
• 경영혁신계획 수립 및 시행이나 중장기 조직문화 전략 수립, 조직문화 프로그램 개발 및 운영 등은 경영혁신팀의 업무이다.
• 노동조합 및 대외기관 업무를 비롯한 노사협의회 운영 및 노동조합 대외 경영공시나 노무 복지에 관한 업무는 노무복지팀의 업무이다.
• 비상시 전력계통 지휘, 통제, 보고, 전력시설 장애복구 및 감시제어시스템 관리 등은 전력계통팀의 업무이다.

19. 체제이해능력 - 7S 모형 이해하기

| 정답 | ④

| 해설 | 7S 모형은 세계적 기업인 맥킨지(McKinsey)에 의해 개발된 것으로 공유가치(Shared value), 전략(Strategy), 조직구조(Structure), 운영체제(System), 구성원(Staff), 관리기술(Skill), 기업풍토(Style)로 구성된다.
따라서 ㉠에는 관리기술, ㉡에는 구조가 들어가는 것이 적절하다.

20. 체제이해능력 - 경조사비 계산하기

| 정답 | ②

| 해설 | 직원 최 씨의 경우 회사에서 받을 수 있는 것은 본인의 결혼식과 시아버지의 칠순 잔치뿐이다. 경조사 비용을 계산하면 다음과 같다.
- 본인 결혼 : 500,000원
- 사촌언니 결혼 : 해당사항 없음.
- 임직원 배우자의 부모 칠순 : 50,000원
- 임직원의 조부모 : 해당사항 없음.

따라서 총 550,000원의 경조사 비용을 수령하였다.

21. 체제이해능력 - 지급 내역 판단하기

| 정답 | ④

| 해설 | 거래처 '결혼' 경조사 비용은 100,000원이 지급액이며 제출서류는 청첩장이므로 지출결의서를 보완할 필요가 없다. 지출결의서는 증빙이 없는 경우에 보완해야 하는 서류이다.

| 오답풀이 |
① 본인 결혼이므로 청첩장을 제출하여야 한다.
② 협력사에게 지급되는 경조사비 중 회갑/칠순의 명목인 경우 지급액은 50,000원이다.
③ 임직원 및 임직원 가족에 해당하며 사망의 경우는 모두 전화 통지로 자료 제출을 대신할 수 있다.

22. 경영이해능력 - 인적자원관리 제도 이해하기

| 정답 | ③

| 해설 | 상담은 종업원이 문제를 스스로 해결하도록 도움을 줄 목적으로 종업원과 함께 문제를 토론하는 것이다. 기업 경영에 있어 종업원의 불평, 불만이나 개인의 고민 등을 상담을 통하여 해소하고 미연에 방지하는 것은 개인직무를 충실하게 이행하며 동시에 목표지향적인 사기향상을 통해 생산성 향상에 기여할 수 있는데 목적이 있다. 그러나 이를 인사제도에 반영하는 것은 적절하지 않다.

23. 체제이해능력 - 조직의 업무 파악하기

| 정답 | ①

| 해설 | 우즈벡의 공항 시설 이용과 관련한 개선 사항을 논의하고자 하는 업무는 해외사업과 관련된 일로 볼 수 있고, 이는 해외사업팀이 속한 해외사업처의 소관으로 보는 것이 가장 타당하다. 따라서 해외사업처가 속한 본부 단위 조직인 미래사업추진실이 적절하다.

24. 체제이해능력 - 조직도 파악하기

| 정답 | ③

| 해설 | 비상계획단은 하부 팀 구성이 없는 단일 조직으로 볼 수 있으나 조직도만으로 인원의 많고 적음을 판단할 수는 없다.

| 오답풀이 |
① 회계를 담당하는 회계팀은 재무처에, 총무를 담당하는 총무팀은 경영지원처에 속하여 각각 별도의 기구로 편성되어 있다.
② 재무처나 경영혁신처 등은 간접적으로 경영활동을 수행하는 지원 조직이라고 볼 수 있다.
④ 화물 물동량과 직접적인 연관이 있는 조직은 물류처의 팀들일 것이며 이를 통한 허브화 전략의 중추적 역할은 허브화전략처 담당으로 볼 수 있다.
⑤ 자기부상철도는 교통운영처가 속한 여객서비스본부에 속해 있으며 이것은 본부명에서 알 수 있듯이 자기부상철도 관련 업무를 회사에서 고객 서비스 활동의 일환으로 여기고 있다고 볼 수 있다.

25 업무이해능력 업무의 방해 요인 이해하기

| 정답 | ②

| 해설 | 갈등이 항상 부정적인 결과만을 가져오는 것은 아니다. 새로운 시각에서 문제를 바라보게 하고 다른 업무에 대한 이해를 증진시켜 주며, 조직의 침체를 예방해 주기도 한다.

26 업무이해능력 민원 대처하기

| 정답 | ⑤

| 해설 | 고객의 문제제기가 합당하다고 판단되면 해결을 약속한 후 신속하게 시정해야 한다. 또한 동일 문제의 피해 규모를 줄이고 재발생을 막기 위한 조치를 함께 취해야 한다.

27 업무이해능력 업무 처리 순서 정하기

| 정답 | ③

| 해설 | 해당 업무일지를 분석했을 때 가장 긴급하면서 중요한 일은 [연장/야근/휴일 수당 정리 및 관리]이다. 따라서 해당 업무를 가장 빨리 처리해야 한다.

28 업무이해능력 체크리스트 이해하기

| 정답 | ③

| 해설 | 제시된 시트는 체크리스트에 해당하는 자료이다.

| 오답풀이 |

② 간트 차트는 단계별로 업무를 시작해서 끝나는 데 걸리는 시간을 바(bar) 형식으로 표시한 것으로 전체 일정을 한눈에 볼 수 있고 단계별로 소요되는 시간과 각 업무활동 사이의 관계를 볼 수 있다.

④ 워크 플로 시트는 일의 흐름을 동적으로 보여 주는 데 효과적이다. 사용하는 도형을 다르게 표현함으로써 주된 작업과 부차적인 작업, 혼자 처리할 수 있는 일과 다른 사람의 협조를 필요로 하는 일 등을 구분해서 표현할 수 있다.

29 업무이해능력 업무 처리 순서 정하기

| 정답 | ③

| 해설 | 상사의 지시 중 가장 마지막 부분을 통해 현재 시각이 오후 3시 정도라는 것을 예측할 수 있다. 그리고 내일 회의가 끝나고 바로 식사를 하러 간다고 했으므로 6시에서 6시 반 사이에는 식당에 가게 될 것이라 예상할 수 있다. 그런데 원하는 식사 시간 24시간 전까지는 예약을 완료해야 하므로 J가 가장 먼저 해야 할 일은 식당에 연락하여 예약을 잡는 것이다. 다음 내일 회의 참석 인원을 따져 보면 총 10명이므로 D 회의실을 사용해야 하는데 이는 사용 24시간 전부터 예약이 가능하므로 회의실을 예약해 둔다. 그리고 회의실을 예약하는 대로 바로 가서 마이크 작동 여부를 체크하라고 했으므로 ㉣이 뒤에 오며 마지막으로 20X9년 대비 중역용 책상 상판 비축량 자료는 내일 오전 10시경에 받을 수 있으므로 ㉠이 제일 뒤에 오게 된다.

따라서 ㉢-㉡-㉣-㉠이 적절한 순서이다.

30 업무이해능력 전화 응대 기술 이해하기

| 정답 | ⑤

| 해설 | 같은 말을 되풀이하는 고객은 상대의 말에 지나치게 동조하지 말고 고객의 항의 내용을 확인한 후 고객의 문제를 충분히 이해하였다는 것을 알리고 이에 대한 확실한 결론을 내어 믿음을 주도록 하는 것이 좋다.

31 체제이해능력 조직도 파악하기

| 정답 | ②

| 해설 | '기관고발, 진정 및 비위사항의 조사·처리', '감사' 업무라는 키워드에서 해당 업무를 하는 곳이 감사실이라고 유추할 수 있다.

32 업무이해능력 지시사항 수행하기

| 정답 | ④

| 해설 | 사내 행사에 외부 협력사의 연락 자제를 요청하는 것은 적절한 행위로 보기 어렵다. 자가 직원들의 전화 통화를 자제하는 것으로도 행사의 효과를 볼 수 있다.

33 업무이해능력 | 행사 준비사항 파악하기

| 정답 | ②

| 해설 | 집중근무 시간제가 시행되고 있는 시간에 지양해야 할 차 마시기, 흡연, 개인용무 등은 자발적인 권장 사항이며 외부인과의 업무진행은 지속되어야 하므로 일괄적으로 휴게소를 폐쇄하는 것은 과도한 행위로 볼 수 있다.

| 오답풀이 |

③ 액션미팅이란 특정 주제를 지정하여 참여자들 간에 자유로운 토론으로 조직에 유익한 논의를 진행하는 것을 말하며 퍼실리테이터는 팀 구성원에게 질문을 던지고 그들의 생각에 맞서는 동시에 독려하는 인물을 의미한다.

④ 연찬회란 정해진 주제에 대해 심도 있는 학문적 연구를 수행하고자 하는 미팅이다.

34 국제감각 | 국제 매너 숙지하기

| 정답 | ⑤

| 해설 | 북유럽과 영국이나 독일 등에서는 신체 접촉을 꺼리는 편이므로 악수 위주의 인사가 적절하며 스페인, 이탈리아 및 남미의 국가들에서는 포옹이나 키스 등의 신체 접촉이 인사법으로 많이 이용되고 있다.

파트 6 [정보능력] 기출예상문제

문제 502쪽

01	⑤	02	④	03	③	04	①	05	⑤
06	③	07	②	08	④	09	③	10	②
11	④	12	④	13	②	14	③	15	①
16	④	17	①	18	④	19	①	20	⑤
21	⑤	22	①	23	②	24	②	25	①
26	①	27	③	28	①	29	④	30	⑤
31	③	32	②	33	①	34	③	35	⑤

01 정보처리능력 | 네티켓 이해하기

| 정답 | ⑤

| 해설 | 제시된 글은 새로운 공간에 참여할 때 먼저 그 환경을 파악하고 나서 참여하라는 내용을 담고 있다. 따라서 '현재 자신이 어떤 곳에 접속해 있는지 알고 그 문화에 어울리게 행동하라.'가 가장 적절하다.

02 정보처리능력 | 개인정보의 종류 이해하기

| 정답 | ④

| 해설 | 카드 사용 내역은 개인정보 중 재산 정보에 해당하는 내용이다.

| 오답풀이 |

① 학력 : 사회 정보
② 홍채 : 신체 정보
③ 생년월일 : 신원 정보

03 정보능력 | 자료와 정보의 의미 이해하기

| 정답 | ③

| 해설 | 정보는 특정한 목적을 가지고 자료를 특정한 의미를 가진 것으로 재생산한 것이므로 같은 정보라도 그 활용 목적이 다르다면 정보를 표현하는 방법 역시 달라진다.

04 정보처리능력 사이버 범죄 용어 이해하기

| 정답 | ①

| 해설 | 파밍(Pharming)은 웹사이트 주소를 제대로 입력해도 해커의 위장 사이트로 접속하게 하여 사용자들로 하여금 진짜 사이트로 오인하게 함으로써 개인 정보를 훔치는 인터넷 사기수법이다.

| 오답풀이 |
② 스미싱(Smishing) : 문자메시지를 이용한 범죄 수법으로 SMS(Short Message Service)와 사칭을 통해서 빼낸 개인 정보를 불법적으로 이용하는 사기 수법인 피싱(Phishing)의 합성어이다.
③ 스푸핑(Spoofing) : 인터넷 프로토콜인 TCP/IP의 구조적인 결함을 이용한 해킹 수법으로 임의의 웹사이트를 구성해 사용자들의 방문을 유도하고 시스템 권한을 획득한 뒤 정보를 빼가는 것을 뜻한다.
④ 폰지사기(Ponzi scheme) : 고수익을 보장한다며 투자자들을 끌어 모은 뒤 투자자들이 투자한 원금으로 그 이전에 투자한 사람의 수익을 지급하는 방식의 사기 수법을 말한다.
⑤ 보이스 피싱(Voice phishing) : 전화를 통하여 신용카드 번호 등의 개인정보를 알아낸 뒤 이를 범죄에 이용하는 전화금융사기 수법이다.

05 컴퓨터활용능력 메신저의 특성 이해하기

| 정답 | ⑤

| 해설 | 메신저를 사용하면 인터넷에 접속해 있는지를 확인할 수 있으므로 응답이 즉시 이루어져서 전자 우편보다 훨씬 속도가 빠르다.

06 정보처리능력 인터넷의 악영향 이해하기

| 정답 | ③

| 해설 | 인터넷과 정보사회의 발달로 인해 업무 장소는 점점 넓어지게 된다. 원격지에서 업무 처리가 가능한 유연근무제의 확대 실시, 출장지에서의 업무 처리 등도 외부에서 업무를 수행할 수 있게 하는 인터넷과 인트라넷의 도움이 필수적이다.

07 정보처리능력 컴퓨터 바이러스 예방하기

| 정답 | ②

| 해설 | ㉠, ㉢ 바이러스나 랜섬웨어의 경우 신뢰할 수 없는 사이트의 단순한 홈페이지 방문만으로도 감염될 수 있으며, 드라이브 바이 다운로드(Drive-by-Download) 기법을 통해 유포된다. 이를 방지하기 위해서 사용하는 PC의 운영 체제 및 각종 SW의 보안 패치를 항상 최신으로 업데이트하는 것이 중요하다. 또한 음란물, 무료 게임 사이트 등은 보안 관리가 미흡한 사이트이므로 이용을 자제한다.

| 오답풀이 |
㉡ 전자 우편(E-mail)도 안전하지 않으므로 미심쩍은 전자 우편은 열지 말고 즉시 삭제해야 한다.
㉣ 폴더를 공유하는 것은 파일을 주고받는 과정에서 바이러스가 침투할 가능성이 높기 때문에 바이러스를 예방하는 일에는 도움이 되지 못한다.

보충 플러스+

컴퓨터 바이러스
자기 자신을 복제할 수 있는 기능을 가지고 있으며, 컴퓨터 프로그램이나 실행 가능한 부분을 변형시키고 그곳에 자신 또는 자신의 변형을 복사해 넣는 명령어들의 조합을 말함.

컴퓨터 바이러스 예방 방법
- 정품 소프트웨어를 구입하여 사용하는 습관을 가짐.
- 프로그램을 복사할 때는 바이러스 감염 여부를 확인
- 바이러스가 활동하는 날에는 시스템을 사전에 미리 검사
- 실시간 감시 기능이 있는 백신 프로그램을 설치하고 정기적으로 업데이트 함.
- 출처가 불분명한 전자 우편의 첨부 파일은 백신 프로그램으로 바이러스 검사 후 사용
- 중요한 파일은 습관적으로 별도의 보조 기억 장치에 미리 백업을 해 놓도록 함.

08 정보처리능력 네티켓 이해하기

| 정답 | ④

| 해설 | 상업용 소프트웨어나 홍보성 자료는 여러 명이 사용하는 대화방이나 게시판 등에 올리지 않는 것이 바람직하며, 공개 자료실을 사용할 때에는 방대한 자료는 가급적 지양하고 등록한 자료는 타인을 위해 압축해서 올리는 배려의 자세가 필요하다.

09 정보처리능력 | 메신저를 이용한 피싱 예방하기

|정답| ③

|해설| 메신저를 이용하는 웹사이트의 비밀번호를 다른 사이트 및 본인의 개인 정보와 연관성이 없도록 설정하고 정기적으로 변경한다.

|오답풀이|
① 메신저를 통해 금전 송금을 요구할 경우 반드시 해당 본인임을 전화를 통해 확인한다(특히 전화할 수 없는 상황 등 본인 확인을 피하고자 할 경우에는 일체 대응하지 않는다). 만약 금전을 송금한 경우에는 즉시 이체한 은행의 콜센터를 통해 은행 계좌 지급 정지 요청을 한 후 메신저 비밀번호를 변경한다.
② ID, 주민등록번호, 계좌, 신용카드번호 등 중요한 신상정보는 절대로 메신저를 통해 전달하지 않는다. 필요할 경우 명의도용 방지 서비스를 이용하여 회원 가입, 실명인증 등의 시도 시 즉각 확인하고 차단한다.
④ PC방 등 공공장소에서는 다수의 사람이 다양한 웹사이트에 접속·이용하기 때문에 악성코드 또는 바이러스에 감염되어 있을 위험성이 높으므로 메신저 등 인터넷 사용을 자제하고, 사용 후 반드시 로그아웃 한다.
⑤ 메일 혹은 메신저를 통해 보내진 출처를 알 수 없는 URL에 접속하거나 인터넷에서 아무 자료나 함부로 다운로드하지 않고, 유사 시 사전에 바이러스 등을 차단·치료할 수 있도록 보안 업데이트를 항상 최신 상태로 유지한다.

10 정보능력 | 정보사회 이해하기

|정답| ②

|해설| ②는 정보사회의 비관적인 의견에 해당한다. 공학 기술의 발달에 따라 많은 분야에서 컴퓨터나 기계가 인간의 노동력을 대치함으로써 예상치 못한 분야에서의 실업 사태가 불가피할 수 있다. 이와 함께 세계적으로는 기술 발달이 뒤진 후진국들이 선진국에 종속될 수밖에 없다는 우려가 제기되고 있다.

11 정보능력 | 정보화 사회의 특징 이해하기

|정답| ④

|해설| (가)와 (마)의 의견은 다음과 같이 수정되어야 정보화 사회의 특징에 맞는 주장이다.
(가) 경제 활동의 중심이 상품의 정보나 서비스, 지식의 생산으로 옮겨지고 있다는 걸 의미한다고 봅니다.
(마) 정보화 덕분에 수평적 네트워크 커뮤니케이션이 가능한 사회가 되어가고 있는 것이 사실입니다.

12 정보능력 | 자료·정보·지식 구분하기

|정답| ④

|해설| '자료'란 정보 작성을 위해 필요한 데이터로 아직 특정의 목적에 대하여 평가되지 않은 상태의 숫자나 문자들의 단순한 나열을 뜻한다.
'정보'란 컴퓨터가 자료를 일정한 프로그램에 따라 처리, 가공함으로써 특정한 목적을 달성하는 데 필요하거나 특정한 의미를 가진 것으로 다시 생산된 것을 뜻한다.
'지식'이란 어떤 특정의 목적을 달성하기 위해 과학적 또는 이론적으로 추상화되거나 정립된 일반화된 정보를 뜻하는 것으로 어떤 대상에 대하여 원리적, 통일적으로 조직되어 객관적 타당성을 요구할 수 있는 판단의 체계를 제시한다.
제시된 〈보기〉에서 '가'와 '라'는 '자료', '나'와 '마'는 '정보', '다'는 '지식'으로 구분될 수 있다.

13 정보처리능력 | 정보의 성격에 맞는 등급 정하기

|정답| ②

|해설| 건강상태나 의료기록 등의 의료정보는 직접 범죄에 사용될 수 있고 그 자체로 개인식별이 가능하므로 최고 단계인 1등급 보안으로 관리해야 하며, 회원 번호와 사번 등은 내부적 개인식별 정보이며 부가 정보와 결합하여 제한적인 분야에서 불법 이용이 가능하므로 3등급에 해당한다고 볼 수 있다.

14 컴퓨터활용능력 | 엑셀 함수 이해하기

| 정답 | ③

| 해설 | PMT는 주기적이고 고정적인 지급액과 고정적인 이율에 의거한 대출 상환금을 계산하는 함수이다.

| 오답풀이 |
① DGET : 데이터베이스에서 찾을 조건에 맞는 레코드가 하나인 경우 그 레코드를 추출하는 함수
② HLOOKUP : 배열의 첫 행에서 찾고자 하는 값을 검색하여 지정된 행에서 검색된 값과 같은 열에 있는 데이터를 추출하는 함수
④ CHOOSE : 인수 목록 중에서 하나를 고르는 함수

15 컴퓨터활용능력 | 워드프로세서 단축키 이해하기

| 정답 | ①

| 해설 | Ctrl+Enter : 페이지 나누기

| 오답풀이 |
② Ctrl+Page Down : 문서의 마지막 페이지로 이동
③ Ctrl+Home : 화면의 첫 줄로 이동
④ Ctrl+End : 화면의 끝 줄로 이동

16 정보처리능력 | 인터넷 용어 이해하기

| 정답 | ④

| 해설 | GIS(Geographic Information System)는 지리 정보 시스템으로 지리 공간 데이터를 분석 또는 가공하여 교통, 통신 등과 같은 지형 관련 분야에 활용할 수 있는 시스템이다.
④에서 설명하고 있는 것은 DMB에 대한 내용이다.

17 컴퓨터활용능력 | 유틸리티 프로그램 구분하기

| 정답 | ①

| 해설 | 사용자가 컴퓨터를 좀더 쉽게 사용할 수 있도록 도와주는 소프트웨어(프로그램)를 '유틸리티 프로그램'이라고 하고 통상 줄여서 '유틸리티'라고 한다. 유틸리티 프로그램은 본격적인 응용 소프트웨어라고 하기에는 크기가 작고 기능이 단순하다는 특징을 가지고 있으며, 사용자가 컴퓨터를 사용하면서 처리하게 되는 여러 가지 작업을 의미한다. 고객 관리 프로그램, 자원 관리 프로그램 등은 대표적인 응용 소프트웨어에 속한다.

18 컴퓨터활용능력 | Windows 작업 관리자의 기능 파악하기

| 정답 | ④

| 해설 | 사용자 계정의 추가와 삭제는 작업 관리자가 아닌 제어판에서 수행할 수 있다.

19 컴퓨터활용능력 | 검색 방식의 종류와 특징 이해하기

| 정답 | ①

| 해설 | 5W2H를 이용한 검색 방식은 자연어 검색 방식이다.

| 오답풀이 |
② 주제별 검색 방식 : 인터넷상에 존재하는 웹 문서들을 주제별, 계층별로 정리하여 데이터베이스를 구축한 후 이용하는 방식이다. 사용자는 단지 자신이 원하는 정보를 찾을 때까지 상위의 주제부터 하위의 주제까지 분류된 내용을 선택하여 검색하면 원하는 정보를 발견하게 된다.
③ 통합형 검색 방식 : 키워드 검색 방식과 매우 유사하나 통합형 검색 방식은 키워드 검색 방식과 같이 검색엔진 자신만의 데이터베이스를 구축하여 관리하는 방식이 아니라 사용자가 입력하는 검색어들이 연계된 다른 검색엔진에게 보내고, 이를 통하여 얻어진 검색 결과를 사용자에게 보여주는 방식을 사용한다.
④ 키워드 검색 방식 : 찾고자 하는 정보와 관련된 핵심적인 언어인 키워드를 직접 입력하고 이를 검색엔진에 보내어 검색엔진이 키워드와 관련된 정보를 찾는 방식이다. 사용자 입장에서는 키워드만을 입력하여 정보 검색을 간단히 할 수 있는 장점이 있는 반면에, 키워드가 불명확하게 입력된 경우에는 검색 결과가 너무 많아 효율적인 검색이 어려울 수 있는 단점이 있다.

⑤ 연산자 검색 방식 : 하나의 단어로 검색하게 되면 검색 결과가 너무 많아져서 이용자가 원하는 정보와 상관없는 것들이 많이 포함된다. 연산자 검색 방식은 검색과 관련 있는 2개 이상의 단어를 연산자로 조합하여 키워드로 사용하는 방식이다.

20 컴퓨터활용능력 | 엑셀 함수 이해하기

| 정답 | ⑤

| 해설 | 각 함수들의 올바른 설명은 다음과 같다.

가. IF 함수	조건식을 지정하고 참인지 거짓인지를 판단할 때 사용
나. COUNTA 함수	지정한 범위에서 빈 셀을 제외한 셀의 개수를 구할 때 사용
다. SUMIF 함수	지정한 범위의 셀 값 중 조건에 만족하는 셀의 합을 구할 때 사용
라. AVERAGEIF 함수	지정한 범위의 셀 값 중 조건에 만족하는 셀의 평균을 구할 때 사용
마. ROUND 함수	대상 값을 지정한 소수 아래 자릿수로 반올림할 때 사용

21 컴퓨터활용능력 | 파일 압축 이해하기

| 정답 | ⑤

| 해설 | 압축을 통하여 여러 개의 파일을 하나로 압축하여 관리할 수 있으며, 한 번 압축한 파일은 재압축을 하여도 파일의 크기가 계속 줄어들지 않는다.

22 컴퓨터활용능력 | 엑셀 기능 이해하기

| 정답 | ①

| 해설 | 피벗 테이블은 데이터를 요약, 분석, 탐색 및 표시할 수 있는 방법으로 대량의 데이터를 빠르게 집계할 수 있으며 다양한 각도에서 데이터를 쉽게 볼 수 있다.

| 오답풀이 |

② 정렬은 하나 이상의 열에서 텍스트(오름차순 또는 내림차순), 숫자(오름차순 또는 내림차순), 날짜 및 시간(오름차순 또는 내림차순)을 기준으로 데이터를 정렬한다.
③ 가상 분석은 셀 값을 변경하여 이러한 변경 내용이 워크시트의 수식 결과에 어떤 영향을 미치는지를 확인하는 프로세스이다.
④ 차트는 많은 양의 데이터 및 여러 데이터 계열 간의 관계를 보다 쉽게 이해할 수 있도록 숫자 데이터 계열을 그래픽 형식으로 표시하는 데 사용된다.
⑤ 고급 필터는 필터링하려는 데이터에 복잡한 조건(예:종류="가공식품" OR 판매원="조지민")이 필요한 경우 활용한다.

23 컴퓨터활용능력 | 기본 프린터의 특징 파악하기

| 정답 | ②

| 해설 | 기본 프린터는 하나만 지정 가능하다.

24 정보능력 | 컴퓨터 활용 분야 파악하기

| 정답 | ②

| 해설 | MIS(Management Information System)은 기업 경영에서 널리 쓰이는 경영정보시스템이다. 나머지는 모두 산업 분야에서 활용되고 있는 컴퓨터활용시스템이다.

| 오답풀이 |

① CAD : 컴퓨터 지원설계(Computer Aided Design)
③ POS : 판매시점 정보관리시스템(Point Of Sales)
④ CAM : 컴퓨터 응용 가공(Computer Aided Manufacturing)
⑤ FA : 공장 자동화(Factory Automation)

25 컴퓨터활용능력 | 매크로 기능 이해하기

| 정답 | ①

| 해설 | ①은 상용구에 대한 설명이다.

보충 플러스+

매크로의 기능과 특징
- 사용자가 입력하는 일련의 키보드 또는 마우스 동작을 보관했다가 그대로 재생한다.
- 매크로는 편집 과정에서 수반되는 단순 반복 작업을 매크로 재생 키만 누름으로써 간단하게 대신할 수 있는 편리하고 효율적인 작업을 위한 기능이다.
- 매크로에는 키보드 입력만을 기억하는 '키 매크로'와 키보드뿐만 아니라 마우스 동작을 포함한 사용자의 모든 동작을 기억하는 '스크립트 매크로'가 있다.
- 각 매크로에는 사용자가 기억하기 쉽도록 각각 이름을 붙일 수 있으며, 별도의 파일로 저장해 두거나 정의된 매크로를 다시 편집할 수도 있다.

26 컴퓨터활용능력 엑셀 단축키 이해하기

| 정답 | ①

| 해설 | [Home] 키를 누르면 현재 선택되어 있는 행의 맨 첫 번째 셀로 이동한다. 즉 [A3] 셀로 이동한다.

| 오답풀이 |
② [Enter↵] 키 : 현재 선택되어 있는 행의 다음 행인 [B4] 셀로 이동한다.
③ [Ctrl]+[Home] 키 : 현재 워크시트의 맨 처음 셀인 [A1] 셀로 이동한다.
④ [Ctrl]+[End] 키 : 현재 워크시트에서 데이터가 포함된 마지막 행과 열의 셀로 이동한다.
⑤ [Shift]+[Enter↵] 키 : 현재 선택되어 있는 셀에서 한 행 위인 [B2] 셀로 이동한다.

27 컴퓨터활용능력 유틸리티 프로그램 사용하기

| 정답 | ③

| 해설 | 대부분의 동영상 재생 프로그램에는 화면 캡처 기능이 있다. 화면을 정지한 후 보이는 화면을 캡처하거나 동영상 재생 중에 순간적으로 지정된 프레임을 캡처하여 이미지로 보관하는 방법도 가능하다.

28 컴퓨터활용능력 인터넷 정보 검색 시 유의사항 알기

| 정답 | ①

| 해설 | 키워드가 너무 짧으면 원하는 결과를 쉽게 찾을 수 없는 경우가 많으므로 키워드는 구체적이고 자세하게 만드는 것이 좋은 방법이다.

29 컴퓨터활용능력 Windows 단축키 이해하기

| 정답 | ④

| 해설 | Alt+F4 키는 실행 중인 창이나 프로그램 닫기/종료 기능을 실행하는 단축키이다.

30 컴퓨터활용능력 컴퓨터 프로그램 활용하기

| 정답 | ⑤

| 해설 | 우선 프레젠테이션을 준비해야 하므로 MS Powerpoint가 필요하다. 또한 시기별 거래 금액 등의 거래 내역은 복잡한 수치가 사용될 것이므로 MS Excel을 이용한 정리가 필요한 업무이다. 바이러스 체크를 위해서 V3 등 안티 바이러스 프로그램이 필요하며, 3D 입체 이미지를 구현하기 위해서는 코렐드로(CorelDRAW), 3D Max 등의 프로그램이 필요하다. 따라서 이러한 프로그램을 올바르게 짝지은 ⑤가 정답이 된다.

31 정보처리능력 정보통신망 용어 이해하기

| 정답 | ③

| 해설 | WAN(광대역 통신망)은 한 국가, 한 대륙 또는 전 세계에 걸친 넓은 지역의 수많은 컴퓨터를 서로 연결하여 정보를 송·수신할 수 있도록 하는 통신망이다. ③에 제시된 설명은 B-ISDN(광대역 종합정보통신망)에 해당한다.

32 컴퓨터활용능력 엑셀 수식 입력하기

| 정답 | ②

| 해설 | LEFT는 왼쪽부터 지정된 수만큼 문자를 추출하는 함수이고 RIGHT는 오른쪽부터 지정된 수만큼 문자를

추출하는 함수이다. 따라서 오른쪽에 있는 네 자리 숫자를 추출하려면 RIGHT 함수를 이용해야 하므로 '=RIGHT(B2, 4)'가 되어야 한다.

|오답풀이|

④, ⑤ MID는 지정된 위치부터 시작하여 지정된 수의 문자를 추출하는 함수인데 숫자의 앞이 두 글자인 경우와 세 글자인 경우가 있어 채우기 핸들로 끌어서 넣으면 올바르지 못한 결과가 추출되므로 답이 될 수 없다.

33 컴퓨터활용능력 파일 확장자명 이해하기

|정답| ①

|해설| • PNG 파일 : 무손실 데이터 압축이 가능한 확장자이다. 이 때문에 JPEG보다 고품질의 이미지를 생성할 수 있지만 파일 크기는 JPEG에 비해 더욱 커진다. 원본 이미지의 퀄리티를 유지시키는 PNG 파일은 JPEG 파일과 달리 온라인에 업로드할 때 텍스트와 로고가 선명하게 유지되며 이 때문에 소셜 미디어 표지 이미지와 카드 뉴스, 파워포인트, 온라인 사진 포트폴리오에 게시할 고품질 이미지가 필요할 때 사용하기 좋다.
• MP4 파일 : 비디오와 오디오 데이터뿐만 아니라 자막, 스틸 이미지 등의 데이터를 저장하는 데 사용할 수 있는 동영상 확장자이며 MP4는 비교적 작은 용량으로 좋은 품질의 영상을 볼 수 있다는 장점을 가지고 있다. 또한 웹과 모바일상의 스트리밍을 지원하기 때문에 최근 스마트폰이나 태블릿과 같은 디바이스에서 많이 사용되고 있다.
• MOV 파일 : 애플에서 개발한 동영상 포맷으로 원래는 매킨토시용으로 개발했으며 마이크로소프트가 개발한 AVI 확장자처럼 여러 가지 종류의 코덱을 사용할 수 있다. iOS 계열의 기기에서 녹화한 영상은 MOV 포맷의 동영상으로 저장되며 이 파일은 맥의 퀵타임 플레이어를 통해서도 재생이 가능하다.

34 컴퓨터활용능력 엑셀 기능 이해하기

|정답| ③

|해설| 부분합을 실행하려면 먼저 실행하기 전 기준이 되는 필드(항목)에 대한 정렬 작업이 선행되어야 한다. '성별'에 따라 점수의 평균을 구하는 것이므로 '성별'에 대한 정렬 작업이 우선 이루어져야 한다.

35 정보처리능력 인텔리전스 이해하기

|정답| ⑤

|해설| 빈칸에 들어갈 알맞은 말은 인텔리전스(Intelligence)이다. 인포메이션은 하나의 정보를 뜻하며 인텔리전스는 정보의 집합을 뜻한다. 우리는 인터넷 등을 통해 정보를 찾는다. 바로 이 정보를 공유하며 관련 정보를 하나로 묶어야 진짜 제대로 된 정보, 즉 인텔리전스가 된다. 특히 기업은 미래를 관리하기 위해 외부의 경쟁 환경에 관한 정보(Information)를 수집, 분석해 실행의 기반이 되는 인텔리전스로 전환해야 한다.

파트7 [기술능력] 기출예상문제

문제 554쪽

01	③	02	①	03	②	04	③	05	④
06	②	07	⑤	08	④	09	③	10	②
11	③	12	③	13	④	14	④	15	③
16	②	17	④	18	③	19	④	20	④
21	⑤	22	②	23	⑤	24	①	25	③
26	③	27	①	28	①	29	②	30	③
31	④	32	③	33	②					

01 기술능력 기술의 의미 이해하기

| 정답 | ③

| 해설 | 기술은 원래 Know-how의 개념이 강하였으나 시대가 지남에 따라 Know-how와 Know-why가 결합하게 되었으며 현대적 기술은 주로 과학을 기반으로 하는 기술(Science-based Technology)이 되었다.

02 기술능력 기술의 특성 파악하기

| 정답 | ①

| 해설 | 기술은 하드웨어나 인간에 의해 만들어진 비자연적인 대상, 혹은 그 이상을 의미한다.

03 기술능력 기술능력 이해하기

| 정답 | ②

| 해설 | 주어진 한계 속에서 제한된 자원을 가지고 일하는 것은 기술능력이 뛰어난 사람의 특징이다.

04 기술능력 기술능력이 뛰어난 사람의 특징 알기

| 정답 | ③

| 해설 | 핵심인재는 지식이나 기타 자원을 그대로 사용하기보다 선택 및 최적화하여 문제에 적용한다.

05 기술능력 기술능력 향상방법 알기

| 정답 | ④

| 해설 | OFF-JT란 Off the Job Training으로, 직장 외 훈련으로 업무 장소 밖에서 직무 수행에 필요한 지식, 기술, 태도 등 보편적인 내용에 대해서 시행되는 교육훈련을 의미한다. D 씨가 선택한 수업은 직장 내에서 업무의 중단 없이 직무에 종사하면서 선배의 지도로 이루어지는 OJT(직무간 훈련)를 활용한 기술교육에 해당한다.

06 기술능력 산업재해의 원인 분석하기

| 정답 | ②

| 해설 | 산업재해의 직접적 원인은 크게 불안전한 행동과 불안전한 상태로 구분할 수 있다. ②를 제외한 나머지는 모두 불안전한 근로자의 행동에서 기인한 것이며, ②와 더불어 소방·안전 기구 미확보, 시설물의 배치 및 장소 불량, 생산 공정이나 작업 환경 등의 결함 등의 원인은 불안전한 상태에 포함할 수 있다.

07 기술능력 이러닝의 역기능 이해하기

| 정답 | ⑤

| 해설 | 이러닝(e-Learning)을 활용한 기술교육은 정해진 시간과 장소에 모여서 학습할 필요가 없고 인터넷에 연결되어 있다면 시간과 장소에 구애받지 않고 학습이 가능하기 때문에 시간적, 공간적으로 자유롭고 독립적인 장점이 있다.

08 기술능력 산업재해 분석하기

| 정답 | ④

| 해설 | 제시된 글의 스크린도어 사고는 2인 1조 작업 원칙을 지키지 않고 혼자서 스크린도어 정비 작업을 하다 발생한 사건이므로 예측 가능한 재해이다.

09 기술능력 산업재해의 예방 대책 이해하기

| 정답 | ③

| 해설 | 작업에 대한 교육훈련이나 모의 훈련의 경우 인적 요인에 대한 대책에 해당한다.

| 오답풀이 |

①, ② 설비 및 작업 환경적인 요인에 대한 대책

④ 일반적인 대책

보충 플러스+

휴먼 에러 예방대책
1. 일반적인 대책
   - 작업 특성을 고려한 작업자 선발
   - 안전에 대한 중요성을 인식하기 위한 동기 부여
   - 작업자가 보기 좋고, 듣기 좋으며, 쉽게 작업할 수 있도록 작업설계
   - 휴먼 에러를 예방하기 위한 근원적 안전설계
2. 설비 및 작업 환경적인 요인에 대한 대책
   - 위험 요인의 제거
   - 정보의 피드백
   - 양립성 및 가시성을 고려한 설계
   - 인체 측정치의 고려
   - 경보 시스템의 정비
   - Foolproof, Fail-safe 등의 안전설계
3. 인적 요인에 대한 대책
   - 작업에 관한 교육훈련과 작업 전 회의
   - 모의 훈련
   - 소집단 활동으로 휴먼 에러에 관한 훈련 및 예방활동을 지속적으로 수행
4. 관리적 대책
   - 안전에 대한 분위기 조성
   - 작업자의 특성과 작업설비와의 적합성을 사전에 점검하고 개선 및 유지하는 활동

10 기술능력 지속가능한 기술의 특징 이해하기

| 정답 | ②

| 해설 | 지속가능한 기술의 특징은 다음과 같다.
1. 이용 가능한 자원과 에너지를 고려
2. 자원이 사용되고 그것이 재생산되는 비율의 조화를 추구
3. 자원의 질을 생각
4. 자원이 생산적인 방식으로 사용되는가에 주의를 기울이는 기술

②에서 말한 산업폐기물 처리는 기업의 당연한 의무사항으로, 지속가능한 기술의 행위라고 볼 수 없다.

11 기술능력 산업재해의 예방 대책 이해하기

| 정답 | ③

| 해설 | 산업재해의 예방을 위해서는 사전에 산업재해 예방을 위한 안전관리조직을 구성(ㄴ)할 필요가 있다. 산업재해는 사전에 구성된 안전관리조직이 사고 조사나 안전 점검 등을 통해 사실을 발견(ㄹ)하고, 이를 바탕으로 산업재해의 발생 원인을 분석(ㄱ)한 후, 원인 분석을 토대로 한 적절한 시정책을 마련(ㄷ)하고 이를 적용(ㅁ)하는 과정으로 진행된다.

12 기술능력 산업재해의 원인 이해하기

| 정답 | ③

| 해설 | 기사 내용의 K 씨와 Q 씨의 산업재해는 안전장치 없이 위험장소인 고지대에서의 작업 중 발생한 추락사고로, 불안전한 행동 유형에 속한다.

13 기술능력 신기술 이해하기

| 정답 | ④

| 해설 | 딥 러닝(Deep Learning)은 다양한 데이터를 학습시켜 자동으로 모델(프로그램, 규칙, 지식 등)을 생성하는

알고리즘을 활용하는 원리이다. 학습데이터를 기반으로 데이터의 규칙을 생성하고, 검증데이터로 결과를 모의테스트하여 유의미한 결과가 나올 시 테스트데이터로 실전 테스트를 하는 과정을 따라 학습이 이루어진다. 그러나 사용하는 데이터나 적용 범위, 질문의 형태가 바뀌면 시스템을 처음부터 다시 구축해야 되는 문제가 발생한다는 단점도 존재한다.

| 오답풀이 |
① 사물인터넷 : 세상에 존재하는 유형 혹은 무형의 객체들이 다양한 방식으로 연결되어 개별 객체들이 제공하지 못했던 새로운 서비스를 제공하는 것
② 혼합현실 : 현실을 기반으로 가상 정보를 부가하는 증강현실과 가상환경에 현실 정보를 부가하는 가상현실의 의미를 포함하는 것으로 현실과 가상이 자연스럽게 연결된 스마트 환경을 제공하는 기술
③ 로보어드바이징 : 로봇과 투자전문가(Advisor)의 합성어로 고도화된 알고리즘과 빅데이터를 통해 모바일 기기나 PC로 관리하는 온라인 자산관리 서비스
⑤ 클라우드 : 데이터를 인터넷과 연결된 중앙컴퓨터에 저장해서 인터넷에 접속하기만 하면 언제 어디서든 데이터를 이용할 수 있는 것

14 기술능력 기술개발의 특징 이해하기

| 정답 | ③

| 해설 | ③은 '지속가능한 기술'에 관한 설명이며, 자료의 내용과 관련이 없는 기술개발의 특징이다.

15 기술이해능력 기술혁신의 특징 알기

| 정답 | ③

| 해설 | 기술혁신은 그 과정 자체가 매우 불확실하고 장시간이 걸린다. 기술 개발에 대한 기업의 투자가 성과로 나타나기까지 걸리는 시간이 있기 때문이다.

| 오답풀이 |
② 기술혁신의 역할은 아이디어 창안, 챔피언, 프로젝트 관리, 정보 수문장, 후원 등이 있으며, 아이디어에서부터 상업화에 이르기까지 성공적으로 수행되기 위해서는 다섯 가지 역할이 핵심 인력들에 의해 수행되어야 한다.
④ 기술혁신은 지식 집약적인 활동으로 기술 개발에 참여한 엔지니어의 지식은 문서화되기 어렵다. 따라서 연구개발에 참여한 엔지니어들이 떠나면 지속적인 기술 개발이 어려워지는 경우도 있다.

16 기술이해능력 오픈마켓 이해하기

| 정답 | ②

| 해설 | 공간정보의 오픈마켓을 운영하는 가장 큰 이유는 신성장 동력으로서의 공간정보 산업과 민간의 협력 체제 구축을 통한 공생의 기반을 마련하는 데 있다. 따라서 공간정보 산업과 오픈 콘텐츠와의 차별화는 오픈마켓의 적절한 기대효과로 볼 수 없다.

17 기술이해능력 기술 시스템의 발전 이해하기

| 정답 | ④

| 해설 | 기술 시스템의 발전 단계는 다음과 같다.
- 1단계 : 발명, 개발, 혁신의 단계
- 2단계 : 기술 이전의 단계
- 3단계 : 기술 경쟁의 단계
- 4단계 : 기술 공고화 단계

발명, 개발, 혁신의 단계에서는 기술 시스템이 탄생하고 성장하며, 기술 이전의 단계에서는 성공적인 기술이 다른 지역으로 이동한다. 이 두 단계에서는 기술자의 역할이 중요하다. 기술 경쟁의 단계에서는 기술 시스템 사이에 경쟁이 일어나며 기업가의 역할이 중요하고, 기술 공고화 단계에서는 경쟁에서 승리한 시스템이 관성화되며 금융전문가 및 자문 엔지니어의 역할이 중요하다.

18 기술이해능력 기술 시스템의 발전 이해하기

| 정답 | ③

| 해설 | 기술 시스템 발전은 발명, 개발, 혁신의 단계 → 기술 이전의 단계 → 기술 경쟁의 단계 → 기술 공고화 단계를

거쳐 발전하게 되며 각 단계의 특징은 (다) - (라) - (가) - (나)의 순으로 나타난다.

19 기술이해능력 | 기술 실패의 원인 분석하기

|정답| ④

|해설| 해당 기술이 실패한 원인은 단순히 조리를 위한 용도로만 사용되며 큰 주목을 받지 못한 것이다. 이는 조사와 기획 단계의 미숙함과 조리 기구라는 기획에 문제가 있다고 볼 수 있다.

20 기술이해능력 | 미래사회의 변화 이해하기

|정답| ④

|해설| (라)는 환경 리스크에 의한 변화라기보다 다변화된 사회가 더 복잡해지면서 나타나는 현상이라 볼 수 있다. 경제적·사회적 불평등 심화와 문화의 다양성 확대도 복잡해지는 사회상의 반영이라고 볼 수 있다.

21 기술이해능력 | 실패한 기술이 미치는 영향 이해하기

|정답| ⑤

|해설| 신기술은 때때로 유례없던 규모로 환경을 오염시키고, 새로운 위험과 불확실성을 만들어 낸다. 많은 인명을 앗아갈 뿐 아니라 각종 범죄의 도구로 사용되기도 한다. 부실시공에 관리 불량이 겹쳐져 발생한 성수대교 붕괴 사고는 급속 성장을 추구하던 우리나라 산업화의 이면을 상징적으로 보여준 대표적 참사라 볼 수 있다.

22 기술이해능력 | 다중요소 인증기술 이해하기

|정답| ②

|해설| 키보드의 문자열 위치가 계속 변경되며 대소문자를 구분하여 패스워드를 입력하는 방식은 보안성을 높이는 방법이긴 하나 2가지 이상의 신원 인식방법을 활용한 다중요소 인식기술로 볼 수는 없다.

|오답풀이|

⑤ NFC 팔찌의 보안 문제를 위해 심장 박동 생체인식 기술과 연계하여 다중 인증방식을 사용할 수 있다.

23 기술선택능력 | 기술선택의 방법 파악하기

|정답| ⑤

|해설| 쉽게 구할 수 없고 최신 기술로 진부화될 가능성이 적은 기술일수록 효과적인 기술선택이다.

|오답풀이|

③ 상향식 기술선택은 기업 전체 차원에서 필요한 기술에 대한 체계적인 분석이나 검토 없이 연구자나 엔지니어들이 자율적으로 기술을 선택하는 것이다.

24 기술선택능력 | 매뉴얼 작성 요령 이해하기

|정답| ①

|해설| 매뉴얼에 쓰이는 문장은 통상 단 하나의 명령, 또는 밀접하게 관련된 몇 가지 명령만을 포함하여야 한다. 의미 전달을 명확하게 하기 위해서는 수동태보다는 능동태의 동사를 사용하며, 명령을 사용함에 있어서 약한 형태보다는 단정적으로 표현하고, 추상적 명사보다는 행위동사를 사용하는 것이 바람직하다.

25 기술선택능력 | 벤치마킹의 특징 이해하기

|정답| ③

|해설| 벤치마킹을 단순한 모방으로 받아들이게 되면 자신의 환경적인 특성에 적절히 융화되기 어렵다. 스스로에 대한 충분한 고찰과 분석을 통해 벤치마킹 대상의 성공요인 또는 실패요인을 파악하고, 나에게 도움이 되는 요인을 창조적·비판적으로 수용하여 새롭게 발전시킬 수 있어야 한다. 상대방의 장단점을 포함한 모든 환경을 받아들이는 것은 맹목적인 모방으로 이어져 실패한 벤치마킹이 된다.

26 기술선택능력 지식재산권 파악하기

| 정답 | ③

| 해설 | 기술혁신의 빠른 확산이 기술 실패로 이어진다고 볼 수 있는 근거는 없다. 또한 특허는 배타적 권리를 부여함과 동시에 발명의 원리는 공개한다는 것이 원칙이나 최근에 이러한 취지와는 반대로 기술 보안, 영업비밀 등의 이유로 기술혁신을 지연시키는 사례가 발생하게 되어 오히려 특허가 항상 기술혁신을 확산시킨다고 볼 수도 없다는 것이 다수의 견해이다.

| 오답풀이 |
① 특허에 따른 독점시장 형성으로 인한 높은 의약품 가격의 문제는 인권과의 충돌로 볼 수 있다.
② 지식재산권 강화로 인하여 제3자에 의한 지식과 기술의 활용과 경쟁이 억제되며 개발도상국들은 기술혁신의 축적이 어려워지고 혁신의 성과를 나누지 못하게 될 것이라는 비판이 끊임없이 제기되고 있다.
④ 실제로 생명공학의 안전성에 대한 규율 없는 환경을 파괴할 수 있다는 인도, 호주 등의 반대 주장도 강력히 제기되고 있다.
⑤ 유전자 암호 등이 일부 기업들의 특허권으로 보호받게 됨으로 인해 해당 유전물질들을 사용하기 위해 연구자들이 돈을 지불해야 하는 상황에 처하게 된다.

27 기술선택능력 지식재산권의 종류 이해하기

| 정답 | ①

| 해설 | 지식재산권은 산업재산권, 저작권, 신지식재산권으로 분류하며, 지식재산권 중에서 반도체 배치설계나 온라인 디지털콘텐츠처럼 경제·사회·문화의 변화나 과학기술의 발전에 따라 새로운 분야에서 생성되는 재산권을 신지식재산권이라고 한다.

| 오답풀이 |
③, ④, ⑤ 산업재산권에 해당된다.

28 기술선택능력 벤치마킹의 유형별 특징 이해하기

| 정답 | ①

| 해설 | 간접적 벤치마킹은 벤치마킹 대상의 수에 제한이 없고 다양하며, 비용 또는 시간적 측면에서 상대적으로 많이 절감할 수 있다는 장점이 있는 반면 벤치마킹 결과가 피상적이며 정확한 자료의 확보가 어렵고, 특히 핵심자료의 수집이 상대적으로 어렵다는 단점이 있다.

| 오답풀이 |
- 나-ⓔ : 직접적 벤치마킹은 필요로 하는 정확한 자료의 입수 및 조사가 가능하며 Contact Point의 확보로 벤치마킹 이후에도 계속적으로 자료의 입수 및 조사가 가능한 장점이 있는 반면 벤치마킹 수행과 관련된 비용 및 시간이 많이 소요되며 적절한 대상 선정에 한계가 있다.
- 다-ⓒ : 비경쟁적 벤치마킹은 혁신적인 아이디어의 창출 가능성은 높은 반면 다른 환경의 사례를 가공하지 않고 적용할 경우 효과를 보지 못할 가능성이 높다.
- 라-ⓑ : 경쟁적 벤치마킹은 경영 성과와 관련된 정보 입수가 가능하며, 업무와 기술에 대한 비교가 가능한 반면 윤리적인 문제가 발생할 소지가 있으며, 대상의 적대적 태도로 인해 자료 수집이 어렵다는 단점이 있다.
- 마-ⓐ : 내부 벤치마킹은 자료 수집이 용이하며 다각화된 우량기업의 경우 효과가 큰 반면 관점이 제한적일 수 있고 편중된 내부 시각에 대한 우려가 있다.

29 기술선택능력 상표권의 특징 이해하기

| 정답 | ②

| 해설 | 타인의 상표권이 소멸한 날부터 1년이 경과된 것은 식별력을 상실한 경우로 간주되기 때문에 그 지정 상품과 동일 또는 유사한 상품에 동일한 상표를 사용한 경우 상표권을 인정받을 수 있다.

| 오답풀이 |
① 상품의 구성 자체가 지정 상품이 본래 지닌 성질과 다른 성질을 가지는 것으로, 수요자로 하여금 오인하게 만들 가능성이 있는 경우이다. 이 경우 식별력이 떨어져 상표권을 인정받을 수 없다.
③ 지정 상품이 포장용 필름일 경우 상표를 '랩'으로, 복사기일 경우 상표를 'COPTER'과 같이 만드는 경우이다. 이 경우 식별력이 없어 상표권을 인정받을 수 없다.

④ '백두산 식당'이나 '한라산 등산용품점'과 같은 예가 이에 해당한다. 이 경우 식별력이 없고 공익을 해칠 우려가 있어 상표권을 인정받을 수 없다.
⑤ 공공질서와 미풍양속을 해칠 우려가 있는 상표는 인정받을 수 없다.

30 기술선택능력 지식재산권의 종류 이해하기

|정답| ③

|해설| 특허 제도는 발명을 보호·장려함으로써 국가 산업의 발전을 도모하기 위한 제도이다. 이는 설정 등록을 통해 효력이 발생하며, 존속 기간은 출원일로부터 20년이다.

31 기술적용능력 기술관리자의 능력 이해하기

|정답| ④

|해설| 기술관리자에게 요구되는 능력으로는 기술을 운용하거나 문제를 해결할 수 있는 능력, 기술직과 의사소통을 할 수 있는 능력, 혁신적인 환경을 조성할 수 있는 능력, 기술적·사업적·인간적인 능력을 통합할 수 있는 능력 등이 있다.

32 기술적용능력 기술경영자의 역할 이해하기

|정답| ③

|해설| 사례에서 나타난 기술경영자 백○○ 사장은 항상 미래를 내다보는 탁월한 선견과 통찰력으로 조직을 정비하였으며, 연구 개발과 실무에 이르는 과정을 정비함으로써 효율성을 극대화하였다. 이 사례를 통해 학습자들은 기술경영자의 역할뿐만 아니라 중간 관리자 혹은 젊은 사원으로서 기술을 어떻게 유지하고 관리할 수 있는지에 대해 알 수 있다.

33 기술선택능력 지식재산권의 종류 이해하기

|정답| ②

|해설| 저작권은 등록의 유무와 상관없이 창작한 날로부터 권리가 생기게 되며, 특정 상품화가 될 필요 없이 권리가 발생하게 되므로 상품과의 관련성은 없다.

파트8 [자기개발능력] 기출예상문제

문제 600쪽

01	②	02	①	03	②	04	④	05	③
06	⑤	07	③	08	②	09	⑤	10	②
11	④	12	③	13	②	14	②	15	④
16	④	17	②

01 자기개발능력 자기개발의 방법 파악하기

| 정답 | ②

| 해설 | 자기개발의 방법은 크게 자아인식, 자기관리, 경력개발로 나누어 볼 수 있는데 제시된 B 씨와 같은 경우는 경력개발의 모습을, 나머지 사람들은 자기관리의 모습을 보여주고 있다.
자기관리는 자신을 이해하고 목표를 성취하기 위하여 자신의 행동 및 업무 수행을 관리하고 조정하는 것을 의미하며, 경력개발은 일생에 걸쳐서 지속적으로 이루어지는 일과 관련된 경험이며 개인의 경력목표와 전략을 수립하고 실행하며 피드백을 하는 과정이다.

02 자기개발능력 자기개발의 방해 요인 이해하기

| 정답 | ①

| 해설 | 자기개발 시 극복해야 하는 상황은 다음과 같은 네 가지로 정리할 수 있다.
- 우리의 욕구와 감정이 작용
- 제한적인 사고
- 문화적인 장애에 봉착
- 자기개발 방법에 대한 무지

자기개발은 개별적인 과정으로 사람마다 지향하는 바와 선호 방법 등이 다를 수밖에 없다. 따라서 자기개발을 하는 데 있어 극복해야 할 상황이 아니다.

03 자기개발능력 자기 브랜드 PR하기

| 정답 | ②

| 해설 | 자기개발을 통해서 능력을 신장시키고 다른 사람과 차별성을 가지더라도 이에 대한 PR(홍보)를 하지 않으면 다른 사람들은 나의 브랜드를 알지 못한다. 따라서 자신의 브랜드를 타인에게 각인시킬 필요가 있다.

04 자기개발능력 자기개발의 특징 이해하기

| 정답 | ④

| 해설 | 자기개발은 개별적으로 이루어지는 과정이다. 따라서 개인은 자신의 이해를 바탕으로 자신에게 앞으로 닥칠 환경 변화를 예측하고 자신에게 적합한 목표를 설정하며 자신에게 알맞은 자기개발 전략이나 방법을 선정하여야 한다.

| 오답풀이 |
① 자기개발은 생활 가운데 실천되어야 한다.
② 자기개발의 주체는 자기 자신이어야 한다.
③ 자기개발은 현대사회에 적응하고 보람되고 나은 삶을 살기 위한 모든 사람에게 필요한 것이다.

05 자기개발능력 자기개발의 방해 요인 이해하기

| 정답 | ③

| 해설 | 자기개발을 방해하는 요인은 다음과 같이 설명할 수 있다.
- 욕구와 감정 : 매슬로우는 자아실현의 욕구를 최상의 욕구로 보고, 기본적인 욕구가 충족된 이후에야 추구될 수 있다고 하였다.
- 제한적 사고 : 자신의 장단점을 객관적으로 파악하는 데 장애 요인으로 작용한다.
- 문화적 장애 : 사람은 익숙한 환경을 지속하려는 습성이 있기 때문에 새로운 자기개발의 한계에 직면한다.
- 방법의 모호 : 사람들은 자기개발을 하려고 하지만 어디서 어떻게 자기개발을 해야 하는지 방법을 잘 모르는 경우가 많다.

P와 C 과장이 겪는 갈등은 모두 상위 욕구보다 낮은 욕구를 충족하기 위한 데서 비롯된 것이라고 볼 수 있다.

| 오답풀이 |

① , ⑤ 자기개발 방법을 모르는 경우이다.
② 문화적인 장애에 직면한 경우이다.
④ 제한적인 사고로 자신의 단점을 파악하지 못하는 경우이다.

06 자기개발능력 내재적 동기의 필요성 파악하기

| 정답 | ⑤

| 해설 | 실험 결과를 한마디로 요약한다면 외재적 동기를 받았을 때 내재적 동기가 사라진다는 것이다. 외재적 동기란 어떤 활동에 대한 대가로 주어지는 금전이나 선물 같은 보상을 의미하며, 내재적 동기란 활동 자체에 대한 흥미와 호기심 등 사람 안에서 자연스럽게 발생하는 동기를 의미한다. 자기개발 역시 이러한 자율적 행동의 원형인 내재적 동기에 의해 수행될 때 지속적인 적극성을 갖게 된다고 할 수 있다.

07 자기개발능력 자기개발의 방해 요인 이해하기

| 정답 | ③

| 해설 | L 사원이 자기개발을 하지 못한 이유는 자기실현에 대한 욕구보다 다른 욕구가 더 강하기 때문이다. 자기개발을 위해서는 자신의 이해를 바탕으로 자신에게 닥칠 환경 변화를 예측하고, 적합한 목표를 설정하며 자신에게 알맞은 자기개발 전략이나 방법을 설정해야 한다.

| 오답풀이 |

① , ④ 자기개발에 대한 내용이지만 자기개발을 할 시간이 없다는 L 사원의 불만을 해결해 줄 수 있는 말로는 적절하지 않다.
② 자기개발과는 관련이 없는 조언이다.

08 자기개발능력 바람직한 자기개발의 방법 파악하기

| 정답 | ②

| 해설 | '전사'는 '시스템이 붕괴되어도 독자적인 전투수행능력을 갖추고 있는 사람'으로 조직 내에서 주어진 업무를 묵묵히 수행하는 능력을 넘어 창의적인 태도를 바탕으로 시키지 않은 것도 알아서 수행할 수 있는 능력을 보유한 직원을 의미한다. 이것은 평소 꾸준한 자기개발을 통해 스스로의 업무 역량을 폭넓게 유지한 직원에게 찾아볼 수 있는 모습이다.

| 오답풀이 |

① , ③ , ⑤ 창의성의 발휘를 바탕으로 독자적이고 폭넓게 업무를 수행하는 것이 아니라 맡은 업무만을 수행하는 '병사'의 모습에 더 가깝다.
④ 업무 수행보다 유대관계를 더 중요시하는 모습은 인적자원의 자기개발 모습과 거리가 있다.

09 자기개발능력 자기개발 설계 전략 수립하기

| 정답 | ⑤

| 해설 | 자기개발 계획을 세울 때에는 장단기 목표를 모두 설정하게 되는데 보통 장기 목표는 5~20년, 단기 목표는 1~3년 정도 기간을 잡고 계획을 세우게 된다. 장기 목표를 세울 때에는 기간이 길기 때문에 구체적으로 계획을 세우기는 어려우나 자신의 적성이나 가치, 욕구 등을 파악하고 회사에서의 업무 특성 및 개발해야 할 능력, 다른 사람들과의 인간관계 등을 고려하여 계획을 세우는 것이 좋다.

10 자아인식능력 조하리의 창 이해하기

| 정답 | ②

| 해설 | 상대방은 알고 있으나 정작 자신은 바르게 인지하지 못하는 영역은 '눈먼 자아(Blind Self)'에 해당한다.

| 오답풀이 |

① 굳이 따로 노출하지 않아도 사람들이 쉽게 알 수 있는 부분, 즉 의식적으로 하는 말과 행동, 성별, 나이, 외모, 출신 학교, 직업에 관한 정보 등을 말한다.

③ 본인 스스로 공개를 꺼리고 비밀에 부치는 부분, 즉 단점, 성적, 애정 관계나 소득에 관한 정보 등과 관련이 있다.
④ 자신은 물론 남들도 알 수 없는 미지의 부분, 즉 내면 세계에 존재하지만 대인 관계에서는 드러나지 않는 무의식의 세계이다.

11 자아인식능력 자아의 구성 요소 이해하기

| 정답 | ④

| 해설 | 자아의 구성 요소는 다음과 같다.
• 내면적 자아 : 적성, 흥미, 성격, 가치관 등
• 외면적 자아 : 나이, 외모 등

12 자아인식능력 성찰의 개념 이해하기

| 정답 | ③

| 해설 | 성찰은 다른 일을 하는 데 필요한 노하우를 축적하고 지속적인 성장의 기회를 제공하므로 진취적이지 못하다는 설명은 옳지 않다.

13 자기관리능력 단계별 자기관리 계획 수립하기

| 정답 | ②

| 해설 | 과제 발견 단계에서는 현재 자신의 역할 및 능력을 질문을 통해 검토하고, 할 일을 조정하여 자신이 수행해야 될 역할들을 도출한다. 따라서 '활동목표와 우선순위 설정'은 과제 발견 단계에 해당된다.

| 오답풀이 |
① 비전 및 목적 정립 단계에서는 자신에게 가장 중요한 것을 파악하며 가치관, 원칙, 삶의 목적을 정립한다.

14 자기관리능력 우선순위 설정하기

| 정답 | ②

| 해설 | ①은 3순위, ②는 2순위, ③은 1순위, ④는 4순위로 볼 수 있다.

15 경력개발능력 직업역량검사 이해하기

| 정답 | ④

| 해설 | 중장년 직업역량검사는 한국고용정보원에서 2015년에 개발한 검사로 현재 노사발전재단 중장년일자리희망센터, 전국 고용센터, 워크넷 등에서 중장년의 후기 경력개발 지원을 위한 도구로 활용되고 있다. 검사의 요인 구성은 경력활동(재취업 자신감, 경력계획), 직무태도(직무적합도, 직무만족), 직무능력(업무능력, 관계능력, 인지능력, 신체능력), 개인특성(자기평가, 개방성), 기초자산(가족의 지지, 건강)으로 구성되어 있다.
나상호 씨의 진단 결과인 "자기 자신을 둘러싼 세계에 대한 관심, 호기심, 다양한 경험에 대한 추구 및 포용 정도가 높습니다."를 통해 하위영역이 개방성이라는 것을 알 수 있다. 개방성은 자기 자신을 둘러싼 세계에 대한 관심, 호기심, 다양한 경험에 대한 추구 및 포용의 정도를 나타낸다.

| 오답풀이 |
① 경력계획 : 자신의 경력을 위해서 장기적이고 실행 가능한 목표를 세우고, 목표 달성을 위해 얼마나 노력하는지에 대한 내용
② 자기평가 : 삶을 살아가는 능력에 대해 스스로 판단하는 정도
③ 직무만족 : 자신이 현재 하고 있는 일에 대해 만족하는 정도

16 경력개발능력 경력 단계의 특징 파악하기

| 정답 | ④

| 해설 | 경력 개발 단계 중 경력 중기는 상위로 갈수록 자리가 줄어들어 이에 따른 좌절감과 사기 저하를 느낄 수 있는 시기이다. 그러나 경력 초기에 비해 기술 습득이 쉽고 재충전할 수 있는 시기이기도 하며, 수직적 이동보다는 수평적 이동이 더 많아 새로운 직무에 도전할 수도 있다.

17 경력개발능력 | 경력개발의 방법 이해하기

| 정답 | ②

| 해설 | (ㄷ) 자기관리를 잘하고 있는 것으로 보이지만 경력개발 측면에서 본다면 목표가 불분명하므로 부적절하다.
(ㄹ) 개인적 삶을 중요시하면서 조직생활을 등한시하는 것은 직업인으로서 적절한 행동으로 볼 수 없다.

파트9 [대인관계능력] 기출예상문제

문제 652쪽

01	④	02	②	03	④	04	④	05	③
06	②	07	④	08	①	09	③	10	④
11	③	12	⑤	13	②	14	③	15	④
16	④	17	②	18	②	19	③	20	④
21	⑤	22	④	23	③	24	④	25	②
26	①	27	③								

01 대인관계능력 | 대인관계능력의 정의 알기

| 정답 | ④

| 해설 | 대인관계능력이란 직장생활에서 협조적인 관계를 유지하고 조직구성원들에게 업무상의 도움을 줄 수 있으며, 조직 내부 및 외부의 (가) 갈등을 해결하고 고객의 (나) 요구를 충족시켜 줄 수 있는 능력을 포괄한 개념이다.

02 대인관계능력 | 직장생활에서의 인간관계 이해하기

| 정답 | ②

| 해설 | 아무리 인간관계가 중요하다고 해도 정작 자신의 일을 못하면 아무런 의미가 없다. 따라서 직장생활에서는 기본적으로 일을 잘하는 것이 중요하다.

03 팀워크능력 | 팀워크의 개념 알기

| 정답 | ④

| 해설 | 응집력은 '사람들로 하여금 집단에 머물고 싶도록 느끼게끔 만들고 그 집단의 구성원으로서 계속 남아 있기를 원하게 만드는 힘'이라 할 수 있다. 즉, 팀워크와 응집력의 차이는 성과 유무의 차이이다. 성과는 내지 못하면서 분위기만 좋은 팀은 팀워크가 아닌 응집력이 좋은 것이다.

04 팀워크능력 | 팀워크의 기본요소 파악하기

| 정답 | ④

| 해설 | 팀워크는 팀원 간의 상호작용과 협력이 전제되는 것이다. 개인이 가진 능력을 최대치로 합한 것을 팀워크라고 볼 수는 없다.

05 팀워크능력 | 집단 소속의 이유 이해하기

| 정답 | ③

| 해설 | 춘향이는 베르나르 베르베르의 작품을 번역하는 목표를 이루기 위해 번역팀에 들어갔다고 언급하고 있다. 따라서 춘향이가 집단에 속한 가장 중요한 이유는 목표 달성이다.

06 팀워크능력 | 효과적인 팀의 특징 알기

| 정답 | ②

| 해설 | 원활한 팀워크를 위해서는 팀원 모두가 공유하는 목표인 최적 생산성을 추구해야 하며 과정보다 결과에 초점을 맞추는 노력이 필요하다. 업무 역할과 책임을 명료화시키고 개인의 강점을 찾아내며 개방적인 의사소통을 유도하고 객관적인 결정을 내리는 일 등은 모두 효과적인 팀워크를 발휘하는 팀의 특징이라고 볼 수 있다.

07 팀워크능력 | 팀의 형성과정 이해하기

| 정답 | ④

| 해설 | 팀은 형성기, 격동기, 규범기, 성취기의 네 단계를 거치며 발전해 나간다.
(라) 형성기에서 팀원들은 안전하고 예측할 수 있는 행동에 대한 안내와 지침이 필요하기 때문에 리더에게 상당히 의지한다. 팀에서 인정받기를 원하며 다른 팀원들을 신뢰할 수 있는지 확인하고 싶어 한다.
(다) 격동기에 접어들면 과제를 수행하기 위해 체계를 갖추게 되면서 필연적으로 마찰이 일어난다. 개인은 그룹의 기준과 기대에 맞추기 위해 고집을 꺾고 그들의 아이디어, 태도, 감정, 믿음이 어우러지게 해야 한다.
(가) 규범기를 맞이하게 되면 인간관계에 더욱 응집력이 생기고, 팀원 전체의 기여에 대해 더 잘 이해하고 인정한다. 또한 공동체 형성과 팀의 문제해결에 더욱 집중하며 의견이 엇갈릴 때는 적극적으로 논의하며, 리더십이 공유되고 파벌이 사라지기 시작한다.
(나) 성취기에는 팀원들이 스스로 책임을 지게 되고 전체의 인정을 받으려는 욕구는 더 이상 중요하게 생각되지 않는다. 팀원들은 대단히 과제지향적이자 인간지향적이며 조화를 이루고 사기충천하며 팀으로서의 충성심을 보여 준다. 전체적인 목표는 문제해결과 일을 통한 생산성이며, 이는 팀이 이룰 수 있는 최적의 단계로 이끌어진다.

따라서 (라)-(다)-(가)-(나) 순이 적절하다.

08 팀워크능력 | 팀워크 향상 방법 이해하기

| 정답 | ①

| 해설 | 분업화는 단독으로 행하는 일을 여러 부분으로 분할하여 진행하는 것을 말한다.

| 오답풀이 |
② 차별화 : 어떤 판매자의 제품이 다른 판매자의 제품으로부터 구별되는 중요한 근거를 갖는 것
③ 공식화 : 조직 내에서 누가, 어떤 일을, 언제, 어떻게 수행할 것인가를 규정한 정도
④ 자동화 : 생산과정이 실질적으로나 전적으로 기계에 의해 수행되는 산업생산의 형태

09 팀워크능력 | 팀워크 이해하기

| 정답 | ③

| 해설 | 개인의 특성 이해 및 개인 간의 차이 중시 자체가 팀워크로 이루어진다고 볼 수 없다.

10 리더십능력 | 임파워먼트 이해하기

| 정답 | ④

| 해설 | 임파워먼트란 조직성원들을 신뢰하고 그들의 잠재력을 믿으며, 그 잠재력의 개발을 통해 고성과(high performance) 조직이 되도록 일정 권한을 위임하여 재량권을 부여하는 것을 의미한다. 따라서 리더가 의사결정자로 참여하는 것과는 거리가 멀다.

11 리더십능력 | 멘토링 이해하기

| 정답 | ③

| 해설 | 후견인은 부서장급 인력으로 회사와 비전, 경력 관리 등 다양한 주제를 가지고 신입사원과 토론을 통해 사원의 성장을 돕는 역할을 수행한다고 하였다. 이때 후견인은 일방적인 지시 및 지도를 통해 자신의 지식을 신입사원에게 전달하는 것이 아니라 '토론'을 통해 사원이 성장할 수 있도록 도와주고 있으므로 수직관계를 바탕으로 한다고 보기 어렵다.

12 리더십능력 | 상사로서 대응 방안 모색하기

| 정답 | ⑤

| 해설 | 하달된 지시는 금품 수수 금지 및 티타임 규모의 업무 진행이므로 회의의 취소나 이메일 대체 같은 과잉 수행은 불필요하다.

13 리더십능력 | 리더십의 유형 파악하기

| 정답 | ②

| 해설 | ㄱ. (가)는 순응을 요구하고 업무를 나누어 주는 독재자 유형으로 모든 결단 행위를 리더가 독단적으로 결정한다.
ㄷ. (나)는 정보를 전달하고 구성원을 목표 설정에 참여하게 하면서 최종 결정권을 갖는 민주주의에 근접한 유형이다. 리더는 모든 구성원에게 높은 관심을 보이며 구성원들이 동등하게 참여하게 하고 토론을 장려한다.

| 오답풀이 |
ㄴ. (나)는 직원들에게 책임감을 부여하므로 직원들은 (가)보다 더 높은 소속감을 갖게 된다.
ㄹ. 변혁적 유형에 대한 설명이다. (다)는 리더와 구성원의 경계가 희미한 것으로 보아 파트너십 유형에 해당하므로 옳지 않다.

14 리더십능력 | 리더십의 유형 파악하기

| 정답 | ③

| 해설 | 서번트 리더십은 다른 사람의 요구에 귀를 기울이며 다른 사람을 섬기는 리더십이다. 즉, 인간존중을 바탕으로 구성원들이 잠재력을 발휘할 수 있도록 앞에서 이끌어 주는 리더십이라 할 수 있으며, 서번트 리더십에서 리더의 역할은 방향제시자, 의견조율자, 일·삶을 지원해 주는 조력자 등이 있다.

| 오답풀이 |
① 독재적 리더십 : 정책 의사결정과 핵심정보를 혼자 소유하는 리더십이다.
② 셀프 리더십 : 자기 자신이 리더가 되어 스스로를 통제하고 행동하는 리더십이다.
④ 거래적 리더십 : 구성원들과 맺은 교환 관계에 기초해서 영향력을 발휘하는 리더십이다.

15 리더십능력 | 리더의 자질 이해하기

| 정답 | ④

| 해설 | 직원들 스스로 해결책을 모색할 수 있도록 코칭을 한 사안으로 보기는 어렵다.

| 오답풀이 |
① 승진과 관리자가 될 수 있는 기회를 제공한 것은 도전의 기회를 제공한 것으로 볼 수 있다.
② 어떠한 변화에도 적극 대처할 것임을 천명하고 건의제도 시행 등 창의적이고 다양한 방법을 제시하였다고 볼 수 있다.

③ 모든 책임이 자신에게 있다는 점을 인정하며 협상에 임한 모습은 책임을 회피하지 않는 리더의 모습이라고 볼 수 있다.
⑤ 공장장에 대한 믿음으로 인해 결국 공장장이 비용을 절감하고자 했던 선의의 노력이 있었음을 알 수 있었고 창립 멤버인 공장장 교체 요구 문제를 해결할 수 있었다.

16 갈등관리능력 갈등해결방법 이해하기

| 정답 | ④

| 해설 | 최 사장은 공장장 교체 요구를 철회시켜 자신에게 믿음을 보여 준 직원을 계속 유지시킬 수 있었고, 노조 측은 처우 개선과 임금 인상 요구를 관철시켰으므로 원원하였다고 볼 수 있다.
통합형은 협력형이라고도 하는데, 자신은 물론 상대방에 대한 관심이 모두 높은 경우로서 '나도 이기고 너도 이기는 방법(win-win)'을 말한다. 이 방법은 문제해결을 위하여 서로 간에 정보를 교환하면서 모두의 목표를 달성할 수 있는 원원 해법을 찾는다. 아울러 서로의 차이를 인정하고 배려하는 신뢰감과 공개적인 대화를 필요로 한다. 통합형이 가장 바람직한 갈등해결 유형이라 할 수 있다.

17 갈등관리능력 갈등의 증폭요인 파악하기

| 정답 | ②

| 해설 | 갈등을 증폭시키는 원인에는 승패의 경기를 하여 문제 해결보다는 승리하기에 집착하는 것, 공동의 목표를 달성할 필요성을 느끼지 않는 것, 각자의 입장만을 고수하고 자신의 입장에 감정적으로 묶이는 것 등이 있다.

18 갈등관리능력 갈등해결방법 이해하기

| 정답 | ②

| 해설 | 인간관계에서 입장의 차이로 갈등이 발생할 때, 감정 소모를 줄이고 공통점을 찾아서 차근차근 입장 차이를 좁혀 나가는 것이 가장 바람직하다. 이 경우 재무팀과 영업팀 사이에서 빠져 문제를 회피하는 것은 인간관계의 갈등을 해결하기 위한 근본적인 처방이라고 할 수 없다.

보충 플러스+
협상의 기본 원칙
- 첫인상이 협상을 좌우한다.
- 목표가 명확해야 좋은 결과를 얻을 수 있다.
- 협상의 장소는 자신에게 유리한 장소에서 해야 한다.
- 목표를 뒷받침할 수 있는 협상의 기반을 마련해야 한다.
- 경청을 통해 상대를 대화에 끌어들이고 정보를 얻어야 한다.
- 인지하기 용이한 단어, 절제된 표현 등을 사용한다.
- 협상 대상 또는 기업 등에 대해서 면밀하게 조사한다.
- 상대의 성격, 대화법 등의 협상 스타일을 파악해야 한다.

19 갈등관리능력 갈등해결방법 이해하기

| 정답 | ③

| 해설 | 통합형 갈등해결방법에 대한 설명으로 제시된 상황에서 ○○시와 XX시 그리고 중소기업 A가 서로의 목표를 달성할 수 있는 해법을 찾으려고 하고 있으므로 통합형 갈등해결방법을 사용한 것이라고 볼 수 있다.

| 오답풀이 |
① 회피형에 대한 설명이다.
② 수용형에 대한 설명이다.
④ 사례는 갈등상황에 대한 관심이 낮은 것이 아니라 높아서 갈등해결을 하는 데 적극적으로 나선 경우에 해당한다.

20 갈등관리능력 갈등의 진행 과정 알기

| 정답 | ④

| 해설 | 갈등은 의견 불일치 → 대결 국면 → 격화 국면 → 진정 국면 → 갈등의 해소 5단계를 거치면서 진행된다. 대결 국면에서의 핵심 사항은 상대방의 입장에 대한 무비판적인 부정이며, 격화 국면에서는 설득이 전혀 효과를 발휘할 수 없게 된다는 것이다. 진정 국면으로 접어들어 비로소 협상이라는 대화가 시작되며 험난한 단계를 거쳐 온 갈등은 이때부터 서서히 해결의 실마리가 찾아진다.

21 협상능력 | 협상진행 단계 이해하기

|정답| ⑤

|해설| 협상의 다섯 단계는 보통 협상 시작 → 상호 이해 → 실질 이해 → 해결 대안 → 합의 문서로 구분한다. '가'는 합의 문서, '나'는 해결 대안, '다'는 실질 이해, '라'는 상호 이해 단계로 구분할 수 있다.
따라서 라-다-나-가 순이 적절하다.

22 협상능력 | 협상전략 파악하기

|정답| ④

|해설| 김 대리는 자신의 입장이나 이익보다 상대방의 입장과 이익을 고려하여 상대방에게 돌아갈 결과에 더 큰 관심을 가지고 상대방의 주장에 순순히 따르고 있다. 따라서 김 대리가 선택한 협상전략은 유화전략이다.

23 협상능력 | 사회적 입증 전략 이해하기

|정답| ③

|해설| ③은 팀원들의 부정적인 피드백이라는 '사회적 입증'을 무기로 상대방을 설득하는 협상전략인 사회적 입증 전략에 해당한다.

24 고객서비스능력 | 고객의 내적 요인 파악하기

|정답| ④

|해설| 고객의 기대에 대한 내적 요인으로는 관여도, 개인적 욕구, 과거 서비스 경험 등이 있다.

보충 플러스+

고객 기대에 대한 영향 요인

요인	내용
고객의 내적 요인	관여도, 개인적인 욕구, 과거의 서비스 경험
고객의 외적 요인	구전에 의한 커뮤니케이션, 고객이 이용 가능한 경쟁적 대안, 상대방과의 상호 관계로 인한 사회적인 상황
고객의 상황적 요인	시간적 제약, 환경적 조건, 고객들의 정서적인 상태

25 협상능력 | 협상의 의미 파악하기

|정답| ②

|해설| 제시된 내용을 보면 협상을 일련의 '커뮤니케이션 과정'이라고 보고 있으며 '상대방의 설득이 순조롭게 진행될 때에 좋은 결과를 가져온다'고 설명하고 있으므로 '의사소통의 차원'에서 설명하고 있는 것임을 할 수 있다.

|오답풀이|

① 교섭의 차원 : 선호가 서로 다른 협상 당사자들이 합의에 도달하기 위해 공동으로 의사 결정을 하는 과정
③ 지식과 노력의 차원 : 얻고자 하는 것을 가진 사람의 호의를 쟁취하기 위한 지식과 노력
④ 절차결정의 차원 : 둘 이상의 이해 당사자들이 여러 대안들 가운데서 이해 당사자들 모두가 수용 가능한 대안을 찾기 위한 의사 결정 과정
⑤ 갈등 해결의 차원 : 갈등 관계에 있는 이해 당사자들이 대화를 통해서 갈등을 해결하고자 하는 상호 작용 과정

26 고객서비스능력 | 올바른 고객 응대 자세 알기

|정답| ①

|해설| 고객만족도를 향상시키는 것과 고부가가치 상품의 판매와는 연관이 없다.

27 고객서비스능력 | 고객만족도 측정에서의 오류 이해하기

|정답| ③

|해설| 고객만족을 측정함에 있어 흔히 오류를 범하는 형태로 다음과 같은 것들이 있다.

1. 고객이 원하는 것을 알고 있다고 생각함.
2. 적절한 측정 프로세스 없이 조사를 시작함.
3. 비전문가로부터 도움을 얻음.
4. 포괄적인 가치만을 질문함.
5. 중요도 척도를 오용함.
6. 모든 고객들이 동일한 수준의 서비스를 원하고 필요로 한다고 가정함(김 대리).

파트10 [직업윤리] 기출예상문제

문제 698쪽

01	④	02	②	03	④	04	②	05	⑤
06	③	07	④	08	③	09	②	10	⑤
11	③	12	⑤	13	②	14	④	15	②
16	④	17	②	18	③	19	④	20	④
21	⑤	22	③	23	②	24	③	25	④
26	①	27	④	28	②	29	⑤		

01 직업윤리 윤리적 의사결정의 원칙 파악하기

|정답| ④

|해설| 윤리적 의사결정의 원칙에는 일반적으로 네 가지 원칙이 있다.

보편성의 원칙	의사결정에 의해 영향을 받는 사람들이 모두 받아들일 수 있는 선택인가?
공개성의 원칙	의사결정의 기준이 공개되더라도 떳떳할 수 있는가?
공정성의 원칙	사람과 상황에 대한 처리가 공정하고 임의적이지 않았는가?
불가피성의 원칙	같은 상황에서 누가 결정을 하더라도 똑같은 선택을 할 수밖에 없었는가?

02 직업윤리 직업윤리와 개인윤리의 조화 이해하기

|정답| ②

|해설| 직업윤리가 기본적으로는 개인윤리를 바탕으로 성립되는 규범이기는 하지만 상황에 따라 양자는 서로 충돌하거나 배치되는 경우도 발생한다. 개인윤리가 보통 상황에서의 일반적 원리규범이라고 한다면 직업윤리는 좀 더 구체적 상황에서의 실천규범이라고 이해하여야 한다. 개인윤리를 기준으로 본 노 대리의 업무 처리와 직업윤리에 비추어 판단한 노 대리의 사생활은 이처럼 서로 모순되게 나타나기도 하며, 개인윤리와 배치되는 직업윤리라도 기업의 경쟁상황에서 기업이 필요로 하는 실천규범이 될 수 있다. 직무라는 특수한 상황에서는 개인의 덕목과 일반적인 상식 및 기준이 이를 규제할 수 없는 경우가 발생할 수 있음을 이해해야 한다.

03 직업윤리 우리나라의 직업관 파악하기

|정답| ④

|해설| 우리는 종래 직업 활동의 결과를 소위 '출세'라는 데 비중을 두는 경향이 있었다. 원래 '출세'는 '입신양명(立身揚名)'이라는 용어가 '입신출세'로 바뀌고 최근 들어 '입신'이 빠지면서 남은 용어이다. 원래의 입신양명은 인격과 능력을 쌓아 사회적으로 중요한 역할을 담당하며, 주위의 믿음과 존경을 받는 것을 의미하지만 '출세'라는 용어로 변질되면서 과정은 생략하고 주로 현재 외부로 드러난 유형적 형태만을 가지고 평가를 하는 것으로 왜곡되었다. 이와 같은 배경으로 '입신출세론'은 우리나라의 잘못된 직업관으로 자리잡게 되었다.

04 직업윤리 직업윤리의 중요성 알기

|정답| ②

|해설| 공무원들에게는 일반 국민들에게 기대되는 것보다 높은 수준의 사고와 도덕성이 요구된다. 일반 국민들과 비교하여 '축소(절제)된 사생활의 원칙'이 적용되며, 이러한 원칙을 규범화한 것이 바로 「공무원 행동강령」이다.

05 직업윤리 근면을 위한 태도 이해하기

|정답| ⑤

|해설| 아침 일찍, 퇴근 후 그리고 주말 아침의 공통점은 강제성이 없는 근면함이라는 것이다. 외부로부터 강요받지 않았음에도 불구하고 능동적이고 적극적인 태도를 보이는 것은 근면함을 지니기 위한 자세에 해당한다.

06 직업윤리 올바른 의사결정 태도 이해하기

| 정답 | ③

| 해설 | 바다라코 교수는 세 가지의 차원에서 올바른 의사결정을 위한 가이드라인을 제시한다.

개인적 차원	중간관리자 차원	최고경영진 차원
Who am I?	Who are we?	Who is the company?
1. 현재 상황에서 갈등을 일으키고 있는 나의 감정과 직관에 대해 명확하게 하라	1. 나의 윤리적 기준 외에도 다른 팀원들이 지니고 있는 윤리적 기준을 살펴라	1. 회사의 강점과 나의 지위를 안전하게 유지하기 위해 최선을 다하고 있는가를 질문하라
2. 갈등을 일으키는 가치들 중에서 나의 삶을 관통하는 근원적 가치가 무엇인지 생각하라	2. 나의 팀 내에는 어떠한 윤리적 견해가 우세하며 이 기준이 다른 팀원에게 어떠한 영향을 주는가를 생각하라	2. 기업의 사회적 역할과 주주, 종업원, 고객들과의 관계에서 자신의 윤리적 비전을 창조적으로 적용하라
3. 냉정함, 상상력, 과감성을 통해 옳은 것에 대한 타협안을 준비하라	3. 내가 가지고 있는 윤리적 가치를 실현하기 위한 과정이 적절히 관리되고 있는지를 반성하라	3. 냉정함과 창조적 전략을 사용해 자신의 윤리적 비전을 현실에서 실현시켜라

최고경영진이 가져야 할 올바른 의사결정 태도는 'Who is the company?'다. 따라서 회사가 가지고 있는 강점과 회사의 최고경영진인 나의 지위를 고려하는 것은 바람직한 의사결정 태도다.

| 오답풀이 |

① 나의 삶을 관통하는 근원적 가치를 파악하는 것은 개인적 차원의 태도에 해당된다.

② 나의 윤리적 기준과 다른 팀원들의 윤리적 기준을 함께 살펴보는 것은 중간관리자 차원의 태도에 해당된다.

④ 내가 갖고 있는 윤리적 가치의 실현을 관리하는 것은 중간관리자 차원의 태도에 해당된다.

07 직업윤리 부패방지 가이드라인 파악하기

| 정답 | ④

| 해설 | 외부 전문인력의 유입 규제를 낮춰 자격기준을 완화하는 것은 부패방지 시책에 반하는 내용으로 볼 수 있다. 부패방지를 위해서는 오히려 외부 전문인력의 자격기준을 상세히 규정하여 일정기준 이상의 전문지식과 경험이 풍부한 인력을 선정하고 위원자격의 적정성 및 신뢰성을 제고하여야 한다.

| 오답풀이 |

① 실비소요가 없는 교육출장에 여비(일비)를 지급하는 것은 규정상 가능하나 국민의 눈높이에 맞춰 관행을 개선한 부패방지 사례라고 볼 수 있다.

② 계약의 발주부터 대금지급까지 계약 관련 전 과정 공개로 투명성을 확보하고 협상에 의한 계약의 경우 평가결과까지 공개하여 부패개연성을 차단하는 조치로 볼 수 있다.

③ 이력 조회를 통해 자재의 설치·수리·폐기의 주체 및 시점 추적이 가능하여 납품비리 방지를 기할 수 있다.

⑤ 외주업체 선정은 별도의 선정위원회를 구성하여 수행하고 전담 외주업체를 선정하는 경우에도 한도기한을 명시하여 부패발생 위험을 차단하는 등의 노력을 통하여 반복적으로 발생하는 외주업체 로비와 관련한 부패를 근절할 필요가 있다.

08 직업윤리 직업윤리와 개인윤리의 충돌 파악하기

| 정답 | ③

| 해설 | 제시된 사례는 직업윤리와 개인윤리가 충돌하는 상황을 보여 준다. 이런 경우 개인윤리보다 직업윤리를 우선시하는 것이 바람직하기 때문에 남 대리는 현호에게 아쉬움을 전하며 다음 기회를 약속하고 공항으로 나가 손님을 맞이하여야 한다.

| 오답풀이 |

① 직업 정신에 의거하여 맡은 바 업무를 성실하게 수행하는 태도라고 볼 수 없다.

② 일요일이지만 업무상 긴급한 상황이기 때문에 개인윤리보다는 직업윤리가 우선되어야 할 것이다.

④ 본인이 해야 할 업무를 다른 동료에게 부탁하는 것은 책임감 있는 태도라고 볼 수 없으며, 맡은 역할에 대한 책임 완수가 필요하다.
⑤ 이미 베트남 지사로부터 연락을 받은 상황이고, 오늘 오후 항공편으로 외국인 근로자 연수단 일행 중 2명이 입국하기로 예정되어 있기 때문에 내일 이후에 입국해 줄 것을 베트남 지사에 재차 요청하는 것은 적절한 행동이라고 볼 수 없다.

09 근로윤리　정직의 사례 이해하기

| 정답 | ②

| 해설 | 정직은 신뢰를 형성하고 유지하는 데 필요한 가장 기본적이고 필수적인 규범이다. '남들도 다 하는 것이다' 하는 부정직한 관행을 따르지 않는 것이 정직이다.

10 근로윤리　근로윤리에 따라 행동하기

| 정답 | ⑤

| 해설 | 제시된 상황에서 가장 중요한 윤리적 덕목은 공정하고 공평한 기회를 제공하여 투명한 입찰이 진행되어야 한다는 점일 것이다. 따라서 친분이 있는 동창의 자질과 역량을 파악해 보는 것은 공적인 업무에 부정적 영향을 끼치는 행위라고 볼 수 없다.

| 오답풀이 |

①, ② 더 많은 업체의 참여를 유도하기 위해 이미 공고된 내용을 부당하게 수정하거나 무효화하는 것은 기업의 신뢰도를 실추시키는 일이 될 수 있다.
④ 친분이 있는 사람이 속한 업체가 신청을 했다 하더라도 공정하고 투명한 방법으로 최종 업체를 선정하면 기업윤리에 위배되지 않는다. 또한 선택지의 내용은 오히려 H사를 역차별하는 경우로 인식될 수 있다.

11 근로윤리　공적 업무에 맞게 행동하기

| 정답 | ③

| 해설 | 공적인 업무에서 가장 중요한 것은 정해진 원칙을 준수하는 일이다. 안타까운 사정을 이해한다고 말하며, 그렇다 해도 정해진 원칙과 규정을 위반할 수 없음을 정중히 언급하는 것이 가장 바람직한 응대법이다.

| 오답풀이 |

①, ②, ④ 특정한 사람에게 특혜가 돌아가는 처신은 적절하지 않은 행동이다.

12 근로윤리　채용비리 근절하기

| 정답 | ⑤

| 해설 | 직무관련자나 직무관련 공무원의 노동력을 사적으로 사용하는 행위를 차단하는 규정은 채용비리 근절을 위한 대책과 직접적인 연관성이 없다. 이는 공직자 행동강령 준수를 위한 사적노무요구금지에 해당하는 규정으로 보는 것이 타당하다.

13 근로윤리　갑질 유형 파악하기

| 정답 | ②

| 해설 | ㄱ. 공기업 임원이 평직원에게 자신의 지위를 이용하여 사적 이익을 요구하였다고 볼 수 있다.
ㄴ. 발주 기업이 시공업체의 세금계산서 발행 일자를 6개월 지연시켰으므로 기관 이기주의에 해당한다.
ㄷ. 직원 C의 부서장이 C를 업무에서 배제하고 타 직원에게 C가 담당하던 업무를 배정하였으므로 업무 불이익 유형에 해당된다.

| 오답풀이 |

ㄹ. 접수된 원서를 취소하도록 요구한 사례이다. 이는 기타 부당한 차별행위가 맞지만 민원에 대한 갑질로는 볼 수 없다.

14 근로윤리　청탁금지법 적용대상자 판단하기

| 정답 | ④

| 해설 | 방과 후 과정 담당자는 학교 · 학교법인과 용역(도급)계약 등을 체결한 법인 · 단체 및 개인으로서 건물관리

(경비, 환경미화, 시설관리, 당직 등) 또는 구내식당(매점, 카페 등) 운영체 종사자 등과 함께 비적용대상으로 분류된다.

| 오답풀이 |
①, ②, ③, ⑤ 모두 '직원'의 범주에 포함되어 청탁금지법 적용대상자이다.

15 근로윤리 내부고발제도 이해하기

| 정답 | ②

| 해설 | 내부고발제도는 조직 내부의 비리나 부정부패 등의 문제에 대해서 자신의 양심에 따라 고발하는 제도를 말한다. 미국의 공인부정행위조사관협회는 부정한 행위를 찾아내는 가장 효과적인 방법은 직원, 고객, 거래처 또는 익명 제보자로부터 제보를 받는 것이라고 발표했다. 이와 같이 내부고발은 비리와 부정부패 척결에 매우 중요한 수단이 된다.

16 근로윤리 고객의 불만 유추하기

| 정답 | ④

| 해설 | 단기 일자리를 제공하는 임시 고용형태는 육아와 일, 학업과 일을 병행하고 정규직을 찾지 못한 사람들이 주축이 되는 경우가 많으며 제대로 운용할 경우 적절한 직업으로 거듭날 수도 있는 방식이다. 따라서 이러한 고용형태를 없애라고 주장하는 고객의 불만은 무조건 수용하기엔 적절하지 않다고 볼 수 있다.

17 근로윤리 윤리경영 이해하기

| 정답 | ②

| 해설 | 제시된 교육자료에는 품질에 대한 클레임 은폐가 관련자 사법처리와 기업 판매 급감이라는 부정적 결과를 불러왔다고 적혀 있다. 따라서 부적절한 대응과 은폐는 기업에게 발생한 부정적 사태를 무마시켜 주는 방법이 아니며 도리어 사태를 확대하는 것에 불과하다는 점을 시사하고 있다는 것을 알 수 있다.

18 근로윤리 근면의 종류 구분하기

| 정답 | ③

| 해설 | 최 과장은 외부로부터 강요당한 근면, 백 씨는 스스로 자진해서 하는 근면의 모습을 보이고 있다. 따라서 두 사례는 '근면의 동기'로 구분할 수 있다. 최 과장과 같은 근면은 수동적, 소극적인 반면 백 씨와 같은 근면은 능동적, 적극적이다.

19 근로윤리 윤리 덕목의 의미 이해하기

| 정답 | ④

| 해설 | 근면, 정직, 성실 등은 개인윤리, 봉사, 책임, 준법, 예절 등은 공동체윤리에서 강조되는 윤리의 덕목들이라고 볼 수 있다. 제시된 (가) ~ (라)의 윤리 덕목들은 다음과 같다.
- 책임 : 모든 결과는 나의 선택으로 말미암아 일어난 것이라는 식의 태도
- 준법 : 민주 시민으로서 기본적으로 지켜야 할 의무이자 생활 자세
- 성실 : 일관된 마음과 정성
- 예절 : 일정한 생활문화권에서 오랜 생활습관을 통해 하나의 공통된 생활방법으로 정립되어 관습적으로 행해지는 사회계약적인 생활규범

20 근로윤리 근로윤리에 따라 행동하기

| 정답 | ④

| 해설 | 직업윤리에서 강조하는 덕목 중 하나는 '정직'이다. 사회시스템은 구성원 서로가 신뢰하는 가운데 운영이 가능한 것이며, 그 신뢰를 형성하고 유지하는 데 필요한 가장 기본적이고 필수적인 규범이 바로 정직인 것이다. 정직의

가치를 지키며 A 과장의 제안을 거절하는 행동이 바람직한 행위라고 볼 수 있다.

21 근로윤리 | 근로윤리에 따라 행동하기

| 정답 | ⑤

| 해설 | 직장 내 업무 수행 중 발생할 수 있는 상황이다. 이러한 경우, 자신의 본분과 공적인 업무의 효율적 진행을 동시에 고려하여야 하며 자신의 판단이 올바르다는 선입견을 배제하여야 한다. 따라서 인지한 상황을 가감 없이 상사에게 보고하여 경험 많은 상사의 의견에 따라야 할 것이다.

22 공동체윤리 | 직장 내 갈등 관리하기

| 정답 | ③

| 해설 | 세대 간의 인식 차이를 짚어 주는 대화 소재는 오히려 공감과 합의를 유도하는 데 방해가 되는 요인이다.

| 오답풀이 |
① 의견을 제시할 시간과 장소를 미리 고려하여 직원이 많은 장소나 바쁜 업무를 처리하는 시간 등은 피하는 것이 좋다.
②, ④ 상사에게 비판적 어조나 강한 어투로 말하면 긍정적인 반응을 얻기 어려우므로 "이렇게 하면 어떻습니까?" 등으로 제안하는 방식이 유용할 수 있다. 또한 "아, 그래서 그렇게 생각하셨군요.", "전 미처 그 생각은 못 했습니다." 등 긍정적인 말을 먼저 꺼내면 부드럽게 대화를 이어 갈 수 있다.
⑤ 최종 결정은 상사의 몫인 경우가 많으므로 팀장의 의견이 다소 불합리하게 여겨지더라도 결정된 사항에 대해서는 존중하는 태도가 필요하다.

23 공동체윤리 | 직장 내 예절 이해하기

| 정답 | ②

| 해설 | ㉠ 사람이나 기분에 따라 인사의 방법과 자세가 다르면 안 된다.

㉢ 처음 만나는 사람과의 악수라도 손끝만을 잡는 행위는 하지 않도록 한다. 악수할 때는 오른손을 사용하고 손을 너무 꽉 잡지 말아야 하며 윗사람에게 먼저 목례를 한 다음 악수하도록 한다.
㉥ 정부 고관에 있던 사람을 소개할 때 그 사람의 직급명은 퇴직한 경우에도 사용한다.

> **보충 플러스+**
> 명함을 주고받을 때 지켜야 할 예절
> • 명함은 하위 직급에 있는 사람이 먼저 꺼낼 것
> • 서로 명함을 교환할 때는 왼손으로 받고 오른손으로 건넬 것
> • 상대방에게 명함을 받으면 그 즉시 호주머니에 넣지 않을 것
> • 명함은 지갑에서 꺼내고 상대에게 받은 명함도 명함 지갑에 넣을 것

24 공동체윤리 | 직장 내 호칭 예절 이해하기

| 정답 | ③

| 해설 | 동급이거나 하급자라고 해서 처음부터 이름을 부르는 것은 호칭 예절에 어긋나는 행위다. 동급일 경우에는 '성 + 직급' 또는 '○○ 씨'로 부르는 것이 좋으며 하급자를 부를 때에도 직책이 있을 경우에는 '성+직책'으로, 직책이 없을 경우에는 '○○ 씨'와 같이 이름 뒤에 씨를 붙여서 부르는 것이 바람직하다.

25 공동체윤리 | 고객접점서비스 이해하기

| 정답 | ④

| 해설 | 고객접점서비스란 고객이 서비스 상품을 구매하기 위해서는 입구에 들어올 때부터 나갈 때까지 여러 서비스 요원과 몇 번의 짧은 순간을 경험하게 되는데 그때마다 서비스 요원은 모든 역량을 동원하여 고객을 만족시켜 주어야 한다는 것이다. 고객접점서비스가 중요한 것은 소위 곱셈법칙이 작용하여 고객이 여러 번의 결정적 순간에서 단 한 명에게 0점의 서비스를 받는다면 모든 서비스가 0이 되어 버린다는 사실 때문이다.

26 공동체윤리 | 직원 만족의 의미 이해하기

| 정답 | ①

| 해설 | CEO T 씨의 인사말을 통해 무엇보다 내부 직원의 업무에 대한 만족이 이루어져야 그를 통해 고객 만족 서비스가 발현될 수 있다는 의미를 추론할 수 있다. 직원을 내부의 고객이라고 생각하는 경영진의 자세를 통해 직원들의 능동적인 업무 처리를 이끌어 낼 수 있을 것이다.

27 공동체윤리 | 직장 내 성희롱 문제 대처하기

| 정답 | ④

| 해설 | 사규로 규정을 둔다고 해서 직장 내 성희롱 문제 대부분을 해결할 수 있는 것은 아니다. 직장 내 성희롱에 대한 확실한 사규를 구축해 놓는 것이 중요하지만 사원들을 대상으로 한 지속적인 성희롱 예방 교육과 인식 개선이 동시에 필요하다.

28 공동체윤리 | 직장 내 성희롱 문제 대처하기

| 정답 | ②

| 해설 | 직장 내 성희롱에 대한 처벌은 고용에 관한 법률이기 때문에 '남녀고용평등법'을 통해서만 처벌할 수 있다. 현 규정으로는 형사소송법으로 처벌할 수 없으나, 민사소송으로 손해배상 청구를 할 수 있다.

29 공동체윤리 | 직장 내 성희롱 문제 대처하기

| 정답 | ⑤

| 해설 | 규정에는 본인의 의사에 반하는 어떠한 인사상의 조치도 취하면 안 된다고 명시되어 있다. 따라서 피해 당사자라 하더라도 직무에서 배제할 수 없으며, 치료 지원 등을 통해 업무상 공백을 인정해 주어야 한다.

| 오답풀이 |
④ 성희롱 피해자에게 상여금을 추가로 지급하는 것은 직원 간 차별로 인식될 수 있다. 또한 금전으로 사내 문제를 무마하려는 의도로 보일 수 있으므로 적절한 처사가 아니다.

부록 실전모의고사

문제 716쪽

01	③	02	①	03	②	04	③	05	④
06	③	07	④	08	①	09	④	10	③
11	③	12	④	13	③	14	⑤	15	③
16	③	17	②	18	⑤	19	②	20	③
21	①	22	④	23	②	24	②	25	①
26	⑤	27	①	28	④	29	③	30	②
31	⑤	32	②	33	①	34	①	35	③
36	③	37	②	38	④	39	②	40	③
41	②	42	①	43	③	44	②	45	②
46	③	47	②	48	①	49	④	50	②
51	①	52	③	53	③	54	②	55	⑤
56	④	57	③	58	①	59	③	60	③

01 문서이해능력 | 보도자료의 종류 이해하기

| 정답 | ③

| 해설 | 공익적 효과가 있고 진정성이 필요한 일은 사회공헌 활동이다. 사회공헌 활동 관련 보도자료를 작성할 때 사진을 넣음으로써 생생하게 내용을 전달할 수 있고 활동 참가자의 인용구를 통해 자료가 거짓이 아님을 알릴 수 있다.

02 문서작성능력 | 맞춤법에 맞는 표현 찾기

| 정답 | ①

| 해설 | 한글 맞춤법 제51항에 따라 부사의 끝음절이 분명하게 '이'로 소리나는 것은 '-이'로 적고 '히'로만 나거나 '이'나 '히'로 나는 것은 '-히'로 적는데, 이를 자세하게 구분하면 다음과 같다.
 i) '이'로 적는 것
   겹쳐 쓰인 명사 뒤, 'ㅅ'받침 뒤, 'ㅂ'불규칙 용언의 어간 뒤, '-하다'가 붙지 않은 용언 어간 뒤, 부사 뒤가 이에 해당한다.

- '나날이'에서 '나날'은 겹쳐 쓰인 명사이므로 접미사 '-이'를 붙여 쓴다.
- '깨끗이'는 '-하다'가 붙는 어간이지만 말음이 'ㅅ'받침이므로 '-이'를 붙여 쓴다.
- '깊숙이'는 '-하다'가 붙을 수 있는 어근을 가지고 있지만 표준발음이 [깁쑤기]임으로 끝음절이 '이'로 소리난다 간주해 '-이'를 붙여 쓴다.
- '곰곰이'에서 '곰곰'은 부사이므로 접미사 '-이'를 붙여 쓴다.

ii) '히'로 적는 것

'-하다'가 붙는 어근 뒤(단, 'ㅅ'받침 제외), '-하다'가 붙는 어근에 '-히'가 결합하여 된 부사에서 온 말(익숙히→익히, 특별히→특히)이 이에 해당한다.
- '특별히'에서 '특별'은 '-하다'가 붙는 어근이므로 접미사 '-히'를 붙여 쓴다.

따라서 모두 바르게 표기된 것은 ①이다.

03 의사소통능력 원활한 의사소통 방법 이해하기

| 정답 | ②

| 해설 | (가) 상대와 대화하기에 편한 시간과 장소를 선택해 대화 중 공감과 지지를 표시할 것을 주장하는 내용이다. 소통하기 편안한 환경과 분위기가 조성된다면 상대의 마음이 열릴 것이라는 의미로 '분위기를 열어라'에 해당한다.

(나) 자신의 의견을 제대로 전달하기 위해 구체적인 설명을 반복해서 전달해야 하고 전달 여부를 확인하기 위해 질문이 필요하다고 주장하는 내용이므로 '말을 열어라'에 해당한다.

04 문서이해능력 세부 내용 이해하기

| 정답 | ③

| 해설 | 제시된 글에서는 S 대공원 이전에 도시공원 재조성 연구가 진행되었다는 내용을 찾을 수 없다. 또한 마지막 문단에서 현시점에는 도시공원 재조성 연구가 부족한 편이고 이번 연구의 결과물이 앞으로의 연구에 참고자료가 될 수 있다고 한 점을 통해 선행연구에 대한 정보가 없음을 알 수 있다.

| 오답풀이 |
① 첫 번째 문단을 통해 알 수 있다.
② 두 번째 문단과 세 번째 문단을 통해 알 수 있다.
④, ⑤ 마지막 문단을 통해 알 수 있다.

05 문서이해능력 세부 내용 이해하기

| 정답 | ④

| 해설 | 첫 번째 문단을 통해 막대한 예산을 투입할 수 없어 기존의 노후된 도시공원을 재조성한다는 것을 알 수 있다.

| 오답풀이 |
①, ⑤ 네 번째 문단을 통해 알 수 있다.
② 다섯 번째 문단을 통해 알 수 있다.
③ 세 번째 문단을 통해 알 수 있다.

06 문서이해능력 문서이해의 절차 파악하기

| 정답 | ③

| 해설 | 문서이해의 절차는 다음과 같다.

문서의 목적 이해 → 문서가 작성된 배경 및 주제 파악 → 문서에 쓰인 정보를 밝히고, 문서가 제시하는 현안 문제 파악 → 문서를 통해 상대방의 욕구와 의도 및 자신에게 요구되는 행동에 관한 분석 → 문서에서 이해한 목적을 달성하기 위해 취해야 할 행동을 생각하고 결정 → 상대방의 의도를 도표나 그림으로 메모하여 요약, 정리

따라서 (라)-(나)-(가)-(다)-(바)-(마) 순이 적절하다.

07 문서작성능력 문서의 종류 파악하기

| 정답 | ④

| 해설 | 제시된 글은 에어컨 사용 전 주의사항을 안내하고 있으므로 제품의 특징과 활용도에 대해 세부적으로 설명하는 제품설명서이다.

| 오답풀이 |

① 보고서 : 조사, 연구 등의 과정이나 검토 결과를 보고하는 문서이다.
② 기획서 : 적극적으로 아이디어를 내고 기획해 하나의 프로젝트를 문서 형태로 만들어 상대에게 기획 내용을 전달하고 기획을 시행하도록 설득하는 문서이다.
③ 기안서 : 사내 공문서로도 불리며 회사의 업무에 대한 협조를 구하거나 의견을 전달할 때 작성하는 문서이다.
⑤ 공문서 : 행정 기관에서 대내적·대외적 공무를 집행하기 위해 작성하는 문서로 엄격한 규격과 양식에 따라 정당한 권리를 가진 사람이 작성해야 한다.

08 문서작성능력 설명서 작성 방법 파악하기

| 정답 | ①

| 해설 | 설명서는 제품에 대한 이해를 돕는 문서이므로 소비자들이 이해하기 어려운 전문 용어보다 이해하기 쉬운 용어를 사용해야 한다.

| 오답풀이 |
② 보고서 작성 방법이다.
③ 기획서 작성 방법이다.
④ 이메일 작성 방법이다.
⑤ 공문서 작성 방법이다.

09 기초연산능력 단위 환산하기

| 정답 | ④

| 해설 | $1km^2$는 $1,000 \times 1,000 = 1,000,000(m^2)$이다.

| 오답풀이 |
① 1일은 24(시간)×60(분/시간)×60(초/분)=86,400(초)이다.
⑤ 1GB는 1(GB)×1,024(MB/GB)×1,024(KB/MB)=1,048,576(KB)이다.

10 기초연산능력 분수식 계산하기

| 정답 | ③

| 해설 | 0.75를 분수로 고치면 $\frac{3}{4}$이므로 분모와 분자에서 뺀 수를 x라고 하면 $\frac{49-x}{61-x} = \frac{3}{4}$이 성립한다. 이를 계산하면 다음과 같다.
$4(49-x) = 3(61-x)$
$\therefore x = 13$
따라서 공통으로 뺀 수는 13이다.

11 도표작성능력 도표 작성 시 유의점 파악하기

| 정답 | ③

| 해설 | 막대 그래프 작성 시 막대의 폭은 모두 같게 해야 한다.

12 도표분석능력 소요 기간 파악하기

| 정답 | ④

| 해설 | 직무기술서는 초안 작성부터 최종안 도출까지의 과정을 거쳐 이루어진다. 직무기술서 초안 작성은 5주차에 시작되고 최종안 도출은 10주차에 완료되므로 총 6주가 소요된다.

13 도표분석능력 자료 해석하기

| 정답 | ③

| 해설 | 한 주 동안만 진행되는 과업은 '대상 기관별 용역 안내'로 총 1개이다.

| 오답풀이 |
① 9주에 총 5개의 과업이 동시에 진행된다.
② 프로젝트 10주 동안 과업들은 끊이지 않고 연속적으로 진행된다.

④ 직무기술서 최종안 도출과 시행보고서 작성 진행 일정은 9, 10주에 동시에 진행된다.
⑤ 직무기술서 최종안 도출 과업은 초안이 작성되고 있는 6주부터 시작된다.

14 도표분석능력 | 자료의 수치 계산하기

|정답| ⑤

|해설| 각 연도별 상임위당 평균 심사처리 안건 수는 각 연도별 심사처리 안건 수를 상임위 수로 나누어 구하며, 상임위당 일일 평균 심사처리 안건 수는 각 연도별 상임위당 평균 심사처리 안건 수를 365로 나눈 값과 같다. 따라서 상임위당 일일 평균 심사처리 안건 수가 가장 많은 연도는 상임위당 평균 심사처리 안건 수가 가장 많은 연도와 같으므로, 상임위당 평균 심사처리 안건 수가 가장 적은 연도와 가장 많은 연도를 구한다. 각 연도별 상임위당 평균 심사처리 안건 수를 구하면 다음과 같다.

(단위 : 건)

20X1년	20X2년	20X3년	20X4년	20X5년	20X6년
35.8	38.8	42.9	43.2	52.3	31.7

따라서 상임위당 평균 심사처리 안건 수가 가장 적은 연도는 20X6년, 가장 많은 연도는 20X5년이다.

15 기초연산능력 | 소금물의 농도 구하기

|정답| ③

|해설| 두 비커에 들어 있던 소금물의 농도를 $x(\%)$라고 할 때, 갑이 기존 소금물의 $\frac{3}{4}$을 버리고 버린 양만큼 순수한 물을 채워 넣은 후의 소금물의 농도는 $\frac{1}{4}x(\%)$가 된다. 따라서 이를 다섯 번 반복한 후의 소금물의 농도는 $\frac{1}{4^5}x$이다. 또한 을이 기존 소금물의 $\frac{1}{2}$을 n회 버리고 버린 양만큼 순수한 물을 채운 후의 소금물의 농도는 $\frac{1}{2^n}x(\%)$가 된다. $\frac{1}{4^5}x = \frac{1}{2^n}x$이므로 $4^5 = 2^n$가 성립하며, $4^5 = (2^2)^5 = 2^{10}$이므로 n의 값은 10이다.

16 문제처리능력 | 퍼실리테이션 이해하기

|정답| ③

|해설| 퍼실리테이션에 적합한 성격은 따로 없다. 누구라도 수련을 해야 하며, 수련을 한다면 어떤 성격의 사람도 퍼실리테이션에 적합할 수 있다.

17 사고력 | 강제연상법 이해하기

|정답| ③

|해설| 강제연상법은 각종 힌트에 강제적으로 연결을 지음으로써 발상을 해내는 것으로, 체크리스트가 그 대표적인 예이다.

|오답풀이|
①, ④ 자유연상법에 해당한다.
②, ⑤ 비교발상법에 해당한다.

18 사고력 | 명제 추론하기

|정답| ⑤

|해설| 제시된 명제를 'A : 포유류이다, B : 다리가 네 개이다, C : 새끼를 낳는다, D : 목이 길고 털이 있다, E : 뿔이 있다'로 정리하면 명제와 그 대우는 다음과 같다.
• A → B and C(~B or ~C → ~A)
• 기린 → D(~D → ~기린)
• 염소 → E and A(~E or ~A → ~염소)

세 번째 명제와 첫 번째 명제의 삼단논법에 의해 '염소 → A → C'가 성립한다. 따라서 '염소는 새끼를 낳는다'는 반드시 참이다.

19 문제처리능력 | 문제해결절차 이해하기

|정답| ②

|해설| 빈칸에 들어갈 단계는 '원인 분석' 단계로 핵심 문제에 대한 분석을 통해 근본 원인을 규명하는 단계이다. 이슈 분석, 데이터 분석, 원인 파악의 절차로 진행된다.

| 오답풀이 |
① '문제 도출' 단계에 대한 설명이다. 문제를 분석하여 해결점을 명확히 하는 단계로 문제구조 파악, 핵심문제 선정의 절차를 거친다.
③ '해결안 개발' 단계에 대한 설명이다. 근본 원인을 해결할 수 있는 최적의 해결 방안을 수립하는 단계로 해결안 도출, 해결안 평가 및 최적안 선정의 절차로 진행된다.
④, ⑤ '문제 인식' 단계에 대한 설명이다. 문제를 파악해 우선순위를 정하고 목표를 명확히 하는 단계로 환경 분석, 주요과제 도출, 과제 선정의 절차를 통해 수행된다.

20 사고력 논리적 오류 이해하기

| 정답 | ③

| 해설 | 다수 원인의 오류는 복합적인 요인 중 한 가지만 가지고 어떤 결론을 내리는 인과 관계 파악의 오류이다. 김민수 군이 S대에 합격한 데에는 여러 요인이 존재하는데, 그 요인을 학원에서만 찾고 있으므로 다수 원인의 오류를 범하고 있다.

| 오답풀이 |
① 부적합한 권위에의 호소 : 논지와 직접적인 관련이 없는 권위자의 견해를 근거로 주장을 신뢰하게 하는 오류이다.
② 무지의 오류 : 어떤 주장이 거짓이라는 것을 밝힐 수 없음을 근거로 참임을 주장하는 오류이다.
④ 사적관계에의 호소 : 정 때문에 논지를 받아들이게 하는 오류이다.
⑤ 공포에 호소하는 오류 : 공포나 위협 등을 동원하여 자신의 주장을 받아들이게 하는 오류이다.

21 사고력 SCAMPER 기법 이해하기

| 정답 | ①

| 해설 | Q사는 항공 기술을 적용한 차들을 시장에 내놓고 있다. 따라서 결합하기(Combine)에 해당한다.

22 문제해결능력 3C분석 이해하기

| 정답 | ④

| 해설 | □□기업 공항버스와 자사의 차이를 분석하여 경쟁사의 장점과 그에 비교한 자사의 한계점을 파악하는 것은 경쟁사 분석방법이다.

| 오답풀이 |
① 3C분석 중 자사 분석방법을 수행한 것이다.
② 3C분석 중 경쟁사 분석방법을 수행한 것이다.
③ 3C분석 중 고객 분석방법을 수행한 것이다.
⑤ SWOT 분석에 해당하는 내용이다.

23 자원관리능력 자원관리의 과정 이해하기

| 정답 | ②

| 해설 | 효과적인 자원관리의 과정은 어떤 자원이 얼마나 필요한지 그 자원의 종류와 양 확인하기 → 이용 가능한 자원 수집(확보)하기 → 자원 활용 계획 세우기 → 계획에 따라 수행하기의 4단계 자원관리 과정을 거친다.

24 예산관리능력 예산관리 이해하기

| 정답 | ③

| 해설 | 예산을 효율적으로 사용하는 것의 의미는 비용을 무조건적으로 절약하는 것을 의미하는 것이 아닌, 한정된 예산을 적재적소에 필요한 만큼 배분하여 구성하는 것을 의미한다. 예산관리에 있어서 비용 절약만을 지나치게 강조할 경우 책정비용의 감소에 의한 경쟁력 상실 등의 문제가 발생할 수 있다.

25 인적자원관리능력 인적자원의 특징 이해하기

| 정답 | ①

| 해설 | 업무 성과가 인적자원의 욕구, 동기, 태도, 행동, 만족감 등에 따라 결정되는 것이 인적자원이 능동적이고 반응적인 성격을 지니기 때문이다.

| 오답풀이 |
⑤ 조직의 성과는 인적자원과 물적자원 등을 효율적, 능률적으로 활용하는 데 달려 있으며 이러한 자원을 활용하는 것은 인적자원이기 때문에 어느 자원보다도 전략의 중요성이 강조된다.

26 인적자원관리능력 인사평가의 방법 이해하기

| 정답 | ⑤

| 해설 | 제시된 내용은 체크리스트를 통한 인사평가방법이다. 인사평가에서의 체크리스트법은 인사평가의 기준이 되는 표준행동을 설정하고 이를 각각 충족하는지 여부를 평가하는 방식으로, 평가자는 피평가자가 평가항목의 행동을 하였는지의 객관적 사실만을 판단하면 되므로 평가 과정에서 평가자의 판단개입을 최소화할 수 있어 현혹효과 등의 인사평가 오류를 방지할 수 있다는 이점을 가진다.

| 오답풀이 |
① 체크리스트법은 피평가자의 행동이 각각의 평가항목에 해당하는지 여부를 확인하는 방식이다.
③ 인사평가의 타당성이란 평가도구가 직무성과와 관련된 내용을 측정하는지의 정도를 의미한다. 체크리스트법에서는 직무성과에 관한 항목의 행동사례를 평가기준으로 설정하여 인사평가의 타당성을 확보할 수 있다.
④ 체크리스트법은 각각의 항목을 개발하고 검토하기 위한 과정과 그에 수반하는 비용이 발생한다는 단점이 있다.

27 물적자원관리능력 물품 보관의 원칙 파악하기

| 정답 | ①

| 해설 | 박 부장이 조언해준 내용은 효과적인 물적자원관리 과정 중 '사용품과 보관품의 구분'과 관련된 것이다. 이는 해당 물품을 앞으로 계속 사용할 것인지, 그렇지 않은지를 구분하는 것으로서, 이 과정을 거치지 않고 계속 사용할 물품을 창고나 박스에 보관한다면 다시 꺼내야하는 경우가 발생하게 되면서 물품 보관 상태가 나빠질 수 있다.
반면 ①은 물적자원관리 과정 중 '동일 및 유사 물품의 분류'와 관련된 것이다. 이는 같은 품종을 같은 장소에 보관하는 것이며 유사품은 인접한 장소에 보관하는 것이다. 이러한 원칙에 따라 물품을 보관하면 특정 물품의 정확한 위치를 모르더라도 대략의 위치를 알고 있음으로써 물품 찾는 시간을 단축할 수 있다는 장점이 있다.

28 시간관리능력 SMART 법칙 활용하기

| 정답 | ④

| 해설 | SMART 법칙은 목표를 설정한 후 그 목표를 성공적으로 달성하기 위한 필수 요건을 5가지로 제시한 시간계획모델이다.
T(Time Limited) 단계에서는 시간적 제약을 두는 단계로 목표를 설정해 언제까지 달성할 것인지 제한 시간을 정하는 단계이다. 목표를 달성했을 때 얻는 이득은 시간관리와 관련이 없다.

보충 플러스+

SMART 법칙의 단계

구분	내용
S(Specific) 구체적으로	목표를 구체적으로 설정한다. ex) 나는 토익 점수를 700점을 넘길 것이다.
M(Measurable) 측정 가능하도록	수치화, 객관화시켜서 측정이 가능한 척도를 세운다. ex) 나는 2시간 안에 10페이지 분량의 보고서를 작성한다.
A(Action-oriented) 행동 지향적으로	사고 및 생각에 그치는 것이 아닌 행동을 중심으로 목표를 세운다.
R(Realistic) 현실성 있게	실현 가능한 목표를 세운다.
T(Time Limited) 시간적 제약이 있게	목표를 설정함에 있어서 제한 시간을 둔다. ex) 오늘 안에, 이번 주까지, 이번 달까지 등

29 인적자원관리능력 인맥관리의 중요성 이해하기

| 정답 | ③

| 해설 | 제시된 사례는 N사의 코스닥 상장 과정에서 N사의 회장이 개인의 인맥을 통해 도움을 받아 문제를 해결한

내용이다. 이처럼 개인적인 차원의 인적자원관리인 인맥관리를 통해 형성한 관계는 유사시 필요한 도움을 받을 수 있게 하는 데 결정적인 역할을 수행할 수 있다.

30 경영이해능력 조직의 조정 이해하기

| 정답 | ②

| 해설 | 순차적 상호 의존성이란 하나의 과업을 수행하기 위해 여러 부서의 활동이 하나씩 순서대로 요구되는 경우를 말한다.

31 체제이해능력 조직구조의 유형 이해하기

| 정답 | ⑤

| 해설 | 매트릭스 조직은 대규모 조직보다 자원이 풍부하지 않은 소규모 조직에서 구성원을 효율적으로 사용하기 위한 조직구조이다. 제품혁신과 기술적 전문성 확보를 목표로 한다. 많은 종류의 제품을 생산하는 대규모 조직에서는 사업별 조직의 형태가 효율적이다.

32 조직이해능력 조직의 특징 구분하기

| 정답 | ②

| 해설 | ㉠은 공식조직이며 ㉡은 비공식조직이다. 공식조직은 조직의 구조, 기능, 규정 등이 조직화되어 있는 조직으로 단일한 목표를 가지고 인위적으로 발생한 조직이다. 공식조직의 임무는 보통 공식화된 목표 달성을 위하여 명확하다.

33 업무이해능력 업무에 따라 부서 파악하기

| 정답 | ①

| 해설 | (가)는 총무부, (나)는 인사부, (다)는 기획부, (라)는 회계부가 하는 업무에 대한 내용이다. 영업부는 (가)~(라) 어느 곳에도 속하지 않는다.

34 경영이해능력 사업단위의 경영전략 유형 이해하기

| 정답 | ①

| 해설 | 원가우위 전략은 원가절감을 통해 해당 산업에서 우위를 점하는 전략으로 원가절감을 위해 새로운 생산기술을 개발할 필요가 있기 때문에 신기술 개발을 지향한다.

| 오답풀이 |

③ 저가 항공사들은 국내외 단거리 지역으로 비즈니스 출장이나 여행을 가는 사람들을 대상으로 원가우위 전략을 내세워 새로운 시장 수요를 만들어 내는 집중화 전략을 사용하였다.

35 경영이해능력 경영전략 유형 파악하기

| 정답 | ⑤

| 해설 | ㉠ L 전자는 1인 가구라는 특정 고객을 대상으로 새로운 시장 수요를 만들어내는 집중화 전략을 사용하였다.

㉡ N사는 자사 의류의 고급화를 통해 브랜드 이미지를 개선하고 고객에게 자사 제품이 가치가 있고 독특하게 인식되도록 하는 차별화 전략을 이용하였다.

36 체제이해능력 조직도 이해하기

| 정답 | ③

| 해설 | (다) G사는 기획, 관리, 사업, 감사의 4본부, 경영지원, 행정지원, 환경사업, 감사의 4실, 인사총무, 안전총무, 회계계약, 경영정보, 운영관리, 시설운영, 청렴감찰, 경영감사의 8팀, 환경, 에너지, 바이오, 환경지원의 4사업소 그리고 사업기획의 1단으로 구성된 조직이다.

(라) 경영지원실은 기획본부 산하 조직으로 기획본부는 독립된 본부로서 그 업무가 G사 전체를 대상으로 한다.

| 오답풀이 |

(가) 제시된 자료만으로 조직의 규모를 파악할 수 없다.

(나) 환경사업실은 감사본부가 아닌 사업본부 산하이다.

37 정보처리능력 개인정보 유출 예방법 이해하기

| 정답 | ②

| 해설 | 개인정보 등의 중요한 정보는 공유폴더보다는 암호화 기능을 제공하는 USB나 외장하드 등의 보조저장매체를 통해 보관하는 것이 안전하며, 공유폴더에는 개인정보 파일이 포함되지 않도록 해야 한다. 만일 불가피하게 공유폴더에 개인정보를 보관해야 하는 경우에는 접근권한을 설정하는 등의 안전조치를 하여 정보가 공개되거나 유출되지 않도록 하여야 한다.

38 정보처리능력 정보 관련 용어 이해하기

| 정답 | ④

| 해설 | 키오스크(Kiosk)는 업무의 무인·자동화를 통해 공공장소에 대중들이 이용할 수 있도록 설치한 단말기를 의미한다.

| 오답풀이 |

③ POS(Point of Sale) : 제품이 판매되는 장소에서의 기기를 통해 판매 데이터를 실시간으로 관리하고 고객정보를 수집하는 시스템을 의미한다.

⑤ OTT(Over the Top) 서비스 : 인터넷을 통해 방송 프로그램, 영화 등의 각종 미디어 콘텐츠를 제공하는 서비스 산업을 의미한다.

39 정보능력 6T 산업 이해하기

| 정답 | ②

| 해설 | 〈보기〉의 내용은 6T 산업 중 생명공학(BT ; Bio Technology)에 대한 설명이다. BT 기술은 생체나 생체유기물, 생물학적 시스템 등을 활용한 기술 및 이를 활용한 제품개발사업 등을 의미한다.

보충 플러스+

6T 산업
- 정보기술(IT ; Information Technology) : 부가가치를 창출하는 지식과 정보
- 생명공학(BT ; Bio Technology) : 생명체 및 생체유기물, 생물학적 시스템 중심의 생명공학 발전
- 나노공학(NT ; Nano Technology) : 나노소자, 나노 바이오 등 반도체 기술을 기반으로 하는 나노기술 관련 사업
- 환경공학(ET ; Environment Techology) : 환경오염을 측정하고 이를 방지하는 기술산업
- 문화산업(CT ; Cultural Technology) : 출판, 영상, 음반, 게임 등의 디지털 문화에 관한 상품과 서비스산업
- 우주항공기술(ST ; Space Technology) : 항공기, 인공위성, 우주선 및 발사체에 관한 사업

40 컴퓨터활용능력 인터넷 서비스 이해하기

| 정답 | ③

| 해설 | 다크웹(Dark Web)은 공공 인터넷에서 특정한 소프트웨어를 사용하여 접속해야 하는 오버레이 네트워크(Overlay Network)인 다크넷(Dark Net)의 웹 콘텐츠로 주로 범죄 관련 웹사이트나 반정부 단체의 네트워크들로 구성되어 있다고 알려져 있다. 한편 사용자들이 정보를 보관하기 위해 인터넷을 통해 제공하는 서버를 활용하여 데이터 센터를 구축하는 기술은 클라우드(Cloud)라고 한다.

41 정보처리능력 네티켓 이해하기

| 정답 | ②

| 해설 | ㉠ 온라인 대화(채팅)에서의 네티켓에 대한 내용이다. 온라인 대화에서는 여러 대화방에서 다양한 사람들과 실시간으로 대화가 진행된다는 점에서 그에 맞는 네티켓에 각별히 신경을 써야 한다.

㉡ 인터넷 게시판에서의 네티켓에 대한 내용이다. 인터넷 게시판의 게시물은 회원이나 불특정 다수의 사용자들에게 공개되는 글인 만큼, 많은 사람들이 게시물을 활용하는 곳임을 명심하고 그에 맞는 네티켓을 지켜야 한다.

42 기술능력 기술능력의 하위개념 이해하기

| 정답 | ③

| 해설 | (가)는 문제해결을 위한 도구와 기술을 선택하는

능력, 즉 기술선택능력에 관한 설명이며, (나)는 업무의 목적에 맞게 도구와 기술을 적용하는 능력, 즉 기술적용능력에 관한 설명이다.

43 기술능력 | 산업재해의 심리적 원인 이해하기

| 정답 | ③

| 해설 | 산업현장에서의 안전행동에 영향을 주는 개인의 심리적 특성을 성격, 동기, 인지, 정서, 건강의 다섯 가지로 분류할 수 있다. 이 중 환경을 자신이 통제할 수 있다고 믿는 사람이 안전행동을 더 많이 한다는 것은 개인의 심리적 특성인 인지와 관련이 있다.

보충 플러스+

안전행동에 영향을 주는 개인의 심리적 특성

성격	성실성이 높을수록 안전과 관련된 교육이나 규칙 준수에 대한 일련의 행동들을 충실히 수행하며, 우호성이 높아 타인과 조화로운 관계를 유지하는 사람은 안전행동을 준수하고 습관화하는 경향이 있다.
동기	능력개발과 성공추구의 목표가 높은 사람일수록 안전행동을 추구한다.
인지	외부에서 발생한 사건에 대해 우연, 행운, 운명 등 외적인 요인에 비중을 더 많이 두고 이를 자신이 통제할 수 없는 사람이 사고를 더 많이 경험하며, 반대로 이를 자신이 통제할 수 있다고 믿는 사람일수록 안전행동을 더 많이 한다.
정서	부정적인 정서는 과업에 대한 주의집중을 방해하며, 긍정적인 정서를 가진 사람보다 사고를 더 많이 경험하도록 한다.
건강	신체적 피로도가 높은 사람은 신체적 기능저하는 물론 인지적 기능저하로 인해 불안전한 상황에 노출될 가능성이 높고, 불안전한 상황에 대한 대처능력이 저하된다. 또한 심리적 피로도가 높을수록 냉담과 무관심을 유발하며 안전에 대한 무감각한 상태를 초래할 수 있다.

44 기술능력 | 기술의 특징 이해하기

| 정답 | ②

| 해설 | ㉠ 기술을 설계하고, 생산하고, 사용하기 위해 필요한 정보 기술, 절차를 갖는데 필요한 개념은 노하우(Know-how)이다. 노와이(Know-why)는 기술이 어떻게 성립하고 적용하는지에 대한 원리적 측면에 관한 개념이다.

㉣ 협의의 개념에서의 기술은 기술 관련 종사자에게 필요한 것을 의미하며, 광의적 개념에서의 기술은 기술 관련 종사자의 범위를 넘어 모든 직업체계에서 필요로 하는 기술적 요소로 이루어진 것을 의미한다.

| 오답풀이 |

㉡, ㉢ 기술은 인간에 의해 만들어진 비자연적인 대상이자 인간의 능력을 확장시키기 위해 만들어진 하드웨어를 생산하고 이를 활용하는 것을 의미한다.

45 기술이해능력 | 기술시스템의 발전단계 이해하기

| 정답 | ②

| 해설 | 자본 투자, 인력 투자, 연구 노력에 의해 생산된 인간의 지적창작물로서 이용할 수 있는 새로운 기술을 만드는 것은 발명에 대한 개념이며, 혁신은 새롭게 만들어진 기술을 현실에 구현하는 과정을 의미한다.

46 기술적용능력 | 정보통신 기술 이해하기

| 정답 | ③

| 해설 | 정보통신 기술(ICT)은 정보의 저장·전송·조작과 이에 필요한 소프트웨어 등의 시스템과 관련된 기술을 의미한다. 데이터를 분석하는 빅데이터 전문가와 사이버 공간에서 범죄정보를 수집하는 증거 분석관은 정보통신 기술의 발달에 따른 새로운 유형의 직업으로 볼 수 있다. 소프트웨어 자산 관리사 역시 정보통신 기술의 발달로 소프트웨어가 자산적 가치를 가지면서 이를 관리하기 위한 직업 역시 등장하는 것으로 해석할 수 있다.

47 대인관계능력 | 대인관계 향상방법 이해하기

| 정답 | ②

| 해설 | 대인관계를 향상시키는 방법에는 약속 이행 및 언행일치, 상대방에 대한 이해와 배려, 칭찬하고 감사하는 마음, 진정성 있는 태도가 있다. 이 중에서 진정성 있는 태도를

보여줄 수 있는 방법 중 한 가지로 '진지한 사과'가 있는데 사람들은 실수는 용서하지만 나쁜 동기를 갖거나 의도적인 실수 또는 실수를 덮으려는 정당화 등은 쉽게 용서하지 않기 때문에 실수를 넘어가는 것이 신뢰를 유지할 수 있는 방법이라는 발언은 옳지 않다.

48 협상능력 | 협상 단계 파악하기

|정답| ①

|해설| 협상의 5단계는 다음과 같다.
1) 협상 시작 : 상호 친근감을 쌓고 간접적인 방법으로 협상 의사를 전달하며 상대방의 협상의지를 확인하고 협상 진행을 위한 체제를 구성한다.
2) 상호 이해 : 갈등의 진행 상황을 점검하고 적극적으로 경청하고 주장을 제시함으로써 협상 안건을 결정한다.
3) 실질 이해 : 주장과 실제로 원하는 것을 구분하여 실제로 원하는 것을 확인하며 분할과 통합 기법을 활용하여 이해관계를 분석한다.
4) 해결 대안 : 대안을 평가하고 최선의 대안에 대해서 합의하여 선택 후 실행계획을 수립한다.
5) 합의 문서 : 합의문을 작성하고 합의 내용, 용어 등을 재점검한 후 서명한다.

최 팀장은 상대방이 협상을 하기로 결정한 것은 맞으나 속마음은 다른 데 있을 거라고 예측했으므로 휴식 후에는 실질 이해 단계로 접어들 것임을 알 수 있다.

49 고객서비스능력 | 불만고객 처리 단계 이해하기

|정답| ④

|해설| 고객 불만 처리 프로세스는 다음과 같다.
1) 경청 : 고객의 불만을 경청하고 선입관을 버리고 문제를 파악한다.
2) 감사와 공감 표시 : 시간을 내서 해결의 기회를 준 것에 감사하고, 불만 내용에 공감을 표시한다.
3) 사과 : 문제점에 대해 인정하고 잘못된 부분에 대해 사과한다.
4) 해결 약속 : 불만을 느낀 상황에 대해 관심과 공감을 보이고, 문제의 빠른 해결을 약속한다.
5) 정보 파악 : 해결방법을 찾기 위해 필요한 질문만 하고, 해결방법을 찾기 어려운 경우 고객에게 원하는 해결방법을 묻는다.
6) 신속한 처리 : 잘못된 부분을 신속하게 시정한다.
7) 처리 확인과 사과 : 불만 처리 후 고객에게 처리 결과에 만족하는지 묻는다.
8) 피드백 : 고객 불만 사례를 회사 및 전 직원에 알려 동일한 문제가 발생하지 않게 한다.

따라서 (가)에 들어갈 단계로는 감사와 공감 표시, (나)에 들어갈 단계로는 정보 파악이 적절하다.

50 갈등관리능력 | 갈등 발생 원인 파악하기

|정답| ②

|해설| (가)와 (라)는 사람의 특성과 같은 외부 요인이 갈등의 원인이며 서로 체질이 다른 사람들 간에 생기는 다름의 충돌이고, (나)는 업무의 목표 차이로 인한 외부적이고 업무적인 충돌인 구조의 충돌이다. (다)는 같은 사람, 같은 행동에 대해서 다른 해석을 하는 해석의 충돌이다. 따라서 (가)와 (라)의 갈등 발생 원인이 동일하다.

〈대표적 갈등 발생 원인〉

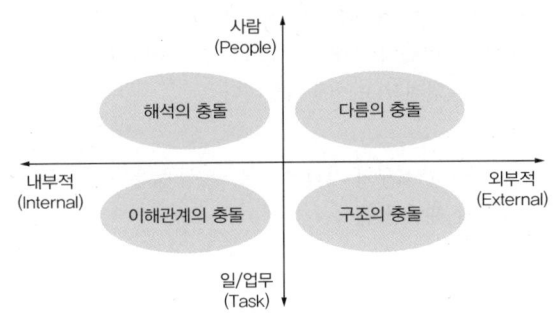

51 고객서비스능력 | 고객불만 유형 및 대응방안 파악하기

|정답| ①

|해설| 대화에 등장하는 고객은 자신을 과시하며 제품을 폄하하는 거만형 고객과 제품의 품질에 대해 의심이 많은

의심형 고객의 모습을 동시에 보이고 있다. 명확한 화법으로 시원스럽게 처리하는 모습은 빨리빨리형 고객에 맞는 대응방식이다.

| 오답풀이 |

②, ④ 거만형 고객은 정중하게 대하는 것이 좋다. 과시욕이 충족될 수 있도록 그들의 언행을 제지하지 않고 인정해 주어야 한다.

③, ⑤ 의심형 고객은 분명한 증거나 근거를 보여 주어야 하고 때로는 책임자로 하여금 응대하게 한다.

52 경력개발능력 | 경력개발 단계 이해하기

| 정답 | ④

| 해설 | 경력개발이라고 하면 직장(업무) 외 장소에서 새벽시간이나 저녁시간에 하는 것을 떠올리는 경우가 많으나, 기업 내부에는 외부에서 얻는 것보다 더 풍부한 자원(인적자원, 물적자원, 시장전략, 기술력 등)이 많이 있다.

53 자기개발능력 | 자기개발의 방해요인 이해하기

| 정답 | ③

| 해설 | 자기개발 방해요인의 내재적 요인에는 게으름, 소극적 태도, 방법의 부재 등이 있다. 시·공간적 한계는 환경에 따른 외재적 요인에 해당한다.

| 오답풀이 |

①, ②, ④, ⑤ 욕구와 지식의 부족, 습성 등은 모두 내재적 요인에 해당한다.

54 자아인식능력 | 검사도구 이해하기

| 정답 | ②

| 해설 | 덴버발달검사는 영아기를 대상으로 발달 지연 또는 발달 문제의 가능성이 있는 유아들을 선별하기 위한 검사이다.

| 오답풀이 |

① MBTI검사 : 마이어스(Myers)와 브릭스(Briggs)가 스위스의 정신분석학자인 카를 융(Carl Jung)의 심리 유형론을 토대로 고안한 자기 보고식 성격 유형 검사 도구로, 4가지 분류 기준에 따라 16가지 심리 유형으로 구분한다.

③ 다면적인성검사(MMPI) : 성격, 정서, 적응수준 등을 다차원적으로 평가하는 검사로 총 566개 문항으로 이루어져 있다.

④ 로샤검사(Rorschach Test) : 잉크 반점 카드를 보고 연상되는 것을 자유롭게 이야기하는 검사로 이 반응을 통해 개인의 인지적, 정서적, 지적 특징 등을 알 수 있다.

⑤ 웩슬러지능검사(WPPSI) : 언어이해, 지각추론, 작업기억, 처리속도로 항목을 나누어 지능을 측정하는 검사로 잠재 학습능력, 행동 특성 등을 파악할 수 있다.

55 자아인식능력 | 조하리의 창 이해하기

| 정답 | ⑤

| 해설 | 조하리의 창(Johari's Window)은 미국의 심리학자 조셉 루프트(Joseph Luft)와 해리 잉햄(Herry Ingham)의 공동 연구로 개발된 이론으로, 두 학자의 이름을 따서 조하리의 창이라는 명칭이 붙었다.

56 자기개발능력 | 개인의 브랜드화 전략 이해하기

| 정답 | ④

| 해설 | 자신을 브랜드화하기 위한 전략에는 열정, 친근감, 책임감이 있다.

㉠ 열정 : 브랜드를 소유하거나 사용해 보고 싶다는 동기를 유발하는 욕구이다. 자신을 브랜드화하여 사람들로부터 자신을 찾게 하기 위해서는 다른 사람과 다른 차별성을 가질 필요가 있다. 다른 사람과 다른 차별성을 가지기 위해서는 시대를 앞서 나가 다른 사람과 구별되는 능력을 끊임없이 개발해야 한다.

㉡ 친근감 : 오랜 기간 관계를 유지해 온 브랜드에 대한 친숙한 느낌으로 자신을 브랜드화하기 위해서는 친근감을

주기 위한 노력이 필요하다. 따라서 다른 사람과의 관계를 돈독히 유지하기 위해 노력하고 자신의 내면을 관리하여 긍정적인 마인드를 가지도록 하여야 한다.
ⓒ 책임감 : 소비자가 브랜드와 애정적 관계를 유지하겠다는 약속으로 소비자에게 신뢰감을 주어 지속적인 소비가 가능하도록 하는 것이다. 자신을 브랜드화하기 위해서는 자신이 할 수 있는 일이 어떤 것인지를 명확하게 파악하고 자신이 할 수 있는 범위에서 최상의 성과를 내어 소비자에게 제공해야 한다.

57 직업윤리 직업윤리의 개념 이해하기

| 정답 | ③

| 해설 | 직업윤리에서 자신이 하고 있는 일이 사회나 기업을 위해 중요한 역할을 하고 있다고 믿고 자신의 활동을 수행하는 태도는 직업에 대한 직분의식에 해당한다.

보충 플러스+

6가지 직업윤리
- 소명의식 : 자신이 맡은 일은 하늘에 의해 맡겨진 일이라고 생각하는 태도
- 천직의식 : 자신의 일이 자신의 능력과 적성에 꼭 맞다고 여기고 그 일에 열성을 가지고 성실히 임하는 태도
- 직분의식 : 자신이 하고 있는 일이 사회나 기업을 위해 중요한 역할을 하고 있다고 믿고 자신의 활동을 수행하는 태도
- 책임의식 : 직업에 대한 사회적 역할과 책무를 충실히 수행하고 책임을 다하는 태도
- 전문가의식 : 자신의 일이 누구나 할 수 있는 것이 아니라 해당 분야의 지식과 교육을 밑바탕으로 성실히 수행해야만 가능한 것이라 믿고 수행하는 태도
- 봉사의식 : 직업활동을 통해 다른 사람과 공동체에 대해 봉사하는 정신을 갖추고 실천하는 태도

58 공동체윤리 책임 의식 이해하기

| 정답 | ①

| 해설 | 책임 의식이란 직업에 대한 사회적 역할과 의무를 충실히 수행하고 자신의 행위에 대해 책임지려는 태도이다. 책임 의식에는 어떤 상황에서든 누구의 책임인지에 상관없이 사명감과 책임감 그리고 스스로의 행동과 선택이 결과에 영향을 미칠 수 있다는 믿음이 필요하다. 또한 책임 의식은 개인적 이익보다 조직 및 사회에 대한 공헌을 의미하며 나보다는 남을 생각하고 배려하는 자세가 필요하다. 따라서 ①은 책임의 의미로 적절하지 않다.

59 공동체윤리 봉사의 의미 이해하기

| 정답 | ③

| 해설 | 봉사란 '국가나 사회 또는 남을 위하여 자신을 돌보지 아니하고 힘을 바쳐 애씀'이라는 의미를 가지며, 직업인에게 봉사란 일 경험을 통해 조직과 사회에 봉사하는 정신을 갖추고 실천하는 태도를 말한다.

| 오답풀이 |
① 준법에 대한 설명이다.
② 정직에 대한 설명이다.
④ 예절에 대한 설명이다.
⑤ 책임의식에 대한 설명이다.

60 공동체윤리 직장 내 성희롱 판단기준 이해하기

| 정답 | ③

| 해설 | 성희롱은 가해자의 의도가 아니라, 피해자가 성적 수치심이나 굴욕감을 느꼈는지를 중요한 기준으로 삼으므로 피해자의 관점을 기초로 판단하여야 한다.

Memo

미래를 창조하기에 꿈만큼 좋은 것은 없다.
오늘의 유토피아가 내일 현실이 될 수 있다.

**There is nothing like dream to create the future.
Utopia today, flesh and blood tomorrow.**

빅토르 위고 Victor Hugo

고시넷
공기업 NCS & 대기업 인적성
수리능력 전략과목 만들기

237개 테마 | Lv1 ~ Lv3 단계적 문제풀이

빨강이 응용수리 | 파랑이 자료해석 완전 정복 시리즈

기초에서 완성까지
문제풀이 시간단축
모든유형 단기공략

고시넷 수리능력
빨강이 응용수리

고시넷 수리능력
파랑이 자료해석

동영상 강의 WWW.GOSINET.CO.KR

NCS 직업기초능력평가

고시넷
공기업

고졸채용 NCS
통합기본서